사회주의 100년

One Hundred Years of Socialism : The West European Left in the Twentieth Century

20세기 서유럽 좌파 정당의 흥망성쇠

국립중앙도서관 출판도서목록(CIP)

사회주의 100년 : 20세기 서유럽 좌파 정당의 흥망성쇠. 1 /
지은이: 도널드 서순 ; 옮긴이: 강주현, 김민수, 강순이,
정미현, 김보은. ─ 서울 : 황소걸음, 2014
    p. ;   cm

원표제: One hundred years of socialism :
the West European left in the twentieth century
원저자명: Donald Sassoon
영어 원작을 한국어로 번역
ISBN 978-89-89370-90-1 04920 : ₩48000

진보 정당[進步政黨]
유럽 정치사[─政治史]
서유럽[西─]

346.2─KDC5
324.24─DDC21   CIP2014022524

One Hundred Years of Socialism: The West European Left in the Twentieth Century

Copyright © 1996 Donald Sassoon

Published by Arrangement with I. B. Tauris & Co Ltd, London

All rights reserved.

Korean translation copyright © 2012 by Slow & Steady Publishing Co.

Korean translation rights are arranged with I. B. Tauris & Co Ltd via Pubhub Literary Agency.

사회주의 100년

One Hundred Years of Socialism : The West European Left in the Twentieth Century

20세기 서유럽 좌파 정당의 흥망성쇠

도널드 서순 Donald Sassoon │ 강주헌 김민수 강순이 정미현 김보은 옮김

1

황소걸음
Slow & Steady

일러두기

1. 이 책에서 중요하게 다뤄진 정당과 단체 이름은 '약어 목록'에 따라 정리했습니다.
   본문에는 맨 처음 나올 때 영문 약자를 병기하고, 이후에는 한글로 표기했습니다.
   예 : 독일 사회민주당SPD → 독일 사회민주당
2. 익히 알려진 단체 이름은 맨 처음 나올 때 한글 표기를 병기하고,
   이후에는 영문으로 표기했습니다.
   예 : OECD(경제협력개발기구) → OECD
3. 단행본과 잡지는 『 』로 표시했습니다.
   예 : 『사회주의 100년One Hundred Years of Socialism』『리나시타Rinascita』
4. 국내에 번역 출간되지 않은 원서는 맨 처음 나올 때 이탤릭과 번역 제목을 병기하고,
   이후에는 영문으로 표기했습니다.
   예 : *The Future of Socialism*(사회주의의 미래) → *The Future of Socialism*
5. 신문과 논문, 강령 등은 「 」로 표시했습니다.
   예 : 「파이낸셜타임스Financial Times」「마르크스주의와 인격 이론Marxisme et la Théorie de la
   personnalité」「에르푸르트 강령Erfurt Programme」
6. 연설, 강연, 노래, 그림 등은 작은따옴표로 표시했습니다.
7. 통일 전 서독도 독일이라고 표기했으며, 꼭 구분해야 할 때만 서독과 동독으로
   표기했습니다.
8. 서유럽에 북미권을 포함하는 경우 서구로 표기했습니다.

2014년판 서문

『사회주의 100년One Hundred Years of Socialism』초판에서는 제2인터내셔널이 탄생한 1889년에 시작된 20세기 서유럽 사회주의 정당의 역사를 돌아봤다. 초판 이후 새로운 기록이 발굴되고, 각종 회고록이 줄을 잇고, 다양한 해석을 제시하는 책이 쏟아졌다. 하지만 서유럽 사회주의 정당과 공산주의 정당이 겪은 흥망성쇠에 관한 기본적인 이야기는 달라진 게 없다. 사회주의의 미래에 대한 우리의 인식이 달라졌을 뿐이다.

공산주의가 사망했다는 1996년의 주장에 이의를 제기하는 사람은 거의 없었다. 그러나 많은 사람들이 사회주의는 (정확히 말하면 현대 사회민주주의는) 아직 수명이 다하지 않았다며 기대를 버리지 않았다. 그런 기대는 근거가 전혀 없지 않은데도 두 가지 운동의 과제가 달라진 건 오래전 일이다. 20세기를 특징지은 두 가지 형태 사회주의, 다시 말해 사회민주주의와 공산주의는 스스로 설정한 과제라는 측면에서 보면 결코 비슷한 범주에 놓일 수 없었다. 사회민주주의와 공산주의는 자본주의 극복이라는 목적으로 출발했지만, 곧 다른 목적을 갖게 되었다. 모든 이데올로기는 그것이 작동하는 사회에 의해, 정치·경제적 권력과 맺은 관계에 의해 모습을 갖춰가므로 사회민주주의와 공산주의가 또 다른 목적을 갖는 건 불가피하다. 사회민주주의자들은 자본주의가 단단히 자리 잡고 민주주의가 주요 정당들의 공통 자산인 나라에서 정권을 잡았다. 공산주의 자들은 산업사회를 만들어야 했고, 사회민주주의자들은 그 사회를 관리해야 했다. 공산주의자들은 개발이 덜 된 사회에서 승리했고, 사회민주주의자들은 선진 시장경제 사회에서 승리했다. 사회민주 주의의 목표가 자본주의를 전복하는 게 아니라 개혁이라는 사실이 받아들여진 뒤에는 역사가 공산주의 운동에 치명타를 가한 것과 달리 어떤 중대한 사건도 사회민주주의에 치명타가 될 수 없다는 게 분명해졌다.

오늘날 유럽 특유의 사회민주주의가 미래에도 살아남을 것이라고 장담할 사람은 없다. 극소수 서유럽 국가에서 고립된 지역적 형태로 살아남는다면 혹시 모르지만. 물론 포괄적인 의미의 진보 정치는 상당수 유럽인은 물론이고 전 세계인에게 영감을 줄 것이다. 진보 정치는 인간과 시민의 권리를 옹호할 것이다. 진보 정치는 앞으로도 차별받는 사람들의 권리를 지원하는 법률 제정에 앞장설 것이다. 더 많은 사람들이 교육과 문화에 접근하고 건강하게 살 수 있도록 노력할 것이다. 하지만 이런 견해를 지지하기 위해 사회주의나 사회민주주의 의제에 헌신할 필요는 없다. 진보적인 자유주의자나 '사회적인' 기독교도(혹은 이슬람교도), 심지어 '동정심 많은' 보수주의자들도 사회주의자 못지않게 이런 문제에 헌신할 수 있다. 게다가 개인의 권리라는 원칙에 대해 사회주의자들에게 영감을 준 사상의 기원을 따져 들어가면 그곳엔 계몽주의가 있다. 정작 사회주의적 세계관이 세상이 등장한 것은 한참 뒤의 일이다. 19세기 후반에 조직적인 정치 운동 세력으로 등장한 사회주의자들은 자본주의의 힘에 도전장을 내밀면서도, 계급 원칙보다 개인의 권리라는

(자유주의적) 사상을 토대로 한 민주주의의 확대를 지지했다. 사회주의자들은 보통선거권을 열정적으로 지지했다. 보통선거권은 한 표의 가치가 정확히 동일하다고 여긴다. 한 사람을 한 표로 계산한다는 뜻이다. 이런 관점에서 보통선거권을 지지한 사회주의자들은 정치 영역에서 계급의식과 거리가 먼 개인주의자들이었다.

20세기로 전환되는 시점에 민주주의의 계급 개념을 옹호한 것은 자유주의자와 보수주의자들이었다. 그들은 개인의 재산이나 수입에 따라 표를 할당하는 선거제도를 지지했다. 심지어 대다수 자유주의자와 보수주의자는 여성에게 투표권을 부여하는 데 반대했다. 사회주의자들은 비록 여성 투표권을 쟁취하기 위해 헌신적으로 싸우지는 않았지만, 진정한 의미의 보통선거권에 대해서는 한 발도 양보하지 않았다. 자유주의자와 보수주의자들을 압박해서 정치적 진보주의와 시민권, 인권을 받아들이게 만들고, 처음으로 자본주의 파괴와 개혁을 옹호한 것은 사회주의자들이 남긴 업적 가운데 하나라 해도 틀린 말이 아니다. 물론 자유주의자와 보수주의자들도 큰소리칠 수 있다. 자신들이 사회주의자들을 압박해서 시장 관계의 현실을 받아들이고, 계급 없는 사회라는 공산주의를 포기하도록 만들었다고.

사실이다. 그래서 사회주의자들은 자본주의 개혁에 착수했다. 자본주의 폐기라는 최종 목표와 비교하면 자본주의 개혁은 그야말로 일 같지도 않은 일이다. 그럼에도 자본주의를 개혁하는 것은 대단히 복잡한 일이다. 자본주의 개혁에 수반되는 일을 어떻게 개념화하느냐가 문제다. 자본주의 체제가 이전 체제들과 다른 점은 그 핵심에 변화와 발전 과정이 있다는 점이다. 이런 자본주의 체제의 핵심을 가장 먼저 인정한 것은 마르크스Karl Heinrich Marx와 엥겔스 Friedrich Engels다. 『공산당선언Communist Manifesto』의 유명한 단락에도 나오듯이 변화는 야수의 속성이 있다. 즉 변화는 끊임없이 자신을 개혁한다.

> 부르주아는 지속적으로 생산수단을 혁신하지 않고는 존재할 수 없다. 따라서 생산관계와 사회의 모든 관계를 끊임없이 혁신하지 않고는 존재할 수 없다. 반대로 낡은 생산방식을 그 형태대로 보존하는 것은 이전의 모든 산업 계급이 생존하기 위한 첫째 조건이었다. 생산의 지속적 혁신과 모든 사회 계급의 끊임없는 방해, 영원한 불안정성과 동요는 이전의 모든 시대와 구분되는 부르주아 시대의 특징이다. 고정되고 급속하게 얼어붙는 모든 관계와 그런 관계에서 꼬리를 물고 이어지는 오래전의 공경할 만한 편견과 의견은 완전히 사라지고, 새로운 형태를 띤 모든 관계는 딱딱하게 굳기도 전에 구식이 된다. 단단한 것은 전부 녹아서 공기 중으로 사라지고, 신성한 것은 전부 더럽힌다. 인간은 마침내 자신의 현실적인 조건에 냉정하게 직면하고, 자신의 본질과 관계에 직면한다.

이 책에서 줄곧 설명하듯이 사회민주주의의 딜레마는 복지국가나 부의 재분배 같은 전통적인 사회민주주의 진영의 개혁이 사회의 평화와 소비재 시장을 확대해 자본주의를 강화하는 경향이 있다는 데 있다. 그러나 복지국가와 부의 재분배라는 목표를 위해서는 강력한 자본주의가 필요하다. 자본주의 자체를 규제하는 것이 목표인 개혁, 예컨대 노동 일수의 상한선을 정하고, 최저임금을 통해 임금에 개입하고, 출산휴가와 육아 휴가 같은 기본적인 노동권을 확립하려는 개혁은 자본주의 기업들 사이에서 승자와 패자를 만들어낸다. 규모가 크고 시장에서 유리한 위치에 있으며 효율성이 뛰어난 기업들은 운이 없거나 효율성이 떨어지거나 작은 기업의 실패 덕분에 이득을 본다. 큰 기업이 작은 기업보다 훌륭하게 개혁을 극복하는 경우가 많지만, 반드시 그렇다는 법은 없다. 적응력이 뛰어난 작은 기업이 과학기술이 하루가 다르게 발전하는 세상에 훨씬 더 효율적으로 대처하기도 한다. 따라서 자본주의 자체를 개혁하면 '자국의' 자본주의 중에서 어떤 측면이 강화되고 어떤 측면이 약화될지 결정해야 하는 것은 예나 지금이나 사회민주주의자들이 피할 수 없는 숙명이다.

'자발적인' 개혁은 과학기술의 발전이나 이민, 천연자원 고갈처럼 자본주의 자체에서 비롯된 변화가 도화선이 되어 일어날 수도 있고, 날씨나 미각, 패션의 변화처럼 어느 정도 외적인 요인에서 비롯된 변화가 도화선이 되어 일어날 수도 있다. 사실상 '자발적인' 개혁은 모든 것이 도화선이 되어 일어날 수 있는 것이다. 그러나 개량주의적인 사회민주주의자들은 예나 지금이나 두 가지 강력한 수단을 사용할 수 있다. 첫째 수단은 노동운동으로, 대부분 자본가들에게 요구 조건을 내거는 노동조합의 형태로 조직된다. 둘째 수단은 민주적인 국가다. 민주적인 국가는 사회민주주의자들의 세력이 커져 정권을 잡으면서 중요해졌다. 민주적인 국가는 좌파가 국가를 받아들일 수 있는 근거였다. 여기에서 국가는 개념으로서 국가가 아니라 기구로서 국가, 강압적인 조직으로서 국가, 법을 만들고 집행하는 수단으로서 국가를 말한다. 사회민주주의자들이 국가를 받아들인 것은 20세기 후반의 일이다. 그들이 이처럼 늦게 국가를 받아들인 이유는 1945년 이전에는 사회민주주의자들이 정권을 잡는 일이 극히 드물었기 때문이다. 1차 세계대전 이전의 사회민주주의자들은 굳이 정부에 참여하지 않고도 부르주아 국가를 압박해서 사회주의 개혁을 상당 부분 실행에 옮길 수 있을 것이라고 생각했다. 그들은 공적인 것res publica, 즉 '국가'를 직접 관리하는 위험을 감수하지 않고도 싸움에서 이기는 호사를 누릴 수 있다고 생각했다. 하지만 현실은 그렇지 않았다. 유럽(특히 독일과 영국)에서 복지국가라는 전제를 체시한 것은 보수주의나 자유주의 세력이었다. 사회주의 운동이 두렵기도 했고, 대중의 압력 때문이기도 했다. 따라서 노동계급의 번식 비용 일부를 사회화하고(복지국가), 노동 일수를 규제하는 데는 굳이 사회주의 정당이 필요하지 않았다. 강력한 노동조합들은 정치 정당이 없는 경우에도 노동 일수와 근로조건, 휴일 수당 등을 놓고 얼마든지 고용주와 싸우고 협상할 수 있었다. 강력한 노동조합은 압력단체 같은 역할을 하면서 정당들의 팔을 비틀어 양보를 얻어냈다.

방금 예로 든 사례는 사회민주주의자들이 존재하지 않던 19세기 영국에서 일어난 일이다. 그러나 영국 노동계급은 규모가 크고, 당시 기준으로 볼 때 오랜 투쟁의 역사를 통해 조직이 잘 갖춰진 상태였다. 어느 정당도 노동자를 무시하지 못했다. 당시 영국에서는 노동계급의 종교적 분열 때문에 유럽 대륙의 기독교 정당 같은 종교 정당이 출현할 수 없었다. 상황이 이렇다 보니 1850년대 이후에는 자유주의자들과 보수주의자들이 노동계급의 지지를 얻기 위해 경쟁했고, 저마다 강령에 사회민주주의적 공약을 넣었다. 사회민주주의가 조직적인 정치 정당을 통해 모습을 드러내기도 전의 일이었다. 이런 환경 때문에 영국에서는 독일 사회민주당SPD을 본뜬 거대 사회주의 정당이 늦게 탄생하고 더디게 성장했다.

유럽 대륙에서도 영국과 비슷하게 대안적인 공약을 받아들이는 과정이 진행되었다. 즉 하층계급에서 제기하는 요구를 받아들이기 위한 국가를 건설하고 있었다. 독일에서는 비스마르크Otto von Bismarck가 건설하고 사회주의 지도자 페르디난트 라살레Ferdinand Lassalle가 지지한 이런 국가 형태를 '국가사회주의state socialism'라고 불렀다. 자유주의 정당과 보수정당, 민족주의 정당은 국가사회주의 운동을 맨 앞에서 이끌었다. 이들은 교회에 기반을 둔 정당들과도 손잡았다. 그들과 손잡은 결정적인 계기는 1891년 레오Leo 13세가 발표한 회칙 「레룸노바룸Rerum Novarum」이었다. 로마Roma 가톨릭교회는 이 회칙을 통해 구체제를 고집스럽게 옹호하던 태도를 버리고 '사회문제'에 새로운 입장을 취하기 시작했다.

현실 정치에서 사회주의자와 비사회주의자 사이에 확실하고 영구적인 경계선을 긋기란 불가능했다. 민주주의 확대, 복지국가 도입, 노동 일수 규제는 사회주의의 목표와 정책이었지만, 이제 우파와 중도파, 보수파, 자유주의, 기독교, 민족주의 가릴 것 없이 모든 비사회주의 정당들이 사회주의 정책과 비슷한 요구를 했다. '사회주의'는 시작부터 사회주의자들의 특권이 아니었다.

사회주의자들은 일상적인 활동에서 불필요한 요구를 포기하고 타협을 받아들이라는 강요를 받았다. 그러나 그런 강요를 받은 건 보수주의자와 자유주의자들도 마찬가지였다. 민주주의가 확대되고 대중사회가 등장했다는 것은 현 상황을 손가락 하나 대지 않고

그대로 유지(보수의 본질적인 입장)하자고 주장하거나 현 상황 이전
으로 복귀(극우의 본질적인 입장)하자고 주장해서는 어느 정치 정당
도 충분한 지지를 기대하기 힘들어졌음을 의미했다. 승자는 개혁주
의였다. 참으로 다양한 세력이 개혁주의를 채택했다. 독일에서는
비스마르크와 이후 독일제국 시대의 정치인들, 중앙당의 '사회주
의적' 기독교도들이 개혁주의를 채택했다. 이탈리아에서는 자유당
(조반니 졸리티Giovanni Giolitti)의 다수파와 떠오르는 정치적 가톨릭주
의 세력이, 프랑스에서는 제3공화정의 급진주의자들이 개혁주의를
채택했다. 영국에서는 디즈레일리Benjamin Disraeli와 솔즈베리Robert
Salisbury가 이끌던 보수당, 조지프 체임벌린Joseph Chamberlain, 글래
드스턴William Ewart Gladstone, 신자유주의자들, 애스퀴스Herbert Henry
Asquith, 로이드 조지David Lloyd George가 개혁주의를 채택했다. 오스
트리아에서는 반유대적인 카를 뤼거Karl Lüger의 사회주의 기독교 세
력이, 네덜란드에서는 좀더 계몽된 자유주의자들과 손잡은 새로운
기독교 정당들이 개혁주의를 채택했다.

 승리한 모든 정치 이데올로기가 그렇듯이 개혁적 사회주의가 승
리한 원인은 자신들이 옹호하는 정책을 독점하지 않았기 때문이다.
정치 분야에서 성공이라는 말을 하려면 한 사람이 정상적이거나 바
람직하거나 가능하다고 생각하는 어떤 것을 반드시 다른 사람들과
공유해야 한다. 달리 말하면 어떤 사람이 정상적이거나 바람직하
거나 가능하다고 생각하는 것이 전체 정치적 조직체의 공동 자산
이 되어야 한다. 그러기 위해서는 이념적 포장(상징과 언어)에 얽매
이지 않아도 되는 것들을 요구해야 한다. 이는 이념적 가치와 실제
정책의 연결 고리가 모호하고 헐거워서 언제라도 기꺼이 협상할 수

있는 자세가 되었을 때 가능한 얘기다. 왜 그럴까? 그런 상황이 마련되면 사회주의 최종 목표에 서명하지 않고도 충분한 연금 지급에 찬성하는 것이 가능하므로 자유주의자와 보수주의자도 충분한 연금 지급을 위해 싸울 수 있기 때문이다. 소규모 정치적 종파가 끝까지 살아남기 위해서는 일관성이 있어야 하는 것도 맞지만, 실질적인 패권을 목표로 하는 정당이나 운동은 일관성을 고집하다가 파멸에 이르고 만다.

자신들의 생각을 모든 사람과 공유해야 한다는 목표가 더 중요해지고 자본주의 이후의 국가라는 최종 목표가 어느 때보다 먼 미래로 연기됨에 따라, 사회주의자들은 현재의 국가에 더욱 헌신하는 모습을 보였다. 사회주의자들이 보통선거권을 요구할 때 국가는 좀 더 쉽게 그들의 요구를 수용했다. 보통선거권은 모든 시민의 요구를 대신한 것이었기 때문이다. 그런 요구를 통해 사회주의자들은 예전보다 합법적인 세력이 되었고, 결과적으로 더 강력해졌다. 이제 사회주의자들은 "국가기구를 차지"함으로써 정치적 권력을 손에 넣었다. 사회주의자들은 정권을 장악하면서 노동 일수 규제, 생산과 재생산 비용의 사회화 같은 나머지 개혁 강령을 좀더 수월하게 실행에 옮겼다. 이런 조치는 산업사회를 완전히 탈바꿈했다.

따라서 자본주의 사회를 개혁하는 데 성공했음을 입증한 사회주의자들이 규제력 있는 기관들을 손에서 놓지 않으려 한 것은 그다지 놀랄 일도 아니다. 즉 사회주의자들은 대규모 공공 부문이나 강력한 중앙은행, 외환 관리 기구, 보조금과 지역 정책에 관한 복잡한 제도, 노동시장 통제를 위한 얽히고설킨 구조를 포기하지 않으려 했다. 이런 규제 측면은 자본주의를 향한 모든 사회주의 정책의 핵심이 되었고, 자본주의 폐지라는 해묵은 목표는 덜 중요해졌다. 자본주의 성장이 가져다준 번영, 완전고용 확립, 복지국가라는 보호 장치, 서방의 소비사회에 견줄 만한 소비사회를 만들어낼 수 없는 공산주의 국가의 명백한 무능력 같은 것들 때문에 자본주의에 대한 뿌리 깊은 적대감은 거의 사라졌다. 기독교적 가치관이나 보수주의적 가치관에 헌신하는 정당들은 과거에 자본주의를 앞장서서 지지하지 않았지만, 이제는 그들도 자본주의의 미덕을 발견했다. 이처럼 좌파 정당들은 점진적이지만 끊임없이, 저마다 다른 정치적 국면에 맞춰, 무엇보다 선거의 우여곡절에 맞춰 다양한 속도로 급진적인 반反자본주의적 상징들을 내던졌다. 수정주의로 불리는 이런 과정은 1950년대 말 독일 사회민주당의 바트고데스베르크Bad Godesberg 전당대회에서 가속화되어 1997년 토니 블레어Tony Blair의 새로운 노동당으로 완성되었다. 이때가 되면 구속받지 않는 자유로운 시장 자본주의가 유럽 정치에서 과거와 비견될 수 없을 만큼 중요한 이데올로기적 요소로 확고하게 자리 잡았다. 이런 경향은 가톨릭 색채가 강한 유럽(스페인, 포르투갈, 이탈리아, 오스트리아, 독일 남부)에서 두드러졌다. 비사회주의적 이데올로기라고 하면 늘 전통주의적 형태(기독교 민주주의) 혹은 프랑스처럼 국가-대중적 형태(드골주의) 혹은 프랑스와 포르투갈처럼 권위주의적 인민주의 형태를 띠던 과거와 달라진 점이었다. 심지어 개신교를 믿는 북유럽에서도 농업 정당들은 사회민주주의자들이 패권을 장악하는 데 적극적으로 협조하며 신자유주의가 중요한 위치를 확보했다. 자유방임 이데올로기의 원산지 영국에서는 1980년대 동안 자유 시장 자유주의free market liberalism가 지배적 지위를 차지했다.

국가가 자본주의 경제를 규제하는 핵심 기관이라고 인식한 사회주의자들은 국가를 민주화하고 활용하려고 노력했으며, 소기의 목적을 달성했다. 국가가 주요 규제 기관의 위치를 확고히 유지하는 한 사회민주주의 전략은 완벽하게 일관성을 유지했다. 그러나 1980년대 이후 자본주의의 다양한 측면(특히 재정과 관련된 조직)이 발전하고 영향력이 커지면서 사회주의자들의 국가 지향적인 전략은 흔들리기 시작했다. 서유럽 사회민주주의자들은 정치가 한 국가의 문제라는 개념을 고집했고, 그런 개념을 끊임없이 강화했다. 사회민주주의자들의 성취(복지, 교육, 시민권)가 국가의 영토적 경계를 넘어서지 못하는 동안, 자본주의는 세계를 향해 성큼성큼 걸음을 내딛기 시작했다.

많은 사람들은 공산주의가 무너지면 이데올로기적 연관성 때문에 사회민주주의에도 부정적인 영향을 미칠 거라는 근거 없는 예측을 했다. 그러나 일각에서는 공산주의 붕괴가 사회민주주의 강화로 이어질 수 있다는 희망을 품기도 했다. 내가 이 책 마지막 장에서 지적했듯이, 실제로 사회민주주의 정당들은 공산주의가 무너진 뒤 10년 동안 가장 강력한 모습을 보였다. 이러니저러니 말은 많지만 소련이 공식적으로 사망하기 훨씬 전부터 사회민주주의 정당들이 공산주의를 무시한 것은 사실이다.

물론 서유럽 공산주의 정당은 소련의 몰락에 큰 영향을 받았다. 서유럽에서 가장 강력한 공산주의 정당이던 이탈리아 공산당은 오랫동안 사회민주주의를 향한 진화를 계속했다. 그러는 동안 당명이 자주 바뀌었고, 당명 변경은 이탈리아 공산당이 자신의 뿌리와 점점 더 거리를 두고 있다는 점을 강조하기 위한 노력의 일환이었다. (여전히 망치와 낫 같은 과거의 상징이 일부 남아 있었지만) 좌파민주당Democratic Party of the Left으로 바꿨다가 다시 '좌파 민주주의자Left Democrats'로 바꾸더니, 나중에는 '좌파Left'라는 광범위한 꼬리표와 상징까지 떼어내고 한결같은 전망을 품은 채 간단히 민주당Partito Democratico으로 변경했다. 그러나 민주당은 실비오 베를루스코니Silvio Berlusconi처럼 신임을 잃은 인물의 경쟁 상대조차 되지 못했다. 이탈리아 공산주의자들은 과거 자신들의 모습이 드리운 그늘에서 겨우 살아남았다. 이탈리아 사회당PSI의 운명은 더 심했다. 이탈리아 사회당은 1991~1992년의 부패 스캔들로 치명적인 타격을 받아 결국 사라지고 말았다.

유럽의 나머지 국가에서 공산주의 정당들은 전멸했다. 그렇다고 해서 1989년 베를린장벽Berlin Wall 붕괴의 영향을 과대평가하는 것은 아니다. 공산주의 정당의 위기는 장벽이 붕괴되기 훨씬 전부터 시작됐다. 베를린장벽이 무너지기 전인 1988년 프랑스 대선에서 공산당 후보 앙드레 라좌니André Lajoinie는 6.7퍼센트 지지를 받는 데 그쳤다(1969년에 자크 뒤클로Jacques Duclos는 득표율 21퍼센트로 훌륭한 성적을 거뒀다). 공산당 지지율은 갈수록 떨어졌다. 2002년 공산당 후보 로베르 위Robert Hue는 3.4퍼센트를 기록했고, 2007년 공산당 후보 마리 조르주 뷔페Marie-George Buffet의 지지율은 참혹하게도 1.94퍼센트로 곤두박질쳤다. 심지어 트로츠키파 후보가 공산당보다 선전했다. 프랑스 공산당PCF은 소규모 집단으로 전락했다. 2012년 프랑스 공산당에서 출마해 당선된 국회의원은 열 명에 불과했다. 그중에서 여섯 명 이상은 별도의 조직을 구성했다. 서유럽에서 강력한 공산주의 정당 중 하나인 프랑스 공산당으로서는 부끄러운 최후였다. 프랑스 공산당이 몰락한 결정적인 원인은 소련이 공산주의의 최후를 인정하기 훨씬 이전인 1970~1980년대에 프랑스에서 강력한 사회주의 정당이 출현했기 때문이다. 프랑스 사회당은 우파를 이기고 싶어 하는 모든 세력을 결집했다. 그리고 2002년 대선에서 리오넬 조스팽Lionel Jospin이 믿기 어려운 패배를 당한 뒤 사회당의 운이 다해가기 시작할 때 프랑스 공산주의는 소생 불능 상태가 되었다.

다른 나라에서도 공산주의자들의 상황은 암울했다. 1979년에 18.9퍼센트를 받은 포르투갈 공산당PCP은 1980년대 내내 지지도가 하락하더니 (녹색당과 연합한) 2011년 선거에서는 8퍼센트에도 못 미치는 표를 얻었다. 스페인 공산주의자들은 포르투갈보다 갑작스럽게 몰락했다. 스페인 공산당PCE은 '좌파의 미래'라는 기치를 내걸었지만, 1996년 선거에서 득표율 11퍼센트에 그쳤고, 2008년에는 3.8퍼센트로 추락했다. 그나마 2011년에는 세계 금융 위기 덕분에 6.9퍼센트로 지지율이 상승했다.

극우 정당들은 전반적으로 극좌 정당들보다 훨씬 높은 지지를 받았다. 2012년 프랑스 대선에서 마린 르 펜Marine Le Pen은 17.9퍼센트를 얻었고, 오스트리아 자유당FPÖ은 17.5퍼센트(2008년), 벨기에 플랑드르민족당Vlaams Blok은 15퍼센트(2010년), 덴마크 국민당Danks Folkeparti은 12.3퍼센트(2011년), 네덜란드 자유당PVV은 10퍼센트(2010년)를 얻었다. 오스트리아 대선에서 극우 후보 바르바라 로젠크란츠Barbara Rosenkranz의 득표율은 15퍼센트가 넘었다. 좌파 정당으로서 국가에 닥친 심각한 위기를 활용한 것은 그리스 시리자(Syriza : 급진 좌파와 통합사회전선 연합)뿐이다. 2012년 두 번째 선거에서 시리자는 27퍼센트에 가까운 득표율로 제1야당이 되었다. 하지만 그런 와중에도 극우 정당은 선전했다. 나치당의 후신인 황금새벽당Golden Dawn은 6.9퍼센트로 주목할 만한 득표율을 기록했다.

이처럼 1989년 이후 유럽에서 영향력을 발휘한 조직적 좌파 세력은 사회민주주의가 유일했다. 과거 공산당에서 사회민주주의 정당으로 거듭난 중유럽과 동유럽도 여기에 포함된다. 중유럽과 동유럽 사회민주주의 정당은 복지국가와 노동자 보호라는 공산주의 체제의 긍정적인 측면을 끝까지 옹호하고 확대했다. 친시장 세력이 활개를 치고 광범위한 지역에서 국제적인 지지를 받음에 따라 노동자를 보호할 필요성은 더욱 커졌다. 이렇게 (공산주의 시절의) 과거에 한 발을 딛고 부활한 좌파의 전망은 처음에 상당히 밝아 보였다. 1989년 이후 자유선거가 처음 치러졌을 때, 과거 공산권 국가에서 공산당이던 정당들이 가장 강력한 좌파 정당으로 올라섰다. 공산당이라는 당명을 그대로 유지한 체코는 예외였다. 체코를 제외한 옛 공산권 국가의 공산당은 당명을 사회민주주의나 그 비슷한 이름으로 바꿔서 전통적인 서유럽 사회주의 운동과 명확한 경계선을 그으며 탄생한 공산주의의 실패를 공개적으로 인정했다. 방부 처리된 레닌의 시신은 여전히 모스크바Moskva를 찾는 관광객을 위해 전시됐지만, 레닌주의는 완전히 사망하고 없었다.

사회민주주의는 한때 공산주의가 만연한 나라에서 살아남았지만, 번성을 누리지는 못했다. 헝가리 사회당(전 공산당)은 2008년 선거에서 42.8퍼센트가 넘는 득표율을 올렸고(1994년에는 겨우 33퍼센트였다) 자유주의 세력과 손잡았지만, 2010년 사회당의 득표율은 19.3퍼센트로 뚝 떨어진 반면 보수적인 청년민주동맹(Fidesz : 유럽의 주류 보수정당들보다 훨씬 우파 쪽으로 기운 정당)은 과반 의석을 차지했다. 그들이 얻은 과반 의석은 전후 유럽 선거 문화에서 이례적인 위업이었다. 헝가리 사회당은 불만 세력을 결집할 능력이 없었다. 그 일은 극우 정당 요빅Jobbik이 해냈다. 요빅은 16.7퍼센트로 인상적인 득표율을 기록했다.

불가리아 사회당(전 공산당)의 성적은 헝가리보다 조금 나았다. 2005년에 광범위한 선거 연합의 일원으로 참여한 선거에서 불가리아 사회당은 34퍼센트를 얻어 다른 정당들과 연립정부 형태로 재집권하는 데 성공했다. 그러나 뒤이은 2009년 선거에서 17.7퍼센트로 240석 중 40석을 차지하는 데 그쳤다.

폴란드에서는 민주좌파동맹SLD이 이끄는 좌파 정당 연합이 2001년 선거에서 완승을 거뒀다. 하지만 뒤이은 두 차례 선거에서는 연달아 완패했다.

한마디로 중유럽과 동유럽에서도 사회민주주의는 확실하게 패권을 장악하지 못했다. 사회민주주의가 약하거나 자신감이 없었기 때문에 강력한 공공 부문 유지나 성장에 따른 불평등 억제는 물론, 심지어 종전의 복지국가를 유지하는 것조차 사실상 불가능한 일이 되고 말았다. 덮어놓고 새로운 사회민주주의 정당을 탓할 일은 아니었다. 허약한데다 겨우 존립하는 시장경제는 사회민주주의 발전이나 유지를 위한 최상의 발판이 아니었기 때문이다. 한때 루마니아와 헝가리의 반체제 인사이자 헝가리 국회의 진보 진영 의원이던 타마스G. M. Tamás에 따르면, 공산주의 몰락 이후 잠시 동안 "자유주의의 거품"이 일어 광범위한 민영화가 진행됐고, "과거 '공산주의' 국가 정당들은 신자유주의 의제에 맞게 재편성됐으며, '사회주의

적' 복지국가라는 유물은 해체"됐다.[1]

서유럽은 어땠는가? 사회민주주의적 수정주의는 어떤 상황에 처했고, 전망은 어땠을까? 물론 사회민주주의 정당은 지금 서유럽에 존재하고, 앞으로도 한동안 사라지지 않을 것이다. 하지만 사회민주주의 정책을 떠받치는 추동력은 지난 10~20년에 걸쳐 바닥난 것이 아닐까? 여전히 자신을 사회민주주의자라고 여기는 사람들에게 어떤 위안거리가 남아 있기는 할까? 이 글을 쓰는 지금, 사회민주주의는 심각한 위기를 지나고 있다. 1990년대가 끝날 때만 해도 위기는 전혀 없어 보였다. 1996년 로마노 프로디Romano Prodi는 과거 공산당원들을 포함한 정당 연합의 수장으로서 실비오 베를루스코니를 누르고 전후 이탈리아 역사상 최초로 '좌파' 정부를 구성했다. 이듬해(1997년) 토니 블레어가 이끄는 영국 노동당은 역사에 남을 득표 차이로 18년 동안 이어진 보수당의 통치를 끝내고 재집권에 성공했다. 같은 해 프랑스 국회의원 선거에서는 사회당이 승리했으며, 리오넬 조스팽이 총리가 되었다. 1998년에는 독일 사회민주당 당수 게르하르트 슈뢰더Gerhard Schröder가 총리에 올랐다. 이처럼 서유럽 4대 강국인 독일, 영국, 프랑스, 이탈리아에서 모두 좌파 정당이 집권한 것은 역사상 처음 있는 일이었다. 좌파의 약진은 4대 강국에 국한된 현상이 아니었다. 좌파는 (단독으로든 연합으로든) EU(유럽연합)에 가입한 거의 모든 국가(스웨덴, 네덜란드, 핀란드, 오스트리아, 벨기에, 덴마크, 포르투갈, 그리스)에서 정권을 잡았다.

유럽 사회민주주의 정당들이 유례없는 호기를 활용해 유럽 대륙 차원에서 공동 정책을 개발했다면 어떤 상황이 벌어졌을까? 예컨대 그들이 공동으로 EU 전체를 아우르는 사회 안전망을 구축하거나 재분배를 위한 재정 정책을 개발했다면, 혹은 유럽 전역에서 노동 규제를 강제하는 엄격한 제도를 도입했다면, 우리는 어느 정도 확신을 가지고 세계 전체까지는 몰라도 유럽이라는 보루에서는 사회민주주의가 살아남아 번성했다고 말할 수 있었을 것이다.

그러나 현실은 많이 달랐다. 각국의 사회주의 정당은 저마다 국내 의제에 매달리느라 말로는 초국가적 통합에 공감을 표하면서도 실제로는 유럽 차원의 문제에 거의 신경 쓰지 않았다. 단일 통화로 유로화를 도입한 것도 범유럽 차원의 통제를 위한 발판이 되지는 못했다. 범유럽 차원에서 통제됐다면 유로화는 적절한 규제 장치가 될 수도 있었다. 영국에서는 새 노동당이 금융 제도의 자율성을 최대한 보장하기 위해 유로화를 단일 통화로 인정하지 않았다. 사회민주주의가 민족국가라는 외피를 벗어던지기가 얼마나 어려웠는지는 이 책 초판에서 자세히 설명했다. 이후에 일어난 모든 일을 통해 그것이 얼마나 어려운 일인지 더 확실해졌다. EU는 서로 다른 자본주의 체제를 갖춘 국가들의 느슨한 연합 형태를 취하게 되었다. 20세기가 저물어갈 즈음 당시 EU에 가입한 15개 국가의 금융 정책과 노사 관계, 복지 체제는 저마다 현저히 달랐다. 21세기 처음 몇 년 동안 12개 국가가 추가로 EU에 가입했다. 대부분 먼저 가입한 15개국 중에서 가장 가난한 나라보다 가난하고, 산업 기반이 취약하며, 자본주의가 제대로 규제되지 않는 나라들이었다. EU가 힘들이지 않고 확대된 것은 축하할 일이지만, 쉽게 확대된 원인이 형식적인 통합 기구였기 때문이라는 점은 생각해봐야 한다. 상품과 자본, 사람이 자유롭게 이동할 수 있도록 경쟁의 장벽을 없앤 것은 EU가 거둔 가장 큰 성과지만, EU는 유럽의 정치·사회적 차원에서 전혀 의미가 없는, 단순히 협상을 위한 국가들의 모임이었다. 사회주의 정당 사이에서 범유럽 차원의 협조는 전혀 없었다. 유럽 사회주의당PES은 30개가 넘는 사회민주주의 정당으로 구성되었지만, 이 정당은 유럽의회 선거에도 참여하지 않기 때문에 정당이라고 할 수 없다(유럽의회 선거에서는 항상 유럽 정당이 아니라 각국의 정당들이 경쟁을 벌인다). 유럽노동조합연맹European Confederation of Trade Unions은 선언문을 발표하고 협정을 교섭하는 압력단체일 뿐, 고용주나 정부가 위협을 느낄 만한 세력이 아니다. 유럽노동조합연맹은 국가별 노조에 권리를 행사할 수 있는 권한이 전혀 없고, 회원 국가들이 초국가주의에 가한 제약 때문에 스스로 할 수 있는 일이 제한되었다. 게다가 세계와 조화를 구실로 '제한 없는 경쟁'이 모든 것을 지배하는 목표가 되었다.

2007년에 시작된 세계적인 경기 침체는 유럽 통합에 반대하는 정서를 악화시켰다. 2012년 9월에 실시한 조사에 따르면 독일과 프랑스, 이탈리아 같은 확고부동한 EU 회원국 국민 사이에서 (아직까지는 우호적이지만) EU에 대한 평가가 하락했으며, 영국에서는 꽤 많은 국민이 EU를 지지했으나 45퍼센트에 그쳤다. 2013년 5월에 실시한 조사에 따르면 독일의 EU 지지는 68퍼센트에서 60퍼센트로, 영국의 지지는 43퍼센트로 떨어졌다. 또 프랑스는 60퍼센트에서 41퍼센트로, 스페인은 (무려 2007년 80퍼센트에서!) 46퍼센트로 EU 지지도가 추락했다. 이 모든 수치가 의미하는 바는 친유럽 정서가 경제 성적표를 반영한다는 것이다. 한마디로 경제가 좋으면 유럽 통합을 지지하는 사람도 많아진다. 그러나 여기에서도 국내 정치가 가장 중요한 열쇠를 쥐고 있다. 모든 조사 결과에 따르

면 유럽(혹은 놀랍게도 은행들)을 비난하는 국민보다 자기네 정부를 비난하는 국민이 훨씬 많다.[2]

결국 사회주의 정당들은 정권을 잡았을 때 유럽의 정부에 필요한 일을 할 수밖에 없었다. 다시 말해 사회주의 정당은 '자국의' 자본주의(예컨대 그들의 국경 내에서 운영되는 회사 혹은 상당수 자국민 고용)가 강하고 경쟁력 있는 자본주의로 남을 수 있도록 최선을 다해야 했다. 이것이 2007년 6월 20일 당시 재무부 장관이던 고든 브라운Gordon Brown이 런던London 시장 관저에 금융계 인사들을 불러놓고 연설하면서 마치 신용 경색이라는 대재앙이 곧 닥치기라도 할 것처럼 런던 금융계의 두드러진 업적을 치하한 이유다. 그는 "역사는 이 시대를 런던의 새로운 황금기가 시작된 시대로 기록할 것입니다"라고 말했다.[3] 브라운은 런던이 도쿄東京나 뉴욕New York과 경쟁에서 이겼다고 기뻐하며 영국과 영국 정부가 세계 무대와 글로벌 비즈니스에 뛰어든 점에 칭찬을 아끼지 않았다. 그는 영국이 "자유 무역의 개척자이면서 가장 중요한 옹호자로… 자유 시장을 확실하게, 변함없이 믿는다"고 주장했다.

정치는 성격상 극도로 '국가적'인 영역에서 벗어나지 못했고, 좌파 정당은 우파 정당과 마찬가지로 자국 유권자들에게 응답했다. 좌파 정당은 좌파의 전통과 자국의 전통이 지닌 무게에 짓눌려 행동에 제약 받을 수밖에 없었다. 그들은 저마다 자국 경제의 발전과 구조적 특성이라는 차원에서 지속적으로 존재하는 차이에 대처해야 했다.

전설에서나 들었을 법한 유럽의 통합은 여전히 멀리 있다. 가장 큰 원인은 경제통합을 위해 필요한 것을 갖추기보다 EU를 확대하라는 정치적 압박이 훨씬 크기 때문이다(회원국이 15개국에서 27개국으로 늘었고, 2013년 7월 28일에는 크로아티아가 가입했다). 유로화는 더 강도 높은 유럽의 응집력을 이끌어내지 못했으며, 2007~2008년 세계 경기 침체에 이어 EU 국가에 찾아온 유로존 위기로 유럽 통합은 더 멀어졌다.

유로존 위기는 유럽에서 시작된 것도 아니고, 유로화 때문에 시작된 것도 아니었다. 유로존 위기의 출발점은 미국의 서브프라임 위기다. 서브프라임 사태는 리먼브러더스(Lehman Brothers : 미국에서 네 번째로 큰 투자은행) 파산과 연방 정부의 AIG(최대의 손해보험 회사) 긴급 구제로 이어졌다. 이 같은 위기가 유럽의 금융 체제에 그대로 '전염되는' 바람에 여러 국가가 자국 은행에 추가로 자금을 빌려줘야 했다. 뒤이어 실시된 긴축정책으로 유럽(EU 회원국이 아닌 영국과 아이슬란드 같은 나라도 포함)의 분열이 심해졌다. 경제성장은 사회민주주의에 도움이 되었지만, 긴축정책과 그에 따른 공공 지출·공공 부문 축소로 좌파 정당들의 한숨 소리는 더욱 커졌다. 정권을 잡은 좌파 정당은 부자들에게 불리한 정책이 아니라 자신들을 지지하는 계층에 불리한 정책을 추진해야 하는 상황에 내몰렸다. 반면 정권을 잡지 못한 좌파 정당은 극우 정당이 사용하는 대중 영합적 방법으로는 지지층을 결집할 수 없었다.

유로존 위기를 계기로 EU 각국에서 새로운 차이점이 드러났다. 그것은 (국가들이 지역 차를 억제하려고 노력했고 종종 성공하기도 했듯이) 오직 중앙 권력이 제거할 수 있는 차이점이었다. 새롭게 드러난 것 말고 더 오래된 차이점도 있었다. 노동계급의 규모는 어느 나라에서나 줄어들고 있었다고 치더라도 탈산업화 정도가 나라마다 크게 달랐다는 점이다. 예를 들어 스웨덴과 영국은 독일과 오스트리아보다 산업 공동화 속도가 훨씬 빨랐다. 스페인의 실업률은 다른 유럽 국가들보다 항상 높았다. 영국의 국내외 투자 규모는 이탈리아의 국내외 투자 규모보다 월등히 컸다. 복지 비용 감축 반대는 영국보다 프랑스와 독일(반대하는 방식은 달랐지만)에서 훨씬 거셌다.

각종 사회지표를 보면 그밖에도 중요한 차이점이 있다. 영국에서는 이혼율과 가정 해체 비율이 월등히 높았다. 이탈리아, 그리스, 스페인의 인구 증가율은 다른 나라에 비해 낮았다. 이탈리아는 여성 노동인구가 다른 나라보다 적었다. 영국은 시간제 일자리에서 일하는 여성 노동자(와 비숙련 노동자)가 프랑스보다 많았다. 리투아니아의 살인 사건 발생률은 이웃 나라인 핀란드의 세 배, 스웨덴의 여섯 배에 달했다. 벨기에의 살인 사건 발생률도 오스트리아의 세 배에 달했다.[4] 생태학은 프랑스나 스페인보다 독일과 스웨덴 정치에서 훨씬 중요한 비중을 차지했다. 페미니즘은 동유럽보다 서유럽에서 강력한 힘을 발휘했다.

지난 30년간 자유 시장을 지지하는 사람들과 유럽 주요 국가에서 채택한 자본주의 규제 모델, 즉 '국가적 케인스주의national-Keynesianism' 종식을 지지하는 사람들이 거둔 이데올로기적 성공은 이례적이었다. '국가적 케인스주의'는 국제수지나 금리, 가격, 성장과 고용 같은 주요 경제 변수를 결정할 때 국가의 경제정책이 비교적 효과적일 수 있다고 가정했다. 나라마다 다른 전통과 경제적 상황, 정반대 사회구조나 문화적 차이는 고려하지 않은 채 세계의 모든 국가가 노동시장 규제를 철폐하고, 관세를 낮추거나 없애고, 국유재산을 민영화하고, 보조금을 없애고, 가능한 한 시장이 자유롭게 돌아가게 하라는 명령을 받고 있었다. 국제적인 통신망은 대체로 서방에서 발명했지만, 그것이 미치는 범위는 서방을 넘어 전 세계로 확대됐다. 소비 패턴은 급속도로 국제화됐다. 유사한 패스트푸드와 의류, TV 프로그램을 뉴델리New Delhi, 도쿄, 로마, 파리Paris, 모스크바, 카이로Cairo에서 먹고 입고 볼 수 있다. 인터넷이 눈부시게 발전함에 따라 거리는 더 짧아지고 커뮤니케이션은 더 쉬워졌다. 과거에는 생각할 수 없던 지구적 규모의 '거대 서사'가 자리 잡았다. 이 거대 서사는 좌파가 들려주던 진보와 180도 다른 진보에 대한 이야기를 들려줬다. 좌파는 계몽주의 시대의 진정한 계승자가 사회주의라고 말했다. 부를 분배하고 경제를 조직하는 합리적 시스템이 만들어져야 민주주의가 해야 할 일이 완벽하게 끝날 것이라고 했다. 이런 생각에 반대하며 좌파를 비판하는 사람들은 계몽주의 반대 세력 혹은 반동 세력으로 몰렸다. 즉 (자본주의라는) 새로운 가면을 쓰고 과거의 특권을 보호하려는 세력으로 분류됐다.

그러나 새롭게 등장한 거대한 신자유주의 서사는 다른 이야기를 들려줬다. 신자유주의 서사에 따르면 세계시장은 전례 없이 개인이 자유로운 시대를 열고 있었다. 국가는 규칙과 규제를 통해 개인의 자유를 억제하는 존재였다. 국가는 기업과 혁신, 개인의 노력에 세금을 부과했다. 사회주의는 어떤 형태가 됐든 전부 패배했고, 패배하는 게 당연했다. 사회주의는 예나 지금이나 지나치게 자유를 제한하고 국가 통제주의적이며 독단적이기 때문이다. 또 비능률적인 것에 보상해주고, 자주적인 계획은 처벌하기 때문이다. 신자유주의 서사에 따르면 사회주의는 여전히 민족국가에 굳건히 기반을 두고 있는데, 이제 민족국가는 법과 질서를 유지하고 국가의 영토를 지키는 정도 외에는 별로 쓸모가 없다. 어떤 세력도 자유롭게 작동하는 세계시장의 힘에 도전하기는 버거워 보인다. 국제적인 대항 세력보다는 다시 고개를 드는 민족주의나 다양한 종교적 근본주의처럼 소수 지역적 반발 세력이 자본의 계속적인 승리에 이의를 제기할 수 있다.

물론 2007~2008년에 시작된 세계적인 경기 침체와 그에 따른 글로벌 경제 위기가 사회민주주의 정당의 부활과 신자유주의 포기로 이어질 거라고 단정하기는 아직 이르다. 선거와 정치에서 사회민주주의 지지가 정점을 찍은 뒤 10년 동안 경제적으로 가장 튼튼한 국가에서도 복지국가와 재분배라는 측면에 별 진전이 없는 것을 봐도 그렇다. 진전은커녕 오히려 후퇴했다.

이런 상황은 오늘날 사회민주주의자들에게 불길하고 실망스러운 조짐이다. 또 은행과 보험회사의 파산이나 터무니없이 많은 상여금을 받은 무능한 금융가들 때문에 규제 완화를 지지하는 신자유주의자들이 이데올로기적으로 패배했다고 받아들여진 점을 생각하면 이런 불길한 조짐은 의외로 여겨질 수 있다. 2007~2008년 신용 경색 이후 국영화와 국가 개입의 물결이 신자유주의자들에게 굴욕감을 안겨준 것은 부인할 수 없는 사실이다. 예컨대 조지 W. 부시George Walker Bush의 미국 정부가 미국 은행 시스템의 최대 주주로 변신한 것은 아무도 예상치 못한 사건이었다.[5] 한때 신이라고 칭송받던 신자유주의자들은 그들의 부당한 탐욕이 드러나면서 더 큰 굴욕을 당했다. 특히 만인의 구경거리로 전락한 리먼브러더스 리처드 펄드Richard Fuld 회장이 그랬다. 그는 1993~2007년 자신의 회사에서 '겨우' 3억 5000만 달러를 상여금으로 받았다고 인정했다(그가 상여금으로 5억 달러를 받았다는 비난은 옳지 않다). 시간당 임금으로 환산하면 1만 달러가 훌쩍 넘는 액수다(2009년 7월 미국의 시간당 최저임금은 7달러 25센트였다). 그 많은 상여금을 받은 펄드의 주요 업적이 리먼브러더스를 유사 이래 최대 규모의 기업 파산으로 몰고 간 것이었다. 자산이 6390억 달러(남아메리카의 부국 아르헨티나 GDP[국내총생산]보다 많은 액수)에 달하던 기업이 2008년 하반기엔 전혀 값어치 없는 기업으로 몰락했다.[6] 미국에서 신자유주의 국가 붕괴에 따른 수혜자는 버락 오바마Barack Obama인지도 모른다. 루스벨트 Franklin Delano Roosevelt 이후 가장 '좌파 성향'이 강한 그가 대통령으로 당선되었기 때문이다(그렇다고 오바마의 적들, 그중에서도 공화당 하원 원내 대표 존 베이너John Boehner가 2009년 2월 27일에 주장했듯이 오바마가 '새로운 미국식 사회주의 실험'을 지지한 것은 아니다).[7] 그런데 유럽에서는 적어도 지금까지는 다른 쪽에서 걱정거리가 터지고 있다. 상당한 지지를 받던 외국인 혐오적인 우파 정당들이 더 강력해져서 골칫거리다. 반면 좌파의 상황은 갈수록 우울해지고 있다. 2013년 말 현재 유럽에 남은 사회주의 정부는 거의 없다. 1999년과 비교하면 천양지차다. 프랑스의 프랑수아 올랑드François Hollande 정부처럼 아직까지 남은 사회주의 정부도 승리한 직후 국민의 거센 반감에 직면했다. 올랑드 대통령은 당선된 지 6개월이 지난 2012년 11월 지지율 36퍼센트로 2007년 니콜라 사르코지Nicolas Sarkozy의 당선 6개월 뒤 지지율 53퍼센트 기록을 깨고 재임 중에 가장 인기 없는 프랑스 대통령이 되었다.[8] 이탈리아에서는 2011년 누가 봐도 명백하던 실비오 베를루스코니의 몰락이 일시적이었음이 드러났다.

그가 사임하자 통화주의 경제학자 마리오 몬티Mario Monti를 총리로 한 기술 관료 정부가 정권을 잡았다. 이탈리아 사람들은 몬티 정부에 불만이 많았다. 하지만 2013년 2월 선거에서 몬티 정부에 대한 국민의 불만으로 득을 본 것은 이탈리아 좌파가 아니었다. 오히려 베페 그릴로Beppe Grillo가 이끄는 '반정치적' 서민 정당 오성운동M5S이 놀라운 약진을 보였다. 베페 그릴로의 이념적 지평이 모호하고 불분명한데도 그랬다.

많은 사람들이 1929년 대공황과 비교하는 세계적인 경기 침체는 사회주의 부활을 위한 도약대가 되기는커녕 자본주의의 승리를 재확인하게 해줬다. 흔들리는 사회 체계를 모든 사람이 한마음으로 지켜내려고 할 때 비로소 그 사회 체계가 안정적으로 자리 잡았다고 말할 수 있다. 어느 나라나 중앙의 정치 세력은 체제를 지키는 데 몰두한다. 베이징北京, 워싱턴Washington, 런던, 파리, 베를린의 좌파와 우파는 자본주의를 지켜야 한다는 데 이해를 같이했다. 그들은 자본주의의 종말이 모든 이에게 재앙이 될 거라고 생각했다. 좌파 진영에서도 자본주의의 믿을 만한 대안이 자본주의의 폐허 위에 일어설 것이라고 예상하는 사람은 거의 없었다. 사회민주주의자들은 구멍이 나서 물이 새는 자본주의라는 배를 되도록 흔들지 않으려 했고, 배를 다시 띄울 방법을 찾기 위해 최선을 다했다. 그들은 자신들의 과거와 미래의 성공이 오직 대중의 지지를 얻을 수 있는 능력에 달린 것이 아니라 경제력이나 정치적 관습, 노동과 자본의 힘 대결 등 다양한 원인과 밀접한 관련이 있다는 것을 알았다. 노동은 자본보다 힘이 약했다.

처음에는 세계적인 경기 침체가 신자유주의의 근본적인 패배로 받아들여졌다. 실제로 경기 침체에 따른 최초의 충격 이후 신자유주의는 몸을 살짝 낮추고 겸손한 태도를 취했다. 하지만 금세 기력을 회복했다. 자기비판의 조짐은 눈곱만큼도 찾아볼 수 없었다. 오히려 신자유주의는 자기 과신을 앞세워 국가 개입과 공공 부문에 공격을 재개했다.

여전히 자신을 사회주의자라고 부르는 사람들이 직면한 어려움은 이것이다. 즉 그들은 자본주의와 경제성장, 그것이 줄 수 있는 번영이 필요하지만, 자본주의는 사회주의자가 필요하지 않다. 자본주의 사회는 미국처럼 일부 소수집단을 보호하거나 일본처럼 대기업과 가정, 친목 집단 같은 시민사회 조직에 복지 활동을 맡기기만 해도 경제적으로 지속 가능한 방법으로 조직될 수 있다. 게다가 사회주의 지도자들과 지지자들은 갈수록 자신을 사회주의라는 용어와 동일시하기를 꺼린다. 지지자들이 동일시하는 데 난색을 표하는 이데올로기는 장기간 살아남을 수 없다.

사회민주주의가 붙들고 있는 마지막 의제는 '유럽 사회 모델'을 방어하는 것이다. 이것은 이제 주로 방어적인 행동이다. '유럽 사회 모델' 방어의 성공 여부는 세계적인 경제 위기의 전개 양상과 유럽에서 떠나가는 제조업이 미칠 장기적인 영향에 달렸다. 지난 수년 동안 사회민주주의 정당과 노동계급 사이의 고리가 헐거워졌다지만, 과거 전통적인 사회주의적 요구와 지속성을 상당 부분 유지하기 위해 사회민주주의 정당은 여전히 조직적 노동운동(노동조합)과 가까운 관계를 유지했다. 요즘 유럽 노동조합은 힘이 없다. 특히 공공 부문 노조가 그렇다. 게다가 유럽의 산업 노동자 규모는 19세기 이후 최저 수준이다. 노조 조직률(노동자와 종업원 중에서 노조원

노동조합 조직률

단위 : %

	독일	프랑스	이탈리아	영국
1980년	34.8	18.2	49.5	49.7
1999년	25.3	8.1	35.4	30.1
2003년	23.0	7.9	33.6	29.5
2011년	18.4	7.5	35.1	25.8

출처 OECD(경제협력개발기구)

의 비율)은 크게 떨어지지 않았으나, 추세는 의심할 여지없이 줄어 들고 있다.

스웨덴과 덴마크의 노조 조직률은 (비록 하향 추세지만) 위 표에 있는 네 나라보다 높다. 이는 스칸디나비아 모델이 살아남을 가능성이 더 많다는 것을 의미한다. 하지만 높은 노조 조직률도 크게 위안이 되지 않는다. 무엇보다 노조원 다수가 공공 부문에 속해 있기 때문이다. 노동자 대 자본가의 구도가 아니라 노동자 대 고용주인 국가의 구도가 되었다. 2010년 영국에서 공공 부문 노조 조직률은 56.3퍼센트인 데 비해 민간 부문 노조 조직률은 14.2퍼센트에 불과했다.[9]

지금도 그렇지만 앞으로도 국제 환경은 복지국가가 살아남는 데 적대적인 쪽으로 조성될 전망이다. 상황이 이러니 좌파의 방어적 전략은 기본적으로 다음과 같은 사실을 받아들여야 한다. 시장의 힘을 규제하되, 국가경쟁력을 떨어뜨리는 선까지 규제해서는 안 된다. 공공 지출은 억제되어야 한다. 특히 금융 체계를 살려야 하는 필요성 때문에 국가 재원이 고갈된 이후의 공공 지출은 억제되어야 한다. 복지국가를 수호할 수는 있지만 확대해서는 안 된다. 민영화가 바람직할 수도 있다. 평등은 여전히 매력적인 목표지만 선거를 고려해서 목표를 완화할 수 있다. 모든 국제적 논의의 장에서 말로는 조정이 필요하다고 얘기하지만, 국제 금융기관의 권한은 축소될 리 없다.

좌파의 부진과 그들의 소박한 목표가 더욱 의외인 이유는, 대다수 여론조사에서 유럽인 절대다수(70퍼센트 이상)가 빈부 격차가 늘었고, 현재의 경제 제도가 부자에게 유리하며, 불평등이 심각한 문제라고 답했기 때문이다.[10] 이런 정서를 이용할 능력이 없는지, 의지가 없는지 모르겠으나 좌파의 전망은 암울하다. 좌파 정당들은 수세에 몰린 채 새로운 비전을 거의 제시하지 못하고 있다. 방어 전략은 일시적일 때만 통한다. 정치의 핵심은 이기는 것이지 가만히 서 있는 것이 아니다.

차례 • 1권

차례•2권

약어 목록

ACLI Associazioni Cristiane Lavoratori Italiani 이탈리아 기독교노동자협회

ADGB Allgemeiner Deutscher Gewerkschaftsbund (general German trade union federation) 독일 노동조합총동맹

AEC African Economic Community 아프리카경제공동체

AES Alternative Economic Strategy 대안경제전략

AN Alleanza Nazionale 이탈리아 국민연합

AP Alianza Popular (Spain) 스페인 국민동맹

CBI Confederation of British Industry (UK) 영국 산업연맹

CC.OO. Comisiones Obreras (Spanish trade union federation) 스페인 노동자위원회

CDS Centro Democrático Social (portugal) 포르투갈 민주사회중도당

CDU Christlich Demokratische Union (German Christian Democratic Party) 독일 기독민주당

CFDT Confédération Française Démocratique du Travail 프랑스 민주노동동맹

CFTC Confédération Française des Travailleurs Chrétiens 프랑스 기독교노동자동맹

CGIL Confederazione Generale Italiana del Lavoro (Italian trade union confederation) 이탈리아 노동총동맹

CGT Confédération Générale du Travail (French trade union federation) 프랑스 노동총동맹

CGTU Confédération Générale du Travail Unitaire 프랑스 통일노동총동맹

CHU Christelijk-Historische Unie (Holland, Christian Historical Union) 네덜란드 기독교역사연합

CISL Confederazione Italiana Sindacati Lavoratori (Italian Catholic trade union confederation) 이탈리아 가톨릭노조연맹

CND Campaign for Nuclear Disarmament 핵군축운동

COMECON Council for Mutual Economic Assistance 코메콘(상호경제원조회의)

COMISCO Comité de Défense Socialiste Internationale 국제사회주의자회의위원회

CPGB Communist Party of Great Britain 영국 공산당

CPSU Communist Party of the Soviet Union 소련 공산당

CSC Confédération des Syndicats Chrétiens (Belgium) 벨기에 기독노조연합

CSCE Conference on Security and Co-operation in Europe 유럽안보협력회의

CSU Christlich-Soziale Union (Christian-Social Union, Bavaria) 독일 기독사회당

CVP-PSC Christelijke Volkspartij - Parti Social Chrétien (Belgium)
벨기에 기독민주당–기독사회당 연합

DC Democrazia Cristiana (Italy) 이탈리아 기독민주당

DGB Deutscher Gewerkschaftsbund (German trade union federation)
독일 노동조합연맹

DKP Deutsche Kommunistische Partei (German Communist Party) 독일 공산당

DNA Det Norske Arbeiderparti (Norwegian Labour Party) 노르웨이 노동당

EAM National Liberation Front (Greece) 그리스 민족해방전선

EC European Community 유럽공동체

ECSC European Coal and Steel Community 유럽석탄철강공동체

EDA Eniaia Dimokratiki Aristera (United Democratic Left Greece)
그리스 좌파민주연합

EDC European Defence Community 유럽방위공동체

EEC European Economic Community 유럽경제공동체

EFTA European Free Trade Association 유럽자유무역연합

EK Enosis Kentrou (Union of the Centre, Greece) 그리스 중도연합당

ELAS National Popular Liberation Army (Greece) 그리스 민족인민해방군

EMS European Monetary System 유럽통화제도

ERM European Exchange Rate Mechanism 유럽환율조정장치

ETA Euskadi Ta Askatasuna 자유 조국 바스크

EU European Union 유럽연합

EURATOM European Atomic Energy Community 유럽원자력공동체

FDP Freie Demokratische Partei (German Free Democratic Party) 독일 자유민주당

FEN Fédération de l'Education Nationale (French teaching union)
프랑스 전국교육연맹

FGDS Fédération de la Gauche Démocratique et Socialiste (France)
프랑스 민주주의 좌파와 사회주의 연합

FGTB Fédération Générale du Travail de Belgique 벨기에 노동자총연합

FI Forza Italia 전진 이탈리아당

FIM Federazione Italiana Metallurgici (Italian engineering union)
이탈리아 금속연맹

FIOM Federazione Impiegati Operai Metallurgici (engineering union, Italy)
이탈리아 금속노조

FO Force Ouvrière (French trade union) 프랑스 노동자의 힘

FPÖ Freiheitliche Partei Österreichs (Austrian Freedom Party) 오스트리아 자유당

GATT General Agreement on Tariffs and Trade 관세무역일반협정

GAZ Grüne Aktion Zukunft (Germany) 독일 녹색행동미래

GLC Greater London Council 대런던의회

IBRD International Bank for Reconstruction and Development 국제부흥개발은행

ICBM Inter-Continental Ballistic Missiles 대륙간탄도미사일

IG Metall Industriegewerkschaft Metall 독일 금속노조

ILP Independent Labour Party (UK) 영국 독립노동당

INF Intermediate-range Nuclear Forces 중거리핵전력

IRI Istituto per la Ricostruzione Industriale (Italy) 이탈리아 산업부흥공사

IU Izquierda Unida 스페인 좌파연합

KKE Kommounistiko Komma Elladas (Greek Communist Party) 그리스 공산당

KKE-es Kommounistiko Komma Elladas-esoterikou (Communist Party of
Greece-Interior) 그리스 개혁파 공산당

KPD Kommunistische Partei Deutschlands (Communist Party of Germany)
독일 공산당

KPÖ Kommunistische Partei Österreichs (Austrian Communist Party)
오스트리아 공산당

KSC Czechoslovak Communist Party 체코슬로바키아 공산당

LO Landorganisationen (Swedish trade union confederation) 스웨덴 노조연맹

LRC Labour Representation Committee (UK) 영국 노동대표위원회

MFA Movimento das Forças Armadas (Armed Forces Movement, Portugal)
포르투갈 군부운동

MRP Mouvement Républicain Populaire (France) 프랑스 인민공화운동당

MSI Movimento Sociale Italiano (Italy) 이탈리아 사회운동당

NAFTA North Atlantic Free Trade Area 북대서양 자유무역지역

NATO North Atlantic Treaty Organization 북대서양조약기구

ND Nea Dimokratia (New Democracy, Greece) 그리스 신민당

NEB National Enterprise Board (UK) 영국 국가기업위원회

NEC Nitional Executive Committee (영국 노동당) 국가집행위원회

NL Lega Nord (Northern League) 이탈리아 북부동맹

NUM National Union of Mineworkers (UK) 영국 광부노조

OAU Organization of African Unity 아프리카통일기구

OECD Organization for Economic Cooperation and Development
경제협력개발기구

OEEC Organization for European Economic Cooperation
유럽경제협력기구(OECD의 전신)

ÖGB/OeGB Österreichischer Gewerkschaftsbund 오스트리아 노동조합총연맹

OPEC Organization of Petroleum Exporting Countries 석유수출국기구

ÖVP Österreichs Volkspartei (Austrian People's Party) 오스트리아 국민당

PAK Panellinio Apeleftherotiko Kinima 범그리스 해방운동(1974년 그리스 사회당으로
바뀜)

PASOK Panellinio Sosialisrlko Kinima (Pan-Hellenic Socialist Movement)
그리스 사회당

PCdI Partito Comunista d'Italia (later PCI) 이탈리아 공산당

PCE Partida Comunista de Espana 스페인 공산당

PCF Parti Communiste Français (originally Parti Communiste de France)
프랑스 공산당

PCI Partito Comunista Italiano (Italy) 이탈리아 공산당

PCP Partido Comunista Portugues (portugal) 포르투갈 공산당

PDS Partei des Demokratischen Sozialismus (Democratic Socialist Party,
Germany) 독일 민주사회당(동독 공산당 후신)

PDS Partito Democratico della Sinistra (Democratic Party of the Left, Italy)
이탈리아 좌파민주당

POB Parti Ouvrier Belge (in Flanders, Belgische Werklieden Partij - BWP)
벨기에 노동당

POF Parti Ouvrier Français (pre-1905, led by Jules Guesde) 프랑스 노동당

PPD Partido Popular Democrata 포르투갈 대중민주당(포르투갈 사회민주당의 전신)

PPI Partito Popolare Italiano (Italy) 이탈리아 인민당

PRC Partito della Rifondazione Comunista 이탈리아 공산주의재건당

PS Partido Socialista Portugues (Portugal) 포르투갈 사회당

PSB/BSP Parti Socialiste Belge/Belgische Socialistische Partij (Belgium)
벨기에 사회당

PSD Partido Social Democrata (portugal) 포르투갈 사회민주당

PSDI Partito Social Democratico Italiano (Italy) 이탈리아 사회민주당

PSI Partito Socialista Italiano (Italy) 이탈리아 사회당

PSIUP Partito Socialista Italiano di Unita Proletaria (Italy) 이탈리아 통일사회당

PSOE Partido Socialista Obrero Español (Spain) 스페인 사회노동당

PSP Partido Socialista Popular 스페인 대중사회당

PSU Parti Socialiste Unifié (France) 프랑스 통합사회당

PSUC Partit Socialista Unificat de Cataluña 카탈루냐 통합사회당

PvdA Partij van de Arbeid (Labour Party, Holland) 네덜란드 노동당

RPR Rassemblement pour la République 프랑스 공화국연합

SAF Svenska Arbetsgivareforeningen (Swedish Employers' Association)
스웨덴 고용주연합

SAP Socialdemokratiska Arbetarepartiet (Swedish Social Democratic Party)
스웨덴 사회민주당

SDAP Sociaal Democratische Arbeiders Partij (Dutch Social Democratic Party)
네덜란드 사회민주노동당

SDF Social Democratic Federation (UK) 영국 사회민주연맹

SDP Social Democratic Party 영국 사회민주당

SDS Sozialistische Deutscher Studentenbund 독일 사회주의학생동맹

SED Sozialistische Einheitspartei Deutschlands (Socialist Unity Party, German
Democratic Republic) 독일 사회주의통일당

SF Socialistisk Folkeparti (Socialist People's Party, Denmark) 덴마크 사회국민당

SFIO Section Française de l'Internationale Ouvriere (France) 인터내셔널 프랑스지부

SKDL Finnish People's Democratic League 핀란드 인민민주연맹

SKP Suomen Kommunistien Puolue (Finnish Communist Party) 핀란드 공산당

SPD Sozialdemokratische Partei Deutschlands (German Social Democratic Party) 독일 사회민주당

SPÖ Sozialistische Partei Österreichs (Austrian Socialist Party) 오스트리아 사회당 (1991년 당명이 오스트리아 사회민주당으로 바뀌는데, 약칭은 그대로 사용)

SPP Socialist People's Party 덴마크 사회주의인민당, 노르웨이 사회주의인민당

SSTP Suomen Sosialisrlnen Työväenpuole (Finnish Socialist Workers' Party) 핀란드 사회주의노동자당

SV Socialistisk Venstreparti (Socialist Left Party, Norway) 노르웨이 사회당

TGWU Transport and General Workers' Union (UK) 영국 운수일반노동조합

TUC Trades Union Congress 영국 노동조합회의

UCD Union Centro Democratico (Spain) 스페인 민주중도연합

UDF Union pour la Démocratie Française 프랑스 민주연합

UDI Unione Donne Italiane (Union of Italian Women) 이탈리아 여성동맹

UGT Union General de Trabajadores (trade union federation, Spain) 스페인 노동자총연맹

UIL Unione Italiana del Lavoro (left of centre trade union confederation) 이탈리아 노동조합연맹

UMA Union du Maghreb Arabe 아랍 마그레브 연합

UNRRA United Nations Relief and Rehabilitation Administration 유엔구제부흥사업국

USPD Unabhangige Sozialdemokratische Partei Deutschlands (Independent SPD, Germany) 독일 독립사회민주당

VVD Volkspaztej voor Vrijheid en Democzatie 네덜란드 자유민주당

WEU Western European Union 서유럽연합

WSPU Women's Social and Political Union 여성사회정치동맹

서문

　　프랑스혁명 100주년을 기념하던 1889년 7월 14일, 1876년에 해산된 제1인터내셔널을 대체할 새로운 조직을 창립하기 위해 유럽 각지의 사회주의자들이 파리에 모였다. 피갈Pigalle 근처 로쉬슈아르Rochechouart 거리에 모인 그들은 자신들을 프랑스혁명의 진정한 후계자로 여겼고, 1789년의 영웅적인 봉기가 인류 해방을 위한 사회적 혁명의 첫걸음이라고 생각했다. 부르주아 계급은 1789년의 기억과 상징을 자기들 것으로 만들었지만, 혁명의 진정한 정신까지는 아니었다. 자유, 평등, 형제애는 사회적 부와 경제적 힘이 소수의 손에서 벗어나 전체 국민의 통제 아래 놓일 때만 현실이 될 수 있었다.[1]

　프랑스혁명 이후 100년이 흐르는 사이에 군주 국가이자 가톨릭 국가의 전통을 이은 제국 프랑스는 독일에 참패하고 사라졌으며, 사회주의 프랑스는 1871년 파리코뮌 대학살로 진압되었다. 프랑스의 정치권력은 이제 '부르주아'의 손에 들어갔다. 그러나 1889년 프랑스 제3공화정은 수립된 지 20년이 채 되지 않았고, 아직 견고한 틀을 갖추지 못했다. 스위스를 제외한 모든 이웃 나라들은 여전히 군주 국가였다. 프랑스 국회는 1880년에야 1789년 7월 14일을 기념해야 할 날로 결정했다. 이는 조심스런 선택이었다. 당시 프랑스 정부는 강력한 왕당파의 심기를 필요 이상 거스르려 하지 않았다.

따라서 자코뱅Jacobin 공화국 100주년이 되는 1893년 6월 2일에 축하
행사를 개최하여 테러 행위와 자코뱅주의를 기념할 수는 없었다.
국회는 매우 온건하게 루이Louis 16세가 베르사유Versailles에서 삼부
회États Généraux를 소집한 1789년 5월 5일이나 삼부회가 스스로 국민
의회가 된 6월 17일 혹은 「인간과 시민의 권리선언Déclaration des Droits
de l'Homme et du Citoyen」이 선포된 8월 26일을 선택할 수도 있었다. 그
러나 1789년 7월 14일에 일어난 바스티유Bastille 습격이라는, 특별히
공화주의적이지 않지만 급진적인 감정을 만족시키기에는 충분히
대중적이며 영웅적인 '혁명'의 순간을 기념하기로 결정했다.2

　전통이 만들어질 때는 실제로 무엇을 기념하는지 분명히 해야 한
다. 과거의 어떤 사건을 기념하는 것뿐만 아니라 당대의 현실에서
무엇을 찬양하고 정당화하는지도 살펴봐야 한다. 자기만족적인 부
르주아 프랑스는 자유, 평등, 형제애에 박수를 보내고 있었는지 모
르지만, 실제로 찬양의 대상이 된 것은 상업과 무역, 현대성, 만국
박람회의 기계관Galerie des machines에 전시된 경이로운 과학기술 등
한마디로 말해 자본주의였다. 사회주의 신문 「민중의 함성Le cri du
peuple」은 프랑스혁명 100주년 행사를 "부르주아가 선호하는 축제
다. 부르주아들이 우리의 주인이기 때문에 그들의 기호에 맞춘 즐
길 거리에 만족해야 한다"고 씁쓸하게 논평했다.3 혁명의 순교자를
기리는 기념비 대신 설계자 구스타브 에펠Alexandre Gustave Eiffel의 이
름을 딴 거대한 철탑이 박람회장 중심에 세워졌으며, 이후 파리 풍
경의 영원한 아이콘이 되었다.4

　프랑스인들은 현대성, 진보, 부의 평화적인 추구를 기치로 내세
워 1870년 발발한 프로이센–프랑스 전쟁에서 독일에게 참패한 뒤

잃어버린 국가적 자긍심과 국민의 단결을 되찾으려 했다.[5] 당시 분위기를 포착한 신문 「르 탕Le Temps」은 에펠탑 개관식을 논평한 사설에서 애국적으로 외쳤다. "프랑스가 의기양양하고 자신만만하게 1789년의 정치적 100주년뿐만 아니라 경제적 100주년도 기념한다."[6] 1889년 프랑스는 혁명의 자본주의적 결과물에 열광했지만, 제2인터내셔널을 설립한 주요 마르크스주의자들은 이에 동조하지 않았다. 자본에 적대적인 그들은 자본주의의 축제가 벌어지는 한쪽에서 만나 다음과 같이 선언했다.

> 자본가들은 인류 사회가 여태껏 만들어낸 가장 커다란 부의 한가운데서 가난에 허덕이는 노동자들이 고생해서 만든 생산물을 구경하고 감탄하라고 만국박람회에 부자와 권력자들을 초청했다. 우리 사회주의자들은 7월 14일 파리에서 우리와 함께하자고 생산자들을 초청했다. 우리의 목표는 노동자 해방, 임금노동 철폐, 모든 남녀가 성별이나 국적에 관계없이 노동자가 생산한 부를 누릴 수 있는 사회를 만드는 것이다.[7]

선언문에 서명한 이들 중에는 독일의 아우구스트 베벨August Bebel과 빌헬름 리프크네히트Wilhelm Liebknecht, 영국의 윌리엄 모리스 William Morris, 스코틀랜드의 제임스 하디James Keir Hardie, 오스트리아의 빅토르 아들러Victor Adler, 이탈리아의 아밀카레 치프리아니 Amilcare Cipriani가 있다. 이 자리에는 나이 든 엥겔스와 마르크스의 전우들, 프랑스의 에두아르 바양Edouard Vaillant과 쥘 게드Jules Guesde, 러시아의 게오르기 플레하노프Georgii Valentinovich Plekhanov, 벨기에의 세자르 드 페페César De Paepe, 스페인의 파블로 이글레시아스Pablo Iglesias 그리고 오스트리아, 이탈리아, 노르웨이, 스웨덴, 영국, 벨기에, 그리스, 스페인, 포르투갈 등 19개 나라 사회주의 단체 대표자 400여 명이 참석했다. 같은 시각 랑크리Lancry 거리에서는 가능주의자possibilistes라고 불리는 비교적 온건한 사회주의자들이 또 다른 대회를 열었다. 이 대회는 마르크스주의자들의 대회만큼 중요하지 않았으며, 이들의 결의안은 로쉬슈아르 거리에서 채택된 결의안과 크게 다르지 않았다.[8]

파리에 모인 사회주의자들은 무엇을 원했는가? 마르크스주의자들은 첫째 결의안에서 노동자(특히 여성 노동자)를 보호하기 위한 법제정과 하루 여덟 시간 노동, 아동노동 철폐를 요구했으며, 양성평등을 강조했다.

> 대회는 국적의 차별 없이 남녀 노동자에 대한 '동일 노동, 동일 임금' 원칙에 기초하여 자신의 조직에서 여성 노동자를 동등하게 인정하는 것이 남성 노동자의 의무라고 선언한다.[9]

대회에 모인 대표자들은 5월 1일을 '노동자의 날'로 지정하기로 결정하는 한편, 전쟁을 '현 경제 상황이 낳은 피할 수 없는 산물'이라고 비난하면서 전쟁은 "자본주의 질서 자체가 사라지고 노동자가 해방되며 세계 곳곳에서 사회주의가 승리하면 영원히 사라질 것이다"라고 단언했다.[10] 마지막으로 대표자들은 자본주의자들이 지배권을 손에 넣은 것은 정치권력을 소유했기 때문이라는 사실에 주목했다. 그러므로 노동자에게 투표권이 있는 국가에서는 노동자들이 사회주의 정당에 가입하고 사회주의 정당을 정부로 선출해야 하며, 그렇지 않은 국가에서는 노동자들이 투표권을 얻기 위해 가능한 모든 수단을 사용해야 한다고 촉구했다. 지배계급이 사회주의 사회를 향한 평화적인 진화를 무력으로 막는다면 인류에 대한 범죄라고 주장했다.[11]

유럽 사회주의 정당들이 지난 100년 동안 일관되게 지키지는 않았지만 줄곧 옹호해온 원칙들이 이 창립 대회에서 확립되었다. 그것은 민주주의를 확대하고, 정치권력에 평화적으로 다가가며, 노동시장을 규제하고, 성차별을 비롯한 차별을 없애는 것이었다. 이런 원칙들은 이후 유럽의 정치 세력이 절대 무시할 수 없는 폭넓은 의제를 마련했다. 사회주의 정당이 등장하자 귀족과 부르주아 정당들은 사회주의 정당들을 억압하면서도 그들의 아이디어 중 일부를 채택했다(예를 들면 사고, 질병, 노령 보험을 위한 1883~1889년의 '비스마르크 계획'이 있다). 로마 가톨릭교회의 입장에도 변화가 생겨서 교황 레오 13세는 1891년 「레룸노바룸」이라는 회칙을 발표해, 교회의 '사회적' 강령의 초석을 쌓았다.

이 책에서 다루는 역사는 유럽 사회의 궤도를 바꿔놓은 사회주의 조직들의 역사다. 여기에서 '좌파'는 전통적인 사회주의 정당을 이야기한다. 물론 좌파라는 용어는 사회주의보다 앞선 것으로, 프랑스혁명에서 비롯되었다. 루이 16세가 삼부회를 소집했을 때 사제와 귀족인 1, 2부 멤버들은 의장석 오른쪽에 앉았고, 실제로는 중산층이던 '평민' 대표인 3부는 왼쪽에 자리했다.[12] 그 후 국민주권의 원리를 고집스럽게 주장한 반反왕당파가 혁명 기간 내내 왼쪽 자리를 지켰다. 성경에서 왼쪽은 좋은 자리가 아니다. "또 왼편에 있는 자들에게 이르시되 저주를 받은 자들아 나를 떠나 마귀와 그 사자들을 위하여 예비된 영원한 불에 들어가라."(「마태복음」 25:41) 좌파는 탄생 시점부터 전통적인 세계를 삐딱하게 보면서 관습을 만들어갔다고 할 수 있다.

이 책은 1889년 사회주의 좌파에 대한 이야기에서 시작할 텐데, 이는 완전히 임의대로 정한 것은 아니다. 1889년은 그 언어가 20세기의 추이를 특징지은 위대한 자유민주주의 혁명과 자본주의에 맞선 공산주의 혁명의 최종 붕괴 사이, 즉 바스티유 습격(1789년)과 베를린장벽 붕괴(1989년) 한가운데 위치한다.

노동계 대표들이 자본을 따라다니는 유령처럼 로쉬슈아르 거리 자본의 축제 한편에 모였을 때, 일부는 오래됐고 일부는 아직 태동하지 않은 사회주의 운동은 마치 야누스처럼 한쪽으로는 못다 이룬 프랑스혁명의 이상과 과거를, 다른 한쪽으로는 그 이상이 실현될 미래를 바라봤다.

서유럽의 선진 산업사회 틈새에서 태어난 신진 사회주의 운동의 장기적인 목표는 자본주의를 해체하고, 생산이 수백만 소비자의 즉흥적인 결정과 수천 자본가의 계산에 맡겨진 것이 아니라 생산자 연합의 지배를 받는 사회를 건설하는 것이었다. 사회주의자들은 장기적인 목표를 향해 가는 동안에도 많은 것을 해낼 수 있다고 믿었다. 그들은 제2인터내셔널이 주창한 개혁을 통해 자본주의 체제에서도 노동계급의 삶이 과거보다는 견딜 만하고 품위 있어질 것이며, 노동자들 스스로 자유롭고 독립적으로 조직을 꾸릴 수 있을 것이라고 기대했다. 그러나 사회주의자들은 자신들의 개혁이 성공할수록 자본주의의 번영에 의존한다는 사실을 알았다. 사회주의자들은 자본주의의 최종적인 위기를 꿈꿨지만, 죽어가는 사회 체제가 얼마나 위험할 수 있는지 점차 깨달았다. 1930년대 서유럽 자본주의 위기의 첫 번째 정치적 희생자는 좌파 정당이며, 좌파 정당이 가장 성공한 때는 자본주의의 황금기(1945~1975년)다.

자본주의가 국가의 정치·사회제도에 의존했으므로, 사회주의자들은 스스로 국가적인 정당을 조직할 수밖에 없었다. 그러므로 사회주의자들은 국제적인 조직을 만들었다 해도 시작 단계부터 '민족국가'라는 정치적 틀에서 벗어날 수 없었다. (관습적으로 '민족국가'라는 말이 사용되지만 정확한 표현은 아니다. 국가는 '민족'으로만 정의될 수 없기 때문이다.)

물론 자본주의는 이후 100년간 상당한 변화를 겪었다. 유럽 국가들을 약화한 양차 세계대전의 덕을 보고 사회주의의 도전과 무관하던 미국에서 자본주의는 국제적인 경제 제도의 초석이 되었다. 19세기에 등장하기 시작한 속박과 규제의 요소들(관세, 공장법, 주식회사법)이 상당히 확대되었다. 민족국가는 항상 자본가들과 협력했고, 필요하면 그들을 보호하거나 그들의 활동을 규제했으며, 이런 저런 기업의 편을 들기도 했다. 많은 자본가들이 손해를 보고 도중에 실패도 했지만, 자본주의는 계속 존재했으며 전 세계를 정복했다. 20세기 말 자본주의 민주국가에서 근본적인 정치적 갈등은 자본주의를 규제하는 범위와 형태에 관해서 일어났으며, 자본주의 폐지는 전혀 모색되지 않았다. 자본주의가 단단히 뿌리내린 듯 보이는 선진 국가들 외에 다른 곳에서 벌어지는 갈등은 민족주의, 종교, 자본주의가 발전하는 형태나 속도에 관한 것이었다. 이제 어느 곳에서도, 아무도 비자본주의의 길을 추구하지 않는다.

사회주의는 서유럽부터 전 세계에 걸쳐 자본주의의 뒤를 따라다니며, (드물지 않게 사회주의의 이름으로 행사되는 압제와 불의도 포함해서) 압제와 불의, 착취와 차별에 대항하는 수많은 투쟁에 불을 지피는 영감의 원천이 되었다. 그러나 사회주의가 지구의 가장 비참한 데서 탄생한 것이 아니라는 점을 명심해야 한다. 사회주의는 서유럽, 즉 산업사회 혹은 산업화가 막 일어나려는 사회에서 태어났다. 사회주의는 룸펜프롤레타리아트가 아니라 숙련된 노동자들 사이에서 태어났다. 사회주의는 자본주의 안에서, 노동자 자신이 만들어낸 커다란 부의 한복판에서 태어났다. 하지만 본질적으로 산업 노동계급과 밀접한 연관이 있더라도, 사회주의는 세상의 변화를 원하고 고통을 인간의 정해진 조건으로 받아들이길 거부하는 모든 사람들을 사로잡았다. 이런 도덕적인 호소는 사회주의의 강점이었다. 이 점에서 순전히 개인주의적인 자유주의는 결코 사회주의의 상대가 되지 못했으며, 민족주의는 사회주의에 연결되지 않는 한 자꾸 뒤를 봤기 때문에 전진하려는 이들을 고무할 수 없었다.

서유럽 밖에서 사회주의는—반드시 그런 것은 아니지만 대부분 공산주의 형태로—현대화, 농업 개혁, 탈식민지화, 민족주의를 견인하는 힘이 되었다. 인종차별에 대항해 싸우는 아프리카인과 외국의 다국적기업 혹은 현지의 토지 소유자들에 맞서 투쟁하는 남미인도 사회주의를 받아들였다. 중국에서 사회주의는 역사상 가장 큰 농민 혁명 조직에 영감을 줬다. 인도에서 사회주의는 가장 광범위하게 일어난 비폭력 운동의 한 부분을 차지했다. 러시아 사회주의자들은 20세기 사회공학에서 가장 대담하고 가장 오래 지속되었지만, 가장 처참한 실험에 착수했다. 그러나 20세기 말 사회주의는 대다수 제3세계에서 현대화의 도구로 받아들여지지 않는다. 사회주의는 소련이라 불리던 곳에서 지금까지 존속하지만, 향수에 빠진 사람들이나 불러 모을 뿐이다. 1960~1970년대에 젊은이들이 사회주의에 고무된 중국과 베트남에서도 공산당의 지도 아래 (특별한 유형이기는 하지만) 자본주의가 급속도로 발전하고 있다. 사회주의가 살아남은 곳은 서유럽뿐인 듯하지만, 서유럽에서도 사회주의는 선거에 연거푸 패배하며 미래를 확신하지 못하고 자신의 과거를 의심하는 상황이다.

사회주의가 최후의 몸부림을 치는지 부활의 문턱에 서 있는지는 역사학자가 대답할 수 있는 문제가 아니다. 이 책은 부고장이 아니고, 남아 있는 사회주의 지지자를 위로하는 '낙관적인' 이야기도 아니다.

이 책의 분량이 적은 것은 아니지만, 다루지 못한 부분이 많다. 특히 독자들에게 일러두고 싶은 것은 이 책이 사회주의 사상의 역사가 아니라는 점이다. 즉 가치와 전략을 자본주의의 발전에 맞춰 새롭게 하려고 끊임없이 노력한 사회주의 사상가들에 대한 연구가 아니다. 이 책은 사회주의자들, 즉 사회주의에 고무되고 사회주의를 위해 싸우며 운동에 참여한 사람들을 다루는 '아래에서 비롯된' 역사도 아니다. 이 책은 자본주의의 발전, 민족국가, 국제적인 제도, 지배 이데올로기, 과거 등의 제약에 직면한 사회주의 정당들에 대한 비교 역사를 다뤘다. 이 책에서 나는 사회주의에 대한 특정한 정의를 사용해서 어느 정당이 사회주의 정당이라고 불릴 만한 '자격'이 있는지 판정하지 않았다. 역사학자는 심판관이 되려는 사람들이 아니다. 나는 정당이 스스로 어떤 정당이라고 정의한 것을 그대로 따랐기 때문에 자칭 사회주의, 사회민주주의, 노동, 노동자 정당이라고 하는 정당을 모두 포함했고, 사회민주주의 전통만 다루려고 하지도 않았다. 규모가 크거나 특별히 주목할 점이 있다면 공산주의 정당도 다뤘다. 특히 자국에서 오랫동안 주요 좌파 정당이던 이탈리아와 프랑스의 공산당이 그렇다.

나는 모든 역사는 현재의 역사라는 역사학의 격언을 진지하게 생각했으며, 사회주의 사상의 명백한 쇠퇴와 지난 20여 년간 사회주의 정당이 직면한 어려움을 역사적 관점에서 살펴보려고 이 책을 썼다. 이 책이 뒤로 갈수록 분량이 많아지는 것도 이 때문이다. 책은 현재에 가까울수록 설명이 상세해지는 식으로 구성했다. 순차적으로 진행하지만 분량은 기하급수적으로 늘어난다. 나는 2차 세계대전까지 내용을 책의 10퍼센트 남짓 되는 분량에 다소 형식적으로 다뤘다. 책의 나머지 분량 중 절반에서는 2차 세계대전 이후 1945년부터 1975년까지 지속된 자본주의 '영광의 30년'을 다뤘고, 그 나머지 분량에서는 이후 20년 정도를 살펴봤다. 책은 1990년대 중반에서 끝난다. 1990년대 중반 이후는 과거와 현재를 구별하기 힘든 가까운 과거이기에 지금 그 시기를 다루자면 역사학자지만 동시대인으로서 기록할 수밖에 없다. 이 책의 결론 부분에서도 밀레니엄의 마지막 몇 년이 유례없는 불확실성으로 점철되었다는 사실을 숨기지 않았다. 그런 상황에는 알려진 사실에 근거해서 추측할 수밖에 없다.

그러므로 이 책은 대부분 1945년 이래 서유럽의 주요 좌파 정당들이 직면한 정치권력의 문제와 제약, 선거 정치의 요구를 탐색하는 데 할애되었다. 이 기간은 사회주의 정당이 권력을 진정으로 바랄 수 있었으며, 민주정치의 만만찮은 한계에 부딪힌 때다.

소규모 조직과 분파는 무력함이라는 아무도 부러워하지 않을 호사를 누렸다. 그들이 만든 강령은 무관심한 다수가 아니라 충실한 소수를 향한 것이다. 이런 조직들은 실질적인 정치의 긴박함에서 멀리 떨어져 있었기에 오염되지 않은 이데올로기적 순수성을 쉽게 유지할 수 있었다. 그러나 이들은 이 책이 다루는 역사에 등장하지 않는다.

이 책이 초점을 두는 지역은 필연적으로 '서유럽'이다. 민주주의와 자본주의, 사회주의가 동시에 일어난 곳이기 때문이다. 서유럽이라는 개념은 2차 세계대전 이후 동서 대립으로 정치적 의미가 부여된 지리적 표현이라고 설명할 수도 있다. 이제는 냉전이 종식되었으니 동유럽과 중유럽에서도 사회민주주의 좌파가 생겨나서 역사적으로 유례없는 유럽 대륙의 정치적 통일에 기여할 수도 있을 것이다. 그렇다 해도 1945년 붉은 군대가 장악하지 않은 지역이라는 측면에서 서유럽의 특수성을 간단히 얘기할 수는 없다. 동유럽과 서유럽은 수세기 동안 서로 다른 역사를 만들어왔다.[13] 서유럽 역사의 특징은 '자유'의 굴하지 않는 성장이다. 대개 자유를 누리는 이들은 다른 집단을 착취하는 특정 집단이었지만 말이다.[14] 서유럽은 농노제가 처음 폐지된 곳이고, '인간의 권리'가 처음 공포된 곳이며, 계몽주의가 처음 나타난 곳이다. 서유럽은 산업화와 근대화 —한마디로 자본주의—가 시작된 곳이다(산업화와 근대화는 영국, 벨기에, 라인란트Rheinland에서 시작되었다고 할 수 있다).[15] 단일한 세력의 지배를 받은 적이 없는 서유럽에서 다른 이들—여기에는 거의 모든 비유럽인이 포함된다—을 새로운 형태의 압제와 착취 아래 종속시키는 데 사용되는 사상이 만들어졌다는 사실은 부정할 수 없다. 그러나 유럽인에게 맞서 싸운 사람들이 기반을 둔 자유의 개념도 서유럽에서 발생했다는 사실 역시 부정할 수 없다.

지역적 경계는 정확하지 않다. 엘베Elbe 강 서쪽에서 아래로는 아드리아Adria 해의 베네치아Venezia까지가 대략 우리 이야기의 무대다. 물론 이 지역의 다양한 정당을 똑같이 다룰 수는 없다. 프랑스, 영국, 독일, 이탈리아 등 큰 국가에 대해서 보다 자세히 다뤘으며, 스웨덴은 인구가 적지만 스웨덴 사회민주당SAP이 중요하기 때문에 자세히 다뤘다. 이 책의 초점이 민주주의와 선거의 맥락에 있는 좌파 정당이기 때문에 스페인, 포르투갈, 그리스의 사회주의 정당과 공산주의 정당에 대한 검토는—스페인과 그리스 내전에 대한 몇 페이지를 제외하면—독재 정권에서 벗어나는 과정과 그 여파를 중심으로 했다. 끝으로 서유럽에서 아이슬란드, 룩셈부르크와 같이 아주 작은 국가나 스위스, 아일랜드와 같이 좌파가 정부나 반대세력으로서 지배적인 역할을 하지 않은 국가의 좌파가 겪은 변천에 대해서는 다루지 않았다.

나는 경제 발전에서 국제 관계까지, 선거에서 연립정부 구성까지, 노동조합에서 페미니즘과 환경보호주의까지 유럽 역사에서 좌파의 역사에 영향을 미친 중요한 요소를 모두 검토하려고 했다. 그리고 가능할 때마다 정당 스스로 자신들을 정의한 개념과 정당을 둘러싼 상황을 구별하기 위해 노력했다.

안토니오 그람시Antonio Gramsci는 정당의 역사를 쓰는 것이 전문적인 관점에서 한 나라의 역사를 쓰는 것과 같다고 설명한 적이 있다. 나는 이 책을 반쯤 썼을 때 내가 서유럽 좌파의 역사라는 관점에서 서유럽의 역사를 쓰고 있다는 점을 깨달았고, 그제야 그람시가 한 말의 의미를 완전히 이해할 수 있었다. 정당의 역사는 사회·경제구조의 역사와 분리될 수 없다. 정당은 사회·경제구조의 지대한 영향을 받고, 그 구조에 맞서 싸울 수밖에 없다. 이 책에 영감을 준 갈등 역시 인간의 행동을 가로막는 구조적 제약, 자유를 향한 우리의 꿈을 구속하는 현실이라는 해묵은 문제다.

BOOK ONE

확장
Expansion

one

hundred

years of

socialism

정치권력을 향한
험난한 여정

1장

1914년 이전 사회주의의 성립

1914년에도 거의 모든 유럽 국가에 상당 규모의 노동운동이 존재했다. 노동운동의 정치적인 면이 대부분 사회주의의 영향을 받았다고는 하지만, 사회주의가 노동운동의 필수 조건은 아니었다. 유럽 안팎에서 사회주의가 없었다 해도 조직적인 노동운동은 일어났을 것이다. 영국은 노동운동은 활발했지만, 1차 세계대전이 발발하기 전에 영향력 있는 사회주의 정당은 전혀 없었다. 일본은 20세기 마지막 25년 동안 세계적으로 성공한 자본주의 국가가되었지만, 일본 사회주의 정당은 지금껏 힘없고 무능했다.

당시 거의 모든 사회주의자들이 믿은 것과 달리 조직적인 노동운동의 발생과 사회주의 이데올로기 사이에 필연적인 인과관계는 없었다. 사회주의와 산업화가 동시에 발생한 것은 아주 제한된 지역, 즉 유럽 대륙의 특징이었다. 유럽 지역 밖에서 사회주의는 현저한 산업 기반이 없는, 그러므로 의미 있는 노동운동도 존재하지 않은 국가에만 확산되었다. 오스트레일리아와 뉴질랜드가 대표적인 경우다. 유럽 대륙에서 사회주의를 '사로잡은' 것은 19세기에서 20세기로 전환되는 시기에 노동운동을 지배한 마르크스주의다. 여기에서 나는 마르크스의 마르크스주의가 아니라 사회주의 정당과 사회민주주의 정당에 보급된 마르크스주의의 해석, 이른바 '통속적 마르크스주의vulgar Marxism' 혹은 '제2인터내셔널의 마르크스주의'를 다룬다. 즉 내 관심사는 노동운동 지도자들과 그들을 따르는 활동가들이 크게 흥미를 보인 해석된 '마르크스주의'다. 그것은 확실히 단순화된 마르크스주의다. 뒷날 '오스트리아-마르크스주의Austro-Marxism'라 불리는 이론을 주장한 오토 바우어Otto Bauer는 마르크스주의가 단순하게 변형되어야 할 필요성을 숨김없이 드러냈다.

새로운 이론이 단순화되고 통속화되는 것은 널리 인정받는 과정이자, 승리에 찬 전진의 한 단계일 뿐이다. 자연과학과 철학의 역사에서 이런 사실을 보여주는 예가 수없이 많다.[1]

대중적으로 해석된 마르크스주의는 마르크스 본인의 저작보다 널리 배포되고 읽힌 카우츠키Karl Kautsky와 베벨의 저서를 통해 퍼져나갔다.[2] 본질적으로 1914년 이전의 통속적 마르크스주의는 아주 단순한 명제를 이용해 다음과 같이 요약할 수 있다.[3]

명제 1_ 지금의 자본주의 체제는 불공평하다. 자본주의의 기본 관계인 임금은 법률적으로 대등한 당사자 간의 계약에 기초하지만, 그 이면에는 실제적인 불평등이 감추어져 있다. 자본가는 노동자를 '속이고', 임금과 그 밖에 필요한 생산비로 지불하는 것보다 훨씬 많은 가치를 착복한다. 통계적으로 수량화할 수 없는 이런 특별한 가치를 마르크스주의에서는 '잉여가치'라고 했다. 자본을 소유한 이들은 잉여가치 덕분에 막대한 부를 형성하고, 사회의 경제적 발전에 통제권을 행사한다. 즉 자본가들이 경제적 부와 권력을 독차지한다.

명제 2_ 역사는 단계별로 나간다. 각 단계는 특정 권력 체제와 특정 지배계급에 상응하는 특정 경제체제로 특징지어진다. 현재의 자본주의 단계는 영원히 지속되는 것이 아니라 일시적인 역사 현상이다. 현재의 지배계급도 영원히 군림하지 않을 것이다.

명제 3_ 노동자는 그들 사이에 차이가 존재해도 기본적으로 동질 집단이다. 모든 노동자는 '본질적으로' 비슷한 관심사로 하나가 된다. 그들의 관심사는 자본주의에서 삶의 조건을 향상하는 것, 지금의 사회질서에 대항해 싸우는 것, 형식적인 평등이 아니라 '진짜' 평등이 존재할 수 있는 역사의 새로운 단계로 나가 지금의 사회질서를 극복하는 것이다. 이를 위해 노동자들은 정당과 노동조합을 조직해서 그들을 갈라놓으려는 모든 시도를 물리쳐야 한다.

명제 1은 착취에 대한 마르크스의 경제 이론을 수용한 것이며, 명제 2는 이른바 유물론적 역사관이다. 명제 3은 마르크스 사후에 유럽(특히 독일) 사회주의 지도자들의 생각과 정치적 실천에서 나온 것이다.

한 단계 분석을 해보면 세 가지 명제는 단순한 '삼위일체'를 구성한다. (1) 현재에 대한 진술, 즉 "지금의 사회체제는 불공평하다". (2) 미래에 대한 진술, 즉 "지금의 사회체제는 바뀔 수 있다". (3) (1)에서 (2)로 이행되기 위한 전략적 진술, 즉 "사회체제의 변화는 운명적으로 일어나지 않는다. 그러므로 우리는 조직을 결성하고 행동해야 한다". 이런 삼위일체에 대한 믿음(종교적인 표현이지만 적절한 표현이다)은 사회주의자든 아니든 현재 상황을 바꾸는 것이 목적인 사람들의 모든 사회운동에 필요한 요건이다. 노동운동에서 이를테면 아나키즘 같은 다른 사상에 비해 사회주의가 우위를 점한 까닭은 사회주의가 삼위일체의 명제 3, 즉 '무엇을 할 것인가?'라는 전략적 측면의 질문에 보다 효과적인 생각을 했기 때문이다. 사회주의는 다른 사상에 비해 (예컨대 노동조합의 형태로) 노동자들이 연합하고 노동계급이 더 규모가 큰 생산 단위로 조직되는 데 훨씬 적합해 보였다. 사회주의는 미래를 있는 그대로 바라보고 이상화된 과거를 들먹이지 않는다는 점에서 유토피아주의 같은 사상과도 구별되었다. 비록 사회주의가 미래에 대해서 계급사회의 종말과 국가의 쇠퇴라는 모호한 일반론 이상으로 확실한 비전을 제시한 적은 없지만 말이다. '실재하는' 사회주의 모델을 지적하는 일이 가능해진 것은 소비에트 혁명 이후다.

지금까지 설명한 사회주의의 특징이 노동운동에서 사회주의 이데올로기가 사상적 우위를 확실하게 한 전부는 아니다. 사회주의 활동가들의 선견지명적인 정치적 활동 또한 사회주의의 사상적 우위에 크게 기여했다. 사회주의 활동가들은 과거의 혁명가나 개혁가처럼 사회를 바꾸고 싶었다. 사회주의 활동가들은 변화의 주체가 노동계급이 되어야 한다고 생각했다. 어떤 의미에서 이런 인식 행위는 일종의 창조 행위다. 사회주의 활동가들은 노동계급이 정치적으로 엄청난 잠재력이 있는 사회적 주체라는 사실을 직관적으로 간파했다. 최초의 사회주의 활동가들이 보여준 위대한 직관은 단기적으로나 장기적으로 일관성 있는 정치적 요구를 할 수 있는, (오늘날의 용어로 말하자면) 명확한 잠재적 열망을 갖춘 '새로운 정치적 주체'를 알아본 것이라고 할 수 있다. 정치가 하나의 예술이라면 이런 인식은 걸작이라 할 만하다. 사회주의 정치와 사회주의 운동은 다양한 쟁점을 아우를 수 있었다. 여기에는 근로 환경 개선 같은 단기적인 요구에서 연금제도 같은 국가적인 개혁, 경제계획이나 새로운 법 제도 같은 종합적인 시책, 투표권 확대 같은 정치적으로 커다란 변화, 국가 폐지 같은 유토피아적 계획까지 포함되었다. 이 모든 요구는 모순적인 성격에도 (어쩌면 그런 성격 때문에) 가장 중요한 목표 아래 묶일 수 있었다.

사회주의 선구자들은 노동계급을 정치적 계급으로 생각하며 노동계급에 특정한 정치적 성격을 부여하고, '빈곤층'이라는 이전 개혁가들의 모호한 범주를 거부함으로써 노동계급을 사실상 '만들어' 냈다. 정의하는 것은 곧 창조하는 것이다. '민주'정치(즉 현대 대중정치)는 전쟁터이며, 무엇을 놓고 싸우는 전쟁인지 쟁점이 무엇인지 결정하는 일은 전쟁터에서 가장 중요한 행동이다. 싸우는 당사자를 정의하고 그들을 명명하며 바리케이드를 세워야 할 곳이나 참호를 파야 할 곳을 정할 수 있다는 것은 강력하고 때로는 결정적인 우위를 점하는 것을 뜻한다. 이것이 사회의 변화를 위해 싸우는 모든 주요 운동이 해야 했던 일이다. 마르크스주의는 노동계급이 생산수단에서 분리된 채 잉여를 생산하는 무산계급이라고 이론적으로 정의했지만, 마르크스주의의 정의가 실제로 프롤레타리아를 정치적으로 정의하는 데 사용되지는 않았다. 당사자들이 자신을 어떻게 정의하는가 하는 점이 항상 더 중요했다. 일례로 구성원들이 대부분 소작인이던 토스카나Toscana 중앙의 작은 마을 카스텔피오리노Castelfiorino에서 1891년 4월 19일 '노동자들' 한 무리가 「노동절 선언문」에 서명한 일이 있다. 그들은 선언문에서 "결속이 우리를 강하게 만든다"는 기치 아래 노동자들을 '위해서만' 정해진 축제일인 노동절을 축하하기 위해 지역민을 연회에 초대했다.[4] 이 선언문에 서명하고 자신을 노동계급으로 정의한 이들은 자본을 소유한 기업가에게 착취당하는 공장노동자, 즉 잉여가치의 생산자가 아니다. 그들은 대장장이, 인쇄공, 벽돌공, 제화공, 목수 같은 사람들이다. 모두 자영업자고, 아무에게도 지배받지 않았으며, 마르크스식으로 보면 프티부르주아(소시민)다. 그런데도 그들은 자신의 대의가 노동자의 대의와 동일하며, 자신도 노동자라고 확신했다.

노동계급이 '만들어'졌다고 해서 그 이전에는 노동계급에 해당하는 이들이 존재하지 않았다는 이야기가 아니다. 그러나 "노동계급을 관찰한 모든 이들은 '프롤레타리아'가 동질성을 지닌 집단과 거리가 멀고, 심지어 한 민족에서도 그렇다는 데 의견을 같이했다".[5] 노동계급이 등장하기 전에는 서로 다른 직업에 종사하는 수많은 사람들이 존재했을 뿐이다. 이들은 기술에 따라 서열이 매겨지고, 지역에 따라 나뉘고, 국적에 따라 분리되며, 종종 성별이나 인종에 따라 차별되고, 종교나 전통, 편견에 따라 서로 격리되며, 기술이 발전함에 따라 끊임없이 재편되었다. 이렇게 파편적으로 존재하던 이들에게 이데올로기적 일관성과 조직적인 결합이 주어졌다. 민족주의는 민족주의자가, 페미니즘은 페미니스트가, 인종차별주의는 인종차별주의자가 구성한 것처럼 계급의식class consciousness은 정치 활동가들이 고안했다.[6] 물론 계급의식이 생겨난 과정이 오로지 활동주의에 의존하는 것은 아니다. 활동가들이 성공하려면 허공이 아니라 진짜 토대 위에 기반을 둬야 한다. 그래서 사람들이 활동가들의 주장을 인정하고 내면화해야 한다. 마키아벨리Niccoló Machiavelli 또한 군주는 성공하기 위해서 자신의 능력(즉 미덕)뿐만 아니라 객관적인 상황(즉 운명)에도 의존해야 한다고 설명했다.

사회주의가 패권을 차지한 결정적인 원인이 '삼위일체'의 명제 3인 전략을 훌륭하게 이해했기 때문이라면, 유럽 대륙 사회주의 운동에서 마르크스주의가 승리한 원인은 명제 1과 2를 뛰어나게 다뤘기 때문이라고 할 수 있다. 즉 마르크스주의가 가장 유효한 착취 이론이며, 가장 유효한 역사 이론이라는 얘기다. 마르크스주의는 자본주의의 부당성에 대한 도덕적인 분노와, 붕괴되어야 할 제도가 마침내 붕괴될 것이라는 희망을 지적으로 강력하게 뒷받침해주었다. 마르크스주의 이론은 사회주의 운동을 실질적으로 이끌어가는 사회주의 활동가들이 대중에게 퍼뜨릴 수 있을 만큼 단순하고 다루기 쉬우면서도, 지식인들의 흥미를 끌 수 있을 만큼 강력하고 정교해야 했다. 마르크스주의 '역사 이론'(단계의 연속, 사회주의의 필연적 등장)이 실증주의적 관점에서—즉 다원주의와 동등한 과학으로서—제시될 수 있었다는 사실이 마르크스주의의 성공에 크게 기여했다. 자본주의를 혐오하는 이들은 카우츠키의 *The Class Struggle*(계급투쟁)에서 "억누를 수 없는 경제적 힘은 운명적으로 자본주의 생산의 파멸로 이어질 수밖에 없다"는 대목을 읽고 고무되었다.[7] 19세기 말 대다수 급진적인 지식인들은 참된 지식은 과학뿐이고 사회학에서도 자연과학의 방법론을 도입할 수 있다는 실증주의적 견해에 전적으로 동의했으며, 명백한 반反실증주의적 견해에는 쉽게 끌리지 않았을 것이다.

물론 19세기 말 마르크스주의가 확산된 데는 또 다른 원인이 있었다. 자본주의의 적들은 자본주의의 파국적 운명을 예견하게 한 (지금은 '장기 불황'이라고 하지만 처음에는 '대공황'이라고 불린) 1873~1896년 장기적인 수익성 위기로 고무되었다. 하지만 더 중요한 원인은 사회주의가 노동계급을 중요한 세력으로 조직하는 데 어느 정도 성공했다는 사실이다. 그 결과 사회주의의 반대 세력은 사회주의를 심각하게 여기며 억누르거나 허용할 수밖에 없었다. 많은 경우 사회주의 반대자들은 억압과 허용을 모두 시도했다.

마르크스주의는 1891년 당시 가장 성공적인 사회주의 정당인 독일 사회민주당의 공식적인 이데올로기가 된 후 유럽 좌파 사이에 빠르게 확산되었다. 독일 사회민주당에서 마르크스주의가 퍼진 시기는 부분적으로 비스마르크의 반反사회주의 법(1878년)에 대응한 때지만, 공식적으로 '채택'된 것은 독일제국의 힘이 약해진 1890년 직후다.[8]

1895년 엥겔스는 독일 사회민주당이 (성인 남자에 대한) 보통선거권("새로운 무기이자 가장 날카로운 무기")을 주장해 사회민주당의 득표수가 크게 늘어나자, 그들의 영리한 전략에 찬사를 보냈다. "그들은 선거권을 이용함으로써 천배나 되는 이득을 봤으며, 모든 국가 노동자들에게 모델이 되었다." 마르크스의 오랜 친구 엥겔스는 "세계사의 아이러니가 모든 것을 뒤집었다"고 덧붙였다. "우리는 '혁명가'이자 '저항 세력'이지만, 불법적인 방법과 봉기보다 합법적인 방법으로 성공을 거두고 있다."[9]

독일 사회민주당의 성공은 결정적이었다. 이를 계기로 유럽 사회주의 정당이 빠르게 구성되고 확장되기 시작했다. 대다수 사회주의 정당들이 1890~1900년에 창당되었지만, 선거에서 미친 영향력은 정당마다 크게 달랐다. 사회주의 정당이 창당된 시기나 선거에서 미친 영향력은 그 나라의 산업화 수준이나 노동계급의 유권자 규모와 상관이 없었다. 통계적으로 보면 사회주의 정당의 영향력은 오히려 산업화 수준이 낮은 곳에서 더 컸다(표 1.1 참조). 1892년 설립된 이탈리아의 사회주의 정당은 1904년까지 유권자 5분의 1을 자신들의 편으로 만들었다. 반면 영국은 훨씬 튼튼한 산업 기반과 더 발전되고 오래된 노동조합 운동이 있었지만, 1900년까지(혹은 심지어 1918년까지) 영향력 있는 사회주의 정당이 나타나지 않았다. 1918년 이전의 선거에서 사회주의 정당이 얻은 최대 득표율은 7퍼센트(1910년)에 불과했다. 확실히 산업화 수준보다 노동계급의 요구를 일부 수용할 만한 정당들(예컨대 영국 자유당)과 경쟁하거나 성인 남성의 보통선거를 도입하는 것이 사회주의 정당이 선거에서 힘을 발휘할 수 있는 요소였다. 이것은 사회주의 정당 발전의 주원인이 사회나 경제적인 측면보다 정치적인 측면에 있다는 사실을 시사한다. 표 1.1은 1918년 이전 사회주의 정당의 발전을 전반적으로 보여준다.

유럽 사회주의 운동에서 독일 사회민주당이 '지배적인' 역할을 한 것이 선거에서 크게 성공한 덕분만은 아니다. 표 1.1의 수치가 보여

표 1.1 1880~1918년 사회주의 정당과 기본 데이터

단위 : %

	창립 연도	보통선거 실시 연도	성인 남성의 산업 종사 노동인구 비율	1900년 이전 최대 득표율	1918년 이전 최대 득표율
오스트리아	1889	1907[a]	23.5(1910)	자료 없음	25.4(1911)
벨기에	1885	1893[b]	45.1(1910)	8.5(1896)	30.3(1914)
덴마크	1876~1878	1901	24.0(1911)	19.3(1901)	29.6(1913)
핀란드	1899	1906[d]	11.1(1910)	자료 없음	47.3(1916)
프랑스	1905[c]	1848	29.5(1906)	자료 없음	16.8(1914)
독일	1875[e]	1871	39.1(1907)	19.7(1890)	34.8(1912)
네덜란드	1894	1917	32.8(1909)	3.0(1897)	11.2(1905)
이탈리아	1892	1919[f]	26.8(1911)	6.8(1895)	21.3(1904)
노르웨이	1887	1898[g]	26.0(1910)	0.3(1894)	32.1(1915)
스웨덴	1889	1907	24.7(1910)	3.5(1902)	36.4(1914)
영국	1900~1906	1918[b, h]	44.6(1911)	1.3(1900)	7.0(1910)

참고 a (대략 지금의 오스트리아에 해당하는) 오스트리아·헝가리제국의 독일어권 지역. b 일부는 이중 투표. c 1905년 여러 사회집단이 인터내셔널 프랑스지부SFIO를 구성했다. d 선거권이 남성과 여성에게 모두 주어졌기 때문에 핀란드는 러시아 황제가 다스리는 대공국인데도 유럽에서 처음 진정한 보통선거를 이룩한 국가가 되었다. e 빌헬름 리프크네히트와 아우구스트 베벨이 이끌던 사회민주노동자당(아이제나흐인Eisenachers)과 (라살레가 창립한) 독일노동자총연합이 힘을 합해 독일 사회민주당을 구성했다. f 1912년 법에서는 30세 이상 모든 남성을 비롯해 군 복무를 마친 모든 남성, 읽고 쓸 수 있는 21세 이상 모든 남성에게 선거권을 주었다. g 공적부조를 받는 이들은 투표할 수 없었다. h 자신(혹은 남편)이 주택을 소유한 30세 이상 여성은 선거권이 주어졌다. 1884년 법에서는 성인 남성 인구의 6분의 5에게 선거권이 주어졌다.

출처 사회주의 정당과 조직의 창립 연도는 Stefano Bartolini, 'I primi movimenti socialisti in Europa. Consolidamento organizzativo e mobilitazione politica', in *Rivista italiana di scienza politka*, Vol. XXIII, no. 2, August 1993, p. 245에서, 선거 관련 데이터는 Thomas T. Mackie and Richard Rose, *The International Almanac of Electoral History*, Macmillan, London, 1974에서, 산업 종사 노동인구는 Peter Flora et al., *State, Economy and Society in Western Europe 1815~1975. A Data Handbook*, Campus Verlag, Macmillan Press and St James Press, Frankfurt, London and Chicago, 1987, Vol. 2, chapter 7에서 참조했다.

주듯이 벨기에, 스웨덴, 핀란드, 노르웨이, 덴마크의 사회주의 정당도 독일 사회민주당만큼 혹은 그 이상으로 선거에서 강세를 보였다. 하지만 정치적 약소국의 정당들은 국제적인 역할을 기대할 수 없다. 예컨대 첫 번째 공산주의 혁명이 불가리아 같은 곳에서 일어났다면

혁명은 지속되지 않았을 테고, 혁명이 지속됐다 해도 사회주의 건설을 위한 첫 번째 위대한 국제적 모델은 될 수 없었을 것이다. 그렇다고 스웨덴식 사회주의 '모델'이나 쿠바식 공산주의 '모델'이 각자의 지역에서 중요한 역할을 했다는 사실을 부정한다는 얘기는 아니다.

독일 사회민주당이 제2인터내셔널의 주요 정당으로 부상한 것은 여러 상황이 특별하게 결합되었기 때문이다. 사회민주당이 활동한 독일은 영국보다 큰 철강업과 군대를 소유한, 당시 유럽에서 가장 강력한 국가였다. 독일은 다른 국가들에게 발전의 '모델'이 되었다. 독일은 문화적으로, 특히 사회과학과 철학 분야에서 독보적이었다. 독일 사회민주당은 의심할 여지없이 유럽에서 가장 잘 조직된 사회주의 정당이었다. 초기에 이들은 다른 사회주의 정당들보다 선거에서 강력한 영향력을 발휘했다. 실제로 제국 의회가 반사회주의 법을 갱신하지 않기로 한 해(1890년) 사회민주당은 득표율로 봤을 때 독일에서 가장 큰 정당이었다(사회민주당은 최다 득표자를 당선시키는 선거제도 덕분에 1912년 110석을 차지하며 제국 의회의 제1정당이 되었다). 사회민주당이 대중정당으로 빠르게 발전한 것은 단지 정당 지도자들의 능력이나 노동계급의 규모 때문이 아니다. 사회민주당의 대중적인 기반은 가톨릭 대중정당인 중앙당Zentrumspartei의 형성에도 영향을 미친 독일의 특별한 정치 상황과 관련이 있다. 사회민주당과 중앙당 모두 "자신들이 대체로 독일제국의 주류 정치에서 벗어나 있다고 여겼다".[10] 사회민주당은 1914년 당원 100만 명을 확보했다. 중앙당도 85만 명으로 사회민주당에 크게 뒤지지 않았다.[11] 이와 대조적으로 인터내셔널 프랑스지부SFIO는 대중정당이 아니었다. 당시 프랑스에는 대중정당 자체가 없었다.

반사회주의 법이 있던 시기에 많은 독일 사회주의 지도자들과 지식인들은 취리히Zürich에서 활동했다. 취리히는 당시 제정러시아, 발칸Balkan 지역, 심지어 미국에서 추방된 급진적인 학생과 사상가들의 가장 중요한 집합 장소였다. 그러므로 취리히로 간 독일 사회주의자들은 사회민주당의 사상을 더 빠르게 확산시킬 수 있는 이상적인 환경에 있었다.[12] 취리히는 카우츠키가 1880년에 이주한 곳이기도 했다. 카우츠키는 취리히에서 1881년 사회민주당 월간지 『사회민주주의자Sozialdemokrat』의 편집자 에두아르트 베른슈타인Eduard Bernstein과 함께 일하기 시작했다.[13] 카우츠키와 베른슈타인이 초안을 작성하고 1891년에 채택된 사회민주당의 「에르푸르트 강령Erfurt Programme」은 유럽 전역의 사회주의 활동가들에게 널리 읽힌 텍스트 중 하나다. 그런가 하면 카우츠키의 해설서 *The Class Struggle*은 1914년 이전에 16개 언어로 번역되었으며, 대중적으로 받아들여진 마르크스주의의 백과사전이 되었다. 카우츠키는 사회민주당의 월간 이론 기관지 『노이에차이트Neue Zeit』의 설립자이자 편집장으로서 비길 데 없는 명성을 누렸으며, 레닌Vladimir Ilich Lenin의 존경도 받았다. 하웁트Georges Haupt가 썼듯이 "부다페스트Budapest에서 카우츠키는 '존경하는 거장'으로 불렸으며, 유럽 남동부로 내려갈수록 그에 대한 찬양은 열광을 넘어 숭배 수준에 이르렀다".[14]

대다수 사회민주주의 정당은 독일 사회민주당 이후에 창설되었고, 독일 사회민주당을 '모델'로 삼았다. 오스트리아와 스웨덴(1889년), 스위스(1888년)의 정당들이 그 예다. 벨기에 노동당POB(플라망어로는 BWP)은 1894년 3월 25~26일 열린 10차 당대회에서 에밀 반더벨데Emile Vandervelde가 초안을 작성한 「콰레뇽 헌장Charte de

Quaregnon」을 채택했고, 이 헌장은 기본 정강 정책으로 20세기 말까지 존재했다. 「콰레뇽 헌장」은 프랑스의 급진주의와 독일 사회민주주의의 영향을 받았다. 「콰레뇽 헌장」은 「에르푸르트 강령」처럼 자본주의 사회에 대한 마르크스식 분석보다는 가치에 대한 일반적인 진술로 시작한다.[15] 벨기에 노동당의 왈론Walloon 지방 출신 당원들은 푸리에François Marie Charles Fourier, 루이 블랑Jean Joseph Louis Blanc, 프루동Pierre Joseph Proudhon이 이끈 프랑스의 혁명적 전통에 많은 영향을 받았다.[16] 벨기에 노동당을 결속한 근본적인 특징은 견고한 반反교권주의다. 기독교 정당들이 (특히 플랑드르Flandre 지방에서) 노동자 집단에 단단한 기반을 두고 사회적 전망을 제시했음에도 전쟁 이후 벨기에 사회민주주주의자들이 다른 사안들(특히 경제정책)에서는 생각이 다른 친親자본주의적 자유당과 연합을 구축한 것도 반교권주의 때문이다. 1887년 창당한 노르웨이 노동당은 덴마크 노동당과 마찬가지로 자신들의 강령을 독일 사회민주당에서 그대로 가져왔다. 핀란드 사회민주당은 (핀란드가 러시아 황제의 통치 아래 있었기 때문에) 러시아 마르크스주의의 영향을 어느 정도 받았을 거라고 생각할 수 있지만, 그들 또한 주요 영감은 독일에서 받았다.[17] 독일 사회민주당을 가장 신봉한 이들은 유럽 남동부의 소규모 정당이다. 이들 정당의 사회주의 지식인들은 마르크스주의의 과학적인 주장에 경도되었으며, 카우츠키와 사회민주당이 철저하게 해석한 마르크스주의에 매료되었다.[18]

프랑스의 혁명적 전통에도 프랑스 사회주의자들이 독일 사회민주당에 필적할 만한 모델을 제시하지 못한 데는 이유가 있다.[19] 그들은 이론적으로 약했고, 조직적인 측면에서 분열되었다. 파리코

뮌의 붕괴와 뒤따른 박해 이후 프랑스 노동계급은 어렵고 고통스럽게 활동을 재개했지만, 사회주의 운동이 결집하고 발전하는 데 도움이 되지는 못했다.[20]

조직과 이데올로기적 노선에 따른 분열은 프랑스 사회주의의 고질병이었다. 푸리에(유토피안 사회주의자), 생시몽Comte de Saint-Simon(기술 관료), 루이 블랑(개혁주의자), 오귀스트 블랑키Louis Auguste Blanqui(폭동주의자)의 추종자들 사이에는 공통된 기반이 없었다.[21] 독일과 영국의 노동조합에 300만 명 정도가 있었는데, 1911년까지 프랑스에서 조직화된 노동자는 100만 명에 불과했다. 프랑스 사회주의 정당이 마침내 출현할 수 있게 해준 (끌어당기고 밀어내는 힘을 모두 갖춘) 진정한 '자석'은 프랑스 노동당POF이다. 1879년 쥘 게드가 설립한 프랑스 노동당은 통속적 마르크스주의를 따르며 독일의 사회민주주의를 모델로 삼았다.[22] 프랑스 노동당을 중심으로 몇몇 집단들이 힘을 합쳐 마침내 인터내셔널 프랑스지부의 깃발 아래 모였다. 이로써 자본주의 국가의 혁명적 전복을 강조하는 '게드식' 마르크스주의와 (조직을 불신하고 직접민주주의와 반교권주의를 선호하는) 프랑스의 혁명적 전통이 합쳐졌다.[23]

이 새로운 사회주의 정당의 두 주역인 쥘 게드와 장 조레스Jean Jaurès는 많은 프랑스 사회주의자들처럼 자유사상적인 급진주의 단체를 통해서 정계에 입문한 점은 같았으나, 많은 부분에서 달랐다.[24] 드레퓌스Dreyfus사건이 일어났을 때 조레스는 드레퓌스파派였지만, 게드를 비롯한 노동당은 이 사건이 부르주아 계급 내의 분쟁일 뿐이라는 이유로 내내 중립적인 입장을 취했다. 조레스는 게드와 달리 사회주의가 '우리의 정치·경제적 상황과 조국의 전통, 사상, 정신에 맞게 조정되어야 한다'고 생각했다. 프랑스 사회주의는 조레스의 지휘 아래 하나의 정당으로 연합된 뒤에야 그들보다 영향력 있는 독일의 '경쟁자'와 마주할 수 있는 위치에 올라섰다.[25] 프랑스 사회주의가 그런 위상을 얻은 것은 프랑스의 사회주의라는 점 덕분이지 실질적인 힘이 있었기 때문은 아니다. 인터내셔널 프랑스 지부는 독일 사회민주당과 달리 지역을 기반으로 조직되었고, 공장 집단이 없었으며, 정당이라기보다 선거 단체에 가까웠다. 파벌주의가 만연해서 조레스를 위시한 사회주의 의원 25명은 노동자 연금에 관한 첫 번째 법을 지지한 반면, 27명은 반대하고, 게드와 바양을 포함한 나머지는 기권했을 정도다.

그 시절에 프랑스 사회주의는 마르크스주의에 아무런 기여도 하지 않았다. 마르크스의 저작은 거의 번역되지 않았으며, 사회주의 매체들도 좀처럼 마르크스주의를 다루는 경우가 없었다.[26] 프랑스 사회주의가 루마니아와 같이 프랑스 문화에 크게 영향을 받은 국가들에서도 널리 확산되지 못한 것은 이론적인 탁월함이 부족했기 때문이다.[27] 정치사상에 기여하는 바가 큰 프랑스에 왜 카우츠키와 베른슈타인 정도는 아니더라도 이렇다 할 역량을 갖춘 마르크스 이론가가 없었는지는 아직도 풀리지 않는 의문이다. 어떤 이들은 마르크스주의가 공장 프롤레타리아를 지나치게 우선시한 점이 마르크스주의가 확산되는 데 걸림돌이 되었다고 주장한다. 그때까지만 해도 프랑스 '노동계급'을 구성하던 도시의 프티부르주아와 기술 장인들의 마음을 움직이지 못했다는 것이다.[28] 하지만 우리도 알다시피 이탈리아가 프랑스보다 저개발국이었다고 해서 이탈리아 마르크스주의가 발전하지 못한 것은 아니었다. 경제 발전과 이론의 발전에는 강한 연관성이 없다. 한편 프랑스 마르크스주의자들은—
독일 마르크스주의자들과 달리—급진 공화파의 강한 전통과 경쟁
해야 했기 때문에 불리했다고 보는 시각도 있다.[29] 하지만 그런 이
유라면 독일처럼 공화주의 전통이 없는 영국도 뛰어난 마르크스주
의 이론가를 배출했어야 한다. 포텔리Hugues Portelli는 프랑스에서 마
르크스주의가 약했던 원인으로 인터내셔널 프랑스지부와 노동조합
(프랑스 노동총동맹CGT)이 조직적으로 결합되지 못한 점을 꼽았다.[30]
노동조합의 지지를 받지 못한 것이 이론적인 약점으로 이어졌다는
주장은 증명이 필요한 문제다. 하지만 이 주장에서 프랑스 사회주
의 정당의 두드러진 특징 하나를 알 수 있다. 프랑스 사회주의 정
당이 노동조합과 밀접한 관계를 맺지 못했다는 사실이다. 이는 혁
명적 생디칼리슴에 고취된 프랑스 노동총동맹이 조직화된 정당과
공식적인 결합을 거부했기 때문이다.

이런 점에도 남유럽의 다른 곳에서는 (꼭 프랑스 사회주의 사상이
아니더라도) 프랑스의 본보기가 중요한 의미가 있었다. 1879년 창당
된 스페인 사회노동당PSOE은 게드주의를 정통 마르크스주의로 받아
들이며 많은 영향을 받았다. 그러나 언제나 그렇듯 혁명의 수사법은,
특히 1890년 시의원 선거와 (공화당과 연합한) 1910년 국회의원 선거
에서 성공한 뒤, 실용적인 개혁주의에 밀려났다.[31] 스페인 사회노동당
은 프랑스 정당과 마찬가지로 (하지만 이탈리아 정당과는 다르게) 사
회주의 사상가를 전혀 배출하지 못했다. 전체적으로 보면 제2인터내
셔널의 마르크스주의 정당을 이끈 이들은 대부분 지식인이 아니며,
정당에서도 이론가들에게 거의 관심을 보이지 않았다. 독일어권 국
가들과 러시아제국을 제외한 지역의 사회주의 지도자들은 마르크스

주의의 주요 교리를 복제하는 데 만족했다.

반면 이탈리아에서는 안토니오 라브리올라Antonio Labriola라는 뛰어난 사회주의 사상가가 배출되었다. 하지만 라브리올라가 1892년 제노바Genova에서 출범한 사회주의 정당(이탈리아 사회당)에 미친 영향은 미미했다. 그가 당에 가입하길 거절한 이유도 아마 이 때문일 것이다. 사회당을 이끈 필리포 투라티Filippo Turati를 비롯한 대다수 지도자들과 라브리올라 사이에는 엄청난 문화적 차이가 있었다. 라브리올라가 헤겔Georg Wilhelm Friedrich Hegel과 헤르바르트Johann Friedrich Herbart를 이론적 스승으로 삼는 남부 지방 출신 지식인인 반면, 투라티와 동료들은 실용주의적인 북부 지방 출신으로 실증주의를 믿었고(라브리올라는 근대 실증주의가 부르주아 백치증의 일종이라고 믿었으며, 이 믿음은 결코 터무니없는 견해가 아니었다) 독일 사회주의자를 자신들의 본보기로 삼았다.[32] 라브리올라는 '남부 문제'의 중요성을 이해한 반면, 투라티와 동료들은 그들의 적인 부르주아들과 마찬가지로 남부 문제를 이해하지 못했다.

이탈리아 사회당에서 주된 논쟁은 이론적인 문제가 아니라 실질적인 문제, 특히 '사회주의가 개혁과 양보를 얻어내기 위해 비사회주의 세력과 협력해야 하는가'라는 질문에서 시작되었다. 사회당은 8차 당대회(1904년)에서 다수의 발의를 통해 "우리는 계급투쟁에서 정부의 어떤 계획도 지지하지 않으며, 정권을 공유하지도 않을 것이다"라고 선언했다.[33] 그러나 현실에서 이탈리아 사회주의자들은 다른 정당들과 다양하게 협력했다. 낙후된 남부 지역, 봉건제도의 잔재, 다른 계급들의 내부 분열, 급진적인 일부 프티부르주아 집단 등 이탈리아 특유의 복잡한 사회구조 때문에 전적으로 비타협적인 노선은 현실적이지 않다는 이유에서다.[34] 이탈리아의 특수성에 대한 이런 호소는 이탈리아 좌파의 역사에서 계속되었다.

이탈리아의 지배계급과 그중 가장 능력 있는 지도자 조반니 졸리티의 정치적 전략은 사회주의자들을 종전의 권력 구조에 편입하는 것이었다. 이를 위해 그들은 사회주의를 탄압하지 않는 한편, 사회주의 정당의 최소 강령 중에서 (졸리티의 표현으로) "보다 합리적인" 측면을 받아들였다.[35] 비스마르크, 디즈레일리, 글래드스턴과 같이 부르주아 질서를 대표하는 다른 선견지명 있는 이들도 (그람시가 나중에 '수동적 혁명'이라고 부른) 이와 비슷한 포섭 전략을 시도했다. 이탈리아가 특별한 점은 부르주아 계급의 세력이 고질적으로 약하고, 내부적으로 분열되었다는 것이다. 그러므로 이탈리아 부르주아 세력은 (영국의 자유주의자처럼) 복지 정책이나 (프랑스처럼) 반교권주의적 급진 정치를 통해서 노동운동이 포섭되길 바랄 수 없었다. 이탈리아 사회주의자들은 졸리티의 거래를 공공연히 받아들일 수 없었다. 그들은 졸리티와 거래에서 실질적인 타협을 이끌어낼 만큼 강하지 않았다. 그러나 그들은 약하지도 않았다. 이탈리아 사회주의 정당은 300만 유권자의 지지를 받았고, 다른 나라와 비교할 때 농업 노동자들에게 유달리 강한 영향력을 미쳤다. 또 이들은 독일 사회민주당과 비슷하게 잘 발달된 복잡한 네트워크를 구축했으며, 영국이나 프랑스 좌파와 다르게 노동조합, 노동 회의소, 민중의 집case del popolo, 협동조합과 협력했다. 게다가 '지방자치 사회주의를 추구하며 1914년까지 볼로냐Bologna, 밀라노Milano 같은 주요 도시를 장악했다. 저개발국 이탈리아에서 사회주의 정당이 이런 성과를 거둔 것은 분명 자랑할 만한 일이다.[36]

사실상 유럽의 모든 좌파는 표준에서 벗어난 측면을 민족적 특수성으로 설명할 수 있었다. 마르크스는 모든 자본주의 국가를 거의 정확하게 설명하는 추상적인 모델을 제공했고, 사회주의 운동은 (결과적으로 노동의 표준이 된) 하루 여덟 시간 노동이나 보통선거와 같이 모든 국가에 동일하게 적용될 수 있는 요구 사항을 주장했다. 그러나 실존하는 국가 중에 순수하게 자본주의적인 국가는 없었고, 사회주의 운동도 특정한 민족적 전통의 영향을 받을 수밖에 없으므로 그런 전통과 무관하게 완전한 모습으로 출현할 수 없었다. 경험적인 세계에서는 이론적인 세계와 반대로 일탈과 비정상이 표준이었다. 유럽은 특별한 경우로 가득했다. 독일이 '특수한 길 Sonderweg'을 걸은 유일한 국가는 아니며, 영국만 자신들의 특수성을 숙고한 것도 아니다.[37]

　이탈리아 사회주의자들이 당대회 때마다 자신들의 특수성을 선언했다면, 핀란드 사회주의자들은 20세기 초에도 자신들보다 큰 대중 기반을 확보한 금주운동에서 사회주의 정당이 발전했다고 언급할 만했다. 핀란드 사회민주당은 공식적으로 엄격한 마르크스주의를 고수하며 「에르푸르트 강령」에 담긴 구체적인 요구 사항을 전부 자신들의 강령에 포함했음에도 군국주의와 전쟁이나 제국주의처럼 유럽 마르크스주의자들이 관심을 기울이는 주요 사안에 대해서는 전혀 논의하지 않았다.[38] 사실상 그들은 농업 사회주의 정당이었고, 1907년 첫 번째 총선에서도 도시(34퍼센트)보다 농촌의 득표율(38퍼센트)이 높았다.[39]

　영국 사회주의자들은 유럽에서 '가장 이례적인 좌파'라고 불릴 만했으며, 아마 이 평가는 지금까지 유효할 것이다. 1914년 이전 영국에서는 사회주의 자체가 노동계급 사이에서 그다지 인기를 끌지 못했다. 영국에서 사회주의는 노동운동의 이데올로기로 받아들여지는 데 유럽의 다른 어느 곳보다 오래 걸렸다. 사회주의를 지지하는 이들은 인기를 잃는 것이 두려워 자신을 사회주의자라고 칭하길 주저했다. 그러다 보니 (대체로 흠잡을 데 없는 프롤레타리아 출신 비사회주의 노동조합원들이 이끌던) 강력한 노동조합이 존재했음에도 최초의 사회주의자들―중산층이 압도적이었으며 대단히 괴짜 같은 사람들도 포함되었다―은 소수였으며, 그들의 조직은 아주 작았다.[40] 1881년 하인드먼Henry Mayers Hyndman이 '마르크스' 노선의 민주연맹Democratic Federation을 창설했다. 하인드먼은 맹목적 애국주의자, 반유대주의자, 제국주의자였다.[41] 그러나 하인드먼의 이런 성향이 1884년 민주연맹이 영국 사회민주연맹SDF으로 개명하고 영국 최초의 사회주의 정당으로 발전하는 데 걸림돌이 되지는 않았다. 사회민주연맹은 노동계급에서 재능 있는 활동가들이 계속 나올 수 있도록 훈련했고―이는 폄하할 수 없는 성과다―영국 공산당 창당에 주된 역할을 했다. 그러나 그 외에 성과는 거의 없었다.[42] 부유한 작가이자 예술가 윌리엄 모리스는 처음에 하인드먼과 합세했지만, 나중에는 따로 나와서 사회주의 동맹Socialist League을 결성했다. 이 조직은 1896년 모리스가 사망한 뒤 해체되었다.

1884년 설립된 페이비언협회Fabian Society는 영국의 급진적인 공리주의 전통에 고무된 중산층 지식인 조직이다. 마르크스주의 성향이 전혀 없던 그들은 독립적인 사회주의 정당 결성에 반대했다. 페이비언협회는 제2인터내셔널이 1896년 대회에서 발표한 (버나드 쇼George Bernard Shaw가 초안을 작성한) 보고서를 통해 자신들은 "정당이 스스로 어떻게 칭하든 사회주의나 그 밖의 어떤 신조를 주장하든 상관하지 않으며, 오로지 정당의 활동 경향을 고려해서 사회주의와 민주주의에 도움이 되는 이들은 지지하고 반동적인 이들은 반대"할 것이며, 진보적인 '부르주아' 개혁을 지지할 준비가 된 사회주의자들을 명백하게 지지할 것이라고 주장했다. 그들은 베른슈타인과 마찬가지로 자본주의의 필연적인 붕괴를 믿지 않았고, "그러므로 페이비언협회는 획기적인 역사적 위기를 기다리는 사회주의자들에게 다른 단체에 가입하도록 간청하는 바다"라고 말했다.[43] (베른슈타인은 1888~1901년 런던에 사는 동안 분명히 페이비언의 영향을 받았고, 자신의 '수정주의revisionism'를 만들어냈다.) 광부 출신 제임스 하디가 1888년 설립한 스코틀랜드 노동당은 처음에 사회주의 정당이 아니었다. 스코틀랜드 노동당이 다른 단체들과 함께 영국 독립노동당ILP을 결성했을 때 독립노동당 설립대회(1893년)에서는 당의 명칭에 사회주의라는 용어를 넣자는 제안이 있었지만, 유권자나 노동조합이 좋아하지 않을 거라는 생각 때문에 그 의견은 채택되지 않았다.

1900년에 노동조합은 영국 독립노동당, 영국 사회민주연맹, 페이비언협회와 함께 영국 노동대표위원회LRC를 설립했다. "그러나 노동대표위원회를 받아들이는 대다수 노동조합원은 내심 여전히 사회주의자가 아니라 자유주의자였다."[44] 영국 노동당은 1918년 2월에야 견고한 민족적 기반 위에 섰고, 적당히 에둘러 표현하기는 했지만 분명한 사회주의 언어로 운동의 최종 목표를 다음과 같이 말했다. "생산수단을 공동으로 소유하고, 모든 제조업과 서비스업을 다수가 지배·관리할 수 있는 최선의 시스템을 기반으로 육체노동자나 정신노동자가 노동의 온전한 대가를 얻으며 이를 가장 정당하게 분배하는 것이다." 이 유명한 문장은 시드니 웨브Sidney Webb가 초안을 작성한 당헌 4조의 네 번째 단락이다. 영국 노동운동이 이때 비로소 유럽 사회주의의 주류에 들어갔다. 영국 노동운동의 특이점은 유럽 대륙의 노동운동이 혁명적인 목적과 개혁주의적인 관행을 갖춘 반면, 영국 노동당은 처음부터 개혁주의적인 목적으로 탄생했다는 것이다. 1918년 노동당이 공동소유라는 탈자본주의적 목표를 채택한 것은 소비에트 공산주의 탄생에 대한 급진적인 대응이기도 하지만, 어느 정도는 뒤늦게 덧붙인 생각이다.[45]

독일 사회민주주의의 위신은 그들 내부의 이론적인 분쟁이 유럽 사회주의 전체의 논쟁거리가 될 정도였다. 이는 몇 년 뒤 볼셰비키의 내부적인 변천이 나머지 국제 공산주의 운동에 광범위한 영향을 미친 것에 상응할 만하다. 이 장을 시작하면서 '통속적' 마르크스주의를 설명한 부분에는 지배적인 정설로 여겨지던 카우츠키의 마르크스주의가 개략적으로 드러난다. 베른슈타인이 이의를 제기한 시점은 정확히 독일 사회민주당이 반사회주의 법이 있던 시기를 성공적으로 벗어나 독일 정치에서 가공할 만한 세력으로 발전하던 때다. 베른슈타인은 1896~1898년 『노이에차이트』 기사를 통해 자기 입장을 밝혔다(이 기사들은 1899년 『사회주의의 전제와 사회민주당의 과제Die Voraussetzungen des Sozialismus und die Aufgaben der Sozialdemokratie』로 출판되었으며, 이 책의 영어판 제목은 *Evolutionary Socialism*이다). 이 책에서 베른슈타인은 그때까지 존재하던 사회주의 입장을 수정했다. 그는 수정이 필요한 근거로 자본주의가 마르크스가 예견하지 못한 새로운 단계에 접어들었다는 점을 제시했다. 그가 말하는 새로운 단계

자본주의는 당시 이론을 단순히 조정하는 수준이 아니라 획기적인 변화를 요구하는 것이었다.

베른슈타인이 무력 투쟁을 비난하긴 했지만, 그것이 카우츠키의 정설을 공격하는 초점은 아니었다. 더 중요한 것은 카우츠키의 마르크스주의와 밀접하게 연관되었으며, 「에르푸르트 강령」의 중심인 두 테제('붕괴 이론'과 '궁핍화 테제')에 대한 비판이었다.[46] 새로운 단계에 접어든 자본주의의 특징은 무엇인가? 첫째, 베른슈타인의 주장에 따르면 자본주의 제도는 자기 규제가 가능한 구조를 발전시켰다. 즉 자본주의는 스스로 위기를 피할 수 있게 되었다. 둘째, 의회민주주의가 발달함에 따라 노동계급이 합법적이고 평등한 조건에서 부르주아 계급에 맞서 투쟁할 수 있게 되었다. 그러므로 현존하는 국가에서 권력을 평화적으로 획득할 수 있게 되었다. 마지막으로 베른슈타인이 밝혀낸 새로운 경향은 복잡한 은행 제도의 발달과 독점기업(카르텔)의 성장, 통신수단과 언론 매체의 엄청난 발전이었다. 베른슈타인은 마르크스주의가 예측한 바와 반대로 비록 공업과 유통, 농업 분야에서 집중 현상이 점점 커지고 있지만, 서유럽과 북아메리카의 모든 곳에서 중소기업이 유사하게 확장되고 있다고 지적했다.[47] 또 베른슈타인은 사회가 급격하게 양극화되기보다 (그가 안정화 기능이 있다고 주장한) 중간 사회집단이 성장하고 있다고 봤다.

나아가 베른슈타인은 자본주의가 어떻게든 위기를 성공적으로 피할 것이라고 (결론적으로는 잘못된 것으로 밝혀졌지만) 거듭 주장했다. "세계경제가 유례없이 처참하게 붕괴할 조짐은 보이지 않으며, 위기와 위기 사이에 나타난 무역의 호전이 단기적인 현상이라고 할 수도 없다."⁴⁸ 국제무역의 확대, 통신수단과 언론 매체의 성장, 교통수단의 향상으로 오랜 경제적 불평등에서 벗어날 가능성이 커졌다. 베른슈타인의 견해에 따르면 유럽 산업국가들의 막대한 부, 신용 제도의 유연성, 산업 카르텔의 탄생 덕분에 지역적 위기는 주변에 영향을 미치지 않으며, 향후 경제 위기도 발생하지 않게 되었다.⁴⁹

베른슈타인은 마르크스주의를 공격하면서 당시까지 이해되어온 이론과 실천의 관계에 이의를 제기했다. 그 전에 마르크스주의는 사회주의의 궁극적인 목적과 현재의 사회 비판을 연결시켰다. 이를 위해 정치적 발전을 위한 매일의 투쟁을 장기적인 전략과 결합시켜야 했다. 현재의 정치적 활동 원칙은 오로지 최종 목적에 따라 결정될 수 있다고 여겨졌다. 베른슈타인은 매일의 투쟁과 장기적 전략의 이런 결합을 깨뜨리려고 했다. 매일의 투쟁에는 장기적인 관점이 필요하지 않을뿐더러, 이런 무관한 결합에 매달리는 것은 매일의 투쟁을 위태롭게 하거나 약화한다. 사회주의는 목표가 아니라 끝나지 않는 과정이다. 베른슈타인의 이런 주장은 많이 인용되는 다음 말에서도 드러난다.

솔직히 말해서 나는 '사회주의의 최종 목적'이라고 불리는 것을 유달리 좋아하지 않으며, 그것에 관심도 없다. 사회주의의 최종 목적이 무엇이건 나에게는 무의미하다. 나에게 가장 중요한 것은 운동이다. 여기에서 운동이란 사회적 진보인 일반적 사회운동과 이런 진보를 가져오는 정치·경제적 시위와 조직화를 모두 뜻한다.⁵⁰

1899년과 1903년 독일 사회민주당 당대회, 1904년 8월 암스테르담Amsterdam 제2인터내셔널 대회에서 거의 모든 정당들은 베른슈타인과 그의 주장을 강력히 지탄했다. 하지만 이 지탄은 많은 사람들이 정통적 마르크스주의에 대해 느끼는 모순된 감정을 반영하지 못했다. '정당의 실질적 활동 주체'인 노동조합 지도자들은 베른슈타인을 지지했다.[51] 그들은 이제 막 정당의 지도자들과 완전히 동등한 위치에 올랐으며, 곧 좌익 급진주의자들을 억압하라고 정당에 압력을 넣기 시작했다.[52]

다른 국가의 사회주의자들도 말은 그렇게 하지 않았지만, 실상은 베른슈타인식 점진주의자에 가까웠다. 예를 들어 스웨덴 사회민주당은 1897년 독립적인 강령을 처음으로 채택하면서 (다수의 노동자는 갈수록 빈곤해지며 부자는 더 부유해진다는) 궁핍화 강령에 대한 베른슈타인의 비판을 완전히 무시하지는 않았다. 언뜻 보면 이들의 강령은 「에르푸르트 강령」을 충실하게 따르는 것 같다. 이는 지도자 칼 얄마르 브란팅Karl Hjalmar Branting이 1886년 이래 유물론적 역사관, 가치에 대한 노동 이론, 자본집중에 대한 주장, 궁핍화 이론을 전체적으로 받아들이고 있었기 때문에 놀라운 일이 아니다. 하지만 이들의 강령은 '베른슈타인 논쟁'이 한창일 때 최종적으로 채택된 만큼 궁핍화에 대한 조항이 포함되지 않았다.[53] 프랑스의 조레스는 카우츠키나 베른슈타인 어느 쪽의 편에도 서지 않았다. 조레스는 베른슈타인과 유사한 점이 많았음에도 운동의 최종 목적이 실질적인 행동의 상징적 안내자로서 유지되어야 한다는 주장을 굽히지 않았다.[54] 이탈리아에서는 대다수가 카우츠키를 따랐지만, 베른슈타인을 지지하는 소수 개혁주의자들의 영향력도 컸다. 그중 주요 인물인 보노미Ivanoe Bonomi와 비솔라티Leonida Bissolati는 정당의 이데올로기적 전통을 완전히 폐기할 것을 원했다. 그들은 마르크스주의가 (그리고 어쩌면 사회주의까지) 과거에 속한다고 생각했다. 비솔라티는 1904년 8차 당대회에서 마르크스주의와 사회주의가 "현실의 사건들이 추월해버린 낡은 공식"이라고 선언했다.[55] 그들은 사회주의가 역사적 과업을 완수했다고 생각했다. 그들에 따르면 사회주의의 과업은 사회주의 사회를 세우는 것이 아니라 시민의 권리를 획득하는 것이었다(이탈리아 개혁주의자들은 성인 남성의 보통선거가 도입됨으로써 이 과업이 완수되었다고 생각했다).[56]

일반적인 견해와 달리, 무장 반란에 관한 문제는 강령에 대한 이런 논쟁에 비하면 중요한 문제가 아니었다. 합법적인 운동이 가능한 국가에서는 어떤 사회민주주의 지도자도 무장 반란을 전략으로 주장하지 않았다. 폭력혁명을 지지하던 이들도 부르주아가 싸우지도 않고 권력을 포기하지는 않을 것이란 이유에서 무장 반란을 미래를 위한 전술로 간직했을 뿐이다. 다시 말해 폭력혁명은 자본주의에 내재된 어떤 것 때문에 불가피하게 일어나는 일이 아니다. 권력을 획득할 방법으로 폭력을 선택하느냐 마느냐는 당시의 지배적인 정치적 상황에 따라 결정해야 할 문제였다. 카우츠키는 폭력혁명이 특정 상황, 특히 권력을 획득할 수 있는 합법적이고 평화적인 수단이 존재하느냐에 달렸다는 결론에 이르렀다.[57] 1917년 이전의 마르크스주의자들은 사회주의로 가는 전환기—많이 논의되지만 잘 정의되지는 않은 '프롤레타리아 독재'의 시기—에 국가가 의회의 형태로 존재할 가능성을 배제하지 않았다. 카우츠키는 1893년 의회주의에 대한 글에서 "진정한 의회 제도는 부르주아 독재를 위

해서도 좋지만, 프롤레타리아 독재를 위해서도 좋은 도구가 될 수 있다"고 선언했다.[58]

프랑스에서도 인터내셔널 프랑스지부 내부의 주된 논쟁은 무장 반란에 대한 것이 아니었다. 사회주의자들이 다른 정당과 함께 지역 정부나 중앙정부에 참여해야 하는가 하는 문제 혹은 전쟁에 대한 사회주의자들의 입장에 관한 것이 주된 논쟁이었다.[59] 첫 번째 사안과 관련해서 알렉상드르 밀랑Alexandre Millerand은 1899년 발데크 루소Waldeck-Rousseau 정부에 참여하기로 했으나, 조레스 같은 지지자들마저 그의 결정에 반발했다. 게드를 비롯해 전통적인 자코뱅의 전쟁에 대한 견해는 사회주의자가 프랑스를 수호하기 위해 싸울 준비가 되어 있어야 한다는 것이었다. 조레스는 "전쟁은 사악한 것"이라고 믿었지만, 노동자에게 나라는 없다고 한 마르크스의 생각에는 반대하며 전통적인 자코뱅의 견해를 받아들였다. 조레스는 "프랑스가 위협받는다면 우리는 프랑스를 지키기 위해 최전선에 설 것이다. 우리에게는 프랑스의 피가 흐른다"고 말했다.[60] 얄궂게도 프랑스 사회주의 진영은 1914년 태도를 180도 바꿔야 했다. 1차 세계대전을 지지하기 위해 정부에 들어갔기 때문이다.

1914년 이전만 해도 정부에 개입하지 않는다는 것이 유럽 사회주의 전체에 팽배한 신념이었다. 1913년까지 네덜란드의 사회주의자들은 정부에 참여할 기회가 있었지만 일부러 받아들이지 않았다.[61] 스웨덴의 사회민주당 지도자는 1897년 자유주의자들의 지지를 받아 국회에 들어갈 수 있었고(그는 1903년 세 명이 더 들어오기까지 유일한 사회주의 의원이었다), 당은 1914년 자유주의 정부의 중립주의 정책을 지지하는 데 동의했다. 그러나 스웨덴 사회주의자들은

1917년 자유주의 정부와 연합할 당시 굉장히 주저했다.[62] 물론 그때는 프랑스와 독일의 사회주의자들이 전시 연립정부에 적극적으로 가담하고 있었기 때문에 사회주의자들이 정부에 참여하지 않는다는 금기는 깨진 상황이었다.

사회주의 운동을 불법으로 규정하던 국가에서도 폭력혁명은 원칙의 문제가 아니었다. 제정러시아에서 볼셰비키는 법의 영역을 벗어나는 혁명뿐만 아니라 가능한 모든 합법적인 방법을 이용할 준비가 되어 있었다. 레닌은 흔히 폭력혁명을 고집스럽게 지지한 사람으로 여겨지지만, 그가 시도 때도 없이 폭력혁명을 주장하거나 신념의 문제로 주장한 적은 없었다. 1904년 멘셰비키 신문 「이스크라Iskra」가 노동자들에게 "국영 은행 지점과 군수품 창고를 장악하고 민중을 무장시키도록" 촉구했을 때 레닌은 동의하지 않았다. "사회민주주의가 사회주의 혁명을 즉각적인 목표로 만들려고 한다면 이는 분명히 스스로 신임을 떨어뜨리는 일이다."[63] 근본적인 반란주의자라는 레닌의 이미지는 상당히 잘못된 면이 있다. (카우츠키에 따르면) 레닌은 폭력과 예방전쟁 등은 사전에 결정할 수 있는 사안이 아니라고 생각했다.[64] 레닌은 전쟁을 예방하기 위해 총파업을 벌이자는 바양과 하디의 제안을 거절했으며, 인터내셔널 프랑스 지부에서 생디칼리스트에 가까운 세력을 이끌던 귀스타브 에르베 Gustave Hervé가 주장한 반란 전술을 모험적이고 '모자란' 짓이라며 경멸했고, 독일의 극좌파(카를 라데크Karl Radek)를 공격했다. 1907년 레닌은 "전쟁을 막는 것뿐 아니라 부르주아의 몰락을 가속화하기 위해 전쟁에 따른 위기를 이용하는 것"이 목표라고 밝혔다.[65]

1914년 이전에는 카우츠키가 제시한 정통 마르크스주의 입장과 레닌처럼 1914년 이후에 카우츠키를 사회주의 애국자, 변절자라며 깎아내린 이들의 입장에 큰 차이가 없었다. 1914년 이전부터 레닌과 카우츠키 사이가 틀어졌다는 이야기는 대부분 1920년대 지노비예프Grigory Zinovyev가 시작해서 1930년대 스탈린Iosif Vissarionovich Stalin이 의욕적으로 이어간 코민테른의 공식 역사 기록에 의해 날조된 것이다.[66] 1914년 이전 좌파에서 카우츠키의 이론에 진지하게 반대한 인물은 로자 룩셈부르크Rosa Luxemburg뿐이다. 그녀는 레닌보다 4년 앞선 1910년 카우츠키의 이론과 결별했다.[67]

혁명 이후의 사회에 대해서는 거의 논의된 적이 없다. 1882~1914년 이 주제에 관한 기사가 『노이에차이트』에 딱 한 차례 실렸을 뿐이다. 사회주의자들은 사회주의에 관심이 없어 보였다. 심지어 혁명 자체에 대한 논의도 극히 드물었다.[68]

혁명적 폭력의 문제보다 총파업 혹은 '대중' 파업을 정치적 무기로 동원하는 것에 대한 논의가 훨씬 중요한 문제였다. 이에 대해서는 진지한 논쟁이 벌어졌지만, 수정론자와 정통파 사이에 의견이 극명하게 갈리지는 않았다. 모든 국가에서 대중 파업을 가장 소리 높여 반대한 것은 노동조합의 지도자들이다. 합법적이고 의회를 통한 방법 대신 대중 파업을 주장하는 사람도 없었으며, 정치적인 대중 파업에 대한 가장 저명한 이론가인 로자 룩셈부르크조차 예외가 아니었다. 독일 사회민주당은 1905~1906년, 1908년, 1910년 이 문제를 놓고 토론을 벌였다. 하지만 사회민주당 지도자들은 자신들이 운동을 통제하지 못하고 국가가 진압해버릴까 두려워했기에 아무런 행동도 취하지 않았다.[69] 독일 사회주의 지도자들은 조심스러운 사람들이다. 그들은 규율과 조직을 믿었으며, 승리할 확률이 아주 높다고 믿지 않는 이상 어떤 파업도 주도하려 하지 않았다. 그들은 5월 첫날에 노동절을 기념하라는 제2인터내셔널의 결정조차 지나치게 급진적이라며 따르지 않았다.[70] 사회민주당 지도자들은 "대중의 열광을 거의 본능적으로 불신했으며 소란스러운 정치 선동가를 경멸했다".[71] 카우츠키도 그만큼 신중했다. 그는 대중 파업을 정당화하기 위한 전제 조건들을 내세워 대중 파업이 일어날 가능성을 최소화했다. 하지만 원칙적으로 대중 파업을 반대하지는 않았다.[72] 베른슈타인은 자신의 '수정주의'에도 구체적인 단기 목표가 있고 부르주아 집단의 지지를 받는다면 정치적 파업을 할 수 있다는 데 찬성했다.[73]

제2인터내셔널을 전반적으로 살펴보면 총파업을 하거나 하겠다고 위협하여 선거법 개정에서 중요한 승리를 거뒀다는 사실을 무시할 수 없다. 벨기에에서 노동당은 아나키스트의 도전을 저지하기 위해 대중 파업 전술을 사용하기로 결정했고, 그들이 1893년과 1902년, 1913년에 잇따라 총파업을 벌이자 망설이던 의회는 성인 남성의 보통선거를 인정할 수밖에 없었다.[74] 핀란드에서 24세 이상 남녀 국민들이 비례대표제를 통해 뽑은 국회의원 200명으로 구성된 단원제 의회Eduskunta가 구舊의회 대신 들어선 것도 (1905년 10월 러시아혁명에서 촉발된) 1905년의 대중 시위와 총파업 덕분이다.[75] 오스트리아에서도 투표권을 위한 1905년 11월의 대중 파업이 없었다면 1907년 선거법 개정은 실현되지 못했을 것이다.[76] 스웨덴에서도 1902년 총파업이 짧게 벌어진 뒤 '인민 의회'가 조직되었고, 사람들이 탄원서에 서명했다. 그리고 1907년 총파업 위협으로 마침내 성인 남성의 보통선거가 보장되었다.[77]

1914년 이전에 (그리고 이후에도) 전략적인 측면에서 사회주의 운동을 분열시킨 핵심적인 논쟁은 운동의 장기적인 목표와 즉각적인 과제의 관계를 둘러싸고 벌어졌다. 이런 논쟁은 예나 지금이나 사회주의자들이 직면한 다음의 중요한 질문들과 맞물려 있다. 현 상황의 핵심은 무엇인가? 현 상황의 기저에 깔린 경향은 무엇인가? 자본주의는 어디로 가고 있는가? 지금 일어나는 변화는 전략을 바꿔야 할 정도로 근본적인 변화인가?

일반적으로 러시아의 멘셰비키와 볼셰비키가 나뉘는 주요 지점은 조직에 대한 문제라고 알려졌다. 즉 멘셰비키는 정치 정당에 대해 더 '민주적'이고 '열린' 개념이 있었고, 볼셰비키인 레닌주의자들은 전문적인 혁명가들로 구성된 비밀 조직만이 러시아 대중을 사회주의로 이끌 수 있다는 수칙이 있었다고 평가받는다. 그러나 사실상 멘셰비키는 누구 못지않게 중앙집권을 원했고, 불법적인 수단도 배제하지 않았다(황제의 통치 아래 제한적인 자유를 누린 것을 생각하면 이해할 만한 입장이다).[78] 조직 차원에서 최종적으로 갈라선 1912년 이전만 해도 멘셰비키와 볼셰비키의 차이점은—러시아 정당이 어떻게 발전해야 하는지에 대한 레닌의 군국주의 개념을 제외하면—서로 강조하는 지점이 다르다는 정도에 불과했다. 볼셰비키는 '자유주의자들이 국가의 통치 체제를 개혁하기 위해 투쟁하려는 의지가 있는가'라는 문제에서 멘셰비키보다 훨씬 비관적이었으며, 멘셰비키는 볼셰비키보다 부르주아와 협력할 준비가 되어 있었다. 멘셰비키와 볼셰비키는 모두 (사회혁명당과 반대로) 러시아에서 자본주의 관계가 발전하는 것은 막을 수 없고, 경제적 관점에서 보면 어느 단계도 건너뛸 수 없다는 점에 동의했다. 러시아 부르주아가 계급으로서 약하고 미숙하며, 부르주아 민주혁명을 이끌 의지와 능력 혹은 둘 중 하나가 없다는 점에도 의견이 일치했다. 따라서 민주주의 단계를 건너뛸 수 없기 때문에 프롤레타리아는 다른 사회 세력과 연합해서 민주주의를 수립하기 위해 투쟁해야 할 것이라고 생각했다. 이 정도는 멘셰비키와 볼셰비키 중 어느 한쪽이 러시아 사회민주노동당 밖으로 내몰릴 만한 차이가 아니었다.

둘의 대립이 분명해진 것은 이후의 일이다. 멘셰비키와 볼셰비키는 특히 자본주의 질서가 살아남을 가능성과 사회주의 혁명의 급박함에 대한 견해를 중심으로 차이를 보였다. 멘셰비키와 볼셰비키 모두 자본주의가 종말을 맞이할 것이라 생각했지만, 멘셰비키는 자본주의의 종말이 곧 일어날 일은 아니라고 봤다. 따라서 멘셰비키는 자본주의 사회의 경종이 울리지 않을 것처럼 여기는 20세기 유럽 사회민주주의자들과 더 잘 맞았다.

러시아혁명의 세 번째 주요 집단은 사회혁명당 당원들이다. 그들은 테러 활동으로 유명한 나로드니키Narodniki, 즉 러시아 인민주의자의 후예다. 하지만 사회혁명당 당원들의 사상이 중요한 진짜 이유는 그들이 서구식 발상으로 간주된 자본주의에 대한 슬라브인의 불신을 혁명의 형태로 구현했다는 데 있다. 그들은 불신의 정치적 표현으로 제정러시아에서 자본주의의 발전이 불가피하다는 점을 받아들이지 않았으며, 현재 일어나는 변화의 심각성을 부정했다.

오늘날 사회주의자들은 러시아혁명 후 거의 100년이 지났으니 세 집단 중 어느 쪽이 옳았는지 판결을 내리고자 할 수도 있다. 하지만 지금 중요한 사안은 러시아 노동운동이 발전하는 과정에서 나타난 세 가지 동향을 밝히는 일이다.

1. **비타협적인 입장_** 이들은 사회·경제 구조에서 일어나는 변화가 자신들이 선택한 전략의 변화를 좌우한다는 사실을 부정했다. 인민주의자와 그 계승자들이 주장한 근본주의적 입장이다.
2. **수정주의적 입장_** 이들은 사회·경제 제도가 본질적으로 가변적이란 것을 이해하며, 전략도 체제의 변화에 맞게 조정되어야 한다는 사실을 알았다. 하지만 운동의 최종 목적인 사회주의를 가시권에 두려고 애썼다. 레닌과 볼셰비키가 이런 입장이었다.
3. **실용주의적 입장_** 이들은 현재의 변화에 대해서는 수정주의자와 이해를 같이하지만, 운동의 '최종 목적'은 먼 미래이기 때문에 즉각적인 과제와 최종 목적의 전략적 연결을 유지하려는 모든 시도는 운동 자체를 위협하는 일이라고 생각했다. 멘셰비키가 주로 취한 입장이다.

물론 간략하게 설명한 세 가지 입장이 세 가지 정치 운동과 딱 떨어지게 연결되지는 않는다. 인민주의자(사회혁명당), 볼셰비키, 멘셰비키가 혁명을 주도하는 몇 년간 자주 입장을 바꿨기 때문이다. 여기에 제시된 분류가 모든 입장을 종합하는 것도 아니다. 다른 항목들이 더 만들어질 수도 있고, 현실적인 경계선도 절대로 명쾌하게 나뉘거나 모든 경우를 아우르지 않는다. 관점에 따라서는 고래가 물고기로 간주될 수도 있다. 그럼에도 위의 분류는 분석보다 서술을 위한 도구로 유용할 수 있다. 우리는 이런 분류를 통해 조직적 차이나 사태에 대응하는 전술적 차이보다는 좀더 근본적인 차원에서 좌파가 채택한 여러 입장을 이해할 수 있다. 정치에서는 어떤 구호나 상징, 단어 등에 대한 명목상의 다툼 뒤에 더 중요한 논쟁이 감춰진 경우가 흔하다(그러므로 외부인들은 다툼의 의미가 무엇인지 어리둥절해한다). 상황이 변하면 논쟁이 드러난다. 논쟁은 필연적으로 상황이 어느 정도로 바뀌었는지에 초점이 맞춰지고, 그다음에는 변화에 따른 목표의 수정이 필요한지에 초점이 맞춰진다. 첫 번째 지점에서 비타협적인 입장과 다른 입장들이 분리되며, 두 번째 지점에서 수정론자와 실용주의자가 분리된다.

실례로 독일 사회민주당의 역사를 보면 비타협적 입장과 실용주의적 입장은 공존할 수 있었고 실제로 공존했다. 사회민주당은 혁명의 언어와 개혁주의적인 실천을 결합했다. 페인소드Merle Fainsod가 카우츠키에 대해 기술하며 "장황함이 불을 뿜지만 전술은 온순하다"[79]고 한 말은 정당 전체에도 적합한 표현이다. 이그나즈 아우어Ignaz Auer 같은 당원은 사회민주당이 그들의 혁명적 언어와 달리 사실은 개혁론적 성향을 띤다는 사실을 간파했다. 그는 베른슈타인에게 쓴 편지에서 다음과 같이 말했다. "친애하는 에두아르트, 자네가 요구한 것을 하겠다고 공식적으로 결정되지 않았고 그런 얘기도 없었지만, 실상은 그렇게 하고 있어. 우리의 활동은 사회민주주의 개혁 정당의 활동이네. 대중을 염두에 두는 정당이라면 응당 그런 정당이 되어야지."[80]

'최종 목적'과 '매일의 투쟁' 간의 분리와 단기·중기·장기적인 과제의 분리는 사회주의 운동 전반에 존재했다. 베른슈타인은 거의 대부분 일반적인 시각에 초점을 두고 공격해왔다. 베른슈타인은 1899년 3월 다음과 같이 말했다. "나는 사회민주당 강령의 실질적인 측면에 전혀 반대하지 않는다. 나는 이에 전적으로 동의한다."[81]

룩셈부르크와 레닌이 즉각적으로 알아차렸듯이 문제의 핵심은 이론에 대한 태도였다.[82] 레닌의 유명한 저작 『무엇을 할 것인가?What is to be Done?』는 단단하게 조직되고 훈련된 정당을 옹호하는 책으로 알려졌지만, 행동 지침으로써 이론의 역할을 옹호하는 책이기도 하다. 레닌은 사회주의 의식이 매일의 투쟁에서 자연 발생적으로 발전될 수 없다는 카우츠키의 주장을 차용했다. 이런 생각의 바탕에는 정당 없이는 노동계급이 정치적 주체가 될 수 없다는 가정이 있다.

사회주의 이론과 의식이 매일의 투쟁에 의해 자연 발생적으로 생겨날 수 없다는 레닌과 카우츠키의 생각이 옳다면, '올바른' 이론에서만 '올바른 요구'가 나온다고 할 수도 없다. '일반적인 이론'이나 장기적인 관점 없이도 얼마든지 단기적인 과업을 도출할 수 있다. 이런 점에서 베른슈타인의 견해는 옳다. 비이론적인 사회주의 정당, 비사회주의 노동당, 비정치적인 노동조합의 요구도 마르크스주의 이론가들의 요구와 그렇게 다르지 않았다. 문제는 다른 곳에 있다. 즉 현재의 상황, 일어나는 변화, 사회 · 경제적인 경향에 대한 일반적인 분석과 단기적인 요구 사이에 연관성이 있느냐는 것이다. 「에르푸르트 강령」을 읽어보면 원칙과 요구 사이의 연관성이 약하다는 것을 알 수 있다.[83]

강령의 첫 번째 부분은 상황을 다음과 같이 기술한다. 현재의 발전은 소규모 기업을 죽이고, 사회를 적대적인 두 진영(즉 늘어만 가는 노동계급과 계속 줄어드는 자본주의 엘리트)으로 점차 분열시킬 것이다. 이런 추세에서 이익을 얻는 쪽은 자본주의 엘리트뿐이다. 프롤레타리아화된 대중의 상황은 끊임없이 악화된다. 경제 위기는 점점 불안정해지는 한편, 필연적으로 더 큰 어려움을 야기한다. 이런 상황에서 운동의 장기적인 목표는 사유재산인 생산수단을 '사회의' 소유 혹은 '공동'소유로 바꾸는 것이다. 공동소유의 목적은 '사회주의 생산', 즉 '사회의 이익을 위한' 생산이다. '공동소유'를 달성하기 위해서는 정권 쟁취가 필수적이며, 이것이 사회민주당의 임무다.

이어 성격이 다른 두 가지 요구 사항 목록이 나온다. 첫 번째 목록에는 계급에 한정되지 않은 요구 사항이 담겨 있다. 이 요구 사항들은 확실히 일반적으로 '민중'과 관련이 있다. 두 번째 목록은 명백히 노동계급의 요구, 즉 "노동계급을 보호하는" 조치로 구성된다. 첫 번째 목록에는 헌법 개정, '권리장전', 복지국가와 같은 국가의 주요 개혁을 위한 프로그램이 들어 있으며, 두 번째 목록은 노동계급의 상황을 급격히 바꿀 계획으로 구성된다. 다음은 「에르푸르트 강령」의 정치적인 부분을 재구성하고 용어를 적절히 변형하여 오늘날의 형태로 바꾼 것이다.

1부 : 국가 개혁

i. 헌법 : 비례대표제에서 성인(여성 포함)의 보통선거, 국민투표권, 판사 선출, 교육 분야에서 정교분리, 의회의 외교정책 통제.

ii. 권리장전 : 권력 이양, 민병대, 결사와 의견의 자유, 여성 차별법 철폐, 평등권.

iii. 복지국가 : 법적 지원, 무상 의료 서비스, 무상 장례, 고등교육을 포함한 각급 학교의 무상교육. 모든 비용은 대학 졸업자의 소득세와 재산세, 유산상속세로 충당함. 모든 간접세 폐지.

2부 : 노동계급의 조건

1일 근무시간 8시간 준수, 근무 조건에 대한 규정, 노동조합 결성권, 국가가 경비를 지불하고 노동자가 관리하는 노동보험.

「에르푸르트 강령」의 영향은 분명하다. 1891년 독일 사회민주당은 핵심적인 요구 사항들을 공식화했다. 이런 요구 사항들은 여러 형태로 20세기 서유럽 사회민주주의의 거의 모든 강령에서 중심적인 역할을 하게 되었다. 핵심적인 요구 사항 가운데는 사회의 민주화, 복지국가, 노동시장 규제 같은 것들이 있었다. 덜 분명한 점은 실질적인 요구—모든 요구는 원자재 생산과 생산수단의 사유를 바탕으로 한 수정된 자본주의 국가 안에서 수용 가능하다—와 강령의 첫 번째 부분에서 제시한 시나리오의 관계다. 문제는 이 시나리오의 옳고 그름이 아니라, 시나리오가 요구 사항들과 관련이 있는가 하는 점이다. 칼 쇼르스케Carl Schorske가 말했듯이, 「에르푸르트 강령」은 혁명론과 개혁론의 타협이나 다름없다.[84] 독일 사회민주당 전체를 보면 혁명과 개혁이라는 두 가지 경향이 다 있었다. 그러나 마르크스주의자들이 '실질적인' 요구를 마지못해 받아들였다고 지레짐작해서는 안 된다. 그런 요구들은 1875년 「고타 강령Gotha Programme」에도 같은 형태로 나왔다. 마르크스의 유명한 *Critique*(고타 강령 비판)는 실질적인 요구가 아닌 이론을 다룬 부분을 주로 겨냥했다.

말이 나온 김에 한 가지 더 짚고 넘어가면, 마르크스의 *Critique* 초판은 전혀 주목받지 못했다. 「에르푸르트 강령」에 대한 엥겔스의 반대 의견도 10년간 출판되지 않았다. 다른 이들과 달리 엥겔스의 공격은 강령의 정치적인 부분에 집중되었다. 사회주의 정책의 핵심이 빠졌기 때문이다. 사회주의 정책의 핵심이란 엥겔스가 "프랑스혁명 이후 오랫동안 볼 수 없던 특별한 형태의 프롤레타리아 독재"라고 부른 민주주의 공화국 건설이다.[85] 「에르푸르트 강령」으로 촉발된 논쟁은 이론적인 부분에 국한된 듯 보이지만, 강령의 이론적인 부분과 정치적인 부분의 연관성이야말로 주요 쟁점이었다.

강령의 두 부분은 이론이나 분석적인 측면에서 필연적으로 연결되지는 않는다. 실질적인 요구에 대한 합의에 이르기 위해서 반드시 '이론적인 부분'을 받아들일 필요는 없기 때문이다. 더구나 사회주의자들의 입장도 명확하지 않았다. 사회주의자들은 자신들의 즉각적인 요구를 실현함으로써 자본주의의 위기를 늦출지, 자본주의의 위기를 받아들여질 만하게 만들어서 앞당길지 분명한 태도를 취하지 않았다. 강령의 이론 부분을 작성한 카우츠키는 (베른슈타인이 쓴) 실질적인 요구의 타당성에 전혀 이의를 제기하지 않았다. 실질적인 과업에 대해서는 상당한 의견 일치가 있었다. 베른슈타인을 무자비하게 비판한 룩셈부르크도 자신이 동의하지 않는 지점은 자본주의의 객관적인 발전에 대한 그의 견해일 뿐이며, 독일 사회민주당이 직면한 실질적 과업에 대해서는 베른슈타인에 동의한다고 말했다.[86]

원칙과 과업 사이에 연관성이 없다고 해서 반드시 둘 다 혹은 둘 중 하나가 '틀렸다'고 말할 수는 없다. 이는 원칙과 과업의 역할에 대한 해석, 즉 '그것의 기능이 무엇인가?'라는 질문에 대한 답을 강령 자체에서 찾을 수 없다는 뜻이다. 강령과 관련해서 합의된 사안은 당사자들이 어느 선까지 싸우느냐 하는 것뿐이었다. 카우츠키와 대다수 정통파가 보기에 강령의 이론적인 부분과 정치적인 부분은 완전히 일관성이 있었다. 이런 일관성은 실질적인 요구가 이론에서 추론될 수 있다는 의미가 아니라 요구와 이론이 같은 기능을 한다는 사실에서 기인한다. 요구와 이론의 기능은 운동을 고무하고 조직하는 것, 자본주의가 마침내 붕괴되는 데 보탬이 될 수 있을 정도로 운동을 강력하게 만드는 것이다. '이론'과 '실천'은 모두 독일 사회민주당의 기본적인 구성 요소다. 이론과 실천은 궂은 환경에서 정당을 단결하게 하는 접착제다. 카우츠키는 운동이 자본주의의 붕괴를 앞당길 수 있거나 앞당겨야 한다고 생각지 않았다. 자본주의는 언젠가 붕괴할 것이고, 이를 준비하는 것이 중요했다. 그는 1910년에 다음과 같이 썼다. "사회민주주의의 과업은 필연적인 파국을 앞당기는 데 있지 않고 파국을 최대한 저지하는 데 있다. 다시 말해 도발로 보일 수 있는 어떤 일도 신중히 피해야 한다."[87]

마지막으로 카우츠키의 마르크스주의는 스스로 장기적인 전략이 아니라 소극적인 전략으로 규정했다. '자본주의의 위기가 닥쳤을 때 무엇을 해야 하는가'라는 질문을 굳이 하지 않아도, 소극적 전략을 통해서 운동이 발전하고 확장되는 길은 모색될 수 있다고 봤다. 따라서 카우츠키의 마르크스주의는 자본주의의 위기를 준비하지 않았으며, 결과적으로 항상 위기가 지연되기를 바랐다. 이렇게 이론적으로 무기력한 상태에서 벗어날 수 있는 길은 두 가지뿐이었다. 첫째 레닌이나 룩셈부르크의 방법으로, 대중 파업이나 혁명전쟁과 같이 자본주의의 붕괴를 앞당길 전략을 짜내는 것이었다. (베른슈타인식) 둘째 방법은 자본주의가 스스로 개혁되고 계속 발전할 수 있으므로 가까운 미래에 붕괴되지 않을 거라고 가정했다. 따라서 운동은 현존하는 질서에서 정치·사회적 이득을 즉각적으로 얻을 수 있는 전략을 세워야 한다고 주장했다.

베른슈타인은 자본주의에서 의미 있는 진전이 가능하다고 확신했다. 그는 운동의 실질적인 과업에 여전히 동의했지만, 그 기능을 다시 정의하고 싶어 했다. 개혁은 이제 프로파간다적인 목적으로만 있을 수 없으며, 실질적인 목표가 되어야 했다. 사회주의자들은 요구의 '현실성'에 대해 새롭게 논쟁해야 했다. 자본주의가 붕괴되는 시점에 대한 문제가 부차적인 쟁점이 되면, 「에르푸르트 강령」 1부에 포함된 일반적인 원칙은 존재할 이유를 잃는다. 베른슈타인의 접근법 덕분에 사회주의 운동은 즉각적인 목표를 달성하는 데 모든 노력을 기울일 수 있었다. 하지만 자본주의의 발전에 대한 그의 낙관적인 견해는 "프롤레타리아가 자본주의 경제에 전적으로 의존해서 자본주의 경제를 불안하게 만드는 어떤 행동도 하지 못하는 상황"을 초래할 수밖에 없었다.[88]

2장

1차 세계대전에서 2차 세계대전까지
(1914~1940년)

| 전쟁

1914년 이전에는 유럽 어느 곳에서도 사회주의자가 자신이 속한 당의 지지를 받으며 정부에 참여한 일이 없었다. 유럽의 좌파는 정치적 활동에서 분열하기도 하고 사상적 대립으로 좌초하기도 했지만, 부르주아 정부에 철저한 반대 입장은 고스란히 유지했다. 비록 영국처럼 선거 전술이나 의회 전술상 정부와 합의한 경우는 있지만 말이다.

하지만 전쟁으로 모든 상황이 달라졌다. 대다수 교전국의 사회주의자들은 정부에 가담했다. 그들이 정부에 참여한 것은 그때껏 쟁취하려고 애써온 정치 · 경제적 개혁을 위해서가 아니라 자국을 지키기 위해서다. 그 결과 많은 사회주의자들이 합법적 지위를 얻었지만, 제2인터내셔널은 사실상 해체되는 대가를 치렀다. 볼셰비키 혁명과 1차 세계대전이 끝난 뒤 제2인터내셔널을 계승한 사회주의 노동자 인터내셔널이 결성되었지만 거의 유명무실했다. 조지 콜George Douglas Howard Cole이 썼듯이, 이 조직은 1933년경에도 일부 서유럽 국가의 정당이 포함된 영국과 프랑스 정당의 느슨한 연맹이었을 뿐이다.[1]

제2인터내셔널 설립 대회(1889년 7월)와 슈투트가르트Stuttgart 대회(1907년)에서 대다수 회원 정당은 모든 수단을 동원해 전쟁을 막기 위해 노력하고, 그럼에도 전쟁이 발발한다면 위기를 이용해 사회주의 혁명을 달성하기로 결의했다. 그러나 1914년 8월 3일, 독일제국 의회의 사회민주당 의원들은 전시공채 발행을 위한 투표에서 찬성표를 던져 만장일치로 독일 황제와 그의 전쟁을 지지했다. 카우츠키와 룩셈부르크, 메링Franz Mehring은 제국 의회에 있지 않았으며, 그전에도 사회민주당 의원 가운데 소수(78명 중 14명)만 전쟁에 반대했다. 베른슈타인은 처음에 '친親전쟁파'와 의견을 같이했지만 나중에 생각을 바꿨다.

오스트리아 사회당SPÖ 또한 프리드리히 아들러Friedrich Adler(1916년 10월 총리를 암살하여 노동자들 사이에서 큰 인기를 얻는다)를 주축으로 하는 당내 분파의 반대를 물리치고 전시공채 발행에 찬성했다. 그들은 1917년 가을에야 좌로 급선회, 이전의 우국적인 입장을 뒤집었다.[2]

체코와 헝가리의 사회주의자들도 전쟁 활동을 묵인했다. 오스트리아에 머무르던 폴란드 사회민주주의자들도 열렬하게 전쟁을 지지하면서 러시아가 패배하여 폴란드가 독립국가로 탄생할 수 있길 바랐다.

프랑스 사회주의자들은 처음에 강한 평화주의적 태도를 취했다. 그들은 독일의 사회주의 동지들이 전쟁을 적극적으로 막을 것이라 생각했고, 프랑스의 부르주아 정부도 물리적 충돌을 막기 위해 노력했다고 믿었다. 조레스는 전쟁이 선포되기 며칠 전만 해도 "프랑스 정부는 평화를 원하고 평화를 유지하기 위해 애쓰고 있다"고 주장했다.[3] 하지만 결국 전쟁이 선포되자 인터내셔널 프랑스지부는 만장일치로 전시공채 발행에 찬성했으며, 정부에 참여하기로 합의했다. 벨기에 사회주의자들도 마찬가지다. 전쟁이 끝날 무렵 "그들은 유럽의 어느 사회주의 정당보다 정부에 완전히 융합되었다".[4] 영국에서도 대다수 노동당 하원 의원들과 압도적인 다수의 노동조합들이 단호하게 애국적 태도를 취했다. 그러나 제임스 하디, 제임스 램지 맥도널드James Ramsay MacDonald, 톰 리처드슨Tom Richardson, 프레데릭 윌리엄 조엣Frederick William Jowett 같은 노동당의 주요 지도자들과 의회 밖에서 (차후에 공산당을 구성하는 주축 가운데 하나인) 영국 사회당은 여전히 전쟁에 강하게 반대했다.

스웨덴, 네덜란드, 덴마크, 이탈리아 같은 중립국 사회주의 정당들은 참전에 반대했다. 1915년 이탈리아 정부가 독일과 오스트리아에 대항해 전쟁에 뛰어들었을 때 이탈리아 사회당은 계속 전쟁에 반대했으나, 전쟁 개입을 옹호하는 중요한 분파가 등장했다. 앞서 1914년에는 사회주의 신문 「아반티L'Avanti」의 편집자 베니토 무솔리니Benito Mussolini가 사회당에서 나와 참전을 지지하는 단체를 조직했다. 포르투갈 사회주의자들은 처음에 중립을 주장했지만, 정부가 전통적인 동맹국(영국)을 지지하기 위해 참전하기로 결정하자 이에 동의했다. 스페인 사회노동당은 자국이 전쟁에 참여하지 않았음에도 인터내셔널 프랑스지부의 방침을 따르기로 결정하고 전쟁을 규탄하지 않았다. 사회주의 정당들은 전반적으로 애국주의 노선을 따랐다. 가장 중요한 예외는 러시아다. 러시아 사회민주노동당의 모든 구성원, 즉 멘셰비키와 볼셰비키 모두 전쟁에 반대했다. 그들은 전시공채 발행을 위한 투표가 열린 러시아 의회Duma에서 찬성표를 던지지 않고 퇴장했다. 케렌스키Aleksandr Fyodorovich Kerensky의 노동당도 마찬가지다. 하지만 망명자 가운데 '러시아 마르크스주의의 아버지' 플레하노프와 러시아의 선도적인 아나키스트 크로포트킨Pyotr Alekseevich Kropotkin은 전쟁을 지지했다.5 전쟁에 참여한 나라 중에서는 세르비아의 사회주의자들만 러시아 사회주의자들처럼 전쟁에 반대했다.

대다수 유럽 사회주의자들이 전쟁을 지지한 데는 여러 가지 이유가 있다. 그전까지 사회주의자들은 정치적으로 전쟁에 반대하는 입장이었고, 평화를 지키기 위해 싸웠다. 그러나 교전을 피할 수 없다는 사실이 분명해지자, 그들은 조국을 지지할 수밖에 없다고 생각했다. 첫 반응은 애국주의가 아니었을 테지만, 평화주의가 실패함에 따라 애국주의가 등장한 것이다. 물론 여기에는 기회주의적인 요소도 있다. 어떤 대중조직이든 아래에서 비롯된 압력, 특히 지지자들의 압력에 저항하기는 매우 어려웠을 것이다. 많은 활동가들이 전쟁에 반대했음에도 대다수 노동계급은 나머지 국민처럼 (적어도 처음에는) 전쟁에 찬성했다. 독일 노동자들은 '독일이 도덕적으로 옳으며, 독일제국의 존립 자체가 위태롭다'고 생각했다.6 그들은 전쟁을 통해 비로소 자신들이 진정한 독일제국의 시민으로 받아들여졌다고 느꼈다. 유럽의 사회주의 정당들은 1914년 이전에도 자국의 노동계급에게 국제적 연대의 필요성을 이해시키지 못했다. 1914년 8월 그 치열하던 시기에 노동자들을 설득할 가망은 없었다.

사회주의 지도자들은 예기치 못한 상황에 당황했다. 그들은 전쟁이 일어나지 않으리라 믿었고, 전쟁에 대처할 정책을 진지하게 준비하지 못했다.[7] 그들은 국제 정세를 거의 이해하지 못했고, 그들의 국제주의는 허울뿐이었다. 이는 레닌주의자들의 생각처럼 그들이 기회주의자였다는 의미가 아니라, 그들의 국제주의에 전략적인 내용이 없었다는 뜻이다. 국제주의는 말일 뿐, 일관된 전략노선의 핵심 요소가 아니었다. 국제주의는 사회주의 운동의 특징적인 성격 가운데 하나인 언어적 급진주의의 일면이었다. 하웁트가 말했듯이 사회주의 지도자들은 "태도를 명확히 해야 하는 문제를 피해 단기적인 해결책과 절충안으로 피신했다".[8]

만일 당시에 독일 사회민주당이 노동자들에게 전쟁에 반대하는 총파업(실제로 일어날 가능성은 없었다)에 참여하라고 촉구했다면, 다른 사회주의 정당들이 그 정도로 전쟁을 지지하지는 않았을 것이다. 그러나 독일 사회민주당은 조국을 수호하기 위해 자신들이 혐오하던 실권자들과 운명을 같이하기로 결정했다. 이는 일시적인 일탈이 아니다. 그들이 이전에도 국가의 정치적 발전(독일제국의 탄생)과 경제적 성장에서 국가와 공생한 사실을 보면 전혀 일관성이 없는 일도 아니다.

독일제국이 국민에게 선거권을 주었기 때문에, 바로 그 국가가 반사회주의 법으로 사회민주당의 세력을 꺾으려고 할 때도 사회민주당은 융성할 수 있었다. 독일 사회민주당은 1890년에 합법화되었다(물론 이는 사회민주당이 권력을 잡았다는 얘기가 아니라 독일제국에 존재할 수 있도록 허락되었다는 뜻이다). 이들은 자신들을 대안적인 국가로 내세웠으나, 그 때문에 자신들이 무너뜨리려고 하는 국가조직의 직접적인 영향을 받게 되었다.[9] 사회민주당의 운명은 그들이 치를 떨며 경멸하던 독일제국과 얽혔다. 독일의 산업이 발전하면서 사회민주당의 영향력도 커졌고, 독일의 명망이 드높아지면서 사회민주당의 명성도 높아졌다.[10] 사회민주당은 '서유럽'의 정치적 가치 중 많은 부분을 깊이 받아들였다. 러시아에 대한 두려움, 즉 아시아의 야만성에 집어삼켜질지도 모른다는 두려움이 정치권 전반에 널리 퍼졌고, 이런 성향은 특히 자유주의자들과 사회주의자들 사이에서 두드러졌다. 제정러시아의 전제정치는 19세기 내내 진보 운동에서 혐오의 대상이었다. 마르크스와 엥겔스는 러시아를 서구 문명에 대한 주된 위협으로 간주했다. 러시아에 대한 적개심은 사회민주당과 독일 군부를 이어주는 공통분모였다. 동유럽권의 위협을 막아내기 위해 사회민주주의자들과 그들의 적수인 보수주의자들이 뭉치는 일은 이후에도 거듭되었다.

1914년 8월, 사회민주당은 국가의 존립을 위협하는 위험에 더는 무관심할 수 없었다. 독일제국이 그들의 국가가 되었다. 1914년까지만 해도 사회민주당이 부르주아 국가나 국가의 어떤 기관과도 상대하지 않겠다고 주장한 것은 사실이다. 물론 실제 상황은 조금 달랐다. 1912년 이후 사회민주당은 독일제국 의회에서 입법 과정에 불가피하게 참여하는 일이 점점 많아졌다. 의회 지도부에서 "사회민주당이 빠지는 일은 이제 상상 속에서나 벌어지는 일이 되었다".[11] 억압적인 프로이센Preussen과 작센Sachsen보다 상황이 자유롭던 바덴Baden, 헤센Hessen, 바이에른Bayern, 뷔르템베르크Württemberg와 같은 주州에서 사회민주당은 선거 연합에 동참하고 예산안을 표결하는 등 건설적인 야당으로 발전했다.[12] 함부르크Hamburg 같은 '자유' 도시에서 사회민주주의자들은 시민 의식을 지배하는 자유무역주의에 강하게 공감했다. 심지어 1918년 사회민주당이 함부르크에서 다수당이던 때는 유서 깊은 자유주의 가문 출신이 시장의 적임자임을 당연한 사실로 받아들이기도 했다.[13]

독일과 상황이 다른 영국에서도 유사한 과정이 일어났다. 20세기 초까지 영국의 노동운동은 정당으로 조직화되지 못한 채 노동조합을 통해 전개되었다. 노동운동은 긴 절충 과정을 거쳐 영국 자본주의에 적응해갔고, 그 과정에서 강한 계급 정체성이 형성되었다. 이 계급의식은 자본주의 국가의 몰락이 아니라 국가 내 노동계급의 통합을 지향했다. 따라서 영국에서도 독일과 마찬가지로 노동계급의 투지가 국가적 합의를 이끌어내는 데 기여했고, 공교롭게도 이 합의는 지배계급의 목표와 맞아떨어졌다고 볼 수 있다. 영국의 상황에 대해 에릭 홉스봄Eric J. Hobsbawm은 다음과 같이 말했다.

> 제국주의 시대가 깊어질수록 노동자 집단 중에 제국주의 영국의 위상 덕분에 어떤 이득을 얻지 못하거나, 자신의 이익이 제국주의의 지속에 달렸다고 느끼지 않는 이들을 찾아내기가 점점 어려워진다.[14]

1차 세계대전이 발발할 무렵 영국의 조직적 노동운동에서 1850년 이전의 차티스트적 요구(공화주의, 세속주의, 국제주의)는 "영양실조로 사라진 상태였다".[15] 전쟁이 시작되기 직전 몇 년간 일어난 생디칼리슴적인 동요는 영국 대다수 노동자의 '사회 애국주의적' 사

고방식에 심각한 영향을 미치지 않았다.[16]

프랑스 사회주의자들은 국가를 지키기 위해 어느 나라 사회주의자들보다 빠르고 열성적으로 신성동맹Union Sacrée에 참여하여 자코뱅 민족주의의 힘, '혁명과 사회주의의 천국인 프랑스 사상'의 힘을 보여줬다.[17] 1890~1914년에 발전한 다른 사회주의 정당은 대부분 자국 정부가 이끄는 대로 따랐다. 예컨대 이탈리아 사회주의자들이 전쟁에 애매한 태도를 취한 이유는 이탈리아 정부 때문이다. 이탈리아에서는 중립을 주장하는 세력과 전쟁 개입을 주장하는 세력의 대립이 다른 곳에 비해 훨씬 두드러지고 오래 지속되었다.

독일 사회민주당은 주요 참전국 사회주의 정당 중에서 전쟁으로 가장 심각한 분열을 겪었다. 이 분열은 결국 독일 독립사회민주당 USPD의 창설로 이어졌다. 사회민주당이 독일 노동계급을 대표하는 유일한 정당이던 시절은 막을 내렸다.

러시아 사회주의자들만이 여전히 전쟁을 단호하게 반대했다. 그들은 조국에 빚진 바 없었고, 국가도 그들에게 충성심을 기대할 수 없었다. 제정러시아는 지지받을 만하지 못했으며, 실제로 지지받지도 못했다.

전쟁을 겪으며 사회주의자들은 대략 세 진영으로 나뉘었다.[18]

1. **애국적 사회주의자_** 여기에 속하는 이들은 프랑스의 바양과 게드, 독일의 샤이데만Philipp Scheidemann, 벨기에의 반더벨데, 러시아의 플레하노프, 영국 사회당의 이전 지도자 하인드먼, 이탈리아의 비솔라티 등이다. 처음에는 이들이 가장 강력한 집단이었다.

2. **중도적 혹은 평화적 사회주의자_** 이들은 처음에 전쟁을 찬성하는 다수와 의견을 같이했지만, 나중에는 전쟁에 반대하고 일종의 중립을 지지했다. 독일의 카우츠키와 베른슈타인, 영국의 맥도널드와 하디, 프랑스의 부르드롱Bourderon과 프랑스 노동총동맹의 노동조합들이 여기에 속한다. 이탈리아, 스위스, 네덜란드, 스칸디나비아 사회주의 정당들도 이런 입장이었다.

3. **반전 좌파 혹은 혁명적 사회주의자_** 이들은 전쟁을 기회 삼아 혁명을 일으키려는 열망을 품었다. 독일의 카를 리프크네히트Karl Liebknecht와 로자 룩셈부르크, 러시아의 레닌, 이탈리아의 그람시가 이끈 토리노Torino의 주간지 『신질서L'Ordine nuovo』 그룹과 아마데오 보르디가Amadeo Bordiga가 여기에 속한다.

현대 공산주의의 탄생

1차 세계대전 발발이 1914년 이전 유럽 사회주의 운동에 첫 번째 타격이라면, 1917년 10월 러시아혁명은 최후의 일격이었다.

유럽 좌파의 분열 조짐은 오래전부터 있었다. 강령과 전략에 대한 논쟁에서 전형적으로 나타난 개혁주의와 혁명주의의 긴장은 제2인터내셔널의 특징이었다. 그래도 제2인터내셔널은 느슨한 조직 구조를 유지해왔다. 하지만 전쟁은 허울뿐이던 연합마저 끝장냈고, 마침내 러시아혁명이 좌파에 근본적인 기준점을 제시했다. 이후 1989~1991년 소련이 붕괴될 때까지 유럽의 모든 사회주의 집단이나 분파는 러시아혁명 자체뿐만 아니라 차후의 각 단계에 대해서도 끊임없이 자신의 입장을 밝혀야 했다. 러시아혁명으로 인해 혁명주의자에게는 긍정적인 모델이, 개혁주의자에게는 부정적인 모델이 생겼다. 아무도 입장을 정하지 않은 채 오래 망설일 수 없었다. 1919년 소비에트 정부가 새로운 국제적 조직인 제3인터내셔널(코민테른)을 결성하기로 하면서 모든 사회주의자들은 자신의 입장을 정해야 했다.

공산주의 인터내셔널이 탄생한 시기는 시대적으로 특별했다. 독수리를 왕가의 상징으로 삼은 프로이센과 오스트리아, 러시아가 몰락한 뒤다. 호엔촐레른Hohenzollern의 나라(호엔촐레른 왕가가 다스리던 프로이센을 말한다—옮긴이)에는 1919년 2월 바이마르Weimar에서 소집된 국민의회를 통해 민주주의 공화국이 등장했다. 한때 합스부르크Habsburg 왕가가 다스리던 제국은 해체되었으며, 빈Wien은 알프스에 위치한 작은 공화국의 수도로 격하되었다. 러시아에서는 (마야콥스키Vladimir Vladimirovich Mayakovsky를 인용하면) 볼셰비키가 "부리가 날카로운 쌍두독수리인 로마노프Romanov 왕가를 씹던 시가처럼 뱉었다". 한편 노동자들은 전쟁 동안 지키던 침묵을 깨고 행동에 나선 듯했다. 20세기를 통틀어 견줄 데 없는 노동계급의 동요와 혁명의 잠재적 불씨가 1918~1920년에 일어났다. 아마도 이때가 '서유럽에서 혁명'을 현실적으로 고려할 수 있는 유일한 시기였을 것이다. 거의 모든 서유럽 공산주의 정당이 출범한 시기도 이때다. 그러나 이후 혁명을 일으키기 위해 탄생한 정당들이 (적어도 유럽에서는) 한 번도 혁명을 주도하지 못했다는 사실은 역사의 아이러니다. 그들은 혁명적 상황이 존재하지 않는 냉랭한 기후에서 힘들게 성장하고 발전해야 했다(경우에 따라 성장하지도 못했다). 사회주의를 요원한 목표로 생각한 개혁주의자들 또한 (적어도 단기적으로는) 그다지 큰 성공을 거두지 못했다. 혁명이 일어날 위험 때문에 중대한 개혁을 시도할 길이 막혔기 때문이다. 찰스 메이어Charles Maier는 권위 있는 글에서 1차 세계대전 이후 유럽 부르주아 권력의 재조직을 설명하며 다음과 같이 말했다.

> 유럽 전역에서 전후 노동계급의 공세가 끝난 시기는 1920년 말~1921년 초다. 당시 프랑스와 이탈리아에서 노동조합들은 심각한 좌절을 겪었거나 곧 겪을 운명이었다. 독일의 바이마르공화국은 교착 상태에 있으며, 부르주아의 관리를 받는 듯 보였다. 경제의 통제권이나 소유권에서 중요한 변화는 일어나지 않았다. 프랑스의 철도 국유화는 사문死文이었다. 독일의 탄광들은 여전히 민간 소유였다(영국의 탄광도 마찬가지다). 노동자 의회는 추진력을 잃었고, 이탈리아 노동운동은 연구위원회를 약속받은 대가로 국가의 공장에 대한 영향력을 포기했다. 1920년 말까지는 바이마르공화국의 노동부 정도가 조직된 노동계급을 보호해주는 유일한 사회적 마지노선이었다.[19]

레닌은 이런 상황에 굴하지 않고, 1920년 7~8월 2차 대회에서 제3인터내셔널 가입을 위한 '21개 조건'을 작성했다(원래는 19개 조건이었다). 전후 상황이 안정되었고, 소비에트 러시아는 효과적으로 격리되었으며, 서유럽의 혁명이 패배한 뒤였다. 결과적으로 21개 조건은 서유럽 좌파의 영구적인 분리를 가져왔다. 돌이켜보면 코민테른은 중대한 정치적 오류였다.[20] 하지만 당시에는 그런 사실이 보이지 않았다. 러시아의 붉은 군대는 우크라이나를 되찾았고, 폴란드에서 공산주의 봉기를 일으키기 위해 바르샤바Warszawa로 진격했다.[21] 몇 주 지나지 않아 붉은 군대의 진격은 멈췄지만, 짧은 시간이나마 2차 대회에 참석한 대표자들은 곧 심판의 날이 밝을 거라고 믿었다.

21개 조건은 이념이나 전략적인 면에서는 요구하는 내용이 거의 없었다. 그러나 조직의 문제에는 가혹했다. 21개 조건은 다음과 같이 설명될 수 있다. 코민테른의 회원 정당은 당에서 개혁주의자와 중도주의자를 모두 추방하고, 새로운 국제조직인 코민테른이 요구하는 규율을 받아들이며, 소비에트 공화국을 지지하고, 불법적 정치 활동을 각오해야 하며, 자신들을 공산주의 정당이라고 칭해야 한다. 이탈리아 사회당과 같이 코민테른에 가입한 사회주의 정당들은 이의를 제기했다. 코민테른은 제2인터내셔널과 달리 초거대 정당, 즉 (전쟁 이전에 각국의 사회민주주의 정당이 그랬던 것처럼) 중앙집권화된 조직을 목표로 했다. 마르크스의 제1인터내셔널은 현실적으로 존재하지 않았으며, 제2인터내셔널은 정보국에 불과했다. 반면 제3인터내셔널은 역사에서 유일하게 중앙집권화된 국제적 좌파 조직이 되었다. 제3인터내셔널이 그렇게 될 수 있었던 것은 정식 국가의 지지를 받았기 때문이다. 1920년에는 레닌 자신도 서유럽 사회에서 공산주의 정당을 설립하는 것과 "진정으로 대중적이고 혁명적이며 직접적이고 열린 투쟁을 위한 조건들이 아직 존재하지 않는 상황에서 혁명가가 된다는 것"이 얼마나 어려운지 잘 알았다.[22]

1918~1921년은 사회주의 사상에 중대한 위기가 닥친 시기다. 전쟁을 지지하던 사회주의 정당 지도부는 자신들의 입장을 변호해야 하는 상황에 처했다. 처음에 이들을 지지하던 활동가들은 전쟁이 길어질수록 이들에게서 멀어졌다. 러시아혁명은 급진주의를 향한 움직임의 촉매였다. 러시아혁명은 레닌이—전쟁뿐 아니라 운동의 최종 목적에 대해서도—내내 옳았다는 증거로 받아들여질 수 있었다. 점진적 사회주의가 전쟁을 받아들이는 쪽으로 흘러간 반면, (보통 레닌의 입장이라고 기술되는) '과격파'의 입장은 최종 목적이 실제로 있으며 혁명이 가능하다는 점을 증명했다.

사회주의자들의 대응은 다양했다. 각 정당 내부에는 볼셰비키 혁명의 목표와 방법을 지지하며 혁명을 자국에 적용 가능한 모델로 받아들일 용의가 있는, 어느 정도 세력을 갖춘 분파가 있었다. 하지만 대다수 일반 당원들은 연대를 표하는 정도에서 더 나가지 않았다.

전체적으로 봤을 때 공산주의 정당들은 스페인이나 이탈리아에서 그랬듯이 대부분 사회주의 정당에서 갈라져 나온 소수집단에 의해 구성되었다. 그러나 예외도 있었다. 노르웨이에서는 (그전까지 상당히 온건했으나 전쟁으로 과격해진) 노동당이 1919년 코민테른에 가입했고, 21개 조건도 받아들였다. 그 결과 노동당에서 온건파가 갈라져 나와 개혁주의적인 '사회민주당'을 조직했다. 1921년 국회의원 선거에서 노동당이 21.3퍼센트를 얻은 데 반해, 사회민주당은 9.3퍼센트를 얻었다. 1923년 코민테른의 통제가 지나칠 정도로 심해지자, 노동당은 과격주의 강령은 유지한 채 코민테른에서 탈퇴했다. 그러자 노동당의 좌파 진영이 갈라져 나와 노르웨이 공산당을 결성했다.[23] 영국에서는 이전부터 노동당 밖에 있던 집단들이 뭉친 결과 영국 공산당CPGB이 결성되었고, 노동당은 러시아 10월 혁명으로 분열을 겪지 않았다.

네덜란드 공산주의 정당도 영국 공산당과 마찬가지로 그전부터 주류 사회주의 정당인 사회민주노동당SDAP 밖에 있던 정치집단들이 모여서 발전한 결과다. 베인코프David Wijnkoop가 이끄는, 목소리가 큰 마르크스주의 집단인 '데 트리뷴De Tribune' 그룹은 1909년 사회민주노동당에서 축출된 이후 사회민주당을 결성했다. 하지만 그들은 카우츠키식 정통 마르크스주의를 따랐음에도 인터내셔널의 다른 정당들에게 인정받지 못했다. 바로 이 조직이 네덜란드 공산당이 되었다.[24]

프랑스에서는 인터내셔널 프랑스지부의 다수파가 1920년 투르 Tours 18차 당대회 때 제3인터내셔널에 가입하는 것과 공산주의 정당이 되는 데 찬성했다. 주트Tony Judt에 따르면[25] 전시에 좌파 진영에서 소수파였던 세력이 다수파가 된 데는 세 가지 원인이 있다. 러시아혁명의 영향으로 과격해졌고, 1919년 선거 이후 의회에 대한 환상에서 벗어났으며, 1919~1920년 정부의 억압을 받았다는 점이다. 그러나 유럽의 주요 사회주의 정당 중 다수의 당원이 소비에트를 지지한 정당은 인터내셔널 프랑스지부가 유일했는데, 그 이유를 이 세 가지 원인으로만 설명할 수는 없다. 이탈리아에도 노동계급의 격변이나 공장점거('붉은 두 해')와 더불어 비슷한 원인이 있었지만, 이탈리아 사회주의자 가운데 레닌의 21개 조건을 지지하는 이들은 소수였기 때문이다.

인터내셔널 프랑스지부는 이탈리아나 스페인 사회주의 정당의 다수파와 마찬가지로 '우파' 독일 사회민주당을 중심으로 다시 구성된 제2인터내셔널에 참여하기를 원치 않았다. 처음에 인터내셔널 프랑스지부는 오스트리아 사회주의자들을 중심으로 한 새로운 국제조직을 지지했다. 제2.5인터내셔널이라는 별칭이 붙은 이 조직의 목적은 볼셰비키와 사회 민주 개혁주의자 사이에 다리를 놓는 것이었다.[26] 제2.5인터내셔널의 시도(1921~1923년)는 실패했고, 볼셰비키와 개혁주의자 사이에 다리를 놓으려던 그들이 제2인터내셔널에 합류하며 1923년 5월 함부르크에서 사회주의 노동자 인터내셔널이 결성되었다.

역사의 위대한 전환점이 모두 그렇듯 1917년 10월 혁명도 다양하게 해석되었다. 프랑스 사회주의의 서로 다른 전통은 레닌주의의 이런저런 면을 강조하며 프랑스 공산당 안에서 새롭게 연합했다. 블랑키주의자는 프롤레타리아의 반란과 독재를 강조했고, 게드주의자는 주요 은행과 기업을 국유화한 소비에트의 법령에 깊은 인상을 받았으며, 남부 프랑스의 '붉은' 소규모 소작농은 농업 개혁에 기뻐했다. 하지만 공산주의자들이 프랑스에서 일어나는 여러 사건에 영향을 미치기 위해 할 수 있는 일은 거의 없었다. 인터내셔널 프랑스지부의 간부들이 대부분 공산주의자가 되었지만, 인터내셔널 프랑스지부 지지층 가운데 이들을 지지하는 유권자는 소수였다.

독일의 상황은 꽤 달랐다. 첫째, 독일의 사회주의 정당은 전쟁이 끝났을 때 분열된 상태였다. 독일 사회민주당은 다수파 사회민주당과 독립사회민주당, 룩셈부르크와 리프크네히트가 이끄는 스파르타쿠스단Spartacus League으로 나뉘었다. 둘째, 1918년 독일 사회주의자들은 혁명적 상황을 맞이한다. 독일제국은 폐허가 되었으며, 사회주의자들이 선택할 수 있는 길은 두 가지였다. 의회 공화제를 지지하거나, 직접 선출되는 평의회를 바탕으로 하는 국가—직접민주주의의 새로운 소비에트 모델—를 위해 싸우는 것이다. 스파르타쿠스단은 후자를 선택했다. 하지만 노동자병사평의회는 1918년 12월 16~20일 전체 회의에서 국회를 구성하기 위한 선거를 치르기로 결정했다. 며칠 뒤 스파르타쿠스단은 독일 공산당KPD을 결성했다. 앞서 1918년 11월 (한 정당이 당시 독일을 지배했다고 말할 수 있다면) 사실상 지배 세력이던 다수파 사회민주당은 「에르푸르트 강령」의 요구 사항 중 일부—여성 선거권, 비례대표제, 표현의 자유, 1일 8시간 노동—를 시행하고 국회 구성을 약속함으로써 의회주의 국가에 대한 그들의 신념을 재확인했다. 이후 1919년 1월 19일 선거에서 다수파 사회민주당(37.9퍼센트)은 7.6퍼센트를 얻은 독립사회민주당과 함께 확실한 승리를 거뒀다. 이와 같이 코민테른이 결성되고 레닌의 21개 조건이 등장할 무렵, 독일에는 평의회 (소비에트) 민주주의를 신념으로 내세우는 공산주의 정당과 '개혁주의적' 사회민주주의 정당이 존재했다. 사회민주주의 정당은 특히 공산주의 지도자 룩셈부르크와 리프크네히트의 살해를 방조함으로써 지울 수 없는 오점을 남겼다. 독립사회민주당의 다수는 공산당에 합류하기로 결정했으며(1920년 10~12월), 나머지는 다수파 사회민주당에 병합되어 이전의 사회민주당을 다시 구성했다(1922년 9월).

코민테른의 21개 조건 중 16번째 조항(19개 조건에서는 17번째 조항)에 따르면, 새로운 공산주의 정당들은 '각국의 특수한 상황'과 '코민테른의 결의안'에 부합하는 새로운 강령을 마련해야 했다. 하지만 '각국의 특수한 상황'을 결정하는 것은 코민테른과 집행위원회였다.[27] 소비에트 정권의 이해利害가 공산주의 정당들의 이해와 전적으로 일치한다는 생각이 처음부터 널리 퍼져서 이런 생각에 도전하려는 시도들은 묵살되었다. 1928년이 되자 소련 공산당이 코민테른을 완전히 장악했다. 1930년대 중반 '국가적 상황'(파시즘에 맞서는 투쟁)과 소련의 외교정책(소련의 외교적 고립 종식)이 맞아떨어지면서, 뒷날 '사회주의로 가는 국가적 길'이라고 불리는 특수한 국가적 상황의 개념이 부분적으로 잠시나마 도입되었다. 이를 통해 공산주의자와 사회주의자의 관계 재개를 목표로 하는 반反파시즘 인민전선 전략이 발전할 수 있었다. 공산주의자와 사회주의자의 유대는 소련의 외교정책(1939년 8월 23일 맺은 몰로토프–리벤트로프 조약 Molotov-Ribbentrop Pact)으로 깨졌다가, 독일의 외교정책이 시행된 결과(1941년 6월 22일 나치의 소련 침공) 다시 확립되었다. 이와 같이 공산주의 정당들은 자신의 운명을 스스로 결정할 수 없었다.

소련은 전시 연합국을 안심시키려는 몸짓으로 1943년 5월 제3인터내셔널을 해산했다. 그러므로 24년 동안 코민테른의 주요 전환점을 근본적으로 결정지은 요소는 소련 공산당 내부의 권력투쟁이나 소련 외교정책의 문제라고 할 수 있다. 코민테른은 국제적인 노동계급을 혁명으로 인도해야 했으나, 코민테른이 존재한 기간을 통틀어 1924년에 세워진 몽골인민공화국—몽골 수립에 코민테른의 도움은 전혀 없었다—을 제외하고는 세계 어느 곳에서도 사회주의나 준準사회주의 정권이 들어서지 않았다. 이는 아무리 좋게 말해도 세계적인 계급Weltklasse, 세계적인 정당Weltpartei, 세계적인 혁명 Weltrevolution을 원칙으로 하는 조직에게는 암울한 결과다. 혁명의 과업에 실패한 코민테른은 선거 정치에서도 실패했다. 득표율에 비해 큰 영향력을 발휘하는 정당(예를 들면 영국의 공산당)도 일부 있었지만, 선거에서 힘을 발휘하지 못한 공산주의 정당들은 자국의 정치에서 중요한 역할을 거의 하지 못했다.

몇몇 중요한 예외를 제외하면 공산주의 정당들은 양차 세계대전 사이의 모든 선거에서 패배했다. 어쩌면 이것이 그들이 반反의회주의 입장을 고수한 이유가 될지도 모른다. 이탈리아 공산당은 모든 정당이 금지되기 전 1924년 선거에 참여할 수 있었다. 영국 공산당은 다른 선거제도라면 더 나은 (하지만 그렇게 나은 것은 아닌) 결과를 얻었으리라고 주장할 수도 있겠지만, 이들의 득표율은 0.1~0.3퍼센트를 오갔다. 네덜란드 공산당의 득표율이 1.2퍼센트에서 1937년 3.4퍼센트로 높아진 반면, 노르웨이 공산당은 1924년 6.1퍼센트에서 1936년 0.3퍼센트로 낮아졌다. 덴마크 공산당의 득표율은 1939년 최고점(2.4퍼센트)에 달했으나, 그 전에는 항상 1.6퍼센트 아래에 머물렀다. 오스트리아 공산당은 1퍼센트의 장벽을 넘지 못했다. 스웨덴의 공산주의자들은 상대적으로 좀더 나은 성과를 보여 1928년 6.4퍼센트를 얻었지만, 1930년대에는 득표율이 3퍼센트대에 머물렀다. 반면 벨기에 공산당은 1920년대에 2퍼센트 이하를 기록했지만, 1936년에는 6.1퍼센트를 얻었다.

1939년 3월 모스크바 18차 소련 공산당 대회 때 마누일스키Dmitri Manuilsky는 자본주의 유럽에서 공산주의가 가진 조직적 힘에 대해 다음과 같이 우울한 수치를 보고했다. 유럽의 공산주의자 숫자는 스페인 30만 명, 프랑스 27만 명, 체코슬로바키아 6만 명, 스웨덴 1만 9000명, 영국 1만 8000명, 네덜란드 1만 명, 벨기에 7000명, 유고슬라비아 3000명이었다.[28] 가장 강력한 공산주의 정당 세 곳은 심각한 시련을 마주하고 있었다. 스페인 공산당은 내전으로 파괴되기 직전이었으며, 체코슬로바키아와 프랑스 공산당은 나치의 침략을 받아 지하로 숨어들었다. 이탈리아와 독일의 공산주의자들은 그 전부터 이런 시련을 겪었다.

양차 세계대전 사이에 중요한 선거 기반을 마련한 것은 독일 공산당과 프랑스 공산당뿐이다. 1920년대에는 독일 공산당이 서유럽에서 가장 주도적인 공산주의 정당이었으며, 1930년대에는 프랑스 공산당이 그 역할을 맡았다. 하지만 독일과 프랑스 공산당 모두 사회주의 정당을 넘어설 수는 없었다. 바이마르공화국의 체제가 확립되던 중대한 시기(1919~1920년)에 독일 공산당은 종전 정당에서 분리되어 나온 소규모 정당에 지나지 않았다.[29] 하지만 이들은 독일 사회민주당의 우유부단함과 경제 위기로 덕을 봤다. 독일 공산당의 득표율은 점차 상승해 9퍼센트(1924년 12월)에서 10.6퍼센트(1928년 5월), 13.1퍼센트(1930년 9월), 14.3퍼센트(1932년 7월), 16.9퍼센트(1932년 11월—이는 사회민주당에 비해 3.4퍼센트 낮은 것이었다)를 기록했다. 공산당은 마지막 선거(1933년 3월)에서도 12.3퍼센트를 얻었으며, 주로 실업자들이 이들에게 투표했다. 이후 나치 정권이 등장함에 따라 공산당과 다른 모든 정당은 해산되었다.

문제는 독일 공산당이 선거를 통해 얻은 힘을 적절한 정치적 행동으로 전환하지 못했고, 바이마르공화국의 정치적 주역이 된 적이 한 번도 없다는 점이다. 어떤 의미에서 공산당의 표는 정치에서 모두 '무효'가 되었으나, 공산당과 마찬가지로 공화국의 반대 세력이던 나치의 표는 그렇지 않았다. 나치는 독재국가를 세우기 위해 자신들이 선거에서 얻은 힘으로 바이마르공화국의 안정을 위협했다.

독일 공산당은 반란주의(putschism : '지금이 무장봉기를 할 때'라는 이데올로기)와 반란 준비 사이를 오갔다. 반란주의 전략 때문에 즉각적인 개혁을 위한 어떤 활동도 실시되지 못했다.[30] 공산당은 바이마르공화국의 정부 기관과 관련되길 거부했으며, 정부도 똑같이 이를 되갚았다. 이를테면 1921년 7월 제정한 공화국 수호법은 우파보다 (공산당과 같이 이 법에 반대표를 던진) 좌파를 억압하는 데 이용되었다.[31] 공산당은 레닌주의가 혁명의 조건이 존재함을 정확히 보여줄 수 있다는 잘못된 믿음 때문에 전략적 논쟁을 축소하고 전술적 논쟁에 집중했다. 모든 쟁점은 봉기를 통해서 혁명을 이룰 수 있다는 가장 중요한 믿음으로 흡수되었다. 그러므로 결정해야 할 사안은 혁명의 시기가 무르익었는가 하는 점뿐이었다. 시기가 무르익었다면 혁명가들을 다른 사람들과 구별하기 위해 정확한 경계선을 그어야 했다. 시기가 아직 오지 않았다면 다양한 연합을 맺을 수도 있지만, 모든 연합은 혁명의 때가 오면 폐지될 일시적인 수단이었다. 따라서 독일 공산당은 '자본주의의 안정기'인 1923년 이후 몇 년간 사회주의자들과 매우 비슷한 요구를 했다.[32]

코민테른은 이런 야누스적인 태도를 장려했다. 더 유연한 정치를 추구하는 공산주의 지도자라면 기회주의자라는 비난을 각오해야 했다. 1922년과 1923년 작센 지방에서 일어난 사건들은 이런 상황의 전형이었다.[33] 1922년 작센에서 좌파 진영의 압력을 받은 독일 사회민주당은 공산당과 연립정부를 구성하기 위한 교섭을 시작했다. 그러나 사회민주당은 작센의 공산당이 내놓은 모든 요구를 받아들일 용의가 없었다. 독일 공산당 지도자 마이어Ernst Meyer와 탈하이머August Thalheimer는 타협할 의지가 있었지만, 코민테른이 이들에게 교섭 결렬을 강요했다. 교섭이 성공했다면 서유럽 공산주의가 정부에서 실질적으로 실험될 수 있는 길이 처음 열렸을 것이다. 이 듬해(1923년) 공산당은 작센 지방정부에 들어갔지만, 이는 봉기를 도모하기 위해서였다. 봉기가 실패하자 혁명적 상황을 다시 발전시킬 기회는 줄었고, 공산당에서 당원들이 빠져나가기 시작했다.

1921년 독일 독립사회민주당의 좌파 진영을 흡수한 뒤 공산당 당원은 50만 명에 달했다. 1924년 이 숫자는 12만 1000명으로 줄었다. 공산당은 1930년에야 잃어버린 기반을 회복하기 시작했으며, 점차 다시 증가한 당원 수는 1933년 초 33만 명이 넘었다.[34] 독일 공산당은 1920년대 후반까지 유럽에서 가장 중요한 공산주의 정당이었음에도 나머지 공산주의 운동과 마찬가지로 코민테른의 지배를 받았으며, 탈하이머 같은 지도자들은 압력을 받아 사퇴했다. 코민테른이 채택한 '계급 대 계급' 노선은 반란 모델의 또 다른 변형이었다. 이 노선은 사회민주주의자들을 '사회 파시스트' '주적主敵'으로 간주했기 때문에 사회민주주의자들과 폭넓은 반反나치 전선을 구축하는 일은 불가능했다. 따라서 공산당의 득표율 상승은 바이마르공화국의 안정을 위협하는 원인이 되었다. 경제는 아주 어려웠으며, 어느 정당도 홀로 쿠데타를 일으키거나 의회의 과반수를 차지할 정도로 강하지 않았다. 이런 상황에서 정당의 성패는 연합할 전략적 능력에 달려 있었다. 사회민주당은 중도정당이나 우파 정당과 연합하려 했고, 그 과정에서 정치적으로 무력해졌다. 공산당은 연합을 시도조차 하지 않았으며, 자신들의 시간이 올 것이라 조용히 확신하고 있었다. 공산당의 정치적 고립 상태는 공산당의 지지자, 즉 실업자들이 처한 사회적 조건과 유사했다. 조직화된 노동계급의 정당이 되는 일은 사회민주당의 특권이었으므로, 공산당은 노동계급의 정당과는 거리가 멀었고 실업자를 대표하는 정당이라고 할 수 있었다(직업이 있는 당원을 지칭하는 특별한 용어가 있었을 정도다). 실업자는 바이마르공화국이 실시한 합리화·근대화 정책의 산물이다. 실업자들은 생산뿐만 아니라 사회민주주의 노동운동의 조직적·문화적 전통에서도 소외되었다. 실업자들은 공산당의 주의주의(主意主義, voluntarism : 주지주의主知主義에 대립하여 의지가 지성보다 우위에 있다고 생각하는 철학적 입장—옮긴이)에 끌렸다. 공산당의 주의주의는 실업자들에게 갑작스럽고 종말론적인 변화—그들의 존재 조건을 단번에 바꿔줄 혁명—에 대한 카타르시스적 환상을 심어줬다.[35] 나치는 좌파의 고립과 분열 덕분에 그들의 방식으로 그들만의 연합을 구축할 수 있었다. 독일 좌파는 일소되었다. 독일 공산주의자들이 권력에 접근할 수 있는 길은 한참이 지나서야 열렸다. 소련이 점령한 동독 지역에서는 1945년 이후 공산주의자들이 활동할 수 있었으나, 서독 지역에서는 1966년에야 사회민주당이 다시 정부에 참여했다.

1930년대까지도 상당한 활약을 보인 이들은 프랑스 공산주의자뿐이다. 프랑스 공산당의 지지율은 1932년까지 10퍼센트 수준을 맴돌았다. 이들은 1934년 종파적 반사회주의 노선인 '계급 대 계급'을 중단했고, 1936년 선거에서 민주주의와 반파시즘을 내세웠다. 그 결과 150만 표(80만 표 증가)를 얻어 72석을 확보했고, 득표율은 15.3퍼센트로 높아졌다.[36] 이후 프랑스 공산당은 사회주의자가 이끄는 인민전선 정부에 참여하지는 않았으나, 1936년 말까지 의회에서 정부를 지지했다. 그것은 스페인(이후 내용 참조)을 제외하면,

그때까지 서유럽 공산주의 정당이 국가 운영 책임을 공유하는 일에 가장 근접한 사례다.

하지만 거기까지 가는 길은 험난했다. 프랑스 공산당은 1922~1923년 대다수 사회주의 지지층의 마음을 얻는 데 실패한 뒤 다른 공산주의 정당만큼이나 고립되었다. 이런 고립은 1924년부터 계속된 유럽 공산주의의 전반적인 볼셰비키화로 더욱 심해졌다. 그리고 이는 1920년대 말 '제3시기'(코민테른은 당시 자본주의를 세 시기로 구분했다. 1차 세계대전 이후의 제1시기, 1920년대의 제2시기에 이어 1928년부터 시작된 제3시기는 광범위한 경제 붕괴와 노동계급의 급진화가 특징이다.—옮긴이)의 종파주의 정책이 채택되면서 정점에 달했다. (위에서 비롯된 것이든 아래에서 비롯된 것이든) 모든 연합 전략은 파기되었다. 무장봉기의 조건들이 빠르게 형성되고, 자본주의는 곧 무너질 것이라고 여겨졌다. 사회민주주의자들에게는 '사회 파시스트' '부르주아 좌파'라는 꼬리표가 지독하게 따라붙었다. 1929년 월가Wall Street의 붕괴는 자본주의가 파멸할 운명이라는 (좌파의) 믿음을 확인시키는 듯했다. 이 기간 동안 프랑스 공산당의 당원 수는 감소했다. 많은 지식인들이 당을 떠났지만 브르통André Breton, 아라공Louis Aragon, 엘뤼아르Paul Eluard(이상은 초현실주의자다), 르페브르Henri Lefebvre, 니장Paul Nizan, 폴리처Georges Politzer 등 저명한 지식인들이 당에 합류했다.[37] 하지만 이들의 입당은 당의 전략적 노선에 아무런 도움이 되지 않았다. 지식인들이 공산당의 어떤 면에 끌렸든 프랑스 공산당은 그들의 마음을 사려고 애쓰지 않았고, 그들을 어떻게 이용해야 할지 몰랐다. 당의 지도자들은 대개 노동계급 출신이고, 지식인을 못 미더워했다.

프랑스 공산당은 1934년에야 노선을 바꿔서 종파주의를 버리고 다른 반反파시스트 세력들과 연합 전선을 결성하는 데 찬성했다. 반파시즘 연합 전선이 실행되어 정치적 의미를 가진 나라는 프랑스와 스페인뿐이다. 프랑스 공산당의 노선 변화는 다음 원인이 복합적으로 작용한 결과다. 우선 나치의 집권을 목격하고 교훈을 얻었다. 게다가 소련은 고립된 채 적대적인 자본주의 세계와 맞설까 두려워하고 있었다(이 때문에 소련은 1935년 5월 스탈린-라발 반독일 조약Stalin-Laval anti-German pact으로 프랑스와 관계 회복을 시도했다). 다른 서유럽 공산주의 정당들의 압박도 있었고, '제3시기' 정책은 막다른 지경에 다다른 것이 분명해 보였다. 모든 나라의 공산주의자들이 사회주의자나 사회민주주의자들과 연합을 도모하기 시작했다. 공산주의와 사회주의 연합은 마침내 반파시스트 중도정당까지 포함하며 확장되었고, 인민전선의 형태로 확고해졌다.

인민전선은 프랑스 공산주의자들에게 열렬한 환영을 받았다. 프랑스 공산당은 자코뱅의 전통과 연합함으로써 자신들을 '국가적 정당'으로 포장하기 위해 프랑스 급진주의자들의 혁명적 수사법과 애국적 수사법을 차용했다. 프랑스 공산당은 사상적 오염에 대한 두려움 없이 프랑스 급진주의를 끌어다 쓸 수 있었다. 볼셰비키가 자신들을 자코뱅에 비교하기를 좋아했고, 1917년 이후 수년간 과거의 혁명적 프랑스를 수없이 언급했기 때문이다.[38] 그러나 프랑스 공산주의는 1930년대에야 비로소 "프랑스의 정치적 전통과 화해했다. 인민전선이 공산주의와 제3공화정을 화해시켰다".[39] 당은 새로워진 모습을 드러내기 위해 이름을 프랑스의 공산당Parti Communiste de France에서 프랑스 공산당Parti Communiste Français으로 바꿨다.

　프랑스다움과 프랑스 역사에 대한 찬양은 장기간 계속되었다. 프랑스 공산당이 이런 찬양을 단념한 적은 없다. 공산주의자들이 자국 역사와 밀접한 관계를 유지하는 것은 프랑스에서 볼 수 있는 특이한 현상이었다. 다른 국가의 수많은 사회주의 세력에게는 반교 권주의와 인민주의로 구성된 혁명의 언어를 쉽게 정당화하고 적법화할 수 있는 역사적 과거가 없었다. 공산당 지도자 토레즈Maurice Thorez가 썼듯이, 프랑스 공산주의자들은 "자신들을 노동계급이라 주장하면서 달랑베르d'Alembert, 디드로Diderot, 볼테르Voltaire, 몽테스키외Montesquieu, 루소Rousseau 등 18세기 백과사전파의 유산을 받았다"고 말할 수 있었다.[40] 프랑스 공산주의자들은 일반 언어로 쉽게 표현된 스탈린주의와 프랑스식 인민주의를 융합하고, 잔 다르크Jeanne d'Arc, 자코뱅, 1848년 혁명, 파리코뮌을 중심으로 결집했다. 그들은 눈물을 글썽이며 프랑스 국가 '라 마르세예즈'를 부르고 진심을 담아 프랑스 국기를 휘날릴 수 있었다.[41] 영국이나 독일, 심지어 이탈리아의 동지들에게도 이처럼 급진적인 국가적 전통은 없었다.

　인민전선을 유지하는 기간 동안 프랑스 공산주의자들의 전망은 상당히 밝아졌다. 공산당 당원 수는 1932년 3만 2000명에서 1936년 말 29만 명으로 증가했고, 사회주의자들을 다시 앞질렀다. 1928년 14명이던 공산당 국회의원 수는 1936년 72명이 되었다. 선거에서 득표수는 1932년 80만 표에서 1936년 거의 150만 표까지 증가했다. 득표율로 보면 1932년 8퍼센트에서 1936년 15.3퍼센트를 기록했다. 대조적으로 급진사회당의 득표율은 1932년 19퍼센트에서 1936년

14퍼센트로 하락했으며, 인터내셔널 프랑스지부의 득표율은 꾸준히 20퍼센트 정도에 머물렀다.[42]

프랑스 공산당의 전략적 목표는 스페인처럼 파시즘 저지를 가장 중요한 목표로 삼는 반파시즘 정부를 세우는 것이었다. 반파시즘 정부란 전면적인 개혁을 실시하는 정부가 아니며(자본주의는 개혁될 수 없다), 혁명적인 정부도 아니다(혁명은 볼셰비키를 따름으로써, 즉 무장봉기를 통해서만 가능하다). 역설적으로 프랑스 공산당은 혁명 정부도, 개혁 정부도 아닌 정부를 위해 싸우게 되었다. 인민전선이 승리했음에도 공산당은 정부에 참여하지 않았고, 중산층과 중도정당(프랑스에서는 급진사회당, 스페인에서는 공화당)이 위협을 느낄 만한 일을 하지 않기 위해 모든 노력을 했다.[43] 실제로 토레즈는 인민전선이 승리한 뒤 1936년 8월 6일 더 광범위한 연합인 프랑스 전선 Front Français을 주장했다. 프랑스 전선은 순전히 방어적인 전선으로, 공화국의 적법성과 국가 경제, 당시 국제 상황(독일에 대항하는 집단 안전보장 제도)을 지키는 것을 목표로 했다.[44] 그에 앞서 1936년 1월 8차 당대회에서 토레즈는 인민전선 정부를 "부자들에게 대가를 치르게 하고, 프롤레타리아 독재를 위한 무장봉기의 서막을 열" 반파시즘 정부로 규정했다.[45] 종전의 전략을 단념한 것은 아니다. 프랑스 공산당은 자본주의에서 개혁이 불가능하며, 그때까지 자신들이 한 일은 모두 무장봉기를 고려한 것이라는 견해를 굽히지 않았다. 그들은 혁명가의 자격은 유지한 채 급진사회당만큼 온건한 입장을 취할 수 있었다. 하지만 그들의 사고방식에는 깊은 사유가 부족했기 때문에 더 발전된 생각이 나올 수 없었다. "마음이 담기지 않은 기도는 천국에 닿을 수 없다."

프랑스 급진사회당 역시 개혁주의나 혁명적인 강령을 원하지 않았으나, 공산주의자들의 혁명적 수사법을 받아들일 용의는 있었다. 프랑스 공산당의 강령은 사회의 소수 '기생충들' '프랑스은행Banque de France의 운영위원회' '무역왕', 프랑스를 지배하는 '200대 가문'을 맹렬히 비난했지만, 반反자본주의적 성향은 말뿐이었다.[46]

전쟁이 다가왔을 무렵 프랑스 공산당은 유럽에 남은 공산당 가운데 유일하게 선거에서 상당한 지지층을 확보한 정당이었다. 다른 나라 공산주의 정당들은 활동이 금지되거나 탄압을 받았고, 선거에 참가한다 해도 미미한 성과밖에 내지 못했다.

유럽 공산주의의 전전戰前 기록을 보면 어떻게 판단해도 실패라고 볼 수밖에 없다. 그럼에도 유럽 공산주의의 긍정적인 정치적 기여를 놓쳐서는 안 된다. 어떤 경우(예컨대 영국) 공산주의 정당은 그 세대의 모든 정치 활동가, 지식인, 노동조합원이 훈련할 수 있는 토양을 제공했다.[47] 공산주의자들은 이탈리아나 프랑스에서와 같이 2차 세계대전 동안 나치에 대한 저항운동의 중추를 형성한 헌신적인 활동가들의 핵심 거점을 제공하기도 했다. 대다수 공산주의 정당은 인민전선 정책을 통해 반파시즘 투쟁을 상당 부분 추진했다. 드물게는 마르크스 이론이 독창적으로 발전할 수 있는 유일한 토양이 되기도 했다(그람시와 톨리아티Palmiro Togliatti가 있던 이탈리아 공산당이 그 예다). 그러므로 공산주의자들의 성적표는 선거와 정치에서 거둔 결과만 놓고 볼 때보다 분명히 나을 수 있다. 하지만 공산주의의 미흡한 성과에 대한 전반적으로 부정적인 평가가 바뀌지는 않는다. 공산주의 정당을 결성하는 목적은 노동조합원을 훈련하거나 마르크스주의를 발전시키는 것, 의회민주주의를 회복하기 위해 파시즘에 맞서 싸우는 것이 아니다. 공산주의 정당은 세계혁명을 이끌기 위해 결성되었다. 유럽의 공산주의 정당은 바로 그 일을 하지 않았다. 공산주의자들이 긍정적인 성과를 거둔 영역은 다른 정당들도 (더 잘하지는 못해도) 그만큼 성과를 낸 영역이 많다. 공산주의자들은 자본주의에서 개혁이 불가능하거나 역효과를 가져온다는 믿음 때문에 (프랑스와 스페인처럼) 권력에 접근했을 때 반파시즘 연합에서 최소한의 개혁을 주장하는 쪽에 섰다.

│ 사회주의 : 북유럽의 성공과 스페인의 실패

개혁을 통해 자본주의 사회를 사회주의 사회로 바꾸는 것이 불가능하다고 믿은 사람들이 공산주의 혁명가들만은 아니다. 사회주의자들도 그렇게 믿었다. 사회주의자들의 개혁주의에도 자본주의 사회체제에 사회주의 요소를 도입할 수 있다는 믿음은 없었다. 그러나 사회주의자들은 볼셰비키 추종자들과 달리 선거에서 이겨 의회와 정부 조직을 장악한다면 사회주의로 평화롭게 이행할 수 있다고 믿었다. 정부 조직을 이용해 생산과 교환의 주요 수단을 사유할 수 없게 함으로써 영구적인 권력의 재분배가 가능하리라고 생각했다. 따라서 사회주의자들은 사회주의가 '사회의 모델', 즉 이뤄야 할 '최종 목적'이라는 개념을 가지고 활동했다.

공산주의자들은 권력을 장악하기 위해 '자유'민주주의 제도를 충분히 이용할 수는 없으리라 생각했고, 그 제도들이 사회주의 사회

(즉 공산주의로 가는 과도기에 있는 사회) 건설에 적합하지 않다고 여겼다. 공산주의자들 입장에서 보면 사회주의자들은 기껏해야 비민주적 유물(비선출 상원, 군주제, 선거권 제한)을 폐지하는 정도에 머물 뿐, 사회의 정치조직을 바꾸려는 의지가 없었다.

공산주의 정당은 정권을 잡기 위한 경쟁에서 강력한 상대가 되지 못했다. 반면 사회주의 정당은 거의 모든 경우 여당이나 주요 야당으로 부상했다. 사회주의 정당은 모든 국가에서 노동계급을 대표하는 정당이 되었고, 양차 세계대전 사이에 여러 서유럽 국가—예를 들어 스웨덴, 영국, 독일, 스페인—에서 정부를 구성했다. 1차 세계대전과 볼셰비키 혁명, 뒤이은 제2인터내셔널의 붕괴를 겪으면서도 이들은 선거에서 선전했다. 사회주의자들은 표 2.1에 나타난 바와 같이 대체로 전체 투표자 가운데 4분의 1에서 3분의 1의 지지를 받았다.

전쟁은 사회주의 정당 발전에 일조했다. 흔히 그렇듯이 전쟁은 측정할 수 없을 만큼 빠른 변화와 혁신을 불러왔다. 20세기 들어 나타나기 시작한 '대중사회'가 마침내 자리를 잡았다. 새로운 상황은 '새로운' 정당에게 유리했다. 보수정당들은 '거듭'나야 했고(영국 보수주의자들은 노동당이 그랬듯이 자유주의자의 옷을 훔쳐 입고 친자본주의 정당이 되었다), 독재 정당들(이탈리아 파시스트당과 독일 나치당)이 새롭게 등장했다. 사회주의 정당들은 공산주의 정당과 달리 전쟁을 거치면서 합법적인 '국가의' 세력이 되었다. 이들의 정치적 적법성은 선거에서 성공적인 결과를 거둬 객관적으로 확인되었다. 그러나 이런 변화는 급작스러웠기 때문에 많은 사회주의 정당들은 준비할 새도 없이 정부 권력을 공유하게 되었다. 사회주의자들은 프

표 2.1 1918~1940년 사회당, 사회민주당, 노동당의 득표율

단위 : %

	오스트리아	벨기에	덴마크	핀란드	프랑스	독일 사회민주당	독일 독립사회민주당	네덜란드	이탈리아	노르웨이	스웨덴	영국
1918	-	-	28.7	-	-	-	-	22.0	-	31.6	-	21.4
1919	40.8	36.6	-	-	21.2	37.9	7.6	-	32.3	-	-	-
1920	36.0	-	32.2a	38.0	-	21.6	17.9	-	-	-	29.7	-
1921	-	34.8	-	-	-	-	-	-	-	21.3	36.2	-
1922	-	-	-	25.1	-	-	-	19.4	-	-	-	29.7
1923	39.6	-	-	-	-	-	-	-	-	-	-	30.7
1924	-	-	36.6	29.0	b	26c	-	-	e	18.4	41.1	33.3
1925	-	39.4	-	-	-	-	-	22.9	-	-	-	-
1926	-	-	37.2	-	-	-	-	-	-	-	-	-
1927	42.3	-	-	28.3	-	-	-	-	-	36.8	-	-
1928	-	-	-	-	18.0	29.8	-	-	-	-	37.0	-
1929	-	36.0	41.8	27.4	-	-	-	23.8	-	-	-	37.1
1930	41.1	-	-	34.2	-	24.5	-	-	-	31.4	-	-
1931	-	-	-	-	-	-	-	-	-	-	-	29.3
1932	-	37.1	42.7	-	20.5	20.3d	-	-	-	-	41.7	-
1933	-	-	-	37.3	-	18.3	-	21.5	-	40.1	-	-
1934	-	-	-	-	-	-	-	-	-	-	-	-
1935	-	-	46.1	-	-	-	-	-	-	-	-	38.1
1936	-	32.1	-	38.6	19.9	-	-	-	-	42.5	45.9	-
1937	-	-	-	-	-	-	-	21.9	-	-	-	-
1938	-	-	-	-	-	-	-	-	-	-	-	-
1939	30.2	-	42.9	39.8	-	-	-	-	-	-	-	-
1940	-	-	-	-	-	-	-	-	-	-	53.8	-

참고 a 이것은 1920년에 시행된 세 번째 선거의 결과다. 사회주의자들의 첫 번째 선거 결과다. 사회주의자들은 첫 번째 선거에서 29.3퍼센트, 두 번째 선거에서 29.9퍼센트를 얻었다. b 사회주의자들은 급진주의자들을 비롯한 다른 이들과 연합해 선거를 치렀으며, 그 결과 사회주의 의원 100여 명이 당선되었다. 1919년에는 인터내셔널 프랑스지부 의원 68명이 선출되었다. c 그해 두 번째 선거 결과다. 첫 번째 선거에서 사회민주당은 20.5퍼센트를 얻었다. d 그해 두 번째 선거 결과다. e 1924년 이탈리아에서는 선거가 있었지만, 광범위한 폭력과 위협이 있었기 때문에 유효한 것으로 간주될 수 없다.

랑스에서는 급진사회당과, 영국에서는 자유당, 스페인에서는 공화당과, 스웨덴에서는 자유당(1917년)이나 농민당(1936년)과, 노르웨이에서는 농민당(1935년)과, 독일에서는 중앙당과 사실상 연합했다. 하지만 대부분 만족스러운 경험이 아니었다. 사회주의자들은 (세계경제 붕괴와 같은) 예측할 수 없는 문제에 직면했고, 자신들보다 우파 성향이 강하고 언제라도 돌아설 수 있는 정당과 연정 파트너로 협상해야 했으며, 유권자들의 열망과 평당원들의 과도한 기대를 만족시키려고 애썼다. 이런 상황이 겹쳐서 오는 압박은 감당하기 힘들었다.

예외는 있다. 스칸디나비아, 그중에서도 스웨덴이 그랬다. 스웨덴의 사회민주주의자들은 독일 사회민주당이나 영국 노동당보다 효과적으로 실업을 방지할 수 있었다. 1932~1938년 스웨덴 사회민주주의자들은 2차 세계대전 이후에 현대 서유럽의 사회민주주의 개념─복지국가와 완전고용이라는 노동과 자본의 타협─이 될 초석을 쌓았다.[48]

스웨덴 사회민주당은 1차 세계대전 때부터 1932년 사이에 자유당과 연정을 구성하거나(1917년 10월~1918년 3월) 소수 여당 정부를 이끌면서(1920년 3~10월, 1921년 10월~1923년 4월, 1924년 10월~1926년 6월) 여러 차례 정부에 참여했다. 대다수 사회민주주의자들이 부르주아 정당과 연정을 구성한 이유는 스웨덴이 정치적으로 퇴보하고 있고, 부르주아에게 사회의 민주화를 맡겨둘 수는 없다고 생각했기 때문이다. "우리는 다른 국가에서 부르주아가 해낸 일을 반드시 이행할, 크고 강력한 사회민주주의 정당을 손에 넣었다."[49]

스웨덴 사회민주주의자들은 본래의 마르크스주의(착취 이론과 생산수단의 공유화에 대한 요구)를 공식적으로 버리지는 않았지만, 제도적 개혁을 위한 계획을 추진하지도 않았다. 그러므로 스웨덴 국가조직은 군주제 아래 그대로 남았고, 주요 기관의 국유화도 진행되지 않았다. 대신 스웨덴 사회민주당은 고용주, 노동조합, 정부가 노동시장과 사회정책에 대해 영구적으로 교섭할 수 있는 '협동조합주의corporatism' 구조를 마련했다.[50]

1920년대에 스웨덴 사회민주당은 사회민주주의자들이 1914년 이전에 요구하던 하루 여덟 시간 노동을 도입했다. 하지만 그와 동시에 국유화를 확대하자는 당내 좌파 진영의 제안을 거절함으로써 전통적인 전전戰前 사회민주주의 이데올로기를 포기했다.[51] 그 무렵 사회민주당에는 전반적인 사회 개혁을 위한 계획이 하나도 없었다. 매우 급진적인 1920년의 계획은 사라졌으며, 1924년 이후 산업민주주의에 대한 논의도 사실상 중단되었다(노동조합이 산업민주주의에 진지하게 관심을 기울인 적은 없다).[52] 사회민주주의자들은 진보와 경제력 집중의 연관성을 보여주는 분석을 전개했다.[53] 힐퍼딩Rudolf Hilferding의 '조직 자본주의' 이론과 유사한 이런 견해는 스웨덴 사회민주주의의 핵심인 노동과 자본의 '계급 타협'이 받아들여졌음을 시사한다.

1932년 국회에서 과반수를 차지하는 첫 번째 사회민주당 정부가 선출되었다. 노동운동이 처음으로 정책 구상에 관여하게 된 것이다. 사회민주당 정부와 스웨덴 노조연맹LO은 경제성장을 우선순위에 두었다. 그들은 1929년 경제 위기부터 이어진 경제공황이 자본주의 자체의 위기가 아니며, 여러 계획에서 주장된 사회주의화를 위한 광범위한 조치를 시행할 기회도 아니라고 봤다. 스웨덴 사회민주당은 1932년 선거공약에서 생산수단의 사회화와 사회주의에 대해 전혀 언급하지 않았다. 생산수단의 사회화 대신 자본주의를 관리하는 방식이 필요한 상황이 되었다. 1938년 노조연맹은 스웨덴 고용주연합SAF과 노사관계 규정을 위한 실천 요강과 단체교섭을 정립한 살트셰바덴 협약Saltsjöbaden Agreement을 맺었다.[54] 협약의 내용보다 상징적 의미가 중요했다.[55] 그래도 노조연맹의 중앙집권적 성격을 강화한 점, 두 가지 기본 원칙에 바탕을 두었다는 점은 주목할 필요가 있다. 노동조합은 관리자에게 경영할 권리가 있음을 인정하고, 고용주연합은 노동조합에게 노동자를 대표할 권리가 있음을 인정한다는 원칙을 확립한 것이다. 이 협약은 스웨덴 노사관계의 기초로 1970년대까지 존재했다.

스웨덴 사회민주주의자들에게 도움이 된 다른 원인도 있다. 상대편 부르주아 정당들은 세력이 약하고 확신이 없으며, 우유부단하고 분열되었다. 또 노동운동의 산업 진영(노동조합)과 정치 진영(정당)은 독일이나 프랑스와 달리 예외적으로 견고하게 결합되었다.[56] 게다가 인터내셔널 프랑스지부, 독일 사회민주당, 영국 노동당 같은 사회민주주의 정당들이 '부르주아' 중도정당과 연합하여 권력을 잡은 반면, 스웨덴 사회민주당은 1933년 5월 위기 협약Crisis Agreement을 맺으면서 농민당을 가장 강력한 동맹으로 만들었다.[57] 스웨덴 사회민주당과 농민당은 1933~1939년 (한 번 짧은 시기를 제외하고) 함께 정부를 구성했으며, 그 뒤 (공산주의자들을 제외한) 다른 모든 정당과 전시 연립정부를 거쳐 1951~1957년 다시 연정을 구성했다. 그러므로 스웨덴의 부르주아 정당들은 전통적인 노동운동뿐 아니라 정치적으로 잘 조직된 농업 부문—유제품의 가격

안정을 보장하는 시장규제와 밀의 수입에 반대하는 보호주의를 지지했다—도 대표하는 정당들의 '연합 전선'에 맞서야 했다. 사회민주주의자들이 이끄는 이 독특한 '노동자—농민' 연합은 스웨덴의 뒤를 이어 덴마크(1933년 1월), 노르웨이(1935년), 핀란드(1937년) 같은 북유럽 국가에서만 등장했다.[58] 노르웨이에도 스웨덴처럼 1935년 농민과 노동자의 타협으로 뉘고르스볼Johan Nygaardsvold이 이끄는 노동당 정부가 들어섰고, 이들은 사회복지법과 실업보험, 노령연금, 노동자 최저임금, 새롭게 책정되거나 크게 증가된 농민과 어민에 대한 가격 안정 보조금 같은 정책을 추진했다.[59]

스웨덴 사회민주당 정부는 1933~1938년 고용 창출 프로그램, 대가족을 위한 주택 계획, 물가 연동 연금, 거의 전면적인 출산 수당, 유급휴가, 신혼부부에 대한 주채state loan를 도입했다.[60] 스웨덴 사회민주주의자들은 실업 문제와 싸우기 위해 국내 경제학자들(빅셀Johan Gustaf Knut Wicksell과 스톡홀름학파)이 개발한 경기정책을 활용했다. 사회민주당의 주된 사상가이자 뒷날 재무상이 된 비그포르스Ernst Wigforss는 과소소비 이론과 국가의 적극적인 개입을 바탕으로 한 실업 대책을 채택했다(이는 나중에 케인스John Maynard Keynes를 비롯한 영국의 경제학자들이 주장한 정책과 다르지 않다). 스웨덴 사회민주당 정부는 영국(1929~1931년), 프랑스(1936~1937년), 스페인(1936~1939년)의 좌파 정부나 바이마르의 연립정부(1928~1930년)와 달리 성공적인 경제 회복을 주도했다. 이는 (1937년 어려움을 맞이한 뉴딜New Deal 정책과 달리) 1930년대 말까지 잘 유지되었다. 그 결과 1933년 7월 13만 9000명이던 실업자가 1937년 8월 9600명으로 감소했다.[61] 스웨덴이 이런 성과를 낸 것은 순전히 정부가 국가

예산을 경제 회복의 방편으로 사용했기 때문일까? '스웨덴 모델'의 기원을 1930년대에서 찾을 수도 있지만, 스웨덴 예외론을 지나쳐서도 안 된다.

스웨덴에서 1932년 이후 수출 주도를 통한 경제 회복이 가능했던 것은 수출품이 대부분 임산물(전체 중 5분의 4)이고, 나머지도 철광석과 철, 강철 같은 품목이었기 때문이다. 이 수출품들은 다른 나라에서도 없어서는 안 될 품목이기에 1930년대 강화된 보호무역주의의 영향을 거의 받지 않았다. 재무장과 영국의 대규모 주택 건설 프로그램으로 원자재의 주요 공급국인 스웨덴의 수출은 더욱 신장되었다.[62] 그렇지만 1934년부터 이어진 스웨덴 경제 회복의 기반은 무엇보다 국내 수요의 성장에 있었다. 국내 수요가 성장한 것은 건축 산업이 모든 산업 고용의 3분의 1을 차지할 정도로 확대된 덕분이며, 건축 산업의 이런 발전은 국가가 투자를 막대하게 늘렸기에 가능했다. 농민의 구매력을 늘린 정부의 농업정책 또한 국내 수요를 더욱 성장시켰다(농업정책에는 사회민주당과 연립정부를 구성한 농민당이 중심적인 역할을 했다). 마지막으로 스웨덴의 사회민주주의자들은 영국과 프랑스의 동지들(독일과 스페인은 말할 것도 없이!)이나 미국의 뉴딜 정책 지지자들과 달리 기업가들의 심각한 반대에 부딪히지 않고 고용 확대 정책을 추진할 수 있었다.[63] 고용주들이 살트셰바덴 협약을 받아들였을 만큼 정치·사회 세력으로서 우파의 힘이 약했던 것도 스웨덴 좌파가 성공한 근본적인 원인 가운데 하나다. 스웨덴 사회민주당은 부르주아와 맺은 사실상의 타협에서 합의한 내용을 충실히 이행했다. 게다가 좌파의 지배를 막는 헌법상의 장애물도 없었다. 1917년 사회민주당과 자유당의 첫 번째 연정은 지방선거에서 재산 자격 조건을 모두 없애는 한편, 지방의회를 통해 상원을 선출하게 함으로써 상원을 민주화했다.[64]

1940년 사회민주당 강령의 서문 마지막 단락에는 사회민주주의가 '다른 국가들의 사회민주주의'가 아니라 '스웨덴 국민'과 뜻을 같이할 것이라고 선언하는 진술이 포함되었다. 복지국가가 새로운 목적이 되었고, 국유화와 계급투쟁은 버려졌다. 민주주의는 전술이 아니라 그 자체로 가치 있는 것이 되었다. 비교적 보호를 받는 국가 경제에 기반을 둔 국가적 길이 국제주의를 눌렀다. 스웨덴 모델은 이때부터 구체적 형태를 갖췄다.[65]

덴마크 사회민주주의자들의 여정도 크게 다르지 않았다. 따라서 북유럽 모델이라는 용어를 사용해도 틀린 말은 아닐 것이다. 덴마크 사회민주주의자들은 1916년 결성된 거국일치내각에 참여했다 (덴마크는 중립국이었다). 또 1924~1926년 소수 여당 정부의 수상은 덴마크 사회민주당 지도자 토르발 스타우닝Thorvald Stauning이었다. 스타우닝 정부가 실패한 까닭은 이전 정부가 전시 통제권을 성급하게 철수한 바람에 타격받은 경제를 안정시킬 수 없었기 때문이다. 덴마크 사회민주당은 1929년 선거에서 41.8퍼센트를 얻어 다시 정권을 잡았다. 1933년 세계경제 위기가 덴마크를 강타했을 때 고용주들은 약해진 노동조합이 자신들의 요구를 받아들일 거라 자신하며 임금 삭감을 요구했다. 중재에 나선 정부는 파업과 직장 폐쇄를 금지하고, 임금협정을 확대했다. 사회민주당은 농민 정당인 자유당Venstre에게 (나중에 칸슬러가데 협약Kanslergade Agreement이라 알려지는) 협약을 제안했다. 이 협약을 통해 자국 통화를 평가절하 하고 농장에 대한 세금을 낮추며, 공공사업을 시작하고 사회 개혁 프

로그램을 시행했다.[66] 덴마크에서도 스웨덴과 마찬가지로 국유화
는 진행되지 않았다. 하지만 덴마크 정부는 농산물 가격과 산업 임
금에 개입했다. 이런 개입은 어느 한쪽으로 치우치지 않는 것처럼
보였지만, 고용주와 고용인의 세력 관계를 고려할 때 친親노동적이
었다.[67]

　스칸디나비아 외에 다른 곳의 사회주의 정당들은 권력을 공유
할 때조차 자본주의를 대신할 만한 모델 비슷한 것도 내놓지 못했
다. 그도 그럴 것이 거의 모든 사회주의 정당들은 무엇을 할지 구
체적인 계획 없이 정부에 들어왔다. 사회주의자들은 사회주의 정부
를 위한 시기가 아직 도래하지 않았으므로 자신들이 권력을 잡아서
는 안 된다고 생각한 모양이다. 역사가 자신들을 속여 무엇을 해야
하는지 미처 생각지 못했을 때 권력을 손에 넣게 했다고 생각했다.
사회주의자들은 경쟁자인 공산주의자들과 마찬가지로 최종 목적이
어떤 모습일지 생각하고 있었다. 최종 목적에 도달하기 위한 사회
주의자들의 정치적 전략은 공산주의자들의 전략과 달리 상황이 무
르익었을 때, 즉 국가가 자신들을 굳건히 지지하고 자본주의자들이
두려움에 꼼짝 못할 때 선거에서 승리하는 것이었다. 선거에서 승
리한 뒤 최종 목적을 달성하기까지 무엇을 해야 할지는 심사숙고해
야 할 문제이자, 절대적으로 불확실한 문제였다.

　비교해서 말하면 20세기 들어 확연히 드러난 북유럽 사회주의와
남유럽 사회주의의 격차는 양차 세계대전을 거치면서 한층 더 벌어
졌다. 북유럽 사회주의자들이 유럽에서 가장 성공적인 복지국가의
기초를 닦는 동안, 남유럽의 상황은 암울했다. 그리스에는 사회주
의 정당이라고 할 만한 것이 없었다. 포르투갈에서는 이후 50년간

지속된 전통적 교권주의 체제가 지배했다. 이탈리아에서는 파시즘이 승리했다. 사회주의자들이 얼마간 희망을 키울 수 있는 곳은 스페인뿐이었다. 하지만 스페인 사회주의자들은 참담한 좌절을 겪었다. 처음에 상황은 유망해 보였다. 1923년 스페인에서는 사회주의자들이 참여한 제한적인 협동조합주의 활동이 존재했다. 가톨릭의 사회적 교리에 영향을 받은 프리모 데 리베라Miguel Primo de Rivera의 독재 정권에 스페인 노동자총연맹UGT과 사회노동당이 협조했다. 노동조합의 주요 대표 가운데 카바예로Francisco Largo Caballero가 국무위원이 되었으며, 노동조합원들은 고용주 대표들과 함께 새로운 협동조합주의 단체를 구성했다.[68]

이런 실험적인 과정에서 의미 있는 사회 개혁은 진행되지 않았다. 사회주의자들이 그 과정에 협력한 공식적인 명분은 군주제의 종말을 앞당겨야 한다는 것이었다. 협력에 찬성한 이들은 카우츠키-마르크스 이론에서 말한 두 단계(부르주아 민주주의와 사회주의 단계)에 토대를 두고 활동했다. 하지만 이 이론은 역사적 발전의 전全 단계를 서술하기 위한 것이므로, 이 이론에서 반드시 특정 전술을 뽑아낼 수 있다고 말하기는 힘들다. 부르주아 정부에 참여하는 일은 '역사적 과업'인 부르주아 민주주의를 건설하는 데 반드시 필요하다는 이유로 정당화될 수 있었다. 하지만 이 이론은 사회주의 정당은 부르주아 민주주의 단계가 끝날 때까지 기다려야 한다는 기권주의abstentionism 전술을 지지하는 데 이용될 수도 있었다. 실제로 '이론'은 어떤 전술─개입하는 전술이든 아무것도 하지 않는 전술이든─을 걸어놔도 어울리는 옷걸이처럼 이용되었다.[69] 이와 같이 현실 분석을 위한 도구로 써야 할 이론을 전략적 사고를 대체하는

수단으로 이용하는 것은 정치적 권력을 가지고 무엇을 해야 할지에
대한 생각이 부족하다는 사실을 감추기 위한 시도였다. 스페인 사
회주의 정당은 두 단계 이론을 이용해서 '진짜' 사회주의 혁명 이전
에 부르주아 민주주의 단계를 필연적으로 거칠 수밖에 없다는 것을
받아들이는 일을 정당화했다. 사실 당내의 논쟁들은 두드러진 사상
적 대립보다 조직적 문제에 대한 의견 차이와 인물들의 대립 때문
에 일어났다.[70]

　스페인 사회노동당은 프리모 데 리베라와 협력하면서 많은 비난
을 받았지만, 그런 과정을 거쳤기에 당이 정치적 합법성을 획득할
수 있었다. 사회노동당은 그 일을 계기로 1931년 공화주의자들과
연정을 구성할 수 있었다. 카바예로는 노동부 장관의 지위를 이용
해 하루 여덟 시간 노동을 포함한 친노동자법을 만들었다. 이를 통
해 스페인 노동자총연맹의 영향력이 강화되었다. 사회주의자들은
진보적인 헌법도 쟁취했다. 1931년의 연정은 1933년 선거에서 패했
다. 그다음에 들어선 보수적 연정은 친노동자법을 많은 부분 시행
하지 않았고, 1936년 인민전선이 승리하기까지 스페인을 통치했다.

　스페인 인민전선은 처음에 공화주의-사회주의 연합(사회주의자
들의 참여는 공산주의자들의 지지를 받았다)이다가 나중에는 스페인 정
치의 소수 세력이 되었다. 사회주의자들은 사회 개혁을 원했으나,
공산주의자들은 인민전선을 넓은 의미의 반파시즘 전선으로 생각
했고, 가급적 많은 (비사회주의) 공화주 세력이 동참하기를 바랐
다. 공산주의자들은 새로운 공화국이 개혁을 통해 사회주의적인 방
향으로 발전할 가망이 있다고 생각지 않았다. 따라서 이와 같이 사
회 개혁을 배제한 제한된 목표를 가진 공산주의자들은 (비록 정부

에 참여하는 일이 내키지 않았지만) 연정의 '중도 우파'를 지지하는 경향이 있었다.[71] 프랑스에서도 같은 상황이 전개되었다. 공산주의자와 급진주의자들이 연합해서 사회 개혁을 위한 계획을 구체적으로 발전시키려는 시도에 반대한 것이다. 하지만 스페인 인민전선은 프랑스 인민전선과 달리 농지개혁 시도가 결정적 원인이 되어 발발한 기나긴 내전으로 와해되었다.[72] 이 내전을 통해 특정 상황에서는 개혁주의 정책조차 폭력적인 반응을 불러올 수 있으며, 점진적이고 평화롭고 합법적인 변화가 항상 가능하지는 않다는 점이 확인된 듯했다. 또 내전은 스페인 좌파가 권력을 잡는 데 국제적 맥락이 얼마나 중요했는지 보여준다. 서유럽 민주주의는 스페인 내전을 관망할 뿐 행동하려 하지 않았다. 소련이 정부군을 도와준 덕분에 스페인 좌파에서 공산주의자들이 힘을 얻었지만, 독일과 이탈리아의 개입이 프랑코Francisco Franco와 반정부군의 승리를 굳히는 데 결정적인 역할을 했다.

독일 사회민주당

1차 세계대전 직후 독일 사회민주당은 다른 사회주의 정당과 달리 특별한 딜레마에 부딪혔다. 이들이 권력을 잡은 1918~1920년은 혁명적 상황에 가까웠으나, 볼셰비키식 혁명에 필요한 조건은 거의 존재하지 않았다.[73] 독일 혁명가들은 볼셰비키와 같이 소수집단이지만, 볼셰비키와 달리 무장 세력을 움직일 능력이 전혀 없었다. 달리 말하면 다수의 혁명(예컨대 구체제와 단절을 강행하기 위해 거리로 나온 이들이 대중의 확실한 지지를 받는 상황)도, 소수의 쿠데타도 가능하지 않은 상황이었다(1919년 스파르타쿠스단이 일으킨 쿠데타는 참담한 실패로 끝났다).

현실적인 대안은 민주적으로 선출된 좌파 정부를 구성하여 반대파를 합법적으로 무력화하는 것이고, 사회민주당과 독립사회민주당이 합의한다면 그런 좌파 정부를 세울 수도 있었다. 하지만 사회민주당과 독립사회민주당이 함께해도 과반수가 되지 않았고, 독립사회민주당은 부르주아 정당과 일하고 싶어 하지 않았다. 이후 사회민주당은 중도정당들(중앙당과 독일 민주당)과 연정을 구성했다.

사회민주당은 연정에서 힘을 발휘하지 못해 구체제의 근본적인 권력 구조(즉 군대, 행정조직, 사법부)에 변화를 줄 수 없었다. 사회민주당이 어느 선까지 타협했는가, 특히 그들이 이전 사회체제를 유지하는 데 필요 이상으로 힘을 쏟았는가 하는 점은 아직 논란이 되고 있다. 한 가지 확실한 것은 이들이 정부를 맡았을 때 급진적인 경제개혁을 위한 구체적인 계획이 전혀 없었다는 점이다.

독일 사회민주당의 진정한 업적은 바이마르공화국을 탄생시킨 것이다. 그러나 바이마르공화국의 비극적인 종말을 생각해보면 사회민주당이 스스로 독배를 들었다고 해야 할 것이다. 새로운 민주 헌법을 통해 바이마르공화국이 수립되고 사회권(보통선거, 기본적인 자유, 만인 교육 등)이 확대되었다. 하지만 경제체제와 사회체제는 여전히 개혁되지 않았다. 사회민주당은 새로운 헌법을 전적으로 받아들였고, 유일하게 새 헌법을 진정으로 지지한 세력이었다.[74]

의회 안팎을 지배하던 현실적인 세력 관계를 감안하면 할 수 있는 일이 많지 않았다는 주장을 할 수도 있다. 사실상 복지국가를 약속하는 조항이 포함된 헌법을 제정함으로써 미래의 투쟁을 위한 합법적인 기틀을 세웠다고 주장할 수도 있다. 사회민주당은 새로운 헌법에 「에르푸르트 강령」이 포함되었다고 주장할 수 있었고, 실제로도 그렇게 주장했다.[75]

독일 사회민주당의 정책은 무엇이었을까? 그들은 사회주의자의 과업이 무엇이라고 생각했을까? 사회민주당은 1921년 「괴를리츠 강령Görlitz Programme」을 통해 정치적인 변화를 완수했다고 말했다. "[당은] 민주주의 공화국을 역사적 단계에 따른 피할 수 없는 정부 형태라고 간주한다."[76] 이런 정치적 혁명을 강화하기 위해 필요한 일은 "단일한 지방정부 체제를 만드는 것"뿐이다.[77] 사회주의를 향한 정치적 길은 열렸다. 남은 일은 "완전한 자본주의 경제를 공공의 이익을 목표로 운영되는 사회주의 경제로 전환하는 진보적 변화"를 이끌어내는 것이었다.[78] 강령에 따르면 독점 방지법과 국유화가 이를 향한 첫걸음이었다.

사회민주당이 헌법과 의회 투쟁에 사회변혁을 위한 필요조건이 모두 들어 있다는 단순한 생각을 했다면 '의회주의적 백치증'이라고 비난받아 마땅할 것이다. 하지만 그렇지는 않았다. 사회민주당은 헌법적 타협이 노동조합과 고용주연합의 협약(1918년 11~12월 슈틴네스-레기엔 협약Stinnes-Legien Pact)이라는 형태로 구현되는 자본과 노동의 타협으로 뒷받침되어야 한다는 점을 인정했다.

그러므로 바이마르공화국 체제의 진보적 발전을 좌우한 것은 당시의 지배적인 상황이다. 1923년 이전의 상황은, 비록 사회민주당은 1920년 이후에 정부에 참여하지 않고 있었지만 노동운동에 호의적인 편이었다. 1918~1919년에는 노동계급에게 이득이 되는 법안(하루 여덟 시간 노동, 실업 급여, 임금 규정과 중재에 대한 제도적 시스템)이 도입되었다.[79] 이 법안은 사회주의자들이 의회에서 힘이 있었기 때문이 아니라 노동계급의 세력이 강했기 때문에 도입될 수 있었다. 노동계급의 힘은 우파의 쿠데타 시도에 맞서 공화국을 수호하려는 정치적 파업을 비롯한 수많은 파업에서 드러났다. 노동계급이 발전하던 시기는 1923~1924년 대규모 인플레이션으로 종식되었다. 오스트리아에서도 인플레이션이 사회주의자들에게 비슷한 영향을 미쳤다. 오스트리아 사회주의자들은 인플레이션에 이은 안정화 정책 때문에 정부에서 물러나야 했다.[80]

노동조합은 재정 개혁보다 임금 보장을 요구했다. 그에 따른 실업 사태로 "기업 측은 5년 전 혁명의 위협 속에 받아들인 사회적 파트너십의 조건을 노동자 측과 재협상할 수 있었다".[81] 고용주들은 다시 자신감을 얻었다. 파업보다 직장 폐쇄가 빈번하게 일어났고, 파업은 점차 방어 수단이 되었다. 하루 여덟 시간 노동은 파기되었다.[82]

(독립사회민주당과 재결합한) 사회민주당은 1925년 하이델베르크Heidelberg 당대회에서 새로운 강령을 만들었다. "프롤레타리아가 점점 많아지고, 착취하는 자와 착취당하는 자의 적대감이 한층 뚜렷해졌으며, 계급투쟁도 그 어느 때보다 격렬하다."[83] 이 같은 새로운 강령의 주장은 「에르푸르트 강령」에 가까웠다. 새로운 강령에는 ('해방과 그에 따른 사회주의 실현을 위한 노동계급의 투쟁에 가장 유리한 기반'인) 민주주의 공화국에 대한 지지가 강조되었으며, 국유화와 독점 방지법에 대한 신념도 다시 등장했다. 중산층을 구체적으로 지목하여 그들에게 호소했다는 점이 추가되었을 뿐이다.

"생산력이 강화된 덕분에 물질적으로 풍요로워지고 문화적으로도 발전했지만, 프롤레타리아뿐만 아니라 중산층도 충분한 혜택을 받지 못하고 있다."[84] 이 같은 강령은 독일 사회주의에 항상 부족하던 대기업에 반대하는 인민주의적 관점을 채워줌으로써 반독점주의 연합을 건설할 기반이 될 수도 있었다.

하지만 이런 관점은 루돌프 힐퍼딩이 주창한 사회민주당 사상의 새로운 측면과 맞지 않았다.[85] 힐퍼딩은 1927년 킬Kiel 당대회 기조연설 '사회민주주의의 과업'에서 1915년부터 분석하기 시작한 '조직 자본주의' 개념을 제시했다. 조직 자본주의는 자본주의 발전의 현단계를 다음과 같이 정의했다. 즉 자유 시장 제도는 사실상 끝났으며, 카르텔과 트러스트가 지배하고 규제하는 경제, 거대 독점기업들이 국제적으로 조직하는 경제가 자리 잡았다고 분석했다.

> 조직 자본주의는 자유경쟁이라는 자본주의 원리가 실질적으로 계획생산이라는 사회주의 원리로 대체되었음을 의미한다. 이와 같이 계획되고 의도적으로 운영되는 경제는 사회의 의식적 영향력에 보다 민감하다. 사회의 의식적 영향력이란 사회 전체를 의식적이고 강제적으로 조직할 수 있는 단독 기관, 즉 국가의 영향력을 의미한다.[86]

이 '집산화'되고 '조직화'된 경제를 이끄는 이들은 여전히 자본주의자였다. 그러므로 사회민주주의자의 과업은 (민주화된) 국가를 이용해 경제를 이끄는 것이었다. 독점기업과 카르텔이 성장함에 따라 자유방임 자본주의는 종말을 맞았다. 이제 사회를 계획적으로 조직할 수 있는 길이 열렸다. 남은 한 가지 문제는 통제권이 여전히 자본주의 민간 기업들의 손에 있다는 점이었다. 국가가 경제의 키를 쥐고 경제 운영의 정치·사회적 목표까지 책임진다면 사회주의로 이행할 수 있는 길이 마련될 것이다. 힐퍼딩의 이론은 서유럽 사회민주주의가 추구하는 경제사상 중 한 가지 핵심을 가장 국가 통제주의적인 표현으로 설득력 있게 개념화했다고 할 수 있다.

1920~1928년 독일 사회민주당은 일부 주(특히 프로이센)에서 연정에 자주 참여하기는 했지만, 대체로 정권에서 물러나 있었다. 사회민주당이 다시 정부를 구성한 것은 1928년 대연정Grosse Koalition을 통해서다. 하지만 이제는 정부에 있다는 점이 그들을 옥죄었다. 사회민주당은 정부를 구성하고 있었음에도 경제를 통제하는 일을 할 수 없었다. 실업의 증가와 고용주들의 '투자 파업', 이에 수반되는 재정 위기가 "합쳐져서 이전의 승리가 무색해졌다".[87] 당시 상황은 오히려 반反혁명적이었다. 독일 사회민주당은 (그리고 재무부 장관 힐퍼딩은) 영국의 노동당과 마찬가지로 혹독한 디플레이션 정책을 승인했다. 1923~1924년과 같이 극심한 인플레이션이 다시 나타날지도 모른다는 두려움—인플레이션 불안Angst vor der Inflation이라고 알려진 두려움—은 사회민주주의자들조차 얼어붙게 만들었다.[88] 노동운동은 나치가 실질적으로 권력을 잡기 3년 전부터 총퇴각한 상태였다. 경제 상황 때문에 임금을 억제해야 하던 고용주들은 노동조합에게 양보하지 않았다. 노동조합이 '이전에 쟁취한 입장을 단념하거나, 고용주들에게 광범위한 물질적 양보를 약속할 거라는' 기대도 할 수 없었다.[89] 바이마르공화국은 교착 상태에 빠졌다. 바이마르공화국의 위기를 자본주의 전체의 위기로 착각한 공산주의자들의 전략이 실패한 것처럼 사회민주당의 회유 전략도 실패

했다. 선거에서 나치당이 선전함에 따라 의회에서 친親바이마르의 기반은 더욱 줄었다. 사회민주당은 후퇴하면서 공화국을 지키기 위해 보수 우파와 타협하는 일에 절박하게 매달렸다. 우리가 알다시피 사회민주당의 이런 전략은 먹혀들지 않았고, 독일 사회민주주의는 나치즘에 의해 무너진 뒤 일시적으로 유럽에서 자취를 감췄다. 사회민주당의 정책이던 자본과 노동의 화해도 실패했다. 자본과 노동의 타협이 바이마르공화국을 가능하게 했기 때문에 이런 타협이 실패하자 바이마르공화국도 무너졌다.[90] 사회민주주의자들이 처음 경험한 '사회주의로 가는 의회주의적 길'은 지극히 불운했으며, 특히 독일에서는 상당히 비극적이었다. 반면 파시스트들은 적어도 독일과 이탈리아에서 거둔 성공으로 판단하면 '파시즘으로 가는 의회주의적 길'은 크게 성공했다고 할 수 있다.

프랑스 인민전선

프랑스 사회주의는 독일의 사회민주주의만큼 지독한 불운을 겪지는 않았지만 사실상 실패했다고 할 수 있다. 프랑스의 사회주의 정당은 독일 사회민주당과 달리 전후 프랑스 재건에 미미한 역할을 했을 뿐이다. 프랑스가 전쟁에서 승리한 덕분에 부르주아 지배층은 온전했으며, 제3공화정의 기저를 이루는 합의는 강화되었다. 1920년 투르 당대회에서 친親볼셰비키 성향 당원들이 탈퇴하여 프랑스 공산당을 구성함에 따라 인터내셔널 프랑스지부는 더욱 약해졌다. 그 결과 프랑스 노동운동은 제3공화정의 정치체제에서 어느 때보다 고립되었다.[91] 사회주의자들은 얼마 지나지 않아 잃어버린 기반을 되찾고 양차 세계대전 사이에 당원과 득표수에서 공산당을 넘어서지만, 프롤레타리아 기반을 대부분 공산당에게 빼앗기고 말았다. 사회주의자들의 정당은 노동자나 노동조합원 당원이 거의 없고 당기관도 없으며, 언론의 주목도 받지 못했다.[92]

1924년에는 인터내셔널 프랑스지부의 국회의원 중 3분의 1을 약간 웃도는 수가 노동계급 출신이었다. 1936년이 되자 인터내셔널 프랑스지부의 하원 의원 146명 가운데 노동자는 겨우 16명이었고, 가장 큰 단일 직업군은 교사였다. 사회주의 국회의원은 어느 때보다 평균적인 프랑스인이 되었다. 인터내셔널 프랑스지부는 근거지인 노르Nord 주를 벗어나 지방, 농업, 남부 프랑스를 대표하는 정당이 되었다.[93]

인터내셔널 프랑스지부는 당원, 조직, 입당 자격, 선거 기반에서 보면 급진사회당과 구별되지 않았다. 인터내셔널 프랑스지부는 자신들의 정체성을 유지하기 위해 강한 이데올로기 성향이 필요했다. 아마 이 때문에 개혁주의적 정치 활동을 점점 더 하면서도 공식적으로는 마르크스주의와 사회주의 사회 건설이라는 이상을 지지했을 것이다. 하지만 이전 장에서 설명했듯이 인터내셔널 프랑스지부의 이데올로기는 결코 높은 수준이 아니었다. 이들의 이데올로기는 애초부터 프랑스 급진주의의 모호한 사상으로 가득 찼고, (주요 노동조합 연맹인 프랑스 노동총동맹의 반反정당적이고 생디칼리슴적인 경향 때문에) 다른 사회주의 정당에 비해 프롤레타리아 기반도 훨씬 좁았다.

그러나 정당의 규모와 힘, 프랑스 정치의 분열적인 성격 때문에 인터내셔널 프랑스지부는 야당으로 머물러 있을 수 없었다. 이들은 1919년의 선거 패배를 되풀이하지 않기 위해, 1924년 급진사회당과 좌파연합Cartel des Gauches을 구성했다. 인터내셔널 프랑스지부는 1924~1926년에 정부를 지지했으나 정책에는 거의 영향을 미칠 수 없었고, 1926년 다시 반대 세력으로 돌아섰다.

　레옹 블룸Léon Blum은 1928년 이후 개혁주의 진영의 추앙받는 지도자로, 조레스와 같이 사회주의를 향한 '국가적 길'을 주장했다. 그러나 당시에는 국가적 길을 언급하면 반反소비에트적 인상을 주었다. 블룸의 사회주의는 계몽적 이성주의와 인문주의, 반교권주의, 국제주의가 혼합된 것이지만, 인터내셔널 프랑스지부 대다수 당원들의 사회주의와 마찬가지로 공식적으로는 마르크스주의에 기초했다.[94]

　1922~1926년 블룸은 권력 장악conquest of power과 권력 행사exercise of power의 개념을 구분했다.[95] 권력 장악은 반드시 폭력적이지는 않더라도 혁명적 행위이며, 새로운 재산 관계에 기초한 새로운 사회질서로 이어진다. 권력 장악은 확실한 조건(대중정당, 발전된 문화, 강력한 경제, 국제 평화) 아래에서 일어날 수 있으며, 기나긴 혁명 기간의 정점에 해당할 것이다.

　권력 행사는 1924년 좌파연합으로 초래된 새로운 상황에 대응하기 위해 1926년 1월 특별 당대회에서 확립한 개념이다. 인터내셔널 프랑스지부는 권력 장악을 위한 조건이 무르익기 전에 정부에 참여할 수밖에 없는 상황을 권력 행사라는 개념을 통해 이론적으로 정당화할 수 있었다. 자본주의가 붕괴될 때까지 사회주의자들이 바랄 수 있는 것은 권력을 '행사'하는 것, 즉 제한적인 개혁주의적 목표를 추구하는 것이 전부다. 권력을 행사하는 동안 재산 관계에서 큰 변화는 일어나지 않을 것이다.

블룸의 '이론'은 '최종 목적'과 '실질적 과업', 즉 '혁명의 날'과 '현재의 과업'이라는 이분법을 약간 변형된 형태로 재현한 것이다. 이 이분법의 목적은 사회주의의 '최종적인' 측면을 유지하는 한편, 정당이 실질적인 정책을 실행할 수 있도록 하는 것이다. 이 실질적인 정책들은 1914년 이전 「에르푸르트 강령」에서 정부에 대한 사회민주주의 정당의 요구라는 형태를 취했다. 블룸과 인터내셔널 프랑스지부의 사상은 전쟁 이전의 형태에 머물러 있었고, 투르 당대회를 재탄생의 계기로 삼아 달라진 전후 상황에 적응하려는 시도를 하지 않았다(이를테면 스웨덴 사회민주주의자들처럼 하지 못했다는 것이다). 어쨌거나 프랑스 사회주의자들은 블룸의 구분을 통해 비非혁명적 상황에서 권력을 행사할 가능성을 고려하게 되었다. 권력 행사는 '사회주의자들이 자본주의를 운영하는 것'이라고 할 수 있다. 사회주의 자체는 '아득한 신화적' 미래로 밀려났다.[96]

이와 같은 생각이 유럽 좌파에게 널리 퍼져 있었다는 점을 주목해야 한다. 사회주의자들은 준비되지 않은 사회주의 정당이 정권을 떠맡는 문제를 숙고했다. 1928년 10월 존 스트레이치John Strachey는 미래의 노동당 정부가 "자본주의 계급에게 휘둘릴 수밖에 없을 것"이라고 경고했다. 노동당 지지자들이 그런 정부에 바랄 수 있는 것이라곤 "특정한 것들을 확실하게 챙기는 것"이 전부다. 즉 "노동자에게 확실하게 이득이 되는 물질적인 혜택과 미래의 투쟁에서 노동자에 대한 전폭적인 지지를 확보하는 것"이다.[97] 1929~1931년 영국 노동당 정부는 그중 어떤 약속도 지키지 못했다.

1934년이 되자 코민테른은 파시즘의 위협 때문에 종파주의 정책을 버릴 수밖에 없었고, 좌파가 재편성될 수 있는 상황이 마련되었다. 그 결과 프랑스에서는 노동조합 운동이 재통일되고 급진주의자와 사회주의자, 공산주의자들이 인민전선의 기치 아래 연합했다. 이 연합에 기초해 미래의 정부를 이론적으로 정당화한 것이 블룸의 권력 점유occupation of power 개념이다. 이는 분명히 권력 '장악'이 아니며, 사회혁명을 위한 길을 준비하려는 시도가 아니기 때문에 권력 행사도 아니다. (정부를 실질적으로 점유하는) 권력 점유는 권력에 접근하려는 파시즘 세력을 막기 위한 방어 전략이다.[98]

하지만 인터내셔널 프랑스지부의 강령이 국유화를 포함한 구조적 개혁을 요구했다는 점은 명심해야 한다. 프랑스 공산당의 강령은 자본주의에서 사회주의를 향해 점진적으로 나아가는 전략을 고려하지 않았기 때문에 오히려 더 온건했다. 공산당은 파시즘에 대항할 수 있을 정도로 최대한 많은 지지층을 연합하는 데 만족했다. 공산주의자들은 중산층이 이탈할까 봐 두려워했다. 토레즈가 내각에서 공산주의자들의 자리를 요구하지 않기로 결정한 이유 중 하나도 바로 중산층 이탈에 대한 두려움 때문이었다.[99] 나중에 알게 되었다시피, 인민전선의 세 정당이 동의한 최종 강령에서 지목한 국유화 대상은 프랑스은행과 군수 사업체뿐이다. 최종 강령이 추구한 목표는 구매력을 회복하고 실업자를 위한 기금을 설립하며, 공공사업을 신속히 실행하고 농업 커뮤니티(예를 들어 전국 밀 마케팅 보드National Wheat Marketing Board)를 지지하는 것이다.[100]

강령이 제대로 실현되기도 전에 소요 사태가 발생했다. 1936년

제3공화정 역사상 가장 큰 규모의 예기치 못한 파업이 일어난 것이다. 파업의 물결로 고용주와 노동조합은 협상 테이블에 앉을 수밖에 없었다. 깜짝 놀란 좌파 정부는 예상보다 급진적으로 나가야 했다. 6월 7일 마티뇽Hotel de Matignon에서 블룸이 주재하는 가운데, 고용주들은 단체교섭과 7~15퍼센트(더 낮은 임금을 받는 사람들에게는 그 이상) 임금 인상에 동의했다. 며칠 뒤 정부는 주 40시간 노동, 유급휴가, 노동쟁의에 대한 노동부 장관의 중재를 확립하기 위한 법안을 도입했다. 반대하는 사람은 거의 없었다.[101] 법안은 6월 21일 통과되었고, 이로써 1935년 선거공약에 포함되지 않은 유급휴가가 실시되었다. 이 성과는 노동자들의 투지가 낳은 직접적인 결과지만, 유급휴가 법안이 가정에 더 많은 여가를 줄 것이라고 생각한 가톨릭 세력의 지지로 폭넓은 합의에 이른 덕분이기도 했다.[102] 공산당은 노동자들이 이 합의를 받아들이도록 촉구하는 역할을 담당했다. 토레즈는 사회적 혁명을 향한 단계적인 상승에는 의문의 여지가 없다고 말했다.[103] 5~6월 파업은 고용주들을 패닉에 빠뜨려 양보를 얻어냈다. 파업은 공산주의자와 사회주의자들도 불안하게 만들었지만, 이들은 그 자생적인 동요가 혁명으로 이어질 수 있다고 믿지 않았다.[104] 주목해야 할 점은 역사학자들이 인민전선 정부의 항구적인 성과라고 평가하는 일(유급휴가와 노동쟁의 중재)이 같은 시기에 다른 국가들에서 성취된 일과 그리 다르지 않다는 사실이다. 유급휴가를 위한 법은 1920년대 중반 이전에 독일, 오스트리아, 덴마크, 노르웨이, 핀란드, 이탈리아, 체코슬로바키아, 폴란드 등에 존재했다. 비슷한 법이 1926~1934년 룩셈부르크, 그리스, 루마니아, 칠레, 멕시코, 스페인, 페루, 브라질, 포르투갈에서 제정되었으며, 1936년 이후에는 아일랜드와 이라크, 벨기에, 불가리아에서도 제정되었다.[105] 세계에서 가장 유서 깊은 노동운동의 고향인 영국은 예외였다. 그러나 곧 어니스트 베빈Ernest Bevin의 영향력 아래 영국 노동조합회의TUC를 대표로 하는 정부위원회가 마련되어 연차유급휴가에 대한 주장이 검토되었다. 그 결과 1938년 노동자 300만~1100만 명에게 유급휴가를 확대하는(앨런 불록Allan Bullock이 '작은 사회혁명'이라고 표현한)[106] 법이 통과되었다. 베빈은 하루 여덟 시간 노동을 쟁취하는 데는 실패했다. 하루 여덟 시간 노동에 반대한 이들은 정부와 고용주뿐만 아니었다. 노동조합들도 시간외수당을 벌 기회가 적어질 수 있다는 이유로 하루 여덟 시간 노동에 반대했다.[107] 이런 반대 때문에 1차 세계대전 이후 계속된 노동자들의 요구가 유럽 전역을 휩쓰는 동안에도 영국에서는 하루 여덟 시간 노동이 실시되지 않았을 것이다. 하루 여덟 시간 노동은 1917년 이후 러시아에서, 1918~1919년 핀란드와 노르웨이, 독일, 이탈리아, 폴란드, 프랑스, 스페인, 체코슬로바키아, 오스트리아, 네덜란드, 포르투갈, 스웨덴에서 공포되었다.[108]

국제적인 상황과 영국의 압박으로 프랑스 인민전선 정부는 스페인 내전에 불간섭 정책을 채택하며 반파시즘적인 입장을 누그러뜨렸다(불간섭 정책은 독일과 이탈리아가 전쟁에 직접적으로 개입한 뒤에도 수정되지 않았다). 프랑스 내부적으로 인민전선의 경제 성적표는 낙제점이었다. 6월에 총리로 취임한 블룸은 9월까지 기다린 뒤에야 프랑화의 평가절하가 영국과 미국의 보복을 초래하지 않을 거라 확신할 수 있었다.[109] 블룸 정부의 경제 각료와 고문들은 많은 전임자들과 마찬가지로 재정부 관료들의 통설에 대안을 제시할 준비가 되지 않았다.[110] 블룸은 뒷날 '자본주의의 충실한 운영자'가 되고 싶었다고 말했다.[111] 자본가들의 반응은 대규모 자본도피였다. 블룸은 이에 대응하기 위한 특별권한을 신청했지만, 상원의 승인을 얻지 못했다. 보수주의자들이 우세한 상원 때문에 정부가 의회의 지지를 얻지 못하는 일은 빈번했다.

여기에서 '권력 점유' 전략의 한계가 수면 위로 드러났다. 블룸은 헌법상 지위가 전혀 불안정하지 않았는데도—블룸은 하원의 지지를 받았고, 상원에게 정부를 전복할 헌법상의 권한이 있는지도 불확실했다—총리직에서 물러났다.[112] 블룸은 '개혁이냐 혁명이냐'라는 딜레마의 포로였다. 그는 저항하려는 시도가 커다란 동요를 야기해 경제를 혼란에 빠뜨릴 것이라고 생각했다. 조엘 콜턴Joel Colton이 예리하게 지적했듯이, 로이드 조지와 프랭클린 루스벨트는 각각 영국 상원과 미국 대법원에 맞섰다.[113] 블룸은 그보다 앞선 영국의 램지 맥도널드처럼 쉽게 항복했고, 제도적 틀 전체를 움직일 수 없는 제약으로 받아들였다. 블룸이 급진주의자 카미유 쇼탕Camille Chautemps이 이끄는 차기 정부에서 일하기로 함에 따라 이 항복은 확실해졌다. 쇼탕은 블룸이 얻지 못한 특별권한을 상원에서 허락받았으나, 그 권한을 종래의 디플레이션 정책을 위해 사용했다.[114] 첫 번째 인민전선 정부를 무너뜨린 것은 경제만이 아니다. 국가를 개혁하지 못한 그들의 무능함이 한몫했고, 선견지명도 부족했다. 만일 블룸이 파업 운동이 강력하던 1936년 6~7월에 특별권한을 요청했다면, 상원은 기꺼이 받아들였을 것이다.[115]

프랑스 인민전선이 자신들의 신화를 만들었다고 할 수 있다면, 이는 사회주의 정부의 주요 성과보다 프랑스 자체의 중요성에 기인

한 현상이다. 비록 프랑스 공산당이 정부에 참여하지는 않았지만, 인민전선 정부는 모든 나라의 공산주의자들에게 근본적으로 중요하다고 여겨졌다. 스페인 인민전선과 프랑스 인민전선은 공산주의 진영과 사회주의 진영의 협력을 보여주는 가장 중요한 본보기였다. 그러나 인민전선이 없었다면 파시즘이 프랑스를 장악했을 것이라는 주장은 설득력이 떨어진다. 그렇다고 해서 (트로츠키Leon Trotsky의 지지자를 포함한) 몇몇이 뒷날 회고했듯이 인민전선이 자발적인 노동자들의 혁명을 막았다는 주장은 더욱 타당하지 않다.[116]

1917년부터 지금까지 서유럽 발전사에 하나의 맥락이 있다면, 볼셰비키 혁명을 본뜬 노동계급의 혁명적 봉기가 일어날 가능성이 조금도 없었다는 점이다. 이런 기본적인 사실을 인식하지 못한 이들은 나중에 그리스(1944~1948년)와 포르투갈(1974~1975년)에서 일어난 사건들이 보여주듯이 정치적으로 가장 미미한 세력이 되거나 완전히 패배했다.

영국 노동당의 실패

또 다른 국가에서는 '사회주의자들의 자본주의 운영'이 가능할 수도 있는 상황이 조성되었다. 바로 영국이다.

1923년 선거에서 보수당이 제1당이 되었으나, 하원의 과반수를 차지하는 데는 실패했다. 이에 노동당이 자유당과 연합해서 내각을 이끌었다. 하지만 의회에서 자유당의 지지가 필요했기에 광산,

철도, 발전소의 국유화 같은 노동당 정강 정책을 실행하지는 못했다.[117] 노동당은 실업을 타개할 계획을 마련하지 못했지만, 주택과 교육 개혁에는 중요한 역할을 했다. 비록 1924년 선거에서 패했으나(자유당 지지자들이 이탈하면서 보수당에게 유리한 상황이 되었다), "노동당은 자신들의 책임을 입증했고, 자유당 대신 대안적 정부를 이끌었다".[118]

노동당은 1929년 다시 집권하면서 자유당의 지지를 받는 소수 여당 정부를 이끌었다. 노동당은 처음으로 보수당보다 많은 의석을 차지했고(288석 대 260석), 훨씬 뒤처진 자유당은 59석을 확보했다. 노동당 선거공약에는 주택과 빈민가 정리, 토지 배수, 도로 건설 등 실업에 대처할 구체적인 제안이 약간 포함되었다. 이 계획에 필요한 자금을 충당할 방법은 확실하지 않았다. 실업이 가장 중요한 문제라는 데 모두 동의했지만, 그 문제를 바라보는 시각은 크게 두 가지로 나뉘었다. 첫째는 재무부의 견해로, 할 수 있는 일이 없다는 입장이었다. 둘째는 자유주의자, 케인스, 로이드 조지, 오즈월드 모즐리(Oswald Ernald Mosley, 당시 노동부 장관), 노동조합회의, 베빈이 이끄는 영국 운수일반노동조합TGWU 등 많은 이들에게 확산된 견해로, 이들은 다양한 공공사업 계획을 제안했다. 모즐리는 실업에 신속하고 효과적으로 대처하기 위한 제안서를 제출했다. 그의 제안은 높은 사회 수당과 연금, 일부 보호주의 정책을 통해 구매력을 향상하고 신용을 확대하여 경제에 자금을 투입하자는 것이었다.[119] 케인스의 영향을 받은 이런 조치들은 노동당 좌파 세력과 자유당의 상당한 지지를 얻었다.[120] 그러나 노동당 지도부는 경제적 책임을 맡기 위해서는 '재무부의 견해'를 따를 수밖에 없다는 결론을 내렸다. 모즐리의 제안은 거부되었고, 그는 노동당을 떠나 말도 안 되는 영국식 이탈리아 파시즘을 (이탈리아 파시스트들이 검은 셔츠를 입고 다니며 거리에서 폭력 행위를 일삼는 것까지) 받아들이며 정치적 자살행위를 저질렀다. 그 후 노동당의 재정 정책에는 "본질적으로 '재무부의 견해'를 받아들인 스노든(Philip Snowden, 당시 재무상)의 암울한 흔적"이 배어 있었다.[121]

노동당 정부는 독창적인 경제정책을 하나도 내놓지 못했다. 그들의 정책은 보수주의자들의 정책과 다를 바 없었다. 스노든이 실업수당을 삭감하자고 제안했을 때 결국 내각이 분열되었다. 이 분열에 따른 위기는 '거국일치내각' 구성으로 이어졌다. 거국일치내각에서는 보수당이 다수를 차지했지만, 내각의 수반은 노동당 출신 전 수상 램지 맥도널드였다. 노동당은 1940년까지 야당으로 남았다.

로버트 스키델스키Robert Skidelsky의 설득력 있는 주장에 따르면, 노동당이 케인스식 방법을 통해 실업에 효과적으로 대처하지 못한 것은 자본주의의 악이 사회주의 사회에서만 해결될 수 있다는 견해를 고집했기 때문이다. "노동당은 아득히 먼 사회주의에 매달린 탓에 케인스와 같은 '경제적 급진주의자'의 업적을 단순한 '미봉책'으로 여겼다."[122] 로스 매키빈Ross McKibbin은 노동당이 집권하는 동안 참고할 만한 외국의 선례가 없었다는 점을 지적했다.[123] 또 영국이 직면한 국제적 제약으로 어떤 경기 대응적 예산 편성도 성공할 가능성이 없었다.[124] (금융과 산업에 대한 맥밀런위원회MacMillan Committee 보고서의 부록에서) 케인스 자신도 필요한 적자예산의 규모와 예상되는 경제 회복 속도에는 모호한 견해를 제시했다.[125] 이는 노동당 정부가 딱히 어떤 대안을 선택할 수 없었다는 뜻이다.

일어날 일은 일어났다.

이 자리에서 논란에 종지부를 찍거나, 노동당이 발전시켜야 했던 대안적인 정책을 생각해보려는 것은 아니다. 다만 영국 노동당이 유럽 대륙의 사회주의나 공산주의 정당들과 마찬가지로 정권을 잡았을 때 맞닥뜨릴 문제를 분석하지 않은 것은 분명하다. 게다가 노동당은 국제적인 전망과 국내 정책의 관계를 충분히 생각하지 않았다. 외교정책에서 보면 노동당의 국제주의는 국제연맹League of Nations에 충실히 협조하는 것, 즉 국제중재재판과 국제조정, 군비축소, 국제연맹의 경제적 기능 확대, 통화안정 문제에 대한 국제적 해결책 모색 등에 참여하는 것이 전부였다. 로버트 보이스Robert Boyce가 지적했듯이 국가적인 계획경제라는 노동당의 목표는 국제적인 상호 의존성의 확대와 조화를 이뤄야 했으나, "고위 각료들은 그 문제를 성의 있게 고민하지 않았다".[126]

그러므로 노동당이 정권을 잡았을 때 그들에게는 당장 실시할 실용적인 계획도, 중기적 전략도 없었다. 그 원인은 노동당이 두 가지 상반되는 정치적 가정을 택했기 때문으로 보인다. 야당 시절 노동당은 정부의 의지가 정부 정책을 좌우한다고 생각했다. 달리 말해 제약이 있다면 제도적 제약일 것이라고 여겼다(상원이 제도적 제약의 한 사례였기에 노동당은 거의 모든 정책에서 상원의 폐지를 주장했다). 야당으로서 노동당은 의회의 과반을 차지하고 집권하면 모든 것이 가능하다는 의회주권(그리고 국가주권)의 원칙을 온전히 받아들였다.

그러나 노동당은 정권을 잡자 재빨리 이런 생각을 버리고 정반대 생각을 지지했다. 자본주의에서는 정치와 경제의 근본적인 제약이 있으며, 이런 제약 때문에 (사회주의가 오기 전에는) 아무것도 가능하지 않고, 사회주의적 과업은 이룰 수 없다는 입장이었다. 스키델스키는 노동당의 입장에 대해 다음과 같이 썼다. "사회주의는 가능하지 않았고, 자본주의는 파멸할 운명이었다. 노동당은 믿을 수도 없고 변화의 가능성도 보이지 않는 체제를 관리할 수밖에 없었다."[127] 1930년대에 좌파 지식인들이 계획경제와 사회 개편에 대한 여러 가지 생각을 내놓았음에도 국가의 개편에 대해 아무도 말하지 않은 사실은 놀랍다. 예를 들어 애틀리Clement Attlee는 1937년 출간한 *The Labour Party in Perspective*(노동당 전망)에서 "나는 지금의 정부 조직을 통해 우리가 원하는 근본적인 변화를 가져올 수 있다고 믿는다"고 했다. (이 책의 분명한 가치는 사회주의 지도자가 쓴 선언문 중에 미美에 대한 챕터가 있는 유일한 선언문이라는 데 있다. "자본주의 제도의 가장 무거운 혐의는 아름다움을 파괴한다는 점이다."[128]) 상원 폐지에 대한 의례적인 요구 외에, 애틀리가 주장한 변화(여기에서 쓰기에 '개혁'은 거창한 단어다)는 의회 절차의 가속화와 내각 기능의 개편뿐이었다.[129] 선거에서 선출되기 위해서는 현 제도의 방식에 충실할 필요가 있다고 여긴 것이 분명하다.

양차 세계대전 사이에 유럽의 사회주의는 크게 발전했다. 사회주의자들은 자신들이 선거에서 이길 수 있는 정치적 세력임을 여러 차례 증명했다. 1차 세계대전 이전에 일부 사회주의 정당은 주요 반대 세력이 되고 변화의 요구가 결집하는 거점이 되는 데 성공했다. 이런 추세는 양차 세계대전 사이에 보편적인 일이 되었고, (독일이나 이탈리아와 같이) 비민주적 독재 체제가 들어선 곳에서만 저지되었다. 1945년 이후 서유럽 체제의 역사가 보여주듯이, 독재 정권의 몰락으로 탄생한 정치체제(즉 이탈리아, 독일, 스페인, 포르투갈, 그리스)에서 정부나 야당의 주요 세력은 좌파였다. 이런 추세가 나타나지 않은 곳은 국가적 문제를 안고 있는 국가들뿐이다(아일랜드가 분명한 예다). 좌파가 거둔 긍정적인 성과에 대해서는 이쯤 하고 성과표의 부정적인 면을 보자면, 조직된 좌파는 양차 세계대전 사이 유럽 경제의 전개, 특히 1929년 이후 자유방임 자본주의의 몰락에 부응하는 새로운 발상을 내놓는 데 실패했다.

그러나 거듭 말하지만 지나치게 부정적으로 보지 말아야 한다. 새로운 전략을 발전시키기 위한 시도 역시 있었기 때문이다. 앞에서 언급한 힐퍼딩의 '조직 자본주의' 개념과 블룸이 구분한 권력의 장악, 행사, 점유가 그것이다. 힐퍼딩과 블룸은 일종의 집단적 경제통제를 위한 필요조건을 밝히거나, 중간 단계에 대한 이론을 발전시키고자 노력했다.

이밖에도 장황하게 혁명을 부르짖고 매일 개혁적 행동을 실천에 옮겨야 한다고 규정한 카우츠키의 굴레에서 벗어나려는 시도가 있었다. 지금 단계에서 언급할 것은 세 가지다. 첫째는 특징적 성향이 없는 '신사회주의 계획경제주의자'의 시도로, 이들은 자본주의 체제에서 사회주의의 계획경제적 요소를 활용하는 데 관심이 있었다. 둘째는 그람시와 톨리아티를 비롯한 이탈리아 공산주의자의 시도이며, 셋째는 오토 바우어와 '오스트리아-마르크스주의'의 시도다. 이 두 시도는 발전된 자본주의 사회라는 비혁명적 상황에서 좌파를 위한 전략을 재고하려 했다. 다음 장에서는 독자들이 적어도 기초적인 그림을 그릴 수 있도록, 성공하지 못한 이런 대안을 간략하게 짚어볼 것이다. 그런 다음 2차 세계대전 기간과 그 이후의 좌파에 대해 알아볼 것이다.

3장

좌절된 대안들

'신사회주의' 계획경제론자

신사회주의 계획경제론은 대단히 폭넓은 범주이기 때문에 그 다양한 면을 제대로 설명할 수 있는 한 가지 정의는 없다. 계획경제 지지자들은 주로 권력의 주변부에 있었다. 그들은 주요 좌파 정당 바깥에 머물거나, 정당 내에서 주목받지 못하는 소수파로 밀려나 있거나, 노동조합에 속했다. 1930년대에 사회주의를 다시 생각한 주역들이 아웃사이더일 뿐이라는 마리오 텔로Mario Telò의 주장은 꽤 설득력 있다.[1] 이 집단의 공통된 특징은 1929~1931년의 위기와 뒤이은 경제공황 이후 자본주의 국가가 전통적인 '야경꾼' 역할을 포기할 수밖에 없는 상황이 되었다는 인식이다. 야경꾼으로서 국가는 공장의 근로조건, 파업, 실업의 결과 같은 사회문제에 어느 정도 관심을 보였지만, 실질적 역할은 치안과 방위, 경쟁

규제에 한정되었다. 새로운 국가는 경제가 점차 몇몇 대기업의 통제를 받는다는 사실, 즉 경제 규제가 심해진 시대가 되었다는 사실을 고려해야 했다. 또 대중사회가 발전하고, 대중사회의 집단적 요구는 민주주의 사회(혹은 민주주의를 열망하는 사회)에서만 충족될 수 있다는 점을 알아야 했다. 다시 말해 새로운 자본주의 사회는 집산주의적 특징을 보였고, 현대의 비개인주의적 이데올로기가 형성되기에 적합했다.

의회나 정부 같은 공식적인 정치 기관과 더불어 주요 사회 세력, 특히 고용주 연합과 노동조합의 협력이 필요하다는 생각이 널리 퍼졌다. 대다수 유럽 정당들이 이런 노선에 따라 '협동조합주의' 입장을 취했다. 양차 세계대전 사이에 노사 협약이 활발했다(그중 몇 가지는 2장에서 언급되었다). 노동계급의 동요가 위협적이기도 했지만 전시의 협력 관계가 이어진 덕분이기도 했다. 그런 노사 협약으로는 1918년 독일에서 경제 규제에 관한 노사위원회ZAG 설립의 토대가 된 슈틴네스-레기엔 협약, 거의 효과가 없던 영국의 '휘틀리위원회Whitley Council', 1936년 프랑스 인민전선의 승리로 얻어낸 마티뇽 조약, 미국에서 1933년과 1935년 제정된 국가재건법과 와그너법Wagner Act, 스웨덴의 살트셰바덴 협약(1938년), 노르웨이 노동조합연맹과 자동차연맹NAF의 주요 협정(1935년) 같은 북유럽의 고용주-고용인 협약 등을 들 수 있다.[2]

협동조합주의적인 접근법에 적대적이던 영국의 노동조합조차 어니스트 베빈의 지배적인 영향력 아래 고용주, 정부 대표와 함께 왕립조사위원회에 체계적으로 흡수되면서 '정치적 계급'이 되었다.[3]

본질적으로 이 모든 것은 민주적 삶의 공식적 측면, 즉 행정부의 결정을 승인하고 합법화하는 의회를 선출하는 과정(선거)을 통해 권력을 손에 쥔다 해도 사회를 실질적으로 통제할 수 없음을 깨닫게 되었다는 의미다. 국가는 전체적으로 복잡해졌고, 민주주의 이론이 발전시킨 자유·민주적 제도만으로 지배될 수 없었다.

고용주와 노동조합 사이에 어떤 협약이 필요하다는 점은 1920년대 독일 바이마르공화국의 사회민주당도 알고 있었다. 스웨덴에서는 노동조합(노조연맹)과 고용주들이 살트셰바덴 협약에 서명함으로써 이런 원칙이 제도화되었다. 살트셰바덴 협약은 '계급 타협'이나 마찬가지였다. 이 협약에서 노동조합들은 사회 개혁과 완전고용을 대가로 성장과 생산성에 대한 자본주의적인 정의를 받아들이기로 동의했다. 그렇다고 성장과 생산성을 항상 민간 자본으로 달성해야 한다고 규정한 것은 아니다. 달리 말해 경제는 여전히 '자본주의'지만, 정치적으로 정의된 사회적 목표를 위해 경제를 규제할 수 있다는 데 합의한 것이다.

수많은 '대안적인' 제안의 출발점은 대체로 실업을 타개하기 위한 공공사업 프로그램이었다. 공공사업 프로그램 자체는 계획경제와 필연적으로 연결되지 않지만, 실질적으로 보면 고용과 성장을 증대하는 국가 주도적 방법—달리 말해 민간 부문이 실패한 영역에 대한 공적 개입—으로 여겨졌다. 1932년 독일 노동조합을 이끄는 블라디미르 보이틴스키Wladimir Woytinski, 프리츠 타노우Fritz Tarnow, 프리츠 바데Fritz Baade는 적자 지출로 예산을 충당하는 경기 대응적 목표를 세운 대규모 공공사업 프로그램을 제안했다.[4] (세 명의 이니셜을 따서 WTB 계획이라고 불린) 이 계획은 독일 노동조합들(독일 노동조합총동맹ADGB)의 반대에 부딪혔다. WTB 계획이라는 구체적인 법안을 가지고 개입하는 것은 사회민주당과 노동조합의 분업 원칙 중 하나를 위반하는 일이었다. 힐퍼딩은 WTB 계획이 '비非마르크스주의적'이라는 이유로 반대했다. 하지만 그가 반대한 진짜 이유는 독일 사회민주당이 그때까지 디플레이션 정책을 지지했고, WTB 계획으로 브뤼닝Heinrich Brüning 총리의 반감을 사지 않을까 두려워했기 때문이다. 경제 자립 정책을 추진하는 것으로 보여서 불필요하게 프랑스 지도층의 심기를 건드리고 싶지 않은 이유도 있었다.[5] 사회민주당이 실업자의 처지에 상대적으로 무관심한 데는 실업자들이 공산당을 지지했다는 사실도 한몫했다.[6] 실업보다 인플레이션을 두려워한 고용주들 또한 WTB 계획에 반대했다. 얄궂게도 나치 지도자 그레고르 슈트라서Gregor Strasser는 WTB 계획을 긍정적으로 받아들여 자신의 공공사업 프로그램에 대거 포함했다.[7] 슈트라서가 동조하자 사회민주주의자들은 WTB 계획에서 더욱더 멀어졌다.

'경제를 계획한다'는 생각이 난데없이 등장한 것은 아니다. 전쟁 중이던 1914~1918년부터 '부르주아'와 사회민주주의자 집단 사이에서 계획경제에 관심이 커지고 있었지만, 사회민주당 대다수는 이를 무시했다.[8]

영국에서 공공사업 계획은 정통 노동당원보다는 주로 친親케인스파와 자유당원이 주장했다. 노동당 정부(2장 참조)에서는 (부조리한 정치로 빠져들기 전의) 모즐리가 국가가 조직하는 공공사업 프로그램을 위해 싸운 몇 안 되는 사람 중 한 명이었다.[9] 모즐리와 의견을 같이하는 사람들, 예를 들어 존 스트레이치는 그때까지 지지하던 공상적인 개혁주의가 적절하지 않다는 결론을 내리고 공산주의로 돌아섰다(스트레이치가 공산당원이 되지는 않았다).[10] 하지만 스트레이치는 1940년 출간한 '사회주의-케인스주의'적인 저서 *A Programme for Progress*(진보를 위한 프로그램)와 1956년 출간한 *Contemporary Capitalism*(현대 자본주의)에서 마르크스주의를 자신이 '서구의 문화 전통'이라고 부르는 것과 통합하고자 했다.[11]

다른 이들은 노동당의 정치적 테두리를 벗어나지 않으면서 실업 문제를 해결할 실질적인 정책을 검토하려고 애썼다. 1930년대 영국 좌파가 실업 해소 전략을 고안하는 일에 진지하게 임했다는 점은 주목할 만하다. 여기에 견줄 만한 노력을 보인 곳은 스칸디나비아뿐이다. 프랑스의 좌파는 실업을 가장 중요한 사안으로 두지 않았다. 독일이나 이탈리아 등 그 밖의 국가에는 이렇다 할 좌파가 존재하지 않는 상황이었다.

영국에서 실업의 원인에 대한 케인스의 생각이 노동당에 영향력을 행사한 것은 노동당이 야당이 된 후다. 그렇게 되기까지 케인스의 사상은 사회주의적인 언어로 치장되어야 했다. 휴 돌턴Hugh Dalton과 더글러스 제이Douglas Jay가 이를 위해 노력하여 크고 작은 성과를 얻었다.[12] 사회주의자가 아닌 케인스는 자신의 고용정책이 사회주의로 가는 길을 열어줄 거라고 생각하지 않았다. 오히려 이 정책들이 자유 시장의 위험에서 자본주의를 지켜줘야 한다고 판단했다. 하지만 사회주의자들은 자본주의 수호를 자신들의 일이라고 생각하지 않았다. 사회주의의 '최종 상태' 개념이 중간 단계 전략의 발전을 가로막았다. 사회주의는 언제나 미래에 일어날 일이었다. 그러나 정치는 항상 현재를 다루는 일이며, 현재는 노동당이 거의 언급하지 않는 주제였다.

'거의' 언급하지 않는 주제라고 했지 '전혀' 언급하지 않았다는 얘기는 아니다. 노동당이 반드시 해야 했던 이야기는 1934년 사우스포트Southport 전당대회에서 승인된 노동당 강령 「사회주의와 평화를 위해For Socialism and Peace」 같은 문서에 구체적으로 드러났다. 강령은 (경쟁에 대한 '유일한 합리적 대안'이라고 묘사된) '완전하고 신속한 사회주의자들의 경제계획'과 민간이 소유한 독점적 자본에 따른 '경제 재편'을 명확하게 구분했다.[13] '진짜' 경제 재편은 사회주의에서만 일어날 수 있다. 사회주의가 도래하기까지는 공유화나 기초 산업(공공사업, 교통, 금융, 석탄, 철강) 통제를 통한 계획이 경제에 합리성을 도입할 것이다. 이런 합리성은 공급 측면에서는 '효율적인 생산 방법의 조직화… 조직화된 원료 구매'를 통해, 분배 측면에서는 '합리적인' 임금과 가격을 토대로 마케팅 보드를 설립함으로써 도입될 것이다.[14] 마지막으로 (사실상 공공사업 프로그램인) 국가 발전 계획이 실업을 퇴치할 것이다.[15]

영국 노동당은 1930년대에 사회주의를 재고하면서, 경제 재편과 경제 발전에 관한 이런 계획이 1929~1931년에는 왜 시도조차 되지 않았는지 이해하려 하지 않았다. 유일하게 설명이라고 내놓은 것은 '배신'이다. 1929~1931년에 노동당이 사회주의를 향해 나가지 못한 이유는 맥도널드와 스노든 같은 지도자들이 배신했기 때문이라는 얘기다. 이런 설명은 1929~1931년에 노동당이 패배한 책임을 모두 지도자에게 돌리며 논의를 가로막았다. 노동당에 필요한 것은 유능하고 일관성 있는 사회주의 지도자뿐이라는 논리였다.

1930년대 노동당은 사회주의 전략은커녕 새로운 사회주의적 발상을 내놓는 데도 실패했다. 뿐만 아니라 다른 정당의 분열을 이용하지 못했으며, 영국과 유럽 대륙의 사회주의 사상가들이 내놓는 계획경제에 대한 혁신적인 연구를 활용하지도 못했다. 노동당은 새로운 것을 시도하는 일을 계속 거부함으로써 무력해졌고, 전반적인 정치적 역할도 작아졌다.[16]

이 시기에 다른 이들은 대안을 연구하고 있었다. 예를 들어 조지 콜은 1931년의 위기가 일어나기도 전에, 의회 절차의 종전 한계에서는 사회주의로 효과적인 전환이 불가능하다는 전제를 기초로 헌법적인 내용을 수정하려는 '노동당 행동 계획Labour Programme of Action'을 만들었다. 그 계획에는 상원 폐지뿐만 아니라 긴급권한법Emergency Powers Act도 포함되었다. 긴급권한법은 사회주의 계획경제의 요구에 부합하는 국유화 (혹은 당시에 불리던 대로 '사회화') 권한을 정부에 부여하고, 보상 청구를 조사하는 권한이 있는 특별 심사 기관을 도입하며, 입법의 일반적인 원칙은 의회가 다루도록 두지만 실질적인 행정 업무는 법정위원회에 맡긴다는 내용이었다. 예상대로 정치적 폭풍이 몰아쳤다. 노동당 지도부는 의회민주주의를 지지하는 입장을 재차 확인하며 콜의 계획을 비난했다. 그러나 콜의 "헌법상의 혁명은 비혁명적 상황에서 급진적인 사회주의 발전을 위한 조건들을 생각해낸 진정한 시도였다".[17] 1933년 헤이스팅스Hastings 노동당 전당대회에서 (애틀리를 비롯한 '온건파'의 지지를 받은) 리처드 크립스Richard Stafford Cripps가 콜과 같은 노선의 결의안을 제안하며 상원의 즉각적인 폐지, 긴급권한법, 하원의 절차 개정 등을 주장했다. 그는 '현 제도를 종식시킴으로써 실업과 빈곤을 없애려는' 경제계획에 대한 요구도 포함했다. 이 결의안은 베빈의 의견과 노동조합의 블록 투표(대의원에게 그가 대표하는 사람 수만큼 표

수를 인정하는 투표 방식―옮긴이) 덕분에 추가 검토를 위해 국가집행
위원회NEC로 보내졌다.[18]

1930년대 신페이비언조사국New Fabian Research Bureau은 경제정책에
관한 연구 결과를 내놓았고, 사회주의의 뚜렷한 특징으로 산업에
대한 사회적 통제를 강조했다. 콜은 사회주의의 기본 요소로 중앙
계획경제가 채택되게 하는 데 어느 노동당 사상가보다 기여했다.
이 과정에 소련이 명령 경제를 채택한 일이 결정적 영향을 미쳤다.
영국 노동당에게 뚜렷한 사회주의적 기준점을 제공한 것도 케인스
주의가 아니라 이 사건이다. 노동당 공직자들 사이에 친親소련적 태
도가 흔히 나타났다. 1930년대 중반 소련에서 돌아온 시드니 웨브
와 비어트리스 웨브Beatrice Webb 부부는 소련 계획경제 체제의 우수
성을 전적으로 확신했으며, 1935년 출간한 (1937년 물음표 없이 재
출간한) *Soviet Communism: A New Civilization?*(소비에트 공산주의,
새로운 문명인가?)에서도 그 확신을 드러냈다.[19] 휴 돌턴 역시 계획
경제에 깊은 인상을 받았으며, *Practical Socialism for Britain*(영국의
실용 사회주의)에서 많은 부분을 할애해 이를 다뤘다.[20] 하지만 소련
의 계획경제 체제를 지지하던 노동당원들은 공산주의자들과 달리
소련의 정치체제는 지지하지 않았으므로, 중앙 계획경제와 정치적
민주주의를 조화시킬 방법을 찾아야 했다. 이런 맥락에서 콜의 '헌
법상의 혁명'과 크립스의 제안을 이해해야 한다. 콜은 1920년대에
다른 개념의 대표제, 특히 각 산업에 기초한 직능대표제(길드사회주
의Guild Socialism)를 생각한 적이 있다. 콜은 1935년 *The Principles of
Economic Planning*(경제계획의 원리)에서 경제기구를 구성할 때 노동
자의 관리와 참여가 필요하다고 강조했다.[21] 영국의 의회 제도가 계

획경제에 적절하지 않다는 점을 인식한 웨브 부부는 1920년에 '사회적 의회'를 생각했다. 사회적 의회는 정치적 의회와 함께 일하며 그와 똑같은 방식으로 선출되지만, 의회의 운영은 상임위원회가 맡는 의회다. 이상과 같은 계획안은 국외에도 영향을 미쳤으며, 특히 일부 '오스트리아–마르크스주의자들' 사이에 영향력을 발휘했다.[22] 1930년대 영국에서는 웨브 부부나 콜의 생각이 (콜이 베빈과 가까웠음에도) 노동당 지도부에 특별한 영향을 미치지 못했다. 노동당 지도자 애틀리는 분석하는 일에 관심이 없었으며, 개념이나 사상가, 사상 등을 못 미더워했다.

노동운동 내에서 계획경제에 대한 저항이 있으리란 것은 사상적인 이유뿐만 아니라 객관적인 구조상의 이유에서도 예상할 수 있는 일이었다. 당시 젊은 사회주의 이론가 에번 더빈Evan Durbin은 그 사실을 잘 알았다. 그는 많은 계획경제론자들과 마찬가지로 산업과 금융을 통제하는 일종의 중앙 당국이 필요하다는 점에 동의했다. 그러나 그는 "효율적인 경제계획에 가장 중요한 필요조건은… 노동조합과 노동운동에서 이론적으로나 실질적으로 생디칼리슴의 마지막 요소까지 금지하는 일"이라고 덧붙였다.[23] 더빈은 다른 이들이 생각만 하던 것을 솔직하게 표현했다. 그는 노동조합의 관행들이 사회주의적 계획경제에 문제가 될 것이라고 밝혔다. 민간 자본가들에 맞서 임금 인상을 요구하는 파업은 사회주의 정신에 포함될 수 있지만, 공동 복지를 위해 활동하는 계획 당국에 맞서 똑같은 이유로 파업을 벌인다면 사회주의 정신에 위배될 것이다.

인터내셔널 프랑스지부는 (커다란 지적 동요의 중심에 있던) 계획경제에 관련된 모든 사안에 거의 관심을 두지 않았다. 물론 프랑스 공산주의자들은 계획경제를 찬성했다. 그러나 그들에게 계획경제란 소련식 계획경제—프롤레타리아 독재가 실현된 뒤에야 가능한 경제 운영 체제—를 의미했다. 프랑스에서도 독일과 같이 노동운동의 주요 세력 중 노동조합(비공산주의 노동총동맹)만이 자본주의 체제에서 계획경제를 찬성했다. 유럽 대륙의 노동조합들은 영국의 노동조합만큼 강력하지 않았고, 임금 협상에서 자신들의 요구를 매번 관철할 수는 없었다. 유럽 대륙의 노동조합들은 경제적 파업으로 성취할 수 없는 것을 정치적인 수단으로 얻을 수 있다고 믿었다는 측면에서 더욱 정치적인 성격을 띤다. 프랑스 노동조합들은 1918~1919년에 협동조합주의적인 국가경제위원회를 지지하는 로비를 벌였으나, 정부와 인터내셔널 프랑스지부는 이 요구를 단박에 거절했다.[24] 1934년 프랑스 노동총동맹은 인민전선의 세 정당이 모두 거부한 노동계획Plan du travail에 찬성했다.[25] 그 밖에도 계획경제를 지지한 이들 중에는 자유 자본주의를 '자의식 경제self-conscious economy'로 대체하고자 한 불순응주의 지식인, 자본주의를 '일반법으로 승격된 고리대금업'이라고 한 『에스프리L'Esprit』의 정의를 따르는 가톨릭교도가 있다.[26] 인터내셔널 프랑스지부의 계획경제론자 집단은 대부분 젊은 지식인으로 구성되었고, 핵심 인물은 1931년 철도 국유화 계획을 마련한 쥘 모크Jules Moch나 테일러주의와 포드주의에 관심이 많은 앙드레 필립André Philip이었다.[27] *Socialisme et rationalisation*(사회주의와 합리적 사고)을 쓴 모크는 사회주의자들이 합리적 사고의 개념을 이해하고 모든 사람의 이익을 위해 이 개념을 사용해야 한다고 주장했다.[28]

　인터내셔널 프랑스지부 내부의 또 다른 계획경제론자는 마르셀 데아Marcel Déat를 중심으로 한 집단이었다. 퀴젤Richard K. Kuisel은 데아의 제안이 돌팔이 짓에 가까울 만큼 모호하고 비논리적이며, 1934~1935년에 자신들의 생각이 인터내셔널 프랑스지부에서 채택 되도록 노력하던 '진정한 사회주의 계획경제론자들'(즉 모크와 필립) 을 불리하게 만들었을 뿐이라고 주장했다.[29] 다른 이들은 퀴젤만큼 신랄하지 않았다.[30] 1930년에 출간된 *Perspectives socialistes*(사회주의 의 관점)에 나타난 데아의 세 가지 핵심 개념을 살펴보면 베른슈타 인과 데아가 연결되는 지점이 있음을 알 수 있다.

1. 생산수단의 소유권은 버려야 할 강박관념이다. 중요한 것은 경 제에 대한 국가의 통제권이다. 합자회사가 발전함에 따라 소유 와 경영이 분리되었다(이는 베른슈타인이 40년 전에 지적했고, 20년 뒤 앤서니 크로스랜드Anthony Crosland가 되풀이한 내용이다. 10장 참 조). 국가 규제가 가능해지면서 국유화는 논외가 되었다.
2. 국가는 사회주의자들이 축소하거나 폐지해야 하는 대상이 아 니다. 오히려 사회주의자들은 최상의 결과를 위해 국가와 화 해하고 국가를 이용해야 한다.
3. 사회주의는 지배계급으로서 프롤레타리아를 지나치게 강조한 다. 데아는 중산층에 대한 호소를 중요시했다.

데아를 비롯해 그와 같은 생각을 하는 계획경제론자들은 자본주 의가 합리적 사고로 경제 위기를 극복할 수 있다는 '베른슈타인식' 자신감이 있었고, 그 자신감을 바탕으로 자본주의의 우월함을 확신 했다. 따라서 그들은 합리화, 현대화, 생산성 증대 계획과 관련해

자본주의 엘리트들과 연합을 촉구했다.[31]

프랑스 계획경제론자 중 아무도 좌파의 주요 정치인들에게 결정적인 영향을 끼치지 못했다. 블룸과 인터내셔널 프랑스지부는 교리적인 논쟁보다는 당 통합에 관심이 있었다.[32] 나중에 밝혀진 바와 같이, 블룸은 계획경제론자들의 모든 제안 중에서 통제경제의 개념은 거부한 채 반파시즘으로 포장한 국유화만 받아들였다. 공산주의자들은 급진주의자들과 연합해서 프랑스 노동총동맹의 모든 경제계획 프로그램에 반대했다. 인민전선의 강령에 공공사업은 언급되었지만 계획경제는 언급되지 않았다.[33] 프랑스 공산당 지도자 토레즈는 이른바 신사회주의자의 계획(데아의 계획), 노동총동맹과 '반파시스트 지식인들'의 계획(벨기에의 드 만Hendrik de Man 계획으로 고무된 계획), ('파시스트 계획'이라는 꼬리표가 붙은) 『에스프리』 가톨릭교도들의 계획을 명백히 거부하고, 프랑스 통일노동총동맹CGTU이 제안한 계획만 지지했다. 그러나 통일노동총동맹의 계획은 경제계획이 아니라 공산당의 정강 정책이었다.[34]

1933년 데아를 비롯한 신사회주의자들은 인터내셔널 프랑스지부와 결별했다. 그들은 데아를 지도자로 내세운 새로운 정당인 프랑스 사회당–장조레스 연합Parti Socialiste de France-Union Jean Jaurès을 구성했다. 데아는 인민전선이 실패한 뒤(인민전선의 반파시즘은 데아의 관심을 끌지 못했다) 이전의 모즐리와 이후의 드 만처럼 파시즘에 점점 매료되었다. 파시즘이 행동과 의지를 강조하고, 합리적이고 계획된 유기적인 국가를 분명히 약속하며, 당국과 협동조합주의의 필요성을 인식하고 있었기 때문이다.[35] 1940년 데아는 프랑스로 진군하는 나치 군대를 1789년의 혁명에 비견될 만한 혁명을 이끄는 선구

자라며 환영했다.[36]

1930년대에는 좌파에서 극우파로 입장을 바꾸는 일이 심심찮게 일어났다. 이런 입장 변화를 보여준 가장 유명한 선봉장은 1차 세계대전 이전의 선도적인 사회주의자 베니토 무솔리니다. 반사회주의 논객들은 이런 입장 변화에서 현대 집산주의의 두 가지 형태이자 전체주의 정신의 두 측면이 통하는 증거를 찾는다.[37] 하지만 이들이 편의대로 간과하는 부분이 있다. 독일에는 유사한 사례가 없으며 사회민주주의나 공산주의 지도자 중 아무도 나치 대열에 합류하지 않았다는 점, 파시스트 운동의 지도자 중 압도적인 다수가 전통적인 우파에서 나왔다는 점이다.[38] 그럼에도 일부 영향력 있는 사회주의 지성인들이 전통적인 마르크스주의나 사회주의를 비판하기 시작해서 결국 파시스트가 되었다는 사실은 누군가 탐구해야 할 아직 '충분히 밝혀지지 않은 위험지역'으로 남아 있다.[39]

많은 '계획경제론자들'은 자기들이 좌파 안에서 일종의 유배를 당한 것처럼 느꼈다. 종전의 사회주의 운동에서 지지자를 찾지 못한 이들은 다른 곳에 둥지를 틀었고, 그중 일부는 '교조적인 사회주의는 인간의 필수적인 욕구를 무시한다'고 확신하며 우파로 돌아섰다. "미헬스Robert Michels부터 드 만, 에밀 레더러Emil Lederer까지… 사회민주주의에 대한 환멸이 사회학 담론을 지배했다."[40]

계획경제에 꼭 필요한 것은 강력하고 유능한 국가다. 보수주의, 우파 독재주의, 케인스와 로이드 조지의 새로운 기술 관료 자유주의, 온갖 사회주의가 모두 이 점에는 동의했다. 주요 이데올로기 중에 고전적 자유주의만이 여전히 최소 국가를 옹호했고, 이 사상은 1929년 경제 붕괴 이후에도 앵글로색슨Anglo-Saxon의 심장부를 돌아다녔다. 대량 실업이라는 공동의 문제는 여러 사상의 특이한 이종교배로 이어졌다. 프랑스의 신사회주의 계획경제론자들이 영감을 얻은 원천은 벨기에 사회주의자 드 만의 업적이다.[41] 1933년 벨기에 사회주의자들이 채택한 드 만의 노동계획(Plan du Travail, 더 적절한 플라망어 제목을 사용하자면 Plan van den Arbeid)은 자본주의를 운영하기 위한 가장 일관적인 신사회주의 10년 계획이다. 드 만의 노동계획은 민간 부문과 국영화된 부문이 결합된 혼합경제 체제를 주장했다. 국영화된 부문은 금융기관과 이전의 민간 독점기업으로 구성되며, 민간 부문은 재정과 통화의 간접적인 통제를 받는다. 그렇게 되면 국가 경제는 만인의 복지를 위해 재편될 것이다.[42] 드 만은 나치의 성공을 보면서 그가 '은행의 과두제'라고 표현한 금융자본을 고립시켜 일망타진하기 위해 노동계급이 중산층과 힘을 합해야 한다고 확신했다. 그가 보기에 자본주의는 써볼 방법을 다 써서 더 개혁될 가능성이 없었다.

드 만은 경제적 통제권과 권력이 생산수단의 소유권보다 훨씬 중요하다고 생각했다.[43] 그는 다음과 같이 말했다.

국유화의 핵심은 소유권의 이전이라기보다 권한의 이전이다. …관리의 문제가 소유의 문제보다 우선한다. 소유 제도의 변화는 관리경제에서 요구되는 권한 체계의 변화에 따라 결정된다.

드 만은 1927년 6월 21일 브뤼셀Brussel 민중회관Maison du Peuple에서 '사회주의의 위기'에 대해 연설할 때 최후의 심판 날이 임박했다는 메시아적 신앙이 폐기되어야 한다고 주장했다.

최후의 심판 날은 오지 않았다. 지금까지 쭉 그랬듯 사람들은 그날이 임박했다고 믿지 않으며, 확실히 올 것이라고 믿지도 않는다. 실질적인 행동의 동기는 그리 야심차지 않은 목적, 상당 부분 방어적이거나 사실상 보수적인 목적과 관련이 있다. 즉 사람들은 민주주의, 마르크, 프랑, 하루 여덟 시간 노동, 노동조합, 쟁취한 개혁과 기득권을 지킬 뿐이다.[44]

그의 주장에서는 베른슈타인의 흔적이 분명히 느껴지지만, 드 만은 유사성을 명백하게 부인했다. "나는 목적이 아무것도 아니라고 말하지 않았다. 오히려 목적 없는 운동은 없다고 이야기한다. 하지만 목적은 운동의 이유로 존재하고 유효하며, 운동 밖에서는 아무 현실성도 없다."[45] 드 만은 이 점에서도 다른 부분과 마찬가지로 오스트리아 사회주의 지도자 오토 바우어의 영향을 받았다(아래 참조). 이들의 생각이 통하는 지점은 자유방임주의가 조직 자본주의로 전환되면서 사회주의 운동 전체가 모든 것을 다시 생각해야 한다는 근본적인 사실이다. 사회주의 역사의 한 단계는 종말을 맞이했다.[46]

1933년 벨기에 노동당은 드 만의 계획을 채택했다. 계획은 구조적 개혁(structural reforms : 이 용어는 이탈리아 공산주의자와 사회주의자가 1950년대 후반에 다시 자주 사용했다. 10장 참조)과 결합된 실업 대책 프로그램을 마련하려는 것이었다. 계획의 목표는 종전의 '개혁이냐 혁명이냐' 하는 딜레마에서 탈출하고, 가톨릭 연합과 공동전선을 펼 수 있는 경제적 지형을 따로 다루는 것이었다.[47] 드 만은 가톨릭 세력과 형성한 공동전선이 중산층과 연합하기 위한 기초를 제공할 수 있다고 믿었다. 생산주의적이고 반反디플레이션적인 드 만 계획은 케인스, 스웨덴의 사회민주주의자, 미국의 뉴딜 정책 지지자 등이 내놓은 제안들과 유사하며, 바이마르 독일에서 거의 실패한 노동과 자본을 타협하려는 시도의 변형으로 볼 수 있다. 실제로 드 만은 1929~1933년 프랑크푸르트Frankfurt에서 강의하며 지내는 동안 WTB 계획의 영향을 받았다.[48] 그 후 드 만은 1935년 유사한 계획을 채택한 스위스 사회당과 프랑스 계획경제론자들에게 영향을 주는 입장이 되었다. 드 만의 노동계획은 영국에서도 하워드 콜이 쓴 서문과 함께 페이비언의 소책자 형태로 발간되었다.[49]

드 만의 생각은 특히 이웃 네덜란드의 사회민주노동당에 큰 영향을 미쳤다. 이들은 선거에서 패한 뒤 드 만의 노동계획에 관심을 기울였다.[50] 노동조합도 열정적으로 드 만의 계획을 지지했다. 사회민주노동당 지도부는 1935년 드 만의 계획을 채택함으로써 당이 선거에서 승리하는 데 도움이 되길 바랐다. 당시 국가적 분위기는 대담한 계획을 받아들일 준비가 된 듯했다. 심지어 반혁명당도 1934년 노동 기금Werkfonds으로 알려진 유사한 계획을 내놓았다. 그럼에도 정작 사회민주노동당이 그 계획을 시행할 기회는 없었다. 당은 선거에서 승리하지 못했다. 이른바 '새로운 중산층'의 지지를 동원하는 데 실패했기 때문이다. 이들 신흥 사회집단은 네덜란드에서도 벨기에와 마찬가지로 파시즘에 관심을 보이거나 종전의 부르주아 정당에 변함없이 충성했다.[51]

처음에 벨기에의 상황은 네덜란드보다 좋아 보였다. 벨기에 노동당은 유럽에서 강력한 사회주의 정당 가운데 하나였다. 노동당은 1930년대 위기의 심각성을 인식하고 사회주의를 재고하던 차였다.

더 구체적으로 말하면 이들은 국제주의의 수사학과 혁명적 구호를 포기하고 '국가적 사회주의le socialisme national'라고 (1933년에!) 불리던 것을 지지하여 계급정당에서 국민정당으로 변화를 모색하고 있었다. 국가적 사회주의는 사회주의 강령을 위해 얼마든지 '부르주아 국가'를 동원할 수 있다는 생각이었다. 이런 사회주의의 재고는 대부분 드 만의 개인적 투지로 이룬 결과다.[52]

처음에는 드 만 계획의 실행 가능성이 높아 보였다. 벨기에는 계획경제의 실험 장소로 이상적인 곳이었다. 작은 국가인데다 유럽 대륙에서 가장 오래된 산업국가이며, 고도로 도시화되고 산업의 집중화 현상이 뚜렷한 곳이었기 때문이다.[53] 게다가 1935년 벨기에 노동당은 제일란트Paul Van Zeeland가 이끄는 가톨릭 정당과 연립정부를 구성함으로써 네덜란드 사회민주노동당이 못 하던 일을 해냈다. 공공사업부 장관이 된 드 만은 차기 정부에서 몇 년 동안 재무부 장관을 역임했다. 그러나 드 만의 계획은 시행되지 않았다. 정부는 공공사업 프로그램이라는 반디플레이션 정책을 따랐지만, 구조적 개혁인 새로운 경제계획 프로젝트는 전면 중단했다.[54] 벨기에 정부가 계획을 시행하는 데 실패한 원인은 노동당이 정권을 잡은 뒤 사실상 드 만의 계획을 거의 지지하지 않았다는 데 있다. 노동당의 노동계급 지지자들은 즉각적이고 구체적인 혜택을 원했다. 정부는 1936년 6월 파업 이후 유급휴가와 최저임금을 확정했다. 연정 파트너인 기독교 정당과 부르주아 정당은 드 만의 계획을 채택하려는 의지가 전혀 없었다. 전통적 사회주의자인 노동당 수장 에밀 반더벨데도 열의를 보이지 않았다. 그는 드 만의 계획을 확실하게 옹호한 적이 전혀 없었고, 그보다 전통적인 사회민주주의 정책을 지지했다.[55] 1936년 선거에서 연정의 모든 정당들이 표를 잃은 반면, 극우파는 상당한 지지를 얻었다. 1937년이 되자 벨기에 노동당은 기력을 잃고 정부에서 물러나고 말았다. 반더벨데 뒤를 이어 당을 이끈 드 만은 곧 나치 독일을 향한 유화정책을 지지했다. 이후 드 만은 독일 침략군에게 항복하기로 한 레오폴드Léopold 2세의 결정을 받아들였다. 그는 나치 협력자가 되었고, 1930년대의 '수정주의자'처럼 나치 이데올로기 지지자가 되어 나치즘이 '독일식 사회주의'라고 선언했다.[56] 벨기에 법정은 드 만이 참석하지 않은 가운데 반역 혐의에 유죄판결을 내렸으며, 드 만은 망명한 스위스에서 1953년 세상을 떠났다.[57]

사회주의 원칙의 실질적인 적용으로 여겨지는 신사회주의자들의 계획경제는 전혀 시행되지 않았기에, 가능했을지도 모르지만 시험된 적이 없는 가정假定으로 남았다. 드 만을 비롯해 그가 영감을 준 많은 이들의 생각은 1930년대 서유럽 사회주의의 위기를 표현한 것이다. 언급했듯이 계획경제에 대한 관심은 1929년 경제 붕괴에서 기인했으며, 소련이 경제 위기에 아무런 영향을 받지 않았다는 사실로 더욱 증폭되었다. 자본주의는 무능해 보이는 반면 소비에트 사회주의는 (그때는 결과가 아직 분명하지 않은) 거대한 계획경제 실험에 열중하고 있었기 때문에, 수많은 지식인은 소련을 매력적인 경제모델의 보고로 여기며 그쪽으로 기울기 시작했다. 그러나 많은 진보적 지식인이 소비에트식 공산주의를 찬성한 가장 분명한 동기는 파시즘에 맞선 투쟁에서 한몫하려는 욕망이었다. 불확실한 세계에서 정치적 확실성을 어느 정도 확보하려는 명백한 욕망도 있었다. 사회의 운명을 형성하는 집단 의지에 참여한다는 생각과 그런 의지까지 이끌어낸다는 생각은 전통적인 노동운동에 뿌리를 두지 않은 지식인들에게 매력적으로 여겨질 수밖에 없었다.

살펴보았듯이 계획경제는 좌파의 특권이 아니었다. 마르크스와 엥겔스는 계획경제를 이론화하기는커녕 거의 생각조차 하지 않았다. 계획경제는 제2인터내셔널의 이데올로기에 포함되지 않았다. 소련은 혁명이 있고 10년 이상 지난 뒤에야 (많은 반대에 부딪히며) 계획경제를 도입했다. 서유럽의 사회민주주의자나 공산주의자는 사실상 계획경제를 위해 투쟁하지 않았다. 살라자르Antonio de Oliveira Salazar의 포르투갈, 돌푸스Engelbert Dolfuss의 오스트리아, 무솔리니의 이탈리아 같은 독재국가에서만 기술 관료적 협동조합주의technocratic-corporatism 형태의 계획경제가 진지하게 시도되었다. 그러므로 환멸을 느낀 계획경제론자 가운데 상당수가 독재주의 우파로 돌아선 것은 그리 놀라운 사실이 아니다.

오스트리아–마르크스주의와 오토 바우어

'오스트리아–마르크스주의'는 20세기 초부터 오스트리아 제1공화국이 패배한 1934년까지 나타난 오스트리아 사회주의 지도자들의 사상과 정치를 가리킨다. 주요 주창자로는 사회민주당 지도자(1918~1934년) 오토 바우어, 막스 애들러Max Adler, (오스트리아공화국의 초대 총리와 대통령을 역임한) 카를 레너Karl Renner, (바이마르 독일에서 사회민주당에 몸담았으며 재무부 장관까지 지낸) 루돌프 힐퍼딩 등이 있다. 여기에서는 바우어 사상의 주요 측면만 다룰 것이다.

파시즘의 원인에 대한 바우어의 권위 있는 평가는 양차 세계대전 사이에 진행된 좌파의 파시즘 관련 분석 중에서 단연코 가장 뛰어나다. 그는 대부분 '서유럽에서 혁명'의 기본적인 특성을 파악하는 데 할애했다.

오스트리아-마르크스주의는 순전히 서술적인 용어다. 그러므로 레닌주의나 카우츠키의 마르크스주의에 쉽게 대치될 수 있는 '단일한' 이론을 뜻하지 않는다. 오토 바우어가 설명했듯이 오스트리아-마르크스주의는 1918년 이후 오스트리아 사회주의의 명확한 특성, 즉 해체된 제2인터내셔널의 개혁주의와 제3인터내셔널의 혁명주의 중 어느 한쪽을 선택하지 않고 '제3의 길'을 추구했다(2장 참조). 바우어는 '제3의 길'이 오스트리아 사회주의자들의 급진적인 이미지를 강화했고, 공산주의의 급진적인 대안이 따로 발전할 수 있는 가능성을 차단했다고 생각했다. 1927년 어느 무기명 사설에서 바우어는 다음과 같이 썼다.

> 노동계급이 분열된 곳에서 한 노동자 정당은 매일의 냉철한 현실 정치를 구현하는 반면, 다른 노동자 정당은 궁극적인 목적을 달성하려는 혁명 의지를 구현한다. 냉철한 현실 정치와 혁명적 열정은 오직 분열이 없는 곳에서 하나의 정신으로 연합한다.[58]

오스트리아-마르크스주의의 정치사상에서 핵심이 되는 전략적 개념은 '느린 혁명', 즉 자본주의의 깊숙한 곳에서 점진적으로 사회주의 사회를 건설하는 것이었다. 바우어는 1919년 출간한 *Der Weg zum Sozialismus*(사회주의로 가는 길)에서 다음과 같이 썼다.

> 우리는 명확하게 구상된 목표를 향해 차근차근 나가며, 계획된 조직 활동을 통해 사회주의 사회를 점진적으로 건설해야 한다. 우리를 사회주의 사회로 이끌어줄 연속적 조치들은 각각 신중하게 고려되어야 한다. 각 조치는 재화를 보다 공평하게 분배해야 할 뿐만 아니라 생산도 향상해야 한다. 말하자면 자본주의의 생산 시스템을 파괴하면서 적어도 그만큼 효율적으로 상품을 생산할 수 있는 사회주의 조직을 확립해야 한다.[59]

바우어는 권력을 잡은 ('정치적' 혁명) 뒤에야 이런 '사회적 혁명'(바우어의 용어)이 일어날 수 있다고 주장했다. 이 주장은 사회주의와 자본주의가 엄격하게 분리되지 않으며, 자본주의 안에 '사회주의적인 요소'가 공존할 수 있다고 상정하는 것이다. 오스트리아공화국 첫해에 노동운동이 지배적이었을 때 사회법이 확대되었다. 이런저런 개혁이 "자본주의 생산양식을 근본적으로 바꿔놓았고, 미래 사회주의 조직의 핵심이 될 새로운 요소를 그 안에 도입했다."[60]

이런 상황은 사회주의 제도 발전에 다수의 지지가 가장 중요하다는 인식으로 이어졌다. 사회주의자들은 점차 분열되는 노동계급뿐만 아니라 농민과 신흥 중산층까지 아우르는 것을 목표로 하는 연합의 정치에 참여해야 했다. 바우어는 1918년에 (소비에트 모델을 따른) 프롤레타리아 혁명이 일어났다면 자멸을 초래할 내전으로 이어졌을 것이라고 판단했다.

노동자에 반대해서 산업 지역을 다스리기란 불가능했다. 농민에 반대해서 농업 지역을 다스리기도 그만큼 불가능했다. 이와 같이 국가의 경제구조는 계급 간의 세력균형을 만들었고, 이는 피비린내 나는 내전을 통해 힘으로 깰 수 있는 것이었다. 많은 프롤레타리아 집단은 이런 위험을 깨닫지 못했지만, 그 위험을 보는 것이 사회민주주의의 의무였다.[61]

내전을 피하는 일은 사회민주주의의 두 가지 과제 중 하나였다. 또 다른 과제는 "프롤레타리아를 위해 병영과 학교, 국가와 공장에서 오래도록 흔들림 없는 위치를 차지하는 일"이었다.[62] 바우어는 1926년 린츠Linz 전당대회에서도 유사한 논조를 펼쳤다. 그는 빈의 노동자들에게 빈에서 대단한 힘과 영향력을 확보한다고 오스트리아를 지배하기에 충분하다고 가정해서는 안 된다고 경고했다. "오스트리아의 산업은 대부분 농업이다. …어떤 프롤레타리아 통치도 고요한 계곡과 마을에서 강력한 지지를 받지 못하면 몇 주 이상 지속될 수 없다."[63] 그리고 "민주주의 안에서 싸움은 필연적으로 중산층을 위한 싸움이다"라고 밝혔다.[64]

이런 주장은 돌푸스가 독재 체제를 수립한 1933~1934년에 오스트리아 사회민주주의가 패배한 정황을 설명한 바우어의 분석에서 명확하게 드러난다. 사회주의자들이 패배하기 전의 상황을 고려하면 분석은 반드시 필요했다. 1931년 사회주의자들은 41퍼센트가 넘는 지지를 받는 가장 강력한 단일 정당이었다. 그들에게는 마음대로 동원할 수 있는 무장 세력(방위단Schutzbund)이 있었다. 오스트리아 사회주의자들은 1920년 이후에는 정권 내에 있지 않았음에도

1920년대 오랜 기간 동안 빈을 지배했다. 사회주의 정당은 1926년 린츠 선언을 통해 우파가 민주주의를 포기할 때만 무력을 사용하겠다는 점을 분명히 했다. 그러나 정작 때가 되었을 때 사회주의자들은 전혀 준비가 되지 않았다.[65]

바우어는 사회주의자들의 이 역사적인 패배에 설득력 있는 분석을 내놓았다. 그러나 그는 당이 위기 초반에 지나치게 온건했고 헌법을 엄격하게 고수했다거나 끝내 무장 세력에 의지했기 때문에 패배했다는 견해에는 반대를 표명했다. "노동계급의 패착은 그들을 대변하는 정당의 전술이나 어떤 전술적 실수보다 깊은 곳에 있음이 분명하다."[66] 독재 정부가 뒤이어 정권을 손쉽게 장악한 배경에는 전쟁 직후 확립된 사회적 보호 제도와 '붉은 빈'의 성과가 (경제 위기에) 중산층에게 견딜 수 없는 부담이 되었고, 중산층은 사회주의 정당을 '기성정당'으로 보았다는 사실이 있었다. "경제 위기는 하위 중산층과 농민을 프롤레타리아로 만들었다."[67] 따라서 가난에 허덕이며 적의를 품어온 이런 사회집단들이 파시즘이 성장하는 토양이 되었다.

「코리올라누스Coriolanus」(로마의 장군 코리올라누스를 주인공으로 한 셰익스피어William Shakespeare의 비극—옮긴이)가 생각나는 대목이다. "두 권력이 일어났는데, 어느 쪽도 우세하지 않으니 둘 사이에 곧 혼란이 생겨 하나씩 잡아먹히겠구나." 부르주아와 노동계급 사이에 독특한 세력균형이 형성되었다. 부르주아는 민주적인 맥락에서 프롤레타리아를 뜻대로 좌지우지할 수 없었고, 노동계급은 자본주의를 전복할 만큼 강하지 않았다.

이런 세력균형의 결과 혹은 두 계급이 모두 약해진 결과 파시즘이 승리했다. 파시즘은 노동계급을 억압함으로써 자본가들에게 도움이 되었다. 그러나 파시즘 세력은 자본가들을 위해 일하고 있음에도 그들보다 훨씬 성장했다. 자본가들은 파시즘이 자신들을 비롯한 모든 이들의 확실한 주인이 되는 것을 지켜볼 수밖에 없었다.[68]

최근의 역사가들은 대체로 바우어의 분석에 힘을 실어준다. '붉은 빈'에 대한 질 루이스Jill Lewis의 연구에 따르면, 빈 의회가 착수한 사회복지 프로그램은 균형예산에 이르기까지 자본주의 경제 용어를 고수했음에도 노동계급의 생활을 크게 개선했다. 사회복지 프로그램이 가져온 이런 변화 때문에 프티부르주아는 부르주아만큼 물질적 타격을 받지는 않았지만, 영향력 면에서 대규모 손실을 겪었다. 빈 의회는 친노동계급 성향으로 보였다. 이는 '시의 운영에서 빈의 프티부르주아가 이전에 맡은 핵심적인 역할에 완전히 반대되는' 것이었다. 그렇다고 붉은 빈에서 복지 행정이 위에서 아래로, 온정주의적으로 행사되지 않았다는 이야기는 아니다.[69] (이를 막으려는 사회주의자들의 시도에도) 노동계급의 폭력 시위가 일어난 1927년 7월 이후 중산층의 두려움은 고조되었다.[70]

바우어의 분석에 따르면, 개혁주의적 사회주의는 사회주의가 '대변'하는 계급을 둘러싼 (오늘날 사회복지라고 했을) 보호망을 만들었다. 그 결과는 이중적이었다. 개혁주의적 사회주의는 자본주의의 지속적인 재편에 객관적인 방해물을 만들었기 때문에 결과적으로 보면 반자본주의적이었다. 그러나 자본주의가 성장하고 성공해야 개혁주의자들이 인기를 얻을 수 있었으므로, 개혁주의적 사회주의는 자본주의 자체를 벗어나서 전진하는 전략을 세울 수 없었다.

반면 볼셰비키주의에는 자본주의와 공존하기 위한 전략이 없었다. 따라서 민주주의가 확립되어 자본주의와 공존하는 선진사회에서 볼셰비키주의가 제시할 수 있는 것은 거의 없었다. 바우어가 주장한 '통합' 사회주의 개념이 중요한 까닭은 전통적인 사회민주주의자들의 개혁주의와 볼셰비키주의가 사회주의로 나가기 위한 전략으로서 실패했다는 점을 인식했다는 데 있다. 이런 직관은 20세기 후반 동안 동유럽과 서유럽의 사회주의 운동이 전개됨에 따라 사실로 확인되었다.

바우어의 '통합' 사회주의는 "노동계급이 수십 년간 성공적인 계급투쟁으로 만들어낸 산물이자, 경제와 사회, 지식의 발전을 위한 비옥한 토양인 부르주아 민주주의의 역사적 · 사회적 · 문화적 중요성을 인정했다".[71] 동시에 바우어는 드 만과 마찬가지로 첫 번째 노동자 국가인 소련을 파시즘의 공격에서 지켜내는 것이 사회주의자의 의무라고 생각했다(비록 소련이 서유럽 사회주의자들이 따라야 할 모델은 아니라도 말이다). 바우어는 제2, 제3인터내셔널이 파시즘과 싸우기 위한 세력을 결집하기 바랐고, 소비에트 독재가 사회주의적 민주주의로 전환되어 서유럽 민주적 사회주의와 동유럽 사회주의 사이의 분열이 극복될 날을 기대했다.[72]

바우어의 분석에서 모든 문제를 해결할 수 있는 새로운 전략이 자동적으로 도출되지는 않는다. 그러나 분석의 핵심적인 가정은 분명히 확인할 수 있다. 사회주의 정당이 중산층의 바람은 고려하지 않은 채 노동계급을 보호하고 발전시키려는 집산주의적인 전략에 따른다면, 자본주의의 테두리를 벗어나기에 충분한 지지를 받을 수 없다는 것이다. 게다가 경제 위기에 노동계급이 중산층과 분리되면, 위기 상황이 노동계급에 불리하게 작용하기를 바라는 친자본주의 정당이 이득을 볼 것이다. 친자본주의 정당들은 그 상황을 이용해 중산층에게 노동계급을 보호하기 위한 복지 제약을 없애면 삶의 조건이 향상되리란 전망을 심어주려 할 것이다.

이처럼 사회주의 정당이 어떤 계급을 대표하느냐에 관한 문제는 2차 세계대전 이후 서유럽 사회주의가 겪은 가장 큰 어려움이었다. 그러나 공산주의 진영이나 사회민주주의 진영은 오스트리아-마르크스주의가 전략에 기여한 사실을 인정하지 않았다. 바우어는 마지막 저서 *Between Two World Wars?*(양차 세계대전 사이에서?)를 끝맺으며 오스트리아 사회주의가 운동에 기여한 바를 자랑스럽게 평가했다. "우리는 개혁주의적 사회주의에게는 붉은 빈의 위대한 성과를, 혁명적 사회주의에게는 2월 혁명의 영웅적인 행동을 물려주었다."[73] 물론 두 가지 모두 완전한 패배로 끝났고, 이제는 기억 속에서 많이 사라졌다. 오토 바우어는 1938년 사망했다. 오스트리아-마르크스주의는 소련식 공산주의와 개혁주의적 사회민주주의 사이에서 '제3의 길'이 다시 한 번 모색되던 1970년대에 잠깐 모습을 드러냈다. 이때 적극적으로 활동한 이들은 독일 사회민주당의 젊은 지식인들, 오스트리아 사회당, 이탈리아와 프랑스의 유러코뮤니즘 지지자들이다. 돌이켜보건대 이는 진정한 부흥이라기보다 한때 지나가는 유행이었다고 할 수 있다.

이탈리아 공산주의와 그람시

1920년에 이탈리아 사회당을 구성한 여러 집단을 편의상 네 진영으로 구분하면 다음과 같다. 필리포 투라티가 이끄는 개혁주의자, 지아신토 세라티Giacinto Serrati가 이끄는 '과격주의자', 아마데오 보르디가가 이끄는 공산주의자, 토리노의 주간지 『신질서』를 중심으로 한 '문화주의자' 혹은 '노동자평의회'(안토니오 그람시, 안젤로 타스카Angelo Tasca, 움베르토 테라치니Umberto Terracini, 팔미로 톨리아티)다.

앞의 세 집단에 대한 논의도 짧게나마 필요하지만, 여기에서 관심 있게 다룰 것은 네 번째 집단이다. 특히 이들이 문제가 많은 노동자평의회를 그만둔 이후에 대해서만 다룰 것이다. 첫 번째 집단인 투라티식 개혁주의자들은 세계대전과 러시아혁명에도 전략적 논조를 수정하지 않았다. 1920년에 이들은 적어도 1900년부터 주창해온 것, 즉 (조반니 졸리티로 대표되는) 현대 자본주의와 노동계급의 연합을 지지했다.[74]

하지만 그 사이에 모든 것이 변했다. 이탈리아 자본주의는 전쟁에 총력을 기울이는 과정에서 점점 굳건해졌다. 1919년 1월 가톨릭 정당인 이탈리아 인민당PPI이 창당되었다. 사회주의 정당 자체는 1918년 개혁주의자들에게 당을 넘겨받은 새로운 '과격주의' 지도자 지아신토 세라티 아래에서 강력한 세력이 되었다.[75] 1920년 이탈리아 사회당에는 당원 21만 6000명과 하원 의원 151명이 있었다. 사회당은 그 전해에 (1919년 10월 볼로냐 16차 대회에서) 코민테른에 가입하며 당의 강령에 무장 반란 전술과 프롤레타리아 독재라는 목표를 포함했다. 그러나 1919~1920년 광범위한 공장점거('붉은 2년')는 패배로 끝났다. 이탈리아 사회당과 노동조합은 자신들에게 운동을 통해서 볼셰비키처럼 혁명적 목적을 달성할 능력도, 독일 사회민주주의자나 오스트리아 사회주의자처럼 개혁주의적 목적을 달성할 능력도 없다는 것을 입증했다.

세라티와 그의 집단은 볼셰비키에 동조한다고 공언했음에도 코민테른의 회원 자격을 유지하기 위한 레닌의 21개 조건(2장 참조)을 받아들이지 않았다. 특히 그들은 투라티의 개혁주의 진영을 축출하는 데 반대했고, 공산당이라는 이름을 쓰는 것을 거부했다. 따라서 그들은 사회당의 리보르노Livorno 당대회(1921년 1월)에서 코민테른의 입장을 대변하는 '공산주의' 좌파의 발의를 거부했다. 세라티의 입장은 이해할 만하다. 투라티와 개혁주의자들은 1915년 이탈리아가 참전했을 때 독일과 프랑스의 개혁주의자들과 달리 민족주의와 '맹목적 애국주의에 굴복하지' 않았고, 유럽에서 거의 유일하게 전쟁에 반대했다. 물론 레닌은 고도로 훈련된 볼셰비키식 정당을 건설하기 위해 정치적·조직적 측면에서 반드시 개혁주의자들을 축출해야 했다. 그렇지만 레닌의 요구 조건은 세라티 진영이 투라티나 그의 지지자들과 연합하는 것을 막지 못했다.[76]

그람시가 이끄는 『신질서』 그룹을 포함해서 보르디가와 친레닌적 발의를 지지하던 사람들은 리보르노에서 당대회가 열리던 회의장을 떠나 준비해둔 장소로 가서 이탈리아 공산당PCdI을 결성했다. 이탈리아 공산당의 탄생은 다른 모든 유럽 공산주의 정당과 마찬가지로 전후 노동계급이 일으킨 소요의 물결을 기회로 활용하기에는 늦은 감이 있었다. 공산당이 분리되어 나온 시기와 그 이후 사

건들이 발생한 시점을 보면 이탈리아 사회주의 운동의 혼란 양상
이 드러난다. 세라티는 1년 뒤 로마 당대회(1922년 10월)에서 투라티
와 다른 개혁주의자들을 축출함으로써 1921년에 못 한 일을 했다.
이제 세라티는 공산당에 합류할 용의가 있었다. 그러나 아직 공산
당의 주축에 있던, 종파적 성격이 강한 보르디가 지도부의 반대에
부딪혔다. 결국 1924년 코민테른이 개입해서 보르디가를 제거해준
덕분에 그람시 집단이 새로운 지도부를 장악할 수 있었고, 세라티
진영이 공산당에 합류했다. 이런 일들이 일어나는 동안, 무솔리니
가 총리가 되었다(1922년 10월). 무솔리니는 선거법을 개정하고(1923
년), 이후의 선거를 조작했으며(1924년 4월), 1925년 1월에는 1924년
6월 일어난 개혁주의적 사회주의자 마테오티Giacomo Matteotti의 암살
에 책임이 있음을 인정했다. 그는 1926년 모든 정당 활동을 금지했
고, 특별조사위원회를 설치해 이탈리아에서 아직 활동하는 공산주
의와 반파시스트 지도자를 대부분 감옥에 보내거나 경찰의 감시 아
래 감금했다.

세라티의 과격주의도 투라티의 개혁주의와 마찬가지로 전쟁 이
전의 전통적인 이탈리아 사회주의에 단단히 닻을 내리고 있었다.
이들은 프롤레타리아의 폭력적인 분노 때문에 결국 혁명이 일어날
것이라고 확신했다. 당은 그런 혁명적 상황에 개입해서 상황을 사
회주의에 유리한 방향으로 끌고 가서 "혁명을 만들어낸다"고 봤다.
그러므로 혁명을 지휘하는 일은 '대중'이 운동에 참여한 뒤에 가능
하다.[77] 혁명의 실행에 대한 이런 개념은 레닌의 주의주의보다 카우
츠키의 '관망적' 태도에 많은 영향을 받았다. 이는 대중의 자발적인
운동이 혁명의 필요조건이나 충분조건이라고 생각하지 않던 오스

트리아-마르크스주의의 입장과 달랐다. 그러므로 겉보기에는 비슷하더라도, 이탈리아에서 코민테른 지지자들과 제2인터내셔널 지지자들을 전략적으로 중재하려 한 세라티의 시도를 오스트리아 사회주의자들의 시도와 혼동해서는 안 된다.

보르디가 세대의 공산주의자들은 전후 사회적 동요의 물결이 볼셰비키 모델을 나머지 유럽에 일반적으로 적용할 가능성을 보여줬다고 생각했다. 당시 혁명이 일어나지 않은 것은 개혁주의자 지도층의 배신과 진정한 혁명적 정당의 부재 때문이라고 여겼다. 이런 분석이 나오자 더 생각하고 말고 할 게 없었다. 이제 필요한 것은 엄격한 규율과 시위, 프로파간다, 타협 거부, 교조적 순수성뿐이었다. 결국 새로운 위기가 발생할 것이고, 올바른 노선에 고취된 비타협적인 지도부가 이끄는 당이 진정한 선봉으로서 임무를 완수할 것이다. 그러나 보르디가주의도 세라티나 카우츠키와 그리 다르지 않은 관망적인 태도에 귀착했다.

보르디가주의의 이론적 선조는 프랑스의 블랑키라고 할 수 있다. 블랑키식 엘리트 선봉주의élitist vanguardism는 이탈리아 리소르지멘토(Risorgimento : 19세기 중엽의 국가 통일 운동과 독립운동―옮긴이)의 일반적인 경향이었다. 이와 같은 경향은 그람시가 잘못된 반란 전략으로 든 실패 사례, 즉 1857년 피사카네 원정대(나폴리왕국에서 봉기를 일으키기 위해 피사카네Carlo Pisacane가 조직한 소수 원정대―옮긴이)의 경우를 봐도 알 수 있다.[78] 레닌주의에는 블랑키주의적인 요소가 짙었지만 다른 면도 많았다.

레닌은 1920년 극좌파에 맞서 유명한 전투를 벌였지만, 보르디가에 대해서는 반의회주의를 혹평했을 뿐이다.[79] 보르디가는 '부르주아적 적법성'에 대한 혐오를 누그러뜨리며 1921년 코민테른이 추구한 연합 전선 정책을 따랐으나, 나중에는 이에 반대했다.[80]

당원들이 대부분 내심 아직 보르디가주의자였음에도 1924년 6월 보르디가가 물러난 데는 코민테른의 개입이 결정적 역할을 했다. 당시 이탈리아 공산당은 박해받는 분파에 지나지 않았고, 저항운동이 일어날 때까지 그 상태에 머물렀다. 당의 새로운 지도자 안토니오 그람시는 1926년에 투옥되고 1937년 사망했으며, 그람시에 이어 지도자가 된 톨리아티는 1944년까지 망명 생활을 했다.

1924~1926년 그람시는 보다 직접적인 정치적 형태에 관해 기초적인 연구를 시작했으며, 이후 투옥되었을 때 본격적인 연구에 착수했다. 그가 '수동적 혁명' 측면에서 파시즘을 분석하고, 특정한 '역사적 블록historic bloc' 형성의 측면에서 이탈리아 통일 과정을 재검토한 연구의 출발점을 바로 여기에서 찾을 수 있다.[81] 그람시는 1926년 톨리아티와 함께 초안을 작성한 이탈리아 공산당 강령 「리옹 테제Lyon These」에 이런 분석 결과 중 일부를 집어넣었다.[82]

「리옹 테제」 중 역사와 이론을 다룬 부분에서 그람시와 톨리아티는 공산주의 운동에서 흔치 않은 표현과 예리한 분석을 사용했다. 그러나 이들이 보다 직접적으로 정치를 다룬 부분은 코민테른의 주류 사상과 그리 다르지 않았다. 이 부분에서 그람시와 톨리아티는 파시즘에 대한 만성적인 과소평가("오늘날 당은 혁명을 정치적으로 준비하는 단계에 있다")[83]와 공산주의 정당을 볼셰비키화할 필요성에 대한 변함없는 믿음,[84] '부르주아 좌파'—이 용어는 이후 코민테른의 '제3시기'에 줄곧 사용되었다—라는 꼬리표가 붙은 사회민주주의에 강한 종파주의적 태도[85]를 보였다. 그들은 연합 전선의 정책을 서술하고, 전술과 수단 측면에서 중간 단계적 요구들을 제시했다. 이런 요구들은 반파시즘 세력이 광범위하게 발전할 수 있는 진정한 과도기적 목표였다기보다 프롤레타리아가 벌이는 내전을 준비하는 성격이 짙었다.[86]

그람시가 체포된 후 파시스트 독재가 강화되자, 톨리아티는 새로운 과도기적 목표인 '농민과 노동자 위원회를 기초로 한 공화국 의회'를 발표했다. 그 무렵 스탈린이 전적으로 장악한 코민테른은 부하린Nikolay Ivanovich Bukharin에게서 완전히 등을 돌린 상태였고, 자본주의 붕괴가 임박했다고 판단해서 사회주의 반란을 촉구하는 것 외에 다른 구호들을 못 미더워했다. 톨리아티는 (그람시가 특히 농업 문제에서 그랬던 것처럼)[87] 위험할 정도로 부하린과 가까웠으나, 코민테른에 굴복하며 1929년 7월 코민테른 집행위원회 10차 총회에서 다음과 같이 선언했다.

> 코민테른이 이것[공화국 의회라는 과도기적 구호]을 옳지 않다고 한다면, 우리는 이 문제를 제기하지 않을 것이다. 우리는 이 사안에 대해 생각하되, 이것과 관련된 발언은 하지 않을 것이다. 우리는 오로지 반파시즘 혁명과 프롤레타리아 혁명이 하나이며 같다는 것을 말할 것이다.[88]

톨리아티는 계속 '이 사안에 대해 생각은' 했지만, 인민전선의 호의적인 분위기에 힘입어 그가 스페인 내전을 '새로운 민주주의 공화국'을 위한 투쟁, 즉 부르주아 국가와 사회주의 공화국 사이에 존재하는 과도기적 국가를 위한 투쟁으로 기술할 수 있을 때까지 그

생각을 입 밖에 내지 않았다.[89]

톨리아티는 자기 뜻을 굽히며 굴복하거나 이탈리아 공산당 지도자 자리에서 물러나야 했다. 공산당이 보다 순응적이고 덜 기민한 사람을 원했기 때문이다. 그는 굴복을 택하면서 뒷날을 기약하기로 했다. 반면 그람시는 자기 생각을 표현했고 결국 투옥되었다. 그는 스탈린이 있는 러시아에서 썼다면 처벌받았을 글을 무솔리니의 감옥에서 들키지 않고 썼다.

복잡한 그람시의 사상을 고작 몇 페이지에 제대로 다룰 수는 없다. 그람시는 양차 세계대전 사이의 정치 분야에서 가장 정교한 마르크스주의 이론가다. 더구나 그람시가 옥중에서 집필한 특수 상황—검열의 두려움, 자신의 글이 읽히기는 할지 불확실한 가운데 쓴다는 사실, 건강 악화—때문에 여기저기 흩어져 있어 그의 글들은 더욱 해석하기 어렵다. 특히 용어 사용에 일관성을 유지한 것이 아니기에 해석이 만만치 않다. 여기에서는 그람시의 사상 가운데 핵심적인 한 부분을 집중적으로 다룰 것이다. 즉 그람시가 동시대의 오토 바우어와 마찬가지로, 부르주아 유럽이 '재구성된' 1918년 이후 노동운동이 겪은 패배를 다룬 이론가라는 점에 집중한다.

그람시의 출발점은 이렇게 요약할 수 있다. 1917년 10월 볼셰비키는 국가를 직접 공격함으로써 혁명에 성공했지만, 이는 서유럽 활동가들이 택할 수 있는 방법이 아니었다. 레닌은 1918년 3월 이와 관련된 언급을 했다. "세계적인 사회주의 혁명은 러시아(니콜라이Nikolai와 라스푸틴Rasputin의 나라)에서 혁명이 시작된 것만큼 쉽게 선진 국가에서 시작될 수 없다."[90] 그람시는 강력한 시민사회가 서유럽 국가를 감싸서 보호한다고 생각했다. 이런 시민사회는 "적어도 최고로 발전된 국가에서 복잡한 구조를 형성했고, 당면한 경제적 위험의 대재앙적인 '급습'(경제 위기, 대공황 등)을 잘 견뎌내는 공동체가 되었다".[91]

동유럽권(즉 러시아)에서 국가는 곧 전부이며, 시민사회는 원시적이고 젤리처럼 물렁한 구성체였다. 서유럽권에서는 국가와 시민사회 사이에 적절한 관계가 존재했으며, 국가가 흔들리면 시민사회의 견고한 구조가 즉시 드러났다. 국가는 외부의 참호일 뿐이고, 그 너머로 요새와 보루 같은 강력한 체제가 버티고 있다. 어느 국가든 그런 요새와 보루가 많은 것은 당연하다. 그러므로 국가마다 용의주도한 정찰이 반드시 필요하다.[92]

러시아 시민사회를 "원시적이고 젤리 같다"고 한 그람시의 말이 틀렸다는 점은 그리 중요하지 않다. 그가 좁은 의미에서 국가('외부의 참호')와 복잡한 체제를 구분했다는 점이 중요하다. 복잡한 체제는 관습과 전통이 축적되며, 엘리트 그룹('지도자들')과 분열된 사람들의 무리('따르는 자들') 사이에서 여러 층위의 관계가 뒤얽힌 결과 만들어진 것이다. 권력은 일원화된 통제실에 있지 않다. 즉 통제실을 급습한다고 해서 권력을 행사하는 데 필요한 모든 메커니즘을 한꺼번에 차지할 수 있는 것이 아니다. 정치적 권력은 단편적이고 분리된 속성과 다양성에 의존한다. 공식적으로 명령을 내리는 이들이 실질적인 권력을 행사한다지만, 그들도 여러 가지 제약에 시달리게 마련이다. 이전의 권력자가 제거되었다고 해서 그 제약들이 한순간에 사라지진 않는다.

시민사회 전역에서 모든 이들은 각자의 역할과 기능을 맡고 있다. 핵심적인 역할과 기능은 진정한 중재자 집단(오해의 소지가 다분하지만, 그람시는 이들을 '지식인'이라고 불렀다)이 맡는다. 이들의 과제는 일, 문화, 종교, 여가를 조직하는 것이다. 이 집단을 사상적으로 붙잡는 일이 권력 장악의 핵심이다. 이들이 없이는 아무리 복잡한 사회체제도 구축되거나 살아남을 수 없다. 이들 집단에는 교육자, 언론인, 성직자, 커뮤니케이터, 예술가, 광고인, 대중문화 유포자, 기술 간부 등이 포함된다. 이들은 종전 질서가 받아들인 지배적인 사회 통념을 해석·수정·조정한다. 그리고 그 통념을 지속적으로 바꿔서 모든 사람들이 그것을 이해하고 내면화하고 받아들이게 한다. 이런 과정을 거치면 역사적 맥락에서 결정된 것, 다시 말해 일시적인 것이 마치 정의롭고 자연스러우며 영원한 것처럼 보인다. 이 지적인 '관리들'은 무엇이 정상이고 무엇이 '일탈'인지 정의한다. 그들은 생산과 노동, 매일의 삶, '상식'이라고 간주되는 생각을 포함해 모든 영역에서 받아들일 수 있는 것과 받아들일 수 없는 것을 구분한다. 그람시적인 의미에서 보면 모든 사람들이 적어도 어느 때는 '교육자' 혹은 '조직자'이듯이, 모든 사람들이 어느 때는 '지식인'이다. 다시 말해 사회화는 모든 인간의 과업인 셈이다.

이것이 사실이라면 ('정치'의 개념을 매일의 삶으로 확장한 대가로) 완전히 새로운 사회질서를 확립하려는 이들은 전통적인 의미의 '정치' 안에 머무를 수 없다. 즉 (좁은 의미의) 국가라는 성채를 급습하는 데 필요한 정치적 전략과 전술을 결정하는 것으로는 부족하다. 이들의 과제는 훨씬 만만찮다. 새로운 합의가 확립되어야 한다. 그러나 합의는 정적인 상태가 아니라 다양한 개념이 경쟁하는 전장이다.

패권을 쥐려면 이 전장을 지배하는 세력이 되어야 한다.

그람시는 (혁명가들의 패배로 끝난) 1848년 혁명이나 1917년 10월 혁명 같은 (좁은 의미에서) 국가에 대한 급습을 '기동전war of movement or manoeuvre'이라고 불렀다. 그는 룩셈부르크가 1906년에 쓴 *The General Strike*(총파업)가 "정치학에서 기동전을 이론화한 의미 있는 문서 가운데 하나"라고 생각했다.[93] 그러나 찬사는 딱 여기까지다. 이어서 그람시는 혁명적인 대중 파업에 대한 룩셈부르크의 전략을 견고한 경제결정론의 한 형태라고 비난했다. 룩셈부르크에 따르면 경제 위기는 적들을 '순식간에' 혼란에 빠뜨릴 상황(파업)을 유발하고, 적들이 미래에 대한 믿음을 잃게 한다. 또 사람들이 자신만의 군대를 조직하고, 필요한 핵심 그룹을 창설하며, 달성해야 하는 공동의 목표에 이데올로기를 집중할 수 있게 한다. 그람시는 이런 주장을 "철저히 역사적인 신비주의며, 일종의 기적적인 광명을 기다리는 것"이라고 평했다.

여기에서 그람시가 룩셈부르크의 책을 공정한 시각으로 비판했는지는 중요하지 않다. 그람시가 권력을 잡기 위한 전략으로서 기동전을 명백하게 거부했다는 점이 중요하다. 기동전은 유사시에 사용하는 전술이며, 어떤 경우에도 '결정적이지 않은 위치'를 차지하게 해줄 뿐이다.[94] 권력을 향한 왕도에는 다른 전략, 즉 진지전war of position이 필요하다. 여기에는 "무수한 대중의 엄청난 희생이 필요하다". (즉 이는 장기적인 대규모 사건이다.) "어느 때보다 헤게모니를 집중할 필요가 있다. …정치에서 '진지전'의 승리는 결정적인 것이기 때문이다."[95]

그람시가 또 다른 노트에서 지적한 바에 따르면 "사회집단은 정권을 잡기 전에 지도력을 발휘해야 한다(이것은 실제로 정권을 장악할 수 있는 중요한 조건 중 하나다). 사회집단은 그 후에 권력을 행사하면서 지배력을 갖게 된다. 하지만 권력을 꽉 붙잡고 있을 때도 반드시 지도력은 유지해야 한다".[96] 이것은 연대기적 처방으로 해석될 수 있다. 우선 국가기구를 장악하기에 충분한 헤게모니가 필요하다. 그리고 실제적인 장악과 헤게모니 강화가 차례로 진행된다. 그러나 그람시는 다른 곳에서 "사실은 처음부터 적에 비해 압도적으로 우월하지 않으면 원하는 형태의 전쟁을 선택할 수 없다"고 말했다.[97] 실제로 국가권력을 잡는 '순간'은 혁명 과정의 한 순간일 뿐이다. 역설적으로 말해 잘못된 순간에 권력을 잡으면 장기적인 패배로 곤두박질칠 수도 있다. 정치(즉 진지전)에서 '포위는 상호적'이므로 결국 적을 정확하게 이해하는 것이 가장 중요하다.[98] 적들도 '수동적 혁명'을 통해 진지전을 펼친다. 즉 헤게모니를 재편해 자신들의 권력 체제를 점진적으로 수정한다. 헤게모니는 "세력들의 종전 구조를 사실상 점차 수정하고, 그런 과정을 통해 새로운 변화의 기반이 되는 분자 단위의 변화로" 재편된다.[99]

그러므로 그람시의 견해에 따르면 이탈리아의 리소르지멘토에서 온건주의자들(즉 피에몬테Piemonte의 카보우르Camillo Cavour)이 승리한 원인은 카보우르가 진지전의 원칙을 채택했고, 자신의 역할은 물론 상대인 마치니Giuseppe Mazzini의 역할도 제대로 이해했다는 데 있다. 반면 마치니는 "자신의 역할이나 카보우르의 역할을 정확히 인식하지 못한 듯 보였다".[100] 카보우르는 전략을 수정하고 국제적인 지지를 결집해 마치니 진영의 사람들을 흡수할 수 있었다. 카보우르는 국가적 지형은 물론 (이탈리아의 통일이 유럽 무력 정치의 상호 작용으로 가능했다는 점만 보면) 국제적인 세력 관계도 잘 이해했으며, 1848년 이후 유럽에서 기동전은 패배로 이어질 뿐이라는 사실 역시 이해했다는 점에서 마치니보다 우위에 있었다.

이런 분석을 위해서는 우선 그람시의 정치적 담론에 있는 군사적 은유를 제대로 이해해야 한다. 그람시의 담론은 뛰어난 전략가의 손에 모든 것이 달렸다고 주장하는 듯 보인다. 전략가는 명확한 역사적 제약에도 자기 의지대로 사태를 끌고 갈 수 있으며, 일종의 '운명을 지배하는 사람'으로 여겨질 수 있다. 그람시가 '운명을 지배하는 사람'(무솔리니)의 개입이라는 측면에서 파시즘을 분석한 것은 사실이다. 그렇지만 그는 무솔리니를 특정한 힘의 평형 상태가 가져온 결과로 봤다. 이런 평형 상태는 시스템을 '뚫을' 수 있는 해결책이 필요했다(이탈리아에서 이런 힘의 평형 상태는 정치적 위기의 형태로 나타난 의회의 교착 상태였고, '의회 밖'에서 해결책이 필요했다).[101]

이탈리아에서 파시즘은 전후 위기의 결과로 나타난 '수동적 혁명'의 한 형태였다. 무솔리니의 성공은 이탈리아의 지배층이 약하다는 증거였다. 하지만 자본주의 세계 전체가 '수동적 혁명' 과정을 겪고 있었다. '종전의 경제적 개인주의'인 자유방임 경제에서 '계획 경제'인 관리 자본주의로 가기 위해 권력이 재편되고 있었다.[102]

그람시는 자신이 주로 다루던 범주를 끌어와 미국 자본주의 발전에 대해 분석했다(「포드주의와 아메리카니즘Fordism and Americanism」). 그람시에 따르면, 미국이 유리한 경제적 위치에 오른 것은 봉건적인 과거의 부재와 그에 따른 보다 '합리적인 인구통계학적 구성' 덕분이다. 미국은 생산 활동에서 중요한 기능을 하지 않는 여러 계급 —귀족과 지주 그리고 그들 주위에 들러붙은 무수한 이들로 구성된 철저한 기생계급―이 없다는 점에서 유리했다. 바꿔 말하면 유럽의 '전통'과 유럽의 '문명'은 지난 역사의 '풍요로움'과 '복잡성'을 바탕으로 형성된 이런 계급의 존재를 특징으로 삼았다.[103] '짊어져야 할 무거운 부담'이 없었기에 미국의 '헤게모니'는 "공장에서 탄생했으며, 헤게모니를 행사하기 위해서는 소수의 전문적인 정치적·사상적 중개인만 필요했다".[104] 포드주의적 생산의 특성인 높은 임금은 노동자의 추종을 얻어낸 '이데올로기적' 수단이었다.[105] 아마 다음 구절에서 그람시 헤게모니 개념의 실체성을 느낄 수 있을 것이다. "헤게모니는 단순한 프로파간다 문제도 아니고, 전 세계를 대상으로 '올바른' 생각을 주입하는 끈질긴 세뇌도 아닌 그 이상의 것이다. 헤게모니는 '잘 연계되고 숙련된 노동력'의 발전은 물론 바람직한 생활수준 같은 존재의 조건을 포함하는 개념이다."

　정당의 개념에서 그람시는 별로 혁신적인 입장이 아니었다. 그는 헤게모니의 개념을 이데올로기 전쟁이라는 레닌의 생각 이상으로 확장하면서, 정당 같은 조직이 수행하기 적합하지 않은 과제를 부여했다. 레닌주의에서 당은 혁명의 선봉에 있어야 했다. (카우츠키식) 사회민주주의 정당은 자본주의가 위기를 맞는 순간을 기다려야 했다. 그러나 그람시의 정당에는 훨씬 만만찮은 과제가 주어졌다. 그것은 확대된 의미의 새로운 국가를 건설하는 일이었다. 민주주의가 확립된 전후 이탈리아의 한층 좋아진 조건에서 레닌주의 정당이나 노동자 정당인 독일 사회민주당보다 조직적이고 사상적인 면에서 잘 정비된 새로운 대중정당을 구성하는 시도는 그람시의 후계자인 톨리아티의 몫이 되었다. 그람시는 (마키아벨리의 표현을 빌리면) '새로운 왕자'인 이런 정당에 부여된 과제를 설명했다. 그러나 정당이 어떻게 그 과제를 완수해야 하는지는 말하지 않았다. 물론 그의 글에는 '정당'이라는 단어가 막연하게 사용된 구절도 있다(예를 들면 신문도 '정당'이 될 수 있다).[106] 그러나 당을 그렇게 해석하면 지나치게 일반적인 개념이 되어 거의 무의미해지거나 엉뚱한 의미로 바뀌고 만다. 혁명의 과업은 하나 혹은 몇몇 정당에 귀속될 수 없고, 다양한 지형과 투쟁의 손에 맡겨진다. 레닌주의의 정당 개념을 전복하는 이런 해석은 충분히 나올 수 있는 내용이지만, 이런 해석은 역사 속의 그람시에게 해당되지 않는 이야기다.

(이렇게 분산된 사상에서 '핵심'을 이야기할 수 있다면) 역사 속 그람시의 핵심적인 가치는 그가 오토 바우어와 유사하게 '개혁이냐 혁명이냐' 하는 딜레마에서 벗어나는 유일한 방법을 통해, 즉 딜레마를 넘어섬으로써 그것을 폐기하는 방법을 제시했다는 점이다. 혁명이라는 개념은 국가권력을 장악하는 행위를 지칭할 수도 있고, 한 사회에서 다른 사회로 전환되는 전체 과정을 지칭할 수도 있다. 전자의 경우, 혁명은 개혁이 대부분을 차지하는 보다 긴 과정의 한 순간일 뿐이다. 후자의 경우, 즉 '과정으로서 혁명' 혹은 새로운 헤게모니의 수립에서는 권력을 장악하는 결정적인 행위가 없다. 이것이 진지전이다. 그러므로 전통적인 의미의 혁명은 이전에 배제된 가능성을 다시 열 수 있을지는 모르지만, 그 자체의 힘만으로 아무 일도 해결할 수 없다. 핵심 과제는 남아 있다. 말하자면 지배적인 사회관계가 지금까지와 다른 새로운 사회를 만드는 일이다.

1930년대 말 서유럽의 좌파는 그때껏 그래 왔듯이 이런 목표와 멀리 떨어져 있었다. 독일과 오스트리아, 이탈리아의 좌파는 지하에서 활동하며 박해를 받았다. 스페인 좌파는 패배 후 섬멸되었고,

영국 좌파는 정권 중심부에서 쫓겨났으며, 프랑스 좌파 역시 주류에서 밀려났다. 북유럽 주변 스칸디나비아의 일부 국가에서 좌파가 정권을 쥐고 있었을 뿐이다. 독재나 독재에 가까운 우파 정부가 거의 모든 곳을 지배했다.[107] 불가리아에서는 1923년 일어난 군사 반란 덕분에 1934년 보리스Boris 왕의 독재 군주국이 수립되는 길이 열렸다. 알바니아에서는 아흐메트 조그Ahmed Zogu가 1924년 독재 정권을 수립하고, 1928년 스스로 왕위에 올랐다. 폴란드에서는 1926년 볼셰비키에 맞선 전쟁 영웅 요제프 피우수츠키Josef Pilsudski 장군이 정권을 잡았다. 리투아니아에서는 안타나스 스메토나Antanas Smetona가 1926년 이후 독재 정권을 수립했으며, 이는 1932년 일당 체제 확립으로 이어졌다. 유고슬라비아에서는 알렉산더Alexander 왕이 1929년 독재 정권을 수립했다. 루마니아에서는 1938년 왕실 쿠데타로 카롤Carol 2세가 모든 권력을 장악했다. 에스토니아에서는 1934년 콘스탄틴 패츠Konstantin Päts가 독재 정권을 수립했다. 같은 해 라트비아에서는 카를리스 울마니스Karlis Ulmanis가 쿠데타를 일으켰다. 1944년까지 양차 세계대전 사이에 헝가리는 미클로스 호르티 Miklos Horthy 장군의 (시대적 기준에서 볼 때) 상대적으로 유순한 독재 정부 아래 있었다. 그리스에서는 이오니아스 메타크사스Joannis Metaxas 장군이 1936년 이후 사실상 독재자가 되었다. 핀란드에서는 1930년 준파시스트 라푸아 운동의 압력을 받은 정부가 공산주의와 좌파 사회주의 국회의원을 모두 체포했고, 공산주의자들의 합법적인 활동을 불가능하게 만드는 반공산주의 법안을 선포했다.[108]

소련에서 사회주의 건설은 영웅적인 행동과 끔찍한 범죄가 동시다발적으로 행해지는 가운데 가파른 속도로 진행되었다. 그러나 대다수 서유럽 좌파는 머지않아 소련식 사회주의를 완전히 거부했다.

전쟁이 다가오면서 유럽은 재구성되었다. 유럽은 분리되었고 좌파의 분열은 악화되었다. 서유럽 좌파(공산주의자와 사회민주주의자)는 대부분 민주주의의 기운이 사회에 널리 퍼진 상황에서 반란을 포기하고 개혁주의의 길에 전념했다. 이런 개혁이 얼마나 '혁명적' 혹은 급진적이었는지는 토론과 분석이 필요한 문제로 남았다. 그래도 한 가지는 분명하다. 10월 혁명(역사적으로 더 멀게는 1848년 혁명이나 파리코뮌) 같은 혁명은 다시 일어나기 힘든 것으로 여겨졌다는 사실이다.

4장

전쟁, 저항운동과 그 후 :
1939~1948년 서유럽 공산주의의 성쇠

1차 세계대전으로 인해 1917년에는 최초의 공산주의 국가가, 1919년에는 국제적인 공산주의 인터내셔널이 생겨났다. 양차 세계대전 사이에는 몽골인민공화국을 제외하고 새로운 공산주의 정권이 등장하지 않았다. 유럽 공산주의는 2차 세계대전을 계기로 중요한 정치 세력으로 자리매김할 수 있는 두 번째 기회를 맞았다. 동유럽에서는 전쟁의 여파로 소련식 모델이 확산되었으며, 서유럽에서는 1945~1946년 공산주의의 영향력과 세력이 정점에 달했다. 사태가 진정되자 유럽은 사실상 분리되었고, 그와 함께 사회주의도 분리되었다. 동유럽과 일부 중유럽에는 독재적인 사회주의 사회가 생겨나서 서유럽 노동운동 진영의 대다수 사회민주주의자들에게 격렬한 비난을 받았다. 이들 독재적인 사회주의 사회는 소비에트의 지배가 막을 내린 뒤 사회주의 국가들이 내부의 반대를 못 이기고 붕괴된 1989~1990년까지 지속되었다. 1991년 소련이 붕괴되자, 40년 이상 지속된 독재적 좌파의 지배가 남긴 잿더미에서 (적어도 가까운 미래에는) 새로운 사회주의의 불사조가 나타나지 않으리란 사실이 분명해졌다.

서유럽에서는 1970년대 말까지 프랑스와 1990~1991년 이탈리아 공산당이 비공산주의 정당으로 '재편성'하기로 결정하기까지 이탈리아를 제외하면, 민주주의 유럽의 좌파를 대표해 가장 큰 목소리를 낸 세력은 제2인터내셔널을 계승한 사회주의 혹은 사회민주주의 정당이었다. 따라서 서유럽의 상황만 다루는 이 책에서는 당연히 양차 세계대전 사이보다 1945년 이후에 훨씬 강력한 우위를 점한 사회민주주의 전통을 주로 다룰 생각이다.

왜 사회민주주의가 우세했는가? 근본적인 원인은 전쟁이 끝나고 정상 상태로 회복되었을 때 급격히 전개되는 냉전에 힘입어 사회주의 정당들이 이전의 유력한 위치를 되찾았기 때문이다. 사회주의자들이 전쟁 중에 영광의 나날을 보냈다고 할 수는 없지만, 이들의 위상이 심각하게 손상되지도 않았다. 나치나 그 협력자들이 통치한 국가에서 사회주의자들은 전쟁의 선봉에 서지 않았다. 이들의 위상이 변함없었다는 사실이 놀랄 일은 아니다. 2차 세계대전이 인류 역사상 가장 파괴적인 국제 전쟁이지만, 유럽의 국가 체제에는 최소한의 변화를 가져왔다. 예컨대 발트삼국(라트비아, 리투아니아, 에스토니아)은 소련에 합병되었고 폴란드의 국경은 서쪽으로 옮겨졌으며 독일은 분단되었으나, 이는 나폴레옹Napoléon전쟁이나 1차 세계대전 이후에 일어난 광범위한 재편성에 비하면 아주 작은 변화였다.

전쟁은 자본주의를 자유롭게 작동하도록 두면 '좋은 사회'가 될 수 있다는 손상된 믿음을 산산조각 냈다. 전쟁은 친자본주의 정당에도 피해를 주었다. 친자본주의 정당들은 전쟁이 끝나고 처음 치러진 선거에서 모두 후퇴했다. 친자본주의 보수주의자들은 좋은 결과를 얻기 위해 이탈리아나 독일처럼 인민주의에 강하게 물들었고 사회 개혁에 전념한 기독교 민주주의 정당 안에서 새롭게 모여 재기를 도모해야 했다. 전적戰績이 훌륭한 보수주의자들도 이런 비非파시스트 우파의 실패를 피해 가지 못했다. 이를테면 처칠Winston Churchill의 보수당도 1945년에 충격적이고 굴욕적인 패배를 경험했다. 전후 유럽 재건의 문제는 사회적 평등과 부의 재분배를 목표로 하는 국가적 개입을 타당하게 만들었고, 정당들은 그런 일에 전념해야 했다. 좀더 국가 통제주의적인 정치 형태가 새로운 의제로 떠올랐다. 그러니까 (적어도 전쟁 직후에는) 의제가 좌파 쪽으로 이동한 것이다. 전쟁으로 부서지고 1930년대 대공황의 기억에 시달리는 유럽 대륙에 변하지 않은 보수주의를 위한 자리는 없었다.

유럽이 재건되던 전후기에 사회민주주의가 한 역할은 다음 장에서 다룰 것이다. 이 장에서는 전쟁이 일반적으로 좌파에게 어떤 의미였는지 검토하고, 서유럽 주요 공산주의 정당의 변천을 1948년까지 추적할 것이다.

2차 세계대전의 시작은 1차 세계대전의 발발과 마찬가지로 유럽 좌파를 산산조각 내고, 사회주의자와 공산주의자를 1920년대만큼 심각하게 갈라놓았다. 이런 분열의 직접적인 원인은 소련과 독일이 1939년 8월 23일 체결한 불가침조약이다. 조약은 사전에 협의되거나 통보된 바 없었기 때문에 전 세계 모든 공산주의 정당을 놀라게 했다. 공산주의 정책의 두 기둥인 최초의 사회주의 국가 수호와 반파시즘이 양립할 수 없는 상황이 되었다. 처음에는 이 같은 모순

이 확연히 드러나지 않았다. 영국과 프랑스의 유화정책을 나치의
동진東進을 조장하는 전략으로 여긴 소련이 불가피한 대응이었다며
—완전히 틀린 얘기는 아니다—독소불가침조약을 합리화했기 때
문이다.[1] 이 시기에 나치 독일을 주적主敵으로 비난하지 않는 공산주
의 정당은 없었다.[2] 예컨대 네덜란드 공산당은 영국과 프랑스가 전
쟁을 선포한 다음 날(9월 4일) "야만적인 독일 파시즘이 유럽에 탐
욕스러운 전쟁을 일으켰다"고 선언했다.[3] 프랑스 공산주의자들은
전시공채 발행에 찬성표를 던졌다. 프랑스 공산당 신문 「뤼마니테
L'Humanité」 1939년 8월 26일자 머리기사는 「침략자 히틀러Adolf Hitler
에 맞선 프랑스 국민의 연합」으로, 프랑스와 소련의 관계 회복을
촉구하는 내용이었다.[4] 그러나 프랑스 정부는 이를 거부했다. 대신
「뤼마니테」 발행을 금지하고 공산주의 의원을 체포했으며, 당을 해
산하고 핵심 과격분자들을 정치범 수용소로 보내는 등 공산당을 전
면적으로 박해하기 시작했다.[5]

영국 공산당은 코민테른이 2차 세계대전을 반파시즘보다 제국주
의적 전쟁이라고 선언한 9월 24일까지 강경한 반나치적 입장을 고
수했다. 당 지도자 해리 폴릿Harry Pollitt은 이런 견해를 담은 1페니짜
리 소책자 5만 부를 발간했다. 그때까지는 공산당의 이론가이자 저
널리스트 팜 덧Palme Dutt이 반파시즘 정책에 반대했을 뿐이다. 영국
공산당 중앙위원회는 일주일간 고통스러운 논쟁 끝에 1939년 10월
3일 21대 3으로 소련의 노선을 지지한다고 발표했다.[6]

독일과 소련은 불가침조약의 비밀 의정서를 통해 동북부 유럽을
각자의 세력권으로 나누기로 했고, 이 내용은 9월 17~28일 전면적
으로 실행되었다.[7] 소련의 군대가 우크라이나와 벨라루스 서부를

점령하면서 1920년 이전의 러시아 국경이 회복되었다. 이를 시작으로 소련은 발트삼국과 폴란드 일부를 점령했으며, 핀란드를 침공했다. 소련과 독일은 새로운 협약을 맺었다. 이번에는 불가침조약이 아니라 진정한 우호 협정이었다. 이제 애매모호한 입장은 불가능했다. 공산주의자들은 국제주의(사실상 사회주의의 모국을 지키는 일)와 애국주의 사이에서 선택해야 했다. 1914년에 대다수 사회주의자들이 '사회 애국주의'를 선택한 것에 대응하듯, 공산주의자들은 고집스럽게 '국제주의'에 희망을 걸었다. 홉스봄은 다음과 같이 썼다.

> 1939년 9월 영국과 프랑스의 공산주의 정당은 제법 영웅적인 결단을 내린다. 민족주의, 정치적 계산, 상식까지 한 가지 길을 가리켰지만, 그들은 주저하지 않고 인터내셔널 운동의 이익을 최우선에 놓기로 결정했다. 공교롭게도 그들의 결정은 비극적이면서 터무니없이 잘못된 것이었다.[8]

프랑스와 영국의 공산주의자들은 코민테른의 노선에 따라 전쟁이 제국주의적이라고 선언하고, 전쟁이 계속되는 책임을 프랑스와 영국에게 돌렸다. 이 새로운 방침은 서유럽 공산주의와 그 신뢰성에 심각한 해를 끼쳤다. 다하우Dachau 강제수용소에 수감되는 등 박해를 받던 독일 공산주의자들은 영국의 제국주의를 비난하는 한편, 독일이 나치즘에서 벗어나 영국의 속국이 된다면 얻을 것이 없다고 주장하며 어정쩡한 입장을 취했다.[9] 다른 나라 공산주의자들은 그 정도로 소련의 입장에 복종하지 않았다. 이탈리아 공산당은 반파시즘 연합 노선을 포기했지만, 파시즘과 나치즘이 주적이라는 입장은 굽히지 않았다. 따라서 이들은 (무솔리니가 전쟁에 개입한 뒤인) 1940년 6월 "이탈리아인에게 적은 오로지 하나, 파시즘이다"라고 선언했다.[10]

1941년 6월 22일 독일이 소련을 침공하자, 상황은 완전히 변했다. '제국주의' 전쟁은 반파시즘 전쟁으로 바뀌었다. 7월 13일 영국과 소련이 동맹을 맺었다. 이번에는 소련이 지시할 필요가 없었다. 모든 공산주의자들이 새로운 노선을 채택했고, 예전처럼 사회주의의 모국을 지키는 일과 반파시즘이 동일한 투쟁의 일부분이 되었다. 이때부터 전쟁이 끝날 때까지 공산주의 정당들은 나치 저항운동에서 중요한 역할, 대체로 지도적인 역할을 했다. 영국 공산당은 비非중립국에서 유일하게 완전히 합법적인 서유럽 공산주의 정당답게 애국심을 가지고 국가의 전쟁 노력을 전폭적으로 지지했다.[11] 중립국인 스웨덴의 공산주의자들은 반나치 세력을 지지하는 '적극적' 중립을 위해 싸웠으나, 성공적이지 않았다. (불법화된) 스페인 공산당은 스페인이 추축국 편에서 참전하는 것을 막기 위해 노력했다.[12] 1941년 6월 22일 코민테른 지령은 운동의 최종 목표인 사회주의 달성을 잠시 중단하고, 반파시즘적 노력에 절대적인 우선순위를 둬야 한다고 분명하게 입장을 밝혔다. 이 명령은 소련의 코민테른 해체 결정이라는 극단적인 결론으로 이어졌다. 소련이 이런 결정을 내린 이유는 소련과 연합군의 관계를 개선하고, 각국의 공산주의 정당들이 형식적인 통제와 의무에서 벗어나게 하기 위해서였을 것이다.[13] 그리하여 레닌이 창설한 코민테른의 영광스럽지 않은 역사는 막을 내렸다.

소련이 참전하면서 사회주의자와 공산주의자의 관계는 상당히 회복되었다. 공산주의자들은 나치 저항운동에서 사회주의자들보다 큰 역할을 했고, 소련을 지키는 데 우선순위를 뒀으므로 전후 재건이 사회주의 노선에 따라 진행되어야 한다는 생각에는 그리 관심이 없었다. 이 때문에 공산주의자들은 모든 반파시즘 정당들과 더 수월하게 연합을 구축할 수 있었다. 하지만 이런 연합은 대부분 전쟁이 끝날 때까지, 길어야 냉전이 시작될 때까지 지속되었을 뿐이다. 공산주의 정당과 다른 모든 정당 사이에는 견고한 불신이 남아 있었다.

전쟁의 우여곡절에 따른 유럽 사회주의자들의 반응은 공산주의자들만큼 한결같지 않았다. 많은 부분은 자국이 직면한 상황에 달려 있었다. 사회주의자들은 중립국 가운데 스위스와 아일랜드에서는 세력이 미미했고, 스페인에서는 활동이 금지되었다. 그러나 스웨덴 사회민주당이 걸어간 길은 한층 복합적이다. 당시 그들은 절대다수 의석을 차지하고 있었음에도 거국일치내각을 구성했다. 스웨덴 사회민주당은 1939년의 소련과 마찬가지로, 그리고 소련만큼 타당한 이유로 전쟁에 휘말리는 것을 피하고 싶었다. 결과적으로 그들은 통상 무역의 모든 측면에서 독일에게 전적으로 협력했고, 스웨덴 공산주의자를 스웨덴 나치보다 위험한 인물로 간주했다.[14] 스웨덴은 독일이 필요한 철광석과 목재를 거의 모두 공급했고, 1940년 6월부터 1943년 8월까지 스웨덴 철도를 이용해 200만 명이 넘는 독일 군인을 노르웨이 나르비크Narvik에서 핀란드 로바니에미Rovaniemi로 수송했다. 이 수치스러운 전적이 어느 정도 만회될 수 있는 것은 스웨덴이 독일과 조약에 서명하지 않았고, 유대인과 저항운동가의 망명을 계속 허용했기 때문이다.[15]

나치에게 점령당하지 않은 영국에서 노동당은 윈스턴 처칠이 이끄는 거국일치내각에 참여함으로써 1940년 5월 정부에 복귀했다. 이로써 영국 노동당은 전쟁 중인 유럽 전체에서 유일하게 정권에 참여한 사회주의 정당이 되었다. 노동당은 이런 특별한 위치 덕분에 전쟁이 끝나고 경험 있는 정부로서 국가 재건의 과업을 맡아 처리할 수 있었다. 노동당은 거국일치내각과 운명을 같이한 뒤 전쟁과 관련해서는 중요한 전략적 결정을 내리지 않았다.

추축국과 그들의 동맹국, 그들의 지배 아래 속국이 된 국가들(사실상 유럽 대륙의 나머지 모든 국가들)의 사회주의자들이 직면한 상황은 완전히 달랐다. 이들 국가에서 좌파가 할 수 있는 선택은 수동적으로 상황을 받아들이거나 적극적으로 무장해서 저항하는 일뿐이었다.

점령당한 국가 중 프랑스의 일부 사회주의자들과 덴마크의 거의 모든 사회주의자들은 열성적이지는 않았지만 나치에 협력했다. 덴마크 정부(급진주의자와 사회주의자의 연립정부)는 '독일의 보호 아래 중립을 지키며' 다른 두 주요 정당과 함께 더 큰 거국내각을 구성하기로 결정했다.[16] 정부는 덴마크 공산당을 금지(1941년 6월)하고 반反코민테른 협약을 고수(1941년 11월)하기로 합의했으며, 1942년 5월에는 사회민주당 빌헬름 불Vilhelm Buhl이 수상이 되었다. 1943년 7월 공산주의자들이 조직한 파업의 물결이 일어난 뒤 나치와 사회주의자들의 협력은 사실상 종국을 맞았다. 나치는 덴마크 정부를 강제해 비상사태를 선포하려 했으나 실패했고, 덴마크를 직접 통치해야 했다.[17] 런던과 워싱턴의 덴마크 외교관들은 '덴마크 해방운동'을 조직했고, 공산당원을 제외하면 유일하게 나치에 맞서 공개적으로 저항했다.[18] 덴마크가 나치에게 협조했어도 유대인 몰살 계획에 가담하지는 않았다. 오히려 덴마크인은 1943년 8월 이후 나치가 모든 덴마크 유대인을 독일로 추방하려 할 때 (유럽 어디에서도 시도되지 않은) 대담한 구조 활동을 벌였다. 전 국민이 힘을 모아 유대인 7800명 중 95퍼센트를 숨긴 뒤 스웨덴으로 피신시켰다. 이들의 노력은 덴마크 역사에서 영광스러운 한 페이지를 장식했다.[19]

네덜란드에서 나치는 성공적이지 못했다. 나치는 네덜란드 사회민주노동당을 비非마르크스화하려고 했으나, 당 지도자 보링크Koos Vorrink와 대다수 당원의 강경한 반대로 실패했다.[20] 벨기에에서는 사회주의 지도자 헨드릭 드 만이 열성적으로 독일에 협력했다(3장 참조). 노르웨이 국왕과 사회주의 정부는 나치의 점령에 반대하여 망명했고, 전형적인 나치 협력자 비드쿤 크비슬링Vidkun Quisling이 괴뢰 정권의 수장이 되었다(크비슬링은 대중적으로 인기가 없어서 독일이 노르웨이를 직접 지배해야 했다). 노르웨이 정부는 런던에서 네덜란드와 벨기에 망명정부와 손잡았고, 영국에 전적으로 의존했다.[21]

오스트리아는 1938년 3~4월 합병Anschluss으로 독일의 일부가 되었고, 남아 있던 사회주의 활동가들은 의미 있는 비밀 활동을 하지 못했다. 지하에서 활동한 정치 세력은 합병 이후 좌파에서 지위가 향상된 오스트리아 공산당KPÖ뿐이다. 사회주의자들은 저항운동을 조직하지 못했기 때문에 도리어 전멸을 면하고 전후를 위한 힘을 비축할 수 있었을 것이다.[22]

오스트리아 사회주의자들은 대다수 국민과 마찬가지로 나치의 범게르만주의를 지지했다. 그들은 1943년 10월 모스크바선언이 발표된 뒤에야 오스트리아가 전후 독립국가로 분리될 수 있음을 인정했다. 연합국의 외무부 장관들은 모스크바선언을 통해 오스트리아가 나치 독일의 피해자이자 공범이라는 상반된 사실을 지적했고, 오스트리아가 전후 독립국가로서 '재건'되어야 한다고 결정했다.

체코슬로바키아에서 저항운동을 이끈 세력은 체코슬로바키아 공산당이지 사회주의자들이 포함된, 영국의 지지를 받은 에두아르드 베네시Eduard Benes의 망명정부와 연관된 집단은 없었다.[23] 핀란드는 특이한 경우다. 핀란드가 1940년 소련에게 침공 당했기 때문에, 사회민주당이 이끌던 핀란드 정부는 나치의 소련 침공을 환영했다. 사회주의자인 핀란드 국회의장은 1941년 7월 20일 다음과 같이 선언했다. "우리는 혼자가 아니다. 유럽에서 전쟁에 가장 적합하고 가장 유능한 독일이 지금 강철 군대를 동원해 위험하고 기만적인 우리의 오랜 적을 쳐부수고 있다."[24] 이런 사회민주주의자들의 발언은 여론과 일치했다. 1942년 가을까지도 많은 사회민주주의자를 포함한 핀란드인은 대부분 독일의 최종적인 승리를 지지했다.[25]

이탈리아에서 이렇다 할 무장 저항운동은 1943년에야 일어났다. 그 시작은 1943년 3월 북부 몇몇 주요 도시에서 일어난 파업이다. 파업과 더불어 남쪽에서 연합군이 진군해온 것이 결정적인 계기가 되어, 대파시스트평의회Grand Fascist Council는 무솔리니의 퇴진을 결정했다(7월 25일). 이후 이탈리아 국왕과 신하들, 새로운 총리 피에트로 바돌리오Pietro Badoglio는 이탈리아 국민과 군대를 혼란 속에 남겨둔 채 수치스럽게 남쪽으로 도피했다(이들은 줏대 없고 형편없는 '지배'계급의 교과서적인 예다).

이탈리아 통일사회당(PSIUP : 이탈리아 사회당이 1943~1947년에 쓴 명칭—옮긴이)은 더 많은 공산주의자들과 협력했다. 공산주의자들이 구성한 좌파 파르티잔의 가리발디 여단Garibaldi brigades은 이탈리아 무장 저항운동의 근간이다. 그러나 연합군의 무기와 식량은 다른 곳처럼 군주제를 지지하는 집단이나 가톨릭 집단 혹은 급진적인 행동당의 여단(정의와 자유Giustizia e Libertà)에 더 지원되는 경향이 있었다. 1944년 말 해방된 지역(피렌체Firenze 남쪽)에서 통일사회당의 당원 수는 기독교민주당뿐만 아니라 공산당에도 못 미쳤다(풀리아 Pulia 일부를 제외한 남쪽에서는 사회주의자의 세력이 강한 적이 없었기 때문에 이는 놀랍지 않다).[26]

이탈리아 사회주의자들이 군사 문제와 마찬가지로 정치에서도 주도권을 쥐지 못한 반면, 공산주의자들은 (톨리아티가 1944년 3월 소련에서 돌아온 뒤에야 알긴 했지만) 그래도 무엇을 할지 정확히 알았다. 이탈리아 공산당PCI은 군주제 정부를 인정하지 않는 반파시스트 정당들 때문에 발생한 정치적 교착 상태를 타개했다. 공산주의자들은 정부에 협력하고 모든 구조적인 문제는 전후로 미루기로 합의했다. 다른 정당들도 이들의 선례를 따랐다. 이탈리아 공산주의자들은 4월 21일 역사상 처음이자 유일하게 (3년뿐이지만) 정부를 구성했다.

톨리아티는 6월 6일 「모든 동지와 당 간부들에게 전하는 사항」에서 다음과 같이 선언했다.

반란의 목적이 사회주의나 공산주의적인 의미에서 정치와 사회를 바꾸는 것이 아님을 항상 기억하라. 반란의 목적은 민족 해방과 파시즘 타도다. 다른 모든 문제는 이탈리아 전체가 해방되면 대중의 자유로운 협의와 제헌의회 선거를 통해 국민이 해결할 것이다.[27]

'모든 문제'는 나중에 해결해야 한다고 했지만, 톨리아티는 전후를 내다보고 있었다. 이탈리아 공산당은 저항운동을 하는 동안 얻는 명성을 전후에 강화해야 했다. 그들은 1차 세계대전 중 독일 사회민주당과 인민전선 전성기의 프랑스 공산당처럼 '국민'정당이 되어야 했다. 그들은 가리발디, 리소르지멘토의 전통, 국기 같은 국가적 상징을 자신들의 붉은 당기黨旗와 함께 공산주의 담론에 엮어야 했다. 전후 공산당의 법령이 정한 바에 따르면, 당대회나 시위의 마지막에 참가자들은 '인터내셔널가Internationale' '붉은 깃발 Bandiera Rossa'과 함께 (음악적으로 말하면 비발디Vivaldi와 베르디Verdi 의 나라에 그리 어울리지 않는 국가지만) 국가를 불러야 했다.

이탈리아 사회주의 정당도 공산당과 마찬가지로 전후를 내다보며 저항운동에서 싸웠지만, 이들의 시선은 초점 없이 흔들렸다. 통일사회당의 지도자 피에트로 넨니Pietro Nenni는 1944년 9월 3일 당대회에서 투쟁의 당면한 목표로 사회주의 공화국을 지지해, 공산주의자들을 제치고 좌파의 대표 정당으로 자리매김하려고 했다.[28] 이상하리만치 정확한 외무부의 내부 메모에서 증명되듯이 해외의 반응은 부정적이었다. "매우 어리석은 짓이다. …하긴 이탈리아 사회주의 정당은 매우 어리석은 정당이다. 그들은 자신들이 만들어낸 세계에 살면서 자신들보다 훨씬 영민한 공산당이 쓰고 버린 1920년대의 언어를 사용하고 있다."[29] 넨니에게 닥친 문제는 또 있었다. 통일사회당은 심지어 전쟁 중에도 파벌 간의 내분을 겪었고, 이런 내분은 당내 우파 인사들이 미국(특히 미국 노동총동맹)에서 자금을 지원받았다는 사실로 더 악화되었다.[30]

적어도 이탈리아에서는 사회주의자들을 둘러싼 상황이 처음부터 분명했다. 그들은 파시즘과 타협하지 않았다. 그들의 반파시즘적 입장에는 오점이 없었다. 프랑스의 상황은 달랐다. 프랑스는 1940년 나치 독일에 패배했지만, 완전히 점령되지는 않았다. 겉으로는 자치 국가 형태를 띤 비시Vichy 프랑스가 페탱Philippe Pétain의 통치를 받았다. 1940년 프랑스가 독일에 항복했을 때 인터내셔널 프랑스지부의 사회주의자들은 어떻게 해야 할지 확신이 없었다.

블룸의 충고와 반대로, 폴 포레Paul Faure를 위시한 사회주의 국회의원들(168명 중 90명)은 모든 권한을 페탱에게 넘겨주고 독일의 강제 조약diktat을 받아들이는 데 찬성표를 던졌다. 반대표를 던진 사회주의 의원들은 36명뿐이었다.[31] 인터내셔널 프랑스지부에 속한 비시 정권의 협력자들은 평화주의적인 이유를 대며 자신들의 행동을 정당화했지만, 진짜 이유는 반공산주의였다.[32] 이들은 대체로 대표적인 사회주의 인사들이었고, 이들에게 당은 권력을 획득하고 유지하는 수단에 지나지 않았다. 새로운 상황은 개인의 출세를 위한 길을 열어주었고, 이들은 기회를 놓치고 싶지 않았다. 이들이 국회의 과반수를 차지하고 있었으므로, 인민전선이 승리한 1936년에 선출되었고 1848년 이래 가장 좌파적인 프랑스 의회라고 할 만한 당시 국회에서 80명만이 페탱에 반대표를 던졌다. 그러나 덧붙여야 할 사실은 페탱을 지지하던 다수 집단이 프랑스 여론을 정확히 반영했다는 점이다. 1940년 7월 대다수 프랑스인은 저항하지 않았다.

블룸을 따르는 이들은 사회주의행동위원회Comité d'Action Socialiste를 결성하여 당을 전투 세력으로 재편했고, 1943년 봄 인터내셔널 프랑스지부라는 이름을 되찾았다. 물론 자신을 사회주의자로 간주하는 많은 이들은 지도부의 말이나 행동에 관계없이 지역의 저항운동에 참여했다. 이런 활동가 중 많은 수가 인터내셔널 프랑스지부라는 이름을 못 미더워했고, 해방이 눈앞에 다가오고 평화로운 시기의 정치적 윤곽(그리고 강력한 프랑스 공산당에 대한 전망)이 드러난 뒤에야 당에 합류하기 시작했다.[33]

인터내셔널 프랑스지부는 당의 정책과 전략을 고안하는 데 블룸이 정한 가이드라인을 꼼꼼히 따랐다. 블룸은 1940년 9월 비시 정부에 체포되어 1943년 3월 게슈타포에게 넘겨졌고, 전쟁이 끝날 때까지 부헨발트Buchenwald 강제수용소에 갇혀 있었다. 블룸의 가장 중요한 지시는 샤를 드골Charles de Gaulle을 저항운동의 유일한 지도자로 인정하라는 것이었다. 블룸은 1942년 11월 드골에게 보낸 편지에서(이 편지는 드골의 요청으로 작성되었고 루스벨트와 처칠에게 전달되었다) 드골을 프랑스 연합의 화신이라고 묘사했고, "그가 없이는 아무것도 가능하지 않았을 것이다"라고 덧붙였다.[34] 실제로 프랑스 사회주의자들은 잃어버린 적법성을 되찾기 위해 드골이 필요했다.[35] 공산주의자들과 달리 그들은 저항 조직이 없었고, 그들의 기여도 뚜렷이 드러나지 않았다.[36]

사회주의자들은 여러 중요한 측면에서 공산주의자들과 구별되었다. 특히 상당히 많은 강령과 정책 문서를 만들어냈다.[37] 공산주의자들은 반파시스트 전선의 결속이 약해지거나 연합군이 독일에 승리하는 데 방해가 될까 두려워 (인민전선의 결성으로 이어진 논쟁에서도 그랬듯이) 전후의 급진적인 변화에 대한 모든 토론을 유보하려고 애썼다. 그러나 사회주의자들은 그런 염려를 전혀 하지 않았다.

인터내셔널 프랑스지부의 모든 사회 개혁 프로젝트는 1930년대 자본주의로 돌아갈 수 없다는 확신에 바탕을 두고 있었다. 명령할 의지를 잃어버린 부르주아는 지배계급이 될 수 없었다. 사회적 해방이 불가피했다. 1944년에 초안이 작성된「경제와 사회에 관한 계획Projet de Charte économique et sociale」「경제구조 개혁Réformes économique de structure」이라는 문서에서 선언된 내용은 다음과 같다. 완전고용이 전후 국가의 목표 중 하나가 될 것이다. 부가 재분배될 것이며 계획경제가 도입될 것이다. 보험회사, 은행, 모든 공공사업과 더불어 탄광·화학·금속 산업도 공공 소유가 될 것이다. 국가는 완전히 현대화될 것이다. 즉 "프랑스는 페탱의 보수적이고 낭만적인 꿈과 같이 장인과 농민의 나라로 남을 수 없다".38 1936년의 사회 개혁이 보호되고 발전될 것이며, 노동자가 참여하는 제도가 일부 도입될 것이다.39 프랑스의 식민지들은 새로운 대우를 받을 것이다. 이들의 계획에 완전한 식민지 해방은 언급되지 않았지만, 교육과 해방의 긴 과정 이후 결국 그렇게 되리라는 가정은 있었다.

이런 제안으로 전쟁이나 저항운동 내에서 세력 관계가 달라지지는 않았다. 적어도 전후 이중 어떤 제안이 시행될 만한 변화는 일어나지 않았다. 앤드루 셰넌Andrew Shennan이 지적했듯이 "대다수 저항운동가들은 전후 사회 개혁에 대한 연구를 독일에 맞선 투쟁이라는 주요 목표와 무관한 것으로 보고 관심을 두지 않았다".40 사회 개혁에 관한 이런 계획의 주요 기능은 (기능이 있다면) 당내에서 파벌과 사상적 경향의 경계를 정해준 것이다. 전쟁 중에 프랑스 사회주의자들의 말이나 생각은 거의 중요하지 않았다. 실제로 프랑스 저항운동에서 의미 있는 세력은 세 집단뿐이었다. 첫째, 드골과 런던이나 프랑스 전역에 있는 그의 지지자들이다. 둘째, 레지스탕스통합운동Mouvements Unis de la Résistance으로 정당에 몸담지 않았으나 1942년 말까지 드골파 정치 지도부를 인정한 이들의 조직적 저항 세력이다.[41] 셋째, 프랑스 공산당이다.

드골과 공산주의자들은 이념적으로 정반대지만 그 외에는 공통점이 많았다. 그들은 전후 재건 계획에 관심이 없고, 전쟁을 수행하는 것이 중요하다고 생각했다. 프랑스 공산당은 장 물랭Jean Moulin이 드골 대신 전국레지스탕스평의회Conseil National de la Résistance 첫 회의에서 제안한 힘 있고 간결한 강령을 망설이지 않고 받아들였다. 강령의 첫 단락은 우아하고 간결했다. "전쟁을 일으켜라Faire la guerre, 프랑스의 명성과 공화 민주주의로 복귀하려는 포괄적인 헌신이 뒤따르는 한." 이어서 물랭은 드골의 입장을 설명했다. 민주주의에는 정당이 필요하지만 전후 프랑스의 정당이 전전과 같을 필요는 없으며, 주요 이데올로기 블록을 반영해야 한다는 내용이었다. 공산주의자들은 진심으로 동의했다.[42] 드골 장군과 공산주의자들은 전혀 다른 이유에서 동맹인 영국을 신뢰하지 않았다. 공산주의자들에게 영국은 반파시스트 연합의 '자본주의' 진영이므로 일시적으로는 친구지만 미래에는 적이었다. 드골이 영국을 비난한 이유는 처칠이 드골로서는 받아들이기 힘들 정도로 모욕적인 위상—프랑스의 살아 있는 화신인 그가 망명했으며 정치적 힘이 없다는 사실—을 철저하게 이용했기 때문이다. 그래서 드골은 소련과 그 우방에게 훨씬 더 동조했다. 드골과 소련은 사이좋게 서로 손을 내밀었다. 소련은 드골의 자유프랑스위원회Free French committee를 영국보다 앞서 인정했고, 드골은 '민족의 해방은 민족의 반란과 분리될 수

없다'는 프랑스 공산당의 슬로건을 글자 그대로 받아들였다.[43]

물론 드골과 공산주의자들이 충돌한 적도 있다. 드골은 자신의 정부에서 일할 공산주의자를 직접 선택하고 싶어 했고(공산당은 당이 지명한 사람을 원했다), 해방된 알제리 행정부에서 비시 정권의 협력자를 제거하는 것을 주저했다.[44] 그럼에도 드골 지지자와 공산주의자들이 연합한 이유는 다른 정당을 신뢰하지 않았기 때문이다. 공산주의자들은 다른 이들이 공산주의자가 아니기 때문에, 드골은 정당을 아주 혐오했기 때문에 다른 정당을 신뢰하지 않았다. 드골은 정당을 프랑스의 부강보다 자신의 입신을 추구하는 심술궂고 허세 부리는 정치인들이 옥신각신하는 조직으로 여겼다(제3공화정의 정치에 대해서는 꽤 정확한 평가다). 프랑스 공산당도 정당이지만, 이들은 국가를 구원하는 일에 헌신하기 위해 적어도 당분간은 일탈적이거나 비애국적인 이데올로기를 제쳐둔 듯이 보였다.

사회주의자들도 드골처럼 전쟁이 진행되는 동안 반공산주의적 성향을 누그러뜨렸다. 소련이 참전한 뒤 블룸은 1941년 수감 생활을 하며 자기비판적인 책 『인간의 차원에서A l'Echelle humaine』를 썼다. 그는 소련에 애착이 강한 프랑스 공산당을 '외국 민족주의 정당foreign nationalist party'이라고 묘사했다. 그러나 블룸은 1943년 3월 15일 드골에게 쓴 편지에서 "소련이 없는 국제사회가 완전하지도 가능하지도 않은 것"처럼 "공산주의 정당이 참여하지 않는 프랑스 국가는 완전하지도 가능하지도 않을 것이다"라고 했다.[45] 공산주의자들은 이에 보답하지 않았으며, 해방이 가까워질수록 사회주의자들에게 비판적이었다.[46]

공산주의자들은 프랑스뿐만 아니라 유고슬라비아, 그리스, 프랑스, 체코슬로바키아, 이탈리아 등지에서도 "용감한 이들 중에서 가장 용감했다".[47] 심지어 용감한 것이 가장 어려운 일이던 독일에서도 그랬다. 1944년 7월 20일 독일 장군들의 히틀러 폭탄 암살 기도로 이어진 소수 반나치 보수파의 활동에 가려 잘 알려지지는 않았지만 독일 좌파 활동가들, 특히 공산주의자들도 대담하고 영웅적인 활동을 펼쳤다.[48]

서유럽 공산주의자들은 전쟁으로 황금기를 맞았다. 그들은 파시즘과 나치즘에 맞서 싸웠고 진정한 국제주의자였으며, 소련을 지키면서도 나무랄 데 없는 애국자로서 이 모든 일을 일관되게 밀어붙일 수 있었다. 공산주의자들은 자신들의 구역에 고립되어 매도되지 않았고, 처칠과 루스벨트, 드골 등에게 찬사를 받았다. 마침내 전선이 명확하게 그어지며 세계가 흑백으로 나뉘었다. 한쪽에는 어둠의 세력, 파시즘과 나치즘이 있었다. 이들과 싸울 수 있거나 싸우려는 의지가 있는 사람들은 모두 민주주의와 사회 발전을 지지하는 빛의 세력에 속했다. 전략은 양쪽 다 분명했다. 항상 가장 뛰어나다고 여겨지는 정치적 수단인 무장 전투와 반란 전술이다. 이런 전투가 요구하는 조직 형태는 군대에 가까웠고, 결과적으로 보면 상하 명령 체계와 강한 군율이 있는 레닌주의적 정당이 그것이다. 유럽이 혁명의 목전에 놓였다고 생각되던 1920~1922년 코민테른이 세운 혁명적 공산주의 정당들은 선거 정치에 부적합했지만, 훈련되고 용감한 파르티잔의 전쟁을 수행하기 위한 조직적 무기로는 가장 적합한 것으로 판명되었다.

공산주의자들은 전후 사회의 재건과 관련된 사안을 강력히 제기하지 않았다. 대다수 과격분자들은 그런 사안을 일찍 제기하면 분열을 초래해 반파시즘 연합을 약하게 만들 뿐이라고 생각했다. 어쨌든 장차 사회주의 사회가 되리라는 데 의심할 여지가 없었다. 파시즘과 나치즘은 자본주의의 폭력이 가장 적나라하게 표현된 형태였고, 사회주의의 모국인 소련이 그런 폭력을 파괴하는 데 확실하고 결정적인 기여를 하고 있었다. 1943~1946년 소련의 명성은 최고조에 달했다. 공산주의 지도부와 스탈린이 주도한 계획경제와 집산화는 소련 체제의 우수성을 입증했다. 나머지 유럽 지역에서는 1930년대 대공황으로 자본주의가 실업과 빈곤을 가져왔고, 독일과 이탈리아에서 괴물을 만들어냈다는 점이 더욱 분명해졌다. 그러므로 대다수 공산주의자와 많은 사회주의자들이 생각할 때 해방된 유럽에서 자신의 운명을 자유롭게 선택할 수 있는 사람들이 붉은 깃발 아래 모이지 않으리란 것은 상상할 수도 없는 일이었다.

비록 저항운동은 전쟁이 끝나갈 때 공산주의자들에게 사회주의 반란의 기회를 주지 않았지만, 적어도 서유럽에서 공산주의자들이 합법화되는 데 큰 도움이 되었다. 용감하게 싸운 공산주의자들을 애국적이지 않다는 이유로 정치에서 배제할 수 없었다. 그러므로 공산주의자들은 새로운 전후 질서를 수립하는 데 참여할 수 있었다. 전후 사회질서는 일반적으로 동의된 바와 같이 전전戰前 시대와 확연히 달라야 했다.

다른 모든 저항운동 세력과 마찬가지로 공산주의자들에게 저항운동의 의의는 본질적으로 정치적인 것이었다. 하지만 저항운동가들에게 저항운동은 커다란 도덕적 요구이자, 조국과 시민을 집단 죄의식—억압적이고 전쟁에 눈먼 정권이 수립되는 것을 허용했거나(이탈리아, 독일) 그들을 막을 수 없었다는 오명—에서 구원하는 길이었다. 이런 도덕적이고 정신적인 측면은 무시될 수 없다. 이런 측면 때문에 직접 저항운동에 참여한 소수를 비롯해 모든 이들이 자신을 (처음에는 나치의 노예가 되었다가 나중에는 다른 이들에 의해 해방된) 역사의 수동적인 객체가 아니라, 자유를 위해 싸웠으니 자유를 누릴 가치가 있는 사람으로 생각할 수 있었다. 이렇게 회복된 국민적 자존심은 전후 서유럽에서 민주주의 체제가 확립될 수 있는 강력한 원인이었다. 사람들이 가치와 존엄성을 느끼는 것, 그에 따른 자신감은 민주정치의 필수적인 요소다.

저항운동이 군사적 중요성이 있는지에 대한 역사 기록학의 논쟁은 그 자체로 흥미롭지만, 위에서 기술한 중요한 특성을 놓치고 있다. 실제로 저항운동을 거쳐 해방된 곳은 알바니아와 유고슬라비아뿐이다. 저항운동이 일부 국가(예를 들어 이탈리아와 그리스, 그 정도가 훨씬 낮은 프랑스)에서 더 많은 연합군 측 사상자가 발생하지 않게 막아준 것은 분명하지만, 결정적인 역할은 하지 않았다. 베를린이 소련의 붉은 군대에게 함락되자, 노르웨이에서는 독일군의 지배가 점령 초기 몇 달보다 강화되었다.[49] 프랑스 철도에 대한 독일의 조사에서 드러났듯이 일부 국가에서는 전반적으로 비협조적인 태도가 나치 당국이 철도와 도로 등을 효과적으로 사용할 수 없게 만들었다.[50]

저항운동은 전후 서유럽에서 전통적 좌파인 사회주의자와 공산주의자의 세력 균형을 결정한 핵심 요소다. 전쟁 직후에는 저항운동의 규모와 공산주의자들의 정치적 성공에 어떤 상관관계가 있었다. 영국이나 중립인 스웨덴과 같이 독일에게 점령당하지 않은 국가들, 혹은 덴마크와 같이 저항운동이 미미했거나 벨기에나 네덜란

표 4.1 1945년 이후 첫 선거에서 공산주의 정당의 득표율

단위 : %

오스트리아	1945년	5.4
벨기에	1946년	12.7
덴마크	1945년	12.5
핀란드	1945년	23.5
프랑스	1945년	26.0
네덜란드	1946년	10.6
이탈리아	1946년	19.0
노르웨이	1945년	11.9
스웨덴	1944년	10.3
서독	1949년	5.7

드와 같이 대체로 런던에서 통치한 나라의 공산주의 정당들은 전쟁 직후 치른 선거에서 약진한 뒤(표 4.1 참조) 양차 세계대전 사이만큼 이나 정치적으로 미약한 상태에 머물렀고, 그동안 좌파는 사회주의 와 사회민주주의 세력이 대부분 독점했다.

붉은 군대가 해방한 지역을 제외한 유럽에서 무장 저항운동이 어 느 정도 의미가 있는 곳은 알바니아, 유고슬라비아, 그리스, 이탈 리아 그리고 논란의 여지가 있는 프랑스뿐이었다. 이들 국가의 투 쟁에서 압도적인 역할을 한 것은 공산주의 정당이고, 그들의 영향 력과 명성은 다른 곳보다 높아졌다. 알바니아와 유고슬라비아의 공 산주의자들은 다른 동유럽 국가와 달리 소련에서 독립된 상태로, 권력을 독점하고 일당 체제와 비자본주의 경제체제를 확립했다.

그리스는 특별한 경우다. 그리스 공산당KKE은 유고슬라비아와 알바니아의 선례에 따라 무력으로 권력을 잡으려 했으나, 보수 세 력과 연합군이 개입해 좌절되었다. 그리스 공산당은 1942~1943년 에 대중조직이 된 민족해방전선EAM과 그 군사 조직인 민족인민해

방군ELAS을 지배했다. 그리스 공산당은 전쟁 이전에는 미미한 정당이었지만, 그리스가 해방되었을 때는 당원 30만 명과 민족해방전선/민족인민해방군 조직원 200만 명을 거느렸고, 이는 인구의 30퍼센트에 해당했다.[51] 민족해방전선/민족인민해방군은 1944년까지 주요 라이벌 저항운동 조직인 그리스 민주민족연맹EDES과 전쟁을 벌였다. 처칠의 지지를 받는 민주민족연맹은 공산주의자들이 저항운동에서 맡은 역할에 상응하는 정치적 영향력을 얻지 못하게 막았다. 그리스 공산당은 결국 1945년 1월 휴전협정에 서명하기로 합의했다.[52] 1946년 3월 31일에 치른 선거에서는 유권자 40퍼센트가 기권했으며, 군주제를 지지하는 정당들이 승리했다. 같은 해 9월 1일 군주제에 대한 국민투표를 실시했으나, 투표는 조작되었고 군주제가 3분의 2의 찬성표를 얻었다.[53] 그리스 공산당은 이런 사건들과 제멋대로 전개되는 우파의 테러 때문에 모든 서유럽 공산주의자들이 (소련의 허락 아래) 주장하던 사회주의를 향한 의회주의적 길이 그리스에서는 실행 불가능하다고 확신했다. 그들은 조직을 정비해 다시 반란을 시작했다. 1947년 프랑스와 이탈리아 공산주의자들이 법의 테두리에서 활동했다고 질책한 유고슬라비아의 카르델Edvard Kardelj 같은 일부 공산주의자들은 테두리에 갇히지 않은 그리스 공산당이 '프랑스와 이탈리아의 상황보다 훨씬 나은 상황'이라고 생각했다.[54] 카르델이 깨닫지 못한 점은 국제적 상황이 완전히 달라졌다는 사실이다. 냉전이 시작된 것이다. 미국은 '소수 무장 집단이나 외부 압력의 지배에 저항하는 자유인에 대한 지원'을 약속한 트루먼독트린Truman Doctrine의 기치 아래 서유럽의 후견인 자리를 차지했다.[55] 그리스는 냉전의 '뜨거운' 전쟁터가 되었다. 미국의 실질적인 도움을 받은 그리스 정규군이 1948년부터 1949년 여름까지 격렬한 싸움 끝에 공산당을 진압했다. 그리스에서 공산주의는 사실상 금지되었고(공산주의자들은 다른 이름과 상징물을 가지고 선거에 나가야 했다), 사회주의자들이 믿을 만한 세력을 형성한 1970년대 중반에야 공산주의 정당이 합법화되었다. 그리스 공산당은 서유럽에서 유일하게 반란의 길을 가려 한 정당이다. 그러나 그 결과 그리스 좌파는 주류 정치에서 제거되고 말았다.

무장 저항운동이 벌어진 나머지 두 국가는 이탈리아와 프랑스다. 서유럽 공산주의 정당이 좌파의 주요 세력으로서 전후 꽤 오랜 시간 사회주의 정당을 대체한 곳은 이들 두 국가뿐이다. 그렇지만 보다 구체적으로 설명을 덧붙일 필요가 있다. 프랑스에서 공산당이 사회주의 정당보다 큰 시기는 전후 첫 선거부터 1970년대 중반까지다. 이탈리아 공산당은 1946년 제헌의회를 위한 선거에서 사회주의자들에게 졌지만, 그해 연말에는 그들을 앞질렀고 그 후 오랫동안 우위를 차지했다.

핀란드에서도 프랑스처럼 1940년 소련의 침공에도 공산당이 1945년 주요 좌파 정당으로 떠올랐다. 그러나 이들은 1948년 선거에서 사회민주당에게 추월당했다. 프랑스와 이탈리아에서 공산주의 정당이 사회주의 정당보다 폭넓은 지지를 받은 것은 이례적이다. 이는 또 다른 특이한 사실과도 연결된다. 프랑스와 이탈리아가 서유럽에서 좌파 정부가 정권을 장악한 적이 없는 유일한 민주주의 국가라는 점이다. 프랑스에서 좌파가 권력을 잡은 것은 1981년뿐이며, 그때는 공산당이 주요 좌파 정당이 아니었다.

이탈리아와 (공산당이 1946년 전후 두 번째 선거에서 28.6퍼센트로 정점을 찍은) 프랑스를 제외하면 공산주의 정당들은 전후 첫 선거에서 역사상 가장 좋은 결과를 얻었고, 그 후 다시는 그와 같은 지지를 받지 못했다.

서유럽에서 공산주의가 인기를 끈 주원인은 소련이고, 이후 인기가 하락한 주원인도 소련이다. 전쟁 직후 서유럽 공산주의가 상대적으로 행운을 누린 것은 소련이 나치 독일을 무찌르는 데 압도적이고 결정적인 역할을 했다는 사실을 사람들이 보편적으로 인정했기 때문이다. 독재 정권들이 45년간 동유럽을 지배했다는 사실로 인해 이런 역사적 사실까지 묻혀서는 안 된다. 독러 전쟁은 '이제껏 벌어진 전쟁 가운데 가장 끔찍한 전쟁'이었다.[56] 영국과 프랑스, 이탈리아는 1차 세계대전보다 군 사상자가 적었으며 미국 본토는 전혀 파괴되지 않은 반면, 소련에서는 2000만 명이 목숨을 잃었다. 이는 1914~1918년 1차 세계대전 당시 모든 국가의 사망자를 합한 것보다 많은 수다.[57] 스탈린의 붉은 군대는 스탈린그라드Stalingrad 피의 용광로와 쿠르스크Kursk의 돌출부에서 독일 제3제국의 여정이 끝난 베를린의 벙커로 끈질기게 진군하며 서유럽을 해방했다. 그 결과 서유럽에 민주주의가 건설되었다는 것은 역사의 또 다른 아이러니다.

공산주의자들은 1945~1946년에 처음 성공한 뒤 빠르게 추락하기 시작했다. 1948년이 되자 덴마크와 노르웨이, 오스트리아와 서독, 벨기에와 네덜란드, 영국에서 공산주의자들은 독립적인 세력으로서 정치적 중요성을 나타내지 못했다. 예컨대 영국 공산당은 1945년 전후 의회에서 2석을 차지하는 데 그쳤다.[58] 스웨덴에서 공산당은 주요 좌파 정당을 받쳐주는 역할만 했다. 공산주의자들은 스페인이나 포르투갈과 같이 우파 독재 정권이 지배하는 국가에서만 주요 반대 세력으로 남았으나, 민주주의가 도래하자 그 역할마저 할 수 없었다.

공산주의자들의 초창기 성장이 강화되지 않은 까닭은 무엇인가? 공산주의자들이 전후 벨기에, 덴마크, 노르웨이에서 꽤 괜찮은 성과를 보였음에도 왜 이것이 결정적인 발전으로 이어지지 않았는가? 이런 사산死産을 초래한 원인은 많지만, 가장 중요한 것은 냉전과 유럽의 분단이다.

공산주의자들은 국제정치와 국내 정치에 유사성이 있다고 생각했다. 그들은 '진보적인' 자본주의 국가(미국과 그 동맹국들)와 소련 사이에 국제적인 우호조약이 지속되리라고 믿었다. 그리고 이 광범위하고 국제적인 반파시즘 연합이 국내의 연합들을 성장하고 발전하게 해줄 것이라고 믿었다. 국제정치와 국내 정치에 유사성이 있다는 생각은 맞았지만, 공산주의자들의 예상과 반대로 작용했다. 국제적인 반파시즘 연합의 해체와 냉전의 시작으로 공산주의자들은 자국의 연합에 계속 머무를 수 없었다. 1947년은 공산주의자들에게 끔찍한 해였다. 공산주의자들은 프랑스, 이탈리아, 노르웨이, 벨기에, 룩셈부르크, 오스트리아 연립정부에서 물러나거나 쫓겨났다. 덴마크 공산주의자들은 1945년에 정부를 떠났으며, 핀란드 공산주의자들은 1948년에 떠났다. 네덜란드 공산주의자들은 계속된 네덜란드 식민지 전쟁 때문에 연정에 참여하기를 거부했다.

서유럽에서 공산주의의 운명을 결정한 또 다른 주원인은 평화로운 시기가 되자 정치적 요구에서 공산주의와 사회민주주의의 경계가 애매해졌다는 점이다. 공산주의자들은 보다 전투적인 사회민주주의를 제시할 수밖에 없었고, 결과적으로 이들을 지지하는 집단은 계급의식이 강한 노동자들과 헌신적인 지식인들에 국한되었다.

혁명적 상황에서는 레닌주의 노선을 따라 조직된 과격분자들만 있으면 그 상황을 충분히 이용할 수 있을지도 모른다. 그러나 비혁명적 상황이라면 선거에서 선전하는 것이 목표이기 때문에 폭넓은 계층의 지지를 얻어야 하며, 괜히 투쟁적인 모습을 보여서 그들을 불안하게 만들어선 안 되었다. 선거가 치러지는 곳이 사회적 진보를 향한 진전이 제한적으로 허용되는 분위기라면, 동유럽의 억압적인 공산주의를 목격하고 불안해진 유권자들에게 최상의 선택은 사회민주주의였다. 물론 일부 공산주의 지도자들은 긴밀하게 조직된 레닌주의식 정당을 새롭게 바꿔야 한다는 점을 이해하고 있었다. 예컨대 이탈리아의 톨리아티는 선봉에 서던 전통적인 정당보다 덜 중앙집권적이고 더 열린 새로운 정당을 주창했다. 그는 이제 정당은 "국민 가운데 서서 국민 다수에게서 나오는 모든 요구를 만족시키는 조직이 되어야 한다. 이것이 우리 당이 관철해야 하는 커다란 변화다"라고 주장했다.[59]

대다수 서유럽 공산주의 정당들은 세력이 약해서 폭력을 이용한 체제 전복은 엄두도 내지 못했다. 핀란드, 프랑스, 이탈리아의 공산당처럼 폭력적인 전복을 고려할 정도로 강력한 정당들은 정작 그렇게 하지 않았다.[60] 이탈리아 공산당을 제외한 서유럽 공산주의자들은 당 조직을 전반적으로 구조조정 하려면 전략의 변화가 동반되어야 한다는 것을 거의 이해하지 못했다. 그러나 톨리아티보다 선견지명이 없는 지도자들조차 선택의 여지가 없다는 것을 알았다. 1920년대에 주장한 반란의 길―암울하게 실패한 정책―로 돌아갈 수는 없었다. 그러므로 서유럽 공산주의자들은 2차 세계대전이 끝나면서 자유민주주의 체제에서 권력을 잡는 방법으로 반란의 길을 완전히 단념했다. 과격한 평당원들은 여전히 소련식 전복을 꿈꿨지만, 대다수 지도자들 사이에서는 반란의 길을 버려야 한다는 것이 지배적인 견해였다.

그리스의 반란 실패가 공산주의자들이 변화의 필요성을 인식하는 데 영향을 미쳤을 수도 있지만, 반란 전략을 포기한 핵심적인 원인은 다른 곳에서 찾아야 한다. 우선 지정학적 원인을 고려해야 한다. 주도권을 잡은 미국과 동맹국들은 공산주의의 전복 시도를 막을 힘과 의지가 있었다. 소련에게서는 아무 도움도 기대할 수 없었다. 이를테면 그리스 공산당의 공산주의자들은 비록 티토Josip Broz Tito의 유고슬라비아 파르티잔이 도와주리라는 잘못된 생각을 했어도, 소련의 도움은 기대하지 않았다.[61] 게다가 유럽 전역에서 공산주의자들이 일부나마 대중의 지지를 얻은 것은 민주주의를 위한 투쟁과 선거 정치 귀환을 내세운 때였다. 권력을 향한 무장투쟁을 시작하겠다는 결정으로는 그만한 대중적 지지를 기대할 수 없었다.

마지막으로 희박하게나마 반란이 일어날 가능성을 고려할 만한 곳은 강력한 공산주의가 존재하는 프랑스와 이탈리아, 핀란드뿐이었다. 그 밖의 지역에서는 공산주의자들과 다른 정당들의 세력 관계가 공산주의자들에게 불리했다. 소련은 1947년 9월 폴란드의 츠클라스카 포레바Szklarska Poreba에서 가볍고 거창하지 않은 공산당정보국(코민포름)을 창설하면서 회원 자격을 정말 중요한 공산주의자들—즉 프랑스와 이탈리아 공산주의자들과 아직 권력을 가진 이들—로 제한했다. 이는 나중에 명백해졌듯이 소련도 이탈리아와 프랑스를 제외한 서유럽 공산주의를 포기했다는 뜻이다.

반란과 무장투쟁의 길을 포기한 유럽의 공산주의는 연정에 참여함으로써 국가권력을 잡는 전략을 택했다. 전시 연합의 존속이 공산주의 정당의 주요 목표 중 하나가 되었다. 심지어 영국에서는 공산주의자들이 자신들이 속하지도 않은 거국일치내각을 지속하기 위해 싸웠고, 선거가 치러지자 이 노선을 버렸다.

이런 '연합주의적' 전략은 전시와 평시의 정치 사이에 상당한 연속성이 있으며, 전쟁 중에 일반적이던 정치적 이해가 전후에도 지속되리라는 가정에 근거했다. 다른 반파시스트 정당과 협력이 계속될 것이고, 공산주의자들이 지배적인 정치 세력으로 점차 부상하리라고 예상되었다. 전후의 정부는 국유화 같은 입법적인 수단을 통해 대규모 자본의 경제적 기반을 약화할 것이고, 보수 집단은 지지 기반을 빼앗길 것이다. 그러나 연정 지속이 주요 목적이 되면서, 파업과 공장점거 같은 경제적 계급투쟁의 최전선 전술은 경제를 불안정하게 하고 중산층을 겁먹게 할 뿐이기 때문에 어느 정도 억제될 필요가 있었다. 공산주의자들은 양차 세계대전 사이에 고립을 피하는 것이 중요함을 배웠으며, 전쟁 중에는 국가적인 세력이 되는 것이 중요함을 느꼈다.

'인민민주주의people's democracy'는 정확히 말해 공산당이 권력을 상당 부분 차지하는 연정이 이끄는 국가나 체제를 가리키는 용어다. 이런 체제의 정책들은 주요 기업들의 국유화를 통해 공공 부문을 확대하고 노동조합을 강화하며, (모호하게 정의된) '직접민주주의' 기관들을 발전시키고 소련에게 우호적인 외교정책을 펼치는 것이었다. 냉전이 전개되면서 '인민민주주의'는 동유럽 공산주의 정권을 완곡하게 지칭하는 단어가 되었다. 이 단어는 원래 공산주의 명명법의 새로운 시도를 보여주는 것이었다. 다시 말해 모든 비사회주의 체제를 '부르주아'로, 모든 사회주의 체제를 프롤레타리아 독재로 부르는 뚜렷한 이분법을 넘어서려는 시도였다.

'인민민주주의' 전략이 성공하기 위해서는 국내와 국제적인 전시 연합이 지속되어야 했다. 또 1917년에 볼셰비키가 택한 길과 다른, '사회주의로 가는 자율적이고 국가적인 길'이 발견되어야 했다. 공산주의자들은 계속 '혁명'이라는 말을 사용했지만, 이제 '혁명'은 국민의 삶에 극적인 파열을 일으키는 것이 아니라 발전 과정을 의미했다. 공산주의자들은 혁명을 자국의 급진적 부르주아 전통과 이어지는 것으로 봤으며, 급진적 부르주아의 전통적 상징을 차용할 수 있게 되었다. 이런 국가적 전략의 선례는 1930년대 인민전선이다. 다른 점은 1930년대 공산주의 정당들이 (프랑스와 초창기 스페인처럼) 정부에 참여하기를 꺼린 반면, 전후 공산주의 정당들은 국가를 지배하는 데 최대한 관여하고 싶어 한 것이다. 공산주의자들은 가능할 때마다 연정에서 자신들의 자리를 지켜줄 연합 전략을 전개했다. 여기에는 두 가지 측면이 있다.

1. 상대가 사회민주주의자들인 경우, 공산주의자들은 어쩌면 합병까지 이어질 수도 있는 최대의 연합을 발전시키려고 노력했다. 서유럽에서 그런 합병이 일어나지는 않았지만, 토레즈와 톨리아티 모두 사회주의자−공산주의자 합병의 문제를 제기한 적이 있다. 토레즈는 1946년 11월 「타임스The Times」 인터뷰에서 다음과 같이 선언했다. "공산주의자와 사회주의자의 결합으로 우리가 만들고 싶은 것은 프랑스 노동자 정당이며, 이는 새롭고 대중적인nouvelle et

populaire 민주주의를 향한 안내자가 될 것이다."[62] 톨리아티는 좀더 신중했다. 그는 1944년 10월 3일 피렌체에서 연설할 때 사회주의 자와 합병 문제를 꺼냈다. "우리는 단일 정당을 만들려고 노력하기 전에 [이탈리아] 북부 지역의 해방을 기다려야 한다."[63] 실제로 합병은 동유럽과 중유럽에서 새롭게 부상한 인민민주주의 국가인 체코슬로바키아, 폴란드, 동독 같은 곳에서 훨씬 강력한 공산주의자들에 의해 강요되다시피 했다. 서유럽에서 합병이라는 목표를 이루려면 사회민주주의 내부의 반공산주의 진영을 고립시킬 필요가 있었다.

2. '부르주아' 중도정당과 연합을 고려하는 경우, (전쟁 중 국가적 연합과 전쟁에 기울이는 노력을 위해 사회주의적 요구를 보류한 것과 마찬가지로) 연합을 깰 근거를 주지 않기 위해 종전의 사회주의적 요구에서 최대한 타협해야 했다.

이런 전략의 목적은 국가 정치의 합법적인 무대에 공산주의 정당을 영구적으로 끼워 넣는 것이었다. 이를 위해서는 '평범한' 정치 담론에서 종전의 반공산주의를 모두 제거해야 했다. 또 반파시즘을 통해 인민민주주의의 '민주적' 정당들의 연합을 유지해야 했다. 다시 말해 공산주의가 정당성을 얻기 위해서는 반공산주의와 반공산주의 정당이 정당성을 잃어야 했고, 이는 반공주의자가 되면 진정한 반파시스트가 될 수 없어야 한다는 뜻이었다.

앞서 보았듯이 '국가적 길' 전략은 서유럽 전역에서 실패했다. 공산주의자들은 인민민주주의가 더 발전된 부르주아 민주주의일 것이라고 주장했지만, 신뢰할 만한 주장이 아니었다. 그들은 연정에서 추방되거나, 떠날 수밖에 없는 입장이었다. 이탈리아를 제외한 모든 국가에서 연정에 남거나 합법적인 주요 반대 세력이 된 이들은 사회주의나 사회민주주의 정당이다. 서유럽 공산주의 전략의 전체적인 방향은 정치적으로 정당한 것과 받아들여지지 않는 것을 구분하는 핵심 개념으로써, 반파시즘을 확립하는 데 목표를 두었다. 이들의 전략은 완전히 실패했다. 결국 서유럽에서는 반공산주의, 즉 냉전 측면에서 정의된 '서구'의 가치를 받아들이는 것이 권력에 접근하기 위한 전제조건이 되었다.

공산주의자들이 서유럽 전역의 연정에서 퇴출된 일은 이후 그들이 체코슬로바키아를 장악한 사건으로 정당화되었다. 이 사건은 공산주의자들이 연정 파트너로 신뢰할 만하지 않음을 보여줬다. 그러나 그들이 서유럽의 정부에서 추방된 것은 1947년이고 체코슬로바키아 장악은 1948년에 일어났기 때문에, 이는 사후事後 설명에 불과하다. 그렇다고 해서 공산주의자들이 서유럽 연정에서 퇴출된 것이 정당하다는 주장에 전혀 근거가 없지는 않다. 체코슬로바키아 공산당KSC이 채택한 성공적인 전략은 (실패한) 서유럽 공산주의 정당의 전략과 유사하며, 간략하게 살펴볼 필요가 있다.

체코슬로바키아 공산당은 1946년 전당대회에서 현 단계가 사회주의 혁명이 아니라 민족-민주주의 혁명의 단계라고 강조했다. 이들은 프랑스와 이탈리아를 비롯한 다른 국가의 공산주의 정당들이 그랬듯이 사회주의로 가는 다른 길이 있을 수 있다는 점을 받아들였다. 체코슬로바키아 공산당은 연정에서 지배적인 정당이었다. 이들은 전국적으로 급증한 대중조직(노동조합, 청년운동, 농민 단체, 여성 단체)에서도 주요 세력이었다.[64]

체코슬로바키아 공산당은 1946년 선거에서 지지율 38퍼센트를 얻어 300석 중 114석을 확보했으며, 사회민주주의자들과 연합해서 153석으로 확실한 과반수를 차지했다. 체코슬로바키아 공산당 지도자이자 총리 클레멘트 고트발트Klement Gottwald는 인민민주주의 전략을 진지하게 받아들여서 소련이 그를 단념시키기 전에는 마셜플랜Marshall plan을 지지했다. 따라서 체코슬로바키아 공산주의자들의 입장은 프랑스나 이탈리아 공산주의자들과 다르지 않았다. 그들은 모두 비좌파 정당이 포함된 연정을 구성하고 있었으나, 냉전 때문에 연정이 유지될 수 없었다. 프랑스와 이탈리아 공산주의자들은 1947년 자국 연정에서 축출되었고, 같은 해 열린 코민포름 창립 회의에서 그렇게 권력을 빼앗긴 점을 비판 받았다.[65]

비판은 거셌다. 소련 대표 안드레이 주다노프Andrei Zhdanov는 이탈리아 공산당 대표 루이지 롱고Luigi Longo에게 선제공격을 하라고 강력히 권고했다.[66] 유고슬라비아 카르델 대표는 이탈리아 공산당의 연합 전략과 사회주의를 향한 평화로운 길에 대한 노력을 공격하며, "이탈리아의 선도적인 동지들이 우리의 경험을 충분히 그리고 일관되게 이용하지 않았다"고 말했다.[67] 나중에 자신이 티토주의자 억압의 피해자가 되었을 때 이 사건을 반추했을 것이 분명한 질라스Milovan Djilas도 프랑스 동지들의 기회주의를 질책하고, 그들에게 "자신들의 업적과 실수에서 교훈을 얻으라"고 촉구했다.[68] 이탈리아와 프랑스 공산주의자들은 비판을 받아들였다. 프랑스 공산당 대표 자크 뒤클로는 "합법주의와 의회주의를 지나치게 존중했다"며 롱고보다 흔쾌히 비판을 받아들였다.[69]

그러나 체코슬로바키아 공산당은 서유럽 공산주의 정당들과 달리 1947년 말에도 권력을 가지고 정부 주요 부처를 지배했으며, 1948년 2월 중도정당과 우파 정당 없이 정부를 구성했다. 상당한 대중의 지지를 받으며 정부를 구성한 공산당은 사회민주당을 제외한 모든 정당을 억압했고, 몇 달 뒤 사회민주당도 삼켜버렸다. 체코슬로바키아 공산당은 이탈리아나 프랑스 공산주의자와 달리 정부에 남기 위해 조직된 노동계급의 힘을 동원했다.[70]

체코슬로바키아의 권력을 향한 이런 방식은 서유럽 공산주의의 전략적 모델이자, 공산주의자들이 신뢰받지 못한 원인이다. 공산주의자들은 다음과 같은 의심을 받았다. 공산주의자들은 민주주의의 길을 따라가는 척할 뿐, 사실상 민주주의 전복을 준비하고 있다. 그들은 동맹을 추구하며 권력을 공유하려는 것처럼 보이지만, 실제로는 연합한 동맹을 때가 되면 버릴 '유용한 바보'라고 생각한다. 그들은 애국심을 내세우지만 1939년 나치와 소련의 협약 이후 분명히 드러났듯이 자국의 이익보다 소련의 이익을 옹호한다. 이런 확언을 포함한 많은 비슷한 주장들은 현대 정치사의 사건들을 통해 증명될 수 있었다(그리고 증명되었다). 집권한 공산주의 정당들이 재선을 위해 다시 선거에서 진정으로 경쟁한 것은 1990년이 되어서다. 아무리 큰 다수당이라 해도 미래 세대의 유권자를 결속하지 못하기 때문에 일당 체제는 민주적으로 확립될 수 없었다.

서유럽 공산주의자들은 자신들에 대한 불신을 해소할 논리적인 주장을 내놓지 못했다. 그들이 아무리 신중하고 민주적으로 행동해도, 온건한 입장을 취해도, 헌법에 보장된 권리를 인정하고 시민권을 옹호해도, 그것이 모두 기만적인 행태라는 확신에 반증이 되지는 못했다. 공산주의자들이 신뢰를 받으려면 소련의 대외 정책을 무비판적이고 체계적으로 지지하는 일을 그만두고, 동유럽과 소련의 사회주의 관행을 비판해야 했다. 그러나 전쟁 직후 서유럽 공산주의자들은 그럴 수 없었다. 서유럽 공산당 지도부는 소련과 동유럽 국가에서 건설되는 것이 사회주의라고 믿는 자신들의 지지층을 무시할 수 없었다. 그리고 평당원이나 지도자들도 이런 믿음을 공유하고 있었다.

더구나 소련 사회주의를 비난하는 것은 사회민주주의와 공산주의의 주된 경계선을 무너뜨리는 일이므로, 당을 해체하고 사회민주주의에 합류하는 것과 마찬가지였다. 공산주의 활동가들은 사회민주주의자들의 신뢰를 받지 못했고, 그들도 사회민주주의자들을 신뢰하지 않았다. 그들은 항상 사회주의에 대해 이야기했지만, 실제로는 자본주의와 타협하고 있었다.

서유럽에서 '인민민주주의' 체제, 즉 강력한 공산당 체제가 들어설 조건이 갖춰진 곳은 이탈리아와 프랑스, 핀란드뿐이었다. 이들 국가에서 공산주의자들은 사회주의나 사회민주주의 정당 혹은 중도정당과 연정을 구성했다. 프랑스에서는 기독교 기반의 인민공화운동당MRP과, 이탈리아에서는 기독민주당DC과, 핀란드에서는 농민당과 연합했다. 이들 연정은 1947~1948년까지 살아남았다. 이 기간 동안 세 국가의 공산주의자들은 선거에서 투표수의 거의 4분의 1을 획득했다. 이는 벨기에, 덴마크, 네덜란드, 스웨덴, 노르웨이 공산당의 평균 득표수를 두 배 이상 웃도는 수치다.

선거 결과를 놓고 보면 가장 강력한 공산당은 의심할 여지없이 프랑스 공산당이다. 프랑스 공산당은 1945년 두 차례 선거에서 거의 26퍼센트를, 1946년에는 28.6퍼센트를 기록해 국가와 국회에서 가장 큰 정당이 되었다. 또 프랑스 공산당은 거의 모든 지역에서 적어도 한 명 이상 국회의원을 당선시켜, 진정한 국민정당이 되었다.[71] 프랑스 공산당은 모든 선거에서 인터내셔널 프랑스지부보다 강했다. 그에 비해 이탈리아 공산당은 약했다. 이탈리아 제헌회의를 위한 선거(1946년)에서 공산당이 19퍼센트를 얻은 반면, 통일사회당은 20.7퍼센트를 얻었고 기독민주당은 35.2퍼센트를 얻었다. 1948년 선거에서 사회주의자와 공산주의자는 후보 명부 하나를 제출하고 함께 선거전을 펼쳤으며, 1946년 결과보다 8퍼센트 하락한 31퍼센트를 얻었다. 핀란드에서 공산당은 1945년 25.1퍼센트를 얻은 사회민주당에 이어 23.5퍼센트를 얻었으며, 1948년에는 26.3퍼센트를 얻은 사회민주당과 24.2퍼센트를 얻은 중도정당에 이어 20퍼센트를 획득했다.

이탈리아 공산당은 선거에서 프랑스 공산당에 비해 상대적으로 약했지만, 당원이 많다는 점이 부분적으로 약점을 보완해주었다. 1946년 말 프랑스 공산당에는 80만 명이 있었는데, 이탈리아 공산당은 200만 명에 달했다. 이런 차이는 서로 다른 정책의 결과라고 할 수 있다. 톨리아티는 많은 당원을 모으는 것을 목표로 했고, 신입 당원의 사상 검증에 신경 쓰지 않았다. 프랑스 공산주의자들은 보다 신중해서 당원은 많지 않지만, 이탈리아보다 작은 정당으로도 충분했다. 프랑스에는 대중정당의 전통이 없었다. 프랑스 인민공화운동당이나 인터내셔널 프랑스지부도 공산당과 비교할 만한 조직을 갖지 않았다. 이탈리아에서는 교회의 실질적인 도움을 받는 기독민주당이 공산당과 마찬가지로 '전선'과 단체의 네트워크 중심에 있는 대중정당으로 부상했다.

프랑스와 이탈리아 공산주의자들은 계속 '인민민주주의' 연합 전략을 추구했다. 이들은 모두 자신들의 정치가다운 자질과 국가적 책임에 대한 감각을 입증하고 싶어 했다. 그리고 중산층을 회유해 자기편으로 만들고, 그들이 독점기업(프랑스 공산당은 'les trusts', 이탈리아 공산당은 'i monopoli')이라고 부르는 것을 고립시키는 데 전념했다. 따라서 그들은 파업과 높은 임금에 대한 요구를 접어두고, 산업 생산성을 높이기 위한 정책을 지지했다. 두 나라의 낮은 산업 생산 수준을 고려할 때 이것은 분명히 옳은 정책이다. 파업 봉쇄는 두 정당이 노동계급의 좁은 집단적 이익을 대변하는 것이 아니라 국민정당이 되기로 했다는 점을 보여준다.

그리하여 토레즈는 1945년 7월 21일 와제Waziers의 광부들에게 더 많은 석탄을 생산하는 일이 광부의 계급적 의무[72]라 말했고, 공산주의 노동조합원 몽무슈Gaston Monmousseau는 "파업은 트러스트에게 유리한 무기"[73]라고 선언했다. 토레즈는 유명한 와제 연설에서 기강을 강조하며, 노동자들에게 휴가 반납을 고려해보도록 제안하고, 잦은 결근을 책망했다("게으른 사람들은 결코 좋은 공산주의자나 혁명가가 될 수 없다"). 그는 또 근로조건이 개선되어야 하고, 광부의 숫자를 늘리기 위해서는 탄광업이 매력적인 일자리가 되어야 하며, 여성이 탄광업에 종사하는 것을 장려해야 한다고 주장했다("여성은 집에 있어야 한다는 견해를 지지하는 반동분자들"이 있지만 "여성이 스스로 쟁취하지 않으면 여성의 해방은 없을 것이다").[74] 생산이 최우선순위가 되었다는 점에는 의문의 여지가 없다. 프랑스 공산당은 1946년 11월 발표한 「정부 행동 계획Programme d'action gouvernementale」 중 산업에 대한 챕터에서 국유화보다 생산의 필요성을 강조했고, 노동자의 통치나 산업민주주의는 언급하지 않았다.[75] 프랑스 공산주의자들은 급진적인 언어를 사용하면서도 이탈리아 공산당보다 노골적으로 중산층의 환심을 사려고 했다. 그들은 개인의 자주성을 최대한 지지한다고 선언했고, 유통되는 지폐를 교환하려는 망데스 프랑스Pierre Mendès-France의 계획을 저지했다. 망데스 프랑스 계획의 목적은 전쟁 중 매트리스 안에 모아놓은 불법적인 현금에 세금을 부과하는 것이다.[76] 이탈리아에서도 공산당 출신 재무부 장관 소시마로Mauro Scoccimarro가 유사한 계획을 시행했으나, 중산층의 경제적 이익을 보호해온 기독민주당에 의해 저지되었다.

1945년 8월 이탈리아 공산당이 소집한 특별 경제 회의에서 톨리아티는 보조금과 ('유토피아적인') 국가 경제계획, 소련식 경제통제에 반대하고, 생산 증대와 영국식 전시 통제, 소규모 저축자를 보호하기 위한 반인플레이션 정책을 요구했다(그는 "인플레이션으로 소규모 저축자들이 무너진다면 그들은 반동분자와 파시스트의 손아귀에 던져질 것이다"라고 말했다). 마지막으로 그는 노동조합에게 임금 인상보다 생산 향상에 관심을 기울이라고 경고했다.[77]

공산주의자들의 이런 태도가 프랑스나 이탈리아에서 이득이 되지 않았다는 점을 짚고 넘어가야 한다. 톨리아티는 삼자 연합이 해체되기 몇 달 전인 1947년 2월 19일 다음과 같이 불만을 토로했다.

지난 몇 년 동안 이탈리아에서 정치적 파업은 일어나지 않았다. 노동조합은 임금 협상 중지에 동의했다. 현 경제 상황의 놀랍고 부조리한 특징은 이런 것이다. 즉 노동계급과 노동조합은 국가 재건을 위해 생산, 질서, 사회 평화를 유지하는 데 필요한 조치를 취하며 좋은 본보

기를 보이는 반면, 다른 편에서는 정치와 경제 투기꾼들이 이런 상황을 이용하고 있다.[78]

프랑스와 이탈리아 공산당은 전후의 상황과 그에 따른 객관적인 경제적 요구뿐만 아니라 중산층과 동맹할 필요성에도 부응했다. 두 정당의 중요한 차이는 프랑스 공산당이 중산층과 동맹을 추구하면서도 중산층 정당과는 협약을 맺지 않았다는 점이다. 오히려 프랑스 공산당의 중산층 친화 정책은 중산층의 지지를 가장 많이 받는 중도좌파 가톨릭 정당인 인민공화운동당을 고립시키고, 인민공화운동당과 인터내셔널 프랑스지부의 관계 회복을 막으려는 것이었다. 이 시기에 프랑스 공산당은 자신들과 인터내셔널 프랑스지부의 좌파 연합을 위해 노력했고, 전통적인 좌파가 중산층이라는 집단을 대변할 수 있다고 생각했다. 1945~1947년 프랑스 공산당이 인터내셔널 프랑스지부에 인민공화운동당을 배제하고 정부를 구성하자고 반복해서 호소한 것도 그 때문이다. 하지만 냉전이라는 중대 상황이 발생하고, 인터내셔널 프랑스지부가 왼쪽의 신뢰할 수 없는 공산주의자들과 오른쪽의 안전하고 국제적으로도 평판이 좋은 인민공화운동당 가운데 후자를 택하자, 프랑스 공산당은 연정 밖으로 밀려났다.

이탈리아 공산주의자들도 정부에 남는 데 실패했다. 그러나 이들의 연합 전략은 프랑스 공산주의자들과 크게 달랐다. 이탈리아 공산당도 중산층에게 직접 호소했지만, 이들은 중산층을 대표하는 데 기독민주당의 중심적인 역할을 인정했다. 결론적으로 이들의 모든 노력은 사회주의자, 공산주의자, 기독교 민주주의자의 삼자 연합을 유지하는 방향으로 나갔다. 이들은 중산층과 타협을 추구할 때 의도적으로 기독교 민주주의를 포함했다(그 때문에 사회주의자들이 좌파 입장에서 이의를 제기했지만 개의치 않았다). 물론 이탈리아는 프랑스와 달리 좌파가 과반수를 차지하지 않았고, 공산당이 좌파 정부를 위해 싸울 여지가 없었다고 볼 수도 있다. 즉 이탈리아와 프랑스 공산당의 전략이 다른 것은 선거에서 득표율이 차이가 났기 때문이다. 그렇지만 톨리아티가 가톨릭 세력과 타협하면서 기독민주당이 개혁주의적 방침을 고수하고, 보수 집단이 다시 세력을 결집하지 않는 것을 바랐다는 점 역시 분명해 보인다.

톨리아티는 기독교 민주주의와 그 세력이 사회적으로 복잡하게 구성되었다는 사실을 잘 알았다. 그는 1944년 10월 3일 피렌체 연설에서 가톨릭 조직들의 생명력을 강조했다. 톨리아티가 보기에 가톨릭 조직들은 "파시스트 정권에서 거의 20년 동안 합법적으로 존재했고, 그들에게는 정계로 돌아와서 일하며 커다란 정당을 빠르게 조직할 수 있는 간부급 인사들이 많다". 그렇게 조직된 정당에는 부르주아 지주뿐만 아니라 '노동자와 농민'이 포함될 것이다.[79] 톨리아티는 정치학자들이 나중에 '다극 공존형 민주주의consociational democracy'라고 부른 것, 즉 중심축이 중도좌파에 있는 반영구적인 대연합을 발전시키려고 노력했다. 한편 프랑스의 토레즈는 영국식 모델에 가까운, 좌파와 우파의 이데올로기적 경계가 명확한 양당 제도를 제안했다.

프랑스와 이탈리아 공산당의 전술적 차이는 두 정당이 헌법에 관련된 쟁점에 접근하는 방식을 비교하면 이해하기 쉽다. 1945년에 일반적으로 동의된 바는 이전의 헌정 체제(프랑스에서는 제3공화정, 이탈리아에서는 파시스트 이전의 자유국가)로 돌아갈 수 없다는 것이었다.
따라서 두 나라 모두 새로운 헌법을 작성해야 하는 문제에 직면했다.
두 나라 공산당은 역사상 처음으로 비사회주의 국가의 헌정 체제를
결정하는 데 동참했다. 그들은 모두 상원이나 강력한 대통령, 힘 있
는 행정부, 대법원 등에게 간섭받지 않는 단원제 의회를 찬성했다.
그들이 마음속에 그리던 것은 의사 결정 과정을 완전히 지배하는 자
유롭고 강력한 정당이 정치하는 체제다.

  이런 입장은 공산당을 비롯한 좌파가 선거에서 승리할 가능성에
대한 긍정적인 평가와 부합했다. 좌파가 의회에서 과반수를 차지
하면 구조적인 견제와 균형이 가능한 제도가 억제될수록 국가의 사
회·경제적 풍경을 쉽게 바꿀 수 있기 때문이다.

  프랑스 공산당은 심각하게 분열된 인터내셔널 프랑스지부를 설
득해서 강력한 단원제 의회에 대한 지지를 얻었고, 인민공화운동당
의 반대를 물리치고 1946년 5월 헌법 초안에 단원제 의회를 포함하
는 데 성공했다. 그러나 그들의 전략은 완전히 실패로 끝났다. 사
회주의자를 포함한 유권자 60만 명이 국민투표에서 헌법 초안에 반
대표를 던졌다.[80] 상원을 허용하는 수정된 헌법이 공산주의자들의
소극적인 지지를 받으며 가까스로 승인을 얻었다. 수정 헌법에 3분
의 1이 조금 넘는 유권자가 찬성표를 던졌고, 3분의 1에 조금 못 미
치는 수가 반대했으며, 31.1퍼센트가 기권했다. 새 헌법은 진보적
인 구절을 많이 포함했다. 예를 들면 양성평등, 완전고용, 파업의
권리, 교육의 권리, 독점기업의 국유화, 사회보장제도, 직장 내 노
사 위원회 제도 등이다.[81] 헌법을 위한 정치적 싸움에서 비타협적인
태도를 보인 공산당은 결과적으로 고립되었고, 인터내셔널 프랑스

지부와 인민공화운동당의 관계는 회복되었다.

이탈리아 공산주의자들은 처음에는 헌법에 대해 프랑스 공산주의자들과 유사한 계획을 고려했지만, 곧 기독교 민주주의자들과 맺은 우호조약을 안정적으로 유지하기 위해 자신들을 희생했다. 심지어 그들은 1929년 교회와 맺은 협약을 헌법에 기록하고, (사회주의자들의 강한 압박에도) 지방분권에 대한 기독교 민주주의자들의 생각을 받아들이는 데 기독민주당과 함께 찬성표를 던졌다. 결과적으로 헌법에는 전통적인 자유주의적 원칙과 함께, 파업과 노동조합을 구성할 권리 같은 사회·경제적 권리가 포함되었다. 상당히 진보적인 조항(3조 2항)도 포함되었는데, "공화국의 과제는 사실상 시민의 자유와 평등을 제한함으로써 인성의 온전한 성장을 저해하고 국가의 정치, 경제, 사회조직에 대한 모든 노동자들의 실질적인 참여를 막는 경제와 사회의 본질적인 장애물을 제거하는 것이다"라고 단언했다.[82]

이탈리아 공산주의자들은 결국 기독민주당과 연정에 남지 못했기 때문에 그들의 정치적 전략은 실패했다고 할 수 있다. 하지만 헌법에 대한 그들의 전략은 성공했다. 그들은 이탈리아 공화국 수립에 일조했고, 그 공화국은 프랑스의 제4공화정과 달리 냉전 시대 내내 살아남았다. 이탈리아 공산당은 자신들이 이탈리아 헌정 체제의 주요 수호자이고 합헌적인 정당이며, 이탈리아 민주주의를 공고히 하는 데 결정적으로 기여했다고 주장할 수 있었다.[83] 비례대표제는 헌법에 기록되지는 않았지만, 공산주의자들이 의회에서 대중의 지지에 상응하는 영향력을 행사할 수 있도록 보장해주었다. 공산주의자들에 대한 대중의 지지는 1979년까지 끊임없이 증가했다.

공산주의자들이 택한 조직의 형태—그물망처럼 연결된 부수적인 연합들이 지지하는 대중정당—덕분에 그들은 정치 무대에 오랫동안 등장할 수 있었다. 공산당과 사회주의 정당의 동맹은 1950년대 후반까지 지속되었다. 그들은 자신의 역할이 없는 정치적 드라마가 대단원을 맞이하기를 기다리는, 권력에서 배제되고 고립된 정당이 아니었다. 공산당은 이탈리아 중부 지역, 특히 에밀리아Emilia 지방의 도시와 마을에서 대중의 지지를 얻었다. 이런 대중적 지지를 통해 그들이 발전시킨 지방자치 사회주의는 많은 찬사를 받았고, 여러 연구에서 다뤄졌다.[84]

프랑스 공산당의 성적은 그리 훌륭하지 않았다. 그들이 마지못해 받아들인 헌법은 10년 정도 지속되었다. 알제리 사태로 드골이 다시 권력을 잡았을 때 공산주의자들은 열성적으로 헌법을 수호하려 했다. 그러나 제4공화정은 막을 내렸고, 주요 행정권을 대통령에게 부여한 새로운 헌법이 마련되었다.

핀란드 공산주의자들의 궤적은 프랑스나 이탈리아 공산주의자들과 유사했지만, 늘 그렇듯이 핀란드는 특별한 사례로 여겨진다. 전후 선거의 기록을 보면, 핀란드 공산당SKP은 이탈리아나 프랑스 공산당과 함께 강력한 공산주의 정당으로 평가된다. 실제로 그들의 1945년 선거 결과는 놀라울 정도로 좋았다. 그러나 핀란드에서는 독일에 맞선 주요 무장 저항운동이 없었기 때문에, 핀란드 공산주의자들은 프랑스나 이탈리아 공산주의자들과 달리 이런 성공을 무장투쟁 덕분이라고 할 수 없었다. 핀란드 사람들이 소련에게 감사해야 할 이유는 거의 없었다. 소련의 침략으로 1939~1940년 겨울전쟁Winter War이 일어났고, 1941~1944년 2차 대소전쟁Continuation

War 때는 핀란드가 나치 독일에 협조하여 소련에 맞섰다.

2차 대소전쟁이 시작되었을 때 핀란드 공산당은 활동이 금지된 상태였고, 아직 영향력이 없는 작은 집단이었다. 이들에게 지하에 있다가 1945년 이후에야 모습을 드러낸 대규모 지지 세력이 있었다는 주장은 근거가 희박하다.[85] 그러나 핀란드 공산당에는 핀란드 사회주의노동자당SSTP 때부터 활동해온 골수 활동가들이 있었다. 핀란드 사회주의노동자당은 1919~1923년 사회민주주의자들에 맞설 주요 좌파적 대안이었으며, 자국에서 형성된 좌파 급진주의를 대표했다.[86] 게다가 핀란드 공산당은 전후 전반적인 경향이 좌파로 이동한 덕을 본 유일한 수혜자였다. 가장 가까운 경쟁자인 사회민주당은 나치 편에서 싸운 정부의 일원이라는 오명을 쓰고 있었다.

핀란드 공산당은 1944년 10월 4~5일 처음 개최된 합법적인 전당대회 때 다른 나라에서 발전된 '인민민주주의' 전략을 따르기로 결정했다. 따라서 이들은 혁명적 강령을 단념하고, 폭넓은 인민전선을 기반으로 합헌적인 정치에 참여했다.[87] 이들은 사회민주주의자들과 연합하며 농민당과 화해하려 했다. 하지만 뷔크Karl Wiik가 이끄는 친공산주의적인 '바파사나Vapaa Sana 그룹'이 사회민주당에서 제명되며 좌파 단일 정당을 만들겠다는 목표는 좌절되었다. 그러자 핀란드 공산당, 바파사나 그룹, 그 밖의 좌파주의자들이 모여 핀란드 인민민주연맹SKDL이라는 선거 연맹을 설립했다.[88]

공산주의자들은 인민민주연맹에서 우세했지만 압도적이지는 않았다. 1945년 인민민주연맹이 얻은 39만 8618표 중에서 약 13만 표는 바파사나 그룹과 다른 좌파 사회민주주의자들에게 던진 표로 추산된다. 두 집단은 인민민주연맹이 얻은 49석 중 9석을 차지했다.

인민민주연맹의 요직인 사무국장은 1965년 무소속 사회주의자 알레니우스Ele Alenius가 선출되기까지 공산주의자들이 계속 차지했지만, 지도자 자리는 전후 내내 공산주의자가 맡지 못했다.[89]

인민민주연맹의 선거 정책은 인민민주주의 전략을 따랐다. 이들은 통합 이데올로기로 반파시즘을 유지했으며, 파시스트 조직을 금지했다. 또 UN(국제연합)의 원칙에 부합하는 외교정책, 소련과 특별한 관계를 추구했다.[90]

인민민주연맹은 1945년에 치른 선거에서 23.5퍼센트를 얻어 의회에서 가장 큰 세력으로 떠올랐다. 긍정적인 선거 결과로 고무된 공산주의 지도자들은 다른 두 주요 정당과 공동강령을 논의할 수 있었다. 1945년 4월에 협약이 체결되었다. 공산주의자들과 그 동맹이 내각 각료 중 거의 3분의 1을 차지했다. 그중에는 체코슬로바키아처럼 내무부 장관도 포함되어 공산주의자와 그 동맹이 경찰을 통솔할 수 있었다. 체코슬로바키아에서 일어난 사건과 다르지 않은 일들이 핀란드에서도 뒤따랐다. 1946년 봄 핀란드 공산당은 사회 개혁을 비롯해 군대와 행정조직의 민주화를 요구하는 시위에 힘입어 광범위한 대중운동을 시작했다. 그러나 이들은 프라하Praha의 운동과 달리 실패했고, 핀란드 사회민주주의자들은 반격에 나섰다. 사회민주주의자들은 부정 혐의를 제기해서 노동조합 선거를 연기하는 데 성공했고, 마침내 1947년 선거에서 반공산주의를 기반으로 과반수를 차지했다.[91]

1948년 5월이 되자 주요 세 정당의 협약은 끝난 것이나 다름없었다. 반공산주의가 다시 선거의 쟁점으로 등장했다. 1945년 200석 가운데 49석을 차지하던 인민민주연맹은 이제 34석만 남았다. 정부

에서 역할도 작아지자 인민민주연맹은 정부를 떠나 1966년까지 야당으로 머물렀다.[92]

핀란드 공산당이 왜 체코슬로바키아 공산당이 택한 길을 따르지 않았는지는 여전히 논란거리로 남아 있다.[93] 공산주의가 동유럽과 중유럽을 장악한 원인을 지정학적으로 설명하려는 이들은 여기에서 난관에 부딪힌다. 핀란드와 체코슬로바키아의 지정학적 위치는 굉장히 유사하다. 두 나라 모두 서유럽의 영향권에 있거나 붉은 군대의 점령을 받지 않았다. 핀란드에서 보수정당을 포함한 주요 정당들이 소련과 우호적인 관계를 받아들인 상황에 대해 소련 정부가 상당히 만족한 것은 분명하다. 소련 정부는 과거에 대한 속죄의 상징으로 독일에 협력한 이들(특히 전쟁 중에 외무부 장관을 지낸 탄네르 Väinö Tanner 같은 사회민주주의자들)을 모두 숙청하길 원했고, 핀란드는 그렇게 했다. 핀란드가 소련의 세력권으로 들어갔다면 프라하의 쿠데타보다 국제 정세에 부정적인 영향을 미쳤을 것이다. 그로 인해 불안해진 스웨덴이 중립적 입장을 버릴 정도로 파문이 컸을 것이다. 소련 정부와 핀란드의 소련 추종자들은 핀란드인과 체코슬로바키아인의 국민성도 고려했을 것이다. 공산주의가 힘으로 장악하려 한다면 (결코 순교자의 관을 쓰고 싶어 하지 않는) 체코슬로바키아 반공주의자들은 참을 테지만, 핀란드 반공주의자들은 저항할 것이다. 이렇게 해서 핀란드는 외교적으로는 소련에 반대하지 않으면서 국내에서는 반공산주의를 추구한 유일한 예로 남았다.

핀란드와 체코슬로바키아의 가장 두드러진 차이점은 내부에 있었다. 체코슬로바키아 공산주의자들의 특표율이 40퍼센트인 반면, 핀란드 공산주의자들은 25퍼센트에 지나지 않았다. 1947~1948년 공산주의자와 반공주의자가 포함된 유럽 전역의 연립정부는 국제적인 반파시즘 연합의 해체, 즉 냉전에 적응해야 했다. 대다수 국가 반공주의자들은 연정에서 공산주의자들을 추방할 수 있을 정도로 강력했다. 이는 이탈리아와 프랑스는 물론이고, 공산주의자가 일반 유권자의 10퍼센트 이하를 대표하는 모든 서유럽 국가에서는 말할 것도 없었다. 핀란드 반공주의자들도 공산주의자에게 굴욕을 주며 정부에서 나가게 할 정도로 강력했다. 체코슬로바키아는 유일하게 공산주의자들이 추방되지 않을 정도로 강력했다. 대다수 산업 노동계급, 많은 지식인과 소규모 농민들이 그들을 지지했기 때문에 의회 선거가 있었다면 체코슬로바키아 공산주의자들이 절대적인 과반수를 차지했을 것이다.[94]

서유럽에서 공산주의자들의 정부 참여가 끝난 배경에는 사회주의자나 사회민주주의자의 역할이 핵심적이었다. 프랑스 사회주의자들은 공산주의자들과 싸우는 것을 두려워하지 않고 중간에서 강력한 동맹을 형성했다. 이탈리아 사회주의 정당에서 반공산주의를 지지한 이들은 소수지만, 기독교 민주주의자들이 정부에서 공산주의자를 몰아내는 데 충분한 힘이 되었다. 다시 말하지만 체코슬로바키아는 달랐다. 사회민주당의 우파 진영은 열심히 싸웠지만, 공산주의자들과 계속 협력하려는 다수를 이길 수 없었다.[95] 핀란드 사회민주주의자들은 전쟁 동안 독일 편에서 싸웠고, 전후에는 마지못해 공산주의자들과 협력하는 데 동의했다. 바파사나 그룹이 사회민주당에서 추방되자, 핀란드 공산당은 사회민주당에 자기편이 있을 거라 기대할 수 없었다.[96] 핀란드 공산당은 선거에서 성과를 거뒀음에도 무장투쟁으로 국가를 장악하거나(그럴 의도도 없었다) 영구적인 연정을 구성하기에는 약했다. 그러므로 이들의 상황은 체코슬로바키아보다 프랑스나 이탈리아의 공산주의자들과 훨씬 비슷했다.

서유럽 공산주의가 선거에서 정점을 찍은 뒤 몇 년간 전반적인 성적표는 눈 깜짝할 새에 작성할 수 있다. 프랑스와 이탈리아, 핀란드 외에 다른 모든 곳에서 공산주의자들은 국내 정치의 중요한 세력이 아니었다.

동유럽에서는 소비에트의 직간접적인 개입이나 압력 덕분에 공산주의가 승리했다. 세계는 수년간 소비에트의 공표를 통해 동유럽에서 건설되는 것이 무엇이든 그것이 '실재하는 사회주의'의 유일한 형태라는 점을 상기했다. 이런 체제가 세워진 영토들은 일부 예외를 제외하면 지난 세기에 프로이센, 제정러시아, 오스트리아와 터키제국의 지배를 받던 지역—자유롭고 진보적인 19세기 유럽에 대한 적개심이 집중된 지역—이다. 이 지역은 강력한 민주주의의 전통이 꽃피는 동안에도 그 영향을 받지 않았으며, 이곳에 뿌리내린 사회주의는 비교적 단일한 세력권에 갇혀서 공식적인 이데올로기로 굳어졌고, 더 발전하거나 수정·변경될 수 없었다.

그러므로 이곳에서는 사회민주주의 전통이 파괴되었을 뿐만 아니라 공산주의 전통이 발전할 기회도 없었다. 국가들은 서로 상당히 다르며 소련과도 달랐지만, 사회주의 건설에는 거의 균일한 소비에트 모델이 적용되었다.

동유럽과 중유럽의 소비에트화는 1917~1920년에 일어난 특정한 혁명적 사태와 떼어놓고 생각할 수 없다. 코민테른의 탄생은 다가오는 혁명이 국제적 성격을 띠므로 그에 걸맞은 국제적인 협력이 필요하다는 가설에 근거했다. 코민테른을 20세기가 낳은 자식이라고 하는 것은 코민테른의 이데올로기 때문이기도 하지만, 그 근본적인 가정이 상호 의존과 글로벌리즘이었기 때문이다. 이런 개념을 중심으로 처음에 공산주의자들은 소비에트 혁명이 존속하기 위해서는 다른 국가의 혁명이 반드시 필요하다고 믿었다. 자본주의의 전반적인 위기로 유럽 전역에 비교적 동일한 조건이 형성되고, 여러 국가의 공산주의 정당이 전략적으로 손을 잡으면 국제적인 혁명이 초래되리라고 본 것이다. 그러나 상호 의존적 글로벌리즘이라는 현대의 가정은 아주 오래전부터 있던 국제 문제의 틀과 공존했다. 이 틀이란 18세기 유럽에서 이어져온 근대국가 체계, 즉 이해관계의 충돌을 외교나 힘으로 해결하는 국가들의 연합을 말한다. 그러므로 볼셰비키는 자신들의 국가—소비에트연방, 즉 아직 만들어가야 할 사회주의의 땅—를 책임질 뿐만 아니라 제정러시아의 후계국—분명한 '민족적' 안보 이익이 있고, 국가 이데올로기가 달라졌다는 이유로 안보 이익이 한꺼번에 바뀌지는 않는 국가—도 소유하고 있다는 사실을 깨달았다. 제정러시아와 마찬가지로 소련도 확실한 국경, 완충국, 안전지대, 국제적 조약, 비밀외교 등이 필요했다. 소련을 지배하는 이들은 이런 현실을 직시해야 했다.

1930년대 중반까지 소비에트의 외교정책과 서유럽 공산주의 운동에는 객관적인 상관관계가 있었다. 파시즘의 위협은 단지 유럽 각국의 내부적인 문제가 아니었다. 독일의 힘과 지정학적 위치 때문에 파시즘은 소련에도 위협이었다. 코민테른의 7차 대회(1935년)에서 인민전선 정책을 채택한 이유는 공산당들이 자국의 특성에 따라 정책을 발전시키는 것이 파시즘을 막는 최선의 방법이고, 결국 소련을 위한 일임을 인정했기 때문이다.

'국가적 길'의 원칙이 채택되자, 혁명적 활동에서 국제적 협력이 필요하다는 레닌주의와 코민테른의 생각을 계속 따라야 할 이유가 없어졌다. 공산주의 정당들은 '민주정치'를 기반으로 경쟁자인 사회주의자들과 맞설 준비가 되었고, 그들과 일시적인 동맹을 맺을 준비도 되었다. 자유민주주의의 기회를 활용해서 사회주의로 평화롭게 이행하는 일이 가능하다는 동의가 있었고, 정치의 범위가 민족국가라면 특별한 공산주의적 전통은 필요하지 않았다. 살아남는 공산주의 정당들은 국가의 다양한 사회주의 범주에서 더 급진적인 갈래를 대변할 뿐이었다.

냉전과 소비에트 공산주의에 대한 두려움이 없었다면 공산주의 정당들은 벨기에나 네덜란드처럼 쇠퇴하지 않고 오히려 발전했을 것이다. 사회주의 정당과 통합되어 강력한 급진 세력을 형성했을 수도 있다. 그랬다면 공산주의자들은 전후 네덜란드와 벨기에의 저항운동가들처럼 정치계에서 배제되거나 괴로움을 당하지 않았을 것이다.[97] 프랑스에서는 좌파 연합이 가능했을 것이다. 1950년대 후반까지 사회주의자와 공산주의자가 협력한 이탈리아에서는 그들이 국가를 장악한 기독교 민주주의자들의 대안이 될 수도 있었다.

사회주의 두 진영의 화해는 1930년대 중반 간헐적으로 시작되었고, 전쟁 중에 확실하게 계속되었다. 그러나 냉전이 이를 완전히 중단했다. 동유럽에서는 소비에트 모델이 지지를 받으면서 사회주의로 가는 국가적 길을 포기했다. 서유럽에서는 모든 공산주의자들이 소련 외교정책의 이해관계에서 벗어나기는 힘들다고 여겨졌기 때문에―그렇게 여겨지는 것은 불가피했으며 많은 경우 맞는 말이었다―사회주의로 가는 국가적 길은 불가능하거나 어려운 전략이었다. 프랑스와 핀란드, 이탈리아처럼 공산주의가 살아남은 경우는 공산주의자들이 자국의 강한 급진적 좌파 전통을 계승하고 대변했기 때문이다. 프랑스 공산주의자들은 강한 노동자 중심적 노선을 고스란히 물려받았는데, 이는 다른 곳(예컨대 영국이나 독일)에서는 사회민주주의 정당에 존재하는 것이었다. 이탈리아 공산당은 특히 토스카나와 에밀리아로마냐Emilia-Romagna 지역에서 '전복적'이고 급진적인 전통을 많은 부분 이어받았다.

모든 서유럽 공산주의자들은 외부에서 강요된 사건들을 통해 냉전의 시작을 경험했다. 그들은 '철의 장막', 코민포름, 트루먼독트린, 마셜플랜과 정부 참여 등을 통해 자신들이 가브리엘 가르시아 마르케스Gabriel Garcia Márquez의 대령(1961년 출간된 마르케스의 소설 『아무도 대령에게 편지하지 않았다El coronel no tiene quien le escriba』의 주인공―옮긴이)처럼 자기 것이 아닌 운명에 휘말렸다는 사실을 깨달았다. 서유럽 공산주의자들은 광적인 프로파간다의 표적이 되었으며, 비록 자신들이 시작하지는 않았으나 어쩔 수 없이 정당화한 억압적인 행위에 책임을 져야 했다. 소수 정치 세력으로서 그들은 서유럽 민주주의가 자신들에게 준 시민의 모든 권리를 고집스럽게 옹호했다. 공산주의자로서 그들은 이런 권리들이 동유럽과 중유럽에서 '인민민주주의'에 의해 침해되는 일도 고집스럽게 옹호했다. 정치 세력들은 자신들이 정신 분열적인 곤경에 빠졌다는 사실을 거의 깨닫지 못했다. 냉전이 전개되고 유럽이 분단됨에 따라 서유럽 공산주의자들의 운명은 고행이 되었다. 그들은 정부에서 축출되는 것에 저항하지 않았는데, 거기에는 그럴 만한 이유가 있었다. 1947년이 되자 자신들이 정부에서 사태에 영향을 미칠 수 없고, 정부에 있기 때문에 반대 세력을 결집할 수 없다는 사실을 깨달은 것이다. 특히 프랑스 공산주의자들은 1947년 4월 르노Renault 공장 두 곳에서 일어난 사례와 같이 트로츠키주의 활동가들이 노동계급의 급진주의를 고취하게 둘 수 없었다.[98] 서유럽 공산주의자들은 정부에 참여하는 한 노동계급을 무겁게 짓누르는 긴축정책을 지지해야 했다. 그리고 프랑스 공산당은 공산주의자들이 주도하는 인도차이나의 반식민지 운동에 대항한 프랑스 정부의 전쟁을 지지할 수 없었다.[99] 국내외를 막론하고 모든 추세는 자본주의의 정신과 가치가 회복되는 쪽으로 변해갔다. 전쟁으로 급진적인 바람이 불었고 서유럽 공산주의자들은 그 힘에 정치적 미래를 걸었으나, 그 바람은 약해졌다.

서유럽 사회주의자와 사회민주주의자들의 운명은 공산주의자들의 운명과 180도 달랐다. 그들은 우파가 자신들을 반대하거나 마지못해 인정하는 가운데서도 민주주의와 자유가 확립되는 데 결정적으로 일조했으며, 민주주의와 자유가 보장된 상황을 이용해 권력을 잡았다.

그러나 냉전은 사회주의자들이 권력을 잡으려면 강력한 사회주의 정당이 없는 유일한 자본주의 강대국인 미국의 국제적 헤게모니를 받아들여야 함을 뜻했다. 그러므로 서유럽 사회주의는 국가적 정신과 전통, 관점이 모두 사회주의에 상당히 적대적인 국가, 어떤 형태든 사회주의적 계획을 지지하는 정부가 탄생할 희망이 없는 국가의 국제적인 보호 아래 발전할 수밖에 없었다. 국제 질서는 어떤 조건에서 사회주의를 용인했지만, 결코 사회주의를 장려하지는 않았다.

사회주의 사상은 양극화된 세계가 요구하는 사항에 근본적으로 종속될 수밖에 없었고, 이는 2차 세계대전 이후 유럽의 힘이 쇠퇴하는 양상 가운데 하나였다. 사회주의의 운명은 개별 민족국가의 정치적 운명과 분리될 수 없었다. 유럽이 분리되고 외부의 제약에 종속되는 가운데, 사회주의자들도 적대적인 지형에 섰다. 그들에겐 심각한 역설을 품고 살아가야 하는 고통스러운 과업이 주어졌다. 즉 유일하게 존재하는 '사회주의' 국가에 맞서 '냉전'을 치르는 동시에 사회주의 이상을 추구해야 했다.

물론 유럽이 약해지면서 사회주의자의 주요 적수인 보수정당과 기독교 정당도 제약을 받았다. 그러나 그런 제약은 보수정당과 기독교 정당에 유리하게 작용했다. 어쨌든 그들은 초강대국 미국의 당연한 동맹이었다. 그들은 사회주의자들과 달리 미국의 종주권 아래 자신들의 신뢰성을 입증할 필요가 없었다.

BOOK TWO

통합
Consolidation

one

hundred

years of

socialism

복지사회주의 건설
(1945~1950년)

5장

1945년 이후의 사회주의자들

제2인터내셔널이 20세기 초에 채택한 '단기적'인 정치적 목표들은 2차 세계대전이 끝나고 몇 년 지나지 않아 달성되었다. 진정한 의미의 보통선거권이 모든 나라에서 실현되어 자유선거가 실시되었다. 정치적으로 뒷걸음치던 스위스만 예외였다. 스위스는 1971년에야 여성에게 투표권을 부여했다. 이로써 그동안 재산이 있는 남성에게만 주어지던 시민권이 스위스를 제외한 전 유럽에서 마침내 여성까지 확대되었다. 핀란드가 1907년 여성 참정권의 물꼬를 텄다. 뒤이어 덴마크(1918년), 오스트리아와 독일(1919년), 노르웨이와 스웨덴(1921년), 네덜란드(1922년), 아일랜드(1923년), 영국(1928년)이 여성에게 투표권을 부여했으며, 2차 세계대전이 끝나고 프랑스(1945년)와 이탈리아(1946년), 벨기에(1948년)까지 가세해 민주주의로 이행이 마무리되었다.

비록 법률로 제정되지는 않았지만, 하루 여덟 시간 노동도 실질적으로 모든 나라에서 받아들였다. 이것은 결코 사소한 개혁이 아니다. 마르크스도 노동시간에 대한 법적 규제를 '전능한 사회적 장벽'이자 '온건한 마그나카르타'(국민에게 자유와 권리를 보장하는 대헌장—옮긴이)라고 했을 정도다. 그는 하루 여덟 시간 노동 규정으로 "노동자는 노동력을 파는 시간이 언제 끝나고, 자신의 시간이 언제 시작되는지 분명하게 알 수 있을 것"이라고 말했다.[1] 이에 관해『자본론Das Kapital』 3권에서 마르크스가 덧붙인 이야기는 오늘날에도 음미해볼 가치가 있다.

> 자유의 영역은 사실상 노동이 멈춘 곳에서 시작된다. 그 자체가 목적인 인간의 에너지가 개발되고 진정한 자유의 영역이 시작되는 곳은 (필요에 따라 어쩔 수 없이 해야 하는 일의 영역) 너머에 있다. 진정한 자유의 영역은 필요에 따라 어쩔 수 없이 해야 하는 일의 영역을 통과해야 만날 수 있다. 따라서 노동시간 단축은 기본적인 전제 조건이다.[2]

진정한 자유의 토대이자 정치 활동을 위한 필수적 전제 조건인 여가가 법으로 보호받게 된 것이다.

진정한 의미의 보통선거권 도입과 더불어 '만인은 평등하다'는 자유민주주의 원칙이 확립되었고, 하루 여덟 시간 노동을 통해 국가가 노동시장을 규제한다는 원칙이 강화되었다. 이 같은 민주적 권리는 사회적 권리에 의해 강화되었다.

선거라는 측면에서 보면 2차 세계대전 때부터 사회주의 정당들이 주요 정치 세력으로 떠올랐다. 표 5.1에서 알 수 있듯이 사회주의 정당들은 사실상 모든 나라에서 최소한 3분의 1의 득표율을 기

표 5.1 1945~1950년 사회주의 정당, 사회민주주의 정당, 노동당의 득표 비율

단위 : %

	1945년	1946년	1947년	1948년	1949년	1950년
오스트리아	44.6	-	-	-	38.7	-
벨기에	-	32.4	-	-	29.8	35.5
덴마크	32.8	-	40.0	-	-	39.6
핀란드	25.1	-	-	26.3	-	-
프랑스	23.8	21.1	-	-	-	-
		17.9[a]				
네덜란드	-	28.3	-	25.6	-	-
이탈리아	-	20.7	-	(31.0)[b]	-	-
노르웨이	41.0	-	-	-	-	-
스웨덴	46.7[c]	-	46.1	-	45.7	-
영국	48.3	-	-	-	-	46.1
서독	-	-	-	-	29.2	-

주　a 1946년 프랑스에서는 두 차례 선거가 있었다. b 공산주의자들과 연합 득표 비율. c 이 수치는 1944년에 치른 선거 결과임.

록했다. 3분의 1에 못 미치는 표를 얻은 나라(예컨대 핀란드, 이탈리아, 프랑스)에서는 공산주의자들이 20퍼센트 이상을 얻었다. 전체적으로 보면 권력의 균형추는 좌파 쪽으로 기울었다.

2차 세계대전이 끝났을 때 사회주의 정당과 사회민주주의 정당들이 사실상 서유럽 모든 민주국가에서 집권당이 되었지만, 확실하게 정권을 장악한 곳은 영국과 스웨덴, 노르웨이뿐이다. 다른 나라에서는 비사회주의 정당들과 권력을 나눠 가졌다. 프랑스와 이탈리아의 사회주의 정당과 사회민주주의 정당은 왼쪽에 포진한 강력한 공산당과 오른쪽에서 떠오르는 기독민주당의 압박을 받았다. 4장에서 우리는 프랑스와 이탈리아 사회주의자들이 어떻게 서로 다른 길을 걸었는지 연대순으로 살펴봤다. 프랑스 사회주의자들은 공산주의자들과 결별하고, 1947년 중도파와 손잡았다. 반면 이탈리아

사회주의자들은 공산주의자들과 동맹에 희망을 걸었다. 역설적이게도 이런 정반대 전략은 똑같이 부정적인 결과로 이어졌다. 서유럽에서는 프랑스와 이탈리아의 사회주의자들만 경쟁자인 공산주의자들보다 적은 표를 얻은 것이다.

프랑스에서 사회주의자들은 이제 변화를 꿈꾸는 급진 세력이 아니었다. 그들은 갈수록 우유부단해지고 방향성을 잃어가는 프랑스 제4공화국을 지지하는 세력이 되었다. 이탈리아의 사회주의 정당은 1950년대 후반까지 이탈리아 공산당에 정치적으로 종속되었다가 전략을 바꿔 공산주의자들과 결별하고, 1960년대 초반에 기독민주당과 연립정부를 구성했다.

프랑스와 이탈리아에 비하면 그 외 서유럽 국가에서 활동하던 사회주의자와 사회민주주의자들은 운이 좋은 편이었다. 물론 포르투갈과 스페인 좌파는 여전히 독재 정권의 지배를 받았다. 이런 사실은 남유럽 대다수 국가에서 사회주의 세력이 계속 어려움을 겪었다는 분명한 증거다. 그리스와 스페인, 포르투갈처럼 민주주의가 확고하게 자리 잡지 못한 나라에서 공산주의 세력은 조직적으로 활동한 핵심 배후 세력이었다. 프랑스와 이탈리아처럼 민주주의가 재건된 나라에서는 공산주의 정당이 좌파의 제1당으로 떠올랐다. 사회주의가 확실하게 성공한 사례를 찾기 위해서는 서북부 유럽으로 눈길을 돌려야 한다.

벨기에는 1945~1949년 일곱 차례 연정을 구성했고, 모든 연정을 사회주의자가 주도했다. 1945년 사회주의 세력은 초당적 거국일치 내각을 자신들이 이끄는 연정으로 대체하면서 공산주의자와 진보주의자들은 끌어들이고, 벨기에 기독민주당-기독사회당 연합CVP-

PSC의 가톨릭교도는 배제했다. 그러나 사회주의자들은 1947년 공산당과 진보당을 연정에서 쫓아내고 기독민주당-기독사회당 연합과 함께 통치를 계속했다. 이처럼 오늘날 벨기에 사회당PSB/BSP으로 이름을 바꾼 벨기에 노동당은 득표율이 3분의 1에 불과했지만, 계속 정부에 참여하여 연정 형태를 결정함으로써 2차 세계대전 직후 벨기에 정치를 지배할 수 있었다.

네덜란드 노동당(현재의 PvdA)은 득표율이 3분의 1에 못 미쳤지만, 다섯 차례 연정에 모두 참여하여 2차 세계대전이 끝날 무렵부터 1958년까지 네덜란드를 통치했다. 나아가 1948~1958년 네덜란드 수상은 사회주의자 빌렘 드레이스Willem Drees가 맡았다.

오스트리아에서는 사회당이 1945년에 오스트리아 국민당ÖVP과 손잡고 영구적인 연정을 구성했다. 사회당이 손잡은 국민당은 2차 세계대전 이전에 기독사회당이라는 이름으로 활동했으며, 농부와 사무직 노동자로 구성된 정당이었다. 1945년에 반짝 집권한 레너 정부를 제외하고 줄곧 오스트리아 총리직은 국민당 차지였다. 1945~1966년 이렇다 할 야당의 견제 없이 길고 '역사적인 타협'이 가능했던 것은 오스트리아 사회당이 '계급 간의 대립이 불러올 위험성'을 잘 알았기 때문이다.[3] 물론 그밖에도 초당적 협력이 필요한 이유는 많았다. 경제 상황은 끔찍했고, 오스트리아는 다른 나라에 점령당한 처지였다. 오스트리아 사회당은 국민당이 1949년에 등장한 우파 정당인 중립연합(1956년부터 오스트리아 자유당으로 당명을 바꿨다)에 의존해야 하는 상황을 미연에 방지하기 위해 국민당과 손잡았다. 사회당은 1920년대의 뼈아픈 교훈을 밑거름 삼아 대립과 고립의 위험을 피하는 전략을 선택했다. 오스트리아 사회당은 서유럽에서 '다극 공존형 민주주의'의 출발을 알린 가장 중요한 모델로, 많은 정치학자들의 연구 대상이 되었다.

4장에서 살펴봤듯이 핀란드 사회주의자들은 공산당에 반대하는 싸움에 가세했다. 사회주의자들은 1948년 공산당을 정부에서 배제한 뒤 농민연맹Agrarian League이나 군소 부르주아 정당들과 연정을 유지했다.

덴마크에서는 사회민주당이 여당으로 부상했지만, 단독으로 정부를 구성할 만큼 강력한 세력이 아니었다. 게다가 1945년 선거는 덴마크 사회민주주의 진영으로서는 최악의 패배로 기록되었다. 사회민주당은 32.8퍼센트에 불과한 득표율을 기록하며 66석 가운데 18석을 잃었다. 이렇게 많은 의석을 잃은 주원인은 전시에 나치 점령군에 협력했기 때문이다. 사회민주당이 잃은 18석은 고스란히 공산당이 차지했다.[4]

그럼에도 덴마크 사회민주당은 1945년 초당적 연정에서 주도적인 역할을 맡았으며, 이후 1947년까지 집권당 자리에서 물러났다가 1947~1950년 공산당과 중도정당인 급진자유당의 지원을 등에 업고 여소야대 정부를 이끌었다.

북유럽의 나머지 두 국가 스웨덴과 노르웨이에서는 사회주의 세력이 전후 거의 모든 시기 동안 연이어 집권했다. 노르웨이에서는 1960년대 중반까지, 스웨덴에서는 1970년대 중반까지였다. 노르웨이 노동당은 스웨덴보다 비례대표적인 성격이 약한 선거제도 덕분에 득표율 41퍼센트로도 과반 의석(150석 중 76석)을 차지했고, 정치적 협력 세력 없이 독자적으로 통치할 수 있었다. 스웨덴에서는 사회민주당이 득표율 46.7퍼센트로 다수당이 되고도 국회에서 과반 의석을 확보하는 데 실패했다(230석 중 115석). 따라서 사회민주당은 1951년까지 공산당, 이후 1957년까지 농민당의 지지에 기댈 수밖에 없었다.

점령된 독일에서는 13년 동안 비극적인 나치 집권이 막을 내리며 한때 세계에서 가장 영향력 있는 사회민주주의 정당이던 독일 사회민주당이 다시 수면 위로 떠올랐다. 1945년 5월 이후 독일이라는 국가는 존재하지 않았고, 모든 중요한 결정은 점령군이 내렸다. 독일 서쪽에서는 1949년 처음으로 총선이 열렸다. 그 무렵 급진주의의 높은 파고는 가라앉은 상태였다. 선거에서는 독일 기독민주당 CDU이 압승을 거뒀고, 사회민주당은 야당으로 전락했다. 이후 17년 동안 독일 사회민주당은 야당에 머물렀다.

독일 사회민주당의 당수는 쿠르트 슈마허Kurt Schumacher였다. 의지가 강한 슈마허는 독불장군이었다. 그는 1차 세계대전 때 오른팔을 잃었고, 나치 통치 기간에는 대부분 다하우 강제수용소에서 보냈다. 당시 모든 사회민주주의자들과 마찬가지로 슈마허 역시 자신을 (결코 레닌주의자가 아니라) 마르크스주의자라고 천명했으며, 독일이 사회주의로 전환하는 길목에 들어섰다고 믿었다. 그는 열렬한 반공산주의자이자 의회민주주의의 충실한 지지자였다.[5] 당시 독일 사회민주당 당원은 60만 명이었지만, 사회민주당은 이제 200개 일간지나 통신사 같은 거대한 기반 조직을 거느린 정당이 아니었다. 이런 기반 조직은 바이마르공화국과 그 이전에는 당의 권력을 떠받치는 토대였다. 나치 정권 이전에는 노조가 사회민주당을 지지하고 두둑한 기부금을 내는 것이 당연하게 여겨졌지만, 이제는 그것도 장담할 수 없었다.[6] 1945년 이후 독일 사회민주당은 바이마르공화국과 독일제국 때처럼 지지자들에게 완벽한 환경을 제공할 수 없었다. 사회민주당이 제공하는 완벽한 환경이란 부모의 집과 인생에서 실질적으로 중요한 것들을 가리켰다. 바이마르공화국과 독일제국 때만 해도 사회민주당 당원이 되면 당 기관지를 읽거나 당이 만든 도서 대여점에서 책을 빌리고, 당이 운영하는 주점에서 술을 마시고, 당이 운영하는 체육관에서 운동할 수 있었다. 당이 조직한 합창단과 교향악단에서 노래 부르고 연주하며, 당이 조직한 민중을 위한 연극 기관에 참여할 수 있었다. 당이 만든 체스 클럽에서 체스 시합을 할 수 있었다. 여성 당원은 사회민주당 여성운동에, 젊은 당원은 청년 조직에 참여할 수 있었다. 병에 걸리면 '노동자를 위한 사마리아연맹working man's samaritan federation'에서 도움을 받았다. 당원이 사망하면 (교회장이 아니라) 사회민주당장으로 화장했다.[7] 이 모든 것이 1930년대 나치 독재가 남긴 파괴적인 영향으로 무너졌다. 달리 말하면 아우구스트 베벨과 그 후임자들이 이끌던 가공할 정치기구는 1945년 이후에 되살아나지 못했다. 노동계급의 문화적 세계가 쇠퇴한 것은 독일에 국한된 상황이 아니었다. 하지만 프랑스와 이탈리아, 영국 같은 나라에서는 독일에 비해 서서히 쇠퇴했다. 그러다가 1960년대가 되면 이들 나라에서도 노동계급의 문화적 세계가 거의 사라진다.[8]

원래 독일 사회민주당은 독일 서쪽보다 소비에트가 점령한 동독 지역에서 빠르게 성장했다. 동독 지역의 사회민주당을 이끌던 실질적 지도자 오토 그로테볼Otto Grotewohl은 독일 공산당과 긴밀한 동맹을 맺는 데 찬성했다. 이에 대해 슈마허는 아무런 간섭도 하지 않았다. 그는 자신이 독일 서쪽에 있는 하노버Hannover 본부에서 상황을 통제할 수 있다면 독일 동쪽의 사회민주당 운영은 기꺼이 그로테볼에게 맡겨둘 생각이었다. 슈마허는 그로테볼과 공산당의 합당이 코앞의 현실로 닥쳐서야 합당을 중지하라고 그로테볼에게 충고했지만, 때가 늦었다. 독일 동쪽에서 사회민주주의의 운명은 봉인되었다. 1946년 사회민주당은 독일 공산당과 합당하여 독일 사회주의통일당SED을 창당하고 그로테볼은 공동 의장에 취임했다. 1949년에는 독일민주공화국(동독)의 초대 총리가 되었다.[9] 독일 사회주의통일당은 처음에 공산당보다 옛 사회민주당에 가까웠다. 다시 말해 레닌이 기준이 아니었고, 소비에트 체제를 노골적으로 지지하지도 않았다.[10] 그러나 냉전이 본격화하면서 사회주의통일당은 재빨리 친親소련 공산당으로 변신했고, 당내의 사회민주주의적 요소는 흔적도 없이 사라졌다. 그로테볼의 사회주의통일당이 소련의 조종을 받으며 독립성을 조금도 누릴 수 없다는 게 분명해지면서 독일 사회민주당의 운명은 냉전과 뗄 수 없는 관계가 되었다.

공산주의자들과 결별한 프랑스의 상황이나 덴마크, 오스트리아, 벨기에, 네덜란드에서 대두된 연정의 필요성, 1948년 이탈리아와 1949년 독일에서 선거에 패배한 것을 볼 때 1945년 이후 서유럽에서 부활한 좌파의 운이 압도적이었다고 말하기는 힘들다.

이런 유럽의 상황은 1945년 역사적인 승리부터 1951년 황당한 패배까지 영국 노동당의 궤적과 잘 들어맞는다. 1945년은 최초의 역사적인 승리다. 1924년과 1929~1931년의 자유당, 2차 세계대전 때 연정의 지지를 받으며 제약을 안고 집권한 경우를 제외하면 과거 영국의 어떤 사회주의 정당도 자유당이나 연정의 지지 없이, 그에 따른 제약을 받지 않으면서 집권한 적이 없다. 유럽 주변부에 위치한 노르웨이를 제외하면 영국 노동당의 승리는 유럽 역사에서 사회주의 정당이 절대다수 의석을 얻어 집권한 첫 사례다. 1951년의 패배는 황당했다. 노동당은 보수당보다 많이 득표했으나, 보수당보다 적은 의석을 얻어 선거에서 '졌다'. 득표율로 따지면 노동당은 1951년 선거에서 1945년의 '역사적' 승리를 능가할 정도로 역사상 최고의 성적을 올렸다. 물론 노동당이 1945년 절대다수 의석을 얻은 데는 최다 득표자를 당선시키는 '소선거구 다수대표제'가 도움이 되었다. 그러나 노동당이 집권당으로서 많은 난관에 부딪혔음에도 다수당의 자리에서 물러날 때는 처음 집권할 때보다 많은 표를 얻었다는 사실은 분명하다. 사회주의자들의 정치, 적어도 노동당 정부의 정책은 외면당하지 않았다.

2차 세계대전이 노동당에게는 '역사적 횡재'나 다름없었다는 페리 앤더슨Perry Anderson의 주장은 옳다. 앤더슨에 따르면 "노동당은 굳이 세력을 규합하지 않고도 정권을 잡았다. 그들은 선거공약을 개발하지 않고도 정부가 해야 할 계획을 손에 넣었다".[11] 그러나 이런 맥락이라면 노동당을 콕 집어 언급할 이유가 없다. 모든 전쟁은 언제나 거대한 사회변혁을 예고하는 무서운 조짐 가운데 하나였기 때문이다. 1917년 볼셰비키부터 1945년 좌파 진영의 사실상 모든 정당까지 20세기 사회주의자들에게 전쟁은 '횡재'였다. 사회주의자들의 의식에는 전쟁에 대한 적대감이 강하게 박힌 경우가 많았지만, 인류에게 가혹한 고통을 준 사건의 결과로 사회가 진보하는 경우가 빈번하다는 사실을 그들도 인정할 수밖에 없었다. 물론 사회진보를 이끌었다고 해서 인류에게 가혹한 고통을 준 행위가 정당화될 수는 없으며, 피해자들에게 위안이 되지도 않는다.

1945년 선거에서 노동당이 승리한 것은 보수당과 달리 시대 분위기를 포착해서 표현했기 때문이다. 당시 분위기는 2차 세계대전에서 드러난 평등주의 정신, 공동의 적을 상대해야 하는 과정에서 강화된 연대 의식, 소련의 명성, 1939년 이전에 히틀러를 저지하는 데 실패한 보수주의, 1930년대 대공황의 기억, 어느 때보다 변화가 필요하다는 절박한 인식 같은 것이었다.

새로운 시대 분위기 말고도 노동당이 승리한 두 번째 원인이 있다. 노동당은 전시 내각에 열성적으로 참여하고 정부의 책무를 떠맡음으로써 정치의 '효율성'에 관한 기준을 확립했다. 다시 말해 야당에서 정부 여당으로 이행하는 쉽지 않은 과정에 성공한 것이다. 야당은 종전 체제에 대한 적대감을 바탕으로 지지를 얻는다. 야당은 저항하는 정당이며, 불공정한 현실을 향해 분노를 표출한다. 문제는 과연 야당이 국가를 통치할 능력을 갖췄는가 하는 점이다. 야당은 적은 물론 동지들에게도 국가를 통치할 정치적 역량이 있다는 확신을 줘야 한다. 이런 확신은 어느 정도 이미지의 문제다. 물론 현실성 있는 정책에 바탕을 둔 신뢰할 만한 공약도 도움이 된다. 야당에 표를 던지지 않을 유권자들에게도 신뢰를 줘야 한다는 점이 중요하다. 효과적인 통치를 위해서는 적에게 동의를 얻는 일이 반드시 필요하다. 바람직하지 않은 정책, 수용할 수 없는 정책도 받아들일 수 있다는 인식을 심어줘야 한다. 급격한 변화를 모색하는 좌파 정당에게 신뢰와 합법적 권한이라는 두 마리 토끼를 잡는 일은 늘 어려운 과제였다. 실제로 거의 모든 좌파 정당은 안정적인 지지 기반이 있는 합법적 정치 세력과 연합하거나, 그런 세력의 지지를 받는 수습 기간에만 정권을 잡을 수 있었다. 과거에 노동당이 집권한 시기가 세 차례 있었지만, 진정한 수습 기간으로 볼 수 있는 것은 전쟁 기간의 연합뿐이었다. 1924년과 1929~1931년의 노동당 정부는 실패작이었고, 노동당이 합법적인 정권을 쥔 것은 사실상 전쟁 기간의 연합을 통해서다.

노동당이 전쟁을 통해 얻은 중요한 자산은 또 있다. 바로 애국정당이라는 정체성이다. 비록 대영제국에 대한 지나친 애착이 결국 노동당에 골칫거리가 되었지만, 노동당은 반전주의를 연상케 하는 것은 모조리 멀찌감치 밀어냈다. 예전만 해도 노동당은 모든 전쟁이 지배계급의 이익을 위한 전쟁이라고 생각했지만, 더는 그런 생각에 얽매이지 않았다. 노동당이 반전주의를 포기한 것은 2차 세계대전이 좌파가 정치적으로 '받아들일 수 있는' 전쟁이었기 때문이다. 그렇지 않았다면 노동당이 전쟁에 찬성한다는 것은 상상하기조차 힘든 일이었다. 어떤 전쟁이 '정의로운 전쟁'인지 규정하기 힘들지만, 2차 세계대전은 '정의로운 전쟁'이라는 데 많은 사람들이 동의했고, 그 점에는 아무도 토를 달지 않는다. 다른 나라는 외국의 침략자나 점령국에 맞선 폭력혁명과 민족해방전쟁이 좌파가 받아들일 수 있는 국가적 기억과 전통, 신화를 제공했다. 좌파는 이 같은 국가적 기억과 전통, 신화를 이용해 국가적 측면에서, 달리 말해 애국적 측면에서 자신들의 정치를 재정립할 수 있다. 영국의 경우 '모든 전쟁은 우두머리들의 전쟁'이라는 게 전통적인 좌파의 정서였다. 이런 정서에는 고대 제국의 역사가 깔려 있다. 고대 제국의 역사는 약탈과 정복의 역사이자, 좁게 보면 '국가의' 이익을 위한 역사다. 그러나 나치 독일에 맞선 전쟁을 계기로 반전주의에 대한 영국 좌파의 뿌리 깊은 헌신에 커다란 균열이 생겼다. 이따금 무력 외교라는 그럴듯한 말로 포장하는 이들도 있었지만, 2차 세계 대전은 잔혹한 극우 정권이 단순히 영국의 통치자와 대영제국을 향해 일으킨 전쟁이 아니라 영국 국민 전체를 향해 일으킨 전쟁이라는 시각이 설득력 있게 받아들여졌다. 2차 세계대전의 이념적 관점은 이 전쟁의 서곡이라 할 수 있는 스페인 내전에서 조짐을 드러냈다. 스페인 내전은 좌파와 우파를 경쟁 구도로 몰아넣었고, 좌파는 스페인 내전을 통해 민주주의 수호자와 동일시되었다.

그리하여 1945년 영국 노동당은 애벌레가 어른벌레로 탈바꿈하듯 사실상 수권 정당으로 탈바꿈하는 데 필요한 모든 자질을 갖췄다. 노동당은 수권 정당이 됨으로써 마침내 자신을 노동계급이라고 생각지 않던 많은 사람들의 지지를 받았다. 색깔과 경계가 불분명한 이 지지자들은 '중산층'이라는 애매하고 포괄적인 범주 속에 한 덩어리로 묶였다. 민주국가에서는 이 '중산층'의 지지 없이는 아무도 집권당이 될 수 없다. 노동당이 새로운 중산층 유권자들의 표를 얻었다는 사실도 중요하지만, 처음으로 대다수 노동계급의 지지를 받은 사실도 그냥 지나쳐서는 안 될 것이다.[12]

이처럼 노동당은 선거를 통해 영국이 변하게 해달라는 국민의 권한을 위임받았다. 변화가 무엇을 의미하는지는 분명치 않지만, 당시 영국 국민은 노동당이 더 공정한 사회를 만들어줄 것이라고 기대했다. 더 공정한 사회란 지나친 불평등이 철폐되고, (대대적인 평준화를 지지하는 세력이 존재하지 않은 까닭에) 설사 불평등한 구조가 일부 남았다 해도 고용이나 의료, 교육 같은 기본적인 사회적 권리는 박탈당하지 않는 사회를 의미했다. 전통적으로 자유민주주의 진영의 구호로 사용되던 시민권, 즉 법 앞에서 만인이 평등해야 할 권리에 사회·경제적 권리가 추가된 모양새였다. 아울러 시민권과 사회·경제적 권리를 모든 이들이 누릴 수 있으려면 성장과 번영이라는 확실한 경제적 조건이 확립되어야 하고, 시장 스스로 이런 목표를 달성할 수는 없으니 필연적으로 국가가 경제에 개입하리라는 기대도 있었다.

유럽의 다른 나라에서는 국가가 주도하는 사회 변화라는 쟁점을 놓고 종교 정당들이 좌파 정당들과 꽤 대등한 경쟁을 벌였다. 억압받는 계층과 빈곤층에 대한 기독교의 관심, 개인주의보다 연대 의식을 지향하는 개신교와 가톨릭교회의 기반은 사회 변화를 추구하는 정치에 활용될 수 있었다. 실제로 로마 가톨릭교회는 1891년에 교황 레오 13세가 반포하고 1931년에 비오Pius 11세가 새롭게 다듬은 회칙「레룸노바룸」을 통해 사유재산 축적이라는 개인주의적 정신을 거부하고 사회 연대주의에 찬성했다. 그러나 영국에는 종교 정당이 하나도 없었고, 보수 세력을 지지하는 대중적 기반도 매우 약했다. 그나마 가장 가까운 과거의 보수주의자 가운데 디즈레일리가 '하나의 국민one nation'을 주창했지만, 현대 보수당의 사회정책에 적용하기에는 지나치게 온정주의적이고 낡은 틀이었다. 하나의 국민으로는 노동당의 상대가 될 수 없었다. 뿐만 아니라 유럽 대륙에서는 반교권주의가 사회주의 정당의 두드러진 특징 가운데 하나였고, 사회주의 정당이 종교가 있는 유권자들에게 지지를 받지 못하는 이유이기도 했다. 하지만 영국 노동당은 그런 문제와 맞닥뜨릴 일이 없었다. 영국 사회주의에서는 비非국교파 교회가 권력을 쥐고 있었기 때문에 반교권주의가 세력을 키울 수 있는 환경이 아니었다. 영국의 보수 세력은 여타 유럽 국가의 우파들이 전통적으로 사용해온 무기 하나를 빼앗긴 셈이었다. 다시 말해 잠재적 좌파 지지자들을 분열시키고 '극좌' 정부가 들어서면 신성하게 받들어온 모든 가치가 훼손될 것이라는 두려움을 심어주는 수단으로 종교를 정치적으로 이용할 기회가 날아간 것이다.

노동당 정부를 낳은 독특한 결합은 그 자체로 일련의 특이한 환경이 만든 결과다. 일단 집권하자 노동당 정부 역시 이전에는 한 번도 제대로 인식한 적이 없었을 독특한 장점을 마음껏 활용했다. 정책을 실행하기 위해 드물게 효율적인 행정 기구를 활용할 수 있었다는 얘기다. 바로 영국의 공무원 조직이다.

유럽 대륙에는 국가마다 다양한 행정조직이 있었다. 행정조직의 지지와 효율성을 확보하지 못하면 어떤 급진적 정책도 실행에 옮길 수 없는 상황이었으나, 각국의 행정조직은 다양한 양상으로 기반이 약해진 상태였다. 독일의 행정조직은 심각하게 파괴되어 재건이 필요했다. 오스트리아나 이탈리아와 마찬가지로 과거 독재 정권의 공범이었기 때문이다. 다른 나라 공무원들은 열의가 지나친 나머지 결과적으로 자기 나라를 점령한 추축국에 협력했다는 비난에서 자유로울 수 없었다(프랑스, 벨기에, 네덜란드가 그랬다). 이탈리아 관료정치는 부패하고 비능률적이었다. 그리스의 관료정치는 기본적으로 반사회주의적일 뿐만 아니라 반ᅟ민주적이었다. 영국을 벗어나면 대다수 사회주의자는 국가의 거의 모든 구성원이 반민주적 세력을 지지하는 현실과 맞닥뜨려야 했다.

오스트리아는 과거 나치 당원이던 자들을 숙청하는 데 미온적이었다. 52만 4000명의 투표권을 박탈하고 공직 출마를 금지했지만, 1949년이 되면 그들의 이름은 대부분 선거인 명부에 다시 올라갔

고, 자유당에 적극적으로 표를 던질 수 있었다.[13] 1945년 이후 '프로
포르츠Proporz' 체제(오스트리아의 비례대표제)에 따라 사회주의자들은
공공 행정 분야에서 유례없이 강력한 지위를 차지했는데, 이는 어
디까지나 보은 인사와 여러 해에 걸친 '정실 인사' 덕분이다. 선거
가 끝날 때마다 주요 정당의 대표들로 구성된 '연합 위원회'가 한자
리에 모여 정부의 직책과 임용을 놓고 어떻게 나눠 먹을지 머리를
맞댔다.[14]

　일부에서는[15] 이전 정권에 협력한 사람을 내쫓지 않았으므로 "오
스트리아는 정치적 복수를 하지 않은 거의 유일한 국가다"라고 주
장하지만, 오스트리아가 유일한 국가는 아니다. 처음 얼마간 피의
복수가 당연시되었지만, 머잖아 어쩔 수 없이 용서를 택하는 것이
일반적인 양상으로 자리 잡았다. 한 예로 이탈리아에서는 1946년
6월 공산당 지도자 팔미로 톨리아티가 법무부 장관의 이름으로 사
면을 허락했다.[16] 뒤이어 프랑스와 벨기에, 네덜란드도 유사한 관
용 정책을 폈다. 그 결과 친親나치 혹은 친親파시스트 정권에 충성
한 대다수 사람들이 아무런 처벌을 받지 않았음은 물론이고, 재건
된 민주 정권에서 공직에 채용되는 일이 흔하게 벌어졌다. 당연히
숙청 논쟁이 지루하게 이어졌고, 순진하게도 다른 관료가 책임자였
다면 홀로코스트를 막을 수 있었다면서 국가기구를 책임진 특정 인
물만 도마에 올려놓았다. 그 바람에 훨씬 중요한 문제인 조직 자체
의 혁신을 위한 논의는 뒷전으로 밀려났다. 조직의 혁신이 없으니
통제하기 힘든 관료 조직이 지속되었다. 관료 조직의 주요 업무는
고용 창출이지만, 그들의 머릿속에 공공을 위해 봉사한다는 생각은
눈곱만큼도 없었다.

프랑스는 국민에게 봉사하는 국가라는 위대한 전통이 있었다. 그 전통은 루이 16세 시절부터 시작된 것이다. 하지만 국가가 봉사하는 대상은 상류층에 국한되었고, 너무나 중요한 중류층은 제외되었다. 결과적으로 프랑스는 관료 기구를 송두리째 뜯어고치기는커녕 오히려 1945년에 고위 공무원 양성기관으로 잘 알려진 국립행정학교École nationale d'administration를 부활했다. 이런 조치 때문에 엘리트주의 전통이 지속적으로 널리 퍼졌다.

영국과 영국 노동당은 어느 정당에도 속하지 않아 정치적으로 신뢰할 수 있고 능률적인 공무원 조직의 이점을 십분 활용했다. 물론 공무원 조직의 최고위층은 대부분 고급 사립학교와 일류 대학을 나온 상류계급 자손들이 차지했다. 1854년 「노스코트-트리벨리언 보고서Northcote-Trevelyan Report」를 계기로 공무원 조직을 대대적으로 혁신했고, 의회의 후원을 배제하고 능력 중심 인사 원칙을 도입했다. 그럼에도 국가행정의 고위직은 여전히 귀족에게 돌아갔다. 업무 능력을 평가하고 분류하는 교육제도를 사실상 귀족이 독점했기 때문이다.[17] 고위 공무원들은 다른 지배계층과 함께 기득권층을 형성했다. 그들은 한마디로 규정하기 어려운 존재였다. 그들은 자신이 말하는 '국익'이, 노동계급을 대변하는 정당에 의해서도 최소한 당분간은 그럭저럭 유지될 수 있다는 사실을 받아들일 준비가 되었다.

이 같은 '국익' 우선 정신 때문에 영국 공무원들이 유럽 다른 나라 공무원보다 덜 '보수적인' 조직이 된 것은 아니다. 혁명적 급진주의와 반란은 영국의 고위 공무원들과 전혀 어울리지 않았다. 대신 그들은 효율적이었다. 라틴어권 유럽과 슬라브어권 유럽을 통틀어 영국 공무원 조직보다 효율을 중시하는 행정조직은 없었다. 영국 공무원들은 선거에서 이겨 민주주의 시험대를 통과한 사람들에게 유럽 어느 나라 공무원보다 헌신적으로 충성했다. 더욱이 2차 세계대전 기간 동안 영국 공무원들은 경제를 계획·관리하는 고귀한 능력과 취향을 습득했다. 악의가 있는 관리들조차 노동당 정부의 계획을 노골적으로 방해해야겠다는 생각은 하지 않았다. 공무원 조직이 없었어도 영국이 그토록 신속하고 효율적으로 복지국가를 세울 수 있었을지 의문스러울 정도다.[18] 전쟁 중이던 1944년의 교육법Education Act과 전후 보건·의료 개혁안을 상정한 것은 교육부와 보건부의 고위 공무원들이다.[19]

새로 선출된 노동당 정부는 전체적인 계획과 포부는 있지만, 세부적인 입법 계획은 전무한 상태였다. 이 말은 공무원들이 정책을 고안하는 일보다 정책의 결과와 관련된 일을 책임졌다는 얘기다. 한마디로 영국 공무원들은 노동당의 정책을 실행에 옮기는 데 치중했다. 따라서 이후에 터져 나온 불만, 즉 '사회주의적' 법안이 친親기득권층 세력인 공무원들에 의해 희석되었다는 주장은 근거 없는 정치적 믿음이며, 좌파 자체의 단점을 가려줄 희생양을 찾으려는 일부 사회주의자들의 끝없는 욕망에 불과하다고 봐야 할 것이다. 최종적으로 통과된 법안들은 처음 발의했을 때보다 덜 '사회주의적'으로 바뀌지 않았다.

영국이 전쟁의 피해를 보지 않고 살아남은 덕분에 노동당은 과거 노동당의 기이한 특징인 이상하고 유치한 관습과 터무니없이 꾸며낸 전통, 말도 안 되는 계급의식, 우스꽝스러운 의례 절차를 고스란히 물려받았다. 좌파나 우파 할 것 없이 노동당의 모든 지도자들은 이런 유산을 아무렇지 않게 받아들이고 강화했다. 공화주의는 노동당에서 발붙일 곳이 없었다. 노동당 지도자와 지지자들은 이성적으로 말이 안 되는 일도 종종 정치적으로는 얼마든지 가능하며, 군주제는 비록 어리석은 중세의 유물이지만 일본처럼 자본주의적 효율성과 손잡거나 스칸디나비아 국가처럼 복지사회주의와 양립할 수 있다고 생각했다.

집권을 앞둔 노동당의 계획은 사회 개혁에 국한되었다. 국가의 정치조직에 작은 변화의 바람이라도 불 가능성은 없었다. 결국 노동계급 정당인 영국 노동당은 종종 터무니없고 때로는 은근히 재미있기도 한 기득권층의 복잡한 관습에 편승해 합법성을 추구했다. 노동당은 자신들이 정치제도를 일괄적으로 받아들였음을 입증하기 위해 기득권층의 관습을 받아들이고 직접 만들어냈다. 여기에는 군주제 시절의 제도와 상원까지 포함되었다. 이를 통해 노동당은 존경할 만한 정부 여당과 충실한 야당으로서 자격이 있음을 입증했다. 급기야 기득권층은 노동당을 먼 친척이 아니라 직계가족쯤으로 대했다. 체제 전복적인 이념은 자기들과 달랐지만, 만찬 석상에서 품위 있게 행동하는 법을 배우려는 자세가 눈에 보였기 때문이다.

레닌은 사회를 근본적으로 바꾸기 위해서는 행정 기구와 정치 기구를 파괴하여 국가 자체를 바꿔야 한다고 말했다. 물론 레닌의 생각이 옳을 수 있다. 그러나 노동당이 원한 건 혁명이 아니라 종전 체제와 융화할 수 있는 사회 개혁이었다. 케네스 모건Kenneth O. Morgan이 썼듯이, 1945~1951년 노동당이 실패한 원인은 그들이 물려받은 제도적 틀 때문이 아니다.[20] 오히려 그 틀을 지키려고 했기 때문에 실패했는지도 모른다. 절대적 권력을 행사하는 의회와 이제는 수상의 것이 된 군주제의 특권, 성문법의 부재로 정부가 누리는 무제한의 자유, 정치 동맹을 불필요하게 만드는 선거제도까지 영국 노동당은 유럽 다른 나라의 어느 정당보다 자신들이 원하는 일을 훨씬 자유롭게 할 수 있는 조건이었다. 그런 관점에서 보면 노동당이 과감한 제도 개혁이 필요하다고 하면서도 실제로는 선거제도와 불문법, 사실상 아무런 제한을 받지 않는 내각, 대체로 의회 위에 군림하는 수상 같은 영국 정치제도의 핵심적인 특징을 앞장서서 옹호한 이유가 충분히 설명된다.

정치제도 분야에서 노동당 정부가 시도한 변화는 미미했다. 1949년 의회법Parliament Act으로 법안을 지연할 수 있는 상원의 권한을 더 제한하고, 국민대표법Representation of the People Act으로 대학 졸업자와 특정 분야 사업가, 지주에게 주던 이중 투표권 같은 불합리한 조항을 철폐한 게 전부다.

시민의 자유 분야에서는 의미 있는 진전이 전혀 없었다. 교회와 국가가 분리되지 않았고(사실상 영국을 제외한 유럽 전역에서는 국가와 종교가 분리됐다), 덕분에 영국국교회는 국교로서 특권적 지위를 유지할 수 있었다. 또 실리적인 효과를 기대하며 왕가의 시종장인 궁내 장관이 연극을 검열하는 권리처럼 해묵은 유산을 손보지 않았다. 소송비용을 지원하는 제도가 도입되고, 유죄판결을 받은 범죄자에게 태형이 폐지되었지만, 학교에 다니는 아이들에겐 여전히 체벌이 가해졌다. 잉글랜드England와 웨일스Wales에서는 남자아이가 담배를 피우다 걸리면 체벌을 받았지만, 그 아이가 커서 강간했을 때는 태형을 받지 않았다. 교수형은 법령집에 계속 남아 있었다.

'기득권층'이 아무것도 두려워하지 않았다는 사실은 노동당이 교육정책에서 보여준 놀랍도록 소극적인 태도를 보면 확실해진다. 노동당 정부는 1944년의 교육법을 지지했다. 이 교육법을 정식으로 설계한 사람은 보수당 지도자 리처드 버틀러Richard Austen Butler다. 나아가 노동당 정부는 공부 잘하는 노동계급 아이들에게 실력을 끌어올릴 수 있는 기회를 주는 그래머스쿨(grammar school : 대학 진학을 목표로 하는 영국의 중등교육 기관. 11~18세 학생을 수용한다. ─옮긴이) 제도를 지지했다. 그래머스쿨은 학업 성적이 뛰어나지 못한 대다수 아이들에게는 아무런 혜택이 돌아가지 않는 제도다. 1944년의 교육법에는 직업교육이나 훈련에 대한 언급이 없을 뿐만 아니라, 다른 나라와 비교할 때 그 수가 여전히 적은 고등교육기관을 늘리겠다는 계획도 포함되지 않았다.[21] 교육법은 1945년에 의무교육 연령을 15세까지 올린다는 목표를 세웠다. 교육부 장관 엘런 윌킨슨 Ellen Wilkinson은 망설이는 노동당 동료 의원들을 설득해 1947년 1월 의무교육 법안을 통과시켰다.[22] 이것은 윌킨슨의 가장 큰 업적이자 마지막 업적이다. 그녀가 몇 주 뒤 세상을 떠났기 때문이다. 윌킨슨은 학생들을 수준에 따라 선별적으로 뽑지 않고 한데 모아 가르치는 종합 중등교육에 강한 의욕을 보였지만, 어디부터 어떻게 시작해야 할지 몰랐다. 이것은 그녀의 전기를 집필한 작가도 인정하는 사실이다.[23] 윌킨슨의 '비상 직업훈련 계획'이 성공했다면 완벽한 현대적 직업훈련 계획의 토대가 되었을 것이다. 그러나 계획은 인력 부족과 지나치게 중앙정부에 집중된 기능 때문에 무산됐다.[24] 직업훈련은 당시 보수당이 내세운 공약이다. 보수당은 1945년 전당대회에서 기술 훈련과 직업훈련을 대폭 확대하자고 제안했지만, 노동당은 같은 해 열린 전당대회에서 그런 제안을 하지 않았다.[25] 이는 지나칠 수 없는 경고 신호다. 다른 나라와 비교할 때 영국의 직

업훈련은 한참 뒤처졌기 때문이다.[26]

당시 유럽의 대다수 사회주의 정당은 교육을 통해 노동계급의 발전을 가로막는 장애물을 제거하기 위해서는 종합 중등교육이 필요하다는 신념이 있었지만, 충분한 논의와 세부적인 계획을 담은 교육정책은 없었다. 예를 들어 스웨덴 교육위원회는 1948년 종합 중등교육에 찬성하는 보고서를 발표했지만, 스웨덴 국회는 1962년에야 7~16세 모든 아이들을 대상으로 한 종합 중등교육을 도입했다.[27] 오스트리아 사회당은 뚜렷한 신념도 없이 다양한 중학교를 폐지하고 15세까지 보통교육을 해야 한다고 주장했을 뿐, 구체적인 안은 내놓지 않은 채 종교교육 문제를 놓고 경쟁 관계에 있던 기독교 사회주의 세력과 해묵은 싸움에 재미를 붙였다.[28] 유럽의 급진 공화주의자들은 학교교육에 영향력을 행사하는 종교에 적개심을 품었지만, 그 적개심이 영국까지 건너오지는 못했다. 영국의 종교 학교는 여전히 모든 교파의 납세자와 비종교인이 내는 세금으로 운영되었다. 영국의 공립학교에서는 아침마다 기독교와 유대교를 믿는 부모와 비종교인 부모를 둔 아이들이 모여 공식 의식으로 (대개는 기독교식) 예배 모임을 열었다. 프랑스나 미국이라면 민주주의적 가치를 심각하게 침해하는 행위로 여겨질 일이다.

그러나 영국 노동당 정부만 주요 제도 개혁에 미온적인 것은 아니었다. 스웨덴과 노르웨이의 사회주의자들은 모든 공약에서 공화국 건설이 목표라고 명시했지만, 정권을 쥔 기간 내내 그 목표를 향해 한 발짝도 내딛지 않았다. 좌파는 독일이나 이탈리아처럼 이전 정권이 완전히 신임을 잃은 나라에서만 어쩔 수 없이 제도 개혁과 헌법 제정에 참여했다. 프랑스 제4공화국 헌법은 제3공화국 헌법과 크게 다르지 않았다. 프랑스 사회주의자들의 관심은 새로운 민주적 방향으로 국가를 개혁하는 일보다 정치적 불안정을 예방하는 데 쏠려 있었다. 그러나 반대 상황도 벌어졌다. 그토록 욕을 먹고 이제는 기능을 상실한 제3공화국의 계획이나 제안과 확연히 다른 계획과 제안들이 하나같이 강력한 반대에 부딪힌 것이다. 레옹 블룸이 제안한 대통령제, 쥘 모크의 실용적이고 협동조합주의적인 상원 제도, 뱅상 오리올Vincent Auriol의 연방주의적 제안인 지방의회 제도가 반대에 부딪혔다.[29] 전반적으로 사회주의자들(혹은 공산주의자들)은 자신들이 레지스탕스 시절에 초안을 잡아놓고도 헌법 개정을 최우선 과제로 여기지 않았다.

오스트리아는 1933년 3월 5일 이전, 그러니까 의회가 일시 중단되기 전의 헌법을 다시 채택했다.[30] 네덜란드에서는 실질적인 정치개혁이 전혀 없었다. 벨기에의 사회주의적 공화주의자들은 나치에 협력한 국왕 레오폴드 3세를 겨냥했다. 그러나 레오폴드 3세가 아들 보두앵Baudouin에게 왕위를 물려주고 퇴위하자, 그들은 군주제를 문제 삼지 않았다.[31] 마치 유럽 전역의 사회주의와 사회민주주의 좌파들이 "부르주아 국가는 개혁할 수 없다. 파괴할 수 있을 뿐"이라는 레닌의 정치관을 엉뚱하게 해석해서 받아들인 것처럼 보였다. 부르주아 국가를 파괴할 생각이 없는 사회주의자들은 부르주아 국가를 통째로 받아들였다.

패전국 이탈리아와 독일의 최대의 관심사는 게임의 규칙을 받아들이느냐 마느냐가 아니라 어떤 게임의 규칙을 받아들이느냐 하는 점이었다. 한마디로 헌법 제정이 눈앞에 닥친 문제였다. 하지만 독일 사회민주당과 이탈리아 통일사회당은 헌법 제정에서 주도적인 역할을 하지 않았다. 이탈리아 헌법의 기본 원칙은 이탈리아 공산당과 주세페 도세티Giuseppe Dossetti가 이끄는 이탈리아 기독민주당 내 좌파가 절충해서 만들었다. 사회주의자들은 전면에 나서지 않으면서 간간이 좀더 급진적인 개정안을 도입하려고 애쓰는 정도였다. 톨리아티는 받아들일 만한 헌법을 끌어내는 일에 최우선순위를 두었다. 그래서 사회 개혁을 달성하기 위한 대규모 대중운동도 자제했다. 도세티도 같은 생각에서 날마다 처리해야 할 정무政務를 기독민주당 지도자 알치데 데가스페리Alcide De Gasperi에게 일임했다. 그 결과 도세티와 톨리아티는 당면한 정치 싸움에서 무릎을 꿇었다. 이탈리아 공산당은 1947년 정부에서 축출됐고, 도세티는 몇 년 뒤 패배했다. 낙담한 도세티는 정계를 떠나 사제가 되었다.

톨리아티와 도세티가 손잡고 만든 헌법은 폭넓은 시민권과 의회의 완벽한 독립, 그에 따른 행정부의 권한 약화를 규정함으로써, 헌법이 향후 사회 개혁과 국유화와 관련된 급진적인 계획의 발목을 잡는 일이 없도록 확실한 토대를 마련했다. 톨리아티는 중앙집권적 국가를 선호했으나 지방분권적 체제를 선호하는 기독민주당의 제안을 받아들였다. 그는 또 1929년에 로마 가톨릭교회와 맺은 협약을 헌법에 포함하는 데 동의했다. 이는 사회주의자들과 자신을 지지하는 사람들의 바람을 거스르는 결정이었다. 이렇게 공산주의자들이 많이 양보했다고는 하지만, 1948년 이후 국정을 책임지는 보수적인 기독민주당 눈에는 이탈리아 헌법이 지나치게 좌파적인 헌법으로 보였다. 헌법은 수년 동안 제대로 시행되지 않았다. 헌법재판소는 1956년까지 개점휴업이었고, 개혁을 위해 마련된 헌법 조항도 1970년대에야 적용되기 시작했다. 그때까지는 국가의 법과 제도와 실제로 집행되는 정책의 격차가 더 벌어졌다. 톨리아티와 공산당은 단기전에서 졌지만, 장기적으로 볼 때 '헌법상' 공산당이 될 수 있는 유리한 고지를 차지했다. 톨리아티는 정치가로서 드물게 내일 더 강해지고, 뒷날 또 다른 싸움에서 이기기 위해 눈앞의 패배를 받아들일 줄 아는 선견지명이 있었다. 헌법 제정이라는 분야에서는 수십 년 뒤를 생각하는 정치가 필요하다. 헌법 초안을 맡은 사람은 단테Alighieri Dante의 말을 귀담아들어야 한다.

> 등불을 자기 뒤쪽으로 비추며 밤길을 걷는 사람은
> 자신을 위해서가 아니라 자신을 따라오는 사람들에게
> 길을 밝혀주기 위해 그러는 것이다.[32]
>
> 단테, 『신곡La Divina Comedia』「연옥편」 22:67~69

이탈리아 헌법의 탄생은 반파시스트 세력이 하나가 되었음을 상징적으로 보여주는 사건이다. 그러나 반파시스트 세력이 돌이킬 수 없이 와해되는 것도 사실이었다. 이탈리아 헌법은 보통선거로 뽑힌 사람들로 구성된 제헌의회에서 초안을 작성했다. 확대해서 말하면 이탈리아 국민이 직접 참여해 만든 작품이다. 외부의 제약은 전혀 없었다. 냉전이 시작되었지만 좌파와 기독민주당의 협력은 중단되지 않았다. 그 결과 헌법 최종안은 만장일치로 가결되었다.

독일에서는 전혀 다른 상황이 펼쳐졌다. 냉전이 시작되고야 헌법 초안이 마련되었으며, 헌법에는 냉전의 시대상이 고스란히 드러났다. 가장 먼저 헌법 문제를 꺼내든 나라는 1948년 서독 지역을 점령하던 미국, 영국, 프랑스다. 세 나라는 (독일에서 유일하게 선거를 통해 뽑힌) 11개 주 정부에 독일의회 협의회를 설치해 헌법 초안을 마련하라고 요구했다. 또 각 정당의 영향력에 비례해 주 의회에서 뽑은 대표들로 독일의회 협의회를 구성하라고 지시했다. 독일 국민은 서독 지역에서 헌법 초안을 만들면 분단이 영속화될까 봐 내켜하지 않았다. 게다가 이 헌법은 세 점령국의 승인을 받아야 하는데, 세 나라는 언제라도 승인을 중단할 수 있었다.[33] 헌법의 일시적 성격을 강조하기 위해 '헌법Verfassung' 대신 '기본법Grundgesetz'이라는 용어를 쓰기로 결정했다. 사회민주당은 독일의 통일 정당답게 새로운 기본법에 임시방편 이상 의미를 부여하지 않았다. 사회민주당은 첫 총선이 열리면 자신들이 승리하고, 독일이 재통일되면 자신들이 새로운 헌법의 초안을 만들 수 있을 것이라고 생각했다.[34] 그래서 헌법 제정의 중요성을 과소평가했고, 일할 권리나 복지에 대한 권리 같은 사회권을 기본법에 포함하기 위해 악착같이 싸우지도 않았다. 사회민주당은 곧 실시될 선거에서 승리하리라는 생각에 지방분권화를 확대해야 한다는 기독민주당의 요구도 거부했다. 지방분권화가 되면 11개 주 정부가 교육에 실질적인 재량권을 행사할 수 있기 때문이다. 이것은 (개신교도가 대부분인) 사회민주주의자들에게는 바이에른과 라인란트 지방에 있는 대다수 학교를 가톨릭 세력이 지배한다는 의미다. 지방분권주의자들은 미국과 프랑스의 지지를 받았으나, 저마다 이유가 달랐다. 미국은 연방제가 최고의 제도라고 여겼기에 지지했다. 프랑스는 중앙집권적이지 않은 국가가 힘이 약하다고 생각했기에 독일이 약한 국가가 되길 바라는 마음에서 지방분권주의자들을 지지했다. 사회민주당은 지방분권주의자들을 무력하게 하기 위해 중앙집권주의를 찬성하는 독일 자유민주당FDP과 손잡기도 했다. 이를 위해 사회적 권리의 정확한 정의를 포함해야 한다는 주장을 포기하는 일도 마다하지 않았다.[35] 최종적으로 사회민주당과 기독민주당은 중앙집권제에 찬성표를 던졌고, 공산주의자들과 자유민주당, 기독민주당과 동맹을 맺은 기독사회당CSU은 대부분 반대표를 던졌다. 기독교 사회주의 동맹은 훨씬 더 지방분권화된 국가를 원했다.[36] 이렇게 탄생한 체제에서 총리에게 상당한 권한이 돌아갔고, 대통령은 형식적인 존재에 머물렀다. '건설적인 불신임 투표'라는 헌법적 장치는 정부에 큰 이점으로 작용했다. '건설적인 불신임 투표'는 야당이 불신임 투표를 요구할 때마다 야당이 직접 대안 정부를 제시하도록 규정한 조항이다.

서유럽 좌파 정당들이 헌법을 둘러싼 문제에서 보여준 태도를 들여다보면 사실상 모든 좌파 정당이 내놓고 한통속이었음을 분명히 알 수 있다. 서유럽 좌파 정당들은 연방제와 지방분권제, 권력 이양에 반대했다. 그러나 그들은 하나같이 '의회주의자들'이기도 했다. 서유럽 좌파 정당들은 (레옹 블룸만 제외하고) 대통령제를 반대했으며, 헌법재판소나 상원에 강력한 권한을 부여하자는 주장에도 반대했다. 하원의 권한이 약해질 것을 우려해서다. 놀랄 일도 아니다. 중앙집권적 국가의 과격한 공화주의 전통이 모조리 유럽의 사회주의 전통에 흡수되었기 때문이다. 자본주의에서 멀어지려면 국가기구를 확실하게 활용해야 한다는 게 사회주의자들의 생각이었다. 국가기구의 권한을 제한하는 것으로는 별 효과가 없다고 생각했다. 헌법재판소는 고위 재판관들에게 권한을 주었고, 좌파는 판사들을 신뢰하지 않았다. 상원은 구체제의 유물이자 구체제가 누리는 특권의 보루였다. 상원은 하원의 쓸모없는 복제품이거나 위험한 경쟁자였다. 영국 노동당이 입헌주의에 알레르기 반응을 보인 것도 상원에 대한 경쟁의식과 두려움 때문이었다. 즉 개혁과 사회주의를 저지하기 위해 야당이 의회의 독립을 방해할 수 있는 것은 무엇이든 동원할 것이라고 생각했다.

　모든 국가는 의심할 여지없이 복지사회주의를 도입하기 위해 중앙집권적 국가를 원했다. 개혁은 위에서 시작하는 게 바람직하다는 생각은 사전에 선거로 허락을 받도록 규정한 민주주의 원칙과 맞아떨어졌다. 국민은 선거로 자기 의견을 밝힌다. 그러고 나면 정치가들은 국가기구를 이용해 자신이 내건 공약을 실행에 옮겨야 한다. 이처럼 '계획경제dirigiste'와 '국가관리étatique'라는 접근법은 (두 단어가 프랑스어에서 왔다는 점에 주목하자) 사회개혁가들 입맛에 잘 맞았다. 특히 영국의 페이비언주의자들 입맛에 맞아떨어졌다. 사회개조social engineering는 좀처럼 버티기 힘든 유혹이었다. 특히 상당 기간 큰 변화 없이 유지돼온 국가나 현실적으로 사회주의자들이 정권을 잡을 가능성이 높은 나라는 사회개조에 강하게 끌렸다.

　(영국을 포함해) 북유럽 사회민주주의자들은 사회개량주의와 사회개조를 비슷한 개념으로 봤다. 예를 들어 1930년대 스웨덴 개혁가 칼 군나르 뮈르달Karl Gunnar Myrdal과 알바 뮈르달Alva Myrdal 부부는 예테보리Göteborg의 인구 과밀이 단지 빈곤 때문이 아니라 낭비와 비합리적인 소비 습관의 결과라고 확신했다. 그들은 현금보다 '현물로' 보조금을 제공하는 게 좋다고 생각했다. 노동자들에게 무엇이 필요한지 위에서 결정하는 편이 (그 돈으로 술을 마셔버릴지도 모르는) 노동자들에게 보조금을 맡기는 편보다 낫다고 생각한 것이다. 뮈르달 부부는 정신이상자들의 불임수술을 지지했으며,

신생아에게 지급하는 옷과 아기 용품의 목록까지 일일이 정했다.[37] 뮈르달 부부의 이런 정신은 스웨덴 사회민주주의자들의 1944년 공약에 반영됐다. 그들은 가정에서 중노동에 시달리는 여성들을 위해 상하수도 시설과 중앙난방, 목욕탕, 세탁소, 놀이터를 갖춘 주거단지 건설을 약속했다. 또 "가정용품과 가구의 유형을 철저하게 조사"한 뒤 "품질 좋고 실용적인 가정용품과 가구, 옷감"을 공급하겠다고 약속했다.[38] 더 나아가 "이 공약을 실행에 옮기는 과정에서 경험 많은 주부들에게 반드시 조언을 구한다"는 내용을 명시했다.[39] 국가가 가정집 부엌까지 관리하겠다는 공약에 흥미를 넘어 고개가 갸우뚱해지는 사람이 있을지 모르지만, 적어도 1920년대 이후 스웨덴에서는 부엌을 '가사 실습실'로 보는 시각이 흔했다는 사실을 염두에 둬야 한다. '현대식' 혹은 '합리적' 주방이라는 개념은 1950년대에야 보편화되었다.[40] 영국에서는 집산주의 전쟁collectivist war 기간에 공식적인 선전 활동을 통해 무엇을 먹고, 옷을 어떻게 만들고, 집 안을 어떻게 꾸며야 할지 끊임없이 조언했다. 사회주의자들만 가정의 소비와 조직에 대해 '전문가적' 조언을 한 것은 아니다. 그런 조언은 오랫동안 (그리고 지금까지) 여성지와 라디오 프로그램의 단골 메뉴였다. 스웨덴의 사회민주주의자들이 다른 나라 동지들과 달리 가사 노동에 시달리는 여성의 어려움을 해소하려고 애썼다는 점은 인정해야 한다.

스웨덴 사회민주주의의 사회개조 정신은 확실하게 표출됐지만, 과거 제2인터내셔널에 참여한 나머지 국가의 사회주의 정당은 저마다 자국에서 인정받은 1940년대 후반에야 국가관리라는 과업에 착수했다. 그들은 대중민주주의 정치가 발전하면서 전 국민에게 호소할 수 있었다. 이제 사회주의 정당은 '노동계급'에만 지지를 호소하지 않았다. '노동계급'의 개념 자체가 비약적으로 넓어졌다. '일하는 국민'은 모두 노동계급에 포함되었고, 중산층 노동자도 노동계급이었다. 중산층 노동자의 지지 없이는 선거에서 승리하기 어려웠다. 전 국민을 하나로 결집할 수 있는 민족주의의 강력한 호소력을 무시하기란 불가능했다. 대다수 좌파 정당들은 1945년 이전에 민족주의와 화해했지만, 2차 세계대전의 여파로 민족주의가 재확인됐다. 이탈리아 사회당과 공산당은 1948년 총선 때 연합 전선을 펴면서 각각 상징이던 망치와 낫 대신 이탈리아 통일 운동에 헌신한 군인 주세페 가리발디의 얼굴로 당 깃발을 장식했다. 프랑스 공산주의자들은 1930년대 이후 프랑스의 애국적 역사를 상징하는 모든 이미지를 활용했다. 잔 다르크도 그중 하나다. 독일에서 재통일을 지지하던 주요 세력은 사회민주주의자들이다. 스웨덴 사회민주당 당수 페르 알빈 한손Per Albin Hansson은 1930년대 이후 열린 전당대회에서 줄곧 스웨덴 국기를 걸었다. 그는 1934년 스웨덴 국기 제정 기념일 연설에서 모국의 영원한 자연미를 칭찬하며, 스웨덴 사회민주당이 완전고용과 사회보장 연금을 목표로 세운 것은 애국적 업적이라고 칭송했다.[41] 이제 보수주의자들만 민족주의 수호자로 행세하는 일은 허락되지 않았다. 민족주의를 받아들이는 과정에서 '노동계급' 대신 '국민'이 역사의 주체로 떠오를 것은 불 보듯 뻔했다. 이런 과정에서 어떤 식으로든 사회주의가 새롭게 정의됐을까?

프랑스에서 레옹 블룸은 공식적인 사회주의 원칙이 수정되어야 한다고 믿는 사람 가운데 한 명이었다. 그가 보기에 당이 내세우는 사회주의 원칙, 즉 계급투쟁과 노골적으로 개량주의적인 실제 정책의 간극이 컸다. 이 같은 초기 수정주의 시도는 무참하게 깨졌다. 1946년 인터내셔널 프랑스지부 총회는 블룸이 지지한 시도, 즉 '계급투쟁'에 대한 헌신에서 '계급 행동'에 대한 헌신으로 사회주의 원칙을 변경하려는 모든 시도를 거부했다. 그리고 기 몰레Guy Mollet를 새 지도자로 선출했다. '강경한' 프랑스 사회주의 전통의 승리이자, 온건한 장 조레스에 대한 쥘 게드의 승리였다. 몰레는 중산층과 어떤 이념적 타협도 원하지 않는 것 같았다. 그는 (블룸이 마르크스주의를 버리자는 게 아니라 재해석하자고 주장했을 뿐인데도) 마르크스주의로 '돌아가길' 원했고, 사회당이 좀더 중앙집권적으로 운영되길 원했다. 몰레는 블룸보다 현실적이어서 프랑스 공산당과 손잡는 것 말고는 달리 방법이 없다고 확신했다.[42] 공산주의자들에게 기반을 빼앗기고 프랑스 좌파 중 두 번째 정당으로 전락한 신세가 인터내셔널 프랑스지부의 현실이었다. 인터내셔널 프랑스지부는 1930년대에 잃어버린 급진적 노동계급의 표를 되찾기 위해 교권에 반대하는 목소리를 누그러뜨리지 않았고, 그런 선택을 함으로써 프랑스 인민공화운동당에게서 가톨릭 노동계급의 표를 되찾겠다는 희망은 버렸다. 인터내셔널 프랑스지부는 많은 레지스탕스 출신 당원을 숙청하고, 지역 유력 인사들의 전통적인 지지에 기댔다.[43] 이탈리아 통일사회당 당수 피에트로 넨니가 앞으로 나갈 유일한 길은 공산주의자들과 동맹뿐이라고 생각한 것과 달리, 몰레는 프랑스 공산당을 뛰어넘고자 했다. 이를 위해 공산당보다 왼쪽으로 갔다. 몰레는 *La pensée socialiste*(사회주의 사상)에서 블룸의 수정주의를 공격하고, 부르주아 계급에 들러붙은 공산주의자들을 비난했으며, 마르크스주의 교리를 약화하는 모든 시도에 맞서 싸웠다. 또 레닌과

10월 혁명을 찬양하고, 자본주의 국가의 분쇄를 촉구했다.[44] 몰레의 이런 태도는 당내 트로츠키주의 지지자들의 입장과 일치했다. 실제로 큰 성과를 거두지 못했지만, 몰레는 블룸과 그를 추종하던 다니엘 마이에르Daniel Mayer를 인터내셔널 프랑스지부의 지도부에서 몰아내는 데 성공했다.

블룸과 몰레 둘 다 내놓고 인정하지는 않았지만, 두 사람이 정말 걱정한 것은 공산당의 원칙이 아니라 권력이다.[45] 문제는 사회주의를 어떻게 재정의하느냐가 아니라 어떻게 해야 공산당을 이길 수 있느냐였다. 냉전이 끼어든 덕분에 블룸과 몰레는 견고한 반공산주의 노선에서 하나가 되었다. 결국 몰레는 노회한 정치인의 태연함으로 급진주의를 포기하더니, 냉전과 반공산주의의 모든 가치를 옹호하며 중도파를 향해 다가갔다. 그는 알제리 전투와 1958년 드골파의 집권까지 지지했다. 인터내셔널 프랑스지부는 이념의 재주넘기에 지쳤다는 듯 생각하기를 멈췄다. 유럽 통합 문제에 사회주의의 명분을 쌓기 위한 시도를 제외하면 독창적인 아이디어를 전혀 내놓지 않았다. 인터내셔널 프랑스지부는 1969년 철저한 무관심 속에 한 시대를 마감했고, 프랑스 사회당Parti Socialiste이라는 이름으로 거듭났다.

서유럽의 나머지 좌파 정당들이 직면한 상황은 프랑스보다 덜 극단적이었지만, 사회주의적 구호와 온건한 실천의 괴리는 점점 커졌다. 이런 괴리는 정부에서 좌파 정당이 맡은 책임이 막중해지면서 뚜렷해졌다. 개혁적인 태도를 노골적으로 드러내는 사람은 아무도 없었다. 개혁적으로 행동하는 사람일수록 자신은 과거에 뿌리를 두고 있다는 인상을 주려고 노력했다. 지지자들에게 온건 노선이 현재를 위한 임시방편일 뿐이라고 설득할 수 있다면, 궁극적으로는 좌파의 최대 계획을 전면적으로 실행할 테니 염려하지 말라고 지지자들을 안심시킬 수 있다면 온건파가 될 수 있었다. 이런 상황에서 좌파라는 이름표까지 내던졌다면 적대계급에는 사회주의가 미래에 대한 꿈마저 버리고 강경 노선을 포기한 것으로 비칠 수도 있었을 것이다. 유럽 대륙의 모든 사회주의자들은 계급투쟁과 마르크스주의 역사관에 대한 자신들의 헌신을 뿌리 깊은 반자본주의의 징표로 여겼다. 이 점은 마르크스주의가 지식인들 사이에서 크게 주목받은 적 없는 북유럽 사회주의자들도 마찬가지다.[46]

1946년 독일 사회민주당의 경제 강령을 보면 (「에르푸르트 강령」에서 그랬듯이) 대체로 역사를 분석하는 대목에서만 전통적인 마르크스주의자들의 언어를 사용한다. 바꿔 말하면 경제 현안을 다루는 대목에서는 케인스적인 논조가 강하게 배어 있었다는 얘기다. 전통 사회민주주의 이론은 1959년 바트고데스베르크 전당대회에서 근본적으로 수정되었다. 이런 수정은 1946년의 사회민주당 강령 가운데 한 구절에 기원을 두었다. 사회민주당은 "사회주의적 계획경제 그 자체를 목적"으로 여기지 않으며, "이것이 바로 국가의 활동은 꼭 필요한 부분에 국한되어야 한다고 요구하는 이유다"라는 구절이다.[47]

오스트리아에서 오토 바우어(2장 참조)의 오스트리아—마르크스주의 전통은 2차 세계대전을 견디지 못했다. 오스트리아 혁명사회주의당 조직은 1945년 이전 게슈타포에 의해 파괴되었다.[48] 여기에서 살아남은 사람들은 전쟁 전에 사회주의자들이던 세력과 손잡고 전쟁 전의 사회민주당과 혁명사회주의당을 합쳐 오스트리아 사회당을 결성했다. 오스트리아 사회당 지도부는 모든 이념 투쟁을 종식시키겠다고 선언했다.[49] 오토 바우어와 동년배로 오스트리아 사회당의 개량주의파 수장이자 최고의 지성 카를 레너가 새로운 오스트리아공화국의 초대 대통령이 되었다.[50] 사회주의로 가는 길은 폭동이나 개량뿐이라는 바우어의 이론은 폐기 처분되었다. 대신 점진적 발전이라는 민주적 방법, 즉 개량주의 노선이 유일한 길이 되었다.[51] 바우어는 사회주의자들이 예외적인 경우에만 '부르주아' 정당과 손잡아야 한다고 믿었지만, 새로이 사회당 의장에 오른 아돌프 샤프Adolf Schärf는 옛 기독사회당의 후신인 오스트리아 국민당과 항구적인 동맹을 맺어야 한다고 주장했다.[52]

이탈리아 통일사회당은 여전히 마르크스주의 정당으로 남아 있었다. 이들은 1946년 '자본주의 붕괴가 최종 목표인 마르크스주의의 경제적·사회적 원칙에 영감을 받은 계급정당'이라고 선언했다.[53] 이 선언에 따라 전시에 공산당과 맺은 동맹이 지속되었고, 2차 세계대전 이후라는 특정한 시기를 맞아 중립적인 동시에 객관적으로 친소련에 가까운 외교정책을 고수했다. 1947년이 되자 서유럽 대다수 국가에서 양다리를 걸치는 정책은 발붙일 수 없었다. 그러나 이탈리아의 상황은 달랐다. 이탈리아에서는 공산주의 지지 기반이 튼튼하고 인기가 많았기 때문에 사회주의자들은 오른쪽으로 방향을 틀었다가 자칫 완전히 궤멸되는 건 아닌지 두려워했다. 1946년 이탈리아 통일사회당 전당대회에서 주세페 사라가트Giuseppe Saragat가 이끄는 당내 '사회민주주의'파에 표를 던진 당원은 10퍼센트에 불과한 반면, 대다수 당원은 외부인이 보기에 서로 구별이 안 되는[54] 사회주의와 공산주의 주위에 모여 이탈리아 공산당과 행동을 통일하는 데 전념한다는 입장을 재확인했다. 1년 뒤 사라가트의 '사회민주주의'파는 인터내셔널 프랑스지부와 영국 노동당의 권고를 뿌리치고 뒷날 이탈리아 사회민주당PSDI으로 알려지는 정당을 결성했으며, 통일사회당은 이탈리아 사회당으로 당명을 바꿨다. 미국은 이탈리아 정당들의 이런 분열을 지지하면서 재정적인 후원도 마다하지 않았다. 미국의 지지와 후원은 이탈리아 내정에 간섭한 전형적인 사례로 지금까지 사람들 입에 오르내린다.[55] 그럼에도 모든 사회민주주의 정당은 이탈리아 사회민주당을 인정했으며, 이탈리아 사회당이 국제사회주의자회의위원회COMISCO에서 제명된 이후 대신 가입한 것도 이탈리아 사회민주당이다. 1946년 창설된 국제사회주의자회의위원회는 1951년 사회주의 인터내셔널 Socialist International로 바뀌었다.

사회민주주의 진영은 1917년 이후처럼 이번에도 스스로 '비공산주의'라고 명백하게 규정함으로써 좌파와 분명한 경계선을 그었다. 그들이 사회민주주의를 좀더 긍정적인 측면에서 규정하려면 세 가지 광범위한 쟁점을 극복할 수 있는 전략적 틀을 내놓아야 했다. 첫째 사회 개혁, 둘째 자본주의, 셋째 국제적 국가 체제다.

전통적인 공산주의자들은 세 가지 쟁점에 대해 생산수단의 사적 소유 아래에서는 급진적 개혁이 불가능하며, 전 세계적으로 자본주의가 철폐되어야 안정적인 국제 평화가 가능하다고 생각했다. 이 같은 공산주의 정치는 1948년 무렵 서유럽에서 패배했지만, 동유럽에서는 40년 이상 번성하다가 1989~1991년 어셔가Usher家처럼 급작스럽게 몰락했다.

사회민주주의자들과 민주적 사회주의자들(어떤 이들은 이렇게 불리는 걸 좋아했다)은 공산주의자들보다 덜 획일적인 조직이었기에 세 가지 쟁점에 대응하는 방식도 각기 달랐다. 이들은 1914~1945년 벌어진 대규모 유럽 내전(후대 사람들은 이렇게 부를지 모른다)이 끝나고 처음 맞는 중요한 몇 년 동안 복지사회주의라는 전략을 제시했고, 그 전략을 확실하게 자기들 것으로 만들었다. 복지사회주의는 자본주의 구조를 개혁하는 과정에서, 즉 국가가 통제하는 자본주의와 종종 규모가 크고 막강한 공공 부문과 경제계획 속에서 점차 분명한 실체를 드러냈다. 당시 사회주의자들과 사회민주주의자들은 단합되지 않아서 어떤 이들은 국제적으로 통합된 반소련 군사 체제와 이념 체제의 중추 역할을 원했고, 다른 이들은 비동맹주의가 심각한 국제분쟁을 미연에 방지할 수 있다는 주장을 폈다. 이제 맞물린 세 가지 정치적 범주, 즉 사회 개혁과 자본주의, 국제적 국가 체제를 살펴보자.

6장

사회적 자본주의 건설(1945~1950년)

복지국가

복지국가라는 발상은 2차 세계대전 이후 영국 노
동당 정부와 뗄 수 없는 관계에 있다. 하지만 복지라는 개념과 그
실천이 영국이나 유럽 사회주의 운동에서 처음 시작된 것은 아니
다. 가장 중요한 개척자는 독일인이다. 독일은 1883년에 건강보험
제도를, 1889년에는 고령자와 거동이 어려운 사람을 위한 공적 연
금 제도를 도입했다. 프랑스는 1910년에 비슷한 연금제도를 도입했
다. 영국 자유당 정부는 1911년 국민보험 제도와 함께 (독일과 달
리) 수령자가 납입금을 부담하지 않는 노령연금과 (독일은 바이마
르공화국 때야 실시한) 건강보험, 의무적인 실업보험을 도입했다.
스웨덴은 1913년 세계 최초로 의무적이고 보편적인 연금제도를 도
입했지만, 여전히 개인의 재산 여부를 따졌으며, 1946년 연금 개혁

표 6.1 서유럽의 사회복지 제도 도입

	산재보험	건강보험	연금	실업보험
오스트리아	1887	1888	1927	1920
벨기에	1971	1944	1924	1944
덴마크	1916	1933	1922	없음
핀란드	1895	1963	1937	없음
프랑스	1946	1930	1910	1967
독일	1884	1883	1889	1927
네덜란드	1901	1929	1913	1949
이탈리아	1898	1928	1919	1919
노르웨이	1894	1909	1936	1938
스웨덴	1916	1953	1913	없음
영국	1946	1911	1925	1911

출처 피터 플로라Peter Flora 외, *State, Economy and Society in Western Europe, 1815~1975*(1815~1975년 서유럽의 국가, 경제, 사회), *A Data Handbook*, Campus Verlag, Macmillan Press, Frankfurt, London and Chicago, 1983, p. 454.

이 진행되기 전에는 연금 지급액도 적었다.[1] 표 6.1은 유럽에 보급된 복지 제도를 보여준다.

초창기 복지 제도는 대부분 보험에 기반을 두었지만(그중 독일의 제도가 좀더 보험적이고, 영국의 제도가 가장 덜 보험적이다), 로이드 조지 같은 급진파는 궁극적으로 '사회에 봉사하는 국가'를 건설하려고 했다. 국가가 질병과 실업 문제를 전적으로 책임져야 한다는 것이었다. 적어도 의도는 그랬다.[2]

이 복지 제도들이 도입된 까닭은 무엇일까? 보수파와 자유주의 세력이 복지 제도를 도입한 것은 사회주의 정당의 성장을 차단하기 위해서였을까? '존경할 만한'(즉 숙련된 기술이 있고 제법 부유한) 노동계급을 개혁으로 매수할 수 있다는 생각은 많은 중산층을 대변하는 한층 영리한 정당들에게 호소력을 발휘했다. 그동안 복지국가 건설과 노동계급의 정치적 동원 사이 연관성을 입증하기 위해 통계를 기반으로 많은 시도가 있었다. 강력한 노동운동이나 노동분쟁이라는 위협 없이는 복지국가를 건설할 수 없다는 것을 증명하기 위함이었다.[3] 반대로 정치권력의 분배가 복지 확산에 영향을 미치는 주요 변수가 결코 아니라는 점을 입증하려 한 사람들도 있다. 해럴드 윌렌스키Harold L. Wilensky는 "1차 세계대전 이후의 모든 시기 혹은 2차 세계대전 이후의 짧은 시기 동안 누적된 좌파 권력은 복지 효과나 결과물에 아무런 영향을 미치지 못했다"고 주장한다.[4] 윌렌스키가 볼 때 중요한 것은 정치가 아니었다. 복지 제도의 발전 여부는 한 나라의 경제적 번영과 보편적 문화 수준에 달렸다.[5] 에스핑-안데르센Gøsta Esping-Andersen은 2개국 이상에 걸친 조사에서 인구통계학적 구조가 사회복지비 변화의 가장 중요한 원인이라는 사실을 인정하면서도 사회복지비를 실제로 얼마나 지출하느냐보다 어떻게 지출하느냐가 중요하다고 지적한다.[6]

복지국가를 선진 자본주의의 요구에 대응한 결과로 볼 수도 있다. 특히 민간 부문이 자기 힘만으로 모든 생산 조건의 재생산을 보장할 수 없다는 사실에 대응한 것이라고 볼 수 있다. 예컨대 민간 부문 혼자서는 의료 서비스와 미래의 연금 수요를 감당할 수 없기 때문에 노동자의 임금에서 보험료와 연금을 공제해야 한다. 그러면 이념적으로 적개심을 품지 않을 노동자는 없을 것이다. 또 민간 부문의 힘만으로는 효율적인 교통과 교육 인프라 건설이 불가능하고, 가스나 전기처럼 반드시 필요한 물자를 저렴한 값에 공급할 수도 없다.[7] 그러므로 복지국가는 노동계급의 생활수준을 향상하는 동시에 경제적 · 사회적 · 정치적 관점에서 자본주의 체제의 안정화에 이바지한다. 바로 이 지점에서 사회주의 운동은 태동 이래 처음으로 피할 수 없는 딜레마에 직면한다. 즉 자본주의를 개혁하고 국민의 삶을 향상하는 데 성공함으로써 오히려 자본주의 체제에 정당성을 부여하고 그 체제를 안정화하는 것은 아닐까? 단기적으로 사회주의적인 성과를 거둘지 몰라도 궁극적으로 자본주의 체제를 전복하는 데 필요한 기반을 잃는 것은 아닐까?

그러나 현실적인 사회주의자들은 이런 딜레마 때문에 심각하게 고민해본 적이 없었다. 그들이 복지 정책을 편 이유는 그들 자신과 지지자들이 원했기 때문이다. 정부 당국은 어떤 식으로든 반응을 보여야 했다. 현실적인 사회주의자들의 활동과 그들이 내놓은 결과는 20세기 유럽의 국가가 확고하게 간섭주의적이었다는 사실과 무관하지 않다. 가장 넓은 의미의 복지가 국가의 책임으로 여겨지고, 민주주의가 실시되거나 그럴 가능성이 높은 상황인데도 통치 계급이 시장의 결속이나 가족의 유대, 자선 행위 같은 자연스러운 수단을 통해서는 도달할 수 없는 삶의 표준과 기준을 확립하기 위한 정책을 펴지 않는다면 그것이야말로 놀랄 일이다.

1945~1950년에 영국 보수당이 집권했어도 복지 제도를 도입했을 것이다. 실제로 영국 보수당은 2차 세계대전 이후 줄곧 사회 개혁에 헌신적으로 매달렸다. 『베버리지보고서Beveridge Report』(대공황 후 경제학자 베버리지William Henry Beveridge가 처칠 정부의 위촉을 받아 사회보장에 관한 문제를 연구·조사해 1942년 발표한 보고서. 사회적 약자에 대한 배려와 상호 부조를 통한 궁핍 해소가 요점이다.—옮긴이)가 성공한 것 때문에 화가 나 있던 처칠은 보궐선거에서도 잇달아 패하자 1943년 3월 21일 확신에 찬 목소리로 전쟁이 끝나면 실업보험 제도

는 폐지될 것이고, 국가 소유는 확대되어야 하며, "요람에서 무덤까지 모든 용도를 위해" 국민보험 제도가 도입되어야 한다고 말했다. 그러면서 "아이에게 우유를 먹이는 것보다 좋은 투자는 없다"고 덧붙였다.[8] 그렇다고 처칠과 보수당이 복지국가를 찬성하는 쪽으로 돌아섰다는 얘기는 아니다. 영국의 기류가 바뀌고 있음을 감지하고 마지못해 '새로운 예루살렘(Jerusalem : 지상낙원)'을 향해 발을 뻗었을 뿐이다. 『베버리지보고서』는 노동당원들에게 열정을 불러일으켰지만, 시류에 편승할 수밖에 없는 보수당원들에게는 근심을 안겨줬다. 그들은 자신들이 올라탄 차가 빨리 달리지 않기를 바랄 뿐이었다.[9] 보수당은 1945년 당대회에서 '엄격한 완전고용 방침'과 '모든 사람에게 적용되는' 포괄적인 국민건강보험에 찬성하는 결의안을 통과시켰다. 그러나 보수당 평의원들은 기회가 있을 때마다 노동당 좌파 지도자 어나이린 베번Aneurin Bevan의 구체적인 정책에 조직적으로 반대했다. 보수당은 1948년 당대회에서 "처칠이 이끌던 연립정부가 제안한 좀더 완벽한 사회보장제도를 현 (노동당) 정부가 채택한 데 만족감을 표시했다".[10] 2차 세계대전이 끝난 시점에서 복지국가라는 개념에 대놓고 반대하는 것은 국민의 인기를 잃는 지름길이었으므로, 웬만한 배짱이나 충동이 아니고는 반대할 엄두를 내기 힘들었을 것이다. 보수당은 그런 배짱이나 충동을 드러낼 만큼 어리석지 않았다. 다른 나라 보수주의자들도 자신의 사회적 양심을 (재)발견했다. 예를 들어 노르웨이에서는 1946년 비사회주의 정당들이 가족수당법을 포함한 모든 복지 법안에 찬성표를 던졌다.[11] 선택의 여지가 없었다. 그들은 2차 세계대전 기간에 복지국가와 완전고용, 산업 확대 계획 같은 노르웨이 노동당의 기본 제안을 받아들인 상태였다.[12] 스웨덴의 보수 세력도 1940년대에 주요 복지 계획에 모두 찬성했으며, 사회민주주의자나 자유주의자보다 열렬하게 보편적 연금 수급권을 지지했다.[13]

그럼에도 유럽의 모든 국가에서 사회 개혁을 수행하고 기득권층의 이익에 맞서 싸울 적임자로 좌파 정당들이 꼽혔다는 점은 의미심장하다. 사람들은 좌파 정당이야말로 사회 개혁이나 기득권층과 싸우는 것을 정치적 우선 과제로 삼을 수 있는 적임자들이며, 불가피한 타협에 어느 정당보다 끈질기고 단호하게 저항할 것이라고 생각했다. 영국 유권자들은 노동당이 복지 개혁을 추구하는 정당이라는 사실을 추호도 의심하지 않았고, 그 때문에 노동당에 투표했다. 사람들은 더 나은 의료 서비스와 더 확실한 고용 보장을 원했다. 그러면서도 국가가 개인의 사생활에 깊이 개입하는 데는 여전히 반대했다. 따라서 이념적으로 집산주의를 지지했기 때문에 사회 개혁을 요구했다는 증거는 없다.[14]

시대정신은 사회 개혁 편에 있었다. 이런 시대정신을 이해해야 보수당의 성명서가 이해될 수 있다. 보수당은 이 성명서를 「유권자에게 드리는 처칠의 정책 선언문」이라고 불렀다. 위대한 전쟁 지도자가 이끄는 정당으로 비치지 않으려는 노력의 일환이었다. 처칠의 선언문은 노동당이 지지하는 개혁 아이디어와 똑같은 아이디어들을 제한적으로 지지한다는 내용을 담고 있었다. 즉 수준 높은 고용 유지, 의무적인 국민보험 제도, 포괄적 의료 서비스, 대규모 주택 건설 계획을 약속했다.[15] 내용만 놓고 볼 때 보수당 역사상 가장 좌파로 기운 선언이다.

이를 보면 2차 세계대전 직후 유럽 전역에서 자본주의가 얼마나 인기가 없었는지 알 수 있다. 2차 세계대전 직후는 자본주의 이데올로기가 바닥을 친 시기다. 모든 사람이 국가 개입과 구조 개혁을 지지했고, 1930년대 좋지 않던 시절로 돌아가길 원하는 사람은 아무도 없었다. 모든 사람이 자신이 좌파임을 입증하려고 애썼다. 그리하여 1944년 7월 23일 이탈리아 기독민주당 당수 데가스페리는 카를 마르크스와 '마르크스처럼 유대인인' 예수그리스도가 똑같이 평등과 '진정한 구원의 이미지인' 보편적 인류애라는 메시지를 전하고 있다고 주장했다.[16] 데가스페리는 좌파 성향 프랑스 가톨릭 지식인들의 선례를 따르고 있었다. 프랑스 가톨릭 지식인들은 인민전선 시기 동안 마르크스의 초기 저작을 이용해 마르크스주의에 종교적 주석을 달려고 시도했다.[17]

1947년 독일 기독민주당은 「알렌 강령Ahlen Programme」에서 "사적 자본주의가 이전의 권위를 유지한 채 통치하던 시기는 끝났다는 깨달음에서 독일 경제의 새로운 구조가 시작되어야 한다"고 선언했다. 심지어 1949년 「뒤셀도르프 강령Düsseldorf Programme」 첫 문단에 "자본주의 경제 체제는 독일 국민의 필수적인 이익에 공정하게 적용되지 않고 있다"고 명시했다.[18]

프랑스에서 새로 결성된 인민공화운동당은 1944년 11월 24일 첫 성명을 통해 '부를 소유한 사람들의 권력에서 벗어나' 국가가 통솔하는 경제를 창출하기 위한 '혁명'을 지지한다고 선언했다. 구조 개혁과 경제계획에 헌신해 사회·정치적으로 진정한 민주주의를 확립하겠다는 얘기다.[19]

자유 시장과 자본주의를 지지하는 사람들은 대개 자유주의 정당의 깃발 아래 모였으며, 유럽 전역에서 유권자들의 혹독한 심판을 받았다. 1945~1950년 유럽 어느 곳에서도 자본주의를 지지하는 자유주의 정당이 정부 다수당이 된 예가 없다. 그러나 사상의 전쟁터에서 자본주의를 누른 것이 사회주의의 승리로 이어지지는 않았다. 서유럽의 복지국가 건설에 길잡이 역할을 한 경제학설은 존 메이너드 케인스의 학설인데, 그는 자유주의자다. 전후 복지국가 건설을 위한 청사진에 가장 가까운 내용을 담은 『베버리지보고서』도 자유주의자 윌리엄 베버리지의 작품이다(그는 1945년 선거에서 영국 자유당을 지지했다). 반면 사회주의 이론가들은 자본주의 체제에서 어떻게 사회 개혁에 착수해야 할지, 자본주의 체제를 어떻게 운영해야 할지 그 방법을 이해하는 데 기여한 바가 거의 없다. 이 명백한 모순을 둘러싸고 많은 주장이 제기되었다. 방어적인 자세를 취하는 이들도 있었다. 이들은 복지국가 건설에 영향을 미친 또 다른 요소가 있으며, 베버리지가 1942년 제안한 『사회보험과 관련 서비스 Social Insurance and Allied Services』와 1944년 제안한 『자유 사회에서 완전고용Full Employment in a Free Society』이라는 보고서의 내용도 엄밀히 말하면 대부분 전쟁 이전인 1920~1930년대에 논의된 것이라고 주장했다.[20] 그러나 베버리지와 케인스가 정치적으로 어떤 성향인지는 그들의 전기 작가에게 중요한 문제일 뿐이다. 『베버리지보고서』는 80만 명이 구입한 초유의 베스트셀러가 되었는데, 독자들은 지은이의 이념적 혈통에는 관심이 없었다. 학계가 깨끗한 숲이라면, 정치판은 거름 더미로 뒤덮인 지저분한 바닥이다. 정치판에서 최후의 승자는 정책을 글로 쓰는 사람들이 아니며, 그런 정책을 의뢰하는 사람들도 아니다. 이 바닥에서는 누가 뭐래도 그럴듯한 정책을 낚아채서 실행에 옮기는 이가 승자다. 이는 논쟁할 여지가 없는 사실이다. 한마디로 노동당은 『베버리지보고서』를 자기들 것으로 만들기 위해 싸웠다. 일말의 의구심은 있었지만, 보고서에 대한 그들의 신뢰는 전폭적이었다. 역사적으로 남의 생각을 가로챈 선례는 널리 알려진 것만도 한두 가지가 아니다. 비스마르크는 독일 자유주의자들의 민족주의 공약을 가로챘고, 디즈레일리는 글래드스턴의 선거권 확대 공약을 가로챘으며, 레닌은 인민당의 농업 공약을 가로챘다. 다른 사람의 아이디어를 도용하는 것을 나쁘다고 할 수만은 없었다. 자신에게 쓸 만한 아이디어가 없을 때는 더욱 그랬다.

복지국가를 원하는 유권자들이 노동당에 표를 던진 것은 당연했다. 존 램스덴John Ramsden이 지적했듯이 보수당이 패한 원인은 그들의 정책이 노동당과 달라서가 아니라 복지 정책을 실행에 옮기려는 의지가 노동당이 더 강해 보였기 때문이다.[21] 보수당이 이겼어도 복지국가를 건설했을 것이다. 하지만 보수당의 복지국가는 전쟁 전에 많은 비판을 받은 사회복지사업과 공적부조에 기반을 둔 복지국가였을 것이다. 즉 보수당은 소득에 상관없이 동등한 복지 혜택을 받을 수 있는 시민의 권리는 받아들이지 않았을 가능성이 높다.

영국에서 1946년 국민보험법National Insurance Act과 1948년 국민건강보험을 통해 완성된 보편성의 원칙은 영국과 스칸디나비아의 복지국가가 다른 복지국가와 다르다는 것을 보여주는 분명한 특징이다. 에스핑-안데르센은 세상의 복지국가를 세 종류로 분류했다. 첫째, 미국으로 대표되는 부르주아-자유주의 복지국가다. 부르주아-자유주의 복지국가에서는 복지 수혜자의 자산을 조사해서 기본적으로 소득이 적은 사람들에게 보조금을 지급한다. 하지만 그액수는 적다. 둘째, 독일과 오스트리아로 대표되는 협동조합주의적 복지국가다. 협동조합주의적 복지국가에서는 가족 구성원들의 필요를 충족해야 하는 가장의 능력이 현저히 떨어질 경우에만 국가가 개입한다. 셋째, 사회민주주의적 복지국가다. 사회민주주의적 복지국가는 '다른 나라에서 추구하는 최소 욕구의 평등이 아니라 높은 수준의 평등'을 목표로 삼는다. 즉 새로운 중산층의 안목 높은 취향을 충족하는 평등이 목표다.[22]

2차 세계대전 이후 몇 년 동안 영국에서 사회민주주의적 복지국가 개념이 유행했다. 당시 영국은 세계에서 가장 선진적인 복지국가였다. 뒷날 사회민주주의적 복지국가의 모범을 보여준 스웨덴도 그때는 '국민의 가정People's Home'을 건설하는 첫걸음을 떼어 영국의 복지 수준에는 미치지 못했다. 물론 스웨덴이 2차 세계대전 이후에 거둔 몇몇 성취는 인상적이다. 그중 하나가 1946년의 국민연금법National Pension Act이다. 1939년의 전 국민 의료보험 원칙을 확대한 국민연금법은 재정 부담과 수급 자격의 관계를 완전히 차단했다는 점에서 영국보다 훨씬 앞선 제도다.[23] 하지만 '국민의 가정'은 1950년대에 이르러서야 물가와 연동되기 시작했고, 스웨덴의 연금 지급액을 크게 인상한 주거 보조금은 신청자의 자산을 조사해 지급했기 때문에 연금제도가 시행되고 3년이 지나서도 대다수 연금 수령자가 혜택을 받지 못했다.[24] 스웨덴 연금제도는 수많은 논란 끝에 1959년 '부가 연금제supplementary pension system'(ATP라고도 함)를 도입하면서 일대 개혁이 단행되었다. 부가 연금제는 기초 연금에 의무적으로 소득 비례 연금을 추가해서 사무직 노동자들이 누리던 연금 보장을 육체노동자에게 확대한 것이다.[25] 1947년에는 의무적인 국민건강보험법이 제정되었지만 인플레이션과 정치 분쟁, 스웨덴

의료계의 반대 때문에 1953년에야 시행되었고, 치과 의료보험은 1974년에 도입되었다. 스웨덴에서 진행된 그 밖의 개혁 조치들은 1950~1960년대부터 시작됐다.[26]

노르웨이 노동당DNA은 영국 노동당과 마찬가지로 의회에서 과반 의석을 차지했지만, 스웨덴보다 한참 늦은 1936년에야 전 국민을 대상으로 한 연금제도를 도입했다. 이는 덴마크보다 14년이나 뒤처진 것이다.[27] 그러나 노르웨이 노동당은 1946년에 가장 먼저 전 국민을 대상으로 똑같은 액수를 지급하는 아동 수당 제도를 도입했고, 덴마크와 스웨덴은 노르웨이보다 한 발 늦게 도입했다. 원래 아동 수당 제도는 1934년 스웨덴 개혁가 군나르 뮈르달과 알바 뮈르달 부부가 출산율 저하에 대처하기 위해 주창한 것이다.[28]

스웨덴 사회민주주의자들은 거의 모든 좌파 정당(그리고 일부 자유주의 정당과 보수정당)이 그랬듯이 2차 세계대전 이후 불황이 닥칠 것이라고 예측했다. 이 비관적이고 잘못된 예측은 특단의 조치가 없는 한 양차 세계대전 사이 경제적 불안정과 경기 침체가 재발할 것이라는 가정에 토대를 뒀다. 따라서 스웨덴 사회민주주의자들의 첫째 목표는 완전고용이었다. 완전고용은 당시 스웨덴의 모든 '부르주아' 정당의 목표였다. 복지 개혁은 공정한 소득분배와 생활 수준의 상대적 평등을 달성하는 수단으로 이용되었다.[29] 이런 요구 사항들은 1944년 「전후 스웨덴 노동운동 계획The Post-war Programme of the Swedish Labour Movement」이라는 문서에 포함되었다.

프랑스의 사회보장제도는 영국의 복지 제도에서 많은 영향을 받았다. 그러나 영국의 영향만 받은 것은 아니다. 프랑스는 1930년대 스웨덴처럼 낮은 출산율 때문에 걱정이 태산이었다. 낮은 출산율은 예부터 애국을 중시하는 우파의 근심거리였다. 그들은 독일인 무리에 맞서 싸울 프랑스인이 충분하지 않은 점을 걱정했다. 따라서 가족수당에 기반을 둔 사회보장제도를 실시하면 프랑스인이 아이를 더 많이 가질지 모른다는 주장이 설득력을 얻었다. 그러다 보니 영국의 복지 정책이 '남자 가장'의 논리를 반영했다면, 프랑스의 복지 정책은 '부모'의 논리를 강조했다. 비록 프랑스 좌파는 오랫동안 집권에 실패했지만, 그들의 가족 정책은 큰 인기를 누렸다. 반면 영국에서 가족수당은 줄곧 '임금에 맞춰 설계된 복지 시스템에서 부수적이고 논란의 여지가 있는 항목'이었다.[30]

한 가지 짚고 넘어가야 할 사실은 프랑스에서는 사회보장법 제정이 좌파 정당들의 최우선 과제가 아니었다는 점이다. 프랑스 좌파 정당들에겐 비시 임시정부 이후 잃어버린 노동조합의 권리를 복원하기 위해 독점적 대기업들에 맞서 국유화 투쟁을 벌이고 임금 인상이라는 목표를 달성하는 것이 사회보장법보다 시급한 문제였다.[31] 사회 개혁을 위한 청사진은 노동부 장관 알렉산드르 파로디Alexandre Parodi와 그의 사회보장제도 총책임자인 피에르 라로크Pierre Laroque의 머리에서 나왔다. 1945년 7월 자문 의회에 제출된 파로디의 사회보장안은 인터내셔널 프랑스지부의 환영을 받았다. 마침 인터내셔널 프랑스지부도 파로디의 사회보장안과 유사한 사회보장 계획을 생각하고 있었기 때문이다. 자본주의 체제에서 진행되는 모든 개혁에 의심의 눈길을 보내던 공산주의자들은 이번에도 파로디의 개혁안에 의구심을 품었으나, 1945년 10월 자기네 쪽 사람인 앙브루아즈 크루아자Ambroise Croizat가 노동부 장관에 취임하자 돌연 파로디가 제출한 사회보장안을 열렬하게 지지하고 나섰다. 프랑스 인민공화운동당의 가톨릭교도들은 파로디의 사회보장안이 지나치게 중앙집권적이라는 이유로 이의를 제기했다. 자칫 잘못하면 종교에 토대를 둔 종전의 사회보장제도와 상호부조 사회가 약해질 수 있다는 판단이었다. '크루아자 법'으로 불리게 된 파로디의 사회보장안은 베버리지 모델처럼 전 국민을 대상으로 한 보편적 사회보장제도를 목표로 삼았다. 파로디의 안에 따르면 사회보장 초기에는 질병에 걸린 사람과 출산을 앞둔 임부, 일시적 노동 불능 상태에 있는 사람을 위한 보조금과 가족수당이 포함되지만 실업수당은 포함되지 않았고, 임금노동자(와 그들의 가족)만 수급 대상이고 자영업자는 제외했다.

처음의 열정은 금세 식었다. 1947년이 되자 프랑스에서 개혁주의는 영향력을 발휘하지 못했다. 공산주의자들은 권좌에서 물러났고, 사회주의자들의 아이디어와 힘도 바닥이 났다. 사회보장제도는 계획대로 진행되지 않았다. 크루아자 법은 궁극적으로 전 국민이 혜택을 받도록 하겠다는 점을 분명히 했지만, 그 목표는 1967년에야 달성할 수 있었다.[32] 프랑스도 영국과 마찬가지로 사회 개혁을 위한 추진력은 좌파 내부에서 나오지 않았다. 일단 사회 개혁안이 상정되자 좌파는 개혁을 위해 싸웠다. 하지만 프랑스의 좌파 세력은 사회 개혁에 동의했어도 그보다 임금 인상을 위한 투쟁에 치중했다. 지속적인 제도보다 눈앞의 성과를 선호한 것이다. 1944년 10월부터 1948년 4월 사이에 시간당 임금은 세 배로 뛰었다. 그러나 물가가 다섯 배로 올라서 봉급 노동자의 구매력은 30퍼센트 하락했다.[33]

프랑스에서 실업수당이 지급되지 않은 것은 실업수당을 쟁취하기 위해 싸운 사람이 아무도 없었기 때문이다. 앤드루 셰넌은 그 이유를 역사적·문화적 상황에서 찾았는데, 그의 말이 맞을지도 모르겠다. 즉 1930년대 프랑스에서는 영국과 달리 대량실업 사태가 벌어지지 않았다. 1930년대는 정치적 취약성과 경제적 후진성이 가장 먼저 떠오르는 시기다. 1971년 피에르 라로크가 썼듯이, 전쟁의 여파 속에 많은 이들은 앞으로 실업률이 낮은 수준을 유지할 것이라고 내다봤다.[34]

좌파가 오직 연정의 일원으로 집권을 꿈꿀 수 있는 나라에서는 영국과 스웨덴처럼 좌파가 안정적 다수를 차지하는 나라에서 그 실체가 드러나지 않던 복지국가의 특징 하나가 금세 드러났다. 즉 복지 개혁이 사실상 하나의 타협을 의미했다. 좌파 정당과 노조는 복지 개혁의 대가로 민간 부문 구조조정에 직접 개입하려는 급진적 목표를 포기하라는 압박을 받았다. 이런 타협이 노골적으로 드러난 네덜란드에서 2차 세계대전 기간과 전후 구성된 폭넓은 연정은 완전고용과 경제성장, 복지국가를 지지하는 정책을 토대로 했다.

오스트리아에서도 사회주의자들(오스트리아 사회당)과 기독교 민주주의자들(오스트리아 국민당) 사이에 이와 비슷한 타협이 있었다. 오스트리아 국민당은 1880년대 에두아르드 타페Eduard von Taaffe 총리 때부터 시작된 종전의 협동조합주의적 틀을 기반으로 복지국가를 건설하고 싶어 했다. 양차 세계대전 사이에 민간 기업의 봉급 노동자와 공무원, 산업 노동자, 농업과 제조업 분야 노동자 등 직업과 지위에 따라 지나치게 많은 사회보험제도가 만들어졌다. 오스트리아 국민당은 프랑스 인민공화운동당과 마찬가지로 이런 제도를 유지했고, 58개 사회보험 단체를 83개로 늘렸다. 반면에 오스트리아 사회당은 지나치게 많은 사회보험제도를 폐지하고 산업 노동자와 사무직 노동자에게 평등한 권리를 주는 단일 제도를 만들고 싶어 했다. 이런 논쟁에는 직업과 관계없이 동등한 권리의 확립을 중요시하는 보편성의 원칙이 깔려 있었다. 그러나 협상을 통해 여기저기 산재한 연금과 손해보험 제도를 절반으로 줄이는 데 성공했을 뿐이다. 1947년 노동자 휴가법Workers Vacation Act을 제정해 육체노동자와 사무직 노동자의 휴가 일수를 동등하게 조정했지만, 오스트리아는 실제적인 필요성에 근거한 평등한 복지 개념을 채택하길 거부했다.[35]

1946년 핀란드 인민민주연맹과 토지 균등 분할론자, 사회민주주의자로 구성된 연정이 구매력의 감소 없는 완전고용을 유지했고, 가족수당을 도입했으며, "노동자와 사회적 약자를 위해 역대 어느 핀란드 정부보다 많은 일을 했다". 그러나 공산주의자들의 연정 파트너는 공무원 조직의 숙청과 국유화, 급진적 토지개혁을 방해했다.[36] 공산주의자들은 연정 파트너의 노련한 전술에 놀아났다.

이탈리아에서는 사회주의자들과 공산주의자들이 1947년까지 기독민주당과 권력을 나눠 가졌지만, 복지국가의 발전을 향한 이렇다 할 돌파구를 찾지 못하고 있었다. 두 좌파 정당은 복지 전략을 받아들이지 않았고, 대대적인 사회 개혁을 요구하지도 않았다. 물론 기독민주당은 좌파의 압력이 없었어도 복지 정책이나 사회 개혁을 주도했을지 모른다. 어쨌거나 기독민주당의 이데올로기는 인정 많은 국가라는 개념과 비록 온정주의적이기는 하지만 복지라는 개념을 얼마든지 받아들일 준비가 되었기 때문이다. 실제로 가톨릭교도들은 맨 앞에 나서서 건강보험과 연금제도 개혁에 관한 논쟁을 이끌었고, 기독민주당은 1947년에 "노동자들은 사고와 질병, 장애, 노령, 비자발적 실업에 직면했을 때 자신들의 요구를 충족할 수 있는 보험 조항을 요구할 권리가 있다"고 규정한 헌법 38조 도입을 지지했다. 이에 따라 노동부 장관은 사회민주주의자인 루도비코 다라고나Ludovico D'Aragona에게 위원회를 맡겨 헌법 38조를 실행에 옮길 수 있는 방안을 찾도록 했다. 그러나 1948년 4월 선거에서 기독민주당이 주도한 공산주의와 사회주의에 반대하는 연합이 승리하고, 헌법 38조를 도입하려던 계획은 폐기 처분되었다.[37] 바뀐 게 있다면 1930년대 파시스트 정권이 수립한 복지 제도를 개선한 게 전부다.[38] 이탈리아 기독민주당은 '복지국가'보다 '엔티enti'라고 불리는 준準정부적 성격을 띤 공공 기관들에 기반을 둔 파시스트 체제가 지속되기를 바랐다. 그런 기관으로는 사회보장제도를 책임지는 사회보험청, 건강보험을 운영하는 질병보험공사, 노동자 재해보험 기관인 산업재해보험공사가 있었다.[39] '엔티'는 정치권력과 정치적 후원 세력이 집결하는 곳이기도 했다. 기독교 민주주의 세력은 엔티를 발판으로 정당의 지배력을 구축했다.[40] 복지국가의 기능 가운데 하나는 현대 국가의 공감대와 합법성의 범위를 넓히는 데 있지만, 이탈리아에서 그런 기능은 일개 정당인 기독민주당의 패권 유지와 뗄 수 없는 관계였다. 이탈리아 기독민주당은 1945년 이후 1993년까지 한 차례도 건너뛰지 않고 정권을 잡았다. 유럽의 어느 정당도 그들보다 오랫동안 정권을 잡지 못했다.

1948년 기독민주당은 이탈리아 경제의 '자본주의적' 재구성으로 승부수를 던졌다. 즉 이탈리아의 미래가 본질적으로 서구 경제의 미래와 밀접한 관련이 있고, 이탈리아의 경제성장은 국제 통상을 향해 나갈 수밖에 없으며, 이탈리아가 경쟁 국가들보다 유리한 점은 값싼 노동력임을 기독민주당이 인정했다는 뜻이다. "허리띠를 졸라매야 한다"고 외친 알베르토 피렐리Alberto Pirelli는 이탈리아 갑부 가운데 한 명이다. 그렇게 해서 1949년에 인기를 끈 '기계는 더 많이 사고, 파스타는 덜 사 먹자'는 구호가 나왔다.[41] 그러나 낮은 급료를 받는 노동력으로는 선진 복지국가로 가기 위한 재정적 기반을 마련할 수 없었다. 이탈리아는 국제경쟁력을 확보하기 위해서 핵심적인 복지 개혁 없이 가야 했다. 고용이 궁극적으로 빈곤을 퇴치해줄 것이라 기대했다. 그러는 동안 일자리를 구하지 못한 사람들은 다른 곳에서 일자리를 얻기 위해 이탈리아를 떠났다. 좌파는 기독민주당의 이런 전략에 경제적 대안을 제시할 능력이 없었다. 할 수 있는 일이라곤 이 모든 불공정함에 맞서 항의하는 것뿐이었다. 기독민주당이 자본주의를 선명하게 지지한 것은 아니다. 그들은 기독교에 헌신하는 것을 매개로 하나가 된 이질적인 연합체였다. 기독민주당이 사회 개혁을 거부한 것은 자본주의를 지지해서가 아니라 자본주의에 반대하는 세력이 패배했기 때문이다. 사회주의자와 공산주의자는 물론 기독민주당 내의 좌파 세력도 패자에 포함되었다.[42] 1947년까지 좌파, 특히 공산주의자들은 전략적으로 거국일치내각을 유지하는 것을 최우선순위에 두었다. 기독민주당과 손잡아야 궁극적으로 사회 개혁 정책을 실행에 옮길 수 있다는 계산이었다. 그러나 1947년에 중립적인 외교 방침을 표방하는 두 마르크스주의 정당(이탈리아 공산당과 이탈리아 사회당)이 참여한 연정은 권력을 유지하기 힘들어 보였다. 기독민주당이 냉전의 논리를 거슬렀다면, 소련에 반대하는 서유럽을 '선택'하지 않았다면, 기독민주당은 두 개로 쪼개져서 교회와 미국의 후원을 받는 두 번째 가톨릭 정당이 탄생했을 것이다.

이탈리아 공산당은 자신들이 노동계급 안에서 누려온 명망을 이용해 정치 개혁을 달성하는 데 헌신할 전투적 대중운동을 촉발할 법도 했지만, 한 번도 그러지 않았다. 그랬다면 기독민주당은 비록 자신들의 신념과 달라도 불안감에 휩싸인 나머지 공산주의자들보다 앞서서 개혁에 착수하지 않았을까? 그럴 가능성에 손을 들어주는 일부 역사가도 있지만, 설득력 있는 주장은 아니다. 게다가 공산주의의 영향을 받았다고 의심되는 대중운동이 일어났다면 이탈리아 민주주의를 파괴하고 전제적 공산주의를 수립하기 위해 소련이 음모를 사주했다는 증거로 받아들여졌을 것이다. 실제로 기독민주당은 1948~1953년 노동계급의 운동을 탄압하는 정책을 펼쳤다.[43] 당근보다 채찍을 택한 것이다. 당연한 얘기지만 당시 이탈리아에서는 당근보다 채찍이 훨씬 저렴했다.

전후 유럽이 복지 제도를 서둘러 도입하려고 한 이유 중 하나는 미국의 고임금 정책을 따라 하는 것이 불가능했기 때문이다. 1945~1950년 대다수 유럽 정부는 어느 시점에 이르면 임금 억제 정책에 의존할 수밖에 없었다. 사회주의자들이 정권을 쥔 국가에서도 사정은 다르지 않았다. 복지 정책은 낮은 인건비를 유지해 기업이 국제경쟁력을 갖출 수 있게 해주는 정책과 균형을 맞추기 위해서라도 꼭 필요했다. 복지국가는 허구한 날 싸우다가 세월만 보냈을 두 주요 산업 계급 사이에서 정치적 타협을 이끌어냈다.

영국에서는 1946년 국민보험법을 계기로 복지 혜택을 요구할 수 있는 권리가 시민의 중요한 권리가 되었다. 더불어 일반 과세를 통해 복지 재원을 마련할 수 있는 길이 열렸다. 국민보험 제도는 '재산에 관계없이 모든 시민을 위한 것'[44]이라는 선언에서 알 수 있듯이 모든 사람에게 적용되었다. 노동당 복지 정책의 초석이며 복지 국가의 토대가 된 국민보험법은 모든 정당의 지지를 받았고, 복지 공급과 시장 사이의 모든 고리를 끊었다.[45]

시장을 위해 생산된 상품은 시장을 통해서만 거래될 수 있다. 상품은 모든 사람에게 제공되기 때문에 누구나 가질 수 있는 것처럼 보인다. 그러나 오래전에 마르크스가 보여줬듯이 이런 논리에는 거래 관계의 현실이 감춰져 있다. 다시 말해 상품의 수요는 돈이 뒷받침될 때 유효하다. 제공되는 서비스를 구입해야 필요한 것을 얻을 수 있다. 모든 사람이 이용 가능한 상품이 대량으로 존재한다는 사실은 인간의 동료애를 넌지시 암시하지만, 그런 동료애는 돈을 들고 시장에 가는 사람이 상품을 살 수 있다는 잔인하고도 지당한 사실 앞에서 갈기갈기 찢긴다. 돈이 없는 사람은? 시장 밖에서 머물러야 한다. 소유할 수 있는 힘은 대량 소비 시대에도 여전히 개인의 권력으로 남는다. 그러나 (그 사람이 돈이 있기 때문이 아니라) 그 사람에게 그것이 필요하다고 인정되기 때문에 상품을 손에 넣을 수 있다면, 그것은 소비가 아니라 사회적 권리 행사다. 일반적으로 하나의 서비스인 상품은 '상품 이상의 무엇de-commodified'이 된다.[46] 상업에 관한 담론은 다른 목소리, 즉 권리와 시민권에 대한 논의로 대체되어야 한다. 보통선거권이 모든 시민에게 정치적 권리를 주었듯이 보편적인 사회권은 공동체의 정식 회원이 되는 길을 가로막는 모든 장벽을 허문다. 이것이 토머스 마셜Thomas Humphrey Marshall이 시민권을 세 가지 요소(시민의 권리, 정치적 권리, 사회적 권리)로 분류하면서 주장한 내용이다.[47] 마셜은 복지와 건강, 안전, 교육에 대한 사회적 권리가 발전할수록 '적절한 경제적 기능을 전혀 갖추지 못한' 사람들을 제외하고는 계급 간의 차별이 사라질 것이라고 봤다.[48] 이런 의미에서 보편적 권리는 시민권을 확장하며, 재산이 있는 사람이나 돈을 지불할 수 있는 사람, 남자나 기독교인, 백인 등 소수에게 국한된 권리가 아니다. 시민권은 프랑스혁명의 목표 가운데 하나인 '형제애'를 가능하게 만든다.

보편성의 원칙과 사회주의 원칙이 일치하는 면이 있을까? 이론상으로 복지국가가 제공하는 모든 서비스는 소비자가 복지 서비스를 구입하는 자유 시장에서도 제공할 수 있다. 리처드 티트무스 Richard N. Titmuss의 *The gift Relationship: From Human Blood to Social Policy*(선물 관계 : 인간의 피에서 사회정책으로)에서 나타나듯이, 이 경우에도 이타적이고 비시장적인 관계가 시장적 관계보다 안전하고 저렴하며 효율적인 할당 체제임을 보여주는 사례는 존재할 것이다. 수혈이 그런 경우다.

시장에 기반을 둔 사회복지 제도가 보편성 기준을 충족하려면 두 가지 조건이 전제되어야 한다.

1. **완전고용_** 의무교육이 끝나는 연령대와 은퇴 연령대 사이에 있는 시민은 모두 임금을 받는 일자리를 얻을 가능성이 있어야 한다.

2. **고임금_** 모든 시민은 최소한 질병과 장애, 일시적 실직과 노령에도 생활에 지장이 없도록 해주는 연금과 보험에 가입할 수 있을 정도의 임금을 받아야 한다.

자유 시장 자본주의가 이 두 가지 조건을 충족할 수 있다면, 보편성 기준도 충족할 수 있을 것이다. 자유 시장 자본주의가 두 가지 조건을 충족하면 모든 사람이 시장을 통해 사회적인 보호를 받을 수 있기 때문이다. 완전고용이 실현되면 전체 인구 가운데 어느 한 집단만 사회적 복지를 위한 민간 시장에서 배제되는 일이 없어지고, 고임금 정책이 실시되면 모든 사람이 필요한 상품을 구입할 수 있다. 임금에 차등을 두는 유일한 효과는 꼭 필요하지 않은 상품을 배분하는 데서 나타날 것이다. 그러나 고임금과 완전고용이 동시에 실현된 경우는 거의 없었다. 따라서 시장적 관계에 따라 모든 것이 결정되는 사회에서는 보편적 복지 원칙이 실현될 수 없다고 해도 틀린 말이 아니다. 당연히 1945년 이후 서유럽에서 보편적 복지 원칙을 도입한 정당들은 '자유 시장'에 편견을 가질 수밖에 없었다.

원래 질문으로 돌아가자. 보편적 복지 원칙 도입은 사회주의인가? 사회주의가 특정 사회질서의 전반적 조직을 설명하는 '최종 상태'를 의미한다면, 보편적 복지 원칙은 사회주의가 아니다. 보편적 복지 원칙이 더 우위에 있는 자본주의적 생산방식과 공존하기 때문이다. 사회주의가 사회적 관계를 의미한다면, 다시 말해 소득에 관계없이 그 집단의 모든 구성원이 서비스나 상품을 이용할 수 있게 하는 보편적 복지 원칙이 사회주의라면, 그때는 사회주의 요소와 자본주의 요소가 공존한다고 말할 수 있다.

최종 상태라는 얘기가 나온 김에 덧붙이면, 사회주의의 '최종 상태'라는 개념을 마르크스주의자나 레닌주의자들의 특성과 동일시하려는 시도가 있는데, 이는 마르크스와 레닌의 저작을 한 덩어리로 뭉뚱그려 읽는 데서 오는 결과다. 실제로 마르크스와 레닌의 저작들은 모든 사회주의적 사고에 침투한 날카로운 모순에 물들었다. 그것은 절차로서 사회주의와 최종 상태로서 사회주의 사이의 모순이다. 『독일 이데올로기The German Ideology』에서 마르크스와 엥겔스는 다음과 같이 썼다.

> 우리에게 공산주의는 수립해야 할 안정적인 상태가 아니라, 현실이 스스로 적응해야 하는 이상ideal이다. 우리는 공산주의를 현재의 존재 상태를 폐지하는 현실의real 운동이라고 부른다.[49]

'최종 상태'의 대표적인 전략가라고 불러도 손색없는 레닌조차 자본주의 체제의 작은 틈새에서 공산주의의 싹을 틔울 수 있다고 생각했다. 예를 들어 탁아 시설 같은 사회적 재화의 공적인 공급에 레닌은 '공산주의의 싹'이라는 이름을 붙였다. 이와 같은 생각이 분명하게 드러나는 구절이 있다. 레닌은 모든 볼셰비키 법안이 여성 해방을 규정함에도 여성은 여전히 '가정의 노예'이며, 지루하고 고된 가사 노동 때문에 바보가 되어가는 것을 인정했다. 그러면서 다음과 같이 덧붙였다.

> 말로야 모든 공산주의자들이 당연한 이야기가 아니냐고 하겠지만, 과연 현실에서 우리는 이런 문제에 충분한 관심을 기울이는가? 절대 그렇지 않다. 우리는 이 영역에 존재하는 공산주의의 싹을 제대로 보살피는가? 역시 대답은 '아니오'다. 공공 급식 기관과 탁아 시설, 유치원 같은 것들이 우리가 가진 공산주의의 싹이다. 이런 싹이야말로 여자들을 진정으로 해방할 수 있다. 이는 새로운 것이 아니라 (사회주의

를 위한 모든 물질적 전제 조건과 마찬가지로) 거대 자본주의에 의해 만들어진 것이다.[50]

사회주의를 목표가 아닌 과정으로 이해한다면, 이론적으로는 사회주의를 즉각 시행할 수도 있다. 그러면 중대하고 혁명적인 급변과 역사적 단절, 폭동에 대한 기대는 폐기 처분될 수 있다. 혁명에 대한 기대는 사라지고 더 미묘하고 모호한 뉘앙스를 풍기는 진보라는 개념이 그 자리를 채운다. 사회 개혁은 새로운 의미를 획득한다. 1914년 이전까지 사회주의 운동에서 사회 개혁을 바라보는 지배적인 관점은, 사회 개혁이란 고된 노동에 시달리는 일반 대중의 생존 조건을 완화하기 위한 임시방편이며, 결국 재앙에 가까운 필연적 위기가 도래해 종전의 사회질서가 새롭고 사회주의적인 영향권으로 들어선다는 것이었다. 그러나 1945년에 이르면 사회 개혁이 자본주의에서 도입돼야 할 사회주의 요소로 보이기 시작했다. 궁극적으로는 사회 개혁이 발전 · 확대되어 자본주의가 소멸되는 날을 앞당길 수 있다는 것이다. 베른슈타인의 오래된 이단적 주장이 마침내 받아들여진 셈이다.

전시와 전후 재건의 시기에 좌파가 이런 생각을 설득력 있는 이론으로 제시한 적은 없다. 이론적 접근은 카우츠키와 베른슈타인과 힐퍼딩이 있던 옛 독일 사회민주당과 오토 바우어 같은 오스트리아-마르크스주의자의 특징이다. 1945년 이후 사회주의 운동과 사회민주주의 운동은 이론적 접근에 흥미를 잃었다.

그럼에도 사회 개혁을 자본주의의 작은 틈새에서 커가는 사회주의 구성 요소로 보는 시각에는 적지 않은 문제가 있다. 사회 개혁을 추진하는 목적은 여러 가지다. 사람들에게 혜택이 돌아가서, 체제를 안정시킴으로써 체제가 누리는 국민적 합의를 확대할 수 있어서, 시민들이 자기 능력으로는 시장에서 얻을 수 없는 것을 정치적 수단에 따라 공동으로 얻을 수 있어서, 그 외 여러 가지 이유 때문에 사회 개혁이 추진된다. 특히 사회주의자들은 일반 국민에게 사회적·경제적 성격이 있는 새로운 권리를 부여하면서 그들에게 권한을 위임하기 때문에 사회 개혁이 정당하다는 논리를 편다. 사회주의는 이전의 자유민주주의적 절차를 지속하면서 그것을 한 단계 발전시킨 형태로 자신을 내세운다. 한때 소수의 특권이던 정치적 권리를 일반 국민도 자유민주주의적 절차를 통해 얻기 때문이다. 사회주의는 지금까지 가질 수 없던 사회적 권리를 다수에게 제공한다. 자유주의적 '부르주아' 민주주의와 레닌이 그토록 강조한 사회주의적 민주주의 사이에는 만리장성처럼 높은 장벽이 가로막고 있지만, 자유주의와 사회주의 사이를 잇는 고리가 존재한다면 그 장벽도 무너뜨릴 수 있다. 그러면 사회 개혁은 권력을 재분배하고 불평등을 급격하게 줄일 것이다.

복지국가가 상당한 사회적 평등을 이끌어냈다는 주장은 많은 질문을 낳는다. 불평등을 측정하는 것은 결코 간단한 일이 아니다. 이용할 수 있는 자료가 부족하고, 개념상 중요한 문제들도 있다. 예를 들어 평생의 수입과 현재의 수입 사이를 어떻게 구분하며, 연령대가 다른 자녀들을 위해서는 무엇을 감안해야 하는가?[51] 한 가지 분명한 사실은 1938년 영국에서 인구의 10퍼센트가 세금을 공제한 모든 수입의 34.4퍼센트를 차지했고, 1949년에는 이 비중이 27.1퍼센트로 줄었다는 것이다.[52] 하지만 인구의 10퍼센트가 차지하던 수입의 비중이 줄어든 주원인은 완전고용과 복지국가의 효과라기보다 2차 세계대전 기간 동안 높은 세금과 인플레이션 때문이다. 이처럼 복지 비용은 부자들의 주머니에서 나와 가난한 사람에게로 가는 것이라기보다 중산층과 저소득층 사이에서 오가는 수입에 의해 조달될 수 있었다. 다른 방법은 없었다. 부富가 한정된데다 부자는 결코 자신의 부에 만족하는 법이 없기 때문이다. 이런 상황을 개탄하는 사람들이 잊지 말아야 할 사실이 있다. 중요한 것은 부자를 가난하게 만드는 것(그렇게 된다 해도 비극이라고 할 수는 없지만)이 아니라, 가난과 전반적인 차별을 없애는 것이다. 가난과 차별은 그토록 많은 투쟁에 영감을 불러일으킨 '평등'이라는 고귀하고 혁명적인 목표의 품위를 떨어뜨린다.

결국 진정으로 추구할 가치가 있는 평등은 그다지 크지 않은 소득 격차를 평준화하는 것이 아니라, 정치적 권력 못지않게 사회적 권력을 실질적으로 평등화해 모든 사람에게 동등한 존엄성을 제공하는 것이다. 동등한 존엄성이야말로 모든 것을 걸고 쟁취할 가치가 있다. 부자는 리츠칼튼 호텔만 한 다이아몬드를 사들일 수도 있다. 다이아몬드를 사랑하지만 돈이 없는 사람은 이게 다 소득 격차 때문이라며 볼멘소리를 할지도 모른다. 그러나 부자는 받을 수 있는 수술을 돈이 없다는 이유로 받지 못해 목숨을 잃는 사람이 있다면, 그것은 다이아몬드를 살 수 없어서 나오는 불만과 비교되지 않을 만큼 잘못된 일이다.

자본주의 통제하기 : 국유화와 경제계획

　　　　　1940년대 후반 대다수 사회주의자들은 사회주의를 '최종 상태', 즉 최종 목표로 생각했다. 점진주의를 믿은 그들은 최종 목표로서 사회주의는 개혁이 축적된 결과로 달성할 수도 있고, 때가 무르익어 사회주의 정당들이 과반수를 획득한 다음 적절한 순간에 결정적인 법령을 집행해서 달성할 수도 있다고 생각했다. 이런 '사회주의 상태'는 자본주의 종식을 포함했고, 그 말은 주요 생산수단의 사적 소유 철폐를 의미할 뿐이었다. 많은 좌파 사회주의자들은 보편적 복지 원칙의 도입을 의미 있고 중요한 개혁 조치로 봤으나, 산업국유화에 비해서는 급진적인 개혁 조치라고 생각하지 않았다.

　알다가도 모를 일은, 국유화를 그토록 중요하게 여기면서도 (공산주의 정당을 포함해) 서유럽의 어느 좌파 정당도 몇몇 생산수단의 사적 소유 철폐를 위한 구체적인 계획을 세운 적이 없다는 것이다. 포괄적이고 모호한 반자본주의적 수사학은 심지어 몇몇 종교 정당까지 스며들었지만, 자본주의를 무너뜨릴 구체적인 아이디어는 찾아보기 힘들었다. 사회주의자들은 거의 언제나 자신들이 오늘 무슨 일을 해야 하는지, 내일 무엇을 원하는지 알았다. 그러나 오늘의 개혁과 내일의 사회주의를 연결하는 방법은 전혀 몰랐다. 19세기 말에 베른슈타인은 사회주의자들에게 현재에 집중하려면 사실상 미래를 포기해야 한다고 주장했는데, 그때와 달라진 것이 하나도 없었다.

　영국 노동당은 시간이 갈수록 자신들이 처한 상황을 확실히 깨닫기 시작했다. 즉 좌파가 추구하는 사회 개혁, 선거를 통해 약속하고 자신들에게 정치적 권력을 준 사회 개혁을 추진하기 위해서는 재원을 마련해야 했고, 그러기 위해서는 막강한 부를 창출하는 경제를 만들어야 했다. 많은 사회주의자들은 국가가 산업을 완벽하게 통제하면 막강한 부를 창출하는 경제가 가능하다고 생각했다. 중앙에서 계획하고 관리하는 게 더 '합리적'이고 효율적이라고 생각했다. 대규모 경제와 과학적인 경영 원칙을 도입하면 국가 전체가 이득을 볼 것이라고 생각했다.

현실은 어땠을까? 1945년에는 서유럽 어느 나라도 경제 전반의 국유화를 의제로 채택하지 않았다. 좌파의 힘이 약한 나라에서 좌파가 망설이는 연정 파트너들을 설득해 그처럼 급진적인 길로 들어서게 하기는 불가능했다. 영국이나 북유럽 국가들처럼 좌파의 힘이 강한 나라에서도 다수는 고사하고 어떤 세력도 그와 같이 원대한 목적을 실현하기 위한 청사진을 내놓지 않았다.

자본주의 경제를 철폐하기 위한 청사진이 없는 상황에서 사회 개혁에 필요한 재원을 마련하려면 자본주의 경제에 의존할 수밖에 없었다. 사회주의 정당들은 딜레마에 봉착했다. 사회복지에 필요한 재원을 마련하려면 최대한 효율적인 시장경제를 만들어야 했기 때문이다. '사회주의적' 정책을 따르자니 친자본주의적이 될 수밖에 없는 상황에 빠졌다. 적어도 가까운 시일 내에 민간 부문을 폐지할 수 없다면 차라리 완전고용을 위해 최대한 많은 부를 창출하고, 충분한 재원을 마련하도록 민간 부문을 격려하는 편이 나았다. 국가는 민간 부문이 제대로 기능하지 못할 때만 보조금이나 장려금, 특권 양허, 특별 원조, (필요한 경우) 국유화를 통해 개입하면 된다는 생각이었다.

일부 사회주의자들은 민간 부문이 부를 창출하는 과업을 제대로 해낼 수 없을 것이라고 의심했다. 1930년대 대공황을 야기한 게 바로 민간 부문 아닌가. 1945년에는 자본주의가 지속적인 성장과 경제 발전을 보장할 수 없다는 생각이 좌파 사이에 널리 퍼졌다. 따라서 국가는 점진적인 국유화 정책을 통해 국가의 몇몇 중요한 부문을 인수할 필요가 있었다. 사회 개혁과 재원 마련을 최우선순위에 두기로 했다면, 민간경제 부문을 차츰 공공 소유로 이전하는 과정에서 다음 사항을 고려해야 했다.

1. **생존 능력과 효율성_** 자본주의 경제 가운데 생존 능력과 효율성이 가장 떨어지는 부문부터 국유화해야 한다.
2. **전략적 중요성_** 자본주의 경제 가운데 가장 전략적인 부문(예컨대 금융이나 전력 산업)을 국유화해서 나머지 민간 부문이 경제적으로 수익성 있고 사회적으로 바람직한 길을 따라올 수 있도록 해야 한다.

어느 쪽이 됐건 목표는 민간경제의 효율성을 끌어올리는 것이었다. 부분적 혹은 점진적 국유화를 원하는 사회주의자들의 동기는 자본주의를 합리화해야 한다는 측면에서 국유화를 옹호하던 비사회주의자들의 동기와 다를 바 없었다. 국유화 논리를 떠받치는 그럴듯한 '경영상의' 근거들이 있었다. 즉 적당한 가격에 재화와 서비스의 효율적인 공급을 보장하면 평균 원가를 낮출 수 있으므로, 새롭게 국유화한 산업의 효율성은 올라가고 나머지 경제에도 보탬이 되리라는 것이다.

실제로 1945년 이후 모든 서유럽 정부의 공통된 목표는 효율적인 자본주의 경제였고, 국유화는 대다수 국가에서 이 목표의 일부로 들어갔다. 그러나 국가 부문 확장을 유기적·전략적으로 활용한 나라는 없었다. 그러기는커녕 국유화한 산업을 개별적인 산업으로 인식하여 저마다 다른 산업과 연계 없이 자기 임무를 이행하도록 주문했다.

영국 노동당은 1945년 성명서 「미래를 맞이합시다Let Us Face the Future」를 통해 국유화를 제안했다. 영국의 국유화는 실제적인 측면에서 타당한 이유가 있었다. 잉글랜드은행Bank of England의 국유화는 완전고용 보장이 목적이었을 것이다. 석탄·가스·전기 산업의 국유화는 생산 현대화와 요금 인하, 낭비 방지와 효율성 증대가 목적이었다.[53] 노동당 소속 활동가들은 여러 가지 이유로 국유화를 요구했다. 당헌 4조에 국유화가 명시되었고, 국유화가 사회주의의 첫걸음이며, 국가는 통치와 개입에 필요한 수단을 반드시 확보해야 한다며 국유화를 지지했다. 그러나 1930년대 내내 국유화 논의가 이어졌음에도 1945년이 되도록 노동당에는 국유화를 위한 청사진이 마련되지 않았다. 심지어 노조의 국유화 압력이 가장 거세고 보수당의 반대가 가장 약한 석탄 산업 국유화에도 구체적인 계획이 전혀 없었다.[54] 피터 헤네시Peter Hennessy가 말했듯이 1945년 이전의 평화로운 시기에는 노동당보다 보수당이 국유화를 자주 호소했다. 예컨대 해군본부위원회 수석 위원 처칠은 1912년 앵글로-이란석유회사(AIOC, 지금의 영국국영석유회사BP)를 사들였고, 스탠리 볼드윈Stanley Baldwin은 1927년 BBC를 인수했으며, 네빌 체임벌린Neville

Chamberlain은 1939년 영국해외항공BOAC을 창립했다.[55]

1941~1949년 노동당은 국가 소유의 경계를 확대하여, 1946년 잉글랜드은행과 민간 항공사, 전기통신·석탄 산업을 국유화했고, 1947년 철도와 장거리 화물 수송업, 전기 산업을 국유화했으며, 1948년 가스, 1949년 철강 산업을 국유화했다.[56] 가스 국유화 법안(1948년 2월)과 논쟁을 불러일으킨 철강 산업 국유화 법안(1948년 11월)을 제외한 모든 국유화는 노동당이 집권하고 2년도 되지 않은 1947년 2월 이전에 의회의 승인을 받았다. 국유화한 산업은 영국 경제의 기간산업이거나 공익 산업 혹은 둘 다 해당하는 것들이다. 장거리 화물 수송업과 철강 산업 정도를 제외하면 번창하거나 딱히 수익성이 좋다고 할 만한 산업은 없었다. 중요한 것은 소비자들의 이익이지만, 이런 산업의 주요 구매자 중에는 자본주의적 기업들도 있었다. 적당한 값에 석탄과 가스, 전기를 확보하고, 효율적인 수송 체계를 갖추는 일은 기업에도 이득이었다. 더 훌륭한 산업민주주의나 노동자의 경영 참여 도입은 한 번도 진지하게 고려되지 않았다.

1930년대에 노동당의 청사진은 금융 부문 지배와 국가투자위원회 설립의 전략적 중요성을 강조했다. 은행가와 금융업자들은 노동운동 진영의 살생부 명단에서 항상 특별 관리 대상이었다. 어떤 이는 노동당 정부가 잉글랜드은행을 인수했으니 이제 수도 런던과 나머지 은행 시스템을 통제할 것이라고 예상했을 수도 있다. 그러나 잉글랜드은행을 이용해 다른 은행들을 길들이고 통제하고 지배하려는 시도는 전혀 없었다. 노동당은 이 기회를 놓쳤을 뿐만 아니라 어쩌다 기회를 놓쳤는지 해명하지도 않았다. 설령 영국 노동당이

은행 시스템 전체를 통제하는 과감한 정책을 실시했어도 유례없이 급진적인 조치라고 생각하는 사람은 없었을 것이다. 1940년대 후반 오스트리아에서 사회당과 기독민주당의 연정이 은행 시스템 전체를 지배하는 정책을 실시했고, 1930년대 무솔리니 치하의 이탈리아에서도 같은 정책이 시행됐기 때문이다.

영국의 노동당 정부가 실시한 잉글랜드은행 국유화는 어디까지나 법률에 따른 제도상의 조치였으며, 재무부 장관 휴 돌턴도 법률적인 조치라고 불렀다.[57] 국유화를 지지하는 목소리가 워낙 강하다 보니 보수당도 반대표를 던질 수 없었다. 처칠의 보좌관이던 보수당 의원 로버트 부스비Robert Boothby조차 찬성표를 던졌다.[58] 이후 어떤 보수당 지도자도 잉글랜드은행의 민영화를 요구하지 않았다.

석탄 산업은 뒷걸음쳤고 극도로 비효율적이었으며, 종사자는 필요 이상으로 많았다. 게다가 파이프앤드파월딜프린Fife and Powell Dylfryn을 비롯한 몇몇 광산을 제외하면 대다수 광산이 최악의 노사 관계로 몸살을 앓았다. 민간 기업이 석탄 산업을 현대화할 수 있다고 생각하는 사람은 아무도 없었다. 1919년 생키위원회Sankey Commission의 평결 이후 석탄 산업 국유화는 줄곧 국가 의제에 올랐지만, 노동당은 석탄 산업을 위한 계획을 한 차례도 제시하지 않았다. 놀라운 사실은 연료전력부 장관 자리에 앉아 있는 사람이 둔하고 무능력한 이매뉴얼 신웰Emmanuel Shinwell이라는 점이다. 신웰이야말로 석탄 산업을 위한 청사진을 제시해야 할 사람이었다. 그는 1924년과 1929~1931년 광업부 장관직을 수행할 때 광산업에 종사하는 유권자를 대표한 인물이기 때문이다.[59]

철도는 민간 기업 소유지만 국가보조금에 크게 의존했다. 민간 기업이 소유한 마지막 해, 철도 산업 적자는 6000만 파운드였다. 철도 산업을 재정비하려면 거액이 필요한데, 어떤 민간 기업도 그만한 자본을 마련하기는 힘들었을 것이다. 철도 국유화 주장은 어느 때보다 강력한 지지를 받았다. 그러나 노동당은 철도뿐만 아니라 장거리 화물 수송업까지 국유화했다. 장거리 화물 수송업은 철도와 달리 수익성이 좋은 사업이기에 보수당과 자유당이 거세게 반발했다.

전기와 가스 국유화는 1944년 구성된 헤이워스위원회Heyworth Committee가 권고한 사항이다. 하지만 보수당은 가스 국유화에 반대했고, 가스 국유화 법안 모든 부분에 이의를 제기했다.[60] 전기는 사정이 달랐다. 전기 공급 60퍼센트를 지방자치단체가 관리하고 있었기 때문이다. 1936년 맥고원위원회McGowan Committee는 효율성을 근거로 국유화 지지 의사를 표명했다.[61]

심각한 반대에 부딪힌 것은 철강 산업 국유화다. 철강 산업은 국유화 대상 업종 가운데 유일한 제조업으로, 노동당은 철강 산업 국유화에 미온적이었다. 철강 산업의 노사 관계는 우호적이었고, 노조도 국유화에 적극적이지 않았다. 내각은 두 편으로 갈렸다. 국유화를 지지하는 쪽은 철강 산업의 안정적인 미래를 위해 국가 개입이 필요하다고 주장했다. 이데올로기적 이유를 근거로 국유화를 지지하는 사람은 아무도 없었다. 철강 산업 국유화 법안은 노동당이 집권하는 동안 상원이 유일하게 지연한 정책으로, 1949년 말 법안이 상정되어 1951년에야 확정되었다. 법안이 확정되자마자 노동당은 총선에서 패했고, 보수당은 철강 산업을 민영화했다. 철강 산업은 1980년대에 민영화 정책이 실시될 때까지 국유화되지 않은 상태로 남은 유일한 업종이었다.

국유화가 어떤 성과를 거뒀는지는 분명치 않다. 국유화가 아닌 형태의 통치에 대해 본격적으로 연구된 적이 없기 때문이다. 알렉 케언크로스Alec Cairncross는 국유화가 정말 완전고용 실현과 경제 안정에 크게 기여했는지 의구심을 품었고, 소득분배에 미친 영향에도 회의적이었다(소유주들에게 상당한 보상금이 지급되었기 때문이다).[62] 게다가 전반적인 국유화의 목표가 상업적 수익을 내는 것이었기에 민간 기업이 소유할 때와 비교해 경영 방침에 과연 획기적인 변화가 가능했겠느냐는 의문도 남는다.

석탄이나 철도 같은 업종에서는 노동자들이 강력하게 국유화를 요구했다. 1920년대에 기업주들이 저지른 끔찍한 처우를 아는 노동자들은 국유화가 되면 당연히 근무 조건이나 임금이 개선될 것이라고 생각했다. 그러나 철강 부문 노동자들은 상대적으로 좋은 근무 조건에서 일하고 있었고, 노사 관계도 만족스러웠기에 국유화에 시큰둥했다. 많은 노조원은 민간 자본가보다 국가가 훌륭하고 개화된 고용주 역할을 할 것이라고 기대했다. 국유화에 회의적인 사람들조차 국유화가 되면 국가가 무한정 손실을 떠안을 수 있으므로 필요 이상의 인원 배치와 제한적 관행(기업 간 경쟁을 제한하고 사람들의 일자리를 보호하기 위해 노동자나 사용자의 자유를 제한하는 협정—옮긴이), 생산성보다 높은 임금 같은 문제가 해결될 수 있다고 내다봤다. 하지만 국가 경제 관점으로 볼 때 완전고용 상태에서 필요 이상의 인원 배치는 비생산적이다. 완전고용 상태에서 필요 이상 인력을 배치하면 다른 곳에 고용된 노동자들이 필요한 산업에 불리하고, 인위적으로 높은 임금을 유지해야 하기 때문이다. 반대로 완전고용이 실현되지 않은 상황에서는 어느 한 부문에 필요 이상 노동력을 배치하는 것이 합리적인 대책이 될 수 있다. 복지 수당이 필요한 사람들이 고용 상태에 있으면 복지비 지출이 줄어들기 때문이다.

민영화와 국영화가 공존하는 혼합경제에서 공공 부문은 효율성과 수익성을 갖춘 민간 부문은 건드리지 말아야 한다는 전제 조건에서 자유롭지 못하다. 그렇다고 공공 부문에서 반드시 이윤이 기준이 되어야 한다는 얘기는 아니다. 예를 들어 독점기업이 가스나 전기 같은 기본 서비스를 장악한 경우, 수익성보다 원가 절감을 추진하는 정책이 바람직할 것이다. 공공 분야의 원가 절감은 민간 부문의 원가 절감으로 이어져 민간 부문의 국제경쟁력 강화에 기여할 수 있다. 공공 부문의 원가 절감은 납세자가 민간 기업에 제공하는 보조금인 셈이다.

영국 노동당은 공익사업체를 국유화함으로써 장차 민간 부문 구조조정에 필요한 무기를 손에 넣었다. 예를 들면 차등 가격제를 이용해 사회적 이유로 고용과 투자를 늘리고 싶은 지역으로 산업을 유인하거나, 수출·수입 대리상을 도울 수 있었을 것이다. 국유화는 전반적인 계획의 일부로서, 아니면 적어도 포괄적인 산업 정책의 일부로서 중요한 역할을 할 수 있었을 것이다. 그러나 노동당에게는 어떤 산업 전략이나 포괄적인 계획도 없었다. 그들은 전시 연정이 물려준 재정적·물리적 지배력을 유지하는 데 급급했을 뿐이다.[63] 따라서 영국 노동당의 정책은 전후 장 모네Jean Monnet가 수립한 프랑스의 계획 정책과 비교할 수 없으며, 국제통상부를 통해 은행과 산업계, 정부가 손잡고 구축한 전후 일본의 선구적 협력 체제에는 한참 못 미쳤다.[64] 애틀리 정부에게 퍼부을 수 있는 가장 혹독한 비판은, 1947년 이전에 노동당이 민간 부문과 관련해서 내놓은 정책이 하나도 없었다는 것이다. 1946년 애틀리 정부는 철강 산업 합리화 방안을 내놓았지만, 전면적인 국유화까지는 나가지 못했다. 애틀리 정부의 산업 합리화 방안은 실패작이다. 많은 기업이 비협조적인 것도 문제지만, 정부가 수출 극대화와 고용 같은 단기적 성과에 매달린 나머지 철강 산업 구조조정이라는 장기적 목표를 쉽게 포기한 데 패인이 있다.[65] 노동당의 가장 큰 문제는 자본주의 경제를 사회주의 경제로 바꾸기 위한 정책이 없다는 게 아니라 자본주의 경제를 운영하는 방법을 모른다는 것이었다.[66]

이와 같은 주장에 나올 수 있는 가장 일반적이면서 다소 진부한 반응은, 경제를 운용하는 데는 정치인이나 공무원보다 사업가가 적격이라는 주장이다. 영국은 일본과 독일, 프랑스처럼 계획경제와 이런저런 산업 정책으로 무장한 국가와 경쟁하느라 50년 넘게 경기 침체를 겪었다. 영국은 완전히 파탄 난 상황을 있는 그대로 드러냈어야 한다. 그러나 이데올로기는 명백한 사실의 맹공에 훌륭한 방패막이가 될 수 있다.

애틀리 내각보다 조금 덜 편협하고 더 지적인 내각이라면 프랑스처럼 훨씬 설득력 있는 국가계획을 철저히 연구했을지도 모른다. 그러나 제아무리 편협함으로 똘똘 뭉친 조직이라도 틈은 있게 마련이다. 노동당 소속 하원 의원 리처드 크립스는 재빨리 영국해협 건너편으로 눈을 돌렸다. 1948년 크립스는 장 모네를 초대한 자리에서 참모들과 함께 영국을 방문해 프랑스의 현대화 계획을 설명해달라고 요청했다. 모네는 회고록에 "그 회의는 매우 흥미로워서 애틀리와 몇몇 장관들까지 참석했다"고 썼다. 하지만 모네는 영국인이 도저히 이해할 수 없는 것을 이해시키려고 안간힘을 썼다. 두 나라가 경제적으로 상호 의존하는 환경을 조성해야 한다는 점이었다.[67] 모네는 대다수 계획론자들과 달리 국가계획이 성공하려면 항상 국제적 관점을 견지해야 한다고 생각했다. 하지만 영국은 유럽 대륙과 특별한 연결 고리를 구축할 준비가 되지 않았다. 당시 영국은 주로 비유럽 지역과 교역했고, 외교정책은 여전히 유동적이었기 때문이다.

케언크로스에 따르면, 경제계획에 포함되어야 할 내용을 설명하기 위한 진지하고 공식적인 시도는 딱 두 차례 있었다. 하나는 크립스가 (재무부 장관으로 재직할 때) 개인적으로 출간한 *The Economic Survey of 1947*(1947년 경제 조사)의 서문이고, 다른 하나는 게이츠컬Hugh Gaitskell이 연료전력부 장관으로 재직할 때 쓴 보고서다.[68] 그러나 두 사람 모두 자기 생각을 실행에 옮기는 데 실패했다. 아니 실행에 옮길 시도조차 하지 않았다. 둘 다 재무부 장관에 취임(크립스 1947~1950년, 게이츠컬 1950~1951년)하자 예산 만능주의가 경제정책의 가장 강력한 수단이라는 덫에 걸려들고 만 것이다.

영국이 민간 부문과 관련해 뭔가 조치를 취하도록 유도한 것은 사회주의가 아니다. 영국을 움직인 것은 1947년의 국제수지 위기다. 국제수지 위기로 실업 문제 대신 생산이 주요 쟁점으로 떠올랐다.[69] 소비가 가혹할 정도로 억제됐고, 수출은 미친 듯이 앞을 향해 내달렸다. 덕분에 1948년 국제수지 적자가 말끔히 청산됐다. 따라서 1949년의 파운드화 평가절하는 영국의 무역수지 균형 회복과 전혀 무관한 조치다. 무역수지는 그 전에 균형을 회복했기 때문이다. 영국의 무시무시한 수출 실적은 그리 대단한 성과가 아니다. 케언

크로스의 말을 빌리면, "국제수지를 잘 관리하면 산업 경제는 아주 빨리 회복할 수 있다".[70] '계획'경제가 성공한 것이 아니냐는 얘기도 많았지만, 사실이 아니다. 대다수 전시 통제 기구가 해체되고 없었기 때문이다. (요즘 말로 하면) 민간 부문을 옥죄던 '규제 철폐'가 한몫했다. 수출에 중점을 뒀다는 것은 배급제를 통해 국내 소비를 줄여야 했다는 얘기다. 그러나 사회복지사업에 들어가는 지출은 줄이지 않았다. 이후 시행된 정책은 한마디로 민간 자본주의의 주력 부문인 수출은 팍팍 밀어주고, 빈곤층은 안정적인 사회적 지출과 배급제를 통해 도움을 받게 하는 것이었다(사회적 지출과 배급제가 없었다면 빈곤층은 배급 물품을 자유 시장에서 제값을 주고 살 수 없었을 것이다).

국가가 막 인수한 초대형 공공 부문은 활용되지 않았다. 영국의 국유화를 기록으로 남긴 공식 역사가의 글이 사실이라면 "국유화한 산업의 조직에 대해서는 노동운동 진영이나 영국 정부나 거의 신경 쓰지 않았다".[71] 노동당은 국유화한 산업으로 무엇을 해야 할지도 모르면서 국유화를 왜 그토록 확장했을까?[72] 아주 단순하지만 가장 확실한 답은 사적 소유에 대한 전통적 좌파의 편견이 별다른 저항에 부딪히지 않았다는 것이다. 그들의 논리는 아마도 이것인 듯싶다. 공식적인 표현에 따르면 국가란 선거와 의회 절차를 통해 민주적으로 정치적 지배권을 쥔 존재이므로, 국가의 지배를 받는 대상은 직간접적으로 민주적이다. 반면에 여전히 민간의 수중에 남은 것은 '민주주의 바깥에' 존재한다. 다시 말해 국가 소유를 확대하는 것은 사회주의의 '최종 상태'에 다가가는 길이므로 그 자체로 좋은 것이다. 국유화의 우선순위를 결정할 때는 실용주의가 크게 작용했다. 국가는 우선 국유화에 실질적인 반대가 없는 경제 영역에서 소유권을 확대했다. 선거에서 패배하고 사기가 꺾인 보수당은 현명하게도 전략적으로 선별한 몇몇 분야에만 국유화 반대 의사를 표시하기로 가닥을 잡았다. 보수당이 반대한 분야에서 국유화 옹호를 둘러싼 논쟁이 가장 뜨거웠다. 보수당은 자신들이 패배에 굴하지 않고 끝까지 싸우리라는 것을 알았다. 물론 보수당이 반대하는 국유화라고 해서 반드시 민간의 자본축적을 위협하는 국유화라고 할 수는 없다. '전반적으로' 자본주의의 이해관계는 사회주의의 이해관계에 비해 정확한 위치를 찾아내기 어렵다. 정치적 계산이 복잡해지거나 보는 사람의 관점에 따라 매혹적인 혹은 지루한 논의가 끊임없이 이어지는 것은 이 때문이다.[73]

노동당은 민간 산업 부문의 개선을 추진하지 않았고, 제대로 된 산업 정책이나 직업훈련 프로그램을 하나도 내놓지 못했다. 이는 그들의 사회주의가 순수했다는 증거가 아니라, 은연중에 자본주의 체제의 역량에 대해 경건하고 감동적인 믿음이 있었다는 증거다. 말이야 어떻게 했든 노동당은 내심 자본주의가 어느 정도 자발적으로 회복될 것이며, 사회 개혁에 필요한 재원을 창출할 것이라고 생각했다. 이전의 모든 정부가 그랬듯이 노동당 정부도 미시경제학적 차원에서 자유방임주의적 태도로 민간 부문에 접근했다. 1945~1950년에 노동당 정부가 한 가장 중요한 일은 아무 일도 하지 않은 것이다. 그들은 자본주의를 개혁하지 않았다. 어떻게 하면 자본주의를 개혁할 수 있는지 논의조차 없었다. 노동당은 비트겐슈타인Ludwig Wittgenstein이 『논리 철학 논고Tractatus Logico-Philosophicus』 맺음말에서 한 말, "무엇에 대해 말할 수 없을 때는 침묵해야 한다"는 구절을 글자 그대로 해석한 듯했다. 질문이 없다면 답은 결코 찾아낼 수 없을 것이다.

나머지 서유럽 국가 중 국유화를 최우선 과제로 삼은 것은 프랑스와 오스트리아뿐이다. 영국과 마찬가지로 노동당 정부가 과반 의석을 차지한 노르웨이에서는 국유화가 거의 실시되지 않았다. 철도와 전기통신은 국가가 소유하고 있었다.[74] 노르웨이중앙은행Norges Bank은 영국과 프랑스, 네덜란드, 그 밖의 다른 유럽 국가들과 마찬가지로 국가가 인수했다. 노르웨이는 유럽에서 규모가 큰 알루미늄 회사 가운데 하나와 대다수 탄광이 포함된 독일 자산도 전쟁배상금으로 손에 넣었다.[75] 그걸로 끝이었다. 노르웨이 노동당의 실용적인 사회민주주의자들은 수익성이 엄청난 조선 사업을 비롯해 다른 민간 부문은 손대지 않고 사회 개혁과 소득재분배에 치중했다. 노동당 정부가 연속해서 15년간 집권하고 난 1960년까지도 노르웨이의 국영 부문은 독일의 국영 부문과 비교가 되지 않을 정도로 적었다. 독일은 그때까지 사회민주주의 정권을 1년도 경험하지 않은 나라인데 그랬다.

스웨덴 사회민주당은 노르웨이와 유사하게 1944년 계획에서 국유화가 국가의 효과적인 정책 수단이라고 암시하며 '생산에 대한 결정권'을 언급했다. 겉으로는 생산에 대한 결정권이라고 했지만, 알고 보면 영국 노동당이 당헌 4조에 명시한 '공동소유common ownership'와 크게 다를 바 없었다. 스웨덴 사회민주당은 민간 부문의 고용 감소를 보상하기 위해 공공사업을 활용하는 정책을 지지했고, 농업과 다른 생산 업종의 격차를 없애기 위한 임금정책도 지지했다.[76] 스웨덴 사회민주당은 모든 재산을 국가에 귀속하거나, 모든 경제행위를 국가기관이 통제할 의도가 없다고 분명히 밝혔다. 하지만 비효율적인 산업과 석유 수입업, 보험회사를 국유화하는 방안은 계속 추진하고자 했고, 국영 상업은행 설립 계획도 세웠다.[77] 스웨덴 사회민주당은 경제민주화와 계획경제에 중점을 두었다. 그들은 계획경제가 실용적이고 '시행착오를 거친' 정책으로서 국유화보다 훨씬 바람직하다고 평가했다.[78]

급진적 사회주의 공약을 실천하는 데는 스웨덴 사회민주당이 영국 노동당보다 유리한 위치에 있었다. 스웨덴은 2차 세계대전에 참여하지 않아 전쟁의 피해가 적었다. 국민 개개인을 기준으로 보면 당시 스웨덴은 유럽에서 스위스 다음으로 부국이고, 국가 재건 요구를 충족할 수 있는 완벽한 조건을 갖춘 셈이었다.[79] 스웨덴에서도 다른 나라처럼 종전을 계기로 급진적인 변화가 일어났다. 1946년 지방선거에서 스웨덴 공산당이 사상 최대 득표율(11퍼센트)을 올린 것이다.[80]

이처럼 스웨덴에서는 사회민주당의 급진적인 계획을 실행에 옮기기 유리한 조건이 형성되었다. 많은 사람들이 예상한 것과 달리 전후 경기 침체는 일어나지 않았고,[81] 실업률은 '자연히' 하락했다. 국유화 안건이 상정되자 왕립위원회는 각종 이익 단체와 폭넓게 협의한 끝에 중요한 원칙에 합의했다. 민간이 소유한 산업을 국가 소유로 전환하는 것은 반드시 폭넓은 공감대가 형성되는 경우에 가능하다는 원칙이었다. '부르주아' 정당으로 불리는 정당들은 국유화에 반대하는 대규모 캠페인을 시작했고, 결과적으로 성공을 거둔 셈이다. 왕립위원회가 일부 민간 기업만 구조조정을 하는 것이 바람직하고, 국유화는 석유 수입과 정유 산업에 한정해야 한다는 의견을 제시했기 때문이다.[82] 그러나 석유 수입과 정유 산업조차 국가에 인수되지 않았으며, 1944년 계획에서 제시한 매우 제한적인 국유화도 포기해야 했다.

이런 상황에서 스웨덴이 사회민주주의 국가로 발전하기 위해서는 민간 기업의 협조가 필요했다. 강력한 공공 부문이 없는 나라에서 경제적 합리화 정책을 펴려면 정부와 산업 간에 전반적인 합의를 이끌어내는 게 필수였다. 스웨덴이 국유화를 포기한 건 폭넓은 반대도 있었지만, 팽창하던 국가 부문과 스웨덴 사회민주당의 핵심 목표 사이에 뚜렷한 연관성이 보이지 않았기 때문이다. 사회민주당의 핵심 목표는 완전고용을 실현하고, 실질임금을 1939년 수준으로 올리는 것이었다.[83]

네덜란드에서는 국가 소유를 사회주의적 재건 수단이 아니라 '처음부터' 1차 세계대전 이전에 시작되어 '서서히 진행된' 국유화의 연장선으로 받아들였다. 네덜란드는 1차 세계대전 이전부터 가스·전기·수송 산업을 대부분 지방자치단체에서 운영했다. 국유화를 사회주의로 가는 단계라기보다 경제적 합리화를 위한 시도로 보는 시각이 지배적이었다. 새로이 국유화한 산업은 지방자치단체가 운영할 때처럼 이윤을 내서 지역의 다른 활동에 자금을 댈 것으로 기대되었다.[84] 정권을 유지하기 위해 다른 정당과 연합 정치가 필수적인 네덜란드 노동당은 1936년에 '계획 사회주의Plan Socialism'라고 이름 붙인 독자적인 경제계획 프로젝트를 포기할 수밖에 없었다. 경제부 장관직을 연정 파트너인 기독민주당에 양보해야 했기 때문이다(3장 참조).

네덜란드의 경제정책은 공식적인 협상 시스템을 토대로 발전했다. 전쟁 기간 동안 노조와 고용주들은 '노동재단Foundation of Labour' 을 설립해 노동당과 가톨릭 인민당이 주축이 된 연정의 연이은 집 권을 지지했다. 노동당과 가톨릭 인민당은 1946~1948년 함께 통 치했으며, 1948년에 자유당과 네덜란드 기독교역사연합CHU이 가 세해 1952년까지 연정이 이어졌다. 그 후 연정에서 자유당이 빠지 고 그 자리에 반혁명당이 가세해 1952~1958년 네덜란드를 통치했 다. 노조는 파업을 자제하고 산업 민주화를 요구하지 않기로 약속 했다. 대신 고용주들은 완전고용을 약속하고 노조를 인정했다. 임 금은 정부와 노동재단(1950년 '사회경제위원회Social and Economic Council' 라는 공식 명칭을 얻었다)의 협상으로 결정되었다. 가톨릭 진영과 사 회주의자들은 자유주의 경제정책을 거부하고 다양한 조합주의 형 태를 지지했지만, 경제계획에는 동의하지 않았다. 이런 전후의 합 의는 1950년대 후반까지 지속되었고, 덕분에 네덜란드 노동당은 서 유럽 사회민주주의 정당의 평균에도 못 미치는 득표율(30퍼센트)로 거의 15년간 연정에 참여할 수 있었다.[85]

서독에서는 경제개혁을 위한 좌파의 개혁이 미국의 점령군 정 책으로 크게 방해받았다. 독일 사회민주당 당수 쿠르트 슈마허는 1945년 탄광과 대형 화물, 전기, 수송, 보험, 금융업의 국유화를 요구했다. 사회민주당 경제 대변인 빅토르 아가르츠Victor Agartz는 1946년 하노버 전당대회에서 당은 자유주의와 독점자본주의, 기업 형 국가를 거부하고 계획경제와 '사회주의화socilaization'(사회민주당은 국유화보다 이 용어를 선호했다)를 지지한다고 선언했다.[86]

국유화를 지지한 것은 사회민주당뿐만 아니다. 놀랍게도 기독민 주당의 1947년 「알렌 강령」에도 국유화가 있었다. 기독민주당은 불과 2년 뒤 노골적인 친자본주의 정당이 되었다. 자유주의 사상은 여전히 인기가 없었다. 예컨대 알프레드 뮐러-아르막Alfred Müller-Armack이 제시한 자유주의 사상이 그랬다. 뮐러-아르막은 '사회적 시장경제social market economy'라는 문구를 만들었으나, 그의 이름은 알려질 새가 거의 없었다. 사회적 시장경제라는 표현이 함축한 의미가 모호해서 늘어나는 유럽의 많은 정당이 이 표현을 마음대로 갖다 썼기 때문이다.

일찍이 1946년 10월, 당시 외무부 장관이며 영국이 점령한 독일 지역을 실질적으로 통치하던 어니스트 베빈은 독일 사회민주당과 기독민주당이 제안한 국유화를 지지했다.[87] 독일의 두 주요 정당과 유럽의 주요 점령국이 국유화를 지지한 셈이다. 그러나 그것으로는 충분치 않았다. 독일 전체에 대한 중앙정부의 재가 없이는 국유화를 실행에 옮기는 것이 불가능했다. 그래서 독일의 지방 헌법에 국유제 원칙을 포함하려는 시도가 있었다. 헤센 주에서는 독일 좌파가 기독민주당과 공산주의자들의 지지(자유주의자들만 반대했다)에 힘입어 큰 성과를 거뒀다. 헤센 주 제헌의회에서 통과된 지방 헌법 41조에 따라 169개 기업의 국유화가 불가피해졌다. 미국 점령군 지휘관 루셔스 클레이Lucius D. Clay는 41조를 헌법 전체 조항과 별개로 국민투표에 부쳐야 한다고 고집했다. 투표 결과 71.9퍼센트가 41조에 찬성표를 던졌다. 결과가 이렇게 나왔는데도 미국 군사정부는 41조 시행을 금지했다.[88] 미국은 영국 점령 지역에서 국유화 정책을 중단하라고 영국 군사정부에 압력을 넣었다. 일종의 산업 민주화를 명시한 이와 유사한 좌파 성향 법률이 헤센과 바덴뷔르템베르크Baden-Württemberg, 브레멘Bremen에서도 제정되었지만, 미국은 직접 혹은 프랑스와 영국에 압력을 넣는 방법으로 이들 법안을 금지했다. 공산주의 신문은 검열 당했고, 항의 시위는 금지됐으며, 토지 개혁 계획도 대폭 축소됐다.[89]

미국은 이탈리아를 포함해 서유럽 어느 국가보다 강력한 자본주의를 서독에서 재건할 능력이 있었다. 전쟁에서 패한 독일은 무정부 상태였다. 미국의 패권에 걸림돌이 될 만한 문제는 또 다른 점령국인 프랑스와 영국뿐이었다(일본에서는 프랑스와 영국이 있음에도 미국의 패권이 확고했다).[90] 1947년 1월 두 나라 공동통치 구역에서 영국과 미국 점령 지역이 하나가 되자, 미국은 기다렸다는 듯 선수를 치고 나왔다. "미국의 '철강 역군'과 변호사들이 떼 지어 뒤셀도르프에 도착했다. 그들은 루르Ruhr 지방을 위한 영국의 산업 계획에 조금도 공감하지 않았다. 미국인이 상상할 수 있는 최선은 지방 분권화 정도로, 그것도 어디까지나 민간 자본주의의 틀에서였다." [91] 의심할 여지없이 자본주의를 선호하던 독일 국민은 기꺼이 미국에 협조했다.

좌파 진영에 짙은 어둠만 드리워진 것은 아니다. 독일 사회민주당은 연방공화국 기본법에 15조를 넣는 데 성공했다. 15조에는 '토지와 천연자원, 생산수단은 사회화되어 국가의 소유로 전환될 수 있다'고 명시되었다. 영국 점령 지역에서는 노조가 석탄과 철강 분야에 출자할 수 있는 권리를 얻었다. 그러나 이것은 극히 예외적인 경우였다. 1949년에 치러진 자유선거가 기독민주당의 압도적인 승리로 끝나면서 독일은 많은 서유럽 국가가 경험한 사회·경제적 개혁을 전혀 경험하지 못했다. 자유선거가 1945년에 치러졌다면 좌파가 다수 의석을 차지하거나, 적어도 거국일치내각을 구성할 수 있었을 것이다. 그랬다면 기독민주당이 국유화를 수용하고, 사회민주당은 이에 힘입어 대규모 공공 부문을 창조했을 것이다.

오스트리아의 상황이 그랬다. 각 정당의 세력 관계는 독일과 비슷했지만, 오스트리아에는 독일에 없는 두 가지 핵심적인 변수가 있었다. 덕분에 오스트리아는 영국과 프랑스에 견줄 만큼 규모가 큰 국가 부문을 가졌다. 두 가지 변수란 조기 총선(1945년 11월 25일)과 오스트리아의 국유화에 대한 미국의 호의적 태도다. 총선 결과 '사회적 기독교' 성향의 오스트리아 국민당이 과반 의석(165석 가운데 85석)을 차지했으며, 오스트리아 사회당은 76석, 공산당은 4석을 얻었다. 당시 오스트리아 동쪽은 소련군, 서쪽은 영미 연합군이 점령하고 있었다. 경제 상황은 최악이었다. 이런 난국을 타개하기 위해 세 정당은 거국일치내각을 구성했다.

오스트리아 사회당은 경제를 통제하기 위해서라도 최대한 사회주의를 실현하는 데 헌신했다. 오스트리아 국민당은 독일이나 이탈리아의 기독민주당과 마찬가지로 국가가 어느 정도 개입하는 데 찬성했다. 전쟁 기간에 파괴되고 고위 경영진이 나치에 협력한 기간산업을 가장 먼저 국유화해야 한다는 게 중론이었다. 포츠담Potsdam 회담에서 합의된 배상 규정을 피하려면 국가가 기간산업에 소유권을 확립해야 한다는 목소리도 컸다. 포츠담회담 배상 규정에 따르면, 독일이 소유한 모든 자산은 전쟁배상금으로 연합국에 귀속되는 것으로 간주되었다. 오스트리아 기간산업은 대부분 독일인이 대주주였기에 규정대로 하면 배상금으로 빼앗길 수밖에 없었다. 따라서 국유화는 오스트리아가 자국 산업을 지키기 위한 자구책이었다.

1946년 오스트리아 국회에서 통과된 첫 국유화 법안에 따라 모든 금속 산업과 도나우Donau조선사, 독일전기산업의 오스트리아 지사, 가장 큰 질소 발전소, 모든 정유 산업, 주요 은행 세 곳이 국유화 대상으로 지정되었다. 오스트리아의 기간산업 국유화에 가장 강력하게 반대 의사를 표명한 나라는 점령국인 동시에 포츠담회담 배상 규정의 주요 수혜국인 소련이다. 오스트리아 국회는 소련의 반대를 무시했다. 그럴 수 있었던 것은 연합군 통제위원회가 오스트리아 국유화 법안을 거부하는 문제를 놓고 만장일치 합의에 도달하지 못했기 때문이다.[92] 이처럼 오스트리아에서는 소련의 반대를 물리치고 국유화가 실시됐다. 게다가 미국의 지지까지 받으면서! 1947년 두 번째 국유화 법안을 통해 대형 전기 산업이 공공 부문으로 편입되었다. 1950년대 초반에는 오스트리아 산업 생산량의 22퍼센트가 국영기업에서 나왔다. 국유화한 은행들이 관리하는 기업까지 포함하면 국영기업의 생산량은 전체 산업 생산량의 70퍼센트에 달했다.

오스트리아의 국유화가 영국이나 프랑스에서 그랬듯이 좀더 '사회적'이거나 사회주의적인 방식으로 경제를 경영하는 차원까지 이어지지는 않았다. 오스트리아 경제의 경쟁력 향상이라는 목적 때문에 생산성의 효율이라는 경영 기준은 국영 기업에서도 여전히 지배적인 위치를 차지했다.[93] 오스트리아 사회당은 말로는 계획경제에 강력히 헌신할 것을 표명했지만, 주요 추진력은 마셜플랜에서 나왔다. 오스트리아 정부는 마셜플랜 덕분에 1949~1953년 민간 부문과 공공 부문에서 제안한 투자를 추진하기 위한 장기 프로그램을 마련할 수 있었다.[94] 1950년대에 미국의 원조가 줄면서 민간과 공공 투자 계획은 대부분 없던 일이 됐지만, 오스트리아 국유화와 경제 전반의 회복에 마셜플랜이 결정적 역할을 한 것은 부인하기 힘들다. 마셜원조기금Marshall Aid fund에서 받은 돈 절반이 국영 부문의 대출금 상환에 사용되었기 때문이다.[95]

오스트리아 국민당은 경제기획부를 장악하고 있었기에 국영 부문의 전반적인 발전과 밀접한 관계였다. 국영 부문이 발전하면서 아무런 제약을 받지 않는 후원 제도가 발전할 수 있는 여건도 마련됐다. 오스트리아 국민당은 이탈리아 기독민주당처럼 영국식 보수당보다 '공공 부문 정당'에 가까운 모습을 보였다. 그들은 사실상 상공회의소의 인맥을 장악해 오스트리아 경제조직에서 더 많은 지분을 손에 넣었다. 노조가 노동계급의 이해관계를 대변했다면, 중산층이 주축이 된 상공회의소는 고용주의 이해관계를 대변했다. 이처럼 오스트리아에서는 결합형 경제모델을 위한 토대가 구축됐다. 오스트리아 사회당과 국민당은 정치적인 차원에서 정부와 방대한 국영 부문을 책임졌으며, 사회적인 차원에서 산업의 양면을 상징하며 뒷날 정치인들이 받아들일 수밖에 없는 정책을 협의했다.[96]

오스트리아 사회에서 세 번째로 중요한 기둥이며, 1945년 전체 인구의 20퍼센트를 차지한 농민은 새로운 사회질서를 두 손 들어 환영했다. 새로운 오스트리아가 고삐 풀린 경쟁의 폐해에서 자신들을 보호해줄 것이란 기대 때문이었다. 오토 바우어는 10년 전에 오스트리아 사회주의의 패인을 도농 계층 간 분열에서 찾았다. 이제 그런 분열은 존재하지 않았다. 적어도 전쟁 전처럼 위험한 분열은 없었다. 그 결과 사회주의가 아니라 합의를 중요시하는 고도로 관료화한 사회가 출현했다. 이 사회에서 공공 부문에 안락하게 자리 잡은 새로운 중산층은 국가를 이질적인 세력으로 두려워할 이유가

없었다. 이제는 국가가 자신들에게 일용할 양식과 권력, 사회적 지위를 주는 원천이 되었기 때문이다.[97]

이처럼 미묘하게 형성된 사회적 균형을 깨뜨리려는 시도는 모두 실패할 수밖에 없었다. 오스트리아 사회당은 산업 민주화를 추진하는 과정에서 노사협의회 법안 초안을 작성했다. 노동자들이 직접 선출한 협의회를 통해 경영상의 의사 결정에 노동자들의 목소리가 전달되도록 한 것이다. 노사협의회는 회사의 방침을 듣거나 회사가 업무 계획을 수립하는 데 참여할 권리가 있었고, 노동자의 해고를 막을 수 있는 권한도 부여받았다. 그러나 1947년에 최종적으로 결정된 타협안에 따라 농업 노동자는 노사협의회에서 배제되었고, 노동자의 해고 거부권도 삭제되었다. 이 빠지고 잇몸만 남은 노사협의회는 사실상 고충 처리 위원회가 되어 폭넓은 정책보다 개인의 불만을 처리하는 수준에 머물렀다.[98]

프랑스는 오스트리아와 영국 다음으로 국유화를 확대한 나라다. 좌파 정당(프랑스 공산당과 인터내셔널 프랑스지부)은 둘이 합쳐 50퍼센트에 가까운 표를 얻었다. 프랑스의 고용주들은 영국의 고용주들보다 훨씬 사기가 떨어져서 방어적인 자세를 취했다. 그들이 충성을 맹세한 국가와 비시 정권, 비시 정권의 조합주의 구조는 굴욕스럽게 무너졌다. 프랑스 공산당은 프랑스 최대 조직이었다. 국유화 원칙은 프랑스 국민 사이에서 인기가 높았다. 국유화는 레지스탕스 선언문에 중요한 항목으로 들어 있었고, 프랑스 인민공화운동당과 샤를 드골도 국유화를 지지했다.[99] 특히 이 문제에 관해서는 드골 장군도 공산주의자들과 이념적으로 큰 차이를 드러내지 않았다. 드골에게 국유화는 프랑스의 부활을 위해 필요한 방법 가운데 하나였다.[100] 이런 보편적 정서는 사회주의 의식이 분출한 결과가 아니었다. 사회주의의 높은 인기가 한몫한 것은 사실이지만, 독점적 대기업에 대한 민중의 뿌리 깊은 혐오가 더 큰 역할을 했다. 프랑스에서 민간 독점자본에 대한 불만과 크고 힘 있는 것들에 대한 적대감, '보통 사람little man'을 보호하고 지지하고 싶은 소망은 무산 노동계급인 프롤레타리아보다 하위 중산층에 뿌리 깊이 박혀 있었다. 도시의 사무직 노동자들은 농촌과 여전히 끈끈한 연대를 유지하면서 농부와 상인의 인민주의적 성향은 건드리지 않았다. 프랑스에서 영국보다 국유화가 급진적으로 확대된 원인에는 이런 인민주의도 있었다.[101]

프랑스의 국유화는 세 단계로 진행됐다. 1단계(1944년 12월~1945년 말) 때는 꽤 많은 민중의 요구 속에서 노르와 파드칼레Pas-de-Calais 지방의 탄광을 국유화했고, 자동차 제조사 르노와 엔지니어링 기업 놈-에-론Gnome et Rhône을 몰수했다. 2단계(1945년 말~1946년 5월) 때는 나머지 석탄 산업과 일부 금융기관, 주요 보험회사, 가스와 전기가 국가 소유가 되었다. 1948년까지 지속된 3단계 때는 모든 상선과 에어프랑스Air France, 그 외 수송 체계를 국유화했다.[102] 3단계 국유화 범위가 제한적이기에 프랑스 국유화는 사실상 1946년 5월에 마무리되었다고 볼 수 있다. 영국에서는 이제 국유화 법안이 제정되기 시작할 때였다. 이렇게 차이가 나는 것은 영국에서는 국유화가 전후 재건을 위한 정부 계획이 아니었지만, 프랑스에서는 국유화가 국가 해방의 일부인 동시에 레지스탕스 정신과 사조에 의해 깊이 각인되었기 때문이다.

프랑스에서 국유화의 목적은 무엇이었을까? 우선 국유화는 전쟁

중에 고용주들이 나치에 부역한 죄를 처벌하는 것이라는 성격이 강했다. 이런 이유로 르노가 처벌적 몰수를 당했다. 아울러 영국과 마찬가지로 공공사업은 국가가 통제해야 한다는 인식과 국유화를 통해 경제적 합리화가 실현될 것이라는 인식이 널리 퍼져 있었다.

프랑스도 다른 나라처럼 은행과 보험회사에 좌파의 비난이 집중됐다. 은행인과 금융인들이 보인 행태는 가장 받아들이기 쉬운 자본주의의 얼굴이었다. 중앙은행인 프랑스은행은 물론이고, 영국과 달리 최대 규모 예금은행 네 곳과 대형 보험회사까지 국가가 인수했다. 이들 모두 종전의 기업 이미지는 그대로 유지했다.[103] 프랑스에서도 영국과 마찬가지로 석탄, 가스, 전기는 비효율적으로 경영되었기 때문에 이들 산업의 국유화에는 별다른 반대가 없었다. 새로 탄생한 국가 체계는 몇몇 사회주의자들의 기대와 달리 통합적이고 강력한 공공 부문이 되지 못했고, 애국적인 기획가들과 기술 관료들이 내놓은 중앙정부의 계획과도 엇박자로 가기 일쑤였다. 불만스러운 정치계에서 일어나는 일은 좀더 마음이 통하는 사상의 영역에서 일어나는 일과 성격이 매우 다를 때가 많다. 프랑스 공공 부문이 강력해지지 못한 것은 국유화를 지지한 사람들이 저마다 다른 동기가 있었음을 말해준다.

사회주의자들은 공산주의자들보다 국유화에 열성적이었다. 물론 두 진영 모두 비사회주의적인 용어로 자신들의 행동 방침을 정당화하려고 애썼다. 양측은 1945년 3월 2일 공동 문서에서 국유화를 지지하는 세 가지 이유를 밝혔다. 첫째, 경제적인 이유다. 민간 기업의 능력만으로는 국가를 현대화할 수 없다는 것이다. 둘째, 애국적인 이유다. 부역자를 처벌해야 한다는 것이다. 셋째, 민주적인 이유다. 민간 독점자본은 공화국을 갈취할 능력과 의도로 똘똘 뭉친 '경영자들'의 자본으로, 그런 독점자본의 권력을 무너뜨려야 한다는 것이다.[104]

인터내셔널 프랑스지부는 '사회화'(프랑스 공산당은 이 용어를 명백히 거부했다)라는 표현을 썼다. 여기에서 사회화는 국유화를 통한 산업 민주화 혹은 '노동자의 경영 참여'를 의미한다.[105] 공산주의자들은 여전히 전전戰前의 개념에 머물러 있었다. 즉 사회주의적 조치는 오직 사회주의 정부, 즉 그들이 통제할 수 있는 정부에 의해서 도입될 수 있다고 생각했다. 그들이 참여하는 연정은 사회주의 정부가 아니므로 국회에서 제정된 모든 법안은 사회주의 법안이 될 수 없다는 논리다. 프랑스 공산주의는 이렇게 단순하고 쉽게 요약되는 논리로 20세기 중반 이후의 도전에 맞서려고 했다. 제3당인 프랑스 인민공화운동당은 시대의 변화에 발 빠르게 적응해 국유화와 노동자의 경영 참여, 국가계획, 개인의 편익보다 공동체의 편익을 중요시하는 경제정책을 지지했다.[106] 마지막으로 드골 지지자들은 기술적이고 국가 관리적인 측면에서 국유화를 지지했다. 당시 드골은 계획경제를 바탕으로 한 경제 발전 개념에 사로잡혀 있었다. 그 결과 1946년 프랑스 헌법 전문前文에는 국유화의 의무화를 암시하는 구절이 포함됐다. "지금부터 국가적인 공공서비스와 독점의 성격을 띠는 모든 재산이나 기업은 사실상 공동체의 소유가 되는 것으로 한다."[107] 독일은 점령군의 반대로 국유화를 지지한다는 구절을 헌법에 넣을 수 없었지만, 프랑스에는 점령군이 없었다.

이탈리아에서도 1946~1947년 초안이 완성되어 이와 비슷한 구절(헌법 42조 세 번째 문단)이 기독민주당과 사회당, 공산당의 인준을 받아 삽입되었다. 그 구절은 "전체의 이익을 위하여 법에 따라 보상금을 주고 사유재산을 몰수할 수 있다"고 시작한다. 이탈리아는 무솔리니 정권에게서 국가 소유라는 명확한 개념에 토대를 둔 방대한 공공 부문을 물려받았다. 1930년대 중반 이후 이탈리아는 산업부흥공사IRI라는 지주회사를 통해 국유재산을 소유했다. 산업부흥공사는 회장과 부회장을 정부가 직접 임명한다는 사실만 빼면 민간투자 기업처럼 운영되었다. 이탈리아는 자국의 최대 고용주인 산업부흥공사를 통해 철강, 가스 생산(아지프AGIP), 방송(이탈리아방송협회RAI), 유선통신 시스템의 60퍼센트, 모든 은행예금의 25퍼센트를 사실상 손에 쥐었다.

주요 '국유화' 국가인 오스트리아, 영국, 프랑스 가운데 계획경제를 위해 공공 부문을 가장 적극적으로 활용한 나라는 프랑스다. 프랑스는 복지국가 건설에는 기여한 바가 거의 없지만, 경제계획에서는 이론적으로나 실제적으로 의미 있는 진전을 보였다. 영국에서 복지국가와 거시경제 관리를 지지한 베버리지와 케인스가 사회주의자가 아니듯이, 프랑스에서 '사회주의적'인 계획으로 평가받을 만한 정책을 고안한 장 모네도 사회주의자가 아니다. 물론 모네는 '자칭' 홍보 대리인으로 행세하며 다양한 정치사상을 떠올리게 함으로써 자신의 계획을 여러 진영에서 받아들일 수 있도록 제시했다. 레지스탕스 이후의 기류가 좌파적이었으므로 모네는 자신이 고안한 계획의 민주적이고 조합적인 성격을 강조했다. 그는 자신의 계획이 위에서 아래로 강요하는 계획과 다르다는 점을 강조했다. 협의가 보편화될 것이고, 고용주와 종업원은 경제의 모든 부문에서 저마다 자신의 목표를 정할 것이라고 강조했다.[108] 정치판의 모든 진영이 모네의 정책을 지지했다. 공산당과 공산당의 통제를 받는 노조도 모네의 정책을 지지했다. 심지어 모네의 정책을 실행에 옮기려면 주당 근무시간이 40시간에서 48시간으로 늘어난다고 했을 때도 동의했다. 사회주의적 재건을 위한 시도와는 거리가 한참 멀었지만, 모네는 자신의 정책이 경제 혁신을 위해 미국의 원조를 이용할 수 있는 최선의 방안이라고 여겼다.

프랑스가 현대화를 목표로 한 산업 재정비 계획안을 미국에 제출하려고 한다는 소식은 절묘한 시점에 미국에 전해졌다.[109] 마셜원조기금이 설립되었을 시점에 프랑스는 대다수 다른 나라와 달리 마셜원조기금이 요구하는 모든 자료 준비가 끝난 상태였다. 덕분에 프랑스는 1949년 현대화 계획에 소요되는 재원의 90퍼센트를 마셜원조기금을 통해 확보했다.[110] 물론 당시 공산주의자들은 야당이었고, 따라서 현대화 계획에 반대 입장으로 돌아섰다. 현대화 계획을 자본주의적 활동으로 규정하고 반대해야 할지, '민주적' 전략 차원에서 지지해야 할지는 전적으로 프랑스 공산당이 정권을 잡느냐 아니냐에 따라 결정되는 것 같았다.

프랑스 공산당은 갈수록 기술 관료적 정책에 반대하는 태도를 취했다. 그런 까닭에 프랑스 공산당은 이념 투쟁에서 우파의 푸자디스트(Poujadiste : 소규모 상인과 수공업자의 이익을 대변한 보수주의 운동 —옮긴이)들과 손잡았다. 공산당과 푸자디스트들은 기술 관료를 이렇게 평가했다. "비정한 생산성 광표이며, 자신들의 의지를 다른 사람에게 강요하고, 외국 기업의 지휘를 받고, 맹목적으로 미국을 칭찬하고, 슈퍼마켓을 깔보려 들고, 파리밖에 모르며, 위스키와 코카콜라를 마신다."[111] 많은 부분이 사실이지만, 프랑스 공산당은 이런 입장을 취함으로써 현대화라는 중요한 개념을 정치적 숙적들에게 내주고 말았다. 공산주의자들의 주장대로 모네의 현대화 계획에 자본주의를 폐지할 의도가 전혀 없는 것은 사실이다. 공산주의자들은 처음부터 그런 의도를 간파했다. 모네의 계획은 프랑스 자본주의의 현대화가 첫째 목표였다. 프랑스 자본주의는 새로운 자유무역 시대에 맞서는 데 꼭 필요한 경쟁력이 떨어진다는 평가를 받았다. 계획 입안자들의 주 임무는 "프랑스 자본가들을 협박하고 꼬드겨 공격적인 마케팅을 펼치게 하고, 위험할 수도 있지만 프랑스 전체에 큰 이득이 될 수도 있는 대규모 투자에 착수하도록 하는 것"이었다.[112] 이후 수십 년 동안 프랑스의 급속한 경제성장이 혹자의 주장처럼[113] 계획경제 수립과 그 발전에 따른 결과인지, 세계무역의 확대 같은 외부 환경 덕분인지는 여전히 논란이 분분하다. 다만 프랑스에서는 노조가 약했기 때문에 노조가 체제 주변부에 머물렀다는 분석에는 대부분 동의하는 분위기다. 고용주와 국가 대리인이 노조를 끌어들이기 위해 '3자간' 협상 기구가 결성됐지만, 정부와 고용주의 비공식적 협상이 선호되는 바람에 금세 유명무실한 기구로 전락했다. 이런 현실을 깨닫자마자 노조와 공산주의 계열의 프랑스 노동총동맹은 물론이고, 반공산주의 단체인 프랑스 노동자의 힘FO까지 국가 계획 체제에서 발을 뺐다.

국유화 양상과 계획의 부족, 가장 기본적인 산업 민주화의 부재는 유럽 전역에서 사회주의자들이 피상적으로라도 민간 자본에 대한 독창적 정책 수립에 실패했음을 말해준다. 자본주의를 폐지할 능력이 없는 사회주의자들은 자본주의를 좀더 효율적 · 현대적 · '자본주의적' 체제로 만들어 개선하려고 시도할 수밖에 없었고, 그런 시도조차 실패로 돌아갈 때가 많았다.

좌파가 선호하던 국유화 정책은 사회주의 고유의 정책과 거리가 멀었다. 국유화가 다양한 이유 때문에 실시됐다는 주장을 뒷받침하는 증거는 굉장히 많다. 산업 현대화와 산업합리화를 위해서, 계획경제를 위해서, 나치 부역자를 처벌하기 위해서(프랑스), 국가 자산의 손실을 막기 위해서(오스트리아), 고용을 보장하기 위해서 등 다양한 이유 때문에 국유화가 실시됐다. 정치적 목적을 위해 민간경제를 사회주의적으로 이용하는 것은 가장 후순위에 놓인 국유화의 목표가 아니었나 싶다. 복지국가는 그 자체로 목적이 될 수 있었지만, 국유화는 애초부터 경제 발전을 계획하는 데 필요한 수단으로 인식되었을 뿐이다. 그러나 영국이나 북유럽 국가처럼 사회주의 세력이 강한 나라에서는 경제계획이 거의 없거나 전혀 없었다. 프랑스처럼 사회주의 세력이 약하고 좌파가 분열된 나라에서는 경제를 계획하려는 시도가 줄기차게 이어졌다. 국유화를 통해 소유관계가 사회주의에 가장 가까운 형태인 국가 소유가 되었기 때문에 많은 사회주의자들에게 국유화는 마치 유명한 금언처럼 보였다. 하지만 '자유 시장'과 보수를 지지하는 쪽은 이런 이유로 국유화에 반대했다. 국유화가 자본주의의 현대화와 합리화를 위한 수단이 될 수 있다는 점은 부인할 수 없다. 국유화를 통해 원가 절감과 생산성 향상이 실현됐고, 초과 노동을 없앨 수 있는 길이 열렸다. 이런 긍정적 평가(국유화는 고임금과 높은 고용을 보조하기 위한 수단이라는 덜 낙관적인 평가까지 포함)도 사회주의자들에게는 전혀 위안이 되지 않는다. 그들은 어떤 정책을 채택하든 그 정책이 직간접적으로 사회주의 사회를 앞당길 수 있느냐 없느냐는 측면에서 정당화되어야 한다고 생각했다. 자본주의의 회복과 재건은 사회 개혁 그 자체를 목표로 여기는 사람들에게나 기뻐할 일이었다. 고도의 효율성과 수익성을 갖춘 자본주의 체제에서는 복지국가와 소득의 재분배가 가능하고, 모든 사람에게 더 큰 사회적 기회가 주어질 것이다. 그러나 그런 체제에서는 최종 상태로서 사회주의 사회에는 한 발짝도 다가설수 없을 것이다. 1948년에는 사회주의 운동의 최종 목표가 자본주의의 현대화가 아니라 사회주의라는 생각이 서유럽 대다수 열성적인 사회주의자와 공산주의자들을 하나가 되게 했다.

7장

외부의 제약 : 사회주의 외교정책?

       국제적인 전쟁 동맹(1946~1947년)이 해체되고 동서 갈등이 시작된 뒤, 독일과 이탈리아를 제외한 모든 나라에서 사회주의 정당의 외교정책은 중도파나 중도 우파 정당의 외교정책과 별다를 게 없었다. 1945년에는 국제 관계를 위한 새로운 틀이 전혀 마련되지 않았다. 전쟁은 과거의 모든 체제를 파괴했고, 새로운 세계는 아직 모습을 드러내지 않은 상태였다. 그때는 유럽 각국이 세계정세에서 주변국이 되고, 미국이 마침내 고립에서 벗어나며, 동서 갈등이 '냉전'의 주된 양상이 되리라는 것을 아무도 예측할 수 없었다. 어쩌면 각국 사회주의 정당은 새로운 세계의 틀을 세우기 위해 노력할 수도 있었을 것이다. 하지만 그들은 국제조직은 물론, 공동의 외교정책이나 협력을 위한 수단을 전혀 마련하지 못했다. 사회주의 정당은 국내 정치에서 이름을 떨치기 위해 안간힘을 쓰는 국내 정당이었고, 외교 문제에 관한 한 국가의 이익을 우선시하는 지배적인 여론을 받아들였다. 사회주의 정당을 지지하는 사람들은 '사회주의적' 외교정책을 요구했다. 그러나 요구한다고 모든 게 가능한 것은 아니다. '사회주의적 외교정책'은 있지도 않았고, 설령 있다 한들 어디에서 어떻게 찾아야 할지 아는 사람이 없었다.

이론상으로 선택할 수 있는 노선은 세 가지 가운데 하나였다. 세 가지 노선은 친親소련 노선과 친親미국 노선, 중간에서 '다리를 놓아주는' 중립주의 노선이다. 노골적인 친소련 노선을 기대하기는 현실적으로 어려웠기에, 소련은 다른 나라들이 중립주의 노선만 택해줘도 만족했을 것이다. 스위스, 스웨덴, 핀란드, 오스트리아, 독일, 이탈리아의 사회주의 정당이나 사회민주주의 정당들은 중립주의를 표방했다. 특히 스위스, 스웨덴, 핀란드, 오스트리아에서는 모든 주요 정당이 중립주의를 받아들였기 때문에 중립주의를 딱히 사회주의적 노선이라고 할 수도 없었다. 오스트리아와 핀란드에서는 국제조약에 따라 중립주의에 힘이 실렸다. 스웨덴과 스위스의 중립주의는 다양한 사상에서 물려받은 유산으로, 두 차례 세계대전을 치르는 동안에도 유지됐기 때문에 폐기될 가능성은 없었다. 나머지 중립적인 사회주의 정당인 이탈리아 사회당과 독일 사회민주당은 대서양 동맹Atlantic Alliance에 가입한 나라의 정당이었다. 그들의 외교정책은 우파 정당의 외교정책과 충돌할 수밖에 없었다. 이탈리아 사회당이 중립 노선을 택한 이유 중 하나는 공산주의자들과 동맹을 강화하기 위해서고, 독일 사회민주당은 독일 재통일을 앞당기고 싶다는 기대로 중립주의 노선을 택했다. 그러나 1950년대 말에 그들의 환상은 깨졌고, 이탈리아 사회당과 독일 사회민주당 모두 범汎대서양주의를 받아들였다.

덴마크와 노르웨이, 아이슬란드는 '서구'의 편을 들기 위해 북유럽 연대를 탈퇴한 뒤 NATO(북대서양조약기구)에 가입했다. 세 나라 사회주의 정당은 NATO 가입에 적극적으로 찬성했다. 그러나 사회주의 정당 안의 좌파 세력과 공산주의 정당, 덴마크의 중립적인 비사회주의 정당들은 NATO 가입에 반대했다. 사회주의 정당 내부의 좌파 세력은 덴마크와 노르웨이의 NATO 가입에 분개한 나머지 1960년과 1961년에 각각 사회주의 정당에서 탈당했다.[1] 노르웨이의 NATO 가입은 국회에서 사실상 만장일치로 통과되었다. 공산당 의원 11명과 노동당 의원 2명만 반대표를 던졌다.[2] 핀란드와 스웨덴 사회주의자들은 중립을 선택했는데, 덴마크와 노르웨이 사회주의자들은 왜 적극적으로 NATO에 가입했을까? 그 이유를 추측하기는 쉽지 않다. 공산주의에 반대하는 정도가 달랐기 때문이라는 분석도 있지만, 설득력이 약하다. 핀란드 사회주의자들은 다른 나라 사회주의자들보다 공산주의를 심하게 반대했는데도 중립 노선을 택했기 때문이다. 결정적인 변수는 '국가적' 요소의 지속적인 영향력이었을 것이다. 앞서 얘기했듯이, 사회주의자들은 무엇이 국익인가에 대한 지배적인 여론에 귀를 기울였다. 핀란드는 지정학적으로 고립된 나라다. 스웨덴은 중립주의 성향이 강하고, 경제적으로 전쟁의 피해를 당하지 않은 나라다. 반면 노르웨이와 덴마크는 전쟁으로 홍역을 치렀고(두 나라 모두 나치에 점령되었다), 1945년 이후 두 나라 경제는 어려운 상황이었다. 이와 같은 배경에서 북유럽 국가들은 동서의 이념과 정치가 대립하는 거대한 분열의 장에서 저마다 다른 노선을 취했다. 그러나 덴마크와 노르웨이도 냉전이 시작되기 전에 스웨덴과 핀란드처럼 '다리를 놓아주는' 중립 외교정책으로 돌아섰다. 미국과 소련이라는 두 강대국 사이에서 균형적인 관계를 유지하기 위해 등거리 노선을 택한 것이다. 국제사회는 노르웨이의 트뤼그베 리Trygve Halvdan Lie를 초대 UN 사무총장에 선출함으로써 노르웨이의 중립 역할을 인정했다.³ '다리를 놓아주는' 중립 정책을 선택한 데는 국제적인 우호조약이 상당 기간 지속되어 북유럽 국가들의 안보가 보장될 것이라는 계산이 깔려 있었다. 아직 한 번도 침공을 당해본 적이 없는 스웨덴은 냉전이 시작되자, 중립주의를 통해 국가 안보가 더 튼튼해질 것이라고 판단했다. 핀란드는 안보를 위해 소련을 경계할 필요가 있다고 생각했다. 반면 과거에 중립 노선을 택했음에도 독일의 침공을 당한 노르웨이와 덴마크는 중립주의를 버리고 범대서양주의를 택했다. 이처럼 외교정책의 시작은 미국의 압력⁴ 때문도 아니고, 정권을 쥔 사회주의자들의 이데올로기 때문도 아니다. 노르웨이는 NATO에 직접 가입하기보다 서방에서 최소한의 지원만 받는 북유럽 동맹을 만들고 싶었을 것이다. 하지만 스웨덴이 서방에서 받는 최소한의 지원조차 거부하는 바람에 북유럽 동맹은 성사되지 못했다.⁵

1947년에 냉전의 주사위가 던져지기 전만 해도 사회주의자들은 제3의 노선을 고려하는 호사를 누렸다. 그러나 1947년 이후에는 독일과 이탈리아를 제외한 NATO 회원국이 사회주의 정당과 사회민주주의 정당의 적극적인 지지를 받으며 제3의 노선을 저울질했다. '사회주의적' 외교정책은 아직 발상 단계에 머물렀다.

냉전이 시작되기 전에 영국 노동당 좌파는 '사회주의적 외교정책'을 요구했다. 그들이 요구하는 사회주의적 외교정책은 소련에 우호적이고 반反식민주의 운동을 지지하는 정책을 의미한다.⁶ 1947

년 이후 친소련 사회주의는 그 의미가 좁아져 좌파 중에서 비주류 '동지'들의 특권을 가리키는 개념이 되었다.[7] 예를 들어 하원 의원 레슬리 솔리Leslie J. Solley는 공산주의 성향의 잡지 『레이버 먼슬리 Labour Monthly』지면에 이렇게 썼다. "내 생각에 우리 정책의 진정한 척도는 소련의 대한 우리의 태도인 것 같다."[8] 그러나 대다수 노동당 좌파는 "마지못해서, 천천히 한 걸음씩 반소련 태도로 바꿔어갔다. 사실상 어니스트 베빈의 태도와 큰 차이가 없었다".[9] 민주적 사회주의를 표방하는 '제3세력'이라는 개념을 가장 먼저 들고 나온 건 리처드 크로스먼Richard Crossman이 이끌던 '좌파고수Keep Left'라는 조직이다. 좌파고수가 생각하는 '제3세력'은 당연히 영국이 중심이 되어 미국과 소련에게서 독립적이고, 영연방과 유럽 국가로 구성되는 세력이었다. 영국의 중립주의자들은 세계에서 영국이 맡아야 할 역할과 지위에 과장된 견해를 밝힌다는 점에서 처칠의 보수당과 생각이 같았다. 그러나 머잖아 노동당과 대다수 좌파고수 회원은 복잡하지 않은 범대서양주의로 집결했다.

이탈리아 사회당의 대다수 당원들은 미국과 영국의 집요한 압력에도 흔들리지 않았다. 그들은 점점 더 강력해지는 이탈리아 공산당과 공동전선을 펴서, 공산당이 반소련 노선을 채택하지 못하도록 총력을 기울였다. 사회당은 이탈리아가 중립적 노선을 취하기 바랐다. 다수파와 생각이 다른 소수파는 사회당을 탈퇴해 이탈리아 사회민주당을 결성했다(5장 참조). 주세페 사라가트가 이끄는 사회민주당은 미국에서 자금을 지원받았다. 사회민주당은 1948년에 얻은 7퍼센트를 움켜쥐고 재빨리 중도 성향으로 돌아서더니 중도정당으로 굳건히 자리 잡았다. 사회민주당은 1992~1994년 터진 부패 스캔들에 휘말리기 전까지 반공산주의 기치와 이탈리아 기독민주당에 복종하며 버텼다.

독일에서는 사회민주당 당수 쿠르트 슈마허가 중립적 외교정책을 택해 동유럽이나 서유럽과 등거리를 유지했다. 이런 등거리 원칙은 이데올로기에 따른 결정이 아니다. 슈마허가 동독 진영에 있는 공산당과 합당을 단호히 거부했기에 그가 소련 공산주의 가치관에 관심이 없다는 것은 모두 알았다. 슈마허가 중립 노선을 택한 배경에는 독일의 분단이 일시적인 현상일 것이라는 전제가 깔려 있었다. 독일 사회민주당은 통일 독일의 정당이 되어 잃어버린 독일의 역할을 다시 주장할 수 있으리라고 생각했다. 비극과 고통으로 점철된 독일 사회민주당의·민족주의는 과거 독일의 군국주의적 민족주의와 전혀 달랐기 때문이다. 슈마허는 오직 사회민주당의 사회주의를 통해서 독일이 국가적 자부심을 되찾고, 다른 유럽 국가들의 신뢰를 회복할 수 있다고 생각했다. 사회주의와 민족주의의 결합은 1946년 하노버 전당대회에서 중요하게 다뤄졌고, 1950년대 후반까지 사회민주당 외교정책의 토대가 되었다.[10] 사회민주당은 독일의 특별한 역할이 필요하다는 데 찬성했다. 사회민주당은 독일이 강대국 사이에서 독립적인 중재자가 되어 동유럽과 서유럽을 잇는 다리 역할을 하는 그림을 그렸다.[11]

독일 통일에 대한 슈마허의 의지는 결연했다. 하지만 독일 공산당과 합당할 수밖에 없던 시기에 동독 사회민주당이 곤경에 처했는데, 웬일인지 슈마허는 모른 척했다. 그가 타협안을 찾으려고 시도하지 않는 바람에 동독 사회민주주의자들은 공산주의자들의 처분을 기다리는 신세가 되고 말았다. 지나고 보니 당시에 어떤 타협을 했어도 효과는 없었을 것 같다. 어차피 동독 사회주의자들은 자기 앞에 놓인 불행한 운명을 피하기 힘들었을 것이다. 그러나 슈마허는 그 사실을 알지 못했다. 그의 모순적인 태도는 통일이 가능하다는 기대에서 비롯됐다.

슈마허의 민족주의는 독일의 1937년 국경선 회복을 목표로 잡았다. 그 말은 자를란트Saarland 주를 독일 영토에 포함하고, 베를린을 수도로 복원하며, 폴란드와 독일을 가르는 오데르-나이세Oder-Neisse 국경선을 인정하지 않겠다는 뜻이다. 이런 민족주의는 바이마르공화국 때 사회민주당이 겪은 운명에 대한 경계심인지도 모른다. 사회민주당은 바이마르공화국 때 1차 세계대전을 지지했고, 1918년 독일혁명 때는 바이에른 주에서 분출된 분리주의 열망에 단호히 맞서 싸웠다. 그런데도 사회민주당은 '반독일적인' 정당으로 낙인찍혔다. 1차 세계대전 이후 전쟁배상금과 베르사유조약을 사실상 수용했고, 사회주의 정당이라는 이유 때문이다. 사회민주당은 그때를 생생히 기억했다.[12] 뿐만 아니라 독일 재통일을 추진하기 위해서는 선거에서 반드시 이겨야 했다. 그런데 전통적인 사회민주당 지지층 대다수가 프로이센 지방에 살았고, 당시 프로이센 지방은 대부분 폴란드 영토에 속했다.

독일 사회민주당도 대다수 사회주의 정당과 마찬가지로 사회주의를 향한 일보 전진은 민족국가의 토대에서 계속돼야 한다고 생각했다. 물론 슈마허는 유럽 각국에 분명히 약속한 것이 있었다. 1945년 슈마허는 "사회민주주의를 통해 고립되고 민족주의적인 독일을 꿈꿔서는 안 된다. 독일은 유럽을 구성하는 하나의 국가 그 이상이 될 수 없다"고 선언했다.[13] 그러나 여기에서 슈마허가 말한 유럽은 통합된 경제권이 아니라 철저하게 독립적인 민족국가들로 구성된 유럽이다. 전후 재건을 위해서는 경제성장과 정치적 독립이 필요하다는 생각이 범대서양주의를 통해 표명되었기 때문에 좌파가 '공동시장' 개념을 내세울 수는 없었을 것이다.

비록 호전적인 형태를 띠지 않았다 해도, 전후 독일의 사회주의를 구성하는 주요소 중 하나는 민족주의에 헌신하는 것이었다. 그만큼 과거 인터내셔널이라 불린 국제 노동자 조직의 회원이던 독일 사회주의 정당들은 '일국사회주의' 쪽으로 기울었다. 초창기에 유럽 통합을 지지한 프랑스와 네덜란드, 벨기에의 사회주의자들을 뺀 주요 사회주의 정당, 예컨대 핀란드를 비롯한 스칸디나비아 국가들과 독일, 영국 같은 나라의 사회주의 정당은 '사회주의로 가는 국가적 길'에 헌신했다. 이 점에서는 서유럽의 모든 공산당도 같은 길을 걸었다. 적어도 1947년까지 서유럽 공산당은 사회주의로 가는 (소련식) 길이 아니라 프랑스의 '국가적' 길, 이탈리아의 '국가적' 길, 독일의 '국가적' 길, 영국의 '국가적' 길을 통해 자신들의 신념을 드러냈다. 여기에서 우리는 또 다른 역사의 아이러니와 만난다. 국제주의의 깃발이, 적어도 어떤 형태로든 초국가적 체제를 열망하는 깃발이 우파와 중도파 정당의 손으로 넘어온 것이다. 유럽 통합의 창시자 세 명은 보수파 정치인이고, 가톨릭교도이며, 독일어를 사용하는 지방 출신이다. 독일 라인란트 출신 콘라트 아데나워Konrad Adenauer, 룩셈부르크 태생 프랑스인 로베르 쉬망Robert Schuman, 오스트리아 티롤Tyrol 남부 출신 이탈리아인 알치데 데가스페리가 그들이다. 세 사람 모두 유럽의 다른 성인聖人들처럼 시종일관 자신의 민족국가만 생각했다.[14]

사회주의자들은 세계의 운명을 가른 1914년 여름, 선배들과 똑같은 선택을 했다. 사회주의 정당을 국가의 운명과 결부한 것이다. 그러나 슈마허의 독일 사회민주당에는 문제가 있었다. 그들에겐 이제 국가가 존재하지 않았다. 독일 분단의 심각성을 깨닫지 못한 그들은 곧 통일될 것이라고 착각해 이길 수 없는 싸움을 시작했다. 독일 통일이라는 슈마허의 꿈은 40년이 지난 1989년에 실현되었다. 그러나 1989년 사회민주당은 독일 정당 가운데 가장 유럽적이며, 국가 통합이라는 문제에 가장 시큰둥한 태도를 보이는 정당으로 변했다. 정치는 좋은 생각 그 자체보다 좋은 생각을 적절한 시기에 할 수 있느냐에 성패가 달린 게 확실하다.

영국 노동당은 차별화된 외교정책을 펴기에 가장 좋은 위치에 있었다. 그들은 의회에서 다수 의석을 차지한 집권당이었다. 그러나 그 때문만은 아니다. 영국 노동당에게는 2차 세계대전과 광범위한 대영제국이 물려준 명망이 있었다. 영국은 주변부 국가가 아니다. 기껏해야 한 지역의 외교정책과 이해관계가 얽힌 핀란드나 벨기에와 다르다. 영국은 패전국이 아니므로 독일처럼 국제적 신망을 의심받을 일도 없었다. 노동당 정부는 여전히 세계에서 열강 대접을 받는 나라의 집권당이었다. 그러나 이런 이미지 뒤에는 또 다른 현실이 존재했다. 영국이란 나라는 명망에 집착하는 가문을 떠올리게 했다. 유서 깊지만 냉기가 돌고 찬바람이 쌩쌩 부는 집 같았다. 그런 집을 유지하려면 엄청난 희생과 외부의 도움이 필요했다. 그러나 그 집안 사람들은 가문의 과거와 선조들이 쌓은 업적에 사로잡혀 자신의 현재 모습을 인정하려 들지 않았고, 유산과 특권이 사라지면 어떤 미래가 펼쳐질지 상상조차 할 수 없었다.

노동당 지도자들은 이 유산을 해체하는 것이 아니라 모든 이의 이익을 위해 잘 운영하는 것이 자신들이 할 일이라고 생각했다. 하기야 다른 생각은 할 수도 없었을 것이다. 영국이 물려받은 영토와 역사에 대해 친밀감과 주인 의식을 느끼지 못했다면, 최근 300년 동안 영국이 상징하던 것들을 멀리하고 낯설어했다면, 선조들의 제국주의적 사고방식을 자신들의 것으로 받아들이지 않았다면, 노동당 지도자들은 1945년에 국가를 책임지는 자리에 있지 못했을 것이다. 유권자보다 지나치게 앞서가는 정당은 선거에서 이길 수 없는 법이다.

클레멘트 애틀리는 1943년 6월 전쟁 내각을 향해 자신은 영연방 해체를 주도할 의사가 없다고 밝혔다. 그는 "영국이 전후 세계에서도 미국과 소련에 커다란 영향을 끼치는 존재가 되길" 바랐다.[15] 문제는 세계열강의 역할을 수행하다 보면 복지국가 건설은 제약받을 수 있다는 것이었다. 히로시마廣島에 원자폭탄을 투하한 뒤에는 핵무기 개발과 배치가 세계열강이 되느냐 마느냐를 좌우했다. 애틀리와 베빈은 극비리에 영국의 독자적인 핵무기 체제 개발에 착수했다. 정부 각료는 대부분 핵무기 개발에 대해 전혀 모르고 있었다. 크립스와 돌턴처럼 이 사실을 아는 사람들은 핵무기 개발에 반대했다. 그러나 그들이 핵무기 개발을 반대한 이유는 원칙이 아니라 비용 때문이다.

핵무기에 대한 애틀리의 초기 입장은 1945년 9월 트루먼Harry Shippe Truman에게 보낸 자필 편지에서 드러났다. 원자력 시대에 지속적인 안전보장은 상호 안전보장을 의미하며, 새로운 체제의 국제 관계는 편협한 시각의 국익에 휘둘리지 않는 방향으로 나가야 한다는 게 애틀리의 생각이었다. 애틀리는 국제 문제가 옛날과 똑같은 방식으로 처리된다면 "조만간 핵폭탄은 서로 절멸하는 데 사용될 것"이라고 말했다.[16] 이런 입장은 곧 바뀌었다. 영국은 소련과 핵 기밀을 공유하기를 거부했고, 영국이 미국과 전 세계에 영향력을 발휘할 수 있는 길은 핵무기 보유뿐이라는 결론에 도달했다. 애틀리와 베빈의 생각이 바뀐 이유는 미국이 그토록 파괴적인 무기를 독점하게 두는 것이 정치적으로 바람직하지 않다는 불신이 은연중에 깔려 있었기 때문이다. 미국은 맥마흔법(McMahon Act : 영국을 포함한 다른 나라에 기밀 정보를 넘기는 것을 불법으로 규정한 법)을 통해 핵무기 제조 기술 이전을 거부하려고 했지만, 영국은 원자폭탄 제조를 밀어붙였다. 1949년 영국 노동당 정부는 NATO부터 마셜플랜까지 대다수 쟁점에서 미국과 의견을 교환했으나, 핵무기 문제는 달랐다. 통합 유럽에 참여하는 문제처럼 독자적으로 움직였고, 아무와도 협력하지 않았다.[17]

영국이 내세운 핵무기 보유의 정당성은 전쟁 억지 효과다. 이것은 오늘날까지 모든 정부가 내세우는 핵무기 전략의 핵심이지만, 핵무기 보유가 국제적 명망의 문제이기도 하다는 사실은 의심할 여지가 없다. '핵무기＝세계 강국'이라는 공식은 어느 쪽으로나 통했다. 즉 강국이 되기 위해서는 핵무기가 필요했다. 그러나 어느 나라가 핵무기를 보유했다면 그 나라가 강국이라는 뜻으로 통했다. 어니스트 베빈은 유니언잭(영국 국기―옮긴이)이 원자폭탄 위에서 휘날려야 한다고 생각했다.[18] 마거릿 고잉Margaret Gowing이 지적했듯이 영국의 핵무기는 세계에서 변화된 영국의 위상을 감추는 중요한 역할을 했다.[19]

여기에서 한 가지 더 지적할 문제가 있다. 영국의 핵 정책은 영국의 유럽화에 또 다른 걸림돌이 되었다는 점이다. 독자적인 핵 정책 때문에 프랑스와 협력할 가능성이 사라졌고, 반대로 프랑스와 독일의 협력 관계는 발전했다.

원자폭탄은 현실을 덮어주는 가리개 역할을 했다. 그것은 근원적인 불완전함을 감추는 상징, 즉 남근男根이었다. 대영제국은 실오라기 하나 걸치지 않은 알몸이지만, 원자폭탄 덕분에 앙상한 뱃가죽과 마른 팔다리를 아무에게도 들키지 않았다. 이런 정신 상태는 아무도 개척한 적 없는 좌파 외교정책의 새로운 지평을 여는 혁명적인 출발에 도움이 되지 않았다. 경제정책이나 사회정책에서는 청사진까지는 아니어도 대략이나마 사회주의적 전략이 존재했다. 그러나 외교정책 분야에서는 아무것도 없었다. 물론 냉전이라는 무대에서 영국은 주인공이었다. 영국은 냉전을 수동적으로 참지 않았다. 어니스트 베빈의 반소비에트주의에선 진정성이 느껴졌다. 베빈은 적어도 외무부에 근무하는 자기 부하들보다 호전적이고, 동료들은 베빈에게 절대적인 지지를 보냈다. 애틀리도 초창기에는 소련과 협력하는 데 찬성한 적이 있었지만,[20] 노동당에서 서구 동맹을 떠받치는 두 기둥이 NATO와 마셜플랜이라는 데 이의를 제기하는 사람은 친공산주의적인 극소수 비주류 외에 아무도 없었다.

대다수 유럽 사회주의 정당은 마셜플랜을 받아들였다. 그다지 놀랄 일은 아니다. 1945년 유럽에서는 4000만 명이 삶의 터전을 잃었다.[21] 암시장이 번성했고, 도시와 농촌의 경제적 관계가 깨졌으며, 매일 1500칼로리 이하의 식사로 버티는 사람이 1억 명에 달했다. 독일의 많은 도시와 오스트리아의 빈 같은 곳에서는 굶주림으로 고통 받는 사람을 쉽게 볼 수 있었다.[22] 이런 상황에서 미국의 도움을 거부한다면 정치적 자살행위나 다름없었다.

미국은 마셜플랜을 통한 원조로 유럽 문제에서 상당한 발언권을 확보했다. 유럽 각국 정부는 어떤 물품을 원조 받고 싶은지, 마련된 기금을 어떻게 사용할지 미국과 합의해야 했다. 원조를 받아들인다는 것은 어떤 형태로든 미국의 패권을 받아들인다는 의미였다. 당연히 소련과 그 '동맹국들'은 마셜플랜에 참여할 수 없었다.[23] 물론 어떤 이들은 현란한 미사여구로 이런 현실을 감추려 했다. 심지어 레옹 블룸은 마셜플랜을 통해 초국가주의 목표를 앞당길 수 있으므로 '국제 사회주의' 진영은 앞장서서 마셜플랜을 수용하기 위한 여론을 형성해야 한다고 선언했다.[24] 그러나 초기에 많은 사회주의자들과 일부 공산주의자들은 마셜플랜이 상당한 도움이 될 수 있는데도 찜찜한 반응을 보였다. 노르웨이 노동당은 처음에 마셜플랜에 참여할 생각이 없었다. 자칫해서 미국과 지나치게 가까워지면 소련의 반감을 불러일으킬 수 있었기 때문이다. 영국 노동당 사례는 노르웨이 노동당이 마음을 바꾸는 데 영향을 미쳤다. 노르웨이의 달러 부족도 노르웨이 노동당의 마음을 돌리는 데 한몫했다.[25] 핀란드는 노르웨이와 정반대였다. 핀란드 사회민주주의자들은 처음에 마셜플랜을 받아들이려 했다. 핀란드 공산당은 일간지 「바파사나」를 통해 사회민주주의자들의 결정을 지지했다. 소련 공산당 기관지 「프라우다Pravda」의 입장과 반대되는 결정이었다.[26] 소련은 핀란드 사회당과 공산당에 미국의 원조를 거부하라고 압력을 넣었다. 원래 미국은 소련을 포함한 유럽의 모든 나라에 원조를 제안했다. 체코슬로바키아와 이탈리아 공산당은 미국의 원조 제안에 강한 유혹을 느꼈다. 루이지 롱고는 첫 번째 코민포름 회의에서 소련의 비난에 맞서 이탈리아 공산당을 변호했다. "우리의 적들은 우리가 이탈리아 원조에 반대하는 사람들로 비치길 원했습니다."[27] 처음에는 소련 외무부 장관 뱌체슬라프 몰로토프Vyacheslav Molotov조차 마셜 플랜을 노골적으로 거부하지 않았으며, 수용 조건을 수정하자고 요구했다. 소련이 마셜 원조를 받아들였다면 미국은 매우 당황했을 것이다. 서유럽에서 공산주의 발전을 중단하는 것이야말로 마셜 원조를 통해 미국이 정치적으로 노리는 것이었기 때문이다. 하지만 미국은 겁낼 필요가 없었다. 소련의 직접 통제 아래 있는 모든 나라는 물론이고 핀란드까지 마셜 원조를 거부했기 때문이다. 단 소련이 일부 점령한 오스트리아는 마셜 원조를 받아들였다.[28]

마셜플랜의 또 다른 목표는 서유럽 경제 안정화였다.[29] 그러나 이후에 미국이 정치적 선전을 통해 떠들어댔듯이 마셜플랜 자체가 경제적으로 '유럽을 구원했는지'는 의문이다. 경제적인 측면에서 어떤 혜택을 주었는지 의문의 여지가 많으며, 실제로 이 문제를 놓고 열띤 논쟁이 벌어졌다. 앨런 밀워드Alan S. Milward에 따르면 네덜란드와 오스트리아를 비롯한 몇몇 나라는 어느 정도 마셜플랜의 덕을 봤다. 그러나 벨기에와 덴마크, 스웨덴, 독일에서는 마셜플랜의 효과가 미미했다. 프랑스와 이탈리아, 영국은 중간 정도 효과를 봤다. 밀워드는 이렇게 덧붙인다. "분명히 말하지만 (마셜 원조가) 서유럽의 정치·경제적 미래를 형성할 만큼 큰 성과를 거뒀다는 주장은 터무니없다."[30] 찰스 메이어도 밀워드와 같은 생각이다. "양적 경제지표로 볼 때 미국의 원조는 거의 기여한 바가 없다."[31]

마셜 원조는 사회주의자와 자유 시장주의자에게 하나의 역설을 제시한다. 정치적으로 마셜 원조는 기업의 '자유'가 가장 중요하다는 '미국적 가치관'을 유럽에 확산하는 것이 목표였다. 따라서 자유 시장주의자라면 마셜 원조를 환영해야 마땅했다. 그러나 마셜플랜에는 함정이 있었다. 유럽 경제가 시장의 보이지 않는 손에 넘어간다면 살아남지 못할 수 있었다. 어찌 됐건 이것은 전쟁의 피해를 딛고 일어서서 경제를 통합하려는 다른 나라를 돕기 위해 한 나라가 추진한 계획plan이다. '자유 시장'이 목표일 수는 있지만, 수단은 될 수 없었다. 데이비드 엘우드David Ellwood의 간단명료한 설명에서 알 수 있듯이 마셜플랜에는 생산과 통합보다 큰 목표가 있었다.

> 마셜플랜은 투자와 생산, 소비의 완벽한 모델로 발전했다. 그것은 반동적인 자본가들과 혁명적인 노동자들의 해묵은 전투를 건설적이고 역동적인 관계로 바꿔놓았으며, 현명한 생산자들과 만족스러워하는 소비자들을 하나가 되게 해주었다. 미국에서 그랬듯이 성장은 모든 난관을 타개하고 모든 도전을 극복할 것이다.[32]

사회주의자들과 그 적들은 이 역설을 풀기 위해 암묵적이고 비공식적으로 자신들의 장기적 목표를 잠시 내려놓기로 합의했다. 그래서 사회주의자들은 사회주의를 내려놓았고, 자유 시장주의자들은 규제 없는 자본주의를 내려놓았다. 찰스 메이어는 이들이 만난 지점을 '생산성의 정치학politics of productivity'이라고 불렀다.[33] 양쪽이 당장은 성장을 위해 노력하고, 미래의 몫을 차지하기 위해 싸우는 일은 잠시 미뤄두기로 한 것 같았다. 다시 말해 머나먼 곳에 있는 이념적 목표는 놔두자고 합의한 것처럼 보였다. 케인스가 지혜롭게 통찰했듯이 '결국 우리는 모두 죽는다'.

그러나 정치적으로 보면 마셜 원조는 냉전의 핵심적인 부분이고, 자본주의와 화해를 향해 가는 서유럽 좌파의 기나긴 행군에서 또 다른 진전을 의미했다. 냉전 정책의 옳고 그름을 따지고 들면 끝이 없다. 냉전 때문에 동유럽에서 소련의 통치 기간이 늘었을까? 냉전보다 친절하고 덜 호전적인 정책을 취했다면 소련은 자신들이 '안전벨트'라고 여기던 동유럽권 국가들의 목을 움켜쥔 손에서 힘을 뺄 수 있었을까? NATO는 실제로 소련 공산주의의 무차별적인 포섭 공세를 막아 서유럽 민주주의를 보호했을까? 우리는 이 질문들의 답을 절대로 알 수 없다. 예나 지금이나 역사는 예측할 수 없는 사건이며, 제인 오스틴Jane Austen의 『노생거 사원Northanger Abbey』에 등장하는 여주인공의 말처럼 '역사는 대부분 지어낸 이야기이므로 따분할 리가' 없다. 그러나 영국이 혼자 힘으로 유럽의 대안적 진로에 결정적 영향을 미칠 위치에 있지 않았다는 사실은 분명하다. 혹시 유럽의 주요 국가들이 힘을 합쳐 조직적으로 노력했다면 국제 체제가 선택한 냉전과 다른 길을 걸었을지도 모르겠다. 그러나 유럽의 주요 국가들이 그런 일에 착수할 만한 선견지명을 갖추거나 공동의 목표를 발견할 가능성이 희박했다.

영국과 영국 노동당에는 그런 선견지명이 없었다. 외무부 장관 베빈은 외교정책에 관한 한 영국 노조의 특징인 현실적이면서 반항적인 태도(군인의 허세와 맞먹는 노동계급의 특징)를 취하며 전반적인 상황을 날카롭게 파악했다.34 베빈은 마치 전쟁 전에 자신이 이끌던 영국 운수일반노동조합에서 소련이 이탈했다고 오해하는 것처럼 행동했다. 외무부 고위직에 있는 사람들은 전쟁이 끝나고 얼마지나지 않은 시기에 노동당의 외교정책을 입안한 핵심 인물들이다. 이 사실은 황소처럼 완고한 베빈의 이미지에 묻혔다.[35] 베빈의 후임 외무부 장관 허버트 모리슨Herbert Morrison은 바깥 세계를 전혀 모르는 사람이었다. 정부 각료 중에서 베빈 다음으로 외교 문제에 박식한 사람은 휴 돌턴이다. 그는 외국인에 대해 편견이 강한 인물이어서 모든 독일인(돌턴은 독일인을 주로 '훈족'이라고 불렀다)을 혐오했을 뿐만 아니라, 자신이 제시한 팔레스타인Palestine 정책을 통해 아랍 Arab 원주민을 강제 추방해야 한다고 주장했다. 짐작컨대 강제 추방이란 무력을 쓴다는 의미였을 것이다. 놀라울 정도로 냉정한 이 정책이 1944년 노동당 대회에서 찍소리 없이 통과됐다. 돌턴의 주장은 "리비아나 에리트레아를 팔레스타인의 위성도시나 식민지로 유대인 정착민에게 개방하자"는 데까지 나갔다.[36] 노동당의 전반적인 가정은 처칠주의자들의 가정과 같았다. 즉 범대서양주의는 미국과 영국의 특별한 관계를 토대로 가능하고, 영국이 유럽의 일부로 참여하지 않는 한 유럽 통합에 이의를 제기해서는 안 되며, 영연방은 어떤 형태로든 보존되어야 한다는 것이다. 베빈은 이따금 미국과 '특별한 관계'에 불쾌감을 표현하기도 했다. 그러나 그 불쾌감은 정치가 아니라 국가적 자부심에서 비롯된 것이었다. 그는 1947년 2월 이렇게 투덜거렸다. "가끔은 부하 같은 동업자 역할에 짜증이 난다. 그럼에도 이 동반자 관계는 그걸 감수할 만한 가치가 있다."[37] 베빈은 두 초강대국의 간섭을 받지 않으려면 영국이 식민지와 일부 서유럽 국가들을 이끌고 가야 한다는 제국주의적 상상에 근거해 세계 전략을 짰다.[38] 그러나 냉혹한 정치 현실 앞에서 베빈은 열망을 포기할 수밖에 없었다. 바버라 캐슬Barbara Castle, 마이클 풋Michael

Foot, 리처드 크로스먼 같은 극소수 좌파는 사회주의가 이끄는 유럽을 꿈꿨지만,[39] 대다수 노동당원은 옛 식민지는 분리하고 영국 본토의 이익만 생각하자는 브리튼Britain 독립주의와 제국주의 사이에 발을 걸치고 있었다. 어떻게 보면 그들 모두 브리튼 독립주의자인 동시에 제국주의자였다. 그런가 하면 연료전력부 장관이다가 나중에 국방부 장관이 되는 이매뉴얼 신웰처럼 아무 생각 없는 애국자도 있었다.

노동당의 외교정책을 지탱하는 두 기둥은 반反유럽주의와 친親미국주의였다. 반유럽주의는 쉬망플랜(Schuman Plan : 유럽석탄철강공동체ECSC의 산파로 EEC[유럽경제공동체]의 초석을 놓았다)에 대한 노동당의 경멸에서 잘 드러난다. '지식인을 대상으로 하는' 좌파 주간지 『뉴스테이츠먼New Statesman』은 쉬망플랜을 프랑스와 독일의 산업주의자들과 교황이 조종하는 음모라고 비난했다.[40] 친미국주의를 단적으로 보여주는 예는 미군을 지원하기 위해 2개 여단을 한국에 보내고, 재원을 마련하기 위해 국민건강보험에서 환자가 부담하는 약값을 도입하면서까지 국방 지출을 늘린 것이다.[41] 게이츠컬은 일기에 "우리는 반드시 필요한 것과 그렇지 않은 것에 대해 참모총장들과 논의를 시작할 수조차 없었다"고 썼다.[42] 1950~1951년 노동당이 이끄는 영국이 지출하는 1인당 국방비는 미국보다 많았다.[43]

영국이 국제적으로 중요한 역할을 해야 한다는 책임감에 의문을 품는 노동당 지도자는 한 명도 없었다. 마이클 풋 같은 좌파는 영국Great Britain이 진정 '위대하다great'는 사실을 의심해본 적이 없다. 그는 1945년 영국 하원에서 이렇게 선언했다. "오늘날 영국은 권력과 영광의 정점에 있습니다. 우리가 이 자리에 있는 이유는 선거가 끝나고 오늘날 우리에게 뭔가 제공할 것이 있기 때문입니다."[44] 그들은 세계 강국이 되면 복지국가가 될 가능성도 있다고 생각했다. 그러나 복지국가가 되고자 하는 영국의 야심은 세계 강국의 역할 때문에 발목을 잡혔다. 식민지는 돈벌이가 되는 사업일 수도 있었다. 단 식민지 국민이 찍소리 없이 고분고분한 경우에 그렇다. 독일과 그 밖의 지역에서 군대를 유지하기 위해서는 재정적으로 심각한 출혈을 감수해야 했다. 코렐리 바넷Correlli Barnett 같은 사람들은 복지국가는 당시 영국이 감당할 수 없는 사치였고, 복지국가 건설 때문에 영국이 내리막길을 걷기 시작했으며, 바다 건너 경쟁국들에게 뒤처지는 원인이 되었다고 주장한다. 그러나 바넷은 미국과 소련이라는 초강대국을 중심으로 나뉜 세계에서 영국이라는 섬나라가 제국 역할을 맡기 버거웠다는 사실은 외면한다. 영국에서는 제한적으로 식량 배급을 하는데(패전국 이탈리아에서는 그렇지 않았다), 노동당 정부는 독일과 오스트리아의 영국 점령 지역에 들어갈 비용, 이집트와 팔레스타인, 트리에스테Trieste, 그리스에 주둔한 군대 유지비, 미얀마와 말레이Malay반도, 홍콩 재점령에 필요한 비용을 마련해야 했다. 유엔구제부흥사업국UNRRA에 내야 할 기부금과 파운드 통용 지역에서 발생한 부채를 해결할 자금도 조달해야 했다. 바넷은 저서 마지막 페이지에 거침없이 지적한다.

새로운 예루살렘(천국 — 옮긴이)은 단순히 전후의 진정한 우선순위를 냉철하고 분명하게 통찰해야 할 영국의 관심을 흐트러뜨리는 전시의 판타지가 아니었다. 영국의 정치 지도자들과 지배 계층은 2차 세계대전이라는 거대한 소용돌이 속에서 영국의 힘이 사라졌다는 사실을,

말버러Marlborough의 승리와 함께 시작된 위대한 제국의 시대가 이제 막을 내릴 운명이라는 사실을 받아들일 수 없었을 뿐이다.[45]

영국은 세계 역할론(바넷이 '환각'이라고 부르는) 때문에 국제수지를 통해 국내 정책을 추진하는 데 제약을 받았고, 영국에 실제로 남은 유일한 선택권을 행사해 대외 정책을 수립하는 데도 근본적으로 한계가 있었다. 영국에 실제로 남은 유일한 선택권은 남의 눈을 의식하지 않고 유럽에 헌신하는 길이었다. 영국의 역할을 대신하고자 한 나라는 내리막길에 접어든 '위대한' 제국주의 국가 프랑스다. 지정학적으로 유럽 대륙의 한가운데 있고, 독일과 국경을 맞댄 프랑스는 유럽적 성향을 좀더 현실적으로 판단해 아직 식민지에 남아 있는 야심을 누그러뜨려야 했다. 영국은 미국과 특별한 관계를 맺는 데만 정신이 팔려 있었다. 그러나 미국은 백악관이 "미 의회와 국민에게 '자유세계'가 구원받기를 원하고 있다는 충분한 증거를 제시해야 하는" 경우가 아닌 한 영국과 관계 정립을 심각한 쟁점으로 받아들이지 않았다.[46] 영국은 점점 남자에게 버림받은 정부情婦 신세가 되어갔다. 용케 고상한 품위는 유지하지만, 이따금 가난한 사람들에게 나눠주는 옷이라도 있으면 체면 차릴 새 없이 냉큼 받아 입는 정부 같았다. 반면에 프랑스는 식민지를 대하는 태도가 훨씬 미개했고, 머지않아 이길 수 없는 식민지 전쟁에 휘말릴 운명이었지만, 적어도 1948년 이후에 패전국 독일과 특별한 관계가 장차 프랑스 외교정책의 토대가 되어야 한다는 정도는 알았다. 영국의 외교정책을 결정하지 못하는 노동당의 무능력은 시간이 갈수록 분명해졌다.

트로츠키가 소련 최초로 외무부 장관에 오르면서 남긴 유명한 말("나는 세계의 인민을 향해 몇 가지 혁명적인 성명서를 발표할 것이다. 그런 다음 가게 문을 닫을 것이다")[47]은 외교정책이라는 미묘한 분야에서 많은 사회주의자들이 얼마나 자기만족적인 태도를 취하는지 단적으로 보여준다. 외교 문제는 정치적 의사 결정이 필요한 모든 분야에서 정부가 국민에게 설명해야 할 책임이 가장 적고, 야당의 영향력이 가장 미치지 못하며, 여론은 가장 무지하고, 비밀은 가장 많은 분야다. 한마디로 장관들이 가장 바라는 상황이다. 거대한 국제 위기처럼 외교사가들의 운명이 갈리는 쟁점은 특히 그렇다. 그러나 미래의 비상사태는 언제나 과거에 일어난 사건의 보이지 않는 결과다. 사건이 일어난 시점에는 미처 감지되지 않던 위기가 발전해 미래의 비상사태로 드러난다. 실제로 비상사태가 터지면 정치가들이 위기를 완전히 통제하는 것처럼 보일 때가 많다. 그래서 위기관리가 총리나 대통령, 외무부 장관이나 보좌관 한두 명, 특사 한두 명처럼 선택받은 소수의 업무가 되고 만다. 국제 위기가 몇 사람의 손에 달린 셈이다. 그들은 모여서 싸우고 결정하고 반응을 보이고 협상을 한다. 적어도 그렇게 하는 것처럼 보인다. 하지만 실상은 눈에 보이는 것과 다르다. 당신이 그렇게 되어야 한다고 주장하거나 그렇게 되리라고 예상한 대로 흘러가는 것은 없다. 수습 기간도 없다. 기껏해야 실무에서 배우는 것이 전부다. 권력을 잡은 사회주의자들은 사건을 장악하는 능력에서 자신들이 얼마나 미약한 존재인지 뼈저리게 깨달아야 했다. 외교 분야에서 더욱 그랬다.

집권하고 몇 주가 지난 1945년 8월, 영국 노동당은 충격적인 진실에 직면했다. 그들 앞에 놓인 경제 상황은 상상을 초월할 정도로 심각했다. 미국이 무기 대여 협정을 연장해줄 것이라는 예상은 완전히 빗나갔다. 1945년 8월 17일 트루먼 대통령이 느닷없이 무기 대여 협정을 종결하자, 영국은 파산 일보 직전에 몰렸다. 영국은 전쟁 중에 국가 재산을 28퍼센트나 잃은 상태였다.[48] 케인스는 돌턴에게 보낸 보고서에서 전시의 소비수준을 유지하려면 10억 파운드 상당의 수입이 필요하다고 썼다. 돈을 빌리지 않으면 노동당이 약속한 복지국가를 위한 재원 마련은 엄두도 내기 힘들어 보였다. 미국 의회가 차관을 공여해주길 거절할 경우 취할 수 있는 대책을 마련해야 했다. 1946년 2월 재무부 고위 관료 리처드 클라크Richard W. B. Clarke에게 그 임무가 떨어졌다. 클라크는 보고서를 작성했다. 그가 내린 결론은 다음과 같다. "미국이 차관 공여를 거절할 경우 우리는 싫든 좋든 해외 출자를 삭감해야 하며, 이는 세계의 정치 균형에 근본적인 영향을 미칠 것이다."[49] 케인스는 이 보고서에 다음과 같은 메모를 추가해 2월 22일 내각에 보냈다. "(클라크 씨) 보고에서 더 강조하고 싶은 부분은 미국이 차관 공여를 거절할 경우, 해외에 주둔 중인 우리 군대의 유지비와 정치적 비용은 직격탄을 맞을 것이란 점이다." 케인스는 이어서 대략적인 계산을 한 다음 덧붙였다.

보다시피 미국의 차관이 주로 해외의 정치적·군사적 비용을 충당하는 데 꼭 필요하다는 것은 자명한 사실이다. 미국이 차관 공여를 거절할 경우, 예비비를 대폭 사용하면 국내에서 계획한 일들에 큰 차질을 빚지 않으면서 그럭저럭 버틸 수는 있을 것이다. 따라서 차관을 끌어오는 데 실패하면 가장 크게 영향을 받는 부분이 국제적인 책임에서 영국의 역할이 크게 줄어드는 일이라는 것은 불 보듯 뻔하다.[50]

노동당 정부는 미국에서 차관만 끌어오면 복지국가와 세계 역할론 사이에서 양자택일해야 하는 딜레마를 피할 수 있다고 생각했다. 케인스는 순진하게도 미국이 아량을 베풀어줄 것이라고 잘못 판단했다. 그는 아이오와Iowa나 아이다호Idaho의 산간벽지에서 선출된 국회의원이 유권자를 상대로 당신들이 낸 세금을 저 멀리 유럽에 있는 영국의 사회주의 정부가 국유화와 복지 제도를 추진하는 비용으로 대주려고 한다고 설득할 줄 안 모양이다.[51] 짜증스러운 수 차례 협상이 끝나고 사실상 공짜 선물을 기대하던 케인스의 손에는 기대에 한참 못 미치는 결과물이 쥐여졌다. 그나마 공짜가 아니라 상당한 대가를 치러야 하는 것들이었다. 영국은 이자를 지불하기로 했으며, 제국주의적 사업 계획을 축소하고 무역 장벽을 철폐하는 데 미국과 합의했다. 더불어 빠른 시일 안에 영국 파운드를 미국 달러와 자유로이 교환할 수 있는 체제로 복귀하는 데 합의했다.[52] 독립적인 외교정책의 가능성은 0퍼센트로 줄었다. 1947년이 되자 영국이 그동안 기대하던 수준의 해외 출자를 감당할 수 없다는 사실이 확실해졌다. 영국은 터키와 그리스에 대한 원조를 취소했고, 미국은 공산주의에 맞서 서방의 이익을 대변하는 최고의 보루가 되었다. 이에 미국은 곧바로 트루먼독트린을 선포했다. 미국이 지배하는 세계 평화, 팍스 아메리카나Pax Americana가 선포되는 순간이었다.

프랑스 역시 미국에서 차관을 끌어다 쓰려고 했다. 산전수전 다겪은 사회주의자 레옹 블룸 총리는 영국 대표단이 미국에서 빌린 달러를 움켜쥐고 런던으로 돌아가자마자 장 모네를 대동하고 워싱턴으로 날아갔다. 블룸과 모네는 미국이 자기들에게 영국보다 훨씬 적은 돈을 빌려주리라는 사실을 눈치챘다. 미국은 영국에게 돈을 빌려준 것은 국제무역에서 영국이 차지하는 남다른 위치 때문이며, 매우 예외적인 경우라고 분명히 밝혔다.[53] 프랑스는 6억 5000만 달러를 빌리는 조건으로 신속하게 자유무역 체제로 전환하라는 미국의 요구를 받아들였다. 이제 프랑스는 보호관세 아래에서 경제 발전을 추진하는 것이 금지되었다.[54] 프랑스의 유일한 대안은 모네가 줄곧 주장한 유럽의 경제적 상호 의존 정책을 위해 어떤 과감한 조치를 취할까 하는 것뿐이었다.

노동당 지도부가 냉전과 같은 난관이 가득하던 당시 국제 상황을 감안하지 않은 채 뚜렷한 '사회주의적' 외교정책을 마련하지 않은 것은 잘못이라고 몰아붙이는 것은 역사를 모르는 순진한 자세일 수도 있다. 물론 노동당 지도부의 외교정책이 보수당의 외교정책과 달랐을 것이라고 생각하는 사람도 있을 것이다. 적어도 제국 문제에 관해서는 사회주의자들의 정책이 있지 않았을까? 그렇지 않았다. 프랑스 좌파와 영국 좌파는 제국 문제를 심각하게 받아들이지 않았다. 식민지에 대한 그들의 태도는 "할 수만 있다면 식민지를 고수하라" 정도로 보였다. 프랑스의 좌파 정당들은 1945년 10월 총선을 위한 공약 선언문에서 식민지 문제를 언급하지 않았다. 몇몇 우파와 기독민주당원들이 제국 문제에 관심을 보였을 뿐이다.[55] 영국 노동당도 약속이나 한 듯 선거 공약집 *Let Us Face the Future*(미래를 맞이합시다)에서 영국의 제국 문제에 침묵으로 일관한다. 그러나 1945~1951년은 대영제국의 역사에서 분수령이 된 시기다. 인도 아대륙亞大陸에서 제국이 해체되고 그 결과 영연방에 균열이 일어났으며, 뒷날 아프리카와 카리브Carib 해, 태평양의 식민지 해방을 위

한 발판이 마련되었다.[56]

전당대회 결의문과 이런저런 성명서로 판단하면 영국 노동당은 식민지에서 철수하는 데 반대한 것으로 보인다. 오히려 노동당은 영연방 내 특혜관세 적용을 결의한 오타와Ottawa 체제에 기반을 둔 '백인' 영연방이 유지되기를 바랐다. 식민지를 개발하거나, 인도처럼 영국과 군사적·경제적으로 밀접한 관계를 유지하는 식민지 정부를 허락할 계획이었다.[57] 그러나 이런 야심은 물거품이 됐고, 노동당 정부는 정치적 이권을 지킬 능력이 없는 식민지를 계속 착취함으로써 식민지의 경제와 사회복지에 심각한 악영향을 끼쳤다.[58] 영국은 파운드화와 영국의 무역수지를 유지하기 위해 파운드화 통용 지역을 부당한 방법으로 이용했다. 즉 황금해안(Gold Coast : 지금의 가나)과 말레이반도 같은 달러 수입원에서는 파운드화 통용 지역을 벗어나면 자신들이 원하는 상품을 구입하기 위해 달러를 사용할 수 없게 했다. 영국이 상품을 공급할 능력이 없었기에 이 속국들은 많은 파운드화 잔고를 끌어안고 있어야 했다. 사실상 저금리로 영국에 돈을 빌려주는 것이나 마찬가지였다.

노동당 정부는 영국이 식민지에서 생산한 물건을 시세보다 낮은 값에 구매할 수 있도록 보장하는 교역 관계도 유지했다. 식민지에서 추진하는 투자와 개발 사업은 식민지의 이익보다 영국의 이익에 유리한 쪽으로 결정되었다. 노동당 정부는 전쟁 중에 황폐해진 영국의 경제가 우선권을 가져야 한다는 이유로 모든 식민지 주민이 런던 금융가에서 받는 대출에 제한을 두었다. 이쯤 되면 3년에 걸친 일본의 말레이반도 점령과 1942년 영국이 철수할 때 말레이반도가 견뎌낸 초토화 정책이 차라리 나았다는 소리가 나올 만도 했다.[59] 식민지의 통화 구조는 100퍼센트 런던의 예비 자금에 의존했다. 즉 식민지 주민은 저축한 돈조차 자신들의 발전을 위해 마음대로 쓸 수 없었다.[60] 사실상 식민지는 '달러를 벌어들이는' 영국의 주요 소득원이고, 이런 식으로 식민지가 벌어들인 달러는 1940년대에 영국이 두 가지 주요 재정 위기(1947년 교환성 위기와 1949년 파운드화 평가절하 위기)를 극복하는 데 한몫했다.[61] 노동당 정부가 영국의 재정 위기를 타개하기 위해 식민지의 자산을 이용한 것을 두고 이상을 좇는 정치인들이 실리를 추구하는 공무원들의 책략에 놀아났다고 말하기는 힘들다. 식민지 경제에 이득이 될 만한 일관성 있는 개발 정책을 지지한 사람들은 식민성會과 식민성 장관 아서 크리치 존스Arthur Creech Jones의 든든한 지원을 받았을 것이기 때문이다. 한 가지 덧붙여야 할 사실은 크리치 존스가 펴낸 에세이집에서 떳떳하지 못한 과거를 꿋꿋하게 정당화한다는 점이다. 그는 사회주의적 식민정책을 실행하지 못한 이유를 설명했다. "현실에서 사회주의 성향의 장관이 권위를 행사하는 데는 제약이 있다. '사회주의'를 수출하기 위한 사회주의 장관의 권한은 매우 제한적이었다." "역사적 책임"과 "조약의 의무"도 있었다. "제국주의와 식민주의에 대한 상투적인 접근"은 통하지 않았다. "후진국 사회의 문제는 대부분 가난한 자연과 후진적 국민성에서 나오기" 때문이다. 어찌 됐든 "런던이 일일이 식민지를 관리할 수는 없다". 1945년에는 영국의 철수를 위한 "조건이 무르익지 않았다". 마음 약한 식민지 장관 중 한 명[62]인 크리치 존스가 쓴 진심 어린 변명의 글은 같은 에세이집에서 토머스 발로프Thomas Balogh가 제기한 비난과 정반대다. 크리치의 결론은 노동당이 "대단히 일관된" 식민정책을 폈다는 것이다.

"노동당은 사건을 기다리지 않았고, 종합적인 원칙이나 목적, 식민 정책이 가는 방향을 큰 틀에서 이해했기 때문에 발을 잘못 내딛거나 넘어지지 않았다."[63]

페이비언협회 산하 식민사무국Fabian Colonial Bureau에서 막강한 권한이 있던 리타 힌든Rita Hinden은 독립보다 개발이 우선이라는 노동당의 식민정책과 국내의 복지 정책 사이에 구조적 모순이 있다는 사실을 알아차렸다. 영국 유권자들은 값싼 음식을 원했고, 식민지의 생활수준을 희생시켜서라도 식민지의 물건을 싼값에 들여오길 원했다. 식민지로서는 자치나 독립이 최선의 방어책이겠지만, 그런 일이 일어날 낌새는 전혀 없었다.[64] 노동당의 수사학에 가득한 반식민주의 정서는 결코 식민지 약탈 정책을 위장하기 위해 고안된 냉소적 술책이 아니었다. 절절하게 쏟아낸 그 말에는 진심이 담겨 있었다. 하지만 그런 말은 대부분 정부에 몸담거나 식민정책을 책임지지 않은 국제주의자들의 입에서 나왔다. 비상사태에 대비한 계획이 전혀 없던 노동당은 위기를 넘기면 또 다른 위기가 닥치는 악순환에 휘청거렸다. 그들은 당장 해결할 필요가 없으면 식민지 문제에 관심을 기울이지 않았다. 즉 반식민주의 투쟁이 일어났을 때만 관심을 기울였다. 뚜렷한 식민지 전략이 없을 때는 인도의 탈식민지화 같은 사건에서 볼 수 있듯이 큰 사건에 의해 새로운 국면을 맞이하기도 하고, 아프리카와 카리브 해 식민지에서 볼 수 있듯이 전형적인 정책의 한계에 갇히기도 한다. 영국이 인도를 떠나지 않은 것은 노동당 정부가 생각하기에 그것이 사회주의 정부가 할 일이었기 때문이다. 인도가 독립한 것은 정치·경제적으로 영국이 인도에 머물기 위해 치러야 할 대가가 너무나 컸기 때문이다. 노동당

정책의 공적을 무시한다는 얘기가 아니다. 프랑스와 미국이 인도차이나Indo-China반도에서 보여줬듯이 정치인들은 종종 이룰 수 없는 목표와 바람직하지 않은 목표를 위해 깜짝 놀랄 만큼 값비싼 정치·경제적 대가를 기꺼이 지불한다. 이런 상황을 감안하면 리처드 크립스와 함께 노동당의 손꼽히는 인도 전문가 애틀리는 대단히 노련하게 처신했다. 서두르다가 일을 그르쳤다거나, 이슬람 민족주의의 힘을 과소평가했다는 이유로 애틀리를 비난할 수는 있다. 그러나 노동당의 다른 지도자라면 더 큰 실수를 저질렀을지도 모른다.[65] 예를 들어 베빈이라면 어땠을까? 그는 제국주의적 환영에 사로잡힌 말투로 애틀리에게 "첫 번째 주먹에 무릎을 꿇지" 말라는 편지를 보낸 적도 있다.[66] 보수당 정권이라면 어땠을까? 처칠이 정권을 잡았다면 영국이 골치 아픈 인도 문제에서 빠져나오는 데 훨씬 오래 걸렸을 것이라는 주장은 꽤 설득력 있다.

프랑스는 심지어 사회주의자와 공산주의자가 연정에 참여할 때조차 반식민주의적 사고방식에 조금도 다가가지 못했다. 물론 프랑스의 모든 정치 정당이 친親제국주의적이었다는 주장은 과장된 측면이 있지만, 식민지 해방이 모든 정치 정당의 목표가 아닌 것은 분명했다. 몇 가지 이유에서 프랑스 제국에는 개혁이 필요했다. 우선 민족주의 운동을 진정해야 했다. 그리고 프랑스의 힘이 약했다. 마지막으로 미국의 반식민주의 여론을 무시할 수 없었다.[67]

프랑스 공산당은 애국적 정당으로 신임을 얻기 위해 반식민주의를 누그러뜨렸다. 1944년 1월 공산당은 프랑스가 본국과 해외 영토를 거느린 "하나이자 나눌 수 없는" 공화국이라고 선언했다.[68] 프랑스 공산주의자들은 권력을 잃었거나 사회주의자들과 껄끄러울 때 반식민주의를 꺼내들었다. 1936년 이전과 1939~1941년, 1947년 이후가 그런 시기다. 인터내셔널 프랑스지부 소속 사회주의자들은 베트남이 국제주의와 세계연방제라는 새로운 원칙을 위반했다는 이유로 베트남 민족주의에 대한 자신들의 적대감을 정당화했다. 인터내셔널 프랑스지부는 이처럼 국제주의와 세계연방제라는 원칙에 입각해 1944년 전당대회에서 (프랑스 민족주의가 아니라) 베트남 민족주의를 "베트남 국민을 후진적 봉건주의에 시달리게 놔두거나 외국 열강에게 돈을 받고 고용된 선동가들의 수중에 맡겨두는" 이데올로기로 낙인찍었고,[69] 1947년 전당대회에서는 반동적인 태도라고 비난했다.[70]

제국을 유지함으로써 자국의 국제적 역할을 재천명하고자 하는 열망은 영국보다 프랑스가 훨씬 강했다. 적어도 영국은 미국과 특별한 관계라는 자기기만에 빠질 수 있었다. 그러나 프랑스는 사회주의자는 물론이고 드골 지지자들도 영국과 같은 이점을 바랄 수 있는 형편이 아니었다. 게다가 프랑스는 영국과 미국이 정말로 우호조약을 맺을까 봐 노심초사했다.[71] 프랑스에서 반미주의는 사회주의자나 공산주의 좌파의 특권이 아니었다. 프랑스에서 가장 권위 있는 신문 「르몽드Le Monde」는 창간호부터 철저하게 중립적인 태도를 취했다.[72] 프랑스는 전쟁 이전의 제국주의 상태로 돌아갈 수 없을 것 같은 불길한 예감에도 최대한 오랫동안, 필요하다면 무력을 써서라도 탈식민지화를 늦추고 싶어 했다. 그들은 탈식민지화가 아예 진행되지 않거나 느릿느릿 진행되기를, 항상 프랑스에 이익이 되는 쪽으로 진행되기를 바랐다.

그러나 결과는 참담했다. 1951년까지 거의 연달아 연정에 참여한 프랑스 사회주의자들은 인도차이나와 지루한 전쟁에 휘말려 막대한 비용을 쏟아 부었으며, 1954년 디엔비엔푸Dien Bien Phu에서 프랑스 군대가 보응우옌잡Vo Nguyên Giap 장군이 이끄는 베트남군에게 궤멸되면서 치욕스러운 패배를 당했다.

네덜란드도 식민주의에서 헤어나지 못했다. 네덜란드의 제국주의적 허세는 프랑스보다 훨씬 터무니없어 보인다. 사회주의 정당이 주도하는 네덜란드 정부는 처음에 미국의 압력 때문에 네덜란드령 동인도제도(현재 인도네시아)를 포기하는 듯 보였다. 미국은 소련에 맞서 서유럽 방어의 책임을 함께 져야 할 네덜란드가 아시아에서 귀중한 시간과 돈을 낭비하는 것이 못마땅했다. 그러던 미국의 불만이 누그러지기 시작했다. 자바Java 섬의 반식민주의 운동이 공산주의자들의 영향을 받는 것 같았기 때문이다. 미국으로서는 네덜란드의 식민정책을 지지하는 게 당연했다. 1948년 아흐메드 수카르노Achmed Sukarno가 이끄는 인도네시아 민족주의자들이 동맹이던 공산주의자들을 무자비하게 진압했을 때 미국은 수카르노와 민족주의자들이 정통성을 확보했다고 판단했다. 이로써 자바 섬 중부의 욕야카르타Yogyakarta에 반공산주의 정권이 무사히 들어섰고, 네덜란드의 제국주의적 허세도 막을 내렸다.[73] R. F. 홀랜드Holland의 주장처럼 미국은 1949년 인도네시아에서 확실히 손을 떼도록 함으로써 네덜란드인에게 호의를 베풀었다. 네덜란드가 유럽에 집중할 수밖에 없는 여건이 조성된 것이다.[74] 네덜란드 노동당의 사회주의자들보다는 연정의 가톨릭 세력과 자유주의 세력이 유럽에 훨씬 집중했다. 네덜란드 노동당은 1948~1958년 수상을 지낸 빌렘 드레이스를 배출했지만, 외무부 장관은 한 명도 배출하지 못했다.[75] 드레이스가 수상으로 재직하는 동안 연방제를 지지한 몇 명을 빼면 노르웨이 노동당에서 외교 문제에 관심을 보인 사람은 아무도 없었다. 네덜란드 노동당은 반공산주의를 분명히 드러냄으로써 자신들이 신뢰할 만한 정당이라는 것을 보여주는 데 만족했다.

제국의 해가 저물고 꽤 많은 시간이 흘렀는데도 영국과 프랑스 좌파는 유럽 통합이라는 쟁점에서 다른 태도를 취했다. 프랑스 사회주의자들은 재빨리 유럽주의라는 이상을 받아들인 반면, 영국은 몇 가지 단서까지 달면서 1990년대 초반에야 유럽에 발을 들였다. 그렇다면 프랑스는 얼마나 '유럽적'이었을까?

어느 정당이나 이념의 무기고가 있고, 그 안에는 다양한 이상이 있어서 필요할 때마다 꺼내 보여줄 수 있다. 어떤 이상이 지도자나 행동가의 진심에서 나왔다 해도 실질적인 이득이 크지 않은 이상이라면 실현되기를 기대하는 사람이나 충분히 검토하는 사람이 없다. 하지만 때로는 그런 이상이 별다른 관심을 불러일으키지 못하던 정책에 이념적 토대를 제공하면서 새로운 열정을 불러일으키기도 한다. 프랑스 사회주의에서는 유럽주의에 관한 이상이 그런 경우다. 유럽주의에 관한 이상에 앞서 세계연방주의라는 이상도 있었다. 1920~1930년대에 레옹 블룸과 몇몇 사람들이 세계연방주의를 꿈꿨다. 세계연방주의는 2차 세계대전 기간 중에 발표된 블룸의 유명한 저서 『인간적 차원에서』에 다시 등장했다. 세계정부라는 전망이 힘을 잃으면서 유럽에서 보는 세계가 더 중요해졌다. 1943년 말 인터내셔널 프랑스지부는 독일을 세계 안보 체제의 구성원으로 받아들이면서 유럽 통합에 더 적극적인 자세를 보였다. 그러나 드골은 독일을 받아들인다는 생각에 단호히 반대했다. 프랑스 공산주의자들은 이 문제에 관한 한 드골과 같은 생각이었다. 1944년 4월 25일 공산당 중앙위원회 회의에서 드골의 호언장담을 등에 업은 프랑스 공산주의자들은 "유럽 합중국은 국가 주권을 포기한다는 의미다. 프랑스의 독립과 그 위엄의 복원, 우리의 모든 영웅들의 신성한 맹세가 프랑스의 미래 외교정책에서 핵심 원칙이 되어야 한다"고 선언했다.[76]

인터내셔널 프랑스지부는 민족국가라는 한계를 극복하기 위해서가 아니라 프랑스 국가정책의 연장선상에서 유럽 통합 문제에 접근했다. 1차 세계대전 이후 프랑스 외교정책의 목표는 독일을 고립시키는 것이었다. 1945년에도 그 목표는 변함이 없었다. 그러나 독일이 둘로 갈라지고 냉전이 시작되면서 독일 산업의 힘을 무너뜨리고, 자를란트 주를 경제적으로 합병하여 독일 철강 산업을 지배하려던 프랑스의 계획은 불가능해졌다. 소련을 견제하기 위해서는 강력한 독일이 필요했기 때문이다. 인터내셔널 프랑스지부를 포함하여 친親서방을 표방하는 정당이라면 독일을 따돌릴 수 없었다. 이 단계에서 유럽주의자들의 해묵은 이상이 부활하여 새롭게 조명 받기 시작했다. 프랑스는 "독일 문제에서 헤어나지 못하고, 영국에 종속되고, 미국 앞에서 아무런 힘도 쓸 수 없는 상황을 벗어나고자" 유럽으로 관심을 돌렸다.[77]

프랑스는 이런 제약을 감안해 정치적·군사적 이유에서 프랑스의 통치권 일부를 포기하는 데 합의했다. 이제 프랑스의 주요 목표는 독일과 그 이웃 국가들이 최대한 서로 의존하게 만드는 것이었다.[78] 프랑스의 경제정책과 외교정책은 잘 어울렸다. 모네의 현대화 계획과 국제경제 관계는 동떨어지지 않았다. 오히려 모네의 현대화 계획은 "프랑스 재건과 현대화를 실현할 수 있는 유럽 경제의 틀을 마련하는 것"을 주요 목표로 삼았다.[79] 모네플랜Monnet Plan은 프랑스 재건과 독일 재건을 하나로 묶어서 봤다. 앨런 밀워드가 예리하게 지적했듯이 "쉬망플랜은 모네플랜을 구원하기 위해 탄생했다".[80] 어쩌면 당연한 얘기인지도 모른다. 따지고 보면 쉬망플랜을 처음 제안한 사람이 장 모네기 때문이다. 프랑스 재건의 열쇠는 독일 루르 지방의 석탄과 코크스가 쥐고 있었다. 루르 지방의 석탄과 코크스를 손에 넣기 위해서는 두 가지 방법을 생각할 수 있었다. 하나는 극단적인 반독일 정책으로 독일 기업가들에게서 석탄과 코크스를 빼앗는 방법이고, 다른 하나는 유럽 경제의 상호 의존을 위해 독일 경제를 부흥하는 방법이다. 이중에서 두 번째 방법, 즉 프랑스와 독일의 철강·석탄 산업을 통합하는 방안이 승리했다. 프랑스-독일 연합, 다시 말해 EC(유럽공동체)의 밑바탕에는 이처럼 독일이 파괴되어서는 안 된다는 프랑스의 인식이 깔려 있었다.[81] 프랑스와 독일의 우호조약은 제4공화국을 거쳐 제5화국이 끝날 때까지 프랑스 외교정책의 중심축 역할을 했다. 유럽의 통합과 상호 의존은 애초에 민족국가의 필요와 국익이라는 전통적 사고방식에서 비롯되었지, 사회주의자들의 국제주의라는 이상에서 비롯된 것이 아니다.

영국은 당황스러웠다. 프랑스가 쉬망플랜을 어떻게 생각하는지 한마디 상의도 없이 기정사실로 통보했기 때문이다. 프랑스가 영국을 배제한 것은 영국의 파운드화 평가절하 때문에 우울한 시기를 겪은 것에 대한 보복의 의미였다. 한편으로는 영국이 쉬망플랜을 지연하고 방해할 것이라는 모네의 우려도 있었다. 모네의 우려는 기우가 아니었다. 영국은 석탄과 철강 통합으로 당장 얻을 수 있는 가시적인 국익이 없었다. 돌이켜보면 처음부터 영국을 EC 건설에 끌어들이는 게 옳았을지도 모른다. 하지만 당시에는 그런 통찰력을 갖춘 사람이 거의 없었다. 프랑스와 독일은 쉬망플랜을 통해 얻을 수 있는 이익이 처음부터 눈에 보였다. 즉 프랑스는 독일의 재건이 두려웠고, 독일은 경제 회복을 위해 국제사회가 자신들을 받아들일 수 있는 환경을 조성하고 싶었다. 한 가지 눈에 띄는 사실은 독일 사회민주당이 쉬망플랜을 거부했다는 점이다. 사회민주당은 독일이 재통일되지 않은 상태에서 쉬망플랜이 실시되면 분단이 고착화될 것이라고 생각했다.[82]

영국 노동당은 전반적으로 쉬망플랜에 냉담한 반응을 보였지만, 유럽 단일화라는 발상 자체를 거부하지는 않았다. 영국 노동당이 보기에 '유럽 대륙 안에 없다'는 이유로 유럽 통합을 위한 움직임의 일부가 될 수 없는 영국을 배제한다면 유럽 단일화도 나쁜 생각은 아닌 듯했다. 그런 태도는 *The Labour Party and European Unity*(노동당과 유럽 단일화)라는 노동당 소책자에 분명히 드러난다. 당시 국제부 책임자 데니스 힐리Denis Healey가 작성한 소책자에는 초국가주의와 석탄·철강 공동체를 지향하는 내용이 담겨 있었다.[83] 실제로 1950년 노동당 전국 집행위원회와 연례 총회는 쉬망플랜을 지지했다. 단 유럽 단일화가 '사회주의적인 방향'으로 수정되어야 한다는 조건을 붙였다. 사회주의적인 방향이란 쉽게 말해 철강 산업 국유화와 완전고용이다.[84] 하지만 구체적인 수정 방향에 대한 지침이 없었기 때문에, 다른 사안과 마찬가지로 노동당 지도부가 진지한 의도로 그런 조건을 달았다고 생각하는 사람은 별로 없었다.

노동당과 별개로 노동당 정부가 유럽 통합을 거부한 것은 어찌 보면 당연하다. 유럽 통합을 거부해도 대영제국과 영연방에 대한 책임을 이행해야 하는 그들로서는 손해될 것이 하나도 없었기 때문이다.[85] 미국의 정책과 영국 노동당의 정책은 모순 덩어리였다. 미국은 서유럽이 번성하고 안정된 다음에 하나로 통합되어 공산주의에 맞설 수 있기를 원했다. 영국은 미국과 특별한 동반자 관계를 원했지만, 유럽 통합은 거부했다. 유럽 통합을 받아들이려면 대영제국을 포기해야 하는 것은 불 보듯 뻔했다. 그러나 미국은 영국이 방어 체제와 제국주의를 포기하지 않기를 바랐다. "그것은 다른 지역에서 심각한 공백 상태를 불러온다는 의미다. 무엇보다 가장 난처해지는 것은 미국이고, 이 문제로 미국은 골머리를 앓을 것이다. 진공 상태가 된 몇몇 지역은 우리가 채워야 할지도 모른다. 그러자면 영국을 원조하기 위해 지금보다 수십 배나 많은 비용을 써야 하는 상황이 올 수도 있다."[86]

노동당이 유럽 통합에 반대하는 이유 가운데 '사회주의적'인 이유는 하나였다. 베빈의 개인 보좌관 어니스트 데이비스Ernest Davies가 작성한 보고서에서 그 이유가 간명하게 설명된다.

복지국가와 생산성을 극대화하기 위한 계획경제 유지, 완전고용, 국민소득의 공정한 분배는 노동당 경제정책의 주요 목표다. 이 목표를 달성하기 위해서는 경제계획을 위한 완전한 자유, 공급이 부족한 상품의 생산과 투자와 가격과 분배를 통제하기 위한 권한이 보장되어야 한다. 달리 말하면 사회주의적 민주주의를 유지하기 위해서는 자급자족 경제가 불가피하다.[87]

영국 노동당의 대유럽 외교정책을 떠받치는 토대는 두 가지였다. 하나는 영국이 사회주의로 가는 길에서 멀찌감치 앞서 있다는 믿음이고, 다른 하나는 연방주의적 성격이 있는 초국가적 제약은 사회주의 발전에 걸림돌이라는 생각이다. 노동당은 30년이 훨씬 지나고, 선거에서 여러 차례 쓴잔을 마신 뒤에야 어리석은 믿음에서 깨어날 수 있었다. 그러나 영국만 그런 것은 아니다. 서유럽 나머지 나라에서도 뚜렷한 사회주의적 외교정책은 등장하지 않았다. 유럽이 '제3의 길'을 걸을 가능성, 다시 말해 소련에 확고하게 반대하면서 미국에 종속되는 것도 거부할 가능성은 일부 비주류 진영에 해당하는 이야기였다. 게다가 제3의 길은 "빨간색으로 하얀색을 겁주는 분홍색을 위해 서구의 작은 회색 집에서 내놓은 정책"이라는 조롱을 듣기 일쑤였다.[88]

one

hundred
years of
socialism

3부

수정주의를 향하여
(1950~1960년)

8장

자본주의의 황금기

1945년 유럽의 자본주의는 일대 위기를 맞이한 듯했다. 동유럽과 중유럽에서는 소련군에 의해 자본주의가 쫓겨났다. 그중에는 독일의 4분의 1에 해당하는 지역도 포함됐다. 서유럽에서도 자본주의는 덜 고통스럽기는 했지만, 동유럽이나 중유럽과 마찬가지로 사회주의 정당들의 손에 죽음을 맞이할 날을 앞둔 것처럼 보였다. 그러나 1949년쯤 되었을 때 서구의 자본주의는 거의 완벽하게 회복된 상태였다. 이때까지도 독일과 이탈리아를 제외하고 민주주의를 채택한 모든 서유럽 국가에서는 독자적이든 연합을 통해서든 여전히 사회주의 정당이 정권을 쥐고 있었다. 1960년이 되었을 때 사회주의 정당이 정권을 유지하는 나라는 노르웨이와 스웨덴뿐이었고, 오스트리아 사회주의자들은 국민당 내 기독교 민주주의자들과 연합해 집권당의 자리를 지켰다.

1950년대를 통틀어 유럽의 민주국가에서 사회주의 정당이 정부에 미친 정치적 영향력을 재구성해보면 대략 다음과 같이 정리할 수 있다.

주요 4개국인 프랑스, 독일, 이탈리아, 영국에서는 좌파가 전혀 힘을 쓰지 못했다. 영국 노동당은 1951년, 1955년, 1959년 선거에서 패했다. 독일 사회민주당도 1953년과 1957년 같은 운명을 겪었다. 이탈리아 사회당은 1950년대 내내 야당에서 벗어나지 못했고, 프랑스와 이탈리아 공산주의자들도 야당 신세에 머물렀다. 예외적으로 인터내셔널 프랑스지부가 1950년 7월부터 이듬해 7월까지 한 차례, 1956년부터 1958년까지 또 한 차례 연정에 참여했을 뿐이다.

스칸디나비아삼국에서는 여전히 사회민주주의가 득세했다. 노르웨이 노동당은 의회에서 과반 의석을 차지하며 집권했다. 스웨덴 사회민주당은 1951~1957년 농민당의 지지를 받았고, 이후에는 농민당의 도움 없이 집권할 수 있었다. 덴마크 사회민주주의자들은 중도파 자유주의 정당들의 표에 의존하면서도 선거에서 잇달아 승리해 정부 여당의 지위를 이어갔다.

나머지 작은 나라에서는 좌파가 지배적인 세력은 아니지만, 정권에서 철저히 배제되는 일도 거의 없었다. 앞에서 살펴봤듯이 오스트리아 사회당은 국민당과 연정에 묶여 있었다. 네덜란드와 벨기에, 핀란드 사회주의자들은 1950년대에 대부분 연정에 참여했으나, 1960년에 접어들면서 야당으로 전락했다.

공산당은 유럽 전역에서 참담한 성적표를 받았다. 이탈리아와 프랑스, 핀란드만 예외였다. 세 나라에서 공산당은 상당한 지지 세력을 확보했다. 이탈리아와 핀란드 공산당은 선거에서 미미하지만 득표율이 올랐다. 이탈리아 공산당은 1953년 22.6퍼센트에서 1958

년 22.7퍼센트로, 핀란드 공산당은 1951년 21.6퍼센트에서 1958년 23.3퍼센트로 올랐다. 그러나 프랑스 공산당은 1951년 25.9퍼센트에서 1958년 19.2퍼센트로 뚝 떨어졌다. 전체적인 상황을 고려할 때 이 정도면 상당히 선전한 셈이다. 1950년대는 서유럽 공산주의 좌파에게 매우 힘든 시기였다. 독일민주공화국(동독)과 폴란드에서 노동자들의 시위가 탄압을 받았고, 소련이 헝가리를 침공했으며, 소련 공산당 20차 당대회에서는 스탈린이 맹공격을 받았다. 이런 사건들은 세계적으로 공산주의의 명성에 심각한 타격을 줬다. 공산주의 정당은 이렇게 자초한 어려움 외에도 대다수 국가에서 차별과 탄압에 시달렸다. 1956년에는 독일 공산당이 불법화되었다. 프랑스에서는 시위가 금지되는 일이 허다했고, 1952년에는 프랑스 공산당 부대표 자크 뒤클로가 조작된 혐의로 체포되어 두 달 동안 징역을 살았다.[1] 1951년 프랑스 선거제도가 바뀌었는데, 공산당과 드골이 이끄는 야당을 차별하기 위한 의도가 다분했다. 새로운 선거법을 옹호하는 사람들은 '부끄러워서 얼굴을 들지 못하는 극소수'뿐이었다.[2] 그 결과 1951년 선거에서 프랑스 공산당은 25퍼센트가 넘는 득표율을 올리고도 97명이 국회에 다시 입성하는 데 그쳤다. 반면 사회주의자들은 겨우 14.5퍼센트로도 94명이 국회의원이 되었고, 인민공화운동당 역시 프랑스 공산당의 절반에 못 미치는 득표율로 82명이 국회의원이 되었다. 주 선거에서는 공산당 의원의 당선 비율이 훨씬 더 나빴다.[3] 이탈리아에서도 공산주의자들에게 불리하도록 선거법을 개정하려는 시도가 있었지만 실패로 돌아갔다. 그러나 공산주의 행동가들은 공장에서 해고당하거나 가장 힘든 업종으로 전출됐으며, 거리에서 공산주의 신문을 팔았다는 이유로 체

표 8.1 1950~1960년 사회민주주의 정당, 사회주의 정당, 노동당의 득표율

단위 : %

	1950	1951	1952	1953	1954	1955	1956	1957	1958	1959	1960
오스트리아	-	-	-	42.1	-	-	43.0	-	-	44.8	-
벨기에	35.5	-	-	-	38.7	-	-	-	37.1	-	-
덴마크	39.6	-	-	40.4ᵃ	-	-	-	39.4	-	-	42.1
				41.3							
핀란드	-	26.5	-	-	26.2	-	-	-	23.2	-	-
프랑스	-	14.5	-	-	-	-	14.9	-	22.8	-	-
네덜란드	-	-	29.0	-	-	-	32.7	-	-	30.4	-
이탈리아	-	-	-	12.7	-	-	-	-	14.3	-	-
노르웨이	-	-	-	46.7	-	-	-	48.3	-	-	-
스웨덴	-	-	46.0	-	-	-	44.6	-	46.2	-	47.8
영국	46.1	48.8	-	-	-	46.4	-	-	-	43.9	-
서독	-	-	-	28.8	-	-	-	31.8	-	-	-

주 a 덴마크에서는 1953년 두 차례 선거가 있었다.

포되어 재판을 받았다.[4] 일련의 사건들로 서유럽 공산주의자들은 '부르주아' 민주주의를 삐뚤어진 시각으로 봤다.

사회주의 정당으로 눈길을 돌려보자. (정부에 참여한 비중을 기준으로 볼 때) 사회주의 세력의 정치적 권력은 눈에 띄게 줄었다. 그러나 이것이 반드시 유권자들의 심판 때문이라고 보기는 힘들다. 표 8.1에 나타나듯이 주요 좌파 정당에 대한 지지도는 매우 안정적이었다.

좌파 정당이 권력을 잃은 근본적인 원인은 다른 정당들과 연합하지 못하거나 연합을 꺼렸기 때문이다. 벨기에와 네덜란드, 핀란드, 프랑스의 사회주의자들이 1950년대 말에 야당으로 추락한 것은 선거에서 지지도가 하락한 것과 거의 무관했다. 반면 영국 노동당이 집권 정당에서 물러난 것은 선거 때문이라고 할 수 있다. 득

표율로 보면 영국 노동당이 1951년 선거에서 '이겼지만', 불리한 표 분배 방식 때문에 하원에서 과반 의석에 이르지 못했다. 독일은 사회민주당이 선거에서 형편없는 결과를 낸 것은 맞지만, 더 큰 문제는 다른 정당들이 사회민주당을 연정 파트너로서 적임자라고 여기지 않았다는 데 있다.

시대정신이 좌파에서 멀어지는 것 같았다. 전후 재건 사업을 제대로 추진하려면 국가의 강력한 개입이 필요하다는 좌파의 주장보다 친親시장적 관점이 폭넓은 지지를 얻었다.

부분적으로는 냉전 이데올로기 때문에 이런 변화가 일어난 측면도 있다. 그러나 1950년대에 친자본주의 사상이 부활하는 데 구체적이고 확실한 토대가 된 것은 자본주의 자체의 놀랄 만한 성공이다. 선진국의 경제성장이 역대 가장 높은 수치를 기록하며 자본주의의 '황금기'가 도래한 듯 보였다. 양차 세계대전 사이에 자본주의가 거둔 참담한 성적은 많은 사람의 기억에서 희미해졌다. 자본주의는 성장과 고용, 구매력의 상승을 가져다줄 것으로 기대되었다. 앵거스 매디슨Angus Maddison의 설명에 따르면 1950~1973년 연평균 성장률은 그보다 앞선 시기(1820~1870년, 1870~1913년, 1913~1950년)와 그 이후 시기(1973~1979년)보다 두 배 이상 높았다.[5] 이렇게 엄청난 성장률을 기록한 까닭은 무엇일까? 우선 행운이 따랐다. 더불어 매디슨의 설명처럼 국제 무대에서 자유무역이 활발해졌고, 각국 정부가 앞장서서 내수를 촉진하고 인플레이션을 억제했다. 그동안 축적된 성장 가능성 덕분에 경제 선진국에서는 수준 높은 수요를 즉각 충족할 수 있었다.[6]

미국에 의해 자유무역이 적극적으로 추진되었다. 자유무역이 활발해진 덕분에 패전국 독일과 이탈리아, 일본에서는 수출 주도형 성장이 탄력을 받았다. 자유무역은 미국의 대유럽 투자 증가와 기술이전도 촉진했다. 당시 미국은 1인당 생산성이 세계 최고였다.

결정적으로 한 국가 안에서 그리고 국가 간에 노동력의 이동이 자유로웠다.[7] 노동력 이동으로 노동력의 유연성이 크게 강화됐다. 특정 지역에 거주하면서 교육과 복지 정책의 혜택을 받은 노동자들이 자신의 기대치를 높이고 싶으면 더 높은 생산성과 더 많은 급여를 제공하는 일자리로 옮길 수 있었다. 그들이 떠난 빈자리는 임금이나 노동조건이 훨씬 열악한 곳에서 온 노동력으로 채웠다. 풍부한 이주 노동 인력은 객관적으로 인플레이션을 억제하는 효과가 있었다. 즉 이주 노동 인력 덕분에 제조업뿐만 아니라 운송과 주택 공급 같은 '기반 시설' 분야에서도 평균임금 인상이 억제됐다. 이주 노동 인력이 풍부하지 않았다면 (사회적·개인적) 총비용이 훨씬 많이 들었을 것이다. 이주 노동 인력은 '완전고용'(특정 장소에 거주하는 노동력의 완전고용) 정책을 추진할 수 있는 길을 열어줬다.

거추장스러운 가족이 딸리지 않은 젊은 남성들이 새로운 노동자 대다수를 차지했다. 한곳에 거주하는 종전 노동자들과 비교할 때 새로운 노동자는 최소한의 복지 서비스만 요구했다. 그들은 젊기 때문에 연금을 요구하지 않았다. 장애나 만성질환이 없으므로 의료 보험을 요구하지도 않았다. 특별한 보살핌이나 학교교육이 필요할 만큼 어린 나이도 아니었다. 이주 노동 첫 세대인 그들은 그동안 국가에서 받은 것 이상으로 국가 경제에 기여했다.

과거 자본주의의 '황금기'에 그랬듯이, 1950년대 말과 1960년대의 경제성장은 상당 부분 농촌 노동자들이 도시의 노동계급으로 변신한 결과다.[8] 주로 남유럽과 북아프리카처럼 과거 식민지에서 온 '새로운' 노동력은 자본주의적 관점으로 볼 때 더할 나위 없이 이 상적이었다. 그들은 값싼 노동력이고, 그들이 요구하는 복지는 보 잘것없는 수준이었다. 그들은 좋은 집을 요구하지 않았고, 정치적 권리도 미약했다. 물론 나중에는 그들의 존재가 심각한 사회적 긴 장 상태를 초래했고, 그들은 사회적 긴장 상태에 거의 책임을 지 지 않았다. 그렇다고 해서 그들이 자본주의의 성공과 안정화에 기 여한 점을 제대로 평가하지 않는 것은 옳지 않다. 끝으로 1950년대 에 국제적인 이주 노동 인력의 주공급원이 뒷날 제3세계로 불리는 지역이 아니라 영국이라는 점에 주목해야 한다. 영국은 220만 명 을 '수출'했고, 독일은 150만 명, 이탈리아는 130만 명을 수출했다. 1950년대에 500만 명이 유럽을 떠나 미국과 오스트레일리아, 아르 헨티나, 브라질로 향했다.[9] 노동력 부족에 시달리는 나라가 노동 력이 남아도는 다른 나라에서 노동력을 공급받았다는 얘기다. 노 동력 수출과 수입으로 가장 큰 혜택을 본 나라는 독일이다. 서독 이 최대의 노동력 수입 국가였고, 스웨덴이 그 뒤를 이었다. 동독 을 비롯해 과거 독일어를 사용한 폴란드와 체코슬로바키아에서 고 도의 기술력을 갖춘 경제적 · 정치적 난민이 줄기차게 서독으로 밀 려들었다. 1950년 서독에는 이른바 난민(고국에서 추방된 자)이 800 만 명에 달했다. 그중 200만 명은 유럽 중부의 슐레지엔Schlesien 지 방에서 온 사람들이고, 140만 명은 동프로이센, 100만 명은 포메 라니아Pomerania와 브란덴부르크Brandenburg, 200만 명은 수데텐란트 Sudetenland 지방에서 왔으며, 150만 명은 유럽의 다른 지역에서 온 사람들이다. 이들 말고도 동독에서 온 난민 260만 명이 있었다.[10]

이런 노동력 유입이 없었다면 독일의 평균임금은 훨씬 높은 수준을 유지했을 것이다.

다른 나라는 외국인 노동자의 규모는 점점 늘어나는 반면, 국내 노동자는 점점 줄어들었다. 이와 같은 현상이 벌어진 까닭은 대학 이나 대학원에 진학하는 젊은이들이 많아지면서 그들이 노동 현장 으로 들어오는 시기가 늦춰진데다, 연금 액수가 상당한 편이라 나 이 든 사람들이 65세쯤 되면 일을 그만두는 경우가 많았기 때문이 다. 1950년대 중요한 사회적 변화인 시골에서 도시로 대이동은 여 성 노동인구가 줄었음을 의미한다. 제조업에 참여하는 여성보다 농 사에 참여하는 여성의 비율이 높았기 때문이다. 게다가 남성 산업 노동자의 임금이 오르면서 아내가 임금노동을 하지 않아도 살 수 있었다. 복지 정책은 여성의 재정적 의존을 완화하기 위해 고안된 것이 아니라, 남편이 주 소득원의 지위를 유지한다는 전제 아래 만 들어졌다. 유명한 『베버리지보고서』에서 베버리지가 말했듯이 "최 소한 어른 둘과 아이 하나의 생계를 감당하기도 힘들 정도로 임금 을 적게 받는 남자는 극소수에 불과하다". 그리고 "가정이라는 울 타리 너머에 돈벌이가 되는 일자리가 있어도 이를 대하는 주부의 태도는 독신 여성의 태도와 같지 않고, 같아서도 안 된다". 기혼 여 성에게는 "다른 의무들"이 있기 때문이다.[11] 마음만 먹었으면 외국 인 노동자를 받아들이는 비용으로 여성 노동력을 산업 현장으로 끌 어들이기 위한 공공 정책을 얼마든지 마련할 수 있었을 것이다. 그 렇게 하지 않은 것은 여성의 노동력을 활용할 방안을 내놓으라는 압력이 별로 없었기 때문이다. 그 결과 산업 노동인구에서 토박이 남성들이 계속해서 압도적으로 많았고, 1900년대 초반 사회주의 이데올로기가 토박이 남성들에게 요구한 핵심 역할이 유지되었다. 물론 복지 정책, 그중에서도 주택 공급이 의욕적으로 추진되었으며, 그런 정책은 단순히 남성 노동계급에 국한되지 않고 전인구를 대상으로 했다. 하지만 남자가 돈을 벌고 여자가 가정을 돌보는 식으로 역할이 분담된 전통적인 가족이 기본적으로 복지 서비스가 겨냥한 사회 단위다. 베버리지도 이 점을 분명하게 못 박았다.

> 어떤 사회정책을 실시하든 반드시 고려해야 할 사실이 있다. 대다수 기혼 여성은 직업이 있다고 간주해야 한다는 것이다. 임금을 받지 않지만 가사 노동은 중요하다. 주부들이 가사 노동을 하지 않으면 남편은 임금노동을 할 수 없고, 남편이 임금노동을 하지 못하면 그 나라는 유지될 수 없다.[12]

가족은 소비경제의 근간이기도 했다. 1950년대 경제성장기의 '수요' 측면인 소비경제의 근간은 살림살이와 자가용이었다. 복지사회주의를 지지하는 사람들과 소비자본주의를 지지하는 사람들이 사회복지 정책이나 시장을 발전시키려면 가족을 핵심 단위로 삼아야 한다고 생각하는 것 같았다. 복지사회주의와 소비자본주의의 관심사가 일치하는 부분은 이뿐만 아니다. 복지사회에서든 소비사회에서든 노동자들은 평균임금의 상승을 꾸준히 요구했다(평균임금은 1950~1960년대를 거치면서 꾸준히 상승했다. 표 8.2 참조).

이처럼 눈부신 성장은 복지사회가 발전할 수 있도록 완벽한 재정적 기반을 제공한 동시에 소비사회를 위한 현실적 토대도 마련해주었다. 자본주의가 정당성을 확보한 원인은 경제성장 그 자체가 아

표 8.2 1953~1970년 노동자 1인당 실질임금

	1953년	1960년	1970년
벨기에	53.5	64.3	100
프랑스	55.5	61.9	100
네덜란드	40.2	54.9	100
이탈리아	37.5	52.5	100
일본	38.2	50.9	100
영국	61.1	75.3	100
미국	69.0	81.0	100
서독	41.8	55.8	100

출처 Herman Van der Wee, *Prosperity and Upheaval. The World Economy 1945~1980*, Penguin, Harmondsworth, 1987, p. 237; 최초 출처 : COMET-데이터뱅크.

니라 성장의 결과다. 즉 경제성장의 결과 민간의 대량 소비가 가능해진 것이다. 서유럽 대다수 국가는 경제성장을 통해 일체감을 갖기 전에 저마다 다른 경제적 경험을 하는 중이었다. 영국 경제는 눈에 띄게 성장하지 않았고, 독일은 인플레이션을 훌륭하게 억제하고 있었으며, 반대로 이탈리아는 인플레이션 때문에 애먹는 상황이었다. 1950년대를 통틀어 영국에서는 완전고용이 유지됐지만, 독일은 그렇지 못했고, 이탈리아는 1960년대 초반에야 완전고용을 달성했다. 임금 상승률은 영국에 비해 독일과 이탈리아, 프랑스가 높았지만, 당시 영국의 임금은 세 나라보다 높은 수준에서 출발했다. 비록 경제성장이라는 성적표에서 영국은 줄곧 바닥을 차지했으나, 니콜라스 칼도어Nicholas Kaldor가 지적했듯이 "영국 자체의 역대 기록만 놓고 볼 때는 정상권이었다".[13] 영국, 독일, 이탈리아, 프랑스의 공통점이라면 모두 소비 호황을 누리고 있었다는 것이다.

다양한 중앙집권적 계획을 실시한 동유럽과 중유럽 국가들도 경제성장을 이룩했다. 당시에는 통계학이 냉전 시대의 무기로 활용

되었기 때문에 신뢰하기 힘든 점도 있지만, 서유럽의 통계를 근거로 하더라도 양적 성장이라는 측면에서는 '사회주의 진영'이 대단히 잘했다는 데 의문의 여지가 없다.[14] 1950~1955년 OECD(경제협력개발기구) 회원국들은 매년 평균 4.8퍼센트 경제성장률을 기록했는데, 체코슬로바키아(3.4퍼센트)와 유고슬라비아(4.4퍼센트)를 제외하면 사회주의 국가들의 경제성장률은 이보다 높았다. 뒤이은 5년 동안에도 OECD 회원국은 전체적으로 3.3퍼센트 경제성장률을 기록한 반면, 7.2퍼센트를 기록한 불가리아를 필두로 체코슬로바키아 6.4퍼센트, 동독 5.1퍼센트, 유고슬라비아 7.1퍼센트에 이르기까지 사회주의 국가들은 훨씬 높은 성장률을 기록했다. CIA(미국중앙정보국)가 추정한 바에 따르면 소련 경제는 1950~1955년 5.5퍼센트, 1955~1960년 5.9퍼센트 성장했다.[15] 이런 성장률은 인정받을 만한 경제적 성공임에 틀림없다. 그러나 소련은 소비사회를 창출할 능력이 전혀 없다는 사실이 입증됐기 때문에 정치적인 면에서 믿기 어려울 만큼 실패를 겪고 있었다. 장기적으로 봤을 때 소련은 경제성장 때문에 실패했다. 소련의 경제성장은 잔인하리만큼 양적인 면에 치우쳤다. 일찍이 트로츠키가 『배반당한 혁명The Revolution Betrayed』에서 지적한 대로다. "관료들의 명령으로 만들어진 양식에 따라 거대한 공장을 짓는 것은 가능하다. …그러나 정도가 지나치면 경제는 질質의 문제에 직면한다."[16] 사람들은 철강 생산량을 두 배로 늘리거나 금속 생산량을 세 배로 늘리길 원하지 않는다. 사람들이 원하는 것은 안락한 집과 세탁기이고, 마땅히 그래야 한다. 성장 그 자체를 위한 성장 이데올로기는 암세포와 다름없다.

물론 동유럽과 중유럽의 국가들은 국민에게 무엇을 원하는지 물어보지 않았고, 정부는 선거라는 성가신 절차를 거치지 않고도 '사회주의 건설'을 추진할 수 있었다. 서유럽에서는 생각조차 할 수 없는 일이었다. 한 표가 아쉬운 정당으로서는 서유럽의 상당수 인구가 새로운 소비사회의 혜택을 받는 상황에서 자본주의 자체에 시비걸 엄두를 낼 수 없었다. 실현 가능한 사회주의의 유일한 모델이 그리 매혹적이지 않을 때는 더더욱 엄두를 내지 못했다. 서유럽에서는 자본주의가 복지사회주의를 받아들이고 사회주의는 대량 소비주의를 받아들여야 했다. 모든 대중정당은 산업 노동자뿐만 아니라 전 국민에게 관심을 기울여야 했다. 이런 시대 상황을 배경으로 영국과 스칸디나비아삼국에서는 '사회민주주의적 합의'라는 표현이 나왔고, 사회 이론가들은 '이데올로기의 종언'(대니얼 벨Daniel Bell)이라는 표현을 썼으며, 오토 키르히하이머Otto Kirchheimer가 지적했듯이 노동계급을 대변하던 정당은 '민중 정당people's party'이라는 이름으로 거듭났다.

이 새로운 시대를 지배한 정신은 소비자 중심의 성장이었다. 소비자 중심의 성장은 원래 미국에서 양차 세계대전 사이에 시작되었고, 1950년대가 되어서야 서유럽에 건너왔다. 소련을 겨냥해서 미국을 중심으로 조직된 국제 군사 기구는 정치적 차원에서 이런 시대정신을 보호했다. 소비자 중심의 성장이라는 시대정신은 소비에트 공산주의와 비교가 되지 않을 정도로 막강하고, 전무후무한 영향력을 발휘하는 이데올로기로 자리 잡았다. 소비자 중심의 성장은 다국적이고 입체적인 광고 시스템과 대중문화 산업으로 구성되었으며, 소비자 중심의 성장을 널리 전파하기 위해서는 광고 시스템과 대중문화 산업을 통해 사람들이 갈망하는 소비재(라디오, 나중에는 TV)를 제공해야 했다. 이데올로기는 강요하는 것에서 구매하는 것으로 바뀌었다. 뒤이어 전 세계적으로 소비자 취향이 표준화되면서 다국적기업들은 국제적인 마케팅 전략을 수립할 수 있었다.

보수적 평론가 에드워드 실스Edward Shils는 엘리트 의식을 버리고 대중을 찬미했다. 실스는 1957년에 쓴 글에서 대중이 "태곳적부터 이어져온 얼간이 같은 존재"에서 벗어나 "사회의 정식 구성원이 될 가능성, 어느 정도 문화적 취향을 발휘하면서 인간답게 살 수 있는 가능성"에 도달했다고 주장했다.[17] 반면 많은 좌파 저술가들은 소비사회가 창조성을 억압하고 순응을 부추기는 '매스컴 대중admass'(이 용어는 존 프리스틀리John Boynton Priestley가 만들었다)을 양산한다고 혹평했다. 해나 아렌트Hannah Arendt는 인간이 소비사회라는 사회 메커니즘에서 탈출하는 것은 불가능하다고 봤다.

> 오늘날 경제 전체가 낭비 경제로 변하고 있다. 그 과정 자체가 어느 날 갑자기 비극적으로 대단원의 막을 내리지 않는 한 낭비 경제에서는 어떤 물건이든 순식간에 나타났다가 순식간에 소비되고 폐기 처분될 것이다.[18]

대니얼 벨이 지적했듯이 대중사회mass society라는 용어를 처음 사용한 저술가들, 그중에서도 호세 오르테가 이 가세트José Ortega y Gasset나 카를 야스퍼스Karl Jaspers, 토머스 엘리엇Thomas Stearns Eliot 같은 이들은 문화에 대한 귀족적 혹은 엘리트적 이해의 관점에서 대중사회라는 용어를 사용할 뿐, 문화적 권리를 대중에게 확대하려는 의도는 전혀 없었다.[19] 뒷날 좌파 잡지의 지면에 글을 쓴 '진보적'

지식인은 소비사회의 광고와 대중문화의 방탕함을 강도 높게 비판한 민주주의자들이다. 하지만 그들도 별다른 대안을 제시하지 못했다. 다양한 전위예술을 선보여 호평을 받고 시장에서 성공하는 경우는 종종 있었으나, 체제 전복으로 나가지는 못했다.[20]

유럽에서 소비사회에 대항하는 좌파의 싸움은 사회의 미국화에 맞서 국가의 문화와 주권을 수호하는 양상을 띠었다. 사회주의 이념은 이번에도 현대를 상징하는 것들을 매개로 벌어진 전투에서 민족주의를 방어해야 했다. 예를 들어보자. 유럽 거의 전 지역에서 코카콜라의 확산에 반발했다. 주로 좌파가 지역의 맥주나 와인 업계 이해 당사자들과 동맹을 결성해 이런 반발을 주도했다. 프랑스 공산당 서기장 모리스 토레즈는 "프랑스에서는 다른 곳처럼 문서 몇 장으로 코카콜라가 와인을 이기는 일이 벌어지지 못한다는 것을 보여줘야 한다"고 선언했다.[21] 벨기에와 덴마크, 스위스, 프랑스에서는 코카콜라 판매를 금지하려는 시도가 있었다. 유럽인이 보기에 코카콜라는 미국의 신新식민지 전략을 수행하는 핵심 첨병이었다. 코카콜라는 의도적으로 콜라가 미국적 생활 방식의 일부이며, 세계인의 음료인 것처럼 홍보했다.[22]

소비사회에 대항한 1950년대 좌파의 싸움은 지난날 기계에 저항한 러다이트Luddite운동만큼이나 가망 없는 싸움이었다. 까마득한 옛날부터 힘없는 사람들이 대부분인 사회에서 부자들만 누리던 특권, 즉 계속 늘어가는 상품을 선택하고 구매할 수 있는 능력이 이제는 다수의 능력이 되고, 새로운 권력이 되었다. 고된 노동도 참아낼 수 있었다. 고된 노동은 이제 고통이 길이 아니라 슈퍼마켓과 백화점처럼 황홀한 세계로 가는 영광의 길이었다. 사람들은 진열된 상품을 보면서 이렇게 말할 수 있었다. "이건 내 거야. 이제 그건 내 거야." 소비사회는 언어까지 바꿔놓았다. 예전에는 '주권'이라고 하면 절대적이고 도전받을 수 없는 군주의 권력을 가리켰지만, 이제는 경제학자들이 사적 전유專有라는 개인의 고귀한 권리를 묘사하기 위해 '소비자 주권'이라는 표현을 썼다. 어느 마케팅 교수는 다음과 같이 썼다. "오늘날엔 착취자도 왕이 아니고 악덕 자본가도 왕이 아니다. 오늘날엔 소비자가 왕이다. …소비자는 '달러 투표용지' 덕분에 계속 왕의 자리를 지킬 것이다. 그는 날마다 달러로 된 투표용지를 현금 출납기 속에 던진다. 기업은 선택의 여지가 없다. 소비자가 무엇을 원하는지 알아내서 그것을 제공해야 하며, 심지어 그의 기분까지 맞춰줘야 한다."[23] 좌파 정당은 활짝 열린 정치적 시장에서 권력을 쥔 소비자들의 표를 얻으려면 새로운 '매스컴 대중' 사회를 무시하거나 비난할 수 없었다.

또 좌파 정당은 소비사회 체제의 중심에는 미국의 힘과 권력이 있으며, 적어도 서유럽에서는 강요가 필요 없을 정도로 소비사회가 자발적으로 받아들여지고 있다는 사실을 부인할 수 없었다. 성공한 정치가 다 그렇듯이 소비·복지사회의 정치도 관련된 사람들 가운데 절대다수가 자발적으로 참여했기에 가능했다. 팍스 아메리카나는 궁극적으로 인류 역사상 가장 강력한 군사력이 있었기에 가능했지만, 실제로는 미국적인 생활양식을 토대로 한 이미지 위에 세워졌다. 미국적 생활양식은 국가적·지역적 특성에 맞춰 변신을 거듭했다. 이런 상황에서 사회주의 정당들이 심각한 보수성에 물든 것은 어쩌면 당연한지도 모른다. 얄궂게도 그들은 현재의 상태를 방어해야 하는 처지에 놓이고 말았다. 그들은 서구 자본주의의 성장 모델을 옹호했다. 서구 자본주의가 많은 사람들이 원하는 소비재를 제공해 필연적으로 흑자를 내면 그 돈을 복지국가 건설에 쓸 수 있다고 생각했다. 사회주의 정당들은 범대서양주의적인 국제 질서를 지지함으로써 동유럽의 독재적 사회주의와도 선을 그었다. 사회주의 정당은 국가의 자유 민주적 조직을 지지했다. 국가의 자유 민주적 조직은 사회주의자들이 의회에서 다수파가 되거나 연정에 참여할 수 있는 정치적 환경을 제공했다. 사회주의자들은 노동이 분담된 지배적인 가족 형태를 지지했다. 그런 가족 형태가 현상 유지에 가장 잘 어울린다고 판단했다. 대놓고 그런 가족 형태를 문제 삼는 사회주의는 없었다. 결과적으로 전통적인 사회주의의 많은 맹세, 예컨대 자본주의 종식과 세계 평화, 국가 개혁, 남녀 간의 모든 정치 · 경제적 불평등 철폐는 사실상 버려지거나 계속 뒷전으로 밀리다가 장기적 과제가 되고 말았다. 사회주의자들의 관심은 온통 단기적인 목표에 쏠려 있었다. 그들의 단기적 목표는 모든 남성 노동자의 완전고용과 시장이 감당하지 못하는 복지 서비스를 국가가 제공하는 것이었다.

사회주의자들이 급진주의자들에 맞서 이 같은 보수성을 고수하는 일은 별로 어렵지 않았다. 급진주의자들의 원리주의적이고 비타협적인 태도는 대중의 정서와 괴리가 있어 보였다. 하지만 범대서양주의와 가족, 경제성장, 의회민주주의는 알 수 없는 외부의 힘에 의해 강요된 것이 아니라 전적으로 타당한 가치였다. 사람들은 그런 것들을 원하고 있었다. 실제 유권자든 잠재적 유권자든 그들의 정서를 따라잡고 싶은 사회주의자는 지난날 고수하던 급진주의의 기본적인 특징 몇 가지를 포기해야 했다. 거대 사회주의 정당 안에 남아 있는 극소수 세력이나 정당 밖의 비주류 분파처럼 급진주의를 포기하지 않는 사람들은 그 대가를 치렀다.

사회주의자들은 '현실주의자'가 되었다. 꿈이란 걸 믿지 않는 사람들이 그렇듯이 사회주의 정당들도 뒤이은 30년에 걸쳐 현대성이 강요하는 모든 변화를 충격적으로 받아들여야 할 운명이었다. 즉 자유방임 사회와 대중문화, 1960년대 말에 부활한 노동분쟁, 학생 자치회의 대학 관리, 페미니즘, 흑인의 정치적 자각, 동성애 권리, 제3세계의 곤경, 생태학, 이데올로기의 종말, 유럽 통합, 이데올로기의 부활, 가정의 위기, 동유럽 공산주의의 몰락, 민족 분리주의 운동의 성장이 사회주의자들을 혼란에 빠뜨렸다. 유럽의 사회주의 운동은 참신한 글이나 사상을 하나도 내놓지 못했다. 사회주의자들은 현실에서 살아남기 위해 그때까지 쌓아온 과거를 상당 부분 포기했고, 그들의 미래는 안개 속에 묻혔다.

서유럽 사회주의 이론가와 사상가들한테 뭐 하고 있었느냐고 비난의 화살을 돌리는 것은 옳지 않다. 그들은 찬밥 신세에 가까웠다. 그들은 고립무원의 위치에서 자기 의견을 개진했고, 배척까지는 아니어도 사회주의 정당들에게 무시당할 때가 많았다. 1950년대 서유럽 사회주의 이론가들은 카우츠키나 베른슈타인, 그람시, 오토 바우어 같은 과거의 이론가들처럼 정치적 권한이나 책임이 있는 자리에 있는 사람들이 아니라 서로 상대방이 쓴 책을 읽어주는 학자가 대부분이었다.

미래를 내다볼 줄 아는 혜안이 없기는 우파 정당도 좌파 정당과 마찬가지였다. 그러나 우파 정당은 어차피 미래에 관심이 없었다. 그들은 미래보다 현실을 극복하는 문제에 훨씬 관심이 많았다.

1950년대(혹은 그 이후) 사회주의 정당들이 힘든 세월을 보낸 원인 중 하나가 산업 노동자 계층의 규모가 달라졌기 때문이라고 주장하는 사람들이 있다. 이 부분은 간략하게 짚고 넘어가야겠다. 첫째, 1950년대와 그 이후 노동계급의 규모는 크게 줄지 않았다. 표 8.3에 나타나듯이 벨기에를 제외하면 오히려 제조업 분야에 고용된 노동자 수는 증가했다. 둘째, 노동계급의 규모 변화와 사회주의 정당을 지지하는 투표 경향은 관계가 없다. 셋째, 사회주의 정당이 오로지 노동계급의 표에 의지했다면 결코 선거에서 승리하지 못했을 것이다. 넷째, 1950년대에 노동계급을 대변하는 정당들의 득표율은 전반적으로 크게 떨어지지 않았다. 다섯째, 1950년대만 놓고 볼 때 서유럽의 계층 구성에서 일어난 가장 중요한 변화는 노동 계층이 아니라 소작농 계층에 있었다. 전통적으로 보수당을 떠받치는 토대로 여겨지던 소작농 계층이 눈에 띄게 줄었다. 따라서 계층 구성과 유권자의 부침에 밀접한 연관이 있었다면 유럽 대륙에서 더 큰 피해를 본 것은 좌파보다 우파 정당들이어야 했다. 하지만 우파 정당은 전혀 타격을 받지 않았다. 전통적인 보수정당은 경제가 성장하고, 현대화가 진행되고, 농업이 위축되고, 소비사회가 등장하고, 전통적인 가치관이 퇴조하는 동안에도 서유럽 대다수 국가에서 정권을 장악했다. 어떤 사회 이론가도 보수주의자들에게 이건 이렇게 바꿔야 하고 저건 저렇게 바꿔야 한다고 왈가왈부하지 않았다. 보수주의자들은 이데올로기에 대한 특유의 초연함과 존재에 대한 불안이라고는 전혀 찾아볼 수 없는 실용주의를 바탕으로 지배를 이어갔다.

표 8.3에서 수치로 드러난 것 말고도 커다란 변화가 몇 가지 더

표 8.3 1950년대 서유럽 국가에서 제조업과 농업의 노동력 분포 비율 변화

나라	기간	제조업	농업, 어업, 임업
오스트리아	1951~1961	+13.3	-29.3
벨기에	1947~1961	-3.3	-40.2
덴마크	1950~1960	+11.4[a]	-29.1
핀란드	1950~1960	+16.5	-20.9
프랑스	1946~1962	+15.5	-47.8
네덜란드	1947~1960	+22.8	-40.1
이탈리아	1951~1961	+25.48[a]	-31.5
노르웨이	1950~1960	+0.8	-23.9
스웨덴	1950~1960	+13.6	-29.0
영국	1951~1961	+1.9	-23.5
서독	1950~1961	+37.22	-30.2

주 a는 광산업과 건설업을 포함한다.
출처 B. R. Mitchell, *The Fontana Economic History of Europe, Contemporary Economics*, Vol 2, Collins/Fontana, Glasgow, 1976, pp. 657~664, '통계 부록 1920~1970'.

있었다. 의무교육 연령이 달라졌고, 제조업에서 이직한 취업자가 늘면서 서비스업 분야가 팽창했다. 나중에 제조업은 농촌을 떠난 사람들을 대부분 흡수했다. 그러나 좌파 정당을 지지하는 유권자 수는 거의 제자리였다. 오스트리아와 벨기에, 덴마크, 독일, 네덜란드, 노르웨이의 사회주의 정당들은 득표율이 소폭 상승했고, 스웨덴과 영국의 사회주의 정당은 소폭 하락했다. 공산주의자와 사회주의자가 동맹을 맺은 프랑스와 이탈리아에서는 득표율이 올랐고, 핀란드에서는 떨어졌다. 이런 현상은 좌파에 국한된 것이 아니었다. 많은 사회 변화가 일어났음에도 서유럽 전체 유권자들은 놀라울 만큼 차분했다. 민주주의 국가 11곳만 놓고 보면, 정권이 바뀐 나라는 프랑스(제4공화국에서 제5공화국으로)뿐이었다. 지나고 보니 당시는 중요한 변화가 거의 일어나지 않은 시기였다.

1950년대 서유럽은 불만이 팽배한 시기가 아닌 듯 보였다. 동유럽의 동독(1953년)과 폴란드(1956년), 특히 헝가리에서 일어난 봉기에 버금가는 소요가 서유럽에서는 전혀 발생하지 않았다. 1960년대 말 서유럽의 학생 시위와 노동분쟁도 동유럽에 비하면 얌전하게 펼쳐졌다. 서유럽에서는 기껏해야 1950년대 초반 프랑스와 이탈리아 공산주의자들의 평화운동과 1950년대 말 영국의 핵무기 반대 가두 행진이 전부였다. 평화운동과 가두 행진은 과거 회고적인 프롤레타리아 급진주의의 마지막 몸부림이라기보다 중산층의 사회 저항운동이 탄생하고 있음을 알리는 전주곡이었다. 사회주의자들은 자신들의 정치적 진전을 위해 '민중', 즉 노동 계층이 불만을 표현하기 바랐지만 노동 계층은 차분했다. 노동자들은 현실에 만족하는 것처럼 보였다. 만족까지는 아니어도 살아가는 동안 삶이 물질적으로 나아지리라는 것을 확신하는 듯했다. 물론 '모든 것이 더 나아질 것이다'라는 가정은 원칙적으로 사회주의 신념의 일부다. 하지만 '풍족한 삶'이 아주 가까운 곳에 있으며, 세계가 자본주의의 거물로 가득해도 '풍족한 삶'을 손에 넣을 수 있다고 생각했다면 이야기가 달라진다. 사회주의자는 장기적인 관점에서 낙천주의자일지 몰라도 단기적인 관점에서는 비관주의자일 수밖에 없다. 그런 점에서 1950년대 말 일부 사회주의 정당들이 수정주의로 기운 까닭을 어렵지 않게 짐작할 수 있다. 즉 사회주의자들은 슬그머니 '혼합경제' 혹은 '새로운 자본주의' 혹은 '사회적 시장경제'라는 이름으로 바꿔 불렀지만, 종전의 자본주의 생산 체제가 대중의 욕망을 충족할 수 있는 적절한 수단이라고 확신했다.

현상을 유지하거나 현 상태를 받아들이는 것이 하나의 정치 규범이 되었다. 좌파 정당이 그랬듯이 대다수 서유럽 국가에서 정권을 쥐고 있는 중도정당과 우파 정당은 실행 중인 주요 복지 개혁은 건드리지 않는 대신 독자적인 사회정책을 제시해 사회의 안녕을 강화하는 데 초점을 맞췄다. 모든 중도정당과 우파 정당은 새로운 사회의 여론을 받아들였다.

이탈리아 기독민주당은 남부에서 농지개혁(1949~1950년)을 추진하고, 북부에서 경제개발을 추진했다. 그러나 한편으로는 임금을 억제하고, 가톨릭 노조의 성장을 돕기 위해 좌파 노동조합을 무자비하게 탄압했다.

영국 보수당은 대규모 주택 공급 사업에 착수했고, 완전고용 정책을 추진했으며, 철강 산업 민영화와 민영방송 도입을 제한했다. 민영방송 도입 제한은 영리하고 대중적인 조치로, 당시 좌파 진영은 물론이고 캔터베리Canterbury 대주교와 교회, 대학 당국도 민영방송 도입에 반대했다.[24]

프랑스에서는 안정적으로 과반 의석을 차지한 정당이 없었기 때문에 국가의 과학기술 분야 전문가들이 국가기관을 통해 자신들의 현대화 전략을 추진했고, 그 결과 몇 가지 사회 개혁이 실현됐다. 한편 드골주의자들은 1958년에 작성한 헌법 초안에서 1946년 헌법 전문에 명시된 완전고용 실현 다짐을 재확인했다.[25]

독일에서는 보수적인 기독민주당이 일종의 산업 민주화를 확립하는 법안을 통과시켰다. 당시는 1949년 선거에서 사회민주당이 패배한 뒤 노조가 힘을 잃은 상태였다. 노동자들의 긴밀한 연대를 금지한 과거 독일제국 영토에서 '국외로 추방된 사람들'이 끊임없이 들어오고, 독일 재건 작업도 성공적으로 진행되고 있었다. 따라서 가만히 있어도 유리한 상황에서 굳이 기독민주당이 산업 민주화 법안을 통과시킨 것은 뜻밖의 일로 비칠 수도 있다. 노조는 1945~1947년 몇 가지 눈에 띄는 성과를 얻었다. 종교적·이데올로기적 차이를 좁힌 끝에 단일 노조 운동을 출범한 것이다. 그 결과물이 1947년 빌레펠트Bielefeld에서 설립된 독일 노동조합연맹DGB이다. 또 어느 정도는 영국 점령군이 승인해준 덕분이지만, 석탄과 철강 산업에서 노동자의 경영 참여권을 쟁취했다. 그러나 독일 노조는 임금 전선에서 이렇다 할 소득이 없었다. 독일 노동자의 임금은 GNP(국민총생산)의 47퍼센트로, 상대적으로 낮은 수준이었다. 참고로 영국 노동자가 받는 임금은 GNP의 58퍼센트였다.[26] 독일 노동조합연맹은 그동안 임금 협상을 통해 얻지 못한 것을 산업 민주화 과정에서 보상받으려 했다. 아데나워 총리가 이끄는 기독민주당 정부는 1951~1955년 세 가지 법안을 제정했다. 1951년 제정된 법안이 가장 중요하다. 석탄과 철강 산업에서 노동자의 경영 참여를 보장하는 법안으로, 투표에 참가한 노동자 가운데 90퍼센트 이상이 찬성표를 던졌다. 그때부터 종업원이 1000명 이상인 석탄과 철강 기업은 이사회에 의무적으로 노동자 대표를 참석시켜야 했다. 노동자 대표는 이사회 임원으로 임명될 수 있었고, 경영에 관련된 사안을 결정하는 투표에서 사측과 동등하게 한 표를 행사했다.[27] 이 법안에 혁명적 법안이라는 비판이 제기되었고, 노사 중 어느 쪽에 속하느냐에 따라 지지와 반대가 갈렸다.[28] 분명한 사실은 이 법안 덕분에 오랫동안 사회의 평온과 노사의 사회적 동반자 관계가 흔들림 없이 유지됐다는 점이다. 노사분규에 취약한 나라(영국, 프랑스, 이탈리아)에서는 독일 산업의 성장과 힘이 노사의 동반자 관계에 바탕이 있다고 봤다. 자본주의 체제를 위해서는 마셜플랜 10개보다 '중도적'이고 '합리적'인 노동조합이 가치 있었다. 독일 사회민주당은 노동자의 경영 참여 법안에 거의 관여하지 않았지만, 1951년 법안에 찬성표를 던졌다(자유민주주의자들과 공산당은 반대표를 던졌다). 노동자의 경영 참여가 나머지 산업까지 확대되었다면 이 법안은 더 큰 영향력을 발휘했을 것이다. 하지만 그런 일은 일어날 수 없었다. 절충안으로 1952년 10월에 제정된 경영조직법 Works' Constitution Law은 의사 결정에 참여할 수 있는 권리를 노조 자체가 아니라 노동자 협의회에 부여했기 때문에 노조는 만족할 수 없었다.[29] 당시 독일의 대다수 노조원은 다른 나라와 마찬가지로 산업 민주화와 노조의 권한 확대를 같은 뜻으로 이해했고, 임금 투쟁에 버금가는 사안으로 받아들였다.

대체로 전후 유럽에서는 생산성이 임금보다 빨리 늘면 자본주의 성장이 촉진될 수 있는 여건이 마련되었다. 따라서 정치적인 관점에서 경제성장의 가장 큰 걸림돌은 임금 인상이었다. 유럽 국가 가운데 보수당과 자유당이 정권을 쥔 나라에서는 (나라 안팎에 존재하는) 비고용 노동력에 의지하거나 예산 혹은 통화정책을 써서 임금을 안정시켰다. 일부 국가(프랑스와 이탈리아)에서는 좀더 투쟁성이 강한 몇몇(예컨대 공산주의자들) 노동조합을 제도적으로 탄압해 노조 가입률을 떨어뜨리는 방법으로 임금을 안정시키기도 했다. 그런가 하면 영국은 임금 협상을 분권화함으로써 그 지역의 생산성에 맞게 임금 인상률을 결정하도록 했다.

좌파 정당이 야당일 때는 성장이냐 임금이냐 하는 딜레마에 직면하지 않았다. 원칙에서 크게 벗어나지 않는다면 거의 모든 임금 인상 요구를 지지했기 때문이다. 그러나 집권당이 되면 이야기가 달라졌다. 임금 협상 요구가 있을 때마다 노조와 일정한 합의(소득 규제 정책)에 도달하려고 시도했고, 그 결과 임금 인상률이 생산성을 앞지르지 않도록 억제하거나 실업률을 높이지 않았다.

벨기에나 네덜란드처럼 성장을 위해 수출에 의존한 작은 나라들은 그렇지 않은 나라에 비해 물가 상승률이 외부 원인에 훨씬 더 쉽게 영향을 받았을 것이다. 그들은 국제경쟁력을 유지하기 위해 물가 상승률을 지속적으로 통제할 필요가 있었고, 모든 정당이 이런 제약에서 벗어날 수 없었다. 이런 상황에서 임금 상승 폭을 줄여 물가 상승을 억제하는 소득 규제 정책이 국가의 필수 과제가 되었다. 결국 노동조합과 경영자 협회는 물론이고 정부도 이른바 현대적 협동조합주의에 점점 더 깊이 관여했다.[30]

정부가 임금 결정에 관여하기 위해서는 (충분하지 않지만) 두 가지 조건이 필수적이다. 첫째, 임금 협상이 중앙 조직에서 진행돼야 한다(노조 지도부가 약속을 지킬 능력이 없다면 협상해봐야 의미가 없다). 둘째, '사회적 동반자'인 고용인과 종업원이 기꺼이 협상에 응할 용의가 있어야 한다. 분명한 것은 노조에 더 많은 노동자가 가입할수록 소득 규제 정책이 성공할 가능성이 커졌다는 사실이다. 대체로 노조는 사회주의 정당이 정부에 참여할 때 중앙 조직의 협상 결과를 더 적극적으로 받아들였다.

유럽에서 상대적으로 작은 6개국(오스트리아, 벨기에, 네덜란드, 스웨덴, 노르웨이, 덴마크)은 1950년대에 앞에서 말한 두 가지 조건을 갖추고 있었다. 첫째, 오스트리아와 덴마크, 스웨덴, 노르웨이는 1950년대 내내, 네덜란드는 1958년까지 사회주의 정당 혹은 사회민주당이 (독자적이든 연정을 통해서든) 정권을 잡았다. 벨기에는 1954~1957년 사회주의 계열 정당이 집권했다. 그 결과 다섯 나라에서는 평균보다 높은 비율로 중앙집권적 단체교섭이 진행됐다. 벨기에는 중앙집권적 단체교섭 비율이 6개국 평균에 살짝 못 미쳤지만, 프랑스나 영국, 이탈리아보다는 훨씬 높았다.[31] 둘째, 6개국 모두 상대적으로 높은 조합 가입률을 기록했다.[32]

6개국에서는 물가 상승을 억제하는 일종의 소득 규제 정책이 실시됐다. 벨기에처럼 중앙집권적 노조 운동(종교적·언어적 노선으로 분열되기는 했지만)과 경영자 협회가 합의하여 임금을 결정하는 경우, 정부가 임금 결정 과정에 참여하지 않을 때도 있었다.

오스트리아에서는 1951년 파업 이후 노조의 투쟁성이 사실상 자취를 감췄고, 효율적이고 중앙집권적인 소득 규제 정책이 꾸준히 제 기능을 했다.[33] 오스트리아의 소득 규제 정책은 1957년 정부와 노조, 고용주가 모두 참여하는 임금-물가 공동위원회에서 틀을 갖췄다. 오스트리아의 임금-물가 합의제는 계획경제를 위한 거대한 청사진의 일부로 만들어진 것이 아니라, 물가 상승을 수용 가능한 한계에서 억제하기 위한 땜질식 조치다. 따라서 보상적 성격을 띠는 임금 인상 이후에는 임금 인상 폭을 뛰어넘는 물가 상승이 뒤따랐다. 결국 임금-물가 공동위원회는 사회적 관점에서 노동자들의 승리인지 몰라도 금전적 측면에서 노동자들의 패배였다. 오스트리아 사회당과 노동조합은 인플레이션 억제 정책을 전폭적으로 지지했다. 인플레이션을 억제하려면 임금이 뒤처지는 것은 불가피했다. 그러나 사회당과 노조는 임금이 물가 상승을 따라잡지 못한다는 사실을 인정하느라 쩔쩔매면서도, 그 사실을 지적하는 사람들을

무책임하고 공산당의 선전에 놀아난다며 싸잡아 비난했다.[34] 사회
주의자들은 일단 권력을 잡으면 조금씩이라도 임금을 인상해야 했
다. 하지만 그들은 소기의 목적을 달성해도 공개적으로 우쭐댈 수
없는 제약이 있었다. 그게 보수주의자들과 다른 점이었다.

　네덜란드에서는 1950년대 초반부터 1963년 사이에 다양한 협의
기구를 통해 임금이 결정되었다. 이들 협의 기구는 "유럽에서 가장
포괄적이고 중앙집권적인 임금정책을 내놓았다".[35] 네덜란드 노조
연맹은 정부와 협상을 통해 2차 세계대전 직후 몇 년 동안 생계비
지수 상승에 따른 임금 인상안을 받아들였다. 그러다가 1951년 한
국전쟁 기간에는 교역조건이 악화되면서 실질임금 5퍼센트 감축안
을 받아들였다. 가톨릭, 신교, 사회주의를 가리지 않고 모든 진영
의 노조가 이처럼 가혹한 소득 규제 정책을 수용했다.[36] 그 결과 네
덜란드 경제는 경쟁국인 벨기에보다 빠르게 성장해 두 나라의 격차
가 좁아졌다.[37] 네덜란드 산업이 국제적으로 경쟁력을 강화한 것은
벨기에보다 낮은 임금으로 시작해 저비용 효과를 누린 덕분이다.
네덜란드의 고용주들은 산별 교섭을 통해 이익을 남겼지만, 그렇다
고 노동자들의 패배로 볼 수는 없다. 1950년대 말에 완전고용이 실
현되었기 때문이다. 비록 사회주의 세력이 정부에 참여한 것이 노
조가 임금 인상을 쟁취하는 데 도움이 되지는 않았지만, 사회복지
비는 크게 증가했고, 팽창하는 인구를 수용하기 위해 대규모 주택
공급 계획이 추진되었다.

　노르웨이와 덴마크, 스웨덴에서는 1930년대부터 노사 합의가 존재
했다(3장 참조). 노르웨이는 정부(1950년대 내내 노동당이 주도)가 물가
를 통제할 권한이 있었고, 그 권한은 1953년 정부의 영구적인 권한

이 되었다. 정부가 임금을 강제로 중재할 권한도 있었다.[38] 그러나 가장 중요하고 의미 있는 진전은 줄곧 앞장서서 사회를 개조한 스웨덴에서 있었다. 이 부분은 자세히 들여다볼 필요가 있다.

스웨덴 사회민주당 정부는 2차 세계대전이 끝나자마자 뮈르달위원회의 보고서가 제시한 경기 부양책을 받아들였다. 이 경기 부양책에 의해 국제수지가 악화됐고, 인플레이션이 위험한 추세로 접어들었다. 결국 스웨덴 사회민주당 정부는 인플레이션을 억제하기위해 1949~1950년 임금 동결을 강요했다. 스웨덴 노조연맹은 인플레이션을 억제하고 완전고용을 추진하면서 정부와 자유로운 단체교섭을 진행하는 것은 불가능하다는 점을 인정했다.[39]

스웨덴 노조연맹 소속 회원들은 단순한 소득 규제 정책에 반발하며 대안을 내놓았다. 노조연맹 소속 경제학자 괴스타 렌Gösta Rehn이 루돌프 마이드너Rudolf Meidner의 도움을 받아 「노동조합과 완전고용Trade Unions and Full Employment」이라는 보고서의 초안을 작성한 것이다. 렌–마이드너 모델로 유명한 이 보고서는 1951년 스웨덴 노조연맹총회에 제출되었다.[40] 이 보고서는 자본주의 경제를 사회 민주적으로 경영하는 데 필요한 가장 통합적인 전략 모델을 제시한다는 점에서 중요하다. 더욱 놀라운 것은 이 보고서가 정당이 아니라 노조에서 나왔다는 점이다. 렌–마이드너 모델의 산실인 스웨덴 노동운동은 서유럽 민주주의 체제에서 가장 오랫동안 정부에 참여했다. 이것은 통치 기술을 정부에서 터득한다는 또 다른 증거다. 렌과 마이드너는 수년간 소득 규제 문제와 씨름했고, 성명서도 여러 차례발표했다. 그러나 노조 지도부가 마침내 렌과 마이드너의 제안을 받아들이기로 한 것은 물가 상승 문제를 어떻게든 처리해야 했기 때문이다.[41] 렌-마이드너 모델을 통합적인 전략이라고 본 이유는 (단순히 노동운동의 목표가 아니라) 국가의 1차 목표와 2차 목표를 분명하게 제시했고, 민간 기업과 정부, 노조에 각기 다른 역할을 부여했으며, 이를 통해 각자의 책임(게임의 규칙)을 정했기 때문이다.

1차 목표는 두말할 나위 없이 완전고용이다. 그러나 1차 목표는 2차 목표와 양립할 수 있어야 했다. 2차 목표는 다섯 가지다.

1. 정부의 간섭 없이 단체교섭을 통한 임금 결정
2. 인플레이션 억제
3. 평등과 공정
4. 노조의 영향력 유지
5. 성장과 생산성을 최대한 끌어올리기 위한 합리적인 재원 할당

2번 목표인 인플레이션 억제는 정부의 핵심 기능 가운데 하나로, 예산이라는 수단을 통해 다른 것보다 먼저 추진할 수 있었다.[42] 경기가 과열되면 정부는 수요를 가라앉히기 위해 구매력에 세금을 부과할 수 있었고, 이윤의 정도에 따라 규정되는 '고수익'에도 세금을 부과할 수 있었다. 이제는 많은 이윤을 냈다고 무조건 완전고용을 장담할 수 있는 것도 아니고, 인플레이션에 따른 임금 인상분을 충당하는 데 쏟아 부을 수도 없었다. 이윤에 세금을 부과하면 기업은 임금 인상에 더 신중을 기할 것이고, 특히 '임금 드리프트'(즉 공장별 임금 협상이나 또 다른 비非중앙집권적 형태의 교섭을 통한 임금 상승)가 줄어들 것이라는 계산이 깔려 있었다. 그렇게 함으로써 정부는 1번

과 4번 목표를 달성하고자 했다.

사실상 임금 협상은 고용주와 노조의 특권이라고 해도 지나친 말이 아니었다. "국가는 강제중재나 임금법을 비롯해 어떤 형태로든 협상에 개입하지 않았"다.[43] 이것이 가능했던 이유는 "노조운동은 경제정책을 요구할 권리가 있고, 노조가 요구한 경제정책에 따라 노조는 아무런 방해도 받지 않으면서 노동시장과 사회에서 자신들의 현재 역할을 유지할 수 있기 때문"이다(4번 목표).[44] 노조가 인플레이션에 따른 임금 인상을 요구하지 못하도록 못 박아두기 위해 반드시 임금 협상을 위한 원칙을 채택해야 했다. 그 원칙이란 동일 노동에 대해서는 동일한 임금을 지불한다는 것이다(3번 목표). 동일 노동 동일 임금 원칙은 '연대 임금정책'의 토대를 마련했다.[45] 연대 임금정책의 전반적인 개념은 마르크스가 *Critique*(고타 강령 비판)에서 제시한 공산주의 1단계(노동에 따라 분배받는다)와 일맥상통하는 것처럼 보이지만, 신중함을 기하기 위해 보고서에서는 마르크스의 이름을 언급하지 않았다.

현실에서 렌-마이드너 모델은 어떻게 실행됐을까? 우선 각 업종에서 대규모 직무평가를 실시해 직무를 등급에 따라 나눴다. 그런 다음 고용주와 노조의 협상을 통해 등급별로 '공정한' 임금을 책정하고, 모든 기업이 책정된 임금 기준에서 벗어나지 않겠다는 서약을 했다. 물론 경쟁사보다 효율적으로 경영해서 임금을 더 많이 줄 수 있는 기업은 초과이윤에 대해 보상을 받았다. 단 세금은 더 물어야 했다. 평균보다 비효율적으로 운영되는 기업이 손해를 보면 효율성을 끌어올릴 수 있도록 장려금을 지급했다(5번 목표). 비효율적인 기업은 노동자들이 저임금을 감수해주기만 바라서는 안 된다.

결국 일정한 수의 기업은 도산하거나 정리 해고에 들어간다. 이 단계에서 정부가 개입하여 적극적인 노동시장 정책을 추진한다. 즉 보조금을 제공하고 다시 직업훈련을 실시하고 새로운 집을 마련해 줌으로써 해고당한 노동자들이 새로운 직장을 찾도록 돕는다.[46] 이를 통해 노동시장의 유연성은 물론, 완전고용 유지와 생산성 향상까지 세 마리 토끼를 잡을 수 있다(5번 목표).

이렇게 해서 완전고용은 인플레이션과 전쟁, 생산성, 평등, 노조의 독립과 양립한다는 것이 렌-마이드너 모델이다. 본질만 놓고 보면 렌-마이드너 모델은 '합리적인' 임금구조를 제시했다. 즉 기업의 효율성이나 제품의 수요 때문이 아니라 숙련도의 차이에 따라 임금에 차이가 나는 구조를 만들었기 때문이다. 렌-마이드너 모델은 물가 안정 방안도 제시했다. 정부가 개입해서 예산 조치를 통해 수요를 가라앉히도록 했기 때문이다.[47]

렌-마이드너 모델의 독창성은 그전까지 서로 충돌하거나 별개로 다루던 목표들을 하나의 목표 아래 통합했다는 데 있다. 예컨대 적극적 노동시장 정책은 과거 여러 차례 추천되었고, 연대 임금정책도 1936년 스웨덴 노조연맹에서 논의되었다.

렌-마이드너 모델 보고서는 즉각 시행되지 않았다. 고용주들은 렌-마이드너 모델이 노조에 지나치게 많은 권한을 부여한다며 펄쩍 뛰었고, 기업에 높은 세금을 물릴까 우려했다. 팽창 일로에 있는 산업 분야에서 안정적인 임금을 받으며 일하는 노동자를 대변하는 노조도 자신들의 임금 인상 요구를 제한하는 렌-마이드너 모델에 냉담한 눈길을 던졌다. 스웨덴 사회민주당 정부도 경기 호황의 정점에서 혹시 경제에 찬물을 끼얹는 건 아닐까 하는 노파심에

렌-마이드너 모델을 선뜻 실행에 옮기지 못했다. 결국 1957~1959년 경기 침체기에야 렌-마이드너 모델이 적용되었다. 스웨덴 사회민주당 정부는 적극적 노동시장 정책을 채택했고, 고용주들은 '연대 임금정책'이 임금 억제 정책으로 사용될 수 있다는 점을 감수하기로 했으며, 저임금 노동자를 대변하는 노조들은 산별 임금 교섭을 통해 세력을 키운 다음 임금격차를 줄이는 정책을 받아들이라고 노조연맹을 압박했다. 요나스 폰투손Jonas Pontusson이 지적한 대로 연대 임금정책은 처음부터 정교한 계획 아래 추진된 것이 아니라 그때그때 임시방편으로 전개되었다. 렌-마이드너 모델이 채택된 것은 정책의 명백하고 지적인 장점 때문이 아니라 노조연맹에 소속된 대다수 노조의 필요에 부합한 덕분이다. 또 정부와 고용주들이 받아들일 수 있는 전략을 제시한 덕분이다.[48] 괴스타 렌도 1985년 다음과 같이 말했다.

> 몇 차례 열띤 토론 끝에 마침내 정부는 노조와 노조 이론가들이 인기에 영합하기 위해 인플레이션에 따른 임금 인상 정책의 구실을 찾는 것이 아니라는 사실을 이해했다. 노조와 노조 이론가들은 심리적·정치적으로 인플레이션을 유발하지 않는 임금정책을 노동자가 받아들일 수 있도록 숨통을 틔우는 경제정책, 최적의 실질임금을 위한 조건을 마련해주는 경제정책을 요구하고 있었다.[49]

몇몇 사람들 눈에는 렌-마이드너 모델이 '사회주의를 위한' 정책으로 보였을 수도 있다. 렌-마이드너 모델이, 노조가 정부의 역할을 할 수 있고 경제를 운영할 능력이 있음을 보여줘야 한다고 강조했기 때문이다. 그리하여 렌-마이드너 모델은 노동운동의 패권에 힘을 실어줬다. 노조는 새로운 배역을 맡았다. 말하자면 노조가 생산성의 보증인으로 등장한 것이다. 그 결과는 두말할 필요 없이 긍정적이었다. 성장에서 완전고용, 번영, 낮은 인플레이션까지 모든 목표를 달성했다. 물론 이런 목표 달성에서 어느 정도가 렌-마이드너 모델 덕분이고, 어느 정도가 구조적 원인 덕분인지는 시간을 두고 논의해봐야 할 문제다. 수출에 주력하는 대기업의 수익률이 지속적으로 오른 것은 좌파가 의도하지 않은 결과다. 이는 과도한 이윤 축적과 스웨덴에 있는 다국적기업들의 합병으로 이어졌고, 이 과정에서 연대 임금정책은 어떤 소득 규제 정책 못지않게 효과적인 임금 억제 수단으로 작용했다. 렌-마이드너 모델 보고서가 발표되고 20년이 지나서 루돌프 마이드너는 다음과 같이 썼다. "연대 정책이 성공적인 정책이라는 사실이 입증될수록 잉여 이윤이라는 바람직하지 않은 부작용이 더 많아진다." 기업이 재정적으로 건실한 것은 바람직한 일이지만, "공동체와 노조가 투자 목적을 위한 이윤 배당에서 더 큰 발언권을 얻는 것 또한 매우 중요한 일이다".[50]

연대 임금정책은 노동자에게 도움이 되는 정책이지만, 고용주에게도 해가 될 건 없었다. 연대 임금정책 때문에 고용주의 권한이 약화되는 일은 없었다. 연대 임금정책의 성공으로 스웨덴 사회민주당과 노조연맹은 혁신 능력을 보여줬다. 하지만 정치적 이해력만으로는 부족하다. 운도 크게 좌우한다. 스웨덴 사회민주당이 집권한 시기는 운 좋게도 세계경제가 성장해 선진 경제권이 유례없는 번영을 누릴 때다. 스웨덴 사회민주당의 정치적 이해력은 시류를 따라가며 유리한 환경을 이용하는 능력을 통해 드러났다.

스웨덴 사회민주주의의 또 다른 특징은 노동운동을 구성하는 세 부문인 정당과 노조, 지식인이 견고하고 밀접한 협력 관계를 유지했다는 점이다. 보통 이 세 부문은 충돌이 끊이지 않기 십상인데다, 사회주의 세력이 집권했을 때는 이런 충돌이 더 심해지는 경향이 있다. 이들의 협력이 더 놀라운 이유다. 스웨덴 노조연맹은 어쩌다 '국가적인' 전망을 가졌을까? 무엇보다 스웨덴에서는 노조가 어느 정도는 국가 그 자체였다는 사실을 빼놓을 수 없다. 스웨덴 노조는 중앙집권적이었으며, 스웨덴의 대다수 노동자들이 노조에 가입하고 있었기 때문에 전체 인구 가운데 상당수를 대변했다. 특히 스웨덴 노조의 혁신적인 역할이 두드러진다. 그들은 1938년 경영자 협회와 기념비적인 살트셰바덴 협약을 맺었고, 이 협약을 계기로 노사 단체교섭 협정을 체결했다(자세한 내용은 2장에서 살펴봤다). 1950년대에는 연대 임금정책에 앞장섰고, 1970년대에는 임금노동자 기금 제도에 앞장섰다(23장 참조). 1959년에는 최초로 보충 연금 개혁을 이끌어냈고, 그것을 통해 노년층의 빈곤을 퇴치했다. 노년층의 빈곤 퇴치는 당시까지 미국의 고임금 모델과 개인연금 보험이나 영국의 복지 제도도 해결하지 못한 문제다.[51] 스웨덴 복지 역사에서 중요한 순간 중 하나인 보충 연금 개혁을 성사하기 위해 정치계는 정신없이 돌아갔다. 국가 위원회가 세 차례 열렸고, 스웨덴 사회민주당과 농민당 동맹이 와해됐으며, 국민투표가 치러졌고, 여소 형태로 사회민주당 정부가 들어섰다. 결정적으로 자유당 소속 수상(자유당의 유일한 기독교 노동자)이 하원 투표에서 기권한 덕분에 개혁이 완성됐다. 나중에 그는 자유당에서 쫓겨났다.[52] 현실 정치에서는 공통점이 없는 사건들이 만나 창출되는 결과물이 곧 정책일 수밖에 없다. 전략의 부재는 골칫거리지만, 전략이 있다고 해서 반드시 유리한 결과를 장담할 수 있는 것은 아니다.

우리는 '성공한' 사회민주주의 정당의 예로 스웨덴 사회민주당을 들곤 한다. 그러나 '성공'이라고 규정하려면 어떤 맥락에서 그런 성공을 거뒀는지 살펴봐야 한다. 내 생각에 1950년대 사회민주주의자들의 성공이란 '미국적' 목표인 높은 생산성과 소비를 사회민주주의적 수단과 형태로 달성할 수 있는 능력을 가리키는 말에 불과했다. 유럽의 모든 정책 결정권자들이 안고 있던 가장 큰 딜레마는, 유권자들은 미국의 소비수준을 갈망하지만 정부는 그 갈망을 미국적 방식인 높은 임금을 통해 충족할 수 없었다는 점이다. 따라서 미국식 소비사회를 유럽에 들여올 수는 있지만, 그것을 들여오는 '형태'는 미국식이 될 수 없었다. 사회조직에 관한 모델을 다른 나라에서 들여와 자국의 실정에 맞게 고칠 수는 있어도 그대로 적용해서 성공하기란 불가능하다. 이런저런 외국의 사례를 받아들이라고 촉구하는 사람들이 원하는 것은 그 사례가 아니라 그 사례의 결과물이다. 사람들이 원하는 것은 깨진 달걀이 아니라 오믈렛이다.

미국식 소비사회를 어떻게 하면 유럽식으로 전환할 수 있을까? 이것이 1950년대 현실 정치의 쟁점이었다. 스웨덴 좌파는 이 문제를 회피하지 않고 정면으로 부딪쳤다. 그들은 시장의 법칙을 받아들였다. 수출하지 않으면 스웨덴 경제가 침체될 것이고, 그렇게 되지 않으려면 자본주의 시장이 건강하고 생산적으로 클 수 있도록 보장해야 한다는 사실을 인정했다. 동시에 스웨덴 좌파는 잠정적 합의에 이르기 위해 자신들의 조건을 정해놓고 관철하고자 노력했다. 다른 나라와 다른 방식이었다.

서유럽에는 살아남은 공산주의자들로 구성된 또 다른 좌파 진영이 있었다. 그러나 그들은 미국식 모델을 사회민주주의적으로 변형해서 받아들이는 일은 엄두조차 낼 수 없는 처지였다. 그들에게는 자신의 생존과 공산주의 세력 수호가 발등에 떨어진 불이었다. 생존과 공산주의 수호를 위해서는 완전히 다른 사회질서를 향한 전망과 세계관을 강조해야 했다. 우리의 이야기와 관련이 깊은 두 공산당 가운데 이탈리아 공산당은 이 기회를 이용해 레닌이 드리운 뿌리에서 멀어져 유럽 사회민주주의라는 더 큰 전투의 장으로 한 걸음 다가섰다. 그 과정에서 혹독한 난관과 수많은 망설임을 겪으며 상당한 시간을 보내야 했다. 한편 프랑스 공산당은 자신들의 과거에 충성하는, 누가 봐도 안전한 길을 택했다.

주요 사회민주주의 정당과 노동당은 어땠을까? 적어도 1950년대 초반까지 주요 사회민주주의 정당과 노동당은 자신들의 전통을 자본주의의 성공에 맞게 조정할 생각이 전혀 없거나 준비가 되지 않았다. 그 이유를 짐작하기는 어렵지 않다. 자본주의가 '황금기'를 맞이한 상황에서 정치적인 현실주의를 택한다는 것은 오랜 세월 투쟁으로 쌓아온 희망과 이상을 내던지는 셈이기 때문이다.

단기적인 현실주의가 반드시 가장 이로운 선택은 아니다. 물론 이길 수 없다는 것을 인정하고 기다리는 편이 더 낫다는 것을 받아들이는 신중함이 필요할 때가 있다. 방어물이 없는 곳에서는 줄행랑치는 것이 최선의 용기일 수도 있다. 하지만 정치에서는 아무도 쉽게 꽁무니를 뺄 수 없다. 사건은 스스로 군림하며 선택을 강요한다. 10장에서 살펴보겠지만, 1950년대 말이 되면 사회주의자들은 선거에서 잇따라 패하며 과거의 입장을 철저하게 수정해야 하는 상황에 내몰렸다.

서유럽을 대부분 지배하던 우파와 중도정당의 전략은 좌파 정당의 전략과 달랐다. 즉 우파와 중도정당은 2차 세계대전 직후 (복지 개혁이 시작된 나라에서) 사회의 평화를 위험에 빠뜨리지 않는 선에서 복지 개혁을 막고자 했다. 또 국가를 이용해 필수적인 기반 시설(도로와 주택) 개발을 촉진하고, 임금은 최대한 낮게 유지하려고 했다. 이 마지막 전략은 중요하다. 임금은 인상될 수 있겠지만, 인상된 임금에 기업의 생산성과 이윤이 불공정하게 반영될 수도 있다는 얘기였기 때문이다. 그렇게 되면 소득 불평등은 자본축적의 '논리'에 휘둘린다. 이런 과정을 통해 만들어진 임금 서열은 자본주의의 서열을 반영한다. 높은 임금을 결정하는 가장 중요한 원인은 기업의 이윤 확대다. 이처럼 임금은 합리적인 자본의 논리에 따른다. 자본의 합리주의는 노조가 얘기하는 합리주의와 다를 바 없다. 노조는 사회 개혁을 향한 모든 열망을 기꺼이 한쪽으로 치워두고(혹은 장기적 과제로 미뤄두고, 다시 말해 결코 오지 않을 내일로 미뤄두고) 자본주의 지지자들이 찬미하는 제도에 완벽하게 순응해 임금 레이스에 뛰어들었다. 임금 레이스에서 선두를 차지한 사람은 평균 이상 높은 임금을 받으며 다른 사람들에게 허락되지 않는 소비의 세계로 진입했다. 임금 서열의 중간이나 밑바닥에 있는 사람은 소비의 극락에 도달할 수 있는 길이 존재한다는 사실에서 위로를 찾아야 했을 것이다. 달리 말하면 더 땀 흘려 일하면서 행운이 와주길 고대했다. 1950년대 말 자본주의의 가장 위대한 성취는 일할 수 있는 사람이 굉장히 많았고, 그중에는 실제로 일을 통해 물질적 부를 꾸준히 늘리는 '행운'을 누린 사람들이 많았다는 것이다. 1960년대에는 복지국가에서 제공하는 것들이 훨씬 더 많아졌다. 서유럽 자본주의의 황금기는 완전고용 경제와 임금 상승, 사회적 보호 장치의 강화가 특징이었다.

유럽에서 비중앙집권적인 노조 운동이 가장 강력했던 영국은 노조의 파벌주의와 단기적 이익에 매몰된 사고방식, 종전의 임금격차를 유지하는 맹목적인 투쟁 방식에서 벗어나지 못했다. 영국에서는 "오래전부터 국지적으로 임금 협상을 하는 전통, 다시 말해 기술과 직업에 따라 스스로 임금 협상을 하는 전통이 강하다".[53] 베버리지가 1944년 자신의 두 번째 보고서 『자유 사회에서 완전고용』을 통해 단일화된 임금정책이라는 처방을 내놓았을 때 관심을 보인 사람은 아무도 없었다.[54] 16년이 지났을 때 베버리지는 이렇게 충고했다. "우리 정부는 무슨 수를 써서라도 노사 양측에서 충분한 협력을 끌어내기 위해 더 노력해야 한다. 그래야 재정 건전화와 물가 안정을 유지할 수 있다."[55] 그러나 이후 20년 동안 노사 문제는 영국뿐 아니라 여러 나라에서 국내 정치의 가장 골치 아픈 문제가 되었다.

위에서 제기한 '미국식 모델'의 딜레마가 꼭 경제정책과 관련된 것만은 아니다. 미국식 모델은 외교정책 차원에서도 전례 없이 중요한 문제가 되었다. '미국식' 사회를 받아들인다는 것은 미국적 세계관을 얼마나 공유한다는 의미였을까? '미국식' 사회를 받아들이면 반드시 미국이 주도하는 국제 동맹의 일원이 되어 소련과 적대 관계를 형성해야 했을까? 유럽 좌파에게 허락된 운신의 폭은 어느 정도였을까?

9장

중립주의와 범대서양주의의 기로에서

1950년대 서유럽 좌파는 외교정책에 관한 한 여전히 두 가지 선택의 기로에 있었다. 하나는 민족주의적 중립주의, 다른 하나는 초국가적 유럽 범대서양주의다. 둘 중 어느 쪽도 전폭적인 지지나 한결같은 지지를 받지 못했으며, 그렇다고 서로 배타적이지도 않았다(그러나 일부 사회주의자들은 여전히 반反대서양주의적인 유럽 중립주의를 꿈꿨다). 따라서 외교 노선을 놓고 충분한 분석과 논의가 있었는지 의문스럽다. 중립주의와 범대서양주의는 신중하게 고안된 이데올로기지만, 정치적 전략이 대부분 그렇듯이 국제적인 사건에 대응하고 국내 상황을 고려하는 과정에서, 그리고 좌파 정당의 관심과 유명 인사들의 논쟁을 통해 발전된 측면도 많았다. 둘 중 한쪽을 지지하는 사람들은 자신이 선택한 입장을 강화해줄 만한 사건이 터지면 앞뒤 가리지 않고 기회주의적으로 가져다 썼다. 그들은 진심으로 공감하지 않는 입장이라도 일단 옹호하고 보자는 태도를 취했다. 한 예로 대다수 공산주의자들은 누가 봐도 반소련적인 서유럽의 재무장 계획을 반대하고 나섰다. 그러나 친소련주의자들은 공산주의 세력 말고는 사람들을 전혀 모을 수 없었기 때문에 평화주의나 민족주의 같은 기치를 내걸었다. 물론 모든 공산주의자들이 눈속임용으로 평화에 헌신했다거나 모든 평화주의자들이 공산주의자들의 꼭두각시 노릇을 했다는 얘기는 아니다. 현실정치에서 폭넓은 공감을 이끌어내고 싶다면 적과 동침할 수밖에 없는 때가 많다는 뜻이다.

이런 분위기에는 어떤 견해가 옳지 않아서가 아니라 그 견해가 '객관적으로' 볼 때 '적'에게 위안을 준다는 이유로 공격하는 게 보통이었다. 예컨대 1950년대에 반전·평화운동을 벌인 대다수 사람들은 두고두고 비판의 도마에 올랐다. 평화주의가 옳지 않아서가 아니라 그들이 취한 평화주의가 소련의 외교정책에 '객관적으로' 도움을 주는 결과를 낳았기 때문이다. 충분히 그럴 수 있다. 문제는 공산주의자들이 '객관적 오류'라는 개념을 반복적으로 사용하면서 순수한 마음으로 사회주의를 위해 싸운 사람들을 비판하고, 스탈린 치하 러시아에서는 숙청까지 했다는 점이다. 이것이 냉전의 본질이요, 두 진영으로 나뉜 세계의 본질이었다. 두 진영 가운데 어느 한쪽을 약화하려는 모든 시도는 '객관적으로' 상대편에 도움이 되었다. 한마디로 내가 손해를 보면 적이 이득을 보는 '제로섬'게임이었다. 이렇게 진영 논리에 발이 묶인 서유럽 좌파가 덫에서 벗어나기 위해 할 수 있는 일은 아무것도 없었다.

진영 논리에서 벗어나고자 한 거의 모든 '중립주의자들'은 미국과 소련 사이에서 '제3의 길'을 찾으려고 노력했다. 그러나 이런 시도는 성과 없이 끝났다. 대다수 좌파 사회주의자는 중립적 외교정책을 채택하려고 애썼지만, 소련의 계획경제나 (1956년 헝가리 침공 이전까지는) 소련의 외교정책에 전혀 이의를 제기하지 않았다. 그들은 오로지 정치적 탄압을 문제 삼았다. 좌파 사회주의자들이 꿈꾼 '제3의 길'은 소련 사회가 개혁을 통해 다원화되는 것이었다. 그렇게 되면 다수 유권자가 언제라도 사회주의에 기꺼이 찬성표를 던질 것이라고 생각했다.

　서유럽의 대다수 사회주의자와 사회민주주의자는 '범대서양주의자'였다. 서로 다른 점이 많은 그들을 결집시킨 것은 자유민주주의에 대한 헌신이다. 그들을 하나로 묶어준 조직적 형태는 개별 정당끼리 맺은 느슨한 동맹이 전부였다. 1951년 6월 프랑크푸르트에서 부활한 사회주의 인터내셔널이 그랬다. 「민주적 사회주의의 목표와 과제Aims and Tasks Democratic Socialism」라는 제목이 붙은 프랑크푸르트 선언문은 사회주의 인터내셔널에 이념적 토대를 제공했다. 주로 영국 노동당과 스칸디나비아의 사회민주주의자들이 작성한 이 선언문은 의회민주주의와 시민의 자유, 서유럽 수호에 헌신할 것을 강조했다. 남유럽 국가의 정당들, 예를 들면 프랑스의 일부 정당이 선언문에 마르크스주의 용어를 넣으려고 시도했으나 묵살되었다. 대신 마르크스주의에 대한 긍정적인 언급이 형식적으로 몇 마디 들어갔다. 창설 당시 사회주의 인터내셔널은 전혀 중요한 의미가 없는 절충안 따위를 내놓는 것 말고는 거의 하는 일 없이 존재하는 냉전 시대의 조직에 불과했다. 대다수 조직이 그렇듯이 사회주의 인터내셔널의 유일한 목적도 다른 사람들에게는 주지 않는 존경심을 조직원들에게 제공하는 것이었다. 이탈리아 사회당처럼 공산주의 노선에 치우친 좌파 정당은 노선을 바꾸기 전에는 사회주의 인터내셔널에 가입할 수 없었다.

사회주의적 '범대서양주의자들'이 생각하는 '제3의 길'은 단순했다. 더도 덜도 말고 혼합경제를 실시하는 서유럽의 복지국가가 목표였다. 그들이 바라는 모델은 최대한 배려하고 사람을 생각하면서 가급적 불평등이 없는 자본주의였다. 모든 것을 따져본 결과 자유민주적 자본주의 사회가 러시아식 사회주의보다 바람직하다는 결론을 내렸다. 영국 노동당 수정주의자들은 1950년 8월 월간지『사회주의 논평Socialist Commentary』에 다음과 같이 썼다. "우리는 미국식 자본주의에 의심과 우려의 눈길을 보내지만, 오늘날 미국식 자본주의는 적어도 자유로운 제도가 꽃피우고 살아남을 수 있는 여지를 제공한다."[1] 이탈리아를 제외한 서유럽 사회주의자들은 공산주의자들과 거리를 두려고 했다. 심지어 정책에 큰 차이가 없을 때도 그랬다. 예를 들어 중립주의적인 오스트리아 사회당은 오스트리아 공산주의자들이 내놓고 중립주의를 표방하자 당황했다. 사회당 입장에서 천만다행인 것은 연정 파트너인 오스트리아 국민당이 공산주의자들과 달랐다는 점이다. 국민당에게 실체를 감춘 공산주의자들이라고 비난하는 사람은 없었다. 오스트리아 국민당은 스위스를 모델로 삼아 영구적 중립주의를 지지했다. 덕분에 오스트리아 사회당은 1955년 10월 국민당과 나란히 중립법안Neutrality Act에 찬성표를 던졌다.[2]

오스트리아 사회주의자들은 1950년대에 중립주의가 대외적인 관계에 국한돼야 한다고 생각했다. 그들은 자신을 서구 세계의 일부로 여기고 싶어 했다. 그래서 미국을 긍정적으로 바라보기 시작했고, 미국이 뉴딜 정책을 통해 과거의 자본주의와 단절했다고 평가했다. 그러나 1958년 강령에서 "민주적 사회주의는 자본주의와 독재국가 사이에 위치한다"고 선언함으로써 종전의 등거리 원칙으로 돌아가고자 했다.[3] 친미국적 사회주의를 발전시키려는 시도는 다른 나라에서도 있었다. 프랑스 사회주의자 베이 레날E.Weill-Raynal은 1955년 "미국은 자신들이 생각하는 것보다 사회주의 정권에 훨씬 가까워졌다"고 썼다.[4] 한때 영국 노동당의 중립주의 모임인 '제3세력'에 영감을 제공한 리처드 크로스먼은 레날만큼 멀리 나가지는 않았지만, 분명히 중립과 거리가 먼 사람이었다. 크로스먼은 다음과 같이 썼다. "미국은 소련보다 나은 사회다. …자본주의 국가라는 이유로 미국을 거부하고, 소련 제국을 사회주의적 계획의 모범 사례로 다룬다면 우리의 이상은 전부 무의미해지고 만다."[5]

티토 치하의 유고슬라비아는 동유럽에서 유일하게 스탈린에 저항하며 소련식 모델을 거부했다. 그러나 '중도적인' 서유럽 좌파에 기준을 제시하지는 못했다. 1950년대 중반까지 유고슬라비아는 모든 공산주의 정당에게 외면당했고, 사회주의자들의 지지도 받지 못했다. 서구 사회는 종종 유고슬라비아의 외교정책을 칭찬했지만, 그것은 유고슬라비아의 외교정책이 친소련적이 아니었기 때문이다. 몇몇 좌파 진영은 유고슬라비아 노동자들의 자율 경영 시스템을 칭찬했는데, 그 역시 중앙 계획적이지 않은 사회주의 경제 사례가 유고슬라비아밖에 없었기 때문이다. 유고슬라비아의 가장 큰 가치는 부정적인 본보기를 제시했다는 점이다. 유고슬라비아의 영향을 더 많이 받은 곳이 있다면 유럽이 아니라 유럽 바깥, 즉 비동맹 운동이 확산되던 제3세계다. 어떤 국제분쟁이든 전혀 참여하지 않

는 스위스식 불간섭주의와 구분하기 위해 이름 붙인 '비동맹주의'
는 제3세계 신생국들에게 매혹적인 대안으로 다가왔다. 비동맹 국
가들은 1955년 4월 인도네시아 반둥Bandung에서 열린 1차 국제 총
회에서 「반둥 강령」을 채택했다. 「반둥 강령」은 제3세계가 강대국
간의 분쟁에서 일정한 거리를 둘 수 있도록 하는 국제 관계의 틀을
제시했다. 「반둥 강령」은 등거리 외교를 강조했지만, 그들이 말하
는 등거리 외교는 유럽의 중립주의와 마찬가지로 반소련적이기보
다 반서구적인 경향이 강해 보였다. 그러나 어느 쪽 편도 들지 않
으면 양쪽의 환심을 모두 살 수 있고, 독립도 유지할 수 있으리라
는 그들의 희망은 환상이었다. 과거 식민지였던 많은 나라의 비동
맹 노선은 서유럽 좌파의 중요한 구성 요소 가운데 하나인 제3세계
주의에 신선한 자극이었다. 식민지를 없애는 데 헌신하고 자본주
의와 공산주의 양극 정치의 폐단에서 벗어나고 싶어 한다는 점에서
서유럽 좌파와 제3세계의 비동맹국가들은 생각이 같았다.

당시만 해도 서유럽의 중립주의는 오스트리아와 핀란드, 스웨덴
같은 중립적인 국가의 사회주의 정당과 독일이나 이탈리아의 사회
주의 정당, 다른 나라 사회주의 정당에 존재하는 좌파 세력에 국한
된 얘기였다. 공산주의 정당도 중립주의자로 분류할 수 있었지만,
국제 문제에서 소련의 모든 외교정책을 지지했기 때문에 중립주의
는 두 번째로 밀렸다. 따라서 엄밀히 말하면 자기 나라가 외교에서
중립 정책을 채택하기 바랄 뿐, 공산주의자들에게 중립은 차선책이
었다. 이 문제에 관해서는 이탈리아 사회당도 공산주의 정당과 다
르지 않았다. 이탈리아 사회당 당수 피에트로 넨니는 1951년 1월
29차 전당대회에서 '사회주의 혁명의 수도 모스크바'와 '제국주의

수도 워싱턴' 사이에서 '등거리'를 유지할 수는 없다고 선언했다. 이 날 "미국의 정책은 유럽의 평화에 유일한 위협이다"라고 명시된 발의가 만장일치로 통과되었다.[6]

중립주의자들은 대체로 중립주의를 내세우면서 국가의 주권을 강력하게 옹호했다. 범대서양주의도 따지고 보면 군사력의 통합 혹은 조정이었으며, 유럽이 미국에 복종한다는 것을 넌지시 암시했다. 특히 공산주의적 '중립주의자들'은 국권 수호를 열렬하게 옹호했다. 이는 아마도 자신들을 크렘린Kremlin궁전의 지부로 보는 부당한, 그러나 완전히 터무니없지는 않은 비판을 의식했기 때문일 것이다. 모리스 토레즈는 1949년 2월 22일 프랑스 공산당 중앙위원회에서 "소비에트연방Soviet Union…이라는 사회주의 국가는 그 이름이 말해주듯이 공격적이거나 호전적인 정책을 채택할 수 없다"[7]고 선언했다. 이렇게 친소련적 정서를 드러낼 때는 대개 프랑스를 옹호하거나 외국에 나라를 팔아먹는 배신행위를 비난했다. "프랑스의 부르주아는 국가의 이익에 반하는 이익을 상징하는 계급으로, 앞장서서 프랑스에 배신행위를 한다."[8] 프랑스 공산당의 친소련주의는 '위대'한 프랑스가 장차 인류 진보의 중심축이 될 것이라는 자신들의 믿음과 마지막까지 충돌했다.[9]

덜 극단적인 형태도 있었다. 스웨덴과 이탈리아, 독일의 사회주의 정당은 다른 문제에서는 생각이 많이 달랐지만, 외교 문제만큼은 평화주의나 중립주의적 입장이 국익에 부합한다고 생각했다. 미국은 이 세 정당을 대단히 의심스러운 눈길로 바라봤다. 주목할 점은 '철의 장막' 맞은편에 있는 몇몇 공산당 지도자들의 민족주의가 미국뿐만 아니라 소련 당국의 심기도 불편하게 만들었다는 사실이다. 소련은 민족주의를 뿌리 뽑는 데 총력을 기울였다. 1952년에는 여론을 조작하기 위해 재판을 열어 체코슬로바키아 부총리이자 '민족주의적' 공산주의자 루돌프 슬란스키Rudolf Slánský를 소환해서 공개적으로 처형했다. 대체로 제국은 보편주의를 가장할 때 비난을 면하기 쉬운 법이다.

핀란드 사회민주주의 정당은 어떻게 보면 마지못해 중립주의를 선택한 경우다. 핀란드의 사회민주주의자들은 우파 정당이나 중도 정당보다 소련에 적대적이었다. 소련의 시사평론가들은 핀란드 사회민주당을 핀란드의 '미국 정당'이라고 불렀다. 소련은 1957년 핀란드가 2차 세계대전 당시 적대국에 협력한 전력이 있는 사회민주당 지도자 탄네르를 총리로 임명하자 강하게 반발했다.[10] 유럽의 NATO 회원국에 비하면 핀란드의 정치적 제약은 훨씬 유연했다. 핀란드에서는 소련 공산주의에 동의하지 않는 정치 세력(즉 핀란드 인민민주연맹을 제외한 모든 정당)이 정권을 잡는 일이 흔했고, 소련이 핀란드 인민민주연맹을 정부에 참여시키라고 압력을 가해도 눈 하나 깜빡하지 않았다. 심지어 핀란드 인민민주연맹이 1958년 선거에서 23.2퍼센트를 기록하며 역대 최다 득표율로 가장 큰 원내 집단이 되었을 때조차 그들을 정부에 참여시키지 않았다.[11] 핀란드 인민민주연맹처럼 미국의 영향권에 있는 나라에서 '서구의' 가치관을 공유하지 않는 자들은 자국에서 고립된 집단으로 추락했다.

이후에 일어난 모든 중요한 사건들, 예컨대 미국의 베트남 개입이나 1980년대의 퍼싱 미사일과 크루즈미사일 설치를 계기로 중립주의자와 범대서양주의자의 차이가 다시 부각됐다. 이번에는 정당들이 말을 갈아탔다. 정당이 추구하는 노선은 절대로 변경 불가능한 것이 아니고, 비상시국이면 정당들은 어김없이 분명한 실체를 드러냈다. 냉전Cold War이 심화되면서 이런저런 쟁점을 명확히 규정하기 위한 '뜨거운hot' 전쟁이 종종 벌어졌다. 그런 맥락에서 한국전쟁은 아주 멀리 떨어진 곳에서 벌어진 전쟁이지만, 유럽에 가장 큰 영향을 미쳤다.

모든 공산주의자들과 이탈리아 사회주의자를 제외한 서방세계는 1950년 6월 북한의 남한 침공을 만장일치로 비난했다. 서구가 왜 그토록 심각하게 한국전쟁을 걱정했는지는 짐작이 되고도 남는다. 1949년 8월 소련의 원자폭탄 실험이 성공하면서 서구의 핵무기 독점 시대가 막을 내렸고, 그해 10월에는 마오쩌둥毛澤東이 톈안먼天安門광장에서 중화인민공화국 수립을 선포했기 때문이다. 이제 인류의 4분의 1이 공산주의 통치를 받게 된 것이다.

한국전쟁을 통해 핵무기 패권주의로는 침략자를 단념시킬 수 없고, 미국은 전통적인 지상전에 약하다는 사실이 드러났다(이 점은 그 후 역사에서도 다시 확인되었다). 미국 정부는 소련이 전통적인 군사력으로 유럽을 위협하는 것을 핵무기만으로 막기 어렵다는 결론을 내렸다. 한국전쟁이 터지기 전만 해도 소련이 서유럽까지 제국을 확장하려 들지는 않으리라는 게 일반적인 시각이었지만, 한국전쟁 이후에는 정반대로 바뀌었다. 즉 소련이 전통적 군사작전을 통해 서유럽을 대규모로 침공하려는 태세를 갖추고 있다는 의심이 짙어졌다.

미국은 딜레마에 빠졌다. 고립주의 정책을 선택할 수도 없고 내키지도 않았다. 대규모 미군을 유럽 땅에 주둔시키기 위해 재원을 마련할까, 아니면 유럽 각국에 미군 주둔 비용을 요구할까? 아이젠

하워Dwight David Eisenhower는 1952년 대통령에 취임하면서 국방비 대폭 삭감을 약속했다. 유럽 각국은 군비 확충에 난색을 표했다. 민주적 절차에 따라 선출된 정치인들이 공산주의의 위협을 막기 위해서는 가난해지더라도 세금을 내야 한다고 유권자들을 설득하기란 쉬운 일이 아니었다.[12] 자본주의의 가장 큰 매력은 사적 소비를 무한정 늘려갈 수 있다는 약속에 있기 때문이다.

당시 유럽의 군사력이라고 해봐야 사실상 프랑스와 영국의 군사력이 전부였고, 그것도 방어적인 차원에 머물렀다. 그 외 비중립적인 국가들은 작거나(베네룩스 삼국), 가난하거나(이탈리아), 작고 가난해서(그리스와 포르투갈) 유럽의 방어에 기여하는 바가 적었다. 독일은 아직 NATO에 가입하지 않은 상태였고, 전쟁이 끝나고 얼마 되지 않은 시기라 독일의 재무장을 걱정하는 사람들이 많았다. 영국은 대영제국의 치안 유지가 먼저였기 때문에 유럽에서 대규모 상비군을 유지할 경제적 여력이 없었다. 남은 나라는 프랑스뿐인데 혼자서는 역부족이었다. 결국 독일의 재무장 문제를 논의할 수밖에 없었다. 프랑스는 새롭게 구성된 독일군이 일종의 통합 유럽 최고 사령부의 지휘를 받겠다고 약속하면 독일 재무장을 받아들일 수 있다는 입장이었다. 그 말은 독일 병사들이 프랑스 장군의 명령을 받는 체제가 보장돼야 한다는 의미다. 그만큼 유럽의 사회주의 좌파 사이에 독일 재무장에 대한 두려움이 널리 퍼졌으며, 소련과 서유럽의 모든 공산당도 독일 재무장에 반대했다.[13]

1950년 10월 프랑스 총리 르네 플르벵René Pleven이 유럽방위공동체EDC 창설을 제안했다. 군대를 최소 단위까지 통합하고 독일 군대를 포함하자는 내용이었다. 플르벵 플랜은 유럽석탄철강공동체를 제안한 쉬망플랜의 군사적 버전으로, 쉬망플랜과 똑같이 6개국을 포함했다. 애초에 쉬망플랜과 플르벵 플랜은 장 모네가 창안했다. 모네는 프랑스와 독일을 축으로 한 상호 의존적이고 통합적인 유럽 건설을 장기적 목표로 정해놓고 동분서주했다. 1952년 본Bonn과 파리 정부의 동의를 받은 유럽방위공동체 조약은 1954년 프랑스를 제외한 관련 당사국 모든 의회의 비준을 통과했다. 프랑스 의회는 319대 264로 유럽방위공동체 안을 부결했다.[14]

실제로 대다수 프랑스 좌파, 즉 모든 공산주의자와 최소한 사회주의 정당의 절반은 원내총무에 반기를 들고 유럽방위공동체 안을 매장했다. 과거 선거에서 좌파에 표를 던진 드골파는 초국가주의와 독일 재무장에 반대하는 입장이었다. 공산주의자들은 반소련적이라는 이유로 유럽방위공동체 안에 반대했다. 사회주의 정당에서 나온 일부 반대표는 민족주의와 중립주의 때문이다. 유럽방위공동체 안은 인터내셔널 프랑스지부를 갈라놓은 유일한 이데올로기적 쟁점이다.[15]

서독과 이탈리아는 유럽방위공동체 안이 무산되자 1954년 오늘날 서유럽연합WEU으로 이름이 바뀐 브뤼셀조약에 편입했고, 1955년에는 서독이 NATO에 가입했다(이탈리아는 초대 가맹국이다). 서유럽연합은 유럽의 군사력 통합 문제를 끌어들이지 않았기 때문에 유럽방위공동체보다 수용 가능성이 훨씬 높은 대안이었다. 서유럽연합은 독일의 핵무기와 생화학 무기 제조를 금지한다는 조항을 조약에 명시했다.[16] 독일의 재무장을 걱정하는 사람들을 위한 유일한 양보였다.

서독의 미래는 서유럽연합을 통해, 더 넓게는 NATO의 군사 조직을 통해 이제 서구의 미래와 영원히 뗄 수 없는 관계가 되었다. 서독의 연방 방위군이 보유한 핵탄두 운반 수단과 남아 있는 탄두는 미국의 통제를 받았다. 독일 사회민주주의자들은 중립과 무장해제가 독일 재통일로 가는 유일한 길이라고 생각했지만, 미국의 핵탄두 통제를 막지는 못했다. 독일 사회민주주의자들은 1960년까지 NATO를 향한 적대감을 거두지 않았다. 1955년에는 서독이 NATO에 가입하고 일주일도 지나지 않아 소련이 폴란드, 헝가리, 동독, 체코슬로바키아, 불가리아, 루마니아, 알바니아와 바르샤바조약을 체결해 맞불을 놨다. 이로써 냉전의 군국화가 완성됐다.

군국화 과정이 NATO가 창설된 1949년이 아니라 1951년에 시작된 점에 주목할 필요가 있다. 1951년 미국 상원은 한국전쟁 여파로 지상군 4개 사단을 유럽에 파병하고 통합 지휘한다는 원칙을 지지했다.[17] 이로써 미국은 유럽의 방위에 깊숙이 관여하게 됐다. 미국은 두 차례 세계대전 때처럼 또다시 '막판에' 서구를 구하기 위해 뛰어들고 싶지 않았다. 핵무기 시대에는 시기 선택이 모든 것을 좌우한다. 3차 세계대전이 터진다면 잠시 망설이거나 미루는 사이에 구해야 할 사람이 한 명도 남지 않는 최악의 시나리오가 펼쳐질 수 있다. 이제 미국의 군사력은 유럽 대륙의 한복판에 자리 잡고 영국과 프랑스, 벨기에, 네덜란드, 노르웨이, 덴마크, 룩셈부르크 사회주의 정당들의 전폭적인 지지를 받으며 사실상 서유럽 군대를 책임지게 되었다. 몇 년 뒤에는 독일과 이탈리아 사회주의 정당도 미국의 군사력을 지지하는 대열에 합류한다. 유럽의 대다수 사회주의 정당은 미국의 방위 체제를 수용하는 과정에서 소련 사회주의를 단호하게 뿌리쳤다. 그와 함께 미국의 외교정책과 거리를 두기가 어려워지고 있다는 사실을 깨달았다.

영국에서는 유럽방위공동체 가입 문제도 EEC 때와 마찬가지로 정치계의 쟁점 사항으로 떠오르지 않았다. 보수당과 노동당 모두 유럽방위공동체 가입에 반대했기 때문이다. 유럽 방위 계획은 통합을 위한 유럽의 다른 모든 시도와 마찬가지로 유럽의 문제지 영국의 문제가 아니었다. 범대서양주의를 지지하고 미국과 특별한 관계이며, 제국을 통치하고 중립주의를 표방한 영국으로서는 굳이 미국없는 유럽의 통합 방위 체제에 가담할 필요를 느끼지 못했다. 노동당은 초당파주의적 외교정책을 내세운 덕분에 국제 문제에 굳이 자신들의 의견을 내놓을 필요가 없었다.

소련은 독일을 포함한 서유럽 방위 공동체가 추진되고 있다는 소식에 불안했다. 스탈린은 1952년 봄에 출간된 마지막 이론서 *Economic Problems of Socialism in the USSR*(소련 사회주의의 경제적 문제)에서 유럽의 반전운동에 박수를 보냈다. 그는 자신이 반전운동을 지지하면 부정적 반향을 일으키리라는 것을 알고, 반향을 최소화하기 위해 유럽의 반전운동은 사회주의적 목적이 없다는 점을 인정했다.[18] 그와 함께 중립주의자들의 결연한 의지를 격려하기 위해 1952년 3월 10일, 지난 10년간 소련이 제안한 것 중 가장 전향적인 제안을 내놓았다. '스탈린 메모'라고 불린 이 제안의 골자는 독일이 1945년 포츠담선언 당시 결정된 국경선 안에서 재통일되어야 한다는 것이었다. 이 말은 오데르-나이세 선이 독일의 동쪽 국경이 되어야 한다는 얘기다. 1990년 독일이 통일된 이후에는 오데르-나이세 선이 국제적으로 용인될 수 있는 독일의 국경선이라는데 이의를 제기할 수 없었지만, 스탈린이 이 제안을 했을 때는 사회민주당을 포함해 독일의 어느 정당도 오데르-나이세 선을 통일 독일의 국경선으로 고려하지 않았다.[19] 또 스탈린 메모는 독일이 통일되더라도 2차 세계대전 당시 교전 쌍방의 어느 한쪽을 겨냥한 모든 군사조약에 참여하지 않겠다는 약속을 해야 하고, 모든 외국 군대는 평화조약이 체결되고 1년 안에 독일 땅에서 철수해야 하며, 새 독일에는 제한적인 재무장만 가능하다고 못 박았다.

스탈린은 유럽의 긴장 완화를 위해서라면 기꺼이 소련의 위성국가인 동독을 희생할 생각이 있었던 것 같다. 동독의 지도자들도 소련에게 버림받으면 통일 독일 첫 총선에서 패배는 불 보듯 뻔하다는 것을 잘 알았다. 그래서 스탈린이 자신들을 얼마나 쓸모없는 존재로 여기는지 동태를 살피느라 안절부절못했다.[20] 독일 사회민주당 당수 쿠르트 슈마허는 1952년 4월 22일 아데나워 총리에게 쓴 편지에서 "스탈린 메모가 최종적으로 독일이 평화적 통일을 이룰 수 있는 기회를 제공하는지 판단하기 위해" 모든 가능성을 타진해야 한다고 촉구했다.[21] 동독에게는 천만다행으로 아데나워는 중립적인 독일을 원하지 않았다. 그는 스탈린의 제안을 냉정하게 검토하는 데 방해만 되는 인물이었다.[22] 어쩌면 아데나워도 신교도와 사회민주주의적인 동구권이 선거에서 자신의 가톨릭 근거지를 휩쓸고 독일을 동독 쪽으로 끌고 갈까 봐 겁먹었을 수도 있다. 서구는 스탈린의 제안이 유럽방위공동체를 지연하거나 방해하기 위한 술수라고 여겼다. 하지만 내심 스탈린의 제안이 진심에서 나온 것은 아닐까 걱정하면서 받아들이기를 꺼렸다.[23] 프랑스와 영국은 독일이 통일된다는 생각만으로도 두려웠다. 그래서 서독이 확고하게 서구의 점령지로 남는다면 동독은 차라리 소련의 통치에 맡겨두는 편이 통일되는 것보다 낫다고 생각했다. 스탈린은 자신의 제안이 퇴짜를 맞자 동독에 대한 지배권을 강화했고, 소련의 세력권으로 완벽하게 편입했다. 스탈린의 제안이 받아들여졌다면 어떤 상황이 벌어졌을지 아무도 알 수 없지만, 그래도 독일이 통일되기까지는 38년을 기다려야 했을 것이다.

소련이 독일에서 기대한 상황은 오스트리아에서 그대로 벌어졌다. 즉 오스트리아는 소련군이 철수한 뒤 자유 총선을 실시해 중립적이고 민주적인 국가로 남았다. 소련은 오스트리아의 중립을 보장하기 위해 더할 나위 없이 유순한 태도를 보였다. 소련은 1955년 빈에서 미국, 영국, 프랑스, 소련이 체결한 '오스트리아 평화조약'에 오스트리아의 중립을 포함하고 싶어 했고, 중립국으로 남기로 결정한 오스트리아 정부는 소련의 동의를 얻어 스위스식 중립을 의미하는 '영세중립'이라는 표현을 헌법에 넣는 쪽을 택했다.[24]

군비축소 제안은 1950년대 내내 이어졌다.[25] 서유럽 좌파나 동구권에서만 군비축소를 제안한 것은 아니다. 전후 취임한 영국 수상 가운데 가장 덜 친미국적 인사로 알려진 로버트 이든Robert Anthony Eden은 1955년 7월 중유럽에 군비축소 지역을 설치하고 독일의 최종적인 재통일을 내용으로 하는 계획을 제안했다. 그러나 독일 통일과 유럽 안보 문제를 연계하고 싶지 않은 아데나워는 이 제안을 일축했다. 수정된 제안에서는 독일이 통일되더라도 NATO 회원국의 자격을 유지해야 한다는 조건을 달았지만, 이 제안은 소련이 동의할 수 없었다.[26]

1955년 봄(스탈린은 1953년 사망했다), 소련은 '서구에서 가장 강경한 반공산주의조차 깜짝 놀라게 만든' 또 다른 평화공세에 착수했다.[27] 오스트리아와 평화조약을 체결하고 오스트리아에서 소련군을 철수시켰으며, 해군기지를 핀란드에 반환하고, 유고슬라비아와 외교 관계를 재개한 것이다. 1958년 11월에는 폴란드 외무부 장관 아담 라파츠키Adam Rapacki가 1956년 3월과 11월 소련의 제안과 자신이 UN총회에서 연설(1957년 10월)한 것을 토대로 서독과 동독, 폴란드, 체코슬로바키아를 비핵지대로 만들자고 제안했다.[28] 라파츠키의 제안을 보면 당시 유럽에서 군비축소에 관한 근본적인 쟁점이 무엇이었는지 분명히 알 수 있다. 즉 소련과 그 동맹국들은 중유럽에서 핵무기를 제거하고 싶어 했고, 대서양 동맹국들은 소련의 우월한 재래식 병력에 맞서는 방어막으로 중유럽에 핵무기를 유지하길 원했다. 두 강대국의 뿌리 깊은 불신에 이런 의견 차이까지 더해지면서 군비축소는 사실상 불가능했다. 물론 캐나다와 벨기에, 노르웨이 등 몇몇 NATO 회원국과 스웨덴 같은 중립국은 라파츠키의 제안에 긍정적인 반응을 보였다.[29] 가장 크게 의심한 건 프랑스와 네덜란드의 사회주의자들이다. 레지스탕스 출신 정치가 크리스티앙 피노Christian Pineau는 비핵지대를 "핵무기를 발사할 수는 없지만 떨어지는 것은 가능한 지대"라고 빈정거렸다. 프랑스와 네덜란드의 사회주의자들도 피노와 같은 생각이었다. 기 몰레는 이렇게 말했다. "우리를 위협하는 것은 소련에 배치된 미사일이다. 폴란드나 동독에 소련 미사일을 배치하지 못하도록 한다고 해서 상황이 바뀌는 것은 아니다."[30] 영국 노동당은 라파츠키 계획을 단점이 없지는 않지만, '진일보한' 제안이라고 평가했다.[31] 독일 사회민주당의 반응은 훨씬 더 긍정적이었다. 그런 반응을 보면 독일이 중유럽의 군국화를 얼마나 부담스러워했는지 알 수 있다. 심지어 독일 연

방 정부조차 라파츠키의 제안을 한참 시간을 끈 뒤에 거절했을 정도다.[32]

소련의 제안이나 소련이 지지하는 제안은 서구의 제안에 비해 항상 유리한 선전 효과를 발휘했다. 여론은 줄곧 재래식 무기보다 핵무기를 큰 위협으로 인식했다. 왜 아니겠는가. 핵무기는 민간인이 한 명도 살아남을 수 없는 대량 살상 무기로 보였지만, 재래식 무기를 사용하면 아무리 파괴적인 전쟁에서도 기적적으로 생존할 수 있다는 생각이 있었다.

1952년 스탈린 메모부터 라파츠키의 제안까지 소련이 내놓은 다양한 제안 때문에 중유럽(즉 독일)에 비핵지대를 조성하기 위한 모든 계획은 '친소련적' 시도라는 오명을 뒤집어썼다. 그 때문에 유독 피해를 본 것은 다른 점에서는 명백하게 반소련적이던 독일 사회민주당이다. 앞으로 살펴보겠지만, 줄기차게 통일을 위한 방안을 모색하던 사회민주당은 독일이 중립국이 되어야 한다고 수시로 제안했기 때문이다.

독일 사회민주당은 서유럽의 어떤 사회주의 정당보다 외교정책에 적극적이었고, 외교정책을 중요시했다. 이유는 분명하다. 분단된 독일에서는 국내와 국외 문제의 전통적인 구분이 거의 무의미했기 때문이다. 예를 들어 서유럽과 동유럽의 분할은 영국이나 헝가리에게는 남의 나라 일이지만, 독일로서는 결코 남의 나라 문제가 아니었다. 독일은 냉전 때문에 두 동강이 났고, 냉전으로 동서 분쟁이 지속되는 바람에 분단 상태를 벗어나지 못했다. 게다가 베를린장벽이 세워진 1961년 서독에는 1000만 명이 넘는 '추방자'들이 있었다. 이들은 폴란드와 체코슬로바키아에 양도되거나 반환된 영토에서 강제 추방된 독일인과 스스로 동독을 떠난 사람들이다. 이 거대한 집단은 어마어마한 유권자 세력을 형성하여 독일 분단이라는 쟁점을 끊임없이 전면에 부각했다. 1950년 7월 슐레스비히홀슈타인Schleswig-Holstein 주 선거에서 '추방자와 선거권 박탈자 연합'은 23.4퍼센트를 얻어 사회민주당에 이어 2위를 차지했다. 이 연합의 대변인 세 명은 모두 나치 출신이다.[33] 독일의 어느 정당도 극우파가 추방자들의 표를 싹쓸이하는 것을 막을 여력이 없었다.

서독은 그 밖에 다른 분야의 국제 문제에서 자세를 낮췄다. 특히 프랑스나 영국과 비교될 때는 더욱 자세를 낮췄다. 종종 언급되는 것처럼 독일은 경제적인 면에서 거인이었지만, 정치적인 면에서는 극도로 몸을 사렸다. 달리 방법이 없었다. 그러나 국외 문제를 놓고 독일에서 논쟁이 벌어질 때는 오히려 그 반대였다. 1950년대에 사회민주당과 기독민주당은 국내 문제보다 국외 문제('독일 문제'를 '국외 문제'에 포함한다면)에서 이견을 보이는 경우가 많았다. 독일을 제외한 서유럽 대다수 국가에서는 외교정책을 놓고 정당끼리 이견을 보이는 경우가 극히 드물었다.

독일 사회민주당은 마르크스주의적인 표현을 자주 쓰기는 했지만, 기독민주당과 흔쾌히 협력할 줄도 알았다. 심지어 1949년에는 집권당인 자신들과 손잡고 연합 통치를 하자고 제안했다. 기독민주당은 사회민주당의 제안을 거절했다. 그들은 사회민주당보다 자유민주당이나 독일당(독일 북부에 근거지를 둔 소규모 보수정당, 1960년 이후 해체됐다)과 연합을 선호했다. 다만 독일에서 가장 넓은 노르트라인베스트팔렌Nordrhein-Westfalen 주에서는 1953년까지 카를 아르놀트Karl Arnold가 이끄는 기독민주당이 사회민주당과 손잡았다.[34]

자신들이 향후 통일된 독일의 정당이 되어야 하고, 따라서 기독민주당보다 전국적인 정당이 되어야 한다는 사회민주당의 집요한 주장은 내버려두면 우파 쪽으로 쏠릴 수밖에 없는 추방자들의 표를 막는 데 긍정적인 효과를 미쳤을 수도 있다. 1952년 슈마허가 작성한 사회민주당의 「도르트문트 행동 강령Aktions-Programm, Dortmund」 서문은 민족적 자부심으로 가득하다. 사회민주당은 국제 사회주의 정당일 뿐만 아니라 통일을 국가의 가장 중요한 목표로 삼는 애국정당이었다. "우리에게 독일 통일은 장기적 목표가 아니라 단기적 목표다."[35]

독일 사회민주당의 민족주의는 영국 노동당이나 프랑스 공산주의자들의 민족주의와 달리 반유럽적이지 않았다. 사회민주당은 유럽의 경제협력 확대를 지지했다. 아울러 독일의 국가이익에 손해를 끼치지 않는다면 경제협력을 위해 국가의 주권을 축소하는 방향에도 찬성했다.[36] 그러나 대다수 유럽 좌파는 근본적으로 유럽 통합 과정에 명백한 적대감이 있었다. 슈마허가 1950년 함부르크 전당대회에서 선언했듯이 통합된 유럽은 '4K'의 유럽이었기 때문이다. 4K는 독일어로 보수파konservativ, 로마 가톨릭교회klerikal, 자본가kapitalistisch, 카르텔 조직kartellistisch을 가리킨다.[37]

사회민주당은 「도르트문트 행동 강령」에서 분단이 고착화될 수 있기 때문에 독일의 재무장과 서유럽 방위조약에 모두 반대한다는 사실을 재확인했다.[38] 그러나 사회민주당의 입장은 2년 뒤인 1954년 베를린 대회부터 달라지기 시작했다. 물론 사회민주당은 여전히 독일 통일을 강조했고, 국제간 긴장 완화만이 독일에 평화통일을 줄 것이라고 믿었다.[39] 한 가지 달라진 게 있었다. 독일의 운명이 두 강대국의 손에 있다는 사실을 깨달은 것이다(사실 슈마허는 예전부터 알고 있었다). 사회민주당이 분석한 바에 따르면 두 강대국의 경쟁과 싸움이 독일의 분단을 지속시키는 원흉이었다.[40] 독일의 분단이 지속되는 동안 통일에 걸림돌이 될 수 있는 국제조약이 체결되는 일은 막아야 했다. 독일 사회민주당은 서독 정부가 체결한 조약 가운데 군사행동이 포함될 여지가 있는 모든 조약에 반대했으며, 같은 이유로 바르샤바조약과 NATO에도 반대했다(정확히 조약이름을 거명하지는 않았지만). 유럽방위공동체에 반대한 이유는 조금 다르다. 유럽방위공동체에 참여한 모든 회원국에 전략적 의사 결정권을 주면서 독일의 결정권만 허락하지 않았기 때문이다.[41] 그런 권리가 조약에 명시된 것은 아니지만, 독일 장군이 프랑스 군을 지휘해도 프랑스가 가만있을 것이라고 생각하는 사람은 없었다.

독일 사회민주당의 중립주의는 '진짜' 입장이 아니었다. 동유럽과 서유럽 사이에서 사회민주당은 중립과 거리가 멀었다. 사회민주당이 소리 높여 반공산주의를 외친 데서 분명히 알 수 있는 사실이다. 엄밀히 말해 중립주의는 (사회민주당이 아니라) 독일이라는 국가가 채택해야 하는 입장이었다. 중립주의만이 소련에 확신을 줄수 있고, 독일의 평화통일을 가능하게 할 수 있었다. 따라서 독일이 '정상적인' 국가였다면 사회민주당은 소련을 더 격렬하게 반대했을지도 모른다.

평화는 1950년대 내내 사회민주당의 외교정책 가운데 두드러진 특징이었다. 그러나 프랑스와 이탈리아 평화주의자들과 달리 사회민주당은 반소련적인 태도가 뚜렷했고, 미국보다 소련에 냉전의 책임을 물었다.

사회민주당의 명백한 중립주의는 1958년 3월에 시작된 '핵무기 폐기 반대 운동'에 의해 강화되었다. 이 운동은 영국의 핵군축운동 CND과 마찬가지로 국가의 공식적인 후원을 받지는 못했지만, 젊은 층과 지식인, 이론가, 독일 노동조합연맹의 지지를 받았다. 독일 노동조합연맹은 총파업까지 고려했다.[42] 유권자들은 핵무기 폐기 반대 운동을 외면했다. 이 운동이 쟁점이 된 1958년 7월 노르트라 인베스트팔렌 주 선거에서 기독민주당이 압도적으로 승리했다. 하지만 사회민주당이 못해서라기보다(사회민주당은 꽤 선전했다) 기독민주당을 위해 자유민주당이 희생한 덕분이다.

사회민주당은 선거에 패배했지만, 외교 문제에 중립적 입장을 담은 주요(그리고 최종) 문서를 계속 제안했다. 1959년 3월에는 유명한 '독일 계획Deutschland plan'을 발표했다. 독일 계획은 사회민주당이 1955년 발표한 '독일 선언German Manifesto'의 연장선상에 있었다. 또 앞선 스탈린과 라파츠키의 제안에 긍정적 답변이었다. 즉 독일 계획은 애초부터 잘못된 계획이다. 독일 계획은 핵무기가 금지된 '긴장 완화 지대'를 제안했다. 사회민주당은 처음에는 독일과 폴란드, 체코슬로바키아, 헝가리의 영토 일부를 긴장 완화 지대에 포함했다. 긴장 완화 지대에는 바르샤바조약 군과 NATO 군의 주둔을 금지하고, 각국의 방위군만 제한적으로 주둔을 허용함으로써 미소 양국이 참여하는 집단 안보 체제의 틀에서 동서 진영이 점진적이고 신중하게 군비를 축소할 수 있는 토대가 마련되기를 바랐다. 그렇게 되면 긴장 완화 지대에 참여한 국가들이 NATO와 바르샤바조약을 탈퇴한다는 시나리오였다.[43] 그러고 나서 서독과 동독 국회의원들이 공동 모임을 열고, 독일 양 진영의 교류가 늘면서 합의를 통한 단계적인 통일이 가능하리라고 생각했다.[44] 독일 계획은 독일이 통일되는 마지막 순간까지 종전의 모든 국제조약은 유효하다는 점을 분명히 했다.[45]

독일 계획은 기독민주당의 강한 반발에 부딪혔다(그러나 자유민주당은 독일 계획에 반대하지 않았다. 자유민주당은 1956년 중립주의 쪽으로 급격히 방향을 틀면서 독일 계획과 유사한 내용을 담은 제안을 했다).[46] 서유럽도 독일 계획을 외면했다(그러나 당시 야당이던 영국 노동당은 이와 비슷한 계획을 즉각 채택했다. 아래 참조). 소련은 모스크바를 방문한 독일 사회민주당 특사 프리츠 에를러Fritz Erler와 카를로 슈미트Carlo Schmidt에게 중립적인 독일에 관심이 없다는 점을 밝혔다. 이제 소련의 관심은 동독의 주권을 방어하는 데 쏠렸다. 소련은 자신들의 통제에서 벗어나는 순간, 헝가리나 폴란드도 머잖아 공산주의를 포기하리라는 점을 알았을 것이다.

이제 중립주의는 중립주의에 헌신하는' 나라들, 다시 말해 '진영논리'와 무관하게 흔들림 없이 중립주의를 고수하는 나라들을 위한 선택 사항이 되었다. 언젠가 독일이 통일된다면 강대국 간 협상이나 강대국 중 어느 한 나라의 단독 행동으로 통일될 가능성이 커졌다. 어느 경우가 됐든 서유럽 국가들은 들러리 역할 이상은 하지 못할 게 뻔했다. 이런 예상은 독일 계획이 발표되고 1년 만에 현실로 나타났다. 사회민주당 원내총무 헤르베르트 베너Herbert Wehner가 1960년 6월 30일 독일 하원에서 기독민주당과 사회민주당이 초당적인 외교정책을 채택해야 한다고 제안한 것이다. 이 제안에 사회민주당 지지자는 물론 반대 세력까지 망연자실했다. 물론 베너는 서독이 가입한 '유럽과 대서양 조약 체제가 독일의 모든 외교정책과 통일 정책의 토대이자 틀'이라는 점을 사회민주당이 공식적으로 인정했기에 이런 제안을 할 수 있었다.[47] 독일 계획은 '과거의 계획'이 되었고, 독일 계획이 실패한 책임은 동독이 뒤집어썼다. 전적으로 부당한 책임 전가라고 할 수는 없었다.[48]

베너의 제안은 평소 다른 사안에 어정쩡한 태도를 취하던 서독의 정치 풍토에서는 이례적으로 순식간에 언론의 관심을 끌며 뜨거운 감자로 떠올랐다. 당연히 사회민주당에서는 반발이 터져 나왔다. 특히 사회민주당 내 좌파의 보루 가운데 한 명인 헤세Hesse가 강하게 반발했다. 그러나 베너의 제안을 지지하는 대중도 적지 않았다.[49] 사회민주당은 베너의 제안이 있기 직전인 1959년 11월 오랜 논의 끝에 「바트고데스베르크 강령Bad Godesberg Programme」을 채택했는데, 그 과정에서 당의 새로운 이미지가 필요하다는 생각이 충분히 교감된 덕분이다. 반면에 많은 운동가들은 베너의 제안에 놀라움을 넘어 실망을 감추지 못했다. 당이 외교정책의 변화를 고려한다는 조짐이 전혀 없었으니 그럴 만했다. 즉 「바트고데스베르크 강령」에서도 외교정책 분야만큼은 큰 변화가 없었다. 「바트고데스베르크 강령」은 NATO를 받아들이지 않았고, 여전히 EEC를 의심했다. "지역적 제한이 있는 초국가주의 연합이 비공개 정책을 만들지 못하도록 해야 한다."[50] 「바트고데스베르크 강령」은 "독일 전체를 유럽의 긴장 완화 지역에 편입하는 것"이 목표임을 재확인했다.[51] 그런데 갑자기 이 모든 것이 바뀌었다. 언제나 그랬듯이 정당의 행동가들은 변화를 재빨리 받아들였다.

수년간 사회민주당은 서독이 NATO에서 일방적으로 탈퇴해야 한다는 요구를 자제했고, 처음과 달리 EEC를 반대한다는 주장도 철회한 상태였다. 하지만 사회민주당의 모든 외교정책을 떠받치는 바탕에는 독일의 미래는 2차 세계대전의 승전국이 아니라 독일이 주도적으로 책임져야 한다는 생각이 있었다. 베너의 제안은 군비축소를 위해서는 '독일을 점령한 4대 강대국'(하지만 여기에서 베너가 의미하는 것은 미국과 소련이다)이 합의해야 한다는 점, 독일 통일과 '중립 지역' 조성보다 군비축소가 먼저라는 점을 인정했다는 데 의미가 있다.[52]

사회민주당은 건설적인 야당의 역할을 통해 긴장 완화 정책에 기여하고자 했다. 베너도 "이것은 연합이나 동맹을 맺자는 제안이 아니므로 부담스러워할 필요가 없다"고 덧붙였다. 오히려 그의 의도는 기독민주당과 외교정책에 대해 정기적으로 의견을 주고받아, 사회민주당의 정당성을 '서구'에서 공식적으로 인정받는 것이다. 사회민주당은 자신들의 새롭고 건설적인 분위기를 확실히 보여주기 위해 NATO 의원총회에 참석하기 시작했다.[53]

중립주의자의 옷을 벗어던지고 자신들은 '정신적으로 서구에 속한다'[54]는 점을 재차 강조한 사회민주당은 실제로도 기독민주당과 연정을 꾸릴 가능성을 열어뒀다. 그런 제안을 하기까지 6년이 더 걸렸지만, 사회민주당은 외교 문제보다 국내문제를 놓고 양당이 의견 차이를 보여야 한다고 제안해서 연정 가능성을 모색했다.[55]

범대서양주의를 수용한 대다수 사회주의 정당과 달리 독일 사회민주당은 범대서양주의를 수용한다고 해서 적극적인 외교정책을 포기할 생각이 없었다. 초당적인 외교정책을 받아들인다는 게 기독민주당의 모든 정책을 받아들인다는 뜻도 아니었다. 오히려 사회민주당은 1960~1970년대에 '동방정책Ostpolitik'을 통해 독일의 외교정책에 강렬한 인상을 남겼고, 다른 정당들은 사회민주당의 동방정책을 토대로 외교정책을 수립했다. 이번만큼은 외교정책의 일부 규칙이 좌파에 의해 틀이 잡혔다. 그전에만 해도 사회민주당은 NATO 회원국의 유력 사회주의 정당 가운데 유일하게 유럽의 반전운동을 지지한 정당이었다. 하지만 사회민주당이 범대서양주의를 받아들임으로써 독일의 반전운동은 조직화된 정치 정당을 잃었다. 이제 서유럽에서 가장 일관되게 군비축소를 지지하는 세력은 공산주의 정당뿐이었다.

다른 때 같으면 고립되었을 프랑스와 이탈리아 공산당은 많은 사람을 동원하고, 그들의 존경을 받는 데 성공했다. 1950년대 평화운동은 '새로운 정치'로 진입한 초기 단계에 등장한 가장 중요한 시도였다. 1960~1970년대 정치적 행동주의자들은 계급에 기반을 두지 않고 한 가지 쟁점을 지향하는 새로운 정치에 친숙해졌다. 평화운동의 열기가 가장 뜨겁던 프랑스와 이탈리아에서는 사실상 모든 공산주의자들이 새로운 정치에 압도되었다. 반면 다른 나라에서는 새로운 정치를 위한 세력과 결속력이 부족했다. 독일만 조금 가능성을 보였다.

평화운동 지지자들은 새로운 대량 살상 무기인 핵무기에 반대했다. 한국전쟁이 터지기 몇 달 전인 1950년 3월 19일 스웨덴의 수도에서 공산당의 후원을 받는 세계평화옹호회World Congress of Partisans of Peace는 「스톡홀름 호소문Stockholm Appeal」을 발표하며 평화운동에 시동을 걸었다. 「스톡홀름 호소문」은 모든 핵무기 금지를 호소하면서 최초로 핵무기를 사용하는 나라는 전 인류에 도전하는 범죄자로 취급받을 것이라고 선언했다.[56]

평화운동 측에 따르면 전 세계(소련과 중화인민공화국까지 포함)에서 4억 명이 「스톡홀름 호소문」을 지지했다. 이탈리아에서 1700만 명이, 프랑스에서는 1400만 명이 서명했다. 물론 이 수치는 어느 정도 부풀려진 것이 확실하다. 좀 덜 부풀려진 통계에 따르면 프랑스에서 950만 명 정도가 서명한 것으로 보인다(당시 950만 명이면 공산당에 표를 던진 유권자의 두 배에 달하는 수치다).[57]

프랑스에서는 사회주의자들이 범대서양주의와 손잡은 덕분에 프랑스 공산당이 별 어려움 없이 평화운동을 독점했다. 반면 넨니가 이끄는 이탈리아 사회당은 대중운동을 선동할 능력이 없었다. 우려한 대로 사람들은 평화와 군비축소라는 대의명분을 공산주의의 '전체주의'와 연결했다. 하지만 공산주의 정당은 평화운동이라는 쟁점을 이용해 자신들의 국가적 정체성과 애국심, 미국의 제국주의에서 국가를 수호하고자 하는 의지를 강조했다. 톨리아티가 한국에서 세균전을 벌였다고 알려진 미군 사령관 리지웨이Matthew Bunker Ridgway의 이탈리아 방문에 항의한 것도 그 때문이고, 기독민주당을 가리켜 외국에 나라를 팔아먹었으므로 '1945년에 파시스트와 독일에 맞서 싸워 승리한 진정한 이탈리아'의 정당이 아니라고 비난한 것도 그 때문이다.[58]

프랑스 공산당도 애국주의를 강조하려고 안간힘을 썼다. 하지만 프랑스 공산당과 이탈리아 공산당의 전략과 전술은 달랐다. 이탈리아 공산당은 거리에서 충돌하는 상황을 피하려고 했다. 프랑스 공산당이 1952년 5월 28일 리지웨이 사령관의 파리 방문에 항의하며 폭력 시위를 주도한 것과 달리, 이탈리아 공산당은 지금은 혁명적인 상황이나 혁명 이전의 상황이 아님을 공개적으로 인정하면서 폭력 시위와 거리를 두려고 했다.[59] 또 이탈리아 공산당은 반전이라는 쟁점을 이용해 교회와 공산주의를 잇는 다리를 놓기 시작했다. 1954년 4월 12일 톨리아티는 가톨릭을 향해 '인류 문명을 구하기 위해' 공산주의자들과 함께해 달라고 호소했다.[60] 톨리아티가 반미국주의와 친소련주의를 겨냥하고 그런 말을 했다는 것은 모두 아는 사실이다. 그렇다 해도 국제 평화처럼 계급과 상관없는 쟁점에 대해 공산당이 가톨릭에 노골적으로 동맹을 맺자고 요구한 것은 그동안 볼 수 없던 변화다.

프랑스 공산당과 이탈리아 공산당은 평화운동을 통해 대중의 호감을 얻는 데 성공했다. 그러나 그 호감은 양당이 1956년 소련의 헝가리 침공을 지지한 순간 흔적도 없이 사라졌다. 그것은 이탈리아와 프랑스에서 평화운동의 종말을 알리는 신호였다. 대신 다른 나라, 특히 영국에서 평화운동이 전개되었다. 그러나 영국에서는 정당이 아니라 조직화된 좌파의 울타리 밖에서 평화운동이 시작되었다. 어쩌면 당연한 일인지도 모른다. 영국 노동당은 집권당이 되고 나서 NATO의 출범을 도왔고, 적극적으로 냉전을 지지한 정당 가운데 하나이며, 핵무기를 개발하고 시험한 장본인이기 때문이다.

영국의 일방적 핵군축을 지지하는 운동은 노동당을 향해 호소했다. 좀더 현실적인 핵군축 지지자들의 주장이 충분히 일리가 있었기 때문이다. 그들은 노동당이 핵군축을 정책으로 채택하지 않는한 일방적 핵군축을 관철하기 힘들다고 주장했다. 이처럼 영국의 평화운동은 처음부터 프랑스나 이탈리아의 그것과 다른 양상으로 전개됐다. 프랑스와 이탈리아에서는 강력한 공산당이 평화운동을 주도했다. 두 나라에서는 평화가 공산당의 외교정책 가운데 하나였고, 공산당은 정치적 동맹이 필요했다. 그러나 영국에서는 거꾸로 평화운동 지지자들이 평화라는 쟁점을 받아들이라고 노동당과 노조를 압박했다. '노동당 설득하기'는 그때부터 영국에서 단일 쟁점을 가진 운동의 주요 목표가 되었다. 반면 프랑스 공산당과 이탈리아 공산당은 줄곧 '대중운동에 머무르는' 방식에 집착했다. 정도는 덜하지만 독일 사회민주당도 대중운동에 집착하는 쪽이었다.

따라서 영국의 핵무기 반대운동은 노동당보다 교회나 런던 북쪽에 위치한 골더스 그린Golders Green의 여성 협동 길드Co-operative Women's Guild에서 기원을 찾는 것이 맞을지도 모르겠다.[61] 명백하게 윤리적인 차원을 빼고 보면 핵무기 반대 운동의 가장 큰 특징은 영국이 세계적인 역할이고, 영국의 행동이 나머지 국가에 많은 영향을 미친다는 확신이었다.[62] 프랑스와 중국이 머지않아 핵무기 보유국에 동참했는데도 영국은 자신들의 일방적인 핵무기 폐기 조치가 다른 나라에 만만치 않은 윤리적 영향력을 미칠 것이라는 확신을 버리지 않았다. 리처드 테일러Richard Taylor가 적절하게 이름 붙인 이 '윤리적 제국주의'[63]는 존 프리스틀리가 1957년 11월 2일 『뉴스테이츠먼』에 기고한 「영국과 핵폭탄Britain and the Nuclear Bomb」에서 잘 드러난다. 반핵운동의 도화선이 된 「영국과 핵폭탄」은 영국의 '과거의 위엄'과 영국 홀로 파시즘에 맞서 싸운 2차 세계대전 시절, 영국이 세계의 윤리적 기준이 된 수에즈Suez운하 개통 이전의 시대에 대한 향수로 가득 차 있었다.[64]

핵무기 반대 운동 진영의 이런 호소에 노동당은 냉랭한 반응을 보였다. 노동당 내 좌파의 수장 어나이린 베번은 일방적 핵무기 폐기를 잠시 고려하는가 싶더니 1957년 노동당 대회에서 '감정의 발작'이라는 무자비한 표현까지 써가며 핵무기 폐기 주장을 강하게 비난했다(노동당의 압도적 다수가 일방적 핵무기 폐기를 거부했다). 베번의 주장은 보수당의 주장 못지않게 '제국적'이었다. 그는 영국이 미소 두 강대국 사이에서 목소리를 내고 완충작용을 할 수 있는 것은 위신과 국제적 지위가 있기 때문이며, 이는 핵무기를 보유하기에 가능하다고 주장했다.[65] 제국주의적 망상을 떠올리게 하는 동시에 대단히 비현실적인 베번의 주장은 30년 이상 영국의 국방 정책에서 핵심적인 위치를 차지해온 주장이다. 이를 보면 외교정책을 결정할 때 정치적 합리주의와 이해력은 전제 조건이 아니라는 것을 알 수 있다. 일방적 핵무기 폐기주의자들과 영국의 핵무기 보유를 원하는 세력의 논쟁은 여러 해 동안 이어졌다. 심지어 (경제적 이유로) 중거리탄도미사일인 블루스트릭 미사일 계획을 중단하기로 하면서 영국이 신형 무기를 연구·개발할 여력이 없다는 것을 영국 정부가 깨달은 뒤에도 논쟁은 끝나지 않았다. 영국은 핵폭탄을 보유했지만, 미국의 미사일을 이용하지 않고는 발사할 수 없었다. '영국의 독자적인 핵 억제력'에서 '영국'과 '독자적인'은 적절한 단어가 아니었다. 영국은 미국의 방어 체제와 뗄 수 없는 관계에 놓였다. 영국 국민은 핵폭탄을 보유했기 때문에 영국이 세계 문제에서 영향력을 미칠 수 있는 것이라고 생각했다. 따라서 핵폭탄에 반대하면 유권자들은 등 돌릴 게 뻔했다. 이는 정치 정당으로서 가볍게 여길 사안이 아니었다. 그러나 정치인들은 영국의 핵무기 보유가 국제 평화에 전혀 영향을 미치지 않는다는 사실을 본능적으로 직감했다. 어차피 그런 상황이라면 굳이 알리지 않고, 국민은 계속 행복한 착각에 빠져 있는 게 나았을지도 모른다. 정치인들은 자신의 생각을 공개적으로 털어놓을 수 없었다. 냉소주의와 선거 영합주의를 정직하게 드러내면 선거에서 이길 확률이 희박하기 때문이다.

베번이 일방적 핵 폐기주의를 포기한다고 선언한 것은 그렇게 해야 재야의 외무부 장관으로 불리는 자신이 노동당 정부의 외무부 장관에 오를 수 있다고 믿었기 때문이다.[66] 정말 그런 계산이었다면 그의 계산은 거의 정확했다. 노동당이나 보수당은 일방적 핵 폐기주의를 '야당적인' 태도로 봤고, 아무리 잘 봐줘도 외교 문제에서 노동당이 추구하는 '제3의 길'에 대한 헌신으로 비쳤기 때문이다.

반핵운동이 노동당에 끼친 실질적인 영향은 보수당의 외교정책과 조금이라도 다른 노동당만의 외교정책을 개발하라는 압력을 받았다는 점이다. 계속되는 압력에 노동당 정부는 1959년 6월 24일, 「군비축소와 핵전쟁 : 다음 단계Disarmament and Nuclear War: The Next Step」라는 문서를 발표했다. 이 문서는 독일 사회민주당의 독일 계획과 놀라울 정도로 비슷하다. 유럽에서 외국 군대가 철수하고, 독일이 재통일되고, 그 이후 통일 독일이 NATO에서 탈퇴하고, 폴란드와 체코슬로바키아, 헝가리도 바르샤바조약에서 탈퇴한다는 게 핵심 내용이다. 미국과 소련을 제외한 모든 국가가 핵 보유 금지에 동의한다면 영국도 '일방적으로' 핵무기를 폐기하겠다는 약속이 포함되었다.[67] 핵무기 보유국 가입을 코앞에 둔 프랑스와 중국은 말할 것도 없고, 어느 나라도 이 제안을 받아들일 가능성은 없었다.

1960년 노동당 전당대회에서 일방적 핵 폐기주의자들의 군축안이 가결되었다. 수상을 지낸 노동당 당수 게이츠컬이 '평화주의자이자 일방적 핵 폐기주의자이며 동지'라고 부른 이들이 그에게 패배를 안겨준 셈이다. 핵군축운동에 참여한 사람은 중산층이 압도적으로 많았지만, 게이츠컬에게 패배를 안긴 것은 그들이 아니다. 중산층 가운데 3분의 2는 게이츠컬을 지지했다. 그에게 패배를 안긴 것은 노동조합의 블록 투표다. 노동조합 지도자들은 당헌 4조(자세한 내용은 10장 참조)를 폐지하려는 게이츠컬의 시도에 반대했다.[68] 게이츠컬은 "싸우고 또 싸우겠다"고 맹세했고, 실제로 그렇게 했다. 1년 뒤에는 (프랭크 커즌스Frank Cousins가 이끄는 영국 운수일반노동조합을 제외한) 나머지 노조의 표를 되찾아 일방적 핵 폐기 결정을 뒤집었다. 1년 전의 전당대회 때와 같은 승리를 기대하지 않은 핵군축운동은 패했다. 노동당에서 일방적 핵 폐기주의는 내부의 파벌 싸움이 벌어질 때만 중요한 쟁점으로 떠올랐다. 당헌 4조를 변경하려는 수정주의자들의 시도가 무산되자 일방적 핵 폐기주의는 문제가 되지 않았고, 1970년대까지 동면에 들어갔다.

핵폭탄 문제를 둘러싸고 일대 논쟁이 벌어지긴 했지만, 영국을 그보다 뜨겁게 달군 쟁점은 영국의 NATO 회원국 지위다. 일부의 주장처럼 영국이 진정한 의미의 국제적인 중재자가 되려면 NATO에서 탈퇴했어야 할까? 충분히 일리 있는 주장이다. 하지만 영국이 NATO에서 탈퇴했다면 자동적으로 서구 세력은 약해지고 소련은 강해지지 않았을까? 영국으로서는 중재자 자격으로 가지고 있던 모호한 권위마저 포기해야 하는 사태가 벌어졌을지 모른다. 유럽의 사회주의 총리 가운데 자기 나라를 NATO의 군사 구조에서 빼내려고 한 사람은 아무도 없었다. 그런 시도를 해서 성공을 거둔 총리가 딱 두 명 있는데, 프랑스 샤를 드골과 '그리스의 드골'로 불린 콘스탄티노스 카라만리스Konstantinos Karamanlis다. 공통점은 두 사람 모두 보수주의자라는 것이다. 1960년 핵무기 보유국이 된 프랑스는

1966년 NATO의 군사 구조에서 탈퇴해 미국의 분노를 샀다. 그리스는 프랑스의 뒤를 이어 1974년 NATO에서 탈퇴했다. 하지만 그리스가 NATO를 탈퇴할 때는 프랑스가 NATO를 탈퇴할 때와 상황이 크게 달랐다(21장 참조). 드골은 서유럽의 독립적인 핵 억제력을 지지하는 가장 중요한 주장을 했다. 드골은 소련이 대륙간탄도미사일ICBM을 개발하고 최초의 인공위성 스푸트니크Sputnik를 쏘아 올리는 데 성공했다는 것은 미국의 핵무기 공격에 맞설 수 있는 억지력을 구축했음을 의미한다고 주장했다. 소련이 재래식 무기로 공습할 경우 미국의 핵무기가 유럽을 보호해줄 것이라는 믿음은 흔들릴 수밖에 없었다. 미국은 대서양 연안의 주요 미국 도시가 파괴되는 한이 있어도 유럽을 구하는 데 주저하지 않겠다는 확신을 유럽에 심어줄 필요가 있었고, 소련에게도 무슨 일이 터지면 미국은 유럽을 사수할 것이라는 신호를 보내야 했다. 그런 확신이 부족하다면, 프랑스의 경우에서 볼 수 있듯이 유럽 스스로 핵 억제력을 보유하는 것만이 논리적인 귀결이었다. 서유럽의 핵무기 폐기는 어떤 경우에도 소련의 공격이 없을 것이라는 믿음이나, 유럽 방어가 언제나 미국의 절대적 국익에 속한다는 믿음이 있을 때 가능한 얘기였다.

프랑스의 NATO 탈퇴에 불안한 건 서구뿐만 아니다. 드골은 어떤 잠재적 위협에도 핵무기를 사용할 의사가 없음을 천명했지만, 프랑스의 핵무기가 소련을 겨냥하리라는 것은 삼척동자도 알 수 있는 사실이었다. '군사적' 측면에서 NATO는 프랑스를 잃은 손실을 능가하는 보상을 받았다. 프랑스의 핵무기 배치로 서구의 핵 억제력이 강화된 것이다. 프랑스는 비동맹 진영에서 큰 명망을 얻었지만, 결코 동서를 잇는 중재자가 되지는 않았다. 게다가 프랑스의

NATO 탈퇴는 우파 인사에 의해 시작되었다. 말하자면 좌파의 대중운동에서 압력을 받아 NATO를 탈퇴한 것이 아니다. '진영 논리'의 불문율에 따르면 둘 중 한쪽 진영에 속한 국가는 절대로 반대쪽 진영과 가까운 정치인들의 지배를 받아서는 안 된다. 드골은 진영 논리의 불문율을 존중한 셈이다.

드골의 외교정책은 미국뿐만 아니라 프랑스 좌파에게 골칫거리였다. 그중에서도 프랑스 공산주의자들에게 골칫거리였다. 드골이 프랑스와 소련의 관계 회복을 추진했기 때문이다. 드골은 반미주의자이자 민족주의자고, 프랑스 군이 NATO(즉 미국)의 지휘를 받는 것이 못마땅했으며, EEC를 의심했고, 초국가주의를 단호히 반대했다. 자세히 들여다보면 드골의 주요 외교정책은 프랑스 공산당의 외교정책과 거의 비슷했다. 그러나 프랑스 공산당이 드골주의자들과 손잡는다는 건 생각조차 할 수 없고, 실현 가능성도 없는 일이었다. 하기야 드골도 공산주의자들에게 아쉬운 소리할 필요를 전혀 느끼지 못했다. 이렇게 프랑스 좌파 전체는 20세기에 살아생전 두 번이나 전무후무한 방식으로 프랑스의 상징이 된 남자와 기묘한 애증 관계에 놓였다. 그 애증 관계는 완전히 일방적인 관계였다. 드골은 좌파를 거들떠보지 않았고, 좌파가 아니기 때문에 NATO 회원국 가운데 어떤 사회주의 지도자도 할 수 없던 일들을 해냈다. 드골은 외교정책에서 국가의 독립을 지지했고, 미국의 베트남 정책에 비판적 입장을 취했다. 그는 프랑스가 선진국 중에서 제3세계의 수장을 맡고 있다는 사실도 잘 알았다.

드골의 외교정책이 거둔 성취는 1956년 이후 인터내셔널 프랑스 지부가 주도한 정부가 겪은 음울한 실패와 극명하게 대비된다. 음울한 실패는 알제리와 수에즈운하에서 시작됐다. 알제리 전쟁은 격렬했고, 식민지의 사상은 그 어떤 사상보다 '사회주의적' 인종주의에 강하게 고취되었다. 수백만 알제리인의 이익이 100만 명도 되지 않는 노동계급 백인 정착민의 이익에 밀려 늘 뒷전이었기 때문이다. 게다가 알제리 전쟁은 프랑스 사회주의자들을 수에즈전쟁으로 끌어들였다. 겉으로는 수에즈운하를 계속 서구가 지배하겠다는 명분을 내세웠지만, 실제로 수에즈전쟁은 나세르Gamal Abdel Nasser로 대표되는 아랍의 민족주의를 약화하려는 의도로 시작됐다.

수에즈운하에 대한 내정간섭과 영국과 프랑스의 동의 아래 진행된 이스라엘의 시나이Sinai반도 침공은 다양한 측면에서 해석할 수 있다. 두 사건은 프랑스와 영국이 제국의 역할을 고수하려 한 마지막 시도이자, 미국의 사전 지원 없이 세계 무대에 개입하려 한 마지막 시도로 해석되는 경우가 많다. 이것은 수에즈 사태의 결과에 대한 정확한 해석이지만, 수에즈 사태의 원인으로 보기에는 무리가 있다. 제국주의적 위대함에 대한 망상이나 나세르와 히틀러를 동일시하려는 로버트 이든의 집착을 보면 영국이 수에즈 문제와 시나이반도 사건에서 왜 그렇게 행동했는지 조금은 짐작이 된다. 크리스티앙 피노 같은 인터내셔널 프랑스지부 지도자도 걸핏하면 나세르를 히틀러에 비유했다. 이스라엘에 대한 연민과 나세르가 알제리 민족주의자를 지원한 점이 인터내셔널 프랑스지부의 수에즈 사태 개입을 부추긴 것도 사실이다. 문제는 수에즈 사태에 개입하는 과정에서 인터내셔널 프랑스지부가 한 일이 비사회주의 정부에나 어울리는 일이라는 점이다. 즉 인터내셔널 프랑스지부는 프랑스의 외교정책을 고스란히 이행했으며, 어떤 사회주의적 세계관도 인터내셔널 프랑스지부의 행동에 영향을 미치지 않았다. 보수적인 프랑스 인민공화운동당이 주도하는 정부라도 인터내셔널 프랑스지부와 똑같은 일을 했을 것이다.

수에즈 사태는 1950~1960년대에 일어난 국제 위기 가운데 동서 갈등의 양상이 가장 덜 두드러진 흔치 않은 사례다. 물론 공산주의 진영은 친親이집트적인 태도를 취했다. 반면에 프랑스 사회주의자들을 제외하면 영국을 포함한 서유럽의 모든 좌파는 수에즈 사태 개입을 탐탁지 않게 여겼다. 게다가 미국까지 몹시 비판적이었다. 노동당 당수 게이츠컬은 영국 정부가 수에즈운하에 병력을 파견하자 '어리석은 범죄행위'라고 비난했다. 게이츠컬은 노동당과 영국 노동조합회의의 전폭적인 지지를 받았다. 노동당이 수에즈 개입을 비난한 이유는 나세르와 이집트의 민족주의에 공감해서도, 자원 통제권을 되찾기 위해 전면에 떠오르던 제3세계의 민족주의 세력을 지지해서도 아니다. 나세르를 막는다 해도 조만간 진정한 의미의 이집트 독립 정부가 탄생해 나세르가 하려던 일을 할 것이란 점을 깨달았기 때문도 아니다. 영국 노동당이 보기 드물게 외교정책에서 당파성을 깬 이유는 그들이 무력 사용을 혐오했고, UN에 헌신하고자 했으며, 당의 단합을 열망했기 때문이다. 세계에서 영국의 위치 정도가 되면 미국과 보조를 맞춰야 한다는 신념도 한몫했다.[69]

수에즈 사태는 영국군 파병과 관련된 국제 위기를 놓고 노동당과 보수당의 의견이 정면으로 충돌한 유일한 사건이다. 뒷날 벌어진 군대 원정, 예컨대 1982년 포클랜드Falkland전쟁이나 1991년 걸프Gulf전 때는 노동당 지도부와 보수당 정부 의견이 완벽하게 일치했다. 수에즈 사태는 2차 세계대전 이후 영국 역사에서 정부의 외교정책이 미국의 외교정책과 첨예하게 각을 세운 드문 경우다. 프랑스와 영국은 미국의 독자적인 UN 결의에 거부권을 행사했다. 미국의 지지 없이 대규모 군사 원정이 시작되었지만, 미국이 IMF(국제통화기금)를 통해 영국에 재정적인 보복 조치를 취하자 보수당 소속 재무부 장관 모리스 맥밀런Maurice Harold MacMillan은 나세르에게 강경하던 태도를 바꿀 수밖에 없었다. 이처럼 미국의 입장에 가까운 것은 보수당 정부보다 오히려 노동당이었다. 그러나 노동당의 입장은 주기적으로 한 번씩 쏟아내는 맹목적 애국주의로 여겨지며 여론의 외면을 받았다.

수에즈 위기는 중동에 대한 유럽의 태도에 역사적 전환점이 된 사건이다. 수에즈 사태 이후 프랑스와 영국은 그동안 빈틈없이 감시의 눈길을 보내던 중동 세력권에 관심을 접었다. 아랍민족주의가 미치는 정치적 중요성은 점점 커졌다. 이스라엘은 갈수록 미국의 보호에 의존했고, 그때까지 중동에서 배제된 소련이 새로운 주연배우로 떠올랐다. 한때 유럽의 제국주의와 무관하던 중동 전 지역은 갈수록 동서 대립이 심해지는 국제 체제에 휘말렸다.

그러나 수에즈 사태가 서유럽 좌파를 대표하는 주요 정당들에 미친 영향은 극히 적었다. 가장 큰 영향을 꼽자면 1956년 11월 30일부터 12월 2일까지 코펜하겐Copenhagen 사회주의 인터내셔널 대회에서 인터내셔널 프랑스지부가 고립됐다는 정도다. 각국 대표는 이집트를 침공한 영국과 프랑스에 책임을 물었다. 불신임 투표가 실시되자 프랑스 대표단은 퇴장했다. 4개국 대표(벨기에와 이스라엘, 스페인, 유대인 노동당 연합)가 기권한 가운데 만장일치로 불신임안이 통과됐다.[70]

인터내셔널 프랑스지부 서기장 기 몰레는 여전히 뉘우치는 기색 없이 수에즈 사태 개입을 중단하라는 국제사회에 유감을 표명했다.[71] 그러나 국제사회의 비난이나 기 몰레의 유감 표명이 중요하지 않은 것 같았다. 인터내셔널 프랑스지부는 어차피 정부와 정당으로서 인기가 없고 무능했다. 인터내셔널 프랑스지부가 긴밀한 일체감을 느낀 제4공화국은 수에즈 사건이 터지지 않았어도 무너졌을 것이다. 영국 노동당도 수에즈 사건으로 소득은 없었다. 그들은 영국 정부에 수에즈 사태에 개입하지 말라고 경고했고, 결국 그들이 옳았다는 게 증명됐다. 보수당 소속 로버트 이든은 전후 영국 최악의 수상이라는 직함에 가장 어울리는 후보로 등극했다. 그러나 이런 상황이 노동당에는 전혀 이득이 되지 않았다. 이든이 사임한 뒤 또다시 보수당 소속 맥밀런이 수상이 되었으며, 보수당은 1959년 세 차례 선거에서 연달아 승리했다. 외교 문제보다 유권자들의 재산을 증진하는 문제가 선거에 중요한 영향을 미친 결과다.

다사다난한 1956년에 일어난 또 다른 주요 위기는 소련의 헝가리 침공이다. 곧 살펴보겠지만 이 사건은 서유럽 공산당에 상당한 영향을 미쳤다. 그러나 사회주의 정당은 별다른 영향을 받지 않았다. 오히려 서유럽 사회주의 정당은 일제히 분명한 목소리로 소련을 비난했다. 헝가리 침공에 영향을 받은 유일한 사회주의 정당은 이탈리아 사회당이다. 이탈리아 사회당은 1955년 토리노 전당대회에서 이탈리아 공산당과 공동전선 정책을 재고하기 시작했다. 리카르도 롬바르디Riccardo Lombardi가 이끄는 사회당 내 강경파는 이탈리아 공산당에 끌려 다니지 말고 사회당의 독립성을 강화해야 한다고 목소리를 높였다. 결정적으로 1956년 소련 공산주의자들이 스탈린을 비난하고, 소련이 헝가리를 침공하는 것을 보면서 이탈리아 사회당 서기장 피에트로 넨니는 마침내 중도주의적인 이탈리아 사회민주당과 다시 관계를 맺고, 사회당의 전반적인 동맹 전략을 재검토할 때가 왔다는 확신이 생겼다. 그러나 이탈리아에서는 사회당과 공산당의 유대가 끈끈하다 보니 소련의 헝가리 침공 규탄조차 만장일치로 결정되지 않았다. 에밀리오 루수Emilio Lussu가 이끄는 사회당 내 소규모 극좌 집단은 헝가리 침공을 지지했다. 렐리오 바소Lelio Basso와 툴리오 베치에티Tullio Vecchietti가 이끄는 좀더 규모가 큰 주류 좌파도 우파를 위한 이적 행위가 될까 봐 소련 탱크의 부다페스트 침공을 무턱대고 비난할 수는 없었다. 그 결과 두 집단은 '전차병兵'이라는 별명을 얻었다.[72]

헝가리 사태를 계기로 이탈리아 사회당과 공산당은 결별했다. 두 당의 결별은 향후 이탈리아 정치에서 매우 중요한 사건이다. 단일 사건만 놓고 볼 때 두 당의 결별은 이탈리아 기독민주당이 권력을 유지하는 데 가장 큰 영향을 미쳤다. 1957년 베네치아 전당대회에서 사회당은 '전선주의'(frontism : 이탈리아 공산당과 밀접한 동맹 관계)를 맹비난했고, 기독민주당과 다시 관계를 이어갔다. 이는 6년 뒤 양당의 집권으로 이어졌다.

다른 나라의 사회주의자들에게 헝가리 사태는 크게 걱정할 문제가 아니었다. 그들은 기본적으로 '철의 장막' 저쪽에서 일어난 사건은 자신들과 무관하다고 생각했다. 동유럽 '사회주의'는 민주적 사회주의가 아니라는 이유로 서유럽 사회주의자들에게 초미의 관심사가 아니었다. 사실 서유럽 사회주의자들은 소련식 공산주의 이데올로기나 관습과 어느 정도 공통되는 가치관이 있었다. 예컨대 자본주의에 대한 적의, 사회주의의 역사적 필연성과 진보적 정치에 대한 믿음, 노동계급의 핵심 역할에 대한 믿음, 집산주의적 가치관까지 닮은 구석이 꽤 있었다. 서유럽 사회주의와 소련식 공산주의의 공통점은 사회주의자들의 적인 보수주의자들에게 위안거리였다. 사회주의자들도 소련식 공산주의와 관계를 불편한 골칫거리로 여길 때가 많았다. 사회주의자들은 공산주의와 자신들의 큰 차이점이 반복해서 드러난 뒤 필요할 때마다 기꺼이 공산주의를 반대하거나 비난했다. 서유럽 사회주의자들은 '사회주의 국가'로 가기 위한 정책을 내놓기를 주저했다. 정치적 지역주의가 갈수록 확산되는데다, 공산주의와 엮였다가 나쁜 평판에 물들 수도 있었기 때문이다. 독일 사회민주당이 유일한 예외였다. 공산주의가 독일을 지배하지 않는 한 사회민주당은 공산주의 문제를 무시할 수 없는 위치에 있었다.

전반적으로 1950년대의 서유럽 좌파는 필요할 때만, 다시 말해서 자국이 어떤 입장을 취해야 할 때만 외교정책을 채택했다. 그렇지 않은 때는 도덕적 입장을 표명하는 정도로 충분하다고 생각했다. 도덕적 입장의 특징은 항상 '좋은' 편을 알아내야 한다는 것이다. 그러다 보니 해당 정당은 문제의 재발을 막기 위한 실제적인 행동에 돌입하지 못할 때가 많다. 국제 문제는 서유럽 좌파가 정부에 참여할 때만 그들에게 의미가 있었다. 따라서 좌파의 집권이 드물던 1950년대에는 그런 일이 자주 없었다. 야당일 때는 좌파 정당에 건설적인 정당이 되어주길 기대하는 사람이 거의 없었다. 때문에 당시 서유럽에서 가장 중요한 사건인 프랑스와 서독, 이탈리아, 베네룩스 삼국의 EEC 창설에서 대다수 서유럽 좌파 정당은 사실상 아무런 역할을 하지 않았다. 당시만 해도 동유럽이 통째로 빠진데다, 서유럽에서도 대다수 국가가 배제된 일개 경제조약이 유럽 대륙의 정치 · 경제적 통일을 위한 초석이 될 수 있음을 내다본 사람은 많지 않았다. 1957년 3월, EEC 초대 회원국 6개국은 로마조약에 서명했으며, 조약에 따라 EEC와 더불어 핵무기의 평화적 사용을 촉진하는 유럽원자력공동체EURATOM가 설립됐다.

6개국의 모든 사회주의 정당은 원칙적으로 유럽 통합에 반대하지 않았다. 심지어 베네룩스 삼국의 사회주의 정당들은 연방제를 열렬하게 지지했다. 그런데도 새로운 EC 건설에 사회주의자들의 목소리가 뚜렷하게 반영된 적은 없었다. EEC는 철강(쉬망플랜의 유럽석탄철강공동체)을 중심으로 한 산업 경제의 상호 의존 체제 수립과 독일군을 유럽 방어 체제에 포함하는 시도(첫 번째 시도인 유럽방위공동체는 실패했고, 이후 서유럽연합 창설과 독일의 NATO 가입은 성공했다)에서 보듯이 어디까지나 '독일 문제', 즉 독일의 재무장을 막기 위한 시도에서 비롯됐기 때문이다. 더욱이 EEC는 처음부터 명백하게 자유 시장의 특징을 가지고 출발했다. EEC는 경쟁을 가로막는 걸림돌을 제거하는 것이 목표라는 점을 인정했다. EEC의 이데올로기는 곧 자유주의 이데올로기였다. EEC의 이데올로기는 애매한 연방제와 유사했다. EEC는 1957년 서유럽에서 당장 전쟁이 일어나기라도 할 것처럼 분위기를 띄우고, 자신들이 전쟁을 막을 수 있다고 큰소리쳤다. 그들의 이론적 근거는 더욱 거창했다. 강력한 자유 시장 지대를 만들어 거대한 시장을 위한 기반을 제공하겠다는 포부를 내비쳤다. 미국은 유럽 통합을 열광적으로 지지하며 서구의 가치에 헌신하고 마지막까지 공산주의와 맞서 싸우는 유럽, 경제적 번영을 누리는 유럽의 탄생을 위해 줄기차게 압력을 행사했다. 이 때문에 EEC를 사회주의 발전에 도움이 되는 기구로 받아들이기는 더더욱 어려웠다.

　EEC는 그때나 나중에나 자기 일 외에 관심이 없는 부유한 나라들끼리 작당해서 만든 편협한 조직이라는 비난을 들었다. 일리가 없는 건 아니지만, 좀더 관대하게 평가하면 점점 고조되는 세계경제의 국제화와 두 세계열강의 부상, 비동맹 운동의 발전에 유럽이 응답한 것이었다고 볼 수도 있다. 이런 현상을 보면 당시 민족국가라는 개념이 얼마나 약해졌는지, 다른 나라와 주권을 공유하는 일이 얼마나 절실해졌는지 분명히 알 수 있다. 바로 그 시점에 유럽의 사회주의 운동은 민족국가와 화해했고, 서유럽 공산주의자들은 애국심을 이용해 사회주의로 가기 위한 '국가적' 길을 닦고 있었다. 그 밖에도 EEC가 탄생할 즈음의 정치적 상황, 예컨대 냉전과 사회민주주의 퇴조, 자본주의 성공, 소비사회 발전을 생각해보면 EEC 안에 의미 있는 '사회적 공간'이라 불릴 만한 것이 왜 하나도 없었는지 이해가 된다. EEC가 1945년에 탄생했다면 틀림없이 집산주의적 색깔이 담긴 헌장을 채택했을 것이다. 그랬다면 1950년대에 EEC의 발전 자체는 크게 달라지지 않았을지 몰라도, 좌파 정당들은 유럽 통합에 대한 사회주의적 근거와 유럽 대륙에서 행동 방침을 마련했을 것이다.

　로마조약이 사회적 측면을 철저하게 무시한 것은 아니라는 주장도 완전히 틀린 얘기는 아니다. 프랑스의 고집으로 로마조약 119조에 남녀 동일 임금의 원칙이 명시됐기 때문이다. 하지만 119조가 미친 영향력은 미미했다. 남녀 임금 차이가 조금 줄긴 했지만, 그것은 유럽 전역에서 벌어진 현상이지 EEC 6개국에 한정된 현상이 아니었다. 또 117조와 118조는 사회정책과 조화를 이루려는 의도가 담겼지만, 모호하고 구속력이 없었다. 120조의 목표는 유급휴가를 늘리는 것이 아니라 줄이지 못하게 하는 것이었다. 유일하게 식별할 수 있을 만한 의미가 담긴 조항은 121조로, 각료 이사회가 요청하면 집행위원회가 이주 노동자를 도울 수 있다는 내용이었다.

이처럼 로마조약에서는 복지사회주의와 관련된 조항을 거의 찾아볼 수 없다. 따라서 EEC의 목적이 경제동맹이 아니라 공동시장을 창설하는 것이라는 주장에 힘이 실린다. 경제동맹과 공동시장은 다르다. 공동시장은 '부정적 통합'을 통해 실현될 수 있다. 즉 공동시장을 창출하려면 경쟁에 방해가 되는 장애물을 제거해야 한다. 반면 경제동맹을 위해서는 긍정적 통합이 필요하다. 즉 "경제적 목적과 복지 목적을 달성하기 위해 공동으로 채택한 정책을 배치하고 적용"[73]하는 것이 경제동맹이다. 당시 EEC의 목표는 결코 '경제동맹'이 아니었다. 현실적으로 선택은 둘 중 하나일 수밖에 없었다. 복지를 포함한 모든 문제에 독자적 법률 제정의 범위를 분명하게 규정할 수 있는 국민주권 국가가 하나, 국가의 복지 입법보다 자유경쟁을 위한 필요조건이 먼저인 공동시장이 또 하나였다. 그런 상황에서 영국이나 스칸디나비아의 정당들처럼 한층 헌신적인 복지사회주의 주창자들이 가장 덜 '유럽적인' 정당으로 판명된 것은 어쩌면 당연해 보인다.

베네룩스 삼국의 사회주의 정당들만 유럽 통합 과정에 좌파적 내용을 조금이라도 집어넣기 위해 애썼다. 벨기에 사회당은 "국제적 공공사업을 위해 투자한 돈은 공동으로 소유한다"는 원칙을 EEC가 받아들이게 하려고 노력했다.[74] 그러나 유럽의 '창시자' 중 한 사람인 폴 앙리 스파크Paul Henri Spaak 벨기에 수석대표의 관심은 유럽의 공동소유보다 거대 시장 창설에 쏠려 있었다. 벨기에 사회당은 유럽의 신속한 통합에 헌신적이었고, 벌써부터 단순한 공동시장을 넘어 유럽 통일을 마음속에 그리고 있었다.

네덜란드 노동당도 점차 열렬한 유럽주의자로 바뀌었다. EEC 창설을 위한 주요 계획안을 작성한 사람은 노동당 대표 빌렘 드레이스가 이끄는 연립정부에서 외무부 장관을 맡은 무소속 요한 빌렘 베옌Johan Willem Beyen이다.[75]

유럽주의는 베네룩스 삼국의 국내 정치에서 지속적이고 일관된 요소로 존재했다. 세 나라 정당들 간에 의견 차이는 거의 없었다. 좌파는 딱히 사회주의적인 관점에서 EEC를 옹호하려고 하지 않았다. 의회민주주의에 대한 헌신과 마찬가지로, EEC는 의심을 제기해야 할 대상이 아니라 정치적 논의를 발전시킬 수 있는 공동의 기반 가운데 하나였다. '정상적인' 정치의 범위 바깥에 있던 공산주의자들만 조직적으로 유럽 통합에 반대했다. 그 외 모든 주요 정당은 자국의 국가 경제가 어떤 식으로든 독일이나 프랑스 경제와 밀접한 관련이 있으므로 EEC를 통해 얻을 것이 있다고 생각했다.

하지만 베네룩스 삼국의 사회주의 정당이 유럽주의자들이라고 해서 유럽 통합이 그들에게 첨예한 사안이었다고 보기는 힘들다.[76] 유럽 정책은 벨기에의 스파크나 네덜란드의 베옌 같은 소수집단의 지도자 손에 맡겨져 있었고, 경제적인 측면에서 유럽 통합 옹호론을 망설이던 정당의 행동주의자들은 서서히 신중한 수용 쪽으로 돌아섰다.[77] 그러나 사회주의 운동가들은 전반적으로 유럽에 관심이 없었으며, 모든 정당이 EEC에 동의했기 때문에 별다른 논쟁은 없었다.

베네룩스 삼국에서 유럽 문제를 놓고 거의 이견을 보이지 않았다는 것은 놀라운 일이 아니다. 베네룩스 삼국에서는 좌파와 우파의 정치투쟁에 따른 분열보다 언어와 종교 문제에 따른 분열이 심각했기 때문이다. 게다가 베네룩스 삼국의 경제는 석탄철강위원회를 통해 프랑스와 독일의 경제와 연결되었기 때문에 EEC를 석탄철강위원회의 연장선으로 봤다. 북유럽 국가들의 협력을 넘어 전망의 폭을 넓힌 스칸디나비아 국가들과 달리 작은 베네룩스 삼국은 중유럽과 남유럽으로 향하는 것 말고 선택할 길이 없었다.

인터내셔널 프랑스지부는 유럽의 사회적 공간 창출에 전혀 기여하지 못했다. 인터내셔널 프랑스지부는 프랑스 국내 정책에서도 자신들만의 복지 계획을 내놓은 적이 드물기 때문에 그리 새삼스러운 일은 아니다. 인터내셔널 프랑스지부가 보기에 EEC는 프랑스 자본의 현대화를 앞당기는 지름길이었다. 또 유럽이 통합되어야 프랑스 경제구조가 현대화되고 성장률이 높아져 더 많은 사회복지비를 지출할 수 있다고 믿었다.[78] 인터내셔널 프랑스지부가 강조한 것은 연방제 유럽보다 '공동시장'이다. 친親유럽적이고 '수정주의적'인 사회주의자 앙드레 필립조차 주로 경제적인 측면에서 EEC를 지지했다. 즉 시장이 확대되면 프랑스는 국제수지의 제약에서 벗어날 수 있고, 임금이 오를 때마다 그 비용이 수입으로 흡수되어 수출 경쟁력을 떨어뜨리던 구조를 극복할 수 있다고 봤다.[79] 애초부터 사회주의적 방식으로 EEC의 타당성을 설명하는 것 자체가 드문 일이지만, 로마조약이 사회주의와 완벽하게 양립할 수 있고 사회주의자들

에게 우호적인 국제 환경을 제공하며 생활수준의 향상을 가져올 것이라는 설명에는 한계가 있었다.[80]

프랑스 공산당은 모든 초국가적 기구를 결사반대했다. 그들은 늘 그래 왔듯이 과격하고 극단적인 언어로 반대 의사를 표명했다. 장 모네를 미국의 앞잡이라고 비난했고, 쉬망플랜을 히틀러주의의 속편이라고 불렀다. 또 독일의 아데나워 행정부는 본에 위치한 '신나치'에, 몰레 정부는 비시 정권에 비유했다.[81] 그래도 프랑스 공산당은 일관성이 있었다. 프랑스 공산당도 인터내셔널 프랑스지부와 마찬가지로 유럽이 통합되면 프랑스 자본주의가 현대화되리라는 점은 인정했다. 하지만 프랑스 공산당은 인터내셔널 프랑스지부와 달리 프랑스 자본주의의 현대화를 바람직한 현상으로 보지 않았다. 자본주의가 현대화되면 생산성을 높이기 위해 노동자를 더 착취할 수밖에 없다. 공산당 지도자 토레즈의 유럽 문제 수석 고문 조르주 코뉴Georges Cogniot는 EEC가 '국가 주권의 심각한 포기 사태'를 불러올 것이라고 확신했다. 그는 프랑스 의회가 관세와 물가, 세금, 투자에 대한 모든 권한을 박탈당할 것이고, 투자가 서독으로 몰려 프랑스 남부와 서부는 경제적으로 서독에 뒤처질 것이라고 주장했다. 또 프랑스 노동자의 임금은 네덜란드와 이탈리아 수준으로 곤두박질할 것이며,[82] 노동력의 이동이 자유로워지면 이탈리아에서 대규모 노동력이 유입되어 프랑스 노동자의 임금을 계속 떨어뜨릴 것이라고 주장했다.[83] 게다가 자본주의가 현대화되면 프랑스 농업도 근본적인 변화를 피할 수 없어 생산성이 낮은 소규모 농장은 폐쇄되고, 그 결과 많은 사람들이 농촌을 떠날 것이라고 주장했다. 프랑스 공산당은 노동자를 대변하는 정당이 아니었다. 상당히 많은 소작농, 특히 남부의 소작농들은 공산당을 지지했다. 따라서 공산당은 소작농 인구가 더 늘어나길 원했다.

프랑스 공산당은 민간의 원자력 개발을 부추길 것으로 예상되는 유럽원자력공동체 추진에도 격분했다. 핵무기 자체를 반대한 것은 아니다. (자체적으로 핵폭탄을 개발하던) 프랑스와 달리 나머지 5개국이 '빈손으로' 들어와서 핵폭탄 제조 기술을 배우는 것이 형평성에 맞지 않다고 생각한 것이다. 프랑스는 히로시마가 파괴되었다는 소식을 접한 순간부터 원자력에 집착하기 시작했다. 프랑스는 경이로운 과학기술이 주는 약속, 즉 깨끗하고 값싸고 안전한 에너지를 무한정 공급해줄 원자력에 사로잡혔다.[84] 코뉴는 의기양양해서 독자들에게 다음과 같이 상기시켰다. "원자 과학은 우리나라에서 탄생했습니다. 프랑스에는 원자력 전문가 3000명이 있습니다. 중유럽의 나머지 자본주의 국가에서는 다 합해봐야 1000명도 찾아보기 힘들 겁니다."[85]

프랑스 공산당은 미국과 EEC에 맞서 국가 방위와 국권을 수호하자고 민족주의에 호소했고, 농촌의 일부 계층과 도시의 프티부르주아 계층이 이 주장을 지지했다. 이는 아직도 민족주의 담론이 먹히고 인기가 많다는 증거이자, 프랑스 공산당이 민족주의 담론을 포기하지 않은 이유다. 로마조약이 발효(1958년 1월 1일)되고 몇 달이 지나서 프랑스의 수장으로 다시 부름 받은 샤를 드골은 유럽 통합에 대한 자신만의 국가적 구상을 더욱 발전시켰다. 종종 그랬듯이 프랑스 공산당의 비관적 예측은 빗나갔다. 독일 자본이 계속 몸집을 불릴 것이라는 예측은 맞았지만, 그것이 프랑스나 프랑스 노동계급의 번영을 저해하지는 않았다. 프랑스 농업이 거대한 변화를 겪을 것이라는 예측은 맞았지만, EEC의 농업정책 덕분에 프랑스 농부들이 심각한 피해를 당하지는 않았다. 하지만 애초에 프랑스 공산당의 목적은 일반적인 예측 기관의 목적과 달랐다. 때만 되면 꼬박꼬박 비관적인 전망을 내놓는 것은 프랑스 공산당의 핵심 선거 전략이다. 프랑스 공산당만 '체제'와 변화, 과학기술의 진보에 반대했다. 그들은 불만 세력을 끌어모으고, 골수 보수당과 혁명 정당의 역할을 동시에 해내는 놀라운 목적을 달성했다. 즉 모든 변화는 좋지 않은 방향으로 흘러갈 것이고, 미래는 사회주의의 것이라고 주장했다. 이처럼 프랑스 공산당의 이데올로기적 지침은 항상 모순투성이였다. 즉 외세(소련)에 굴종하면서 민족주의 정당을 표방했고, 새로운 변화를 끝없이 의심하면서 혁명 정당임을 자부했다. 물론 꼭 비판적으로 볼 필요는 없다. 이데올로기란 종종 모순적인 요소도 필요하기 때문이다. 일관되고 '순수한' 이데올로기는 지적인 만족감을 줄지 모르지만, 무시해도 좋을 만큼 아주 적은 분파의 특권일 뿐이다.

이탈리아 공산당도 프랑스 공산당과 마찬가지로 EEC에 반대했다. 하지만 두 당의 이데올로기적 제약은 많이 달랐다. 이탈리아에서는 파시즘의 몰락으로 민족주의 사상을 발전시키는 것은 생각조차 할 수 없었다. 여당인 기독민주당은 민족주의에 기대지 않았다. 이데올로기적으로 말하면 기독민주당은 전통적 가치관과 현대화라는 양립할 수 없는 모순을 약속했다. 이런 전략은 1945년 이후 사실상 모든 정치적 가톨릭주의가 나타낸 특징이다.

이탈리아 공산당은 자신들이 애국 정당임을 강조할 때마다 신중했다. 그들은 알프스 너머의 프랑스 공산당만큼 공격적인 태도로 민족주의 카드를 사용할 수 없었다. 게다가 이탈리아에서 현대화의 길을 가로막는 것처럼 보이는 행동은 정치적 자살행위나 마찬가지였을 것이다. 반反현대화 주장은 현대화된 국가에서나 가능한 사치다. 이탈리아는 아직 현대화된 국가가 아니라고 생각했다. 나치는 목가적인 독일의 옛 시절을 그리워할 수 있었지만, 무솔리니의 파시스트당은 미련 없이 현대화에 전념했다. 이탈리아에서는 기독민주당이든 공산당이든 '좋았던 옛 시절'을 그리워하다가는 한 발짝도 나갈 수 없다는 사실을 잘 알았다. 결국 톨리아티의 이탈리아 공산당은 토레즈의 프랑스 공산당과 달리 적대적인 환경에서 살아남기 위해 서유럽 공산주의가 어떤 전략을 펼쳐야 하는지 훨씬 더 영리하게 꿰뚫어 봤다.

이탈리아 공산당이 다른 공산주의 정당보다 EEC에 협조적인 자세를 취한 이유는 두 가지다. 첫째, EEC에 긍정적인 의사를 표시한 이탈리아 사회당의 적대감을 불러일으키고 싶지 않았다. 둘째, 유력한 노동조합인 이탈리아 노동총동맹CGIL의 압력을 받았다. 이탈리아 노동총동맹 대표이자 공산주의자인 주세페 디 비토리오 Giuseppe di Vittorio는 사회주의 노조와 동맹을 유지할 수 있기를 간절히 원했다. 그래서 1957년 3월 24일 이탈리아 공산당 집행위원회는 공식 성명을 통해 로마조약(조약 내용은 공개되기 전이었다)의 수정을 요구하면서도 제한된 국가 시장을 확대하고 새로운 형태의 국제 협력을 시도하는 것은 '당연하고 올바른 방향'이라는 점을 강조했다. 따라서 그들은 노동계급이 원칙적으로 EEC에 반대하지 말아야 한다고 주장했다.[86] 그럼에도 이탈리아 공산당은 로마조약에 반대했다. 로마조약이 체결되면 이탈리아 농업이 몰락하고, EEC는 '독점

자본'과 미국의 지배를 받으며, 유럽의 분열이 고착화될 것이라는 이유에서다. 이탈리아 공산당은 이후 몇 년 동안 EEC를 거세게 반대했다. 그러나 원칙에 입각해서 초국가주의에 반대한 것이라기보다 EEC가 이탈리아 경제에 미칠 결과를 지나치게 부정적으로 예측해서 반대하는 경향이 있었다.[87] 물론 그 예측은 완전히 빗나갔다. 그 시기에 이탈리아는 수출 주도의 대규모 경기 호황을 누렸고, 역사상 가장 빠른 경제성장률을 달성했다. 이탈리아 공산당은 이번에도 이탈리아 자본주의 발전 가능성을 비관적으로 예측했지만 빗나가고 말았다. 이탈리아 공산당은 1960년대가 되어서야 유럽주의에 빗장을 열었고, 20년 뒤에는 노골적인 연방주의를 수용했다.[88]

이탈리아 공산당과 프랑스 공산당은 EEC 관련 정책을 수립하는 과정에서 자체적인 분석에 방해를 받았을 뿐만 아니라, 유럽 통합을 도모하는 모든 계획에 반대하는 소련의 영향도 받았다. 소련이 유럽 통합을 반대한 것은 이해가 된다. 미국과 소련 두 강대국은 넓게 보면 국제 문제가 동서 갈등의 영향을 받는다는 사실을 꿰뚫어 봤다. EEC는 유럽이 정치적으로 의존하던 미국에서 스스로 해방하는 첫 단계이자, 미국에 필적할 만한 무역권을 창출하기 위한 첫 시도였다. 따라서 미소 양국은 EEC를 '대서양 유럽'이라는 경제권의 탄생으로 해석했다. 미국이 지속적으로 EEC 건설을 부추기고, 소련이 반대한 것도 이 때문이다.

소련이 EEC를 의심한 것은 당연하다. 1957년 이전이나 이후에나 유럽 통합이 어떤 방향으로 나갈지 확실한 것이 하나도 없었기 때문이다. 로마조약의 조항을 꼼꼼히 분석해서 EEC의 '실체'를 파악하려고 해봐야 소용없다. 복합적인 기구의 본질이나 궁극적인 진로는 법적인 틀 안에서 추론할 수 있는 문제가 아니다. 유럽 통합은 아직도 논쟁 중인 영역으로 봐야 한다. 논쟁 당사자들은 유럽 통합 과정의 '실체'를 놓고 앞다퉈 자신들의 정의를 내놓는다. 그 결과 지금까지 서로 다른 주장들이 제기되었다. 즉 EEC가 고도성장과 번영을 위해 필요한 거대 시장이라는 주장부터 미국이나 '대서양' 유럽의 힘을 상징한다는 주장, 유럽의 항구적 평화를 암시하는 조짐이라는 주장, 제3세계를 속여 그들의 돈을 빼앗기 위해 음모를 꾸미는 부자들의 사교 클럽이라는 주장, 중앙집권적 관료제의 악몽이라는 주장, 유럽 합중국 건설을 위한 토대라는 주장, 편협하고 분열적인 민족주의의 극복이라는 주장, '앵글로색슨'에 대한 방어라는 주장, 독일의 군국주의를 억제하기 위한 수단이라는 주장, 현대화로 가는 관문이라는 주장, 유럽 대륙을 지배하기 위한 로마 가톨릭의 음모라는 주장까지 실로 다양하다.

냉전의 기류가 팽배하던 1950년대 중반에는 '대서양' 유럽과 현대화라는 해석이 EEC를 바라보는 유럽 대륙 대다수 좌파의 시각이었다. 유일하게 친소련적 사회주의 정당이던 이탈리아 사회당은 헝가리 봉기 이후 이탈리아 공산당과 거리를 두기로 결심하고, 1957년 2월 베네치아 전당대회에서 '유럽 단일 시장' 창설에 호감을 표명함으로써 변화를 예고했다. 다만 체면을 세우기 위해 '노동자들의 이익'과 이탈리아 남부의 이익이 보호받아야 한다는 조건을 달았다.[89] 이탈리아 사회당은 야당이라는 제약 때문에 이탈리아의 EEC 참여에 찬성표를 던지지는 못했지만, 표결에서 기권하는 방법으로 친소련적 중립주의에서 유럽주의로, 어쩌면 대서양주의로 입장이 바뀌고 있다는 강력한 신호를 보냈다. 그러나 미국의 제국주의에는 비판적 입장을 고수했다. 유럽에 대한 태도 변화와 때를 맞춰 사회당 안에서 현대화를 지지하는 세력이 부상하기 시작한 것은 우연의 일치가 아니다. 리카르도 롬바르디가 이끄는 이 세력은 피에트로 넨니가 이끄는 대다수 구좌파에 비해 현대화와 자본주의에 덜 비판적이었다. 그럼에도 이탈리아 사회당은 오랫동안 EEC를 미심쩍어했다. 이탈리아 사회당은 여전히 사회주의로 전환하는 것이 1차 목표였고, NATO 관료 체제의 힘을 두려워했으며, 프랑스와 서독이 중심이 된 EEC의 지배력을 경계했다.[90] 유럽 통합은 이탈리아 사회당의 당원이나 지도부의 관심을 끌지 못했다. 그들은 유럽 통합을 변화의 상징으로 이용했을 뿐, 진지하게 생각하지 않았다. 넨니의 눈을 통해서 본 전후 이탈리아 외교정책의 변천을 기록했다고 알려진 책에는 EEC의 탄생에 대한 이탈리아 사회주의자들의 생각이 전혀 없었다.[91]

지금까지 밝혀진 바에 따르면, 베네룩스 삼국이라는 제한된 지역을 벗어나면 대체로 좌파 정당들은 유럽 통합에 별다른 관심을 기울이지 않았다. 유럽 통합의 중요성을 내다볼 능력이 없었기 때문이다. 북유럽 스칸디나비아 국가들이 일치단결한 모습은 더 안전한 쪽을 선택한 행동으로 보였다. 노르웨이 노동당이 보기에 유럽 통합에 따른 유럽의 '중립'은 미국의 보호는 받지 못하면서 소련에 속수무책으로 휘둘릴 중립이었다. 노르웨이 밖에 있는 많은 정당 사이에서는 새로운 유럽을 가톨릭이 장악할 것이라는 우려가 공감대를 형성했다.[92] 영국에서는 정부와 야당 모두 유럽 통합을 향한 전후의 추동력이 가라앉았다는 데 공감했다.[93] 노동당은 보수당과 마찬가지로 '유럽'에 전반적으로 회의적이었고, 모든 초국가주의를 혐오했으며, 백인 '영연방'의 '일가친척'에 집착했다. '제국'의 정당이 될 수도 없고, 그런 표현을 쓰기도 찜찜하던 노동당은 제국이라는 단어 대신 '영연방'이라는 단어로 '제국적' 입장을 유지했다. 해럴드 윌슨Harold Wilson은 1956년 하원 연설에서 노동당이 영연방의 정당이 되었다고 선언했다.[94] '백인의 짐white man's burden'이라는 키플링Rudyard Kipling식 이데올로기(「백인의 짐」은 소년소설 『정글북The Jungle Book』으로 유명한 영국의 시인이자 소설가 러디어드 키플링의 시로, 백인에게는 유색인종의 미개발국을 지도해야 할 책임과 의무가 있다는 내용이다. 키플링은 대영제국주의를 옹호한 인물로 유명하다. ─옮긴이)는 사회주의적 관점에서 수용 가능한 것이었다. 즉 그들이 보기에 정치·경제적 해방으로 가는 과정에 있는 식민지 국민을 돕는 것은 노동당에 특별히 부여된 국제적 역할이었다. 솔직히 노동당은 영국의 제국주의 전통 덕분에 제3세계의 곤경을 이해할 수 있었다. 1959년 런던 거리에서는 '유색인종은 지원하지 마시오' '미안하지만 유색인종은 사절합니다'처럼 노골적인 인종차별의 증거를 쉽게 볼 수 있었다. 그런 시기에 노동당은 공약집 *Britain Belongs to You*(영국은 여러분의 것입니다)에서 '세계 인구 3분의 2가 굶주리는 중대한 문제'를 고발한 다음 '이 문제를 해결'하는 것은 '20세기 후반의 가장 큰 숙제'라고 선언했다. 그러면서 "잘 먹고 자유롭게 사는 백인의 세계와 굶주린 채 평등을 위해 싸우는 유색인종의 세계는 사이좋게 공존할 수 없다"고 경고했다.[95] 이에 뒤질세라 보수당도 제3세계에 관심을 분명하게 드러냈다. 보수당은 교육, 민주주의, 시민이라는 세 가지 쟁점을 내세웠다. 다소 온정주의적이긴 하지만 타당한 쟁점이었다.[96]

노동당과 보수당은 유럽방위공동체가 무산되면서 유럽주의의 높은 파고가 잦아들었다고 판단했다. 실제로 재무부 장관 맥밀런은 1956년 11월 상원과 하원 연설에서 영국은 '원칙에 따라' 유럽 대륙에서 수입할 때보다 영연방에서 수입할 때 불리한 조건을 붙이는 협정에 유럽 각국과 동의할 생각이 없다고 밝혔다.[97] 몇 년 뒤 수상에 취임한 맥밀런은 '원칙에 따라' 영국은 유럽 각국과 협정에 동의할 수 없다고 한 말을 뒤집고 유럽 각국의 문을 두드렸다. 그러나 문은 열리지 않았다. 비스마르크는 아내한테 이런 편지를 보냈다. "사람은 시험대에 오르지 않은 원칙은 잘 고수하는 법이오. 그러나 원칙이 시험대에 오르는 순간, 농부가 슬리퍼를 벗어버리듯 그동안 고수하던 원칙을 팽개치고 만다오." 그때부터 영국에서는 유럽에 대한 논의가 길고 지루하게 반복되었다. 그러나 1950년대에 영국의 두 유력 정당은 무사안일에 가까운 태평함의 극치에 빠져 있었다. 1956~1958년 노동당 연례 총회에서 EEC는 거의 언급조차 되지 않았다.

영국이 EEC에 관심을 두지 않은 것은 제국의 위엄에 대한 얼빠진 망상이나 옹졸한 지역주의 때문이 아니다. 맹목적 애국심이나 유럽 대륙의 간섭에 대한 근거 없는 두려움 때문은 더더욱 아니다. 그런 것들이 어느 정도 영향을 미치긴 했지만, 무엇보다 경제적 이유를 빼놓을 수 없다. 로마조약이 발효된 1958년, 영국 무역에서 서유럽 전체가 차지하는 비중(수출과 수입의 합계)은 30.2퍼센트였다. 반면에 과거 식민지였던 오스트레일리아, 캐나다, 뉴질랜드, 남아프리카와 교역은 영국 무역의 21.2퍼센트를 차지했다. 제3세계(석유 수출국은 제외) 나머지 국가와 교역은 25.6퍼센트를 차지했다. 신구 영연방에서 유럽을 향해 바뀌던 시대적 흐름을 읽지 못한 영국의 정당들을 나무랄 수도 있다. 하지만 그런 시대적 흐름은 역사상 처음 보는 것이었다. 1913년 영국 무역에서 유럽 대륙과 교역이 차지하는 비중은 37.2퍼센트로 1951년보다 훨씬 높았다.[98] 영국의 모든 정치인이 공유하는 경험은 영국 경제와 유럽 대륙의 무역 비중은 장기간에 걸쳐 줄어든다는 것이었다. 따라서 '민족적인' 정당을 자부하는 영국 노동당이 겨우 유럽의 여섯 나라가 참여한 경제 공동체에, 그것도 세 나라는 영국 시장의 절반 규모에 불과한 공동체에 참여하는 문제를 논의하는 데 많은 시간을 쏟지 않은 것은 어쩌면 당연한 일이다. EEC에 참여하느냐 마느냐는 순전히 경제의 문제, 다시 말해 '기술적인' 문제에 해당한다고 판단했다. 한마디로 유럽의 일원이 되느냐 마느냐를 결정하는 가장 중요한 기준은 영국에 돌아오는 물질적 이득이 충분한가였다. 이상적인 유럽주의는 유럽 운동European Movement 같은 소규모 운동에서나 찾아볼 수 있는 특권이었다. 그러나 그것은 로버트 리버Robert Lieber의 표현처럼 '명망은 높지만 생기 없는' 특권이었다.[99]

영국 노동당은 혐오까지는 아니라도 유럽 통합에 관심이 없었다. 반대로 유럽 대륙의 사회민주주의 정당들은 영국과 관계를 맺고 싶어 했다. 이 기이한 전설에 따르면 거의 짝사랑에 가까운 일이 벌어지고 있었다. 영국 노동당을 지지하는 사람들은 제아무리 '국제주의자'라 해도 시선은 영연방에 단단히 고정하고 있었다. 그들은 도버Dover해협 너머에서 벌어지는 사건에는 눈길조차 주지 않으려고 했다. 그들이 도버해협 너머에 관심을 기울였다면 기 몰레가 눈에 들어왔을지도 모른다. 인터내셔널 프랑스지부의 서기장

기 몰레는 영국이 동참하지 않는 한 연방제 유럽 창설에 반대한다
는 입장이었다. 유럽 대륙이 크게 분열된다는 이유에서다.[100] 더 남
쪽으로 내려가서 이탈리아 사회주의자들도 영국이 동참해주길 애
타게 바랐다. 그들은 영국이 동참해야 유럽 통합이 프랑스와 서독
을 중심으로 돌아가는 상황을 막을 수 있다고 생각했다. 베네룩스
삼국의 사회주의 정당들도 이탈리아 사회주의자들과 같은 생각이
었다.[101] 독일 사회민주당은 1956년 뮌헨München 전당대회에서 유럽
문제에 대해 유일하게 법안을 발의해 EEC를 영국까지 확대할 것을
요구했다.[102] 덴마크와 노르웨이는 EEC에 참여하지 않는 이유 중
하나로 영국의 불참을 들었다. 이처럼 영국을 원한다는 요구가 쇄
도하는데도 그들은 묵묵부답이었다. 리처드 크로스먼처럼 외로운
목소리를 내는 사람도 있었다. 그는 특유의 강경한 태도로 영국의
기회에 대해 썼다. "우리가 영연방이 독립적인 세력권이라고 착각
한 나머지 유럽과 떨어져 지낸다면 우리는 우리 것이 될 수도 있는
유럽의 지도자 자리를 박탈당할 수 있다."[103] 크로스먼의 주장에 아
랑곳없이 유럽 문제에서 우아하게 고립되는 것이 영국 외교정책의
원칙이 되자, 그것은 영국 사회주의의 원칙처럼 보였다.

1950년대 노동당의 위대한 수정주의자 앤서니 크로스랜드는 다
른 문제에서는 혁신적인 사상을 두 팔 벌려 받아들이고도 남았을
인물이지만, 1956년 *The Future of Socialism*(사회주의의 미래) 초판과
1964년 개정판에서 EEC를 언급하지 않았다. 초판 때는 그럴 수 있
다 쳐도, 재판이 나온 시기는 영국이 EEC에 가입 신청을 했다가 프
랑스가 거부권을 행사해 기각된 뒤였다. 크로스랜드와 게이츠컬은
자신을 추종하는 사람들과 달리 EEC 문제에 심드렁했고, 특별히

중요한 문제라고 생각한 적도 없었다.[104]

EEC에 심드렁한 이들은 두 사람 말고 또 있었다. 독일 사회민주당은 1959년 수정주의적 강령인 「바트고데스베르크 강령」에서 주로 국내 정치 문제를 다뤘고, 유럽 차원의 문제에는 사실상 침묵을 지켰다. 그들은 과거에 쉬망플랜이나 플르뱅 플랜처럼 유럽 통합을 위한 모든 시도에 비판적이었다. 그러던 독일 사회민주당이 EEC에 찬성표를 던졌다. 사회민주당이 기독민주당의 주요 외교정책에 찬성한 것은 그때가 처음이다.[105] 이는 독일 사회민주당이 가까운 미래에는 통일이 어렵다는 사실을 깨닫고, 통일에 헌신하던 과거와 거리를 두기 시작했다는 신호다. 독일 자유민주당은 로마조약 비준에 반대표를 던졌다('추방자들'의 당도 반대표를 던졌다). 그들은 EEC가 서독과 서유럽이 통합하는 과정의 일부이므로 독일 통일에 방해가 된다고 생각했다.[106]

독일 사회민주당이 태도를 180도 바꾼 이유는 복합적이다.[107] 첫째, 서독이 NATO에 가입함으로써 서독의 국가 방위와 유럽 통합이 별개의 문제라고 주장할 수 있게 되었다. 사회민주당은 국가 방위 문제에는 반대를 고수(머잖아 찬성으로 돌아섰지만)한 반면, 유럽 통합은 받아들였다. 둘째, 사회민주당으로서는 대다수 노동조합이 EEC에 분명히 공감하는 현실을 외면할 수 없었다. 다른 서유럽 국가의 노동조합들도 EEC에 공감하고 있었다. 이탈리아와 프랑스에서는 공산주의 계열 노동조합들까지 유럽 통합 쪽으로 기울었다. 유럽 통합에 긍정적이라고 할 수는 없어도 반감이나 비관적 전망은 찾아볼 수 없었다. 몇 년 전에 사회민주당이 쉬망플랜을 거부했을 때도 독일 노동조합연맹은 쉬망플랜을 받아들였고, 아데나워는 석유와 철강 분야에서 노조의 경영 참여 문구를 반드시 법안에 넣겠다고 약속했다. 독일 노동조합연맹은 유럽원자력공동체도 적극적으로 지지했다. 이에 독일 사회민주당은 1956년 뮌헨 전당대회에서 2차 산업혁명과 원자력 시대라는 안건을 놓고 장시간에 걸쳐 토론을 벌였다.[108] 당시 좌파는 원자력의 민간 이용 혹은 평화적 이용에 매력을 느꼈다. 대량 살상 무기를 생산하는 데 사용되던 새로운 에너지원을 현대화와 생산을 위한 목적에 이용하면 좋겠다는 바람이 실현될 것처럼 보였기 때문이다. 한 가지 덧붙일 사실은 민간의 원자력 이용을 지지하는 것이 당시 전반적인 추세였다는 점이다. 수에즈 위기가 석유 가격과 공급에 미친 여파로 원자력은 석유에 의존하던 데서 벗어날 수 있는 해결책으로 떠올랐다. 당연히 유럽원자력공동체는 효과적으로 가동될 수 없었다.

셋째, 유럽이 하나가 된다는 생각은 독일 젊은 층에게 큰 매력으로 다가갔다. 유럽이 통합되면 부모 세대가 저지른 죄와 단절할 수 있고, 게르만족이라는 인식의 한계에서 벗어날 수 있다고 생각했다. 따라서 슈마허의 좌파 민족주의는 젊은 층의 관심을 끌지 못했다. 독일 사회민주당은 슈마허가 사망한 뒤에야 그의 유산 가운데 좌파 민족주의와 결별할 수 있었다.

넷째, 자를란트 주 문제가 만족스럽게 해결된 것으로 보였다. (사회주의자 몰레가 총리로 있던 1956~1958년) 프랑스는 국민투표 실시를 받아들여 자를란트 주의 독일 반환을 승인했다. 두 나라 사이에 눈에 띄는 충돌은 일어나지 않았고, 독일 사회민주당은 한결 차분해진 마음으로 프랑스와 관계 확대를 생각할 수 있었다.

마지막으로 경제적 쟁점이 있었다. 1950년대 중반 독일 사회민주당은 말은 아니라고 했을지 몰라도 갈수록 독일의 경제적 번영에 전념했다. 그들은 독일 자본주의의 운명에 대한 비관적 전망을 철회했다. 경제성장은 분명히 독일 노동계급에 이득이 되었고, 사회민주당은 경제 발전의 열매를 먹고 싶어 하는 노동계급의 억눌린 욕망을 묵살할 준비가 되지 않았다. 그도 그럴 것이 독일에는 해결하지 못한 요구 사항이 산더미처럼 쌓였다. 두 차례 세계대전에서 패했고, 대규모 인플레이션(1923~1924년)과 대공황을 겪었으며, 유럽 자본주의 국가로서는 유례가 없을 정도로 국내 자산이 파괴되는 경험을 하면서 독일 국민은 고단한 세월을 보냈다.[109] EEC는 (영국이나 프랑스와 달리) 유럽 이외 잠재적 시장을 모두 잃어버린 이 나라에 수출 주도의 비약적 성장 가능성을 제시했다. 사상이 어떻든 정치 정당으로서 이런 곤경을 못 본 체하는 것은 자살행위나 마찬가지였을 것이다. 물론 이것은 주로 이미지에 관한 문제다. 유럽이 통합되면 경제가 번영할 것이라는 생각이 독일 대중의 머릿속에 단단히 자리 잡고 있었다. 그런 연관성이 단순히 이미지에 불과했는지, 실제로 EEC 밖에서도 독일이 번영을 누릴 수 있었을지는 아무도 알 수 없는 일이다. 비교를 위해 유럽 통합에 버금가는 동시에 그와 반대되는 사실에 기반을 둔 모델을 찾기가 쉽지 않기 때문이다.

사회주의 정당으로서 독일 사회민주당은 로마조약에 복지와 관련된 조항이 들어가야 한다는 요구를 할 수도 있었을 것이다. 그러나 그들은 그런 요구를 하지 않았다. 사회민주당은 복지 개혁 문제에 헌신적인 모습을 보이기는커녕, 프랑스(프랑스의 보험 제도는 독일의 보험 제도보다 선진적이었다) 수준을 따라가려다가 독일 산업의 경쟁력 우위가 약화될까 봐 걱정했다. 대신 사회민주당은 일반적인 금융·통화·투자 정책을 요구했으나, 사실상 독일 기독민주당의 정책과 차이가 없었다.[110] 여하튼 사회민주당은 독일 의회에서 통과된 대다수 법안에 찬성표를 던졌다.[111]

1950년대 서유럽 사회주의 정당의 외교정책에서 신념과 독창성을 찾아보기 힘들다는 점은 논쟁의 여지가 없다. 왜 그랬을까? 사회주의 전통 자체가 진부해졌기 때문일까, 이데올로기의 혈관이 막히면서 시대 흐름에 발맞추지 못했기 때문일까? 그건 아닌 듯하다. 1950년대는 사회민주주의 정체기와 거리가 먼 시기였기 때문이다. 스칸디나비아의 사회주의 모델이 수립됐고, 독일과 오스트리아는 물론이고 영국에서도 이데올로기가 부활하는 움직임이 있었으며, 이탈리아 사회당이 이탈리아 공산당과 헤어져 홀로 서기에 성공한 것도 1950년대다. 마침 동유럽에서도 쇄신의 조짐이 나타났다. 헝가리와 폴란드는 결국 실패로 돌아갔지만, 독립심 강한 공산주의자들이 소련에서 자주권을 되찾아 독자적인 길을 가기 위한 시도를 감행했다. 소련 공산당CPSU은 20차 당대회에서 스탈린을 비판했고, 여전히 확고부동한 권위를 자랑하면서도 과거처럼 유혈과 폭력이 난무하는 테러는 자제했다. 비록 프랑스에서는 아직 그런 움직임이 없었지만, 이탈리아에서는 일부 공산주의자들이 소련의 족쇄에서 벗어나 서서히 유럽 좌파의 주류를 향해 나가기 시작했다.

따라서 1950년대가 사회민주주의의 정체기였다는 주장으로는 사회주의자들이 외교정책과 국제 문제에서 차별화된 관점을 만들어내지 않은 이유가 설명되지 않는다. 당시 많은 사회주의 정당이 집권당이었기에 선거 패배로 자기 목소리를 낼 수 없었다는 것도 이유가 안 된다. 오히려 국제정치와 국제경제 문제에서 비사회주의적이고 초당파적인 견해를 택한 것이 사회주의 정당에는 이데올로기를 쇄신할 수 있는 하나의 모델을 제시했다. 사회주의 정당은 국내문제에 관한 자신들의 계획을 세계경제의 긴박한 요구에 맞췄다. 이런 지침이 결정되자, 재산 관계 규정에 대한 지배적인 시각을 쇄신하는 작업에 모든 초점이 맞춰졌다. 달리 말하면 사회주의 전통을 현대화하는 작업은 비자본주의적 경제 관계를 발전시키겠다는 사회주의의 야망을 포기하는 결과를 낳았다. 사회주의 정당은 국제 자본주의 경제의 지배력과 성공에 압박을 받았고, 사회주의 정당의 현대화 작업은 피할 수 없는 지상명령으로 보였다. 외교정책을 수립하는 단계에서 자본주의의 압박을 받아들이는 것이 전부가 아니었다. 진정한 '혁신'을 위해서는 국내 정치에서도 자본주의의 압박을 수용해야 했다. 따라서 사회주의 전통이 실질적으로 수정되기 시작한 것은 1980년대나 1990년대가 아니라 1950년대다.

이런 수정 과정이 공공연하게 진행된 경우는 드물고, 항상 성공한 것도 아니다. 수정주의는 강력한 저항에 부딪혔다. 많은 운동가와 지도자들이 사회주의 전통에 집착했기 때문이기도 했지만, 진정한 개혁 정치가 승리를 거두려면 때로는 혁명적 열정과 급진적 시각이 필요하다는 의식적 깨달음 때문이기도 했다. 어쩌면 그런 혁명적 열정과 급진적 시각을 시종일관 고집했기 때문일 수도 있다.

10장

수정주의의 토대

       적지 않은 사회주의자들이 사회주의가 어떤 방향으로 나가야 하고, 사회주의 지지자들은 무엇을 해야 하는지 다시 정의하기 위해 머리를 싸맸다. 특히 독일과 영국의 사회주의자들이 그랬다. 그들은 현대의 바뀐 환경에 적응하기 위해서는 사회주의를 재평가하는 과정이 반드시 필요하다고 생각했다. 노동계급의 소득 증대, 소비사회, 명백하게 안정을 찾은 사회집단, 의심할 여지없이 자본주의가 가져다준 번영, 표면상 실패로 보이는 국유화, 복지국가의 성공까지 사회주의 이데올로기를 재점검해야 할 이유는 한두 가지가 아니었다.

  신수정주의는 잇따른 선거 패배에 대응하는 과정에서 눈에 띄게 등장한 현상일 수도 있다. 1950년대 내내 집권에 실패한 독일 사회민주당과 영국 노동당이 이 경우에 해당했다. 반면 스칸디나비아와 벨기에, 네덜란드처럼 독자적이든 연정을 통해서든 집권에 성공한 정당들은 수정주의를 심각하게 고민하지 않았다. 물론 수정주의는 새로운 현상이 아니었다. 1장에서도 살펴봤듯이 수정주의는 19세기 말에 시작되어 조직화된 사회주의 운동과 더불어 발전했다. 다른 점이 있다면 에두아르트 베른슈타인과 그 추종자들의 초창기 수정주의는 제2인터내셔널과 제3인터내셔널에 소속된 모든 정당의 비난을 받은 반면, 1950년대 수정주의는 서유럽 대다수 사회주의 정당의 지도자들과 사회주의를 지지하는 유권자들은 물론이고 때로는 다수에 이르는 정당 행동주의자들의 강력한 지지를 받았다는 것이다.

신수정주의는 근본적인 생산수단의 사적 소유 폐지, 다시 말해 자본주의 자체의 폐지를 요구하는 사회주의를 공격했다. 사실 처음 예상한 것만큼 강력한 공격은 아니었다. 어찌 됐건 자본주의 폐지는 사회주의의 유일한 목표가 아니었기 때문이다. 자본주의 폐지가 사회적 평등이나 번영, 행복 같은 또 다른 목표를 달성하기 위한 필요조건으로 여겨진 것은 맞다. 어떤 이들은 충분조건으로 여기기도 했다. 사회적 평등과 번영, 행복은 많은 비사회주의자들도 추구하던 목표다. 그러나 사회주의자들은 비사회주의자들과 달리 대규모 사적 소유가 지배하는 사회에서는 이런 목표를 달성할 수 없다고 생각했다. 따라서 국유화가 됐든, 노동자의 경영 참여가 됐든 공동소유를 실시하는 것은 설명이나 이유가 필요 없는 명제였다. 즉 사회주의자들에게는 사적 소유를 폐지하는 것이 공공의 행복을 위한 전제 조건이었다.

신수정주의는 소유의 중요성을 깎아내림으로써 국유화의 중요성을 반감했다. 이제 국유화는 사회주의로 가는 탄탄대로가 아니었다. 국유화에 관해 유일하게 남은 이론적 근거는 어디까지나 현실적인 측면에서 설명돼야 했다. 예컨대 국유화는 민간의 독점을 폐지하고, 고용을 보장하고, 투자를 확대하고, 필수적인 서비스나 공급을 보장하기 위해 필요하다는 주장만 살아남았다. 이것은 전부 비사회주의자들이 과거에 주장한 내용이다. 결과적으로 수정주의는 힘들게 쌓아 올린 사회주의자와 비사회주의자의 경계를 천천히 무너뜨렸다.

하지만 경계가 무너지는 것이 손해보다 이익이라는 인식이 지배적이었다. 이념의 순수성은 타격을 받겠지만, 그만큼 사회주의가 전략적으로 운신할 수 있는 폭이 넓어지고 유권자들의 더 많은 지지를 끌어낼 수 있으며, 동맹이 필요한 정당은 동맹 세력을 찾을 수 있는 기회가 더 늘어나기 때문이다. 신수정주의는 실용주의와 현실주의를 내세우면서도 윤리적인 측면을 강조했다. 즉 지속적으로 사회주의의 가치를 언급했고, 불평과 빈곤에 맞선 투쟁을 강조했다. 이런 '윤리적 실용주의'(윤리적 목적과 실용적 수단)를 주장하는 사람들은 이론적으로 비타협적이며, 윤리적 중요성을 명백하게 무시한다는 이유로 마르크스주의를 내놓고 거부했다.

영국을 제외한 나라의 사회주의 정당들이 19세기 말에 공식적으로 채택한 마르크스주의 강령이 1950년대 말에 이르면 거의 모든 사회주의 정당에서 알게 모르게 폐기 처분되었다. 독일 사회민주당의 새로운 기본 강령은 1959년 11월 바트고데스베르크 전당대회에서 승인을 받았다. 이 강령은 유럽의 '민주적 사회주의'가 '기독교 윤리와 인본주의, 고전 철학에 뿌리를 두고 있다'고 엄숙하게 선언했다.[1] 이런 일반화는 진지하게 받아들이기 힘들다. 카를 마르크스의 견해가 '민주적 사회주의'에 어느 정도 영향을 미쳤을 수도 있다는 암시를 전혀 찾아볼 수 없기 때문이다. 앤서니 크로스랜드는 영국 노동당 의원 신분으로 *The Future of Socialism*을 쓰면서 영국의 사회주의와 마르크스주의를 떼어놔야 할 필요성을 느꼈다. 그는 영국의 사회주의 전통 가운데 마르크스주의 말고도 11개나 되는 '사회주의적 교리'를 열거하면서[2] 마르크스가 '사회주의 국가의 창시자 혹은 집산주의적 전통의 창시자'라는 주장을 묵살했다.[3]

크로스랜드가 마르크스 장학금을 받았다는 사실을 비난해봐야 소용없다. 그 사실은 제대로 걸러지지 않은 2차 사료에 근거한 것처럼 보인다. 크로스랜드가 공격한 것은 마르크스 본인의 견해가 아니라 마르크스에 대한 두 가지 유사한 해석이다. 첫째, 카우츠키의 제2인터내셔널 해석이다. 그들은 자본주의의 운명에 비관적인 견해를 제기했다. 즉 노동계급의 빈곤이 심화되면서 궁극적으로 자본주의가 붕괴한다는 주장이다. 「에르푸르트 강령」은 이 해석을 신주처럼 떠받들었고, 베른슈타인은 이 해석을 비판했다.

둘째, 어마어마한 권력이 국가에 집중되는 중앙집권적 계획경제를 '집산주의적' 관점에서 옹호하는 해석이다. 사실 이런 주장은 마르크스의 『자본론』보다 페이비언주의자들의 글이나 스탈린의 행동에서 쉽게 발견할 수 있다. 역사는 진보한다는 마르크스의 사상에는 크로스랜드도, 수정주의적인 「바트고데스베르크 강령」도 이의를 제기하지 않았다. 마르크스가 자본주의에 비관적 전망이 있었을지 몰라도 19세기 진보 사상에는 철학적으로 뚜렷하게 헌신했다. 마르크스의 역사의 진보 개념은 사회민주주의 사상에서 강력한 위치를 차지했고, 모든 수정주의를 견뎌냈다.

한편으로는 역사의 진보를 믿으면서 다른 한편으로는 호전적인 반자본주의 교리에 헌신하는 것을 포기할 수는 있었다. '친親산업적인' 모든 이데올로기는 역사의 진보를 믿었기 때문이다. 자유주의는 모든 것을 해방할 기술의 진보와 과학의 잠재력을 마르크스주의보다 몇 배 더 낙관적으로 내다봤다. 사회주의자들은 자신들의 이데올로기에서 반자본주의적인 요소를 확연히 거부함으로써 더 중요한 과제인 자유주의와 동맹을 맺기 위한 길을 텄다. 1950년대 후반 수정주의는 자유주의와 다른 점이 부각되길 바라지 않았고, 이를 위해 처음부터 공산주의뿐만 아니라 종전 사회주의의 반자본주의적 요소와도 거리를 뒀다.

신수정주의자들은 종교와 화해하기 위해서도 노력했다. 그동안 반교권주의는 유럽 대륙의 사회주의를 이끄는 동력 가운데 하나였다. 그러나 1950년대에 이르자 반교권주의가 실제적인 목적에 기여하는 바 없이 종교적 신념이 있는 사람들의 반감만 산다는 것이 확실해졌다. 이에 독일 사회민주당은 「바트고데스베르크 강령」에서 자신들이 기독교에 뿌리를 두고 있다고 언급했다. 이 역시 새로운 것은 아니다. 사회민주당이 1954년 채택한 「베를린 행동 강령 Aktions-Programm Berlin」에는 기독교의 사회적 메시지에 대한 긍정적 언급이 있었다.[4] 오스트리아 사회당은 1958년 강령에서 사회주의와 '이웃 사랑의 종교'인 기독교가 '서로 완벽한 조화를 이룰 수 있다'고 분명히 밝혔다.[5] 1956년 이전에 가톨릭 정당 두 개와 개신교 정당 세 개가 활동한 네덜란드에서는 교회에 가지 않는 사람들만 사회주의 정당을 지지했다. 따라서 정당 이데올로기에서 반교권주의를 삭제하려 한 시도는 두말할 필요 없이 선거를 염두에 둔 것이었다.[6] 벨기에 사회당도 종교학교와 관련된 복잡한 문제를 놓고 종교 단체와 절충점을 찾아 반교권주의를 누그러뜨렸다. 벨기에 사회당은 "종교계와 사상계에 존재하는 장애물을 제거해야 노동계급 다수의 표를 얻을 수 있다"고 생각했다.[7]

전통적으로 이탈리아 공산당보다 교권에 반대하던 이탈리아 사회당은 교회와 관계를 회복해서 조반니 그론키Giovanni Gronchi 같은 좌파 가톨릭 세력에 협조해야 이탈리아 기독민주당이 우파 정당으로 돌아서는 것을 막을 수 있다고 결론 내렸다.[8] 1955년 토리노에서 열린 31차 당대회의 핵심 주제는 '가톨릭과 대화'였다.[9] 그 무렵 '가톨릭과 대화'는 가톨릭 노동자를 지지층으로 끌어들이는 것이 목표가 아니었다.[10] 가톨릭과 대화는 분명히 기독민주당을 겨냥하고 있었다. 즉 정부에 참여하는 것이 이탈리아 사회당의 목적이었다. 곧 살펴보겠지만 이탈리아 사회당의 노력은 1960년대 초반까지 아무런 결실을 얻지 못했다. 하지만 사회당의 합법화를 위해 꼭 필요한 통과의례였다. 사회당 안에서 이탈리아 공산당과 공동전선 원칙에 투철한 좌파 분파는 이런 상황을 꿰뚫어 보고 반격에 나섰다. 툴리오 베치에티는 기독민주당을 진보적인 가톨릭 정당으로 탈바꿈하라고 좌파 가톨릭교도에게 촉구했고, 에밀리오 루수와 렐리오 바소는 기독민주당이 교회와 자본주의, 미국의 구제받을 길 없는 머슴에 불과하다고 거듭 비난했다.[11]

이탈리아에서 종교와 맨 처음 충돌한 정당은 공산당이다. 그러나 이탈리아 공산당은 전후 새롭게 당헌을 만들면서 입당 조건으로 내건 마르크스주의에 헌신해야 한다는 조항을 삭제했다. 마르크스주의는 아직도 이탈리아 공산당을 이끄는 지침이지만, 당의 강령을 받아들이는 사람은 모두 입당할 수 있었다. 1947년 헌법 초안 작성을 둘러싸고 논쟁을 벌이는 과정에서 이탈리아 공산당은 이탈리아 사회당의 의견을 일언지하에 거부하고, 1929년 라테란Lateran조약(이탈리아와 바티칸이 맺은 사실상의 '평화조약')을 이탈리아 헌법 7조에 포함하기로 했다.[12] 다소 일방적인 측면이 있었지만, 공산당과 가톨릭의 대화는 1960년대 들어 교황 요한Johannes 23세와 그의 뒤를 이은 바오로Paulus 6세의 교회법 개정을 계기로 점차 활발하게 오갔다. 이런 움직임은 1954년 이탈리아 공산당 서기장 팔미로 톨리아티가 평화 문제에 더 긴밀한 협력 관계를 구축하기 위해 '가톨릭 세계'와 대화를 지지하면서 탄력을 받았다.[13] 이탈리아 공산당은 이 대화 시도를 결코 멈추지 않았다. 톨리아티는 1956년 8차 당대회 때 "포괄적인 반자본주의 입장에서 이탈리아의 자본 구조를 근본적이고 급진적으로 바꾸기를 열망하는 가톨릭 세력과 정치적 동맹을 맺을 것"을 촉구했다.[14] 이탈리아 공산당은 1960년 9차 당대회에서 "가톨릭 세계와 우호 정책은 이탈리아가 사회주의로 가는 방법의 일환이다. 우리는 가톨릭 대중뿐만 아니라 그들의 조직과도 장기적인 동맹을 추구한다"고 선포했다.[15]

사회주의자들과 기독교계는 전반적으로 가치관이 일치하는 부분이 많았다. 둘 다 사회적 연대와 이타주의에 헌신했고, 금전적 탐욕을 혐오했으며, 소비재 축적에 관심이 쏠린 태도에 반감을 드러냈다. 또 개인주의가 전반적인 복지에 좋지 않은 영향을 미칠 것이라고 의심했다. 어떤 사람들은 수정주의적 사회주의가 교회와 긴밀한 관계를 꾀하면서 개인주의적 자유주의의 기본 원칙인 궁극적인 진보와 물질적 발전이 이로운 결과를 가져온다는 생각을 받아들인 것은 모순이 아니냐고 지적한다. 그러나 원래 논리와 정치에는 공통점이 거의 없는 법이다. 성공한 정치 이데올로기나 정당치고 일관성 있는 경우는 보기 힘들다. 사회주의 정당만 그런 것이 아니다. 서유럽에서 비주류였던 자유주의 정당들도 반교권주의적 뿌리를 자랑스레 떠들어대면서 기회만 있으면 종교 정당들과 권력을 나눠 가졌다. 신수정주의는 정체된 것처럼 보이는 전통(사회주의)과 번영하는 현실(자본주의의 인기) 사이에서 해법을 찾으려 했다. 즉 엄격한 신조를 추구하기보다 실용주의를 영광으로 여겼다.

앤서니 크로스랜드가 1956년 출간한 *The Future of Socialism*은 영국에서 신수정주의를 다룬 가장 중요한 책으로 꼽혔다. 어쩌면 유럽 전체에서 가장 중요한 책인지도 모른다. 그러나 *The Future of Socialism*은 '우뚝 솟은 성城'이니 '역사상 가장 위대한 사회주의 사상가'니 하는 찬사가 무색하게 유럽에서 아무런 영향력을 발휘하지 못했다.[16] *The Future of Socialism*은 독창적인 내용은 별로 없지만, 에번 더빈과 이후 월간지 『사회주의 논평』을 중심으로 모인 노동당 내 수정주의자들 사이에서 중구난방으로 쏟아져 나온 주장을 가장 훌륭하게 정리한 책이다.[17] 『사회주의 논평』의 더글러스 제이는 사회민주주의에 대한 우파의 해석을 일관되게 지지했고, 틈만 나면 국유화가 사회주의의 목표라는 주장에 반대한 인물이다.[18] 1955년 이후 노동당 당수 게이츠컬은 예전부터 노동당이 국유화에 집착하는 것을 지켜보며 초조해했다.[19] 게이츠컬은 *The Future of Socialism* 보다 몇 달 먼저 발표한 「영국 민주적 사회주의의 이데올로기적 발전The Ideological Development of Democratic Socialism Great Britain」이라는 에세이에서 노동당의 마르크스주의적 전통(존 스트레이치와 해럴드 래스키Harold Joseph Laski)에 동의하지 않는다고 짤막하게 언급한 뒤 케인스의 기여를 강조했다.[20] 전후 케인스는 사회민주주의와 보수주의 진영에서 널리 받아들여졌다. 사회민주주의자들은 케인스를 사회적 목표를 위해 자본주의를 규제할 가능성이 있는 인물로 봤다. 그리고 온건한 보수주의자들은 케인스 덕분에 자본주의가 폭넓은 사회적 합의를 이끌어내면서 존속될 수 있다는 확신을 얻었다.

1964년 *The Future of Socialism* 개정판 서문에서 크로스랜드는 '앵글로색슨 경제'의 성장 가능성에 자신이 지나치게 낙관적이었음을 인정했다.[21] 그러나 개정판은 자아도취적인 색채가 줄었다는 점을 빼면 초판과 거의 판박이다. 초판에서 자신이 주장한 지속적인 양적 경제성장론은 그다지 중요한 쟁점이 아니라는 태도인데, 사실은 매우 중요한 쟁점이다. 크로스랜드가 지속적 성장을 최초로 가정한 것은 자본주의가 자본축적 문제를 해결했다는 사실을 인정한 것이나 다름없다. 이것이 어떻게 그다지 중요하지 않은 가정인가? 자본주의가 성장을 촉진할 수 있다면 사회주의는 괜히 그 문제에 끼어들어 긁어 부스럼 만들 필요 없이 사회가 성장의 열매를 공평하게 나누는 문제에 집중할 수 있다. 달리 말해서 크로스랜드가 자본의 사적 소유를 철폐하기 위한 투쟁보다 부의 분배에 큰 의미를 부여하는 것을 정당화한 바탕에는 양적 성장에 대한 믿음이 있었다.

1950년대 유럽 사회주의 진영 모든 수정주의자들은 양적 성장에 대한 믿음이 있었다. 이 믿음은 그들이 품은 새로운 목표에서 반드시 필요한 부분이었다. 양적 성장에 대한 믿음은 2차 세계대전 직후 자본주의가 성공적으로 회복되기 힘들 것이라던 많은 사회주의자들의 일반적 견해를 송두리째 바꿔놓았다. 진보의 이데올로기와 지속적 성장에 대한 믿음은 19세기로 거슬러 올라가면 어렵지 않게 그 기원을 찾을 수 있지만, 대다수 경제학자들이 지속적 성장에 합의한 것은 2차 세계대전 이후의 일이다. 파국을 예고하는 생태학자들의 비관적 전망이 인기를 끌기 직전인 1964년에 쓴 글에서 경제학자 알렉 케언크로스는 다음과 같이 지적했다.

> 애덤 스미스Adam Smith 이후 오랫동안 경제학에 관한 문헌은 인구 증가와 수확체감의 법칙, 연료 부족 혹은 고질적인 과다 비축 경향 같은 몇몇 제한적 요소의 영향으로 마침내 성장이 멈추는 정체 상태가 올 것이라는 예언으로 가득하다. 여론이 크게 달라지기 시작한 건 2차 세계대전과 전후에 이르러서다.[22]

마르크스주의적 사회주의 운동의 선구자들은 자본주의의 지속적인 성장을 믿지 않았지만, 필연적으로 사회가 개선된다는 것은 믿었다. 이제 상황은 거의 역전됐다. 자본주의의 힘에 대한 믿음이 생긴 대신 사회의 필연적 진보에 대한 믿음은 회의적으로 바뀌었다. 사회주의의 승리가 필연적이라는 믿음이 사라진 대신 야만인이 되는 것은 가능해졌다. 리처드 크로스먼은 1952년 출간한 *New Fabian Essay*(새로운 페이비언 에세이)에서 '새로운 비관주의'가 무엇인지 분명하게 표현했다.

> 진보에 관한 점진적인 철학과 혁명적인 철학이 둘 다 틀렸다는 사실이 입증됐다. 그런 사실로 미뤄 보건대 고귀한 야만인에 대한 루소의 상상이나 계급 없는 사회에 대한 마르크스의 전망보다 원죄에 관한 기

독교의 믿음이 훨씬 그럴듯하다. 현대 문명은 우리가 거대한 차원에서 질병을 치료할 수 있게 만들고, 거대한 차원에서 서로 파괴하게 만든다. 현대 문명은 우리가 거대한 차원에서 상대와 서로 자유로워지게 만들고, 거대한 차원에서 상대를 권력이나 폭력으로 짓누르게 만든다. 사회의 진보가 지속적인 상승 곡선을 그린다는 증거는 없다.[23]

신수정주의자들의 모순은 '사회적 진보가 지속적인 상승 곡선'을 그린다는 믿음은 포기하면서도 자본주의 체제에서 경제성장이 '지속적인 상승 곡선'을 그릴 것이라는 믿음은 받아들이고 있었다는 점이다. 크로스랜드는 자본주의 발전을 부정하는 시각을 비판했다. 1930년대 사회주의자들은 자본주의가 폐지돼야 부의 분배와 완전고용, 그 밖의 '당면 목표들'이 실현 가능하다고 생각했다.[24] 자본주의는 변했다. 실제로 '현재의 영국을 자본주의 사회라고 부르는 것은 분명히 부정확한 표현'이 되었다.[25] "오늘날 사업가 계급은 지도자의 지위를 잃었고, 경제적 결정권은 공기업의 경영자들이 쥐고 있으며, 완전고용은 조직화된 노동자의 권력을 증가시켰다."[26] 생산수단의 소유는 지엽적인 문제가 되었고,[27] 완전고용을 통해 노동자들은 더 강해졌다. 이제 경제를 책임지는 것은 자본가들이 아니라 사회민주주의적 국가다.

거대 주식회사의 지배권이 소유주, 즉 다수의 주주들에서 경영자 계층으로 넘어갔다는 지적은 예전에도 있었다. 1926년 케인스가 지배권 이전을 지적했고,[28] 1930년대에는 헨드릭 드 만을 비롯한 당대 수정사회주의자들 사이에서 지배권 이전에 대한 폭넓은 논의가 있었다(3장 참조). 소유와 지배의 분리에 정평 있는 이론가 아돌프 베를Adolf Berle과 가디너 민즈Gardiner Means는 1932년 *The Modern Corporation and Private Property*(현대 기업과 사유재산)라는 책을 썼다. 그 후 소유와 지배의 분리는 한때 트로츠키주의자였던 제임스 버넘James Burnham에 의해 많은 사람에게 알려졌다. 버넘은 1941년 출간되어 큰 반향을 불러일으킨 *The Managerial Revolution*(경영자 혁명)에서 "생산수단을 경영하는 일은 사실상 (갈수록) 자본가의 손에서 벗어나고 있다"고 주장했다.[29] 크로스랜드뿐만 아니라 유럽의 거의 모든 수정주의자들이 버넘의 주장을 가져다 썼다. 특히 오스트리아의 수정주의자들은 소유와 지배의 분리를 국유화에 반대하는 논리적 근거로 사용했다.[30] 프랑스에서 버넘의 책은 *L'ère des organisateurs*(경영의 시대)라는 제목으로 번역·출간됐으며, 레옹 블룸이 서문을 썼다. 앙드레 필립André Philip은 소유가 덜 중요해졌기 때문에 사회집단들의 권력을 어떻게 분배할지가 사회주의의 근본적인 과제가 되었다고 주장했다.[31] 쥘 모크도 1952년 사회주의 전통을 재검토한 결과 비슷한 결론에 도달했다. 다시 말해 구태여 소유관계를 바꾸지 않더라도 '이윤의 사회화'와 권력 분배의 극적인 변화를 통해 자본주의가 진화할 수 있다고 주장했다.[32]

크로스랜드는 국유화가 지배권은 바꾸지 못하고 소유의 주체만 바꾸는 방법이라고 주장했다. 따라서 국유화는 사회주의의 목표가 될 수 없고, '사회주의적 사회를 만들고 사회적 평등을 확립하고 사회복지를 증진하거나 계급 차별을 없애는' 수단이 될 수도 없다고 주장했다.[33] 크로스랜드가 보기에 사회주의는 점진적인 목표가 되어야 했다. "우리는 여전히 더 평등한 사회와 더 계급 없는 사회, 막을 수 있는 사회적 고민이 덜 발생하는 사회를 위해 노력해야 하므로 우리를 사회주의 국가라 말할 수 없다."[34] 그런 의미에서 사회주의는 여전히 '최종 상태'로 인식되었다. 물론 여기에서 '최종 상태'는 혁명이나 갑작스런 입법 명령이 아니라 오로지 장기간에 걸친 단순한 사회·정치적 변화 과정을 통해 도달할 수 있는 '최종 상태'다. 그러나 또 다른 맥락에서 보면 사회주의는 '최종 상태'가 아니라 사회주의자들이 품고 있는 여러 가지 가치관의 결합이었다. "사회주의라는 말은 특정한 사회구조를 함축한 서술적 용어가 아니다. 그저 여러 가지 가치관을 묘사하는 용어일 뿐이다."[35] 가장 중요한 주장은 '모든 개인에게 동등한 기회가 주어져야 한다'는 것이었다.[36] 즉 국가는 적극적인 평등 추구가 과도한 엘리트주의로 흐르지 않도록 해야 한다.[37] 특히 모든 사람에게 상품과 서비스를 제공하기 위해 개인의 소비와 고임금 경제를 장려해야 하고, 그런 상품과 서비스는 최상류층이 누리는 상품이나 서비스와 대체로 비슷한 수준이어야 한다고 주장했다.[38] 부와 재산은 재분배해야 한다.[39] 그러려면 '적어도 다음 10년 동안 경제가 급성장'해야 하고, 경제의 급성장은 '사회주의 이상과 모순되기는커녕 그 이상을 실현하기 위한 전제 조건'이라고 크로스랜드는 주장했다.[40] 크로스랜드는 이렇게 덧붙였다. "우리가 상당한 규모의 민간 부문을 유지하는 한 사회주의자들은 사적 이윤이 축적되는 데 박수를 보내는 것이 논리적으로 맞다."[41] 이것이 '오늘날 사회민주주의가 직면한 중앙정부의 경제적 딜레마'다. '사적 이윤을 재투자해 개인 소득으로 축적되는 것이 아니라 집단적인 자본축적의 원천'으로 사용되도록 하기 위해서 사회주의자는 무엇을 해야 하느냐가 문제의 핵심이다.[42]

크로스랜드는 공공적 성격이 강하고 책임 있는 자본주의를 실현할 구체적 방안을 제시하지는 못했다. 그는 사회의 경제적 관점과 정치적 관점을 분리해야 한다는 주장을 인정하고 받아들였다. 즉 자본은 축적되고 국가는 그 자본을 지출한다는 것이다. 사회주의는 공공 지출과 관계가 있으므로, 사회주의의 성공은 자본주의 성공에 달렸다. 자본주의 전체가 적이 아니다. 자본주의 가운데 특정한 형태, 즉 규제받지 않는 자유방임적 자본주의가 적이다. 그런데 이 적은 사실상 사라졌다. "한 세대 전이라면 도가 지나치다고 생각했을 만큼 영국 정부가 경제에 개입하는데도 민간 기업은 이를 당연하게 받아들인다."[43] 비교적 새로운 경제 경영 체제가 등장했고, 이 체제는 새로운 사회주의 정치를 요구했다.

이런 주장은 별로 낯설지 않았다. 모든 '수정주의'는 새로운 현실에 맞게 정치적 강령을 조정해야 한다는 전제가 깔려야 한다. 그러나 강령을 현실에 맞게 조정하려면 어떻게 해야 하는지 아는 사람이 없었다. 수정주의는 가지 말아야 길이 어디인지 알았지만, 케인스의 거시적 경제관리라는 검증된 길 말고 새롭게 가야 할 길을 찾지 못한 상태였다. 1950년대 노동당의 또 다른 주요 사상가 리처드 크로스먼은 이 점을 인정했다. "아직 우리는 지도에 사회주의로 가는 새로운 길을 그릴 수 있는 위치에 있지 않다." 몇 가지 필수적인 조사가 필요했다. 크로스랜드가 생각한 조사 목록에는 국제무역 수지의 세밀한 평가, 세계에서 영국이 차지하는 위상과 영향력 분석, 1940년 이후 영국의 구조에 일어난 변화 연구가 포함되었다.[44] 비슷한 맥락에서 데니스 힐리는 "노동당은 전체적으로 세계 문제에 대한 체계적인 이론이 부족하다"며 안타까워했다.[45] 가장 학구적인 전통에 입각한 결론은 '좀더 많은 연구가 필요하다'는 것이었다.

지금 생각해보면 크로스랜드의 *The Future of Socialism*에서 가장 중요하고 의미 있는 부분은 처음부터 517페이지까지가 아니라 그 이후 마지막 10여 페이지다. 크로스랜드는 마지막 10여 페이지에서 탁월한 혜안으로 더 많은 사회주의적 목표가 실현될수록 개혁가들은 사회주의와 비사회주의 어느 쪽으로도 분류할 수 없는 문제, 즉 '시민의 자유와 대중사회의 사회학적 문제, 개인의 자유와 여가 생활처럼 전적으로 다른 분야에 놓인 문제'를 다룰 것이라고 주장했다.[46] 크로스랜드는 분명하고 열정에 넘치는 목소리로 페이비언주의 전통에 이의를 제기하면서 문화적 태도의 근본적인 변화를 촉구했다. 어쩌면 자신이 받고 자란 가정교육(크로스랜드의 부모는 극단적으로 엄격한 청교도 교파인 플리머스 형제 교회Plymouth Brethren에 다녔다)에 이의를 제기한 것일 수도 있다.

> 영국이 더 다채롭고 문명화된 국가가 되기 위해서는 해야 할 일이 많다. 우리에게는 수출 증진과 노령연금만 필요한 것이 아니다. 노천카페가 더 많아져야 하고, 밝고 즐거운 밤거리를 만들어야 하며, 선술집은 더 늦게까지 문을 열어야 하고, 지역마다 레퍼토리 극장이 더 많아져야 하며, 반갑게 손님을 맞이하는 호텔과 식당 경영자가 더 많아져야 하고, 식당은 더 깨끗해져야 하며, 강변 카페가 더 많아져야 한다. 가구와 도자기 그릇과 여성 의류의 디자인이 더 좋아져야 하고, 새 주택 개발 단지 한복판에 있는 조각상과 가로등, 공중전화 부스의 디자인도 더 좋아져야 한다. 열거하자면 끝이 없다.

　　그런 다음 크로스랜드는 좀더 심각한 질문을 제기한다.

더 심각한 문제는 개인의 삶과 자유에 사회적으로 가해지는 제약이다. 당장 떠오르는 것만 해도 이혼법, 주류 판매법, 선사시대의 (매우 불공평한) 낙태법, 효과도 없는 비정상적 성에 관한 처벌, 책과 연극에 대한 무지몽매한 검열, 여성의 동등한 권리에 여전히 남아 있는 제약까지 한두 가지가 아니다. 이는 대부분 참을 수 없는 것으로, 사회주의자들은 이런 제약을 대단히 모욕적으로 받아들여야 한다. 사회주의자의 핏속엔 언제나 무정부주의자와 자유주의자의 피가 흘러야 하고, 도덕군자인 척하거나 고상한 척하는 태도는 금물이다.[47]

크로스랜드의 이런 통찰은 사회주의 운동에서 거의 무시되다시피 했다. 도덕군자인 척하거나 고상한 척하는 태도가 대세였다. 개인주의와 무정부주의의 기묘한 혼합, 그리고 1960년대에 등장한 사회가 열망한 대안적 질서는 수정주의와 전통적 좌파 양쪽에서 외면당했다.

사회주의적 수정주의는 철저하게 좁은 의미의 정치에 전념했고, 문화는 거들떠보지도 않았다. 사회주의적 수정주의는 새로운 지평을 열지 못했다. 표를 얻기 위한 경쟁이 정치적 혁신의 장애물로 작용하는 민주주의 정치에서는 불가피한 한계였는지도 모른다. 이런 한계는 1950년대 가장 유명한 '수정주의' 선언문을 보면 알 수 있다. 바로 독일 사회민주당의 1959년 「바트고데스베르크 강령」이다.

독일 사회민주주의자들도 영국 노동당의 수정주의와 마찬가지로 잇따른 선거 패배에 결정적인 영향을 받았다. 1957년 선거에서 독일 기독민주당과 기독사회당은 절대다수(50.2퍼센트)의 표를 얻어 497석 중 270석을 차지했다. 독일 사회민주당은 1953년보다 득표율이 증가했지만, 28.8퍼센트에서 31.8퍼센트로 소폭 상승에 그쳤다. 1950년대 후반 치러진 거의 모든 선거에서 입지를 넓히고 베를린과 함부르크, 브레멘 등 주요 도시를 손에 넣은 사회민주당이기에 실망은 더 컸다. 경쟁 정당인 기독민주당도 자유민주당의 희생을 발판으로 득표율이 증가했다.[48] 상황은 극과 극의 분열 양상으로 치달았다.

영국에서 게이츠컬이 노동당 당헌 4조(아래 참조)를 변경하려고 할 때 큰 저항에 부딪힌 것과 달리, 독일 사회민주당 지도부는 이렇다 할 저항에 부딪히지 않았다. 대의원들은 사회민주당의 새로운 강령을 찬성 324표, 반대 16표로 통과시켰다. 바트고데스베르크 전당대회는 빈틈없이 준비됐다. 활동가 수천 명이 수백 차례 모이고, 엄밀히 말해서 여전히 유효한 1925년 「하이델베르크 강령Heidelberg Programme」을 대체할 새로운 기본 강령을 논의했다. 약간 과장된 감이 있지만 「바트고데스베르크 강령」은 '근 100년간 독일이 급진적 사회주의에서 벗어나기 위해 걸어온 과정의 완성'이라는 평가를 받았다.[49] 독일 사회주의에서 가장 중요한 두 가지 정치적 강령인 마르크스와 엥겔스의 『공산당선언』이나 카우츠키와 베른슈타인의 「에르푸르트 강령」과 달리, 「바트고데스베르크 강령」은 사회주의 운동의 전략보다 이미지 쪽에 무게를 두었다. 그러나 수정주의는 다양한 '근본적인 강령' 채택을 통해 이어온 독일의 전통에서 벗어나지 않았다.[50]

대다수 논평가들은 「바트고데스베르크 강령」과 1925년 「하이델베르크 강령」의 가장 큰 차이점으로 마르크스주의를 언급하지 않은 점, 성장과 시장을 받아들였다는 점을 꼽는다. 그러나 두 강령의 가장 큰 차이는 따로 있다. 즉 「바트고데스베르크 강령」은 정당의 당면 과제와 장기적 목표를 결합했다. 여러분은 과거에 독일 사회민주당이 당면 과제와 장기적 목표를 구분했기 때문에 개량주의적이고 단기적인 목표를 향해 나갈 수 있었다는 사실을 기억할 것이다. 자본주의 폐지라는 사회주의의 최종 목표를 정기적으로, 단호하게 재확인해주면 문제 될 게 없었다. 그렇게 구분되던 단기적 목표와 장기적 목표가 바트고데스베르크에서 하나가 된 것이다. 마르크스주의를 포기한 것은 '최종 상태'로서 사회주의를 포기했다는 의미다. 새로운 목표인 번영과 성장, 연간 국민생산의 공정한 분배, 완전고용, 통화안정, 생산성 증대는 현재와 미래를 위해 타당한 목표였다.[51]

독일 사회민주당의 마르크스주의 포기는 그때까지 사회민주당을 지배하던 카우츠키의 마르크스주의를 포기한다는 뜻이다. 자본주의 법칙은 피할 수 없고, 노동계급은 결국 가난해질 수밖에 없으며, 더 많은 중산층이 무산자로 전락할 것이라는 믿음을 포기한다는 의미다. 독일의 사회민주주의자들은 카우츠키의 마르크스주의에 맞서 1970년대까지 줄곧 베른슈타인의 마르크스주의를 읽고 부활했다.[52]

「바트고데스베르크 강령」에서 가장 잘 알려진 또 다른 변화는 국유화 포기다. 1954년 채택한 「베를린 행동 강령」은 여전히 기간산업 국유화를 노골적으로 옹호했다.[53] 그런데 「바트고데스베르크 강령」에서는 국유화를 옹호한다는 내용을 찾아볼 수 없다. 그렇다고 국유화가 공식적으로 폐기된 것도 아니다. 강령의 본문을 읽어보면 국유화 문제가 알 듯 모를 듯 다뤄지는 것을 알 수 있다. 우선 독일 사회민주당이 '전체주의적'으로 경제를 통제하는 데 반대한 것은 확실했다. 강령은 "자유로운 경쟁이 실재한다면 언제든 경쟁을 지지한다"고 명시했다.[54] 이어서 「바트고데스베르크 강령」에 가장 많이 인용되는 '가능한 한 많은 경쟁, 불가피할 때는 많은 계획'이 등장한다. 이 문구는 새로운 것이 아니다. 1952년 「도르트문트 행동 강령」에도 '타당한 경우 언제든지' 실질적인 경쟁을 지지한다고 명시되었다.[55] 또 1954년 베를린 전당대회에서 자유 시장에 대한 사회민주당의 반응은 전혀 부정적이지 않았다. 사회민주당은 적극적인 경쟁을 지지했고, 독점적이고 불공정한 경쟁을 규제하는 데 찬성했다. '안정성'을 위해 계획이 필요하더라도 경쟁을 도모하는 방향이어야 하고, 작은 기업이 더 강한 경쟁력을 갖출 수 있도록 지원을 아끼지 말아야 한다고 주장했다.[56]

「바트고데스베르크 강령」은 자유경쟁에 반대하지 않았지만 대기업에는 적대적이었다.[57] 대기업과 자유 시장은 양립할 수 없다는 게 이유다. 이런 적대감은 선진 자본주의 사회에서 소수 독점 권력에 의해 자유경쟁이 심각하게 제한을 받는다는 판단이 설 때는 계획에 할당된 역할('불가피할 때는 많은 계획')이 폭넓게 적용될 수 있음을 의미했다. 사회민주주의자들은 자본주의가 가장 효과적으로 가동된 시기는 자유로운 경쟁이 보장됐을 때, 다시 말해 다수의 작은 회사들이 앞다퉈 경쟁하고, 소비자에게 최고 권력이 있던 전설 속의 황금기라고 생각했다. 이를 보면 독일 사회민주당이 신자유주의에 동참한 것 같다. 그랬을 수도 있다. 하지만 여기에서 중요한 것은 사회민주당이 '새로운' 자본주의에 대한 규제를 정당화하는 개념으로 '자유 시장'을 거론했다는 점이다. 새로운 자본주의는 규모가 커서 계획이 필요할 수밖에 없었다. 그런 계획에 국유화가 포함될 수 있었는지 결정하는 것은 강령을 읽는 사람의 몫이다. 「바트고데스베르크 강령」이 미묘하게 핵심을 비켜 가기 때문이다. 강령에 국유화를 단념하라는 내용은 전혀 없다. 따라서 「바트고데스베르크 강령」이 '기본적으로 독일 기독민주당의 사회적 시장 철학과 차이점을 전혀 찾을 수 없는 개량주의적 자유주의 강령'이라는 일부의 주장은 사실이 아니다.[58] 물론 현실적인 측면에서(즉 입법 과정에서는) 기독민주당의 많은 법안이 사회민주당의 지지를 받아 통과된 것은 맞지만.[59]

독일 사회민주당의 대다수 강령과 마찬가지로 「바트고데스베르크 강령」 역시 확정적이지 않으면서 애매모호한 표현으로 가득했다. 사회민주당의 압도적 다수가 「바트고데스베르크 강령」을 받아들인 것은 바로 이 때문이다. 「바트고데스베르크 강령」은 '헌법은 짧고 모호해야 한다'는 나폴레옹법전의 두 번째 원칙을 따랐다. 이런 방법으로 다양한 해석을 허용하고 당의 결속을 지켰다.

「바트고데스베르크 강령」을 이해하려면 숨은 맥락을 살펴봐야 한다. 「바트고데스베르크 강령」은 노동계급 정당을 표방한 독일 사회민주당의 강령이다. 하지만 사회민주당은 엄밀히 말해 노동계급의 대변자가 되길 원치 않았다. 노동계급의 대변자라는 이미지가 정치권력을 손에 넣는 데 장애물이 되었기 때문이다. 이것을 꼭 선거를 염두에 둔 기회주의로 볼 수는 없다. 세 차례 선거에서 패배한 다음이기 때문에 사회민주당이 비非노동 계급의 표를 얻기 위해 노동계급의 '흔적'(언어, 강령, 현수막, 이미지)을 벗어던져야겠다고 생각했다면 충분히 이해할 수 있는 일이다. 사회민주당은 노동계급 유권자뿐만 아니라 서독 전체 유권자에게 다가가기 위해서 노동계급 정당이라는 정체성을 버리고 '민중의 정당'으로 변신할 수밖에 없었다. 따라서 강령을 통해 무엇을 말하느냐보다 침묵(마르크스주의와 국유화에 대한 함구)과 그에 따른 상징적 변화가 중요했다.

독일 사회민주당은 1952년 도르트문트에서 '노동자와 공무원, 사무직 노동자, 지식인, 중산층, 농부 그리고 일해야 하는 모든 사람들'의 정당이라고 규정했지만, 민중의 정당이라는 표현을 내놓고 사용하지는 않았다.[60] 2년 뒤 「베를린 행동 강령」에는 사회민주당이 '노동자 정당'에서 '민중의 정당'으로 바뀌었다는 문구가 등장했다. 그러면서도 사회민주당 당원과 사회민주당 유권자의 토대는 여전히 노동계급이라는 모순적인 인식을 드러냈다.[61] 그러나 1959년 「바트고데스베르크 강령」에서는 노동계급과 동질감을 보여주는 긍정적인 언급을 찾아볼 수 없다.

사회민주당의 '탈脫프롤레타리아화' 이미지는 앞으로 살펴볼 소련의 흐루시초프Nikita Sergeevich Khrushchyov의 '개혁 공산주의'를 포함해 모든 국가의 수정주의에서 볼 수 있는 두드러진 특징이다. 예를 들면 오스트리아 사회당은 1958년 강령에서 노동계급의 핵심 역할에 대한 믿음을 포기했으며, '노동계급working class'이라는 표현도 쓰지 않았다. 그 대신 임금노동자와 봉급생활자의 공통적인 이해관계를 강조하기 위해 '모든 노동자all the workers'라는 표현을 사용했다.[62]

영국의 크로스랜드와 수정주의자들도 선거에서 더 많은 표를 얻기 위해서는 노동당이 '프롤레타리아' 이미지를 벗는 것이 필수적인 전제 조건이라고 생각했다. 노동계급이 사라지고 있다고 주장하는 사회학 연구도 봇물처럼 쏟아졌다. 그런 연구에 따르면 노동자는 여전히 존재할지 몰라도 노동계급이라는 의식은 사라지고 있었다. 급증하는 사회학 연구가 보여주듯이 서유럽에서는 대립하는 계급 간의 계급적 사고가 느슨해진다는 믿음이 확산됐다. 이른바 미래형 모델인 미국에서 그랬듯이 머지않아 모든 사람이 중산층이 될 것이라는 믿음이었다.

이 가운데 완전히 새로운 개념이라 할 수 있는 것은 하나도 없었다. 노동계급과 부유한 노동자의 부르주아화는 1960년대부터 유행하기 시작했지만, 전혀 새로운 개념은 아니었다. 초창기 수정사회주의자인 베른슈타인이 처음 꺼낸 개념이다. 레닌도 근본주의와 정통파의 신념에 어울리는 언어로 위장했으나 끊임없이 사회주의를 수정했으며, 대단히 정교한 부르주아화 이론을 내놓았다. 레닌은 식민지를 착취해서 과도한 초과이윤이 생기면 자본가들이 부유한 숙련 노동자인 '귀족 프롤레타리아'와 동맹을 맺을 수 있다고 생각했다. 벨기에 사회주의자 드 만은 1926년 출간한 *Psychology of Socialism*(사회주의 심리학)에서 "노동계급이 부르주아가 되지 않고는 번영을 누릴 수 없다는 깨달음은 내 평생 가장 큰 고통을 안겨준 실망 가운데 하나다"라고 털어놓았다.[63]

1960년대 초, 오토 키르히하이머는 프롤레타리아 정당이나 부르주아 정당이나 모든 계급정당이 '다목적' 정당으로 탈바꿈하면서 새로운 사회집단의 지지를 구하는 동시에 종전의 지지자들을 붙들기 위해 안간힘을 쓰고 있다는 점을 인정했다.[64] 노동계급을 대변하는 정당이 선거에서 표를 얻는 가장 확실한 방법은 도시의 봉급생활자 계층(공무원, 사무직 노동자 등)에게 호소하는 것이었다. 이계층과 육체노동자 사이에는 이해관계가 일치하는 부분이 많았기 때문이다.[65] 노동계급 정당의 이 같은 변신은 또 다른 변화를 불러왔다. 즉 이데올로기적 부담에서 한결 자유로워졌고, 좀더 선거 지향적인 전략을 짤 수 있었으며, 지도자들은 이데올로기를 지나치게 중시하는 개별 당원들의 눈치를 보지 않고 훨씬 더 선명한 소신을 내놓고 더 강력한 권한을 행사할 수 있었다.

이데올로기 포기는 정치적 필수 조건이 되었다. 이데올로기에 헌신적인 지식인 가운데 대니얼 벨은 성급한 확신에 차서 "옛날의 열정은 모두 사라졌다"고 단언했다. 그가 덧붙인 설명은 그럴듯해 보였다.

> '원인'을 찾는 사람들을 기다리는 얄궂은 결말은 한때 노동자들의 불만이 사회의 변화를 이끄는 동력이었지만, 이제는 노동자들이 지식인들보다 사회에 만족한다는 사실이다. 노동자들은 낙원을 얻지 못했지만, 그들은 지식인들보다 기대하는 것이 적었기 때문에 많은 것을 얻었다.[66]

생활이 풍족해지면서 노동계급의 의식이 송두리째 바뀌고 있다는 가정이 맞는다면 노동계급은 줄어야 정상이다. 하지만 자본주의 사회에서 노동계급이 차지하는 실제 비율은 달라지지 않았다. 8장에서 본 것처럼 오히려 노동계급의 규모는 늘었다(표 8.3 참조). 계급 구성에 변화가 생긴 건 시골 인구가 크게 줄고, 그에 비례해 중산층이 크게 늘었기 때문이다. 새로운 중산층은 시골 출신도 있지만, 대부분 노동자 출신이나 노동자의 자녀들이었다.

이처럼 중요한 변화에 이데올로기가 어떤 영향을 끼쳤는지 평가

표 10.1 프랑스 1956년 선거 : 전체 유권자의 직업과 각 당의 종합 득표율

단위 : %

	프랑스 공산당	인터내셔널 프랑스지부	프랑스 인민공화운동당	전국 평균
소농과 시골 노동자	5	8	7	22.5
전문직과 숙련공	10	10	16	13.7
사무직 노동자	17	23	20	13.4
육체노동자	49	39	31	35.2
연금 수령자	19	20	26	15.2
	100	100	100	100

출처 *Sondages*, no. 4, 1960, p. 18에서 발췌; Roger Martelli, 'L'année 1956', in Roger Bourderon et al, *Le PCF; étapes et problèmes 1920~1972*, Editions Sociales, Paris, 1981, p. 443.

하고 일반화하기란 간단한 일이 아니다. 우리가 알 수 있는 사실은 종교를 믿는 사람이 도시보다 시골에 많았고, 사회주의 이데올로기가 다른 집단보다 노동계급에 널리 퍼져 있었다는 정도다. 신뢰할 만한 조사 결과가 없기 때문에 사회주의가 노동계급 출신에게 미친 '영향력'보다 종교가 시골에 사는 사람들에게 미친 영향력이 컸다고 추측할 뿐이다. 사회주의가 특정 계급(노동계급)을 겨냥하는 데 그친 반면, 종교는 언제나 더 보편적인 호소력을 발휘했다. 따라서 시골 출신의 새로운 노동자들은 노동계급 출신의 새로운 중산층보다 종교적 이데올로기를 오랫동안 간직했다. 그런 점에서 사회주의 정당이 노동계급의 구심적 역할을 강조하지 않기로 한 것은 신중한 전략이며, 반교권주의를 부각하지 않은 것도 현명한 선택이다.

하지만 사회주의 정당들은 1950년대 이전부터 노동계급을 강조하는 전략에 의문을 제기했다. 그들은 선거 정치에 본격적으로 뛰어들자마자 노동계급을 강조하는 전략에 의문을 제기했고, 1920년대부터 그랬던 정당도 상당히 많다. 그들이 노동계급을 강조하는

전략에 의문을 제기한 이유는 전체 인구에서 산업 노동계급이 소수였고, 어떤 사회주의 정당도 모든 노동자의 충성을 확보할 수 있다고 자신하지 못했기 때문이다.[67]

그런데 좌파 정당들은 정말 그토록 노동계급 하나를 표적으로 삼아 지지를 호소했을까? 유럽에서 가장 목소리가 큰 '노동계급' 정당이던 프랑스 공산당조차 프랑스 북부의 노동계급 지역과 파리 근교의 산업 지대에 국한된 지지 기반을 프랑스 남서부의 농촌 사회와 지중해로 확대하는 데 성공했다. 그 결과 프랑스 공산당은 비노동계급의 적지 않은 표를 획득했다. 다른 사회주의 정당이나 기독민주주의 계열 프랑스 인민공화운동당이 얻은 비노동계급의 표와 큰 차이가 없었다.[68]

이탈리아 공산당은 프랑스 공산당보다 중산층의 표를 얻어야 할 필요성을 훨씬 잘 알았다. 1946년 팔미로 톨리아티가 '중간층middle groups'에 호소하기 시작한 연설은 유명하다. 그는 노동계급과 사회의 중간층 사이에는 기본적으로 이해관계의 충돌이 없다고 주장했다.[69] 그는 이 연설을 할 장소로 이탈리아 북부의 에밀리아 지방을 선택했다. 에밀리아는 이탈리아 공산주의의 심장부인데, 파시즘 시대 이전에는 사회주의 성향이 확고한 지역이었기 때문이다. 에밀리아는 이탈리아 산업의 중심지도 아니고, 노동계급이 집중된 지역도 아니다. 오히려 다양한 계층이 사는 지역이며, 좌파 정당과 노동계급 사이에 긴밀한 연관성이 있다고 보는 사회학적 결정론에 선뜻 들어맞지 않는 지역이다. 이탈리아 공산주의 지도자 피에트로 잉그라오Pietro Ingrao는 사회학적 결정론을 노골적으로 거부했다. "우리는 정치 정당의 계급적 기원을 인정하지만, 정당 간의 차이를 모두 계급 간의 차이로 귀결시키지는 않는다."[70] 톨리아티는 1956년 12월 8차 전당대회에 제출한 보고서에서 '역사적으로 자본주의의 적인 노동계급'에 '중소 자립농을 포함한 폭넓은 소작농 계층과 대단히 생산적인 도시 중산층'을 포함하고 싶어 했다. 뿐만 아니라 다소 낙관적으로 '무수히 많은 중소 자본가들'까지 이 목록에 집어넣기를 바랐다.[71] 그러나 나중에 알게 되다시피 이탈리아 공산주의자들의 이런 전략 수정은 근본적인 이미지 변신과 무관했다. 근본적인 이미지를 바꾸면 소련과 관계를 단절해야 할지도 모르는데, 그것은 이탈리아 공산당 지도부가 진지하게 고려할 수 없는 조치였다.

독일 사회민주당은 이런 문제에서 자유로웠다. 사회민주당은 당의 토대인 프롤레타리아를 외면하고 민중의 정당으로 탈바꿈하기 위해 당의 프롤레타리아적 흔적을 제거하는 확실한 상징적 변화를 시도했다. 우선 당원 수첩을 빨간색에서 파란색으로 바꿨다. 당원끼리 부르는 호칭도 '동지comarade'에서 '친구friend'로 바꿨다. 본에 있는 사회민주당사 지붕에는 전통적인 붉은색 당기와 독일연방공화국(통일 이전 서독의 공식 명칭) 국기가 나란히 걸렸다.[72] 독일은 여전히 분단된 상태지만, 사회민주당이 연방공화국을 받아들인 것이다. 이렇게 해서 전 사회민주당 당수 쿠르트 슈마허의 흔적은 영원히 땅에 묻혔다.

「바트고데스베르크 강령」이 보여준 위대한 혁신은 전부 독일 사회민주당의 과거 성명서에서 발견할 수 있다. 심지어 '교회와 관계 회복'은 1954년 「베를린 행동 강령」에서 먼저 등장했다. 「베를린 행동 강령」에는 기독교의 사회적 메시지에 관한 긍정적 언급이 몇 차례 나온다.[73] 기념비적인 '마르크스주의 포기' 선언 역시 「베를린 행동 강령」에 처음 등장했다. 「베를린 행동 강령」은 비록 마르크스와 엥겔스가 사회주의에 과학적 토대를 제공하긴 했지만, 많은 것들이 과학적 토대를 바꿔놓은 상황에서 창시자들은 그다지 쓸모없는 존재가 되었음을 인정했다.[74]

비교적 특별한 사건이 없는 시기에 정치 정당이 신중한 준비도 없이 성공적으로 외피를 바꾸는 일은 흔치 않다. 「바트고데스베르크 강령」은 결코 폭탄선언이 아니지만, 사회민주당은 마치 폭탄선언처럼 터뜨렸다. 그들은 국유화 포기, 교회와 화해 시도, 독일 재무장 원칙 수용(강령에서 언급된 것 중 유일하게 중요한 새 외교정책)을 조용하게 처리할 수도 있었다. 하지만 사회민주당은 변화를 부각하는 쪽을 택했다. '이미지 정치'가 1980~1990년대에 보편화되고 유행한 것을 생각하면 「바트고데스베르크 강령」이 주로 이미지 구축을 위한 훈련이었음을 쉽게 이해할 수 있다. 통찰력 있는 관찰자이자 한때 이 주제를 둘러싼 대토론회에 참여한 수잔 밀러Susanne Miller에 따르면, 1945년부터 독일 사회민주당을 이끈 원칙을 잘 요약한 「바트고데스베르크 강령」의 가장 큰 소득은 사회민주당의 대외적 이미지를 바꿔 다양한 계층의 유권자에게 다가감으로써 민중의 정당이 되려는 목적을 달성할 수 있는 환경을 조성한 점이다.[75]

하지만 모든 좌파 정당이 수정주의를 받아들였거나 진지하게 받아들이려고 시도했다고 생각하면 오산이다. 대체로 성공 가도를 달리던 정당은 괜히 긁어 부스럼을 만들려 하지 않았다. 스웨덴 사회민주당이 그랬다. 스웨덴 사회민주당은 1960년 강령에서 인도적 사회를 만들기 위해 착수한 모든 조치를 자랑스럽게 내세웠다. 충분히 그럴 만했다. 그들은 자본주의를 비난했으며, 복지국가라는 곳에서도 "여전히 재산을 소유한 소수가 경제를 대부분 지배하고 있다"고 질타했다. 스웨덴 사회민주당도 수정주의자들과 마찬가지로 경제적 권한이 주주에서 경영자로 넘어갔음을 인정했다. 하지만 수정주의자들의 주장과 반대로 권한 이동이 현실에 별다른 영향을 미치지 않는다고 봤다. 다시 말해 권력은 여전히 소수 민간 자본가들이 상당 부분 쥐고 있으며, 이는 '민주적 평등의 원칙에 위배'된다고 주장했다.[76]

노르웨이에서도 「바트고데스베르크 강령」과 비슷한 일은 일어나지 않았다. 노르웨이 노동당은 선거를 통해 절대다수 의석을 차지했고, 상황을 예의 주시하면서 서서히 변화를 시도했다. 네덜란드에서도 노동당은 마르크스주의를 고수했고, '말만 살짝 바꿨을 뿐' 마르크스의 언어로 '민주적 사회주의'를 촉구했다. "노동자들은 자신을 옭아맨 속박 말고도 잃을 게 많다. 하지만 그들에겐 여전히 이겨야 할 세상이 있다."[77] 네덜란드 노동당은 1959년 강령에서 생산수단 사회화에 헌신하겠다는 뜻을 재천명했다. 하지만 이것은 교묘한 눈속임에 불과하다. 혼합경제가 유지됐고, 국유화는 경제 권한이 과도하게 집중되는 것을 막고 효율성을 확보하는 수단에 그쳤다.

벨기에 사회당은 1950년대 거의 모든 기간 동안 자유당과 연정을 유지했다. 벨기에 사회당에게는 수정주의보다 학교를 지배하는 교회의 영향력을 제거하기 위해 전통적인 부르주아 층이 벌이는 과격한 싸움이 시급한 문제였다. 이 싸움은 1958년 11월 이른바 교육협정을 통한 타협으로 마무리됐다. 그 결과 가톨릭이 단결해야 할 가장 중요한 이유가 사라졌다. 선거에 대한 교회의 간섭이 줄었고,

기독사회당은 언어의 분열 때문에 더 큰 타격을 받았다.[78] 상황이 이렇게 전개되면서 역설적이게도 자유당과 기독사회당 사이를 가로막던 주요 논쟁점이 사라졌다. 결국 자유당과 기독사회당이 손잡았고, 사회당은 정권에서 밀려났다.[79] 심지어 이때도 수정주의는 사회당의 주요 관심사가 아니었다. 오히려 그 반대였다. 1960년 5월 29일 벨기에 사회당 창당 75주년 기념행사에는 10만 명이 의기양양하게 행진했다. 주요 연사로 나선 사람들은 창당 헌장인 1894년의 「콰레뇽 헌장」을 조금도 수정할 필요가 없다고 강조했다. 벨기에 사회당 서기장 레오 콜라르Léo Collard는 "자본주의 사회를 개선하는 것은 최종 목표가 아니다"라고 선언했다.[80] 벨기에 사회주의자들은 영국, 오스트리아, 프랑스의 사회주의 정당이 주장하는 수정주의를 '「콰레뇽 헌장」의 엄격함이나 간명함'과 비교하면서 '1960년대 사회주의자들이 풀어야 할 과제는 1894년과 마찬가지로 생산수단의 공영화'라고 주장했다.[81] 경제계획은 여전히 벨기에 사회당의 주요 목표였다. 단 '민주적이고 사회주의적'인 경제계획이어야 하고, '권위주의적이거나 전체주의적'(즉 공산주의적)인 경제계획은 거부했다. '자본주의의 무질서한 성격'에 맞선 계획은 벨기에 사회당 강령에서 '진정으로 사회주의적인 특징'을 드러내는 부분이다.[82] 끝으로 레오 콜라르는 자본주의가 자본주의 자체의 위기를 극복해 완전고용을 유지하고 높은 생활수준을 달성할 수 있을 뿐만 아니라, '경제를 계획하고 조직하고 이끌 수' 있다는 점을 인정했다. 그러나 "사회주의 사회와 자본주의 사회는 이바지하고자 하는 궁극적 목표가 다르다". 즉 사회주의의 궁극적 목표는 정치·경제적으로 완벽한 민주주의 사회에서 노동자를 해방하는 것이었다.[83]

오스트리아 사회당은 1958년 강령에서 중요한 변화를 시도했다. 그러나 그들 앞에 놓인 상황은 대다수 좌파 정당들이 맞닥뜨린 상황과 크게 달랐다. 비록 오스트리아 국민당과 연립정부 형태지만, 오스트리아 사회당은 엄연히 (중립국의) 집권당이었다.

오스트리아 수정주의자들은 계급투쟁과 마르크스 이론을 포기하자고 주장했다. 이런 주장이 놀라운 것은 오스트리아 사회당이 과거 모든 사회주의 정당 가운데 마르크스주의에 가장 크게 기여한 정당이기 때문이다. 멀리 갈 것도 없이 오토 바우어가 오스트리아—마르크스주의 학교를 세운 것만 봐도 알 수 있다. 그러나 오스트리아 제2공화국의 초대 대통령이자 20세기 실용주의적 수정주의를 대표하는 인물 가운데 한 명인 카를 레너 덕분에 수정주의는 전후 오스트리아 사회당에서 굳게 자리 잡았다. 게다가 오스트리아 사회당은 스웨덴 사회민주당에 버금가는 당원을 자랑하는 대중정당이었다. 당원이 오스트리아 인구의 10퍼센트에 해당하는 70만 명이었으니 자신감을 갖고도 남았다.

오스트리아 사회당 지도부는 왜 마르크스주의를 버려야 했을까? 인터내셔널 프랑스지부는 오스트리아 사회당보다 훨씬 실용적인 노선을 취하면서도 공식적으로 마르크스주의를 비난한 적이 한 번도 없었다. 인터내셔널 프랑스지부의 이론 잡지『사회주의 리뷰La revue socialiste』에는 공산주의자들의 손아귀에서 마르크스를 구해내려는 글로 가득했다.[84] 더욱 급진적이고 강력한 경쟁자 프랑스 공산당과 맞서야 하는 인터내셔널 프랑스지부로서는 '좌파'의 자격을 유지하기 위해 수사학적으로 마르크스주의에 헌신할 '필요'가 있었다. 반면에 오스트리아 사회당은 좌파 쪽에 이렇다 할 경쟁자가 없

었다. 1959년 이후 오스트리아에서는 공산주의자들이 의회에 얼굴도 내밀지 못하는 상황이었다.[85]

오스트리아 사회당의 목표는 연립정부에서 주도적인 정당이 되어 단독정부를 세우는 것이었다. 그런 의미에서 1956년 선거는 오스트리아 사회당에게 실망스러웠다. 1953년 선거 결과(총 43퍼센트)에서 1퍼센트가 올라 1석을 추가함으로써 75석이 되기는 했지만, 연정 파트너이자 경쟁자인 오스트리아 국민당은 훨씬 좋은 성적을 냈기 때문이다. 1953년 득표율 41.3퍼센트로 74석을 차지한 오스트리아 국민당은 1956년 득표율 46퍼센트로 82석을 차지했다. 오스트리아의 많은 사회주의자들은 자신들의 노선과 마르크스주의에 대한 헌신을 재검토할 때가 왔다고 느꼈다. 그러나 영향력 있는 지식인들로 구성된 당내 반대파는 당이 급진적 전망을 고수해야 한다고 주장했다. 노장 마르크스주의자 요세프 힌델스Josef Hindels가 반대파를 이끌었다.

이들 반대파의 압력 때문에 새로운 강령 준비를 책임진 위원회와 브루노 크라이스키Bruno Kreisky 위원장은 궁극적으로 계급 없는 사회를 만들자는 맹세에 손댈 수가 없었다.[86] 1957년 잘츠부르크Salzburg 전당대회에 제출된 강령 원안에는 마르크스주의를 비판하는 문장이 포함되었다. "현대사회는 마르크스가 『공산당선언』에서 예상한 것과 아주 다르게 발전했다." 강령 원안은 예측이 들어맞은 게 별로 없다며 마르크스주의를 깎아내렸고, 이는 격렬한 반발을 불러일으켰다. 결국 1958년 5월 14일 빈 전당대회에서 채택된 최종 강령에는 초안에 있던 내용이 상당 부분 삭제되었다. 눈속임에 가깝게 절충되다 보니 힌델스는 새로운 강령에 "오스트리아의 마르크스주의 정신이 깃들었다"고 선언했고, 힌델스의 정적들은 "새 강령이 마르크스주의와 유대에 이바지했다"고 받아쳤다.[87] 오스트리아 사회당 기관지 「노동자신문Arbeiter Zeitung」의 편집자 오스카르 폴락Oscar Pollack과 당 집행위원회 회원들은 사회당이 '편협한 계급정당'에서 '대중정당'으로 거듭나더라도 계급투쟁이나 마르크스주의에 대한 믿음을 포기하는 것은 아니라는 점을 강조하기 위해 피나는 노력을 했다.[88]

크로스랜드와 게이츠컬주의자들이 시작한 영국의 수정주의 움직임은 두 차례 선거에서 연달아 패배한(1955년) 뒤 노동당의 공식 정책이 되었다. 노동당은 1957년 「산업과 사회Industry and Society」, 1958년 「진보를 위한 계획 : 영국의 경제 팽창을 위한 노동당 정책Plan for Progress: Labour's Policy for Britain's Economic Expansion」, 1959년 선거를 위해 로이 젱킨스Roy Jenkins가 작성한 「노동당의 주장The Labour Case」 같은 문서를 통해 사회 개량에 대한 헌신을 지지했고, 번창하는 민간 부문을 보존하고 발전시키겠다는 확고한 의지도 표명했다.[89] 노동당 안의 좌파는 계획도 없고 유능한 지도자도 없는데다, 노조의 지지를 받지 못하면서 궤멸되고 말았다. 노동당은 1959년 선거공약집 *Britain Belongs to You*에서 수정주의 정책을 선포했다. 공약집에는 '사회주의적 윤리'에 대한 포괄적인 약속이 포함되었다. 그것은 크로스랜드가 소중히 여기는 주제였다. 공약집은 우선 '국가적' 관점에서 보수당을 비판했다. "영국은 지난 30년간 거의 모든 산업국가에 추월당했다." 이 주제는 이후 30년간 반복되었다. 노동당은 (당시 보수당에 의해 민영화된) 철강과 대형 트럭 수송 산업을 제외하고 국유화를 추진하지 않을 것이며, 국유화는 특정 산업이 '국가의 기대에 부응하지 못한다'고 판단될 때만 시행하겠다고 약속했다(이데올로기 때문에 공공 부문을 확장하는 일은 없을 것이라는 의미다). 또 세금을 인상해 사회 개혁을 위한 재원을 마련하는 대신 '계획에 입각한 확대'를 통해 조달하겠다고 약속했다. 주택정책을 '민간 기업'의 시각에서 바라보겠다는 약속도 했다. "노동당 주택정책에는 두 가지 목표가 있다. 국민이 자기 집을 가질 수 있도록 돕고, 제대로 된 집을 적당한 가격에 임대할 수 있도록 적절하게 주택을 공급하는 것이다."[90]

이런 공약을 온건하다고 주장할 사람은 아무도 없을 것이다. 따라서 보수당에게 연달아 세 차례나 선거에서 졌을 때 노동당 지도부의 실망은 이만저만이 아니었다. 그러나 수정주의자들은 전혀 흔들리지 않았다. 노동당에서 지배적인 위치를 차지하던 수정주의자들은 선거 패배가 당의 부정적인 이미지 때문이라고 당원들을 설득했다. 이런 사실은 어느 홍보 회사의 여론조사를 통해서도 입증됐다. 대다수 유권자가 당의 공약집이나 권위 있는 잡지에 실리는 논평을 읽지 않는 것으로 밝혀진 것이다. 이 같은 여론조사 결과는 보수당이 떠오르는 중산층과 청년층, 경제적 번영을 하나의 이미지로 묶는 데 성공했다는 수정주의자들의 판단에 힘을 실어줬다. 반면 노동당은 국유화에 집착하는 고루한 관료주의적 정당이자 무기력하게 분열된 세력, 전전戰前 노동계급에 집착하면서 시대에 뒤떨어진 납작한 모자(주로 노동자들이 썼다)와 자신들을 동일시하는 조직이라는 인상이 강했다. 현대 노동계급은 더글러스 제이의 주장처럼 더는 존재하지 않거나 크로스랜드의 주장처럼 완전히 중산계급이 되었다. 크로스랜드는 페이비언협회가 1960년에 펴낸 소책자

『노동당은 승리할 수 있는가?Can Labour Win?』에서 노동당은 '궁극적 목표'라는 발상을 포기하고 훨씬 더 중요한 문제, 즉 선거에서 이기는 일에 집중해야 한다고 주장했다.[91] 그가 보기에 당 내부에서 별 소득도 없는 논쟁이 끊이지 않는 까닭은 그놈의 '궁극적 목표' 때문이다. 박식한 독자들은 이쯤에서 1950년대 노동당 수정주의자들이 표명한 주제와 생각이 1980~1990년대 수정주의자들이 제기한 주장이나 생각과 대부분 일치한다는 사실을 눈치 챘을 것이다. 가장 큰 차이는 크로스랜드의 수정주의는 사회적 평등의 중요성과 세금을 통한 부의 재분배를 강조한 반면, 1980~1990년대 수정주의자들은 논란의 여지가 없는 '공동체'와 '개인의 자유' 개념을 강조했다는 점이다.[92] 결국 역사란 반복되는 것인지 모른다. 하지만 어디까지나 관련된 사람들이 과거에 신경을 쓰지 않을 때 그렇다. 정치에서는 므네모시네(Mnēmosynē : 그리스 신화에 등장하는 기억의 여신)가 클레이오(Clio : 역사의 여신)를 압도하는 일이 종종 벌어진다.

게이츠컬과 그의 뒤를 이은 대다수 수정주의자들 사이에는 한 가지 근본적인 차이점이 있다. 게이츠컬은 노동당 당헌 4조를 수정하려고 시도했다. 후대의 사회주의자들은 그가 남긴 '역사의 교훈'을 잘 이해했다. 거의 30년 동안 게이츠컬의 뒤를 이은 모든 수정주의자들은 전략상 중대한 실수로 판명 난 일을 되풀이하는 행동을 자제했다. 토니 블레어가 이끄는 노동당은 네 차례 선거에서 패배하고 16년간 우울한 야당 시절을 보낸 뒤, 1995년 4월에야 당헌 4조를 일부 사회주의자들 말고는 아무에게도 반감을 살 소지가 없는 조항으로 대체했다.

모든 조사 결과는 한결 같았다. 정당이 발표한 성명서에는 국유화에 대한 내용이 거의 언급되지 않았지만, 여론은 노동당과 국유화를 거의 동일시했다. 게다가 국유화에 대한 여론의 시각은 부정적이었다.[93] 게이츠컬은 이런 상황을 뒤바꿀 방법은 당헌 4조 네 번째 문단에 명시된 '생산과 분배, 교환 수단의 공공 소유'에 대한 헌신을 포기하는 것뿐이라고 확신했다. 게이츠컬은 단순히 쟁점을 제기하는 것이 아니라 자신의 뜻을 관철하기 원했다. 이후 게이츠컬이 결국 무릎을 꿇고 만 것은 그가 당내의 팽팽한 긴장을 감지하지 못했다는 증거다. 게이츠컬은 당내의 긴장을 의식한 순간부터 주저하고 우유부단하게 행동했으며, 거듭 타협을 시도했으나 소용이 없었다.[94] 당헌 4조는 존속되었고, 이후 당원증 뒷면에는 공공 소유에 헌신한다는 문구가 인쇄됐다. 당헌 4조는 전에 없던 지위를 획득했고, 사회주의에 대한 노동당의 헌신을 의미하는 상징적인 조항이 되었으며, 결과적으로 이후에 등장하는 모든 수정주의자들의 표적이 되었다.

게이츠컬의 의도는 당헌 4조를 완전히 삭제하는 것이 아니었다. 그는 원칙에 대한 다른 설명을 넣어 당헌 4조가 최종 목표에 대한 노동당의 유일한 정의가 아니라는 점을 부각할 계획이었다. 예컨대 당헌 4조를 '자세히 풀어서' 더 '분명하게' 설명하면 당헌 10조가 될 수도 있으리라고 생각했다.[95] 그런 식으로 당헌 4조와 혼합경제에 대한 새로운 약속을 결합시킨다는 계획이었다. 이는 전형적으로 모든 이들을 불쾌하게 만드는 타협이었다. 그때까지 게이츠컬을 지지하던 노조는 그를 버렸다. 노조는 당헌 4조뿐만 아니라 그의 외교정책에도 실망한 나머지 비록 일시적이기는 하지만 일방적 핵무기 폐기를 지지했다. 게이츠컬은 노조 지도자들의 정치적 이데올로기를 잘못 읽었다. 그는 노조 지도자들이 노동당 내 좌파를 극도로 싫어하기 때문에 사회주의의 최종 목표를 포기할 것이라고 생각했다. 그러나 노조 지도자들은 노동당의 중심부에 자리 잡은 모순이 유지되길 바랐다. 즉 노동당이 멀리 있는 지평선에 사회주의의 미래를 걸어놓고, 당장은 온건하고 신중하며 선거에서 좋은 성과를 거두는 정당이 되기를 바란 것이다.

이 같은 교착 상태는 노동당에 즉각적인 영향을 미쳤다. 수정주의자들과 수정주의에 반대하는 세력의 균열이 더 커진 것이다. 수정주의자들은 여론이 바뀔 가능성이 없다고 판단했다. 결국 노동당이 여론에 맞춰야 했다. 수정주의에 반대하는 세력은 조만간 여론이 '사회주의적 목표'에 설득될 것이며, 궁극적으로는 노동당이 선거에서 승리할 것이라고 믿었다.[96] 마이클 풋은 특유의 엄포를 섞어 수정주의에 반대하는 입장을 대변했다. "우리는 선거에서 이기기 위해 이 나라 국민의 감정을 바꿔야 하고, 국민이 나쁜 사회와 추악한 사회, 썩은 사회를 구별할 수 있도록 눈뜨게 해야 한다."[97]

결론적으로 게이츠컬은 자신이 당한 피해를 스스로 보상받았다. 그는 1960년 당헌 4조 폐지와 일방적 핵 폐기주의를 놓고 치러진 표결에서 노조의 블록 투표에 의해 패배했다. 이듬해 게이츠컬은 대다수 노조(프랭크 커즌스가 이끄는 영국 운수일반노동조합은 제외하고)를 설득해 노조가 일방적 핵 폐기주의를 포기하면 당헌 4조를 폐지하려고 하지 않겠다고 약속했다. 게이츠컬은 정반대 선택은 생각할 수 없었을 것이다. 범대서양주의가 수정주의를 누른 셈이다.

노동당을 바꾸려 한 게이츠컬의 시도는 실패했다. 그는 "정치 정당에서 상징과 신화의 역할을 잘못 판단"했다.[98] 게이츠컬이 실패한 덕분에 노동당 좌파는 1950년대 내내 그토록 원하던 승리를 마침내 얻었다. 1951년 패배 이후 베번 좌파는 외교 문제에 집중했고, 본질(예를 들면 영국과 미국의 관계)보다 세부 사항(예를 들면 재무장 계획의 규모)에 치중했다. 자격증 같은 게 있다면 이렇게 정확한 판단을 한 사람에게 돌아가야 마땅할 것이다. 베번은 제3세계의 곤경이 중요한 의미가 있다는 점, 부유한 나라와 가난한 나라 사이에 불공평한 거래가 계속되면 심각한 결과가 초래될 것이라는 점을 일찌감치 꿰뚫어 봤다.[99] 그러나 베번이 일방적 핵 폐기주의를 포기한다고 선언했을 때 좌파는 지도자 한 사람을 잃고 말았다.

게이츠컬이 이길 수 없는 근본적인 원인은 노동당이 영국의 다른 좌파 정당보다 조직적으로 분열되었기 때문이다. 정책을 책임진 노동당의 의회 지도부는 당원들에게 접근할 길이 거의 막혀 있다시피 했고, 전국 집행위원회는 실질적인 권한이 없었기 때문에 압력단체 역할에 머물렀다. 일반 당원들의 목적은 선거 열기를 불러일으키는 것이 전부였고, 노동당 산하 노조들은 기껏해야 사회주의에 대한 모호한 맹세로 엮였을 뿐이다. 노조 지도자들은 저마다 이데올로기도 크게 달랐고, 지나치게 점조직화된 노조 운동의 성격 때문에 심각하게 분열되었다. 노조 지도자들은 정당정치에 관여하는 소수 노조 활동가들을 대변하는 데 그쳤다. 이런 이질적 요소들이 전당대회 때마다 모든 사람들의 눈에 드러날 수밖에 없다는 점이 심각한 문제였다. 해마다 전당대회가 열리는 일주일은 축하와 내부 구성원들의 반목으로 얼룩지는 기간이었다. 이 복잡한 대상隊商 행렬이 길 밖으로 이탈하지 않게 하려면 사회주의의 최종 목표에 대한 헌신과 선거에서 이기고 싶은 열망 사이에서 신중하게 균형을 잡아야 했다.

수정주의가 성공하기 위해서는 충격요법보다 충분한 준비가 필요했으며, 정당 구조와 운영을 이해해야 했다. 유럽 대륙의 대다수 사회주의 정당은 당의 구조와 운영을 이해해야 당의 대표 자리를 확보할 수 있었다. 그러나 영국 노동당은 예외였다. 영국에서는 당 내 최고위직에 오르려면 정당을 지배하는 것보다 의원총회와 내각 혹은 예비 내각에서 경험을 쌓는 것이 중요했다. 정당의 지배 세력이 되는 것은 당 고위직에 오르는 데 그다지 도움이 되지 않았다. 이처럼 조직의 특징은 다르지만 유사한 쟁점이 제기되었다는 점에서 영국 노동당도 유럽에서 벌어지는 수정주의 양상을 크게 벗어나지 않았다.

수정주의는 사회주의 정당에 국한된 문제가 아니었다. 이탈리아 공산당 강령에서도 가장 중요한 변화가 나타났다. 공산당 강령에서 개정 대상에 오른 몇 가지 항목을 보면 사회주의 운동이 개정 대상으로 삼은 항목과 놀라울 만큼 유사했다. 즉 이탈리아 공산당은 사회주의가 '최종 상태'라는 생각, 종교와 관계, 자본주의의 성장과 과학기술의 진보에 대한 의구심, 당의 국제적 역할, 노동계급의 핵심 역할론에 손대고자 했다. 여기에서 짚고 넘어갈 문제가 두 가지 있다.[100] 첫째, 이탈리아 공산당은 프랑스 공산당과 마찬가지로 소련과 관계 때문에 수정주의를 거리낌 없이 추진하기는 불가능했다. 소련에 대한 의존 혹은 애착이 이탈리아 공산당 전체에 퍼져 있었고, 대다수 평당원과 일부 지도부 인사들은 반자본주의적 사회로 바뀔 수 있다는 확신을 버리지 못했다. 소련도 이런 상황을 이용해 이탈리아 공산당 지도자들이 품을지도 모르는 수정주의적 열망을 통제했다. 이처럼 이탈리아 공산당은 사회민주주의 정당보다 훨씬 두렵고 강력한 제약을 안고 있었다. 엔리코 베를링구에르Enrico Berlinguer가 1970년대에 한 일(20장 참조)이나 아킬레 오체토Achille Occhetto가 1990년대에 한 일(24장 참조)을 톨리아티가 1950년대에 할 수도 있지 않았느냐는 주장은 이런 제약을 이해하지 못했기 때문에 나오는 얘기다.

둘째, 프랑스 공산당과 달리 이탈리아 공산당에서는 톨리아티가 1944년 소련에서 돌아온 뒤 국가의 상황에 적응하는 문제가 당의 현안이 되었다. 냉전이 끼어들면서 국가의 상황에 적응하기 훨씬 더 어려워졌고, 내놓고 국가에 맞추기도 조심스러웠다. 그 결과 몹시 애매한 상황이 벌어졌다. 평당원이든 아니든 다원주의와 의회, 시민권, 종교의 자유를 위한 헌신적 노력이 오로지 자본주의에서 타당한지, 아니면 미래 사회주의 사회의 한 요소가 될지 불분명했다. 사회민주주의와 뚜렷이 구별되는 혁명적인 전통에 헌신한다는 것은 모든 변화가 혁명적인 전통에 완벽히 일치되도록 제시되어야 한다는 의미였다. 어떤 면에서 그런 변화는 결코 변화가 아닌 것처럼 보여야 했다. 톨리아티가 '지속성 속에 쇄신'을 강조하는 바람에 수정주의는 어쩔 수 없이 난관에 부딪힌 반면, 소련과 이탈리아 공산당의 전통적인 지지층은 안도의 한숨을 내쉬었다.

이처럼 서유럽 공산주의자들의 수정주의는 외부의 힘(소련의 허가)에 의존했고, 사회민주주의자들의 수정주의는 본질적으로 국내 정치와 선거라는 쟁점에 따라 결정되었다.

소련 지도자 흐루시초프는 1956년 2월 소련 공산당 20차 당대회에 제출한 보고서에서 수정주의를 승인했다. 그는 국제 관계에서 평화적 공존의 원칙을 받아들였고, 자본주의 국가와 전쟁은 필연적이라는 신조를 버렸으며, 1917년 10월 혁명이 낳은 소비에트 모델 대신 '사회주의로 가는 국가적 길'을 승인했다. 국가적 길이라는 개념은 원래 2차 세계대전 기간과 그 직후에 발전된 개념으로, 공산주의자들에게 소련 공산당을 지지하는 동시에 서구의 전통인 의회제와 평화적인 길을 추구할 수 있는 길을 터줬다. 따지고 보면 소련 공산당도 그들만의 '국가적 길'을 추구하는 셈이었다. 흐루시초프 보고서를 계기로 거대한 단일 공산주의 시대는 막을 내린 것처럼 보였다. 이제 공산주의 정당은 더 자유롭게 자신들만의 정책을 만들 수 있었고, 소련과 다른 정책을 추구하는 것이 가능해졌다. 흐루시초프가 구체적으로 밝히지 않은 것은 이 새로운 자유의 한계였다.

몇 달 뒤 흐루시초프가 비공식적으로 한 발언이 「뉴욕타임스New York Times」로 흘러들어 갔다. 이 비밀 발언에서 흐루시초프는 종전의 소련식 체제를 '수정'하는 데 그치지 않고 훨씬 더 나갔다. 미하일 고르바초프Mikhail Sergeevich Gorbachev가 등장하기까지 소련의 지도자로서는 전무후무할 정도로 스탈린의 과거 행적을 강도 높게 비판한 것이다. 흐루시초프의 비밀 발언이 알려지자 모든 공산주의자들은 당혹감을 감추지 못했다. 그들 모두 한두 번은 스탈린 숭배에 적극적으로 참여한 경험이 있었다. 그러나 흐루시초프의 발언은 수정 공산주의가 언젠가 치러야 할 통과의례였다.

톨리아티의 목표는 두 가지였다. 하나는 이탈리아 공산당의 통합을 유지하는 것, 다른 하나는 흐루시초프의 개혁 정책을 지지하는 것이었다. 톨리아티는 이탈리아 공산주의가 발전하기 위해서는 소련의 새로운 지도자가 선택한 새로운 방향이 성공을 거둬야 한다고 생각했다. 이 두 가지 목표를 위해 이탈리아 공산당은 소련에 전통적인 충성을 유지하는 동시에 2차 세계대전 이후 톨리아티가 착수한 좀더 점진적인 '국가적' 노선을 전면에 부각했다. 톨리아티는 두 가지에서 흐루시초프에 반대했다. 첫째, 흐루시초프가 '개인숭배' 차원에서 스탈린주의 문제를 처리하는 데 반대했다. "한때 좋은 모든 것은 한 남자의 초인적이고 긍정적인 점들 때문이라고 생각한 시절이 있었다. 그런데 이제 모든 나쁜 것은 바로 그 남자의 믿기 힘들 만큼 예외적인 결함 탓으로 돌려지고 있다."[101] 문제는 더 깊은 곳에 있으며, 스탈린 개인을 비판하기보다 '소련식 민주주의의 한계'에서 원인을 찾아야 한다는 게 톨리아티의 생각이었다.[102] 둘째, 톨리아티는 '사회주의로 가는 국가적 길'을 소련의 지도적 역할 포기로 받아들였다. "전 세계는 다중심주의로 가고 있다. 우리는 공산주의 운동 안에서 단일 지침에 대해 얘기할 수 없고, 종종 다양한 길을 따라갈 때 다다를 수 있는 진보에 대해 말할 수 있을 뿐이다."[103]

톨리아티는 흔들림 없이 '사회주의' 진영에 남았다. 소련 군대가 반공산주의 혁명으로 번질 것이 확실한 봉기를 진압하기 위해 헝가리를 침공했을 때, 톨리아티는 이탈리아 공산당의 지지를 등에 업고 소련군을 지원했다. 전 유럽의 공산주의 정당은 1956년 11월 소련의 헝가리 침공에 찬성했다. 그즈음 소련과 화해한 유고슬라비아 공산당도 마찬가지였다. 그러나 헝가리 봉기의 원인과 무력간섭의 정당성을 놓고 의견이 크게 엇갈렸다. 헝가리 사태는 서유럽 친親공산주의 지식인들을 혼란에 빠뜨렸고, 그중에서 이탈리아가 가장 심한 혼란에 휩싸였다. 특징이 있다면 이탈리아 지식인들 사이에서 벌어진 논쟁이 대부분 스탈린이나 헝가리 문제, 외교정책에 관한 것이 아니었다. 이탈리아의 새로운 반체제 지식인들은 지나치게 지역색이 강한 이탈리아의 공산주의 전통을 집중 공격했다. 이탈리아 공산당은 마르크스의 역사관과 베네데토 크로체Benedetto Croce의 역사주의에 헌신하면서 현대 사회과학은 거부하고 비판했다. 요컨대 "지나치게 이탈리아적인 반면 지나치게 비非미국적이고, 지나치게 이탈리아 남부에 치중하는 반면 지나치게 이탈리아 북부를 홀대"했다. 이탈로 칼비노Italo Calvino는 "우리에게 세계를 이해할 수 있는 수단을 지나치게 조금 제공한다"는 이유로 이탈리아 문화를 비판했다. 알레산드로 피조르노Alessandro Pizzorno는 젊은 학자들이 "나폴리Napoli나 피에디그로타Piedigrotta의 헤겔학파와 엥겔스가 어중이떠중이를 비롯해 시칠리아Sicilia의 비주류 작가들에게 보낸 편지를 연구하는 데" 지나치게 많은 시간을 들인다며 혀를 찼다.[104]

지식인들은 톨리아티의 문화 정책을 표적으로 삼았다. 톨리아티의 문화 정책은 '사회주의로 가는 국가적 길'에 이탈리아 고유의 전통을 제공하려 했다. 톨리아티는 그 방법으로 그람시의 마르크스주의를 이탈리아 문화의 가장 뛰어난 계승자로 제시했다. 톨리아티의 문화 정책은 부분적으로 이탈리아 공산당이 불가피하게 스탈린주의로 기우는 것을 막기 위한 반사적 반응이었다. 따라서 톨리아티의 문화 정책은 현대성이라는 측면에서 지배적인 미국의 문화 정책에 필적할 만한 개념을 발전시킬 수 없었다. 이탈리아 공산당은 현대성이라는 이미지를 활용하지 못했기 때문에 실패했다. 현대성은 이탈리아의 역사주의 전통에 없는 것이었다. 그때만 해도 현대성이라는 개념은 실증주의적인 개념으로 보였기 때문에 이탈리아의 역사주의 전통은 현대성 개념에 적대적이었다. 소련에서도 현대성이라는 개념은 찾아볼 수 없었다. 러시아 철강 노동자들의 인상은 미국적 생활 방식과 소비사회의 맹렬한 공습을 견뎌내기 힘들 만큼 유약해 보였다.

톨리아티가 이 모든 혼란에 불안감을 느끼지 않았다면 거짓말일 것이다. 프랑스 공산당 서기장 토레즈가 지식인을 지나치게 경멸했다면, 톨리아티는 지식인의 중요성에 지나치게 많은 의미를 부여했다. 그러나 톨리아티의 최우선 과제는 여전히 당의 결속이었다. 헝가리의 공산주의 개혁이 온건하게 추진됐다면 톨리아티도 헝가리를 지지했을 것이다. 하지만 공산주의에 반대하며 급속히 민중 봉기로 번진 헝가리 사태를 지지할 수는 없었다. 톨리아티는 1956년 10월 26일 좌파 성향의 일간지 「우니타L'Unità」에 명백하게 스탈린적인 어투로 기고했다.

> 내일 우리는 우리의 차이에 대해 토론할지 모른다. 그러나 오늘 우리는 사회주의 혁명을 옹호해야 한다. 반혁명의 총구가 불을 뿜을 때 우리는 바리케이드의 이쪽 아니면 반대쪽에 있어야 한다. 제3의 진영이란 없다.[105]

이처럼 서유럽 공산주의 정당은 헝가리 사태로 소련에서 해방될 수 있는 기회가 코앞에서 막혔다. 영국 노동당의 데니스 힐리는 1957년에 고통스러울 정도로 정확한 예측을 내놓았다. "프랑스와 이탈리아 공산당은 길어야 30년 안에 소련과 유대 관계를 단절하거나 사소한 관계로 약화될 것이다."[106] 그러나 그의 예측에 주의를 기울이는 서유럽 공산주의 정당은 없었다.

톨리아티와 그의 최측근 고문들은 소련에서 멀어지는 것보다 다원주의와 민주주의에 대한 당의 기본 방침을 수정하는 편이 쉬웠다. 그것은 쇄신의 문제라기보다 그때까지 이탈리아 공산당의 공식적인 방침을 더욱 강력하게 재천명하면 되는 문제였기 때문이다. 이에 따라 이탈리아 공산당은 이탈리아 헌법에 근거해 사회주의를 향한 민주적 길에 헌신할 것을 강조했다. 달리 말하면 자유로운 절차를 통해 선출된 의회의 중요성과 다수가 될 수 있는 소수의 권리를 강조했다. 그러나 '프롤레타리아 독재'라는 전통적인 마르크스주의 용어를 공개적으로 포기하지는 않았다. 물론 프롤레타리아 독재라는 표현을 사용하는 빈도는 줄었다. 그리고 종전 직후 이탈리아 공산당의 도움을 받아 출간됐으나 제대로 조명되거나 알려지지 않은 안토니오 그람시의 책과 글이 향후 이탈리아 공산주의 발전에서 핵심적인 역할을 맡게 되었다.[107]

이탈리아 공산당도 덜 프롤레타리아적인 노선을 채택함으로써 유럽 수정주의 원칙 몇 가지를 공유했다. 무엇보다 노동계급의 역할을 덜 강조했다. 사회민주주의적 수정주의자뿐만 아니라 소련 공산주의를 쇄신하고자 한 이들을 포함해 사회주의 진영의 모든 혁신가와 개혁가도 노동계급의 역할을 덜 강조했다. 때때로 동유럽과 서유럽 사회주의의 역사는 비슷한 방향으로 나갔다. 1950년대 후반이 그런 시기였다. 공산주의 국가의 구조를 바꾸려고 한 흐루시초프의 시도는 비록 실패로 끝났지만, 당시의 거대한 수정주의 물결과 일치하는 부분이 많았다.

20차 당대회에서 스탈린을 비판한 흐루시초프는 1961년 22차 당대회에서 두 번째 수정주의적 공세에 착수했다. 흐루시초프는 두 가지 원칙을 선언했다.[108] 첫째, 공산주의는 오직 생산력의 효과적인 발전을 기반으로 건설할 수 있다고 선언했다. 소련은 과학 지향적인 사회가 되어야 했다. 정치보다 성장이 중요했다. 이것은 스탈린 시대의 성장과는 다른 성장이었다. 스탈린 시대의 근대화는 순전히 육체적·양적 노력을 통해 추진되어야 했고, 그 과정에서 영웅은 '평범한' 노동자 알렉세이 스타하노프Alexei Stakhanov였다. 정치권의 부추김과 격려에 고무된 스타하노프는 집산주의적 방식을 통한 경제 발전에 헌신적으로 기여했다. 이런 노동계급 중심의 경제구조는 이제 양보다 질에 중점을 둔 체제로 바뀌었고, 서구의 전문 경영인에 맞서 소련에서는 전문가와 과학기술 분야의 지식인들이 새로운 영웅으로 떠올랐다. "모든 활동에서 당과 소련이 따라야 할 신성한 원칙은 생산을 위한 생산이 아니라 인간을 위한 생산이다."[109]

둘째, 프롤레타리아 독재의 단계가 끝났다는 것이었다. 소련의 계급적 본질은 다시 정의돼야 했다. 소련은 이제 '전체 인민의 국가'였다.[110] 흐루시초프는 이 새로운 국면을 '국가가 소멸한' 시대라고 부르고 싶어 했다. '국가소멸론'은 마르크스가 후기 자본주의 사회를 일컫은 표현이다. 그러나 당내 흐루시초프의 정적들은 이 표현에 무정부주의적인 의미가 함축됐다며 반대했다. 반면 핀란드의 영향력 있는 공산주의자 오토 쿠시넨Otto Kuusinen이 몇 년 전에 사용한 '전체 인민의 국가'라는 문구는 수용 가능한 절충안이었다.[111]

소련 개혁의 목표는 미국과 평화적으로 경쟁하면서 소비사회를 건설하는 것이었다. 흐루시초프는 서구에서 자본주의가 획득한 물질적 혜택을 공산주의 통치를 받는 국민에게 제공하지 않으면 공산주의는 실패하리라는 것을 깨달았다. 1961년 1월 흐루시초프는 생산되는 소비재의 범위를 확대하는 '혁명'을 촉구하면서 아직도 중공업 우선 정책을 지지하는 사람들을 비난했다. 흐루시초프는 그들을 가리켜 '금속을 먹는 사람들metal-eaters'이라고 불렀으며, '금속에 대한 식욕'이 긴급한 소비재 수요에 해를 끼쳐 소련 경제를 불균형에 빠뜨린다고 생각했다. 흐루시초프는 소비재 공급과 수요의 격차를 좁히지 못하면 '위험하고 걱정스러운 결과'가 닥칠 수 있다고 경고했다.[112]

공산주의 개혁은 과학기술을 갖춘 지식인들에게 더 많은 역할을 부여하고, 이데올로기에서 노동계급의 중심 역할론을 삭제하면서 시동이 걸렸다. 그러나 1968년 프라하의 봄부터 페레스트로이카까지 공산주의를 개혁하려는 시도는 모두 실패로 끝났다.

프랑스 공산당은 처음에 공산주의 개혁을 거부했다. 흐루시초프의 '수정주의'를 차마 비판할 수 없는 프랑스 공산당은 대신 이탈리아 공산당의 수정주의와 좀더 확실하게 거리를 두기 위해 안간힘을 썼다. 프랑스 공산당의 로제 가로디Roger Garaudy는 1956년 이탈리아 공산당 8차 당대회에 사절 자격으로 참석하고 와서 월간 이론지 『카이에 드 코뮤니즘Cahiers du communisme』에 기고한 글을 통해 이탈리아 공산당에 유례없이 맹렬한 비난을 퍼부었다. 가로디는 '사회주의로 가는 국가적 길'이라는 개념을 통째로 비판했다. 즉 의회주의의 중요성을 고집하면서 구조적 개혁을 추구하는 톨리아티와 이탈리아 공산당을 비판한 것이다.[113] 프랑스 공산당은 흐루시초프의 비밀 발언이 세상에 알려지기까지 확실하게 드러나지 않은 스탈린 비판에도 쉬쉬했는데, 정작 소련에서는 1953년부터 공식 언론을 통해 스탈린 비판이 시작되었다.[114] 모리스 토레즈와 함께 소련 공산당 20차 당대회에 참석해 흐루시초프의 비밀 발언을 잘 아는 자크 뒤클로는 1956년 3월 9일 파리의 살 와그람Salle Wagram 홀에 모인 공산주의 활동가들에게 스탈린을 노골적으로 칭송했다. "스탈린의 업적은 역사에 새겨졌으며, 국제 노동계급 운동의 자산입니다."[115] 뒤클로는 뜨거운 박수갈채를 받았다. 프랑스 공산당은 흐루시초프의 비밀 발언이 서구 언론에 공개된 뒤에야 흐루시초프의 스탈린 비판을 공식적으로 받아들였다(그 외 다른 방법은 없었을 것이다). 스탈린 숭배가 잘못임을 인정했고, 그에게 권력이 과도하게 집중되었다는 평가를 받아들였다. 그러면서도 소련 사회의 근본적인 구조는 여전히 건강하고 안정적이라고 여겼다.[116]

프랑스 공산당은 전술과 전략에서는 유연성을 발휘할 줄 아는 정당이었다. 그러나 이데올로기 문제는 달랐다. 혁신을 향해 가는 위험한 경향이라고 생각되는 이데올로기 앞에서 무릎 꿇기를 거부했다. 그들은 엄격한 근본주의라는 기둥에 자신들의 깃발을 단단히 묶었다. 그런 프랑스 공산당의 근본주의도 탈脫스탈린주의를 견뎌내지 못했다. 가로디는 곧 사회주의자들과 손잡기 위해, 진보적인 가톨릭교도에게 손을 내밀기 위해 마르크스주의적 인본주의라는 형태로 이데올로기 수정 작업을 이끈다. 가로디는 한참 뒤 기독교로 개종했고, 그보다 시간이 지나서는 이슬람교로 개종했다. 그러는 동안 프랑스 공산당은 변화에 저항하는 태도를 보였다. 그들이 변화에 저항하는 근거로 내세운 것은 위대한 궁핍화 논쟁이다.[117]

궁핍화 논쟁은 고전적인 주제였다. 마르크스는 자본주의가 발전할수록 노동자는 점점 착취당한다고 했다. 마르크스가 말한 내용이 국가 자산에 비례해 노동자의 몫이 줄어든다는 의미인지, 절대적 조건에서 빈곤이 증가한다는 의미인지 논란이 분분하다. 여기에서는 카우츠키에 반대해 베른슈타인에서 시작된 모든 수정주의 논쟁에서 궁핍화 문제가 중요한 주제 가운데 하나였다는 사실만 말해두고 넘어간다.

프랑스 공산당은 자본주의 체제에서 노동자의 임금이 실질적으로 줄어든다는 신념을 받들었다. 그 이유가 순수하게 전통을 존경했기 때문일까? 내 생각은 그렇지 않다. 사회주의에 대한 헌신은 자본주의가 인류의 근본적인 문제를 해결할 수 없다는 믿음에서 시작되어야 한다. 그런 믿음이 없다면 개량주의적 전략은 100퍼센트 정당화될 수 있다. 비록 자본가에게 돌아가는 만큼은 아니라도 자본주의를 통해 노동자에게 어느 정도 혜택이 돌아간다는 사실이 입증된다면, 이후의 정치적 투쟁은 자원의 분배에 국한될 수도 있다는 것이 프랑스 공산당의 논리였다. 프랑스 공산당은 장기적인 관점에서 혁명에 헌신하는 철저한 노동계급 정당이었기 때문에 자본주의 체제에서는 노동계급의 생활수준이 보장될 수 없다고 믿어야 했고, 그렇게 주장해야 했다. 이런 이데올로기 투쟁이 일어날 수 있는 배경은 자본주의 지지자들이 어느 정도 제공하고 있었다. 미국적 정신과 소비사회, 자유기업 제도를 찬양하는 밑바탕에는 근본적으로 '세상은 점점 좋아질 것이다'라는 전제가 깔려 있었다. 수정주의자들은 2차 세계대전 이후 자본주의가 제 역할을 할 수 있다는 데 동의했다. 또 그들은 자본주의가 제 역할을 할 수 있는 데는 좌파가 기여한 점도 있다고 생각했다. 좌파의 견제와 감시가 없었다면 국가의 자산이 대다수 인구에 공정하게 분배되지 않았을 것이기 때문이다.

프랑스 공산당이 자본주의 체제에서 노동계급은 절대 빈곤을 벗어날 수 없다고 믿은 이유는 단순히 그들의 이데올로기가 시대에 역행했기 때문이 아니다. 궁핍화 논쟁의 진정한 핵심은 자본주의의 미래와 성장, 발전이었다. 프랑스 공산당이 1955년부터 일제히 공격을 시작해 1950년대가 끝날 때까지 궁핍화 논쟁을 이어간 것은 그 때문이다. 흐루시초프의 비밀 발언과 탈스탈린주의화, 수에즈 사태, 헝가리 침공 등 1956년에 일어난 사건은 프랑스 공산당의 노선을 바꾸는 데 아무런 영향을 미치지 않았다. 1956년 초 몰레 정부와 가진 짧은 밀월 기간과 소련 공산당 20차 당대회의 의미를 이해하려고 고심하던 기간에는 프랑스 공산당의 어조가 한결 누그러지긴 했다. 그 때문인지 1956년 2월 프랑스 공산당 중앙위원회 모임에서는 궁핍화가 언급되지 않았다.[118] 프랑스 공산당은 현실을 무시하기로 한 자신들의 결정이 극히 예외적인 경우에 불과하다며 넘어가고 싶겠지만, 그러기에는 당시 프랑스 사회의 불평등이 눈에 띄게 심했고, 프랑스 노동자 4분의 1은 공식적인 최저임금에도 못 미치는 임금을 받는 형편이었다.[119]

인터내셔널 프랑스지부는 비록 당 자체의 발표는 아니지만 당 기관지를 통해 누가 봐도 순수하게 원칙과 관련된 이 논쟁을 진지하게 받아들였다. 그들은 프랑스 공산당의 주장을 반박하는 기사를 기획 기사 형태로 내보냈다. 그들은 프랑스 노동계급이 20세기 초에 비해 부유해졌고(이 점은 토레즈도 부인하지 않았다), 부자와 가난한 자의 격차가 좁아졌다고 주장했다(이 문제에서는 프랑스 공산당과 의견이 갈렸다).[120]

당시 유럽 전역에서 좌파가 겪은 분열이 빈부의 격차를 놓고 서로 의견이 달랐다는 데서 분명하게 드러난다. 다시 말해 마르크스주의자든 아니든 모든 사회주의자와 사회민주주의자는 궁핍화가 필연적이라는 신념을 버린 반면, 동유럽과 서유럽의 거의 모든 공산주의자들은 토레즈의 입장을 지지했다. 가장 중요한 예외는 이탈리아 공산당이었다. 공산주의 정당 가운데 이탈리아 공산당만이 궁핍화를 한물간 주제로 여겼다.

프랑스 공산당이 궁핍화 논쟁에서 경직된 태도를 보인 것은 맞지만, 그들도 흐루시초프의 비밀 발언, 소련의 헝가리 침공, 1958년 드골주의의 출현에 어느 정도 흔들렸다. 특히 탈스탈린주의화는 프랑스 공산당도 인정할 수밖에 없었다. 1950년대 말로 갈수록 안드레이 주다노프의 '미학' 이론(공산당의 정치 노선에 맞지 않는 자본주의적이고 개인주의적인 작품 출판은 금지하는 정책—옮긴이)과 주다노프식 사회주의 리얼리즘은 거부당했고, 프랑스 공산당은 1959년 15차 당대회에서 가톨릭과 행동 일치를 촉구했다. 물론 표현 방식은 아직까지 프랑스 공산당 특유의 노동계급적이고 현란한 언어에 의존했다. "앞서 말한 바와 같이 공산주의 노동자들은 비참하게 살아가는 그들의 형제, 가톨릭 노동자들에게 우정을 손을 건넨다." 마치 프랑스 노동계급이 여전히 19세기 자본주의의 압제 아래 놓였다는 듯한 뉘앙스를 풍긴다.[121]

이런 작은 변화의 움직임이 없지는 않았지만, 소련 공산당 20차 당대회는 프랑스 공산당에 커다란 영향을 미치지 못했다. 오히려 프랑스 공산당은 자신들만의 공산주의를 발전시켜야겠다고 마음먹었다. 소련 공산당 20차 당대회에 별 영향을 받지 않기는 사회주의 정당들도 마찬가지였다. 한 가지 중요한 예외가 있다면, 이탈리아 사회당이었다. 이탈리아 사회당 지도자 피에트로 넨니는 소련의 헝가리 침공과 탈스탈린주의화 과정을 지켜보면서 공산주의와 영원히 작별할 시간이 다가왔다고 확신했다. 이탈리아 사회주의자들의 수정주의는 (영국이나 독일처럼) 연이은 선거 패배에 따른 결정이 아니라 이탈리아 공산당과 손잡는 게 어느 모로 보나 득이 될 게 없다는 깨달음에서 내린 결정이었다. 공산당과 손잡으면 공산주의자들의 2중대로 낙인찍혔고, 집권당인 기독민주당에 등을 돌리는 셈이니 연립정부 구성은 사실상 물 건너간 일이 되었다.

이런 사건들을 현재 시점에서 돌이켜보면(이것이야말로 역사가들의 특권이고, 그들이 정치가들보다 우월할 수 있는 이유다) 적어도 이탈리아와 독일에서는 단지 이데올로기나 선거 승리를 위해 수정주의가 시작되었다고 말하기 어렵다. 수정주의의 궁극적 목적은 사회주의자들과 사회민주주의자들에게 정당성을 제공해서 각각 이탈리아와 독일에서 기독민주당의 연정 파트너가 될 수 있는 길을 터주는 것이었다. 하지만 당시에는 이런 목적이 분명하게 부각되지 않았고, 대다수 사회주의자들은 이런 목적이 바람직하다고 여기지 않았다. 따라서 이탈리아 사회주의자들 중에는 공산당과 동맹을 파기하는 데 반대하는 목소리도 꽤 있었다.

넨니는 여러 해 동안 이중적인 태도를 취했다. 그는 공산당과 동맹에 항상 유보적인 자세를 취하면서도 한편으로는 1951년 스탈린 평화상을 받기 위해 소련에 다녀온 이야기를 담은 열정적인 기행문을 출간했다. 그가 공산주의에 헌신한 이유는 좌파가 분열해서 무솔리니가 1920년대에 정권을 장악할 수 있었다고 믿었기(역사적 증거가 희박한 믿음) 때문이다. 흐루시초프의 비밀 발언이 폭로되자, 넨니는 이탈리아 사회민주당과 우호적인 관계를 회복하기 위해 노력했다. 이탈리아 사회민주당은 1947년부터 기독민주당의 든든한 동맹이자, 아무 간섭도 받지 않는 정당이었다. 넨니는 관계 회복을 위한 첫걸음으로 1956년 8월 25일 프랄로냥Pralognan의 산악 리조트에서 사회민주당 당수 주세페 사라가트를 만났다. 그러나 넨니는 이후 몇 차례 더 모인 뒤에야 공산주의자들과 결별할 수 있었다. 1956년 9월 이탈리아 사회당 중앙위원회는 사회민주당과 재합당하기 위한 모든 조치를 거부함으로써 넨니의 노력을 짓밟았다. 중앙위원회는 1958년 10월에 다시 한 번 넨니의 보고서 대신 사회당 내 좌파 계열 수장인 툴리오 베치에티의 보고서를 채택했다. 넨니는 1959년 나폴리 당대회 때 비로소 목적을 달성했고, 권력을 향한 대장정이 시작됐다. 4년 뒤 넨니는 의회의 여당 대표 자리에 앉았다.

이탈리아 사회당은 이렇게 우파로 변신했지만, 정당의 공식 강령을 수정하는 것은 별개의 문제였다. 1960년 3월에 열린 어느 국제 사회주의 총회에서 넨니는 독일 사회민주당의 「바트고데스베르크 강령」 수정과 게이츠컬의 노동당 당헌 4조 개정 투쟁을 공개적으로 질타했다.[122] 하지만 이탈리아 사회당에서도 혁신적인 지적 움직임이 전성기를 맞고 있었다. 특히 과거에 공산주의자였던 많은 지식인들이 사회당에 크게 기여했다. 예를 들어 1957년 이탈리아 공산당을 탈당한 안토니오 졸리티Antonio Giolitti와 2차 세계대전 때 급진적인 행동당을 이끈 리카르도 롬바르디는 이탈리아 좌파답게 마르크스주의적 언어를 사용하면서 다른 수정주의자들의 전례를 따랐다. 졸리티와 롬바르디는 생산수단을 소유하는 데 집착할 필요가 없다고 주장했고, 국가는 지배계급의 도구라는 마르크스주의적 정의를 비판했다. 그들은 거꾸로 노동계급과 대다수 국민의 이익을 위해서 국가라는 조직을 이용해 민간 산업을 통제할 수 있다고 생각했다.[123]

롬바르디와 졸리티 같은 이탈리아 사회당의 수정주의자들은 유럽의 다른 수정주의자들과 달리 자신이 속한 정당에서 좌파에 속했고, 국유화 계획을 지지했다. 그들이 기준으로 삼는 정통 마르크스주의 관점에서 국유화 계획은 본질적으로 수정주의에 속했다. 자본주의 국가에서 국유화 계획을 실행하려면 자본주의의 개선과 발전이 가능하다는 믿음이 있어야 했기 때문이다. '국가적 요소'도 중요했다. 이탈리아 자본주의는 뒷걸음치는 것 같았다. 사회주의 개혁가들은 이탈리아를 현대적인 국가로 탈바꿈하고 싶어 했다. 단순히 소비사회를 만들자는 얘기가 아니었다. 소비사회는 어떻게든 모습을 드러내고 있었다. 사회주의 개혁가들이 원한 것은 복지 제도는 물론이고 교육과 경제 분야에서 적절한 사회 기반 시설을 갖춘 국가였다. 이런 목표를 달성하기 위한 수단이 국유화 계획이었다.

이탈리아 사회당의 수정주의 방향은 이탈리아 공산당이 지지하는 것과 크게 다르지 않았다. 그래서 이탈리아 사회당과 공산당은 '단순한 수정주의자들'(이 용어는 당시 이탈리아의 정치 논쟁에서 경멸적인 의미로 쓰였다)의 개혁과 자신들의 개혁을 차별화하기 위해 '구조 개혁'이라는 용어를 사용했다. 공산당은 당이 정권을 잡지 않으면 '실제적인' 구조 개혁이 불가능하다고 봤다. 그 점이 사회당과 달랐다. 피에트로 잉그라오는 구조 개혁이 '유기적'이어야 한다고 강조하면서 개혁을 "서로 분리되거나 분리될 수 있는 지나치게 많은 '조각'"으로 여기는 졸리티와 롬바르디를 비판했다. 잉그라오는 "분파적이고 단일한 개혁은 아무리 대담한 개혁이라도 실패할 수밖에 없다. 필요한 것은 점진적이지만 유기적인 개혁 정책이다"라고 주장했다.[124] 롬바르디와 그의 동료들은 이탈리아 사회가 선진적인 부분과 후진적인 부분으로 비교적 뚜렷하게 양분되었다고 봤다. 즉 이탈리아는 현대화한 북부와 개발이 덜 된 남부로 양분되었기에, 후진적인 부분만 체계적으로 뜯어고치면 현대화할 수 있다고 생각했다. 반면에 공산주의자들은 선진적인 북부와 후진적인 남부를 잇는 유기적 고리가 있다고 봤다. 북부가 발전한 것은 남부가 퇴보했기 때문이다. 남부가 값싼 노동력을 제공하고 시장을 개방했기에 북부가 발전할 수 있었다는 것이다.

> 지금까지 독점자본이 정치·경제적 지배력을 확대할 수 있었던 것은 자본의 집중화가 급속하게 진행된 덕분이며, 그런 과정을 위한 첫째 조건(결코 사소하지 않으며 배제할 수 없는 결과)은 농업과 남부의 황폐화였다.[125]

분석은 공산주의자들이 옳았지만, 그들은 일관성 있는 행동 방침을 만들어낼 수 없어서 잔꾀를 부렸다. 되도록 과거의 동지였던 사회주의자들을 배신자로 몰아붙이지 않은 것이다. 공산당 서기장 톨리아티는 자신의 결정을 최대한 미루고 싶어 했다. 그로서는 이탈리아 사회당이 권력을 잡지 못할 경우 화해할 여지를 남겨둬야 했다. 반대로 이탈리아 사회당이 집권할 경우 정부에 우군이 있어야 했고, 궁극적으로는 공산당이 연정에 참여할 가능성을 남겨둬야 했기 때문이다.

프랑스 공산당은 이렇게 팽팽한 줄다리기를 사양했다. 그렇다고 그들이 교조적이고 분파적이었다고 몰아붙일 수는 없다. 프랑스 공산당은 유럽방위공동체에 반대하는 운동을 펼치면서 '평화와 프랑스 농업 보호를 위한 전국 농민위원회'처럼 자신들의 장기적 목적과 단기적 목표에 전혀 어울리지 않는 단체와 손잡는 희생까지 감수했다. 그것은 공산당 나름대로 동맹 세력을 발견하고 다수의 활동 조직을 만들기 위한 노력이었다. 프랑스 공산당은 내놓고 노동 계급의 스타일과 이미지를 추구하는 정당이었음에도 상호 합의 방침을 고수했고, 1950년대 초반에는 대규모 평화운동을 이끌었다. 뿐만 아니라 프랑스 공산당은 한때 괄시받던 사르트르Jean Paul Sartre 와 보부아르Simone de Beauvoir, 퀴리Frédéric Joliot-Curie, 엘뤼아르, 피카소Pablo Picasso, 영화계 유명 인사인 시몬 시뇨레Simone Signoret, 제라르 필리프Gérard Philipe, 이브 몽탕Yves Montand, 국립행정학교의 최고 인재들까지 프랑스에서 가장 뛰어난 지식인들이 모여드는 횃불 같은 정당이었다. 왜 그토록 많은 명망가들이 별 볼 일 없는 정당에 분에 넘치는 지지를 보냈을까?[126] 몇 가지 이유가 있겠지만, 무엇보다 프랑스 지식인들에게 잠재된 반미 감정을 꼽을 수 있을 것이다. 특히 1940년 파리 함락과 뒤이어 '앵글로색슨'이 내민 구원의 손길에 굴욕감을 맛보면서 프랑스 지식인들의 반미 감정은 더욱 격해졌다.[127] 이런 '지적 민족주의'가 한 가지 이유였음은 의심할 여지가 없다. 하지만 사르트르를 비롯한 지식인들이 좌파의 동지가 되기로 결정한 이유를 지적 민족주의 하나로 설명할 수는 없다. 미국 문화를 향한 혐오로 따지면 우파도 좌파에 뒤지지 않았기 때문이다. 우파에서는 반소련주의와 미국 문화를 향한 혐오가 조화롭게 공존했다. 지식인들이 국제 평화가 대단히 중요하다고 여긴 나머지 결연한 의지로 국제 평화를 위해 싸울 준비가 된 유일한 정당을 지지해야 한다고 생각했을까? 지식인들은 프랑스뿐만 아니라 전 유럽에서 평화를 위해 행진하고, 청원서에 서명하고, 기사를 썼다. 이탈리아에는 알베르토 모라비아Alberto Moravia와 이탈로 칼비노, 다닐로 돌치Danilo Dolci가 있었고, 영국에는 버트런드 러셀Bertrand Russell과 줄리언 헉슬리 경Sir Julian Sorell Huxley, 존 프리스틀리, 앨런 테일러Alan John Percivale Taylor가 있었으며, 독일에는 마르틴 니묄러Martin Niemöller 목사와 하인리히 뵐Heinrich Böll, 귄터 그라스Günter Grass가 있었다. 그들은 중산층의 대중적 급진주의를 맨 앞에서 이끌었고, 대중적 급진주의는 20세기 나머지 기간 동안 조직적인 좌파 운동의 특징이었다.

영국이나 독일이었다면 급진적 지식인들은 다소 어려워도 노동당이나 사회민주당에서 안식처를 찾았을지 모른다. 하지만 프랑스에서는 어땠는가? 프랑스 제4공화정에서 '반체제적' 지식인들은 좌파보다 중도파와 공통점이 많은 인터내셔널 프랑스지부에 의지할수 없었다. 공산당은 그들에게 남은 유일한 선택이었다. 준準종교적 국가였던 1950년대 이탈리아 상황도 프랑스와 비슷했다. 적어도 1956년까지 이탈리아 사회당은 거대하고 자신만만한 공산당의 그림자에 지나지 않았다. 파시즘에 반대하던 세계대전 직후였으므로 정치에 관심 있는 지식인들이 정치에 무관심하기 어려운데다, 달리 대안이 없어서 공산주의자가 되었다 해도 그리 놀랄 일은 아니다. 정치에서는 친구를 선택하기 어렵다. 프랑스의 공산주의자들은 분노한 프롤레타리아와 동일시됐지만, 다른 나라 공산당은 반체제 지식인들의 삶을 비참하게 만들기도 하고, 어떤 경우에는 지식인들의 수명을 단축하기도 했다. 사르트르는 1952~1954년 『레탕모데른Les Temps Modernes』에 기고한 글을 통해 자신이 프랑스 공산당을 흠모한 (1956년 소련의 헝가리 침공과 함께 그의 흠모도 끝났다) 이유가 어떤 면에서는 당시 다른 정당들의 조악한 수준보다는 그나마 공산당이 나았기 때문이라는 점을 충분히 암시했다.

> 오늘날 프랑스에서 노동계급은 강령이 있는 유일한 계급이다. 노동계급은 계급의 '자기중심주의'가 국가의 이익과 완벽하게 조화를 이루는 유일한 계급이다. 강력한 정당이 노동계급의 이익을 대변한다. 그 정당은 민주적 기관을 보호하고 국권을 되찾고 평화를 옹호한다는 것을 강령에 포함한 유일한 정당이다. 그들만이 경제 부활과 구매력 증대에 관심이 있으며, 다른 정당들이 벌레들과 함께 기어 다닐 때 오직 그 정당은 현실의 생명력 있는 삶과 함께 기어간다.[128]

그토록 많은 지식인들이 프랑스 공산당을 지지한 이유는 프랑스 공산당이 평화의 정당이기 때문이다. 그러나 소련의 헝가리 침공 이후 지식인들이 품은 호의는 모두 사라졌다. 프랑스 공산당이 독립을 열망하는 한 국가를 무장 공격한 소련을 지지하는 순간, 평화의 정당으로서 자격을 상실하기 때문이다.

프랑스 공산당은 비록 교조적이고 비타협적인 강령으로 유명한 데다 소련의 침공까지 지지했지만, 전술적인 면에서 상당한 유연성을 발휘했다. 프랑스 공산당은 1954년 6월 망데스 프랑스 정부에 찬성표를 던졌고, 여러 사안에서 정부안을 지지했다.[129] 프랑스 공산당은 완고한 반공산주의자인 사회당 서기장 기 몰레가 1956년 1월 총리에 취임했을 때도 그가 알제리 사태를 처리할 수 있는 특별권한을 부여하는 법안에 찬성표를 던져 공산당 지지자들을 크게 실망시켰다.[130] 공산당 지도부는 몰레와 우파 정당의 합의를 방지하기 위한 전술이었다고 정당화했다.[131] 공산당 서기장 토레즈는 1956년 3월 27일자 「뤼마니테」에 기고한 글에서 사회당의 몰레 정권 지지를 최우선순위에 두는 이유는 '일부를 얻기 위해 전체를 희생하길' 원치 않기 때문이라고 직접 해명했다.[132] 프랑스 공산당은 알제리 독립 문제에 애매한 태도를 취했다. 베트남 독립군이 인도차이나에서 프랑스 식민주의에 맞서 독립 투쟁을 벌일 때와는 판이한 태도였다. 프랑스 공산당의 기본 방침은 전면적인 독립을 허용하기보다 프랑스 연합에 속한 상태에서 알제리에게 자치권을 부여한다는 것이었다.[133] 이런 기본 방침 덕분에 반反식민지 원칙에 얽매이지 않고 프랑스의 국내 상황을 먼저 고려할 수 있었다. 프랑스 공산당은 노동계급(애국적인)의 지지를 잃고 싶지 않았고, 몰레 정부(알제리 비극에 깊이 연루되었다)와 관계도 유지하고 싶었다. 또 어찌 됐건 알제리의 민족주의를 의심했고, 1958년 이후에는 반미 정책 덕분에 국제적 위상이 높아진 드골의 이미지를 훼손하기 망설여졌다.[134] 1956년 7월 프랑스 공산당 14차 당대회에서 토레즈는 알제리를 비롯한 여러 나라와 '식민지 관계'는 반대하지만, 독립도 찬성하지 않는다고 밝혔다. 그러나 알제리에 독립할 수 있는 권리가 있다는 점은 결코 부인하지 않았다.[135] 프랑스 공산당이 알제리의 주권을 확실하게 인정한 것은 1959년이 지나서다. 불과 몇 년 전에는 왜 알제리 독립에 유동적인 입장을 보였는지 전혀 해명하지 않았다. 그러나 그런 해명을 해주는 정치 정당은 거의 없다. 우리는 프랑스 정부가 알제리 국민에게 가한 압제와 고문에 반대하던 유일한 정당이 프랑스 공산당이라는 점을 인정해야 한다. 헝가리 부다페스트에서 벌어진 비슷한 사태에는 침묵하고, 심지어 소련의 침공이 정당하다고 편을 들었지만, 알제리 사태에 기여한 프랑스 공산당의 공로까지 무시할 수는 없다.

반면 알제리 사태가 벌어지던 기간 내내 프랑스 사회주의자들이 보여준 행태는 제4공화정의 주류 중도파 정당들이 보인 행태와 사실상 구별이 안 될 정도였다. '좌파'(공산주의자)와 '우파'(드골주의자)의 양극단과 똑같이 거리를 두기로 한 이상 달리 방법이 없었다. 그러나 프랑스 사회주의자들에게 지혜와 급진주의가 있었다면, 1950년대에 가장 개혁 지향적이던 1954년의 망데스 프랑스 정부를 훨씬 과감하게 지지했을 것이다. 망데스 프랑스 정부는 프랑스군을 철수시켜 인도차이나 분쟁을 해결했으며, 중요한 경제·사회적 개혁을 마음속에 그리고 있었기 때문이다. 몰레는 개인적인 이유와 종파적이고 정치적 이유로 망데스 프랑스를 지지하지 않았다. 즉 몰레는 망데스 프랑스의 인기를 두려워했고, 사회주의자가 아니면서 급진적인 자를 믿지 않았다.[136] 모리스 라킨Maurice Larkin은 의회에서 의사방해 전술을 편다는 이유로 프랑스 공산당을 '프랑스 사회의 진전을 가로막는 걸림돌'이라고 불렀지만, 그건 사회주의자들의 종파주의가 공산주의자들의 종파주의보다 심했다는 걸 모르고 하는 소리다.[137]

인터내셔널 프랑스지부의 이데올로기가 무엇인지 실체를 밝히기

는 쉽지 않다. 영국 노동당이나 독일 사회민주당과 달리 인터내셔
널 프랑스지부는 자신들의 확고부동한 견해를 강령이나 당헌에 명
시한 적이 없다. 1951년 인터내셔널 프랑스지부에는 사상이란 게
없었다.[138] 인터내셔널 프랑스지부를 22년간 이끈 기 몰레는 정치
적 분석 작업을 하나도 남기지 않았다. 영국이나 독일이라면 놀랄
일이 아닐 수도 있다. 그러나 프랑스는 이야기가 다르다. 프랑스의
정치인들은 지식인으로 비치기 바라는 마음에 정치 '철학서'를 몇
권씩 출간하는 일이 흔하다. 몰레는 영리하게도 그런 유혹을 이겨
냈다. 그의 반공산주의는 굳건했다. 그는 공개적인 자리에서 공산
주의자들을 언급할 때 '볼셰비키'라는 표현을 서슴없이 썼고, 사석
에서는 그들을 코코(les cocos : 공산주의자를 경멸적으로 부르는 프랑
스어─옮긴이)라고 불렀다.[139] 토레즈의 모든 제안을 뿌리치는 것은
몰레에게 식은 죽 먹기였다. 결국 몰레의 이런 태도는 프랑스 공산
당의 종파주의를 더욱 악화시켰다. 몰레에게는 크로스랜드나 게이
츠컬 혹은 「바트고데스베르크 강령」 같은 사회주의 진영의 수정주
의를 전혀 기대할 수 없었다. 물론 인터내셔널 프랑스지부에도 이
론가는 있었다. 전 총리 쥘 모크는 레옹 블룸의 추종자이면서 반유
럽주의자로, 유럽방위공동체에 반대하고 군비축소에 찬성했다. 그
는 인터내셔널 프랑스지부가 관례처럼 해온 계급투쟁에 대한 이
데올로기적 헌신을 포기해야 한다고 생각했다. 앙드레 필립도 이
론가다. 1957년 *Le Socialisme trahi*(사회주의의 배신)와 1967년 *Les
Socialistes*(사회주의자들)를 쓴 그는 산업민주주의와 자율 경영을 옹
호했다. 그러나 산업민주주의와 자율 경영은 인터내셔널 프랑스지
부에서 큰 영향력을 발휘하지 못했다.[140] 필립은 1957년 인터내셔

널 프랑스지부에서 제명당한 뒤 소규모 정당인 자치사회당(뒷날 통합사회당이 됨)을 창당했지만, 선거라는 면을 놓고 볼 때 큰 의미를 부여할 만한 세력은 아니었다. 인터내셔널 프랑스지부는 모크에게 '강령 연구 모임'을 만들어서 당이 '현대 과학과 사회주의의 발전을 통해 진화할 사회에 정면으로 맞설' 수 있도록 했다. 그러나 이 모임에서도 의미 있는 연구 결과는 나오지 않았다.[141]

몰레가 지도자로 있는 동안 인터내셔널 프랑스지부는 1945년에 4분의 1 가까운 표를 얻던 정당에서 1962년 전체 득표율의 13퍼센트에도 미치지 못하는 정당으로 전락했다. 지도자의 지도력이 이 지경이라면 수정주의를 통해 당을 완전히 뜯어고치는 게 당연하지 않느냐고 생각할 수도 있다. 그러나 수정주의 시도는 전혀 포착되지 않았다. 당을 쇄신하려는 열망을 품은 사람들은 곧바로 인터내셔널 프랑스지부가 자신들 같은 수정주의자에게 어울리지 않는 곳임을 깨달았다. 인터내셔널 프랑스지부는 의아할 정도로 철저하게 마르크스주의 강령에 헌신했고, 이따금 프롤레타리아 독재를 빼놓지 않고 언급했다. 그러나 당원 가운데 노동자는 극소수였고, 전혀 사회주의적이라고 볼 수 없는 관례를 따르기도 했다. 인터내셔널 프랑스지부는 '권력 행사'와 '권력 장악'(3장 참조)이라는 블룸의 낡은 구분을 이데올로기 삼아 이런 모순을 덮어버렸다. 즉 가능한 방법을 총동원해 권력을 행사하면서 '실제' 권력을 장악하기 위한 때가 오기를 기다렸다.[142]

1956년 총리에 취임한 몰레는 연금을 올리고 유급휴가 일수를 늘렸으며, 아프리카의 프랑스 식민지에서 전면적인 개혁을 단행했다. 그러나 몰레 정부는 외교관계에서 알제리 전쟁의 강도를 높였고, 정신 나간 수에즈 사태의 문을 열어젖혔다. 인터내셔널 프랑스 지부의 공식 입장은 알제리가 아직 독립할 준비가 되지 않았다는 것이었다. 따라서 사회주의자들이 지명한 악명 높은 현지 총독 로베르 라코스트Robert Lacoste가 저지른 압제적 조치를 처리하기 위한 대안은 대규모 몰살과 보복, 네이팜탄 가운데 하나였다.[143] 몰레는 원래 알제리 독립에 우호적이었지만, 총리 자격으로 알제리를 방문했을 때 그곳에 사는 프랑스인 이민자들이 부유한 식민주의자가 아니라 평범한 노동계급(즉 유권자)이라는 사실을 알고 마음을 바꿨다. 물론 프랑스 노동계급은 앙드레 필립이 지적한 대로 알제리 여자들을 가정부로 거느리며 '밑바닥의 상류층'처럼 살고 있었다.[144]

몰레는 걸핏하면 나세르와 히틀러를 비교했다. 나세르와 히틀러를 비교한 사람들은 그 후에도 무수히 많았다. 몰레는 나세르와 히틀러를 비교함으로써 두 마리 토끼를 잡았다. 첫째, 인터내셔널 프랑스지부는 몰레 때문에 이집트와 나세르, 중동 사태를 개괄적으로 이해하지 못했다. 둘째, 수에즈 사태를 프랑스와 영국의 제국주의적 허세라고 비난하던 사람들에게 이것이 정의로운 반파시즘 투쟁이라는 인상을 심어줬다.

알제리와 수에즈는 프랑스 제4공화국의 가증스러운 역사에서 가장 눈에 띄는 두 가지 재앙이었다. 두 사건 이후로도 몇 년 동안 마지막 몸부림이 이어졌지만, 인터내셔널 프랑스지부는 알제리와 수에즈 사태를 계기로 현실 정치 세력으로서 수명을 다했다. 1957년 이후 인터내셔널 프랑스지부는 정당의 유일한 존재 이유인 실질적 정치권력을 모두 잃었다. 1958년 드골이 권좌로 돌아왔을 때 드골에 반대하던 인터내셔널 프랑스지부 지도부는 장관직 제안을 지체 없이 수용했고, 인터내셔널 프랑스지부 지지자들에게 1958년 9월 국민투표에서 드골 장군을 중심으로 뭉쳐달라고 촉구했다. 인터내셔널 프랑스지부는 4년 동안 드골주의와 외도를 즐기고(1962년에 최종적으로 헤어졌다) 역사 속으로 사라졌다. 프랑스 사회당은 1970년대에야 간판과 겉모습을 바꾸고 부활했다.

프랑스 공산당은 처음에는 드골이라는 개인 권력에 홀로 맞섰다. 그 바람에 프랑스 공산당은 과거에 그토록 떠나려고 애쓰던 빈민가로 돌아갔으며, 크나큰 정치적 대가를 치렀다. 1958년 총선에서 빼앗긴 150만 표 가운데 상당수는 농민과 여성의 표였다. 프랑스 공산당은 편협한 프롤레타리아적 접근에서 벗어나도 될까 말까 한 시기에 전보다 남성과 노동계급을 대변하는 정당이 되고 말았다.[145] 더 큰 문제는 프랑스 공산당이 새로운 드골 정권의 의미를 이해하지 못했다는 것이다. 프랑스 공산당은 여러 해 동안 프랑스 부르주아를 미국 제국주의의 단순한 부속품이며 소명 의식을 상실한 계급, 국가의 배신자로 여겼다. 프랑스 공산당이 국수주의적 수사학을 채택한 배경에는 이와 같은 이데올로기적 이유가 있었다. 그러나 드골은 앵글로색슨에 대한 적대감이 누구보다 강한 인물이기 때문에 좀처럼 미국의 꼭두각시라는 낙인을 찍기가 힘들었다. 그렇다면 드골은 어떤 사람일까? 처음에 프랑스 공산당은 드골주의가 완벽한 파시즘인가, 아니면 파시즘으로 가기 위한 길을 모색하는 독재인가 하는 점을 놓고 토론했다. 로제 가로디는 이렇게 썼다. "드골주의는 이전의 파시즘과 마찬가지로 자본주의의 모든 특혜를 강화하고 노동계급을 무장해제 한다. 드골은 한술 더 떠 모든 형태의 파시즘에서 전형적으로 나타나는 민중 선동에 앞장서고 있다."[146] 프랑스 공산당은 최종적으로 드골주의를 비파시스트적 전체주의의 현대적 형태라고 규정했다.[147] 뒷날 프랑스 역사가들도 인정했듯이 드골주의 같은 '국가적' 현상 앞에서 프랑스 공산당이 도무지 갈피를 잡지 못한 것은 그들의 전략과 이론이 맹목적이었기 때문이다.[148] 프랑스 공산당은 맹목적 전략과 이론 때문에 새로운 것은 모조리 형태만 살짝 바꾼 옛것의 반복이라고 깎아내렸다. 새로움을 받아들이지 못한 프랑스 공산당은 자신들이 과거에 저지른 실수에서 헤어나지 못했다.

1950년대에 프랑스가 두 좌파 정당 때문에 골머리를 앓은 것은 분명하다. 하나는 프랑스 공산당이다. 프랑스 공산당을 이끈 모리스 토레즈는 유럽에서 세상 물정에 어두운 공산주의자 가운데 한 사람이었고, 프랑스 공산당은 이데올로기적으로 꽉 막힌 정당이었다. 다른 하나는 인터내셔널 프랑스지부다. 그게 그 말일 수도 있지만, 인터내셔널 프랑스지부는 생각 없는 교훈주의와 기회주의적인 권위주의로 똘똘 뭉친 정당이었다. 그들은 레옹 블룸처럼 윤리적인 깊이를 갖추지 못했고, 미테랑François Mitterrand처럼 약삭빠르지도 못했다.

그러나 1950년대 막바지에 나타난 프랑스 좌파의 혼란은 좀더 전체적인 어떤 현상의 일부였다. 스칸디나비아라는 이질적인 지역을 제외한 전 유럽에서 사회주의는 종착역에 다다른 듯한 인상을 풍겼다. 1950년대가 저물 무렵 서유럽을 지배한 사상은 기독교 민주주의와 다양한 '계몽 보수주의'였다. 수정주의는 사회주의가 일대 위기를 맞이하고 있음을 보여주는 뚜렷한 징후였다. 수정주의는 최선의 결과(「바트고데스베르크 강령」과 크로스랜드)조차 대체로 부정적인 이미지로 전개됐다. 다시 말해 제대로 기능을 못 하게 된 것처럼 보이는 이데올로기의 책임을 지지 않으려고 한다는 의심을 샀다. 정통 사회주의를 옹호하는 사람들이 줄곧 최종 목표라는 가능성에 헌신하는 동안 유럽 사회주의의 지평에는 새롭고 원대한 사상이 전혀 모습을 드러내지 않았다. 이처럼 사회주의는 1960년대에 영국과 독일, 이탈리아에서 시작된 권력의 위기에 대처할 준비가 제대로 되지 않았다. 즉 호전적 노동계급의 부활에 전략적으로 대비하지 못했고, 지식인들 사이에서 마르크스주의가 되살아나자 깜짝 놀랐다. 또 페미니즘으로 표출된 새로운 급진주의에 불안해했으며, 국가 간 상호 의존성이 증가함에 따라 민족국가가 쇠퇴하고 있다는 사실도 눈치 채지 못했다.

수정주의자들은 전통 사회주의를 약화하는 것과 새로운 틀을 짜는 것은 천양지차라는 사실을 전혀 이해하지 못했다. 새로운 틀을 짤 능력이 없던 수정주의자들은 전통 사회주의를 약화하는 데 만족했다. 이후 수십 년간 서유럽의 좌파 정당들, 즉 사회주의 정당과 공산주의 정당의 주요 개념은 한 발짝도 나가지 못했다.

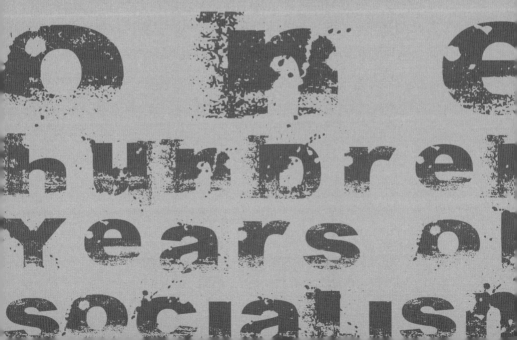

one
hundred
years of
socialism

4부

혼란의 1960년대 :
'새로운 기운이 감돌다'

11장

좌파의 귀환

번영

자본주의는 1960년대 내내 브레이크 없는 질주를 이어갔다. 1950년대와 비교하면 서유럽의 모든 민주주의 국가에서 생산성이 향상됐다. 오스트리아(5.3퍼센트에서 4.7퍼센트로)와 독일(5.2퍼센트에서 4.8퍼센트로)은 생산성이 뒷걸음질했지만, 여전히 높은 순위에 해당하는 성과였다. 가장 높은 성장률(5.3퍼센트)을 기록한 나라는 이탈리아, 가장 낮은 성장률(2.5퍼센트)을 기록한 나라는 영국이다.[1] 이탈리아를 제외하면 1인당 GDP는 1960년대 전반보다 후반에 훨씬 증가했다.[2]

임금도 올랐고 이윤도 증가했다. 자본가는 물론 노동자도 부유해졌다. 1960년대에는 좌파의 핵심 목표 중 하나이면서 한때 사회주의자들이 자본주의와 양립하기 힘들다고 믿던 완전고용이 서유

표 11.1 1960~1973년 전체 노동인구 가운데 실업률

단위 : %

	1960년	1965년	1970년	1973년
오스트리아	2.3	1.9	1.4	1.0
벨기에	3.3	1.5	1.8	2.2
덴마크	2.1	1.0	0.7	0.9
핀란드	1.4	1.4	1.9	2.3
프랑스	1.8	1.3	2.4	2.6
네덜란드	1.2	1.0	1.6	3.9
이탈리아	3.9	5.0	4.9	5.7
노르웨이	2.3	1.7	1.5	1.5
스웨덴	1.7	1.2	1.5	2.5
영국	2.2	2.2	3.1	2.9
서독	1.0	0.5	0.6	1.0

출처 앵거스 매디슨Angus Madison, *Phase of Capitalist Development*(자본주의 발전 단계), Oxford University Press, Oxford, 1982, pp. 207~208.

럽 모든 민주주의 국가에서 실현되었다(표 11.1 참조). 실업률은 대체로 2퍼센트 미만이었다. 실업률이 증가하기 시작한 것은 1970년이 지나면서부터다. 그러나 이탈리아는 지역 간 격차가 뚜렷하게 나타나 북부에서는 완전고용이 실현되었지만, 남부에서는 여전히 빈곤과 실직이 만연했다. 일본과 오스트레일리아, 뉴질랜드는 서유럽의 양상을 띠는 반면, 미국과 캐나다는 북아메리카의 양상을 띠었다. 북아메리카는 서유럽보다 실업률이 훨씬 높았다(대체로 5퍼센트가 넘었다).

서유럽은 왜 그렇게 고용률이 높았을까? 정부에 사회주의자들이 많았기 때문일까? 정부에서 좌파의 정치적 영향력이 성장이나 실업률, 생산성과 관계있는지 입증하려고 해봤지만 소용없었다. 한 정부가 개발한 여러 가지 정책은 시간이 흐른 뒤에 효과가 나타나

표 11.2 유아 1000명당 사망자(사산아 포함)

	1935~1939년	1950년	1960년	1970년	1975년	감소율 1960~1975년(%)
오스트리아	87	88.0	52.7	36.1	29.0	-67.05
벨기에	83	76.9	46.3	32.7	24.4	-68.27
덴마크	64	48.2	34.1	23.0	17.1	-64.52
핀란드	68	62.4	36.4	21.3	15.3	-75.48
프랑스	70	72.0	45.0	31.7	24.9	-65.42
독일	72	78.0	49.3	33.9	27.6	-64.62
네덜란드	-b	44.9	31.7	23.6	18.4	-59.02
이탈리아	103	97.1	69.0	44.8	31.8	-67.25
노르웨이	40	44.6	33.0	23.5	19.2	-56.95
스웨덴	43	41.3	30.5	23.8	21.4	-48.18
영국[a]	56	52.9	42.0	31.4	25.7	-51.42

주 a 잉글랜드와 웨일스만 포함. b 비교할 수 없는 자료.
출처 1935~1939년 자료는 B. R. 미첼Mitchell, '통계 부록 1920~1970년', *The Fontana Economic History of Europe, Contemporary Economies*(폰타나 유럽 경제사), Vol. 2, Collins/Fontana, Glasgow, 1976, pp. 648~654; 1950~1975년 자료는 피터 플로라 외, *State, Economy and Society in Western Europe, 1815~1975*(1815~1975년 서유럽의 국가, 경제, 사회), *A Data Handbook*, Campus Verlag, Macmillan Press and St James Press, Frankfurt, London and Chicago, 1987, Vol. 2, chapter 6.

기도 한다. 정부의 정책 때문에 성장률이 상승했는지, 다른 원인 때문에 성장률이 상승했는지 판단하기란 사실상 불가능하다. 집권 당은 긍정적 경제지표는 자기들 덕분이라고 주장하고, 부정적인 지표는 나라 밖의 상황에 책임을 돌리려는 경향이 있기 때문이다. 게다가 성장과 생산성(실업률이 더 나은 지표다)으로 한 나라의 번영을 측정할 수 있는지도 확실하지 않다. 번영의 지표를 따지자면 차라리 유아사망률이 더 정확할 수 있다. 적어도 신생아 생존율이 높은 사회는 '좋은 사회'라고 부를 수 있을 것이다.

표 11.2에서 볼 수 있듯이, 유아사망률 추세는 거의 일정하고 지속적이다. 다만 1960~1975년 유아사망률이 빠르게 줄어든다. 유

표 11.3 1950~1975년 유아사망률 순위(사망률이 낮은 국가부터)

1950년	1975년
스웨덴	핀란드
노르웨이	덴마크
네덜란드	네덜란드
덴마크	노르웨이
영국	스웨덴
핀란드	벨기에
프랑스	프랑스
벨기에	영국
서독	서독
오스트리아	오스트리아
이탈리아	이탈리아

아사망률은 어느 한 나라도 예외 없이 11개국에서 확연히 줄고 있다. 스페인과 포르투갈, 그리스에서 줄었고, 1970년대 중반까지는 모든 공산주의 국가에서도 유아사망률이 감소했다. 이탈리아나 오스트리아처럼 1950년에 유아사망률이 높던 나라에서는 더 큰 비율로 떨어진다. 표 11.3에 나타나듯이 핀란드의 순위가 올라간 것만 빼면 전체 순위에 큰 변화가 없다. 전반적인 유아사망률 감소는 다양한 원인이 작용한 결과로, 정부 정책 때문에 유아사망률이 줄었을 가능성은 크지 않다. 유아사망률 감소의 명백한 원인들, 예컨대 아기에게 더 잘 먹이고 위생 상태가 개선되고 예방접종이 시행된 것도 따지고 보면 전반적인 복지 제도와 더불어 경제가 번영한 덕분이며, 복지 제도는 결코 특정 이데올로기의 소유물이 아니었다.[3] 스칸디나비아 국가들이 훌륭한 성과를 거둔 원인이 사회민주주의가 정권을 잡았기 때문이라고 주장하면서, 오스트리아와 핀란드의 성공은 합의의 정치 덕분이며 이탈리아의 번영은 기독민주당이 통

치한 덕분이라고 주장하는 것은 앞뒤가 맞지 않는다.

좌파 정당들은 (이론적으로는 아니라도 실제로) 적어도 중·단기적으로 자본주의 체제와 결별할 수 없다는 사실을 인정했다. 왜 그랬을까? 가장 설득력 있는 주장은 좌파도 성장과 일자리, 더 건강한 환경이 '체제'에서 나온다는 사실을 인정했다는 분석이다. 사회주의 정당들이 '사회주의 정책'이나 '사회주의적 조치'를 거론할 때 그들은 그 정책이나 조치가 자본주의를 붕괴시키기 위한 전략이라는 점을 암시할 의도가 없었다. 일부 정당은 향수를 불러일으키기 위해서든, 이데올로기적이거나 정치적인 이유에서든, 당의 결속을 유지하기 위해서든, 마르크스주의나 생산수단의 공동소유에 대한 공식적인 맹세를 저버리지 않았다. 적어도 사회주의가 최종 상태라는 가정, 다시 말해 사회주의는 자본주의와 완전히 다른 사회 형태라는 가정을 버리지 않았다. 하지만 실제로는 반反자본주의를 포기했다.

사정이 이러니 달리 방법이 없었을 것이다. 좌파는 근본적으로 두 가지 정치적 제약에 갇히고 말았다. 정치적 민주주의와 경제적 번영이라는 제약이었다.

정치적 민주주의_ 1960년대에는 좌파 정당을 향해 정치제도의 급진적 변화를 요구하는 목소리가 거의 없었다. 좌파 정당은 보통선거권을 통해 대의 민주주의를 실현했다. 군주제나 '불공평한' 상원 같은 과거의 잔재는 뒷전으로 밀려났다. 선거 정치에서 장기적 목표는 의미가 없어졌다. 모든 정치 정당은 자신들이 선거에서 이기고, 다른 정당과 동맹 관계를 다지고, 국가의 당면 과제를 해결할 수 있다고 유권자를 설득하는 일에 관심을 기울였다. 정당은 일단 정권을 잡으면 법과 제도를 효율적으로 관리하면서 변화가 필요한 부분을 개혁할 수 있는 적임자라는 사실을 증명해야 했다. 이런 제약은 보수정당보다 급진적인 정당에 훨씬 큰 압박으로 다가왔다. 보수정당은 당연히 변화보다 통합을 추구한다. 급진적인 정치적 변화는 대체로 위기가 닥쳤을 때만 지지를 받기 때문에 그 외 시기에는 무조건 신중하고 조심해야 한다. 급진적인 사회·경제적 변화가 일어날 때도 있지만, 그것이 정치적 결정에 따라 의도된 결과인 적은 별로 없다.

경제적 번영_ 가난을 걱정하거나 가난해질까 봐 걱정하는 일은 소수에게 해당하는 문제가 되었다. 사람들은 '최하층' 계급이 사라질 것이라고 했다. 완전고용은 당연한 일이 되었다. 모든 정당은 완전고용을 하나의 원칙으로 떠받들었고, 명백하게 1순위 정책이 되었다. 대다수 유권자는 종전의 생활수준을 유지·향상할 수 있다고 약속하는 정당에 표를 던지고 싶은 유혹을 느꼈고, 상황이 나빠질 것 같으니 특단의 정치적 변화가 불가피하다고 예상하는 정당에는 등을 돌렸다. '공산주의적 대격변'이나 재앙, 혁명이 불가피하다는 믿음은 신뢰를 잃었다. 상당한 지지층이 있는 정당은 이제 혁명이나 재앙이 불가피하다는 믿음을 고집할 수 없었다.

그 결과 정치체제를 바꿀 필요 없고, 사회의 경제적 틀도 근본적으로 손댈 필요가 없다는 '보수주의적' 합의가 탄탄하게 자리 잡았다. 이런 합의는 보수적인 정책이 성공해서가 아니라 자본주의가 스스로 낳은 결과였다. 경제가 크게 성장하면서 다수가 풍족한 생활을 누리자, 부와 권력을 재분배하라는 요구가 줄었다. 찰스 메이어가 지적했듯이 "성장이 재분배를 대신한다는 생각은 지난 세대의 위대한 보수주의 사상이다".[4]

사회주의 정당은 난관에 봉착했다. 그들은 시장의 비인간적인 세력이 쥐고 있는 권력을 보통 사람들에게 재분배하고 싶어 했다. 그들은 가난한 사람들을 돕고, 사회·경제적 정의를 실현하고, 시장에서 기회를 잡을 수 없는 사람들에게 기회를 확대해주려고 했다. 하지만 경제성장(자본주의의 성장)을 최우선순위로 받아들이지 않고 할 수 있는 일은 별로 없었다. 사회주의 정당은 민주적 선거 정치라는 제약 때문에 자본주의의 성장을 받아들여야 했다.

2차 세계대전 막바지만 해도 20세기가 시작될 때 존재하던 정치적 불만 사항들, 예컨대 끝없이 계속되는 가난과 잔인한 착취, 열악한 민주주의가 다시 모습을 드러내는 것은 아닌지 여전히 의심스러웠다. 1960년대가 되자 그런 불만 사항은 대부분 해결되었다. 물론 사회주의자와 공산주의자, 노동조합주의자, 반자본주의의 깃발 아래 모인 모든 세력이 압박을 가하지 않았다면 정치적 불만은 여전히 해소되지 못했을 수도 있다. 이런 과정에서 정치적으로 득을 본 쪽이 좌파 정당이었다는 얘기는 아니다. 개선된 자본주의는 그럭저럭 수용할 수 있는 체제가 되었다. "자본주의는 개선될 수 없다"고 주장하던 '극단적인' 좌파는 좌절감에 빠졌고, 소수 세력으로 전락했다. 그들이 소리 높여 외치는 선동은 기껏해야 자본주의 체제를 개선하라는 또 다른 압력으로 작용하는 데 그쳤다.

진정으로 개혁적인 대다수 사회주의 운동은 게임의 규칙에 따랐다. 그들은 경제에서 케인스의 '미세 조정fine tuning'에 낙관적인 믿음을 갖게 되었다. 그 과정에서 사회주의자들은 "마르크스와 케인스 둘 다 알던 사실, 즉 자본주의는 위험하고 길들일 수 없는 짐승이라 아주 조심해서 다뤄야 한다"는 점을 망각했다.[5] 그럼에도 사회주의자들이 정치권력을 얻는 데 성공하는 일이 흔했다는 점에서 1960년대는 1950년대와 극명하게 달랐다. 사회주의자들은 경기가 침체되고 좌파에 대한 신뢰가 상승하면 성장 지향으로 돌아갈 수 있도록 자본주의 체제를 이끌겠다는 기치를 내걸고 정치권력을 향해 발걸음을 재촉했다. 나중에는 노동조합과 밀접한 관계가 좌파 정당들의 골칫거리가 됐지만, 이때까지 노조와 관계는 사회주의자들에게 유리했다. 즉 노조는 제거할 수 없는 강력한 이해 집단이라는 인식이 팽배했기 때문에 선거에서 사회주의 정당이 선택받을 가능성이 더 컸다. 유권자들은 노조를 달래거나 통제할 수 있는 정당은 사회주의 정당뿐이라고 생각했다.

선거

이런 변화의 한복판에서 좌파 정당은 어느 정도 성과를 거뒀을까? 표 11.4는 좌파가 선거에서 얼마나 얻고 잃었는지 보여준다. 얻었든 잃었든 그 결과가 반드시 좌파 정당이 내놓은 정책의 힘이나 영향력을 반영하는 것은 아니다.

표를 보면 알 수 있듯이 서유럽 좌파는 평균 40퍼센트에 육박하

표 11.4 1960~1973년 서유럽 주요 좌파 정당 득표율

	1960년	1961년	1962년	1963년	1964년	1965년	1966년	1967년	1968년	1969년	1970년	1971년	1972년	1973년
오스트리아	-	-	44.0	-	-	-	42.6	-	-	-	48.4	50.0	-	-
벨기에	-	36.7	-	-	-	28.3	-	-	28.0	-	-	27.2	-	-
덴마크														
SD	42.1	-	-	-	41.9	-	38.2	-	34.2	-	-	37.3	-	25.6
SPP	6.1	-	-	-	5.8	-	10.9	-	6.1	-	-	9.1	-	6.0
핀란드														
SD	-	-	19.5	-	-	-	27.2	-	-	-	23.4	-	25.8	-
SKDL	-	-	22.0	-	-	-	21.2	-	-	-	16.6	-	17.0	-
프랑스														
PS	-	-	20.3	-	-	-	-	-18.9	16.5	-	-	-	-	19.2
PCF	-	-	21.8	-	-	-	-	22.5	20.0	-	-	-	-	21.4
네덜란드	-	-	-	28.0	-	-	-	23.6	-	-	-	24.6	27.3	-
이탈리아														
PSI	-	-	-	13.8	-	-	-	-	14.5	-	-	-	9.6	-
PCI	-	-	-	25.3	-	-	-	-	27.0	-	-	-	27.2	-
노르웨이														
Lab	-	46.8	-	-	-	43.1	-	-	-	46.5	-	-	-	35.3
SPP	-	-	-	-	-	-	-	-	-	-	-	-	-	11.2
스웨덴	47.8	-	-	-	47.3	-	-	-	50.1	-	45.3	-	-	43.6
영국	-	-	-	-	44.1	-	48.1	-	-	-	43.1	-	-	-
서독	-	36.2	-	-	-	39.3	-	-	-	42.7	-	-	45.8	-

주 오스트리아, 벨기에, 덴마크(SD), 핀란드(SD), 서독, 네덜란드, 이탈리아(사회당), 프랑스(PS), 노르웨이(Lab), 스웨덴. 영국은 사회주의 정당, 사회민주주의 정당, 노동당일 적마다. 덴마크와 노르웨이의 SPP는 좌파적인 사회주의인민당Socialist People's Party의 약자다. 핀란드의 SKDL은 공산주의자와 그 동맹 세력의 연합이다. 이탈리아 사회당의 수치는 단명한 사회당과 사회민주주의 동맹의 선거 결과다.

는 표를 얻었다. 좌파가 얻은 의석 비율은 1960년 33.4퍼센트에서 1971년 39.3퍼센트로 증가했다.[6] 이 사실은 1948~1960년에 치러진 전반적인 선거 결과와 일치하며, 앞으로 볼 1973~1992년의 선거 결과와도 일치한다. 1960~1973년에 치러진 45차례 선거 가운데 좌파 단일 정당이 의회에서 과반 의석을 차지한 경우는 딱 네 번이다. 1971년 오스트리아 사회당과 1968년 스웨덴 사회민주당이 50퍼센트를 아슬아슬하게 넘겼고, 영국에서는 최다 득표자를 당선시키는 소선거구제 덕분에 1964년과 1966년에 노동당이 과반 의석을 차지했다. 한편 이 시기에 치러진 모든 선거에서 좌파가 절대다수 의석을 차지한 나라는 스웨덴뿐이며, 이는 스웨덴 공산당 덕분이었다. 노르웨이에서는 1961년과 1973년에, 덴마크에서는 1966년에 소규모 정당인 사회주의인민당SPP의 선전에 힘입어 다수 의석을 차지했다.

1960~1973년의 전반적인 양상은 다음과 같다.

A. '온전한' 좌파 정부 사회주의자들이 독자적으로 정권을 잡거나 규모가 작은 좌파 정당들의 지지를 받은 여당 정부.

- 오스트리아 : 1970년 이후
- 덴마크 : 1960~1967년, (사회주의인민당의 지지를 받은) 1967~1968년과 1971~1973년.
- 노르웨이 : 1965년까지, 1971~1972년.
- 스웨덴 : 1960~1976년.
- 영국 : 1964~1969년.

B. '중도좌파' 연합 사회주의자들이 이끄는 연합 정부나 비사회주의자들의 지지를 받은 소수 여당 정부. 둘 중 어느 경우든 총리(수상)는 사회주의자였다.

- 오스트리아 : 1970~1971년.
- 벨기에 : 1973~1974년.
- 덴마크 : 1964년까지, 1971년 이후.
- 핀란드 : 1966~1971년(사회주의자와 공산주의자들이 서로 다른 세력과 손잡은 시기)
- 독일 : 1969년 이후

C. '중도파' 연합 사회주의자들이 열세였거나 종속적인 역할을 맡은 경우.

- 오스트리아 : 1966년까지.
- 벨기에 : 1961~1966년, 1968~1972년.
- 핀란드 : 1972년 이후 공산주의자들의 도움 없이 정부에 참여한 사회주의자들.
- 프랑스 : 1960~1962년 이후 정부에 참여한 사회주의자들.
- 독일 : 대연정Grosse Koalition, 1966~1968년.
- 네덜란드 : 1965~1966년.
- 이탈리아 : 1963~1969년 '중도좌파' 정부에 참여한 사회주의자들.

표 11.5에서는 이런 양상을 한눈에 볼 수 있다. 표에서 'AB'는 독자적으로든 지배적인 세력으로든 좌파가 정권을 잡은 해를 가리킨

표 11.5 1960~1973년 좌파 정당의 정부 참여

	1960년	1961년	1962년	1963년	1964년	1965년	1966년	1967년	1968년	1969년	1970년	1971년	1972년	1973년
오스트리아	C	C	C	C	C	C	C	Out	Out	Out	AB	AB	AB	AB
벨기에	Out	C	C	C	C	C	C	Out	C	C	C	C	C	AB
덴마크	AB	AB	AB	AB	AB	AB	AB	AB	AB	Out	Out	AB	AB	AB
핀란드	Out	Out	Out	Out	Out	Out	AB	AB	AB	AB	AB	AB	C	C
프랑스	C	C	C	Out	Out	Out	Out	Out	Out	Out	Out	Out	Out	Out
네덜란드	Out	Out	Out	Out	Out	C	C	Out	Out	Out	Out	Out	Out	Out
이탈리아	Out	Out	Out	C	C	C	C	C	C	C	Out	Out	Out	Out
노르웨이	AB	AB	AB	AB	AB	AB	Out	Out	Out	Out	Out	AB	AB	Out
스웨덴	AB	AB	AB	AB	AB	AB	AB	AB	AB	AB	AB	AB	AB	AB
영국	Out	Out	Out	Out	AB	AB	AB	AB	AB	AB	Out	Out	Out	Out
서독	Out	Out	Out	Out	Out	Out	C	C	C	AB	AB	AB	AB	AB

AB : 좌파 정당이 주도하는 정부. C : 좌파 정당이 소수 세력인 정부. Out : 좌파 정당이 야당인 경우.

다. 'C'는 좌파 정당이 정권에 참여했지만 지배적인 세력이 아니었을 때를 가리키고, 'Out'은 좌파가 야당인 때를 가리킨다.

이 표의 내용을 글자 그대로 받아들여서는 안 된다. 예컨대 1966~1969년 대연정 때 독일 사회민주당이 맡은 역할이나 1966년까지 이어진 대연정에서 오스트리아 사회당이 맡은 역할(둘 다 'C'로 표시되었다)은 네 정당이 연합한 연정에서 이탈리아 사회당이 맡은 역할만큼 '영향력이 미미'하지는 않았다. 네 정당이 연정을 구성한 이탈리아에서는 주도적인 역할을 맡은 기독민주당이 선거에서 사회당보다 세 배에 가까운 표를 얻었다.

1960년대 초반에는 스칸디나비아에서만 좌파가 정권을 잡았다. 그때부터 유럽 전역에 의미 있는 돌파구가 열리기 시작했다.

- 1963년 이탈리아 사회당은 기독민주당과 함께 중도좌파 연합을 구성했다.
- 1964년 영국 노동당은 야당 생활 13년 만에 선거에서 승리했다.
- 1966년 독일 사회민주당은 전후 최초로 정부에 참여했으며, 1969년에는 빌리 브란트Willy Brandt가 사회민주당이 주도하는 독일 자유민주당과 연정을 구성하고 자신은 총리가 되었다. 그는 1930년 헤르만 뮐러Hermann Müller 이후 최초로 사회민주당이 배출한 총리다.
- 1966년 핀란드에서는 사회민주당과 공산당이 연합한 '대중 전선' 정부가 수립되었다.
- 1970년 오스트리아 사회당은 기독민주당 없이 단독으로 정부를 구성했다.

몇몇 경우, 특히 영국과 오스트리아 좌파는 선거에서 표를 얻어 정권을 쟁취했다. 그러나 전반적으로 좌파가 앞으로 나간 결정적인 열쇠는 다른 정당과 연정을 구성할 수 있는 능력이었다. 좌파 정당은 정치적 조정 능력을 발휘함으로써 유권자뿐만 아니라 동맹 세력까지 얻었다. 대다수 선거제도가 비례제 성격을 띠었기 때문에 사회주의 정당은 중도파 세력과 타협을 시도했다. 새로운 전국 정당이 나오기 힘든 선거제도를 갖춘 영국에서도 중도파를 향해 '러브콜이 쇄도하는' 현상이 뚜렷하게 나타났다. 이것은 노동당이 당내 좌파한테 무시당하지 않기 위한 일종의 보험 장치였다. 노동당은 좌파 지지자들에게 외면당할까 봐 조마조마하지 않고 중도파 유권자들에게 호소했다. 이처럼 영국 노동당조차 유럽 대륙의 사회주의 정당과 마찬가지로 중도파에 끌렸다.

야당

사회주의 정당이 정권을 잡은 1960년대 내내 중요한 변화는 없었다. 그 증거가 표 11.6이다. 1960~1975년 중앙정부가 세금을 얼마나 거둬들였는지 정리한 이 표를 보면 사회주의 정당의 집권과 조세 수준에는 별다른 상관관계가 없다는 것을 알 수 있다. 예를 들어 '사회민주주의적인' 스웨덴은 세금을 높게 매겼다. 하지만 상대적으로 보수적인 네덜란드의 조세 수준도 그에 못지않았다. 네덜란드 노동당은 사실상 1960년대 내내 야당이었다. 어쩌

표 11.6 세수가 GDP에서 차지하는 비율

단위 : %

	1960년	1965년	1970년	1975년
오스트리아	17.9	20.4	21.4	21.9
벨기에	17.9	21.3	24.8	28.2
덴마크	18.7	22.8	30.3	26.7
핀란드	17.1	16.8	19.4	20.6
프랑스	20.8	22.7	22.3	21.9
네덜란드	22.2	23.3	25.2	26.8
이탈리아	16.9	16.6	16.4	16.6
노르웨이	18.2	18.9	19.2	20.6
스웨덴	21.8	23.2	24.2	29.2
영국	23.2	22.7	31.0	27.4
서독	19.5	20.3	20.8	20.9

출처 피터 플로라 외, *State, Economy and Society in Western Europe, 1815~1975*, Vol. 1, p. 262.

면 거둬들인 세금의 규모보다 추세가 중요한 문제일 수도 있다. 사회주의 정당이 정권을 잡으면 세금이 올라가는가? 꼭 그렇지는 않다. 1963년 이탈리아 사회당이 정권을 잡았지만, 대단히 낮은 이탈리아의 조세 수준은 전혀 달라지지 않았다. 세수가 가장 가파르게 증가한 벨기에도 벨기에 사회당이 여당이냐 아니냐가 세수 증가에 영향을 미치지 않았다. 오스트리아에서는 주로 연정 시기에 세수가 증가했고, 우파(1966~1970년)든 좌파(1970년 이후)든 단독정부 시기에는 거의 제자리였다. 노르웨이에서도 세수가 소폭 증가했지만, 노동당이 야당일 때(1966~1970년)였다. 영국은 정반대로 노동당이 여당일 때 세수가 증가했는데, 올랐다고 해봐야 1957년 보수당 정부가 거둬들인 세금에 조금 못 미치는 수준이었다.

중요한 것은 사회주의자들이 정권을 잡았을 때 정부의 지출과 분배가 어떻게 달라졌느냐 하는 점이다. 보수정당은 법과 질서, 국방

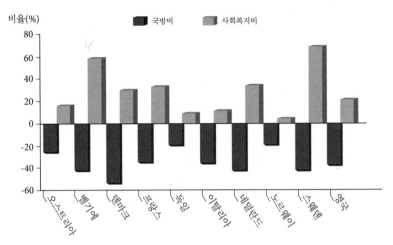

비율(%)

■ 국방비   ■ 사회복지비

그림 11.1 1960~1975년 공공 지출의 변화 비율

주 이탈리아는 1960~1973년, 노르웨이는 1960~1971년이다.
출처 피터 플로라 외, *State, Economy and Society in Western Europe, 1815~1975, A Data Handbook*,
Vol. 1: *The Growth of Mass Democracies and Welfare States*, Campus Verlag, Macmillan and St. James,
Frankfurt, London and Chicago, 1983, 8장에 있는 그림을 토대로 그린 것임.

분야에 세금을 더 쓸 수 있고, 사회주의 정당은 복지 서비스에 더
많은 세금을 쓸 수도 있다. 그림 11.1은 1960~1975년 국방과 사회
복지사업에 대한 정부의 지출이 어떻게 변했는지 보여준다. 이 그
림을 통해 분명하게 알 수 있듯이 모든 나라에서 정부의 전체 지출
가운데 국방비 지출은 줄고 사회복지비 지출은 늘었다. 국방비 지
출이 가장 크게 감소한 나라는 (사회민주적인) 덴마크와 스웨덴,
'보수적인' 네덜란드와 벨기에, 드골의 프랑스, 영국(보수당 정부가
8년 동안 줄인 국방비보다 노동당 정부가 7년 동안 줄인 국방비가 많았다)
이다. 스웨덴은 사회복지비 지출 상승에서 가볍게 1위를 차지했다.
보수적인 벨기에와 네덜란드, 드골의 프랑스, 덴마크가 그 뒤를 이
었다. 사회민주주의 세력의 집권과 사회복지비 지출 증감에는 이렇

다 할 상관관계가 보이지 않는다. 전혀 놀랄 일이 아니다. 정부의 정치적 색깔은 사회복지비 지출에 영향을 미칠 수 있는 요소 가운데 하나일 뿐이기 때문이다. 사회복지비 지출이 늘어난 것은 정부의 이데올로기보다 사회복지를 바라는 수요와 밀접한 관련이 있다. 이런 수요에는 새로운 사회문제 등장에서 인구구조 변화까지 다양한 요소가 영향을 미친다.

일부 과학자들은 통계학적 방법을 이용해 사회민주주의 정부가 다른 정부와 차이가 있는지 알아내려고 한다. 더글러스 힙스Douglas Hibbs는 유럽 12개국과 북아메리카 국가들을 대상으로 1960년대에 좌파가 정부에 미친 영향력을 조사했다. 그 결과 보수정당이 집권했을 때보다 좌파 정당이 집권했을 때 상대적으로 물가 상승률이 높았고, 실업률은 낮았다는 사실이 밝혀졌다. 힙스가 전후 영국의 분기별 실업률을 분석한 자료를 보면 1964~1970년 노동당 정부 때 실업률이 하락세였음을 알 수 있다.[7] 그러나 이런 결과는 1973년 이전까지 적용할 수 있다.

데이비드 캐머런David Cameron은 공공경제(public economy : 모든 공공 권력이 소비하거나 분배하는 국가의 경제적 산물의 일부)의 팽창을 설명하면서 좌파가 정부를 장악한 정도와 경제의 무역 의존도가 공공경제와 분명한 상관관계가 있다는 사실을 밝혀냈다.[8] 상관관계를 규명하기는 어렵지 않지만, 그것을 설명하기는 어렵다. 1960년대에는 큰 나라보다 작은 나라에서 사회민주주의자들의 힘이 셌는데, 작은 나라들이 큰 나라들보다 무역 의존도가 높았다는 게 문제다. 캐머런은 다음과 같은 인과 논리에 기초해서 전체적인 상황을 설명하려고 했다. 작은 나라의 경제는 산업 집중력이 높다. 산업 집중력이 높다 보니 고용주들의 결속이 강력할 뿐만 아니라 노조도 강력하다. 결국 강력한 노조는 좌파 정부로 이어진다.[9] 특히 마지막 주장, 강력한 노조는 좌파 정부로 이어진다는 주장은 받아들이기 힘들다. 캐머런 자신조차 은연중에 그 점을 인정하면서 한 발 물러서는 자세를 취한다. 즉 사회민주주의 세력이 여당이든 야당이든 노조가 강한가 그렇지 않은가 하는 점이 중요하고, 노조가 강하면 정부가 지원하는 보조금은 이례적으로 큰 폭으로 뛸 것이라고 주장한다.[10] 충분히 일리 있는 주장이지만, 이는 정당의 영향력보다 정당을 압박하는 로비의 영향력이 중요하다는 얘기나 다름없다.[11]

스웨덴 사회학자 발터 코르피Walter Korpi는 좌파 정당이 정권을 잡았을 때 질병보험을 실시해 사회권을 발전시키는 데 결정적인 영향을 미쳤다면서 이를 뒷받침할 통계학적 자료를 제시했다.[12] 해럴드 윌렌스키는 다른 자료와 여러 가설을 토대로 '좌파 권력'이 복지 정책에 조금도 영향을 미치지 않았다고 잘라 말했다. "좌파 정당이 끼친 영향은 간접적이고 미미하다."[13]

이 같은 논쟁에서 저변에 깔린 정치적 의미가 중요하다. 예컨대 복지주의나 완전고용이 좋지만, 그것을 실현하는 데 사회주의 정부가 도움이 되지 않는다면 사회주의자에게 투표하는 사람들이 크게 줄어들 것이라는 주장이 그렇다. 설령 어떤 사람이 사회주의 정부가 복지나 완전고용 실현에 도움이 되지 않는다는 명제를 수학적 계산으로 입증했다고 치자(기적에 가까운 수학 실력이 필요할 것이다). 그 사실을 믿고 따라서 행동할 유권자는 (기적 같은 실력이 있는 그 수학자를 제외하면) 한 명도 없을 것이다. 이유는 간단하다. 좌파 정당은 태생부터 체계적이고 일관되게 복지 제도를 옹호하고 지지했기 때문이다. 반면 보수당이나 자유당에 대해 얘기할 때는 꿈에도 그런 말을 할 수가 없다. 비스마르크가 독일을 통일하고자 한 목적이 국민보험 제도를 발전시키기 위해서였다고 말할 사람은 없을 것이다. 좌파라는 정치적 위협이 없었어도 비스마르크가 사회보험에 관심을 기울였을 거라고 말할 사람은 없을 것이다. 가톨릭과 기독민주당은 보수당보다 믿을 만한 '복지 정당'이었지만, 그들조차 사회복지와 사회권에서는 좌파만큼 일관된 주장을 펴지 못한다. 따라서 사회복지에 헌신하는 세력에 표를 던지기로 결심한 유권자는 십중팔구 좌파 정당을 지지할 것이다. 전체 유권자 중에서 이런 유권자가 차지하는 비중이 점점 늘어난다고 가정한다면, 그들이 너그러운 자선사업가나 잠재적인 식객이 아니라고 가정한다면, 모든 정당은 복지주의의 몇 가지 측면을 점점 더 많이 받아들일 것이다. 그 경우 복지국가 실현에 결정적인 요소는 가장 친親복지적인 정당이 선거에서 승리하는 것이 아니라 '사회주의적 복지주의'라는 이데올로기의 존재일 것이다.

강력한 사회민주주의 정당과 '사회적' 기독교 정당은 이 같은 사회주의적 복지주의가 발전할 수 있는 몇 가지 발판을 제공했다. 사회적 화합도 복지주의 발전에 어느 정도 기여했다. 계급 간 구분이 뚜렷한 사회, 즉 한 계급이 직면한 사회적 위험과 다른 계급이 직면한 사회적 위험이 하늘과 땅만큼 다른 사회에서 특권계급은 보편적 복지에 거의 관심을 쏟지 않는다. 특권계급은 재분배를 징벌 정도로 여긴다. 그들을 대변하는 정당은 복지국가를 맹렬하게 반대한다. 그러나 중산층은 다르다. 중산층은 복지에 어느 정도 동질성을 느끼기 때문에 복지주의와 직접적인 이해관계가 있다. 특히 의료나 교육처럼 그들 자신에게도 영향을 미치는 사회적 서비스에 대해서는 말할 것도 없다.[14] 복지국가를 서로 다른 계급이 담합한 산물로 본 철 지난 마르크스주의자들의 주장은 옳다. 하지만 그들은 공산주의 혁명이야말로 계급 간 담합이 필요하다는 사실은 잊고 있었을 것이다.

제아무리 많은 통계학 자료를 분석한다고 해도 서유럽 선진 산업국가에서 사회주의가 강력한 세력이 아니었다면 어떤 일이 벌어졌을지 예측하기는 힘들 것이다. 어느 시기가 됐든 과거에 다른 세력이 정권을 잡았다면 어떤 일이 벌어졌을지 예측하기는 더더욱 불가능하다. 보수적인 정부가 비사회주의적인 정당을 야당으로 맞이했다면 사회주의 정당이 야당일 때와 다른 정책을 폈을까? 이 역시 알 수 없는 일이다. 통계로 알 수 있는 사실은 1960년대에 정권을 잡은 사회주의자들이 체제 변화를 전혀 꾀하지 않았다는 점이다. 단 체제를 어떻게 정의하느냐는 별개로 하는 얘기다.

이 정당이나 저 정당이나 다 똑같다고 주장하는 사람도 간혹 있다. 이런 입장에 가까운 리처드 로즈Richard Rose의 주장은 제법 그럴듯하게 들린다. "말은 서로 다르다고 하지만 현실에서는 정당끼리 큰 차이가 없다. 정당이 할 수 있는 최악의 협박은 실현 가능성이 적다. 그들이 열망하는 최선의 일도 실현 가능성이 적기는 마찬가지다."[15] 이유는 단순하다. '정책의 성패를 가르는 재원은 대부분 선거에 의해 바뀌지 않기' 때문이다.[16]

이런 점 때문에 1945년 이후 서유럽에 들어선 좌파 정부가 종전 질서와 관계를 단칼에 끊을 수 없었는지도 모른다. 변화는 항상 규칙과 관례, 전통을 존중하고 따르면서 천천히, 질서 정연하게 진행됐다. 민주국가에서 유일하게 볼 수 있는 급격한 단절은 좌파가 아니라 우파에서 나왔다. 1967년 그리스 쿠데타는 1945년 이후 유일하게 서유럽 민주국가에서 발생한 진정한 의미의 쿠데타였다. 하지만 그리스는 민주주의 세력의 결속력이 약했다. 서유럽에서 유일하게 의미 있는 체제의 변화는 1958년 프랑스에서 드골주의가 등장한 것과 1994년 이탈리아에서 기독민주당이 주도하던 '제1공화국'이 막을 내린 정도였다. 모든 국가에서 국가기구는 변함없이 존속했고, 관료제는 항상 막강했다. 이 글을 쓰는 지금까지 어떤 좌파 정부도 정치제도를 대대적으로 개혁한 적이 없다.

이로써 좌파 정당이 자국의 정치체제에 점점 더 만족했다는 주장은 1960년대에 와서 다시 한 번 확인된다. 레닌은『국가와 혁명The State and Revolution』에서 민주국가는 자본주의를 감싸는 최고의 외피이자, 사회주의로 가는 지름길이라고 주장했다.[17] 사회민주주의자들은 레닌의 말에 동의한 것처럼 보였다. 그들이 레닌과 다른 점은 그토록 편리한 외피를 벗을 생각이 전혀 없었고, 혁명을 합당하다고 보지 않았다는 것이다.

좌파가 주도해서 헌법을 개정한 적은 있지만, 그들이 남달리 급진적이어서 그런 것은 아니었다. 스웨덴은 1970년대 초반에 헌법을 개정해 상원을 폐지하고 한층 엄격한 비례대표제를 도입했으며, 군주 일가에게 남은 권력을 박탈했다. 그러나 이중 어떤 조치도 스웨덴 정치계를 크게 바꾸지 못했다. 스웨덴에 이어 덴마크도 1953년 양원제인 의회를 단원제인 하원(국민 하원)으로 대체했다.[18]

이탈리아는 1970년에 좌파의 박수갈채를 받으며 지방분권제를 채택했다. 하지만 이는 기독민주당이 발의한 법안을 뒤늦게 실행에 옮긴 것에 불과했다. 지방분권제는 거창한 수사와 함께 출발했지만, 이탈리아 정치체제에 의미 있는 변화를 일으키지는 못했다.

벨기에는 언어적 민족주의 때문에 갈수록 분열이 심해졌다. 벨기에 사회당은 1960년대 내내 권력을 지방에 이양하라는 거센 요구에 시달렸다. 당내 좌파와 좌파 성향 당원들은 더 확실한 연방제를 실시하라고 압박했다. 1960년대 초반 대규모 노조 파업을 이끈 앙드레 르나르André Renard도 그중 한 명이다. 벨기에 사회당이 지방분권제를 거부하자, 르나르는 왈론 대중운동을 일으켰다. 주류 사회주의자들은 오래전부터 벨기에의 전통이 살아 숨 쉬는 왈론 주를 수호해야 한다고 고집했다. 플랑드르 지방은 군주제를 실시하고 가톨릭 성향이 강하며 최근에 산업화한 반면, 왈론 지방은 프랑스어를 주로 쓰고 한층 더 세속적이며 유럽 최초로 산업화가 시작된 곳인데다, 벨기에의 부르주아 계급과 주류 사회주의자를 지지하는 사람들도 이 지방에 더 많았기 때문이다.[19] 1967년 벨기에 사회당은 언어 때문에 쪼개진 국가를 통합하기 위해 지속해온 승산 없는 싸움을 마침내 포기했다. 사회당은 왈론파와 플랑드르파로 나뉘어 각자 의회를 열기로 합의했다.

영국에서 가장 중요한 개혁은 1958년 세습 귀족과 달리 작위를 후대에 물려줄 수 없는 종신 귀족 제도를 상원에 도입한 것이지만, 이는 급진적이거나 민주적인 개혁과 거리가 멀었다. 종신 귀족 제도의 확실한 효과는 수상의 임명권을 강화하면서 귀족 자손을 후세에 떠맡기지 않았다는 점이다. 종신 귀족 제도는 보수당 정부가 도입했다. 노동당 정부는 긁어 부스럼 만들지 않으려고 현상 유지에 급급했다. 종신 귀족 제도는 중요성 면에서 드골이 새로운 헌법을 통해 프랑스에 대통령제를 수립한 것에 훨씬 못 미쳤다. 이처럼 종전 민주주의 구조에 일어난 변화 측면에서 보면 사회주의 정당은 기껏해야 소심한 개혁주의자였으며, 대개 종전의 상황을 유지했다.

심지어 선거에서 좋은 성과를 거두지 못한 좌파 정당들조차 헌법 개정에 반대했다. 프랑스 공산당은 자본주의 국가가 언젠가는 완전히 무너질 거라는 신념을 버리지 않았지만, 자신들을 수단과 방법을 가리지 않고 정권에서 몰아낸 제4공화정을 마지막까지 옹호한 것도 프랑스 공산당이다. 네덜란드 노동당은 사실상 1960년대 내내 정권과 떨어져 있었지만, 적어도 1971년까지는 이른바 '기둥 체제'라고 불린 '비공식적인' 헌법 개정에 반대했다. 노조부터 아마추어 합창단까지 네덜란드 전 국민의 사회생활은 비공식적인 헌법 아래 사회의 주요 '기둥' 혹은 연합을 기반으로 조직되었다. 네덜란드 사회를 떠받치는 '세 기둥'은 가톨릭교도, 신교도('자유민주적' 칼뱅주의자와 정통 칼뱅주의자), 비종교인(사회주의자와 자유주의자)이었다. 네덜란드에서는 비례대표제 덕분에 1971년 선거에 등록한 28개 정당 가운데 14개 정당에서 당선자가 나왔다. 유례를 찾기 힘든 분파주의의 극치였다. 정부를 구성하기까지 기나긴 협상이 이어졌다. 그러나 말이 협상이지 실제로는 정당 지도자들이 감투를 나눠 먹는 일종의 밀실 정상 외교였다.[20]

네덜란드의 저소득층은 대체로 비사회주의적인 종교 정당을 지지했다. 절충은 정치에서 용인된 특징이었기에 네덜란드 정부의 정책에는 노동자에 대한 편견이 전혀 없었다. 따라서 사회주의자들이 정권을 잡는 방법은 종전 여당의 연정 파트너가 되는 길뿐이었다. 사회주의자들은 게임의 규칙을 뜯어고쳐야 한다는 얘기를 함부로 꺼내지 못했다. 급진적 개혁가들은 도리 없이 종전 정당 시스템 밖에서 활동하다가 '민주Democraten66' 같은 독립적인 정당을 만들었다. 하지만 별다른 성과를 거두지는 못했다. 민주66의 가장 급진적인 제안은 수상을 직접선거로 선출하자는 것이었다. 겨우 칼스—도너Cals-Donner 헌법위원회가 구성됐지만, 이 위원회가 건의한 제안은 곧바로 보류됐다.[21]

네덜란드 노동당은 민주66과 민주66 내부 '신좌파' 세력의 압박을 받으면서 종교 정당에 맞서 모든 세속 정당과 진보 동맹을 맺으려는 움직임을 보였다. 그러나 이 전략은 실패했다. 가톨릭과 개신교 세력이 저소득층 상당 부분을 성공적으로 지켜냈기 때문이다. 결국 1994년까지는 종교 정당을 배제하고 연정을 구성하는 것이 불가능했다.[22]

그렇다고 해서 네덜란드나 다른 나라에서 좁은 의미의 헌법을 넘어 일반적인 정치체제까지 그대로 유지되었다는 얘기는 아니다. 1960년대에는 국가의 경제 간섭이 강화되는 추세였다. 공공 지출이 늘었고, 계획을 선호하는 국가도 많아졌으며, 노조는 정치 문제에 더 깊숙이 개입했다. 그러나 이것은 서유럽을 통틀어 집권 정당과 상관없이 일어난 일이었다.

오스트리아는 합의라는 제도 덕분에 좌우 정당의 구분이 드러나지 않은 가장 의미 있는 본보기였다. 오스트리아 사회당과 국민당은 1966년까지 권력을 나눠 가졌고, 협조적으로 경제를 운용했다. 그러나 선거 때가 되면 잡아먹을 듯이 싸웠다. 특히 1966년 선거에서 극심한 이데올로기 투쟁은 '정상적인' 정치와 별개의 문제라는 사실이 드러났다. 노골적인 반공 운동인 '적색 공포red scare' 운동이 한창일 때 오스트리아 국민당은 망치와 낫을 배경에 놓은 포스터를 통해 오스트리아 사회당을 비밀 공산당으로 묘사했다. 또 지은이를 알 수 없는 소책자에서 사회당 지도자들을 티토의 앞잡이로 묘사했고, 브루노 크라이스키의 유대인 혈통에 대해 부정적인 언급을 실었다. 그러나 선거가 끝나자 오스트리아 국민당은 자신들이 승리를 거둬 과반 의석을 차지했음에도 사회당에게 연정을 연장하자고 제안했다.[23] 사회당은 국민당이 제시하는 조건에 부담을 느껴 눈물을 머금고 연정 제안을 거절했다. 이로써 오스트리아에서는 2차 세계대전 이후 처음으로 단일 정당 정부가 들어섰다.[24] 사회당은 오스트리아 정치체제의 비공식적인 '개혁'이나 다름없는 변화에 본의 아니게 기여한 셈이다. 다시 말해 합의에 의한 권력 분담에서 '앵글로색슨'(즉 영국)적인 양당제로 탈바꿈한 것이다. 연정에서 발 빼기로 한 사회당의 결정은 국민당이 독자적으로 통치할 능력이 있음을 인정한 것이나 마찬가지다. 국민당의 독자적 통치 능력을 인정할 준비가 되지 않은 1945년과 달랐다. 이로써 1970~1971년 호혜의 원칙을 위한 발판이 마련됐다. 1970년에는 사회당이 선거에서 이겨 국민당처럼 독자적으로 통치할 수 있는 기회가 온 것이다.

오스트리아 사회당은 독자적으로 집권할 때조차(국민당이 1966~1970년에 그랬듯이) 비례대표제의 '다극 공존형 민주주의' 관행을 이어갔다. 다시 말해 주요 정당들끼리 득표수에 비례해서 공공 부문의 요직을 나눠 가졌다. 두 유력 정당은 폭넓은 합의를 바탕으로 모든 법안의 90퍼센트 정도를 만장일치로 통과시켰다. 영국식 양당제를 비공식적으로 채택했지만, 그것이 적대적인 정치로 이어지지는 않았다.

의회에서 폭넓은 합의를 도출하는 모습은 다른 나라에서도 흔히 볼 수 있었다. 덴마크 하원에서는 대다수 법안이 거의 만장일치로 통과됐다.[25] 이탈리아에서는 냉전이 최고조일 때도 법안 심의 과정에 정부 여당과 이탈리아 공산당이 놀랄 만큼 원활하게 합의에 이르렀다. 이탈리아 공산당은 1948~1968년 통과된 모든 법안 가운데 75퍼센트에 동의했다.[26]

오스트리아 사회당은 합의 정치가 지속되는 동안에도 야당으로서 사회민주주의자의 모범을 따랐다. 특히 당의 행동가들을 만족시킬 수 있는 고유의 이미지를 발전시키면서 지지층을 넓혀갔다. 야당 시절(1966~1970년) 사회당의 근본주의자와 수정주의자들은 갈등을 겪었다. 수정주의자들의 목소리는 1950년대 말보다 커졌지만, 그들의 제안은 대부분 거부당했다. 그중엔 당명을 '사회민주당'으로 바꿔야 한다는 제안도 있었다. 오스트리아 사회당이 사회민주당으로 간판을 바꿔 단 것은 1991년이다. 오스트리아 국민당 정부가 경제적 난국에 직면하지 않았다면 사회당은 수정주의자들의 공세에 못 이겨 당의 이미지를 전면적으로 재정비했을 것이다. 사회당 서기장 크라이스키의 전술이 먹힌 것은 '진정한 사회주의'에 충성을 바친 자들이 많아서라기보다 이런 경제적 상황 때문이다. 사회당은 장기적인 목표인 사회주의에 대한 모호하지만 소중히 지켜온 맹세를 저버리지 않고도 역동적인 이미지를 얻었다.[27] 크라이스키는 해럴드 윌슨과 빌리 브란트를 비롯해 유럽의 사회민주주의 지도자들이 고수한 원칙을 받아들이고 있었다. 그 원칙이란 신성한 소를 죽이지 않고 산책시키는 것이었다.

이런 크라이스키의 전략은 선거적인 측면에서 톡톡히 효과를 본 것 같다. 사회당의 주요 이론가 카를 체르네츠Karl Czernetz도 인정했듯이, 크라이스키는 당을 이끈 대다수 전임자들이 실패한 지점을 뛰어넘었다. 즉 당내에서는 헌신적인 사회주의자로 확고한 이미지를 다진 반면, 온건한 유권자들에게는 믿을 만한 실용적 정치인으로 자신을 포장했다.[28]

오스트리아 사회당은 크라이스키의 이미지에만 기대지 않았다. 1967~1968년 새로운 경제계획을 논의하기 위해 몇 개 위원회가 구성됐다. 오스트리아를 현대적인 산업국가로 바꾸기 위한 계획을 수립하고, 공공 부문과 민간 부문의 협력을 논의하는 것이 목적이었다. 더불어 건강과 환경, 사회복지 정책의 새로운 초안을 마련할 위원회도 열렸다. 이 위원회에서 1969년 「인간 계획Human Program」으로 알려진 보고서가 발표됐다. 경제계획과 복지 계획은 당적에 상관없이 경제학자와 전문가, 의사들이 폭넓은 합의를 통해 도출한 결과물이었다.[29] 이를 통해 오스트리아 사회당은 유권자에게 효율적이고 유능한 조직, 알 만한 전문가들이 지지하는 조직, 자본주의 체제를 책임 있게 끌고 갈 수 있는 조직이라는 인상을 심어줬다. 또 한편으로는 사회정의에 기초해 환경과 복지를 위한 토대를 구축했다. 이 모든 일을 1958년에 채택한 당의 강령을 전혀 거스르지 않으면서 해냈다. 즉 전통을 존중하면서 현대화를 진행했다. 사회당은 1970년 선거 유세 때 '현대적인 오스트리아를 위하여'라는 구호를 내걸었다.[30]

정치학자들은 '다극 공존형' 사회의 사례로 오스트리아와 네덜란드, 스위스를 꼽는다. 다극 공존형 사회를 정치학계에서 사용하는 용어로 정의하면 "하위문화의 분열과 현상 유지 정책, 불안정한 경향이 있는 민주주의로, 주요 하위문화의 지도자들은 이런 경향을 의도적으로 좀더 안정적인 체제로 전환한다". 1960년대 말에 이런 개념을 주창한 아렌트 레이프하르트Arend Lijphart는 콜롬비아와 우루과이, 그리고 반쯤 잊힌 채 평온한 시기를 보내는 레바논을 다극 공존형 민주주의 국가 목록에 추가했다.[31]

오스트리아와 네덜란드, 스위스의 다극 공존형 체제가 레바논과 우루과이보다는 이탈리아와 영국, 프랑스 체제와 공통점이 많다는 사실을 정치학자들도 인정한다. 따라서 다극 공존형 민주주의를 서구의 보편적 통치 형태 가운데 하나로 볼 때가 되었다. 다극 공존형 체제에서 모든 정부 여당뿐만 아니라 그들의 '충성스러운' 야당은 정치 · 경제적 구조, 다시 말해 공식적 · 비공식적인 제도의 배열이라는 '게임의 규칙'에 따라 선택에 만만치 않은 제약을 받는다. 다극 공존형 민주주의 이론은 오스트리아와 네덜란드, 스웨덴의 특수성을 지나치게 강조했다. 모든 야당은 정부와 차별화를 시도해야 하지만, 일정한 한계를 벗어나선 안 된다. 지나치게 선명한 태도나 무모하거나 검증되지 않은 정치 실험은 피해야 한다. 그렇다고 지나치게 비슷해 보여도 정치적 변화를 외치는 설득력이 떨어진다. 이처럼 정교하게 정치적 양다리를 걸쳐야 하는 상황에서 현대화에 관한 구호는 비장의 무기로 판명됐다. 이제 변화의 이유는 이데올로기에서 찾을 수 없었다. 상황과 시대의 변화, 새로운 환경이 변화를 요구했다.

'현대성modernity'이라는 지난날의 범주는 20세기 후반이 되면 점점 더 호감이 가는 의미로 다가왔다. 계급투쟁과 공동소유에 관한 전통적인 개념은 차츰 버림받은 반면, 현대성은 좌파의 지배적 담론으로 떠올랐다. 1960년대에는 좌파가 현대성이라는 개념을 독점한 것처럼 보였고, 우파는 급한 대로 '계몽 전통주의'라는 개념으로 버텨야 했다. 20세기의 또 다른 핵심 정치 개념인 민주주의는 보편적으로 받아들여졌지만, 현대성은 아직 보편적으로 받아들여지지 않았다. 보수주의자와 기독교 민주주의자들은 자신들이 현대성이라는 개념을 마음대로 사용해도 탈이 없을지 아직 확신이 서지 않았고, '사회주의자'들이 주장하는 '현대'의 타당성에 (그때까지는) 의문을 제기하지도 않았다. 그러나 좌파와 우파는 적어도 선거 때는 민주주의에 자신이 더 헌신적이라고 주장하면서 맹렬하게 싸웠다. 이렇게 유치한 싸움을 되풀이한 이유는 정치에서 좌파와 우파가 상징하는 의미 때문이었다. 즉 사회주의자들은 종종 은밀한 공산주의자라는 비난을 받았고, 보수주의자와 기독교 민주주의자들은 종교적 파시즘이나 전제주의 정권을 열망한다는 의심을 샀다. 따라서 이런 싸움은 자신들이 민주주의에 헌신한다는 인상을 줬다. 민주주의에 대한 맹세는 한때 위험한 극단주의자와 급진주의자들의 전매품이었으나, 이제는 모든 사람이 칭송하는 덕목이 되었다.

보수주의자들은 자신들의 이미지를 구축하는 동시에 전통적인 가치가 승리해야 한다고 믿었다. 일부 사회주의자들, 특히 노조원들은 강력한 계급적 관점이 없는 현대성에 의심의 눈길을 던졌다. 과학기술의 진보가 내 일자리를 위협하지는 않을까? 현대적인 생산기술과 노사 관계가 나를 기계 부속품으로 전락시키지는 않을까? 1950년대 말에 수정주의의 임무는 노동자들의 이런 두려움을 지지하는 것이었다. 수정주의자들은 현대성이라는 개념 속에 '새롭게' 형태만 바꾼 경영 자본주의가 자리 잡을 수 있다고 경고했다.

수정주의자들이 보기에 현대 자본주의는 역동적이고 배려심이 많다. 과거에는 지나치게 온정주의적인 자본가 몇몇을 빼면 대다수 최상류층 자본가는 노동자에게 눈곱만큼도 관심이 없었다. 이제 그런 자본가들은 사실상 사라졌다. 사업을 책임진 역동적인 경영자들은 노조와 기꺼이 협의했고, 공동출자 형식으로 일자리와 기회에 투자했다. 노조원들은 대차대조표를 분석하는 것이 마르크스의『자본론』을 해독하는 것보다 중요한 일이라는 사실을 이해했다. 『자본론』은 결코 노조원들의 베스트셀러가 될 수 없었다. 특히 계급의식이 두드러지는 나라에서 글을 쓰는 영국의 수정주의자들은 '시대에 뒤떨어진' 노동계급의 이미지를 공격하는 데 앞장섰다.

이처럼 1960년대에 우파와 좌파를 가르는 경계는 자본주의와 사회주의라는 낡은 구분을 훌쩍 뛰어넘는 분위기였다. 두 진영이 논쟁을 벌이는 주제는 자본주의를 폐지할까 말까에서 자본주의 사회를 어떻게 조직하고 체계화할까로 차츰 바뀌었다. 사회주의자들은 자신들의 전통을 활용했다. 즉 경제의 합리적 발전을 지지했고, 계획의 미덕과 공공의 이익을 위한 집산주의적 관심, 과학과 진보에 대한 열정, 인간 사회가 완벽해질 수 있다는 가정을 강조했다. 물론 이중 어느 것도 사회주의자들만의 세습 자산은 아니었다. 이제는 보수주의자들의 재산이 되었지만, 사회주의자들도 자본주의를 규제하기 위해 국가와 국익에 관한 전통적인 가치관을 이용할 수 있었다.

이 모든 상황은 이데올로기의 시대가 저물었다는 사실을 다시 한번 확인하게 했다. 좌파가 현대성이라는 개념을 어느 정도까지 사용할 수 있느냐는 우파가 어떤 정책을 펴느냐에 달려 있었다. 우파의 이미지가 전통주의에 강력하게 물든 덕분에 좌파는 자신들을 현대적 이미지로 포장하기가 한결 수월했다. 영국에서 1960년대 중반에 해럴드 윌슨의 노동당이 보수당에 도전장을 내민 것도 보수당의 전통적인 이미지가 지나치게 강했기 때문이다. 보수당 당수인 앨릭 더글러스 홈Alec Douglas Home은 14대 백작이었다. 그러나 노동당이 받아들인 윌슨주의는 일종의 '기술 관료적 수정주의'로, 좀더 성공한 드골주의와 닮은 구석이 있었다. 드골주의자들은 프랑스 좌파보다 먼저 현대성이라는 개념을 차지했다. 드골은 전통의 중요성과 프랑스의 위엄을 치켜세우면서 현대성이라는 개념을 효과적으로 활용했다. 새로운 정치사상이 없는 사회주의자와 공산주의자들은 드골의 '개인적인 권력' 남용과 조직적 자본주의의 비민주적 성격에 반대했지만, 승산 없는 싸움이었다.

프랑스 좌파에겐 프랑스 경제의 호황도 불리하게 작용했다. 1958년 12월 프랑화가 17.5퍼센트 평가절하 되고, 1956~1964년 인플레이션을 겪으면서 발레리 지스카르 데스탱Valéry Giscard d'Estaing 대통령의 경제 안정 계획이 실시되기까지 프랑스 경제에 투자가 지속됐다.[32] 드골주의가 등장하기 전에 프랑스 계획가들은 세간의 이목을 피해 막후에서 일하기를 좋아했다. 프랑스의 계획을 가리켜 '공익을 위한 음모'라고 한 앤드루 숀필드Andrew Shonfield의 지적도 크게 틀린 말은 아니었다.[33] 드골이 통치하는 동안 계획은 지배층의 원칙이 되었다. 드골은 좌파가 종종 이해하지 못한 역할을 보란 듯이 받아들였다. 즉 드골은 단기적인 고려 사항(하찮은 정치인들이 하는 일)은 철저하게 외면하거나 심지어 경멸하는 대신, 국가의 '영구적인' 이익과 직결되는 일에는 위엄을 지키며 모든 관심을 쏟아부었다.[34] 이 점에서 드골은 "정치에서 일주일은 긴 시간이다"라고 변명한 해럴드 윌슨과 극명하게 대비된다.

프랑스와 영국에서는 현대성이라는 개념이 결코 '자본주의적' 교리가 아니었다. 두 나라의 기업가들은 여러 해에 걸쳐 심각할 정도로 무능력하고 선견지명도 없으면서 현대화까지 꺼린다는 점을 분명히 드러냈다. 프랑스와 영국이라는 제국이 제공한 행운의 시장이 사라지자, 두 나라 기업가들은 미국과 일본, 독일과 경쟁하기 버거웠을 것이다. 통찰력 없는 그들에게 경제를 맡겼다면 영국과 프랑스는 저개발국의 늪에서 허우적댔을지도 모른다.[35] 영국의 상황은 분명히 그랬다. 하지만 프랑스에는 드골이 있었다. 그는 계획적이고 기술 관료적인 전통을 이용해 기업가들에게 국가의 간섭을 받아들이라고 몰아붙였다. 기업가들은 자기들이 왜 국가의 간섭을 받아야 하는지 이해하지 못했지만, 국가의 간섭이 필요했다. 그렇다고 좌파와 손잡을 수도 없는 기업가들은 울며 겨자 먹기로 드골의 제안을 받아들였다. 우파 쪽에는 드골을 상대할 적수가 없었다. 기업가들은 정치적으로 자신들을 대변해줄 세력이 없는 외톨이 신세가 되었다. 어떻게 보면 그들에겐 행운이었다. 계획 자본주의는 기업가들이 예부터 선호한 자유방임 경제보다 오히려 그들에게 유리했기 때문이다. 드골의 지원군은 다른 곳에도 있었다. 국립행정학교 같은 일류 기관에서 잘 훈련받은 프랑스 공무원들이 복잡한 경제 개입 업무를 책임지고 있었기 때문이다. 노조가 약해서 1968년 5월까지는 생산성을 초과하는 임금 인상도 없었다.

영국의 자본주의는 이런 이점을 누리지 못했다. 영국의 '경영 자본주의'는 마음 놓고 보수주의자들을 의지할 수 없었다. 이제 막 노선을 바꾼 보수당은 줄곧 망설이다가 맥밀런이 국민경제개발심의회National Economic Development Council를 발족한 1962년에야 경영 자본주의 원칙을 공개적으로 받아들였다. 국민경제개발심의회는 프랑스의 국가계획위원회Commissariat du Plan에 해당하는 영국의 정책 기구였다. 노동당은 경영 자본주의가 됐건, 다른 자본주의가 됐건 자본주의라면 반대하는 게 당연했다. 노동당은 1964년 이후 자본주의에 반대하는 과정에서 보수당(과 언론)의 지원을 등에 업은 고용주들의 반대에 부딪히기도 했다. 영국에는 전문 기술을 갖춘 공무원도 부족했다. 고위 공무원들은 현장에서 자본주의를 운영하는 민간 경영자들보다 똑똑했지만, 일반 교육을 받았기 때문에 계획 자본주의라는 과제를 수행할 준비가 되지 않았다. 그러나 이런 문제는 빙산의 일각에 불과했다. 사실상 경제를 책임지는 재무부가 생산에 관심이 없다는 점이 더 심각했다. 재무부는 디플레이션 정책을 펴서라도 파운드화와 국제수지를 유지해야 했다.[36] 재무부가 산업을 대하는 태도는 근대 이전 의사들의 태도와 똑같았다. 아프면 피 흘리라는 것이었다.

해럴드 윌슨의 업적은 그가 1964년 총선을 준비하는 과정에서 그동안 모든 사람들이 인식하던 문제를 분명하게 말로 표현했다는 것이다. 윌슨은 영국의 생산능력을 전면적으로 현대화해야 한다는 사실을 공개적으로 인정했다. 과거에 개량주의적인 사회주의자들은 좌파 정부가 재정적으로 감당할 수 있는 능력 안에서 자본주의가 성장·발전해 흑자를 낼 수 있으며, 그 흑자를 사회복지비로 지출할 수 있다고 주장했다. 이제 그런 주장을 믿는 사람은 아무도 없었다. 자본주의를, 아니 적어도 영국 산업을 경영자들에게 맡겨

둔다면 그토록 오랫동안 빠져 있던 늪에서 결코 빠져나올 수 없다는 게 확실해졌다. 대형 금융 부문은 국제시장의 수요가 있으니 살아남겠지만, 거의 20세기 내내 내리막길을 걷는 제조업에는 도움의 손길이 절실했다. 여태껏 자본주의의 골칫거리였던 영국의 사회주의자들이 일약 한 줄기 구원의 빛으로 떠올랐다. 그들은 프랑스의 계획 전통을 본보기 삼아 위에서 아래로 영국 산업의 새로운 활력을 불어넣고자 했고, 이를 위해 기술부Ministry of Technology와 경제성Department of Economic Affairs을 신설했다. 기술부는 이른바 과학혁명을 담당했다. 과학혁명의 '뜨거운 열기'는 노동당이 직면한 새로운 도전이 무엇인지 보여줬다. 경제성은 국가 계획을 통해 20세기 후반 영국의 제조업을 이끄는 책임을 맡았다. 그러나 기술부와 경제성 모두 이렇다 할 성과를 거두지 못했다.[37]

그럼에도 영국 좌파와 비교할 때 프랑스 좌파에겐 두 가지 불리한 조건이 있었다. 프랑스 좌파는 분열되었고, 자본주의 재설계 계획을 받아들일 수 없었다. 자본주의 재설계는 드골주의자들이 철저하게 주도했고, 공산주의자들은 이데올로기적으로 자본주의를 받아들일 수 없었기 때문이다.

1960년대 초반부터 거의 20년 동안 프랑스 좌파는 통합 문제에 매달렸다. 분열된 동안 공산주의자와 사회주의자는 얻는 것도 없이 반목만 일삼는다는 비난을 받았기 때문이다. 1960년대가 되자 공산주의자와 사회주의자는 불타오르는 경쟁심과 적대감을 버리고 협력하지 않으면 아무것도 바꿀 수 없다는 사실을 인정했다. 물론 프랑스 공산주의자들은 융통성과 담을 쌓은 사람들이지만, 좌파 진영에서 통합을 위해 최선을 다한 쪽은 서로 옥신각신하는 사회주의자들보다 프랑스 공산당 쪽이었다. 인터내셔널 프랑스지부는 사양길에 접어든 정당 같았다. 당원은 10만 명에도 못 미쳤는데, 그마저 자체적으로 부풀려 잡은 수치였다. 게다가 간부가 지나치게 많고, 프랑스 공산당만큼이나 비민주적으로 당을 운영했다. 평소 활동하는 걸 보면 급진주의 냄새가 전혀 나지 않는 중도파 정당인데, 연설이나 선언을 보면 등골이 오싹할 정도로 사회주의적인 정당이었다. 그 간극이 매우 컸다. 1962년에 선출된 인터내셔널 프랑스지부 소속 국회의원들은 자신들의 당을 '본질적으로 혁명적인 계급투쟁 정당'이라고 규정했다.[38]

좌파 통합을 위한 실질적인 진전이 시작된 건 좌파를 그토록 비통하게 분열시킨 알제리 전쟁이 끝난 뒤였다. 전쟁이 끝나고 공산당과 인터내셔널 프랑스지부는 드골주의가 공동의 적이라는 사실을 깨달았다. 좌파 통합의 첫 단추는 1962년 3월 드골과 알제리 민족주의 세력이 에비앙협정Evian Agreement을 맺고 사실상 전쟁을 끝냈을 때 채워졌다. 좌파 통합의 두 번째 단추는 인터내셔널 프랑스지부 기 몰레가 끼웠다. 선거에서 공산당과 손잡지 않으면 패배는 기정사실이라는 점을 인정한 것이다. 1962년 한 라디오 방송에서 몰레가 드골에 반대한다고 말하자, 『카이에 드 코뮤니즘』은 흔쾌히 그가 한 말을 다시 실었다.[39] 프랑스 공산당은 몰레에 대한 화답으로 1962년 총선에서 드골에 반대하는 후보를 1위로 밀어달라고 공산당 지지자들에게 호소했다.[40] 덕분에 공산당은 1962년 선거에서 이겼다. 무엇보다 기분 좋은 일은 진보적인 가톨릭 신부이자 레지스탕스 영웅 펠릭스 키르Félix Kir가 선거에서 승리해 디종Dijon 시장에 취임한 것이었다. 부르고뉴Bourgogne 지방의 백포도주와 캐시스를 섞은 유명한 칵테일 키르는 디종 시장 펠릭스 키르에서 이름을 땄다.

전체적인 결과를 놓고 볼 때 인터내셔널 프랑스지부와 공산당의 약진이 눈에 띈 것은 1962년 선거였다. 의석만 놓고 보면 인터내셔널 프랑스지부가 공산당보다 월등히 많았다. 공산당은 득표율 21.8퍼센트로 41석을 차지한 반면, 인터내셔널 프랑스지부와 그들의 동맹(급진주의자들과 좌파 '동호회')은 득표율 20.3퍼센트로 108석을 쓸어 담았다. 그러나 공산당은 크게 신경 쓰지 않았다. 2~3주 뒤인 1962년 12월 13~14일 열린 중앙위원회 모임에서 공산당은 모든 '공화주의 세력'(반反드골주의자를 지칭하는 말)에게 공동의 과제와 강령을 달성하기 위해 함께 일하자고 촉구했다. 심지어 전에 없이 부드러운 어조로 공산당과 인터내셔널 프랑스지부에는 여전히 차이가 존재하고, 특히 EEC와 NATO 문제에 의견 차이가 큰 것이 사실이지만, 두 문제가 양당의 공동전선에 장애물이 되어서는 안 된다고 덧붙였다.⁴¹ 프랑스 공산당은 1964년 17차 당대회에서 공산당과 인터내셔널 프랑스지부의 공동전선을 승인했고, 이후 놀라운 결속력을 발휘하면서 인터내셔널 프랑스지부와 통합을 추진했다. 드골은 물리쳐야 할 적이며, 드골에 맞서기 위해서는 폭넓은 연합 전선이 필요하다고 판단했기 때문이다. 1950년대 후반부터는 토레즈가 그토록 애지중지하던 궁핍화 이론(10장 참조)이 언제 그랬냐는 듯 쏙 들어갔다. 프랑스 공산당은 실천에 방해가 될 때는 이론에 무관심해지는 경향이 있었다. 토레즈는 소련 공산당이 1962년 강령에서 궁핍화에 대한 공식 입장을 완전히 철회하지 않고 수정한 데서 용기를 얻은 것 같다. 국가적인 위기 상황에서 생활수준은 열악해질 수 있지만, 궁핍화 이론은 프랑스 공산당에게 자본주의 사회를 움직이는 일반적인 법칙이 아니었다.[42] 이데올로기적이고 정치적인 양보가 봇물 터지듯 쏟아졌다. '교조주의'(스탈린주의)가 비판의 도마에 올라 사회주의 체제에서 공산당의 권력 독점을 지지한 스탈린의 또 다른 '과오'에 비판이 쏟아졌다.[43]

1962년 6월 14일 공산주의 철학자 대회가 소집됐다. 대회 주제는 '공산주의 철학자들의 임무와 스탈린의 철학적 과오'였다. 토레즈는 개회사에서 스탈린이 헤겔을 제대로 이해하지 못했다는 점을 강조했다. 스탈린은 많은 범죄행위를 저질러 비난받지만, 헤겔을 이해하지 못했다는 이유로 비난받는 일은 드물었다.[44] 그래서 토레즈의 이 개회사는 더욱 의미 있었다. 뒤이어 일어난 사건들은 프랑스 공산당 안에서 변화의 바람이 불고 있다는 조짐을 확인하게 했다. 주류 공산주의 철학자 뤼시앙 세브Lucien Sève는 「마르크스주의와 인격 이론Marxisme et la Théorie de la personnalité」이라는 복잡한 논문에서 (당시까지만 해도 타락한 프티부르주아를 지지하는 퇴폐적 인물로 여겨지던) 프로이트Sigmund Freud를 진지하게 다뤘다. 놀랍게도 세브의 논문은 당의 공식 승인을 받았고, 공산당 출판사 에디시옹 소시알르는 1969년 세브의 논문을 출판했다. 1966년 3월 파리 근교 아르장퇴유Argenteuil에서 열린 중앙 이데올로기 위원회는 백화제방 정책(1957년 마오쩌둥이 시행한 정책으로 체제 비판을 허용했다)의 원칙을 받아들였다. 마침내 프랑스 공산주의 안에서 좀더 자유주의적인 원칙이 승리하는 것처럼 보였다.

두 달 뒤인 1966년 5월 파리 남부 스와지르롸Choisy-le-Roi에서 열린 공산당 경제학자 모임에서는 '국가독점자본주의론stamocap'을 내놓았다. 그들은 주요 대기업 몇 개를 골라 타도해야 할 적으로 규정했다. 사실상 주요 대기업을 제외한 모든 사회집단과 동맹을 맺으려는 노력을 정당화하기 위한 것이었다. 국가독점자본주의론은 새로운 사상을 전부 선점당한 공산당으로서는 하나의 진전이었다. 국가독점자본주의론을 주창한 폴 보카라Paul Boccara는 레닌에서 기원을 찾기도 하고, 때로는 에브게니 바르가Evgenij Varga까지 거슬러 올라가기도 했다. 헝가리 마자르Magyar족 출신 소련 경제학자 바르가는 1930년대 초반에 스탈린과 충돌한 적이 있었다. 국가독점자본주의론 원고 초안에는 "케인스의 분석은 본질적으로 마르크스의 분석과 크게 다르지 않다"는 표현도 있었다.[45] 보카라는 국가가 자본주의에 종속된다는 점을 강조하기보다 국가와 자본주의의 연결고리를 강조했고, 당시 프랑스 공산당 안에 팽배하던 자본주의의 위기는 불가피하다는 이론을 맹렬히 비난했다. 또 새로운 자본주의는 전반적으로 국가가 개입하고, 과학기술이 발전하고, 세계화를 향해 나가는 점이 특징이라고 강조했다. 더 중요한 사실은 보카라가 (부르주아 국가는 분쇄돼야 한다는 레닌의 주장과 달리) 국가 '점령' 전략을 정당화하려 했다는 점이다. 이것은 좌파가 '독점적인 과두정치'가 쥐고 있는 정치적 지배권을 빼앗는다면 그때부터 국가를 이용해 경제민주화를 추진할 수 있다는 논리였다. 달리 말해 경제민주화를 통해 '민주적인 국가자본주의'를 위한 발판을 마련하면 '사회주의로 평화적 이행'이라는 새로운 '혁명 단계'에 도달한다는 주장이었다.[46]

국가독점자본주의론은 논리가 허술한데다, 프랑스와 소련 공산주의가 늘 그랬듯이 강령 스타일로 제시되었다는 점에서 분명히 비판받을 여지가 있다. 그럼에도 국가독점자본주의론은 프랑스 공산당 내부에서 신선한 공기 같은 역할을 했다. 국가독점자본주의론은 탐욕에 눈먼 정계와 재계 거물들의 사악한 음모가 아니라 체제가 적이라고 행동가들을 일깨웠고, 국가와 경제는 똑같은 것이 아니라고 설명했다.[47] 국가독점자본주의론은 경제학자들의 관심을 끌었다. 평소 공산당에 우호적이지 않던 주간지 『익스프레스L'Express』조차 사설을 통해 국가독점자본주의론에 은근히 찬사를 보냈다.[48] 그러나 프랑스 공산당 지도부는 결코 국가독점자본주의론을 강령으로 진지하게 고려하거나 제대로 활용하지 않았다는 점을 분명히 짚고 넘어가야 한다. 1970년대가 되면 국가독점자본주의는 거의 논의되지 않고, '공동강령의 반독점 정책을 뒷받침하는 이론적 보증' 역할을 하는 데 그쳤다.[49]

하지만 1966년에 프랑스 공산당은 1930년대 프랑스 인민전선이 쓴 각본을 살짝 고쳐서 재탕하는 데 성공한 듯 보였다. 1930년대에 프랑스 인민전선의 적은 국가를 소유했다고 의심받는 악명 높은 '200가구'였다. 1966년 프랑스 공산당의 적은 드골과 국가독점자본주의였다. 그러나 1966년이 1930년대와 분명하게 다른 점이 두 가지 있었다. 첫째, 1930년대 인민전선은 소련의 외교정책을 반영했다. 당시 소련의 목적은 프랑스가 기꺼이 히틀러에 저항할 수 있도록 프랑스와 우호적인 관계를 유지하는 것이었다. 그러나 1960년대 드골은 미국의 입김에서 벗어나 독자적인 외교정책을 추진했다. 이 같은 프랑스의 외교정책은 소련의 입맛에 딱 맞았고, 어떤 좌편향 정부도 소련을 위해 드골보다 훌륭한 결과를 내놓을 수는 없었다. 결국 프랑스는 NATO의 군사 체계에서 발을 뺀 유일한 나라가 되었다. 오죽하면 1965년 소련 언론이 좌파의 연합 후보인 프랑수아 미테랑보다 드골의 재선을 환영한다는 의견을 공개적으로 표명했을까. 프랑스 공산당의 신임 서기장 발데크 로셰Waldeck Rochet는 펄펄 뛰면서 「프라우다」에 항의 서한을 보냈다. 로셰의 편지는 「프라우다」에 실렸지만 검열을 거친 뒤였다. 미테랑은 1921년 이후 처음으로 프랑스 공산당과 소련 사이에 진지한 논쟁을 불러일으킨 공로 덕분에 자신이 대통령 후보가 될 수 있었다며 회심의 미소를 지었다.[50] 이처럼 1960년대에 프랑스 공산당이 좌파 통합을 모색한 것은 어디까지나 프랑스 국내 상황이 그럴 수밖에 없었기 때문이다.

1960년대 프랑스 공산당은 1930년대 인민전선과 달리 사회주의자가 주도하는 정부를 지지하는 데 그치지 않고 기꺼이 연정에 참여할 의사가 있었다는 것이 둘째로 다른 점이다.[51] 사회주의자와 통합의 길을 모색하기로 결정한 이상 프랑스 공산당은 머뭇거리지 않았다. 마침내 1970년대 초 사회당과 그토록 염원하던 공동강령 초안을 작성했다.

프랑스에서 좌파 통합에 가장 큰 걸림돌이 된 것은 비공산주의 세력이었다. 낡은 '제3세력' 인터내셔널 프랑스지부는 프랑스 공산당이 변한 뒤에도 이른바 '정치적 중도파'를 사회주의라는 기치 아래 결집하려는 야망을 되살렸다. 인터내셔널 프랑스지부의 희망은 갈수록 신화적이고 진보적이 되어가는 드골주의의 '막강한 힘'과 급진적 가톨릭주의의 잔재, 프랑스 정치계의 특징이기도 한 넘쳐나는 좌편향 정치 동호회와 현대화 이론가들, 프랑스 급진정당의 구습, 그랜드 오리엔트 종단의 프리메이슨Freemason 단원들, '진보적'이지만 비능률적이며 얽히고설킨 다양한 부류의 지식인들, 뉴스 주간지 『익스프레스』까지 이 모든 것을 하나로 통합하는 것이었다.[52] 서커스단이나 다름없는 이 기상천외한 결합은 인터내셔널 프랑스 지부와 몰레에게 가스통 데페르Gaston Defferre를 대통령 후보로 받아들이라고 강요할 수 없었다. 몰레는 애초에 자신이 대통령 후보에 포함되지 않았다는 데 분을 참지 못했다.[53]

데페르가 대통령 후보로 선출되지 못한 것은 프랑스 정당들이 드골주의자들의 생각과 달리 소멸 직전의 상태에 놓이지 않았다는 증거다. 데페르주의를 떠받치는 기본적인 전제는 현대화가 '정치의 미국화'를 불러온다는 것이었다. '정치의 미국화'란 한마디로 이데올로기를 중시하는 정당이 약화된다는 뜻이었다(프랑스에는 케네디 John Fitzgerald Kennedy 신화가 널려 퍼져 있었다). 이데올로기의 종말이 마침내 현실이 된다면 무엇이 정당을 하나로 결속할까? 정치적 쟁점 구입 목록, 고객들과 촘촘한 관계, 강력한 카리스마가 있는 개인을 빼면 정당을 결속할 요소는 없다. 1960년대에 '반反정당'이라는 주제를 놓고 좌우 진영에서 열띤 논쟁이 벌어졌다. 드골은 정당 정치보다 '국익'이 우선이라는 관점에서 '반정당'에 가까운 태도를 취했다. 드골 추종자와 데페르 추종자 모두 앞으로 벌어질 일을 절반만 예측했다. 그들이 예상한 대로 정당은 이제 정치를 독점할 수 없었고, 정당을 벗어난 정치적 동원이 서유럽 사회의 일반적인 특징이 되었다. 하지만 그들이 예상하지 못한 것이 있었다. 정당 자체가 소멸되지는 않았다는 점이다. 정당은 현대에도 살아남아 발전했다. 달라진 점은 정당이 생존하려면 비정당 조직을 활용하고, 그들과 협력하고, 조종하고, 협상해야 한다는 것이었다. 드골은 1969년에 물러나기까지 프랑스의 정치적 얼굴을 바꿔놓았지만, 드골주의를 무덤까지 가지고 가면서 견고한 정당 구조는 남겨두고 떠났다.

당시는 드골주의자와 데페르주의자가 정당이 사라질 것이라고 잘못 판단할 수 있는 상황이었다. 그만큼 1960년대 중반에는 프랑스의 정치 정당에 파멸의 기운이 감돌았다. 우파는 드골에 동조하는 패거리 수준에 불과했다. 그 속에는 맹목적인 추종자부터 신뢰할 수 없는 기회주의자까지 다양했다. 그들에게 독자적인 사상 같은 건 눈곱만큼도 찾아볼 수 없었고, 그저 드골이 뿌려놓은 표를 거둬들이는 데 만족했다. 좌파 진영에는 늘 그렇듯 비타협적인 공산당과 우유부단한 인터내셔널 프랑스지부, 소규모 좌파 정당들과 여섯 개 노선으로 분열된 통합사회당이 있었고, '클럽'도 우후죽순처럼 늘었다. 데페르를 지지하는 장 물랭 클럽과 시민Citoyen60, 리옹에 있는 토크빌 클럽Cercle Tocqueville, 마르세유Marseille의 새 민주주의Démocratie Nouvelle가 그런 클럽들이다.[54] 굳이 이들 클럽의 공통점을 찾는다면 정당정치에 반대하고 권력 분산에 찬성했다는 정도다. 이런 클럽들의 정치 참여와 지방분권은 1968년 5월에 벌어진 일련의 사건과 1970년대의 사회당 재건에 영감을 불어넣은 두 가지 핵심 사상이었다.

한편 클럽들은 데페르가 패배한 덕분에 미테랑이 1965년 대선에서 좌파의 유일한 후보가 될 수 있는 발판을 마련했다는 점을 인정해야 했다. 미테랑이 클럽 정신을 대변하는 인물이었다. 미테랑에 탄력을 받은 비공산주의 계열 좌파는 프랑스 민주주의 좌파와 사회주의 연합FGDS을 결성하고 재건을 꾀하기 시작했다. 프랑스 민주주의 좌파와 사회주의 연합은 선거를 목표로 인터내셔널 프랑스지부와 급진 좌파, 클럽들이 연합한 조직이었다. '제3세력'인 프랑스 인민공화운동당은 배제됐다. 프랑스 민주주의 좌파와 사회주의 연합은 인터내셔널 프랑스지부의 마르크스주의적 수사학과 반교회주의를 멀리했다. 사회주의 사회 수립을 촉구하거나 새로운 국유화를 약속하지도 않았다. 대신 성장과 평등을 강조했다.[55] 이 모든 것이 50페이지에 이르는 강령에 요약되었다. 하지만 실질적인 도움이 되지 않자 강령은 조용히 폐기 처분됐다. 프랑스 민주주의 좌파와 사회주의 연합에 정말로 필요한 것은 공산주의자들에게 휘둘리지 않고, 공동강령을 받아들이지 않으면서 공산주의자들의 지지를 끌어내는 일이었다.

1965년 대선에서 미테랑이 보여준 선전은 실용적인 접근의 정당성을 입증했다. 미테랑이 결선투표까지 끌고 가는 저력을 발휘하자, 드골은 일반 정치인과 똑같은 방식으로 선거 유세를 펼쳐야 하는 상황에 몰렸다. 그것은 장군 출신 드골이 혐오하는 방식이었다. 결선투표에서 미테랑이 얻은 득표율 45퍼센트는 미테랑은 물론이고 프랑스 공산당과 손잡아야 비공산주의 좌파를 결집할 수 있다고 주장하던 사람들에게 승리나 다름없는 결과였다. 공산당을 빼놓고는 프랑스 좌파의 재편을 이야기할 수 없었다. 좌파 유권자 절반 이상이 프랑스 공산당에 표를 던졌다는 점을 생각하면 당연한 얘기인지 모른다. 하지만 때때로 정치인들은 당연한 결론에 도달하기까지 오랜 시간이 걸린다.

1966년 프랑스 민주주의 좌파와 사회주의 연합과 프랑스 공산당은 1967년 선거에 대비해 선거 협정을 맺고, 늦게나마 공동성명서의 내용을 논의하기 시작했다. 좌파 통합으로 가는 길은 우여곡절과 고통의 길이었다. 1969년 드골이 전격 사임함에 따라 낡은

'제3세력'은 마지막 기회를 잡았다. 사회당은 1969년 대선에서 신임받는 가스통 데페르를 독자 후보로 추대하면서 공산당에 지지를 호소하지 않았다. 데페르는 5.1퍼센트라는 수치스러운 득표율로 1차 투표에서 탈락했다. 보수당 후보 알랭 포에르Alain Poher와 조르주 퐁피두Georges Pompidou에 크게 뒤지는 결과였으며, 21.5퍼센트라는 훌륭한 성과를 거둔 공산당 후보 자크 뒤클로보다 한참 못 미치는 결과였다. 뒤클로는 완고한 스탈린주의자였지만 인기가 많았다.

인터내셔널 프랑스지부의 낡은 '제3세력'이 완패한 것은 장기적으로 볼 때 프랑스 사회주의에는 축복이었다. 데페르주의가 최종적으로 제거되어 사회주의 세력은 자신들을 철저하게 점검하고, 공산당과 협력의 틀을 짤 수 있었다. 전통적 좌파는 '클럽들'보다 회복력이 뛰어났다.

프랑스 사회주의자들은 신뢰 받는 집권 세력이 되기 위해 전체 좌파와 하나가 되어야 한다는 사실을 받아들였다. 이탈리아에서도 좌파가 분열되었지만, 상황은 프랑스와 달랐다. 이탈리아 사회당은 1962~1963년에 여당인 기독민주당이 이끄는 정부에 참여했다. 프랑스에서 인터내셔널 프랑스지부가 드골 지지를 철회한 바로 그 시점이었다. 과거와 비교할 때 두 나라의 상황이 바뀐 것 같았다. 1950년대에는 이탈리아 공산당과 사회당이 중도파 정부에 반대했고, 프랑스 공산당은 전반적으로 고립되었기 때문이다.

기독민주당과 사회주의자, 사회민주주의자, 공화주의자들이 연합한 이탈리아의 새로운 중도좌파 정부가 국정 과제로 삼은 것은 두 가지였다. 하나는 이탈리아 사회구조를 개혁하는 것이었고, 다른 하나는 이탈리아 공산당을 고립시키는 것이었다. 공산당 서기장 톨리아티의 대응 전략은 비협조적인 야당이 되지 않는 것이었다. 톨리아티는 공산당을 포함해 단일 정당으로는 이탈리아 사회의 위기를 해결하기 어렵다고 봤다.[56] 비례대표제에서 이탈리아 공산당이 정부에 들어갈 수 있는 유일한 방법은 한 개 이상의 집권당과 동맹을 맺는 길뿐이었다. 따라서 집권당에 반대하더라도 지나친 공세는 자제하는 게 좋았다. 한편으로는 국가를 개혁하려는 집권당의 의도를 인정하면서 공산당과 공산당 추종자들 없이는 진정한 개혁이 불가능하다는 사실을 강조하기 위한 전략이었다. 이탈리아 공산당은 이 절묘한 줄타기를 위해 고도의 기술을 발휘해야 했다. '체제'의 주요 적대자라는 급진적 이미지를 유지하면서 '충실한 야당'이 갖춰야 할 모든 자질과 특징을 보여줘야 했다. 그들은 '투쟁의 정당과 정부의 정당'이 되어야 한다는 목표를 자주 되새겼다.

국제적으로 냉전이 해빙기를 맞고 있다는 점은 톨리아티에게 유리했다. 요한 23세가 교황의 임기를 개혁하고, 그에 따라 로마 가톨릭교회가 새로운 입장을 채택한 것도 톨리아티에게 호재였다. 요한 23세의 전임 교황 비오Pius 12세는 1950년 주교들에게 보낸 회칙 「인류Humani Generis」에서 실존주의와 '잘못된' 과학적 강령을 포함해 현대 이데올로기를 비난했다. 이와 반대로 요한 23세는 새로운 사상에 훨씬 더 개방적이었다. 그는 1961년 「어머니요 스승Mater et Magistra」이라는 회칙에서 새로운 자본주의를 비판하는 개혁적인 가톨릭 경제학자들의 견해를 일부 수용했다. 1963년에 발표한 회칙 「지상의 평화Pacem in Terris」에서는 비록 잘못된 이데올로기적 전제에 토대를 둔 운동이라도 긍정적이고 정의로운 인간의 열망을 대변하는 경우가 있으므로, 가톨릭교도는 '잘못된 철학적 신조'의 영향을 받은 자들과도 협력할 수 있다고 개인적인 견해를 밝혔다.[57] 톨리아티는 같은 방식으로 요한 23세에 화답했다. (요한 23세가 태어난) 베르가모Bergamo에서 종교는 영적으로 충만한 사회주의 사회가 발전하는 데 전혀 걸림돌이 될 수 없으며, 긍정적으로 기여할 수 있다고 연설한 것이다.[58]

이탈리아 공산당은 교회와 관계를 개선해가면서 기독민주당이나 이탈리아 사회당과 연합할 수 있는 가능성을 열어두기 위해 우파만 공격했다. 그러나 좌파 성향의 새로운 사회주의 정당인 이탈리아 통일사회당이 결성되면서 상황이 복잡해졌다. 이탈리아 사회당이 연정에 참여해 여당인 기독민주당과 손잡기로 결정하자, 통일사회당은 이탈리아 사회당과 관계를 끊었다. 그 바람에 이탈리아 사회당과 우파 성향의 이탈리아 사회민주당이 더 가까워졌고, 양당 통합을 논의하기 시작했다. 게다가 1964년 8월 서유럽 공산주의의 마지막 거인 팔미로 톨리아티가 세상을 떠나면서 이탈리아 공산당은 가장 명석한 전략가를 잃었다. 일시적으로 당 대표를 맡은 루이지 롱고는 개방적이고 존경 받는 인물이지만, 전통적인 공산주의자의 틀에 갇혀 있었다. 그러나 당권을 놓고 경쟁한 조르지오 아멘돌라Giorgio Amendola나 피에트로 잉그라오는 롱고와 다른 사람들이었다.

아멘돌라와 잉그라오는 서유럽 공산주의가 처한 상황을 면밀히 검토했다. 아멘돌라는 당에서 발간하는 주간지 『리나시타Rinascita』에 도발적인 글 두 편을 실었다. 그는 서유럽 좌파의 부정적 성과를 대차대조표로 작성했다. 아멘돌라는 사회민주당이나 공산당 모두 이전 50년 동안 사회주의 사회를 만드는 데 실패했음을 강조하면서 애초에 두 진영을 갈라놓은 원인은 존재 가치가 없다고 선언했다. 달리 말해 노동계급을 위한 단일 정당을 복원해야 할 때가 왔다는 얘기였다. 아멘돌라의 제안에는 공산당은 이제 소멸되어야 하며, 기독민주당에 맞서 유권자 48퍼센트를 끌어안은 더 폭넓은 좌파에 병합되어야 한다는 뜻이 내포되었다.[59]

아멘돌라의 관점은 잉그라오의 관점보다 전통적인 유럽 사회민주주의에 가까웠다. 아멘돌라는 변화의 매개체로 사회운동보다 정치 정당을 신뢰했다. 이탈리아는 높은 생산성과 완전고용, 복지 개혁처럼 서유럽에서 더 발전한 나라가 걸은 길을 따라가야 한다는 게 아멘돌라의 생각이었다. 또 서유럽 어느 나라도 사회주의를 국가적 의제로 채택하지 않으니, 이탈리아에 독재 정권이 들어서지 못하도록 막는 것이 중요하다고 생각했다. 아멘돌라는 잉그라오 못지않은 반스탈린주의자였지만, 소련의 경험이 동유럽에는 도움이 되었다고 생각했기 때문에 스탈린주의를 잉그라오보다는 덜 혹독하게 비판했다. 아멘돌라도 스탈린주의를 서유럽에 적용할 수 없다는 것은 알고 있었다. 반면 잉그라오는 아멘돌라보다 급진적이었다. 그는 노동계급과 시민사회에서 떠오르는 사회 세력에 토대를 둔 새로운 역사적 연합의 발전을 지지했다. 잉그라오는 좌파가 승리하려면 단순히 자본주의를 개선하는 것으로는 부족하고, 자본주의의 대안과 전망을 제시해야 한다고 확신했다. 1964년 4월 잉그라오는 "우리와 연합하는 것은 체제에 반대하는 세력과 연합하는 것이다. 다른 정치 세력들은 이 사실을 잘 알고 있다"고 썼다.[60] 잉그라오는 좌파 성향 가톨릭교의 혁명적 잠재력을 아멘돌라보다 신뢰했다. 가톨릭 세계에서 벌어지는 정치투쟁이 기독민주당의 해체를 불러올 가능성에도 아멘돌라보다 큰 기대를 품었다.[61]

아멘돌라와 잉그라오는 방식이 달랐지만 생각은 같았다. 두 사람 모두 서유럽 공산주의가 막다른 골목에 다다랐으며, 환골탈태하지 않는 한 희망이 없다고 생각했다. 이탈리아 사회에는 공산당이 모든 혁명의 집결지가 되기를 희망하는 좌파 성향 과격파가 있었다. 잉그라오는 뒷날 이들 과격파에게 가장 중요한 기준점이 되었다. 향후 몇 년 동안 급진적인 학생들과 노조의 일반 조합원 행동가들, 사회주의적 여권운동가들, 자유주의자들, 생태학자들, 해방신학자들은 이탈리아 공산당에 기대하는 한 잉그라오와 그 지지자들을 투쟁의 동지로 여겼다. 잉그라오의 역할은 이탈리아의 전통 공산주의와 1960년대부터 이탈리아 사회에서 떠오르는 새로운 사회 세력의 관계를 유지시키는 것이었다. 그러나 잉그라오는 당내에서 벌어진 모든 싸움에서 졌다. 1966년 이탈리아 공산당 11차 대회는 아멘돌라의 승리를 인정했고, 당기관은 이탈리아 중부의 '복지 개혁파' 수중에 넘어갔다. 이들 '복지 개혁파'는 서유럽에서 유일하게 통치라는 어려운 일에 정기적으로 관여한 공산주의자들이었다. 아멘돌라는 잉그라오의 좌파와 대조적이었기 때문에 (강력한 엔지니어 노조를 제외하고) 노조 지도부는 대부분 '우파'의 자리를 굳게 지켰다. 노조 지도부가 '우파'의 자리를 지킨 것은 현명한 판단이었다. 사회주의자와 공산주의자는 이탈리아 기독민주당 정부에 참여하는 문제로 갈라섰지만, 이탈리아 노동총동맹까지 같은 이유로 해체되는 일은 없어야 했기 때문이다.

잉그라오는 반대했지만, 그를 지지하는 최측근들은 공산당 내에서 『선언Il Manifesto』이라는 반체제 잡지를 발간하기로 결정했다. 이 잡지에 영감을 불어넣은 것은 중국 문화혁명의 평등주의적 측면이 있다. 중앙위원회는 거의 만장일치로 잡지를 발간한 이들을 당에서 제명했고, 잉그라오도 제명안에 찬성표를 던졌다. 그러나 아멘돌라의 승리는 결코 완성된 것이 아니었다. 그는 여전히 하나의 경향을 이끄는 지도자에 머물러 있었다. 아멘돌라도 자신이 우두머리에게 필요한 기질이 없다는 사실을 알았다. 그는 허풍을 떠는 성격이 아니고 거물도 아니었다. 자유민주주의 성향 정부 각료이자 파시스트 정권에 반대하다가 희생된 사람을 아버지로 둔 아멘돌라는 권위주의적인 면 때문에 종종 사람들에게 불쾌감을 줬다. 이탈리아 공산당과 같이 조심성이 많은 정당은 항상 '열린 조직'처럼 행동했다. 중요한 소수파를 소외하기를 꺼렸고, 내부 결속이 자신들의 가장 강력한 자산이라는 점을 알았다. 톨리아티는 내부의 적을 완벽하게 짓밟으려 하지 않았다. 그는 조만간 상황이 달라지면 과거의 적이 쓸모 있는 협력자가 될 수 있다는 마키아벨리의 가르침을 깊이 새겼다.

이탈리아 공산당은 1960년대 내내 중도좌파 정부에 반대했다. 그들이 보기에 중도좌파 정부는 이탈리아를 현대화하고 개혁하겠다는 약속을 이행하지 않았다. 하지만 중앙정부와 정면충돌은 피하려고 애쓰면서 지방정부, 노조의 사회주의자들과 협력 관계를 유지했다. 의회의 주요 입법 활동을 막기 위해 투표의 힘을 행사하지 않았고, 공산당 의원총회에서 지도부가 입법 반대 지시를 내린 적도 없었다. 오히려 공산주의자들은 눈에는 덜 띄지만 대단히 중요한 위원회에서 법안이 원활하게 통과되도록 호의를 베풀었다. 이처럼 자본주의 세계에서 가장 막강한 공산당이 야당으로 있는 이탈리아조차 서유럽의 다른 국가들과 마찬가지로 수준 높은 합의의 정치를 보여줬다. 무엇보다 중요한 당의 결속을 위해 롱고의 뒤를 이어 1969년 엔리코 베를링구에르가 공산당 서기장 자리에 올랐다. 베를링구에르는 사르디니아Sardinia 출신으로 말수가 적고 뛰어난 전략가이며, 아멘돌라나 잉그라오와는 생각이 달랐다.

이탈리아 공산당의 행보에 영향을 미친 두 가지 요소는 모순되면서 상호 보완적인 특징이 있었다. 즉 이탈리아 공산당은 고유의 전통에 지속적으로 헌신하면서 현실의 불리한 환경에도 적응해야 했다. 그들보다 훨씬 완고한 프랑스 공산당도 이런 현실을 받아들이고 있었다. 이탈리아 공산당의 핵심 표어 가운데 하나가 괜히 '지속성 속의 변화'였겠는가.

비슷한 태도가 또 다른 야당에서도 고개를 들었다. 평소 같으면 이탈리아 공산당과는 거리가 한참 멀었을 영국 노동당 얘기다. 당헌 4조 문제에서 게이츠컬이 당한 패배는 수정주의가 성공할 수 있는 한계를 보여줬다. 그럼에도 수정주의자들에겐 영국의 현대화가 중기적 목표가 되어야 한다고 동지들을 설득할 여지가 있었다. 다만 노동당의 사회주의적인 최종 목표에 공개적으로 문제를 제기하지 않는다는 전제가 있었다. 1961년 블랙풀Blackpool 전당대회에서 노동당은 「1960년대를 위한 이정표Signposts for the Sixties」라는 주택정책 성명서를 '구두 투표로' 채택했다.[62] 최종 원고는 노동당 고위급 4인방(휴 게이츠컬, 해럴드 윌슨, 조지 브라운George Brown, 리처드 크로스먼)의 작품이었다. 이 성명서는 침울한 어조로 작성된 영국판 「바트 고데스베르크 강령」이나 다름없었고, 본질적인 측면에서 보면 현대 노동당의 핵심적인 수정주의 교과서였다.

노동당 주택정책위원회는 「1960년대를 위한 이정표」 초안에 실린 내용을 압축하는 과정에서 '사회주의 목표'를 언급한 부분을 모두 삭제했다. '사회주의'라는 단어는 전혀 등장하지 않았다. 사회의 궁극적인 민주화에 대한 모든 언급과 '지방정부의 민주주의' '산업 민주주의' '민주주의와 관료주의' '민주주의와 소수집단'이라는 제목이 붙은 문단은 삭제됐다. 자살과 동성애, 낙태, 매춘, 이혼, 음란, 검열, 일요 안식일 준수에 대한 법을 개정해야 한다는 제안, 교도소와 범죄자 처우를 개선해야 한다는 제안도 삭제되어 최종 성명서에는 빠졌다.[63]

비록 새로운 좌파와 *The Future of Socialism*을 쓴 크로스랜드 같은 수정주의자가 지지한 문화적·자유론적 사상이 제거되기는 했지만, 「1960년대를 위한 이정표」는 보수당이 초래한 것으로 알려진 부패와 불황의 늪에서 빠져나오기 위한 출구 전략으로 제시되었다. 노동당은 최초로 영국의 후진성을 유럽의 선진국과 비교했다. 게이츠컬은 블랙풀 전당대회에서 영국을 '유럽의 병자'라 불렀고, TV에 나와서는 제품을 생산해서 외국에 팔지 못하는 영국의 무능을 질타했다.[64] 영국은 경제적으로 퇴보하고 있었다. 세계 제조업 시장에서 영국이 차지하는 비중은 1950년 25.5퍼센트에서 1960년 16퍼센트로 낮아졌다.

「1960년대를 위한 이정표」를 통해 노동당은 현대성이라는 개념을 통째로, 그것도 매우 효과적으로 받아들일 수 있는 발판을 마련했다. 특히 1963년 1월 게이츠컬이 사망한 뒤 노동당 당수가 된 해럴드 윌슨에게 큰 도움이 됐다. 「1960년대를 위한 이정표」는 '우리는 과학혁명의 시대에 살고 있다'는 문장으로 시작해서 다음과 같이 이어진다.

이런 혁명적인 변화의 시대에 자유방임을 자유와 동일시하는 자들은
설령 그런 의도가 없었다 해도 민주주의에 적대 행위를 하는 셈이다.
우리 모두 바라는 자유의 확대를 위해 국가의 개입에 반대하는 것은
용납할 수 없다. 자유는 오직 국가의 자원을 지혜롭게 배분하고, 공동
체에 제공하는 서비스를 인도적으로 계획하는 것에 의해 확대될 수
있다.[65]

보다시피 성명서에서 제시된 몇 가지 주제는 서로 연결되었다.
즉 과학혁명을 위해서는 국가의 개입과 자원의 공정한 분배가 필
요했다. 성명서에 따르면 영국은 갑작스런 재앙에 직면할 가능성
보다 서서히 부패할 위험이 많았다. 보수당 정권은 공동체 서비스
를 말려 죽였다.[66] 그들은 운송 문제가 심각해지는데도 사실상 손
을 놓고 있었다.[67] 반면에 경제는 여전히 소수 이튼Eton College 동문
들이 좌지우지했다. 잉글랜드은행 임원 18명 가운데 6명, 정부 각
료 34명 가운데 11명, 5대 은행 임원 148명 가운데 44명이 이튼 출
신이었다.[68] 「1960년대를 위한 이정표」의 진단에 따르면 영국이 쇠
퇴하는 주원인은 정부가 자본주의 경제를 위한 전략 개발을 거부했
기 때문이다. 「1960년대를 위한 이정표」는 네 가지 처방을 제시했
다. 첫째, 경제 부흥을 위한 산업 정책을 마련하고 핵심 부문에 집
중 투자하기 위해 전국산업계획위원회를 설립해야 한다고 제안했
다.[69] 둘째, 연구와 개발을 후원하고 퇴보하는 산업의 현대화 작업
을 추진할 전국연구개발공단을 다시 활성화해 산업에서 과학을 장
려해야 한다고 제안했다.[70] 셋째, 민간 기업이 취업 훈련을 못 한다
면 국가가 수습 제도를 마련하라고 제안했다.[71] 넷째, 조세제도를

공정하게 고쳐 평등한 사회를 만들고 강력한 사회 안전망을 제공하기 위해 복지 서비스를 개선해야 한다고 제안했다.

사회주의자들은 이런 부활 전략을 통해 자신들의 목표가 자본주의 현대화라는 사실을 은연중에 인정했다. '현대화'는 노동당에 낙관적이고 미래지향적이며 대중적인 구호를 제공했다. 보수당의 귀족적인 이미지는 맥밀런의 뒤를 이은 앨릭 더글러스 홈에 의해 강화되었다. 토지를 소유한 귀족인 홈은 선거에서 골칫거리로 전락했다. 맥밀런은 1959년 선거에서 '이렇게 좋은 건 누려본 적이 없다 You never had it so good'는 구호를 내세우며 번영이라는 카드를 능수능란하게 써먹었지만, 1960년대 초반 덜 우호적인 환경에서는 사용할 수 없는 카드였다. 노동당 당수 해럴드 윌슨은 절호의 기회를 놓치지 않았다.

윌슨이 1964년 선거에 즈음해 연설한 내용을 대충 훑어보기만 해도 현대화에 대한 노동당의 수사학을 만끽할 수 있다.

오늘 저는 여러분께 새로운 영국에 대해, 우리 국민이 새로운 영국을 건설하는 기쁨을 느끼려면 무엇을 해야 하는지 말씀드리고 싶습니다. 전쟁이 끝난 뒤 세계는 유례없이 빠른 속도로 앞을 향해 돌진하고 있습니다. 그러나 영국은 뒤처지고 있습니다. 우리에겐 이 미래를 손이 닿는 곳으로 가져올 수 있는 의지나 계획이 없습니다. 제트기가 날아다니는 시대에 살지만, 우리를 지배하는 것은 에드워드Edward 7세 시대에 군림하던 지배 계층의 사고방식입니다. 보수당 지도부의 오싹한 서리가 영국인을 뒤덮고 있습니다. 보수적인 사회는 닫힌 사회입니다. 그 사회에서는 출생과 재산을 제일 먼저 따집니다. 지금은 우리 역사에서 가슴이 설레는 훌륭한 시대를 열기 위해 획기적 돌파구를 찾아야 할 때입니다. 우리는 영국의 젊은이들이 지식의 경계를 허물 어뜨리기 바랍니다. 이것이 1964년이 가질 수 있는 의미입니다. 변화 를 위한 기회, 더 나아가 부활을 위한 시간이 왔습니다. 보수당 지도 부가 보여주는 꿩 사냥터 수준의 인식을 일소해야 할 때입니다.[72]

이런 호소에 걸맞게 윌슨은 과학의 발전과 기술의 진보를 낙관했 고, 전문가의 통치가 우수하다는 것을 확신했으며, 교육과 훈련을 늘리는 것이 중요하다고 생각했다.

사회주의는 우리의 국민 생활에 목적의식을 적용하는 것을 의미합니 다. 목적은 전문 기술을 의미합니다. 제트기를 타고 대서양 상공을 난 다면 여러분은 조종사가 자신이 할 일을 아는지, 훈련은 제대로 받았 는지 확실하게 알고 싶을 것입니다.[73]

영국의 선거제도에서 야당은 정부의 이미지와 눈에 띄게 다른 이 미지를 내세워야 한다는 압박을 받는다. 게다가 중간층을 확실하게 포섭하기 위해서는 합리적이고 온건하다는 인상도 필수적이다. 노 동당의 전략은 분명했다. 현재 노동당과 보수당은 국가의 번영과 복지라는 비슷한 목적이 있지만, 현 정부는 그런 목적을 충족할 능 력이 없다는 사실을 강조하는 것이었다. 따라서 노동당은 보수당을 비난할 때 비록 자기들보다 진정성은 떨어지지만 보수당도 완전고 용과 복지국가에 헌신적이라는 사실을 감쪽같이 감출 수는 없었다. 마찬가지로 노동당도 보수당보다 덜 열광적이지만, 모든 계획에는 자본주의 경제 수호라는 전제가 깔려 있었다.

이처럼 영국도 다른 나라와 마찬가지로 무대 뒤에서는 대립을 일삼는 정치적 공방이 오갔으나, 무대 위에서는 일종의 합의의 정치가 존재했다. 독일에서도 영국과 마찬가지로 좌파에게 유리한 상황이 조성될수록 합의의 정치가 두드러졌다. 1961년 9월 17일 선거에서 독일 사회민주당은 1957년의 31.8퍼센트보다 많은 36.3퍼센트를 얻었다. 반면 기독민주당은 50.2퍼센트에서 45.3퍼센트로 떨어지며 과반 의석에 못 미쳤고, 잘 싸운 자유민주당은 7.7퍼센트에서 12.7퍼센트로 득표율을 높였다.

물론 독일 사회민주당은 1959년 바트고데스베르크 이후 정부에 한 걸음씩 가까워지고 있었다. 1960년 6월 초당적 외교정책을 수용한 뒤(10장 참조) 독일 사회민주당과 기독민주당 사이에는 실제적으로 큰 견해 차이가 없었다. 사회민주당은 1961년 8월 베를린장벽이 세워지는 것을 보면서 독일이 단기간에 통일되기는 글렀고, 통일을 전제로 전략을 짜는 것이 무의미하다는 사실을 깨달았다. 독일민주공화국(동독)은 베를린장벽 너머에서 러시아 탱크의 보호를 받으며 자신들의 자주권에 이데올로기적인 확신을 가지고 변함없이 그곳에 머물러 있을 것만 같았다.

1961년 10월 독일 정계를 깜짝 놀라게 한 일이 일어났다. 사회민주당 의원들이 모든 정당이 힘을 모아 '국가 집중' 내각을 구성하자고 제안한 것이다.[74] 놀랍게도 반대하는 정당이 거의 없었다. 사회민주당의 헤르베르트 베너와 기독민주당의 파울 뤼케Paul Lücke, 기독사회당의 카를테오도어 추 구텐베르크Karl-Theodor zu Guttenberg는 1962년 말에 성격이 모호한 '동맹 회담'을 열었다. 하지만 회담에서는 아무 결과도 얻지 못했다. 기독민주당과 기독사회당, 자유민주당으로 구성된 연정이 오랫동안 통치할 것처럼 보였다. 사회민주당은 자신들도 기꺼이 연정을 구성할 의향이 있다는 점을 강조했다. 앞날을 도모하며 사회민주당이라는 간판을 내려놓은 셈이다. 독일 사회민주당도 영국 노동당과 마찬가지로 정치가 전환기에 들어서고 있다고 느꼈다. 사회민주당은 자신감이 대단했다. 헤르베르트 베너 같은 명석한 전략가를 비롯해 사회민주당 지도부는 막강했다. 카리스마 넘치고 젊은 이미지로 대변되는 베를린 시장 빌리 브란트는 사회민주당이 미는 총리 후보였다. 정부 쪽에서는 완고하고 권위주의적인 콘라트 아데나워가 여전히 권력을 쥐고 있었다. 아데나워는 1907년에 정치를 시작해 1960년 84세였는데, 여전히 사회주의 정적들의 명예를 부당하게 깎아내렸다(그는 걸핏하면 사회주의자들에게 공산주의자들을 위해 선거에 나서는 허수아비라고 몰아붙였다. 그러나 갈수록 그런 주장을 하기 어려워졌다).[75] 독일 사회민주당은 천하의 아데나워도 영원히 살 수 없다는 것을 알았다. 사회민주당이 기독민주당과 연정을 구성할 수 있다고 이야기할 때는 기본적으로 아데나워 사후까지 기다린다는 전제가 깔렸다. 바야흐로 젊음을 숭배하는 시대의 막이 오르고 있었다. 젊음 숭배는 말할 것도 없이 좌파에 유리했다. 아데나워 대신 브란트가, 닉슨Richard Milhous Nixon(과 아이젠하워) 대신 케네디가, 앨릭 더글러스 홈 대신 해럴드 윌슨이 역사의 전면에 등장하기 시작했다.

독일 사회민주당은 국가 정당이라는 이미지, 즉 체제를 지지하는 정당이라는 이미지를 신중하게 구축해갔다. 그러나 새로운 연정이 구성되기를 기다리는 것 말고는 당장 할 수 있는 일이 없었다.

기독민주당과 기독사회당, 자유민주당의 긴장 완화는 결코 행복한 긴장 완화가 아니었다. 자유민주당은 1962년 권위주의적이고 우파 성향이 강한 기독사회당의 프란츠 슈트라우스Franz Josef Strauss를 국방부 장관에서 몰아내는 데 성공했고, 1963년에는 아데나워까지 물러나게 만들었다.[76] 아데나워의 후임으로 뽑힌 사람은 경제부 장관을 지낸 루트비히 에르하르트Ludwig Erhard다. 논란의 여지가 있지만, 에르하르트는 흔히 독일 경제 기적의 아버지이자 '사회적 시장'의 주요 이론가로 꼽힌다. 에르하르트의 경제철학은 사실상 경제적 자유주의를 지향하는 자유민주당의 경제철학과 일치했다. 그러나 나중에 알려진 것처럼 에르하르트는 전후 독일 총리 중에서 가장 영향력이 약했다. 무엇보다 그의 운이 바닥났다. 다시 말해 독일의 경제 기적이 막을 내린 것이다. 경제 기적이 막을 내린 원인은 워낙 복합적이라 여기에서 충분히 다룰 수 있는 문제가 아니다. 1959년에 완전고용이 실현되면서 노조의 힘이 막강해졌다. 동유럽에서 유입되던 노동력은 1961년부터 베를린장벽에 막혔고, 생산성이 서서히 하락했다. 1963년에는 노사 갈등이 예년과 달리 극심했다.[77] 그 결과 1960~1966년 총임금이 GNP보다 빠른 속도로 증가했다.[78] 독일 노동자들은 경제 번영의 과실을 맛보기 시작했다. 그들은 영국 노동자들보다 주당 평균 2.5시간 덜 일했고, 하나의 틀로 굳어진 고임금과 짧은 작업 일수는 그 후 달라지지 않았다. 독일인은 근면하고 영국인은 게으르다는 통념과 정반대였다.

사람들이 독일에 대해 잘못 아는 통념은 또 있다. 경제를 운영할 때 건전하고 검소한 경제 관리라는 기준을 지나치게 엄격하고 융통성 없이 적용한 나머지 공공 지출까지 최대한 억제했다는 통념이다. 기독민주당이 인기를 끈 것은 단지 경제가 성장했기 때문이 아니라 공금을 충분히 풀었기 때문이다. 연금은 후했고(대부분 퇴직금의 60퍼센트), 집이나 건물을 지을 때 많은 보조금을 지급했다. 서베를린 경제에도 보조금을 지급했고, 전쟁에서 피해를 본 사람들에게는 보상금을 두둑하게 지급했다(참전 용사들이 만든 우파 정당의 세력 확장을 막기 위한 조치였다). 섬유산업이나 탄광업, 조선업처럼 경제성이 낮은 산업은 국가가 떠받쳤으며, 1965년의 감세 예산처럼 선거철만 되면 유권자에게 뇌물을 먹였다. 독일의 '사회적 시장'경제는 '시장' 못지않게 '사회적'에도 방점이 찍혔다.[79] 이것이 영국 노동당은 생각조차 하지 못한 일을 독일 사회민주당이 고려한 이유다. 즉 '사회적' 시장을 위해 사회민주당은 불구대천의 원수와 손잡겠다는 생각을 할 수 있었고, 1965년 선거 때는 정부와 비슷한 일을 하겠다는 공약을 내걸고 싸울 수 있었다. 경제 기적이 막을 내린 것은 사회민주당에 유리하게 작용했다. 사회민주당은 1961년 선거 때보다 3.1퍼센트를 더 얻었다. 기독민주당도 4년 전보다 2.2퍼센트 더 얻어 선전했다. 1965년 선거의 진정한 패자는 1961년에 승리한 자유민주당이었다. 자유민주당은 득표율이 3.3퍼센트 하락하면서 18석을 잃었다.

경제 상황이 나빠지면서 자유민주당과 기독민주당의 관계도 악화됐다. 또 다른 변수가 독일연방은행Bundesbank이다. 1957년 연방은행법에 따라 연방 은행은 통화의 최고 보증인이 되었고, "법에 의해 부여된 임무를 수행할 때 연방 정부의 기관들이 훼손할 수 없는 독립성을 보장"받았다.[80] 연방 은행은 균형예산을 짜고 지출을 줄이라고 정부를 압박했다. 각 주가 상당한 예산 지출 권한을 행사하는 연방 국가에서 쉽지 않은 과제였다. 좀더 대중 영합적인 기독민주당과 달리 자유민주당은 연방 은행 편을 들었다. 자유민주당은 전통적인 사고를 버리고 균형예산을 위해 증세 조치를 실시할 준비가 되었다.

두 정부 여당의 의견 차이는 좁아질 수 없었다. 자유민주당은 갈수록 믿을 만한 구석이 사라져가는 기독민주당 정부와 한통속이 되는 게 내키지 않았다. 선거 때 바이에른과 헤센에서 크게 패한 것도 속이 쓰렸다. 자유민주당은 정부에서 발을 빼기 시작했다. 기독민주당은 재빨리 운이 바닥난 에르하르트를 내치고 쿠르트 키징거Kurt Georg Kiesinger를 새로운 총리로 추대했다.[81]

빌리 브란트가 이끌던 사회민주당은 키징거와 연정을 구성해 다시 정권을 잡았다. 사회민주당이 집권당이 된 것은 1930년 이후 처음이었다. 키징거는 1933년 나치에 가입하여 제3제국이 막을 내릴 때까지 당원으로 활동한 인물이다. 키징거가 나치의 하켄크로이츠Hakenkreuz가 새겨진 신분증을 뒷주머니에 꽂고 다닐 때 브란트는 망명 중이었다. 하인리히 뵐이나 카를 야스퍼스 같은 지식인들은 나치를 위해 라디오 선동에 참여한 키징거의 전력이 독일 국민에 대한 모욕이라고 비난했지만, 아무런 효과가 없었다.[82] 권력을 얻기 위해서는 뵐이나 야스퍼스처럼 정신이 멀쩡한 사람들조차 적과 동침하는 현실을 받아들여야 했다.

물론 사회민주당 내부와 노조 진영에는 기독민주당과 관계 개선을 강력하게 반대하는 목소리도 있었다. 그러나 이런 목소리는 사실상 연정이 성립된 1966년 이후에 불거졌다. 1968년 전당대회에서 연정을 유지하자는 발의안에 찬성한 사람은 고작 173명이고, 반대한 사람은 129명이었다.[83] 그러나 사회민주당 지도부는 총리에 키징거, 외무부 장관에 브란트, 재무부 장관에 사회민주당 카를 실러Karl Schiller를 내정한 상태였다. 3년 동안 이어질 대연정이 시작되고 있었다.

런던과 본, 로마, 스톡홀름에서도 사회주의 세력이 정부에 들어가면서 다시 한 번 기류가 좌파 쪽으로 방향을 트는 것 같았다.

집권

1964년에 출발한 영국 노동당 정부와 독일 대연정(1966~1969년)에는 다른 점도 있고 공통점도 있다. 둘을 비교하면 몇 가지 흥미로운 점을 발견할 수 있다.

영국 노동당과 독일 사회민주당은 모두 1950년대와 1960년대 초반에 야당이었으며, 수정주의 논쟁에 깊이 관여했다. 그 결과 그들의 정책은 많은 점에서 놀라울 만큼 비슷했다. 두 당 모두 NATO에 헌신적인 모습을 보였고, 서구와도 적극적으로 결속을 다졌다. 두 당 모두 공산주의에 반대했고, 자국에서 좌파 진영에 위협이 될 만한 경쟁자가 없었다. 영국이나 독일에서는 공산당이 (핀란드, 스웨덴, 이탈리아, 프랑스와 달리) 대중적인 지지를 받지 못했기 때문이다. 게다가 (노르웨이나 덴마크처럼) 급진적인 좌파 정당의 도전도 없었다. 두 당 모두 전체 노조 진영의 지지를 받았다. 두 당은 변화와 젊음, 현대성을 예고했다. 지식인들도 두 당을 전폭적으로 지지했다. 노동당의 해럴드 윌슨과 사회민주당의 빌리 브란트 모두 인간미가 물씬 풍겼고, TV에 나와서도 당당한 모습을 보였다. 두 사람은 각각 당에서 절대적인 권력을 쥐고 있었다. 오랫동안 야당으로 지냈기 때문에 정부에서 실무 경험은 없었지만, 유능한 각료들이 두 사람을 지지했다.

다른 점도 확실했다. 제도적으로 영국 노동당은 독일 사회민주당보다 강력한 위치에 있었다. 노동당은 비록 근소한 차이지만 1964~1966년 하원에서 과반 의석을 차지했고, 1966년 총선에서 승리한 뒤에는 난공불락의 거대 정당으로 군림했다. 반면 독일 사회민주당이 1966~1969년 대연정에서 맡은 역할은 하급 동업자였다. 1969년 이후에는 기독민주당보다 국가 개입에 큰 반감을 품은 자유주의 동맹 세력과 여전히 타협해야 하는 처지에 놓였다. 또 영국 노동당은 독일 사회민주당보다 헌법의 제약에서 훨씬 자유로웠다. 노동당은 헌법의 구속을 받지 않았기 때문에 노동당이 제정한 법안이 대법원에서 위헌판결을 받을까 봐 걱정할 필요가 없었다. 게다가 보수당이 지배하는 상원의 권한은 극히 제한적이었고, 영국은 사실상 중앙집권제나 다름없었기 때문에 지방정부는 실제적인 위협이 되지 못했다.

반면에 독일 사회민주당은 훨씬 더 많은 제약에 묶여 있었다. 독일에는 성문법이 있었고, 대법원의 권한은 독립적이고 강력했다. 또 독일은 영국과 달리 지방정부가 강력한 연방 국가였다. 독일 상원은 각 주의 이익을 대변하는 기관이었기 때문에 영국의 비민주적인 상원보다 법안을 거부할 수 있는 권한이 많았다. 통화정책은 독립적인 중앙은행인 독일연방은행이 사실상 좌지우지했다. 게다가 독일은 EEC 회원국이었다. 그 말은 곧 개혁적인 정부가 행사할 수 있는 권한이 줄어든다는 얘기였다. 적어도 여전히 반유럽적인 영국 노동당은 그렇게 믿었다.

정치제도에 따른 제약만 놓고 보면 노동당 정부는 사회민주당보다 훨씬 자유롭게 급진적인 정책을 펼 수 있었다. 통치권에 대한 단순한 이론에 입각해서 보면 하원에서 다수 의석을 차지한 정당은 모든 것을 할 수 있다. 헤일셤 경Lord Hailsham의 유명한 격언처럼 이 경우 선출된 독재가 가능해진다. 반면에 경제적·국제적 현실에서 보면 독일 사회민주당보다 영국 노동당이 제약이 많다고 할 수 있었다. 영국은 국제적인 약속을 지키기 위해 많은 돈을 지출했고, 국방비로 나가는 비용도 컸다. 이 같은 비용 지출은 파운드화의 국제적 역할과 제국의 잔재가 무엇인지 확실히 보여줬으며, 영국이 경제적으로 퇴보할 수밖에 없는 이유와 영국의 노조 운동이 지방분권화할 수밖에 없는 이유, 지속적인 기반 위에서 포괄적인 임금정책을 추진할 수 없는 이유를 말해줬다. 이 모든 것은 시작부터 노동당에 큰 부담이 되었다.

독일 사회민주당은 경제적인 측면에서 여러 가지 이점을 누렸다. 우선 독일 경제는 튼튼한 제조업이 떠받치고 있었다. 국방비는 NATO(주로 미국과 영국)가 부담하기로 동의한 상태였고, 중앙집권적인 노조 기구도 협조적이었다. 옳고 그름은 둘째 치고 영국이 구조적으로 형편없는 경제 성적표를 받는 이유를 설명할 때 언급되는 몇 가지 원인이 독일에는 대부분 해당되지 않았다. 예컨대 사회의 분열을 초래하는 계급제도와 제조업에 대한 영국 정부의 재정적 지원 부족, 영국 문화에 뿌리박힌 반기업적 편견, 불충분한 취업 교육 같은 문제가 독일에는 없었다. 그러나 이것은 단순 비교에서 나온 결과다. 다시 말해서 영국의 경제가 실패한 이유를 설명할 때 좀더 성공한 '독일 모델'에는 있고 영국에는 없는 요소를 찾은 것이다. 찰스 파인슈타인Charles Feinstein은 좀더 역사적인 측면에서 접근했다. 그는 독일과 일본, 이탈리아, 프랑스 등이 영국이나 미국보다 빨리 성장한 것은 이들 나라가 1948년 무렵 개혁의 필요성을 절감하고 그때부터 일관된 노력을 기울였기 때문이라고 주장했다. 이 4개국은 하나같이 '후진적'이었고, 군사적 패배를 겪었으며, 도시가 황폐해졌고, 기반 시설을 재건해야 했으며, 이전의 정치적 기관들은 신임을 잃은 상태였다. 그러나 좀더 여유 있고 더 태만한 경쟁자들을 따라잡을 수 있는 문화적·정치적·행정적 능력까지 잃은 것은 아니었다. 열등한 위치에서 시작한 나라들은 "재건이라는 과제에 착수할 수밖에 없었다. 그들은 절박했고 결연했으며, 초기에는 다른 나라의 원조도 기대하기 힘든 상황이었다. 다른 나라는 전쟁의 과정과 성과를 자신들이 지금 받아야 하는 보상으로 여겼다".[84] 이유야 어찌 됐든 노동당이 직면한 경제적인 상황이 독일 사회민주당보다 훨씬 불리했다는 점은 분명하다.

그렇다면 노동당이 안고 있는 경제적 제약과 노동당이 누린 제도적 이점 중에 어느 쪽이 더 중요한 의미가 있었을까? 딱 부러지게 답하기 어려운 문제지만, 보통 경제적 원인 쪽에 더 의미를 둔다. 경제 우선주의에 대한 맹목적인 믿음 때문이 아니라 현대 사회민주주의는 경제 번영이라는 토대 없이 그 과제를 달성할 수 없기 때문이다. 완전고용이나 완전고용에 가까운 상태에서 경제성장이 진행되지 않는다면 복지 개혁과 재분배 정책은 먼 나라 얘기다. 보수정당을 향해서는 이런 요구를 할 수 없다. 보수정당의 주요 '제약'은 내키지 않지만 정치적 이유 때문에 어느 정도까지 사회민주주의적 개혁과 목표를 지지해야 한다는 것이다.

1964~1970년의 기억하고 싶지 않은 경험을 이해하려면 노동당 정부가 직면한 경제적 제약이 노동당이 강령을 실천하는 데 가장 큰 걸림돌이었다는 것을 염두에 둬야 한다. 노동당 정부의 정책은 경제성장을 달성하는 데 실패했고, 경제성장 없이는 사회 개혁 약속도 지킬 수 없었다. 초반에 사회복지비(교육, 주택, 연금) 지출을 크게 늘렸지만, 경제성장을 통해 재원을 마련한 것이 아니라 외국에서 돈을 빌리거나(결국 다 갚기는 했다) 직접투자에 사용할 수 있는 돈을 가져다 쓴 것이었다.[85]

1960년대 초반에 노동당은 영국 경제 활성화를 위한 청사진을 내놓았지만, 국정을 운영하는 6년 동안 그 청사진을 실현하지 못했고, 주요 복지 개혁 법안을 제정하지도 못했다. 1960년대 노동당 정부는 1945~1951년의 노동당 정부와 달리 중요한 업적을 전혀 쌓지 못했다. 물론 과부 연금 신설과 고등교육 확대, 종합 중등학교와 개방대학 설립은 나름 의미 있는 성과였다. 노동당이 많은 제약을 물려받은 것은 사실이지만, 그들이 실패한 가장 큰 이유는 단기적으로 일관된 전략도 없고 급진적인 상상력이 부족했기 때문이다. 노동당은 보수당 정부가 남긴 심각한 국제수지 문제를 물려받았다. 프랑스에서 드골이 1958년 총리에 취임하자마자 프랑화를 평가절하 했듯이 노동당도 즉시 파운드화를 평가절하 하고 국제적인 약속 이행을 포기했다면 국제수지 문제를 해결할 수도 있었다. 하지만 그러지 않았다. 파운드화를 평가절하 하고 국제적인 약속 이행을 포기했을 때는 벌써 늦었다. 파운드화 평가절하와 국제적인 약속 이행 포기 모두 실현 가능성이 있었고, 실제로 정부에서 논의하기도 했다. 그러나 해럴드 윌슨(과 제임스 캘러헌James Callaghan)은 파운드화 유지와 국제적인 약속 이행에 대한 고집을 꺾지 않았다. 그들이 고집을 부린 이유 중 하나는 정치철학 때문이었다. 즉 파운드화 유지와 국제적인 약속 이행은 영국이라는 국가의 과거를 대변하는 강력한 상징이었다. 노동당도 보수당 못지않게 영국의 과거에 깊이 빠져 있었다. 유권자들이 노동당을 뽑아준 이유는 경제를 활성화하고, 제조업 기반을 현대화하고, '더' 공정하고 '더' 도덕적이고 '더' 정의로운 사회를 만들어달라는 것이지 영국의 '본질'을 상징하는 과거까지 손대라는 것이 아니었다. '더'라는 단어는 정말 중요한 것이 무엇인지 보여준다. '더'는 똑같지만 좀더 나은 변화, 질적인 변화가 아니라 양적인 변화를 의미했다. 역사적 문제도 노동당을 괴롭혔다. 선거에서 '국가'를 받아들이기로 한 이상 노동당은 자신들도 보수당만큼 믿을 만한 정당이라는 것을 보여줘야 했다. 믿을 만한 정당은 어떤 정당인가? 영국이 세계에서 차지하는 외교적·군사적 역할 유지를 국가의 주요 목표로 받아들이고, 런던을 국제금융의 최고 중심지로 유지할 수 있는 정당이다. 파운드화의 가치를 유지하는 정당이다. 노동당이 집권할 때 파운드화는 여전히 주요 기축통화였는데, 기축통화를 유지하기 위해 국내에서 지출하는 비용이 막대했기 때문에 노동당에는 부담이었다.[86] 다른 나라, 특히 미국은 영국이 국제수지 적자를 보전하기 위해 파운드화를 평가절하 하지 않기를 원했다. 파운드화를 평가절하 하면 국제통화제도가 불안해지고, 달러화가 투기 세력의 공격 대상이 될 가능성이 높아지기 때문이다. 당연히 미국과 런던, 잉글랜드은행은 평가절하 하지 말라고 노동당에 지속적으로 압력을 행사했고, 파운드화 유지를 돕기 위해 차관까지 제공했다.[87]

윌슨과 핵심 각료들은 노동당의 고문들보다 이익 단체의 압력에 신경 썼다. 노동당 고문들은 의견이 갈렸다. 노동당은 파운드화를 평가절하 한 정당으로 기억되기 싫었지만, 다른 전략도 내놓지 못했다. 계획의 정당이 즉흥적인 정당이 되고 말았다. 알렉 케언크로스와 배리 아이켄그린Barry Eichengreen은 다음과 같이 설명했다.

> 노동당은 여당이 되자 파운드화 평가절하에 단호하게 반대했다. 대안을 고심하지도 않았다. 그들은 평가절하를 '입에 담을 수조차 없는' 것으로 여기며 배제했지만, 평가절하를 막기 위한 전략은 하나도 수립하지 않았다. 실제로 노동당은 평가절하에 반대하기로 당론을 정한 뒤에는 아무런 비상 계획도 마련하지 않았고, 향후 몇 년간 꼬리를 물 다양한 위기에 대비하지도 않았다. 그 기간 내내 노동당의 관심은 극도로 단기적이었다.[88]

파운드화 방어에 들어가는 비용은 적지 않았다. 1960년대에 세계열강의 지위를 유지하는 데 들어가는 비용은 증가했다. 교역조건은 해외 군비 지출에 크게 불리한 상황으로 바뀌었고, 해외 주둔군을 유지하려면 1940~1950년대보다 수출을 훨씬 늘려야 했다.[89] 국가에 대한 자부심으로 똘똘 뭉친 국민들이 사는 나라에서 '반국가적'이라는 인상을 주며 버텨낼 수 있는 정당은 없다.

독일 사회민주당이 처한 상황은 또 달랐다. 독일이라는 국가는 다시 규정되거나 재구성되는 것에 익숙해졌다. 1927년 오스발트 슈 펭글러Oswald Spengler가 *On the German National Character*(독일인의 국 민성에 대하여)에서 말한 것처럼 "독일인의 역사 인식은 시작을 찾 기 위해 끊임없이 반복되는 시도다". 독일에는 유지해야 할 영광스 러운 과거가 없고, 씻어내야 할 과거만 있었다. 이것이 사회민주당 이 다른 정당보다 제약이 적었던 이유다. 그렇다고 심리적인 측면 에서 정치적 제약을 느끼지 못했다는 얘기는 아니다. 독일 사람들 은 (바이마르공화국을 무너뜨린 원인으로 지목되는) 1923~1924년 의 혹독한 인플레이션을 기억하고 있었다. 달리 말해 물가 안정에 모든 것을 걸겠다는 약속 없이는 어떤 정치인도 독일에서 오랫동안 살아남을 수 없었다. 재정적 보수주의자들은 이 '기억'을 은근히 조 장하고 그리워했지만, 그들은 극소수였을 뿐이다. 독일에서는 물 가 안정을 빼면 영국의 파운드화처럼 브란트의 앞길을 가로막는 신 성한 소가 훨씬 적었다. 웬만한 정치가가 아니고는 신성한 소를 죽 일 수 없다. 윌슨처럼 대단히 영리하고 전략과 전술에 능한 인물도 시기를 한참 놓친 뒤에야 겨우 신성한 소를 죽일 수 있었다.

윌슨은 수상으로 보낸 첫 임기를 회고록에 남겼다. 그는 회고록 맨 앞장에서 노동당 정부 시절에 '1년 빼고 계속' 국제수지 문제에 짓눌렸음을 인정했다.

노동당 시절에는 1년 빼고 계속 국제수지 문제에 짓눌렸다. 우리가 집권했을 때 국제수지 문제는 최악의 위기를 향해 치닫고 있었다. 우 리는 가혹한 조치를 피하지 않았지만, 그것은 악영향을 미쳤다. 노동 당 정부는 국민에게 거듭 실망을 안겼다. 경제적 제약보다 큰 제약은 없었다. 경제적 제약은 우리의 바람과 달리 빠르고 헌신적으로 사회 혁명을 완수하고자 하는 우리의 능력에 제동을 걸었다.[90]

뒷날 분석가들은 당시 영국이 직면한 위기가 그렇게 심각한 수준이었는지 의구심을 제기했다. 평가절하 압박을 받다가 1967년 11월 마침내 파운드화를 평가절하 했을 때 영국은 수출을 실제보다 낮게 기록했다.[91] 그러지 않았다면 영국의 국제수지는 흑자로 돌아섰을지도 모른다. 이것은 신뢰할 수 없는 전문가들이 확실하다고 주장하면서 미심쩍은 정보를 실어 나르고, 정치인들은 그런 정보를 토대로 중요한 결정을 내리는 경우가 비일비재하다는 사실을 말해주는 또 다른 증거다. 하지만 노동당이 의존한 인기 없는 정책들이 불필요했을 수도 있다는 것을 알았다고 해서 위로가 되지는 않았다.

윌슨의 회고록에 담긴 내용을 사실로 받아들인다면, 그는 수상으로 취임한 첫날부터 돈을 많이 풀지 말고 긴축정책을 택하라는 재계의 조언을 들었다. 파운드화가 안전하다는 것을 투기꾼들에게 이해시켜야 한다는 이유였다. 1964년 11월 24일 잉글랜드은행 총재는 윌슨에게 사회에 미치는 파장은 생각하지 말고 공공 지출을 줄이라고 권고했다. 윌슨은 다음과 같이 회고한다.

나는 또 한 번 잉글랜드은행 총재뿐 아니라 국제 투기꾼들한테서 우리가 선거 때 내건 정책을 실행에 옮기는 것은 불가능하며, 근본적으로 보수당의 정책을 받아들여야 한다는 얘기를 듣는 것이 현재 국민들에게서 권한을 부여받은 새 정부가 처한 상황이라고 말했다. 총재는 지금 상황이 그렇다고 확인해주고, 자신이 지금 할 수 있는 말이

표 11.7 1964~1967년 영국 노동당의 경제 조치

수입 과징금 15퍼센트	1964년 10월
국민보험료 인상	1964년 11월
휘발유세 인상	1964년 11월
소득세 인상	1964년 11월
금리 인상(기록적인 7퍼센트)	1964년 11월
금리 인상(기록적인 8퍼센트)	1967년 11월
공공 지출 동결 혹은 삭감	1965년 2월, 1966년 7월, 1967년 7 · 11월
파운드화 유지를 위한 대규모 외채	1964년 11월, 1965년 2 · 5 · 9월, 1966년 7월, 1967년 3 · 10 · 11월
디플레이션 예산, 할부 구입 규제 강화, 술과 담배, 자동차세 인상	1965년 4월
외환 관리 강화	1965년 4 · 7월
외국여행비 최대 50파운드까지 제한	1966년 11월, 1967년 갱신
할부 구입 조건 강화	1965년 6 · 7월, 1966년 2 · 7월, 1967년 11월
공공 투자 감축	1965년 7월
예산 : 선택 고용세 도입	1966년 5월
은행 대출 제한	1964년 12월, 1965년 5 · 7월, 1966년 1월
파운드화 평가 절하	1967년 11월

그것뿐임을 인정했다. 그것은 결정적인 경제 권력을 행사하는 사람들의 충동, 즉 경제적 명령을 내리고 싶은 충동 때문이었다.[92]

노동당 행정부는 파운드화 유지를 최우선 과제로 삼기 위해 안간힘을 썼다. 그러나 파운드화 유지는 '경제정책의 크나큰 실수'였다.[93] 노동당은 파운드화 유지를 위해 무시무시하고 우울한 조치를 연달아 도입할 수밖에 없었다. 표 11.7은 노동당이 도입한 조치들이다. 그럼에도 노동당은 파운드화를 유지하면서 성장과 고용을 동시에 달성하려던 목표를 달성하지 못했다. 1967년 11월 18일 윌슨과 그의 각료들은 그토록 미뤄온 일을 더는 미룰 수 없는 상황에

맞닥뜨렸다. 결국 윌슨은 파운드화를 14.3퍼센트 평가절하 했다. 그리고 긴축정책이 뒤따랐다. 윌슨은 1968년 3월 신임 재무부 장관 로이 젱킨스가 내놓은 예산을 "영국의 역대 평화 시 예산 중 가장 살인적인 예산"이라고 불렀다.[94] 자원을 수출에 쏟아 붓다 보니 국내 소비는 줄었다. 다양한 제품과 서비스에 부과하는 세금을 인상했다. 도박세와 도로세, 담배세가 신설되고 포도주, 증류주, 자동차, 냉장고, 사치품, 녹음기에 세금을 부과했다. 그러나 소득세는 한 푼도 올리지 않았다. 젱킨스는 "2년 동안 아주 힘들 것"이라고 발표했다. 그의 예측은 틀리지 않았다. 마침내 1970년 1/4분기가 되자 국제수지는 물론이고 무역수지까지 흑자로 돌아섰다.

이런 성과를 거둔 대가로 노동당의 산업 정책은 뿌리부터 흔들렸다. 영국 경제성은 재무부의 반생산적 편견에 맞서 균형을 맞추고 영국 경제를 부흥하기 위해 애썼지만, 남은 권한마저 대부분 박탈당했다. 노동당은 파운드화에 최우선순위를 두고 재무부의 견해를 먼저 고려했다. 윌슨은 재무부의 음모 때문에 영국 경제성이 좌초했다고 확신했다. 물론 그 무렵은 윌슨의 피해 의식이 깊어졌을 시기였고, 피해 의식은 역대 영국 수상들의 공통된 특징이었다.[95]

독일 사회민주당은 이런 정신적 외상과 불안에서 자유로웠다. 전후 독일 역사에서 정치적 전환점을 꼽는다면 1966~1967년의 경기 침체를 들 수 있을 것이다. 이때를 계기로 사회민주당이 정부에 입성할 수 있었기 때문이다. 이 경기 침체는 경제적인 관점에서 유례없는 고속 성장이 이어지던 '기적'의 시기가 끝났음을 알리는 신호였다. 경기 침체가 두려운 사람들은 경제적 기적이든, 다른 기적이든 기적이 일상이 될 수 있다고 생각한 사람들뿐이다. 실제로 '위기'는 그리 심각하지 않았다. 새 정부가 국제수지 문제에서 자유로울 수 없는 한 1966~1969년에 큰 흑자를 기록한 독일에게 프랑스를 비롯한 경쟁국들이 1968년 지속적으로 마르크화를 절상하라고 압박한 것은 오히려 축복이었다. 사회민주당이 주도하는 새 정부는 1969년 10월 마침내 마르크화 절상 요구를 받아들였다. 독일의 경기후퇴는 영국과 달리 구조적 쇠퇴에 따른 결과가 아니라 위기 국면의 원인들이 불러온 결과였다. 즉 구조적인 몰락이 아니라 독일 연방은행의 긴축 금융 실시나 생산성을 뛰어넘는 임금 인상 같은 위기 원인들이 초래한 경기후퇴였다.

사회민주당이 진짜 해결해야 할 문제는 노조를 설득하는 일이었다. 그들은 돈이 아닌 다른 방식으로 혜택을 줄 테니 임금 인상을 억제해달라고 노조를 설득했다. 심지어 기독민주당과 연정을 구성할 때도 사회민주당은 이 문제로 골머리를 앓았다. 영국 노동당도 1964~1970년 중 많은 기간을 임금 억제를 위해 노조를 설득하는 데 보냈다. 영국에서는 경제성장이 아니라 국제수지 적자를 극복하기 위해 임금 억제를 요구했다는 점이 다를 뿐이다.

독일에서는 중·장기적인 안정화 정책이 단기적 조치 못지않게 중요한 사안이었다. 1967년 6월 독일 하원은 '안정과 성장법'을 통과시켰다. 기본법 109조를 고쳐 각 주의 재정 주권을 약화하는 것이 법안의 골자였다. 법에 따라 각 주는 이제부터 연방 정부의 예산에 맞춰 주 예산을 짜야 했다. 이는 각 주가 경제계의 요구 조건을 충족하도록 하기 위함이었다. 안정과 성장법은 마방진(魔方陣 : 가로·세로·대각선 수의 합이 모두 똑같게 나오도록 만든 정사각형— 옮긴이)에 따라 균형 잡힌 예산을 수립할 것을 명시했다. 이를 통해 완전고용, 지속적인 성장, 가격 안정, 환율 안정이라는 네 마리 토끼를 동시에 잡고자 했다. 정부는 이 법에 따라 해마다 경제 상황 요약과 경제적·재정적 목표가 담긴 연례 보고서를 제출해야 했고,[96] 경기대책에 필요한 재원을 마련하기 위해서 경기가 좋지 않을 때 정부가 차관을 더 들여오는 방법과 고도성장기에 비축한 비상 대책 기금에서 조달하는 방법이 권장되었다.[97]

위에서 언급한 네 마리 토끼 중 하나가 위태로워지면 정부는 "목표 달성을 위해 지방정부와 노조, 고용주가 한데 모여 협의하는 '화합적 행동Konzertierte Aktion'에 지침을 제공"해야 했다.[98] 많은 노조 지도자들은 공식적인 협의의 장이 생겼다며 화합적 행동을 환영했다. 노조는 1963년 뒤셀도르프에서 기본 강령을 채택한 때부터 줄곧 노조가 국가의 정책 결정에 참여해야 한다고 주장했다. 노조 지도자들은 화합적 행동을 통해 마침내 국가가 경제정책과 사회정책을 결정하는 데 노조가 참여할 수 있는 길이 열렸다고 생각했다. 그러나 화합적 행동은 애초의 취지와 달리 정부의 거시 경제정책과 임금 인상을 양립시키는 방안을 논의하는 자리가 되어갔다. 한마디로 임금 상승 폭을 줄여서 물가 상승을 억제하는 소득정책을 논의하는 자리로 변질되고 있던 것이다. 노조는 불안해졌다.

화합적 행동의 첫 2년 동안, 즉 1966~1967년 노조는 임금 인상 요구를 자제해달라는 정부의 요구를 따랐다. 정부의 '지침'에 따라 책정된 임금 목표와 실제로 인상된 임금에는 큰 차이가 없었다. 정부가 제시한 인상률이든 실제 인상률이든 경제성장률보다 낮은 수준에서 결정됐다. 노조가 정부의 목표치를 그대로 받아들였는지는 여전히 논란이 분분하다. 그러나 적어도 1967년 이후에는 노조가 무조건 정부의 지침을 따르는 일은 없었다.[99] 화합적 행동은 노조의 요구를 완화하는 데 부차적인 원인에 불과했다.[100] 정작 노조의 요구를 누그러뜨리는 데 결정적인 역할을 한 것은 경기후퇴와 그에 따른 실업률 증가였다. 게다가 사회민주당이 집권당이었기 때문에 노조는 다른 때보다 적극적으로 정부의 방침에 협조했다. 그래야 자신들(과 사회민주당)이 오랫동안 옹호해온 사회 개혁을 달성할 수 있다고 생각했다.[101] 화합적 행동은 언뜻 보면 성공한 제도 같았다. 그로 인해 사회민주당의 위상이 올라갔다. 사회민주당 소속 재무부 장관 카를 실러가 '세계를 향해 나가는' 케인스주의 정책이라고 부른 안정과 성장법은 승리의 미소를 지었다. 실업률이 줄었고 성장률도 회복세로 돌아섰다. 경기후퇴는 끝났다.

눈에 띄는 것은 안정과 성장법이 이데올로기에 미친 영향이었다. 실러는 케인스주의를 자기만의 방식으로 해석해 이를 토대로 거시 계획적이고 협동조합주의적인 구조를 수립했다. 이것이 독일 경제정책을 지배하는 철학이 되었다. 실러의 경제철학은 에르하르트의 신자유주의적인 '사회적 시장'과 완전히 결별할 조짐을 드러냈다.[102] 유럽인의 관점에서 볼 때 실러의 경제철학은 전혀 새로운 것이 아니었다. 실러의 케인스주의는 스칸디나비아와 오스트리아에서 지배적인 위치를 차지하는 경제철학이었다. 보수적인 영국에도 맥밀런 정부가 발족한 국민경제개발심의회를 통해 노사정 삼자 협의가 존재했다. 벨기에와 네덜란드, 오스트리아에도 삼자 협의제가 있었다. 그럼에도 독일 정치라는 맥락에서 볼 때 화합적 행동은 정책의 중요한 변화였고, 새로운 목표를 제시했다. 이것을 사회민주당이 해냈다. 이런 정책의 변화와 새로운 목표는 결코 보잘

것없는 성과가 아니다. 정치의 주목적은 확실한 합의를 이끌어내는 것이다. 즉 무엇이 중요하고 중요하지 않은지, 무엇을 해야 하고 하지 말아야 하는지, 어떤 일을 먼저 하고 그 일을 어떻게 해야 하는지 합의를 이끌어내는 것이 정치가 해야 할 일이다. 실제로 '효과가 있느냐 없느냐'는 많은 원인들에 의해 좌우된다. 그런 원인은 대부분 정치가 통제할 수 있는 범위 밖에 있다. 정치적 행위가 어떤 결과를 낳을지 예측하기는 쉬운 일이 아니며, 그것을 알 수 있는 존재는 신밖에 없을지도 모른다.

'독일식' 케인스주의는 '순수한' 형태, 즉 실러식 형태로 지속되지 않았다. 경기 침체가 끝나자 독일연방은행은 물가 상승을 저지하는 후견인 역할을 다시 맡았다. 파운드화 약세와 1971년의 달러화 평가절하로 자본이 독일로 유입됐다. 독일연방은행은 자유방임적 태도를 포기하고 환율 관리를 지지했다. 한편 실러는 자유로운 자본시장을 유지하고자 하는 사람들 편에 섰다. 사회민주당은 같은 당 소속 재무부 장관과 독일연방은행 사이에서 선택의 기로에 놓였다. 사회민주당의 선택은 독일연방은행이었다. 이 선택은 사회민주당이 '국가 개입주의'를 지지한다는 인상을 주어 사회민주당 내 좌파와 유권자, 미래의 동맹인 자유민주당까지 모두 만족시켰다.[103] 사회민주당의 선택은 사실상 독일연방은행의 권한이 확대되었음을 의미했다. 이제 독일연방은행은 통화정책뿐만 아니라 환율까지 실질적으로 관리하게 되었다.[104] 실러는 1972년 7월에 재무부 장관직을 사임했고, 헬무트 슈미트Helmut Schmidt가 그 자리를 이어받았다. 슈미트는 실러에 비하면 화합적 행동에 큰 관심을 기울이지 않았다. 그는 화합적 행동 같은 협의 기구보다는 금융 조치를 통하거나 공공 부문에서 직접 소득정책을 펴서 임금에 영향력을 행사하는 방법을 선호했다. 그래서 1977년 독일 노동조합연맹이 화합적 행동에서 탈퇴했을 때 정부는 별다른 반응을 보이지 않았다.[105]

화합적 행동은 실질적인 측면에서 보면 실패였다. 화합적 행동은 파업을 막지 못했고, 임금을 생산성보다 낮은 수준으로 묶어두지 못했으며, 노조 운동을 중앙집권화하는 데도 기여하지 못했다. 하지만 노조는 화합적 행동을 통해 합의를 추구하는 온건한 조직이라는 인상을 심어주는 데 성공했다. 독일 노조는 영국이나 프랑스, 이탈리아 노조만큼 파업을 자주 혹은 오래 하지 않았다. 다른 나라 고용주들이 침이 마르도록 칭찬하는 독일의 온건한 노조는 십중팔구 독일의 높은 성장률과 그에 따른 고임금이 낳은 결과였다.

대연정은 독일의 사회정책에 어떤 영향을 미쳤을까? 많은 노조가 임금 인상 요구를 자제하면서 그 대가로 연금 개혁과 노동시간 단축, 퇴직금 상승처럼 오랫동안 기다려온 개혁 조치가 마침내 취해질 것이라고 기대했다. 그러나 아무런 조치도 취해지지 않았다. 임금 상승률이 생산성에 훨씬 못 미친 1967~1968년에도 마찬가지였다.[106]

상황이 달라진 것은 1969년 이후다. 애초부터 대연정이 영원한 연정이 될 거라고 생각한 사람은 없었다. 자유민주당은 사회민주당과 기독민주당이 손잡고 정권에서 쫓겨나자, 사회민주당과 자신들의 공통점을 강조하기 시작했다. 즉 자신들도 사회민주당처럼 동유럽과 관계를 개선하기 위해 노력했고, 고등교육을 개혁하려고 한 점을 부각했다.[107] 1969년 선거에서 기독민주당과 기독사회당은 득표율 46.1퍼센트로 다수당의 자리를 유지했고, 사회민주당은 42.7

퍼센트로 올랐다. 자유민주당은 좀더 보수적인 지지자들을 기독민주당에 빼앗겨 득표율 5.8퍼센트에 만족해야 했다. 원내교섭단체 구성에 필요한 득표율 5퍼센트를 아슬아슬하게 넘어선 수치였다. 그래도 이 정도면 사회민주당과 자유민주당이 연정을 구성해 기독민주당의 안정적 다수를 빼앗기 위한 발판을 마련할 수 있었다. 두 당의 연정에서 빌리 브란트는 총리를, 자유민주당 발터 셸Walter Scheel 당수는 외무부 장관을 맡았다.

새 연정은 개혁에 착수했다. 대학의 불만이 폭발하면서 교육제도 개혁에 착수하기는 한결 쉬웠다. 결혼과 가족법은 시대에 맞게 바뀌었다. 질병 수당이 올랐고, 가족수당이 개선됐으며, 노동자의 경영 참여가 확대됐다. 사회민주당이 집권한 1969~1975년 3대 사회보험인 의료보험과 연금, 실업 급여 지출이 역대 어느 정부보다 빠른 속도로 늘었다.[108] 사회민주당이 장악한 노동부에서는 1968년 사회민주당이 작성한 「1970년대로 접어드는 전환기에 사회민주주의 정치의 관점Perspective of Social Democratic Politics in Transition to the 1970s」을 토대로 새로운 연금 계획을 내놓았다. 새 연금 계획에는 정년퇴직 연령을 유연하게 조정하는 것을 비롯해 여러 사회 개혁 조치가 있었다. 참전 용사와 엄마들을 돕는 조치도 포함되었다.[109] 운송과 교육, 주택, 연구 예산을 늘렸다. 1965년에 유급휴가가 18일에서 24일로 늘었고, 사회민주당 시대가 막을 내린 1982년에는 모든 독일인이 6주간 유급휴가를 쓸 수 있는 권리를 갖게 되었다.[110]

이런 조치 중에서 새로운 지평을 연 것은 거의 없었다. "대연정과 이전의 일부 정권에서 추진하던 일들을 사리에 맞게 이어가고 있음을 보여주었"을 뿐이다.[111] 주요 사회복지 프로그램 가운데 착

표 11.8 1964~1983년 영국 노동당과 독일 사회민주당의 득표율

단위 : %

영국 선거 : 노동당		서독 선거 : 사회민주당	
1964년	44.1	1965년	39.3
1966년	48.1	1969년	42.7
1970년	43.1	1972년	45.8
1974년	37.2	1976년	42.6
1974년	39.2	1980년	42.9
1979년	37.0	1983년	38.2

수된 것은 하나도 없었다. 브란트가 아데나워의 연장선에서 신중하게 제시한 외교정책만 새롭다고 할 수 있었다.

1973년에 스파이 스캔들의 여파로 브란트가 물러났고, 석유파동으로 100만 명이 일자리를 잃었다. 사회 개혁을 위한 분위기가 무르익었다가 사라지기를 반복했다. 그런 상황에도 사회민주당이 통치 능력을 증명한 덕분에 연정은 1980년대 초반까지 흔들림 없이 지속됐다. 하지만 표 11.8에 나타나듯이 독일 사회민주당은 득표율과 집권 기간에서 영국 노동당보다 월등하게 나은 모습을 보이지는 못했다. 적어도 노동당이 선거에서 패배한 1983년까지는 그랬다.

독일 사회민주당은 1964~1983년에 16년 동안 정권을 잡았고, 그때마다 연정을 구성했다. 이에 비해 노동당은 같은 기간에 11년 동안 집권했다. 양당이 1945년 이후 50년 동안 집권한 기간은 각각 16년 정도다. 따라서 사회민주당이 상대적으로 국가 경제를 더 성공적으로 관리하기는 했지만, 선거 결과를 놓고 보면 노동당보다 월등한 성적을 낸 것은 아니다. 게다가 여러 정황을 고려할 때 독일 경제를 관리하는 것이 영국의 장기적인 경제문제를 해결하는 것

보다 수월한 일이라는 사실에는 모두 동의한다.

　노동당은 경제의 현대화라는 목표는 달성하지 못했지만, 예술 분야의 지출을 두 배 늘렸고, 종합 중등학교 문제에서 중요한 전기를 마련했다. 종합 중등학교는 문명화되고 경제적으로 성공한 선진 사회의 기본적인 교육제도였고, 역대 모든 영국 정부가 지지한 원칙이었다. 노동당은 노동당 역사상 최초로 외교 문제에 개입했다. 인종차별 정책을 실시하는 남아프리카 정권에 무기 수출을 금지한 것이다. 이후 정권을 잡은 노동당의 후계자들은 무기 금수 조치를 유지했다. 외교 문제에서 좌파의 의견이 이렇게 일치한 적은 드물었다. 노동당은 인종차별 행위를 법으로 금지하기 위해 인종 관계 법안을 제출했다. 이로써 영국은 유럽에서 최초로 인종차별을 법으로 금지한 국가가 되었으며, 이후 몇 년간 다른 나라가 도달하지 못한 국제 기준을 세웠다. 노동당은 여성의 동일 임금 원칙을 규정한 포괄적인 법안의 초안도 마련했다. 이 법은 1970년에 제정되어 1975년부터 시행됐다.

　이런 성과를 거뒀지만, 1964~1970년 노동당 정부는 반대 세력은 물론이고 지지자들의 눈에도 1945년 애틀리 행정부와 달리 사회를 바꾸는 데 실패한 것으로 보였다. 1970년 블랙풀 전당대회에서 재무부 장관 로이 젱킨스는 정당의 활동가들이 모인 어느 비주류 모임에 참석해 "우리는 노동당 정부가 선출될 때마다 완전히 평화적인 혁명만을 기대해서는 안 됩니다"라며 조심스럽게 달래봤지만, 그들에겐 전혀 위안이 되지 않았다.[112]

　정권을 잡은 다른 사회주의 정당은 어떤 성과를 거뒀을까? 스웨덴을 제외하면 1960년대 후반에 영국과 독일만큼 영향력 있는 권력을 누린 사회주의 정당이 없었기 때문에 폭넓은 비교는 사실상 불가능하다. 영국, 독일, 스웨덴을 제외한 나라의 사회주의 정당은 다시 정권을 잡을 때 대부분 비사회주의 정당과 연정을 구성했는데, 그들은 연정에서 우월한 위치를 차지하기보다 연정의 '포로'가 되는 경우가 많았다. 이들과 달리 '포로'가 되지 않은 사회주의 정당이 딱 하나 있었다. 핀란드 공산당은 1966년에 중도정당인 농민당, 사회민주당과 연정을 구성해 다시 정권을 잡았다. 1940년대 이후 처음 있는 일이었다. 다른 서유럽과 비교할 때 핀란드의 상황은 예외적이지만, 정책의 내용을 보면 별로 예외적이지도 않았다. 핀란드 새 정부를 기다리는 것은 심각한 국제수지 위기였다. 핀란드는 1967년에 영국과 마찬가지로 자국 통화를 평가절하 했다. 그러나 영국과 달리 통화가치를 무려 31퍼센트나 떨어뜨렸다. 또 핀란드는 독일과 마찬가지로 경제 안정화 계획(1968년 3월)을 발표했고, 이 계획을 통해 임금을 억제했다.[113]

이런 사실로 자유주의적 민주주의 국가에서 공산당이 집권당이 되었을 때 공산주의 정당 특유의 정책을 펴는 것은 불가능했다는 점이 다시 증명된다. 핀란드 공산당은 서유럽 집권 사회민주주의 정당처럼 행동할지, 야당의 위치에 있는 '진짜' 공산당처럼 행동할지 택해야 했다. 예상대로 핀란드 공산당은 수정주의자와 전통주의자로 갈렸다. 아르네 사리넨Aarne Saarinen과 노동조합원 에르키 살로마Erkki Salomaa가 이끄는 수정주의자들은 전통주의자 아이모 알토넨Aimo Aaltonen과 오이바 레토Oiva Lehto에게서 공산당의 지휘봉을 넘겨받았다. 수정주의자와 전통주의자들은 모두 연정에 참여하는 데 찬성했다.[114] 연정의 인기가 갈수록 떨어지면서 전통 공산주의자들의 입지가 강화됐다. 그러나 핀란드 공산당을 분열시킨 쟁점은 국내 정치 문제가 아니었다. 그보다 1968년 소련의 체코슬로바키아 침공에 대한 입장을 놓고 당이 분열됐다. 수정주의 진영의 지도부는 이탈리아 공산당과 마찬가지로 소련을 비난하는 서유럽 공산당의 편을 들었다. 1969년 4월 전당대회에서 대의원 절반이 퇴장하는 사태가 벌어졌다. 타협안을 찾아보라는 소련의 압력까지 무시한 태도였다.[115] 친소련주의는 서유럽의 다른 모든 정치 세력과 전통적인 공산주의자들을 구분하는 기준이었다. 국내 문제에서는 이들 친소련주의자와 서유럽 사회민주주의 정당에 소속된 노조 강경파를 구분하기 어려웠다. 즉 친소련주의자들과 노조 강경파는 모두 '노동자 중심적인' 노선을 지지했고, 경제 안정화 정책을 반대했으며, '강경한' 임금 협상으로 돌아가야 한다고 촉구했다.

이처럼 핀란드 좌파는 뚜렷하게 자신의 역사가 있는 정당이었고, 핀란드는 비공산주의적인 유럽 국가 중 유일하게 정치계 전반이 소련과 우호적인 관계가 필요하다는 데 합의하고 있었다. 이런 핀란드 좌파조차 나머지 유럽 국가의 좌파 정당들이 겪는 공통된 문제에서 벗어날 수 없었다. 그 문제란 좌파의 분열과 국가 경제였으며, 자본주의 성장에 필요한 조건과 사회주의적 재분배라는 이상을 놓고 대립이 끊이지 않은 점 역시 핀란드도 예외는 아니었다.

1960년대 초반만 해도 서유럽 사회주의를 위한 긍정적 모델로 보인 정당은 스웨덴 사회민주당뿐이었다. 영국의 크로스랜드는 1950년대에 스웨덴이 사회주의 사회에 가장 근접한 사회라며 극찬했다. 오스트리아와 독일의 사회주의 수장인 브루노 크라이스키와 빌리 브란트도 스웨덴에 정치적인 빛이 있다는 점을 인정했다(브란트는 전시에 스웨덴에서 망명 생활을 한 적이 있다). 심지어 더욱 강경한 좌파 진영에서도 스웨덴에 대한 칭찬이 흘러나올 정도였다. 스웨덴은 미국의 베트남전쟁 개입에 반대 입장을 분명히 밝혔고, 미국의 탈영병과 병역기피자의 망명을 허용하기로 방침을 정했으며, 제3세계의 곤경에 가장 먼저 관심을 보였고, 평화 회담을 개최했다. 이런 업적을 통해 스웨덴의 사회민주주의는 '반제국주의적'이라는 인증을 받았으며, 주류 사회주의 정당 내의 '반체제적' 좌파는 물론이고 서유럽의 많은 공산주의자들까지 만족시켰다. 심지어 비타협적인 프랑스 공산당조차 사회주의자들과 관계를 개선하기 위해 잠시나마 스웨덴을 지지했다. 1970년 프랑스의 공산주의 언론인 자크 아르노Jacques Arnault는 공산당 출판사 에디시옹 소시알르에서 펴낸 *Le Socialisme Suèdois*(스웨덴 사회주의)라는 책에서 스웨덴 사회민주주의가 거둔 성과를 공정하고 담담한 시각으로 설명했다.[116] 스웨덴 사회민주주의는 다양한 용도에 부합하는 본보기로 거론됐다. 그러나 대다수 모델과 달리 스웨덴 모델은 다른 나라에 수출될 수 없었다.

스웨덴 사회민주주의에는 몇 가지 특징이 있다. 우선 선거에서 이기는 신기한 능력이 있다. 복지 분야에서 남긴 업적과 평등주의적인 세계관도 빼놓을 수 없다. 또 스웨덴 사회민주주의는 온건한 노선을 취했다. 스웨덴 사회민주당은 다른 사회주의 정당이 누리지 못하는 이점이 하나 있었다. 서유럽에서 효율적인 자본주의 경제 가운데 하나가 스웨덴이라는 점이었다. 스웨덴 국민은 세계에서 가장 잘 살았다. 1960년에는 스웨덴 사회복지 법안 가운데 가장 중요하다고 여겨진 연금 계획이 시행됐다. 연금 계획의 목표는 퇴직 후

빈곤에서 벗어나는 것이었다. 빈곤과 고령의 연결 고리는 모든 선진 경제에서 나타나는 공통적인 특징인데, 스웨덴에서 처음으로 그 고리를 끊었다.

좀더 과격한 좌파를 대변하는 사람들조차 스웨덴의 사회복지 성과에 깊은 인상을 받았다. 혁명적인 정치에 헌신한 덕분에 영향력 있는 이데올로기 학술지가 된 『뉴 레프트 리뷰New Left Review』의 편집자 페리 앤더슨은 스웨덴 실태 조사를 마치고 돌아와 "이곳 영국에서는 찾아볼 수 없는 혜택"에 대해 열변을 토했다.

> 15세 이하 자녀 두 명을 키우고 소득이 일정 수준에 미치지 못하는 주부들에겐 적은 액수나마 10일 이상 유급휴가를 준다. 14세 이하 어린이들은 휴일에 스웨덴 어디를 가든 무료로 왕복 대중교통을 이용할 수 있다. 무료 혹은 (소득에 따라) 돈을 지불하고 가정부를 쓸 수 있다. 신혼부부에게는 최대 200파운드에 해당하는 가정용 가구를 빌려준다. 실업자가 새로운 지역에 취업하면 이사 비용을 대준다.[117]

스웨덴의 성과를 모방할 수 있는 사회주의 정당은 1970년 이후의 오스트리아 사회당뿐이었다. 오스트리아는 스웨덴처럼 작은 나라다. 인구는 대체로 단일민족으로 구성되었고, NATO 같은 국제 동맹에 가입해야 하는 의무에서 자유로웠다. 1966년부터 야당이던 오스트리아 사회당은 1970년 선거에서 과반 의석을 얻지는 못했지만 다수당이 되었다. 사회당은 소규모 정당인 오스트리아 자유당의 도움을 얻는 대가로 소규모 정당에 혜택을 주도록 선거제도를 약간 손봤다. 도박은 적중했다. 1971년 선거에서 사회당은 과반 의석을 확보해 독자적인 통치가 가능해졌다. 크라이스키 정부는 공공 부문, 특히 철강 산업의 경영을 합리화했고, 앞에서 살펴본 1969년의 「인간 계획」을 토대로 건강과 환경문제를 다루는 부처를 신설했다. 또 형법 개혁을 공포했고, 1974년에는 (가톨릭의 반대 정서와 교회의 권력을 무릅쓰고) 낙태에 관한 법안을 제출했다. 군 복무 기간을 단축했고, 성년의 나이를 21세에서 19세로 낮췄으며, 학교에서 교과서를 무료로 나눠줬다.[118] 이렇게 중요하면서 온건한 개혁 조치는 대부분 이전 정책의 연장선에 있었고, 대다수 법안은 오스트리아 국민의회(하원)에서 만장일치로 통과됐다.[119]

1972년 브루노 크라이스키는 사회민주주의의 미래를 놓고 거대한 지적 논쟁이 펼쳐지길 바라는 마음으로 빈에 카를레너연구소를 설립했다. 크라이스키는 '영구적 개혁'이라는 개념을 제안했다. 영구적 개혁은 권력관계에 대한 현 제도를 되돌릴 수 없는 방식으로 수정하는 것이 목표였다. 크라이스키의 영구적 개혁은 1958~1964년 이탈리아 공산당의 팔미로 톨리아티가 제시한 구조적 개혁과 비슷한 개념으로, 개량주의자들의 개혁과 확연히 다른 개념이었다. 크라이스키의 영구적 개혁은 오스트리아의 마르크스주의자들이 가장 중요시한 목표로 돌아가는 것을 의미하기도 했다. 즉 (공산주의적) 혁명과 (사회민주주의적) 개량주의라는 전통적인 이분법에서 벗어나 새로운 대안을 찾고자 했다. 그때부터 오스트리아 사회당은 경제적 민주화와 노사 공동경영, 공공 부문 확대에 모든 노력을 기울였다.[120]

오스트리아 사회주의는 이렇게 많은 노력을 했지만, 오스트리아 사회를 바꾸거나 (스웨덴처럼) 모범적인 복지국가를 수립하지 못했다. 오스트리아 사회주의가 거둔 최대의 성과는 완전고용에 대한 헌신을 공고히 한 것이었다. 덕분에 오스트리아에서는 1980년대까지도 완전고용이 유지됐다. 대다수 주류 사회민주주의 국가는 완전고용을 유지하려는 노력을 중단한 뒤였다.

서유럽 어디에서나 국내문제에 관해서는 합의의 정치가 자리 잡고 있었다. 합의의 정치를 위해서는 기본적으로 '물질적인' 조건이 필요했다. 즉 합의의 정치는 상대적으로 경제가 번영한 국가에서 볼 수 있는 특징이었다. 완전고용과 사회복지를 추구할 수 있었던 것도 경제 번영이 뒷받침됐기 때문이다. 외교정책 분야에서는 또 다른 합의가 등장했다. 바로 범대서양주의와 유럽주의였다. 여기에서도 '물질적인' 토대가 깔렸다. 다시 말해 국제 문제, 즉 냉전이라는 정치적 구조는 두 세계를 반영했다. 한쪽에는 거의 모든 사람을 위해 소비재를 생산할 수 있는 성공적인 시장경제가 있었고, 맞은편에는 점점 더 시장경제를 따라잡기 위한 방향으로 가는 계획경제가 있었다. 아무도, 심지어 좌파조차 느림보보다 선구자를 귀감으로 삼는 편이 훨씬 낫다는 지배적인 신념을 반박할 수 없었다. 늘 그렇듯이 가장 간단한 답이 최선의 답이다. 그럼에도 외교정책에서 갈수록 더 많은 합의가 도출된 원인을 설명하려면 좀더 복잡한 계산이 필요하다. 그것이 우리가 다음 장에서 살펴볼 내용이다.

12장

합의에 바탕을 둔 외교정책

7장에서 2차 세계대전이 끝나고 서유럽이 재건에 한창일 때 사회주의 정당과 사회민주주의 정당이 '사회주의 외교정책'을 개발하지 않은 이유를 살펴봤다. 독일과 이탈리아를 제외한 모든 나라는 '국가적' 외교정책 혹은 합의에 따른 외교정책을 수립했다. 철저하게 중립을 추구하던 나라(스웨덴과 오스트리아)는 중립적인 외교정책을 폈고, 그 외 나라는 '서구'(즉 대서양 동맹)와 뜻을 같이했다.

합의의 정치를 전혀 찾아볼 수 없는 곳도 있었다. 분단된 독일의 서쪽 진영이다. 독일 사회민주당의 국내 정책은 독일 재통일이었는데, 이는 독일 기독민주당의 '서구' 정책과 공존할 수 없는 정책이었다. 사회민주당은 '사회주의적' 이유가 아니라 '국가적' 이유에서 중립주의를 선택했다. 독일 재통일을 위해서는 중립주의가 최선의 전략이라고 생각했다. 1960년이 되자 사회민주당은 중립주의 정책을 뒤집고 NATO를 받아들였다. 기독민주당이 원한 대로 초당적 외교정책을 선택한 것이다.

이탈리아 사회당도 독일 사회민주당과 마찬가지로 처음에는 중립주의를 받아들이면서 친소련 정책이나 다름없는 정책을 통해 공산당과 뜻을 같이했다. 그러나 1960년대에 들어와서 독일 사회민주당이 그랬듯이 중립주의를 버리고 범대서양주의를 지지했다.

여전히 중립주의를 고수하는 정당은 스웨덴과 오스트리아, 스위스처럼 중립을 표방한 나라에서 활동 중인 사회주의 정당뿐이었다. 그렇다면 중립주의가 무릎을 꿇은 나라에서는 어떤 사상을 토대로 사회주의적 외교정책을 수립했을까? 반전주의? 제3세계와 연대 의식? 유럽 통합주의?

1960년대 초반에 핵무기 폐기를 지지하는 대규모 대중운동이 벌어진 나라는 영국과 독일뿐이다. 하지만 영국과 독일의 좌파 지도부는 반전주의의 현대적 형태라고 할 수 있는 핵무기 폐기에 결사반대했다. 프랑스는 1940년대에 영국에서 사회주의자들이 핵무장 계획에 동조했듯이 1950년대에 사회주의 진영의 전폭적인 협력을 받으며 핵무장 계획을 세웠다. 프랑스 공산당은 핵무장 계획이 소련을 겨냥하고 있다며 반대했다.

식민지를 가진 제국들은 조금씩 차이는 있지만 대체로 일관된 계획 없이 제국을 해체하길 꺼렸다. 제국의 통치자들은 사회주의자들의 압력 따위는 개의치 않았다. 영국이 인도에서 발을 뺀 것은 이데올로기보다 실용적인 이유 때문이었다. 프랑스가 인도차이나에서 철수한 배경에는 군사적 패배가 깔려 있었다. 프랑스 사회주의자들은 식민지 독립을 위해 앞장서기는커녕 알제리에서 끝까지 버뎠고, 수에즈운하를 둘러싸고는 이집트에서 구시대적인 무력 외교에 의존했다.

독일과 프랑스, 이탈리아의 보수정당에 의해 시작된 유럽 통합에 좌파는 시큰둥한 반응을 보이거나 대놓고 적대감을 드러냈다.

1960년대 초반에 '사회주의적 외교정책'은 모호한 개념이었고, 갈수록 더 모호해졌다. 물론 주요 좌파 정당마다 소수 과격파들은 자신들이 야수의 본질을 꿰뚫었다고 생각했다. 사회주의적 외교정책은 반反대서양적이었으며, 비동맹 국가들을 지지했기 때문이다. 그것은 식민지 독립을 위해 싸우는 모든 운동의 편에 선다는 의미였다. 식민지 독립운동에 공산주의가 얼마나 많은 영향력을 행사했느냐는 부차적인 문제일 뿐이다. 또 반대서양적이라는 것은 좌파를 탄압하는 세력과 미국의 지원을 받는 제3세계의 모든 군사독재 혹은 일당독재에 반대한다는 의미였다. 이처럼 반대서양주의를 추구한 좌파는 대부분 공산주의자도 아니고, 소련의 꼭두각시도 아니었다. 따라서 이들은 소련이 거의 매번 자신들의 정책을 덮어놓고 지지하는 바람에 골머리를 앓았다.

그들이 소련의 전폭적인 지지를 그냥 두고 볼 수 없는 두 가지 이유가 있었다. 첫째, 소련과 연루된 정당은 인기가 뚝 떨어졌다. 좌파가 옹호하는 사회주의가 결국은 블라디보스토크Vladivostok에서 광둥廣東까지, 프라하에서 울란바토르Ulan Bator까지 인류 4분의 1의 운명을 감독·단속하는 계획경제와 다를 바 없다는 게 많은 유권자들의 생각이었다. 둘째, 정책이란 절대로 진공 상태에서 존재할 수 없고, 맥락과 동떨어져서 독자적으로 존재할 수 없다. 여기에서 말하는 맥락이란 냉전과 세계의 분열이다. 냉전과 분열은 필연적으로 사회주의에서 파생된 모든 가설과 외교정책의 근본적인 틀이 될 수밖에 없었다. 바꿔 말하면 근본적인 제약이 될 수밖에 없었다. 물론 소련이 전 세계에서 등장한 많은 '정의로운' 대의를 지지하는 순간, 그 대의의 정의로움이 훼손됐다는 얘기는 아니다. 문제는 소련이 정의로운 대의를 지지하는 행위가 대의 그 자체보다 큰 영향을 미쳤다는 것이다. 아무도 원칙이니까 어쩔 수 없다는 이유로 자신들의 정책이 미친 영향에 면죄부를 받을 수는 없다.

사회주의적 외교정책이 무엇인가라는 질문에는 완벽하게 사회주의적인 것과 그렇지 않은 것을 구분할 수 있다는 전제가 깔려 있다. 사회주의적 외교정책이 무엇인가라는 질문은 정치가 단순하던 신화시대에나 있을 법한 질문이다. 신화시대에는 하늘에 잿빛은 없고 오로지 흑과 백, 밤과 낮이 존재했기 때문이다. 그러나 1914년 이전에 소리 높여 전쟁을 규탄했다가 갈등이 분출하자 전쟁 지지로 돌아선 사회주의 운동에는 그와 같은 이분법을 적용할 수 없다. 사회주의 정책이 다음 두 가지 기준을 동시에 충족한 시기는 한 번도 없었다. 즉 모든(혹은 대다수) 사회주의자들을 통합시키는 동시에 비사회주의적인 정책과 분명하게 경계 지을 수 있는 사회주의 정책은 존재한 적이 없었다.

나는 4장의 결론을 통해 사회주의적인 동유럽과 자본주의적인 서유럽에서 중립을 취하는 것은 불가능하다는 점이 비공산주의 좌파가 직면한 근본적인 모순 가운데 하나임을 암시했다. 비공산주의 좌파는 유일하게 종전 사회주의 형태를 간직한 동유럽의 독재 정부를 비난하면서 자본주의가 승리한 자유주의적 서유럽을 지지해야 했다. 소련 체제의 보호를 받는 정부 형태는 서유럽 사회주의에 철저하게 불리했다. 정당이 하나만 존재하는 국가는 전성기를 맞은 민주적 사회주의에 적합한 정치 구조가 아니었기 때문이다. 민주적 사회주의를 위해서는 제도적으로 반드시 자유민주주의라는 정치체제가 필요했고, 자유민주주의는 자본주의가 가장 발달한 나라에서 지배적인 정치체제였다. 미국이라는 우산 아래에서도 얼마든지 사회주의자가 되고, 선거에서 이기고, 정부를 구성할 수 있었다. 물론 미국이라는 우산 아래에서 자본주의를 폐지하는 일이 불가능할 수는 있다. 그러나 자본주의가 폐지된 곳에 민주적 사회주의는 결코 들어서지 못했다.

1960년쯤에는 어떤 사회주의 정당도 가까운 미래에 자본주의가 폐지될 것이라고 생각하지 않았다. 이제 '서구'에 대한 헌신은 절대적인 기준이 되었다. 이런 상황에서 사회주의자들이 '사회주의적 외교정책'을 개발한다는 것은 사실상 불가능했다. 반소련주의는 우파의 상대가 되지 않았다. 그렇다고 공산주의자의 특권인 친소련주의를 사회주의자들이 받아들일 이유는 전혀 없었다. 마지막으로 남은 외교정책 대안은 비동맹주의였다. 그러나 비동맹주의를 실행에 옮기려면 단순히 정당의 의지를 넘어 또 다른 조건이 필요했다. 즉 핀란드나 스웨덴, 오스트리아처럼 특정한 지정학적·역사적 상황을 갖춘 나라만 비동맹주의를 채택할 수 있었다. 이들 나라에서는 중립적인 외교정책이 '서구의' 경제나 정치체제와 완벽하게 공존했다. 중립주의는 대중에게 인기가 굉장히 높았다. 중립주의는 국제문제에 대한 고결한 태도와 소비자본주의의 이상적 결합을 상징했다. 중립주의는 영국 속담과 반대로 먹은 과자를 손에 남길 수 있다는 것, 즉 두 가지 다 차지하는 것이 얼마든지 가능하다는 사실을 보여줬다. 스웨덴이나 스위스와 달리 중립주의 전통이 없고, 유럽에서 벌어진 대다수 전쟁에 적극적으로 참전한 오스트리아에서도 두 마리 토끼 잡기가 가능했다. 1973년에 실시한 여론조사를 보면 오스트리아 국민 90퍼센트는 중립주의로 얻는 장점이 단점보다 많다고 생각하는 것으로 나타났다.[1]

모호하기는 마찬가지지만, 사회주의적 외교정책이 무엇이냐는 질문에 대다수 사회주의자들이 고개를 끄덕일 만한 정의가 하나 있다. 현재 상황보다는 사회주의 발전에 유리한 국제적 틀을 만드는 데 도움이 되는 정책이라는 정의다.

사회주의 발전에 유리한 국제적 틀 가운데 하나가 냉전 종식이었다. 대다수 좌파는 냉전이 끝나면 더 안전한 세계 체제가 탄생할 것이라고 믿었다. 두 초강대국 사이의 핵무기 확산이 끝나고, 세계 곳곳에서 벌어지는 지역 분쟁이 걸핏하면 동서 갈등의 축소판으로 바뀌는 일도 사라질 것이라고 생각했다. 냉전이 끝나면 '사회주의' 국가의 억압적인 기관들도 태도가 유연해지고, 좌파는 때가 무르익기를 기다려 내부 개혁에 착수할 수 있을 것이라고 생각했다. 그리하여 사람들이 '사회주의'라는 말에서 시민의 자유를 철저하게 탄압하는 동유럽을 떠올리던 상황을 끝내고, 국방비를 줄이고 사회 개혁에 들어가는 비용을 늘릴 수 있을 것이라고 생각했다. 마지막으로 사회주의자들은 냉전의 시대가 저물면 우파가 선거 때마다 냉전을 빌미로 꺼내던 전쟁 도발이라는 카드가 무용지물이 될 것이라고 봤다. 그러나 냉전 종식은 결과적으로 사회주의자들이 생각한 방향과 전혀 다르게 흘러갔다. 자유 시장적 자본주의는 축포를 쏘아 올렸고, 냉전 종식은 민주적 사회주의를 비롯해 사회주의의 모든 꿈이 잠든 관에 박는 마지막 못이었다. 후세 사람들도 이렇게 생각할지는 알 수 없다.

냉전이 종식돼도 논쟁의 핵심은 사회주의적 외교정책을 귀납적으로 정의할 수 있느냐 하는 점이다. 사회주의 정당의 실제 활동에서 사회주의적 외교정책을 추론하는 게 가능할까? 추론할 수 있다면 관계 개선과 국제적 긴장 완화, 냉전 종식이라는 목표는 사회주의적 외교정책의 기본적인 토대가 될 것이다. 실제로 오스트리아의 브루노 크라이스키를 비롯해 많은 사회민주주의 지도자는 긴장 완화가 선행되어야 사회민주주의를 실현할 수 있다고 생각했다.[2] 그러나 사회주의자들은 긴장 완화를 포괄적인 목표로 천명했을 뿐, 국정 운영에 필요한 실제적인 지침을 구체적으로 제시하지는 않았다. 일부 사회주의자들은 긴장 완화를 추구하면서 완전무장에도 여념이 없었다. 그들은 긴장 완화와 전쟁 억제력은 뗄 수 없는 관계라고 주장했다. 그런가 하면 비동맹주의만이 긴장 완화에 유리한 환경을 조성할 수 있다고 호소하는 사회주의자들도 있었다. 미국과 소련의 정책 결정권자들은 지역 분쟁이 발생했을 때 분쟁 당사자들끼리 합의를 통해 문제를 해결할 수 있는 상황을 긴장 완화라고 이해했다. 반면 다른 사람들은 양극체제 자체가 문제의 핵심이기 때문에 다극 체제를 만드는 것이 긴장 완화의 진정한 목적이라고 주장했다. 이 마지막 주장이 냉전 종식을 통해 얻고자 하는 결과에 좀더 가깝다. 말이 긴장 완화지 초강대국 사이의 권력관계는 달라지지 않았고, 그 권력관계는 유럽과 세계 나머지 국가들을 미국과 소련의 영향권으로 갈라놓았다. 또 미국과 소련은 자국이 손해 보지 않는 한도에서 각 나라의 민족자결권을 허용했기 때문에 동서 진영의 전쟁 선포 없는 전쟁 상황은 계속된 것이나 마찬가지다.

현실적으로 유럽의 좌파가 세울 수 있는 유일한 전략은 동서로 갈라진 양 진영을 일시적으로 필요하지만 결코 바람직하지 않으며, 언젠가는 사라져야 하는 세력권으로 다루는 것이었다. 전부가 아니고 정도의 차이는 있지만, 대다수 사회주의 정당과 사회민주주의 정당, 서유럽 공산주의 정당은 원칙적으로 그런 외교 전략을 헌신적으로 따랐다. 개중에는 말과 행동이 일치하는 정당도 있었지만, 그런 외교정책을 떠들기만 하는 정당도 많았다. 그런 정당은 흘러가는 사건에 자신을 맡기고 이리저리 떠다녔다. 그들은 아무런 영향을 끼칠 의사도, 그럴 만한 능력도 없었다.

정책을 결정할 때 가장 많은 제약이 따르는 분야가 외교다. 반대로 가장 제약이 적은 분야도 외교인 것 같다. 그 이유는 외교정책이 대단히 개인적인 방식으로 드러날 때가 많기 때문인 듯하다. 국가와 정부의 수장들은 만나서 정상회담을 하고, 동의하거나 반대하고, 선언문을 발표하고, 입장을 표명하고, 솔직한 의견을 교환하고, 군대를 파견하고, 군대를 철수하고, 조약을 맺고, 쉴 새 없이 세계를 돌아다닌다. 초음속기를 타고 하늘을 날아다니고, 헬리콥터에서 내리고, 이국적인 분위기에서 연회를 베풀고, 빠르게 달리는 차 안에서 호위를 받으며 자신이 역사를 만들고 있다고 믿는다. 그들을 따라다니는 언론인들은 기사와 TV 화면을 통해 이 야단법석을 공유하고, 이 가식적인 제스처 놀음을 정당화한다. 관찰자와 외교정책을 실행하는 당사자들이 대체로 공감하는 사실이 한 가지 있다. 외교정책은 놀라울 만큼 즐거운 정치적 활동이라는 점이다. 외교정책에서는 의회의 권한이 거의 없고, 국내 여론은 그다지 중요한 영향을 미치지 않기 때문에 제약에서 벗어난 즐거운 해방감이 더욱 커진다. 극적인 사안과 관련된 몇 가지 대표적인 외교 활동을 보면 외교정책을 실행하는 개인의 권력에 대한 이런 인상이 크게 틀리지 않았다는 사실을 알 수 있다. 1962년 10월 케네디의 쿠바 봉쇄, 1971년에 마오쩌둥과 저우언라이周恩來가 미국을 향해 시작한 '탁구' 외교, 1977년 11월 안와르 사다트Anwar al-Sādāt의 이스라엘 방문, 1993년 9월 백악관 잔디밭에서 팔레스타인과 이스라엘이 맺은 협정(노르웨이에서 극비리에 협상하면서 신중하게 준비했다)이 그런 예다. 이 역사적인 사건들은 그것을 시작한 인물과 따로 떼어 생각하기 힘들다. 그런 인물들이 없었다면 전통과 규모, 재원, 지리학이라는 엄청난 짐이 탈레랑(Charles Maurice de Talleyrand : 18세기 프랑스의 유명한 외교관으로 나폴레옹을 정계에 데뷔시킨 인물이다―옮긴이)을 꿈꾸는 모든 외교관들의 어깨를 짓누를 수밖에 없다. 관심사가 좁고 크기가 작은 나라는 국제 외교라는 복잡한 게임에서 중재자 역할을 빼고는 별다른 역할을 할 수 없다. 오스트리아나 스웨덴 같은 나라는 광범위한 쟁점에 독자적인 행보를 취할 수 있는 엄청난 자유를 누리지만, 이것은 그런 쟁점에서 그들이 거의 무시해도 좋은 존재라는 얘기와 같다. 스웨덴 정부가 미국의 베트남 개입을 규탄했을 때 괘씸해도 미국이 참은 것은 스웨덴이 중요한 나라가 아니었기 때문이다. 1521페이지에 이르는 헨리 키신저Henry Kissinger의 회고록『백악관 시절The White House Years』에서 스웨덴은 딱 한 번 언급됐다. 반면에 미국은 스웨덴과 같은 길을 가려고 하는 독일과 이탈리아에는 엄청난 압력을 가했다. 물론 이것은 위험한 일반화다. 의존국이 지원과 보호를 제공하는 강대국의 손을 수시로 물어뜯는 경우도 있기 때문이다. 이를테면 미국과 이스라엘의 관계는 작은 나라도 큰 나라를 괴롭힐 수 있다는 가능성을 보여준다.

베트남전쟁에 대한 태도를 보면 외교정책에서 제약이라는 문제가 어떤 것인지 분명하게 알 수 있다. 미국은 명확한 전략이나 목표도 없이 베트남에서 막다른 골목을 만났다. 거센 윤리적 반발은 제쳐두고라도 1968년쯤에는 베트남전이 거대한 실수였으며, 이길 수 없는 전쟁이라는 것이 분명해졌다. 린든 존슨Lyndon Baines Johnson은 재선에 나서지 않기로 결정했고, 후임자 리처드 닉슨은 이길 수 없는 전쟁에서 발을 빼는 것이 자신이 가장 먼저 할 일임을 깨달았다. 드골은 1967년까지만 해도 범대서양주의적 이데올로기에서 자유로웠다. 그는 베트남의 미래가 위기에 처했기 때문에 호찌민Ho Chi Minh과 북베트남이 절대로 항복하지 않을 것이고, 미국이 떠날 때까지 전쟁은 계속될 것이며, 미국은 전쟁을 더 확대할 의사가 없고, 베트남전쟁은 '20세기의 가장 바보 같은 짓'이라는 것을 꿰뚫어봤다. 드골은 이런 사실을 인내심을 갖고 해럴드 윌슨 영국 수상에게 설명했다.[3]

스웨덴 사회민주주의자들은 드골을 공개적으로 지지했다. 1969년 11월 15일 스웨덴베트남위원회가 조직한 반전시위에서 사회민주당 대표 스텐 안데르손Sten Andersson은 "우리는 베트남민족해방전선을 지지한다. 미국의 의미 없는 전쟁을 규탄한다"고 선언했다.[4] 예상대로 전 세계 공산주의자들은 거침없이 미국을 비난했다. 그들의 선배가 1930년대에 스페인 공화국을 옹호하는 과정에서 하나가 되었듯이, 학생과 좌파 행동가들은 베트남에서 자신들을 하나로 묶어줄 대의명분을 발견했다. 영국 노동당과 독일 사회민주당을 포함해 친미국 성향 유럽 사회주의 정당에 소속된 대다수 행동가들은 미국의 베트남전쟁 개입에 점점 더 분노했다.

그럼에도 친親NATO 성향 사회주의자들은 냉전주의자나 직업적인 반공산주의자 같은 어중이떠중이들과 함께 미국의 개입을 덮어 놓고 옹호했다. 심지어 이들은 1975년에 CIA의 마지막 첩자가 마지막 헬리콥터를 타고 사이공Saigon을 빠져나올 때까지 미국을 옹호했다. NATO 회원국의 사회주의 정당과 사회민주주의 정당 지도자들은 시종일관 미국과 의리를 지켰다. 비난을 자제했고, 간혹 해럴드 윌슨처럼 중재를 시도하는 게 전부였다. 그들은 국제정치에서 완벽하게 물러나 있었으며, 자신들이 할 수 있는 일은 아무것도 없다고 확신했다.

냉전 시대 양극체제에서 국제 외교는 주로 두 초강대국 사이의 일이었다. 대다수 국가가 경제적인 상호 의존성이 커지면서 외교정책의 선택권은 크게 줄었다. 벨기에나 네덜란드처럼 공식 조약의 제약을 받는 유럽의 작은 나라들은 검증돼서 확실히 믿을 수 있는 범대서양적 유럽주의를 고수했다. 범대서양적 유럽주의는 모든 정당이 신봉하는 난공불락의 합의였다. 이탈리아도 비슷한 길을 걸었다. 이탈리아 외교정책의 두 기둥은 EC와 북대서양 동맹이었다. 두 기둥이 확정되자, 외무부는 운영 방식을 자동조종장치로 바꾸고 불필요한 노력을 줄일 수 있었다. 이런 외교정책을 받아들일 수 없는 이탈리아 공산당은 서유럽 공산당 중에서 가장 독자적인 외교정책을 개발했다. 이제부터 이탈리아 공산당의 외교정책을 찬찬히 살펴보려고 한다. 더불어 중간 정도 권력을 행사한 서유럽 세 국가(프랑스와 영국, 독일) 좌파의 외교정책도 살펴볼 것이다.

드골에게는 다른 나라와 분명히 구별되는 독자적 입장을 구축할 능력이 있고, 그런 의도도 있었다. 앞으로 살펴보겠지만 드골의 이런 능력과 의도는 좌파에게 당혹감을 주었다. 1964~1970년 영국 노동당 정부는 여전히 친미국적 정책에 확고한 기반을 두었다. 노동당 정부의 주요 외교정책은 제국주의의 잔재인 로디지아(영국의 옛 식민지로 현재의 잠비아, 말라위, 짐바브웨 지역—옮긴이) 문제를 해결하고, 영국의 EEC 가입을 위해 드골을 설득하는 일에 집중됐다. 그러나 두 가지 정책은 모두 실패했다. 처음에 노동당 정부는 '수에즈의 동쪽East of Suez' 역할을 계속 맡기로 결정했다. 즉 인도양과 극동 아시아에 배치된 주둔군을 유지하기로 한 것이다. "우리 국경은 히말라야Himalaya산맥에 있다"는 윌슨 수상의 말은 당시만 해도 터무니없이 들리지 않았다.[5]

이런 결정이 떠들썩하게 공표됐지만, 결정을 뒷받침해야 할 무기(예컨대 선박과 비행기, 총과 대포)는 크게 줄었거나 구식 장비가 전부였다. 영국은 국방비 지출을 대폭 삭감했고, 국방 계획을 취소했으며, 미국에서 값싼 무기를 사들였다. 1967년 7월 노동당 정부는 영국군이 1970년대 중반까지 싱가포르와 말레이시아에서 철수한다고 발표했다.[6] 아무도 예상 못 한 이 발표를 통해 영국은 세계를 수호하는 군의 역할을 포기할 수밖에 없는 현실을 인정했다. 그러고 나서 노동당은 앞뒤가 맞지 않게 '독자적인' 핵무기 방어 체제를 고집했다. 좌파 평론가들과 일부 친유럽파는 한목소리로 좀더 완벽한 철수를 요구했다. 해럴드 윌슨은 이렇게 답했다. "정면으로 대치하는 미국과 중국에게 핵무기 방어 체제를 맡겨놓고 나 몰라라 하려는 당원들이 있는 것 같습니다. 그런 태도를 취하기에는 오늘날 세계가 작습니다."[7] 하지만 1967년 파운드화 평가절하 이후 세계는 미국과 중국의 손에 맡겨졌다. 영국에서는 로이 젱킨스 같은 친유럽파와 리처드 크로스먼이나 바버라 캐슬 같은 좌파 인사가 힘을 합해 추가로 국방비 삭감안을 제안했고, 월슨이 이를 승인했다.

영국의 외교정책은 여전히 제국의 잔재라는 문제와 떼어놓고 생각할 수 없었다. 독일은 달랐다. 독일 통일은 가장 확실하게 해결되지 않은 독일의 '국내'문제인 동시에 국제 문제였다. 독일은 '경제적으로 거인, 정치적으로 소인'의 지위를 넘어설 수 없었지만, 그 와중에도 사회민주당 지도부는 동독과 서독의 관계 정상화와 긴장 완화를 위해 정교한 전략을 개발했다. 동방정책이라고 불린 '동독 정책'이 그것이다. 사회민주당은 기술과 요령만 있으면 누이 좋고 매부 좋은 혁신적 외교정책도 추진할 수 있다는 것을 동방정책으로 증명했다. 그들은 서유럽 대다수 좌파가 넘지 못한 벽을 넘었다. 즉 국익과 긴장 완화를 연결시키는 데 성공했다. '사회주의적' 외교 정책에 가장 가까운 긴장 완화를 국익에 연결시킨 이 위업의 중요성은 정확하게 평가할 수 있다. 즉 1945년 이후 좌파 정당이 자국의 외교정책 의제를 바꾼 것은 독일 사회민주당이 처음이었다. 사회민주당은 국내의 정적들에게 되돌릴 수 없는 이 변화를 받아들이라고 강요했고, 동서 진영에서 박수갈채와 함께 승낙을 얻었다. 동방정책은 독일의 외교정책 가운데 세계가 허용할 수 있는 외교정책이었다. 독일은 20세기 유럽에서 두 번이나 큰 전쟁을 일으킨 국가다. 세계가 독일의 외교정책을 받아들이는 일은 드물었다. 그러나 사회민주당은 객관적 사실이 아니라 이데올로기적 개념이던 독일의 국익을 국제적 긴장 완화에 부합하는 방향으로 다시 정의한 덕분에 국내외에서 높은 지지를 받았다. 예상대로 독일 기독민주당은 덮어놓고 반대했다. 그러나 처음에 반대하던 기독민주당도 야당이 되었을 때는 동방정책을 수용했고, 1982년 이후 정권을 잡았을 때는 적극적으로 추진했다. 독일 사회민주주의의 쾌거(어쩌면 그들의 유일한 업적)인 동방정책은 독일의 모든 정당이 물려받은 세습재산이 되었다. 서유럽 다른 나라에서는 우파가 외교정책의 의제를 정하면 좌파는 따르는 게 상식이었다.

독일 사회민주당은 왜 동방정책을 추진했을까? 동방정책의 내용은 무엇이었을까? 앞에서 살펴봤듯이 독일 재통일을 겨냥한 이전의 중립주의 정책은 1960년에 거부당했다(헤르베르트 베너의 유명한 1960년 연설, 9장 참조). 따라서 사회민주당에는 그들만의 외교정책이 없는 상황이었다. 물론 아데나워의 기독민주당이 선택한 서구 지향적인 범대서양주의와 유럽주의 노선이 대안으로 남았지만, 사회민주당은 두 가지 이유 때문에 범대서양주의와 유럽주의 노선을 받아들이지 않았다. 첫째, 사회민주당은 중립주의 정책을 버리기는 했지만 그 바탕에 깔린 독일 재통일이라는 목적까지 버린 것은 아니었다. 기독민주당과 아데나워의 서구 정책이 구상하는 미래에서 독일은 영원히 분단국가로 남아 있었다. 그것을 받아들인다는 것은 독일 통일을 포기한다는 의미였다. 둘째, 바트고데스베르크 전당대회 이후 사회민주당은 기독민주당의 국내 정책인 사회적 시장의 상당 부분을 받아들인 상태였다. 따라서 외교정책마저 기독민주당의 노선을 받아들인다면 사회민주당의 색깔을 전부 잃어버릴 수도 있었다. 여당과 차별점이 없다는 것은 집권에 야망을 품은 야당으로서 오랫동안 감수하기는 힘든 조건이다. 그러나 당장은 여당과 차이점을 부각하지 않는 편이 사회민주당에 유리했다. 실제로 1966년 사회민주당과 기독민주당의 격차가 많이 줄어 연정을 구성할 정도가 되었다. 두 당은 1967년 유고슬라비아, 루마니아와 외교 관계를 수립하면서 동방정책의 첫 단추를 끼웠다.

사회민주당의 동방정책은 1961~1963년부터 시작됐다고 할 수 있다. 정확히 말하면 1961년 8월 베를린장벽이 세워진 이후다. 당시 서베를린 시장 빌리 브란트는 기독민주당과 자유민주당이 포함된 연합 세력을 이끌었다. 브란트는 시장의 자격으로 동독 당국과 협상에 나서야 했고, 세 점령국(특히 미국)의 대표들과 회담해야 했으며, 외교 문제를 꿰고 있어야 했다. 통상적으로 다른 도시의 시장은 다른 나라의 정상과 회담하지 않았고, 외교 문제를 꿰고 있어야 할 필요가 없었다. 브란트는 에곤 바르Egon Bahr의 조언과 사회민주당 의원총회 회장이며 안보 전문가인 프리츠 에를러의 지지를 받으며 존 F. 케네디를 적극적으로 지지했다. 케네디는 한층 유연하고 새로운 미국의 외교정책을 계획했고, 분단 상황이지만 독일에 긴장 완화를 촉구하려는 의도가 있었다. 케네디의 유명한 베를린 방문은 케네디와 브란트의 공통점을 부각할 수 있는 기회였다. 언론은 이 기회를 놓치지 않았다. 심지어 언론은 두 사람이 젊었을 때 미남이었다는 점까지 들먹였다. 브란트는 독일의 케네디로 보이기 시작했다.[8] 1969년에는 브란트의 얼굴 사진을 사용한 우편엽서와 선거운동 배지, TV 광고가 등장했다. 미국식 선거운동이 유럽에 영향을 미치기 시작했다. 독일 사회민주당과 기독민주당은 미국 대통령 선거가 벌어진 1968년 참모들을 미국에 보내 선거운동 전술을 배워 오도록 한 다음 그것을 1969년 독일 선거에 접목하려고 시

도했다.[9]

1962년 이탈리아 사회당이 연정에 참여해서 여당이 된 것처럼 독일도 워싱턴의 정식 승인을 받을 필요가 있다고 느꼈다. 브란트에겐 별로 어려운 일이 아니었다. 마침 미국과 아데나워 사이에 마찰이 불거지고, 브란트는 이를 이용할 수 있는 위치였기 때문이다. 아데나워는 1963년 프랑스—독일 조약에 따라 드골과 우호 관계를 맺으면서 미국과 마찰을 빚었다. 아데나워는 소련에 관계 개선을 제시한 드골이 탐탁지 않았지만, 긴장 완화를 미국과 소련에 맡겼다가 독일을 잃는 사태가 올까 봐 두려웠다. 기독민주당에서 반드골주의파를 이끌던 에르하르트와 아데나워 사이에 내분이 일어난 것도 브란트에게 유리하게 작용했다. 기독민주당의 내분은 에르하르트가 총리가 되고 나서도 계속됐다. 이번에는 기독민주당의 자매 정당 격인 독일 기독사회당의 수장 프란츠 슈트라우스와 에르하르트가 외교정책을 놓고 의견이 충돌했다.[10] 브란트는 좀더 독자적인 독일 정책을 채택하기 위해서는 가장 '미국적인' 독일 정치인으로 보여야 한다는 것을 잘 알았다. 좀더 독자적인 독일 정책이야말로 동방정책의 목표였다. 그는 1962년 하버드대학Harvard University에서 '공존의 시련The Ordeal of Co-Existence'이라는 강의를 통해 대결의 정책이 끝났다는 주장을 지지했다.[11] 이를 증명이라도 하듯 브란트는 흐루시초프가 초대한다면 소련을 방문할 의향이 있다고 밝혔다. 브란트는 선거가 끝난 1963년 봄, 베를린의 대연정 전통을 깨고 자유민주당과 새로이 연정을 구성했다.[12] 서베를린의 기독민주당은 자유민주당과 연정을 거절하라고 브란트를 압박했지만 그는 밀어붙였다. 1966년 브란트는 독일이 긴장 완화에 기여해야 유럽에서 독

일의 영향력을 키울 수 있다고 설명했다.[13]

외교정책에서 기독민주당은 소련과 관계 회복에 전혀 반대하지 않았다. 아데나워의 동유럽 정책은 사람들이 평가하는 것처럼 꽉 막혀 있지 않았다.[14] 아데나워는 동독 정권을 거래가 가능한 상대로 받아들일 수 없었을 뿐이다. 기독민주당은 동유럽 정책의 원칙으로 연방 공화국이 독일 전체를 대표해야 한다는 '서독 유일 합법 정부론'을 내세웠고, 소련이 동유럽에 사는 독일 국민에게 자유선거권을 부여해야 한다고 주장했다.[15] 그것이 소련과 관계 회복을 위한 기독민주당의 전제 조건이었다. 아데나워와 기독민주당 내 그의 후임자들은 독일 문제가 진전해야 동독과 관계를 개선할 수 있다고 생각했다. 1969년 이후 브란트 정부는 주저하지 않고 이 순서를 뒤집었다. 브란트에게는 독일 문제의 진전보다 관계 개선이 먼저였다. 이것이 사회민주당이 추구하는 새로운 동방정책의 토대였다. 이 점에서 사회민주당과 자유민주당의 자유주의자들은 생각이 비슷했다. 물론 국내 정치 문제에서 사회민주당과 자유민주당은 의견이 달랐다.[16]

사회민주당의 동방정책이 성공한 데는 국내 정치의 목적에 부합한 측면이 있었기 때문이라고 보는 시각도 있다. 동방정책은 자유민주당에 연정의 상대를 교체하고 다시 정권을 잡아야 하는 분명한 이유를 제공했다. 그동안 개혁가 볼프강 숄베르Wolfgang Schollwer와 발터 셸의 영향 아래 보수층 유권자를 기독민주당과 극우 세력에 빼앗긴 자유민주당은 반공산주의적 성향을 약화하면서 동방정책을 지지했다.[17] 1969년 1월 아직 야당이던 자유민주당은 동독과 조약을 맺기 위한 계획을 발표했고, 이 계획을 선거 강령에 포함했다.[18]

1969년 말에 새롭게 구성된 사회민주당과 자유민주당 연정은 이처럼 동방정책을 통해 대담한 외교정책의 새 장을 열었다. 이제 의회에서 근소한 표 차이로 외교정책에 족쇄가 채워지는 일이 줄었다. 그러나 국내 정책은 여전히 신중했다. 국내 정책에는 정부에서 합의가 덜 되었기 때문이다.[19] 여론이 달라지면서 가까운 미래에 통일이 가능하다는 생각을 포기한 것도 사회민주당의 동방정책이 성공을 거둔 원인이다. 1964년까지만 해도 통일은 독일에서 가장 두드러진 '외교'적 쟁점이었다. 여론조사를 하면 응답자 41퍼센트가 통일을 "오늘날 독일이 직면한 가장 중요한 문제"라고 답했다. 그러나 1960년대 후반이 되면 경제가 가장 중요한 문제로 떠올랐다. 세계대전이 다시 일어날 경우 독일이 지구상에서 사라질 것이라는 불안감이 유권자들에게 중요한 문제로 다가왔다.[20] 선거라는 관점에서 볼 때 사회민주당은 동방정책을 통해 많은 것을 얻었다. 동독과 조약을 맺고 처음 치른 선거에서 사회민주당은 득표율 45.8퍼센트를 기록하며 44.9퍼센트를 얻은 기독민주당을 제치고 가장 유력한 정당으로 떠올랐다. 전후 독일 역사에서 사회민주당이 유일하게 쾌거를 거둔 때다.

그러나 동방정책이 성공한 것은 단순히 국내 상황 때문만은 아니었다. 세계정세가 전에 없이 우호적이었다. 미국의 동의가 없었다면 서독이 소련과 직접 거래하는 일은 생각조차 할 수 없었을 것이다. 키신저는 혹시 브란트가 소련에 지나치게 의존할까 봐 걱정이 돼서 은근히 입김을 넣을 생각도 했다. 그러나 키신저는 방관자 역할이 미국의 가장 현명한 선택이라는 점을 깨달았다.

브란트는 긴밀한 연락을 통해 불안감을 누그러뜨리는 자신의 역할을 다했다. 독일 새 정부는 확실히 의논보다 통보하는 쪽을 선호했다. 그들은 미국에 조언을 구하지 않고 경과를 통보했다. 우리에게도 그 편이 나았다. 우리는 협상에서 독일이 선택한 결정에 대신 책임지고 싶지 않았다. 그들이 선택한 결정이 서독에서 국내문제로 둔갑해 격렬한 논란을 불러일으켰기 때문이다.[21]

실제로 방관자적 태도는 가장 바람직한 지지였다. 미국이 깊이 개입했다면 독일은 또다시 자신들의 운명이 남의 손에 결정되는 것을 멀뚱히 지켜봐야 했을 것이다. 미국과 NATO 회원국들이 정기적으로 이 문제에 관해 의견을 교환하지 않았다면 동방정책은 독일의 신뢰성을 의심케 하는 또 다른 증거이자, 사회민주당이 여전히 중립주의에 유혹을 느낀다는 증거로 비칠 수도 있었을 것이다. 그랬다면 사회민주당은 동방정책을 독자적으로 수행하기 어려웠을 것이다. 동방정책은 덮어놓고 NATO를 받아들이지 않았다. 중립주의 포기는 처음에 우파로 방향을 틀기 위한 조치로 보였지만, 알고 보면 좌파로 이동하기 위해 반드시 필요한 전제 조건이었다.

동방정책의 알맹이는 서독이 소련(1970년 8월), 폴란드(1970년 12월), 동독(1972년 기본 조약), 체코슬로바키아(1973년)와 체결한 조약, 1971년 베를린에서 미국과 소련, 영국, 프랑스가 체결한 조약이었다. 이 가운데 첫 번째, 즉 서독이 소련과 체결한 조약 덕분에 나머지 조약도 가능했다. 서독은 이 조약을 통해 종전의 유럽 국경을 전부 인정했다. 여기에는 폴란드와 동독의 오데르–나이세 국경선과 서독과 동독의 국경선도 포함됐다. 독일 사회민주당은 과거

이른바 2차 세계대전 강화조약에 서명했고, 1919년에는 베르사유 조약에도 서명했다. 그러나 베르사유조약 때와 달리 1970년 소련과 조약을 체결할 때는 우파에서 별다른 반대가 없었고, '뒤통수를 치는 배신행위'라는 민족주의적 비난 여론도 없었다. 이번에는 사회민주당이 당리당략이 아니라 독일이라는 국가를 대표해서 행동하는 것처럼 보였기 때문이다. 사회민주당은 모든 이에게 이익이 될 수 있는 정책을 추구했다. 브란트는 1968년 이전에 이런 상황을 명쾌하게 내다봤다.

> 독일은 일반적이고 유럽적이며 국가적인 이유에서 긴장 완화에 관심이 있다. 따라서 우리는 동맹국뿐만 아니라 거의 모든 나라와 조화로운 공존을 모색한다. 우리는 중립적인 세계를 추구하는 국가와 정부의 일원이 되고자 한다. 따라서 반대하는 목소리도 있지만, 우리는 공산주의자가 통치하는 국가와도 관심사를 공유하고 있음을 밝힌다.[22]

서독과 동구권이 맺은 여러 가지 조약은 어떤 성과를 남겼을까? 우선 NATO와 바르샤바조약기구 사이의 협상을 위한 기본적인 틀이 마련됐다. 볼프람 한리에더Wolfram Hanrieder의 설명처럼 서독이 동구권과 맺은 조약은 "몇 가지 쟁점에 영향을 미치며, NATO와 바르샤바조약기구 사이에서 그리고 두 조약 내부에서 복잡하게 얽힌 문제를 푸는 중요한 요소가 되었다. 관련된 모든 정당은 손실에 대비하면서 최대한 많은 것을 얻고자 노력했다".[23] 동구권과 조약을 맺으며 서베를린도 안정을 찾았다. 마침내 소련은 서베를린과 서독의 특별한 관계를 인정했다. 소련은 서베를린 주민들에게 (베를린

장벽 설치로 만날 수 없던) 동베를린의 친척 방문을 허용했다. 동구권과 맺은 조약은 무역과 경제협력의 확대를 알리는 신호였다. 서독은 동구권 시장들이 서구에 갑작스럽게 문호를 개방한 1990년대 이전까지 동구권 시장에서 아무도 따라올 수 없을 만큼 앞서 나갔다. 유럽안보협력회의CSCE의 후원으로 다자간 동서 외교 회담이 헬싱키Helsinki에서 처음 열린 것도 동방정책의 성과였다.[24] 서독은 동방정책 덕분에 서구의 동맹국을 대할 때 행동의 자유가 크게 늘었다. 동방정책 이전에 서구의 동맹국들은 서독과 협상하는 과정에서 동독과 관계를 개선하겠다는 눈치를 흘려 서독을 은근히 협박했다. 그러나 서독이 동독을 인정한 뒤에는 그런 협박이 소용없어진 것이다.[25]

긴장 완화는 한마디로 규정할 수 있는 목적이라기보다 다양한 해석이 가능한 과정이었다. 소련이 생각하는 동방정책은 유럽의 현상황을 인정하고 유럽의 세력권을 공고히 하는 것이었다. 그러나 독일 사회민주당이 원한 것은 역동적인 개념의 긴장 완화였다. 즉 그때까지 팽배하던 동서 진영의 경직된 논리를 극복해 동독과 서독이 더 친밀한 관계로 나가고, 중유럽이나 동유럽과도 정치적 거래뿐 아니라 경제, 문화, 사회 모든 면에서 관계를 개선하는 것이었다. 그러나 관계 개선은 기대에 못 미쳤다. 동유럽과 관계 개선은 여전히 정치적인 한계를 벗어나지 못했다. 모스크바는 바르샤바조약기구의 결속력을 약화할 수 있는 조치나 유럽의 분열을 부채질할 수 있는 시도에 관심이 없었다. 미국도 NATO의 결속력을 약화할 수 있는 조치에 관심이 없었을 것이다.

동방정책은 성공적이었을까? 유럽에서 동서 진영의 세력권을 없애는 것이 목표였다면 동방정책은 실패다. 좀더 소박하게 긴장 완화에 기여하는 것이 목표였다면 동방정책은 대단히 성공적인 정책이라고 말할 수 있다. 자유민주당과 손잡은 이상 사회민주당에게 그보다 큰 성과를 기대하기는 무리였을 것이다. 사회민주당은 자유민주당과 함께 근소한 차이로 의회 다수 의석을 공동으로 점유하는 정당에 불과했다. 기독민주당과 기독사회당 의원들은 사회민주당과 자유민주당 의원들에 맞서 촘촘하게 전열을 형성하고 있었다. 유럽의 운명을 가르는 열쇠는 본이나 런던, 심지어 드골의 파리도 아니고 모스크바와 워싱턴이 쥐고 있었다. 브란트는 미국과 소련에 유럽을 맡겨서는 독일의 외교정책이 결코 성공할 수 없다고 생각했다. 하지만 그는 유럽의 안보가 "궁극적으로 미국의 헌신을 신뢰하는 데 있다"고 썼다. 그는 드골이 "세계열강의 핵무기 문제가 교착 상태에 빠진 덕분에 얻은 정치적 운신의 자유를 자기 방식으로 활용하고 있다"는 점을 인정했다.[26]

동방정책의 첫 단계에 해당하는 1967~1971년은 가장 운이 없는 시기였을 수도 있다. 1968년 소련은 개혁을 꿈꾸던 체코슬로바키아 공산당을 무력으로 진압했고, 미국은 베트남에서 지속적으로 군사력을 증강했다. 이를 근거로 세계의 양극체제가 갈수록 심화되었다고 말할 수도 있다. 그러나 현실은 정반대였다. 1960년대는 확고하게 양극화된 미국과 소련의 공동 패권에 처음으로 체계적인 공격이 가해진 시기다. 아시아에서는 수년간 소련에 복종하던 중화인민공화국이 마침내 독자적인 외교정책을 추진했고, 핵무기도 개발했다. 유럽에서는 드골이 사사건건 미국의 허락을 받기 위해 눈칫밥을 먹던 프랑스를 해방했다. 영국은 잔뜩 경계하면서도 EEC를 향해 첫발을 내딛었다. 결과적으로는 실패했지만 중유럽에서도 공산주의 내부에 유례없이 강한 개혁 충동이 일었다. 프라하의 봄이 그런 충동을 똑똑히 보여줬다. 공산주의의 가장 명석한 옹호자들인 체코슬로바키아의 알렉산드르 둡체크Alexander Dubček와 이탈리아의 톨리아티, 그의 후계자 엔리코 베를링구에르는 어떤 형태로든 모스크바에서 벗어나고자 노력했다. 이제 그들은 '개혁 공산주의'(뒷날 '유러코뮤니즘')의 옹호자가 되었다. 여전히 전제 국가의 권위주의적 구조를 유지하던 루마니아조차 체코슬로바키아 침공 때 바르샤바조약 군에 참여하길 거부하고, 1969년 8월 닉슨의 루마니아 방문을 환영함으로써 독자적인 외교정책에 착수했다.

  미국은 새로운 국면을 공개적으로 인정했다. 1970년 2월 18일, 리처드 닉슨은 미 의회에 4만 단어로 된 보고서 「1970년대의 미국 외교정책 : 새로운 평화 전략United States Foreign Policy for the 1970s: A New Strategy for Peace」을 보냈다. 닉슨은 특유의 겸손함으로 이 보고서를 '20세기에 작성된 가장 포괄적인 미국의 외교정책 성명서'라 불렀다. 미국 언론은 닉슨의 보고서에 '세계 연두교서'라는 별명을 붙였다.[27] 닉슨은 이제 획일적인 공산주의 운동은 존재하지 않는다고 썼다. 그는 미국의 동맹국들이 국가 방위를 위해 자국의 군사력에 더 의존하는 경향으로 나갈 것이라고 예측했다. 또 미국의 핵무기 독점 시대가 막을 내리면서 동서 진영 가운데 어느 쪽이 선제공격을 하든 생각하기도 싫은 피해를 줄 수 있는 상황이 벌어질 것이라고 덧붙였다. 닉슨은 1969년 7월 25일 괌Guam에서 처음 윤곽이 드러난 '닉슨독트린'을 이 보고서에서 재천명했다. 즉 이제는 미국 단독으로 자유세계의 방위를 책임질 수 없게 되었다고 선언했다.[28]

이처럼 세계는 '다중심주의적'으로 변하고 있었다. 많은 나라가 그 사실을 인정했고, 그런 나라는 갈수록 늘었다. 예외가 있다면 소련 정도였다. 비동맹주의 운동의 아버지인 이집트의 나세르와 인도의 네루Jawaharlal Nehru, 유고슬라비아의 티토는 다중심주의의 선구자다. 서유럽 좌파 가운데 다중심주의의 대표적인 옹호자는 이탈리아 공산당이다. 10장에서 살펴봤듯이 1956년 초부터 톨리아티는 패권을 쥔 단일 지도부에 종속되지 않는 다중심적 공산주의를 열망했다. 처음에는 소련에 퇴짜를 맞았지만, 톨리아티는 EEC의 발전이나 소련과 중국의 분열에서 새로운 기회를 발견했다. 중국의 공산주의자들은 톨리아티와 생각이 정반대였다. 그들은 소련과 공개적인 논쟁에 돌입하기 전만 해도 톨리아티를 내놓고 공격했다.[29] 그럼에도 톨리아티는 중국을 국제 운동에서 제명하려고 한 소련의 시도에 반대했고, 소련의 지도력을 재확인하기 위해 국제 공산주의자 회의를 소집하려 하자 이마저 거부했다.[30] 몇 달 뒤 톨리아티는 각서를 작성했고, 이것은 그가 마지막으로 한 일이 되고 말았다. 톨리아티는 숨을 거두기 며칠 전인 1964년 8월 얄타Yalta에서 작성해 흐루시초프에게 보낸 각서에서 민주적 계획과 시민의 자유 같은 문제를 전반적으로 다시 생각해봐야 한다고 주장했다.

사회주의 국가와 관련해 (심지어 소련조차) 모든 것이 항상 순조롭게 되어간다고 말하는 것은 옳지 않습니다. 모든 사회주의 국가에서 어려운 상황과 모순과 새로운 문제들이 항상 발생하고, 이는 해당 국가의 실제 현실에서 분명하게 나타나고 있습니다.[31]

가장 의미 있는 진전은 회의와 토론을 통해 "우리 운동의 서로 다른 영역들, 즉 서유럽과 라틴아메리카, 제3세계, 인민민주주의 등"을 제도권으로 끌어들인 것이었다.[32] 톨리아티의 얄타 각서는 원래 극비 문서였으나 곧 이탈리아 공산당 기관지에 공개되었고, 시간이 지나면서 다중심주의를 대변하는 '선언'으로 자리 잡았다.[33] 각서를 자세히 읽어보면 '선언'이라는 표현은 다소 과장되었다는 사실을 알 수 있다. 중요한 것은 톨리아티가 "후계자인 루이지 롱고와 베를링구에르가 공산주의 운동 안팎에서 새로운 국제주의를 추진할 수 있도록 기본 원칙을 세웠다"는 점이다.[34] 이탈리아 공산당은 얄타 각서에 담긴 다중심주의의 맹아를 토대로 소련의 문화 정책과 종교 정책을 줄기차게 비난했으며, 공산주의 진영에서 가장 큰 소리로 소련의 체코슬로바키아 개입을 비판했다.[35] 소련 공산당은 격분했지만, 당초 중국 공산당을 규탄하기 위한 국제회의를 논의하기로 한 1965년 모스크바 전당대회는 이탈리아 공산당의 바람대로 무기한 연기되었다. 대신 1969년 6월 모스크바에서 열린 세계 공산당 대회는 최종 성명서를 통해 이탈리아 공산당의 요구를 수용한다고 발표했다. 최종 성명서는 각국 공산당에 구속력을 갖지 않았고, 중국을 규탄하지도 않았다. 한술 더 떠 이탈리아 공산당은 이 성명서에도 서명하기를 거부했다. 이로써 이탈리아 공산당은 모스크바와 공개적으로 단절하지 않고도 소련 공산당을 저지할 수 있었다. 힘없는 야당으로서는 보기 드문 외교적 성과였다.[36]

그러나 이 시기에 이탈리아 공산당이 외교정책을 통해 거둔 가장 큰 성과는 단연 독일 사회민주당과 동독이 관계를 개선하는 과정에서 주요 중재자 역할을 은밀하게 수행했다는 것이다. 1967년 이탈

리아 공산당 서기장 루이지 롱고의 외교정책 자문인 세르지오 세그
레Sergio Segre는 동방정책의 첫 단계인 1967~1971년 동독과 독일 사
회민주당의 중재자 역할로 국제적 긴장 완화에 기여했다. 이로써
이탈리아 공산당은 유럽의 강력한 사회주의 정당인 독일 사회민주
당과 교분을 쌓았고, 사회민주당의 감사 인사까지 받았다. 뿐만 아
니라 사회민주당을 설득해 서독 공산당 금지 조치를 철회시켰다(다
만 법적인 이유 때문에 독일 공산당 당명을 KPD에서 DKP로 바꿔야 한다
는 단서가 붙었다). 또 이탈리아 공산당은 동독과 서독의 중재자 역
할과 관련된 세부적인 사항을 교묘히 외부에 흘려 자신들이 책임감
있게 외교정책을 추진할 수 있는 서구의 정당이라는 인식을 강하게
심어줬다.[37]

한편 이탈리아 공산당은 당내 주요 개혁가 중 한 명인 조르지오
아멘돌라의 영향을 받아 EC 설립에 반대한다는 방침을 철회했다.
1962년 3월에 EEC가 이탈리아에 가져올 경제적 어려움을 이탈리
아 공산당이 과대 포장하고 있다고 비난한 아멘돌라는 EEC가 과학
기술의 진보와 현대화에 기여할 것이라고 주장했다.[38] '유로코뮤니
즘'이 탄생하기 10년도 훨씬 전에 이탈리아 공산당의 유럽 정책을
위한 토대가 마련된 셈이었다.[39]

이탈리아 공산당 대표단은 1966년 5월 오스트리아 빈에서 열린
서유럽 공산당 대회에 참석해 경제적으로 상호 의존하는 상황이 서
유럽에 도래했음을 인정했다. 그들은 유럽 통합을 덮어놓고 비난하
거나 거부하는 것은 '유럽의 노동계급 가운데 일부 영역이 고수하
기에는 지나치게 낡고' 비현실적인 태도라는 점도 인정했다.[40] 1969
년 3월에는 이탈리아 공산당 의원이 최초로 유럽의회에 참여했다.

로마조약을 개정하고, 미소 두 강대국의 세력권을 단계적으로 폐지하며, 유럽의 자주권을 확인한다는 것이 이탈리아 공산당의 야심 찬 목표였다. 이 목표를 달성하려면 사회민주주의 정당을 포함해서 유럽 좌파가 단결해야 했다.[41]

이탈리아 공산당은 반대서양주의적인 유럽을 꿈꿨지만,[42] 이탈리아 공산주의자들은 이제 유럽 각국의 주요 좌파 정당들과 마찬가지로 EEC를 지지했다. EEC 회원국의 주요 정당 가운데 프랑스 공산당만 여전히 EEC에 반대했다. 그러나 프랑스 공산당도 이탈리아 공산주의자들과 프랑스 사회주의자들의 압력에 못 이겨 태도를 바꾸기 시작했다. 이탈리아 공산당 서기장 루이지 롱고는 EEC를 위한 공동 발의안에 프랑스 공산당을 참여시키기 위해 1965년 제네바Geneva, 이듬해 산레모San Remo에서 프랑스 공산당과 만났다. 당시 프랑스 공산당은 주기적으로 겪는 정치 쇄신의 또 한 시기를 통과하고 있었다. 즉 신임 서기장 발데크 로셰는 전임 서기장 모리스 토레즈가 손대지 않고 남겨둔 프랑스 공산당을 바꾸기 위해 조심스럽게 칼을 대기 시작했다. 그것은 결코 쉬운 일이 아니었다. 늙은 감시병들이 발데크 로셰 주변을 에워싸고 자신들이 미는 조르주 마르셰Georges Marchais가 서기장 자리를 물려받아야 한다며 다급하게 그를 후보로 내세웠다.[43] 하지만 프랑스 공산당 안에서 EEC에 반대하는 목소리는 조금씩 잦아들었다. 그토록 갈망하던 사회주의자들과 손잡으려면 EEC를 지지해야 했기 때문이다.

프랑스 공산당의 공식 이론지 『카이에 드 코뮤니즘』의 분위기도 달라졌다. 1966년 4월 『카이에 드 코뮤니즘』에는 유럽 문제에 사회주의자들과 단결된 모습을 보이라고 촉구하는 글이 실렸다.[44] 그보다 두세 달 전에는 EEC의 운용 방식과 발전을 합리적이고 객관적으로 분석한 글이 실리기도 했다. 게다가 그 글에는 모든 전제주의적 경제 전략을 거부하는 데 도움이 될 만한 자료가 가득 들어 있었다.[45] 『카이에 드 코뮤니즘』을 여기저기 훑어보면 놀랍게도 장 모네(당시까지 기술 관료적 신자본주의의 아들로 여겨졌다)와 반드골주의적인 기독민주당의 수장 장 르카뉘에Jean Lecanuet를 비교하는 글을 발견할 수 있다. 우선 모네는 소련을 평화 세력으로 인정하고 긴장완화를 옹호한 공로를 칭송한다. 반면에 르카뉘에는 동유럽에 맞서기 위해 언제까지나 핵무기가 필요하다는 경고를 되풀이했다는 이유로 비판받는다.[46] 더 놀라운 것은 결론이다. 『카이에 드 코뮤니즘』은 '우리의 새 시대'에는 국가라는 틀에 갇혀 경제정책을 개발하는 것이 불가능하다는 점을 인정했다. '국가의 현실이 영구불변하다는 점을 부인하는 것은 비현실적'이지만, 프랑스 공산당이 이제 '좌파 공동의 유럽 정책'을 지지한다는 점도 인정했다.[47]

이처럼 프랑스 공산당은 유럽 문제에는 유연한 태도를 보였지만, 유럽 통합은 절대로 받아들이지 않았다. 프랑스 공산당은 EEC를 피할 수 없는 현실로 인정했다. 프랑스가 EEC에서 발을 빼면 좋겠다는 헛된 기대도 품지 않았다. 그러나 유럽의회에 직접 투표하는 것과 유럽의회의 권한을 확대하려는 시도에는 계속 반대했다. 여전히 국가의 자주권 수호를 최우선으로 여겼으며, 유럽 통합이 더 진전되면 다국적기업의 힘만 강해질 것이라고 확신했다.[48] 이 모든 쟁점에 프랑스 공산당은 이탈리아 공산당과 생각이 달랐다. 협력 관계를 맺고 싶은 인터내셔널 프랑스지부와도 생각이 달랐고, EEC 회원국의 모든 사회주의 정당들과도 생각이 달랐다. 프랑스 공산당과 생각이 같은 이들은 영국 노동당 내의 반유럽주의자들뿐이었다.

프랑스 공산당은 유럽 통합 문제를 무시할 수 없다는 것을 깨달았다. NATO 회원국의 다른 좌파 정당들은 먼 길을 돌고 돌아 결국 같은 자리에서 만났다. 덴마크 사회민주당은 작고 상대적으로 약한 나라의 한계를 잘 알았다. 덴마크가 노르웨이와 함께 NATO에 가입하면서 1940년대 북유럽의 결속은 깨졌다. 1960년대에 덴마크는 썩 내키지는 않았지만 EEC에 가입할 준비를 했다. 덴마크 사회민주당 소속 외무부 장관 옌스 오토 크락Jens-Otto Krag이 털어놓았듯이, 덴마크가 EEC에 가입한 것은 순전히 실리적인 이유 때문이다. 영국은 덴마크의 최대 농산물 수출국이었다. 영국이 EEC에 가입한다면 덴마크도 따라갈 수밖에 없었다.[49] 영국의 가입 신청이 거부당하자, 덴마크는 드골이 정식 회원 자격을 제안했음에도 가입 의사를 철회했다.[50] 덴마크에서 EEC 가입은 당리당략을 넘어선 초당적인 문제였다. 에드워드 히스Edward Heath 영국 수상이 세 번째이자 마지막 시도에 성공해 EEC에 가입한 1970년에 덴마크와 노르웨이, 아일랜드도 다시 가입 신청을 했다. 당시 야당이던 덴마크 사회민주당도 EEC 가입 문제에 관한 한 '부르주아' 여당을 지지했다. 좌파 정당인 덴마크 사회국민당SF 소속 의원 17명과 사회민주당에서 이탈한 12명, 급진 좌파 4명, 그린란드Greenland 의원 1명이 반대표를 던졌지만, EEC 가입 법안은 1971년 9월 7일 덴마크 하원에서 통과됐다. 그러나 6분의 5가 찬성하지 않았기 때문에 법에 따라 국민투표가 실시되었고, 63.3퍼센트를 얻은 친유럽주의자들이 승리했다.[51]

아일랜드와 노르웨이도 덴마크와 비슷한 제약에 부딪혔다. 다시 말해 영국에 대한 무역 의존도가 지나치게 컸다. 노르웨이는 세 나라 중에서 EEC 가입을 가장 망설였다. 노르웨이 비사회주의 정당들은 덴마크와 달리 EEC 가입 문제를 놓고 의견이 팽팽하게 맞섰다. 중앙당(농민 정당)은 반유럽적이었고, 자유주의 정당과 기독인 민당 내 일부 정파도 반유럽적이었다. 노동조합도 반대했고, 노동당 지지자 다수를 포함해 노동계층도 대부분 EEC 가입에 반대했다. 그럼에도 노르웨이 국회에서는 EEC 가입 신청안이 세 차례 모두 압도적인 표 차이로 통과됐다. 1962년에는 찬성과 반대가 113대 37, 1967년에는 135대 14, 1970년에는 132대 17이었다.[52] 하지만 노르웨이 국민은 국회의 결정을 받아들이지 않았다. 1970년 국회 표결 이후 치러진 국민투표에서 55.3퍼센트가 EEC 가입을 거부했다. EEC 가입을 반대한 주요 동력은 덴마크와 마찬가지로 좌파에서 나왔다. 덴마크나 노르웨이 좌파는 EEC 가입에 반대하는 과정에서 거창한 민족주의 이데올로기를 끌어들일 필요도 없었다. 노르웨이에서는 어촌 사회 같은 몇몇 특수한 집단을 보호해야 한다는 주장만으로도 유럽을 반대할 명분이 충분했다. 심지어 노르웨이 국민은 1994년에도 다시 한 번 EC 가입을 거부했다. 그러나 덴마크와 노르웨이가 EEC에 반대한 이유는 따로 있었다. 북유럽 사회민주주의가 성취한 복지 제도가 초국가적 연합의 행보로 훼손되는 것을 가장 우려했다. EEC라는 초국가적 연합이 유럽의 자본주의를 발전시키는 것이 목표라고 분명하게 밝혔기 때문이다. 유럽 통합에 반대하는 사람들은 자신들이 국제주의자라고 떠들었지만, 실제로는 한 국가 안에서 사회주의라는 '국가적' 개념에 기반을 둘 수밖에 없었다. 다시 말해 반유럽주의자들은 외부인의 발길이 가장 적게 닿는 곳에서 사회주의가 가장 완벽하게 피어날 수 있다고 생각했다.

EEC를 창설한 6개국 사회주의 정당과 사회민주주의 정당은 덴마크나 노르웨이의 걱정에서 자유로웠다. 6개국 사회주의 정당과 사회민주주의 정당은 모두 EEC 확대를 지지했고, 그 결과 영국이 가입했다. 그들은 EEC를 '민주화'하기 위해 유럽의회에 좀더 많은 재량을 부여했다. 반대로 드골의 '국가들의 유럽Europe des patries'론과 EEC 사안에 대한 그의 의사방해에는 서슴없이 비판했다. 또 협력 확대 문제에 두루뭉술하게나마 긍정적인 언급을 했다.[53]

그러나 EEC 6개국의 사회주의 정당과 사회민주주의 정당 중에서 국내 정책과 유럽주의를 통합하는 데 성공한 정당은 하나도 없다. 그들은 저마다 국가적 논리에 따라 선거 강령을 만들었고, 혹시라도 EEC가 강요할 수 있는 제약에는 거의 신경 쓰지 않았다. 좋은 유럽주의자가 된다는 것은 사회적 지위와 책임 의식, 반反국수주의를 상징하는 훈장을 얻는 것이나 다름없었다. 유럽주의는 독일 사회민주당을 제외한 서유럽 좌파에 없는 외교정책이라는 빈 공간을 채워주었다. 유럽주의가 그 빈 공간을 채워주는 수사적 장치 이상의 역할을 했다면, 이들 정당은 유럽 재편을 위한 전체적인 밑그림을 그리기 위해 노력했을지도 모른다. 그게 아니라면 적어도 'EC는 무엇을 달성해야 할까?'처럼 정곡을 찌르는 질문을 스스로 던져봤을 것이다. 그러나 현실은 그렇지 않았다. EC에 속한 사회주의 정당들 사이에서는 EC에 관한 의미 있는 논의가 전혀 없었다. 심지어 동방정책(어쨌든 그것은 독일의 '국가적인' 외교정책이었다)으로 획기적인 전환점을 마련한 독일 사회민주당조차 EEC에는 사실상 입을 다

문 채 초국가주의적이고 냉담한 태도를 유지했다.[54]

　그럼에도 유럽의 사회주의자들은 사회민주주의적 언어로 EEC 를 정당화하기 위해 애썼다. 오스트리아처럼 EEC 가입에 관심을 표명하지 않은 나라도 예외는 아니었다. 오스트리아 사회당의 새로운 지도자 브루노 크라이스키는 유럽이 통합되어야 사회민주주의가 실현될 수 있다고 잘라 말했다. 그는 사회주의 운동의 역사를 세 단계로 나눴다. 첫 번째 단계에서는 노동자가 자신의 역사적 역할을 깨닫는다. 두 번째 단계에서는 사회민주주의자들이 복지국가를 건설한다. 세 번째 단계에서는 사회생활의 모든 분야를 민주화하고, 더 폭넓은 유럽을 정치적으로 통합한다.[55] 크라이스키의 이런 생각은 페르 알빈 한손이 1930년대 스웨덴에서 창안한 사회주의 3단계론에서 그대로 빌려온 것이다. 6장에서 살펴봤듯이 영국에서는 사회학자 토머스 마셜이 한손과 유사한 3단계론을 정치적 · 사회적 · 경제적 권리로 구분해 사용했다. 마셜의 세 가지 권리는 현대적 의미의 시민권이나 마찬가지였다.

　덴마크 사회민주당의 당수 옌스 오토 크락은 1971년 헬싱키 사회주의 인터내셔널 회의에서 EC는 사회민주주의에 피해를 주기 위한 자본주의의 음모가 아니라고 설명했다. 크락은 오히려 EC를 통해 이탈리아처럼 사회민주주의가 정복하지 않은 지역까지 사회민주주의를 확산시킬 수 있다고 주장했다.[56] 그 회의에서 빌리 브란트는 크락과 똑같은 정신에 입각해 영국의 EEC 가입 신청을 환영했다. 브란트는 EEC가 "정치적 의지를 형성하는 방향으로 가야 한다. 우리는 단순히 경제로 하나 된 유럽을 뛰어넘는 뭔가를 만들기 위해 노력해야 한다"고 주장했다.[57] 노르웨이 총리이자 노르웨이 노동당

당수 트뤼그베 브라텔리Trygve Bratteli 역시 유럽의 협력은 '우리 정당들이 자기 나라 형편에 맞게 세워놓은 장기적인 목표'를 달성하는 데 걸림돌이 되지 않는다고 강조했다. 브라텔리는 노르웨이가 유럽통합에 참여하기 위해서는 "우리가 민주적인 사회주의 사회를 만들 수 있는 가능성을 유지한다"는 조건이 충족되어야 한다고 덧붙였다.[58]

당시 야당이던 영국 노동당은 헬싱키 회의에서 제시된 이런 주장 가운데 아무것도 지지하지 않았다. 데니스 힐리는 EEC 문제에 입을 굳게 다물었다.[59] 해럴드 윌슨은 원내정당이 EEC 문제에 아직 마음을 정하지 못했다고 설명했다. 그러나 원내정당의 마음이 EEC 가입 반대로 기울었다는 말은 덧붙이지 않았다. 윌슨은 두 가지 문제가 풀려야 한다는 입장을 취했다. 두 가지 문제란 농업 예산에 대한 영국의 분담금 문제, 영연방에 속한 국가들을 '공정하게' 처리하는 문제였다.[60]

다른 나라 대표단은 주저하는 영국의 태도에 별로 놀라지 않는 눈치였다. EEC는 1960년대부터 영국 노동당을 괴롭히는 골치 아픈 문제 가운데 하나였기 때문이다. 서유럽의 좌파 정당 가운데 영국 노동당만큼 유럽 문제에 어정쩡한 태도를 취한 정당도 없었다. EEC에 가입하기까지 노동당은 우여곡절을 겪었다. 1962년 영국 노동당은 게이츠컬을 중심으로 똘똘 뭉쳐 보란 듯이 EEC에 반대했다. 일방적 핵무기 폐기와 당헌 4조 문제를 놓고 쓰라린 분열을 맛본 뒤라 단합이 필요한 때였다. 1967년 해럴드 윌슨은 예상을 깨고 EEC에 가입하기 위한 두 번째 시도를 했다. 드골은 거부권을 행사했다. 그 후 노동당은 1970년 선거에서 패했다. 노동당은 에드워드 히스 수상의 세 번째 가입 시도를 지지하지 않았고, 가입 조건에 반대표를 던졌다. 1974년 선거에서 승리한 윌슨은 재협상을 통해 가입 조건을 수정하고, 이듬해 국민투표에 부쳤다. 이전에 국민투표를 활용해본 적이 없는 노동당은 처음으로 헌법을 흔드는 개혁에 도전한 셈이었다. 국민투표 홍보 과정에서 노동당 전국 집행위원회의 다수 위원과 내각의 일부 장관들은 한목소리로 재조정된 가입 조건에 반대했다. 그러나 유권자들은 압도적인 표 차이로 EEC 가입을 지지했다. 노동당의 1983년 선거공약 선언문은 명백히 반유럽적이었다. 이 선언문이 EEC에 반대하는 마지막 몸부림이었을 것이다. 이후 노동당의 정강 정책은 흔들림 없이 유럽에 헌신했다. 물론 원내 일부 노동당 의원은 1990년대 초반까지도 EC에 대한 의심을 거두지 않았다.

노동당 당수들도 이 뿌리 깊은 어정쩡함 때문에 골머리를 앓았다. 게이츠컬은 반反EEC 시류에 올라타기 전에 복잡한 줄타기를 했다. 그는 1962년 5월, 대표적 친유럽주의자 로이 젱킨스에게 말했다. "내가 어떤 생각을 하느냐가 아니라 당의 마음을 어떻게 움직이느냐가 문제입니다."[61] 1962년 10월 브라이튼Brighton 전당대회에서 게이츠컬은 영국의 EEC 가입에 반대하기로 결정했다. 원칙적으로 찬성하지만 '가입 조건에 문제가 있다'는 이유에서다. 게이츠컬의 결정은 EEC를 반대하는 모든 세력(다수)의 찬성을 얻는 동시에, 자신의 가장 가까운 정치적 지지자인 친시장주의자들이 받을 충격을 최소화하는 최선의 선택으로 받아들여졌다. 이때부터 '가입 조건에 문제가 있다'는 말은 EEC에 반대하는 사람들이 내세우는 전형적인 이유가 되었다. 심지어 원칙적으로 가입을 반대하는 사람들도 이 기회를 놓치지 않고 '가입 조건에 문제가 있다'는 이유를 내세웠다.[62] 게이츠컬은 실용적 이유로 EEC에 반대하는 세력을 중심으로 당을 결속하기 위해 자신의 유리한 점을 확실하게 이해시키는 선동 정치를 활용했다. 그는 연설을 마치면서 EEC 창설자들이 꿈꾸는 연방제를 공격했다. "연방제는 곧 독립국가로서 영국이 존재하지 않는다는 것을 의미합니다. 수천 년간 이어온 역사도 끝나고 말 것입니다." 노조원들과 활동적인 지지자들은 게이츠컬의 연설에 뜨거운 박수갈채를 보냈다. 이들은 2년 전만 해도 국방 문제와 당헌 4조 문제를 놓고 게이츠컬을 인정사정없이 공격한 당사자들이다. 게이츠컬의 아내 도라Dora의 말은 조심스럽지만 정확했다. "엉뚱한 사람들이 환호성을 지르고 있다."[63]

드골이 맥밀런의 가입 신청에 거부권을 행사하면서 영국의 EEC 가입 문제는 뒷전으로 밀려났다. EEC 가입은 1964년과 1966년 총선 때만 해도 중요한 문제로 여겨지지 않았다. 노동당 내 다수는 '사회민주주의' 계열이나 게이츠컬을 지지하는 사람들이었는데도 친유럽주의는 노동당 국회의원 중 3분의 1에 해당하는 사람들 사이에서 확고하게 자리 잡았다. 좌파 쪽에서 EEC에 반대하는 정서는 '진정한' 사회주의를 보증하는 상징 가운데 하나가 되었다. 그러나 예외도 있었다. 한 예로 1967년 에릭 헤퍼Eric Heffer가 이끄는 하원 내의 소규모 의원 집단은 '유럽 사회주의 합중국'으로 가는 첫 단계로 영국의 EEC 가입을 찬성했다.[64] 2~3년 뒤 헤퍼와 그의 동지들은 EEC 반대론자로 돌아섰다. 영국 공산당과 노동조합, 『트리뷴Tribune』을 중심으로 결집한 노동당 내 좌파, 여기에 트로츠키주의자와 비非트로이츠키주의자를 아우르는 거의 모든 좌파 세력이 EEC

에 반대했다. 피터 쇼어Peter Shore와 데니스 힐리, 더글러스 제이 같은 노동당 내 우파 인사도 가세했다. 노조 진영에서 '현대화주의자'로 알려진 클라이브 젱킨스Clive Jenkins는 완고한 전통주의자나 공산주의 성향 노동조합원 켄 길Ken Gill 같은 사람들과 손잡고 EC가 영국의 국권을 침해하지 못하도록 수호하는 데 앞장섰다. 이들은 EC를 '자본주의 클럽'이나 프랑스의 음모, 가톨릭의 패권 장악을 위한 도약대, 독일이 주도하는 연합이라고 불렀다.[65] 노동당이나 전반적인 좌파 세력의 울타리를 벗어나 뜻을 같이하는 동지를 찾으려면 이노크 파월Enoch Powell 같은 극우파 인사나 보수주의 안에서 민족주의 성향을 띠는 당원들 쪽으로 발걸음을 돌릴 수밖에 없었다.

지방의 소규모 민족주의와 직감적이고 '본능적인' 사회주의, 거대한 다민족 가문이던 영국연방에 대한 향수가 결합하여 웃지 못할 반대 사유를 내놓기도 했다. "영국이 EEC에 가입하면 영국 맥주가 사라질지도 모른다. 우리가 즐겨 먹던 훈제 연어는 갈색이라는 이유로 외면당할 수 있다. 영국 소시지도 유럽의 관습에 맞지 않으므로 바꿔야 할 것이다."[66]

윌슨 정부가 EEC에 두 번째로 가입 신청을 하기로 결정하자, 노동당 안에서는 유럽 문제에 대한 논쟁이 다시 불붙었다. 윌슨은 1966년 총선이 끝나자마자 영국이 가입을 결정하려면 어떤 조건을 충족해야 하는지 알아보기 위해 EEC 6개국의 수도를 방문하겠다고 발표했다. 그때 윌슨은 비공식 협상에 착수한 뒤였다. 1966년 3월 윌슨은 영국이 영연방에서 값싼 식품을 계속 들여올 수 있어야 하고, 영국의 외교정책이 초국가적 통제를 받는 일이 없어야 한다는 전제 조건을 제시했다.[67] 몇 달 뒤 윌슨은 EEC 가입 의사를 밝혔다.

1967년 11월 27일 드골은 다시 거부권을 행사했다. 영국 노동당 내 EEC 반대론자들이 조직적인 반대 운동에 나서기도 전이었다. 프랑스는 거부권 행사 이유로 영국의 위태로운 경제 상황, 특히 불안정한 무역수지와 영연방에서 수입하는 식품에 매기는 특혜관세, 자본 수출 제한, 파운드화의 국제적 역할을 들었다.[68] 모든 사람이 당연하다는 반응이었다. 드골은 1967년 3월 31일 로마에서 EEC 정상들이 모였을 때 기자회견을 통해 미국에 대한 적대감이 커졌다는 점을 분명히 드러냈다.[69] 드골이 볼 때 EEC 6개국 중에 진정으로 독립적인 정책을 펴는 국가는 프랑스밖에 없었다. 프랑스가 없다면 이탈리아는 말할 것도 없고 네덜란드와 벨기에, 심지어 독일까지 미국의 감언이설에 넘어갈 것이 뻔해 보였다. 이런 상황에서 영국이 EEC에 들어오면 미국의 압력이 한층 거세질 수 있었다.[70] 1967년 1월과 6월 드골을 만나고 온 윌슨의 설명에서 드골에 대한 적의나 분노는 찾아볼 수 없다. 오히려 윌슨은 순수한 정치인으로서 드골이라는 정치인에 매료되었고, 장군다운 카리스마와 자신이 세계사의 일부임을 자각하는 드골의 감각에 압도되었다.[71]

베트남에 대한 노동당의 외교정책을 보면 드골이 영국은 미국의 속국에 불과하다고 의심한 것이 근거 없는 얘기가 아님을 알 수 있다. 영국이 파운드화를 제2의 준비 통화로 여기며 방어한 것은 영국이 미국의 보조 역할을 하고 있다는 인상을 주었다. 영국이 미국의 보조 역할을 하고 있다는 비난은 영국의 심기를 건드렸다. 바로 그때 프랑스 재무부는 정신없이 금을 모으고, 달러를 처분하고 있었기 때문이다. 1971년 8월 달러가 불환지폐(즉 평가절하)가 된 것을 감안하면 프랑스의 상황 판단은 아주 빨랐다. 드골은 영국과 미국의 특별한 관계를 암시하는 결정적인 증거로 파운드화의 국제 준비금 역할을 들었고, 윌슨도 이 사실을 잘 알았다.[72] 영국 노동당 각료 가운데 몇몇 친유럽주의자의자들은 드골과 같은 생각이었으며, 조지 브라운도 그중 한 명이었다. 리처드 크로스먼과 바버라 캐슬에 따르면 1966년 조지 브라운은 해럴드 윌슨이 파운드화 평가절하를 고려하지 않을 것이라고 결론 내렸다. 브라운이 볼 때 윌슨은 "이제 되돌릴 수 없을 만큼 개인적으로 존슨 대통령에 매여 있었고, 자유로운 신분이 되고자 하는 생각을 포기했다".[73] 공교롭게도 노동당은 드골이 거부권을 행사하기 열흘 전에 파운드화를 평가절하 했다.

윌슨은 왜 당의 결속에 치명적인 해가 될 것을 알면서도 전에는 반대하던 친親EEC 정책에 착수했을까? 몇 가지 이유를 생각해볼 수 있다. 우선 EFTA(유럽자유무역연합) 소속으로는 훨씬 더 큰 EEC 상권에 마음대로 접근할 수 없었다. 영연방과 무역 비중은 줄었고, 미국은 영국과 '특별한 관계'에 관심이 없다는 것을 노골적으로 드러냈다. EEC가 GATT(관세무역일반협정) 협상에서 미국의 주요 상대가 될 만큼 세력이 눈에 띄게 커진 점도 작용했다.[74] 달리 말하면 영국을 세계열강으로 가정하고 세운 외교정책이 무너진 것이다. 이런 현실을 깨닫고 그에 맞게 행동한 것은 아무도 이의를 제기할 수 없는 윌슨의 업적이다. 윌슨은 '수에즈의 동쪽'이 되기 위해 해외에 쏟아붓던 돈과 노력을 줄이고 유럽으로 돌아왔다.

게다가 노동당은 집권당이 되었을 때 기득권층이 구축해놓은 합의를 뒤엎기 힘들다는 사실을 깨달았다. 1966년 무렵에는 EEC에 찬성하는 기득권층이 많았다. EEC에 찬성하는 기득권층은 정계와 영국 산업연맹CBI을 비롯해 친노동당 성향의 일간지 「데일리 미러 Daily Mirror」를 포함한 대다수 언론, 외무부를 위시한 공무원 조직까지 광범위했다.[75] 여론도 점점 EEC에 호의적으로 바뀌었다. 설문 조사 결과를 보면 1966년 하반기 내내 응답자 가운데 3분의 2는 영국의 EEC 가입에 찬성했다.[76] 1966년 선거를 통해 노동당은 1945년 이후 가장 많은 의석(하원 97석)을 차지했다. 새로운 노동당 의원들은 대체로 전임자들보다 친유럽주의 성향이 뚜렷했다.[77]

월슨은 회고록에서 자신이 EEC에 두 번째 가입을 시도한 이유에 대해 끝까지 입을 다물었다. 그의 글로 미루어 노동당은 어쩌다 보니 두 번째 가입 시도를 한 모양이다. EEC 가입에 반대한 사람들은 굳이 노동당의 가입 움직임에 맞서 싸우지 않았다. 그들은 프랑스가 자신들이 해야 할 일(가입 반대)을 대신해주기 바랐고, 그들의 바람은 적중했다. 하지만 영국 하원에서는 488대 62라는 압도적인 표차로 두 번째 가입 신청안이 통과됐다.

증명하기는 힘들지만 영국이 두 번째로 EEC에 가입을 신청한 가장 그럴듯한 이유는 외교정책과 마찬가지로 경제 회복을 위한 노동당의 국내 정책이 실패했다는 사실을 월슨이 은연중에, 어쩌면 자기도 모르는 사이에 인정했기 때문일 것이다. EEC 가입을 결정한 내각도 정말 내켜서 그런 결정을 하지는 않았다. 그들도 EEC 가입 결정이 주요 국내 정책에 실패한 결과라는 것을 어느 정도 감지하고 있었다.[78] 당시까지 노동당의 국내 정책은 현대판 '사회주의로 가는 국가적 길'을 토대로 세워졌다. 여기에서 '현대판'의 의미는 사회주의가 노동당의 최종 목적지가 될 수는 없지만, '국가적' 길에 대한 헌신, 다시 말해 한 세기가 다 되도록 이어지는 영국 경제의 퇴보는 영국 스스로 해결해야 한다는 변함없는 다짐이었다. 그러나 늘 그래 왔듯이 이런 이상은 산산조각 났다. '과학기술 혁명'은 영국에 경제 기적을 가져다주지 못했다. 국가 계획은 중단됐고, 영국의 경제 운영이라고 해봐야 파운드화를 방어하는 게 전부였다.[79] 윌슨의 EEC 가입 신청은 영국이 자국의 문제를 스스로 해결할 수 없다는 암묵적인 인정이었다. 또 영국 무역에서 유럽이 차지하는 비중이 커지고 있다는 방증이며, 상대적으로 영연방의 중요성이 줄어든다는 증거였다. 조지 브라운은 1967년 5월 하원 연설에서 영국의 대유럽 수출은 1958년 이후 두 배로 뛰었지만, 영연방과 교역은 정체 상태라고 밝혔다.[80]

　이런 분석을 통해 중요한 문제가 부각된다. 사회주의의 운명은 사회주의를 품은 (자본주의) 국가의 운명과 뗄 수 없는 관계에 있다는 것이다. 영국 자본주의와 영국 사회주의는 한 배를 타고 있었다. 이런 제약은 모든 정치인에게 영향을 미쳤다. 1960년대 초반이 지나면 영국의 모든 수상은 EC라는 기구 밖에서 영국의 미래는 없다는 점을 인정했다. 맥밀런과 윌슨, 히스, 다시 윌슨, 캘러헌, 2차 세계대전 이후 가장 '국가주의적'인 영국 수상인 마거릿 대처Margaret Thatcher와 그녀의 약해빠진 후임자까지 이데올로기와 공약, 당 내부의 지지, 개인의 기질에 상관없이 브뤼셀(EEC 본부가 있는 곳—옮긴이) 앞에서 무릎 꿇었다. 이들 중 아무도 전 세계적으로 상호 의존성이 날로 증가하는 추세에 따라 결정된 통합주의적 진로에서 이탈할 수 없었다. 영국이 EEC에 가입한 뒤 30년 동안 이런 제약은 갈수록 강화됐고, 어떤 정부가 들어서든, 수상이 개인적으로 유럽 통합이라는 발상을 달갑지 않게 여겼다 해도 이런 제약에서 벗어날 수 없었다.

윌슨주의의 실패를 설명하기 위해 노동당, 특히 노동당 좌파에서 다른 분석이 제시되었다. 그들은 영국의 국가 경제계획이 중단되고 EEC에 두 번째로 가입 신청을 하고 모든 정책이 180도 바뀐 이유는 노동당 지도자들이 배짱이 부족했고 믿음을 주지 못했으며, 선출된 노동당 정부의 의지가 런던과 국제 자본주의, 다국적기업의 힘 앞에서 쉽게 꺾였기 때문이라고 분석했다. 이런 분석이 가능한 것은 그들의 정치관이 순진무구할 정도로 이상적이었기 때문이다. 그들은 선거에서 이긴 정치인은 원칙을 가지고 자신을 뽑아준 국민을 신뢰하면 원하는 일을 마음껏 할 수 있다고 생각했다.

객관적인 상황에 따라 국내 정책과 국외 정책이 결정되고, 이들 정책에 합의했다고 해서 반드시 정치적 견해가 같을 수는 없다. 여러 가지 제약 때문에 실행에 옮길 수 없는 일이 생기게 마련이다. 그런 제약은 모든 정책에 일일이 영향을 끼치기보다 큰 틀의 지침에 영향을 미친다. '유럽의 일원'이 되는 길은 여러 가지일 수 있다. 유럽 각국이 국가 경제를 운영하는 방법도 다양할 것이다. 국가 경제를 운영할 때는 반드시 어떤 제약이 따른다는 사실을 이해해야 앞으로 나아갈 길을 설계할 수 있다. 노련한 스키 선수와 노련한 정치가는 닮았다. 그들이 자신의 앞길에 툭 튀어나온 부분과 움푹 팬 부분을 전부 파악할 수는 없다. 자신이 어디에서 멈출지 확실히 모를 수도 있다. 그러나 노련한 스키 선수와 노련한 정치가는 가서는 안 될 곳을 알고, 구부러진 길이 나타날 때 내려오던 속력을 이용해서 어떻게 방향을 틀어야 할지 안다. 단 스키 선수는 골짜기가 나타나면 멈춰서 숨을 고를 수 있지만, 정치인은 쉴 곳이 없다.

NATO에 가입한 국가의 거의 모든 사회주의 정당은 미국의 베트남전 개입을 지지해야 할 필요성을 느꼈다. 그것은 합의된 외교정책의 일부이자 하나의 제약이었다. 미국의 베트남전 개입은 장기화되었고, 1960년대 내내 영향을 미쳤다. 미군 희생자가 늘면서 미국인들 사이에서 베트남전에 대한 지지가 약해졌다. 결국 베트남전은 미국 정부에 크나큰 수치심을 주고 막을 내렸다. 미국은 1972년에 폭격을 가하고 장기간 협상을 벌이고, 체면을 세우기 위해 1973년에 미군을 철수시켜 전쟁에서 손을 뗐지만, 베트남전은 명백히 공산주의자들의 압승이고 미국의 완패였다. 베트남은 유럽과 북아프리카 전역에서 급진 좌파를 결집시키는 구호가 되었다. 미국이 개입하는 강도를 높일수록 시위와 토론회(혹은 공청회), 대학 점거 등 다양한 반대 운동이 잇따랐다.

이 북새통에도 사회주의 정당과 사회민주주의 정당 지도부는 꿈쩍하지 않았다. 범대서양주의에 대한 그들의 충성은 견고하고 의심할 여지가 없어서 미국의 승산 없는 아시아 전쟁이 어떤 쟁점을 제기하는지 고려하거나 분석할 생각조차 하지 않았다. 유럽 사회민주주의의 가장 중요한 두 지도자 빌리 브란트와 해럴드 윌슨은 베트남 문제에 관한 한 이심전심으로 소극적 지지가 최선의 선택이라는 결정을 내렸다. 미국의 정책이라면 반대하는 일이 거의 없던 윌슨은 이번에도 1966년 6월 하노이Hanoi와 하이퐁Haiphong 폭격을 비롯해 인구가 밀집된 도시를 겨냥한 미국의 폭격이 자신과는 무관한 일이라고 못 박았다.[81] 당시 야당으로서 집권을 노리던 독일 사회민주당은 심지어 독일의 보수주의자들보다 적극적으로 미국에 힘을 실어줬다. 1966년 최대 발행 부수를 자랑하는 「빌트 차이퉁Bild

Zeitung」에는 놀랍게도 평화를 촉구하는 사설이 실렸다. 사설은 "설령 자유 총선을 통해 미국에 불리한 결과가 나온다 해도 베트남에는 민족자결권이 적용되어야 한다"는 점을 상기시켰다. 놀라운 사실은 「빌트 차이퉁」이 골수 반공산주의자 악셀 슈프링거Axel Cäsar Springer가 소유한 일간지라는 점이다. 사회민주당 2인자 프리츠 에를러는 분통을 터뜨렸다. 그는 격앙된 어조로 슈프링거에게 편지를 썼다. "눈앞이 캄캄하군요. 동맹국 덕분에 그나마 우리 독일이 마지막 자존감을 지키고 있는데, 그것마저 깨질 판국이니 말입니다." 에를러와 브란트는 슈프링거보다 오른쪽으로 갔다. 결코 만만한 일이 아니었다. 에를러와 브란트는 1966년 4월 워싱턴으로 날아가 미국의 외교정책을 지지한다고 공개적으로 선언했다.[82] 브란트는 회고록에서 자신은 미국이 '반드시 필요하다고 말한 지역'에는 간섭하고 싶지 않았다고 썼다. 냉전의 양 진영에서 흔히 들을 수 있는 변명이었다. 브란트는 다음과 같이 덧붙였다. "강하게 의심이 들었지만 꾹 참고 입을 봉했다. 이제 와서 생각하면 차라리 반대 의사를 분명히 밝히는 게 나았을지도 모르겠다."[83]

범대서양주의적 사회주의 진영에서는 대체로 베트남전쟁에 당혹스럽다는 반응을 보였다. 가장 크게 당혹감을 느낀 것은 벨기에와 독일이고, 네덜란드와 이탈리아는 그보다 좀 약하지만 역시 당혹스러워했다. 베트남전을 통해 미국의 위상은 상상할 수 없을 정도로 급락했다. 그러나 베트남전은 미국의 전쟁이고, 미국의 전쟁을 반대해봐야 좋을 게 없었다. 동방정책(독일 사회민주당)이나 파운드화 유지(사면초가에 몰린 윌슨 내각) 같은 더 중요하고 의미 있는 정책을 위해서는 미국의 지지가 필요했다.

서유럽 좌파가 그렇게 고분고분하리라고는 미국도 예상하지 못했다. 헨리 키신저는 정치인의 낮은 수준을 감안하더라도 자신을 지나치게 미화한 회고록에서 다음과 같이 썼다.[84]

이상하게 유럽의 지도자들이 방문했을 때 베트남전은 중요한 화제로 떠오르지 않았다. 적어도 언론에 비친 유럽의 여론은 베트남전 반대였다. 그러나 유럽의 지도자들은 전혀 반대 의사를 표명하지 않았다. 베트남전이 끝날 때까지 나는 하다못해 사적인 자리에서도 유럽의 지도자들이 미국을 비난하는 소리를 들어본 적이 없다. 브란트와 윌슨은 자진해서 베트남전에 대한 논평을 거부했을 뿐만 아니라, 닉슨이 미국의 베트남 전략을 간략하게 설명했을 때는 공감하는 반응까지 보였다.[85]

회고록의 앞부분에는 로버트 스튜어트Robert Michael Maitland Stewart를 묘사하는 대목이 나온다. 윌슨 정부의 다소 무능한 외무부 장관 스튜어트는 그럴 수만 있다면 국제 문제에서 도덕적으로 우월한 위치를 차지하기 좋아하는 인물이었다. 키신저는 이렇게 썼다. "그는 많은 것을 의심했지만 옥스퍼드 유니언(옥스퍼드대학University of Oxford의 토론 클럽—옮긴이) 토론회에서는 베트남에 대한 미국의 입장을 옹호했다. 심지어 베트남에 파병 결정을 내린 미국 정치인들보다 열정적이고 능숙하게 미국의 입장을 대변했다. 그는 낯선 사람들에게 양심의 가책을 전혀 느끼지 않았다."[86]

외교정책에서 제약이 문제가 되는 까닭은 일단 제약을 인정하면 두 번 다시 의문을 제기하기 어렵기 때문이다. 혼란스러운 정치판에서 한 고비 한 고비 헤쳐 나갈 때 변치 않는 제약이 있다는 것은 늘 위안이 된다. 고통스러운 망설임 없이 결단 내릴 수 있는 것은 바로 그런 제약이 있기에 가능하다. 구체적인 상황 분석 대신 삼단논법이 있다. 베트남전쟁은 동서 진영의 충돌이다. 우리는 서구 진영 편이다. 그러므로 미국을 지지한다. 1972년이 되자 베트남전 지지는 침묵으로 바뀌었다. 키신저는 볼멘소리를 했다. "우리를 지지하거나 하다못해 우리의 입장을 이해한다는 기미라도 보이는 NATO 회원국이 하나도 없었다."[87] 그 무렵 미국이 하노이를 무자비하게 폭격하자, 미국의 대다수 유력 언론은 도덕적으로 들고 일어났다. 하지만 NATO 회원국의 사회주의 지도자 가운데 노골적으로 미국을 비난하고 나선 사람은 아무도 없었다.

미국을 지지한 사회주의자들은 아시아에서 벌어지는 이 전쟁이 서구와 동구의 최전선에서 벌어지는 전쟁이라는 미국 행정부의 주장을 덮어놓고 받아들였다. 그 바람에 사회주의자들의 정책은 갈피를 잡지 못했다. 그러나 베트남전에 대한 서구 대중의 인식은 달랐다. 그들이 보기에 베트남전은 동구와 서구의 전쟁이 아니라, 세계에서 가장 가난한 국민의 일부와 역사상 가장 발전된 과학기술을 갖춘 국가의 전쟁이었다. 그들이 보기에 베트남전은 베트남 국민의 정신력과 미국의 선진적인 무기의 전투였다. 서구의 대중에게 이같은 전투 방식에서 드러나는 극명한 차이보다 베트남전쟁을 설득력 있게 설명해주는 말은 없었다. 즉 한쪽에는 건장한 체격에 전문용어를 입에 달고 사는 미국의 전투기 조종사들이 있다. 그들은 과학기술의 안내에 따라 집중 포격해 베트남인을 석기시대로 돌려보낸다. 반대쪽에는 평상복을 입은 영양 결핍 상태의 베트남 게릴라가 있다. 밥 한 그릇으로 버티며 며칠 동안 행군할 수 있는 그들은 무한한 과학기술의 힘이 내뿜는 맹렬한 폭격에 맞서 재래식 무기로 혁명전쟁을 벌인다.[88] 이런 이미지가 독재적 공산주의와 서구 민주주의의 충돌이라는 이미지보다 훨씬 강력한 것은 미국의 비호를 받는 사이공 정권을 민주주의 정권으로 보기는 힘들었기 때문일 것이다. 상대적으로 안전한 B-52 폭격기에 앉아 차분하고 반복적으로 죽음의 단추를 누르는 존 웨인John Wayne 같은 로봇보다 정글의 늪지대를 헤치고 나가는 영웅적인 게릴라가 (서구의 자유주의가 그토록 칭송하던) 개인적 의지의 힘을 훨씬 잘 보여줬다. 이렇게 역할이 뒤바뀌면서 베트남 공산주의자들은 군산복합체가 배치한 인간 로봇들에 맞서는 현대 개인주의의 승리를 상징했다. 이런 상징은 '혼돈에 빠진 1960년대' 이미지와 1960년대의 자유의지론적 정신을 표현했다. 하지만 유럽의 사회민주주의 지도자들은 이 강력한 상징과 객관적 현실을 깨닫지 못했다. 사회주의 정당과 사회민주주의 정당들은 아무런 비판 없이 아시아에서 미국이 이끄는 대로 따라감으로써 골치 아픈 문제에는 끼어들 생각이 없다는 신호를 보냈다. 결국 그들은 중요한 한 세대와 접촉이 단절됐고,[89] 이 단절로 그들이 치른 정치적 대가는 아직도 가늠이 되지 않을 정도로 컸다.

빌리 브란트의 사회민주당은 이 치명적인 실수를 전략적으로 정당화하고자 동방정책을 통해 소련과 새로운 협정을 맺으려 하고 있었다. 이 전략이 통하려면 동방정책을 통해 동구와 서구 양쪽에 더 안전한 국제 관계가 펼쳐진다는 보장이 있어야 했다. 패자는 없고 승자만 있어야 했다. 그러기 위해서는 서독 정부의 외교정책이 반미적으로 해석되어서는 곤란했다. 사회민주당이 미국의 베트남 정책을 비난한다면 1950년대 중립주의로 돌아갔다는 인상을 줄 수밖에 없었다. 그렇게 되면 동방정책은 친소련적이라는 꼬리표가 붙고, 실패로 돌아갈 게 뻔했다.

해럴드 윌슨의 노동당 정부에는 독일 사회민주당 같은 변명이 통하지 않았다. 윌슨이 미국의 베트남 정책을 지지한 이유가 (미국의) 경제적 지원을 받기 위해서고, 특히 파운드화를 방어하기 위해 불가피한 조치였다는 주장은 설득력이 없다.[90] 파운드화 방어로 득을 보는 것은 미국이었다. 그래서 미국은 베트남 문제와 상관없이 투기자들이 달러를 집중 공격할 가능성을 차단하려고 그전부터 영국에 파운드화를 방어하라고 압력을 넣었다. 영국은 1967년 파운드화가 평가절하 되면서 국제적 지원이 덜 필요한 상황에도 미국의 베트남 정책을 지지했다. 윌슨도 넌지시 인정했지만, 이때부터 드골은 노동당의 베트남 정책을 보며 영국이 EEC 밖에서 미국의 트로이Troy 목마 역할을 하고 있다고 확신했다.[91] 이처럼 윌슨은 미국과 특별한 관계라는 제단에 자신의 유럽 정책을 제물로 바쳤다. 이로써 윌슨은 첫 번째 EEC 가입 신청 과정에서 맥밀런이 저지른 실수를 되풀이한 셈이다. 맥밀런은 1962년 미국이 스카이볼트 공대지미사일(폭격기 탑재용 미사일의 일종—옮긴이) 계획을 취소하는 바람에 '독자적' 핵무장 계획의 재원을 마련할 길이 없어지자, 케네디를 만나러 바하마의 나소Nassau로 날아갔다. 맥밀런은 독자적 핵무장 계획 대신 미국의 폴라리스 잠수함 미사일을 구입하기로 결정했다. 드골은 미국의 스카이볼트 미사일 계획이 취소됐을 때 프랑스와 영국이 공동으로 핵무기 사업에 착수하기를 은근히 기대하고 있었다. 그러나 영국은 핵무기 방위 체제를 전적으로 미국의 선의에 의존하는 길을 택했다. 상황 판단이 빠른 국제 문제 전문가라면 영국과 미국의 폴라리스 미사일 거래가 드골의 확고한 적개심을 불러일으킨 사건임을 금세 알아차렸을 것이다. 격노한 드골은 1963년 1월 14일 영국의 EEC 가입에 거부권을 행사했다. 뒷날 퇴임식에서 드골은 앙드레 말로André Malraux에게 털어놨다. "미국에 패권을 내준 영국 제국의 잔재와 유럽 대륙에 대한 헌신 중에서 하나를 선택해야 한다는 것이 영국이 처한 극적인 상황입니다."[92]

이처럼 맥밀런과 윌슨은 미국과 그 잘난 '특별한 관계'를 맺어야 한다는 생각에서 벗어나지 못했다. 영국에 눈에 띄는 이득이 있는 것도 아닌데 왜 그토록 미국과 '특별한 관계'에 집착했는지 알다가도 모를 일이다. 권모술수에 능한 미국의 몇몇 외교정책 결정권자들이 볼 때는 '특별한 관계'를 끝내는 편이 영국을 위해 나은 선택이었다. 그래야 영국이 EEC에 가입하는 길이 순탄해지기 때문이었다. 회고록에서 키신저는 '특별한 관계'의 종결은 불가능했다고 설명한다. 정권이 바뀌어도 영국 정부는 '특별한 관계'를 고집했고, 관계를 유지하기 위해 돈 한 푼 들지 않는 미국으로서도 마다할 이유가 없었기 때문이다. 키신저는 닉슨에게 건넨 메모에서 말했다. "개인적인 생각이지만, 미국은 우방이 많기 때문에 그중에서 자기들이 우리와 특별히 우호적인 관계라고 생각하는 나라를 실망시키는 것은 별로 힘든 일이 아닙니다."[93] 눈여겨볼 점은 '특별한 관계'가 일방적인 관계라고 키신저가 못 박고 있다는 사실이다. 즉 영국은 미국과 특별히 우호적인 관계라고 생각했지만 미국은 거기에 화답할 필요가 없었고, 영국이 주는 것만 받으면 그만이었다. 미국은 무릎을 꿇은 신하가 아니라 왕좌에 앉은 군주였다. 노동당 좌파는 사실상 거의 모든 문제에서 미국에 맹종하는 노동당 정부를 보며 분노했다. 태생적으로 반미주의라는 의심을 받을 수 없는 비평가들도 미국에 맹종하는 노동당 정부를 이해할 수 없기는 마찬가지였다. 예컨대 새뮤얼 브리턴Samuel Brittan은 1970년에 다음과 같이 썼다. "국제유동성에 대한 모든 협상 과정에서, 그리고 1960년대 다양한 재정 위기를 겪으면서 영국 정부가 미국과 다른 의견을 냈다는 소식이 들리면 그것은 곧바로 논평거리가 되었다."[94]

이런 제약 가운데 많은 부분은 노동당 스스로 만든 측면이 컸다. 그렇게까지 미국에 복종할 필요가 전혀 없었다. 물론 좌파 비평가들이 촉구했듯이 노동당 정부가 스웨덴처럼 노골적으로 미국을 비난하는 것은 현실적으로 불가능한 일이었을 것이다. 그렇다 해도 미국에 맹종하는 것 말고 대안이 전혀 없었다면, 외교정책의 제약이라는 개념을 지나치게 확대해석 했다고 볼 수밖에 없다. 윌슨의 노동당 정부는 1970년 선거에서 승리한 히스의 보수당 정부보다 미국에 충성스러웠다. 키신저도 회고록에서 뜻밖이었다고 밝혔지만, 에드워드 히스는 "정서적으로 미국에 가장 덜 충성스러운" 영국 정치인이었다. 히스는 "두 차례 전쟁을 통해 형성된 정서적인 애착"의 영향을 받지 않았다. 히스는 "'특별한 관계'가 영국이 유럽에서 운신하는 데 방해가 된다"고 확신했다. 키신저는 덧붙였다. "히스는 미국이 자신을 유럽의 다른 지도자들과 동등하게 대우해도 개의치 않았다. 실제로 그는 특별 대우를 고집하지 않았다."[95] 윌슨과 달리 히스에겐 장기적인 전략이 있었다. 키신저는 1970년 12월 히스가 워싱턴을 방문한 당시를 이렇게 회고한다. "그는 영국의 가장 중요한 목표가 EEC 가입이라는 점을 강조했다."

(히스는 영국이) 유럽에 있는 미국의 트로이 목마로 비쳐지거나 트로이 목마가 되길 원치 않았다. 히스 이전에는 어떤 영국 수상도 미국 대통령 앞에서 그런 발언을 할 엄두를 내지 못했다. 우리는 전후 영국 외교정책의 혁명을 목격하고 있었다. 히스는 미국 지도자에게 새로운 경험이었다. 그는 정서적 애착이 아니라 냉철하게 손익을 따져 대미 외교정책을 수립한 영국 수상이었다.[96]

NATO에 속한 서유럽 국가에서 공산당을 제외한 대다수 좌파는 드골과 유사한 정책을 추진하기 힘들었을 것이다. 예를 들어 이탈리아 사회당은 거의 1950년대 내내 투철한 반미 정당이었다. 사회당은 1963년 연정에 참여하면서 NATO를 인정해야 했다. 그러나 이탈리아 사회당의 대다수 행동가들도 다른 정당들과 마찬가지로 '대서양주의적' 사회주의로 변신하는 것이 선뜻 내키지 않았다. 피에트로 넨니는 1963년 35차 전당대회에서 국제적 긴장 상태가 예전에 비해 많이 완화되었으므로 "이탈리아의 NATO 회원 자격 문제를 다시 논의"하고 싶지 않다고 말했다. 이것은 NATO를 탈퇴하는 이유로도 충분히 써먹을 수 있는 변명이었다.[97] 1965년이 되자 사회주의자들은 이탈리아가 일방적으로 NATO를 탈퇴하면 세계 평화에 위험 요소가 될 수 있으므로 NATO에 남아야 한다고 주장했다. 10년 뒤 이탈리아 공산당은 마침내 NATO를 인정하면서 똑같이 세계 평화를 이유로 내세웠다. 1965년 이탈리아 사회당의 새 지도자 프란체스코 데 마르티노Francesco de Martino는 전당대회에서 베트남 사태의 책임이 100퍼센트 미국에 있다는 생각은 '지나치게 단순한 발상'이라고 경고했다. 그렇지만 전당대회는 미국의 개입을

비난하는 쪽으로 흘러갔다.[98]

이탈리아 사회당 소속 장관들은 1960년대에 정견을 발표할 때마다 형식적이나마 미국의 외교정책을 지지했다. 그러나 베트남 문제는 일반 당원들의 감정을 지나치게 자극한 사안이어서 당 지도부는 미국을 지지한다는 의견 표명을 자제했다. 1966년 이탈리아 사회당과 열렬한 친미 정당인 사회민주당이 합당을 위해 개최한 '통합 전당대회'에서도 이런 태도는 크게 달라지지 않았다. 프란체스코 데 마르티노는 대표 보고서에서 NATO에 대한 언급은 피하고, 미국의 베트남 폭격을 비난했다. 그러나 소련과 중국, '남베트남 군국주의 파벌'에게도 비난을 퍼부었다.[99] 전당대회에서 이탈리아 사회당은 미국에 대한 불만을 표시하기 위해 베트남 발의안을 만장일치로 통과시켰다. 발의안은 '주로 미군의 대규모 폭격에 의해 무차별적인 양민 학살'이 일어난 사실을 강조했다.[100] 전당대회 직후 공식적으로 합당한 양당은 공동 회의를 열어 최종 발의안을 채택했는데, 최종 발의안에서는 베트남 문제가 언급되지 않았다. 또 이탈리아의 NATO 회원국 신분은 인정했지만 어디까지나 긴장 완화 정책과 다자간 군비축소라는 맥락에서 인정한 것이고, '방어적 목적과 NATO의 지리적 영역'으로 회원국 신분을 엄격하게 제한했다. 이탈리아 사회당이 진정으로 열의를 보인 곳은 NATO보다 UN과 EEC였다.[101]

양당의 통합은 오래가지 않았다. 통합사회당은 3년이 지나기도 전에 갈라섰다. 그러나 그때는 이탈리아 사회당이 사회주의 인터내셔널에 가입해 사실상 반대서양주의를 포기한 뒤였다. 마침내 NATO 회원국에 소속된 모든 사회주의 정당과 사회민주주의 정당 사이에서 외교정책에 대한 의견이 일치되는 순간이었다.

공산주의 진영도 외교정책에서 의견을 일치시키기 위해 조심스럽게 움직였다. 우리는 앞에서 EEC에 대한 공산주의자들의 생각이 어떻게 변했는지 살펴봤다. 체코슬로바키아의 공산주의 개혁 실패를 둘러싸고 일어난 극적인 사건들을 계기로 공산주의 진영은 '서구'에 한 발 더 다가섰다.

1968년 초 체코슬로바키아 개혁가들은 적지 않은 대중의 지지를 등에 업고 안토닌 노보트니Antonín Novotný의 친소련파 지도부를 내쫓고 체코슬로바키아 공산당을 장악했다. 체코슬로바키아 공산당 중앙위원회는 1968년 4월 5일 행동 강령 초안을 작성했다. 이 강령은 앞선 20년간 공산당 통치를 통렬하게 비판하면서 대대적인 개혁 조치의 시작을 알렸다. 가장 핵심적인 조치는 시장과 관계를 확대하고 정치 정당을 늘리는 대신, 공산당의 역할은 축소하고 소수의 의견을 존중한다는 것이었다. 체코슬로바키아 공산당은 사려 깊게 처신했다. 그들은 '소련과 그 외 사회주의 국가들'에 충성한다는 뜻을 재천명하면서 "우리는 코메콘(COMECON, 상호경제원조회의)과 바르샤바조약이라는 공동 활동에 더 적극적으로 기여할 것"이라고 덧붙였다.[102] 소련은 이런 예방 조치가 무색하게 1956년 헝가리 사태의 재발을 우려한 나머지 (루마니아를 제외한) 바르샤바조약 회원국들의 지지를 받아 8월 20일 체코슬로바키아로 진격, 친소련 정부를 다시 세웠다. 서구 곳곳에서는 예상대로 소련의 침공에 비난이 빗발쳤다.

소련의 체코슬로바키아 침공을 보며 가장 등골이 서늘해진 정당은 이탈리아 공산당이었다. 이탈리아 공산당은 조만간 동유럽의 공산당 정권들이 개혁과 민주화를 겪으리라는 가정을 근거로 외교정책과 동서 진영의 단계적 폐지라는 목표를 세웠기 때문이다. 이탈리아 공산주의자들은 동유럽 개혁가들이 어느 정도 성과를 거두느냐에 긴장 완화의 성패가 달렸다고 봤다. 예측이 불가능한 인물이라는 사실은 익히 알았지만, 1964년 흐루시초프의 실각은 이탈리아 공산주의자들의 희망에 찬물을 끼얹었다. 때마침 체코슬로바키아에서는 개혁 조치가 가득 담긴 강령을 들고 둡체크가 등장했고, 이탈리아 공산당은 그에게 열렬한 지지를 보냈다. 이탈리아 공산당이 발행하는 주간지 『리나시타』는 개혁가들의 여정과 성공을 다룬 기사를 여러 차례 실었고, 이탈리아 공산당 중앙위원회는 『리나시타』에 실린 기사를 흔쾌히 지지했다. 소련이 체코슬로바키아를 침공한 뒤인 8월 27일 이탈리아 공산당은 태도를 분명히 했다. 단순히 '못마땅하다'는 표현에 그친 프랑스 공산당과 달리 이탈리아 공산당은 체코슬로바키아 침공을 정면으로 규탄하면서 소련에게는 어떤 상황에서도 군사적으로 개입할 권리가 없다고 선언했다. 그러나 정치, 특히 공산주의 정치의 정신분열증은 만성질환이다. 이탈리아 공산당은 소련 공산당을 규탄하면서도 "이탈리아 공산당과 소련 공산당을 하나로 결속하는 깊고 진실한 형제간의 우애"를 재확인한 것이다.[103]

이탈리아 공산당은 '프라하의 봄'이 공산주의 현실과 이미지를 바꾸는 신호탄이 되기를 바랐다. 체코슬로바키아의 주요 개혁가들은 체코슬로바키아 공산주의 체제에 급격한 변화가 오면 소련은 몰라도 폴란드와 동독에 엄청난 영향을 미칠 수 있다고 생각했다.[104] 심지어 중유럽에서 일어나는 변화의 조짐에 촉각을 곤두세우던 독일 사회민주당도 프라하의 실험에 기대를 품었다. 대표적인 공산주의 문제 분석가 리하르트 뢰벤탈Richard Löwenthal은 독일 사회민주당 상임 간부회의 요청으로 사회민주주의와 공산주의의 관계를 연구했다. 뢰벤탈에 따르면 둡체크의 등장은 국유재산이 있는 나라에서도 '진정한' 사회주의가 발전할 수 있다는 희망을 보여줬다. 사회민주주의와 공산주의의 가장 중요한 차이는 소유관계가 아니라 민주주의에 대한 문제였다.[105]

소련의 개입으로 '인간의 얼굴을 한 사회주의'의 가능성은 무산됐다. 이제 궁극적인 공산주의 개혁은 소련만 시작할 수 있다는 게 분명해졌다. 소련의 개입은 다원론적이고 다중심주의적인 유럽을 지향하던 톨리아티의 오랜 꿈에 치명타를 날렸다. 유럽이 미소 두 초강대국에 질식할 정도로 둘러싸인 상황에서 점진적으로 벗어나야 한다고 주장하던 드골에게도 소련의 체코슬로바키아 침공은 절망적인 사건이었다. 1968년 5월의 충격(14장 참조)에서 헤어나지 못하던 노장군은 유럽에서 양극체제가 다시 고개 드는 상황을 무력하게 바라보고 있었다. 드골은 1년 뒤 사소한 쟁점을 놓고 치러진 국민투표에서 패배하자 대통령직을 사임했다. 그는 '위대한 프랑스'라는 꿈을 이루지 못한 채 1970년 눈을 감았다. 그즈음 조르주 퐁피두 같은 진부한 정치인이 프랑스 정치의 전면에 복귀했다.

프랑스 공산당, 적어도 공산당 내 개혁파와 그 수장인 발데크 로셰 역시 소련의 체코슬로바키아 침공으로 심각한 타격을 받았다. 이유는 달랐지만 프랑스 공산당도 드골과 마찬가지로 1968년 5월의 충격에서 서서히 회복하는 과정이었다. 발데크 로셰는 알렉산드르 둡체크와 브레주네프Leonid Il'ich Brezhnev 사이에서 중재자 역할을 자처했다. 심지어 그는 모스크바와 프라하로 날아가 유럽의 모

694

든 공산당이 참여하는 회의를 열자는 제안까지 했다. 애당초 로셰는 소련이 체코슬로바키아를 침공해서 헝가리 같은 사태가 되풀이되는 일은 없을 것이라고 확신했다. 따라서 소련의 침공은 로셰에게 회복 불가능한 충격이나 다름없었다. 소련이 체코슬로바키아를 침공하고 2주가 지나 로셰를 만난 사람들은 그가 10년은 늙어 보이더라고 말했다.[106] 1년 뒤 그는 중병에 걸렸다. 늙은 경비병 조르주 마르셰는 그 기회를 놓치지 않고 당권을 장악했다.

프랑스 공산당의 개혁가들은 비록 소련의 침공을 공개적으로 비난하지 못했지만, 적어도 '불쾌함'은 표명했다. 물론 로제 가로디 같은 급진적인 개혁가는 그 정도 의사 표명에 성이 차지 않아 다른 사람들과 함께 당직에서 물러났다. 하지만 그 정도 의사 표명으로도 공산당 중앙위원회에서 토레즈의 미망인 자네트 비어메쉬 Jeannette Vermeersch를 몰아내기에는 충분했다.

본에서 독일 사회민주당은 여전히 대연정에 발목이 잡혀서 동방 정책을 재고하라는 압박을 받고 있었다. 동방정책을 구상할 때는 동유럽에 손을 내민 다음에 소련의 비위를 맞춰주겠다는 계산이었는데, 소련이 체코슬로바키아를 침공하는 바람에 동방정책을 구상대로 추진하는 것이 불가능해졌다. 소련의 체코슬로바키아 침공으로 서독은 모스크바와 직접 협상해야 한다는 것을 깨달았다.[107] 긴장 완화와 동방정책의 열쇠는 소련이 쥐고 있었다. 소련군 탱크는 둡체크와 그 지지자들의 열망만 짓밟은 것이 아니었다. 소련군 탱크는 양극 정치가 최고라는 사실을 분명히 재확인시켰다. 드골 같은 우파나 독일 사회민주당과 이탈리아 공산당 같은 좌파를 막론하고 유럽 자치론자들에게 결정타나 마찬가지였다.

물론 사회주의 정당과 사회민주주의 정당을 포함한 범대서양주의자들은 대체로 체코슬로바키아의 민주화와 개혁을 지지하는 도덕적인 태도를 취했다. 범대서양주의자들은 그 어느 때보다 흔들림 없이 의기양양했다. 범대서양주의자들의 표어는 여전히 NATO와 바르샤바조약, 철의 장막과 핵무기, 영원한 의심과 끊임없는 경계였다.

독일 사회민주당이나 이탈리아 공산당을 제외한 대다수 사회주의 정당은 프라하 사태에 별다른 영향을 받지 않았다. 프라하 사태를 통해 대다수 사회주의 정당이 공산주의 개혁의 가능성을 타진하기 위해 진지한 노력을 기울일 생각이 없었음이 분명하게 드러났다. 그들은 공산주의를 개혁하기 위해 사회주의자들이 어떤 정책을 추진해야 하는지도 전혀 고민하지 않았다. 서유럽에서 그들이 할 수 있는 일이 많지 않았다는 주장은 충분히 설득력 있다. 대다수 사회주의 정당들이 체코슬로바키아 개혁가들을 열광적으로 지지했다면 프라하에서도 환영받지 못하고, 소련의 경계심만 잔뜩 키워놓았을 것이다.

그때만 해도 '세력권' 논리는 정책 결정권자들에게 족쇄로 작용했지만, 이데올로기나 종교는 정책 결정에 큰 영향을 미치는 요소가 아니었다. 동맹은 비교적 쉽게 맺고 깰 수 있었다. 1947~1971년의 진영 논리는 그 재료가 훨씬 단단했다. 좌파 정당은 야당일 때보다 집권당일 때 많은 제약을 받았다. 그들은 어떤 상황에서도 대서양 동맹의 안전성에 위협을 가하지 않았고, 그럴 생각도 없었다. 체코슬로바키아의 신중한 사회주의자들이 바르샤바조약의 안정성에 위협을 가한 것과 비교되는 대목이다.

냉전이나 핵무기 소유에 대한 영국 노동당 정부의 태도는 보수당의 태도와 크게 다르지 않았다. 노동당 정부의 태도는 노동당의 반전주의 기풍과 군비축소를 지지하는 전통, 노동당 내 강력한 반핵 압력단체의 활동에 어긋났다. 노동당은 두 가지 이유 때문에 핵무기를 포기할 수 없다는 결론을 내렸다. 첫째, 국민 대다수(어쩌면 유권자 대다수)가 일방적 핵 폐기에 반대했다. 둘째, 핵무기를 폐기할 경우 서유럽의 방위 체제가 약화되어 미국의 불안감이 커질 수 있었다. 영국의 '독자적' 핵무기 체제는 1960년대 영국에서만 정치적으로 신성시되었다. 1962년에야 몇몇 보수당 고위 인사가 독자적 핵무기 체제 포기를 심각하게 고려했다. 리처드 버틀러와 이언 매클라우드Iain Macleod, 레지널드 모들링Reginald Maudling, 에드워드 히스가 그들이었다. 한편 피터 소니크로프트Peter Thorneycroft와 줄리언 에이머리Julian Amery는 프랑스와 핵무기 우호조약 체결 가능성을 타진했다.[108] 노동당은 집권 기간에 비핵보유국이 될 수도 있다는 가능성을 진지하게 검토해본 적이 없었다. 그만큼 품위 유지에 대한 욕망이 컸다. 심지어 노동당은 폴라리스 미사일 계획을 폐기하자는 주장도 거부했다. 폴라리스 미사일은 노동당이 야당일 때 강력하게 비난한 계획이었다. 노동당이 내세운 이유는 허울만 그럴듯했다. 미사일 개발에 많은 비용이 들어갔기 때문이라는 것이다.[109] 노동당은 존경받는 것과 미국 정부에게 칭찬받는 것을 똑같은 일로 착각했다.

프랑스 사회주의자들과 공산주의자들은 영국이 안고 있는 고민, 즉 미국과 특별한 관계에서 비교적 자유로웠다. 오히려 프랑스의 공식적인 외교정책은 미국을 불안하게 만들었다. 드골은 프랑스가 신뢰할 수 없는 '앵글로색슨'에 종속되지 않은 독립적인 국가라는 사실을 상징적으로 보여주고자 강력한 핵무기 전략을 제시했고, 결국 프랑스는 불가피하게 NATO의 통합적인 군사 지휘 체계에서 이탈했다. 드골은 프랑스의 핵무기가 모든 방향(이른바 전 방위 전략)을 향하고 있다고 설명했지만, 프랑스 공산당은 프랑스의 핵무기가 소련을 겨냥하고 있다고 확신했다. 당연히 프랑스 공산당은 핵무기 전략 철회를 요구했다.

사회주의 진영이 친미파와 반전주의자, 중립주의자로 크게 분열되었기 때문에 사회주의자들은 일관성 있는 국방 정책을 수립하는 데 어려움을 겪었다. 게다가 급진 좌파는 사회주의 진영에서 대통령 후보를 내기 위해서는 공산당을 지지하는 유권자들의 지지를 얻는 것이 급선무라고 철석같이 믿었다. 이런 분위기에서 1965년 미테랑의 대통령 선거공약이 나왔다. 미테랑은 프랑스의 독자적인 핵무기 전략을 폐기하겠다는 공약을 내세웠다. 독자적인 핵무기 전략이 효과는 없고 비용이 많이 드는데다 위험하다는 세간의 인식을 반영한 공약이었다.[110]

드골은 서유럽 국가들의 외교정책이 범대서양주의에서 한 치도 벗어날 수 없다는 고정관념을 깨고자 했다. 드골은 EC를 떠나지 않고도 '위대한 프랑스'를 추구할 수 있다는 것을 영국과 영국 노동당에 보여줬다. '위대한 프랑스'는 영국이 바라던 세계열강의 프랑스 버전이었다. 즉 핵무기를 개발하면서도 소련과 밀접한 관계를 맺을 수 있고, NATO라는 군사 기구를 탈퇴해서도 대서양 동맹으로 남아 미국의 베트남 개입을 비판할 수 있으며, 알제리에 정착한 프랑스인들의 반발을 무릅쓰고 알제리를 포기할 수 있고, 주요 식민국의 하나인 프랑스가 제3세계의 대변자가 될 수도 있음을 영국에 보여줬다.

드골의 외교정책으로 야권은 범대서양주의를 지지하는 사회주의자들과 소련을 지지하는 공산주의자들로 분열됐다. 야권의 분열은 드골에게 큰 성과였다.[111] 1966년 NATO에서 탈퇴하기로 했을 때 드골의 결정을 지지한 사회주의자들(47.7퍼센트)보다 공산주의자들(48.7퍼센트)이 많았다.[112] 프랑스 공산주의자들은 드골의 결정이 당혹스러워서 그의 외교정책을 지독하게 모순적인 정책으로 치부했다. 프랑스 공산당 기관지 『카이에 드 코뮤니즘』에 실린 어느 기사에서는 드골의 외교정책을 '본질적으로 제국주의적'이면서 비현실적이라고 묘사했다. 그의 외교정책이 다른 제국주의 강대국, 예컨대 미국과 영국, 독일의 바람과 반대로 프랑스의 국가적 독립을 추구하는 방향으로 나갔기 때문이다.[113]

드골이 지지를 받은 것은 그가 반미주의자여서가 아니라 유권자들 눈에 프랑스의 정치적 안정을 보장할 수 있는 전통적이고 보수적인 반공산주의자로 비쳤기 때문이다. 그런 이미지 덕분에 드골은 독자적인 외교정책을 추진할 수 있었고, 독자적 외교정책은 드골 지지자들보다 공산주의 지지자들의 마음을 끌어당겼다. 결과적으로 드골은 프랑스 모든 정당이 합의할 수 있는 외교정책의 틀을 마련했다. 드골이 공직에서 물러날 즈음에 그의 외교정책은 기정사실이자 새로운 의제가 되었다. 프랑스의 외교정책은 이제 프랑스를 분열시키지 않았다. 프랑스 역사에서 처음 있는 일이었다.[114]

프랑스를 비롯해 서유럽 대다수 나라에서 좌파 정당은 독자적인 외교정책을 만들어낼 수 없었다. 저마다 민족국가라는 제약에 갇혀 있던 좌파 정당들은 공동의 유럽 정책을 엄두조차 낼 수 없었다. 어느 정도는 유럽의 좌파 정당들이 단결된 모습을 보여주지 못한 것이 원인이었고, 그들이 동시에 집권당이 된 적이 없는 것도 원인이었다. 유럽의 좌파 정당은 유럽의 혼란과 분열, 정치적 무관심이 무엇인지 상징적으로 보여줬다. 초강대국이 정치를 좌지우지하는 시대는 영원히 지속될 것처럼 보였다. 그들 앞에 놓인 가장 큰 숙제는 여전히 동서 진영의 충돌을 피하는 일이었다.

1960년대 유럽 사회주의는 대차대조표에 좋고 나쁜 것이 뒤섞인 시기였다. 가장 긍정적인 성과라면 자본주의가 발전하고 인기를 누리는 와중에도 좌파가 선거에서 이겨 집권 능력과 통치 능력을 입증했다는 것이다. 거의 1960년대 내내 급진적이고 비자본주의적인 방식으로 사회를 변화시키고자 한 모든 이들의 희망과 열망은 좌파의 집권 능력과 통치 능력으로 집약되었다. 성패를 떠나 1950년대 후반 수정주의는 여전히 사회주의적 계획을 둘러싸고 있던 현대적인 분위기에 기여했다. 급진주의의 정수이자 중추적 역할을 한다고 알려진 노동계급은 1950년대에 수정주의자와 사회학자들에게 묵살당했지만, 1960년대에 무시할 수 없는 존재로 거듭났다. 유럽 전역의 노동자들은 노조의 지원을 받으며, 혹은 노조의 지원 없이도 파업으로 전후 자본주의가 거둔 성공의 주요 특징 가운데 하나를 바꿨다. 생산성 증가율보다 높은 임금 인상률을 쟁취한 것이다. 복지제도에 들어가는 재원을 마련하기 위해서는 자본주의의 성장이 전제되어야 했기 때문에 모든 정부는 어려운 시험대에 올랐다. 사회주의자들은 딜레마에 빠졌다. 파업은 자본주의적 축재에 반대하는 노동계급의 의식을 드러내는 것으로 보일 때가 많았지만, 분명한 사실은 모든 노동자를 위한 사회 개혁 달성이 파업의 목표는 아니었다는 점이다. 투쟁적인 노동자들의 목표는 노동자 개개인이 좀더 완벽하게 소비자본주의에 참여할 수 있도록 구매력을 확대하는 것이었다. 임금이 생산성보다 빠르게 올라 기업의 이윤이 줄었고, 이는 자본주의가 더 발전하는 데 장애물이 되었다. 복지 자본주의가 발전하기 위해서는 지속적인 성장이 필수였다. 적어도 사회민주주의자와 자본주의 전복을 포기한 사람들에게는 그랬다.

1960년대 마지막 몇 년 동안 조직화된 좌파는 가장 시급하고 중요한 도전에 맞닥뜨렸다. 바로 투쟁적인 노동 세력의 동요였다. 두 번째 도전은 교육받은 젊은 세대가 가져온 사회주의 이데올로기의 부활이었다. 여기저기에서 '이데올로기의 종말'이 곧 들이닥칠 것처럼 떠들어대고 수정주의자들은 실용주의가 필요하다고 확신했지만, 아직 '이데올로기의 종말'은 도래하지 않았다. '이데올로기'는 죽거나 종말을 맞기는커녕 사회과학을 지배했다. 젊은 급진주의자들은 대학에서 배운 '붉은' 사상을 토대로 사회민주주의자와 사회주의자, 공산주의자의 이데올로기를 쉴 새 없이 비판했다. 현대성을 지지하는 사회민주주의자는 신자본주의에 영합하는 세력으로, 그들의 실용주의 옹호는 앞을 내다볼 줄 모르는 기술 관료적 권위주의로 몰아붙였다.

투쟁적 노동자와 급진적 학생들에 의해 양쪽에서 두들겨 맞고 비틀거리던 사회민주주의 앞에는 세 번째 도전이 기다리고 있었다. 아직은 걸음마 단계에 있던 여성운동의 성장이었다. 새로운 페미니스트들은 사회주의 운동과 마찬가지로 실제적이고 단기적인 정치 강령뿐만 아니라 장기적인 목표까지 갖추고 있었다. 단기적인 목표는 종전 법률을 개정해서 남녀가 더 동등한 권한을 누릴 수 있도록 보장하고, (생물학적으로 결정되었든 사회적으로 구축된 것이든) 여자의 특수성을 인정하는 권리(예를 들면 낙태)를 확립하는 것이었다. 장기적인 목표는 더 복잡했다. 즉 남성의 지배에서 여성을 해방하는 것이었다. 그렇게 되려면 먼저 남녀의 태도가 근본적으로 바뀌어야 했다.

사회주의 운동은 공식적으로는 항상 여성해방을 위해 헌신하겠다고 약속했다. 그러나 실제로 여성해방 분야에서 사회주의 운동의 목소리가 크게 들린 적은 한 번도 없었다. 사회주의 운동은 항상 여성보다 남성에게 훨씬 강력하게 호소했다. 사회주의 운동은 비교가 되지 않을 정도로 철저하게 남성들의 조직(노동조합)을 토대로 했으며, 과거의 어떤 생산방식보다 철저하게 여성을 배제한 공업 생산의 세계에 뿌리를 두고 있었다.

이처럼 사회주의가 직면한 세 가지 도전은 노동자와 학생, 여성에게서 나왔다. 이제부터 하나씩 살펴보려고 한다.

one e

hundre

years o

socialism

5부

대논쟁

13장

투쟁적 노동계급의 부활(1960~1973년)

1960~1973년 유럽 전역에서 벌어진 파업은 두 주기로 구분할 수 있다. 첫 번째 주기는 1960~1964년으로, 벨기에가 파업의 영향을 받지 않았고 스웨덴에서는 다른 나라보다 늦은 1966년에 파업이 일어났다는 점이 특징이다. 오스트리아를 제외한 모든 나라가 참여한 두 번째 주기는 1968~1972년이다. 뒤에 나오는 11개 도표(그림 13.1~13.11)에서 볼 수 있듯이 첫 번째 주기는 두 번째 주기에 비하면 덜 뚜렷한 양상을 띠었다. 네덜란드에서는 다른 나라보다 늦은 1973년에 파업이 급증했지만, 1946년 이후 파업이 가장 두드러지게 일어났다. 파업의 강도가 천차만별이었기 때문에 파업으로 받은 영향도 나라마다 달랐다. 예컨대 1971년 '정세가 요동치던' 스웨덴에 비해 노동분쟁이 '잠잠하던' 이탈리아에서 파업이 더 많이 벌어졌다. 프랑스에서는 1968년 5~6월 유례없는 파업의 물결이 이어졌다. 파업이 얼마나 격렬하게 벌어졌는지 정확하게

입증하는 것은 불가능하다. 자발적으로 파업에 참여한 사람뿐만 아니라, 다른 노동자들의 파업이나 교통수단의 부족 혹은 전력난으로 공장이 폐쇄되어 일터에 가지 못한 사람들도 있었기 때문이다. 1968년 5~6월 파업에 대한 정부의 통계가 없는 것도 같은 원인일 수 있다. 가장 그럴듯한 통계에 따르면 600만~700만 명이 1968년 5~6월 파업에 참여한 것으로 알려졌다.[1]

다음에 나오는 도표들은 서유럽 11개국에서 벌어진 파업의 강도를 보여준다. 절대적 수치는 나라마다 크게 다르지만, 파업 곡선의 형태는 상당히 비슷하다는 점이 눈에 띈다. 대다수 나라에서 1960년대 전반기에 파업이 부활했다가 그 이후 두드러지게 줄어든다. 1968~1972년 모든 나라에서 노동계급의 불만이 다시 고조되기 시작하는 것을 볼 수 있다.

유럽 전역에 파업 주기가 있었고, 1960년대 후반과 1970년대 초반에 거의 모든 나라에서 파업이 눈에 띄게 증가했다. 이는 나라별로 파업의 의미를 해석하는 것만으로는 당시의 파업을 제대로 이해할 수 없음을 말해준다. 전체를 아우르는 중요한 추세가 있었다는 얘기다. 그래야 국제적으로 노동분쟁이 증가한 원인을 설명할 수 있다. 프랑크푸르트사회연구소는 임금 갈등이 고조된 시기와 파업 주기의 하강 국면이 일치한다는 연구 결과를 내놓았다. 그럴듯한 분석이다. 이 분석은 1962~1963년, 1967년, 1971년에 파업 주기가 하강 국면을 보이기 시작하는 서독에 잘 들어맞는다. 하지만 파업 주기 변화와 파업 빈도의 전반적인 인과관계를 입증하는 것은 장기간에 걸친 비교 연구(프랑크푸르트사회연구소의 연구는 장기간을 대상으로 한 연구가 아니다)를 통해서 가능하다.[2] 1960년대 후반기에

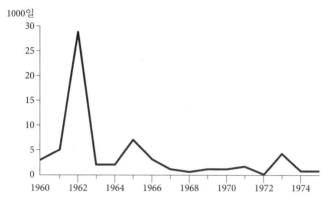

그림 13.1 오스트리아 : 비농업 노동자 10만 명당 파업 일수

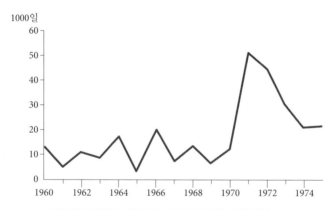

그림 13.2 벨기에 : 비농업 노동자 10만 명당 파업 일수

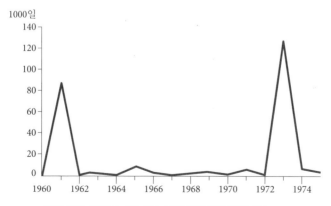

그림 13.3 덴마크 : 비농업 노동자 10만 명당 파업 일수

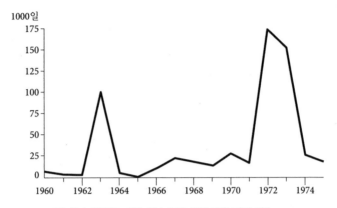

그림 13.4 핀란드 : 비농업 노동자 10만 명당 파업 일수

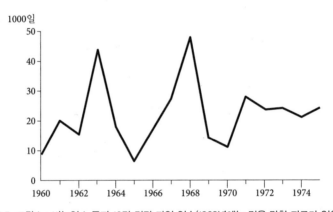

그림 13.5 프랑스 : 비농업 노동자 10만 명당 파업 일수(1968년에는 믿을 만한 자료가 없음)

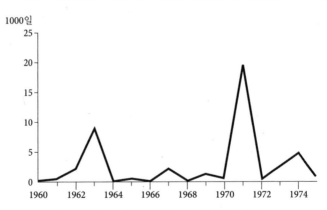

그림 13.6 서독 : 비농업 노동자 10만 명당 파업 일수

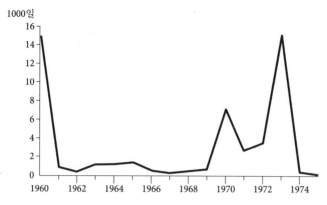

그림 13.7 네덜란드 : 비농업 노동자 10만 명당 파업 일수

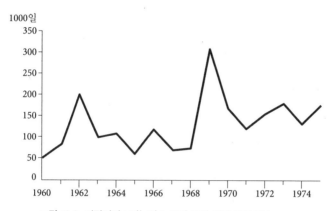

그림 13.8 이탈리아 : 비농업 노동자 10만 명당 파업 일수

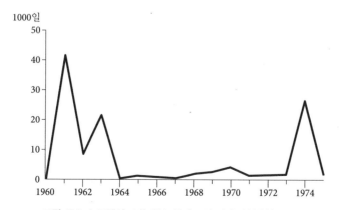

그림 13.9 노르웨이 : 비농업 노동자 10만 명당 파업 일수

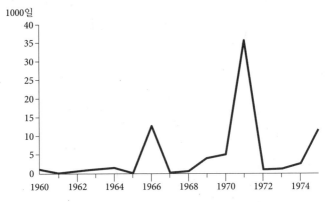

그림 13.10 스웨덴 : 비농업 노동자 10만 명당 파업 일수

그림 13.11 영국 : 비농업 노동자 10만 명당 파업 일수

이 그래프들은 피터 플로라 등의 자료를 근거로 작성했다. *State, Economy and Society in Western Europe 1815~1975, A Data Handbook, cit.*, Vol. 2, pp. 688~753.

파업을 일으킨 경제적 원인만 이해했다면 전체 이야기의 일부를 이해한 것이다. 한 나라에 적용할 수 있는 한 가지 원인은 다른 나라에 적용할 수 없을 때가 많다. 예컨대 실업률 상승은 1970년 겨울과 봄 벨기에에서 일어난 파업의 원인일 수는 있지만, 1968년 5월 프랑스에서 공공 부문의 파업(예를 들면 르노 공장폐쇄)을 일으킨 원인은 아니다. 1969년 이탈리아의 '뜨거운' 9월에 벌어진 파업은 사회 기반 시설에 대한 공공 지출 부족이 원인일 수 있지만, 같은 달 독일에서 벌어진 파업의 원인은 아니다. 투쟁적 노동계급이 부활한 데는 분명 여러 가지 원인이 있지만, 근본적인 원인은 경제 상황이었다. 고용주들이 임금 인상률을 생산성 수준 이하로 묶어두려고 하면서 노동계급의 소득은 늘지 않았다. 결과적으로 임금 인상률은 이전 10년보다 낮았다. 바꿔 말하면 노동자들은 생산성보다 높은 비율로 임금이 오르길 기대했다. 임금 비용은 경제성장에 근본적인 변수가 되었고, 임금 억제는 정책상 중요한 쟁점이 되었다.

1960년대 초반 자본주의가 긴 호황을 누린 덕분에 서유럽에서는 완전고용이 보편화되었다. 저임금·비숙련 직종은 여전히 외국인 노동자를 쓸 수 있었지만, '노동자 예비군'이라 할 수 있는 여분의 주요 '국내' 노동력을 활용할 길은 막막해졌다. 이탈리아에서는 북부의 노동시장이 포화 상태에 이르러 남부에서 온 노동자들이 좌절감에 빠졌다. 독일에서는 1961년 베를린장벽이 세워지면서 동독의 숙련 노동자들이 들어올 수 있는 길이 사실상 차단됐다. 확실한 여분의 노동력인 여성은 가사 노동 분담과 가족의 규모, 자녀 양육 방식, 성에 대한 문화적 고정관념이 획기적으로 바뀌지 않는 한 활용할 수 없는 노동력이었다. 1980년대에나 이런 조건들이 일부 형성되었다.

완전고용의 직접적인 효과는 노조가 더 강력해졌다는 것이다. 노조가 성장의 시기에는 자신들이 판매자라는 사실을 깨달았기 때문이다. 이런 상황은 첫 번째 파업 주기에 영향을 미쳤다. 1960년대 초반 이탈리아에서 벌어진 파업과 중요한 의미가 있는 1963년 프랑스 광부 파업은 강력해진 노조의 힘에서 그 원인을 찾을 수 있다. 노조의 힘이 강력해지면서 인플레이션 압력에 직면한 정부 혹은 (이탈리아와 독일의 경우처럼) 중앙은행은 임금 억제 정책이나 통화수축 정책을 폈다. 고용주들은 비용을 절감하기 위해 작업 관행을 합리화하고, 인플레이션을 유발하는 공장 수준의 지불 방식을 줄였으며, 생산 라인의 속도를 높여 생산성을 향상했다. 따라서 파업의 두 번째 주기는 많은 국가에서 시행된 인플레이션 억제 정책에 노동자들이 어느 정도 시간이 지난 뒤에 반응을 일으킨 일종의 지연반응이었다.[3] 이 분석이 맞는다면 1960년대 초반에 최초로 발생한 인플레이션(여기에서 모든 과정이 시작되었다)은 고임금이 원인인 셈이다.

이 분석과 연장선상에 있지만, 두 차례 파업 주기가 인플레이션의 원인보다는 인플레이션 자체의 결과라는 주장도 있다. 이 주장이 맞는다면 노동자들은 물가 상승에 대응했을 뿐이다. 이 경우 1960년대 중반 유럽에서 발생한 인플레이션의 시발점을 찾으려면 외부, 즉 미국 경제의 과열까지 거슬러 올라가야 한다. 거기가 바로 연쇄적인 인과관계가 시작되는 지점일 것이다. 미국은 '위대한 사회Great Society'로 알려진 국내 복지 계획의 재원을 마련하고, 베트남전에서 전력 증강을 위해 정부의 지출을 대폭 늘려야 했다. 그러자 다른 나라에서는 인플레이션이 무역수지에 미치는 부정적 영향에 대응하기 위해 중앙정부가 세금을 인상하거나, 그게 어려우면 통화를 평가절하 해야 했다. 그러나 정작 미국은 자국 통화인 달러가 '금만큼이나 훌륭한' 준비 통화였기 때문에 다른 나라와 달리 예비비 고갈을 걱정하지 않고 큰 폭의 무역수지 적자를 끌고 갈 수 있었다. 참고로 금 1온스는 35달러로 바꿀 수 있었다.[4] 미국은 국제 금융 체제에서 차지하던 패권적 지위 덕분에 인플레이션에 따른 문제를 서유럽에 떠넘길 수 있었다.

이 두 가지 가설은 서로 다른 인과관계에 바탕을 두고 있다. 하나는 당시 인플레이션이 비용 상승형cost-push 인플레이션, 다시 말해 임금수준에 따른 생산비 상승으로 발생한 인플레이션이었다는 주장이다. 다른 하나는 수요 과잉형demand-pull 인플레이션, 즉 수요가 공급을 초과한 데 따른 인플레이션이었다는 주장이다. 나는 닭이 먼저인지, 달걀이 먼저인지 따지는 이 논쟁에 뛰어들 생각이 없다. 이것은 여러 세대를 거치며 수많은 경제학자들이 잠을 설치게 만든 논쟁이다. 내가 지적하고 싶은 것은 두 가설 모두 좌파 정당들을 몹시 괴롭혔다는 점이다. 정치에서 중요한 것은 두 가설 중 어느 쪽이 '진실'인가 하는 점이 아니라, 두 가설이 각각 미치는 정치적 영향이다.

사회주의자들이 비용 상승형 가설을 받아들였다면 임금 억제와 물가통제에 앞장섰을 것이다. 임금을 억제하면 노조와 충돌했겠지만, 물가통제로 민간 산업과 손실 투자의 이윤을 줄일 수 있었을 것이다. 물가통제 방안이 그 안에 포함되었다면 소득정책은 분명히 성공할 가능성이 더 컸다. 실제로 '보여주기' 위한 목적 때문에라도 한쪽을 억제하면 다른 쪽도 억제해야 했다. 그러나 전시에 암시장이 급속도로 성장한 데서 알 수 있듯이, 현실의 시장경제에서는 아무리 위기 상황이라도 물가를 통제하는 것은 사실상 불가능했다. 그나마 물가보다는 소득이 통제하기 쉬웠다. 물론 소득정책은 노조가 약하거나 소득정책을 받아들여야 하는 경우, 노조의 방침을 노조원들에게 관철할 수 있을 때만 가능했다. 하지만 노조가 얼마나 오랫동안 노조원들의 기대를 충족할 수 있겠는가? 방금 지적했듯이 물가를 직접적으로 통제하기는 쉽지 않지만, 그래도 물가가 지나치게 많이 오르지 않을 것이라는 확신을 줘야 했다. 제아무리 광적으로 무역을 반대하는 노조라도 임금 말고 물가 인상에 영향을 미치는 원인이 있다는 주장, 임금 억제는 사실상 비용 상승형 인플레이션의 임금 비용 측면을 억제하는 것에 불과하다는 주장을 묵살하지는 못했을 것이다.

반대로 사회주의자들이 수요 과잉형 가설을 받아들였다면 수요를 줄이는 데 앞장서고, 공공 지출 삭감(특히 재분배와 관련된)이나 세금 인상, 추가적인 실업 강요처럼 입맛에 맞지 않는 정책을 추진했을 것이다.

두 가지 가설과 그에 따른 전략이 핵심 쟁점으로 떠올랐다. 임금은 정부의 개입이 미치지 않는 곳에 방치된 독립적인 변수가 아니었다. 사회주의자들은 자본주의 경제가 지배하는 체제에서 일단 여당이 되면 노조의 투쟁(마르크스주의 용어를 빌리면 '경제적 계급투쟁')을 계속 지지할 수 없었다. 임금 인상으로 일부 노동자는 당장 이득을 볼 수 있지만, 그 외 노동자나 조직의 이익과 충돌할 수 있었다. 사실 새로운 딜레마는 아니었다. 집권한 사회주의 진영과 파업 노동자의 갈등은 과거에도 있었다. 특히 전후 재건 시기에 양측의 갈등이 심했다. 그러나 1960년대에 최고조에 달한 파업의 격렬함은 과거와 비교가 되지 않았다. 1960년대는 사회주의자와 사회민주주의자들이 '혼합'경제를 받아들이고 집권 세력이 된 시기다. 게다가 그들이 유럽 대다수 국가에서 집권 세력이 되자, 노조는 한껏 고무되어 호전적인 의지를 불태웠다.

파업의 물결은 좌파 정당 내부에 이데올로기 문제도 제기했다. 수정주의자와 '전통주의자' 사이에 풀리지 않은 숙제로 남아 있던 분쟁이 심해졌다. 10장에서 살펴봤듯이 많은 사회주의자들은 노동계급이 투쟁을 일삼던 시대가 막을 내렸다는 데 합의했으며, 일종의 중산계급화론을 받아들였다. 사회주의자들은 사회주의 정당이 지나치게 강한 계급적 정체성을 포기하고 '인민의 정당'으로 거듭나야 한다고 강조했다. 그러나 노동계급의 호전성이 부활하면서 사회주의적 수정주의는 도전에 직면한 듯 보였다. 중산계급화론은 섣부른 과대평가의 결과고, 1950년대에 프롤레타리아의 투쟁심이 누그러진 것은 일시적인 현상으로 보였다. 1960년대에 노동자들은 어느 때보다 자발적으로 자본주의 발전과 자본주의적 작업 방식에 이의를 제기하는 것 같았다. 전통주의자들은 사회주의 정당이 자본주의의 지속적인 성장과 소비사회의 가시적 성공에 눈멀어 전통적인 가치관을 포기하는 우를 범하고 있다고 목소리를 높였다.

그러나 정반대 시각에서 파업을 설명하는 것도 가능하다. 즉 노동계급의 호전성이 다시 고개를 든 것은 어떻게 보면 노동자들이 자본주의의 과실을 더 많이 차지하고픈 마음이 강했다는 증거일 수도 있다. 당시 파업은 잉여생산물의 분배 방식을 바꾸자는 것이지, 애초에 그것을 생산한 체제를 폐지하자는 것은 아니었다. 더 높은 임금이나 더 긴 휴일, 더 좋은 작업 환경, (드물지만) 사회 개혁이나 사회적 권리를 쟁취하기 위한 파업이 반드시 자본주의의 안정성에 도전한다는 의미는 아니다. 파업은 많은 사람들이 사회주의가 불가피하다고 생각했다는 것을 나타내는 지표도 아니다. 더 큰 케이크 조각을 원하는 것은 애초에 케이크를 구워야 한다는 사실을 부정하는 것과 다르다.

하지만 노동계의 호전성은 수정주의자들에게 단순히 무가치한 것으로 치부될 수 없는 문제였다. 파업은 현실적인 측면에서 다뤄야 할 사안이었다. 1960년대 후반에 많은 사회주의 정당은 야당이지만 방관자는 아니었다. 사회주의 정당 소속 각료들이 내각에 포진해 있었다. 노동계의 호전성은 이데올로기적 해석뿐만 아니라 경제 실적에도 영향을 끼치면서 위기관리라는 문제를 낳았다.

앞에서 본 그래프들은 문제의 조짐을 보여주지만, 조짐 이상의 사실은 별로 보여주지 않는다. 파업을 비교하는 것은 간단한 문제가 아니다. 어디까지 파업이고 어디부터 파업이 아닌지는 논의가 필요한 문제다. 즉 파업 기간과 참여한 사람들의 규모에 모두 동의하는 정의가 필요하다. 한 나라 전체가 참여한 파업(총파업)과 종교 단체, 산업 전체, 한 업종, 회사 한 곳, 공장 한 곳, 공장에 속한 한 부문이 참여한 파업은 구별되어야 한다. 게다가 근로조건에서 임금 인상, 사회 개혁, 공장폐쇄나 정리 해고에 대한 항의까지 파업의 목적도 저마다 다르다. 결국 전국이나 지역 단위 노조 지도자들이 일으킨 파업(이른바 공식 파업)과 생산 현장에서 선출된 노동자 대표가 일으킨 파업(이른바 비공식 파업 혹은 노조 지도부의 승인을 받지 않은 파업)으로 구분하는 것이 가장 적절하다는 결론을 내렸다.[5]

1968~1972년 두 번째 파업 주기에는 비공식 파업이 눈에 띄게 늘었다. 이 시기 비공식 파업에서는 기발한 이름이 붙은 새로운 투쟁 방식이 대거 등장했다. 우선 연좌 농성이 있었다. 전략적으로 배치된 노동자들이 일손을 놓는 조업 중단과 사보타주(태업), 준법

투쟁도 이때 등장했다. 영국 노동자들은 사규에 명시된 내용을 그대로 실행에 옮겨 회사 전체를 마비시켰다. 산발적인 파업도 등장했다. 프랑스에서는 연쇄 파업, 이탈리아에서는 '딸꾹질 파업' 혹은 '체스보드 파업'이라고 불렸다.[6] 이처럼 새로운 노동쟁의는 고용주에게 상당한 골칫거리였다. 다른 노동자들이 벌인 조업 중단으로 공장 전체가 가동을 멈춰도 일할 수 있는 노동자에게는 임금을 지급해야 했기 때문이다. 단일 노조를 대변하는 소규모 위원회와 협상하지 않고 전체 노동자에게 계속 보고해야 하는 파업 대표들과 협상하는 것도 고용주에겐 힘든 일이었다.

새로운 투쟁 방식은 종종 사회주의 정당에 부정적인 영향을 미쳤다. 사회주의 정당은 집권하면 조업 중단이 경제에 미치는 영향을 생각하지 않을 수 없었고, 때때로 충성도 높은 지지자들과 충돌할 수밖에 없었다. 특히 문제가 된 것은 공공 부문의 파업이었다. 느닷없이 대중교통이 지연되고 공공서비스가 중단되자 공공 부문 전체에 대한 반감이 고개를 들었고, 자연히 불똥은 공공 부문과 동일시되는 사회주의 정당으로 튀었다. 노조 지도자들의 지위가 약화되고 노조원들에게 신뢰를 잃어 비공식 파업은 난관에 부딪혔다. 노조 지도자들이 생산 현장의 호전성을 인정했다면 집권 사회주의 정당과 사이가 벌어졌을 것이다.

파업이 성공하면 사회주의 정당은 더 심각한 문제에 부딪혔다. 파업 성공에 따른 물가 상승 가능성에 대비해 각국의 통화 당국은 통화를 수축하는 디플레이션 정책을 써야 했기 때문이다. 디플레이션 정책은 사회주의 지지자들의 환심을 살 수 있는 정책이 아니었다. 디플레이션 정책을 쓰기 싫으면 노조와 협력하는 길밖에 없었다. 노조의 힘이 막강한 나라에서는 이것도 바람직한 선택이었다. 물론 사회주의 정당만 노조에 손을 내밀지는 않았다. 많은 나라에서 보수정당도 주저하지 않고 노조에 지지를 호소했다. 1964년 드골 정부는 노조에 지지를 호소했다. 그러나 프랑스 노조가 힘이 없고 무능한 탓에 얻는 것이 없었고, 드골 정부로서는 굳이 노조에 양보해야 할 필요를 느끼지 못했다.[7] 영국 노동당은 1962년에 파업이 늘자, 대응책으로 국민경제개발심의회를 설립했다. 국민경제개발심의회는 독일의 '화합적 행동'의 모델이 되었다(11장). 고용주와 노조는 정부의 자애로운 보호 아래 국민경제개발심의회에 마주앉아 쟁점 사항을 논의했다.

서유럽 모든 정부가 노조와 대화의 창구를 여는 데 심혈을 기울인 가장 큰—어쩌면 유일한—이유는 임금 억제 때문이었다. 사회주의 정당은 집권당이 되면 다른 정당들보다 간절하게 노조의 인정을 받고자 했다. '자발적인 소득정책'이 불가능해지면 결국 강제적인 소득정책이나 디플레이션 정책을 쓸 수밖에 없었기 때문이다.

언뜻 보기에는 간단한 문제 같았다. 자발적인 소득정책은 결국 정부와 노조의 솔직한 정치적 거래였다. 노조가 노조원들에게 임금 인상을 억제할 필요성을 설득하면 정부는 그 '대가'로 사회 개혁 추진을 약속했다. 그러나 노조와 합의된 소득정책 이면에 깔린 여러 가지 가정은 사회주의자들에게 수많은 문제를 제기했다.

우선 사회주의자들은 이 같은 '계약'에 집착하느라 그동안 애지중지 지켜온 두 가지 신념을 내려놓았다. 첫째, 파업은 자본가의 노동 착취를 줄이기 위한 것이므로 언제나 정당하다는 신념이다. 둘째, 사회주의 정부는 항상 자신들이 선거공약으로 내걸고 실천을 약속한 사회 개혁 정책을 추진하고 노조는 이 정책을 무조건 지지할 것이라는 신념이다. 이제부터 협상의 모양새가 이상해졌다. 사회주의적인 노조 지도자들이 항상 원하던 사회 개혁을 위해 임금 인상 요구를 자제하는 상황이 벌어진 것이다. 하지만 겉모양이 이상할 뿐 본질이 달라진 것은 아니었다. 사회주의 정권과 노조의 '계약'을 통해 '최종 목표' 대 최소한의 계획이라는 과거의 낡은 이분법에서 역할만 바꿔 새로운 긴장을 부여하려고 했기 때문이다. 즉 과거에는 단기적 성취를 통해 '최종 목표'에 이를 수 있다고 믿었다면, 이제는 장기적 목표(사회 개혁)를 달성하기 위해 단기적 목표(고임금)를 포기해야 한다고 생각한 것이다.

노조와 협력을 추진하는 과정에 두 번째로 문제가 된 것은 대중의 찬성과 민주적 승인을 받지 않은 상태에서 노조에 정치적 역할을 부여했다는 점이다. 노조와 사회주의 정당이 헌신적으로 매달린 민주적 원칙에 따르면, 정부는 자신들이 하겠다고 말한 일을 하기 위해 대중의 승인을 받아야 했다. 그런데 왜 집권당이 되어서는 기껏해야 사회의 한 부문을 대변할 뿐인 노조와 정부 정책을 다시 협상해야 한단 말인가.

정부와 노조의 협상에서 세 번째 문제는 노동계급의 전투적인 임금 인상 요구 때문에 주요 사회 개혁이 진전되지 못한다는 인상을 준다는 점이었다. 사회주의자들은 자신들이 사회 개혁의 걸림돌이 된다는 것은 생각할 수도 없었고, 이는 사회주의 역사와도 어긋나는 것이었다. 노조는 노동자들은 힘이 없어서 행동을 통일해야 더 나은 근로조건과 높은 임금을 쟁취할 수 있다는 신념을 바탕으로 발전했기 때문이다. 헌신적인 사회주의자들은 더 큰 틀의 최종 목표를 열망했지만, 사회주의 정당은 당리당략을 위해 노동계급 유권자에게 호소하는 일을 잊지 않았다. 심지어 사회주의 정당이 외치는 사회정의는 금전적인 호소력도 띠었다. 즉 사회주의 정당은 더 공정한 부의 분배를 사회정의에 포함했다. 사회주의 운동의 역사에서 노동자들이 높은 임금을 받는다고 생각된 적은 한 번도 없었다. 자본주의 경제에서 임금은 가장 중요한 문제였다. 임금은 원가를 책정하는 데 가장 중요한 영향을 미치는 변수였고, 자연히 가격과 이윤을 결정하는 과정에서도 핵심 변수로 작용했다. 노동계급이 소비생활을 누리고 안전을 확보하고 많은 요구를 충족하고 지위를 얻을 수 있는 기회도 임금이 없으면 불가능했다. 시장경제에서는 가난하면 문명의 가장 기본적인 조건이라 할 수 있는 개인의 존엄성을 얻기 어렵다.

서유럽 노조의 핵심적인 모순은 이 소득정책을 둘러싸고 벌어진 논쟁을 통해서도 분명하게 드러난다. 정치적으로 사회주의에 공감하는 대다수 노조원들은 공공의 복지를 위해 통제된 사회를 열망했지만, 그들이 속한 노동조합은 정부가 개입하지 않는 '자유로운' 노동시장을 원한 것이다. 그래야 아무 방해도 받지 않고 단체 협상을 통해 임금을 결정할 수 있기 때문이다. 그러나 노동시장에서 시장이 가진 힘 때문에 노동계급의 직업과 계층에 따라 임금이 다르게 결정되었고, 그 결과 시장의 힘과 상관없이 '공정함' 혹은 최대다수의 최대행복이라는 기준에 전혀 부합하지 않는 불평등이 생겼다. 일부 축구 선수와 패션모델이 교사와 간호사보다 돈을 많이 벌 수 있는 까닭은 수요에 비해 뛰어난 축구 선수와 일류 패션모델이 부족하기 때문이다. 시장에서 임금을 결정할 때는 사회적 필요나 공정함이 설 자리가 없다. 소박한 쾌락주의자들에겐 안된 얘기지만, 둘 중 하나를 선택해야 한다면 간호사와 교사가 없는 사회보다 패션모델과 축구 선수가 없는 사회가 바람직하다는 데 흔쾌히 동의할 사람이 훨씬 많을 것이다.

모든 소득정책을 거부한다는 말은 임금을 결정할 때 사회적 요구보다 시장을 중요시한다는 말과 같다. 따라서 당신이 중요한 경제적 변수를 모두 규제해야 한다고 주장하는 사회주의자라면 소득정책을 거부하기는 힘들 것이다. 시장의 효율성과 우월한 분배 효과를 신봉하는 진정한 경제적 자유주의자만이 자신을 소득정책에 반대하는 사람이라고 당당하게 말할 수 있다.

노조의 힘이 강한 나라에서 소득정책을 펴려면 정부가 노조에 지지를 호소해야 한다. 따라서 임금정책을 보면 그 나라 노조의 힘이 어느 정도인지, 나아가 좀더 장기적인 정치적 이득을 위해 눈앞의 금전적 이득을 기꺼이 억제할 수 있는 성숙하고 자신감 넘치는 노동계급이 있는지 가늠할 수 있다. 소득정책을 거부하는 호전적인 노동조합원들은 순진하게도 임금 투쟁과 정치투쟁을 혼동한다. 레닌의 업적 가운데 하나는 카우츠키의 이론에 기초해서 쓴 유명한 책 『무엇을 할 것인가?』(1902년 3월)에서 경제투쟁과 정치투쟁을 구분한 것이다. 레닌을 추종하는 공산주의자와 급진주의자 중에서 레닌이 경제투쟁과 정치투쟁을 구분한 이유를 진지하게 곱씹어본 사람은 거의 없었다.

소득이 공정하게 분배된다면 당장은 아니라도 중·장기적으로 노동자들이 소득정책을 받아들이지 못할 까닭이 없었다. 그러나 노동자들이 생각하는 공정함과 기업가들이 말하는 공정함은 일치하지 않을 때가 많다. 공정함을 평가하는 기준이 크게 다르기 때문이다. 기업가 입장에서 '공정한 임금'은 투자한 자본을 충분히 회수할 수 있을 만큼 낮아야 하고, 국제가격과 생산성, 이윤 같은 변수가 반영되어야 한다. 반면 종업원 입장에서 '공정한 임금'은 과거의 구매력과 기대치, 비슷한 업종의 임금이 반영돼야 한다. 게다가 최고 소득을 올리는 숙련 노동자는 사회주의 성향이든 아니든 인플레이션을 억누르는 수단으로 제시되는 소득정책을 받아들일 가능성이 있다. 그러나 이타주의에 호소하거나 정치적 방편에 의지하지 않는 한, 고소득 숙련 노동자에게 임금이 줄어들어도 재분배를 위한 수단으로 소득정책을 사용해야 한다고 설득하기란 대단히 어렵다.

노조와 고용주, 정부가 합의와 협력으로 임금을 인상하려면 상부에서 합의를 통해 결정한 임금 인상률을 생산 현장의 노동자들이 그대로 따른다는 전제가 필요하다. 그러나 상부에서 결정한 임금 인상률과 생산 현장에서 원하는 임금 인상률이 항상 일치하는 것은 아니다. 상부에서 합의된 임금은 각 지역 단위에서 임금 협상을 할 때 전반적인 지침으로 활용될 뿐이다. 노조원과 고용주는 크리스마스 상여금과 결혼 선물, 정시 출근에 대한 상여금, 병가를 쓰지 않은 대신 지급하는 상여금, 휴일 근무 수당, 무이자 대출, 자녀 수당, 성과급까지 추가로 지급해야 할 임금 항목을 놓고 각자 상상의 나래를 펴고, 그 상상의 간격은 점점 더 벌어진다. 유럽 전역에서 흔히 볼 수 있는 이런 '임금 드리프트'는 자본주의 사회 특권층인 민간 기업의 중간 간부와 고위 경영진의 '특권'에 맞선 노동계급의 '특권'이다. 민간 기업의 중간 간부와 고위 경영진이 누리는 특권은 자동차부터 고급 레스토랑에서 수없이 받는 공짜 점심 접대, 배우자 동반 여행, 세미나를 빙자해 외국에서 보내는 휴가, 셔츠 무료 세탁 서비스, 회사가 후원하는 콘서트와 오페라 관람까지 다양하다. 그들은 세금이 면제되는데다 퇴직금도 분에 넘치게 많이 받는다. 국영기업에서는 이런 특권을 누리는 사람이 훨씬 적고, 대학에서는 들어본 적도 없는 특권이다. 옥스퍼드나 케임브리지University of Cambridge라면 또 모를까.

소득정책 문제가 심각한 것은 대다수 유럽 국가처럼 주로 수출을 통해 경제가 성장한 나라에서 소득정책이 훨씬 더 필요하다는 점, 영국처럼 소득정책의 재원을 주로 이윤 재투자를 통해 마련하는 나라가 있다는 점 때문이다. 고정환율을 실시하는 나라에서는 고임금을 가격에 떠넘기면 수출 경쟁력이 떨어진다. 반면에 고임금을 안고 가면 이윤이 감소해 투자 여력이 줄어든다.

미국처럼 크고 부유하며 국가 경제가 수출 지향적이 아닌 나라에서는 임금 규제가 상대적으로 덜 중요한 문제다. 성장은 내수에서 시작되고, 인상된 임금은 무역수지에 크게 부정적인 영향을 미치지 않으면서 물가 상승에 의해 충분히 보전할 수 있기 때문이다. 은행에서 빌린 돈으로 장기적 투자를 위한 재원을 마련하는 독일도 재투자를 위해 굳이 높은 이윤을 낼 필요가 없기 때문에 고임금 요구에 따른 이윤 감소가 투자에 미치는 영향은 크지 않다. 그러나 영국은 국제무역에 의존하면서 상대적으로 은행이 산업에 자금을 효율적으로 제공하지 못하는 나라의 범주에 속했다. 따라서 영국 같은 나라에서는 임금 인상이 수출 가격과 이윤에 즉시 영향을 미쳤다.

이 같은 사실을 보면 영국이 왜 1960~1970년대 거의 모든 기간 동안 소득정책에 의지해 경제적 어려움을 해소하려고 조직적인 시도를 한 유일한 나라인지 이해가 된다.

이 기간 동안 프랑스와 이탈리아에서는 임금정책이 전혀 없었다. 노동조합 운동이 세 개 연맹으로 분열되었기 때문에 노조원들에게 임금 인상 요구를 자제해달라고 강요할 수 없었고, 결과적으로 소수 노동자들만 대변할 수밖에 없었다. 따라서 프랑스와 이탈리아의 인플레이션 억제 정책은 통화와 회계 조치를 통해 실시됐다. 대체로 노조가 정치적으로 약하고 소득정책이 불필요한 나라에서는 프랑스나 이탈리아 같은 전략을 채택한다.

이탈리아와 프랑스 노동자들은 확실하게 불만을 표출했다. 단순히 두 나라 정부가 통화수축 정책을 폈기 때문은 아니었다. 통화수축은 불만의 원인 가운데 하나일 뿐이었다. 1968년 5월 파리의 학생 소요에 이은 총파업은 프랑스 공산당이 프랑스 노동총동맹을 내세워 일으켰다. 5월 13일 대규모 시위부터 조직화된 노동계급이 참여하면서 정부 당국과 학생들의 충돌 양상이 새로운 국면을 맞았다. 공산주의자들은 총파업을 통해 반드골 운동의 선두 주자로 확실히 자리매김하고자 했다. 당시 반드골 운동의 선두 주자 자리는 학생 지도자들에게 위협받고 있었다. 학생 지도부는 무소속 좌파와 마오쩌둥주의자, 트로츠키주의자, 무정부주의자들이 불편한 동거를 하고 있었다. 아니나 다를까, 공산주의자들은 학생 지도자들을 '거대 부르주아지의 후손' '사이비 혁명가' '모험주의자' '선동가'라고 공격했다.[8] 학생 지도자들은 총파업을 통해 '노동계급'과 관계를 맺은 다음, '밥맛없는 스탈린 패거리'의 해로운 영향력에서 노동계급을 떼어놓고자 했다. '밥맛없는 스탈린 패거리'는 다니엘 콩방디Daniel Cohn-Bendit가 쓴 표현으로, 수많은 학생들이 구호로 삼았다.

그러나 학생 지도자들의 전략은 실패로 돌아갔다. 학생들은 노동계급 안으로 한 발짝도 들여놓지 못했고, 프랑스 공산당은 학생들 사이에서 갈수록 인기가 떨어졌다. 5월 13일 노동자와 학생들의 시위는 문화적 차이를 드러냈다. 자크 소바조Jacques Sauvageot와 알랭 가이스마Alain Geismar, 다니엘 콩방디가 이끄는 학생들이 시위 행렬의 선두에 섰다. 학생들은 함께 대열을 이뤄 행진했지만, 그들이 지지를 호소한 프롤레타리아 계급과 섞일 수 없었다. 학생들은 자기들의 구호를 외쳤고, 공산주의자를 모욕했으며, 미테랑의 사회주의자들을 조롱했다. 노동자들은 학생들의 무정부주의적 농담이 제법 재미있다는 반응을 보였지만, 어느 때보다 질서 정연하게 자신들의 전통적 조직인 프랑스 공산당과 노동총동맹의 깃발 아래에서 행진했다.

프랑스 공산당과 노동총동맹의 예상과 달리 학생들과 연대해서 파업에 나선 노동자들은 몇 주 동안 파업을 이어갔다. 노동자들이 보여준 과격주의는 1936년 5~6월처럼 노동조합들을 깜짝 놀라게 했다. 노동자들은 노조 지도부가 시키지 않았는데도 낭트Nantes에 있는 쉬드아비아시옹Sud-Aviation 국영 항공기 공장과 클레옹Cléon과 플랭Flins에 있는 르노 국영 자동차 공장을 점거하더니, 급기야 노동총동맹의 승인 아래 불로뉴비양쿠르Boulogne Billancourt에 있는 거대한 르노 공장까지 점거했다. 그곳은 프랑스 공산주의의 요새였다. 이런 일은 당시 국면이 대단히 복잡했기 때문에 가능했다. 즉 많은 노동자가 정치권의 명백한 약점과 고용주들이 공포에 떠는 상황을 이용해 대폭적인 임금 인상을 요구했다. 공산주의자들은 공산주의 운동의 선두 자리를 빼앗기지 않기 위해 공식적으로 파업을 선언했다. 1848년 르드뤼롤랭Alexandre-Auguste Ledru-Rollin의 유명한 선언, "나는 그들의 지도자다. 따라서 나는 그들을 따라야 한다"를 모방한 전략이었다.

1968년 5월 프랑스는 기호론자들의 '열린 구조'처럼 무수히 많은 해석을 낳는 연구 대상이 되었다. 사람들이 5월 '사태events'라고 얼버무리는 이유는 무슨 일이 일어났는지 확실하게 말할 수 있는 사람이 없기 때문이다. 소외와 혼돈, 드골주의에 대한 싫증, 상대적 박탈감, 비인간적인 작업 공정에 대한 항의, 무기력한 처지에 대한 반발, 탐욕, 높은 임금에 대한 갈망, 노동자의 정치적 지위를 향상하려는 야심, 프랑스인 특유의 잔혹함까지 다양한 해석이 쏟아졌다.

원인에 대한 해석은 분분하지만 5월 13일 이후 일어난 모든 파업에서 핵심적인 요구 사항은 이견 없이 높은 임금과 근무시간 단축, 작업환경 개선이었다. 이런 요구 사항을 중심으로 더 폭넓고 정치적이지만 모호해서 해석의 여지가 분분한 쟁점들이 제기됐다. 노조, 그중에서도 프랑스 노동총동맹은 고용주와 정치인들과 공식적인 담판을 벌였다. 가시적이고 계량할 수 있는 결과가 필요한 노조는 구체적인 요구 사항을 가지고 협상에 임했다. 그들의 요구 사항은 최저임금과 임금 인상률 증가, 주당 노동시간 단축이었다. '노동자의 참여'라는 구호는 대중, 특히 학생과 프랑스 민주노동동맹CFDT 노조원들 사이에서 큰 인기를 끌었다. 그러나 이 구호는 의미가 모호해서 드골이 열렬하게 받아들였을 정도다. 노동자의 경영 참여, 특히 작업 공정이나 조립라인의 속도 같은 생산 현장의 문제가 임금 문제보다 훨씬 중요했을 텐데도 지도부 간의 협상에서는 비중 있게 다루지 않았다.9 이처럼 협상의 주역인 노조와 고용주,

정부, 정당은 상부에서 협상할 수 있는 문제에 집중할 수밖에 없었다. 아래에서 비롯된 협상을 위한 창구는 없었다.

프랑스는 노동운동과 정당, 노동조합 같은 조직이 이데올로기적으로 어떻게 구축되는지 가장 잘 보여준 나라일 것이다. 이들 조직은 이데올로기 때문에 일반 학생이나 노동자들의 운동처럼 조직화되지 않은 운동의 요구를 사실상 받아들일 수 없었다. 특히 혁신적인 '요구'일수록 종전 조직에서는 받아들일 수 없었다. 달리 말해 대의 민주주의라는 한계에 갇혀 있던 사회주의 정당은 정치관을 뜯어고치지 않는 한 투쟁적인 노동계급(혹은 페미니즘이나 학생들의 급진주의)이 쏟아내는 새로운 정치적 목소리에 화답할 수 없었다.

사건들이 워낙 숨 가쁘게 전개됐기 때문에 짧은 시간에 새로운 변화를 받아들이기는 힘들었다. 특히 5월 사태 같은 사건들은 '제도권' 좌파가 오랜 세월에 걸쳐 이룬 것을 무너뜨릴 수 있을 만큼 위협적인 측면도 있었다. 좌파 정당들은 사회의 구조적 변화를 추적하고 관찰할 수 있을 정도로 조직적인 틀을 갖춘 적이 거의 없다. 대중정당은 급박하게 전개되는 대중운동에 놀랄 때가 종종 있다. 이상적으로 말하면 사회 변화에 발맞춰 정당 조직을 체계적이고 지속적으로 개혁하는 게 맞다. 그리고 조직 자체는 사회에 대한 정보를 취합하기 위한 수단으로 활용해야 한다. 나는 이것이 정당은 '집단 지성collective intellectual'이 돼야 한다고 한 그람시의 명령이 진정으로 의미하는 바라고 생각한다. 그러나 말처럼 쉬운 일은 아니다.

그람시의 명령은 모국인 이탈리아에서 가끔 공산당에 의해 부분적으로 실현되었다. 그런 이탈리아 공산당조차 1969년 투쟁적 노동계급의 부활에 화들짝 놀랐다. 그러나 이탈리아 공산당을 더 놀라게 만든 것은 학생들의 시위와 페미니즘의 성장이었다. 충분히 그럴 만했다.

1969년 '뜨거운 가을'은 전후 이탈리아 역사에서 가장 첨예하면서 오랫동안 지속된 사회 갈등이었다. 이탈리아에서도 다른 유럽 국가와 마찬가지로 대다수 파업은 '비공식' 파업으로 시작되어 노조가 공식적으로 승인하는 형태였다. 파업의 여파는 어느 나라보다 이탈리아에서 훨씬 컸다. 파업은 노조 운동에 상당한 변화를 불러왔다. 즉 노조들이 정치적으로 더욱 단결하는 계기가 되었다. 그러나 개별 공장의 모든 노동자들로 구성된 생산 현장 조직인 공장평의회Factory Council 세력이 커지면서 세 개 노조 동맹의 중앙 기구는 권한이 약화됐다.[10] 공산주의자들이 주도한 이탈리아 금속노조FIOM의 대표 브루노 트렌틴Bruno Trentin은 1980년, 공장평의회는 '전례 없는' 산업민주주의의 본보기라고 의기양양하게 선언했다. 지난 수십 년에 비해 훨씬 많은 노동자(규모가 큰 공장에서는 최대 80퍼센트)로 구성된 공장 대표들이 선거에 참여한 것도 '전례 없는' 산업민주주의의 하나였다.[11] 이탈리아에서 일어난 파업의 또 다른 특징은 다른 나라의 파업과 달리 임금 평등을 고집했다는 점이다. 임금 평등은 파업의 선봉에 섰던 최저임금 노동자들이 강력하게 주장했다. 이 점에서 노동자와 학생들은 비록 일시적이기는 하나 '1968년'의 '윤리적' 측면 가운데 가장 강력한 지점에서 한마음이 되었다. 즉 숙련도나 지위, 실적, 업적, 임금에 대한 모든 차등에 단호히 반대했다. 공장노동자들은 '모든 직원에게 동일한 임금'을 지급하라고 요구했고, 대학생들은 모두 똑같이 최고 점수를 달라고 요구했다(종종 모든 학생이 똑같이 최고 점수를 받았다).

트렌틴의 이탈리아 금속노조처럼 공산주의자들이 이끄는 노조는 숙련도를 토대로 한 임금 차이를 약화한다는 이유로 노동자들의 평등주의적 요구에 반대했다. 반면에 이탈리아 금속연맹FIM처럼 가톨릭이 주도하는 금속노조는 평등주의적 요구를 지지함으로써 공산주의자들보다 좌파적으로 보였다. 로버트 럼리Robert Lumley가 설명했듯이, 공산주의 노조와 가톨릭 노조가 이처럼 다른 반응을 보인 이유는 이데올로기 차이보다 조직과 구성원의 차이에서 비롯된 면이 컸다.[12]

마찬가지로 '뜨거운 가을'의 노동쟁의가 길어진 것도 이데올로기나 정치적 원인보다 조립라인의 속도나 작업 공정 강화 같은 구체적인 원인 때문이었다. 노동자들은 전반적으로 공장 밖 삶의 질에 불만스러워했다. 도심은 혼잡하고, 지난 10년간 대규모로 이동한 국내 인구를 처리할 수 있는 기반 시설은 부족했으며, 의료 서비스는 낙후됐고, 노동 계층이 사는 지역의 교육 서비스는 질이 낮았다. 이탈리아의 중도좌파 연립정부는 많은 공약을 내놓았지만, 이런 문제를 해결할 능력이 없다는 게 드러났다. 공공 지출은 제대로 관리되지 않았고, 오히려 정부 보조금의 형태로 늘어났다. 이로써 관료정치가 확대되고, 국민에게 지불하는 돈은 늘었다. 계획을 위한 시도는 실패했다. 정책 결정의 중심축이 네 곳(재정부, 재무부, 예산부, 이탈리아은행The Bank of Italy)이나 존재하는 바람에 경제정책의 발목을 잡았다. 경제 기적의 시기에 존경을 한 몸에 받던 기업가들은 이제 탐욕과 무책임의 화신으로 매도당하고 비난받았다. 그들은 노동력을 수출한 나라에서 자본을 수출했다. 대중은 경제성장에 걸맞은 사회복지가 실현되지 않는다는 점을 분명히 인식했다.

이탈리아는 영국과 프랑스, 독일이 시행하는 복지 제도가 없는데도 다른 유럽 국가들이 누리는 번영의 수준에 근접하고 있었다. 당시 대중은 '현대 국가' 하면 미국과 스웨덴을 떠올렸다. 즉 개인의 높은 소비수준과 효율적인 복지 제도가 대중이 생각하는 현대 국가의 상징이었다. 진정한 '현대 국가'가 되기 위한 자격 조건 가운데 이탈리아에 없는 것은 그 유명한 '사회적 시장'에서 '사회'였다. 이런 폭발적인 동기부여 요소들이 합쳐지면서 이탈리아의 파업 운동은 확연하게 정치색을 띠었다.

역설적인 사실은 (1968년 5~6월의 프랑스를 제외한) 다른 나라들과 비교했을 때 정치적 성향이 뚜렷하던 이탈리아의 노동운동이 상대적으로 힘이 약한 노조에 의존했다는 점이다. 노조 운동이 더 강하고 견고했다면 자신들의 기득권을 보호하고 (자신들도 포함된) 종전의 권력관계가 위태로워지는 것을 막기 위해 노동자를 강도 높게 통제했을지도 모른다. 그러나 워낙 노조의 힘이 약하다 보니 일반 조합원들의 공장평의회 운동을 인정할 수밖에 없었다. 힘이 더 강했다면 노조도 공장평의회라는 풀뿌리 운동과 공존하는 방법을 모색했을 수도 있다.[13] 그러나 노조는 힘이 약했기 때문에 (노조 가입 여부에 상관없이 모든 노동자들에 의해 선출된) 공장평의회가 사실상 생산 현장에서 노조를 대변하는 기구라고 선포했다. 노조의 이런 결정은 생산 현장 차원에서 통합적인 조직의 탄생을 알리는 신호탄이나 다름없었다. 공장평의회는 노조와 달리 정치적 노선에 따라 분열되지 않았기 때문이다. 공산주의자이자 이탈리아 노동총동맹의 수장 루치아노 라마Luciano Lama는 공장평의회가 공장 안에서 노조를 대표하는 유일한 기구라는 사실을 가장 먼저 인정한 것이 이탈리아 노동총동맹이라는 점을 늘 강조했다. 또 그는 위에서 아래뿐만 아니라 아래에서 위로 노조 운동의 통합을 재구축하려는 열망 때문에 공장평의회를 인정했다고 강조했다.[14] 그런 열망을 실현하기 위해 노조는 점차 정치 정당에서 독립해야 했고, 궁극적으로는 이탈리아 노동총동맹이나 이탈리아 공산당과 이어진 모든 고리를 끊어야 할 필요가 있었다. 그래서 '뜨거운 가을' 이후 2~3년 사이에 국회의원이나 다른 정당의 간부 위원회에 소속된 모든 이탈리아 노동총동맹 대표는 의원직을 사임하거나 위원회 직책을 포기하고 노조 운동에 전적으로 헌신했다. 공식적인 정당정치에서 이탈하는 것은 규모나 세력에 상관없이 모든 노조에서 일어난 현상이었다. 심지어 노조 지부의 사무국장조차 자신이 사는 지역의 정당에 가입하거나 선출직을 겸임하는 것이 금지되었다. 이탈리아 노동총동맹 외의 두 노조 동맹에서도 비슷한 조치를 실시했다.

노조를 정당정치에서 독립시키는 것은 이탈리아 공산당의 전략 가운데 하나였다. 이탈리아 공산당은 자신들의 가장 중요한 정치적 목표를 위해서는 전체 노조 운동을 통일해야 한다고 생각했다. 이탈리아 공산당의 목표는 새로운 '역사적 타협'을 통해 1944~1947년의 연정과 비슷하게 사회당, 기독민주당과 거국일치 정부를 구성하는 것이었다.

그러나 이탈리아 노조는 정당정치와 거리를 둬야 할 필요성을 크게 느끼지 못했다. 좌파 정당은 경기 침체기에 집권하면 임금 인상을 포기하는 대가로 정치적 이득을 주겠다고 노조를 설득한다. 그러면 노조는 겉으로 어떤 반응을 보일지 몰라도 정치화될 수밖에 없다.[15] 그 과정에서 노조의 독립성은 확대된다. 진정한 협상 관계가 성립되기 위해서는 상호 독립적인 관계가 되어야 하기 때문이다.

이탈리아에서도 이런 일이 벌어졌다. 이탈리아의 정부 여당 중에는 노조 운동에 반대하는 정당이 없었기 때문이다. 기독민주당은 노조 가운데 두 번째로 큰 이탈리아 가톨릭노조연맹CISL과 긴밀한 관계를 맺고 있었다. 가톨릭노조연맹은 새롭게 급진적인 성향을 띠기 시작한 노동자들의 반감을 사고 싶지 않았다. 그들은 주로 최근에 남부에서 이주했으며, 노조에 가입한 적이 없는 사람들이었다. 1950년대에는 가톨릭노조연맹과 기독민주당의 관계가 양쪽에 모두 이익이었다. 기독민주당은 노동계급의 표를 얻었고, 가톨릭노조연맹은 정부에 접근할 수 있는 통로를 확보했기 때문이다. 가톨릭노조연맹은 이 관계가 삐걱거리고 있음을 깨달았다.

사회당과 공산당의 입장은 더 복잡했다. 공산당은 야당이지만 이탈리아 노동총동맹에서 다수파였고, 사회당은 여당이지만 노동총동맹에서 소수파였다. 사회민주당과 혁명당은 사회당 소속 노동총동맹 노조원들에게 공산당과 갈라서서 제3의 노조 동맹인 이탈리아 노동조합연맹UIL에 가입하라고 압력을 넣었다. 공산당 소속 노조원들은 사회당 소속 노조원들이 노동총동맹에서 이탈하는 것을 막기 위해 소수파인 그들을 함부로 대하지 않았다. 한편 공산당도 연정에 들어가려면 사회당은 물론 기독민주당과 좋은 관계를 유지해야 했기 때문에 노동계급의 불만을 내놓고 반정부 투쟁의 수단으로 활용할 수는 없었다.

독일의 상황도 이와 비슷했다. 유력 노조 동맹인 독일 노동조합연맹은 기독민주당 소속 노조원들의 반감을 사지 않기 위해 독일 사회민주당과 적당한 거리를 유지해야 했다.[16]

노동계급의 투쟁성은 유례없이 높은 수준을 기록했지만, 이탈리아의 정당들은 타협할 수밖에 없는 상황으로 내몰렸다. 정부는 투쟁적인 노동자들과 정면충돌하기에는 약했다. 공산당은 자신들의 힘을 급진적 목적을 위해 쓸 수 없었다. 이탈리아의 상황은 특수했다. 좌파는 분열되었고 공산당은 강력했으며, 정권 교체는 사실상 불가능했다. 그러나 이탈리아는 자국의 특수한 상황을 빌미로 유럽의 표준에서 멀어지는 대신 오히려 유럽의 표준을 향해 한마음으로 나가야 한다는 점을 강조했다. 이탈리아 정부 여당과 야당은 다른 나라와 마찬가지로 통치를 위해서 노조 운동에 어느 정도 합의가 필요하다는 데 뜻을 같이했다. 1970년대 '신협동주의neo-corporatism'는 이런 인식을 토대로 등장했다. 신협동주의란 한마디로 정부와 노조, 고용주의 삼각관계가 발전한 것이었다.

이탈리아 노동계급의 불만은 그들의 권리를 폭넓게 인정하는 법적 조치를 끌어냈다. 1970년 5월에 제정된 '노동자법'은 고용주가 노조 활동에 참여한 노동자를 차별하는 행위를 불법으로 규정했다. 어용조합을 금지했으며, 부당하게 해고된 경우 노동자가 원하면 복직할 수 있도록 했다. 노조는 정기 보고서를 게시하고, 해마다 최대 10시간씩 작업장에서 근무시간에 노조 모임을 할 수 있는 권리를 합법적으로 보장했다. 또 근무시간에 해마다 150시간 교육받을 수 있는 권리를 보장했고, 노동자법이 통과되기 전에 노동쟁의와 관련해 위법행위로 기소된 노동자들을 일괄적으로 사면했다.[17] 공산당과 사회당이 노동자법을 발의하자, 중도파 정당은 노동자들이 더 많은 것을 요구하지 못하도록 마지못해 법안을 받아들였다. 노동자법을 계기로 노동자에게 노조 결성권을 보장하던 헌법 39조가 명실상부한 법으로 효력을 갖췄다.

조직적인 노동계급 운동의 정치적 권리가 확대된 데 이어 이탈리아의 각 지방자치제에 이양되는 권한을 확대하는 법률 제정이 뒤따랐다. 하지만 의료와 교육, 사회보장 분야에서 이렇다 할 사회 개혁 조치는 시행되지 않았다. 이탈리아는 이론상으로 '사회권'이라는 관점에서 선진적인 유럽 국가 중 하나가 되었지만, 이탈리아의 복지 제도는 원시적인 수준이었다. 비싸지 않은 사회적 권리도 있지만, 사회 개혁은 돈이 많이 들어가는 일이다.

스웨덴 사회민주당은 투쟁적인 노동계급에 이탈리아 노조와 똑같은 방식으로 대처했다. 즉 평등주의를 수용한 것이다. 하지만 스웨덴은 유럽 최고의 복지 선진국이라는 점이 이탈리아와 달랐다.

1969년 12월, 북극권 한계선 너머의 라플란드Lapland 북부 키루나Kiruna에 있는 스웨덴 최대 국영기업 LKAB에서 비공식 파업이 일어나 확산됐다.[18] 사회민주당 정부는 파업을 단순히 임금 문제가 아니라 노동자들의 소외를 드러내는 징후라는 측면에서 해석했다. 정부는 스웨덴 사회민주당과 노조가 설립하고 알바 뮈르달이 위원장으로 있는 평등조사위원회Working Group on Equality의 보고서를 토대로 파업에 대응했다. 이 보고서는 사회민주당이 거둔 성과를 하나하나 짚어갔다. 스웨덴 사회민주당은 임금 불평등이라는 구조적인 문제를 개선하는 데 헌신했다는 점에서 참신했다. 사회민주당은 좀더 진보적인 조세제도를 통해 임금격차를 줄이는 방향으로 나가는 것이 올바른 노동시장 정책이라고 생각했다.[19] 따라서 여성 노동자와 고령 노동자, 저학력 노동자, 빈곤 지역 출신 노동자, 이주자 등 가장 적은 권리를 누리는 집단에게 더 많은 기회를 주는 데 우선순위를 두려고 했다. 그러나 사회민주당의 계획은 대부분 실행에 옮기지 못했다. 재분배 정책이 인기를 끌 수 있는 때는 경제성장기, 즉 전반적으로 소득이 늘어서 임금격차가 줄어드는 것을 수용할 수 있을 때나 국가가 절체절명의 위기에 처해 재분배를 위한 공동체 의식을 강화할 수 있을 때다. 스웨덴은 이후 10년 동안 경제가 성장하지도 않았고, 절체절명의 위기에 처하지도 않았다.

스웨덴은 소외된 노동자들에 대한 또 다른 대응 방안으로 노동자에게 자율권을 주는 방법을 모색했다. 이를 위해 노사 협의를 확대하고, 생산 현장에 민주주의를 도입했다. 주로 육체노동자들이 가입한 노조로 구성된 스웨덴 노조연맹은 과거에는 원칙적으로 노동자의 경영 참여에 반대했는데, 1971년에는 종업원의 경영 참여를 위한 계획인 '산업민주주의Industrial Democracy'를 찬성했다. 스웨덴이 시작한 산업민주주의는 하나의 추세가 되어 노르웨이를 거쳐 대다수 유럽 국가로 퍼졌다.[20] 산업민주주의는 전통적인 테일러식 모델에 대한 반발이었다. 테일러식 모델은 매우 계급적이고 권위주의적인 노동조직을 제시하면서 노동자를 한낱 기계의 부품으로 취급했다.[21] 노조가 공장에서 고용주에게 영향력을 행사할 수 있는 권리를 강화하는 입법 조치는 1976년에야 시행되었다. 이런 조치로 노동자들의 소외감은 얼마나 줄었을까? 그들이 노조의 일에 참여한 정도와 노조가 어느 정도 대표성을 띠었느냐에 따라 달랐다. 스웨덴에도 다른 나라와 마찬가지로 노사 위원회가 존재했지만, 주로 협의 기능에 국한되었다. 달리 말하면 노동자가 경영권에 깊숙이 개입한 적이 한 번도 없었다.[22] 스웨덴 노조연맹은 1969년의 비공식 파업보다 훨씬 많은 노동자가 참여한 1971년의 '공식' 파업을 통해 임금노동자 기금 설립을 위한 추진력을 얻었다. 임금노동자 기금으로 점점 늘어가는 민간 부문의 지분을 사들여 노동자(즉 노조)가 기업의 경영에 더 깊숙이 개입할 수 있도록 하겠다는 계획이었다. 임금 노동자 기금은 마이드너 플랜Meidner Plan을 위한 발판을 놓았다. 마이드너 플랜은 23장에서 살펴보자.

중앙집권적인 노조가 있는 나라에서 강도 높은 비공식 파업이 일어나면 으레 산업민주주의가 대응책으로 제시됐다. 그 말은 강도 높은 비공식 파업이 고용주에 대한 도전일 뿐만 아니라 종전 노조나 그들과 손잡은 정당, 즉 좌파 정당에 대한 도전이기도 했다는 의미다. 산업민주주의는 간단히 설명할 길이 없는 개별 공장 차원의 불만에 대한 '건설적인' 대응책이었다. 좌파 혁명가들은 개별 공장 차원의 불만을 잠재적인 사회주의 의식의 분출로 봤다. 사회학자들은 소외로 분류했다. 반노조주의자들(과 덜 강경하게 노조에 반대하는 일부 사람들)은 생산 현장의 투쟁성을 곱지 않은 눈으로 바라봤다. 그들은 생산 현장의 투쟁성이 중산층의 탐욕과 다를 바 없는 노동계급의 탐욕이라고 생각했다. 즉 생산공정에서 차지하는 지위를 이용해 최대한 많은 양보를 끌어내려는 속셈이 있을 뿐, 다른 사람의 복지나 사회 전체의 번영은 안중에도 없다고 봤다. 그런가 하면 종전 사회주의 정당들의 관점에서 산업민주주의는 노동계급의 전통적인 조직에 대한 위협이므로, 몰아내거나 제거해야 할 대상이었다. 이런 맥락에서 보면 노조가 산업민주주의를 요구한 것은 노사 관계의 질서를 다시 확립해 노조의 권위를 재천명하기 위한 방편이었다. 실제로 산업민주주의를 강화하기 위한 거의 모든 계획에서 핵심적인 역할은 노동조합이 독차지했다. 산업민주주의를 주로 스웨덴이나 독일 같은 나라에서 진지하게 받아들인 것은 놀랄 일이 아니다. 두 나라에는 정부와 중앙집권적인 노조가 협력하는 전통이 있었다. 영국과 프랑스, 이탈리아에서는 산업민주주의를 요구하는 목소리가 소수에 불과했다. 벨기에의 경우 1971년 두 유력 노조가 '노동자 자주관리' 원칙을 받아들였지만, 실행 방안을 찾기 위한 노력은 거의 하지 않았고, 다른 나라와 같이 애매한 이론에 머물렀다.[23]

벨기에의 노조 운동도 프랑스나 이탈리아와 마찬가지로 분열되었다. 노조는 공식적으로 정당에서 독립된 조직이지만, 벨기에 노동자총연합FGTB은 사실상 사회당 계열의 노동조합이었고, 벨기에 기독노조연합CSC은 기독사회당의 지지를 받았다. 1960년대에는 기독노조연합이 노동자총연합보다 규모가 커졌다. 진보 정당인 벨기에 자유진보당도 특정 노조를 지지했다.[24] 나중에 북부 플랑드르 지역과 남부 왈론 지역의 언어 갈등이 심각해지면서 노조의 분열도 곱절로 늘었다. 그런데도 벨기에는 프랑스나 이탈리아와 달리 노조의 분열에 큰 영향을 받지 않았다. 1960~1971년 거의 모든 기간 동안 여러 노조의 정치적 동맹들이 연정을 구성해 정권을 장악했기 때문이다. 노조는 분열되었지만 노사 관계는 오스트리아와 스웨덴처럼 대단히 중앙집권적이었으며, 임금 드리프트도 영국과 달리 그렇게 높지 않았다. 전반적인 근로시간과 근로조건은 노사정 위원회인 전국경제확대위원회에서 처리했고, 임금 협상은 산별 단체교섭을 통해 진행되었다. 그러다 보니 벨기에에서는 물가 상승에 대한 우려가 커지는데도 소득정책을 도입하는 정부가 없었다.[25]

반대로 영국 노동당은 물가 상승과 노사 관계 문제를 처리하기 위한 방법 중 하나로 소득정책을 선택했다. 1945~1951년 애틀리 정부 시절과 1959~1964년 보수당 정부 시절에도 소득정책을 채택한 선례가 있었다. 윌슨 정부는 출범 초기부터 임금 문제에서 합의하지 못하면 경제·사회적 목표(예를 들면 국가 계획에 포함된) 달성은 물 건너간 셈이라고 생각했다. 실제로 평가절하 저지와 파운드화 방어를 구실로 임금 억제 카드를 꺼내는 데 그리 오랜 시간이 걸리지 않았다.[26]

소득정책과 파운드화 방어 모두 큰 성공을 거두지 못했다. 1964년 정부와 노동조합회의, 물가소득위원회의 합의는 실효성이 없었고, 1965년 노동조합회의와 정부의 합의도 아무런 효과를 발휘하지 못했다. 1966년 영국 정부는 법정 임금을 동결하고, 표준임금을 정해 1969년까지 의무적으로 적용하도록 했다. 이런 정책이 임금과 물가의 움직임에 어느 정도 실질적인 영향을 미쳤는지 증명하기는 어렵다. 이런 정책이 없었다면 임금이 얼마나 올랐을지 추정할 수는 있겠지만, 그 추정치가 옳은지 증명할 방법이 없기 때문이다. 게다가 소득정책과 파운드화 방어 대신 어떤 정책을 폈을지, 그 정책은 의도한 효과를 거뒀을지도 규명해야 한다. 예를 들어 소득정책 대신 통화수축 정책을 썼다면 십중팔구 실업률이 올랐을 테고, 그 결과 수요가 억제되면서 투자와 임금 인상 요구에 부정적인 영향을 미쳤을 것이다.

소득정책의 경제적 효과는 확실하게 밝혀진 것이 없지만, 호기심 많은 역사가들이라면 소득정책의 정치·사회적 영향까지 침묵을 지킬 필요는 없다. 소득정책을 둘러싸고 마찰이 잦아지면서 노동당 정부와 노조의 관계는 갈수록 삐거덕거렸다. 장기적 효과를 판단하기는 더 어렵고 대다수 경제학자의 시각과도 다르지만, 대중은 노동당 정부가 소득정책을 들고 나옴으로써 '노조 문제'가 영국 산업의 부활을 가로막는 중요한 걸림돌이라고 인식하게 되었다고 해도 틀린 말은 아니다. 대체로 노동조합 운동은 사회주의와 관계를 맺고 있었기 때문에 대중 사이에서는 사회주의적 방법과 원칙이 경제적 번영과 공존할 수 없다는 인식이 형성됐다.

　노동당 정부에는 소득정책에 찬성한다고 총대를 멜 계획가들이 한 명도 없었다. 소득정책은 형평성 기준에 따라(즉 임금격차를 줄이는 방향으로) 임금 상승을 통제하는 정책이었기 때문이다. 이런 소득정책이 실시됐다면 노조들은 필사적으로 반대하겠지만, 저임금 노동자들로 구성된 노조는 당연히 찬성했을 것이다. 노동당 정부로서는 전체 노조가 일치단결해 소득정책을 반대하는 것보다 이 같은 노노勞勞 갈등을 바랐을 수도 있다. 1966년 이후 잇따라 채택된 소득정책은 저마다 저임금 노동자가 우선적으로 특혜를 받아야 한다고 규정한 것은 사실이지만, 저임금의 기준에 대해서는 합의된 적이 없었다.[27] 게다가 소득정책은 생산성 협약 임금제(노사가 생산성 목표를 정해놓고 이를 달성하면 임금 인상에 나서는 임금 협상 제도─옮긴이)를 임금 인상의 정당한 이유로 인정하는 경향이 있었다. 그러나 생산성 협약 임금제는 머지않아 맹점을 드러냈고, 불공평한 제도가 되었다. 생산성 증대는 대체로 노동자보다 생산기술이나 공장, 기계에 투자하는 것과 밀접한 관련이 있었기 때문이다. 결국 생산성이 눈에 띄게 향상되면서 급성장하는 회사에 소속된 일부 노동자들만 운이 좋은 셈이었고, 이 때문에 임금격차는 더 벌어졌다.[28] 청소부와 광부, 소방관, 교수처럼 마땅히 포함돼야 할 공공 부문 노동자들을 생산성 협약 임금제 적용 대상에서 배제한 것도 문제였다.

영국은 두 노사 관계가 공존하는 특수한 상황이었다. 첫째, 산업별 협상 혹은 국가적인 협상을 통해 노사가 합의에 도달하고 임금과 근로조건을 위한 전반적인 지침을 제공하는 공식적인 노사 관계다. 둘째, 실질적인 임금과 근로조건이 궁극적으로 지역 단위에서 결정되는 비공식적인 노사 관계다. 해가 갈수록 공식적인 노사 관계는 이름뿐인 노사 관계가 되었고, 비공식적인 노사 관계가 대세가 되었다는 게 많은 노사 관계 전문가들의 견해였다. 이런 견해는 1965년 해럴드 윌슨이 설치한 왕립노사합동위원회(일명 도노반 위원회)의 보고서에서 잘 드러났다.[29] 영국이 다른 나라보다 파업이 일어나기 쉽다는 견해에 동의하는 전문가는 많지 않았다. 하지만 대다수 일반 국민의 생각은 달랐다. 그들은 영국에서 파업이 쉽게 일어난다고 생각했다. 영국 노동자들은 다른 나라보다 자주 파업을 일으키고, 하다못해 차를 마시는 휴식 시간 같은 사소한 문제 때문에 파업을 일으키기도 한다는 게 일반인의 통념이었다(건설 현장에서 온종일 등골이 휘도록 일해본 사람은 차 한 잔 마시는 시간이 인간의 기본적인 권리인 동시에 생산성에도 도움이 된다는 사실을 안다).[30]

「도노반 보고서Donovan Report」는 시간이 지나면 공식적인 노사 관계와 비공식적인 노사 관계가 제자리로 돌아갈 것이라고 예측했다. 실제로 그렇게 됐다면 중앙 기구 차원에서 단체 협상이 진행되는 제도가 자리 잡았을 것이다. 하지만 임금을 결정하는 과정에서 중앙집권적인 임금 협상 제도가 고도로 지방분권적인 임금 협상 제도보다 훨씬 효율적이라는 논리가 실제로 입증된 적은 한 번도 없다. 두 가지 제도 가운데 어느 한쪽이 더 바람직하다는 사실을 설득력 있게 보여주는 실증적 근거는 전혀 없다. 어느 것이 더 좋은 제도인지 논란이 고조됐지만, 어느 쪽을 선택하면 우파고 어느 쪽을 선택하면 좌파라고 칼로 무 자르듯 정할 수 있는 문제가 아니었다. 일반 조합원 가운데 '혁명적 성향' 지지자들은 상부에서 결정하기보다 지역 단위에서 유연하게 결정하는 임금 협상이 낫다며 지방분권적 임금 협상 제도를 선호했다. 이 점에서 그들은 (이론적으로) 신자유주의적인 경제학자들과 다를 바 없었다. 그러나 많은 전문가들은 임금 협상 제도가 지방분권적인 추세로 나갈수록 임금은 기왕에 움직이던 방향으로 더 빨리 이동할 가능성이 크다고 봤다. 그들의 예측이 맞는다면 인플레이션 상황에서는 중앙집권적인 협상보다 지방분권적인 협상을 통해 임금이 빨리 오르고, 결국 임금을 억제하기 위해 실업률이 높아질 수밖에 없다.[31] 대체로 전문가들 사이에서 합의되지 않을 때는 정치적 고려가 경제적 고려를 압도했다.

따라서 논란의 여지가 있지만, 사회민주주의적 정책을 통해 노조의 중앙집권화를 추진하는 것은 어찌 보면 당연한 선택이었다. 그러나 노동당 좌파부터 공산당(수는 적지만 노조에 영향력을 발휘했다), 노동조합, 노동당 우파, 보수당의 신자유주의자들(아직 그들의 시대가 오지 않았지만)까지 정치 영역 전반에서 노조의 중앙집권화에 반대하는 사람들이 있었다. 이들이 노조의 중앙집권화를 반대한 가장 흔한 이유는 생산 현장의 활동가들은 '본능적인' 사회주의자지만, 노조 지도자들은 따분하고 사무적인 관료라는 점이었다.

어느 쪽이 옳든 한 가지는 확실했다. 노조 지도부와 정치적인 합의에 도달하려면 그들에게 더 많은 권한을 주면서 노조의 중앙집권화 쪽으로 방향을 잡아야 한다는 것이었다. 이 때문에 노동당 정부에서 신설된 고용생산부 초대 장관 바버라 캐슬은 1969년 1월에 발표한 백서를 통해「도노반 보고서」에서 제시한 주요 제안을 실행에 옮기려고 했다. 캐슬이 발표한「투쟁을 대신해서In Place of Strife」는 공교롭게도 평화적인 대안이 되기는커녕 노조와 노동당 내 상당수 파벌의 반감을 불러일으켰다. 내각에서 가장 막강한 몇몇 장관도 캐슬의 제안에 반발했다. 캐슬은 영국 노조의 정치적 역할을 확대하기 위해서는 영국 노조 운동의 중앙집권화가 필수적인 전제 조건이라고 생각했다. 성공할 가능성은 충분했다. 캐슬은 노동당 좌파의 충직한 일꾼이었고, 신세대 노조 지도자들은 어느 때보다 좌파 성향이 강했다. 1967년 당시 노동당과 연계된 규모가 큰 다섯 개 노조 가운데 네 개 노조의 대표가 좌파 성향 인물이었다. 금속노조의 휴 스캔런Hugh Scanlon, 운수일반노동조합의 잭 존스Jack Jones, 광부노조의 로렌스 달리Lawrence Daly, 상점노조의 리처드 시브룩Richard Seabrook이 그들이다.[32] 캐슬에게는 안된 일이지만, 이들 네 명은 '잘못된' 좌파 이데올로기에 빠졌다. 그들은 일반 조합원의 힘과 투쟁성을 신뢰했다. 어찌 됐든 노조 대표의 권력은 일반 조합원의 힘과 투쟁성에서 나왔기 때문이다. 영국 노동조합회의는 정치 성향이 다양한 영국 노조 출신 하원 의원들을 결집시켰다. 53명이「투쟁을 대신해서」에 반대표를 던졌고, 40명은 기권했다. 1966~1970년에 벌어진 가장 큰 의회 반란이었다.[33]

 '좌파' 노조 지도자들의 이데올로기보다 중요한 문제가 있었다. 영국의 노동운동은 다수의 직업별 조합이 회원 노조라는 명목으로 영국 노동조합회의와 느슨하게 연결되었는데, 그런 상황에서 일관된 노조 정책을 펴기는 도저히 불가능했다.「투쟁을 대신해서」가의회에서 통과되지 못한 데는 여러 가지 원인이 복합적으로 작용했다. 노조끼리 경쟁심을 가지면 예상 밖의 타협을 강요받을 수도 있다는 노조 지도자들의 불안에 캘러헌(캐슬에 반대한 최고위 각료) 같은 정치인들의 근시안적 태도, 캐슬의 제안이 별 효력을 발휘하지 못할 것이라는 크로스랜드 같은 현대화론자들의 확신,[34] 노동당 내 대다수 전통적인 좌파의 예상 가능한 반발이 더해지면서 「투쟁을 대신해서」는 성공의 벽을 넘지 못했다. 이후 노동당은 두 번 다시 노사 관계를 위한 틀을 법제화하려는 시도를 하지 않았다. 노조를 개혁해야 하는 과제는 보수당 정부가 떠안았고, 1970~1974년에는 별다른 성과가 없었지만 1979년 대처 정부 때부터는 눈부신 성공을 거뒀다. 물론 보수당 정부의 목표는 바버라 캐슬의 목표와 정반대였다. 즉 정치적 세력으로서 노조를 소멸시키는 것이었다. 미들마스Keith Middlemas의 절묘한 표현을 빌리면, '정치·사회적 계급'으로 군림하는 노조의 지위를 종식시키는 것이었다.[35]

서유럽에서 파업과 거리가 먼 나라 중 하나였던 독일이라고 예외는 아니었다. 독일에서도 생산 현장의 노동자들이 불만을 제기했다. 1969년 9월 광범위하게 확산된 비공식 파업에 많은 이들이 당혹스러워했다. '주류'(즉 비마르크스주의) 사회과학자들은 독일의 경제 기적을 위해 노동계급이 통합돼야 한다고 강조했고, 헤르베르트 마르쿠제Herbert Marcuse의 '1차원적' 인간 이론에 감화된 학생 시위대는 변화를 위한 세력으로서는 노동계급이 무가치한 존재라고 여겼다.[36] 독일에서 파업이 일어난 직접적인 원인은 경제 기적이라는 게 많은 사람들의 공통된 의견이다. 즉 완전고용으로 고용이 보장되면서 기대치가 높아졌다는 것이다. 노동자들은 통화관리 정책에 매달리고 실업 문제를 외면한 보수 정권이 통치할 때보다 사회민주주의 정부에서 투쟁적인 성향을 띠었다.[37]

1969년 9월 독일에서 벌어진 파업이 중요한 것은 대규모 파업이 아니라 비공식 파업이었기 때문이다. 1969년 파업보다 1963년과 1966~1967년 경기 침체기에 벌어진 파업이 기간도 길고, 참여한 노동자도 많았다.[38] 1963년 파업 때는 통솔이 잘됐고, 한 가지 업종(금속)에 집중했으며, 거대한 중앙집권적 노조(독일 금속노조IG Metall)의 지휘를 받았다. 1969년 파업은 1966~1967년 파업과 마찬가지로 "1950년대 초반 이후 독일 노사 관계와 경제 발전의 두드러진 특징이던 일관성과 합의에 대한 도전"이라는 인상을 주었다.[39] 구체적으로 말하면, 정부는 1966~1967년에 "경제계획에 더 깊이 관여하기 위한 노동운동의 최초 성과 가운데 하나"로 도입한 '화합적 행동'을 통해 새로운 소득정책을 추진하려고 했다. 1969년 파업은 이런 정부의 시도에 맞선 대응이었다.[40] 1967년 경기 침체기에 실질임금의 반대개념인 명목임금이 고작 3.2퍼센트 오르는 데 그쳤다. 철강업계 노동자들은 자신들이 그보다 많이 받을 자격이 있다고 생각했다. 산업 전반의 생산성은 물론이고 철강업계의 생산성이 크게 올랐다는 점을 고려하면 노동자들이 더 높은 임금을 요구하는 것도 충분히 일리가 있었다.[41]

원인이야 어찌 됐든 '9월 파업' 덕분에 금속노조는 한 달 전에 합의한 8퍼센트 인상안을 재협상하여 더 나은 조건으로 협상을 체결했다. 또 금속노조는 독일 산업에서 임금 인상의 견인차 역할을 하는 노조로서 자신들의 중요성을 각인시켰다. 그러자 다른 노조들도 금속노조의 선례를 따라 더 높은 임금을 쟁취했다. 하지만 노조 지

도부는 임금 협상 과정에서 지역 대표들에게 행사하던 중앙의 통제력 일부를 포기해야 했다.[42]

독일 정치권도 프랑스의 노동자 자주관리나 노르웨이와 스웨덴의 '산업민주주의'처럼 노동계급의 불만을 달래기 위한 약속을 내놓았다. 1950년대 초반부터 광업과 철강업에서는 노동자의 경영 참여 제도를 시행하고 있었다. 독일 정부는 1972년에 노동자의 경영 참여를 모든 산업으로 확대하겠다고 약속했다. 생산 현장에서는 노동자의 경영 참여를 요구하는 목소리가 거의 없었다. 노동자의 경영 참여(1976년에야 법으로 통과됐다)는 독일 사회민주당의 지지를 등에 업은 노조 지도자들이 압박한 결과였다. 아래에서 비롯된 압력은 거의 없었다. 여러 차례 실시된 조사에 따르면 철강업과 광업에 종사하는 노동자 가운데 극소수만 노동자의 경영 참여 법안 덕분에 개인적인 혜택을 받았다.[43] 1970년대에 제정된 노동자의 경영 참여 법안으로 가장 큰 이득을 본 것은 기업이다. 산업의 변화, 즉 정리해고와 경영합리화가 큰 불만 없이 순조롭게 진행된 것이다. 노동자의 경영 참여 법안은 임금 인상을 위해 만든 법이 아니었기에 임금에 전혀 영향을 미치지 못했다. 그러나 원래 목표인 생산 현장의 경영 참여를 끌어내는 데도 별로 효과적이지 않았다.[44] 노사 관계에 훨씬 더 중요한 영향을 끼친 것은 1969년의 고용촉진법이다. 고용촉진법에 따라 노동자 재교육을 위한 기금이 마련되었고, 이 기금은 적극적인 노동시장 정책을 펼 수 있는 토대가 되었다.

프랑스에서 일어난 파업은 현대사에서 가장 규모가 큰 파업이지만, 상대적으로 노사 관계에 미친 영향은 크지 않았다.[45] 그럼에도 각종 노조가 결속을 다지고 좌파 정당들이 단결하는 데 기여했다.

프랑스 좌파도 다른 나라와 마찬가지로 분열되었고, 노조 못지않게 우여곡절을 겪었다. 따라서 공산주의와 사회주의의 통합을 향한 길고 고통스러운 행군을 위해서는 노조와 관계에 변화를 줄 필요가 있었다. 프랑스 최대 노조 연합인 노동총동맹의 대표들은 프랑스 공산당 지도부에도 속했고, 레닌은 노조를 정당의 '근로 단체'라고 불렀다. 따라서 프랑스 노동총동맹이 공산당의 정치적 전략을 따랐다고 봐도 무리가 없을 것이다. 두 번째로 큰 노조 단체인 프랑스 기독교노동자동맹CFTC은 인민공화운동당의 후신인 가톨릭당과 가까운 관계를 유지했다. 1964년에 기독교노동자동맹은 일반 조합원들로 구성된 독립적인 좌파 성향의 노조 단체 프랑스 민주노동동맹으로 재탄생했다. 비타협적인 소수 조합원은 (정부의 지원을 받는) 기독교노동자동맹에 남은 반면, 민주노동동맹은 사회당에 더 가까이 다가갔고, 1966년 1월에는 공산주의 성향의 프랑스 노동총동맹과 합의에 도달했다. 그 바람에 세 번째로 큰 노조 연합인 프랑스 노동자의 힘이 유일한 반공산주의 노조 단체로 남았다.[46] 이처럼 1970년대 초반에 프랑스 민주노동동맹과 노동총동맹은 상당한 합의에 도달했다.[47]

5월 사태는 프랑스 민주노동동맹을 왼쪽으로 내몰았다. 민주노동동맹은 1970년 5월에 열린 35차 총회에서 계급투쟁을 최우선 과제로 설정했고, 노동자 자주관리에 대한 헌신을 선언했으며, 자신들은 '사회주의 가문' 소속임을 분명히 밝혔다.[48] 현대적이고 미래 지향적인 노조 운동과 거의 동일시되던 민주노동동맹은 순진한 비평가들을 바보로 만들 생각인 듯, 사회주의 전통 가운데 계급이라는 구호를 다시 열정적으로 부르짖었다. 반면 비타협적인 강경 스탈린주의자들에게 끌려가고 있다(옳지 않은 평가였다)는 이미지를 주던 공산주의 성향의 노동총동맹은 프랑스 공산당을 따라 대의 민주주의와 어머니의 나라 프랑스를 지지했다.

프랑스 노동총동맹보다 제약이 적던 민주노동동맹은 자발적인 파업에 호의적이었고(어쨌든 민주노동동맹의 힘이 약한 지역에서 주로 자발적인 파업이 일어났다), 한계 노동자의 권리를 적극적으로 옹호했으며, 급진적 좌파 정치인에게 더욱 관대한 자세를 보였다.[49] 민주노동동맹은 구조가 덜 중앙집권적이고 (노동총동맹에 비해) 이데올로기가 느슨하다 보니 자연히 불만을 품은 트로츠키주의자와 다양한 68세대(soixante-huitard : 1968년 5월 프랑스에서 일어난 학생운동에 참여하거나 이를 지지한 사람들—옮긴이)의 본거지가 되었다.[50] 프랑스만 그런 게 아니라 다른 나라에서도 비슷한 상황이 전개됐다. 이탈리아의 많은 68세대는 이탈리아 가톨릭노조연맹으로 피신해 일자리를 구했다. 독일에서도 과거에 학생 선동가였던 사람들이 노조에 들어가 한자리씩 차지했다. 그들을 제거하기 위해 애쓰던 일부 노조 지도자들은 골칫거리를 떠안은 셈이었다.[51]

영국에서는 학생 시위가 비교적 잠잠한 편이었다. 대다수 산업 노조보다 오히려 중산층으로 구성된 기술경영자연합ASTMS과 기술관리감독노조TASS가 1960년대 급진적인 정서를 잘 반영했다. 노조 운동이 육체노동자에게 집중되지 않은 것은 프랑스 노조 운동에서 볼 수 있는 특징이었다. 간부들(감독과 관리직)도 노조를 결성한 지 40년이 넘어가고, 1970년대 초반에는 교사 노조인 프랑스 전국교육연맹FEN이 프랑스 최대 노조였다. 전국교육연맹은 초등학교에서 대학교까지 교육에 종사하는 모든 분야 사람들을 대상으로 조합원을 모집했다. 프랑스 3대 노조 단체와 별개 조직인 전국교육연맹은 조합원 수가 모든 기술직 노동자 노조의 조합원 수를 합한 것보다 많았다.[52]

하지만 중산계급의 급진주의는 '일반 노동자들'을 중산계급의 색깔을 띠는 정치로 결집시키겠다는 거대한 계획을 실현하지 못했다. 앞에서도 지적했지만 급진적 좌파 정치인들은 투쟁적인 노동계급의 물결에 용기를 얻어 전통적인 노동운동 조직에 가입했다. 그러나 이로 인해 사회주의 정당들이 안고 있던 문제는 더 복잡해졌다. 불만을 표출하는 노동자는 어느 때보다 많아졌지만, 노동계급에 속한 사회주의 활동가는 갈수록 줄어든 것이다. 1960년대 초반에 프랑스와 이탈리아의 사회주의 정당은 확연하게 탈脫프롤레타리아적 성격을 띤 조직으로 바뀌었다. 두 나라의 사회주의 정당은 그들 왼쪽에서 노동계급에 더 깊이 뿌리내리고 있던 공산당의 공격을 받았다. 자기 자리를 확실하게 잡고 있는 사회주의 정당들은 사회주의 활동가와 지도자들이 중산계급화하는 경향을 강력하게 비난했다. 영국의 정치 엘리트가 진화하는 과정에서 가장 두드러진 특징은 노동계급 출신 각료가 몰락했다는 것이다.[53] 1940년대에는 노동당 정부의 각료 가운데 절반이 노동계급이었으나, 1969년 노동당 내각에서는 노동계급에 속한 각료를 찾아보기 힘들었다.[54]

노동계급의 급진주의가 부활하면서 한 가지 뚜렷한 변화가 생겼다. 계급 정치의 시대가 끝나려면 아직 멀었다고 주장하던 사람들이 경험에 근거한 무기를 얻었다는 점이다. 그들은 급진적 노동계급의 부활 덕분에 급진적 중산계급도 가능하다는 이론적 타당성을 확보했다. 마르크스주의는 서유럽에서 제2의 전성기를 맞았다(동유럽에서는 마르크스주의가 국교로 탈바꿈하면서 평판이 나빠졌다). 마르크스가 다시 환영받은 까닭은 진정한 프롤레타리아, 즉 '진짜' 제조 일(마치 학자들의 연구 활동은 힘든 노동이라고 할 수 없다는 말 같다)을 하면서 기름때로 손이 더러워진 프롤레타리아가 월급봉투를 술값으로 날리지 않는다는 사실에서 찾을 수 있었다. 그들은 반쯤 눈이 감긴 상태에도 TV에서 쉴 새 없이 소개되는 선진 자본주의의 문화 상품들을 멀뚱히 쳐다보고만 있지는 않았다. 그들은 (당시에 가장 인기 있던 이미지로 표현하자면) 거리로 나가서 요구 사항을 외쳤으며, 그들로 인해 유럽은 산업계의 불안이라는 소용돌이에 빠졌다.

모든 역사적 과정이 그렇듯이 이런 산업계의 불안은 다양한 해석을 낳았다. 모든 해석이 사회주의자들에게 위안을 준 것은 아니다. 그러나 많은 사회주의자들이 이제는 과거의 유산이라고 여기던 해묵은 쟁점이 다시 전면에 떠올랐다는 사실에는 의문의 여지가 없었다. 그 쟁점은 노동계급이 여전히 혁명 계급이 될 수 있느냐는 것이었다. 특별한 열정을 가지고 이 질문을 던진 사람들은 노동자도 아니고, 노조 지도자도 아니다. 그들은 1960년대의 교육받은 젊은 이들이다.

14장

이데올로기의 부활과 학생운동

1968년이라는 놀라운 해에 학생들은 공통점이라고는 찾아보기 힘든 다양한 나라에서 정치투쟁의 선두에 나섰다. 중국에서는 마오쩌둥이 '사령부(당의 중추)를 폭파하라'는 기치를 내걸고 주도한 문화대혁명의 선봉에 학생들이 섰다. 문화대혁명의 명백한 목표는 중국 공산당 안의 주자파(문화대혁명 당시 자본주의를 주장한 사람들—옮긴이)를 척결하는 것이었다. 체코슬로바키아에서는 프라하의 봄 때 학생들이 주도적인 역할을 맡았다. 학생들은 비소련적이고 자유주의적이며 다의적인, '인간의 얼굴을 한 사회주의'를 대변했다. 프라하의 봄은 1980년대 미하일 고르바초프가 등장하기 전에 공산당 통치를 개혁하려는 모든 시도 가운데 가장 중요한 시도였다. 멕시코에서는 부패한 일당독재 타도를 외치는 학생들의 행렬이 이어졌다. 1968년 멕시코시티Mexico City 올림픽이 열리기 전에 벌어진 시위와 폭동을 경찰이 진압하는 과정에서 20명이 넘는 학생이 목숨을 잃고, 75명이 부상을 당했다. 콜롬비아를 비롯해 라틴아메리카의 많은 나라에서 대학은 경찰이나 군대의 출입 금지 지역이 되었다. 미국에서 학생들은 이길 수 없는 베트남전쟁에 반대하고, 군국주의에 반대하고, 시민권에 찬성하는 투쟁을 이끌었다. 일본에서는 그동안 순종적이고 공손하던 학생들이 다른 나라에서 보기 힘들 정도로 폭력적인 거리 시위를 벌여 불만을 분출했다.

유럽에서 학생운동이 가장 격렬했던 나라는 독일과 프랑스, 이탈리아, 네덜란드, 스웨덴이었다. 노르웨이와 덴마크, 영국에서는 다른 나라보다 학생운동을 심하게 탄압했다. 스페인과 포르투갈(그리고 1967년 군사 쿠데타 이후의 그리스) 같은 남유럽 전제주의 국가에서 학생들은 거센 반정부 집단 가운데 하나였다. 당연히 이 나라 학생들에겐 다른 나라보다 노골적인 탄압이 가해졌다.

학생운동의 부활은 예상 밖이었고, 호전적인 노동계급의 부활보다 당혹스러웠다. 예상과 정반대로 전쟁 기간 혹은 전쟁 직후에 태어난 이른바 '베이비 부머'들이 사회주의에 새로운 관심을 보였고, 대체로 '반체제적'이라고 설명할 수밖에 없는 가치에 더 헌신했다. 눈으로 볼 수 있는 가장 확실한 학생운동은 학생들의 '폭동'이었다. 말이 폭동이지 실제로는 학교 건물을 점거하는 정도였고, 주로 평화적인 거리 시위를 벌였다. 이 같은 학생운동이 1960년대의 마지막 1~2년을 장식했다. 이런 상황은 1950년대 수정사회주의를 떠받치던 통념과 상반되는 것이었다. 즉 이데올로기의 시대는 막을 내렸다고 생각했는데 그렇지 않았다. 반자본주의 대신 혼합경제와 점진적 개혁이 대세라고 생각했는데 그렇지 않았다. 마르크스주의의 중요한 범주들이 시대착오적이고 선진 자본주의 사회의 정치투쟁과는 무관하다고 생각했는데 그렇지 않았다.

　대다수 좌파 정당은 학생들을 중요하게 생각하지 않았다. 실제로 프랑스와 이탈리아를 빼면 유럽에서 일어난 학생들의 '반란'은 상당히 절제되었다. 베트남전을 강력하게 규탄하기는 했지만, 학생 시위는 정치적 쟁점에 갇혀 있다기보다 사실상 문화적인 성격을 띠었다. 사회주의 정당들은 문화적 쟁점을 내건 시위는 얼마든지 좋다는 듯 거의 문제 삼지 않았다. 해럴드 윌슨은 1964~1970년을 돌아보며 쓴 800페이지 분량 회고록에서 학생 시위를 딱 한 번 언급했다. 그것도 노동당 동부지역위원회에 연설을 하러 가던 도중 그가 탄 차가 케임브리지에서 학생들에 의해 저지당한 기억이 있기 때문이다.[1] 전직.교장으로 윌슨 내각의 교육부 장관을 지낸 에드워드 쇼트Edward Short가 윌슨보다 펄펄 뛰었다. 그는 1969년 1월 29일 하원 연설에서 (전교생의 상당수가 지지한) 런던정치경제대학LSE 건물을 점거한 이들을 가리켜 학생 3000명 가운데 1퍼센트의 절반에도 못 미치는 그야말로 "한 줌에 불과하며, 그중에서 적어도 네 명은 미국 학생들"이라고 주장했다. 쇼트는 진정한 의미에서 영국적 집단이라고 할 수 없는 그들을 "존경할 만한 마르크스주의자들과 거리가 먼 상아탑의 폭력배"라고 규정하더니 다소 앞뒤가 맞지 않는 말을 덧붙였다. "이 의회 안팎에 있는 아무도 이런 학생들의 행동이 가져올 장기적인 영향을 과소평가하지 않기를 바랍니다. 그런 행동이 계속되면 런던정치경제대학 같은 기관이 서서히 무너질 수 있습니다."[2] 한 줌에 불과한 '상아탑의 폭력배'가 얼마나 많은 일을 할 수 있었는지는 여전히 풀리지 않은 수수께끼다. 쇼트는 인종차별과 베트남전에 반대하고 대학의 민주화를 지지하는 학생들의 진심에 공감한다는 인상을 주기 위해 애썼다. 그러나 '상아탑의 폭력배'라는 표현은 둔감한 이류 정치인들이 흔히 보여주는 거만한 대응으로 기억되었다.

독일에서는 학생 시위가 훨씬 더 심각했지만, 사회민주당은 학생 시위에 조직적인 적대감을 드러내지 않았다. 당시 법무부 장관이며 뒷날 대통령이 되는 구스타프 하이네만Gustav Heinemann은 학생 시위 엄단을 강경하게 요구하는 사람들과 거리를 두었다.[3]

이탈리아에서는 학생 시위가 갈수록 격렬해졌다. 당시 이탈리아의 유력 정치인이던 기독민주당 대표 알도 모로Aldo Moro는 이런 상황을 민감하게 받아들이면서도 에둘러 표현했다. "자신이 역사의 전환점에 서 있다고 생각하는 젊은이들은 이 사회를 편안하게 여기지 못하고 사회에 도전하고 싶어 한다. 이런 도전은 불길한 변화의 징조이자, 새로운 인류의 탄생을 예고하는 진통의 징조다."[4]

반면에 프랑스 공산당은 학생들의 비판에 충분히 위협을 느끼고 똑같이 맞받아쳤다. 프랑스 공산당은 젊은 층과 학생은 동일한 집단이 아니기 때문에 학생들은 혁명을 주도하는 세력이 될 수 없다고 주장했다. 프랑스 공산당은 학생들의 극좌주의는 의심할 여지없이 프티부르주아에 기원을 두고 있으며, 드골주의의 조종을 받는다고 주장했다.[5]

영국과 이탈리아, 그 외 다른 나라에서는 분명히 전에 볼 수 없던 현상이 벌어졌다. 단순히 한 줌에 불과한 학생들이 아니라 소수지만 중요한 의미를 부여할 수 있는 중산계급 출신의 젊은 지식인들이 사회의 나머지 구성원들과 차별되는 정치적 행동 양식을 받아들인 것이다. 그들은 자신들이 당면한 문제에 직접 참여하고 개입하는 것이 중요하다고 생각했고, 처음 사용하거나 오랫동안 사용되지 않던 투쟁 방식을 택했다. 많은 투쟁 방식을 재발견해서 받아들였고, 활력을 얻은 마르크스주의가 더 오래 살아남을 수 있도록 새로운 생명을 부여했다.

수정주의의 맹공격을 받으면서도 마르크스주의 용어들이 일부 좌파 정당에서 살아남은 것은 사실이다. 그러나 이처럼 반은 공식적이고 반은 비공식적인 마르크스주의의 지위가 점점 상징성을 띤 사상으로 변하면서 이제 마르크스주의가 대변하는 것은 '최종 목표'에 대한 모호한 헌신 이상도 이하도 아니었다. 여전히 전략을 수립하기 위해 마르크스주의를 활용하는 것은 공산당뿐이었다. 공산당 이외 정당들은 사상 체계로서 마르크스주의와 정치적 실천을 점점 분리했다. 그리하여 사상 체계로서 마르크스주의는 지식인들에게 국한되는 경향을 띠었고, 경제학자나 정치 이론가보다 철학자들의 전유물이 되다시피 했다.[6]

1960년대에 독일과 영국에서 활동한 마르크스주의 이론가들은 대체로 주류 사회민주주의 정당에 전혀 영향을 끼치지 못했다. 주로 공산주의자거나 과거 공산주의자 혹은 '반체제' 인사였던 마르크스주의 이론가들은 어울리지 않게 젊은 지식인들 사이에서 영향력을 발휘했고, 몇몇은 나라 안팎에서 명성을 얻었다. 영국에서 크리스토퍼 힐Christopher Hill과 에드워드 팔머 톰슨Edward Palmer Thompson, 에릭 홉스봄 같은 마르크스주의 역사가들은 크게 이름을 떨치며 추종자들을 거느렸고, 전문가로서 굳건한 지위를 누렸다. 프랑스와 이탈리아의 마르크스주의 역사가들은 정교하게 만들어낸 핵심 범주를 사용해서 각각 프랑스혁명과 리소르지멘토를 해석했다. 이탈리아에서는 적어도 1960년대 중반까지 공산당 지식인들이 사실상 마르크스주의를 독점했다. 더불어 스탈린주의의 범죄행위가 드러나고, 소련이 1956년 헝가리를 침공한 뒤 이탈리아 공산당을 탈당한 지식인들도 여전히 마르크스주의를 버리지 않고 좌파에 헌신했다.

새로운 세대의 마르크스주의자들 역시 예전에는 거의 연구되지 않았거나 반쯤 잊힌 마르크스의 저작들을 재평가했다. 그 이유는 신세대 마르크스주의자들이 공산당의 공식적인 견해와 다른 생각을 하거나 마르크스의 이론에 대한 사회민주주의의 무관심에 흥미를 느꼈기 때문이다. 마르크스주의 재평가 붐을 타고 마르크스가 젊은 시절에 쓴 저작과 로자 룩셈부르크, 안토니오 그람시, 죄르지 루카치György Lukács, 카를 코르쉬Karl Korsch 같은 사상가의 저서를 연구하는 풍조가 꽃을 피웠다. 그중에서도 루이 알튀세르Louis Althusser의 연구, 특히 1965년에 출간된 『마르크스를 위하여Pour Marx』와 『자본론을 읽는다Lire le Capital』는 비록 일시적이지만 어마어마한 영향을 끼쳤다. 이런 연구가 영국과 미국에 미친 영향은 크게 두 가지다. 첫째, 마르크스주의와 독일의 고전 전통이 면밀히 연구되었다. 특히 독일의 고전 전통은 이전까지 철학자들에게 철저히 무시당하던 분야다. 둘째, 사회 이론에 관심을 불러일으켰다. 사회 이론에 관심이 높아지면서 미국과 영국의 대학에서 프랑스 사상가들이 더 큰 영향력을 발휘할 수 있는 발판이 마련되었다. 그런 프랑스 사상가로는 롤랑 바르트Roland Barthes, 미셸 푸코Michel Foucault, 자크 데리다 Jacques Derrida, 자크 라캉Jacques Lacan이 있다. 얄궂게도 프랑스 사상가들이 미국과 영국의 대학에 유입되면서 많은 지식인이 마르크스주의와 작별한다.

마르크스주의에 매혹당하는 학생운동가들이 점점 많아진 것은 사실이지만, 이를 '마르크스주의의 부활'이라 표현하는 것은 적절치 못하다. 새로운 마르크스주의는 제2인터내셔널이나 제3인터내셔널 때의 마르크스주의와 크게 달랐다. 새로운 마르크스주의의 이론적 토대는 대부분 1950년대에 썼거나 구상한 책으로, 예를 들면 마르쿠제의 『일차원적 인간One-Dimensional Man』(1964년)과 『에로스와 문명Eros and Civilization』(1955년), 에리히 프롬Erich Fromm의 『사랑의 기술The Art of Loving』(1956년), 프란츠 파농Frantz Fanon의 『대지의 저주받은 사람들The Wretched of the Earth』(1961년)이 있다. 이 책들은 '마르크스주의적'이라고 하기에는 어울리지 않는다. 젊은 마르크스주의자와 나이가 좀더 많은 그들의 스승은 사회주의의 두 가지 주요 모델에 이의를 제기했다. 하나는 스탈린과 그의 후계자들이 발전시킨 사회주의 모델이고, 다른 하나는 베른슈타인의 점진주의적 사회주의 모델이다. 과거 전성기의 마르크스주의는 많은 노동계급 운동가들의 상상력을 사로잡았지만, 새로운 마르크스주의는 지식인들의 울타리를 벗어나지 못했다. 그들은 새로운 마르크스주의의 목표가 부활한 노동계급 운동의 지배적 이데올로기라는 사실을 깨닫지 못했다. 그 대신 새로운 마르크스주의는 선진 자본주의 국가에서 중요한 지적 동력으로 자리 잡는 데 성공했다. 1980년대에 들어서면 사회주의는 서유럽 대다수 국가에서 영향력 없는 이념이 된 듯 보였고, 미국에서는 자유민주주의적 진보주의마저 퇴보하는 추세였다. 반면에 알게 모르게 새로운 마르크스주의 영향을 받아 형성된 비판적인 '반反부르주아적' 태도가 서구의 거의 모든 대학 인문학부와 사회과학부 교수들 사이에 퍼졌다. 이 점에선 정치적 마르크스주의가 한 번도 강력하게 뿌리내린 적 없는 미국과 영국 같은 나라도 예외가 아니었다.

1960년대에 다시 활기를 띤 것은 마르크스주의뿐만 아니었다. 반체제적인 문화도 눈에 띄게 부활했다. 소비자본주의는 복지국가의 지지를 받고 대의 민주주의 기관이 합법성을 부여해준 덕분에 경제적인 성공을 거뒀지만, 지식인들을 회유하거나 만족시키지는 못했다. 독일 좌파와 진보적인 지식인들은 독일이 마지못해 현실을 받아들이고 있다면서 독일이 과거를 비판적으로 바라볼 것을 촉구했다. 역사가 프리츠 피셔Fritz Fischer는 1차 세계대전이 독일의 군국주의 때문에 일어났다고 말했다. 극작가 롤프 호흐후트Rolf Hochhuth는 1963년 희곡 *The Deputy*(신의 대리인)에서 교황이 영향력을 행사해 유대인 대학살을 막지 못하고 침묵했다고 비난했다. 그것은 홀로코스트 기간 동안 침묵을 지킨 모든 사람들을 향한 비난이었다. 47그룹의 귄터 그라스와 하인리히 뵐 같은 작가들은 도덕적 전위예술을 통해 독일의 도덕적 양심이 되기 위해 노력했다. 47그룹은 그 이름대로 1947년에 결성하면서 다음과 같이 선언했다.

> 자기 얼굴을 감추고 싶어 하는 사람들은 우리의 역사가 어땠는지 알고 나서 얼굴을 감추기 바란다. 우리는 가짜 세계의 붕괴에서 살아남지 못했고, 그 결과 이 세계의 폐허 위에 또 다른 착각의 세계를 만들어냈을 뿐이다. 최근의 과거를 알고, 그런 과거 때문에 괴로워할 수 있는 사람만이 오늘날 글을 쓰고 대중 앞에 나설 자격이 있다.[7]

지식인들의 이런 도덕적 주장이 파급효과를 발휘하기 시작한 것은 1960년대 들어오면서다. 47그룹은 모일 때마다 언론의 화젯거리가 되었고, 그 바람에 학생 시위의 표적이 되었다. 47그룹이 베트남전 반대 운동에 정치적으로 참여하지 않았기 때문이다. 그 무렵 독일의 많은 지식인들은 독일연방공화국의 정치체제가 '수선이 불가능한' 수준에 도달했다고 확신했다.[8] 1968년에는 전체 학생 가운데 정치체제에 만족하는 학생이 32퍼센트에 불과했다.[9]

이탈리아에서도 영향력 있는 작가와 영화감독은 대부분 '좌파'였다. 여기에서 말하는 '좌파'에 속하려면 일정한 조건을 갖춰야 했다. 즉 1960년대 이탈리아에서 '좌파'가 된다는 것은 공산주의가 아니라 파시즘에 강력하게 반대한다는 의미였다. 또 로마 가톨릭 고위층이 영향력을 행사하는 데 분개하고, 집권 기독민주당에 반대하며, 이탈리아의 지방주의와 거리를 둔다는 의미였다. 그러나 '좌파'가 된다는 것은 무엇보다도 '현대적'이 된다는 의미였다. 전후 이탈리아 문화계에서 최고 자리를 차지하던 사람들 다수가 이런 조건을 갖춘 인물이었다. 알베르토 모라비아를 비롯해 이탈로 칼비노, 엘사 모란테Elsa Morante, 나탈리아 긴츠부르그Natalia Ginzburg, 조르지오 바사니Giorgio Bassani, 프랑코 포르티니Franco Fortini, 피에르 파올로 파솔리니Pier Paolo Pasolini, 페데리코 펠리니Federico Fellini, 마리오 모니첼리Mario Monicelli, 미켈란젤로 안토니오니Michelangelo Antonioni 같은 작가와 영화감독이 그들이다. 프랑스를 비롯한 다른 나라에도 '좌파' 작가와 영화감독이 많았다. 이들 반체제 지식인은 과거에 활동했거나 동시대에 활동하는 동유럽의 반체제 지식인들과 달리 대체로 존경과 환대를 받았다. 인정받고 있던 좌파 문화는 더 젊은 세대 안에서 발달하는 새로운 '저항 문화'에 영양분을 공급하면서 버팀목이 될 수 있었다.

　새로운 대중 청년 문화는 세상에 모습을 드러내기 무섭게 지독한 혐오를 불러일으킨 자본주의 체제에 의해 상품화되고 널리 살포되었다. 독특한 머리 모양부터 '청년을 위한' 패션, 청년(과 마음이 청년인 사람들)만이 즐기는 음악까지 상품화의 대상이 되었다. 마치 '청년'이라는 범주의 정체성을 확립하고, 그것을 바탕으로 별개 유형으로 자리매김하는 것만이 이 새로운 형태의 문화가 달성하려는 목적처럼 보일 정도였다. 본질만 놓고 보면 이런 청년 문화가 역사상 처음 등장한 것은 아니다. 19세기 후반 영국 맨체스터Manchester에서 '스커틀러scuttler'라고 불린 거리의 청소년 폭력배에겐 "그들만의 복장이 있었다. 그들은 스타일이 똑같은 셔츠와 나팔바지를 입고, 무거운 가죽 허리띠를 찼으며, 두꺼운 쇠 장식이 달린 나막신을 신었다. 그들의 여자 친구는 하나같이 나막신을 신었고, 숄을 둘렀으며, 수직 줄무늬가 있는 치마를 입었다".[10] 도라 러셀Dora Russell은 남다른 젊은 시절을 보낸 1차 세계대전 기간을 회상하며 다음과 같이 썼다.

　　첼시Chelsea에서 나는 물 만난 물고기처럼 살았다. 부르주아 스타일 옷은 외면하기 시작했다. 현대의 히피는 결코 독특한 옷차림으로 자신을 튀어 보이게 하는 분야에서 선구자들이 아니다. 우리는 옷을 직접 만들었다. 이맘때는 강렬한 색 무명천으로 만든 농부 스타일 긴 앞치마를 눈부시게 밝은 색 블라우스 위에 입었다.[11]

이런 초기의 '청년 문화'는 극히 일부 지역과 계층에 국한된 현상이었다. 그러나 1950~1960년대 청년 문화는 계급과 지역을 초월했으며, 미국의 대중음악과 영화가 세계로 퍼졌다.

　세계의 청년 문화를 장악한 것은 영국과 미국이었다. 하지만 전위 문화에서는 독일과 프랑스 혹은 이탈리아가 영국보다 앞섰다. 청년 문화와 대중문화의 출발점은 미국이지만, 유럽에서는 토종 영국인들에 의해 최초로 소개된 영국판 청년 문화와 대중문화가 젊은이들의 상상력을 사로잡았다. 영국의 문화가 왜, 어떻게 유럽의 젊은이들을 사로잡았는지는 확실하게 밝혀지지 않았다. 유명 의상 디자이너 메리 퀀트Mary Quant가 만든 대담한 미니스커트는 1960년대 활기찬 런던의 상징이 되었다. 자신은 새로운 유행을 만든 것이 아니라 "뭐라 꼬집어 말할 수는 없지만 '공기 중에 떠다니는 뭔가'를" (다른 디자이너들보다 먼저) 낚아챘을 뿐이라고 겸손하게 설명했을 때 그녀는 시대정신을 완벽하게 포착한 셈이다. 그녀는 "시대정신을 포착해 옷으로 표현하는 것"이 디자이너들이 할 일이라고 강조했다.[12] 20세기 초만 해도 인습에 구애받지 않고 자유분방하게 사는 보헤미안, 몽마르트르Montmartre와 첼시에 거주하는 무늬만 문학가들, 베를린의 카바레를 문턱이 닳도록 드나드는 방탕한 사람들이나 만나야 볼 수 있던 태도와 특징, 기행奇行이 이제는 대중적인 현상이 되었다. 1960년대에는 마음만 먹으면 튀어 보일 수 있었다. 대중적이면서 개성적이라는 취향의 역설이 가능해진 것이다.

　학생운동은 이런 두 얼굴, 즉 엘리트주의적이고 전위적인 태도가 대중적 기반에 의존하는 반체제 문화 속에서 전개됐다. 그렇지만 학생운동이 대학을 '지배'했거나, 학생운동가들이 다수파였거나, 학생운동이 전폭적으로 마르크스주의를 찬성한 것은 결코 아니다. 학생운동가들이 가장 중요시한 이데올로기는 반권위주의다. 강력한 반권위주의는 규칙과 관료정치 혐오와 대의제 의심으로 이어졌고, 억압받는 사람들(특히 인종차별로 억압받는 사람들)에 대한 뜨거운 연민을 불러일으켰다. 이렇게 구체적인 사례를 들어 설명하지 않으면 당시 학생과 청년들의 저항 문화를 적절하게 분석하기 어렵다. 저항 문화 주창자들이 대부분 대학에 다녔고 그중 대다수가 선생이나 교육자가 되었지만, 저항 문화는 아직도 연구가 대단히 미진한 분야로 남아 있기 때문이다.

왜 1960년대 후반으로 갈수록 그토록 많은 나라에서 그 많은 학생들이 뚜렷하게 좌파적 성격을 띠는 정치적 활동에 가담했는지 아직까지 포괄적인 분석이 시도되지 않았다. '운동'이라는 측면에서 보면 학생운동은 결코 일관성이 없었고, 단결된 모습을 보이지도 않았으며, 어떤 범주로 쉽게 분류하기도 힘들었다. 예를 들어 1967~1972년 학생 시위를 야기한 가장 강력한 기폭제는 베트남전이지만, 그 이유만으로 당시 학생 시위가 문화적으로 반미 성향을 띠었다고 생각할 수는 없다. 학생운동은 언제나 미국 정부와 '미국'을 구분했다. 미국 정부는 철저한 경멸의 대상이었지만, '미국'은 여전히 현대화를 위한 본보기였다. 실제로 베트남전 반대 시위 행렬에 참가한 유럽 학생들은 징병제로 참전 의무가 있는 미국 학생들에게 상당한 연민의 정을 품었다. 미국의 시민권 운동과 반전운동은 영감의 원천이었다. 유럽의 급진적인 학생들은 미국 음악의 리듬을 즐겼고, 미국적인 용어와 마약을 받아들였으며, 미국의 민중가요를 부르고 미국 옷을 입었다. 소련이나 중국의 문화는 학생운동가들에게 아무런 영향을 미치지 않았다. 학생 문화에서 마르크스의 저서보다 '섹스와 마약, 로큰롤'이 중요한 자리를 차지했다. 그렇다고 해서 마르크스의 저서를 배척하지는 않았다.

예나 지금이나 학자들이 이해할 수 없는 것은 사람들이 똑같은 행동과 스타일, 패션을 하고 다니면서 가치관은 어쩌면 그렇게 극과 극으로 치달을 수 있었느냐는 것이다. 강경한 젊은 스탈린주의자들이나 트로츠키주의자들이 똑같이 장발에 꽉 끼는 청바지를 입고 돌아다녔다. 마오쩌둥주의자들은 롤링 스톤스Rolling Stones의 '나는 만족할 수 없어요I Can't Get No Satisfaction'를 즐겨 들었다. 개인주의를 지지하고 관료정치를 혐오하는 사람들이 인종차별과 빈곤에 대해 국가나 집단이 조치를 취하는 것에 찬성했다. 자칭 자유를 옹호한다는 자유주의자들은 극우 단체 지지자들의 자유로운 발언권을 박탈하라고 촉구했다. 급진적인 학생들은 진보주의라는 이름으로 자본의 침해에 저항하는 대학의 자율성을 옹호했으며, 대학이 개인 기업이나 경찰과 군대와 관련된 정부 부처에서 재정적인 지원을 받는 행위를 비난했다. 동시에 그들은 자유주의적이고 엘리트주의적이며 이른바 '시대와 무관한' 학문적 연구가 많다고 비판했으며, 대학은 이제 현실과 동떨어진 상아탑과 소수를 위한 전유물에서 벗어나 사회와 국민을 위해 봉사해야 한다고 외쳤다.

시민을 세뇌할 수 있는 소비사회에 반감이 컸다는 얘기는 곧 소비 지상주의를 억누르기 힘들었고, 대중적이고 '통속적인' 문화가 지지를 받았다는 얘기다. 젊은이들은 성장과 발전, 과학기술의 진보가 낳은 자식들이었다. 그럼에도 많은 젊은이들은 성장과 발전, 과학기술의 진보를 경멸했다. 그들은 자연으로, 공동체적 삶으로,

복잡하지 않은 종교적 확실성으로 돌아가라는 목소리에 점점 매료되었다. 마치 대중사회의 자식들이 자신을 낳아준 부모에게 등 돌리는 것처럼 보였지만, 실제로 대중사회에서 벗어날 수 없었다. 따라서 이런 젊은이들의 비정상적인 행동을 설명하기 위해 프로이트의 '아버지 죽이기'라는 비유가 곧잘 동원되는 것은 당연하다.

일부 학생운동가들은 노동계급이 사회변혁을 위한 주요 동력으로서 가치가 없다고 주장했다. 그 증거가 그들의 눈앞에서 펼쳐지는 듯했다. 즉 노동자들은 마르쿠제의 '일차원적 인간'이 되어갔다. 노동자들은 별 불만 없이 집에 틀어박혀서 부르주아가 TV를 통해 자신들을 세뇌하도록 두었다. 새로운 혁명 계급은 '청년'이나 '학생', 혹은 새로운 기술자 계급이나 제3세계 국민이었다. 하지만 학생들 이외 다른 사람들은 여전히 노동자를 사회변혁의 주요 동력으로 받아들였다. 유럽 전역에서 터진 비공식 파업, 예컨대 프랑스의 1968년 5월 사태와 이탈리아의 1969년 '뜨거운 가을'은 계급투쟁이 부활하고 있음을 보여줬다. 노동계급은 전혀 수동적이지 않았다. 오히려 그들은 새로운 사회질서 혹은 새로운 사회질서처럼 보이는 것을 쟁취하기 위한 투쟁의 선봉에 섰다.

모든 기관의 민주화를 주장한 학생들은 민주화 과정에 참여한 대다수 사람들이 기본적으로는 사회주의를 원할 것이라고 단정했다. 즉 모든 사람의 '진정한' 사상은 사회주의며, 적어도 그들의 무의식에는 사회주의가 있다고 생각했다. 사상은 사회주의자며 적어도 사회주의자가 꿈틀거리고 있으니 잠재적으로는 그렇다고 생각했다. 필요하다면 본보기와 교육 혹은 개인적인 경험을 통해 사회주의 의식을 '불어넣기도' 했다.

학생들은 낡은 것과 결별하고 새로운 것을 열망했다. 하지만 '새롭게' 회복된 과거, 즉 부르주아 계급의 돈을 받고 그들을 대변해준 부르주아 역사가들의 손아귀에 갇혀 있다가 풀려난 과거에도 큰 관심을 보였다. 역사의 '패자들'에 공감하는 분위기가 달아올랐고, 지난날 혁명가들이 놓친 기회를 찾기 위해 눈에 불을 켜고 달려들었다. 과거의 모든 체제 전복자들과 마찬가지로 새로운 '체제 전복자들'의 숙제는 현재를 과거에 단단히 묶어두는 것이었다. 신화를 만들어내는 일은 언제 어디에서나 불가피했다.

1960년대 문화적 저항이 이후 수십 년간 얼마나 이로운 영향을 미쳤는지 증명하기는 어렵다. 그렇다고 저항 문화의 중요성을 과소평가할 수도 없다. 1960년대 저항 문화는 직간접적으로 많은 분야에 기여했다. 대중적 페미니즘의 탄생에 기여했고, 생태학 운동에 기여했고, 주관성과 의식의 중요성을 일깨우고 확산시키는 데 기여했으며, 제도의 가면을 쓴 인종차별과 억압의 맨얼굴을 폭로하는 데 기여했다. 학계에서는 1960년대 저항 문화를 토대로 인문학과 사회과학 분야에 혁명이 일어났다. 즉 다양한 사회사가 등장했고, 사회학이 발전했으며, 학제 간 접근이 활발해졌고, 이론적 방법이 점점 더 정교하게 진화했다. 독일과 프랑스의 대학 개혁은 학생들의 급진주의가 직접적인 원인이다.

학생운동이 정치권에 미친 영향은 무시해도 될 정도로 미미해 보였다. 학생운동가들이 만든 조직 가운데 영향력 있는 정당으로 발전한 경우는 하나도 없었다. 기성정당 가운데 학생운동의 여파로 혹독한 시련을 겪은 정당도 없고, 반대로 크게 덕을 본 정당도 없었다. 혁명적인 정당을 만들어 전통적인 사회주의 정당이나 공산주의 조직에 맞서려던 모든 시도는 물거품이 되었으며, 전통적인 좌파 정당을 전복하려던 모든 시도 역시 철저하게 짓밟혔다. 그러나 장기적으로 볼 때 1960년대의 영향은 1980~1990년대 뜻밖의 분야에서 명백하게 드러났다. 1960년대 개인주의적이고 반국가적인 일부 구호가 재건된 보수주의 레이더망에 걸린 것이다. 재건된 보수주의는 "국가는 국민을 그만 괴롭히고 두라"고 강조했다. 그것은 이후 좌파 정당들이 내세운 어떤 구호보다 1960년대적인 구호였다. 어떻게 보면 1968년 5월은 프랑스에서 그토록 오랜 세월 동안 쩌렁쩌렁 울리던 급진파의 혁명적 정치에 대한 구호가 소멸되어가는 첫 단계였다.[13]

학생 시위가 도쿄와 멕시코시티, 프라하, 버클리Berkeley, 파리, 베이징에서 동시에 일어난 까닭은 몇 가지 공통적인 원인을 찾아내면 설명될 수도 있다. 그중 하나가 대중매체의 국제화다. 밀라노의 보코니대학Università Bocconi 학생들이 3000마일 떨어진 뉴욕 컬럼비아대학Columbia University 학생들의 요구와 시위 소식을 거의 실시간으로 접할 수 있게 되었다. 두 대학 학생들이 똑같은 책을 읽고, 똑같은 영화를 보고, 똑같은 노래를 부르는 것도 가능해졌다. 지난날 봉기를 일으킨 소작농들은 이 새로운 지구촌의 일원이 될 수 없었다. 학생운동의 가치관은 비록 반자본주의적이지만, 자본주의를 바탕으로 50년 이상 논의된 대중사회가 마침내 도래하지 않았다면 1960년대 학생운동은 일어날 수 없었을 것이다. 한때 소수를 위해 존재하던 소비 시장이 이제는 다수를 위한 소비사회가 되었다. 과거에 교육제도는 엘리트 위주였으나, 이제 교육받을 수 있는 기회가 많은 사람들에게 확대되었다. 오랫동안 소수 특권층 사이에서

유통되던 지식이 이제는 얼마 남지 않은 문맹자들도 이용할 수 있는 '대중매체'가 되었다.

교육의 기회가 확대되고 대학생 수가 늘었다. 그 결과 어린 시절과 성인기 사이의 공백이 더욱 커졌고, 이 모든 것이 저항 문화를 만드는 데 기여했다. 1960년대 청년들은 완전고용과 경제적 번영 덕분에 자신들의 경제적 미래에 자신감과 확신을 가졌다. 그러다 보니 그들은 먹고사는 문제와 상관없는, 좀더 폭넓은 쟁점에 관심을 기울일 수 있었다. 엘리트주의적이고 일반교양에 중점을 둔 대학 교육과 반대로 대중을 위한 학교교육은 점점 더 기술적인 쪽으로 치우쳤고, 이 또한 학생들의 급진주의를 부추겼다. 학생들은 민중 정치와 서구 민주주의에 헌신하겠다고 공개적으로 선언했으나, 대다수 민중은 자신들을 둘러싼 환경을 지배할 수 있는 실질적인 권한이 거의 없다고 느꼈다. 서구 민주주의 개념을 떠받치는 토대는 대표자를 뽑기 위한 선거 절차였다. 그러나 다른 관점에서 보면 시민은 자신을 대신해 의사 결정권을 행사할 대표자를 뽑기 위해 의사 결정권을 포기해야 한다. 명령에 따라 권력자를 강요받는 것보다 시민 스스로 권력자를 선택하는 것이 훨씬 낫다. 하지만 권력자를 선택하는 것과 권력을 손에 넣는 것은 엄연히 다르다.

일부 언론에서는 당시 유행하던 '현대사회와 청년의 소외'라는 표현을 언급하며 저항 문화를 설명하려고 했다. 그러나 '현대사회와 청년의 소외'가 1950년대나 1980년대가 아니라 왜 하필 1960년대에 발생했는지, 왜 영국보다 독일에서, 독일보다 프랑스에서 심각했는지는 아직도 정확히 밝혀지지 않았다. 어떤 사람들은 선진 산업사회와 문화의 경직성을 언급하지만, 이 또한 모호한 설명이다. 정말 선진 산업사회에서 문화가 경직됐다면 적어도 혼란의 소용돌이에 있던 프랑스와 비교적 잠잠하던 영국이 차이를 보였어야 한다. 하지만 아무도 앙드레 말로와 사르트르, 누벨바그 영화감독들, 조르주 브라상Georges Brassens, 시몬 드 보부아르의 프랑스가 킹즐리 에이미스Kingsley Amis와 존 오스본John Osborne의 영국보다 문화적으로 경직되었다고 말하지는 못할 것이다.

'새로운 사회운동'을 대표하는 작가 중 한 명인 알랭 투렌Alain Touraine은 1968년에 프랑스의 5월 운동이 산업사회와 그 문화에 대한 거부가 아니라 산업사회의 핵심적인 모순을 드러낸 것이라고 주장했다. 5월 운동이 프랑스의 뿌리 깊은 위기를 자극했고, 프랑스에 저항하는 '사회와 국민을 대신해서' 변화에 대한 열망을 표출했다는 주장이다.[14] 돌이켜보면 투렌의 주장은 애매하다. 학생들은 새롭고 본질적으로 급진적인 사회 계급이 될 수 있다고 여겨졌고, 혁명가로서 잠재력을 갖췄으며 (전문가나 기술자로서) 산업화 이후 세계에서 중심적인 역할을 한 19세기 프롤레타리아와 동등한 존재로 인식됐지만, 이런 인식에는 사회학적 추측이 깔려 있었음이 밝혀졌다. 사회학적 추측은 그럴듯했지만 세월의 검증을 견디지는 못했다.

이런 분석을 비롯해서 이후에 제시된 모든 분석에는 사회학적 해석이라는 중요한 정보가 들어 있다. 하지만 사회학적 해석도 충분히 만족스러운 설명과는 거리가 한참 멀다. 과거의 자발적인 운동을 조사하는 데는 어려움이 따랐다. 운동에 참여한 사람들이 대부분 글을 읽고 쓸 줄 모르는데다 표현력이 떨어지는 계층이라 역사가에게 '적절한' 자료를 제공하지 못했기 때문이다. 하지만 1960년대 자발적인 운동에 참여한 사람들은 과거의 사나운 농부들과는 사뭇 다른 부류였다. 급진적인 학생들은 최근의 사회학적 개념과 분석에 익숙했고, 자신의 행동을 지적인 용어로 설명하는 데 선수였다. 그들은 넘칠 정도로 많은 말과 자료를 남겼다. 자료가 지나치게 많아서 역사가들이 오히려 당혹스러워할 정도였다.[15]

한편으로는 역사가들의 당혹감에 공감하지만, 다행스럽게도 내 과제는 1968년을 분석하는 것이 아니다. 우리의 논의에서 중요한 점은 좌파 정당들이 학자들과 마찬가지로 학생운동에 놀라고 당황했다는 사실이다. 학생들의 급진주의는 모든 나라에서 좌파 정당을 향한 적대감이라는 형태로 나타났다. 학생들이 표현하는 가치 중에서는 사회주의 전통과 동떨어진 것들도 있었다. '내가 좋아하는 일을 한다doing my own thing'는 표현에서 드러나듯이 새로운 청년 문화는 철저한 개인주의를 표방하고, 자아에 집착했다. 자아에 집착하는 경향은 엄격한 사회민주주의 전통에 맞지 않는 가치관이었다. 청년 문화와 학생 좌파는 '뭉치면 살고 흩어지면 죽는다'는 정치적 접근법을 받아들였다. 그러나 이때도 뭉쳐야 할 집단은 주로 노동계급보다 '청년' 혹은 '학생들'을 가리켰다. 젊은 급진주의자들은 노동계급을 대변하는 역할을 맡고자 했다. 그들은 '청년'이 지도자 역할을 하거나 적어도 (마오쩌둥의 표현을 빌리면) 들불을 지피는 불꽃 역할을 할 것이라고 생각했다. 그러나 젊은 급진주의자들은 인종차별이나 과도한 경찰권에 반대하는 시민권 투쟁을 자유주의적 관점에서 접근했다. 자유주의적 관점은 조직적인 좌파의 관점과 일부 만나는 지점이 있지만, 결코 완전히 일치하지는 않았다.

이른바 체제와 구세대의 도덕적 엄격함에 도전하는 과정에서 청년 운동가들은 노동계급의 많은 명망가들이 금과옥조로 여기던 가치관, 좌파 정당들이 어김없이 입에 발린 칭찬을 늘어놓던 청교도적 가치관과도 정면으로 충돌했다. 전통적인 사회주의 윤리에서는 자유방임을 부르주아 난봉꾼의 특징으로 봤다. 사회민주주의와 공산주의 지도자들은 반신반의하면서도 노동계급을 지지하는 사람들이라면 섹스와 마약, 로큰롤을 어떻게 생각하느냐는 질문을 받았을 때 경멸스러운 반응을 보일 것이라고 믿었다.

사회주의 성향이 강한 학생운동가들은 학생 시위에 노동자들을 끌어들이려고 시도했지만, 그럴수록 대다수 노동자는 자신들의 노조와 정당이 요구하지 않는 한 베트남전이나 인종차별 반대 시위에 동참하지 않았다. 학생들은 "노동자여! 학생이여! 단결하라! 투쟁하라!"고 구호를 외쳤지만, 노동자들은 눈길조차 돌리지 않았다. 학생들은 주로 트로츠키주의적인 예전의 좌파 조직에 가입하거나 이름난 사회주의자들(예컨대 로자 룩셈부르크, 체 게바라Ché Guevara, 마오쩌둥)의 삶과 사상에 영향을 받아 새로운 좌파 조직을 결성하기도 했다. 그러나 세계 어느 곳에서도 다수의 노동자가 학생들이 조직한 좌파 조직에 가입한 경우는 없었다.

과거에 비해 전통적인 사회주의 정치에 참여하는 노동자는 줄었지만, 노동자들이 딱히 새로운 조직이나 운동에 참여하지도 않았다. 정치는 갈수록 중산층에 가까운 사람들의 문제가 되어갔다. 한 가지 감안해야 할 점은 중산층이 과거에 비해 많아졌고, 엘리트층이 20세기가 시작할 무렵처럼 작은 규모가 아니었다는 점이다. 학생들은 늘어난 중산층 가정에서 태어난 사람들이었다. 1960년대에는 프롤레타리아 계층이 대규모로 대학에 들어가는 일이 없었다.

학생 시위가 노동계급 학생들이 많이 다니는 대학에서 집중적으로 일어나지도 않았다. 오히려 그 반대 경우가 맞는 말처럼 보였다.

젊은 층에 영향을 준 두드러진 변화는 교육의 확대였다. 1960년 대 유럽에서는 학교교육 기간을 늘리고, 계층에 상관없이 동일한 학교교육을 받을 수 있도록 했다. 중·고등학교에서 '분반'이나 '우열반'을 줄이고, 대학에 갈 수 있는 기회를 확대하는 것이 전반적인 추세였다. 교육정책의 이런 방향은 모든 좌파 정당의 강령에서 매우 중요한 위치를 차지했고, 대다수 유럽 국가가 비슷한 교육정책을 채택했다.

1945년 이전에는 대다수 아이들이 초등학교를 졸업하면 학교에 다니지 않았다. 1960년대에는 의무교육 연령이 상향 조정됐다. 영국 노동당 정부는 의무교육 연령을 16세까지로 올렸으나, 기금이 부족해서 당장 실시하지는 못했다. 이탈리아에서는 의무교육 연령을 14세로 올렸지만, 해당 연령대 아이들 네 명 중 한 명은 의무교육에 관심이 없었다.[16] 스웨덴에서도 의무교육법과 현실의 차이가 뚜렷해, 1963년에는 14세 아이들 88퍼센트가 학교에 다녔을 뿐이다.[17]

그럼에도 교육에 대한 좌파의 기본적인 입장은 의무교육 연령 연장과 종합 중등학교 확대, 교육의 기회 확대였으며, 이는 당과 노선을 떠나 보편적인 행동 강령으로 받아들여졌다. 프랑스의 드골 정권은 1959년에 의무교육 연령을 1967년까지 16세로 늘리기로 했다. 맨 처음 이 법안을 제출한 사람은 인터내셔널 프랑스지부가 주도한 기 몰레 정부(1956~1957년)에서 교육부 장관을 지낸 르네 비이에르René Billères다.[18] 1965년에는 의무교육 연령이 스웨덴에서 16세, 영국과 독일 대부분 지역에서 15세, 벨기에와 덴마크, 이탈리아,

노르웨이에서 14세로 늘었다.[19]

우열반을 없애고 능력 차이가 있더라도 모든 학생들이 같이 교육받을 수 있는 중등학교의 종합화(예를 들어 의무교육 기간 내내 한 학교만 다니는 제도) 역시 서유럽 교육제도의 공통적인 특징이 되었다. 물론 정책을 결정하는 것보다 시행하는 것이 훨씬 복잡한 문제였다. 독일의 브란트 정부는 종합학교 설립을 위한 법안을 마련해서 각 주의 재량에 맡겼다. 그러자 사회민주당이 통치하는 주에서는 지체 없이 종합학교를 설립했고, 그렇지 않은 주에서는 종합학교 설립을 최대한 미뤘다.[20] 영국은 보수당이 장악한 일부 지방은 가장 충성스러운 보수당 지지자들의 자녀가 다니는 그래머스쿨을 지키기 위해 마지막 순간까지 종합학교 설립을 미뤘다. 프랑스에서는 1963년 엘리트 위주의 리세(lycée : 대학 예비교육을 하는 국립고등학교) 2학년 학생을 중학교와 통합해 11~15세 학생을 위한 종합학교 네트워크를 설립했다.[21] 1962년 이탈리아 교육법에는 오랫동안 좌파가 주장하던 요구 사항이 반영되어 엘리트고등학교와 직업전문학교의 차별을 폐지했다. 직업전문학교는 11~14세 학생들에게 수준 낮은 직업훈련을 하는 학교다.

그 결과 표 14.1에 나타나듯이 서유럽 전역에서 대학생 수가 유례없는 증가세를 보였다.

1959~1969년 대학생 수는 오스트리아를 제외한 거의 모든 나라에서 2~3배 늘었다. 그러나 대학생 수의 증가와 학생 시위의 격렬함에는 상관관계가 전혀 없다. 상관관계가 있다면 노르웨이와 스웨덴, 핀란드, 그리스에서는 다른 나라보다 대학의 혼란이 훨씬 심각했어야 한다. 정권을 장악한 좌파의 영향력과 대학의 팽창에도 별

표 14.1 1949~1969년 대학생 수의 증가

	학생 수			증감률(%)	
	1949년	1959년	1969년	1949~1959년	1959~1969년
오스트리아	28,000	36,000	54,000	+28.5	+50.0
벨기에	20,000	29,000	70,000	+45.0	+141.4
덴마크	9,200	10,000	35,000	+2.2	+250.0
핀란드	12,000	17,000	51,000	+41.6	+200.0
프랑스	137,000	202,000	615,000	+47.4	+204.4
그리스	14,000	16,000	50,000	+14.3	+212.5
네덜란드	29,000	38,000	94,000	+31.0	+147.4
이탈리아	146,000	176,000	488,000	+20.5	+177.3
노르웨이	5,300	6,100	20,000	+15.1	+227.9
포르투갈	13,000	22,000	46,000	+69.0	+109.1
스페인	50,000	64,000	150,000	+28.0	+134.4
스웨덴	15,000	33,000	115,000	+120.0	+248.5
영국	103,000	120,000	243,000	+16.5	+102.5
서독	105,000	196,000	376,000	+86.6	+91.8

주 프랑스의 1949년과 1959년 수치는 알제대학University of Algiers 학생들을 포함한 수치다. 스웨덴의 수치는 모든 고등교육기관을 포함한다.

출처 미첼Mitchell, '통계부록 1920~1970년', *The Fontana Economic History of Europe. Contemporary Economies*(폰타나 유럽 경제사. 현대 경제), Vol. 2, Fontana, London, 1976, pp. 736~737.

다른 상관관계가 없다. 드골이 통치하던 프랑스, 프랑코가 통치하던 스페인, 보수당이 통치하던 그리스, 당시 권위주의 정부들이 통치하던 나라가 노동당이 통치하던 영국이나 사회민주주의 세력이 지배하던 오스트리아보다 대학생 수가 크게 늘었다. 의미 있는 상관관계를 찾고자 한다면 대학의 과잉 수용 지표를 참고하는 편이 나을 것이다. 프랑스와 독일, 이탈리아에서는 의무교육을 수료했다는 적법한 증서가 있으면 대학에 입학할 수 있었다. 1960년대 말 로마대학Università di Roma의 수용 인원은 기껏해야 수천 명 수준이었지만, 실제 학생 수는 6만 명에 달했다. 그 결과는 만성적인 과잉 수용으로 나타났다. 대학 교육은 강의를 듣고 나서(모든 사람이 대학 강의실에 들어갈 수 있다고 가정하면) 관련 시험을 통과하느냐 마느냐 하는 문제가 되었다. 독일과 이탈리아의 학생들은 퇴학당하거나 졸업하지 않는 한, 얼마든지 오랫동안 대학에 다닐 수 있었다. 선생은 학생들과 접촉할 일이 거의 없었다. 1968년 프랑스에서는 바칼로레아(baccalauréat : 프랑스의 대학 입학 자격시험—옮긴이)를 통과한 학생 가운데 95퍼센트가 대학에 입학했다. 이중 절반이 첫해 시험에서 낙제했다. 어느 교육부 장관은 "우리는 마치 최고의 수영 선수를 뽑기 위해 난파선 제도를 운영하는 것 같다"고 말했다.[22] 따라서 "1960년대 학생 시위는 어떤 면에서는 대학이 비대해지고 그로 인해 대학 교육이 부실해진 결과"라는 월터 래커Walter Laqueur의 지적도 설득력이 없지는 않다.[23]

학생 시위가 벌어지는 원인에 대해서는 의견이 분분하지만, 중등교육과 대학 교육에 대한 좌파의 입장은 한 줄로 요약할 수 있다. 경제적 여건이 허락하는 한 교육은 확대되어야 한다는 것이다. 다시 말해 좌파는 중등교육을 개선해 더 많은 사람들이 대학에 갈 수 있기를 바랐다. 물론 많은 보수정당들도 같은 생각이었다. 정치인들은 대학 교육이 더 좋은 직업을 보장하는 열쇠라는 일반의 인식을 염두에 두면서 대중의 압력에 대처하고 있었다. 이 점에서는 우파보다 좌파가 열성적이었는데, 좌파의 가치관이 대학의 전통적인 엘리트주의와 충돌했기 때문이다. 그러나 전반적으로 대학 교육에 대한 정치 전략은 지나칠 만큼 계량적이었다. 한마디로 대학은 많을수록 좋다는 인식이 팽배했다. 재정 지원이 충분하지 않은 상태에서 대학이 팽창하다 보니 교육의 질이 떨어졌고, 대학이 팽창함에 따라 가장 많이 혜택 받을 것으로 예상되던 사람들이 낙오자로 전락하는 상황이 벌어졌다. 그들은 '자신의 능력을 계발하는 데 필요한 수단'을 가장 적게 물려받은 사람들, 즉 저소득 가정의 자녀들이었다.[24]

대학이 팽창한 것은 대학 교육을 받을 수 있는 기회를 확대하라는 대중의 요구가 거셌기 때문만은 아니었다. 자본주의의 발전과 현대화를 위해, 고도의 과학기술과 과학혁명을 위해 수준 높은 전문 지식을 갖춘 인재가 필요하다는 인식도 대학의 팽창을 재촉하는 데 한몫했다. 당시에 대학의 팽창이라는 문제를 충분히 검토했다면 더 큰 계획을 요구하는 목소리로 이어질 수도 있었을 것이다. 즉 대학의 팽창을 성장의 필요성과 연결시키고, 그러기 위해서 어떤 과목을 늘려야 하는지 머리를 맞대고 고심할 수도 있었을 것이다. 그런 계획은 자본주의 성장에 더 크게 기여했을지 모르지만, 뜨거운 논쟁거리가 됐을 수도 있다. 그리하여 정치인들이 사회적 우선순위를 결정하는 상황이 왔을지도 모른다. 우파는 정치인이 사회적 우선순위를 결정하는 것을 끔찍이 싫어했다. 우파에게 사회적 우선순위를 결정하도록 했다면 그들의 답은 한마디, 즉 '시장이 결정하도록 해야 한다'였을 것이다. 그 경우 시장에서 요구하는 학과를 졸업한 사람에게 더 좋은 일자리가 돌아가고, 그런 학과가 더 늘어나며, 더 많은 학생들이 그 학과에 몰릴 것이다.

물론 이런 일은 실제로 일어나지 않았다. 인문학이나 사회과학, 그중에서도 사회학 같은 '소프트한' 학과를 선택하는 학생들이 갈수록 늘었고, 시위도 그런 학과에서 시작했다. 학교 당국은 운영하는 데 돈이 별로 들지 않기 때문에 인문학부나 사회과학부를 선호했다. 다시 말해 (인문학이나 사회과학의 교습 방법은 적어도 형식적인 면에서 투키디데스Thucydides 시대 이후 크게 달라진 것이 없었으므로) 값비싼 특수 장비를 마련하는 데 추가로 지출하지 않고도 수많은 학생을 역사학 강좌 하나에 몰아넣을 수 있었다. 계획가들이 우선순위를 염두에 두고 대학 교육에 대해 품은 구상이 있었다면 학생 급진주의자들에게는 혐오의 대상이었을 것이다. 학생 급진주의자들은 자본주의가 요구하는 것을 대학이 충족할 수 있다는 생각에 진저리를 쳤다.

학생운동의 확실한 이데올로기적 토대는 반反자본주의였지만, 학생운동의 두드러진 특징은 마음만 먹으면 언제든 대중을 동원하는 정치가 가능하다고 생각한 것이었다. 독일에서 '의회 바깥의 반대운동Extra-Parliamentary Opposition'은 직접민주주의를 지지했다. 학생들(혹은 공장의 노동자들)로 구성된 의회가 통치하는 민주적인 협의회 체제를 지지했다. 이것은 서구의 대의 민주주의라는 기본 원칙을 무시한 체제였고, 결과적으로 유럽 전역 모든 좌파 정당의 기본 원칙에도 어긋나는 요구였다. 좌파 정당들이 볼 때 학생들이 주장하는 직접민주주의 형태와 유사한 역사 속의 모델은 파리코뮌이나 러시아의 인민 정부, 1920년 이탈리아의 공장점거인데, 이는 명백히 국민에게 거부당한 과거의 반란이다. 따라서 왠지 그 체제로 돌아가기 꺼림칙했고, 학생들의 요구를 지지할 수 없었다.

비록 학생운동은 확실한 정치적 대안을 제시하는 데 실패했지만, 해체되기 힘든 사회와 제도에 대해 전 세계에서 급진적인 비판을 쏟아냈다. 물론 과거에도 이론가와 작가, 예술가들은 개별적으로 직접민주주의를 열망하는 급진적인 견해를 밝혔다. 다른 점이 있다면 1960년대에는 어느 정도 자발적인 대중운동에 의해 그런 견해가 표명되었다는 것이다.

전통적인 좌파는 학생운동의 문화적 토대를 사실상 무시했다. 전통적인 사회주의 정당들은 문화정치를 제대로 이해하지 못한데다, 문화정치라는 개념이 사회주의 전통의 바깥에 자리 잡고 있었기 때문이다. 문화적 토대란 무엇이었을까? 사회 이론가들은 그것을 '탈脫물질주의'라고 설명한다. 풍요의 시대에 어울리는 정치를 모색해야 한다는 게 탈물질주의의 주장이다. 사회주의 정치와 자본주의 정치는 다른 점이 많지만, 재원이 부족한 경우 분배 문제가 공통된 고민이었다. 탈물질주의자들은 이런 고민을 하지 않았다. 풍요의 시대에는 다른 정치 형태가 필요하다는 게 그들의 생각이었다.

좌파(와 우파) 정치인들은 특권을 누리는 학생들이나 풍요의 시대가 왔다는 주장을 할 수 있다고 반박했으며, 이는 꽤 타당한 반박이었다. 학생들은 아직 돈을 버는 직업의 세계에 뛰어들지 않았기에 직업의 세계에서 얼마나 치열한 경쟁이 벌어지는지 알지 못하며, 가족을 부양해야 할 책임도 없는 처지였다. 그러나 유권자들은 대출금이나 집세를 내야 하고, 자녀들을 먹이고 입혀야 하며, 일자리를 지키거나 구해야 했다. 학생 급진주의자들은 오만한 건지, 철이 없는 건지 이런 기본적인 진실을 무시했다. 물론 인간의 존엄성이 슈퍼마켓이나 백화점의 상품 진열대에서 살 수 있는 값비싼 물건으로 충족될 수 없다는 그들의 주장은 옳지만, 자신들이 처음 그런 주장을 한 사람들이라는 생각은 착각이었다.

그럼에도 뭔가 새로운 것이 있었다. 크리스토퍼 래시Christopher Lasch는 새로운 정치가 급진적 페미니즘에서 환경주의, 반전주의,

허무주의, 혁명적인 폭력 숭배까지 다양하고 모순적인 형태를 띨 수 있다고 지적한다.

> 비록 지식인에게 반감을 드러내고, 철없는 반란을 일으키고, 너무나 자주 문화정치를 들먹이면서 파괴 행위를 선호하기는 하지만, 새로운 정치는 지배적인 정치 전통이 외면하던 쟁점들을 부각한다. 이성의 한계, 지배욕의 무의식적 기원, 산업 기술을 통해 구현된 지배 욕망, 외관상 최고의 결과물로 보이는 합리적 지성 같은 문제가 쟁점으로 부각된 것이다.[25]

'개인'과 자아, 주관성은 1960년대에 정치적으로 중요해졌고, 대중적인 지지도 얻었다. 마르크스와 더불어 프로이트의 사상이 젊은 세대의 정치를 이데올로기적으로 뒷받침한 것은 예상 밖이었다. 다시 말해 마치 성적 욕망과 혁명가의 열망이 손을 잡고, 성적 해방과 정치적 해방이 동맹을 맺은 모양새였다.[26] 위르겐 하버마스Jürgen Habermas는 1969년 다음과 같이 지적했다.

> 2~3년 전만 해도 개인적인 문제로 여겨졌을 어려움, 즉 학생과 선생의 갈등, 노동자와 경영자의 갈등, 부부의 갈등, 개인의 갈등이 이제는 정치적 의미를 띠며 정치적인 면에서 정당화되어야 한다고 주장하고 있다. 마치 심리학이 정치가 된 것처럼 보인다. 이는 과거 오랫동안 대중과 관련된 현실 정치를 심리학으로 이해하던 현실에 대한 반응인지도 모른다.[27]

1968년 5월 파리에 울려 퍼진 유명한 구호와 낙서를 보면 '새로운' 정치의 참신함과 한계가 모두 드러난다. "현실주의자가 돼라. 그리고 불가능한 것을 요구하라." "나는 내 갈망을 현실로 받아들인다. 왜냐하면 내 갈망이 현실이라는 것을 믿기 때문이다." "금지하는 것을 금지하라." "나는 뭔가 할 말이 있다. 하지만 무슨 말을 해야 할지는 모르겠다." "이제 시작일 뿐." 이탈리아의 저항운동을 연구한 시드니 태로Sidney Tarrow는 학생들의 요구와 다른 집단의 요구를 비교한 뒤, 학생들은 '종전의 어떤 것을 더 많이' 요구하기보다 새로운 권리를 요구하는 경우가 훨씬 많았다고 지적한다.[28]

좌파 정당이 할 수 있는 대응은 학생들의 '문화적 토대'를 외면하고, 종전의 정치적 논의에서 사용하는 용어로 전환이 가능한 요구만 수용하려고 시도하는 것이 전부였다. 정치는 전문 정치인에게 맡기는 게 가장 좋다는 종전 좌파의 태도였고, 이 태도가 근본적으로 바뀌지 않는 한 학생들의 요구를 받아들이는 것은 불가능했다.

그러나 학생들이 '불가능한 것'만 요구하지는 않았다. 대학 교육 개혁과 대학의 민주화 확대는 불가능한 요구가 아니었다. 그것은 공산주의자와 사회주의자들이 알아들을 수 있고 '정상적인' 정치 용어였다. 학생들이 경멸하던 관료주의적 조직인 노동조합들이 이 실현 가능한 요구를 지지하고 나섰다. 그러자 정부는 당황하는 기색이 역력했다. 프랑스 노동자들은 유럽 역사상 최장기간 동안 벌어진 총파업에서 다른 요구를 추가했다. 그들은 불가능한 것을 요구하지 않았다. 실질적인 주당 40시간 근무, 대폭적인 임금 인상, 작업 현장에서 노조의 권리 확대를 요구했다. 따라서 5월의 사건들은 처음부터 두 가지 차원에서 출발한 셈이다. 하나는 이상적이고 주관적인 차원(이것이 장기적으로 미친 영향은 아직도 연구 중이다), 다른 하나는 실제적이고 정치적인 차원이었다. 정치적으로 위태로운 시기에 대개 그렇듯이 두 가지 차원은 종종 서로 얽힌 것처럼 보였다. 5월 27일 월요일 파리 근교의 르노 자동차 불로뉴비양쿠르 공장의 노동자들은 그들이 한때 신뢰한 공산주의 성향 노조 지도자들이 성사한 '그르넬Grenelle 가街 합의'를 거부했다. 수정을 거쳐 최종적으로 타결된 이 합의는 근무시간 단축과 최저임금 35퍼센트 인상(겨우 노동자 50만 명에게 해당됐다), 의류 산업 18퍼센트와 화학 산업 7퍼센트 등 다양한 업종의 임금 인상을 포함했다.[29] 그러나 운명의 월요일 아침에 노동자들은 이 정도 내용이 성에 찰 리 없다. 그때만 해도 앞으로 며칠은 무슨 일이나 가능할 것 같은 분위기였다. 노동자들은 불가능한 것을 요구하기 시작했고, '정상적인' 정치적 수단으로 문제를 푸는 것은 불가능해 보였다.

한 치 앞을 내다볼 수 없는 이런 상황에서 공식적인 좌파는 무엇을 하고 있었을까? 잠시지만 주도권이 사회주의자들에게 넘어갔다. 5월 28일 화요일, 드골의 사임을 기정사실로 여긴 미테랑은 대통령 후보 출마를 선언하면서 피에르 망데스 프랑스를 수반으로 한 과도정부를 즉각 구성하자고 제안했다. 망데스 프랑스는 소규모 정당인 통합사회당의 지지를 받았고, 통합사회당은 학생들을 지지했다. 따라서 5월의 운동가들에게는 망데스 프랑스가 '체제' 안의 인사 가운데 그나마 받아들일 수 있는 인물이었다. 미테랑이 과도정부를 제안한 데는 곧 선거를 치러야 하는 상황이 올 수밖에 없다는 계산이 깔려 있었다. 한마디로 미테랑의 전략은 선거를 치르기 전에는 '임시'정부를 지지해야 한다고 의회에 요구한다는 것이었다.

이는 드골이 1958년 5월 취임할 때 쓴 전략과 거의 판박이다. 좌파가 우파의 전략을 베낀 셈이다. 법적 근거는 약했다. 헌법에 따르면 새로운 정부 승인에 대해 토론할 수 있는 합법적 공간은 1967년에 선출된 의회뿐이었다. 드골이 사임했다면 새로운 대통령이 선출될 때까지 조르주 퐁피두를 수반으로 한 종전 정부가 국정을 책임져야 했을 것이다. 늘 법을 엄격하게 준수하던 프랑스 공산당은 영내키지 않았지만, 좌파 통합을 위한 대안이 없으니 미테랑의 제안을 지지할 수밖에 없었다. 역설적으로 들리겠지만, 혁명이 위기에 직면했다고 판단될 때 헌법을 무시하고 행동할 태세가 되어 있는 쪽은 과거에 반란을 선동한 공산주의자들이 아니라 미테랑처럼 '점잖은' 사회주의자들이었다.

5월 29일 수요일, 드골은 휘하의 장성들과 대책을 의논하느라 다섯 시간 동안 종적을 감췄다. 이 사건은 국민들에게 프랑스에는 실질적인 통치권자가 없다는 인상을 주었다. 이튿날인 5월 30일 목요일에 다시 모습을 드러낸 드골은 사임할 뜻이 없음을 밝혔다. 대신 그는 의회를 해산하고(대통령의 특권이다) 선거를 요구했다. 바로 그날 50만 명이 드골을 지지하는 시위를 벌였다. 1968년 5월에 벌어진 시위 중에서 가장 큰 규모였다. 프랑스 공산당은 자신들이 할 수 있는 유일한 방법으로 대응했다. 선거전을 치르는 데 동의한 것이다. 1967년에 좌파는 40퍼센트가 넘는 지지를 얻었기 때문에 무모한 결정이 아니었다. 5월의 급진주의 바람을 생각하면 좌파의 과반수 의석 확보도 허황된 꿈은 아닌 듯 보였다.

선거는 상황을 해결할 수 있는 유일한 현실적 방법이었다. 드골주의자에서 공산당과 사회당까지 종전의 모든 정치 세력은 저마다 다른 이유로 선거를 통한 해결에 적극적으로 매달렸다. 프랑스 공산당은 폭동은 불가능하므로 선거가 유일한 대안이라고 주장했다. 폭동을 일으켰다면 노동자들은 패배했을 것이다. 대학살이 벌어지고, 아마도 피비린내 나는 내전으로 번졌을 것이다. 실제로 폭동은 불가능했다. 학생을 포함해서 아무도 폭동이 일어날 가능성을 진지하게 고려하지 않았다. 사람들은 매번 구호와 연설을 통해 폭동 정치를 찬양했지만, 미래에 대한 희망을 속 시원하게 표출한 것에 불과했다. 즉 선거 정치의 제약에서 벗어나고픈 욕망의 표현이었다. 트로츠키 성향의 레닌주의자들, 예컨대 프랑스 공산당의 개량주의를 신랄하게 비판한 에르네스트 만델Ernest Mandel 같은 사람도 무장폭동을 위한 조건이 갖춰지지 않았다는 점을 인정했다.[30] 만델은 식상한 대안을 제시했다. 즉 1960년대 프랑스가 1938년 레온 트로츠키의 과도기적 강령을 채택해야 한다는 것이었다. 더 중요한 사실은 만델보다 5월의 진정한 정신에 가까운 목소리를 낸 학생 '지도자' 다니엘 콩방디가 폭동의 가능성을 전혀 염두에 두지 않았다는 점이다. 5월 20일 주간지 『르누벨옵세르바퇴르Le Nouvel Observateur』는 사르트르가 콩방디를 인터뷰한 기사를 실었다. 철학자 사르트르가 현재의 운동이 어떤 결과를 가져올 것 같은지 질문했다. 콩방디의 대답은 명쾌했다.

노동자들의 몇 가지 물질적 요구가 충족되겠죠. 학생운동의 중도파 세력은 교수들과 함께 중요한 대학 개혁을 성사할 테고요. 물론 어느 정도 진전이 있겠지만, 근본적으로 달라지지는 않을 겁니다. 따라서 체제 전체에 대한 우리의 도전도 계속될 겁니다. 게다가 저는 혁명이

하룻밤 사이에 가능하다고 생각하지 않습니다. 계속해서 중요한 문제들을 해결하고, 그런 해결은 오직 혁명적인 행동에 의해서 가능하다는 게 제 생각입니다.[31]

'혁명적인 대중', 즉 파리의 라틴 지구(카르티에라탱Quartier Latin)에서 시위하던 학생들에겐 시위를 내전으로 발전시키는 데 반드시 필요한 분노가 부족했다. 1968년 5월은 서구에서 폭력혁명이 가능하다는 것을 입증하기는커녕 1945년 이후 분명해진 사실(서구에서 폭력혁명은 상상할 수도 없다는 것)을 재확인시켰다. 세월이 흐르면서 1968년 5월의 환상인 '혁명'은 얄궂게도 상업광고의 소재가 되었다. 1986년 스웨덴 가구 회사 이케아IKEA가 프랑스 시장에 첫발을 내딛으면서 내건 홍보 문구는 다음과 같다. '1968년 5월, 우리는 세계를 재설계했다. 1986년 5월, 우리는 주방을 재설계할 것이다.'

학생운동은 다수를 동원할 수 있는 새로운 사회상을 제시하지 못했다. 무정부주의는 결코 패권을 쥘 수 없다. 무정부주의자들은 간혹 정부를 무너뜨릴 수 있지만, 그 결과를 누릴 수는 없다. 비혁명가들뿐만 아니라 혁명가들도 5월 사태에 놀란 기색이었다. 5월 사태는 혁명가들의 허를 찔렀다. 5월 사태가 일어나기 전 「르몽드」는 「지루한 프랑스La France s'ennuie」라는 사설에서 드골의 프랑스가 활기 없는 정치적 안정을 누리고 있다며 탄식했다. 드물게 위기 상황이 발생하면 좌파와 우파는 전형적인 방법, 즉 선거전을 통해 문제를 해결했다. 좌파와 우파 모두 선거 정치에 전념했다. 판에 박힌 정치가 부활했다. 상상력은 또다시 설 자리를 잃었다. 따분한 세상이 돌아온 것이다.

당시 일부 동시대인들은 5월 사태를 합리주의적 관점에서 분석하는 것은 불가능하다는 결론을 내리기도 했다. "눈으로 보면 이해할 수 없다. 오직 시詩와 극도로 추상적인 사고를 통해서 이해할 수 있다. 시와 추상적인 사고는 지금 사람들 입에 오르내리는 두 가지 영감의 신이다. 혁명이란 역사의 황홀경이다. 사회의 현실과 꿈이 하나가 되는(사랑의 행위) 순간이다."[32] 파리의 의대생들은 다음과 같이 썼다.

> 우리가 혁명을 원하지 않는 것은 타인과 우리 자신에 진저리가 나서가 아니라, 다시 한 번 우리를 서로 발견하고 싶기 때문이다. 우리는 학부에서 술잔을 기울이며 의학에 대해 이야기 나누고 싶다. 우리는 우리가 치료하는 환자들이 사회보장 등록 번호 이상의 존재가 되길 희망한다.[33]

프랑스 보수파의 가장 명석한 대변자였던 레몽 아롱Raymond Aron은 1968년 5월을 가리켜 '프랑스가 그 비밀을 풀지 못한 기묘한 국가적 위기 가운데 하나'라고 썼다.[34] 5월 사태에 어리둥절하던 아롱(그가 유일하게 어리둥절한 사람은 아닐 것이다)은 엉뚱하게도 생물학과 비교했다. 아롱은 6월 1일 라디오 뢱상부르Radio Luxembourg 방송에서 5월 사태가 한 편의 '심리극'이라고 말했다.[35] "아마도 학생들이 과밀 현상 때문에 헛소리를 내뱉은 게 아닌가 싶습니다.[36] 대학은 지나치게 많은 학생들로 미어터질 지경이라, 학생들은 과밀 현상 때문에 노이로제에 시달리고 있었을 겁니다. 생물학에서 입증된 것처럼 노이로제는 극도로 밀집된 환경에서 쥐를 비롯한 동물에게 영향을 미치거든요."[37]

프랑수아 미테랑의 자기비판은 아롱에 비하면 좀더 통찰력이 있었다. "좌파는 허를 찔렸다. 5월 운동은 독창적인 사건이다. 우리 세대는 눈과 귀를 닫고 있다. 내가 나 자신이 속한 좌파에 대해 좀더 비판적이라면, 내가 나의 연대감을 표명한 사람들에 대해 더 비판적이라면, 새롭고 정의로운 것을 대변하는 것이 좌파의 사명이기 때문이다."[38] 하지만 그는 5월 운동의 지도자들을 경멸했다. "그들은 자신들이 왜 시위를 벌이는지 동기를 설명하고 싶어 했다. 그 동기라는 게 사이비 마르크스주의와 이런저런 것들이 뒤섞인 잡탕이라 너무나 애매모호했다!"[39]

두 프랑스 작가는 5월 사태가 끝나기 무섭게 일곱 개나 되는 해석을 내놓았다. 첫째, 5월 사태는 공산당의 음모였다(드골과 퐁피두는 이 해석에 손을 들어줬다). 하지만 대다수 논객들은 프랑스 공산당이 5월 사태에 기여한 것이 있다면 법과 질서로 돌아간 것뿐이라는 데 동의했다. 둘째, 5월 사태는 프랑스 교수들의 구시대적이고 경직된 가르침이 부른 결과였다. 셋째, 5월 사태는 젊은 층의 '혈기' 때문에 일어났다. 아버지(드골과 구세대)를 죽이고 싶은 오이디푸스 Oedipus적 욕망의 결과였다. 넷째, 5월 사태는 썩어가는 문명에 맞선 정신의 반란이었다. 다섯째, 5월 사태는 전형적인 계급투쟁이었다(프랑스 공산당의 견해). 여섯째, 5월 사태는 좌파의 대안 부족과 드골주의의 과도한 수명 연장에서 비롯된 정치적 위기였다. 일곱째, 5월 사태는 예측할 수 없는 중요한 실수가 이어지면서 일어났다. 경찰이 소르본대학Université de la Sorbonne으로 출동하지 않았다면? 퐁피두가 5월 첫날 해외에 있지 않았다면….[40]

1968년 선거는 프랑스 공산당과 사회주의자들에게 치명타였다. 미테랑의 프랑스 민주주의 좌파와 사회주의 연합은 지지율 16.5퍼센트로 61석을 잃었고, 프랑스 공산당은 20퍼센트로 39석을 잃었다. 이제 좌파가 국회에서 점유한 의석은 487석 가운데 90석뿐이었다. 유권자들이 법과 질서에 표를 던졌음을 말해주는 결과다. 드골주의자들은 산업 노동자층을 잠식해 노동계급에서 공산주의자들보다 많은 표를 얻었다.[41]

프랑스 민주주의 좌파와 사회주의 연합과 프랑스 공산당의 협력 관계는 전보다 나빠졌다. 이전의 모든 치명타와 마찬가지로 프랑스 공산당에 결정적인 한 방을 날린 것은 1968년 8월 체코슬로바키아를 침공한 소련이었다. 처음에 프랑스 공산당은 모스크바의 행동에 '경악과 반대 의사'를 분명히 밝혔다. 프랑스 공산당으로서는 유례 없이 거센 비난이었다.[42] 그러더니 강압에 따른 것인 줄 뻔히 알면서도 체코슬로바키아 지도자가 소련 점령군과 맺은 협정을 신뢰하는 척했다. 프랑스 공산당의 이 겁쟁이 같은 태도는 몰레와 데페르를 지지하는 사람들에게 공산당과 통합 조약을 깨는 데 필요한 명분을 주고도 남았다. 인터내셔널 프랑스지부 안에서 반공산주의 기류가 부활하고 있음을 보여준 명백한 조짐은 정통 사회주의 수사학으로 회귀였다. 몰레는 인터내셔널 프랑스지부 전국 위원회 연설에서 지지자들을 향해 '사회주의의 기본 원칙'에서 벗어난 것은 일체 거부하라고 촉구했다. 인터내셔널 프랑스지부는 1969년 1월 당명을 프랑스 사회당으로 바꾸고, 다가오는 선거에 대비해 가스통 데페르를 후보로 지명했다.[43]

이렇게 1968년 5월 사태는 '정상 상태'로 원상 복귀되는 듯 보였다. 드골주의는 다시 패권을 장악했다. 좌파는 여느 때와 마찬가지로 분열되었고, 사회주의자와 공산주의자들은 철 지난 사상에 만족했다. 프랑스에서는 5월 사태를 감안하면 사회주의 전통을 새롭게 제시하는 새로운 정치 정당이 필요하다는 목소리가 있었다. 다른 나라에서도 이와 비슷한 희망이 꿈틀거렸다. 좌파 성향의 새로운 정당들은 온건한 사회민주주의나 정통 공산주의와 모두 거리를 두었다. 1960년대 덴마크에서는 이른바 '방해' 정당으로 불리던 사회국민당의 약진이 눈에 띄었다. 덴마크 사회국민당은 1958년에 공산당 서기장 악셀 라르센Aksel Larsen이 창당했다. 악셀 라르센은 흐루시초프가 소련 공산당 20차 당대회에서 한 연설을 듣고 스탈린주의와 사회민주주의를 모두 거부하는 정당을 꿈꾸기 시작했다. 사회국민당은 금세 전통 사회민주주의에 맞서는 좌파의 핵심 대안 세력이 되었다. 1966년 덴마크의 두 좌파 정당인 사회국민당과 사회민주당은 국회에서 과반 의석을 차지했다. 이로써 사회국민당은 일시적이나마 사회민주당 정부의 다수파 자리를 위협할 수 있는 힘이 생겼다. 사회국민당 같은 책임을 떠맡은 좌파 정당이 항상 맞닥뜨리는 딜레마가 있다. 즉 사회국민당은 집권당인 사회민주당에 해를 끼치지 않기 위해 정치적 모험을 시도할 수 없었고, 파벌주의적 사고방식을 드러내지도 않았다. 진정한 1960년대 정당인 사회국민당은 사회복지 문제를 제외하면 외교, 국방, EEC 가입 같은 문제에서 주류 사회민주주의자들과 원칙적으로 의견이 달랐다.[44] 달리 말해 국내 경제개혁과 복지주의, 진보적 세금 제도, 재분배, 노동조합의 권한 등 '노동계급'의 쟁점이라 부를 만한 것들 때문에 급진적 사회주의와 수정주의적 사회민주주의가 등을 돌리지는 않았다. 그보다는 군국주의 혹은 EEC 가입으로 대변되는 유럽의 상호 의존성 수용 여부가 좌파의 분열에 중요한 '지표'로 작용했다.

노르웨이에서도 비슷한 상황이 벌어졌다. 1961년에 창당한 사회주의인민당은 주로 외교정책(NATO 문제와 그 이후의 EEC 문제)에서 노르웨이 노동당과 의견이 달랐다. 사회주의인민당은 1961년 2.4퍼센트, 1965년 6퍼센트, 1969년 3.5퍼센트라는 지지율에서 알수 있듯이 1960년대 거의 모든 기간 동안 소수당에 머물렀다. 그러나 1973년 국회의원 선거에서 좌파의 EEC 가입에 반대하는 세력, 공산주의자들과 연합해 11.2퍼센트를 얻었다. 1969년에는 공산당과 사회주의인민당의 지지율을 합해도 4.5퍼센트에 불과했다.[45] 1973년 선거는 그동안 지배 정당의 자리를 굳건히 지키던 노르웨이 노동당에게 지각변동이나 다름없었다. 지지율이 46.5퍼센트에서 35.2퍼센트로 떨어졌으니 그럴 만도 했다. 노동당은 좌파 연합이 와해되기 시작한 1970년대 중반에야 지지율을 회복했다.

이들 스칸디나비아의 좌파 정당들과 성격이 가장 유사한 정당은 프랑스 통합사회당PSU과 이탈리아 통일사회당이다. 프랑스 통합사회당은 알제리 전쟁을 지지한 인터내셔널 프랑스지부에 반감을 품은 다양한 사회주의 단체들이 연합해 1960년 출범했다. 이탈리아 통일사회당은 1963년 정통 이탈리아 사회당에서 떨어져 나온 정당이다. 이들 새로운 좌파 정당은 학생 시위를 발판으로 한 단계 올라설 수 있는 가장 유리한 위치에 있었다. 이들 정당은 1968년에 급진주의자가 된 사람들에게 더 안전하고 영구적인 본거지를 제공했다. 장기적 형태의 정치적 헌신을 위한 조직인 셈이었다.

영국에서 학생운동의 여파로 뜻하지 않게 수명이 연장된 것은 트로츠키주의자들이었다. 이탈리아에서는 통일사회당이나 공산당 출신으로 구성된 선언그룹Manifesto Group이 지나치게 순응적이라고 생각한 사람들이 있었다. 그들은 아반과르디아 오페라이아Avanguardia Operaia(트로츠키주의자들), 로타 콘티누아Lotta Continua(무정부주의적 자유주의자들), 포테레 오페라이아Potere Operaio 같은 새로운 단체를 선택했다. 나중에 이들 단체 안에서 많은 테러 조직이 생겼다.

프랑스에서 가장 노골적으로 학생 운동가들의 지지를 얻고자 한 정당은 통합사회당이다. 통합사회당은 1968년 5월의 이데올로기와 주장을 받아들인다고 공개적으로 선언했다. 통합사회당은 6월 선거에서 4퍼센트를 얻으며 전통적인 지지층을 3분의 1이나 잃었지만, 지식인과 젊은 층에서 새로운 지지자를 확보하며 중산층을 위한 정당으로 탈바꿈했다.[46] 통합사회당은 타협에 물들지 않은 정당처럼 보였다. 미셸 로카르Michel Rocard가 이끄는 통합사회당은 미테랑의 프랑스 민주주의 좌파와 사회주의 연합이나 프랑스 공산당과 손잡기를 완강하게 거부했기 때문이다. 통합사회당의 수사학은 프랑스 공산당 내 좌파와 궁합이 잘 맞았다. 그러나 통합사회당의 이데올로기는 1968년 5월 사태가 일어나기 몇 달 전만 해도 서유럽 수정주의의 기술 관료적 전통을 지지했다. 통합사회당은 나머지 유럽의 유사한 좌파 정당들과 마찬가지로 실제 득표력에 비해 정치권에서 차지하는 중요성이 지나치게 컸다(1968년 선거에서는 의석을 하나도 얻지 못했다).[47] 이전의 많은 정당이 그랬듯이 통합사회당은 공산주의와 사회민주주의 사이에서 '제3의 길'을 모색했다. 로카르는 무장봉기를 추구한다는 이유가 아니라 사회를 근본적으로 바꾸고자 한다는 이유로 통합사회당을 혁명적인 정당이라고 불렀다.[48] 통합사회당은 디종 전당대회(1969년 3월)에서 승인된 17가지 의제를 통해 자본주의가 위기에 처했다고 단언했다.[49] 자본주의는 해결하기 어려운 모순에 직면했으며,[50] 자본주의 체제에서 시행하는 보통 선거는 국민의 이해관계를 제대로 반영하지 못한다고 확신했다.[51] 또 좌파는 머리부터 발끝까지 재정비할 필요가 있음을 인정했다. 그는 종전의 주요 좌파 조직으로는 중대한 과업을 완수할 수 없다고 생각했다. 통합사회당은 동맹을 거부하고 공산주의자와 사회주의자들의 개량주의를 비난함으로써 통합사회당이 1968년 5월 혁명가들의 집결지가 되기를 희망했다. 당연히 통합사회당의 전략은 애매모호했다. 통합사회당은 개량주의적인 공산당이나 사회당과 절충안을 타협하지 않으면서 급진주의자를 위한 조직임을 내세웠다. 통합사회당은 마르크스─레닌주의 조직의 안일한 구호와 프랑스 공산당의 교조주의를 거부했기 때문에 좀더 생각이 많은 1968년 생존자들에게는 이념적으로 마음이 통하는 조직이었다. 분석과 이론의 필요성을 강조하는 통합사회당은 인터내셔널 프랑스지부의 실용주의적 정치인들 틈에서 불편함을 느끼던 지식인과 이론가들의 마음을 사로잡았다. 하지만 전통적으로 과장법을 즐겨 쓰는 프랑스 사회주의자들의 수사학은 1968년 덕분에 좀더 오래 살아남은 측면도 있다. 몰레는 1968년 11월 전당대회에서 승리의 몸짓을 취하며 이렇게 외쳤다. "체제를 개선해서 될 문제가 아닙니다. 더 좋은 체제로 대체해야 합니다. 그래야 사회주의 정당을 혁명적인 정당이라고 말할 수 있습니다."[52]

중산계급의 재능 있는 젊은이들이 통합사회당의 신입 당원으로 대거 들어왔다. 그들은 대중매체를 창의적으로 이용했다. 그들에게 통합사회당은 궁극적으로 정계에 진출하기 위해 반드시 갖춰야 할 것들을 배울 수 있는 기회를 제공했다. 물론 통합사회당(혹은 이탈리아의 선언그룹이나 유럽의 다양한 신생 좌파 정당들) 같은 소규모 엘리트 조직이 전통 좌파를 개혁하고 재정비하고 재편성할 수 있다는 주장은 터무니없는 꿈이었지만, 원래 터무니없는 꿈이 그렇듯이 냉철한 관찰자들이 그것을 깨닫기까지 수년이 걸렸다. 1973년 선거에서 통합사회당이 참패하자, 미셸 로카르를 비롯한 몇몇 사람들은 이듬해 미테랑의 프랑스 사회당에 들어갔다. 이때 그들은 통합사회당에서 잘 써먹던 확고한 반공산주의와 노동자 자주관리 원칙에 투철한 헌신을 다짐했다. 이를 계기로 여기저기에서 함부로 갖다 쓰던 노동자 자주관리라는 개념은 비록 처음은 아니지만 포괄적인 국유화에 치우친 공산당의 고질적인 국가 통제 전략에 맞서 사회주의자들의 특징을 드러내는 최종 목표로 사용되었다. 노동자 자주관리는 1970년대에 좌파 전체에 지나치게 확산돼서 데페르나 프랑스 공산당처럼 전혀 어울리지 않는 세력까지 이 개념을 지지하고 나섰다.[53] 노동자 자주관리와 광범위한 국유화는 모두 사회주의의 최종 목표 가운데 하나였다. 목표는 일단 발표하면 사람들의 기억에서 멀어질 수도 있었다. 원칙이 없거나 실용적이라는 비난을 피하고 싶은 정치인이라면 노동자 자주관리나 광범위한 국유화 같은 개념을 적재적소에 써먹을 수 있다.

보수정당을 비롯해 모든 정당이 공유하던 목표인 현대화를 이데올로기적 목표 대신 내세우는 것은 문제가 있었다. 학생 시위의 규모가 프랑스나 이탈리아에 한참 못 미치던 독일에서 사회민주당의 지도력은 논리 정연한 젊은 세력인 청년 좌파의 지속적인 비난 공세에 부딪혔다. 청년 좌파의 비판은 충분히 예견된 것이었다. 왜 아니겠는가. 사회민주당은 장기적 목표에 침묵했을 뿐만 아니라, '사회주의'는 물론이고 '민주적 사회주의'라는 용어조차 사용하지 않았기 때문이다.[54]

사회민주당은 사회주의 학생 기구인 독일 사회주의학생동맹SDS을 제명했고, 사회주의학생동맹은 독일의 모든 대학에서 시위의 구심점이 되었다. 대다수 좌파 정당은 당내 청년 좌파와 '마찰'을 빚었다. 심지어 중앙집권적이고 규율이 엄격한 프랑스 공산당조차 공산주의학생연맹을 장악하지 못했다. 공산주의학생연맹은 끊임없이 '잘못된 사람들'의 영향을 받았다. 예컨대 1960년대 초반에는 이탈리아 공산주의자들의 영향을 받았고, 그다음에는 에르네스트 만델의 트로츠키주의자들, 그 후에는 알튀세르주의자와 마오쩌둥주의자들의 영향을 받았다.[55] 영국 노동당은 영향력이 큰 청년 좌파 세력을 철저하게 배척했다(트로츠키주의자들이 청년 좌파에 침투하는 경향이 있었기 때문에 노동당뿐 아니라 모든 정당이 청년 좌파 세력을 진지하게 받아들이지 않았다). 결과적으로 좌파의 비평은 신좌파New Left의 몫이었고, 신좌파의 비평은 메이데이(노동절) 선언 같은 기획과『뉴 레프트 리뷰』같은 학술지, 베트남전이나 핵군축 같은 단일 운동을 통해 체계화되었다.

이탈리아에서는 사회주의나 공산주의를 추종하는 학생들 못지않게 젊은 가톨릭교도가 학생운동의 태동에 기여했다. 학생 시위대가 가장 먼저 점거한 곳이 (이탈리아에서 최초로 사회학자를 양성한) 트렌토대학Università degli Studi di Trento과 밀라노의 가톨릭대학Università Cattolica del Sacro Cuore이다.[56] 이탈리아의 학생운동은 프랑스의 학생운동과 닮은 점이 많다. 즉 자유주의적 성향이 강하고, 성 해방 문제에 훨씬 더 헌신적이며(참을 수 없이 사람을 우롱하는 편견과 이탈리아 사회의 지역주의가 낳은 결과다), 대의 민주주의를 거부하고, 제3세계 혁명가들의 경험을 떠받들며, 조직화된 좌파를 끈질기게 비판했다. 이탈리아에서는 주로 이탈리아 공산당을 비판했다.

그러나 의외로 이탈리아 공산당의 반응은 적대감 일색이 아니었다. 톨리아티의 후계자 루이지 롱고는 스페인 내전 참전 용사이자 레지스탕스 출신으로 당시 다른 공산주의자들이나 사회주의자들보다 학생들에게 훨씬 긍정적이었다. 5월 사태가 일어나기 전에 쓴 중요한 기사에서 롱고는 학생 시위의 폭넓은 정치적 함의를 이해하지 못한 채 학생들의 공격과 비판을 반박하는 데 급급한 자신의 당을 가차 없이 비판했다. 그는 이탈리아 공산당이 지나치게 관료주의적인 조직이 되었고, 틀에 박힌 활동에 집착하는 바람에 사회의 새로운 변화를 이해하지 못한다고 썼다.[57] 그러나 당내 우파인 조르지오 아멘돌라는 학생들이 비논리적인 허무주의에 빠졌다고 비난하면서 극좌 세력과 정부에 맞서 '양면전'을 펼쳐야 한다고 주장했다.[58] 아멘돌라의 주장은 프랑스 공산당의 입장과 비슷했다. 그의 주장을 받아들인 이탈리아 공산주의자는 극소수였다. 대세는 롱고의 '관대한' 노선으로 기울었다.

이탈리아 공산당의 방침 가운데 가장 참신한 부분은 뭐니 뭐니 해도 학생운동의 '독자성'을 인정한 대목이다. 이탈리아 공산당은 자신들이 학생운동을 조직하고 편성하고 이끄는 세력이 되는 것은 무리라는 사실을 인정했다. 대신 그들은 전반적인 지침에 학생운동을 포함했다. 이것은 사회의 '전위 정당'이 되고자 하는 전통적인 공산주의의 야심을 부정(적어도 재정의)한 것이다. 이 사실은 이후 1970년대의 여성운동 혹은 1980년대의 평화운동 같은 더 중요한 '새로운 정치적 주제'와 이탈리아 공산당의 관계를 이해하는 데 중요하다. 공산주의 전통과 작별한 이탈리아 공산당은 학생들(과 '시민사회'의 다른 운동 세력)이 '혁명 과정'에서 합법적이고 중요한 역할을 했다는 점을 인정했다. 공산당은 이를 탈자본주의를 향한 이탈리아 사회의 자연스러운 발전으로 봤다. 이탈리아 공산당이 학생들의 '독자성'을 인정하면서 달라진 점이 하나 더 있다. 많은 정치조직과 '전위 정당들'(주로 마오쩌둥과 트로츠키주의적인 정당들)과 학생운동을 구분한 것이다. 이런 정치조직과 전위 정당들은 사방에서 앞다퉈 등장해 학생운동을 계승하려는 시도를 하고 있었다.[59]

서유럽 좌파 정당 가운데 학생 좌파의 행동주의에 굴복한 정당은 하나도 없었다. 어느 정당도 학생운동 세력의 수중에 넘어가지 않았고, 학생운동 때문에 심각한 내분이 일어나지도 않았다. 극좌 세력의 비판과 시위에 잠시 동요할 수는 있지만, 전통적인 좌파 정당들의 당 조직은 잘 돌아가고 지지층도 굳건했기 때문에 정치적 존립을 걱정할 필요 없었다. 안정적인 정치조직보다 복잡한 임시 동맹에 국가의 정치를 의존하던 미국에서는 청년 급진주의자들이 사실상 민주당을 장악했으며, 자신들이 신뢰하는 유일한 대통령 지망생인 조지 맥거번George McGovern을 1972년 대선 후보로 지명했다.[60] 그러나 맥거번의 참패는 급진적인 정치가 미국의 중산층을 포섭하는 데 실패했음을 극명하게 보여줬다. 이후 민주당은 중립적인 인물부터 당선이 확실한 인물까지 다양한 후보를 냈다. 옛 유럽에서는 하루아침에 대통령 후보까지 올랐다가 참담한 패배를 맛보는 이런 무용담이 재현되지 않았다. 하지만 적어도 프랑스와 이탈리아에서는 정치권의 주역이 바뀌었다. 1969년 국민투표에서 지면 사임하겠다고 배수진을 친 드골은 약속을 지켰다. 1968년에 법과 질서의 수호자로서 드골을 지지하던 사람들은 제5공화국의 기관들이 조르주 퐁피두처럼 카리스마가 부족한 지도자의 통치 아래서도 안전하다는 사실을 깨달았다. 프랑스 사회주의자들은 내부적으로 구조조정에 들어간 덕분에 1981년에는 골칫거리 동맹 세력인 프랑스 공산당을 희생양 삼아 정권을 손에 넣었다. 이탈리아에서도 1968년 새로운 국면이 예고됐다. 1970년에는 상당한 개혁(지방으로 권력 이양, 즉 노동자 헌장)이 실시됐고, 1974년에는 이혼 국민투표에서 기독민주당이 패배했으며, 1975~1976년에는 이탈리아 공산당이 크게 도약했다.

정치는 달라졌다. 하지만 머잖아 학생들 스스로 깨달았듯이 혁명은 일어나지 않았다. 극소수 과격주의자들은 시대정신을 잘못 읽은 나머지 테러 행위로 뒷걸음치거나 남은 인생을 분파적 혁명 조직에서 벼랑 끝 정치에 허비했다.

충분한 증거를 제시할 수는 없지만, 1968년의 복잡하고 모순적인 가치관은 1980~1990년대 정치 지형을 바꾸는 데 기여했다. 1968년의 자유주의적이고 관대한 가치관은 그 자체를 뭐라 규정할 수 없는 젊은 세대의 산물이었다. 메리 퀸트가 지적했듯이 1960년대 초반에는 '공기 중에 떠다니는 뭔가'가 있었다. 많은 것이 달라지고 있었다. 요한 23세(나이가 여든이 넘어서인지 그에게 혁신자라는 평판은 붙지 않았다)가 이끌던 로마 가톨릭교회는 '현대화'를 기치로 내건 제2바티칸공의회의 한복판에 있었다. 미국에서는 존 F. 케네디

대통령이 짧은 임기 동안 실질적인 내용까지는 아니라도 스타일 측면에서 현대적인 정치의 예고편을 보여줬다. 소련에서는 흐루시초프가 소련을 경제개혁과 소비주의 사회로 이끌기 위한 시도를 감행했다. 마오쩌둥 사상의 여파로 국제공산주의운동은 돌이킬 수 없이 분열되었다. 그리고 (맥밀런의 말을 빌리면) 탈식민지화라는 '변화의 바람'이 불면서 적어도 겉에서 볼 때는 정치적으로 독립성을 갖춘 제3세계가 탄생하고 있었다.

1968년의 학생운동은 성년에 이른 전후 세대의 단순한 반성 이상의 의미가 있었을까? 1968년의 학생운동은 1980년대의 반국가적 신자유주의를 위한 토양을 마련하는 데 어느 정도 기여했을까? 1968년에 학생들이 저항을 통해 거둔 성과는 무엇이었을까? 대안은 제시하지 못하면서 전통적인 좌파를 약화한 것 말고 성과가 또 있었을까? 중국 총리 저우언라이가 프랑스혁명의 영향에 대해 어떻게 생각하느냐는 질문을 받고 내놓은 답처럼 "평가하기에는 아직 이르다".

15장

페미니즘의 부활

1966년 영국에서는 레이먼드 윌리엄스Raymond Williams와 에드워드 팔머 톰슨, 스튜어트 홀Stuart Hall의 주도로 사회주의 지식인들이 모여 노동절선언위원회May Day Manifesto Committee를 결성했다. 이들은 영향력을 키워가던 신좌파를 위해 정치적 선언문 초안을 작성했고, 1968년에 초안보다 분량이 늘어난 190페이지짜리 선언문이 책으로 발간되어 널리 읽혔다. 노동당에 비판적인 이 선언문은 빈곤, 주택, 교육, 불평등, 통신과 광고, 경제, 국제 자본주의, 냉전, 제3세계, 영국 산업의 쇠퇴, 국가의 역할, 노동당의 문제, 노조 등 당시 주요 쟁점을 모두 다뤘다.

그런데 영국 좌파 지식인 가운데 가장 예리한 지성을 자랑하는 이들이 만든 이 선언문에는 여성의 사회적 지위에 대한 언급이 한 줄도 없었다.[1] 당시로서는 놀랄 일이 아니었다. 1966년 노동절선언위원회의 기관지나 다름없는 『뉴 레프트 리뷰』에는 줄리엣 미첼Juliet

Mitchell의 신기원을 이룬 논문이 실렸다.[2] 선언문 초안 작성자들이 미첼의 논문을 좀더 진지하게 받아들였다면 선언문의 유통기한이 길어졌을지도 모른다.

통찰력이 탁월한 미첼은 네 가지 주제를 제시했다. 이후에 벌어진 여성해방운동은 이 네 가지 주제를 중심으로 조직되었다. 네 가지는 경제 생산에서 여성이 맡은 역할, 출산과 낙태를 포함한 번식의 영역, 가족과 교육의 역할을 포함한 사회화, 성性의 영역이었다.[3] 1968년까지 신구를 막론하고 조직화된 좌파는 이 같은 문제에 맞닥뜨린 적이 없다. 여성운동이 일어나지 않은 상황에서 여성은 전혀 쟁점이 아니었다.

따라서 1960년대 막바지로 가면서 일어난 페미니즘의 부활이 많은 관측자와 여성해방운동에 뛰어든 사람들에게 과거의 선거권을 위한 투쟁과 별개의 새로운 현상처럼 보인 것도 무리는 아니다. 선거권을 쟁취하기 위해 싸운 과거는 까맣게 잊히고 없었다. 선거권을 쟁취하자 영국과 북아메리카의 여성참정권 운동은 잠잠해졌고, 가부장적 억압에서 자신을 해방하려는 여성들의 투쟁은 한동안 중단된 것처럼 보였다. 1960년대 후반 새로운 페미니스트들은 초창기 페미니즘의 역사에 대해 아는 것이 거의 없었다. 실제로 그들은 '역사 속에 묻힌' 여성운동의 기원을 되찾는 일에 가장 많은 시간과 공을 들였다. "역사를 통틀어 여성은 일정한 간격을 두고 자신들을 재발견한다."[4]

과거를 되찾는 과정에서 '두 번째 물결'이라 불리는 새로운 페미니즘의 핵심적인 특징 가운데 많은 부분이 최초의 페미니즘이 품은 열망부터 줄곧 존재해온 것이라는 사실이 분명해졌다. 이 장의 제목을 페미니즘의 '부활'이라고 붙인 것도 이 때문이다. 페미니즘의 부활이 1960~1970년대 좌파에게 어떤 영향을 미쳤는지 이해하려면 기억에 묻힌 과거를 찾아가는 새로운 페미니스트들의 발자취를 뒤쫓아야 하고, 여성해방 지지자들과 사회주의 지지자들 사이에 오랫동안 불편하게 이어져온 관계를 살펴봐야 한다.

페미니즘이 조직적 운동으로 떠오른 것은 1850~1930년이다. 이 시기 영국의 대표적인 페미니스트들에 대한 연구는 주로 선거권, (사실상 매춘부 통제를 위해 실시된) 전염병 법안 폐지, 기혼녀를 위한 법적 권리, 교육과 고용 기회 확대, 가족계획, 노조 운동, 가족수당 같은 핵심적인 캠페인을 중점으로 진행되었다.[5] 시간이 흐르면서 이런 캠페인의 강도는 달라졌지만, 모든 캠페인은 평등한 권리를 쟁취하기 위한 투쟁이자 이중 잣대에 반대하는 투쟁이었다. 본질적으로 페미니즘의 '첫 번째 물결'은 남성에게 부여됐거나 남성들이 쟁취한 권리를 여성에게 확대하는 문제에 초점을 맞췄다.

초창기 선구자 가운데 프랑스의 올랭프 드 구즈Olympe de Gouges는 1791년 9월에 출간한 *Déclaration des droits de la femme et de la citoyenne*(여성과 여성 시민의 권리 선언)에서 완전한 남녀평등을 요구했다. 여기에는 결혼을 남녀 간의 새로운 사회적 계약으로 재정의해야 한다는 요구도 포함되었다.[6] 강력한 힘이 넘치는 서문에서 그녀는 '남자'를 근엄하게 추궁했다.

누가 당신에게 내 성性을 억압하라는 권리를 주었는가? 이 광명과 지혜의 세기에 맹목적이고 배웠다고 거들먹거리지만 완전히 무지에 빠져서 헤어나지 못하는 남자는 혁명을 지지하는 척하고, 평등을 지지한다고 주장하면서 다른 한편에서는 지식인이 갖춰야 할 모든 능력을 겸비한 여성을 폭군처럼 지배하길 갈망한다.[7]

올랭프 드 구즈는 당당하게 여성의 연대감을 보여주는 증거로 자신의 책을 마리 앙투아네트Marie Antoinette에게 바쳤다. 그녀는 푸줏간 주인의 외동딸에 불과했지만, 여왕과 마찬가지로 비극적인 운명을 맞이했다. 그녀는 1793년 11월 3일에 처형당했다. 한 해 전에 그녀는 선언했다. "여성은 단두대에 오를 권리가 있듯이 연단에 오를 권리도 있어야 합니다."[8]

영국에서는 메리 울스턴크래프트Mary Wollstonecraft가 1792년 발간된 『여성의 권리 옹호A Vindication of the Rights of Woman』에서 비슷한 주장을 폈다. 그녀는 사회가 수동성과 의존성을 강요함으로써 여성을 열등한 존재로 만들었다고 주장했다. "불평등의 노예가 된 마당에 여성들이 어떻게 너그러워질 수 있겠는가?"[9] 여성이 처한 상황은 남성의 지배가 낳은 결과다. "확신하건대 여자의 어리석은 행동과 생각이 계속되는 까닭은 남자의 독재 때문이다." 울스턴크래프트는 "여자에게 동등한 권리를 부여하면 남자의 미덕에 버금가는 미덕을 보여줄 것"이라고 결론지었다.[10]

계몽주의와 프랑스혁명의 영향을 받은 일부 남성도 1세대 페미니스트들과 뜻을 같이했다. 프랑스에서는 콩도르세Marquis de Condorcet가 프랑스혁명 기간에 여성의 권리를 대신해서 가장 선구적인 주장을 폈다.[11] 콩도르세는 드 구즈와 울스턴크래프트의 책이 등장하기 전에 쓴 에세이 「여성에게 공민권을 주는 문제에 대하여

Sur l'admission des femmes au droit de cité」에서 남성의 권리와 관련된 원칙을 여성에게도 적용해야 하고, 여성을 차별 대우해야 한다는 합리적인 근거는 어디에도 없으므로 그런 사회는 진정한 문명사회라 부를 수 없다고 주장했다. 콩도르세는 여성의 가치를 폄하하는 사람들이 편 주장을 현대적인 재치를 발휘해 참신한 시각으로 뜯어봤다. 그중엔 두 세기 동안 반박했지만 지겹도록 되풀이되는 주장도 있었다. "겨울만 되면 통풍에 걸리거나 쉽게 감기에 걸리는 남자들에게는 군소리 없이 부여하는 권리를 임신을 경험하고 매달 가벼운 병에 걸리는 사람들에게 주어서 안 되는 이유는 무엇인가?"[12]

독일에서는 테오도르 폰 히펠Theodor von Hippel이 1792년 *Über die bügerliche Verbesserung der Weiber*(시민으로 발전한 여성)라는 책을 발표해 뜨거운 논쟁을 불러일으켰다. 히펠은 "온 세상이 다 들릴 만큼 요란하게 남자의 권리를 떠들어대는 시대에는" 여성도 동등한 존재로 받아들여야 하고, 여성 "스스로 자신에게 이득이 되는 방향으로 생각하고 행동"하는 것을 허용해야 한다고 주장했다.[13]

이런 점에서 페미니즘은 처음부터 19세기 '좌파'를 구성했다고 볼 수 있는 자유주의적이고 민주주의적인 운동에서 중요한 부분을 차지한 것이 틀림없다. 예컨대 울스턴크래프트는 여성의 권리에 헌신하기 전, 즉 1790년에 익명으로 발표한 *A Vindication of the Rights of Men*(인간의 권리 옹호)에서 에드먼드 버크Edmund Burke의 『프랑스 혁명에 관한 성찰Reflections on the Revolution in France』을 반박하며 논쟁을 시작했다.[14] 또 19세기 가장 중요한 페미니즘 저서인 존 스튜어트 밀John Stuart Mill의 『여성의 종속The Subjection of Women』은 급진자유주의 전통이 낳은 자식이었다.[15] 밀은 경쟁적이고 개인적인 기성 사회질서의 성격 자체에 도전장을 내밀지는 않았지만, "하나의 성이 다른 성에 법적으로 종속된" 상황에 이의를 제기했다. 밀은 성의 종속에 반대하는 두 가지 이유를 제시했다. 첫째 "그 자체로 옳지 않고", 둘째 "인류의 발전을 가로막는 큰 걸림돌 중의 하나"라는 것이었다.[16] 이 불평등을 바로잡기 위한 싸움은 여성 혼자서는 할 수 없는 일이었다. 밀은 "상당수 남자가 동참할 준비가 되어 있지 않으면" 여성의 종속은 바로잡을 수 없다고 말했다.[17]

밀의 용감한 책은 적들에게 거센 적대감을 불러일으켰고, 친구들에게 당혹감을 주었다. 상업적으로도 실패한 『여성의 종속』은 "밀의 책 가운데 출판업자가 손해 본 유일한 책"이었다.[18] 밀처럼 자유주의적인 남자가 친페미니즘적 주장을 하는 경우는 극히 드물었다. 따라서 페미니스트들이 주류 자유주의에 근본적인 결함이 있다고 생각하는 것은 당연했다. 자유주의라는 개념적 틀에서 핵심적인 위치를 차지하는 시민의 범주는 중립적인 성이 아니었기 때문이다. 자유주의자와 민주주의자들이 시민의 권리를 선언했을 때, 그 시민은 여전히 가부장적 특권과 구체제의 특권을 사사로이 사용할 수 있는 남자 시민을 가리켰다.

최초의 사회주의 이론가들, 그중에서도 카를 마르크스가 비슷한 분석을 내놓았다. 마르크스는 노동계약이 법적으로 평등한 시민들을 서로 충돌하게 만들면서 실질적인 권력의 불평등을 감추고 있다고 주장했다. 즉 자본을 소유한 시민이 가진 거라곤 자신의 노동력이 전부인 노동자와 충돌했다. 페미니즘 운동과 사회주의 운동은 둘 다 자유주의의 촉매 작용 없이 발전할 수 없지만, 바로 그 자유주의가 정치적 영역과 시민사회를 구분하는 데는 똑같이 이의를 제기했다. 자유주의자들은 모든 시민이 자유롭고 동등하게 정치에 참여할 수 있어야 하지만, 시민사회에서는 정치적 차원의 간섭(다시 말해 국가의 간섭)을 받지 않도록 시민을 보호해야 한다고 생각했다. 이 말은 곧 심각한 불평등만이 정치적인 의미를 띤다는 얘기다. 일단 모든 시민이 법 앞에서 정치적 평등을 확실하게 보장받으면, 그들은 시민사회에서 자유롭게 경쟁할 수 있다. 가난한 사람들이 일류 호텔에 들어가지 못하는 이유는 국가의 법이나 귀족의 특권 때문이 아니라 돈이 부족해서일 것이다. 개혁에 대한 자유주의의 열정은 시민사회에 존재하는 권력의 불균형 문제는 남겨뒀다. 주류 자유주의는 불평등한 처지에 놓인 개인들에게 정치적 권리를 동등하게 부여하면 심각한 불평등이 영원히 지속된다는 사실을 인정하지 않았다. 메리 울스턴크래프트의 위대한 스승이자 대화 상대였던 장 자크 루소가 『사회계약론Du Contrat Social』과 『인간 불평등 기원론 Discours sur l'origine et les fondements de l'inégalité parmi les hommes』에서 지적했듯이[19] 진정한 평등주의라면 개인 간에 실질적으로 존재하는 사회적 불평등을 모른 척해서는 안 된다.[20]

사회주의자와 페미니스트가 자유주의 혁명의 이중성과 불완전성만 공격한 것은 아니다. 즉 자유주의가 전체 시민의 권력 강화를 추구하면서도 참정권을 박탈당한 무산계급 노동자와 여성을 배제한 사실 외에 사회주의자와 페미니스트가 폭로하려고 한 것은 시민사회에서 권력이 불공평하게 분배된다는 점이다. 이 지점에서 사회주의와 페미니즘은 각자 갈 길을 갔다. 공상적 사회주의 이후의 사회주의자들은 사회경제적 불평등과 그에 따른 정치적 영향을 집중적으로 비난했다. 반면 페미니스트들은 가정생활부터 남녀 관계를 비롯한 가장 기본적인 대인 관계까지 삶의 모든 곳에 침투한 체계적인 성적 불평등에 초점을 맞췄다. 이 '개인적'인 영역, 그중에서도 가정은 제헌의회보다 정치적인 곳이었다. 가정은 권력의 형성과 분배 혹은 역할 분담을 위한 가장 복잡한 시스템이 끊임없이 구축되는 장소였기 때문이다. 울스턴크래프트 같은 페미니스트는 일찌감치 이를 깨달았다.[21] 울스턴크래프트는 자유주의적 권리를 여성에게 확대해야 한다고 주장한 대표적 인물로 알려졌지만, 사실은 그 이상이었다. 바버라 테일러Barbara Taylor가 지적했듯이[22] 울스턴크래프트는 무엇보다도 성차별에 관한 최초의 이론가 중 한 명이었다. 그녀가 제기한 핵심적인 질문은 '여자는 어떻게 만들어졌는가?' '지금 여자로 산다는 것은 무엇을 의미하는가?'다. 이것은 지난 200년 동안 페미니즘이 씨름해온 질문이다. '남자는 어떻게 만들어졌는가?' '지금 남자로 산다는 것은 무엇을 의미하는가?' 같은 질문이 비슷한 설득력과 절박함으로 제기되지 않는 한 울스턴크래프트의 질문엔 영원히 물음표가 붙을 것이다.

울스턴크래프트는 인간의 탐구라는 이 위험한 분야의 문을 프로이트보다 먼저 열었고, 남녀 사이를 지배하는 비도덕적이고 천박한 관계를 동등한 존재들의 순수하고 자연스러운 결합과 비교했다. 그녀의 가치가 거기에 있다.[23] 그런 의미에서 울스턴크래프트는 여성의 법적인 종속에 관심을 쏟은 존 스튜어트 밀보다 훨씬 앞서 간 인물이다. 밀은 성적 욕망에는 둔감한, 전형적인 '빅토리아Victoria 여왕 시대'의 남자다. 빅토리아 시대에 성은 남자가 여자를 상대로 푸는 '동물적 욕망'에 불과했다.[24]

19세기에 좀더 통찰력 있는 일부 사회주의자들은 어렴풋하게나마 성 평등의 중요성을 감지했다. 마르크스주의 이론을 확립하기 이전의 젊은 마르크스는 부르주아 계급의 결혼 관습(그는 여자들이 사유재산의 일부가 된다고 봤다)을 비난했고, 부르주아 계급을 그대로 모방한 집산주의적이고 '미숙한' 공산주의에 존재하는 일방적인 성 관계(즉 사람 대 사물의 관계)를 비난했다. '미숙한' 공산주의는 "여성을 먹잇감이나 집단의 성욕을 위한 몸종"으로 봐서, "남자 혼자 존재하는 끝없는 퇴보"를 드러낸다. 이런 관계의 반대편에는 서로 소외감을 느끼지 않는, 타인 지향적이며 사람 대 사람으로서 성적으로 동등한 관계가 있다. 이때 비로소 'man'(종으로서 남자, 독일어로 mensch)은 진정한 인간이 될 수 있다. "이런 관계에서 남자의 전체적인 발전 수준을 평가할 수 있다. 또 이런 관계는 남자의 욕구가 얼마나 인간의 욕구를 반영하는지 보여주고, 결과적으로 남자의 욕구에서 사람으로서 타인이 어느 정도 비중을 차지하는지, 남자는 어느 정도로 개인적인 동시에 사회적인 존재인지 드러낸다." 마르크스는 동등한 존재 간의 진정한 사랑 관계에서 미래 사회의 싹을 발견한다. 즉 미래 사회는 인간의 자기소외를 폐지함으로써 "남자 대 본성, 남자 대 남자의 적대 관계를 확실하게 해체"하는 사회다. 이 사회는 공산주의 사회며, 이는 곧 '역사의 수수께끼'를 의식적으로 '해결'하는 사회다.[25]

마르크스는 곧 이 모든 주장을 버리고 자본주의 분석으로 돌아섰다. 여러 해가 지나고 1884년에 프리드리히 엥겔스는 가족에 대한 비판을 발전시켰다. 엥겔스는 가족이 "노골적으로 드러나거나 위장된 여성의 노예화에 기초하며… 가정에서 남자는 부르주아고, 아내는 프롤레타리아를 대변한다"고 썼다.[26] 1879년 아우구스트 베벨은 『여성론Die Frau und der Sozialismus』에서 "여성은 속박을 맛본 최초의 인간이었다. 여성은 노예가 존재하기 이전부터 노예였다"고 썼다. 독일 사회민주주의의 핵심 저서 중 하나이자 가장 대중적인 사회주의 해설서 가운데 하나인 『여성론』은 여러 언어로 번역되었다.[27]

그 무렵 사회주의 진영에서는 적어도 원칙적으로는 여성해방과 사회 전체 해방의 연관성을 받아들이는 사람들이 늘고 있었다. 이런 태도를 최초로 밝힌 이는 1808년 프랑스의 샤를 푸리에다. 초기 사회주의자 중에서 가장 페미니즘적 성향이 강한 푸리에는 *Théorie des quatre mouvements et des destinées générales*(인간의 사회적 운명과 4가지 운동의 논리)에서 "여성의 권리를 확대하는 것은 모든 사회의 진보를 가늠하는 전반적인 척도"라고 주장했다.[28] 60년 뒤 마르크스는 쿠겔만Ludwig Kugelmann에게 보낸 편지에서 푸리에의 주장을 되풀이했다. "사회의 진보를 가늠하는 정확한 척도는 여성의 사회적 역할입니다."[29]

짚고 넘어가야 할 사실이 있다. 여성해방은 사회경제적 진보를 가늠하는 지표로 삼기에는 불완전하다는 점이다. 예를 들어 여성을 위한 고등교육의 질과 범위를 놓고 볼 때 유럽에서는 시대 역행적인 전제군주제를 실시한 러시아를 따라올 국가가 없었고, 전 세계에서도 그들보다 앞선 나라는 미국뿐이었다. 러시아에서는 아내가 재산을 소유할 수 있었지만, '선진국'인 빅토리아 시대 영국에서는 1882년 기혼 여성 재산법이 제정되기까지 아내는 한 푼도 소유할 수 없었다.[30] 인도 캘커타대학University of Calcutta은 옥스퍼드와 케임브리지보다 수십 년 앞선 1883년에 여성에게 학위를 수여했다.[31]

그럼에도 19세기 막바지에 이르면 배울 만큼 배운 진보주의자들은 경제적 · 기술적 성장이 결국 사회의 진보를 가져온다는 것을 자명한 이치로 받아들였다. 대다수 반동적인 극우주의자들은 성장이 곧 사회 진보라는 결정론을 지나치게 지지했다. 물론 반동적인 극우주의자들에게 사회 진보는 독이 든 잔이었다.

사회 해방과 여성해방의 관계는 사회주의적 논의 안에서 우선순위와 전제 조건에 관한 논쟁으로 발전했다. 즉 자본주의가 해체될 때까지 '성 노예'의 궁극적인 소멸은 불가능하다는 주장이 나왔다. "현재의 사회 · 정치적 제도에서 여성 문제의 완벽한 해결은 노동문제의 해결만큼이나 실현 불가능한 일이다."[32] 많은 사람들이 이런 주장에 동의했다. 버트런드 러셀도 22세 때 자본주의 해체가 여성해방을 위한 확실한 길이라는 생각에 사회주의자가 되기로 결심했다. 그는 약혼녀 스미스Alys Pearsall Smith에게 편지를 썼다. "내가 올해 깨달은 것이 있다면 대다수 여성이 처한 상황은 오직 사회주의를 통해 개선될 수 있다는 것입니다. 내가 사회주의자가 된 것은 이런 깨달음 때문입니다."[33]

여성해방은 노동해방과 뗄 수 없는 관계라는 인식이 폭넓게 퍼졌다. 여성해방을 통해 여성은 강력한 동맹인 노동운동을 얻었다. 그러나 노동운동에 종속되는 상황을 감수해야 했다. 어떻게 보면 노동운동은 남성의 운동이었기 때문에 남성에 대한 종속에서 여성을 해방하는 것이 목표인 여성해방운동과 하나부터 열까지 일치할 수는 없었다. 하지만 여성해방운동과 사회민주주의 이데올로기는 확실하게 통했다. 자본주의에서는 주요 사회문제가 결코 해결될 수 없다는 게 사회민주주의 이데올로기였기 때문이다. 물론 사회주의의 새 천 년이 도래하기 전에도 할 수 있는 일은 많았다. 그래서 독일 사회민주당은 1891년 「에르푸르트 강령」을 통해 여성에게 선거권과 동등한 권리를 부여하고, 여성을 차별하는 모든 법을 폐지하겠다고 약속했다. 빌헬름Wilhelm 2세가 통치하던 19세기 후반 독일에서 그런 평등주의적 공약을 내건 정당은 사회민주당이 유일했다.[34] 그런데도 여성들은 사회민주당 정치에서 여전히 들러리 취급을 받았다. 심지어 바이마르공화국 시기에 형식적이나마 평등과 투표권을 얻었을 때도 여성은 들러리에 머물렀다.[35]

20세기에 접어들면서 사회주의와 독립적인 페미니즘 운동은 제갈 길을 가기 시작했다. 사회주의는 남성의 운동으로 강력하게 떠올랐다. 페미니즘은 수면 위로 올라오기 위해 안간힘을 썼다. 페미니즘이 기댈 구석은 정치적 상징성밖에 없었다. 페미니즘은 소수 남성 지지자들이 보여주는 온정주의와 대다수 남성이 품은 적대감, 대다수 여성의 무관심 사이에 끼어 있었다. 사회주의 운동이 대중운동으로서 조직화되고, 공장노동자 가운데 남자가 압도적으로 많아지고, 보편적이고 거의 비현실적이던 '종합적인' 해방 대신 좀더 구체적이고 개량적인 해방이 실천되면서 페미니즘과 사회주의 운동은 갈라섰다. 페미니즘과 사회주의의 결별은 독립적이고 조직적인 노동운동인 차티스트운동Chartism이 등장한 영국에서 가장 먼저 일어났다. 바버라 테일러는 오언(영국의 공상적 사회주의자 로버트 오언Robert Owen—옮긴이)식 사회주의를 분석한 권위 있는 글을 통해 사회주의자와 페미니스트가 공유하던 체제 전복적인 세계관에서 여성의 권리가 혁명적인 관점과 작별하고 좁은 의미의 쟁점으로 변해가는 과정을 기록했다. 덕분에 전보다 많은 중산층 여성들이 페미니즘을 받아들이게 되었다. 페미니즘이 '사회주의적 목표나 불순한 성적 의도'를 품고 있다는 혐의를 벗어 중산층 여성들도 페미니즘 운동에 뛰어들 수 있었던 것이다.[36]

사회주의를 지지하는 여성은 성의 해방을 주장하는 페미니즘은 물론이고 중산층의 개량주의적 페미니즘과도 거리를 두었다. 사회주의자로 남으려면 성 해방이 인습에 구애받지 않는 소수 중산층 여성의 관심사라는 지배적인 관점을 받아들여야 했기 때문이다. 자본주의적 생산관계는 그대로 둔 채 여성에게 폭넓은 자유를 확대하기 위해 싸우는 '부르주아' 페미니스트들과 자신은 다르다는 것을 보여줘야 했다. 그러나 당시 페미니스트들은 사회주의 운동에 도움을 요청하고 있었다. 적어도 자유주의자들보다는 사회주의자들이 여성에게 동등한 권리를 확대하는 것을 일관되게 지지하는 사람들이라고 생각되었다. 많은 중산층 여성운동가는 사회주의 정당이 노동계급 여성들에게 다가가는 데 필요한 최고의 매개체라고 생각했다. 비록 탈자본주의가 도래한 뒤에나 가능한 머나먼 미래의 일이지만, 원칙적으로 사회주의는 여성의 완전한 해방을 지지했다. 게다가 강력한 이데올로기적 동시성도 있었다. 다시 말해 페미니즘과 사회주의 운동 모두 현대 세계의 산물이었다. 당시 여성 페미니스트들은 남성 사회주의들과 마찬가지로 전통에 철저하게 반대했다. 천년왕국 운동과 달리 페미니즘은 써먹을 과거의 신화가 없었다. 에덴동산에서도 여성은 열등한 피조물이었다. 여성의 종속에 대한 기원이 복구할 수 없는 신화 속에 묻힌 마당에, 여성에게 '그리운 그 시절'이 있었을까? 자본주의 역사를 벗어나면 전혀 역사가 없기로는 프롤레타리아도 마찬가지였다. 그들에게 과거가 무슨 의미가 있었을까? 전략이라는 측면에서 사회주의와 페미니즘은 수시로 세상과 타협했고, 한 발 물러서거나 분노를 누그러뜨렸다. 그러나 원칙이라는 측면에서 전통이 지배하는 세상에 대한 그들의 적대감은 확고했다. 과거는 초토화되어야 했다.

페미니스트가 된다는 것은 '현대' 여성이 된다는 의미였다. 여전히 급진적인 신념으로 여겨지던 사회주의 역시 현대적인 개념이라는 인상이 강했다. 낡은 선입관이나 복종에 갇혀 있지 않은 새로운 남성상을 요구했기 때문이다. 사회주의 조직의 중심인 노동의 세계는 그 모든 소외감과 비인간적인 특징 때문에 페미니스트들에게 해방구처럼 보였다. 즉 노동의 세계로 들어가면 여자도 '남자들처럼' 봉급을 받고, 최소한의 경제적 독립을 확보할 수 있다는 희망이 있었다. 세기의 전환기에 서유럽에서 노동계급은 어느 정도 자존감을 갖고 자신의 권리에 눈떴으며, 강력한 노조와 정당을 발전시켜 당시 권력자들에게 두려움의 대상이자 존중받는 존재가 되었다. 따라서 페미니스트들은 여성해방을 위해 공장이나 사무실에 들어가 새로운 노동 세력의 주류가 되어야 한다고 생각했다. 남자들처럼 임금 노예가 되어 중노동에 굴복하는 것이 좋아서가 아니라 공장이나 사무실이 여성해방을 위한 장소이자, 분업分業을 없애기 위한 장소로 보였기 때문이다. 그때까지는 분업이라는 개념 때문에 '진짜' 일, 다시 말해 보수를 받는 노동은 남성의 영역으로 정해지고, 여성은 가사 노동에 국한되었다. 올리브 슈라이너Olive Schreiner 같은 사회주의 페미니스트는 남자와 여자 사이에 새로운 계약의 가능성이 열린 것은 과학기술이 꾸준히 발달하고 현대화된 덕분이라고 생각했다. 1911년 출간된 *Woman and Labour*(여성과 노동)에서 슈라이너는 다음과 같이 썼다.

인생을 결정하던 과거의 물질적 조건은 영원히 사라졌다. 아무리 의지가 강한 남자라도 그 조건들을 되살릴 수는 없다. 그러나 이것이야말로 우리의 요구 사항이다. 우리는 남자와 여자에게 똑같이 닥친 이토록 낯설고 새로운 세상에서, 아무것도 전 같지 않고 모든 것이 새로운 형태와 관계를 띠어가는 이 새로운 세계에서 우리도 존경받아야 하며, 사회적으로 쓸모 있고 힘든 일을 하는 것에 대한 몫을 받아야 한다고 요구한다. 그것은 우리가 하는 노동의 절반을 차지하는 자녀 양육이다. 우리가 요구하는 것은 그 이상도 이하도 아니다. 이것이 우리가 요구하는 '여성의 권리'다![37]

이런 정서가 사회주의 페미니스트들에게 국한된 것은 아니었다. 러시아 최초의 여성 경제학자 마리야 베르나드스카야Mariya Vernadskaya는 자유무역 지지자로서 노동의 제약을 없애야 한다는 점을 강조하며 여성들에게 아내와 엄마 역할에 머물러 있지 말라고 촉구했다.[38] 과학기술이 여자들을 고된 가사 노동에서 해방해줄 것이라는 생각은 결국 사회주의자와 진보주의자들이 기술의 진보가 지닌 해방의 잠재력을 낙관하고 있다는 얘기였다. 베벨 자신부터 음식 준비에 활용되는 과학기술에 깊은 인상을 받았다. 그는 미국인들이 '협조적인 조리 회사'가 더 싼값에 생산할 수 있는데도 굳이 여성이 직접 빵을 굽고 맥주를 빚는 것은 비효율적이라는 '상식적인 발견을 했다'고 말했다.[39] 음식이 대량으로 제공되면 여성은 고된 부엌일에서 해방될 수 있을 것이었다. 부엌은 '퇴화하는 공간'이며, 지나치게 많은 시간과 노력과 돈이 무의미하게 낭비되는 곳이었다. 베벨은 "앞으로는 화학이 지금까지 거의 알려지지 않은 새롭고 더 좋은 음식들을 어떻게 만들 수 있는지 알려줄 것이다"라고 덧붙였다.[40] 다이애나 쿨Diana Coole이 지적한 것처럼 남자와 분담하는 방법을 통해 힘들고 단조로운 여자의 노동을 줄일 수 있다고 주장하는 사람은 거의 없었다.[41]

일부 사회주의 정당은 여성이 육체적으로 고된 직업에 종사하는 것을 금지하는 보호법을 계속해서 지지했다. 심지어 1880년에 스페인 사회주의 정당은 여성이 '좋은 품행'에 어울리지 않는 직업에 종사하는 것을 반대하기도 했다.[42] 그러나 20세기가 시작되자 많은 사회주의자들은 여성이 (모든 직종은 아니라도) 노동 일선에 뛰어드는 것이 여성해방의 열쇠라고 주장했다. 1889년 제2인터내셔널 창립 대회에서 클라라 체트킨Clara Zetkin은 '여성해방The Liberation of Women'이라는 연설을 통해 가정 밖에서 일을 찾는 여성을 가로막는 모든 제약을 철폐하라고 촉구했다. 경제적 독립은 여성의 사회적 해방을 위한 전제 조건 가운데 하나였다. 그러나 체트킨도 베벨과 마찬가지로 자본주의 체제에서는 중요한 성과를 거둘 수 없다는 데 동의했다. 노동계급의 조직 안에서 여성을 위한 투쟁이 순조롭게 진행될 것이라는 환상도 품지 않았다. 따라서 그녀는 자신을 지지하는 사람들에게 아내가 집에 틀어박혀 있기를 바라는 남자 당원들에 맞서 싸워야 한다고 설명했다.

베벨 역시 여성의 참여가 중요하다는 점을 남성 사회주의자들에게 이해시키는 일이 중요하다는 것을 깨달았다. "사회주의자라면 누구나 노동자가 자본가에게 의존한다는 사실을 인정하며, 그 사실을 인정하지 않는 사람들을 이해하지 못한다. 그러나 바로 그 사회주의자조차 여성이 남성에게 의존한다는 사실은 인정하지 않는다. 자칫하면 자신의 중요한 이익에 손해를 끼치는 문제이기 때문이다."[43]

사회주의자들은 여성이 노동자가 되어야 한다는 것만 요구하지는 않았다. 그들은 여성에게 시민권, 그중에서도 투표할 수 있는 권리를 부여하기 위해 싸웠다. 독일 사회민주당의 「에르푸르트 강령」에서 도입한 참정권은 1907년 제2인터내셔널 슈투트가르트 대회 때 승인되었다. 페이비언협회 대표를 제외하곤 만장일치로 통과되었다. 페이비언협회 대표는 투표권이 재산을 가진 여성에게 국한되길 원했다. 이처럼 공식적으로는 여성의 선거권을 승인했지만, 많은 사회민주주의자들(특히 오스트리아와 벨기에, 프랑스, 네덜란드의 사회민주주의자들)은 여성에게 선거권을 주면 기독교 정당의 득표율이 늘지 않을까 걱정했다. 벨기에 사회당 당수 에밀 반더벨데는 원칙적으로 여성의 선거권을 지지하지만, 여성은 아직 정치적 권리를 부여받을 만큼 지적으로 성숙하지 않았다고 공개적으로 밝혔다. 한마디로 여성들이 사회주의 정당에 표를 던지지 않을 것이라는 얘기였다.[44] 심지어 1차 세계대전이 끝나고 여러 나라에서 여성이 투표권을 얻었을 때도 벨기에는 전공을 세운 여성과 전쟁 기간에 남편이나 자식을 잃은 여성에게만 투표권을 부여했다.[45]

독일 사회민주당의 생각은 달랐다. 베벨은 단호했다. 즉 여성의 선거권은 어디까지나 원칙의 문제였다.[46] 카를 리프크네히트는 반더벨데의 태도에 격분했다. 레닌은 특히 오스트리아 사회주의자들이 보여준 기회주의적 행동에 충격을 받아 여성의 선거권에 기꺼이 동의했다.[47]

여자도 '남자들처럼' 일하고 '남자들처럼' 투표할 수 있어야 한다는 주장은 여성해방을 위한 주장처럼 들릴 수도 있다. 문제는 남성이 중심이 된 사회조직을 받아들여야 한다는 것이었다. 페미니스트 정치에는 의심할 여지가 없었지만, 사회주의 정치가 정말 여성을 위한 정치인지 의구심이 들었다.

사회주의 페미니스트들이 사회주의 운동에서 성공하려면 여성스러움을 포기해야 했다. 그게 아니라면 적어도 페미니즘과 분명한 선을 그어야 했다. 대부분 중산층이던 벨기에 사회당의 여성 조직 지도자들은 반더벨데와 마찬가지로 남자의 정치적 활동을 뒷받침하는 것이 여자의 역할이라고 생각했다.[48] 당대 최고의 사회주의 이론가 중 로자 룩셈부르크는 '여성 문제'에 전혀 관심이 없었다. 여성 문제는 죄다 '노부인'들의 말도 안 되는 헛소리라고 무시했다.[49] 여성 문제가 사회주의 운명에 매우 중요하다고 여긴 클라라 체트킨조차 페미니즘에는 극도의 반감을 드러냈다. 오죽하면 체트킨은 베벨이 페미니즘에 지나치게 호의적이라고 생각할 정도였다. 체트킨은 여성 사회주의자들에게 페미니스트 단체와 협력하지 말라고 가르쳤고, 남녀 간의 전쟁을 계급투쟁보다 중요시하는 사람들을 모조리 멸시했다.[50] 체트킨은 1907년 제2인터내셔널 슈투트가르트 대회에 맞춰 조직한 1차 국제사회주의여성대회에서 "프롤레타리아 여성은 부르주아 여성들의 지원을 기대해서는 안 된다"는 신념을 재확인했다. 하지만 체트킨은 계급적 이유 때문에 프롤레타리아 여성들과 부르주아 여성들이 행진은 따로 해도 싸울 때는 함께 싸워야 한다고 생각했다.

그들은 따로 행진하되 함께 싸워야 합니다. 하지만 프롤레타리아 여성은 계급의식 없이 남성에 맞서 싸우면 투표권을 쟁취할 수 없다는 사실을 알아야 합니다. 남녀를 막론하고 착취당하는 모든 사람이 착취하는 모든 사람에 맞서 싸우는 계급투쟁을 해야 합니다.[51]

체트킨은 부르주아 페미니스트와 여성 사회주의자의 근본적인 차이점을 이렇게 표현했다. "우리 사회주의자에게 여성의 투표권은 '최종 목표'가 될 수 없지만, 부르주아 여성들에겐 그것이 최종 목표입니다." 즉 사회주의자에게 여성의 선거권은 '최종 목표를 향해 가는 투쟁의 한 단계'에 불과했다.[52]

하지만 체트킨이 이 연설을 한 진짜 목적은 부르주아 페미니즘을 공격하기 위해서가 아니라 진정한 선거권을 쟁취하려고 모든 사회주의 정당의 지지를 얻기 위해서였다. 첫째, 체트킨은 여성들이 보수주의 정당에 표를 던질 것이라고 주장하는 회의론자들에 맞서 여성의 선거권은 원칙의 문제라는 점을 못 박아둘 필요가 있었다. 둘째, 그녀의 연설은 재산을 가진 여성에게만 선거권을 부여하는 타협안을 받아들이려는 사람들에 대한 반박이었다. 체트킨은 타협안을 받아들이면 사회민주주의자들이 선거에서 불리해질 것이며, 선거권을 위한 투쟁에서 모든 여성은 끝까지 하나가 되어야 한다고 주장했다. 재산을 가진 여성에게만 선거권을 부여하면 "마음이 누그러진 부르주아 여성들이 모든 여성의 정치적 평등을 쟁취하기 위한 투쟁에서 발을 뺄 수 있기" 때문이다.[53] 체트킨은 원하던 것을 얻었다. 여성대회는 여성의 선거권을 지지하는 강력한 결의안을 통과시켰다. 그러나 "여성 사회주의자들은 부르주아 페미니스트들과 연합해서는 안 된다. 대신 사회주의 정당들과 손잡고 투쟁을 이끌어가야 한다"는 단서가 붙었다.[54] 이런 결과를 얻기 위해 체트킨은 다소 어정쩡한 태도를 취할 수밖에 없었다. 즉 계급은 항상 성별보다 중요하지만, 투쟁에서는 계급과 상관없이 모든 여성이 하나가 되어야 한다고 주장한 것이다.

오스트리아여성협회는 19세기 후반 대다수 유럽 국가에서 설립된 페미니스트 단체의 대변자였다. 수적으로는 반反페미니스트 여성 협회가 훨씬 많았다. 광신적이고 반유대주의적인 빈 기독교여성연맹은 대표적인 반페미니스트 여성 협회였다.[55] 카를 뤼거Karl Lüger가 이끄는 기독사회당을 주된 적으로 여긴 오스트리아여성협회는 1901년 사회민주당 당수 빅토르 아들러를 위해 지원 유세를 벌였다. 그러나 사회민주당 입당은 거부했다. 이때 오스트리아여성협회 대표 아우구스트 피케르트Auguste Fickert가 제시한 견해는 이후 '두 번째 물결' 페미니스트들 사이에서 널리 통용되었다. "여성운동은 정치 정당이 필요 없다. 여성운동은 그 자체로 정계의 추동력이며, 어쩌면 정당정치를 바꿀 뿐만 아니라 정치를 전혀 다른 내용으로 가득 채울 운명을 갖고 태어났다."[56] 오스트리아여성협회는 1894년 이렇게 선언했다. "여성운동은 본질적으로 혁명적이다. 함께 살아가는 모든 인류를 근본적으로 재편성하는 것이 여성운동의 목표이기 때문이다. 그것은 어쩌면 사회민주주의가 꿈꿔본 적 없는 재편성일 것이다."[57] 그런데도 사회민주주의 진영 여성들은 오스트리아여성협회를 개량주의적이고 반혁명주의적인 단체로 여겼다. 역사의 추동력은 성별이 아니라 계급이었다.

여성 사회주의자들에겐 페미니즘을 비난하는 것이 의무 사항이 되었다. 사회주의 운동에 영향력을 행사하고 싶은 사람들은 사회주의의 우선순위가 무엇인지 파악해야 했다. 1880~1920년 중요한 여성 사회주의자들이 이를 잘 보여줬다. 이탈리아의 안나 쿨리쇼프Anna Kuliscioff, 프랑스의 마들렌 펠티에Madeleine Pelletier와 위베르틴 오클레르Hubertine Auclert, 러시아의 알렉산드라 콜론타이Alexandra Kollontai가 그들이다.

안나 쿨리쇼프는 러시아 출신이지만, 이탈리아 사회주의에서 영향력 있는 인물 가운데 한 명이었다. 그녀는 1890년 '남자의 독점Il monopolio dell'uomo'이라는 강연을 했는데, 처음부터 경제적 해방을 위한 가장 확실한 길은 계급투쟁이라는 베벨-체트킨 노선을 강조했다. 그러나 강연 후반부에서 쿨리쇼프는 "사회주의자고 세계에서 가장 훌륭한 남자라도 남자가 법을 만들면 남자에겐 유리하지만 우리 여자들에겐 불리할 수밖에 없습니다"라고 주장했다.[58] 이런 견해를 가진 사람은 이탈리아 사회당에서 영향력을 행사할 수 없었다. 쿨리쇼프는 페미니즘을 버려야 했다. 그녀는 1897년 사회당 기관지에 기고한 글에 이렇게 썼다. "오늘날 중산층의 페미니즘은 한 세기 전 중산계급 남성들의 혁명운동을 그대로 모방한 것에 지나지 않는다. 여성을 위한 자유란 중산층 여성을 위한 자유에 불과하다. 사회주의와 페미니즘은 사회적 성격은 비슷할 수 있어도 한 가지 대의로 통합될 수 없다."[59]

1905년 쿨리쇼프는 선거권을 여성에게 확대하는 문제에 반대하고 나섰다(전술적인 이유였다). 뒷날 그녀(와 사회당)는 여성에게도 선거권을 확대하라고 요구했는데, 이것은 페미니즘적인 이유보다 계급적인 이유 때문이었다. 즉 재산을 가진 여성에게만 선거권을 확대하려는 움직임에 반발한 것이다.[60] 쿨리쇼프는 계급과 성별의 모순을 체험했다. 정치적 참여와 개인적 삶의 모순도 체험했다. 1910년에는 40년 지기인 이탈리아 사회당 당수 필리포 투라티와 공개적으로 충돌했다. 투라티는 여성의 선거권을 쟁취하기 위한 투쟁이 왜 절박한 문제인지 이해하지 못했다. 1910년 「크리티카 소치알레Critica Sociale」는 쿨리쇼프의 격렬한 비판을 3회에 걸쳐 대서특필했다.[61] 쿨리쇼프는 계급에 관계없이 모든 여성에게 선거권을 확대해야 하는 이유로 계급적 이유를 제시해야 했다. 사회주의자들이 받아들일 수 있는 유일한 언어가 계급이었기 때문이다.

이탈리아에 쿨리쇼프가 있다면, 프랑스에는 마들렌 펠티에가 있었다. 초기 여성 의사 가운데 한 명인 펠티에의 정치적 여정은 쿨리쇼프와 비슷했다. 펠티에는 페미니스트로 정계에 첫발을 내디뎠고, 이후 프랑스 사회당에 들어갔다. 그녀는 페미니즘이라는 대의를 위해 사회주의 정당을 이용하는 것이 자신이 입당하는 목적임을 숨김없이 드러냈다.[62] 펠티에의 사상은 동시대인들보다 '두 번째 물결' 페미니즘에 가까웠다. 펠티에는 가정이라는 제도를 경멸했다. 남자와 동등한 조건에서 여자의 자유로운 성생활을 지지했다. 낙태의 합법화를 옹호했으며, 자녀를 공동으로 양육해야 한다고 주장했다.[63] 하지만 펠티에는 머잖아 인터내셔널 프랑스지부에 남아서 어느 정도 영향력을 행사하려면 자신의 요구 사항을 줄이고, 부르주아 페미니스트와 여성 사회주의자를 완전히 분리해서 생각해야 한다는 사실을 깨달았다.[64] 펠티에는 현실을 인정했다.

반면 위베르틴 오클레르는 그런 현실을 인정하지 않았다. 그녀는 1879년 10월 마르세유 사회주의노동자대회에서 노동자가 아니라 여자로서 연설하고 있음을 분명히 밝혔다. 오클레르는 자신의 요구를 남성 사회주의자들의 요구와 합치는 것을 못마땅하게 생각했다. 인간의 평등이 "또다시 남자들끼리 평등이 되고, 프롤레타리아가 부르주아에게 속았듯이 여자들도 남자들에게 속을까 봐" 경계했다.[65] 그런데도 사회와 정치의 모든 영역에서 여자에게 남자와 동등한 권리를 보장해야 한다는 주장은 사람들을 설득했다.

> 무슨 일이 있어도 여자들은 남자들처럼 행동의 자유를 쟁취할 것입니다. 어떤 역할을 충실히 수행할 수 있다면 그 역할을 맡은 개인의 선택을 신뢰해야 합니다. 사회주의노동자대회는 여자들에게 특정한 역할을 요구하지 않습니다. 여자들은 자신의 소명 의식에 따라 사회에서 역할과 지위를 맡을 것입니다.[66]

그러나 결의안이 통과돼도 세상은 쉽게 바뀌지 않는다. 오클레르의 의심은 적중했다. 인터내셔널 프랑스지부는 프랑스의 어떤 정당보다 선진적인 정당으로 여러 전당대회에서 꼬박꼬박 결의안을 통과시켰지만, 여성에게 선거권을 확대하는 문제를 진심으로 지지한 적은 없었다. 소워와인Charles Sowerwine의 설명처럼 "1906년에 프랑스 사회당은 문서로 작성된 적이 없는 여성의 투표권을 법안으로 제출하는 문제를 놓고 투표했고, 1907년에 인터내셔널 프랑스지부 소속 국회의원들은 여성의 권리를 다루는 분과위원회를 거론했지만 한 번도 열리지는 않았다".[67] 맥그로Roger Magraw도 이 점에 동의한다. 맥그로는 인터내셔널 프랑스지부에서 여자 당원이 3퍼센트 미만이었음을 지적하면서 "여성의 참여를 끌어내는 일은 참담하게 실패했다. 전당대회 때마다 말로는 여성의 권리를 잘 떠들어댔다. 그러나 조레스는 로비하기 위해 자신을 찾아온 페미니스트 대표들에게 여성의 투표권을 최우선으로 처리하겠다고 한 약속을 지키지 않았다".[68] 낡은 프루동주의적 여성관에 깊이 물든 프랑스 노조원들은 가정을 잘 돌보는 것이 여자의 미덕이라는 점을 누누이 강조했다. 그들은 '난롯가에 앉은 여자'의 얼굴에 행복한 홍조가 피어오르는 목가적인 환상에서 벗어나지 못했다.[69] 반면 여성 문제 인식이 대단히 후진적이던 벨기에 노동당의 사회주의자들은 1893년 진정한 혁명적 페미니스트 에밀리에 클레이Emilie Claeys를 중앙위원으로 선출했다.[70] 이처럼 모든 나라에서 사회주의자들이 애매한 태도를 보인 이유는 무엇보다 여성들의 투표 성향에 매우 비관적이었기 때문이다. 대다수 사회주의자들은 여성들이 보수정당의 먹잇감이 되거나 지역 사제들의 영향을 받을 거라고 걱정했다. 근거 없는 우려는 아니었다. 하지만 앞에서 봤다시피 베벨 같은 사람은 여성의 선거권에 타협은 있을 수 없다며 원칙을 고수했다.

　아직 부르주아 민주주의가 도래하지 않은 러시아에서도 부르주아 페미니스트를 향한 거센 비판이 끊이지 않았다. 1908년 최초의 볼셰비키 정부에서 유일한 여성이던 알렉산드라 콜론타이를 비롯해 극소수 여성 사회민주주의자들은 전러시아여성회의에서 여성들만의 특별한 이해관계는 계급까지 넘어 여성을 하나로 묶어준다는 '부르주아' 페미니스트들의 주장을 정면으로 반박했다. 이는 공산당의 공식적인 견해를 존중한다는 의무적인 의사표시였다. 나중에 콜론타이는 여성 노동자들이 자본주의와 남자들에 의해 이중으로 탄압받는다고 지적하면서 당내에 별도의 여성 조직이 필요하다고 주장했다. 1917년이 되면 러시아의 모든 사회주의 세력, 즉 멘셰비키와 볼셰비키, 사회주의 혁명가에 자유주의 정당인 카데트Kadet까지 별도의 여성 조직이 필요하다는 데 동의했다.[71]

적어도 이론상으로는 일하는 여성들이 노동자와 여자로서 이중의 탄압에 시달리고 있다는 인식이 지배적이었다. 그래서 레닌이 1921년 3월 국제 여성의 날을 기념하며 「프라우다」에 다음과 같은 글을 기고했을 때도 사람들은 놀라지 않았다.

자본주의 체제에서 인류의 절반인 여성은 이중으로 억압받고 있다. 첫째, 법이 여성에게 남성과 동등한 권리를 주지 않기 때문이다. 둘째, 여성은 여전히 '가정에 속박'되어 있고 '가정의 노예' 상태에서 벗어나지 못하기 때문이다. 그들이 가정의 노예인 까닭은 부엌에서 제일 지저분하고 단조롭고 등골 빠지는 일을 하고, 가사 노동으로 혹사당하기 때문이다.[72]

맞다. 페미니즘은 좌파 진영에서 특별 대우를 받았다. 좌파 정당들이 다른 정당들보다 정치·사회적 평등을 요구하는 여성의 목소리를 지속적이고 열성적으로 지지한 것도 맞다. 하지만 페미니즘과 사회주의의 동맹은 근본적으로 불안했다. 사회주의자들은 페미니즘을 자기들 방식으로 받아들였다. 다시 말해 자본과 노동의 사회적 투쟁이 핵심이고, 여성해방은 노동계급의 승리에 달렸다고 생각했다. 이것이 동맹을 위한 조건이었다. 이 조건을 거부한 페미니스트들이 할 수 있는 일은 여성에게 자유주의적 혹은 '부르주아적' 권리를 확대하라고 요구하는 것이 전부였다. 그들은 정치적 자유가 사회·경제적 해방으로 이어질 수 있는 날을 기다렸다. 종전 좌파의 역사에 비춰볼 때, 진정한 여성참정권을 확보하면 자유주의적인 페미니스트들은 승리에 도취될 게 불 보듯 뻔했다. 그 정도 승리로 성이 차지 않는 사람들은 사회주의 운동을 선택할 수 있었다. 그러나 사회주의가 목표를 달성하는 데 얼마나 걸릴지 까마득했다. 어떻게 보면 여성들은 자유주의와 사회주의 가운데 한 가지를 택해야 하는 상황이었다.

페미니즘의 첫 번째 물결을 이끈 대다수 페미니스트, 그중에서도 사회주의파 페미니스트들은 다른 여성들과 단절되었다. 선구적인 운동에 참여한 사람들은 종종 그런 대가를 치른다. 1989년 두 번째 물결 페미니즘 20주년을 맞아 발간된 『페미니스트 리뷰Feminist Review』 특별호는 사설에서 "많은 여성들이 전위적인 여성운동의 사교적 관례와 정치적 관습에 접근할 수 있는 길이 거의 없거나, 그런 것들에 강한 적대감이 있다"는 점을 인정했다.[73] 이 같은 고질적인 문제 말고도 20세기가 시작될 무렵 두드러진 문제는 계급적인 관점이었다. 사회주의 운동을 하는 대다수 남성 운동가들은 노동계급이었지만, 여성참정권을 위해 투쟁하는 여성은 대부분 중산층이거나 상류층이었다.[74] 예를 들어 러시아 사회민주노동당에서 여성 당원은 전체 당원 가운데 11~15퍼센트였는데, 그들은 대부분 지식인 출신이었다. 반면에 남성 당원은 주로 비숙련 노동자와 공장노동자였다.[75] 이런 계급 차이는 어쩌면 당연한 결과였다. 빈민층 여성들은 노동계급에 속한 남편들과 달리 정치에 참여할 조직적 기반이 없었다. 빈민층 여성들은 숙련된 기술이 있는 노동계급이 아니었기 때문에 정예 간부들로 구성된 노조는 생각조차 할 수 없었다.

규모가 큰 공장에서는 투쟁과 탄압을 함께 겪으며 노동자들 사이에 연대감과 형제애가 싹텄지만, 빈민층 여성은 큰 공장에 발을 들일 수 없었다. 가끔 존경할 만한 남성도 있었지만, 대부분 거들먹거리면서 보호자 행세를 하거나 여성을 적대시했다. 이런 남자들로 똘똘 뭉친 집단에 맞서 지적 용기와 배짱과 결단력을 발휘할 수 있는 사람은 좋은 집안에서 태어난 자신감 넘치고 교육받은 여자들뿐이었다. 따라서 사회주의 페미니스트들은 철저하게 남성적인 조직에서 공통점도 별로 없고 조직으로 끌어모을 수도 없는 노동계급 여성들을 대변하느라 외로운 싸움을 벌여야 했다. 설상가상으로 사회주의 페미니스트들은 확실한 동맹인 부르주아 페미니스트들과 협력할 수 있는 길까지 막혔다. 노동계급을 대변하는 정당에서 높은 자리까지 오르고 싶은 사회주의 페미니스트들은 자신이 '남자만큼 뛰어나다'는 점을 증명해야 했기 때문이다. 이 말은 계급이 첫째고, 여자는 둘째라는 뜻이다. 이처럼 사회주의 페미니스트들은 평범한 여성들의 대변자와 점점 거리가 멀어졌다.[76]

여성 사회주의자들의 반감에 맞서 주류 페미니즘도 가만히 있지 않았다. 프랑스의 부르주아 페미니스트들은 조금도 존경스럽지 않은 여성 사회주의자들 편을 들었다가 남성 자유주의자들의 지지를 잃을까 봐 망설였다.[77] 영국에서는 중산층이 주도하는 여성사회정치동맹WSPU의 공격적인 전략에 노동계급 여성들이 당황했다.[78] 여성사회정치동맹은 유럽에서 가장 두려운 페미니스트 조직이자, 크리스타벨 팽크허스트Christabel Pankhurst의 극단적인 전술과 언론의 주목을 끄는 비상한 재주 덕분에 가장 널리 알려진 조직이었다. 여성사회정치동맹은 처음부터 여성참정권을 지지하도록 새로운 노동당을 설득하는 게 목적이었다. 그러나 1907년이 되자 여성사회정치동맹은 어느 정도 재산이 있는 남성에게만 선거권을 부여하듯이 재산을 가진 여성에게만 참정권을 부여하는 방안을 두고 고심했다. 그렇게 되면 자유주의자나 사회주의자보다 보수정당에 훨씬 많은 이득을 줄 것이 뻔했다.[79] 1912년이 되자 여성사회정치동맹은 노동운동 진영을 주요 대화 상대로 여기지 않았다. 크리스타벨 팽크허스트가 독립노동당을 전혀 아쉬워하지 않았기 때문에 가능한 일이었다. 크리스타벨의 동생이며 열성적인 사회주의자인 실비아 팽크허스트Sylvia Pankhurst는 여성사회정치동맹에서 쫓겨났고, 몇 년 뒤 영국 공산당의 창립자 가운데 한 명이 되었다. 여성사회정치동맹은 갈수록 전술이 모든 것이 된 지하조직처럼 활동했다.[80] 1차 세계대전이 터졌을 때 여성사회정치동맹과 여성참정권전국연맹은 전쟁에 기울이는 국가의 노력을 지지하며 애국적 행렬에 동참했다. 여성참정권전국연맹은 밀리센트 포세트Millicent Fawcett가 이끄는 조직으로, 여성사회정치동맹보다 덜 호전적이지만 규모는 더 컸다.[81]

첫 번째 물결 페미니즘을 간략하게 훑어보면 두 번째 물결 페미니즘과 어떤 관계인지 궁금해진다. 따지고 보면 새로운 것은 없었다. 두 번째 물결 페미니스트들이 요구한 것은 기억 속에서 거의 잊힌 첫 번째 페미니즘의 요구 사항을 되살려낸 것에 불과했다. 하지만 그 배경은 크게 달랐다. 1960년대에는 교육받은 여성의 비중이 눈에 띄게 증가한 반면, 전통적인 도덕의 영향력은 크게 줄었다. 대다수 보수주의자들을 포함해 정치권 전반에서 동등한 권리의 중요성을 인정했다. 이른바 성 혁명이 일어난 덕분에 경멸의 대상이던 남녀의 이중 기준을 정치적으로 옹호할 여지가 없어졌다. 1세대 페미니스트들이 투쟁을 시작하는 데 그쳤다면, 2세대 페미니스트들은 자신의 권리를 확신하면서 투쟁을 끝까지 지속할 수 있었다. 1세대 페미니스트들은 힘든 싸움을 이어가다가 결국 고립되고 말았다. 그들은 결코 가볍지 않은 개인적인 희생과 정신적인 대가를 치렀다. 몇몇 중요한 인물만 봐도 알 수 있듯이 페미니스트 지도자들은 하나같이 괴상한 주의와 사상을 받아들이면서 페미니즘 운동가로서 여정을 끝냈다. 크리스타벨 팽크허스트는 예수그리스도의 재림을 믿게 되었다. 그녀의 어머니 에멀린 팽크허스트Emmeline Pankhurst는 성병과 성적 자유를 반대하는 운동으로 돌아서더니 보수정당에 가입했다. 실비아 팽크허스트도 결국 에티오피아로 가서 범汎아프리카주의와 하일레 셀라시에Haile Selassie 황제의 지지자가 되었다. 에멀린의 셋째 딸 아델라 팽크허스트Adela Pankhurst는 파시스트가 되었고, 노동계급 출신으로 크리스타벨을 가장 열광적으로 지지하던 애니 케니Annie Kenney는 신지론자가 되었다.[82]

첫 번째 물결 페미니즘은 사회주의와 만나는 과정에서 여러 가지 난관에 부딪혔다. 그 난관을 한마디로 요약하면 마르크스주의든 아니든 사회주의는 남녀 관계의 여러 측면 중에서 사회경제적 용어로 설명할 수 있거나, 생산관계의 불평등까지 추적할 수 있는 측면만 수용했다는 것이다. 근거 없는 자신감일 수 있지만, 레닌이 특유의 자신만만한 태도로 사유재산만 철폐해도 "완벽하고 실질적인 여성해방의 길이 열린다"고 단언했을 때 그의 말은 볼셰비키가 아니라 전체 좌파를 대변한 것이었다.[83] 초기 사회주의자들은 특히 성적 억압의 형태를 공격할 때면 어김없이 성적 억압의 사회경제적 기원까지 거슬러 올라갔다. 예를 들어 아우구스트 베벨은 방탕한 남자가 여자를 성적으로 억압하는 것을 비난하면서 농락당한 여성이 사회나 자신을 책임져야 할 그 남자에게 지원을 요구할 권리가 없기 때문에 낙태나 영아 살해 같은 위험하고 불법적인 방법에 의존한다고 지적했다. "그 부도덕한 남자, 그 범죄의 도덕적 장본인, 살인자나 다름없는 그 사람은 아무런 처벌도 받지 않는다. 십중팔구 조금만 세월이 지나면 (그는) 존경받는 남자가 된다."[84] 얼추 100년 전에 메리 울스턴크래프트도 비슷한 지적을 했다. "남자는 자신이 농락한 여자를 부양해야 한다."[85] 베벨도 같은 생각이었던 것 같다. 그는 한 걸음 더 나가 "부르주아들의 결혼이 매춘보다 나쁘다"고 맹공을 퍼부었다. "아내는 남편의 소유로 팔려가기 때문에 그를 증오하고 혐오할 만한 이유가 100가지라도 그와 성관계를 참아내야 한다."[86] 그는 이런 상황에 대한 궁극적인 책임을 가부장제가 아니라 자본주의적인 생산관계에 돌렸다.[87]

사회주의자들은 가부장제가 계급사회 때문에 있다고 생각되면 똘똘 뭉쳐서 가부장제를 반대할 수도 있다. 로잘린드 코워드Rosalind Coward가 지적했듯이 "성행위 문제, 남자들의 행위 문제, 성생활 통제와 표현 문제, 여성의 자율성 문제는 성관계와 가족 관계를 결정론적으로 설명한다는 점에서 분석적이고 정치적인 마르크스주의와 충돌했다".[88]

여성 노동자가 남성 노동자보다 많은 착취를 당한다는 점은 사회주의 정당과 사회민주주의 정당들도 인정했다. 그러나 부르주아 여성과 노동계급 여성이 남성의 억압에 맞서 유대감을 갖는 것은 받아들일 수 없었다. 좌파의 계급 분석에 따르면 이 유대감은 깨져야 하는 유대감이고, 부르주아 페미니즘을 공격할 수밖에 없었다. 이러다 보니 엄밀한 의미의 페미니즘, 즉 여성에 의한 여성의 독립적인 조직은 사실상 불가능했다. 좌파를 괴롭힌 진짜 문제는 여성의 요구 사항을 좌파의 강령에 포함하라는 페미니즘의 요구가 아니었다. 적어도 원칙적으로 이런 요구에 반대하는 좌파는 없었다. 진짜 문제는 좌파의 이데올로기적 틀을 근본적으로 바꿔달라는 페미니즘의 요구였다. 한마디로 사회주의 운동은 남자들의 운동이라는 암묵적 원칙을 폐기하라는 것이었다. 그때까지 여성은 남성의 조건에 맞춰 사회주의 운동에 참여할 수 있었고, 대신 남자들의 지원을 받을 수 있었다. 이제 새로운 해방운동은 탈脫남성적인 정치, 여성과 남성을 위한 사회주의를 요구했다. 예상대로 이런 요구는 엄청난 저항에 부딪혔다. 한 세기 동안 지속된 남자들의 운동이 뱀이 허물을 벗듯 한 철 만에 쉽게 바뀔 수는 없었다.

그렇다고 여성들이 자유주의자와 사회주의자들의 지배를 받는 동안 완전히 정체되었다는 얘기는 아니다. 여성운동은 전진했다. 오히려 여성들은 양차 세계대전 사이에 유럽 대부분 지역에서 집권한 권위주의적이고 반反권위주의적인 우파 정부 아래에서 많은 권리를 잃었다. 나치즘과 파시즘이 패배하고 1945년 무렵에는 대다수 유럽 국가에서 페미니즘의 핵심적인 요구 사항인 여성참정권이 통과됐지만, 여성참정권 통과는 페미니즘의 힘이나 사회주의 정당의 지원, 경제·사회적 발전과 상관관계가 없다. 사회주의 정당 지지율이 낮은 네덜란드와 오스트리아에서는 각각 1917년과 1919년에 여성참정권이 통과된 반면, 여성참정권 운동의 본부라 할 영국에서는 그보다 훨씬 늦은 1928년에야 진정한 투표권 평등이 보장되었기 때문이다. 또 산업 후진국이던 스페인이 제2공화국이 수립되고 나서(1931년) 여성에게 투표권을 준 반면, 경제 선진국이던 벨기에는 1948년에야 선거권을 부여했고, 지방분권적이고 '민주적인' 스위스에서는 1970년대가 되어서야 여성들이 투표권을 행사할 수 있었다. 적어도 외국인들이 보기에 프랑스에서는 여성해방이 확실하게 자리 잡는 것 같았으나, 프랑스 여성들도 파시즘 이후 이탈리아에서 그랬듯이 2차 세계대전이 끝나고 참정권을 얻었다. 핀란드 여성들은 핀란드가 북유럽의 벽촌이자 제정러시아의 속국이던 1906년에 선거권을 얻었다. 결국 새 정권이 수립되거나 커다란 갈등을 겪고 새로운 정치체제가 자리 잡는 과정에서 여성의 정치적 권리가 신장되었다고 보는 것이 가장 그럴듯한 설명일 것 같다. 오스트리아(제1공화정)와 독일(바이마르공화국), 프랑스(제4공화정), 이탈리아(1946년 이후 공화정), 스페인(제2공화정), 영국(1차 세계대전 이후)이 이 경우에 해당한다.

1945년 이후 유럽 각국은 새롭게 제정한 헌법을 통해 여성들에게 그들이 갖지 못하던 권리를 부여했다. 중유럽과 동유럽의 새로운 사회주의 국가에서 여성은 대단한 권리는 아니지만 남성과 동등한 권리를 얻었다. 중유럽과 동유럽 여성들은 서유럽 여성들보다 한 발 앞서서 보수를 받는 직장에 다니기 시작했다. 하지만 가사 분담 문제에 관한 이중 기준은 사회주의 체제에서도 전혀 바뀌지 않고 남아 있었다. 이는 자본주의가 여성해방을 가로막는 유일한 걸림돌이라고 한 레닌의 순진한 낙관론이 틀렸다는 방증이다.

이처럼 페미니스트들이 크게 기여하지 않아도 여성의 법적 지위가 향상됐다. 가부장적 태도와 남성 우월주의 이데올로기는 여전히 팽배했다. 전후 유럽에서 민주주의가 부활하면서 전반적으로 여성의 권리가 신장되었으나, 남녀 간의 권력관계는 거기에서 거기였다. 2차 세계대전이 끝나고 (스위스를 제외한) 모든 유럽 국가에서 여성에게 참정권이 확대되었지만, 정당들의 입지에 큰 변화는 없었다.

이탈리아는 1946년 새로운 공화국 헌법 3조에서 '성과 인종, 언어, 종교, 정치적 견해, 사회적·개인적 지위에 상관없이' 모든 시민에게 동등한 '사회적 존엄성'을 보장하며 국가는 이를 가로막는 걸림돌을 제거해야 한다고 명시했다. 이로써 불평등의 근원을 제거할 수 있는 법률 제정을 위한 헌법적 토대가 마련되었다. 그러나 법률은 제정되지 못했다. 주로 이탈리아 기독민주당이 가톨릭의 전통적인 여성관을 고집했기 때문이다. 여성의 권리를 보장하기 위해 법이 바뀌기 시작한 건 한참 뒤, 그러니까 좌파와 페미니스트가 더욱 강력한 세력이 된 이후다. 헌법에서는 동등한 권리를 부여했지만, 간통을 저지른 여성은 1970년대까지 여전히 범죄자로 취급받았고, 결혼이나 임신은 여성 종업원의 법적인 해고 사유였으며, 실제로 해고되는 일이 잦았다.

프랑스는 제4공화국 헌법(1946년) 전문前文에 '법은 여성에게 모든 분야에서 남성과 동등한 권리를 보장한다'고 명시했다.[89] 프랑스 좌파 정당들 역시 다른 나라와 마찬가지로 여성 유권자들의 지지는 받지 못했지만, 의회에서 여성 의원이 가장 많은 정당이었다. 1946년 2차 선거 때 의회에 선출된 여성 39명 가운데 26명이 프랑스 공산당 소속이었다. 당시 공산당 전체 의원은 166명이었다.[90] 1946~1973년 프랑스 의회에서 여성 의원의 수는 점차 줄었다.

독일도 이탈리아나 프랑스와 마찬가지로 1949년 기본법(3조)에 남자와 여자의 동등한 권리를 명시하면서 아무도 성별(혹은 인종,

종교 등) 때문에 '권리를 침해당하거나 특혜를 받는' 일은 없어야 한다고 못 박았다.[91] 1919년 헌법에도 남녀 간의 평등 조항은 있었지만, 그때는 투표 같은 정치적 권리에 국한된 평등이었다. 따라서 여성은 남편의 허락 없이 일할 수 없다고 규정한 민법 조항 등은 그대로 살아 있었다. 1949년에 새롭고 폭넓은 여성의 권리가 법에 명시된 데는 독일 사회민주당과 사회민주당을 대표하는 여성 의원 엘리자베스 셀베르트Elizabeth Selbert의 공이 가장 컸다.[92] 그러나 셀베르트조차 "우리의 이런 평등권 요구는 페미니즘적 성향에서 시작된 것이 아니다. 나는 정치판에서 30년을 보내는 동안 페미니스트인 적이 없었고, 앞으로도 페미니스트가 되는 일은 없을 것"이라는 점을 분명히 밝혀야 했다.[93] "나는 페미니스트가 아니다"라는 고백은 시간이 갈수록 페미니스트적인 요구에 의무적으로 따라붙는 말이 되었다. 마치 여성은 목적을 달성하기 위해서 자기 생각에 영감을 준 원천을 모른다고 잡아떼야 하는 것처럼 보였다. 사회주의가 불법이거나 찬밥 대접을 받는 나라(예를 들면 미국)에서는 사회주의자들이 자기 실체를 부인해야 했다. 상황이 이렇다 보니 페미니스트 담론은 발전할 수 없었다.

남성보다 여성이 보수정당에 표를 던지는 경향이 많은 것은 사실이었다. 하지만 이 때문에 좌파의 전략이 눈에 띄게 달라지지는 않았다. 전통적으로 신을 경외하는 여성들은 페미니즘에 대한 거부감 때문에 좌파에 표를 던지지 않을 것이라고 우려하는 사회주의자들이 있었다. 그런가 하면 전통을 중요시하는 사람들은 여성을 중요한 존재로 여겼다는 점을 지적하는 사회주의자들도 있었다. 충분히 일리 있는 지적이었다. 전통을 중요시하는 사람들은 비록 여성에게 종속적인 역할을 맡기긴 했지만, 존엄성(현모양처)을 부여하고 여성스러움을 높이 평가했다는 것이다. 좌파는 여성과 남성이 다르다는 생각에 반대했다. 그래서 노동자를 중심으로 하는 이데올로기에 성별의 차이를 포함했다. 다시 말해 남녀의 성별 차이는 미래 사회의 가치관 가운데 하나로 분류됐다. 좌파는 신화에서 나올 법한 '보통 여자'의 관심을 끌기 위해 여성지를 흉내 냈다. 그런 시도를 통해 좌파는 서툰 천진난만함을 드러냈고, 그 모습은 종종 애처로울 지경이었다. 일례로 1946년 프랑스 공산당 일간지는 독자들에게 훌륭한 아내의 덕목을 묻기 위해 설문지를 작성했는데, 질문 중에는 '당신은 남편이 신문 볼 때 말을 거나요?' '남편에게 담뱃재를 카펫에 떨어뜨리지 말라고 잔소리하나요?' '치약은 중간부터 짜서 쓰나요?' 같은 것도 있었다.[94]

많은 여성이 보수정당과 기독교 민주주의자들에게 표를 던진 이유는 좌파 정당에서 여성에 대한 담론이 전무했기 때문인지도 모른다. 보수정당과 기독민주당은 사회주의 정당이나 공산주의 정당에 비해 전통과 가족의 가치를 강조했다. 독일에서 기독민주당과 기독사회당은 1960년대가 끝날 때까지 남자 유권자보다 여자 유권자 표가 10퍼센트 많았다. 반대로 1969년까지 사회민주당을 지지한 대다수 유권자는 남자였다. 성별에 따른 지지율 격차는 여전히 기독민주당과 기독사회당에 유리하게 작용했지만, 1957년에는 사회민주당과 25퍼센트 차이를 보이던 것이 1969년에는 11퍼센트로 줄었다.[95] 모르긴 해도 사회민주당이 여성 유권자들 사이에서 지지층을 넓힌 것은 마르크스주의와 계급정당이라는 이미지에서 벗어나려고 노력했기 때문이다.

1946년 11월 프랑스에서 두 좌파 정당은 새로이 투표권을 부여받은 여자들보다 남자들의 표를 많이 얻었다.[96] 1967년에는 프랑스의 모든 좌파 정당이 50퍼센트가 약간 넘는 남자 유권자들의 표를 얻었지만, 전체 선거에서는 졌다. 1965년 대통령 선거에서 좌파 후보 프랑수아 미테랑은 남자 유권자에게 52퍼센트, 여자 유권자에게 38퍼센트 지지를 받은 반면, 드골은 전체 유권자 중 55퍼센트가 지지해서 승리했다.[97] 통계에 따르면 1968년 6월 프랑스 공산당 지지자 가운데 40퍼센트와 인터내셔널 프랑스지부 지지자 가운데 45퍼센트만 여자였다. 반면 드골 지지자 가운데 여자는 54퍼센트였다.[98] 인터내셔널 프랑스지부는 프랑스 공산당보다 단호하게 가톨릭에 반대했고, 그 때문에 여성 유권자들이 등을 돌렸다. 거의 모든 가족 협회와 그와 유사한 조직들은 교회나 프랑스 인민공화운동당(기독민주당), 아니면 공산당의 지배를 받았다.[99]

　　여성의 보수적 투표 성향을 가장 훌륭하게 연구한 유럽 국가는 영국일 것이다. 영국에서는 1979년까지 노동당보다 보수당에 투표하는 여성 유권자가 많았다. 그 이후로는 성별 차이가 뚜렷하지 않았다.[100] 성별 차이가 다시 고개를 든 것은 1990년대 초반(22장 참조)이다. 1970년대 초반에는 보수당 당원 절대다수가 여성이었다. 주로 중산층으로 구성된 여성 협회들은 1972년 회원이 50만 명이 넘는 영국에서 가장 규모가 큰 자발적인 조직이었다. 노동계급 여성들은 갈수록 하원에서 배제됐다. 광부 노조, 엔지니어 노조, 운송 노조에는 남자가 압도적으로 많았다. 이들 노조는 사실상 정부를 협박해 뜯어낸 의석을 확보하고 있었다.[101] 1992년이 되면 성별에 상관없이 노동계급을 대변하는 국회의원이 크게 줄었다.

좌파는 유럽 전역에서 성차별에 맞서 싸우면서도 페미니즘 담론이 전통적인 조직에 스며들지 못하게 막았다. 심지어 여성 문제를 집중적으로 다루기 위해 여성들로 구성된 조직도 잔뜩 경계했다. 이탈리아 여성동맹UDI이 그런 경우다. 1950년 회원 100만 명을 거느리면서 절정에 달한 여성동맹은 이탈리아 공산당과 사회당, 행동당 같은 주요 좌파 정당에서 활동하던 여성들이 1944년에 결성했다. 그러나 여성동맹은 '비정당' 기구를 만들어 폭넓은 대중의 지지를 끌어내기 위한 이탈리아 공산당의 전략이었고, 따라서 여성 공산당원들이 지배하고 있었다.[102] 그렇다고 이탈리아 여성동맹이 노동계급 여성들을 위해 목소리를 내지 않았다는 얘기는 아니다. 노조가 '진짜' 노동자는 남자들이라는 생각을 버리지 않았기 때문에 노조에서 다뤄야 할 쟁점들이 여성동맹으로 넘어간 것이다.[103] 그럼에도 1950년이 되면 여성동맹 행동가들의 정치적 시각과 공산당의 정치적 시각은 판에 박은 듯 똑같아졌다. 주디스 헬맨Judith Hellman의 지적은 꽤 설득력 있다. 즉 이탈리아 공산당이 여성동맹의 여성들에게 노선을 강요했기 때문이 아니라 '여성동맹 여성들이 완벽하게 사회화된 나머지' 공산당이 직면한 문제와 '동떨어진 문제를 정교하게 분석하는 데 애를 먹었기' 때문에 여성동맹 행동가와 공산당의 정치적 시각이 같아졌다는 것이다.[104]

적어도 겉으로 표현한 이상만 놓고 볼 때 이탈리아 공산당은 유럽에서 가장 페미니스트적인 정치 정당이었다. 팔미로 톨리아티는 여성해방이 "이탈리아라는 국가와 이탈리아 사회의 부활을 이야기할 때 핵심적인 쟁점 가운데 하나"임을 거듭 강조했다.[105] 그는 이탈리아 여성의 사회적 조건이 뒷걸음질하는 까닭이 여성들의 신앙심이 아니라 이탈리아 사회의 후진성 때문이라면서 그 증거로 이탈리아 역사에 이름을 남긴 여성은 머나먼 옛날의 카타리나de Siena Catharina처럼 신앙심 깊은 여성뿐이라는 점을 들었다.[106] 여성해방은 단일 정당이나 계급에 의해 달성될 수 있는 것이 아니었다. 그것은 모든 여성이 풀어야 할 과제였다. '지배계급과 그들이 누리는 특권과 연결된 극소수 집단을 제외하면' 모든 여성은 공동의 이해관계가 있었다.[107] 따라서 이탈리아 여성동맹은 어느 한 정당의 조직이 아니며, 그런 조직이 되어서도 안 됐다. 여성동맹은 모든 이탈리아 여성의 조직이 되어야 했다.[108]

톨리아티는 책 한 권을 쓸 수 있을 만큼 친親페미니즘적 발언을 쏟아냈다. 그런데도 바뀔 수 없는 중요한 사실이 있다. 진정한 자율적 페미니즘 운동이 없는 곳, 다시 말해 여성운동가들이 다른 사람들이 결정한 '올바른' 정치적 노선을 자신이 제대로 따라가고 있는지 계속 눈치를 봐야 하는 곳에서는 아무리 지도자가 여성해방에 헌신적이라 해도 여성은 남성만큼 그 정당에서 편안함을 느낄 수 없었다. 주디스 헬맨이 지적했듯이, 많은 노동계급 출신 여성들은 이탈리아 페미니스트 모임에서도 그런 이질감을 느꼈다. 페미니스트 모임에 참가한 페미니스트들은 어렵고 모호하며 지나치게 이론적인 용어를 썼다. 이탈리아 지식인들은 그런 분위기가 마음에 들었지만, 노동계급 여성들은 전혀 그렇지 않았다.[109]

이탈리아 페미니즘은 모든 여성을 위한 공통 언어를 만드는 데 실패했지만, 그것이 톨리아티가 이탈리아 공산당의 핵심 쟁점인 여성해방을 실현하지 못한 핑계가 될 수는 없다. 못 믿겠으면 유명한 공산주의자 라우라 릴리Laura Lilli와 페미니스트 언론인 치아라 발렌티니Chiara Valentini가 1970년대 말에 여성 공산당원들과 인터뷰한 내용을 읽어보라. 이 인터뷰는 이탈리아 공산당이 책으로 출간했다.[110] 인터뷰에 응한 대다수 여성 당원은 이탈리아 공산당이 당시 가장 친여성적인 정당이라는 점은 인정했지만, 전반적인 평가는 부정적이었다. 자신은 페미니스트가 아니라고 한 여성 당원은 부유한 이탈리아 가정의 일원이며 자유주의적 페미니스트인 수산나 아넬리Susanna Agnelli 편을 들 바에야 차라리 아내를 때리면서 '남자다움을 과시하는' 기술직 노동자 편을 들겠다고 했다. 그녀는 공산당 안에서 여자들은 '남자들처럼 말해야' 한다고 혀를 찼다.[111] 또 다른 여성 당원은 이렇게 말했다. "대다수 남자 평당원들은 페미니스트들을 창녀나 정신병자라고 생각해요."[112] 헬맨이 이탈리아의 다섯 개 도시에서 인터뷰한 여성들도 비슷한 의견이었다.[113]

사회주의 정당과 공산주의 정당이 여성의 불평등과 불리한 조건에 많은 관심을 보인 것은 사실이지만, 지금까지 살펴봤듯이 페미니즘의 부활은 조직화된 좌파에서 시작될 수 없었다. 오히려 좌파에 비판적이거나 심지어 좌파와 대립적인 관계에 있는 페미니즘 운동만이 '여성화된' 새로운 사회주의를 위한 여건을 만들어낼 수 있었다. 이를 뒷받침할 증거는 충분하고 설득력도 있다. 전후 페미니즘의 주요 이론가들은 모두 좌파에 속했지만, 종전의 좌파 형태와 비판적 거리를 유지했다.

2차 세계대전 직후 출간된 책 중에서 가장 중요한 페미니즘 교본은 시몬 드 보부아르의 책이다. 처음에 보부아르는 자신을 비정통 마르크스주의자로 여겼다. 그녀는 계급투쟁, 다시 말해 보편적 계급으로서 노동계급이라는 개념에 헌신했다. 그리고 1960년대 말까지는 사회주의를 통해 여성해방이 실현될 것이라고 믿었다.[114] 보부아르는 1968년에야 자신을 공식적으로 페미니스트라고 부르기 시작했다.

정치적 논쟁에서 큰 소리로 분명하게 말하기 힘든 내용은 좀더 다듬어진 이론의 영역에서만 글로 표현할 수 있다. 하지만 페미니즘의 언어는 이론의 영역에서도 조롱과 추문에 맞닥뜨렸다. 프랑스 공산주의자들은 1949년 출간된 보부아르의 『제2의 성Le Deuxième Sexe』이 노동계급 여성들에 대한 관심을 전혀 찾아볼 수 없는 프티부르주아의 책이라며 비난을 퍼부었다. 로마 가톨릭교회는 『제2의 성』을 금서 목록에 올렸다. 알베르 카뮈Albert Camus는 프랑스 남자들을 조롱했다며 보부아르를 비난했다.[115] 노벨상을 수상한 프랑수아 모리아크François Mauriac처럼 교양과 지명도를 두루 갖춘 작가조차 분을 참지 못하고 보부아르가 편집위원으로 있던 월간지 『레탕모데른Les Temps Modernes』의 편집진 한 사람에게 믿기지 않을 만큼 상스러운 말을 내뱉었다. "이제 나는 당신 상사의 음부를 속속들이 알게 됐소!"[116]

어마어마한 반향을 불러일으킨 보부아르의 책은 울스턴크래프트의 핵심적인 통찰을 재발견해 더없이 강력한 말투로 표현했다. '여자가 된다는 것'은 사회적으로 구성되는 조건이라는 것이다. "우리는 여자로 태어나는 것이 아니라 여자가 되어간다."[117] 여성의 종속을 생물학적 운명에서 기원을 찾으려고 해서는 안 된다. 여성의 지위는 '자연발생적'인 것이 아니다. 보부아르에 따르면 여성은 남성과 다르다는 측면에서 구성된다. 기준은 남자다. "그는 주체다. 절대자다. 그녀는 다른 존재다."[118] 따라서 진정한 평등은 여자를 주체로서 재구성해야 한다. 그러려면 법과 제도, 관습을 바꾸는 것만으로는 부족하다. 여자는 '새로운 피부'를 얻어야 한다. '새로운 피부'는 집단으로 노력해야 얻을 수 있다. 여자는 남자의 억압에 고통받으며 몸서리치지만, '그녀의 난소가 영원히 그녀를 무릎 꿇게 하는 것'은 아니다.[119]

궁극적으로 보부아르의 논지는 여자들에게 '여자다워지기'라는 태도를 버리라는 명령이 되었다. 이런 보부아르의 명령은 종종 '더 남자처럼'이라는 히긴스(조지 버나드 쇼의 희극 『피그말리온Pygmalion: a romance in five acts』의 주인공으로, 런던의 꽃 파는 소녀 엘리자를 귀부인으로 키운 교수―옮긴이)의 훈계와 비슷한 뜻으로 해석된다. 그럴 수도 있지만, 순진한 해석이다. 보부아르가 말하고자 한 것은 사르트르가 정의한 자유다. 사르트르는 자유를 '주체가 대상화되거나 타자에 의해 규정되는 상태를 초월하거나 거기에서 벗어난 상태'라고 정의했다.[120] 자유란 타자에 의해 규정되는 것이 아니라 스스로 규정할 수 있는 능력이다. "타인의 존재는 내 자유에 실제적인 제약을 가한다. 여기에 있는 나는 유대인이거나 아리아인이고, 잘생겼거나 못생겼으며, 외팔이일 수도 있다. 이 모든 것은 타인을 위한 나다. 그것이 바뀔 가능성은 없다."[121]

보부아르는 사르트르의 주장을 바탕으로 중요한 페미니즘 개념을 소개했다. 하나의 성(즉 남성)은 정의를 내리는 존재인 반면에, 여자는 관찰당하고 정의되고 '자신의' '진짜' 자아와 격리된 존재라는 것이었다. 설상가상 여자는 자신이 대상화된 타자로 전락하는 것을 묵인하고, 객체로서 자신의 지위를 받아들이며, 남자가 만들어놓은 틀에 밀랍 인형처럼 자신을 끼워 맞추려 든다. 따라서 '남자에 의해 정의되는 여자'는 여성해방과 동시에 사라져야 한다. 이런 과정은 뒷날 '의식화'라고 불린다. 그런 점에서 보면 보부아르는 1960년대 말까지 자신을 페미니스트라 부르길 거부하면서 계급투쟁에 헌신했지만, 『제2의 성』은 현대 페미니즘에서 가장 중요한 책이자, 계급에 중심을 둔 전통 사회주의 이데올로기를 향한 정면 도전이다. 『제2의 성』을 읽으면 남자와 여자의 싸움은 자본가와 노동자의 싸움과 무관하다는 결론을 내릴 수밖에 없다. 두 싸움은 분명히 서로 만나는 지점이 있지만, 각자의 영역이 있다.

보부아르의 급진적 시각은 두 번째 물결 페미니즘 전체를 떠받치는 핵심 이데올로기다. 이 이데올로기에 따르면 여성해방은 법안이 아니라 절차고, 단순히 새로운 법률적 틀을 마련한다고 실현될 수 있는 것이 아니다. 여성해방을 위해서는 의식 혁명이 일어나야 하고, 남자들이 지배하는 조직과 전혀 다른 조직이 필요하다. 실제로 여성의 시각에서 볼 때 인간의 모든 시도에는 재정의가 필요하다. 물론 '여성의 시각'이 무엇인지 한마디로 정의하기는 불가능하다. 남자와 마찬가지로 여자에겐 여자만의 시각이 있다. 남성이 정의한 여성성 가운데 '정말로' 여성적인 것(즉 여성이 정의한 여성)을 가려낼 방법은 존재하지 않는다. 이런 주장은 철학에서는 타당하지만, 현실 정치에서는 전혀 통하지 않는다. 현실 정치의 목표는 논리적 확실성에 도달하는 것이 아니라 의제를 설정하고 싸움을 정의하는 것이기 때문이다. 당연히 모순이지만, 페미니즘만 그런 건 아니다. 사회주의자들은 노동계급의 '시각'을 대변한다고 주장하고, 민족주의자들은 국가의 시각을 대변한다고 주장한다. 모든 이데올로기가 내세우는 주장은 교조적이면서 보편적이다. 정치를 하려면 교조적이면서도 보편적인, 모순된 주장을 할 수밖에 없다.

보부아르는 하나의 영토를 열어젖혔다. 그 땅에 다른 사람들이 발을 들여놓은 다음 여성의 시각에서 알아보기 쉽게 지도를 다시 그렸다. 그러나 이 과업에 착수하기까지 20년이 넘는 세월이 필요했고, 새로운 전후 세대가 성숙할 때까지 기다려야 했다.

새로운 페미니스트들이 등장한 1960년대에는 논쟁의 스타일과 방식이 180도 달라졌다. 페미니즘 논쟁은 애초에 시작된 '앵글로색슨'의 세계, 즉 영국과 미국으로 돌아갔다. 현상학의 복잡한 언어 대신 급진적인 전단지가, 두 권짜리 학술 논문 대신 얇은 문고본이, 몇몇 사람들이 담론을 생산하던 학회 대신 대중사회의 경쾌한 방송 전파가 새로운 논쟁 방식으로 떠올랐다. 1965~1966년 영국 화가 폴린 보티Pauline Boty는 '이곳은 남자들의 세상이다It's a Man's World I & II'라는 작품에서 두 캔버스에 주류 대중매체가 구축한 남자와 여자의 이미지를 그려 이중 기준을 풍자했다.

역대 영국에서 가장 크게 성공한 페미니즘 저서는 1970년 오스트레일리아의 저메인 그리어Germaine Greer가 쓴 『여성, 거세당하다 The Female Eunuch』이다. 그리어의 주장은 보부아르의 주장과 비슷했지만, 여자가 되는 데 긍지와 기쁨을 느꼈다는 점에서 보부아르와 달랐다. 보부아르는 여자가 되는 데 긍지와 기쁨을 드러낸 적이 한 번도 없었다. 그리어는 신화를 이 잡듯 뒤져서 남성 우월주의의 토대와 여자의 자유를 제약하는 일상생활의 세부 사항을 추적했다. 그녀의 지향은 단순히 지배에 대한 저항이 아니었다. 프리가 하우크Frigga Haug의 표현을 빌리면 '일상적 습관이 된 지배의 정규성에 대한' 저항이었다.[122] 여성의 생식기관[123]을 감추는 '미스터리'와 불공평한 임금[124]에서, 여학생들의 교육[125]과 광고에 등장하는 여자들의 끊임없는 미소[126]에서, '바버라 카틀랜드Barbara Cartland의 자극적인 로맨스 소설'에서, 일상이 된 남성의 지배를 모조리 찾아냈다.[127] 『여성, 거세당하다』에는 눈을 씻고 찾아봐도 남성 지배의 기원을 꼼꼼하게 논증한 주장이나 여성해방을 위한 전략이 없었다. 그리어는 책을 쓴 목적을 분명히 밝혔다.

> 여성의 힘이란 여성의 자기 결정을 의미하며, 가부장적 사회의 모든 짐을 배 밖으로 내던져야 한다는 뜻이다. 여성은 여성의 능력 발휘를 막지 않는 도덕 체계를 만들 수 있는 기회와 여성에게 정신적 불구자라는 선고를 내리는 심리를 없앨 수 있는 기회를 가져야 한다.[128]

그리어의 책은 영국에서 베스트셀러가 되었지만, 두 번째 물결 페미니즘을 이끈 자극은 미국에서 시작되었다는 시각이 지배적이다. 지금 생각해보면 몇 가지 우연한 요소가 기막히게 맞아떨어진 결과였는지도 모르겠다. 현대적 이미지와 미국의 여성해방은 결국 미국인들의 예언대로 실현된 미국적 신화의 일부였다. 현대적 이미지는 그 자체로 전통적인 가치를 급속하게 해체했고, 덕분에 여성이 전통적인 역할에서 해방될 수 있는 길이 열렸다. 또 미국에는 대중 고등교육의 선구자답게 다른 나라보다 교육받은 여성이 많았다. 인종 평등을 위한 투쟁도 1960년대 후반에 일어난 학생운동을 예고했을 뿐만 아니라, 평등한 권리를 기치로 내건 페미니즘에 토대를 제공했다. 미국에는 페미니즘 투쟁을 독점하거나 사회주의에 묶어둘 수 있는 강력한 계급정당도 전혀 없었다. 페미니즘은 정당

체제가 확고하게 자리 잡은 유럽보다 덜 조직적이고 더 파편화되고 비非당파적인 미국 정치의 토양에서 잘 자랄 수 있었다.

대중 리더십과 대중운동의 시대에는 복잡하고 따분한 정치학 용어와 반대로 강렬하고 간결한 표현이 특징인 미국의 정치적 글쓰기가, 언어는 세련되지만 분석으로 가득한 보부아르의 묵직한 책보다 잘 먹혔다. 1963년에 출간된 베티 프리단Betty Friedan의 『여성의 신비The Feminine Mystique』는 미국에서 중요한 저서가 되었고, 머잖아 유럽 페미니즘에서도 높은 평가를 받았다. 『여성의 신비』는 특히 교육받은 미국 여성이 처한 상황을 혹독하게 비판했다. 그녀는 "아침에 일어나면 잠자리를 정돈하고, 먹을 것을 사기 위해 장을 보고, 아이들과 땅콩버터 샌드위치를 먹고 나서 보이스카우트와 걸스카우트에 아이들을 차로 데려다주고, 밤에는 남편 옆에 눕고… 심지어 자신에게 '이게 전부야?'라는 질문을 하는 것조차 조심스러운" 삶이 하나부터 열까지 불만스러웠다.[129] 여자가 될 수 없다는 게 문제가 아니라 '여성적'이 되어야 한다는 게 문제였다. 프리단은 여성에게 사회에서 마땅히 차지해야 할 자리를 장악하라고 촉구했다. 그래야 "여자들한테 정치적 차원의 가사 노동을 시켜놓고 그사이에 남자들끼리 결정을 내리는 교활한 불문율을 바꿀" 수 있고, "결혼 생활과 모성애를 희생'하지 않고도 '여자들의 능력에 맞는 인생 계획"을 세울 수 있다고 목소리를 높였다.[130]

슐라미스 파이어스톤Shulamith Firestone이 쓴 『성의 변증법The Dialectic of Sex』은 프리단의 급진적 버전이다. '세월을 견뎌낸' 보부아르에게 헌정한 『성의 변증법』은 가족 이데올로기의 핵심 교리인 자녀 양육과 모성애를 공격했다. 파이어스톤은 '생물학이 운명'(프로이트)이라면 임신과 자녀 양육 때문에 꼼짝없이 가정에 묶이는 여자들은 남자와 동등한 권리를 쟁취하기 위한 투쟁에서 불리한 위치에 놓일 수밖에 없다고 썼다. 그렇다면 첫 번째 물결 페미니스트들이 대부분 동의한 사회적 성차별뿐만 아니라 생물학적 차별도 깨뜨려야 한다는 게 파이어스톤의 주장이다. 여자들은 한 단계 발전한 피임법 덕분에 (남자들과 마찬가지로) 원치 않는 임신을 걱정할 필요 없이 가임기를 피해 성관계를 하고 있었다. 파이어스톤은 여자와 자녀 사이에 남은 특별한 고리를 끊어주고, 최종적인 해방을 위한 길을 열어줄 대안으로 시험관아기를 제시했다. 마르크스주의자들이 계급을 없애기 위한 계급투쟁을 지지했듯이, 파이어스톤은 '성 계급'을 없애기 위한 투쟁을 옹호했다. 남녀의 사랑은 필연적으로 "권력의 불균형 때문에 복잡했고, 비도덕적이었으며, 방해를 받았다".[131] 권력의 불균형을 바로잡으려면 근본적인 혁명이 필요했다.

첫 번째 페미니즘의 목표와 달리 페미니즘 혁명의 최종 목표는 단순히 남성의 특권을 제거하는 것이 아니라, 성차별 자체를 제거하는 것이 되어야 한다. 즉 인간의 생식기 차이가 문화적으로 중요한 문제가 되어서는 안 될 것이다. 남녀 양쪽에 필요한 번식을 그동안 여성이 맡았지만, 이제는 인위적인 번식(적어도 인위적 번식을 선택할 수 있는 권리)으로 대체되어야 한다. 자녀는 남녀가 똑같이 낳아야 한다. 자녀가 엄마에게 의존하는 관계(그리고 반대 경우)보다 모르는 사람들로 구성된 소규모 집단에 대한 의존이 커질 것이다. 생물학적 가족의 압제는 무너질 것이다.[132]

당시 미국의 페미니즘을 대표한 또 다른 저서는 케이트 밀레트 Kate Millet가 쓴 『성의 정치학Sexual Politics』이다. 그는 남성(혹은 가부장제)의 지배가 사회경제적 관계에서 파생된 현상이 아니라 아직 시작하지도 않은 전투가 벌어질 현장이라고 주장했다. 밀레트가 볼 때 권력의 지배 체제를 떠받치는 세 가지 가부장적 기관은 국가와 사회, 가족이었다.[133] 성별은 계급 관계보다 중요한 역할을 한다. "가부장제에서 여성들은 평소의 계급 구조를 초월하는 경향이 있다. 여자는 계급과 교육에 상관없이 남자에 비해 영구히 지속되는 계급적 결속력이 약하다."[134] 강간은 가부장적 권력의 폭력을 적나라하게 보여준다. 결국 강간은 정치적인 행위다.[135] 『성의 정치학』에서는 부르주아적인 도덕과 관습이 사람을 바보로 만든다며 단호하고 용기 있게 반대하는 목소리를 내면서 일반적인 관습을 따르지 않기로 유명한 남성 작가들조차 가부장제의 '문화적 대리인'으로 묘사된다. 밀레트가 볼 때 그들은 '반혁명적인 성적 정치인'이며, '성적 저항을 막는 거대한 회색 울타리'를 세우는 데 한몫했다.[136] 남녀 비평가들이 입을 모아 자유롭고 급진적인 영혼의 귀감으로 칭송한 로렌스David Herbert Lawrence와 헨리 밀러Henry Valentine Miller, 노먼 메일러Norman Mailer도 밀레트의 대안적 책에서는 멸종 위기에 처한 남성 우월주의를 수호하려는 열성적인 파수꾼으로 묘사된다.

『성의 변증법』과 『성의 정치학』은 급진적 페미니즘이 발전하는 과정에서 일어난 획기적인 사건이었다. '여자의 자유를 위한 투쟁은 주로 남자에 맞서는 투쟁'이고, 이 투쟁이 다른 모든 투쟁보다 중요하며, 이를 폭넓은 정치 전략과 연계하려는 모든 시도는 헛수고일 뿐이라는 원칙이 새로운 페미니즘을 낳았다.[137]

프랑스에서도 극도로 반反가부장적이고 급진적인 페미니즘 논의가 벌어졌다. 이런 논의는 보부아르의 사상이 심화된 형태로 나타났다. '페미니스트 혁명가'는 분리주의 성향 조직으로 가부장제의 완전한 붕괴를 위해 헌신했다.[138] 세월이 흘러 1980년대가 되었는데도 조직의 수석 대변인 모니크 위티그Monique Wittig는 여전히 '성별 없는 사회'를 지지하며 성차별 폐지를 위한 투쟁을 촉구했다.

> 여자가 하나의 계급이라는 점을 명백한 사실로 만드는 것은 우리에게 주어진 역사적 과제다. 달리 말하면 '남자'라는 범주처럼 '여자'라는 범주도 영속적인 범주가 아니라 정치적이고 경제적인 범주가 되어야 한다. 우리의 목표는 대량 학살이 아니라 정치적 투쟁으로 남자라는 계급을 진압하는 것이다. '남자'라는 계급이 사라지면 '여자'라는 계급도 사라질 것이다. 주인 없는 노예는 존재할 수 없기 때문이다.[139]

이런 급진적 페미니즘이 서유럽에서 지배적인 경향이 되는 것은 거의 불가능한 일이다. 사회주의가 진보주의를 대표하는 전통이 확실한 유럽에서 정치적으로 왕성하게 활동하는 여성은 대체로 사회주의자였고, 그들은 페미니즘과 사회주의의 통합을 추구했다. 그러다 보니 원래는 누가 봐도 온건한 사회주의적인 페미니스트들이 종전 사회주의 정당을 위협하는 막강한 도전 세력을 상징하게 되었다. 급진적 페미니스트들의 소명 의식은 영원히 소수로 남을 운명의 예고였다. 아마도 이성애적 이데올로기의 지배를 참을 수 없거나 성폭력에 시달리던 여성들만 그들을 뜨겁게 지지했을 것이다. 영국의 급진적 페미니스트들은 1971년 11월 전국여성해방회의에서 이렇게 선언했다. "우리가 남자들과 친밀한 정서적 · 성적 관계를 유지하는 한 여성해방은 취미 이상이 될 수 없습니다."[140]

이 선언은 분리주의로 이어질 수밖에 없었고, 결국 정치적 고립을 자초했다. 하지만 급진적 페미니즘의 우상파괴적 주장은 한번쯤 곱씹어볼 만한 가치가 있다. 그들의 주장 덕분에 사회주의적 페미니즘이 한계를 뛰어넘으려는 시도를 했기 때문이다. 그런데도 사회주의적 페미니즘이 서유럽에서 지배적 조류였다는 점은 의심할 여지가 없다. 물론 두 페미니즘이 뚜렷이 갈라진 것은 아니었다. 현실 정치에서 사회주의적 페미니즘과 급진적 페미니즘의 이데올로기적인 윤곽은 여전히 겹치는 부분이 상당히 많았다.

그렇다면 페미니즘은 왜 1960년대 말에 부활했을까? 그 까닭은 아직 명쾌하게 밝혀지지 않았지만, 몇 가지 추측은 해볼 수 있다. 물론 구조적 원인은 전체 이야기 중에서 일부분을 설명해줄 뿐이지만, 도시에서 여성 취업 인구가 늘고, 여성에게 교육의 기회가 확대됐다는 사실은 의미하는 바가 크다. 표 15.1은 1960~1975년 여대생 비중이 늘었음을 보여준다. 대학에 다니는 20~24세 비중이 크게 늘었으므로 여대생의 수도 늘었다고 볼 수 있다. 1960~1975년 사실상 모든 국가 고등교육에서 남녀 간의 격차는 계속 줄고 있었다. 핀란드에서는 여대생의 비중이 후퇴한 것으로 나타나지만, 이는 1960년에 남녀 간의 격차가 사라졌기 때문에 나온 수치고, 1975년 자료는 사범대학을 조사 대상에서 배제했기 때문이다.

첫 번째 물결 페미니즘이 밀어닥친 19세기가 끝나갈 무렵만 해도 극소수 여성들만 꿈꿀 수 있던 수준 높은 교육을 많은 여성이 받고 있었다. 게다가 대학에 들어가는 여성들은 주로 인문학과 사회과학

표 15.1 1960~1975년 전체 대학생 가운데 여성이 차지하는 비중

단위 : %

	1960년	1975년
오스트리아	31.8	34.4
벨기에	19.1	33.3
덴마크	32.0	39.0
핀란드	52.8	49.0
프랑스	38.2	자료 없음
네덜란드	18.2	26.3
이탈리아	38.0	46.2[a]
노르웨이	22.1[b]	41.2
스웨덴	37.5[c]	44.2
영국,[d]	23.9	32.8
스코틀랜드	27.2	37.5
서독	27.4	32.1

주 a 1970년 b 1955년 c 1959년 d 잉글랜드와 웨일스만 조사함.; 1975년 핀란드는 사범대학을 배제한 자료임.
출처 피터 플로라 외, *State, Economy and Society in Western Europe, 1815~1975. A Data Handbook*, Vol.1.

같은 학부로 몰렸다. 그들은 인문학과 사회과학에서 종전 체제를 비판할 수 있는 지적 수단을 얻었다. 실제로 체제를 비판하는 여성이 크게 늘었다. 뿐만 아니라 자격을 갖춘 여성들은 자신을 배제하려고 한 권력 구조에서 당당히 한자리를 요구할 수 있게 되었다. 돈을 벌기 위해 취업하는 여성도 많아졌다.

표 15.2를 보면 그리스를 제외한 유럽 전역에서 여성의 취업이 크게 늘었음을 알 수 있다(그리스는 지방의 높은 여성 취업률이 포함되지 않아 다른 나라의 수치와 비교하기 어렵다). 전체적으로 여성 취업은 늘었지만, 전통적인 노동계급 여성의 취업은 늘지 않았다(여기에서 내가 사용한 '노동계급'은 전통적으로 사회주의 정당에서 얘기하는 '노동계급', 즉 공장노동자를 말한다). 여성은 사회주의 이데올로기가 가장 약

표 15.2 1960~1981년 여성의 취업

단위 : %

	전체 경제활동 인구에서 여성이 차지하는 비중			산업 노동계급 중에 여성 노동계급의 비중		
	1960~ 1961년	1970~ 1971년	1981~ 1982년	1960~ 1961년	1970~ 1971년	1980~ 1981년
오스트리아	40.4	38.4	40.4	20.9	19.4	16.9
벨기에	26.5	29.6	36.4	15.7	16.1	13.7
덴마크	30.8	36.6	44.2	17.1	15.1	16.9
핀란드	39.4	42.1	46.6	23.1	23.4	22.3
프랑스	34.6	34.9	40.9	33.3	15.6	16.2
그리스	32.8	28.0	27.1	17.5	14.6	16.8
네덜란드	22.3	25.9	32.3	8.9	7.3	6.6
이탈리아	24.9	27.4	34.4	17.3	17.5	20.6
노르웨이	22.8	27.6	41.4	11.0	11.3	15.0
포르투갈	17.7	25.2	35.3	17.6	23.1	22.7
스페인	18.2	19.6	24.8	자료 없음	13.3	11.8
스웨덴	29.8	38.1	45.0	14.6	16.6	14.5
영국	32.4	36.5	38.9	18.2	18.4	16.1
서독	37.1	34.9	38.5	19.7	17.6	자료 없음

주 프랑스는 1962년과 1968년에 해당하는 수치와 1982년의 추정치임.; 서독의 1980~1981년 항목의 수치는 1982년 수치임.
'노동계급'에 대한 나의 정의는 ILO(국제노동기구)의 직군 7~9에 부합하며, 모든 생산직 노동자와 운송 장비 조작 노동자, 인부를 포함한다. 반면 모든 사무직 업종과 관리인, 청소부, 웨이터 같은 서비스 업종, 농업과 어업에 종사하는 모든 사람들, 실업자와 자영업자는 노동계급에서 제외한다.
출처 ILO 자료에 대한 자세한 설명은 다음을 참고할 것. *Yearbook of Labour Statistics. Retrospective Edition on Population Census 1945~1989*(노동 통계 연감, 1945~1989년 인구 센서스 회고판), ILO, Geneva, 1990.

하고 노조가 제대로 뿌리내리지 못한 비非제조 분야에 많이 뛰어들었다. 이들은 전통적인 공장노동자와 달리 1980년대에도 그 수가 증가했다(22장 참조).

전통적인 사회주의자들은 여성이 마침내 노동인구에 합류했으며, 자신을 진정한 노동자로 인식하기 시작했다고 생각했다. 그러나 적어도 서구에서 여성은 '새로운' 노동인구 대열에 합류하고 있었다. 즉 서비스 분야로 대거 몰렸다. 그들은 후기 자본주의 노동력이었다. 반면에 한국이나 싱가포르, 홍콩, 대만 같은 제3세계 국가에서는 갈수록 여성 노동력이 제조업 분야를 지배했다.[141] 비록 여성이 져야 할 노동의 짐은 더 무거워졌지만, 일하는 여성이 늘어남에 따라 집 안에서 여성의 협상력도 커졌다. 많은 여성이 어머니 세대보다 남자에 대한 경제적 의존이 줄었다. 여성들은 더 많은 것을 기대했고 행동도 달랐다. 일하는 여성은 그렇지 않은 여성보다 전통적인 가치관에 덜 얽매였다.[142]

이런 자료를 통해 우리는 여성이 직면한 경제적 조건이 남성이 직면한 경제적 조건보다 빠르게 바뀌었음을 알 수 있다. 사회적 여건도 남성보다 여성을 둘러싼 여건이 빠르게 달라졌다. 대량 소비 상품이 발달함에 따라 남성보다 평범한 여성들이 많은 자유를 누리게 됐다. 세탁기와 진공청소기, 슈퍼마켓 덕분에 여성은 자신에 대해 생각할 수 있는 시간이 많아졌다. 첫 번째 물결 때는 여성참정권 운동가들이 시위하러 나가면서 집 안의 하녀에게 빨래를 시켰다. 1960년대에는 서구 선진국의 대다수 여성이 일손을 덜어줄 기계를 구비하고 있었다. 이와 대조적으로 남성의 사적인 삶은 현대화의 영향을 덜 받았다.

이른바 자유방임적인 사회의 출현과 피임약 발명 같은 과학기술의 탄생은 남성보다 여성에게 훨씬 중요한 사건이었다. '활기차고 멋진 1960년대'에 남성의 성욕은 강하고, 남성의 성생활에는 긍정적인 의미가 있으며, 남성의 성욕은 충족되어야 하고, 남성은 결혼하기 전에 육체적 순결을 지키지 않아도 된다는 생각은 낡은 사고였다. '자유방임적' 사회가 정말 중요한 것은 성에 대한 이중 기준이 끝났음을 알렸기 때문이다. 일반 대중은 몇 가지 사실에 새롭게 눈떴다. 여성의 처녀성은 미덕이 아니고, 여성의 성생활은 강력한 영향력이 있으며, 남자는 즐기고 여자는 참아내는 것이 섹스가 아니라는 사실이다. 이런 깨달음 덕분에 20세기가 시작될 때만 해도 소수 '해방된 여성들'만 누리던 특권이 이제는 대중의 생활양식으로 자리 잡았다. 물론 또 다른 이유도 있었다. 남성에게 성생활과 번식이 별개의 문제였기 때문이다. 남성들은 아내가 아닌 여성을 임신시켜도 사회적으로 손가락질 받는 일이 극히 드물었고, 원치 않는 자식을 물질적으로 돌봐야 하는 의무에서도 종종 벗어날 수 있었다. 오래전부터 사용해온 효과 좋은 피임 기구도 남성이 성생활과 번식을 별개로 여기는 데 한몫했다. 반면에 결혼하지 않은 여성들이 알약이나 좌약처럼 비교적 안전한 피임법을 사용하게 된 것은 1960년대에 들어오면서다.

사회경제적 변화뿐만 아니라 강력한 이데올로기의 발전도 영향을 미쳤다. 어쩌면 이데올로기의 발전이야말로 두 번째 물결 페미니즘에 결정적 영향을 미친 요소일지 모른다. 유럽과 북아메리카에서 떠오르는 전후 세대는 더 부유하고, 더 많은 교육을 받고, 덜 공손하고, 전통적 가치에 덜 헌신하는 세대였다. 한마디로 이전의 모든 세대보다 현대적인 세대였다. 두 번째 물결 페미니즘은 학생 정치와 미국의 시민권 운동, 베트남전 반대 캠페인 같은 1960년대 새로운 사회운동과 맞닿아 있다. 요컨대 '신좌파(뉴레프트)'에서 두 번째 물결 페미니즘의 기원을 찾을 수 있다. 대학은 '대다수 젊은 여성해방 조직의 온상'이었다.[143] 여성은 계급에 기반을 둔 오래된 조직과 달리 새로운 사회운동은 여성에 대한 제약이 적을 것으로 기대했다. 새로운 사회운동은 종전 노조나 사회주의 정당 혹은 공산주의 정당보다 훨씬 덜 남성 중심적인 운동임이 분명했기 때문이다. 자유주의 이데올로기에 영감을 받은 새로운 사회운동은 서열 없는 조직 구조와 지방분권적 의사 결정, (대의제보다) 직접 참여하는 민주적 방식을 높이 평가했다.

　그러나 야심찬 포부가 무색하게 자유주의적인 조직 구조에서도 결국 서열 구조가 재생산되고 말았다. 조직의 공식적인 규율이 없는 상태에서 카리스마 있는 지도자들이 전면에 부상한 것이다. 의사가 집회에서 결정되다 보니 위원회 같은 데서 의사가 결정될 때보다 청중에게 강렬한 인상을 심어주는 일이 한결 중요해졌다. 뛰어난 연사가 논쟁에서 승리했다. 개성이 강한(즉석에서 재빨리 생각할 수 있는 능력을 타고난) 사람, 복잡한 사상을 '인상적인 한마디'로 요약할 수 있는 사람이 급속도로 대중매체를 사로잡았고, 순식간에 사회운동의 대변자로 떠올랐다. 미디어가 주목한 1960년대 학생운동 지도자들은 모두 남자였다. 독일의 루디 두치케Rudi Dutschke, 이탈리아의 마리오 카파나Mario Capanna, 영국의 타리크 알리Tariq Ali, 프랑스의 다니엘 콩방디, 미국의 제리 루빈Jerry Rubin과 애비 호프만Abbie Hoffman이 그들이다. 분야를 막론하고 카리스마 있는 여자보다 카리스마 있는 남자들이 많았다. 여성의 목소리를 들을 수 있는 학생 집회는 드물었다. 여성에게 종속적인 역할을 맡기는 전통적인 분업 방식이 학생운동에 그대로 남은 것처럼 보였다. 여자는 남자와 신분이 동등한데도 학생운동에서 열등한 위치에 있었다. 남자와 같은 대학에 다니고 같은 강의를 듣고 사회적 배경도 비슷했지만, 여자는 비서와 뒷바라지라는 '역사적인' 직분을 맡은 존재로 격하되었다. 여학생들이 맡은 역할은 전단지 내용을 타이핑하고 복사하고 시위와 연좌 농성을 위해 음식을 장만하는 일이었다. 유럽 전역에서 등장한 초기 페미니즘 소책자들은 억누를 길 없는 분노로 가득 차 있었다. 1968년 1월 서베를린에서 창설된 여성해방행동위원회의 대표 헬케 잔더Helke Sander가 같은 해 9월에 열린 독일 사회주의학생동맹(사회민주당의 학생 기구) 총회에서 분을 참지 못한 나머지 남자 동지들을 향해 토마토를 투척한 사건은 유명하다.[144] 프랑스의 어느 페미니즘 소책자에도 이런 불만이 실렸다. "그들이 '남자들의 심각한 대화'에 빠졌을 때 우리는 발언할 차례를 얻기 위해 그야말로 투쟁을 벌여야 했다. 하지만 굳이 그러지 않아도 됐을 뻔했다. 남자들은 우리 얘기를 경청하지 않았으니까."[145] 독일에서도 불만이 터져 나왔다. "우리는 그들의 연설문을 타이핑했고, 집회에서 그들이 하는 말을 이해하려고 노력했으며, 언제나 그랬듯이 예뻐 보이려고 단장했고, 매일 피임약을 삼키거나 낙태를 받아들였다. 우리는 가정에서 착취당했고, 그들의 성욕을 충족했다. 이 모든 것은 우리의 개인적인 문제로 치부되었다. 우리는 그들을 흉내 내고 싶지 않다. 우리에겐 다른 목표가 있다."[146]

1973년 마르그리트 뒤라스Marguerite Duras는 특유의 불손한 태도로 다음과 같이 선언했다. 그녀의 외침엔 단순한 진실 이상이 담겨 있었다. "남자들은 침묵하는 법을 배워야 한다. 어쩌면 그들에겐 침묵이 매우 고통스러울지도 모른다. 1968년 5월 같은 중대한 사건은 남자들이 공개적으로 의견을 밝히고 이론적인 결론을 공식화하고 침묵을 깨야 겨우 경험할 수 있다. 그렇다. 이 수다스러운 남자들은 1968년 5월에 낡은 수법을 써먹는 데 여념이 없었다."[147]

'수다스러운 남자들'을 향해 도전장을 내밀기는 했지만, 1960년대 급진주의 맥락을 벗어나서는 두 번째 물결 페미니즘을 이해하기 힘들다. 자신의 역사를 재발견하는 데 헌신하는 것은 초기의 모든 정치 이데올로기에 굉장히 중요한 문제이며, 새롭게 등장한 '아래에서 비롯된 역사'의 핵심적인 부분이었다. 이런 측면에서 큰 영향을 끼친 책 가운데 1963년 출간된 에드워드 팔머 톰슨의 『영국 노동계급의 형성The Making of the English Working Class』이 있다. 선구적인 이 책의 목표는 가난한 노동계급의 역사를 드러내고, 억압에 맞서 그들이 펼쳐온 저항의 역사를 복원하는 것이었다. 이 신종 사회사가 새로운 페미니스트의 역사 인식에 추진력을 제공했다.

페미니즘은 관념적인 사상의 영역에서도 1960년대에 개발되거나 재평가된 다양한 현대 이론을 활용했다. 페미니즘은 전통적인 마르크스주의와 단단하게 자리 잡은 주류 사회학의 기능주의를 멀리하는 대신 구조주의, 안토니오 그람시나 루이 알튀세르의 마르크스주의, 자크 라캉의 프로이트, 좀더 나중에 등장한 미셸 푸코와 롤랑 바르트, 자크 데리다까지 당대 새로운 사회과학의 비판적 검증을 선택했다(14장 참조). 첫 번째 물결 페미니즘은 여성의 역사를 복원하거나 이론적 지식을 발전시키는 데 별로 관심이 없었다. 역사 연구와 사회 이론의 활용 방법을 완전히 바꾼 것은 고등교육을 받은 두 번째 물결 페미니스트들이다.

학생운동이나 시민권 운동이 그랬듯이 여성운동도 상징성을 띤 행위가 중요하다는 것을 깨달았다. 상징적인 행위는 선풍적으로 늘었다. 대중매체 시대에 상징적인 행위는 불가피한 선택이었다. 위엄 있는 태도에서 20세기의 진정한 선구자라 할 수 있는 여성참정권 운동가들조차 상징적인 행위가 그토록 폭발적인 인기를 끌리라고는 예측하지 못했다(어떤 사람들은 19세기 무정부주의야말로 상징적 행위의 선조라고 주장할지도 모르겠다. 역사를 이야기할 때 어려운 점은 완전히 새로운 것은 없다는 점이다). 자기희생을 보여준 상징적 행위 가운데 가장 인상 깊은 것은 1913년 6월 영국 더비Derby에서 여성참정권 운동가 에밀리 데이비슨Emily Wilding Davison이 왕의 말 앞에 몸을 던져 목숨을 잃은 사건이다. 50년 뒤에는 불교 신자들을 탄압한 베트남의 응오딘지엠Ngo Dinh Diem 정권에 저항하는 뜻으로 77세의 승려 틱꽝둑Thich Quang Duc이 말 그대로 자기 몸을 불살랐다. 6년 뒤인 1969년 1월 16일, 역사를 공부하는 21세 체코슬로바키아 학생 얀 팔라흐Jan Palach도 소련의 침공을 규탄하며 분신했다.

1970년 8월, 프랑스에서는 여성 몇 명이 개선문에 있는 무명용사의 묘에 꽃다발을 두려고 했다. 그것은 무명용사의 아내에게 바치는 꽃다발이었다. 독일과 영국에서는 여성들이 벽돌을 쌓아 포르노 가게 입구를 막거나[148] 미인 선발 대회를 방해했다. 미국에서는 훨씬 더 시선을 끄는 퍼포먼스가 벌어졌다. 매스컴의 관심을 끌 만한 '충격적인' 이벤트를 위해 1968년 애틀랜틱시티Atlantic City에서 열린 미스아메리카선발대회에서 브래지어와 거들, 여성용 장신구가 '자유 쓰레기통'에 처박혔다. 이 사건은 매스컴에서 '최초의 브래지어 분신' 사건으로 포장됐다.[149] 프랑스에서는 『엘르Elle』가 프랑스 여성의 몽타주를 만들기 위해 설문 조사를 실시했다. 그런데 예상 가능한 질문 대신 빈정거리는 어투로 질문하는 바람에 얄궂게도 역풍을 맞았다. '여자는 남자보다 운전 능력이 뛰어날까요, 남자와 똑같을까요, 남자보다 떨어질까요?'라고 묻는 대신 'XX 염색체를 가진 사

람은 클러치에서 발을 잘 뗄 수 있는 유전자가 두 배 더 많을까요?'라고 물은 것이다.[150]

사적인 세계와 정치적 영역을 가르던 경계가 무너지자, 모든 일이 사건이 되었다. 낙태, 임신, 질 오르가슴에 대한 근거 없는 믿음, 강간(부부간의 강간 포함)과 성폭력, 성추행, 불공평한 임금, 좋은 일자리에 대한 불공평한 기회, 서열을 따지는 조직, 전쟁, 경쟁사회, 지배적인 미학적 형태의 횡포, 과체중('비만은 여성의 문제다'), 자연분만, 남성의 저작물, 포르노, 육아, 건강, 여성의 의회 진출, 언어, 역사까지 모든 것이 쟁점이 될 수 있었다. 노르웨이에서 시칠리아까지, 포르투갈에서 그리스까지 이런 주제들이 정치적 쟁점이 되었다. 이것들은 사회주의가 한 번도 꺼낸 적 없는 언어였다. 새로운 의제가 탄생하고 있었다.

좌파의 첫 반응은 강력한 반대에서 회의론까지 다양했다. 좌파는 페미니스트 전위대에 양보했다가 자칫 남성 유권자들은 물론이고 페미니스트들과 전망이 다른 대다수 여성들마저 등을 돌릴까 봐 두려워했다. 충분히 그런 두려움이 생길 만했다. 사회주의 정당은 페미니스트들의 요구를 검토하기 시작했다. 죽어도 받아들일 수 없는 주장 가운데 그나마 입맛에 맞고 받아들일 만한 것을 골라내려고 했다. '올바른 노선'을 수립하기 위한 통일된 페미니스트 운동이 전혀 없기 때문에 사회주의 정당에 속한 많은 여성들은 명백한 쟁점에 초점을 맞추는 과정에서 연대하는 한편, 대다수 여성이 페미니즘을 받아들일 수 있도록 폭넓은 투쟁을 병행했다.

서유럽 대다수 국가에서 페미니스트들은 주로 남녀의 동일 임금, 낙태, 동등한 취업 기회와 정치적 대의권을 위한 캠페인을 벌였다. 이중에서 낙태 지지 투쟁이 가장 중요한 쟁점으로 떠올랐다.

낙태는 그 자체만 놓고 보면 딱히 '페미니스트적' 쟁점이라 할 수 없다. 낙태는 여성의 몸이 관련된 의학적 개입이다. 낙태는 일반적으로 여자 못지않게 남자의 책임도 큰데, 늘 여자 쪽에 더 큰 책임을 묻는 것이 문제였다. 낙태가 페미니즘의 쟁점이 된 원인은 여성의 운명과 말 그대로 여성의 몸을 스스로 통제할 수 있는 권한을 상징한다고 생각되었기 때문이다. 낙태 금지는 사실상 가임 연령의 모든 여성에게 영향을 끼쳤지만, 계층에 따라 차이가 있었다. 중산층 여성은 엄연히 불법인데도 무슨 방법을 쓰든 안전한 낙태 시술을 받는 경우가 많았다.

1960년대에는 낙태 합법화를 위한 투쟁이 여성을 한데 모으는 쟁점까지 되지는 못했다. 낙태는 스칸디나비아 국가와 영국, 미국의 몇 주에서 페미니스트들의 강력한 압박 없이도 합법화되었다. 영국에서는 1967년 자유당 의원 데이비드 스틸David Steel이 낙태 합법화 법안을 발의해 통과됐다. 로이 젱킨스에 따르면 낙태 합법화 법안이 통과된 것은 노동당 정부의 '호의적 중립' 덕분이었다.[15] 법안의 세 번째 심의 여부를 결정짓는 투표에서 노동당 의원 234명과 자유당 의원 8명, 보수당 의원 20명이 찬성표를 던졌다. 낙태 합법화를 저지하려던 낙태 반대론자들은 코가 납작해졌다. 당시까지 낙태 반대는 조직적 운동 차원에서 추진된 적이 없었다. 낙태 합법화를 계기로 조직적 반대 운동이 꿈틀거렸다. 이제 페미니스트들의 과제는 시계를 거꾸로 돌리려는 낙태 반대론자들의 시도를 분쇄하는 것이었다.

1970년대에는 서유럽 대다수 국가에서 낙태가 합법화되었다. 많은 경우 페미니즘 운동은 낙태 합법화를 지지하는 주요 압력단체 역할을 했다. 그들은 임신을 중단하는 결정권은 국가나 의사 같은 전문가 집단이 아니라 여성에게 주어져야 한다고 주장했다. 좌파 정당들은 아주 소극적이기는 하지만, 대체로 낙태 반대론자들의 손을 들어줬다. 그러나 정치적 상황에 따라 얼마든지 태도를 바꿀 준비가 되어 있었다. 다시 말해 선거에 유리하거나 동맹 구축 혹은 연정 구성에 필요하다고 생각되면 주저 없이 여성의 낙태 선택권을 지지했다.

사회주의자들은 페미니즘을 의심했고, 페미니즘과 손잡았다가 수십 년 동안 투쟁으로 쌓아 올린 지위와 신뢰를 한꺼번에 잃는 것은 아닐까 걱정했다. 그도 그럴 것이 페미니즘은 유럽과 북아메리카에서 좌파, 그것도 대개 극단적 좌파와 '관련'된 문제였다. 페미니즘의 뿌리가 학생운동에 있고, 미국의 경우 페미니즘이 시민권 운동에서 시작됐기 때문이다. 페미니즘 자체가 급진주의 성향을 띤 측면도 있었다. 서유럽의 적극적인 페미니스트들은 남성 중심적이라는 이유로 좌파 전체에 비판적인 페미니스트와 지나치게 보수적이고 소심하다는 이유로 공식적인 좌파에 비판적인 페미니스트로 나뉘었다. 이런 태도는 페미니즘의 극단주의 이미지를 부채질했다. 그러나 적극적인 페미니스트들은 공식적인 노동운동 조직에 몸담은 여성들에게 직간접적으로 상당한 압력을 행사했다. 새로운 페미니스트들은 선배들과 달리 여러 가지 주변 상황의 도움을 받았다. 우선 페미니스트들이 양적으로 팽창했다. 과거에 비해 폭넓은 계층 여성이 페미니즘을 지지했다. "나는 페미니스트가 아니에요. 하지만…"이라고 말하는 사람들까지 포함하면 그랬다. 페미니즘에 공감하는 남성도 많아졌다. 사회주의 정당의 영향력은 더 커졌다. 대다수 페미니스트가 공식적인 좌파에 비판적이기는 했지만, 좌파에 맞서 대립 일변도로 나가는 것은 꺼렸다. 페미니스트들은 좌파에 정면으로 맞서는 정치 정당을 조직한 적이 없었고, 전통적인 노동운동을 배척하자고 선동하지도 않았다. 그러기는커녕 이탈리아와 독일, 영국에서 여성들은 노조와 손잡으려고 애썼다. 영국에서는 노조와 연대를 구축하는 것이 "사회주의 페미니스트들의 핵심 전략이었다. 노조는 고용과 임금, 근로조건을 중심으로 한 투쟁의 구심점으로 보였다".[152] 일부 여성 노조원은 1950년대에 남녀 동일 임금을 위한 캠페인을 벌이기도 했지만, 동일 임금을 쟁취하기 위한 파업은 1960년대 후반에야 시작됐다. 영국 대거넘Dagenham에 있는 포드 자동차 공장과 리버풀Liverpool의 헤일우드Halewood 공장에서 여성 재봉사들이 동일 임금을 요구하며 일으킨 파업이 최초였다.[153]

낙태 문제는 페미니즘과 사회주의 정당의 관계가 어떻게 발전되어왔는지 잘 보여준다. 여성의 시각을 반영한 쟁점을 정치권에 제기하기 위해서는 여성운동의 독립성이 필수적이었다. 여성운동이 독립성을 지킨 덕분에 '그들의' 문제가 국익이나 경제, 사회주의 정당의 관심사 등 딱히 여성과 직접 관련이 없는 다른 쟁점들과 비교해 상대적으로 중요한지 아닌지 판단하라는 강요를 받을 필요가 없었다. 페미니스트들은 기득권을 누리는 좌파 정당들이 쉽게 무시할 수 없는 강력한 대화 상대가 되었다. 페미니스트들이 좌파 정당 밑으로 들어갔다면 좌파 정당과 대등하게 맞서기 힘들었을 것이다. 사회주의 정당에서 의욕적으로 뛰던 여성들도 여성운동의 독립성 덕분에 유리한 위치에서 협상할 수 있었다. 사회주의 정당은 페미니즘 운동을 지배한다는 엄두조차 내지 못했으며, 오히려 페미니즘 운동에 점점 길들여졌다. 그렇다고 상당수 당원들이 영향을 받는 페미니즘을 무시할 수도 없었다.

사회주의 페미니스트들의 '이중적 투쟁 전략'은 대단히 새롭고 중요한 국면이 펼쳐질 것을 예고했다. 사회주의 정당도 다른 곳에서 기획한 캠페인을 벌일 장소 후보에 오른 것이다. 이런 변화는 상당 부분 외부에서 계획된 변화라는 점에서 사회주의 정당으로서는 의미심장한 '개혁'이나 다름없었다. 1960년대 말이 되면 넓은 의미의 사회주의 운동은 자신도 모르는 사이에 사회주의 역사상 가장 중요한 변화의 문턱에 선다.

애초에 사회주의 운동은 노동계급의 자기해방을 위한 수단이자 끊임없이 이어지는 캠페인의 진원지였다. 그러나 이제는 사회주의 진영 바깥에 정치적 근거지를 둔 운동, 예컨대 페미니즘이나 반전주의나 생태주의 같은 운동을 하는 사람들이 이용할 수 있는 수단이 됐다. 사회주의 정당은 세기가 바뀔 무렵부터 노동계급의 상황을 개선하고, 국가권력을 장악하고 궁극적으로 자본주의 사회를 계급 없는 사회로 바꾸기 위한 기구였다. 그러던 정당이 이제는 다양한 진보적 대의를 내건 운동이 너도나도 자기 목적을 달성하기 위해 이용하려고 드는 전쟁터가 되고 말았다.

사회주의자들은 여러 해에 걸쳐 자본주의 국가에 자신을 맞추면서 자본주의 국가에 처음부터 없던 민주적 요소를 불어넣었다. 사회주의자들은 처음에 자유주의자들이 건설했고, 나중에는 보수주의자들이 계승한 국가에 자신을 맞췄다. 사회주의자들은 자본주의와 민족국가를 개혁했다. 이런 투쟁을 벌이는 동안 사회주의자들은 가공할 정치적 조직을 만들고 발전시켰다. 애초에 대중정당으로 시작한 사회주의 정당은 유연한 자세로 시민사회에서 표출하는 모든 진보적 요구를 충분히 받아들여야 했고, 사회주의자들 스스로 그래야 한다고 채찍질했다. 어찌 됐건 노동계급은 가장 일반적인 계급이었다. 따라서 노동계급의 해방은 사회 전체의 해방을 위한 서곡이었다.

많은 질타와 비판을 받았지만, 사회주의 정당은 여전히 정치판을 바꾸는 데 없어서는 안 될 기본 조직이었다. (비록 이론적인 면에서는 줄기차게 의문이 제기되었지만) 실천이라는 측면에서는 한 번도 사회주의에 대한 문제 제기가 없었다. 페미니즘과 1960년대에 등장한 또 다른 운동들도 사회주의의 실천적 측면은 의심하지 않았다. 페미니스트들에겐 자신의 우선순위와 또 다른 최종 목표가 있었기에 사회주의 이데올로기와 목표, 우선순위를 받아들이지는 않았지만, 자신의 요구를 충족하기 위해 이용할 수 있는 조직은 여전히 정당밖에 없다는 사실을 인정했다. 정당은 페미니스트들의 목표와 열망을 의회와 정부에 전달할 수 있는 수단이었다.

페미니스트들은 절대로 '단순한' 페미니스트가 아니었다. 그들은 페미니스트적 관점에서 모든 정치 쟁점을 재검토했고, 새로운 사회운동에도 적극적으로 뛰어들었다. 페미니스트들은 1960년대 급진주의와 가치관을 공유했다. 즉 페미니스트들과 급진주의는 세계가 동서와 남북으로 분열된 상황을 등에 업고 굳게 자리 잡은 패권 구도에 똑같이 반감을 드러냈다. 페미니스트들은 동서의 반체제 인사들을 지지하고 유럽 중심주의적 세계관에 반대한, 극단적인 '제3세계주의자'였다. 기본적으로 미 '제국주의'에 반대했고, 통합 유럽이라는 연방주의자들의 꿈에 관심이 없었으며, 핵무기를 비롯한 모든 군국주의를 증오했다. 사회주의 입장에서 볼 때 페미니즘은 사회주의에 대한 도전이자 기회였다. 페미니즘 운동을 통해 대다수 여성들을 지배하던 보수적인 사고의 틀을 깰 수 있었기 때문이다.

주석

2014년판 서문

1   G. M. Tamás, 'Words from Budapest', *New Left Review*, No. 80, March/April 2013, p. 22.

2   다음 조사 결과를 참조할 것;
http://www.pewglobal.org/2012/05/29/european-unity-on-the-rocks;
http://www.pewglobal.org/2013/05/13/the-new-sick-man-of-europe-the-european-union;
http://www.pewglobal.org/2012/05/29/chapter-1-national-conditions-and-economic-ratings.

3   재무부 장관 Gorden Brown 시장 관저 연설;
http://webarchive.nationalarchives.gov.uk/+/http://www.hm-treasury.gov.uk/2014.htm.

4   마약과 범죄에 대한 UN사무국 수치;
http://www.unodc.org/unodc/en/data-and-analysis/homicide.html.

5   Stephen Foley, 'Wall Street humiliated by nationalisation of banks', *Independent*, 15 October 2008.

6   See 'A Fight for a Piece of What's Left' by Jonathan D. Glater and Gretchen Morgenson, in *New York Times*, 15 September 2008;
http://www.nytimes.com/2008/09/16/business/16bankruptcy.html.

7   보수행동회의The Conservative Action Conference 연설, 27 February 2009;
http://www.gwu.edu/~action/2008/cpac2009/cpac2009boehner.html.

8   TNS-Sofres for *Le Figaro* magazine;
http://www.lefigaro.fr/assets/pdf/barometrefigmag-021112.pdf.

9   James Achur, *Trade Union Membership 2012*, Department of Business Initiative and Skills, p. 10.

10 http://www.pewresearch.org/2013/05/14/europeans-grow-dissatisfied-with-the-inequities-of-the-economic-system.

서문

1   프랑스 사회주의자들의 혁명 100주년 해석에 대한 논의는 Marc Angenot, *1889. Un état du discours social*, Editions du Préambule, Québec, 1989, pp. 697~703을 참조할 것.

2   1789년의 첫 번째 100주년에 대한 고민은 Eric J. Hobsbawm, *Echoes of the Marseillaise. Two Centuries Look Back on the French Revolution*, Verso, London, 1990의 chapter 3을 참조할 것. 7월 14일의 채택으로 이어진 결정에 대해서는 Charles Rearick, 'Festivals in Modern France: The Experience of the Third Republic', *Journal of Contemporary History*, Vol. 12, no. 3, July 1977, pp. 443~445를 참조할 것.

3   Editorial in *Le cri du peuple*, edited by the Blanquist Edouard Vaillant, Friday, 4 January 1889.

4   Marc Angenot, *Le centenaire de la révolution 1889*, La documentation française, Paris, 1989, p. 12.

5   Patrick Garcia, 'L'Etat républicain face au centenaire: raisons d'Etat et universalisme dans la commémoration de la Révolution française', in Jacques Bariety (ed), *1889: Centenaire de la Révolution Française*, Peter Lang, Berne, 1992, pp. 145~146.

6   Cited in Jean Garrigues, 'Le Boulangisme et la Révolution française', in Bariety (ed.), op. cit., p. 171.

7   *Histoire de la IIe Internationale. Congrès International Ouvrier Socialiste*, Paris, 14~22 July 1889, Vol. 6~7, Minkoff Reprint, Geneva, 1976, pp. 19~20.

8   Patricia van der Esch, *La deuxième internationale 1889~1923*, Librairie Marcel Rivière, Paris, 1957, p. 22.

9   Ibid., p. 37.

10   Ibid., p. 40.

11   Ibid., p. 41; 가능주의자들의 결의안에 대해서는 pp. 187~279를 참조할 것.

12   노동계급은 빠져 있었다.

13   See, for instance, Jerzy Topolski, 'Continuity and Discontinuity in the Development of the Feudal System in Eastern Europe (Xth to XVIIth Centuries)', *Journal of European Economic History*, Vol. 10, no. 2, Fall 1981.

14   Fernand Braudel, *A History of Civilizations*, trans. Richard Mayne, Allen Lane/ Penguin, London, 1994, pp. 316~317을 보면 '모든 자유들은 서로 위협한다. 하나가 다른 하나를 제한하며, 그것은 이후에 더 큰 경쟁자에게 무릎 꿇는다'는 구절이 생각난다.

15   E. L. Jones, *The European Miracle. Environments, Economies and Geopolitics in the History of Europe and Asia*, Cambridge University Press, Cambridge, 1987, pp. 45, 57.

1   See Otto Bauer, 'Die Geschichte eines Buches', *Neue Zeit*, 1908 (written in 1907 on the fortieth anniversary of the publication of the first volume of *Das Kapital*), cited in Günther Roth, *The Social Democrats in Imperial Germany. A Study in Working-Class Isolation and National Integration*, Bedminster Press, Towota NJ, 1963, p. 200.

2   See Eric J. Hobsbawm, 'The Fortunes of Marx's and Engels' Writings', in E. J. Hobsbawm (ed.), *The History of Marxism*, Vol. I: *Marxism in Marx's Day*, Harvester Press, Brighton, 1982, p. 331.

3   통속적 마르크스주의 주요 구성 요소에 대한 Bauer의 목록은 Roth, op. cit., p. 201에 인용된 것을 참조할 것.

4   선언문과 동반된 조항에 대해서는 Simonetta Soldani, 'Un primo maggio piccolo piccolo', *Italia Contemporanea*, no. 190, March 1993, pp. 37~64를 참조할 것.

5   Eric J. Hobsbawm, *The Age of Empire 1875~1914*, Weidenfeld and Nicolson, London, 1987, pp. 118~121.

6   활동가들이 영국 노동자들 사이에서 담론을 통해 노동조합의 가치를 어떻게 구성했는지는 Patrick Joyce의 *Visions of the People. Industrial England and the Question of Class 1848~1914*, Cambridge University Press, Cambridge, 1991의 4~5장에서 볼 수 있다.

7   Cited in Stanley Pierson, *Marxist Intellectuals and the Working Class Mentality in Germany 1887~1912*, Harvard University Press, Cambridge MA, 1993, p. 64.

8   Carl E. Schorske, *German Social Democracy 1905~1917. The Development of the Great Schism*, John Wiley and Sons, New York, 1965 (1st edn 1955), p. 3.

9   Friedrich Engels, Introduction to Karl Marx, *Class Struggles in France 1848~1850*, International Publishers, New York, 1964, pp. 19, 20, 27.

10   Peter Nettl, 'The German Social Democratic Party 1890~1914 as a Political Model', *Past and Present*, no. 30, April 1965, p. 65. 파시즘 이전의 이탈리아에서 사회주의자들과 가톨릭교도들은 비슷한 운명을 겪었다.

11   David Blackbourn, *Class, Religion and Local Politics in Wilhelmine Germany. The Centre Party in Württemberg before 1914*, Yale University Press, New Haven CT, 1980, p. 26. 이 책은 중앙당이 현대 대중정당으로 구성된 것에 대한 구체적인 분석을 제공한다.

12   Franco Andreucci, 'La diffusione e la volgarizzazione del marxismo', in *Storia del Marxismo. Vol. 2: Il Marxismo nell'età della Seconda Internazionale*, Einaudi Editore, Turin, 1979, pp. 16~17, 25~27.

13   Pierson, op. cit., p. 61.

14 Georges Haupt, *Aspects of International Socialism 1871~1914*, Cambridge University Press, Cambridge, 1986, p. 70.

15 See *La Charte de Quaregnon, déclaration de principes du Parti Socialiste Belge*, Fondation Louis de Brouckère, Brussels, 1980, pp. 146~147.

16 E. H. Krossman, *The Low Countries 1780~1940*, Clarendon Press, Oxford, 1978, pp. 341, 344.

17 David Kirby, 'The Finnish Social Democratic Party and the Bolsheviks', *Journal of Contemporary History*, Vol. 11, nos 2~3, July 1976, pp. 100, 109~110.

18 Haupt, op. cit., pp. 49, 59.

19 See James Joll, *The Second International l889~1914*, Routledge and Kegan Paul, London, 1974, pp. 13~16.

20 Hugues Portelli, *Le socialisme français tel qu'il est*, Presses Universitaires de France, Paris, 1980, pp. 13~14.

21 주된 경향성에 대한 유용한 묘사에는 다음을 참조할 것. Roger Magraw, *A History of the French Working Class. Vol. 2: Workers and the Bourgeois Republic*, Blackwell, Oxford, 1992, pp. 82~83.

22 Jean-Marie Mayeur and Madeleine Rebérioux, *The Third Republic from Its Origins to the Great War 1871~1914*, Cambridge University Press, Cambridge, 1984, pp. 137~138. 프랑스 노동당은 애국주의 때문에 이름을 노동당PO에서 프랑스 노동당POF으로 바꿨다. Portelli, op. cit., p. 21을 참조할 것.

23 Ibid., p. 141 and Magraw, op. cit., p. 86.

24 Portelli, op. cit., p. 15.

25 Madeleine Rebérioux, 'Il dibattito sulla guerra', in *Storia del Marxismo*, Vol. 2: *Il marxismo nell'età della Seconda Internazionale*, p. 918.

26 Mayeur and Rebérioux, op. cit., p. 302. See also Jean Touchard, *La gauche en France depuis 1900*, Editions du Seuil, Paris, 1977, pp. 37~39.

27 Haupt, op. cit., pp. 60~61.

28 Magraw, op. cit., p. 82.

29 Tony Judt in his *Marxism and the French Left*, Clarendon Press, Oxford, 1986, p. 16.

30 Portelli, op. cit., p. 31.

31 Richard Gillespie, *The Spanish Socialist Parry*, Clarendon Press, Oxford, 1989, pp. 9, 15.

32 Gaetano Arfè, *Storia del socialismo italiano 1892~1926*, Einaudi Editore, Turin, 1965, p. 29.

33 *Il Partito Socialista Italiano nei suoi Congressi*, Vol. II Edizioni *Avanti!*, Milan, 1961, p. 35.

34 Ernesto Ragionieri, *Il marxismo e l'Internazionale*, Editori Riuniti, Rome, 1972, p. 184.

35 Ernesto Ragionieri, *Storia d'Italia. Dall'Unità a oggi*, Vol. 4, Tome 3, Einaudi Editore, Turin, 1976, p. 1910.

36 Ibid., pp. 1905~1907.

37 이에 대한 논문은 방대하다. 독일과 영국에 초점을 맞춘 입문적인 성격의 논문으로는 Christiane Eisenberg, 'The Comparative View in Labour History. Old and New Interpretations of the English and the German Labour Movement before 1914', *International Journal of Social History*, Vol. 34, 1989, pp. 403~432 가 있다.

38 David Kirby, 'The Labour Movement' in Max Engman and David Kirby (eds), *Finland. People, Nation and State*, C. Hurst and Co., London, 1989, p. 206.

39 Risto Alapuro, *State and Revolution in Finland*, University of California Press, Berkeley, 1988, pp. 109~110, 117. See also D. G. Kirby, *Finland in the Twentieth Century*, C. Hurst and Co., London, 1979, pp. 32~33.

40 Carl F. Brand, *The British Labour Party*, Hoover Institution Press, Standford, 1974, pp. 4~12.

41 Eric J. Hobsbawm, *Labouring Men. Studies in the History of Labour*, Weidenfeld and Nicolson, London, 1972, p. 234.

42 Ibid., p. 232.

43 「페이비언 보고서」의 발췌문은 Eric J. Hobsbawm (ed.), *Labour's Turning Point 1880~1900*, Harvester Press, Brighton, 1974, pp. 57~58을 참조할 것.

44 Brand, op. cit., p. 12.

45 Gregory Elliott, *Labourism and the English Genius. The Strange Death of Labour England?*, Verso, London, 1993, p. 3.

46 Iring Fetscher, 'Bernstein e la sfida all'ortodossia', in *Storia del Marxismo. Vol. 2: Il marxismo nell'età della Seconda Internazionale*, pp. 244~245.

47 Eduard Bernstein, *Evolutionary Socialism*, Schocken Books, New York, 1963, pp. 54~73. 보다 최근에 번역된 것으로는 Eduard Bernstein, *The Preconditions of Socialism*, edited and translated by Henry Tudor, Cambridge University Press, Cambridge, 1994가 있다. 여기에서는 이전 판이 사용되었다.

48 Ibid., p. 79.

49 Ibid., p. 80.

50 Eduard Bernstein, 'The Struggle of Social Democracy and the Social Revolution: 2. The Theory of Collapse and Colonial Policy', originally in *Neue Zeit*, 19 January 1898; English translation in H. Tudor and J. M. Tudor (eds) *Marxism and Social Democracy. The Revisionist Debate 1896~1898*, Cambridge

University Press, Cambridge, 1988, pp. 168~169.

51 Nettl, op. cit., p. 68.

52 Roth, op. cit., p. 161.

53 See Herbert Tingsten, *The Swedish Social Democrats*, Bedminster Press, Totowa NJ, 1973, (originally published in 1941), pp. 118~128, 139.

54 Robert Wohl, *French Communism in the Making 1914~1924*, Stanford University Press, Stanford CA, 1966, pp. 8~9.

55 *Il Partito Socialista Italiano nei suoi Congressi*, p. 30.

56 Arfè, op. cit., pp. 149~151.

57 Marek Waldeberg 'La strategia politica della socialdemocrazia tedesca', in *Storia del Marxismo*, Vol. 2: *Il Marxismo nell'età della Seconda Internazionale*, op. cit., p. 211.

58 Cited in Vernon L. Lidtke, *The Outlawed Party: Social Democracy in Germany 1878~1890*, Princeton University Press, Princeton NJ, 1966, p. 328.

59 Judt, op. cit., p. 116.

60 Cited in Pierre Bezbakh, *Histoire et figures du socialisme français*, Bordas, Paris, 1994, p. 135.

61 Krossman, op. cit., p. 341.

62 Douglas V. Verney, *Parliamentary Reform in Sweden 1866~1921*, Clarendon Press, Oxford, 1957, pp. 196~198.

63 Neil Harding, *Lenin's Political Thought*, Macmillan, London, 1983, Vol. 1, pp. 197~199.

64 For Kautsky, see Massimo Salvadori, *Kautsky e la rivoluzione socialista 1880/1938*, Feltrinelli, Milan, 1976, p. 141.

65 Haupt, op. cit., p. 139.

66 Ibid., chapter 5.

67 See Perry Anderson, 'The Antinomies of Antonio Gramsci', in *New Left Review*, no. 100, November 1976~January 1977, pp. 64~65; see also Oskar Negt, 'Rosa Luxemburg e il rinnovamento del marxismo', in *Storia del Marxismo*. Vol. 2: *Il marxismo nell'età della Seconda Internazionale*, op. cit., p. 318. See also Peter Nettl, *Rosa Luxemburg*, Oxford University Press, abridged edn, 1969, pp. 283~284.

68 Nettl, 'The German Social Democratic Party 1890~1914 …', p. 73.

69 Dieter K. Buse, 'Party Leadership and Mechanism of Unity: The Crisis of German Social Democracy Reconsidered, 1910~1914', *Journal of Modern History*, Vol. 62, no. 3, September 1990, p. 490.

70 George Lichtheim, *A Short History of Socialism*, Weidenfeld and Nicolson,

London, 1970, p. 221.

71 Barrington Moore, Jr, *Injustice. The Social Bases of Obedience and Revolt*, Macmillan, London, 1978, p. 219.

72 Dick Geary, *Karl Kautsky*, Manchester University Press, Manchester, 1987, pp. 62~63.

73 정치적 대중파업에 대한 소책자가 1905년에 출판되었다. Massimo L. Salvadori, 'La socialdemocrazia tedesca e la rivoluzione russa del 1905', in *Storia del marxismo. Vol. 2: Il marxismo nell'età della Seconda Intenazionale*, op. cit., p. 591 을 참조할 것.

74 Janet Polasky, 'A Revolution for Socialist Reforms: The Belgian General Strike for Universal Suffrage', *Journal of Contemporary History*, Vol. 27, no. 3, July 1992. See also Robert Gildea, *Barricades and Borders. Europe 1800~1914*, Oxford University Press, Oxford, 1987, p. 315.

75 Kirby, op. cit., pp. 30~31.

76 Wolfgang Abendroth, *A Short History of the European Working Class*, New Left Books, London, 1972, p. 44.

77 Berndt Schiller, 'Years of Crisis, 1906~1914', in Steven Koblik (ed.), *Sweden's Development from Poverty to Affluence*, University of Minnesota Press, Minneapolis, 1975, p. 202.

78 See Harding, op. cit., chapter 7.

79 Merle Fainsod, *International Socialism and the World War*, Octagon Books, New York, 1973 (first published in 1935), p. 10.

80 Cited in Joll, op. cit., pp. 94~95.

81 Cited in Nettl, *Rosa Luxemburg*, p. 132.

82 For Luxemburg's position, see ibid., p. 133.

83 여기에 사용된 텍스트는 Susanne Miller and Heinrich Potthoff, *A History of German Social Democracy. From 1848 to the Present*. Berg, Leamington Spa, 1986, pp. 240~242에서 인용되었다.

84 Schorske, op. cit., p. 6.

85 W. O. Henderson, *The Life of Friedrich Engels*, Frank Cass, London, 1976, Vol. 2, p. 665.

86 Geary, op. cit., p. 40.

87 Ibid., p. 65.

88 Schorske, op. cit., p. 19.

2장 | 1차 세계대전에서 2차 세계대전까지(1914~1940년)

1   G. D. H. Cole, *A History of Socialist Thought*. Vol. V: *Socialism and Fascism 1931~1939*, Macmillan, London, 1960, p. 61.

2   Raimund Loew, 'The Politics of Austro-Marxism', in *New Left Review*, no. 118, November-December 1979, pp. 23~24를 참조할 것. 1차 세계대전에 대한 좌파의 태도를 설명한 것은 Merle Fainsod, *International Socialism and the World War*를 참조할 것.

3   Quoted in Joll, *The Second International 1889~1914*, p. 168.

4   Polasky, 'A Revolution for Socialist Reforms …', p. 450.

5   Fainsod, op. cit., p. 36.

6   Barrington Moore, Jr., *Injustice*, p. 226.

7   Haupt, *Socialism and the Great War. The Collapse of the Second International*, Clarendon Press, Oxford, 1972, p. 220.

8   Ibid., p. 219.

9   Nettl, 'The German Social Democratic Party 1890~1914 …', p. 81.

10   See Fainsod's perceptive words in op. cit., p. 41.

11   Nettl, op. cit., pp. 83~84.

12   Miller and Potthoff, *A History of German Social Democracy*, p. 48.

13   Richard J. Evans, *Death in Hamburg. Society and Politics in the Cholera Years 1830~1910*, Penguin, Harmondsworth, 1990, pp. 553~554.

14   Hobsbawm, *Labouring Men*, p. 324.

15   Gareth Stedman Jones, *Languages of Class*, Cambridge University Press, Cambridge, 1983, p. 237·

16   See Bob Holton, *British Syndicalism 1900~1914. Myth and Realities*, Pluto Press, London, 1976, especially the conclusions.

17   Daniel Ligou, *Histoire du socialisme en France 1871~1961*, Presses Universitaires de France, Paris, 1962, p. 242.

18   Fainsod, op. cit., pp. 42~43, 59.

19   Charles S. Maier, *Recasting Bourgeois Europe. Stabilization in France, Germany, and Italy in the Decade after World War I*, Princeton University Press, Princeton NJ, 1975, p. 192.

20   Eric J. Hobsbawm, *Age of Extremes. The Short Twentieth Century 1914~1991*, Michael Joseph, London, 1994, p. 69.

21   폴란드 전투의 중요성에 대해서는 Aldo Agosti, *La Terza Internazionale. Storia Documentaria*, Vol. 1, Editori Riuniti, Rome, 1974, p. 196을 참조할 것.

22   V. I. Lenin, '"Left-Wing Communism"—An Infantile Disorder' (April-May 1920) in *Collected Works*, Vol. 31, Progress Publishers, Moscow, 1965~1974,

p. 97.

23 Fritz Hodne, *The Norwegian Economy, 1920~1980*, Croom Helm, London, 1983, p. 19.

24 Erik Hansen, 'Crisis in the Party: *De Tribune* Faction and the Origins of the Dutch Communist Party 1907~1909', *Journal of Contemporary History*, Vol. 11, nos 2~3, July 1976, pp. 43~64.

25 Judt, *Marxism and the French Left*, p. 122.

26 이탈리아의 경우에 대해서는 Tommaso Detti, *Serratti e la formazione del Partito comunista italiano*, Editori Riuniti, Rome, 1972에서 특히 chapter 3을 참조하고, 스페인의 경우에 대해서는 Gillespie, *The Spanish Socialist Party*, p. 36을 참조할 것.

27 원래의 19가지 조건은 V. I. Lenin, 'Terms of admission into the Communist International', *Collected Works*, Vol. 31, pp. 206~211에 있으며, 21가지 조건은 Agosti, op. cit., pp. 285~291에 있다.

28 See Paolo Spriano, *Stalin and the European Communists*, Verso, London, 1985, pp. 9~10.

29 Eberhard Kolb, *The Weimar Republic*, Unwin and Hyman, London, 1988, p. 35.

30 Eric D. Weitz, 'State Power, Class Fragmentation, and the Shaping of German Communist Politics, 1890~1933', *Journal of Modern History*, Vol. 62, no. 2, June 1990, p. 254.

31 Kolb, op. cit., p. 45.

32 David Abraham, *The Collapse of the Weimar Republic. Political Economy and Crisis*, Princeton University Press, Princeton NJ, 1981, p. 266.

33 See the accounts in Ben Fowkes, *Communism in Germany under the Weimar Republic*, Macmillan, London, 1984, pp. 85~86, 91~109, and in Rosa Leviné-Meyer's memoirs, *Inside German Communism. Memoirs of Party Life in the Weimar Republic*, Pluto Press, London, 1977, pp. 50~56.

34 수치는 Fowkes, op. cit., pp. 204~205에 따른 것이며, 1921년의 수치는 과장된 것이 거의 분명하다.

35 Weitz, op. cit., pp. 285, 292.

36 Philippe Bernard and Henri Dubief, *The Decline of the Third Republic 1914~1938*, Cambridge University Press, Cambridge, 1988, p. 301.

37 Touchard, *La gauche en France depuis 1900*, p. 198. See also Alberto Castoldi, *Intellettuali e Fronte popolare in Francia*, De Donato, Bari, 1978, pp. 46~150.

38 Hobsbawm, *Echoes of the Marseillaise*, p. 50; the entire second chapter is devoted to this issue.

39 Daniel R. Brower, *The New Jacobins. The French Communist Party and the*

Popular Front, Cornell University Press, Ithaca NY, 1968, pp. 246~247.

40 Maurice Thorez, *France Today and the People's Front*, Victor Gollancz, London, 1936, p. 178.

41 Touchard, op. cit., p. 203.

42 Data in Touchard, op. cit., p. 205 and Ronald Tiersky, *French Communism 1920~1972*, Columbia University Press, New York and London, 1974, p. 58.

43 Maurice Adereth, *The French Communist Party. A Critical History (1920~1984): From Comintern to 'he colours of France'*, Manchester University Press, Manchester, 1984, p. 72.

44 Ibid., p. 78.

45 Tiersky, op. cit., p. 72.

46 Touchard, op. cit., p. 277.

47 Nina Fishman's *The British Communist Party and the Trade Unions, 1933~1945*, Scolar Press, Aldershot, 1995는 영국의 경우에 대해 가장 잘 다뤘다.

48 See the introduction to William E. Paterson and Alastair H. Thomas (eds), *The Future of Social Democracy*, Clarendon Press, Oxford, 1986, p. 2.

49 Article in the SAP journal *Tiden*, quoted in Herbert Tingsten, *The Swedish Social Democrats*, p. 425.

50 Christine Buci-Glucksmann and Göran Therborn, *Le défi social-démocrate*, Maspero, Paris, 1981, pp. 187, 206.

51 Tingsten, op. cit., p. 201.

52 Ibid., pp. 251, 262~263.

53 Ibid., p. 228.

54 Richard Scase, *Social Democracy in Capitalist Society: Working Class Politics in Britain and Sweden*, Croom Helm, London, 1977, pp. 29, 39, 22.

55 Walter Korpi, *The Democratic Class Struggle*, Routledge and Kegan Paul, London, 1983, p. 47.

56 Mario Telò, *La Socialdemocrazia europea nella crisi degli anni trenta*, Franco Angeli, Milan, 1985, pp. 264, 301~302.

57 이것은 Sven Anders Söderplan in 'The Crisis Agreement and the Social Democratic Road to Power', in Steven Koblic (ed.), *Sweden's Development from Poverty to Affluence 1750~1970*, trans. Joanne Johnson, University of Minnesota Press, Minneapolis, 1975, pp. 258~278에서 설명될 수 있다.

58 Buci-Glucksmann and Therborn, op. cit., pp. 203~205.

59 Hodne, op. cit., p. 96.

60 Sven E. Olsson, *Social Policy and Welfare State in Sweden*, Arkiv förlag, Lund, 1990, p. 110.

61 Carl Landauer, *European Socialism. A History of Ideas and Movements*, Vol. II, University of California Press, Berkeley and Los Angeles, 1959, p. 1542.

62 Ibid., p. 1551.

63 H. Arndt, *The Economic Lessons of the Nineteen-Thirties*, Oxford University Press, London, 1944, pp. 214~218.

64 Landauer, op. cit., p. 1541.

65 Tingsten, op. cit., p. 707.

66 W. Glyn Jones, *Denmark. A Modern History*, Croom Helm, London, 1986, pp. 135~148.

67 Landauer, op. cit., pp. 1556~1559.

68 Paul Preston, *The Coming of the Spanish Civil War*, Methuen, London, 1983, pp. 6~10.

69 Ibid., pp. 13~15, 84.

70 See Helen Graham, *Socialism and War. The Spanish Socialist Party in Power and Crisis 1936~1939*, Cambridge University Press, Cambridge, 1991.

71 Helen Graham, 'The Spanish Popular Front and the Civil War', in H. Graham and Paul Preston (eds), *The Popular Front in Europe*, Macmillan, London, 1987.

72 Preston, op. cit.; see also his 'The Agrarian War in the South', in Preston (ed.), *Revolution and War in Spain 1931~1939*, Methuen, London, 1984.

73 이것은 지금까지 연구를 바탕으로 나올 수 있는 유일한 결론이다. Kolb, op. cit., p. 142를 참조할 것.

74 W. L. Guttsman, *The German Social Democratic Party 1875~1933*, Allen and Unwin, London, 1981, p. 311.

75 Miller and Potthoff, op. cit., p. 77.

76 「괴를리츠 강령」의 텍스트는 Miller and Potthoff, op. cit., pp. 253~255를 보라. 이 문장은 p. 254에서 인용되었다.

77 Ibid., p. 255.

78 Ibid., p. 254.

79 Guttsman, op. cit., p. 315.

80 Charles S. Maier, *In Search of Stability. Explorations in Political Economy*, Cambridge University Press, Cambridge, 1987, p. 205.

81 Ibid., p. 204.

82 Abraham, op. cit., pp. 249~251 and Gian Enrico Rusconi, *La crisi di Weimar. Crisi di sistema e sconfitta operaia*, Einaudi Editore, Turin, 1977, pp. 46~56.

83 전체 텍스트는 Miller and Potthoff, op. cit., pp. 258~264를 참조할 것. 이 구절은 p. 259에서 인용되었다.

84 Ibid., p. 258.

85 Hilferding에 대해서는 Rusconi, op. cit., pp. 177~230을 참조할 것.

86 Rudolf Hilferding, speech to the SPD Conference 1927; extracts in David Beetham (ed.), *Marxism in the Face of Fascism*, Manchester University Press, Manchester, 1983.

87 David Abraham, 'Labor's Way: On the Successes and Limits of Socialist Parties in Interwar and Post-World War II Germany', *International Labor and Working Class History*, no. 28, Fall 1985, p. 7.

88 Donna Harsh, *German Social Democracy and the Rise of Nazism*, University of North Carolina Press, Chapel Hill, 1993, p. 156, see also p. 163.

89 Knut Borchardt, *Perspectives on Modern German Economic History*, trans. Peter Lambert, Cambridge University Press, Cambridge, 1991, pp. 182~183.

90 G. Feldman, 'German Interest Group Alliances in War and Inflation, 1914~1923' in Suzanne D. Berger (ed.), *Organizing Interests in Western Europe*, Cambridge University Press, Cambridge, 1983, p. 172.

91 Magraw, *A History of the French Working Class*, Vol. 2. p. 227.

92 Touchard, op. cit., pp. 141~151 and Magraw, op. cit., p. 242.

93 Judt, op. cit., pp. 136~141.

94 Touchard, op. cit., pp. 163~165.

95 Blum은 *Le Populaire*, between July and December 1922에 실린 일련의 논문에서 이 개념을 발전시켰다. *L'Oeuvre de Léon Blum*, Vol. III-1 (1914~1928), Albin Michel, Paris, 1972, pp. 245~252를 참조할 것. Blum은 이후 Ecole Normale Supérieure에서 연설할 때 이런 구분을 부활시켰다. *L'Oeuvre de Léon Blum*, Vol. VI-1 (1945~1947), pp. 427~437을 참조할 것. Blum의 저술들을 모아놓은 이 책은 9권으로 출간되었으며, 놀랍게도 1926년 1월 10~11일 Salle Bellevilloise 특별대회에서 한 주요 연설과 개념을 더욱 발전시킨 *Le Populaire*, from 27 November to 26 December 1929의 주요 논문을 빼놓았다.

96 Gilbert Ziebura, 'Léon Blum à la veille de l'exercice du pouvoir', in *Léon Blum chef du gouvernement 1936~1937*, Cahiers de la Fondation Nationale des Sciences Politiques, Colin, Paris, 1967, pp. 29~31.

97 Cited in Michael Newman, *John Strachey*, Manchester University Press, Manchester, 1989, p. 23.

98 Ziebura, op. cit., p. 35.

99 Julian Jackson, *The Popular Front in France. Defending Democracy, 1934~1938*, Cambridge University Press, Cambridge, 1988, pp. 66~70은 공산주의자들이 인민전선 정부에 참여하지 않은 문제에 정확한 대답을 내놓기에는 증거가 충분하지 않다고 지적했다.

100 인민전선 프로그램의 전체 텍스트는 ibid., pp. 299~302를 참조할 것.

101 Etienne Gout, Pierre Juvigny and Michel Moussel, 'La politique sociale du front populaire', in *Léon Blum chef du gouvernement 1936~1937*, pp. 245~247.

102 Gary Cross, *A Quest for Time. The Reduction of Work in Britain and France, 1840~1940*, University of California Press, Berkeley, 1989, p. 226.

103 Parti Communiste Français, *Histoire du Parti communiste français*, Editions Sociales, Paris, 1964, p. 318을 참조할 것. 이 책은 프랑스 공산당이 지명한 '역사학자' 위원회가 썼다.

104 이 파업에 대한 상세한 논의는 Magraw, op. cit., pp. 262~288과 Jackson, op. cit., pp. 85~112를 참조할 것.

105 Francis Horden, 'Genèse et vote de la loi du 20 juin 1936 sur les congés payés', *Le Mouvement social*, no. 150, January-March 1990, p. 20.

106 Allan Bullock, *The Life and Times of Ernest Bevin. Vol. 1: Trade Union Leader 1881~1940*, Heinemann, London, 1960, p. 601.

107 Ibid., p. 575.

108 Cross, op. cit., pp. 131~135. See also Lex Heerman Van Voss, 'The International Federation of Trade Unions and the Attempt to Maintain the Eight-hour Working Day (1919~1929)', in Fritz Van Holtoon and Marcel van der Linden (eds), *Internationalism and the Labour Movement 1830~1940*, Vol. II, E. J. Brill, Leiden, 1988, p. 519.

109 Jackson, op. cit., p. 171.

110 Ibid., p. 167.

111 Ibid., p. 169.

112 Ibid., p. 271. The historiography on this issue is discussed on pp. 272~277.

113 Joel Colton, *Léon Blum. Humanist in Politics*, Alfred A. Knopf, New York, 1966, pp. 274~275. Jackson은 급진주의자들이 Blum의 손을 묶었다고 지적했다. op. cit., p. 277을 참조할 것.

114 James Joll, *Intellectuals in Politics*, Weidenfeld and Nicolson, London, 1960, pp. 46~47.

115 Tiersky, op. cit., p. 61.

116 See, for instance, Fernando Claudín, *The Communist Movement. From Comintern to Cominform*, Penguin, Harmondsworth, 1975, pp. 204~207 and Daniel Guérin, *Front populaire, révolution manquée*, Paris, 1963.

117 Brand, *The British Labour Party*, p. 95.

118 Ibid., p. 115.

119 Robert Skidelsky, *Politicians and the Slump. The Labour Government of 1929~1931*, Macmillan, London, 1967, pp. 170~182를 참조할 것. Mosley의 제안에 대한 상세한 분석은 Skidelsky's *Oswald Mosley*, Macmillan, London,

1981, pp. 199~220을 참조할 것.

120 Ben Pimlott, *Labour and the Left in the 1930s*, Cambridge University Press, Cambridge, 1977, pp. 10~11.

121 Skidelsky, *Politicians and the Slump*, p. 43.

122 Ibid., p. xii.

123 Ross McKibbin, 'The Economic Policy of the Second Labour Government 1929~1931', *Past and Present*, no. 68, August 1975, pp. 96~102.

124 Ibid., p. 105.

125 Ibid., p. 108.

126 Robert W. D. Boyce, *British Capitalism at the Crossroads 1919~1932. A Study in Politics, Economics and International Relations*, Cambridge University Press, Cambridge, 1987, p. 197.

127 Skidelsky, *Politicians and the Slump*, p. 395.

128 C. R. Attlee, *The Labour Party in Perspective*, Left Book Club edn, Victor Gollancz, London, 1937, p. 156.

129 Ibid., pp. 169~175.

3장 | 좌절된 대안들

1 Telò, *La socialdemocrazia europea nella crisi degli anni trenta*, p. 23.

2 C. Maier, '"Fictitious bonds … of wealth and law": On the Theory and Practice of Interest Representation', in Suzanne D. Berger (ed.), *Organizing Interests in Western Europe*, Cambridge University Press, Cambridge, 1983, p. 47.

3 Bullock, *The Life and Times of Ernest Bevin*, Vol. 1, pp. 601ff. See also Keith Middlemas' history of the transformation of trade unions into 'an estate of the realm': *Politics in Industrial Society. The Experience of the British System since 1911*, André Deutsch, London, 1979.

4 Harsh, *German Social Democracy and the Rise of Nazism*, p. 162. Chapter 6 of Harsh's book lucidly examines this and similar proposals.

5 Ibid., pp. 166~168.

6 John A. Garraty, *Unemployment in History. Economic Thought and Public Policy*, Harper, New York, 1979, p. 194.

7 Harsh, op. cit., p. 190.

8 Maier, *In Search of Stability*, pp. 39~41 and G. Feldman's essay in Berger (ed.), op. cit.

9 Skidelsky, *Oswald Mosley*, pp. 179~220.

10 Newman, *John Strachey*, p. 58.

11 Ibid., pp. 87~97, 135.

12 Pimlott, *Labour and the Left in the 1930s*, pp. 39~40.

13 See For *Socialism and Peace. The Labour Party's Programme of Action*, London, 1934, p. 14.

14 Ibid., p. 15.

15 Ibid., pp. 28~30.

16 Pimlott, op. cit., p. 202.

17 A. W. Wright, *G. D. H. Cole and Socialist Democracy*, Clarendon Press, Oxford, 1979, pp. 170~173. See also L. P. Carpenter, *G. D. H. Cole. An Intellectual Biography*, Cambridge University Press, Cambridge, 1973, pp. 151~152.

18 See Bullock, op. cit., p. 530 and Kenneth Harris, *Attlee*, Weidenfeld and Nicolson, London, 1982, pp. 108~109.

19 이들은 1937년 판에서 "우리는 1936~1937년의 발전에 대해 알게 되면서 물음표를 빼도 된다고 생각했다"고 덧붙였다. Sidney and Beatrice Webb, *Soviet Communism: A New Civilization*, Longmans, Green and Co., London, 1944, p. 971을 참조할 것.

20 Elizabeth Durbin, *New Jerusalems. The Labour Party and the Economics of Democratic Socialism*, Routledge and Kegan Paul, London, 1985, pp. 173~175.

21 See Carpenter, op. cit., chapters 2 and 5.

22 Sidney and Beatrice Webb, *A Constitution for the Socialist Commonwealth of Great Britain*을 참조할 것. Webb 부부와 Cole에 대한 Karl Renner의 논평에 관해서는 Tom Bottomore and Patrick Goode (eds), *Austro-Marxism*, Clarendon Press, Oxford, 1978, pp. 189~193에 실린 그의 1921년 에세이 'Democracy and the Council System'을 참조할 것.

23 Durbin, op. cit., p. 179.

24 Richard K. Kuisel, *Capitalism and the State in Modern France. Renovation and Economic Management in the Twentieth Century*, Cambridge University Press, Cambridge, 1981, pp. 60~61.

25 Telò, op. cit., p. 27.

26 Kuisel, op. cit., p. 101.

27 Ibid., p. 112.

28 Touchard, *La gauche en France depuis 1900*, p. 180 and Alain Bergourioux, 'Le néosocialisme. Marcel Déat: réformisme traditionnel ou esprit des années trentes', *Revue Historique*, Vol. 102, no. 528, October-December 1978, p. 394.

29 Kuisel, op. cit., p. 113.

30 See Touchard, op. cit., pp. 180~181, 188 and Bergourioux, op. cit., pp. 396~397.

31 Bernard and Dubief, *The Decline of the Third Republic 1914~1938*, p. 204 and

Donald N. Baker, 'Two Paths to Socialism: Marcel Déat and Marceau Pivert', in *Journal of Contemporary History*, Vol. 11, no. 1, 1976, p. 115.

32 Touchard, op. cit., p. 187.

33 프로그램의 텍스트는 Jackson, *The Popular Front in France*, pp. 299~302를 참조할 것.

34 Thorez, *France Today and the People's Front*, pp. 228, 237~248.

35 Ligou, *Histoire du socialisme en france 1871~1961*, p. 392와 Bergourioux, op. cit., pp. 400~412를 참조할 것. 신사회주의자의 폭넓은 설명과 그중에서도 나치즘과 파시즘에 대한 구절은 Dan S. White, *Lost Comrades. Socialists of the Front Generation 1918~1945*, Harvard University Press, Cambridge MA, 1992, esp. pp. 117~139, 157~174를 참조할 것.

36 Philippe Burrin, *La Dérive fasciste. Doriot, Déat, Bergery 1933~1954*, Editions du Seuil, Paris, 1986, p. 415.

37 For instance, James A. Gregor, *Young Mussolini and the Intellectual Origins of Fascism*, University of California Press, Berkeley, 1979.

38 Burrin, op. cit., p. 13.

39 Dick Pels, 'The Dark Side of Socialism: Hendrik de Man and the Fascist Temptation', *History of Human Sciences*, Vol. 6, no. 2, 1993, p. 76. 이 점에 대해 많은 부분을 밝혀주는 것은 Burrin, op. cit다.

40 Maier, *In Search of Stability*, p. 58.

41 See Kuisel, op. cit., pp. 108~112, Touchard, op. cit., pp. 179~182 and Burrin, op. cit., pp. 152~153.

42 드 만 계획의 텍스트는 Peter Dodge가 편집 · 편찬 · 번역한 Hendrik de Man, *A Documentary Study of Hendrik de Man, Socialist Critic of Marxism*, Princeton University Press, Princeton NJ, 1979, pp. 290~299, 특히 p. 292를 참조할 것.

43 여기에 나온 de Man의 생각에 대한 요약과 이어지는 인용은 Kuisel op. cit., p. 108을 참조할 것. 인용문은 *Thèses de Pontigny* originally published in 1935에 나온 것이다. de Man, op. cit., p. 303을 참조할 것.

44 De Man, op. cit., p. 159.

45 Ibid., p. 173.

46 Telò, op. cit., p. 203.

47 Erik Hansen, 'Hendrik de Man and the Theoretical Foundations of Economic Planning: The Belgian Experience, 1933~1940', *European Studies Review*, Vol. 8, no. 2, April 1978, pp. 247~249.

48 Erik Hansen, 'Depression Decade Crisis: Social Democracy and Planisme in Belgium and the Netherlands 1929~1939', *Journal of Contemporary History*, Vol. 16, no. 2, April 1981, p. 304.

49 White, op. cit., pp. 128, 137.

50 Hansen, 'Depression Decade Crisis …', pp. 305~307. See also Erik Hansen and Peter A. Prosper, 'Political Economy and Political Action: The Programmatic Response of Dutch Social Democracy to the Depression Crisis', *Journal of Contemporary History*, Vol. 29, no. 1, January 1994, pp. 129~154.

51 Hansen, 'Depression Decade crisis …', pp. 315~316.

52 Hansen, 'Hendrik de Man …', p. 236.

53 Ibid., pp. 243~244.

54 Dodge, Introduction to De Man, op. cit., p. 15.

55 Hansen, 'Hendrik de Man …', pp. 245, 252.

56 Pels, op. cit., p. 90.

57 Dodge, Introduction to De Man, op. cit., p. 16.

58 Otto Bauer, 'What Is Austro-Marxism?', in *Arbeiter-Zeitung*, 3 November 1927; now in Bottomore and Goode, *Austro-Marxism*, p. 47.

59 In Bottomore and Goode, op. cit., p. 150.

60 From *The Austrian Revolution* (1924), extract in Bottomore and Goode, op. cit., p. 164.

61 Ibid., p. 162.

62 Ibid., pp. 162~163.

63 Cited in Enzo Collotti, Introduction to Otto Bauer, *Tra due guerre mondiali?* (the Italian translation of *Zwischen zwei Weltkriegen?*), Einaudi Editore, Turin, 1979, pp. xxvi-xxvii.

64 Ibid., p. xxvii.

65 Barbara Jelavich, *Modern Austria. Empire and Republic 1815~1986*, Cambridge University Press, Cambridge, 1987, pp. 198~202.

66 Otto Bauer, *Austrian Democracy under Fire*, London, 1934; extracts in Beetham (ed.), *Marxists in Face of Fascism*, pp. 284~294(passage cited on p. 292). 오스트리아 사회주의 패배에 대한 Bauer의 분석과 파시즘에 대한 그의 '계급 간의 세력균형' 분석에서 가장 중요한 텍스트는 *Zwischen zwei Weltkriegen?*(1936)이다. 위에서 언급한 이탈리아어 번역본을 참고했지만, 가능할 때마다 Beetham 선집에서 인용했다. 이탈리아어를 아는 독자라면 Beetham 선집에 대한 Giacomo Marramao의 입문서 *Austromarxismo e socialismo di sinistra fra le due guerre*, La Pietra, Milan, 1975, 특히 pp. 105~115에서 더 많은 것을 알 수 있을 것이다.

67 Beetham (ed.), op. cit., p. 293.

68 Originally in *Zwischen zwei Weltkriegen?*(1936); citation in Beetham (ed.), op. cit., p. 296. (*The Eighteenth of Brumaire of Louis Bonaparte*에서 보나파르트주

의에 대한 마르크스의 분석에서 영감을 얻은) Bauer가 유일하게 계급 간 세력균형의 범주를 사용한 오스트리아 마르크스주의자는 아니다. Max Adler와 Karl Renner의 견해에 대해서는 Gerhard Botz, 'Austro-Marxist Interpretation of Fascism', in *Journal of Contemporary History*, Vol. 11, no. 4, 1976, pp. 129~156을 참조할 것. Leon Trotsky와 1928년 추방되기까지 독일 공산당의 주요 지도자였던 August Thalheimer가 계급 간 세력균형 분석을 사용했다. 'Bonapartism and Fascism', in *Writings of Leon Trotsky, 1934~1935*, New York, 1971, pp. 51~57과 Thalheimer's 1928 article 'On Fascism', in Beetham (ed.), op. cit., pp. 187~195를 참조할 것.

69   Helmut Gruber, *Red Vienna: Experiment in Working Class Culture, 1919~1934*, Oxford University Press, Oxford, 1991.

70   Jill Lewis, 'Red Vienna: Socialism in One City, 1918~1927', in *European Studies Review*, Vol. 13, no. 3, 1983, pp. 335, 352와 *Fascism and the Working Class in Austria 1918~1934. The Failure of Labour in the First Republic*, Berg, New York, 1991, 5장을 참조. Lewis는 책에서 계급 간의 세력균형에 대한 Bauer의 이론을 '완전히 부적절한 것'으로 보며 단호하게 거부한다. pp. 56~57, 204를 참조할 것.

71   Cited in Beetham (ed.), op. cit., p. 300.

72   In *Zwischen zwei Weltkriegen?*(Italian translation, p. 197). de Man의 유사한 의견에 대해서는 Telò, op. cit., p. 212를 참조할 것.

73   Bauer, *Tra due guerre mondiali?*; p. 324.

74   Arfè, *Storia del socialismo italiano(1892~1926)*, p. 259.

75   Ibid., pp. 261~269.

76   Franco De Felice, *Serrati, Bordiga, Gramsci e il problema della rivoluzione in Italia 1919~1920*, De Donato, Bari, 1974, p. 120.

77   Ibid., pp. 121~122.

78   Giuseppe Berti makes the analogy with Carlo Pisacane in the Introduction to his edition of the documents from the Tasca archives: *I primi dieci anni di vita del PCI. Documenti inediti dell'archivio Angelo Tasca*, Feltrinelli, Milan, 1967, pp. 22~23.

79   V. I. Lenin, 'Left-wing Communism—an Infantile Disorder', in *Collected Works*, Vol. 31, pp. 65 n., 113과 의회주의에 대한 언급(1920년 8월 2일에 열린 코민테른 2차 대회에서 연설), ibid., p. 253을 참조할 것.

80   Bordiga 편에서 사건을 재구성한 것은 Andreina De Clementi, *Amadeo Bordiga*, Einaudi Editore, Turin, 1971, pp. 150~175에 있다.

81   Antonio Gramsci, *Selections from Political Writings 1921~1926*, trans. and ed. Quintin Hoare, Lawrence and Wishart, London, 1978(이하 SPW라 칭함), 특히

pp. 207~309와 'Some Aspects of the Southern Question', pp. 441~462를 참조할 것.

82 「리옹 테제」의 텍스트는 SPW, pp. 340~375, 역사적인 부분과 이론적인 부분은 pp. 340~354에서 볼 수 있다.

83 Ibid., p. 357.

84 Ibid., p. 358.

85 Ibid., p. 359.

86 Ibid., pp. 373~375.

87 Gramsci의 '부하린주의'에 대해서는 Leonardo Paggi, *Le strategie del potere in Gramsci*, Editori Riuniti, Rome, 1984, p. 354를 참조할 것.

88 Palmiro Togliatti, *Opere*, Vol. 2, Editori Riuniti, Rome, 1972, p. 794.

89 Togliatti, op. cit., Vol. IV, i, p. 152. 나는 이 문제를 'Italian Communism and the Popular Front', in Graham with Preston (eds), *The Popular Front in Europe*에서 더 자세히 다뤘다.

90 See his Political Report to the Central Committee in *Collected Works*, Vol. 27, pp. 98~99; cited by Christine Buci-Glucksmann in her *Gramsci and the State*, Lawrence and Wishart, London, 1980, p. 193.

91 Antonio Gramsci, *Selections from the Prison Notebooks*, ed. and trans. Quintin Hoare and Geoffrey Nowell Smith, Lawrence and Wishart, London, 1971, p. 235.

92 Ibid., p. 238.

93 Ibid., p. 233.

94 Ibid., p. 239.

95 Ibid., pp. 238~239.

96 Ibid., pp. 57~58.

97 Ibid., p. 234.

98 Ibid., p. 239.

99 Ibid., p. 109.

100 Ibid., p. 108.

101 이런 분석은 1926년 「리옹 테제」에서 분명하게 나타난다. SPW, 특히 p. 350을 참조할 것.

102 Gramsci, *Prison Notebooks*, p. 279.

103 Ibid., p. 281.

104 Ibid., p. 285.

105 Ibid., p. 312.

106 정당 개념의 다양한 사용에 대한 더 완전한 기술은 Anne Showstack Sassoon, *Gramsci's Politics*, Hutchinson, London, 1987, p. 154를 참조할 것.

107 Stephen J. Lee, *The European Dictatorships 1918~1945*, Routledge, London, 1987, pp. 251~292를 참조하고, 독재주의 움직임과 독재 정권에 대한 더 광범위한 논의는 Martin Blinkhorn (ed.), *Fascists and Conservatives. The Radical Right and the Establishment in Twentieth-Century Europe*, Unwin Hyman, London, 1990을 참조할 것.

108 John H. Hodgson, *Communism in Finland. A History and Interpretation*, Princeton University Press, Princeton NJ, 1967, p. 140 n. 이런 정보가 왜 핀란드 공산주의에 대한 책의 주석으로 밀려나야 하는지는 분명하지 않다.

4장 | 전쟁, 저항운동과 그 이후 : 1939~1948년 서유럽 공산주의의 성쇠

1 소련의 두려움은 6월 7일 라트비아와 에스토니아가 독일과 불가침조약을 체결하면서 더욱 커졌다. David Kirby, 'The Baltic States 1940~1950', in Martin McCauley (ed.), *Communist Power in Europe 1944~1949*, Macmillan, London, 1977, p. 23 참조. 스탈린의 행동이 소련의 국가적 이익이라는 관점에서 정당화되지는 않더라도 전적으로 이해할 만하다는 것이 당시 많은 정치인들(예컨대 Attlee와 Eden)의 견해였다. Harris, *Attlee*, pp. 161, 167과 *The Eden Memoirs. The Reckoning*, Cassell, London, 1965, pp. 55~56을 참조. 확고한 반스탈린주의 저술가 Fernando Claudin은 조약 자체가 아니라 조약이 사용된 방법을 비판했다. *The Communist Movement*, p. 297 참조. 덜 편파적인 저술가들은 현실 정치realpolitik를 근거로 조약이 놀라운 것이 아니라고 여겼다. Geoffrey Roberts, *The Unholy Alliance. Stalin's Pact with Hitler*, I. B. Tauris, London, 1989 참조. 이 책에서는 조약의 주원인을 집단 안보 프로그램과 소련, 영국, 프랑스의 협상이 실패한 데서 찾는다. 이는 이후의 글라스노스트(glasnost : 소련의 정보 공개 정책—옮긴이)를 통한 기록 작업으로 확인된 듯하다. Geoffrey Roberts, 'The Soviet Decision for a Pact with Nazi Germany', *Soviet Studies*, Vol. 44, no. 1, 1992, pp. 57~78을 참조할 것.

2 Agosti, *La Terza internazionale. Storia documentaria*, Vol. 3, p. 1163.

3 Gerhard Hirschfeld, *Nazi Rule and Dutch Collaboration. The Netherlands under German Occupation 1940~1945*, Berg, Oxford, 1988, p. 110.

4 Edward Mortimer, *The Rise of the French Communist Party 1920~1947*, Faber and Faber, London, 1984, pp. 283~284.

5 H. R. Kedward, 'Behind the Polemics: French Communists and the Resistance 1939~1941', in Stephen Hawes and Ralph White (eds), *Resistance in Europe: 1939~1945*, Pelican, Harmondsworth, 1976, p. 99. 이 논문은 소련의 침공이 있기 전에는 이렇다 할 프랑스 공산주의 저항운동이 없었다는 종전의 견해를 설득력 있게 무너뜨린다. 이를 더 증명하는 것은 John F. Sweets, *Choices in*

Vichy France, Oxford University Press, New York, 1986, pp. 204~206과 Lynne
Taylor, 'The Parti communiste français and the French Resistance in the Second
World War', in Tony Judt (ed.) *Resistance and Revolution in Mediterranean
Europe 1939~1948*, Routledge, London and New York, 1989, pp. 53~71에 있다.

6   1939년 9월 25일과 10월 2~3일에 열린 영국 공산당CPGB 중앙위원회 회의
    의 기록은 Francis King and George Matthews (eds), *About Turn. The British
    Communist Party and the Second World War*, Lawrence and Wishart, London,
    1990에 실려서 출판된 적이 있다. 회의록은 소련에 대한 충성이 자동적인
    반응이 아니라 고통스러운 토론으로 얻어진 것임을 보여준다. 소비에트 당
    국이 회의록을 공개하기 전에 쓴 Noreen Branson, *History of the Communist
    Party of Great Britain 1927~1941*, Lawrence and Wishart, London, 1985, pp.
    266~267과 (그 이후에 출판된) Nina Fishman, *The British Communist Party
    and the Trade Unions, 1933~1945*, pp. 252~256 참조. 이 책은 나치 독일을 주
    적으로 간주하는 일반 공산주의자들의 태도가 거의 변하지 않았다는 것을
    보여준다.

7   이 비밀 의정서 자체는 세력권을 정한 것이며, 폴란드를 군사적으로 분리하
    는 것에 대한 협의는 아니었다. Roberts, 'The Soviet Decision…', pp. 73~74를
    참조할 것.

8   Eric. J. Hobsbawm, *Revolutionaries*, Quartet Books, London, 1977, pp. 5~6.

9   Agosti, op. cit., pp. 1166~1172.

10 Paolo Spriano, *Storia del Partito comunista italiano*. Vol. III: *I fronti popolari,
    Stalin, la guerra*, Einaudi Editore, Turin, 1970, p. 332.

11 Fishman, op. cit., pp. 277~278, 315~318은 영국 공산당이 파업을 억압했다는
    일반적으로 주장된 견해를 효과적으로 물리쳤다.

12 Agosti, op. cit., p. 1181.

13 Text in Jane Degras (ed.), *The Communist International 1919~1943, Documents*,
    Vol. III, Frank Cass, London, 1971, pp. 476~481.

14 Stig Ekman, 'The Research Project Sweden During the Second World War',
    Report to the XIth IALHI Conference, 2~4 September 1980, Stockholm, in
    Meddelande Fran Arbetarrörelsens Arkiv Och Bibliotek, no. 16, 1980, p. 21.

15 Henri Michel, *The Second World War*, André Deutsch, London, 1975,
    pp. 291~292. 또 Maria-Pia Boëthius's *Heder och Samvete* (Honour and
    Conscience), Norsteds Förlag, Stockholm, 1991을 참조할 것. 이 논란이 많
    은 책은 스웨덴 사람들이 전쟁에서 자신의 역할을 받아들이는 데 실패한
    것을 크게 책망했다. 독일에게 스웨덴의 공급 물자가 전략적으로 중요했
    다는 것은 Alan S. Milward, *War, Economy, and Society 1939~1945*, Penguin,
    Harmondsworth, 1987, pp. 308~313을 참조할 것.

16 Michel, op. cit., p. 73.

17 Susan Seymour, *Anglo-Danish Relations and Germany 1933~1945*, Odense University Press, 1982, pp. 168~169.

18 Jørgen Haestrup, *Europe Ablaze. An Analysis of the History of the European Resistance Movements 1939~1945*, Odense University Press, 1978, p. 53.

19 이 일화는 Leo Goldberger (ed.), *The Rescue of the Danish Jews: Moral Courage under Stress*, New York University Press, New York, 1987에서 재구성되었다.

20 Hirschfeld, op. cit., pp. 94~100.

21 Michel, op. cit., pp. 78, 297.

22 Radomir V. Luza, *The Resistance in Austria 1938~1945*, University of Minnesota Press, Minneapolis, 1984, pp. 12, 21, 83.

23 Haestrup, op. cit., pp. 282~285.

24 Hodgson, *Communism in Finland*, p. 195.

25 Kirby, *Finland in the Twentieth Century*, p. 152.

26 Francesca Taddei, *Il socialismo italiano del dopoguerra: correnti ideologiche e scelte politiche (1943~1947)*, Franco Angeli, Milan, 1984, p. 35.

27 Document in Pietro Secchia (ed.), *Il PCI e la guerra di liberazione 1943~1945*, Feltrinelli, Milan, 1973, p. 509.

28 See Partito Socialista Italiano (PSI), *Il Partito socialista italiano nei suoi congressi. Vol. V: 1942~1955: Il socialismo italiano di questo dopoguerra*, ed. Franco Pedone, Edizioni del Gallo, Milan, 1968, p. 25를 참조할 것. 그러나 최종 결의안에서는 사회주의 공화국을 언급하지 않았다는 점을 참고할 것.

29 Cited in David Ellwood, *Italy 1943~1945*, Leicester University Press, Leicester, 1985, p. 107.

30 사회주의 정당의 국내 문제에 미국이 간섭했다는 증거는 Ronald L. Filipelli, *American Labor and Postwar Italy, 1943~1953. A Study of Cold War Politics*, Stanford University Press, Stanford CA, 1989, pp. 51~68을 참조할 것.

31 Marc Sadoun, *Les socialistes sous l'occupation. Résistance et collaboration*, Presses de la Fondation Nationale des Sciences Politiques, Paris, 1982, p. 35.

32 Ibid., pp. 50~53.

33 Ibid., p. 194.

34 See text in Léon Blum, *L'Oeuvre de Léon Blum(1940~1945)*, Editions Albin Michel, Paris, 1955, p. 383. See also Touchard, *La gauche en France depuis 1900*, p. 251.

35 Michel, op. cit., p. 505.

36 John F. Sweets, *The Politics of Resistance in France 1940~1944*, Northern Illinois University Press, DeKalb IL, 1976, pp. 160~161.

37 재건 계획에 관해서는 Andrew Shennan, *Rethinking France. Plans for Renewal 1940~1946*, Clarendon Press, Oxford, 1989와 Henri Michel, *Les courants de pensée de la Résistance*, Presses Universitaires de France, Paris, 1962를 참조할 것.

38 Cited in Michel, *Les courants ...*, p. 524.

39 Ibid., p. 527.

40 Shennan, op. cit., p. 35.

41 Michel, *Les courants...*, p. 226.

42 See Charles de Gaulle, *Mémoires de Guerre. L'Unité 1942~1944*, Librairie Pion, Paris, 1956, p. 492.

43 Adereth, *The French Communist Party*, p. 122.

44 Stéphane Courtois, *Le PCF dans la guerre. De Gaulle, La Résistance, Staline ...*, Editions Ramsay, Paris, 1980, chapter 15.

45 See Blum, op. cit., pp. 457, 402.

46 Courtois, op. cit., p. 416.

47 M. D. R. Foot, *Resistance. An Analysis of European Resistance to Nazism 1940~1945*, Eyre Methuen, London, 1976, p. 86. 저자가 공산주의에 전혀 동조하지 않았기 때문에 이런 찬사는 특별히 의미가 있다.

48 See Hans-Joachim Reichhardt's essay, 'Resistance in the Labour Movement', in Hermann Graml et al., *The German Resistance to Hitler*, B. T. Batsford, London, 1970 and F. L. Carsten's introduction, esp. p. x; see also Anthony Williams, 'Resistance and Opposition among Germans', in Hawes and White (eds), op. cit., p. 154.

49 Alan Milward, 'The Economic and Strategic Effectiveness of the Resistance', in Hawes and White (eds), op. cit., p. 200. 왜 이것이 사실이 될 수도 있는지는 T. Gjelsvik, *Norwegian Resistance 1940~1945*, C. Hurst and Co., London, 1979, 특히 p. ix를 참조할 것.

50 M. D. R. Foot, 'What Good Did Resistance Do?', in Hawes and White (eds), op. cit., p. 211. 프랑스(혹은 영국)의 비협조를 경험한 이들이 증명할 수 있듯이, 이는 전적으로 믿을 만한 것이다.

51 Haris Vlavianos 'The Greek Communist Party: In Search of Revolution', in Judt (ed.), op. cit., p. 169.

52 Ibid., p. 191.

53 Ibid., p. 195.

54 Giuliano Procacci (ed.), *The Cominform. Minutes of the Three Conferences 1947/1948/1949, Annali 1994*, Feltrinelli, Milan, 1994, p. 301.

55 Cited in Michael Dockrill, *The Cold War 1945~1963*, Macmillan, London,

1988, p. 40.

56   Peter Calvocoressi and Guy Wint, *Total War*, Penguin, Harmondsworth, 1972, p. 487.

57   Ibid., pp. 551~552.

58   영국 공산당은 1950년 선거에서 9만 2000명이 채 못 되는 유권자의 표를 얻었고, 2개 의석마저 잃었다. Kenneth O. Morgan, *Labour in Power 1945~1951*, Clarendon Press, Oxford, 1984, p. 295를 참조할 것.

59   Palmiro Togliatti, *On Gramsci and Other Writings*, ed. Donald Sassoon, Lawrence and Wishart, London, 1979, pp. 91~92.

60   프랑스 공산주의자들에게 반란 의도가 없었다는 것은 Irwin Wall, *French Communism in the Era of Stalin. The Quest for Unity and Integration, 1945~1962*, Greenwood Press, Westport CT and London, 1983, p. 29와 Jean-Jacques Becker, *Le parti communiste veut-il prendre le pouvoir? La stratégie du PCF de 1930 à nos jours*, Editions du Seuil, Paris, 1981, pp. 152~165를 참조할 것. 이탈리아 공산당의 경우는 Donald Sassoon, *The Strategy of the Italian Communist Party. From the Resistance to the Historic Compromise*, Frances Pinter, London, 1981, pp. 31~33을 참조할 것.

61   그리스 공산당KKE 지도자 Nikos Zachariades는 유고슬라비아의 전면적인 원조를 약속받았다고 주장했다. D. George Kousoulas, *Revolution and Defeat. The Story of the Greek Communist Party*, Oxford University Press, London, 1965, p. 237을 참조할 것.

62   Cited in Mortimer, op. cit., p. 332. Note that the SFIO had taken the initiative for a merger; see Becker, op. cit., p. 183.

63   'The Tasks of the Party in the Current Situation', in Togliatti, *Communist Power in Europe 1944~1949*, pp. 84.

64   Vladimir V. Kusin, 'Czechoslovakia', in Martin McCauley (ed.), *Communist Power in Europe 1944~1948*, Macmillan, London, 1977, pp. 78~79.

65   Procacci (ed), op. cit., pp. 195, 253~263, 275~279, 293, 297. 이 점은 회의록에서 확인할 수 있다. Eugenio Reale, *Nascita del Cominform*, Mondadori, Milan, 1958, pp. 17, 118~119, 123의 설명을 참조하고, 특히 이탈리아 공산당과 소련의 논쟁에 대해서는 Silvio Pons, 'Le politica estera dell'URSS, il Cominform e il PCI (1947~1948)', *Studi Storici*, Vol. 35, no. 4, October-December 1995, pp. 1123~1147을 참조할 것.

66   Procacci (ed.), op. cit., p. 195.

67   Ibid., p. 297.

68   Ibid., p. 263.

69   Ibid., p. 281.

70   See Jon Bloomfield, *Passive Revolution. Politics and the Czechoslovak Working Class 1945~1948*, St Martin's Press, New York, 1979, pp. 216~217.

71   Becker, op. cit., p. 174.

72   See Adererh, op. cit., p. 141 and Becker, op. cit., p. 161.

73   Mortimer, op. cit., p. 347.

74   와제 연설의 텍스트는 Maurice Thorez, *Oeuvres*, Vol. 5, Part 21 (June 1945-March 1946), Editions Sociales, Paris, 1963에 있다. 근로조건과 높은 임금에 대해서는 pp. 158, 160, 여성에 대해서는 p. 159, 규율과 휴가, 잦은 결근과 게 으름에 대해서는 pp. 163~168을 참조할 것.

75   The text of the *Programme* is in Maurice Thorez, *Oeuvres*, Vol. 5, Part 23 (November 1946-June 1947), Editions Sociales, Paris, 1963, pp. 152ff.

76   Wall, op. cit., pp. 35~38.

77   Palmiro Togliatti, *Opere. Vol. 5: 1944~1955*, Editori Riuniti, Rome, 1984, pp. 165~167, 171~172.

78   Palmiro Togliatti, *Discorsi Parlamentari*, Vol. 1, Ufficio Stampa e Pubblicazioni della Camera dei Deputati, Rome, 1984, p. 46.

79   Palmiro Togliatti, 'The Tasks of the Party in the Current Situation', in *Discorsi Parlamentari*, p. 84.

80   Mortimer, op. cit., p. 350.

81   Adereth, op. cit., p. 139.

82   내가 쓴 *Contemporary Italy*, Longman, London, 1986, pp. 195~209의 헌법에 대한 장을 참조할 것.

83   상세한 분석에 대해서는 내가 쓴 'The Role of the Italian Communist Party in the Consolidation of Parliamentary Democracy in Italy', in Geoffrey Pridham (ed.), *Securing Democracy: Political Parties and Democratic Consolidation in Southern Europe*, Routledge, London and New York, 1990을 참조할 것.

84   예를 들어 볼로냐에 대한 긍정적인 묘사는 스위스 저널리스트 세 명(Max Jäggi, Roger Müller, Sil Schmid)이 쓴 *Red Bologna*, Writers and Readers, London, 1977을 참조할 것.

85   Hodgson, op. cit., p. 221.

86   See David G. Kirby, 'New Wine in Old Vessels? The Finnish Socialist Workers' Party, 1919~1923', *Slavonic and East European Review*, Vol. 66, no. 3, July 1988, p. 443.

87   Anthony Upton, 'Finland', in McCauley (ed.), op. cit., p. 134.

88   Hodgson, op. cit, pp. 206~207.

89   Ibid., pp. 212~213, 230.

90   Upton, op. cit., p. 136.

91 Kirby, *Finland in the Twentieth Century*, p. 194.

92 이 경우에도 Pekka Haapakoski, 'Brezhnevism in Finland', *New Left Review*, no. 86, July-August 1974, p. 34에서 제기한 것과 같이 공산주의가 1945~1948년 정부 당시 온건한 태도를 취한 것으로 인해 노동계급 사이에서 그들의 신뢰가 무너지고, 공산당의 패배로 이어졌다는 견해를 입증할 만한 증거는 전혀 없다. 핀란드 공산당SKP에서 이탈한 노동자들은 노동조합 선거에서 입증되었듯이 더 온건한 사회민주주의로 이동했다.

93 일부 역사가들은 당연한 것을 말하는 데 만족한다. 예를 들어 L. A. Puntila in *The Political History of Finland 1809~1966*, Heinemann, London, 1975, p. 205의 그리 도움이 되지 않는 언급을 보라. "점령된 동유럽 국가에서 인민민주주의를 확립하면서 얻은 경험은 분명히 핀란드에 적용되지 않았다."

94 Z. A. B. Zeman, *The Making and Breaking of Communist Europe*, Blackwell, Oxford, 1991, pp. 241~242.

95 See Bloomfield, op. cit., pp. 199~200, 225~226.

96 이 마지막 포인트는 Pertti Hynynen가 주장한 것이다. 그의 'The Popular Front in Finland', *New Left Review*, no. 57, September-October 1969, pp. 8~9를 참조할 것.

97 네덜란드 공산주의자들이 받은 박해에 대해서는 J. van Lingen and N. Slooff, *Van Verzetsstrijder tot Staatsgevaarlijk Berger*, Anthos, Baarn, 1987, discussed by Bob Moore in 'Occupation, Collaboration and Resistance', *European Historical Quarterly*, Vol. 21, no. 1, January 1991, p. 116을 참조할 것. 벨기에에서 전쟁 이후 공산주의 파르티잔들이 받은 억압은 Hans Depraetere and Jenny Dierickx, *La guerre froide en Belgique. La répression envers le PCB et le FI*, Editions EPO, Brussels, 1986, esp. pp. 211~218에 기록되었다.

98 Mortimer, op. cit., p. 145 and Becker, op. cit., p. 193.

99 Becker, op. cit., p. 197.

5장 | 1945년 이후의 사회주의자들

1 Karl Marx, *Capital*, trans. Moore-Aveling, Vol. 1, Progress Publishers, Moscow, 1965, p. 302.

2 Ibid., Vol. 3, Progress Publishers, Moscow, 1971, p. 820.

3 Melanie Ann Sully 'Austrian Social Democracy' in Paterson and Thomas (eds), *The Future of Social Democracy*, p. 154.

4 Ernst Christiansen, 'The Ideological Development of Democratic Socialism in Denmark', *Socialist International Information*, Vol. 18, no. 1, 4 January 1958, p. 15.

5   Lewis J. Edinger, *Kurt Schumacher*, Stanford University Press, Stanford CA, 1965, pp. 78~79.

6   Ibid., pp. 106~108.

7   Richard Evans, *Rethinking German History. Nineteenth Century Germany, and the Origins of the Third Reich*, Unwin Hyman, London, 1987, p. 196; see also Miller and Potthoff, *A History of German Social Democracy*, p. 176.

8   영국에서 그와 같은 쇠퇴에 대한 언급은 Raphael Samuel, 'The Lost World of British Communism', *New Left Review*, no. 154, November-December 1985, pp. 10~11을 참조할 것. 이 분야는 비교 연구가 많지 않다.

9   Edinger, op. cit., pp. 99~103.

10 Henry Ashby Turner, Jr., *The Two Germanies since 1945*, Yale University Press, New Haven CT, 1987, p. 19.

11 Perry Anderson, 'The Figures of Descent', *New Left Review*, no. 161, January-February 1987, p. 54.

12 Roger Eatwell, *The 1945~1951 Labour Governments*, Batsford Academic, London, 1979, p. 43.

13 Jelavich, *Modern Austria*, p. 253.

14 Ibid., pp. 273~274.

15 Luza, *The Resistance in Austria 1938~1945*, p. 284.

16 Togliatti에 대한 비판적 견해는 Paul Ginsborg, *A History of Contemporary Italy. Society and Politics 1943~1988*, Penguin, Harmondsworth, 1990, p. 92를 참조할 것.

17 Peter Gowan, 'The Origins of the Administrative Elite', *New Left Review*, no. 162, March-April 1987, especially pp. 18~19.

18 Morgan, *Labour in Power*, pp. 85~86.

19 See Frank Honigsbaum, *Health, Happiness and Security: The Creation of the National Health Service*, Routledge, London, 1989 and Paul Lodge and Tessa Blackstone, *Educational Policy and Educational Inequality*, Martin Robertson, London, 1982.

20 Morgan, op. cit., p. 81.

21 Correlli Barnett, *The Audit of War. The Illusion and Reality of Britain as a Great Nation*, Macmillan, London, 1986, pp. 291~292.

22 Betty D. Vernon, *Ellen Wilkinson 1891~1947*, Croom Helm, London, 1982, p. 209.

23 Ibid., p. 217.

24 Ibid., p. 208.

25 교육법 결의안에 대해서는 F. W. S. Craig (ed.), *Conservative and Labour Party*

Conference Decisions 1945~1981, Parliamentary Research Services, Chichester, 1982, pp. 41, 184~187을 참조할 것.

26 Alec Cairncross, 'The United Kingdom', in Andrew Graham and Anthony Seldon (eds), *Government and Economies in the Postwar World. Economic Policies and Comparative Performance 1945~1985*, Routledge, London, 1990, p. 33.

27 Tim Tilton, *The Political Theory of Swedish Social Democracy. Through Welfare State to Socialism*, Clarendon Press, Oxford, 1990, p. 179.

28 Kurt L. Shell, *The Transformation of Austrian Socialism*, State University of New York Press, New York, 1962, pp. 186~187.

29 Michel, *Les courants de pensée de la Résistance*, pp. 511~518.

30 Shell, op. cit., p. 30.

31 See the accounts in John Fitzmaurice, *The Politics of Belgium. Crisis and Compromise in a Plural Society*, C. Hurst and Co., London, 1988, pp. 46~47 and in Xavier Mabille, *Histoire politique de la Belgique*, CRISP, Brussels, 1986, pp. 310~311.

32 자유주의적이고 급진적인 법학자 Pietro Calamandrei가 1947년 Togliatti의 주장에 동감하면서 인용. cited in Ragionieri, *Storia d'Italia. Dall'Unità a oggi*, Vol. 4, Book 3, p. 2476.

33 Gordon Smith, *Democracy in Western Germany. Parties and Politics in the Federal Republic*, 3rd edn, Gower, Aldershot, 1986, pp. 44~45.

34 Miller and Potthoff, op. cit., p. 163.

35 Ibid., p. 164.

36 Smith, op. cit., p. 46.

37 Tilton, op. cit., p. 151. The original sources are Alva and Gunnar Myrdal, *Kris i befolkningsfragan*, Bonniers, Stockholm 1935 and G. Myrdal, 'Kosta sociala reformer pengar?', *Arkitektur och samhälle*, 1/1 (1932b), pp. 33~44. For a critical treatment of the Myrdals' natalist views in the 1930s, see Allan Carlson, *The Swedish Experiment in Family Politics: The Myrdals and the Interwar Population Crisis*, Transaction Books, New Brunswick, 1990.

38 SAP, *The Postwar Programme of Swedish Labour. Summary in 27 Points and Comments*, Stockholm, 1948(스웨덴어로 1944년에 출간된 것을 영어로 번역함), p. 27.

39 Ibid., p. 91.

40 See Orvar Löfgren, 'Consuming Interests', in the Danish journal *Culture and Society*, no. 7, 1990, p. 23.

41 Tilton, op. cit., p. 143.

42 See François Lafon, 'Structures idéologiques et nécessités pratiques au congrès de la SFIO en 1946', *Revue d'histoire moderne et contemporaine*, Vol. XXXVI, 1989, pp. 675~679, 688.

43 Sadoun, *Les socialistes sous l'occupation*, pp. 240~241.

44 Touchard, *La gauche en France depuis 1900*, pp. 295~296.

45 Hughes Portelli, *Le socialisme français tel qu'il est*, Presses Universitaires de France, Paris, 1980, pp. 67~73.

46 예를 들어 마르크스주의적 유산이 정당에 중요한 영향을 미쳤다는 주장은 Gøsta Esping-Andersen, *Politics against Markets. The Social Democratic Road to Power*, Princeton University Press, Princeton NJ, 1985, pp. 90~91을 참조할 것.

47 Cited in Werner Abelshauser, 'Les nationalisations n'auront pas lieu. La controverse sur l'instauration d'un nouvel ordre économique et social dans les zones occidentales de l'Allemagne de 1945 à 1949', in *Le mouvement social*, no. 134, January-March 1986, p. 89; original text in V. Agartz, *Sozialistische Wirtschaftspolitik Rede gehatten auf dem Parteitag der SPD in Hannover* (May 1946), Karlshruhe, 1946, p. 8.

48 Shell, op. cit., p. 141.

49 Jelavich, op. cit., p. 247.

50 Shell, op. cit., p. 127.

51 Ibid., p. 142.

52 Ibid., p. 164.

53 이것은 46.1퍼센트를 획득한 '거점 단체'의 의견이다. PSI, *Il Partito socialista italiano nei suoi congressi*. Vol. V, p. 85.

54 비전문가들에겐 Francesca Taddei, *Il socialismo italiano del dopoguerra: correnti ideologiche e scelte politiche (1943~1947)*, 특히 pp. 268~278을 권한다.

55 Paola Caridi, *La scissione di Palazzo Barberini*, Edizioni Scientifiche Italiane, Naples, 1991, pp. 253~258.

6장 | 사회적 자본주의 건설(1945~1950년)

1 Olsson, *Social Policy and Welfare State in Sweden*, pp. 95, 147~149, 216~217.

2 Massimo Paci, 'Long Waves in the Development of Welfare Systems', in Charles S. Maier (ed.), *Changing Boundaries of the Political*, Cambridge University Press, Cambridge, 1987, pp. 192~193.

3 See, in particular, Walter Korpi, 'Power, Politics, and State Autonomy in the Development of Social Citizenship: Social Rights During Sickness in Eighteen OECD Countries Since 1930', *American Sociological Review*, Vol. 54, no. 3, June

1989.

4 Harold L. Wilensky, 'Leftism, Catholicism, and Democratic Corporatism: The Role of Political Parties in Recent Welfare State Development', in Peter Flora and Arnold J. Heidenheimer (eds), *The Development of Welfare States in Europe and America*, Transaction Books, New Brunswick and London, 1981, p. 355. 이 주장을 더 깊이 파고든 책은 *The Welfare State and Equality*, University of California Press, Berkeley, 1975다.

5 See Peter Flora and Jens Alber, 'Modernization, Democratization and the Development of Welfare States in Western Europe', in Flora and Heidenheimer (eds), op. cit.; 문헌의 검토는 Joan Higgins, *States of Welfare*, Basil Blackwell and Martin Robertson, Oxford, 1981.

6 Gøsta Esping-Andersen, *The Three Worlds of Welfare Capitalism*, Polity Press, Cambridge, 1990, p. 118.

7 이런 입장을 설명하고 논의하는 책들은 James O'Connor, *The Fiscal Crisis of the State*, St Martin's Press, New York, 1973; Ian Gough, *The Political Economy of the Welfare State*, Macmillan, London, 1979; Claus Offe, *The Contradictions of the Welfare State*, Hutchinson, London, 1984, chapter 3; and Ramesh Mishra, *The Welfare State in Crisis*, Harvester Wheatsheaf, New York and London, 1984. See also the review article by Theda Skocpol and Edwin Amenta, 'States and Social Policies', *Annual Review of Sociology*. Vol. 12, 1986, pp. 131~157이다.

8 Paul Addison, *The Road to 1945*, Quartet Books, London, 1977, pp. 227~228.

9 See Kevin Jefferys, *The Churchill Coalition and Wartime Politics, 1940~1945*, Manchester University Press, Manchester, 1991, pp. 112~133.

10 See F. W. S. Craig's compilation of conference resolutions, *Conservative and Labour Party Conference Decisions 1945~1981*, pp. 49, 60.

11 T. K. Derry, *A History of Modern Norway 1814~1972*, Oxford University Press, Oxford, 1973, p. 409.

12 Esping-Andersen, *Politics against Markets*, p. 101.

13 Dorothy Wilson, *The Welfare State in Sweden. A Study in Comparative Social Administration*, Heinemann, London, 1979, p. 9. Sven E. Olsson은 1946년 연금 개혁을 보수적인 시도로 규정하는 것은 지나치다고 주장했으며, 이는 상당히 설득력 있다. op. cit., pp. 90~107. Olsson의 표적은 Peter Baldwin이다. 'The Scandinavian Origins of the Social Interpretation of the Welfare State', *Comparative Studies in Society and History*, Vol. 13, no. 1, 1989, pp. 3~24; Baldwin의 답변은 'Class, Interest and the Welfare State. A Reply to Sven E. Olsson', in *International Review of Social History*, Vol. 34, 1989, pp. 471~484.

14 Jose Harris, 'War and Social History: Britain and the Home Front during the

Second World War', *Contemporary European History*, Vol. 1, Part 1, March 1992, p. 26~27.

15   See Eatwell, *The 1945~1951 Labour Governments*, p. 41.

16   See text in A. Lepre (ed.), *Dal crollo del fascismo all'egemonia moderata*, Guida Editori, Naples, 1973, pp. 75~81.

17   David Curtis, 'Marx against the Marxists: Catholic Uses of the Young Marx in the *Front populaire* period (1934~1938)', *French Cultural Studies*, Vol. 2, Part 2, no. 5, June 1991, pp. 165~181.

18   See Michael Balfour, *West Germany. A Contemporary History*, Croom Helm, London, 1982, p. 156 and Jeremy Leaman, *The Political Economy of West Germany, 1945~1985*, Macmillan, London, 1988, p. 51.

19   Text in Maria Grazia Maiorini, *Il Mouvement republicain populaire partito della IV Repubblica*, Giuffrè Editore, Milan, 1983, pp. 47~49.

20   See Morgan, *Labour in Power*, p. 20 and Elizabeth Durbin, *New Jerusalems. The Labour Party and the Economics of Democratic Socialism*, especially pp. 262~263.

21   John Ramsden, 'From Churchill to Heath', in Lord Butler (ed.), *The Conservatives. A History from the Origins to 1965*, Allen and Unwin, London, 1977, p. 423.

22   Esping-Andersen, *The Three Worlds of Welfare Capitalism*, p. 27.

23   Esping-Andersen, *Politics against Markets*, p. 157. 주목할 점은 발표되지 않은 John Veit-Wilson의 보고서에 따르면 보편적인 최저생계비에 대한 Beveridge 의 개념이 기대한 것보다 제한적이었다는 점이다. J. Harris in op. cit., p. 31.

24   D. Wilson, op. cit., p. 10 and Olsson, op. cit., pp. 96, 312.

25   Tilton, *The Political Theory of Swedish Social Democracy*, p. 181.

26   Olsson, op. cit., p. 117. 1945~1982년 스웨덴 복지 개혁 시간표는 p.114를 참조할 것.

27   Esping-Andersen, *Politics against Markets*, p. 91.

28   Ibid., p. 158.

29   Leif Lewin, *Ideology and Strategy. A Century of Swedish Politics*, Cambridge University Press, Cambridge, 1988, pp. 162~173.

30   See Susan Pedersen's remarkable *Family, Dependence and the Origins of the Welfare State. Britain and France 1914~1945*, Cambridge University Press, Cambridge, 1993, pp. 413~415.

31   Shennan, *Rethinking France*, p. 213.

32   Jean-Pierre Rioux, *La France de la Quatrième République. Vol. 1: L'ardeur et la nécessité 1944~1952*, Editions du Seuil, Paris, 1980, p. 119.

33 Ibid., p. 120.

34 Shennan, op. cit., pp. 222~223. See also Henry C. Galant, *Histoire politique de la sécurité sociale française, 1945~1952*, Colin, Paris, 1955 and Pierre Laroque, *Succès et faiblesses de l'effort social français*, Colin, Paris, 1961.

35 See G. Esping-Andersen and W. Korpi, 'Social Policy as Class Politics in Post-war Capitalism: Scandinavia, Austria, and Germany', in John H. Goldthorpe (ed.), *Order and Conflict in Contemporary Capitalism*, Clarendon Press, Oxford, 1984, pp. 190~192 and Shell, *The Transformation of Austrian Socialism*, p. 233.

36 Anthony Upton, 'Finland' in McCauley (ed.), *Communist Power in Europe 1944~1949*, pp. 139~140.

37 Maurizio Ferrera, *Il Welfare State in Italia*, Il Mulino, Bologna, 1984, p. 36.

38 Pier Paolo Donati, 'Social Welfare and Social Services in Italy since 1950', in R. Girod, P. de Laubier and A. Gladstone (eds), *Social Policy in Western Europe and the USA, 1950~1985*, Macmillan, London, 1985, p. 101.

39 Ginsborg, *A History of Contemporary Italy*, p. 151.

40 See Marina Bonaccorsi, 'Gli enti pubblici del settore della sicurezza sociale', in Franco Cazzola (ed.), *Anatomia del potere DC. Enti pubblici e "centralità democristiana"*, De Donato, Bari, 1979, especially pp. 104ff.

41 See Camillo Daneo, *La politica economica della ricostruzione 1945~1949*, Einaudi Editore, Turin, 1974, pp. 297~300.

42 기독민주당 좌파와 그들의 지도자 Giuseppe Dossetti의 패배는 다음 책에 연대순으로 기록되었다. Gianni Baget-Bozzo, *Il Partito cristiano al potere. La DC di De Gasperi e di Dossetti 1945/1954*, Vallecchi, Florence, 1974.

43 See Ginsborg, op. cit., p. 187 and Carlo Pinzani, 'L'Italia repubblicana', in Ragionieri, *Storia d'Italia. Dall'Unità a oggi*, pp. 2520~2521.

44 Paragraph 309 of the Act, cited in Howard Glennerster, 'Social Policy since the Second World War', in John Hills (ed.), *The State of Welfare. The Welfare State in Britain since 1974*, Clarendon Press, Oxford, 1990, p. 13.

45 Morgan, op. cit., p. 172 and Paci, op. cit., p. 193.

46 Esping-Andersen, *The Three Worlds of Welfare Capitalism*, p. 21.

47 T. H. Marshall, *Citizenship and Social Class and Other Essays*, Cambridge University Press, Cambridge, 1950, p. 8.

48 Ibid., p. 44.

49 Karl Marx and Friedrich Engels, *The German Ideology*, International Publishers, New York, 1968, p. 26.

50 V. I. Lenin, 'A Great Beginning' (July 1919), *Collected Works*, Vol. 29, Progress Publishers, Moscow, 1974, p. 429. 레닌은 자본주의에서는 이런 '싹'들이 자선

단체나 영리단체에 국한된 아주 드문 현상이 될 것이라고 크게 오해하고 있었다.

51 See A. B. Atkinson, 'Poverty and Income Inequality in Britain' and W. G. Runciman, 'Occupational Class and the Assessment of Economic Inequality in Britain', in Dorothy Wedderburn (ed.), *Poverty, Inequality and Class Structure*, Cambridge University Press, Cambridge, 1974, pp. 43~70, 93~106.

52 See W. D. Rubinstein, *Wealth and Inequality in Britain*, Faber and Faber, London, 1986, pp. 78~79 and the authorities cited therein.

53 Henry Pelling, *The Labour Governments 1945~1951*, Macmillan, London, 1984, p. 77.

54 See Eatwell, op. cit., p. 56.

55 Peter Hennessy, *Never Again. Britain 1945~1951*, Jonathan Cape, London, 1992, p. 198.

56 Morgan, op. cit., p. 98.

57 Ibid., p. 99. Ben Pimlott의 주장에 따르면 돌턴은 잉글랜드은행이 '사회주의 계획의 동력'이 되길 바랐다. *Hugh Dalton*, Macmillan, London, 1985, p. 458.

58 Pelling, op. cit., p. 77.

59 Ibid., pp. 79~80.

60 Malcom B. Hamilton, *Democratic Socialism in Britain and in Sweden*, Macmillan, London, 1989, p. 88.

61 Morgan, op. cit., p. 103.

62 Alec Cairncross, *Years of Recovery. British Economic Policy 1945~1951*, Methuen, London and New York, 1985, p. 464. Morgan, op. cit., p. 109에 따르면 지급된 보상금은 '상상을 초월할 정도로 많았다'.

63 See Addison, op. cit., pp. 273~274 and Morgan, op. cit., p. 130.

64 C. Barnett, *The Audit of War*, p. 265.

65 See the account of this débâcle in Martin Chick, 'Private Industrial Investment', in Helen Mercer, Neil Rollings and Jim Tomlinson (eds), *Labour Governments and Private Industry. The Experience of 1945~1951*, Edinburgh University Press, Edinburgh, 1992, pp. 74~90.

66 이런 지배적인 의견에 반박하는 최고의 시도는 Jim Tomlinson, *Mr. Attlee's Supply-Side Socialism: Survey and Speculations*, Discussion Papers in Economics no. 9101, Brunel University, London, 1991(날짜는 알 수 없다).

67 Jean Monnet, *Memoirs*, trans. Richard Maine, Collins, London, 1978, pp. 279~280.

68 Cairncross, op. cit., pp. 304, 329.

69 Morgan, op. cit., p. 364.

70 Cairncross, op. cit., p. 501.

71 Norman Chester, *The Nationalisation of British Industry 1945~1951*, HMSO, London, 1975, p. 1025.

72 Morgan이 이 질문을 제기했다. op. cit., 특히 pp. 130~136.

73 이런 질문들에 끌리는 사람들은 Hamilton을 참조할 것. Hamilton은 op. cit., pp. 87~92에서 Ralph Miliband가 *Parliamentary Socialism*, Allen and Unwin, London, 1961, p. 288에서 제기한 오래된 도전을 받아들인다.

74 Hodne, *The Norwegian Economy 1920~1980*, pp. 148~149.

75 Derry, op. cit., p. 426.

76 *1944 SAP Postwar Programme*, pp. 11, 15.

77 Ibid., p. 23.

78 Lewin, op. cit., pp. 170~172 and Hamilton, op. cit., p. 180.

79 Milward, *War, Economy and Society 1939~1945*, p. 328.

80 Sven E. Olsson, 'Swedish Communism Poised between Old Reds and New Greens', in *Journal of Communist Studies*, Vol. 2, no. 4, December 1986, p. 362.

81 See *1944 SAP Postwar Programme*, p. 34.

82 Lewin, op. cit., p. 185.

83 *1944 SAP Postwar Programme*, p. 42.

84 See G. M. Nederhorst, 'Les nationalisations aux Pays-Bas confronteés à l'expérience britannique', *La revue socialiste*, no. 30, October 1949, pp. 219~220.

85 Steven B. Wolinetz, 'Socio-economic Bargaining in the Netherlands: Redefining the Post-war Policy Coalition', *West European Politics*, Vol. 12, no. 1, January 1989, pp. 81~82.

86 Miller and Potthoff, *A History of German Social Democracy*, pp. 155~156.

87 Abelshauser, 'Les nationalisations n'auront pas lieu', pp. 86~90.

88 Ibid., p. 90~94.

89 Leaman, op. cit., pp. 36~37.

90 Philip Armstrong, Andrew Glyn and John Harrison, *Capitalism since World War II. The Making and Breakup of the Great Boom*, Fontana, London, 1984, chapter 3; 일본에 대한 쟁점은 p. 55를 참조할 것.

91 Volker R. Berghahn, *The Americanisation of West German Industry 1945~1973*, Berg, Leamington and New York, 1986, p. 96.

92 Hans Kernbauer, Eduard März, Siegfried Mattl, Robert Schediwy and Fritz Weber, 'Les nationalisations en Autriche', *Le mouvement social*, no. 134, January-March 1986, p. 56.

93 Shell, op. cit., pp. 201~207.

94 Ibid., pp. 211~213.

95 Kernbauer et al., op. cit., p. 68.

96 Ibid., p. 60.

97 '기술 관료적 협동조합주의' 발달에 관해서는 Bernd Marin, *Die paritätische Kommission. Aufgeklärter Techno-korporatismus in Österreich*, Internationale Publikationen, Vienna, 1982를 참조할 것.

98 Shell, op. cit., pp. 215~220.

99 Kuisel, *Capitalism and the State in Modern France*, p. 202.

100 André Malraux, *Les chênes qu'on abat ...* , Gallimard, Paris, 1971, p. 29.

101 어떤 이들은 1944~1948년 프랑스의 정책이 오스트리아, 독일, 이탈리아, 영국에서 실시한 정책의 '급진적 버전'이라고 주장했다. 훨씬 광범위하게 실시된 영국의 복지 개혁을 무시한다면 이들의 주장이 맞을 수도 있다. Claire Andrieu, 'La France à gauche de l'Europe', *Le mouvement social*, no. 134, January-March 1986.

102 See Jean-Charles Asselain, *Histoire économique de la France*. Vol. 2: *De 1919 à la fin des années 1970*, Editions du Seuil, Paris, 1984, pp. 110~111.

103 Kuisel, op. cit., p. 208.

104 See Jean-Jacques Becker, 'Le PCF', p. 163 and Serge Berstein, 'La SFIO', pp. 179~181 in Claire Andrieu, Lucette Le Van and Antoine Prost (eds) *Les nationalisations de la Libération*, Presses de la Fondation Nationale des Sciences Politiques, Paris, 1987; see also Kuisel, op. cit., pp. 202~204.

105 Berstein, op. cit., p. 181.

106 Maiorini, op. cit., pp. 44~49.

107 Cited in Mario Einaudi, Maurice Byé and Ernesto Rossi, *Nationalization in France and Italy*, Cornell University Press, Ithaca NY, 1955, p. 80.

108 Monnet, op. cit., p. 238.

109 Kuisel, op. cit., p. 222.

110 Monnet, op. cit., pp. 268~270.

111 Kuisel, op. cit., p. 271.

112 Peter A. Hall, 'Economic Planning and the State: The Evolution of Economic Challenge and Political Response in France', in G. Esping-Andersen and R. Friedland (eds), *Political Power and Social Theory*, Vol. 3, JAI Press, Greenwich CT and London, 1982, pp. 179ff.

113 Sima Lieberman, 'The Ideological Foundations of Western European Planning', *Journal of European Economic History*, Vol. 10, no. 2, Fall 1981, p. 348.

1 Francis Castles, *The Social Democratic Image of Society: A Study of the Achievements and Origins of Scandinavian Social Democracy in Comparative Perspective*, Routledge and Kegan Paul, London, 1978, p. 37.

2 Derry, *A History of Modern Norway 1814~1972*, p. 409.

3 Helge Pharo, 'Bridgebuilding and Reconstruction. Norway faces the Marshall Plan', *Scandinavian Journal of History*, Vol. 1, 1976, p. 176; Nikolai Petersen, 'The Cold War and Denmark', *Scandinavian Journal of History*, Vol. 10, 1985, p. 194.

4 이 사실은 Geir Lundestad에 의해 입증되었다. G. Lundestad, *America, Scandinavia and the Cold War 1945~1949*, Oslo, 1980.

5 See Helge Pharo, 'The Cold War in Norwegian and International Historical Research', *Scandinavian Journal of History*, Vol. 10, 1985, especially pp. 166~170, 175.

6 Jonathan Schneer, *Labour's Conscience. The Labour Left 1945~1951*, Unwin and Hyman, Boston, 1988, p. 28.

7 Schneer는 Konni Zilliacus를 리더로 하는 친親소련 성향의 하원 의원을 10명 내외로 본다. in op. cit., chapter 5.

8 Leslie J. Solley, 'Europe Today', *Labour Monthly*, March 1947, p. 74.

9 Schneer, op. cit., p. 31.

10 Mario Telò and Sven Schwersensky, 'L'unità tedesca e l'Europa. Difficoltà di ieri e di oggi della sinistra', in *Politica Europa Annali 1990~1991*, edited by the Sezione Politica e Istituzioni in Europa del Centro per La Riforma dello Stato, Franco Angeli, Milan, 1991, p. 100.

11 Ossip K. Flechtheim, 'The German Left and the World Crisis', in Bernard Brown (ed.), *Eurocommunism and Eurosocialism: The Left Confronts Modernity*, Cyrco Press, New York and London, 1979, p. 293.

12 Miller and Potthoff, *A History of German Social Democracy*, p. 157 and Gordon A. Craig, *Germany 1866~1945*, Oxford University Press, Oxford, 1981, pp. 418~419.

13 From Schumacher's Kiel speech of 27 October 1945; extracts in Miller and Potthoff, op. cit., p. 270.

14 이런 회의적인 시각에 대한 자료는 Alan S. Milward, *The European Rescue of the Nation-State* (with the assistance of George Brennan and Federico Romero), Routledge, London, 1992에 풍부하게 실렸다. 특히 'The Lives and Teachings of the European Saints'라는 제목이 붙은 장을 참조할 것.

15 Cited in Alan Bullock, *Ernest Bevin Foreign Secretary 1945~1951*, Oxford University Press, Oxford, 1985, pp. 64~65.

16 Peter Weiler, *British Labour and the Cold War*, Stanford University Press, Stanford CA, 1988, pp. 131~133.

17 Margaret Gowing, 'Britain, America and the Bomb', in David Dilks (ed.), *Retreat from Power. Studies in Britain's Foreign Relations in the Twentieth Century*. Vol. 2: *After 1939*, Macmillan, London, 1981, p. 130~135.

18 Morgan, *Labour in Power*, pp. 282~284.

19 Gowing, op. cit., p. 130.

20 Kenneth Harris에 따르면 Attlee와 Bevin은 폭넓은 안건에 관해서 합의했다.; *Attlee*, p. 294; 그러나 R. Smith와 J. Zametica는 Harris의 의견에 동의하지 않는다. 'The Cold Warrior: Clement Attlee Reconsidered 1945~1947', *International Affairs*, Vol. 61, no. 2, 1985.

21 Hobsbawm, *Age of Extremes*, p. 51.

22 Ellwood, *Italy 1943~1945*, pp. 32~35.

23 Vera Zamagni, 'The Marshall Plan: An Overview of its Impact on National Economies', in Antonio Varsori (ed.), *Europe 1945~1990s. The End of an Era?*, Macmillan, London, 1995, p. 86.

24 Michael Newman, *Socialism and European Unity. The Dilemma of the Left in Britain and France*, Junction Books, London, 1983, pp. 17, 20.

25 Pharo, 'Bridgebuilding and Reconstruction', pp. 134~135.

26 Tapani Paavonen, 'Neutrality, Protectionism and the International Community. Finnish Foreign Economic Policy in the Period of Reconstruction of the International Economy, 1945~1950', *Scandinavian Economic History Review*, Vol. XXXVII, no. 1, 1989, p. 31.

27 Procacci (ed.), *The Cominform*, p. 195.

28 핀란드에서는 공산주의 성향의 인민민주연맹SKDL을 제외한 모든 정당이 마셜플랜을 지지했다. 그러자 정부는 마셜플랜을 받아들이면 소련과 관계가 멀어질 것이란 점을 인정했다. Roy Allison, *Finland's Relations with the Soviet Union, 1944~1984*, Macmillan, London, 1985, p. 119.

29 Daniel Yergin, *Shattered Peace. The Origins of the Cold War and the National Security State*, Penguin, Harmondsworth, 1977, p. 309.

30 Alan S. Milward, *The Reconstruction of Western Europe 1945~1951*, Methuen, London, 1984, pp. 97~98, 125.

31 Charles S. Maier, 'The Two Postwar Eras and the Conditions for Stability in Twentieth-Century Western Europe', *American Historical Review*, Vol. 86, no. 2, 1981, p. 341.

32 David Ellwood, *Rebuilding Europe. Western Europe, America and Postwar Reconstruction*, Longman, London, 1992, p. 94.

33 Maier, *In Search of Stability*, chapter 3.

34 See the deftly drawn portrait of Bevin's character in Bullock, op. cit., pp. 81~96.

35 See Raymond Smith, 'Ernest Bevin, British Officials and British Soviet Policy, 1945~1947' and Anne Deighton, 'Towards a "Western Strategy": The Making of British Policy Towards Germany, 1945~1946', in Anne Deighton (ed.), *Britain and the Second World War*, Macmillan, London, 1990.

36 See Pimlott, *Hugh Dalton*, p. 390. Bevin recognized early on that there could never be peace in Palestine without taking into account Arab as well as Zionist claims; see Bullock, op. cit., p. 841.

37 Cited in Weiler, op. cit., p. 194.

38 John Kent는 미국과 특별한 관계에 헌신하겠다는 Bevin의 맹세에 의구심을 제기한다. 'Bevin's Imperialism and the Idea of Euro-Africa, 1945~1949', in Michael Dockrill and John W. Young (eds), *British Foreign Policy 1945~1956*, Macmillan, London, 1989, p. 47.

39 Newman, op. cit., pp. 138~147.

40 See the *New Statesman* of 10 June 1950, cited in Morgan, op. cit., p. 393.

41 Morgan, op. cit., pp. 423, 434.

42 Philip M. Williams, *Hugh Gaitskell*, Oxford University Press, Oxford, 1982, p. 169.

43 Eatwell, *The 1945~1951 Labour Governments*, p. 140.

44 Cited in Bullock, op. cit., p. 126.

45 C. Barnett, *The Audit of War*, p. 304.

46 H. W. Brands, 'India and Pakistan in American Strategic Planning, 1947~1954: Commonwealth as Collaborator', *Journal of Imperial and Commonwealth History*, Vol. XV, no. 1, October 1986, p. 51.

47 Edward Hallett Carr, *The Bolshevik Revolution 1917~1923*, Vol. 3, Penguin, Harmondsworth, 1971, p. 28에서 확정적인 증거와 함께 인용.

48 Cairncross, *Years of Recovery*, p. 8.

49 Sir Richard W. B. Clarke, *Anglo-American Economic Collaboration in War and in Peace 1942~1949*, ed. Sir Alec Cairncross, Clarendon Press, Oxford, 1982, p. 70.

50 Ibid., p. 152.

51 D. C. Watt는 'American Aid to Britain and the Problem of Socialism, 1945~1951', in his *Personalities and Politics*, University of Notre Dame Press, South Bend IN, 1965, p. 66에서 이와 비슷한 주장을 한다.

52 간결하고 명쾌한 설명을 원한다면 Pimlott, op. cit., pp. 429~441을 참조할 것.

53 Monnet, *Memoirs*, p. 250.

54 Annie Lacroix-Ritz, 'Négociation et signature des accords Blum-Byrnes (Octobre 1945~Mai 1946). D'après les archives du Ministère des Affaires Etrangères', *Revue d'histoire moderne et contemporaine*, Vol. XXXI July-September 1984, pp. 442~446.

55 Shennan, *Rethinking France*, p. 144.

56 D. K. Fieldhouse, 'The Labour Governments and the Empire-Commonwealth, 1945~1951', in Ritchie Ovendale (ed.), *The Foreign Policy of the British Labour Governments, 1945~1951*, Leicester University Press, Leicester, 1984, pp. 82~84.

57 Ibid., p. 85.

58 Ibid., pp. 95~97.

59 Ibid., p. 98.

60 Thomas Balogh, 'Britain and the Dependent Commonwealth, in A. Creech Jones (ed.), *New Fabian Colonial Essays*, Hogarth Press, London, 1959, p. 106.

61 Allister E. Hinds, 'Sterling and Imperial Policy, 1945~1951', *Journal of Imperial and Commonwealth History*, Vol. XV, no. 2, January 1987, pp. 148~169.

62 그의 고위 공무원 Sir Hilton Poynton, Sir Leslie Monson과 개인 비서 Sir Duncan Watson의 언급을 참조할 것. 그들의 언급은 Nicholas Owen (ed.), 'Decolonisation and the Colonial Office' (Witness Seminar), *Contemporary Record*, Vol. 6, no. 3, Winter 1992, p. 502에 실렸다.

63 Arthur Creech Jones, 'The Labour Party and Colonial Policy 1945~1951', in A. Creech Jones (ed.), *New Fabian Colonial Essays*, pp. 21, 23~25, 36~37. For the role of the Colonial Office, see L. J. Butler, *Economic Development and the 'Official Mind'; The Colonial Office and Manufacturing in West Africa, 1939~1951*, unpublished doctoral dissertation, University of London, 1991.

64 See Rita Hinden's article 'Imperialism Today' in the August 1945 issue of *Fabian Quarterly*, cited in Partha Sarathi Gupta, *Imperialism and the British Labour Movement 1914~1964*, Macmillan, London, 1975, p. 283.

65 K. Harris, op. cit., pp. 362, 385~386; see also Nicholas Owen, '"More Than a Transfer of Power": Independence Day Ceremonies in India, 15 August 1947', *Contemporary Record*, Vol. 6, no. 3, Winter 1992, pp. 419~421.

66 Hennessy, *Never Again*, p. 234.

67 Shennan, op. cit., p. 152.

68 Ibid., p. 163.

69 Quoted in ibid., p. 159.

70 Daniel Le Couriard, 'Les socialistes et les débuts de la guerre d'Indochine (1946~1947)', *Revue d'histoire moderne et contemporaine*, Vol. XXXI, April-June 1984, p. 351.

71 R. F. Holland, *European Decolonization 1918~1981*, Macmillan, London, 1985, p. 95.

72 Richard F. Kuisel, *Seducing the French. The Dilemma of Americanization*, University of California Press, Berkeley, 1993, pp. 43ff.

73 Holland, op. cit., pp. 90~91.

74 Ibid., p. 93.

75 Kevin Featherstone, *Socialist Parties and European Integration*, Manchester University Press, Manchester, 1988, pp. 264~265.

76 Wilfried Loth, 'Les projets de politique extérieure de la Résistance socialiste en France', *Revue d'histoire moderne et contemporaine*, Vol. XXIX, 1977, pp. 557~567.

77 Newman, op. cit., p. 5.

78 William James Adams, *Restructuring the French Economy. Government and the Rise of Market Competition since World War II*, Brookings Institution, Washington DC, 1989, p. 122.

79 Frances M. B. Lynch, 'Resolving the Paradox of the Monnet Plan: National and International Planning in French Reconstruction', *Economic History Review*, Vol. XXXVII, no. 2, May 1984, p. 242.

80 Milward, *Reconstruction*, p. 475.

81 Ibid., see chapter IV, especially pp. 129 and 159. One of the most valuable analyses of French foreign policy in this period is by John W. Young, *France, the Cold War and the Western Alliance, 1944~1949: French Foreign Policy and Post-War Europe*, Leicester University Press, Leicester and London, 1990.

82 William D. Graf, *The German Left since 1945. Socialism and Social Democracy in the German Federal Republic*, Oleander Press, New York, 1976, p. 69.

83 Newman, op. cit., pp. 131~133 and Henry Pelling, *Britain and the Marshall Plan*, Macmillan, London, 1988, p. 100. 같은 주제에 대해 다음을 참조할 것. Denis Healey's 1948 pamphlet, 'Feet on the Ground', reprinted in his *When Shrimps Learn to Whistle*, Penguin, Harmondsworth, 1991, pp. 70~75.

84 회의의 결의에 대해서는 F. W. S. Craig (ed.), *Conservative and Labour Party Conference Decisions 1945~1972*, p. 234를 참조할 것.

85 Stafford Cripps는 이를 토대로 1949년 11월 1일, OEEC(유럽경제협력기구) 위원회 모임에서 발언했다. Geoffrey Warner, 'The Labour Government and the Unity of Western Europe', in Ovendale (ed.), op. cit., pp. 70~71.

86 1947년 7월 미 국무부 정책 계획 참모 각서. Weiler, op. cit., p. 281. Pelling, op. cit., pp. 94, 126에서 인용.

87 Cited in Newman, op. cit., pp. 131~132; see also pp. 132ff.

88 이 표현은 친공산주의적인 노동당 하원 의원 Konni Zilliacus의 말이다. Newman, op. cit., p. 145에서 인용.

8장 | 자본주의의 황금기

1   Tiersky, *French Communism 1920~1972*, p. 210.

2   Philip M. Williams, *Crisis and Compromise. Politics in the Fourth Republic*, Longman, London, 1972, p. 314.

3   Tiersky, op. cit., p. 189.

4   이에 대해서는 Joanne Barkan, *Visions of Emancipation. The Italian Workers' Movement since 1945*, Praeger, New York, 1984, pp. 45~47에 자료가 잘 정리되었다.

5   Angus Maddison, *Phases of Capitalist Development*, Oxford University Press, Oxford, 1982, p. 91; see also Stephen Marglin and Juliet Schor (eds), *The Golden Age of Capitalism. Reinterpreting the Postwar Experience*, Clarendon Press, Oxford, 1990.

6   Maddison, op. cit., pp. 126~127.

7   이런 시각에 대한 고전적인 설명은 Charles P. Kindleberger, *Europe's Postwar Growth. The Role of Labor Supply*, Harvard University Press, Cambridge MA, 1967을 참조할 것.

8   유럽의 노동 이민에 대한 자세한 설명은 Stephen Castles and Godula Kosack, *Immigrant Workers and Class Structure in Western Europe*, Oxford University Press, Oxford, 1985.

9   A. G. Kenwood and A. L. Lougheed, *The Growth of the International Economy 1820~1980. An Introductory Text*, Allen and Unwin, London, 1983, p. 266.

10 Data in Antonio Missiroli, *La questione tedesca. Le due Germanie dalla divisione all'unità 1945~1990*, Ponte Alle Grazie, Florence, 1991, pp. 64~66.

11 William Beveridge, *Social Insurance and Allied Services*, Cmd. 6404, HMSO, London, 1942, p. 155 and p. 51 respectively.

12 Beveridge, op. cit., p. 49; also cited in Laura Balbo, 'Family, Women, and the State', in Maier (ed.), *Changing Boundaries of the Political*, p. 209. Balbo에 따르면 팽창하는 공공 부문에서 많은 여성을 고용했으며, 그들은 복지 서비스를 위해 값싼 노동력을 제공했다.

13 Nicholas Kaldor, *Further Essays on Applied Economics*, Duckworth, London, 1978, p. 170.

14 Frank B. Tipton and Robert Aldrich, *An Economic and Social History of Europe from 1939 to the Present*, Macmillan, London, 1987, p. 113.

15 소련에 대한 CIA의 수치는 Philip Hanson, 'The Soviet Union', in Graham with Seldon (eds), *Government and Economies in the Postwar World*, p. 207에서 인용. 다른 나라에 대한 CIA의 수치는 T. P. Alton, *National Product of the Planned Economies of Eastern Europe*, New York, 1987, cited in Jaroslav Krejcí, 'Eastern Europe', in Graham with Seldon (eds), op. cit., p. 182의 추정치를 따랐다.

16 Cited in Perry Anderson, 'Trotsky's Interpretation of Stalinism', in *New Left Review* no. 139, May-June 1983, p. 53.

17 Cited by Christopher Lasch, himself a left-wing critic of the consumer society, in his *The Minimal Self. Psychic Survival in Troubled Times*, Pan Books, London, 1984, pp. 34~35.

18 Hannah Arendt, *The Human Condition. A Study of the Central Dilemmas Facing Modern Man*, Doubleday Anchor Books, New York, 1959, p. 116.

19 Daniel Bell, *The End of Ideology. On the Exhaustion of Political Ideas in the Fifties*, Free Press, New York, 1965 (1st edn 1960), pp. 312~313.

20 1950년대 아방가르드의 죽음에 대해서는 Hobsbawm, *Age of Extremes*, pp. 5l4ff를 참조할 것.

21 Cited in Marc Lazar, *Maisons rouges. Les partis communistes français et italien de la Libération à nos jours*, Aubier, Paris, 1992, p. 75.

22 Kuisel, *Seducing the French*, pp. 54~69. See also Pier Paolo D'Attorre, 'Sogno americano e mito sovietico nell'Italia contemporanea', in his (ed.), *Nemici per la pelle. Sogno americano e mito sovietico nell'Italia contemporanea*, Franco Angeli, Milan, 1991, p. 31.

23 Karen Ruoff, '*Warenästhetik* in America, or Reflections on a Multi-National Concern', in W. F. Haug (ed.) *Warenästhetik. Beiträge zur Diskussion Weiterentwicklung und Vermittlung ihner Kritik*, Suhrkamp, Frankfurt, 1975, p. 57.

24 David Childs, *Britain since 1945*, Methuen, London, 1984, p. 74.

25 Jane Jenson and George Ross, 'The Tragedy of the French Left', *New Left Review*, no. 171, September-October 1988, p. 16; Marie-Françoise Mouriaux and René Mouriaux, 'Unemployment Policy in France, 1976~1982', in J. Richardson and R. Henning (eds), *Unemployment: Policy Responses of Western Democracies*, Sage, London, 1984, p. 149; P. A. Hall, 'Economic Planning and the State', op. cit., p. 184.

26 M. Balfour, *West Germany*, p. 147.

27 Volker R. Berghahn, *Modern Germany*, Cambridge University Press, Cambridge, 1982, p. 206 and Michael Schneider, *A Brief History of the German Trade Unions*, trans. B. Selman, Verlag J. H. W. Dietz Nachf, Bonn, 1991, p. 251.

28 Leaman, *The Political Economy of West Germany, 1945~1985*, p. 154 and Schneider, op. cit., p. 251.

29 Schneider, op. cit., pp. 254~255.

30 협동조합주의에 관한 문헌은 방대하고 지루하다. 관심 있는 사람에게는 가장 먼저 Philippe C. Schmitter and Gerhard Lehmbruch (eds), *Trends towards Corporatist Intermediation*, Sage, Beverly Hills and London, 1979를 추천한다.

31 See chart in Karl-Olof Faxén, 'Incomes Policy and Centralized Wage Formation', in A. Boltho (ed.), *The European Economy. Growth & Crisis*, Oxford University Press, Oxford, 1982, p. 368 (the chart is derived from C. A. Blyth's paper in OECD, *Collective Bargaining and Government Policies*, Paris, 1979).

32 John D. Stephens, *The Transition from Capitalism to Socialism*, Macmillan, London, 1979, p. 115.

33 Stephen Bornstein, 'States and Unions: From Postwar Settlement to Contemporary Stalemate', in S. Bornstein, D. Held and J. Krieger, *The State in Capitalist Europe*, Allen and Unwin, London, 1984, p. 62.

34 Shell, *The Transformation of Austrian Socialism*, pp. 226~228.

35 Faxén, op. cit., p. 370.

36 Wolinetz, 'Socio-economic Bargaining in the Netherlands', p. 82.

37 Willy Van Rijkeghem, 'Benelux', in Boltho (ed.), op. cit., p. 585.

38 Derry, *A History of Modern Norway 1814~1972*, pp. 413, 426.

39 Walter Korpi, *The Working Class in Welfare Capitalism. Work, Unions and Politics in Sweden*, Routledge and Kegan Paul, London, 1978, p. 87.

40 간단히 살펴보고 싶다면 Berndt Öhman, *LO and Labour Market Policy since the Second World War*, Prisca, Stockholm, 1974를 참조할 것.

41 Tilton, *The Political Theory of Swedish Social Democracy*, p. 195.

42 Swedish Confederation of Trade Unions (LO), *Trade Unions and Full Employment*, (Rehn-Meidner Report), Report to the 1951 Congress, English trans., Stockholm, 1953, p. 91.

43 Ibid., p. 89.

44 Ibid., p. 91.

45 Ibid., pp. 94~96.

46 Ibid., p. 93.

47 Jonas Pontusson, *Swedish Social Democracy and British Labour: Essays on the Nature and Condition of Social Democratic Hegemony*, Western Societies Program Occasional Paper no. 19, Center for International Studies, Cornell University, Ithaca NY, 1988, pp. 38~39.

48 Ibid., p. 39.

49   Gösta Rehn, 'Swedish Active Labor Market Policy: Retrospect and Prospect',
      Industrial Relations, Vol. 24, no. 1, 1985 (SOFI Reprint Series no. 140), p. 69.

50   Rudolf Meidner, *Employee Investment Funds. An Approach to Collective Capital
      Formation*, Allen and Unwin, London, 1978, pp. 13~14.

51   See Korpi, op. cit., p. 102.

52   Olsson, *Social Policy and Welfare State in Sweden*, pp. 219~221.

53   William (Lord) Beveridge, *Full Employment in a Free Society*, second edn with a
      new prologue, Allen and Unwin, London, 1960, p. 199.

54   Ibid., p. 200.

55   Ibid., p. 11.

9장 | 중립주의와 범대서양주의의 기로에서

1   Geoffrey Foote, *The Labour Party's Political Thought. A History*, Croom Helm,
      London, 1985, p. 203에서 인용.

2   Oliver Rathkolb, 'Die SPÖ und der aussenpolitische Entscheidungsprozess
      1945~1955. Mit einem Ausblick auf die Neutralitätspolitik bis 1965', in
      Wolfgang Maderthaner (ed.), *Auf dem Weg zur Macht. Integration in den Staat,
      Sozialpartnerschaft und Regierungspartei*, Loecker-Verlag, Vienna, 1992, pp.
      51~72.

3   Shell, The *Transformation of Austrian Socialism*, pp. 156~158.

4   Cited in Daniel Blume et al., *Histoire du réformisme en France depuis 1920*, Vol. 2,
      Editions Sociales, Paris, 1976, p. 112.

5   R. H. S. Crossman, 'Towards a Philosophy of Socialism', in R. H. S. Crossman
      (ed.), *New Fabian Essays*, Turnstile Press, London, 1952, p. 12.

6   Text in PSI, *Il Partito Socialista Italiano nei suoi Congressi*, Vol. V, pp. 302, 307
      and 321.

7   Parti communiste français, *Histoire du Parti communiste français*, p. 523에서 인
      용.

8   Article by François Billoux in *Cahiers du communisme,* May 1952, cited in ibid.,
      p. 538.

9   Danièle Joly, *The French Communist Party and the Algerian War*, Macmillan,
      London, 1991, pp. 56~67.

10   Allison, *Finland's Relations with the Soviet Union, 1944~1984*, pp. 136~138.

11   John H. Hodgson, 'The Finnish Communist Party and Neutrality', *Government
      and Opposition*, Vol. 2, no. 2, 1966~1967, pp. 279~280.

12   Michael Balfour, *The Adversaries. America, Russia and the Open World*

1941~1962, Routledge and Kegan Paul, London, 1981, p. 120.

13　일부 온건파 혹은 우파 성향 사회주의자들도 독일에 대한 깊은 불신 때문에 반대했다. Hugh Dalton이 그런 경우다. Pimlott, *Hugh Dalton*, p. 608을 참조할 것.

14　P. M. Williams, *Crisis and Compromise*, p. 46.

15　Touchard, *La gauche en France depuis 1900*, p. 299.

16　See text of treaty in Trevor N. Dupuy and Gay M. Hammerman (eds), *A Documentary History of Arms Control and Disarmament*, R. R. Bowker and T. N. Dupuy Associates, New York and Dunn Loring, VA 1973, p. 366.

17　William R. Keylor, *The Twentieth-Century World*, Oxford University Press, Oxford, 1984, p. 290.

18　본문은 *The Essential Stalin*, ed. Bruce Franklin Croom Helm, London, 1973, p. 472 참조.

19　독일 사회민주당의 입장에 대해서는 Point Thirteen of the *Sixteen Durkheim Points* approved by the leadership of the party on 29~30 August 1949, in SPD, *Jahrbuch der SPD 1948/1949*, p. 140을 참조할 것.

20　소련의 제안에 대해서는 Rolf Steininger, *The German Question. The Stalin Note of 1952 and the Problem of Reunification*, trans. Jane T. Hedges, Columbia University Press, New York, 1990을 참조. 이 분석은 Brandt의 견해를 뒷받침한다. 즉 Brandt는 스탈린의 선의를 의심하면서도 그 제안을 진지하게 받아들여야 한다고 생각했다. Brandt의 *My Life in Politics*, Penguin, Harmondsworth, 1993, p. 148을 참조할 것. 다른 시각에 대해서는 Gerhard Wettig, 'Stalin and German Reunification: Archival Evidence on Soviet Foreign Policy in Spring 1952', *Historical Journal*, Vol. 37, no. 2, 1994, pp. 411~419를 참조할 것.

21　Steininger, op. cit., p. 69.

22　Ibid., p. 97.

23　See the documents appended to ibid., pp. 125~158.

24　Sven Allard, *Russia and the Austrian State Treaty. A Case Study of Soviet Policy in Europe*, Pennsylvania State University Press, University Park PA, 1970, p. 117; 오스트리아가 스위스의 '영구중립' 원칙을 채택한 배경은 pp. 224~229를 참조할 것.

25　다양한 제안과 역제안에 대해서는 Dupuy and Hammerman (eds), op. cit., pp. 353~451을 참조할 것.

26　M. Saeter, 'Nuclear Disengagement Efforts 1955~1980: Politics of *Status Quo* or Political Change?', in Sverre Lodgaard and Marek Thee (eds), *Nuclear Disengagement in Europe*, SIPRI and Pugwash publication, Taylor and Francis,

London and New York, 1983, pp. 56~57.

27 Keylor, op. cit., p. 302.

28 See the text in Dupuy and Hammerman (eds), op. cit., pp. 436~438.

29 Saeter, op. cit., p. 59.

30 Guy Mollet, 'The Rapacki Plan and European Security', *Socialist International Information*, Vol. 8, no. 16, 19 April 1958, p. 237; originally in *Le Populaire*, 8 April 1958. For the Dutch position, see Editorial in *Het Vrije Volk*, 23 January 1958; translated and reprinted in *Socialist International Information*, Vol. 8, no. 5, 1 February 1958, pp. 70~71.

31 Joint statement of the NEC and the TUC of 23 April 1958, reprinted in *Socialist International Information*, Vol. 8, no. 18, 3 May 1958, p. 278.

32 Erich Ollenhauer, 'A New Chance for the Rapacki Plan', *Socialist International Information*, Vol. 8, no. 46, 15 November 1958, p. 695; originally in *Pressedienst*, 3 November 1958.

33 Dennis L. Bark and David R. Gress, *A History of West Germany*, Vol. 1: *From Shadow to Substance 1945~1963*, Basil Blackwell, Oxford, 1989, p. 308.

34 M. Balfour, *West Germany*, pp. 170, 192.

35 PSD, *Aktions-Programm der SPD*, approved on 28 September 1952 at the Dortmund Party congress, published in Bonn, pp. 6~7; henceforth cited as *Aktions-Programm, Dortmund*.

36 Ibid., p. 11.

37 Miller and Potthoff, *A History of German Social Democracy*, p. 168.

38 *Aktions-Programm, Dortmund*, p. 12.

39 *Aktions-Programm der SPD*, approved in 1952, expanded at the Berlin party congress, 24 July 1954, p. 10.

40 Ibid., p. 13.

41 Ibid., pp. 14~17.

42 Schneider, *A Brief History of the German Trade Unions*, p. 280.

43 SPD, *Deutschlandplan*, Bonn, April 1959, pp. 6~7.

44 Ibid., pp. 8~11.

45 Ibid., p. 8.

46 Bark and Gress, op. cit., p. 380.

47 국회의사당 속기록은 *Deutscher Bundestag*, 3. Wahlperiode, 122. Stzung, Bonn, Donnerstag, den 30 Juni 1960, p. 7055; henceforth: *Wehner/Bundestag*을 참조할 것.

48 *Wehner/Bundestag*, p. 7058.

49 Beatrix W. Bouvier, *Zwischen Godesberg und Grosser Koalition: der Weg der SPD*

in die Regierungsverantwortung, Dietz, Bonn, 1990, pp. 65~66.

50 *Basic Programme of the Social Democratic Party of Germany*, adopted by an Extraordinary Conference held on 13~15 November 1959, at Bad Godesberg; English translation published by the SPD, Bonn, no date, p. 20 (henceforth cited as *Bad Godesberg Programme*).

51 Ibid., p. 9.

52 *Wehner/Bundestag*, p. 7057.

53 Bouvier, op. cit., p. 68.

54 *Wehner/Bundestag*, p. 7060.

55 Ibid., p. 7061.

56 See text in Dupuy and Hammerman (eds), op. cit., p. 350.

57 Olivier Le Cour Grandmaison의 계산은 'Le Mouvement de la paix pendant la guerre froide: le cas français (1948~1952)', *Communisme*, nos 18~19, 1988, p. 128을 참조할 것.

58 Palmiro Togliatti, speech to the Chamber of Deputies, 17 June 1952, in his *Opere*, Vol. 5, pp. 698~699.

59 Ibid., p. 700.

60 'Per un accordo tra comunisti e cattolici per salvare la civiltà umana', in Togliatti, op. cit., pp. 832~846.

61 James Hinton, *Protests and Visions. Peace Politics in 20th Century Britain*, Hutchinson Radius, London, 1989, p. 157.

62 Ibid., p. 181.

63 Richard Taylor, *Against the Bomb. The British Peace Movement 1958~1965*, Clarendon Press, Oxford, 1988, pp. 305~307.

64 Hinton, op. cit., pp. 158~159.

65 Taylor, op. cit., pp. 278~281.

66 Ibid., p. 280.

67 A. J. R. Groom, *British Thinking About Nuclear Weapons*, Frances Pinter, London, 1974, pp. 314~317; see also Taylor, op. cit., pp. 290~291.

68 Taylor, op. cit., p. 295.

69 비록 지나친 칭찬이기는 하지만, Gaitskell의 입장에 대한 설명은 P. M. Williams, *Hugh Gaitskell*, pp. 278~290을 참조할 것.

70 불신임 결의안 본문은 *Socialist International Information*, Vol. 6, no. 49, 8 December 1956, pp. 848~849. 나중에 유대인 연합은 기권을 철회하고 결의안을 받아들였다.

71 그의 릴Lille 연설(1957년 5월 10일)은 Maurice Pivert, 'Le socialisme internationale et l'opération de Suez', *La revue socialiste*, no. 109, July 1957, p.

191에서 인용. 인터내셔널 프랑스지부의 많은 당원들은 프랑스의 개입에 대단히 의심스러운 눈길을 던졌다. 예를 들어 Roger Quillot, 'Les leçons de Suez', *La revue socialiste*, no. 103, January 1957과 위에서 인용한 the Pivert article을 참조할 것. 이것은 인터내셔널 프랑스지부의 공식 논평 형태로 발표됐다. 하지만 당 전체의 입장을 대변하는 것은 아니라는 점을 강조했다.

72 당시 이탈리아 사회당의 친소련주의에 대해서는 Giovanni Sabbatucci, *Il riformismo impossibile. Storie del socialismo italiano*, Laterza, Rome-Bari, 1991, pp. 96~98을 참조할 것.

73 John Pinder, 'Positive Integration and Negative Integration: Some Problems of Economic Union in the EEC', in Michael Hodges (ed.), *European Integration*, Penguin, Harmondsworth, 1972, p. 126.

74 Featherstone, *Socialist Parties and European Integration*, p. 25.

75 Ibid., p. 270.

76 벨기에 사회당의 공식 역사는 개혁 개방 이전의 소련 역사 서술처럼 칭찬 일색으로 쓰였다. 그 속에서 EEC에 대한 언급은 한 줄도 찾아볼 수 없다.; Robert Abs, *Histoire du Parti socialiste Belge de 1885 à 1978*, Editions Fondation Louis de Brouckère, Brussels, 1979.

77 For the Belgian socialists, see G. Marchal-Van Belle, *Les socialistes belges et l'intégration européenne*, Editions de l'institut de Sociologie, ULB, Brussels, 1968, particularly the remarks on p. 76.

78 Newman, *Socialism and European Unity*, p. 35.

79 André Philip, *Les socialistes*, Editions du Seuil, Paris, 1967, p. 143.

80 See 'Marché commun et socialisme', signed 'Y', *La revue socialiste*, no. 105, March 1957, p. 282.

81 Newman, op. cit., pp. 42~43.

82 Georges Cogniot, 'Les nouveaux pièges "européen"', *Cahiers du communisme*, Vol. 33, no. 2, February 1957, pp. 179~181; see also Frédéric Bon, 'Structure de l'idéologie communiste', in *Le Communisme en France*, Cahiers de la Fondation Nationale des Sciences Politiques, Colin, Paris, 1969, p. 118.

83 Newman, op. cit., pp. 49~50.

84 David Pace, 'Old Wine, New Bottles: Atomic Energy and the Ideology of Science in Postwar France', *French Historical Studies*, Vol. 17, no. 1, Spring 1991, pp. 38~61.

85 Cogniot, op. cit., pp. 186~187.

86 See text of the communiqué in L. Barca, F. Botta and A. Zevi (eds), *I comunisti e l'economia italiana 1944~1974*, De Donato, Bari, 1975, pp. 237~241.

87 See, in particular, the communiqué of 8 January 1959 in Partito comunista

italiano, *La politica economica italiana (1945~1974). Orientamenti e proposte dei comunisti*, ed. Sezione centrale scuole di partito, PCI, Rome n.d., pp. 174~180.

88 1970년대까지 이어진 발전에 대해 더 자세한 설명을 원한다면 내가 쓴 'The Italian Communist Party's European Strategy', *Political Quarterly*, no. 3, 1976을 참조할 것.

89 F. Roy Willis, *Italy Chooses Europe*, Oxford University Press, Oxford, 1971, p. 306.

90 Alberto Benzoni, 'I socialisti e la politica estera', in Massimo Bonanni (ed.), *La politica estera della Repubblica italiana*, I.A.I and Edizioni di Comunità, Milan, 1967, pp. 943~944.

91 이탈리아 사회당이 출간한 그 책은 Pietro Nenni가 살아 있을 때 나왔으며, 그는 공식적으로 출간을 승인했다. Pietro Nenni, *I nodi della politica estera italiana*, ed. Domenico Zucàro, SugarCo Edizioni, Milan, 1974를 참조할 것.

92 Klaus Misgeld, 'As the Iron Curtain Descended: the Co-ordinating Committee of the Nordic Labour Movement and the Socialist International between Potsdam and Geneva (1945~1955)', *Scandinavian Journal of History*, Vol. 13, no. 1, 1988, p. 61.

93 Newman, op. cit., p. 157.

94 Robert J. Lieber, *British Politics and European Unity*, University of California Press, Berkeley and London, 1970, p. 143.

95 See text in *British General Election Manifestos 1900~1974*, compiled and edited by F. W. S. Craig, Macmillan, London, 1975, p. 231.

96 Ibid., p. 220.

97 Lieber, op. cit., pp. 138~139.

98 이 수치는 모두 R. E. Rowthorne and J. R. Wells, *De-Industrialization and Foreign Trade*, Cambridge University Press, Cambridge, 1987, p. 169에 근거한 것이다.

99 Lieber, op. cit., pp. 147~149.

100 Cited in A. Philip, op. cit., p. 144.

101 Benzoni, op. cit., pp. 944~945.

102 William E. Paterson, *The SPD and European Integration*, Saxon House, Farnborough, 1974, p. 125.

103 Crossman, op. cit., p. 30.

104 David Lipsey, 'Crosland's Socialism', in David Lipsey and Dick Leonard (eds), *The Socialist Agenda. Crosland's Legacy*, Jonathan Cape, London, 1981, pp. 24~25.

105 Bark and Gress, op. cit., p. 381.

106 Ibid., pp. 384~385.

107 They have been well documented in Paterson, op. cit., especially pp. 115~127.

108 Flechtheim, 'The German Left and the World Crisis', in B. Brown (ed.), *Euro-communism and Eurosocialism*, p. 295.

109 Leaman, *The Political Economy of West Germany, 1948~1985*, pp. 111~112.

110 Paterson, op. cit., p. 129.

111 Miller and Potthoff, op. cit., pp. 166~167.

10장 | 수정주의의 토대

1 SPD, *Bad Godesberg Programme*, p. 5.

2 C. A. R. Crosland, *The Future of Socialism*, Jonathan Cape, London, 1956, pp. 81~87.

3 Ibid., p. 83.

4 *Aktions-Programm Berlin*, p. 10.

5 Cited in Shell, *The Transformation of Austrian Socialism*, p. 181.

6 Alfred Mozer, 'Socialist Victory in the Netherlands', *Socialist International Information*, Vol. 6, no. 26, 30 June 1956, pp. 442~443.

7 당시 교육부 장관 Léo Collard는 1958년 11월 16일 벨기에 사회당 특별전 당대회에서 연설했다. *Socialist International Information,* Vol. 8, no. 48, 29 November 1958.

8 Pietro Amato, *Il PSI tra frontismo e autonomia (1948~1954)*, Cosenza, 1978, p. 97.

9 Ibid., p. 295; see also Maurizio Degl'Innocenti, *Storia del PSI. Vol. 3: Dal Dopoguerra a Oggi*, Laterza, Rome-Bari, 1993, pp. 193~194.

10 Amato, op. cit., p. 302.

11 Degl'Innocenti, op. cit., p. 196.

12 D. Sassoon, *The Strategy of the Italian Communist Party*, pp. 54~55.

13 Palmiro Togliatti, 'Per un accordo tra comunisti e cattolici per salvare la civiltà umana', in *Opere*, Vol. 5, p. 839.

14 Palmiro Togliatti, 'Rapporto all'VIII Congresso del Partito comunista italiano', in *Opere*, Vol. 6: *1956~1964*, Editori Riuniti, Rome, 1984, p. 223.

15 Cited by Luciano Gruppi in his introduction to Palmiro Togliatti, *Comunisti socialisti cattolici*, Editori Riuniti, Rome, 1974, pp. 21~22.

16 See Lipsey and Leonard (eds), *The Socialist Agenda. Crosland's Legacy*; the first comment is by David Lipsey (p. 9), the second by Anthony King (p. 22). 하지 만 그것이 노동당 정치인의 몇 안 되는 성과 중 하나라는 Henry Drucker의

주장에도 충분히 일리가 있다; "'All the King's horses and all the King's men': The Social Democratic Party in Britain', in Paterson and Thomas (eds), *The Future of Social Democracy*, p. 110을 참조할 것.

17 See Foote, *The Labour Party's Political Thought*, pp. 206~234.

18 Ibid., p. 104.

19 See P. M. Williams, *Hugh Gaitskell*, pp. 129, 231.

20 Ibid., p. 245.

21 C. A. R. Crosland, *The Future of Socialism* (2nd edn), Jonathan Cape, London, 1967.

22 Alec K. Cairncross, *Factors in Economic Development*, cited in Sidney Pollard, *The Idea of Progress*, C. A. Watts, London, 1968, p. 185.

23 Crossman (ed.), *New Fabian Essays*, pp. 8~10.

24 Crosland, op. cit., p. 19; 이 인용과 뒤에 나오는 모든 인용은 1956년 판을 따랐다.

25 Ibid., p. 62.

26 Ibid., pp. 26~30.

27 Ibid., p. 68.

28 John M. Keynes, 'The End of Laissez-Faire', in *Essays in Persuasion, Collected Works*, Vol. IX, Macmillan, London, 1972, p. 289.

29 James Burnham, *The Managerial Revolution*, Penguin, London, 1945, p. 68.

30 Shell, op. cit., p. 145.

31 André Philip, *Le Socialisme trahi*, Plon, Paris, 1957, pp. 33~34. 이 책의 저자는 인터내셔널 프랑스지부에서 쫓겨났다. 공화주의적 가치관을 버리고 반동적인 민족주의적 입장을 취했다는 이유로 Mollet를 비난했기 때문이다.

32 Jules Moch, *Confrontations*, Gallimard, Paris, 1952, pp. 448~449.

33 Crosland, op. cit., p. 497.

34 Ibid., p. 115.

35 Ibid., p. 216.

36 Ibid., p. 218.

37 Ibid., pp. 232~237.

38 Ibid., pp. 282~283. 특히 영국인이 계급 차별과 우월 의식, 계급적 선망의 상징에 집착했음에 주목하라. 크로스랜드는 다수 대중이 통조림에 든 아스파라거스와 남아프리카산 셰리주, 대량생산 된 양복을 가지면, 다른 사람들이 신선한 아스파라거스를 먹거나, 스페인산 셰리주를 마시거나, 수제 양복을 입는 것은 중요한 문제가 되지 않을 것이라고 생각했다.

39 Ibid., pp. 295~301, 319~332.

40 Ibid., p. 378.

41 Ibid., p. 415.

42 Ibid., p. 418.

43 Ibid., p. 499.

44 Crossman, op. cit., p. 25.

45 Denis Healey, 'Power Politics and the Labour Party', in Crossman (ed.), op. cit., pp. 161~162.

46 Crosland, op. cit., p. 521.

47 Ibid., pp. 521~522.

48 Bark and Gress, *A History of West Germany*, p. 443.

49 John H. Herz, 'Social Democracy versus Democratic Socialism. An Analysis of SPD Attempts to Develop a Party Doctrine', in B. Brown (ed.), *Eurocommunism and Eurosocialism*, p. 248.

50 Miller and Potthoff, *A History of German Social Democracy*, p. 174.

51 *Bad Godesberg Programme*, p. 9.

52 Mario Telò가 편집한 *Tradizione socialista e progetto europeo* 서문을 참조할 것. *Le idee della socialdemocrazia tedesca tra storia e prospettiva*, Editori Riuniti, Rome, 1988, pp. 25ff. 같은 책에서 Thomas Meyer, 'Un mutamento di paradigma: il nuovo programma nella storia della SPD', pp. 110~112의 글도 참조할 것.

53 *Aktions-Programm Berlin*, p. 27.

54 *Bad Godesberg Programme*, p. 10.

55 *Aktions-Programm Dortmund*, p. 20.

56 *Aktions-Programm Berlin*, pp. 28~32.

57 *Bad Godesberg Programme*, p. 11.

58 For instance, Herz, op. cit., p. 250.

59 Miller and Potthoff, op. cit., pp. 166~167.

60 *Aktions-Programm Dortmund*, p. 19.

61 *Aktions-Programm Berlin*, p. 10.

62 Silvano Presa, 'La socialdemocrazia austriaca', in Leonardo Paggi (ed.), *Americanismo e riformismo. La socialdemocrazia europea nell'economia mondiale aperta*, Einaudi Editore, Turin, 1989, pp. 348~349; see also Jelavich, *Modern Austria*, p. 281.

63 Cited in de Man, *A Documentary Study of Hendrik de Man*, p. 220.

64 Otto Kirchheimer, 'The Transformation of the Western European Party Systems', in Joseph LaPalombara and Myrin Weiner (eds), *Political Parties and Political Development*, Princeton University Press, Princeton NJ, 1966, p. 185.

65 Ibid., p. 186.

66 Bell, *The End of Ideology*, p. 404.

67 Adam Przeworski and John Sprague, *Paper Stones. A History of Electoral Socialism*, University of Chicago Press, Chicago, 1988, pp. 42~43. 나는 이 저자들의 주장에 논란의 여지가 있다고 생각한다. 특히 사회주의 노동계급이 노동계급의 표를 얻었다는 주장이 그렇다.

68 See also P. M. Williams, *Crisis and Compromise*, pp. 79~80, 86, 92~97.

69 P. Togliatti, 'Ceto medio e Emilia Rossa', in *Opere scelte*, Editori Riuniti, Rome, 1974, p. 460.

70 Pietro Ingrao, 'Democrazia socialista e democrazia interna di partito', *Rinascita*, no. 17, 25 April 1964; now in *Masse e potere*, Editori Riuniti, Rome, 1964, p. 183.

71 P. Togliatti, in *Opere*, Vol. 6, p. 212.

72 William E. Paterson, 'The German Social Democratic Party', in Paterson and Thomas (eds), op. cit., p. 128. 이런 상징의 변화는 1950년대 초반 이후 Carlo Schmidt 같은 개혁가들의 지지를 받았다.; Miller and Potthoff, op. cit., p. 173.

73 *Aktions-Programm Berlin*, p. 10.

74 Ibid., p. 9.

75 Miller and Potthoff, op. cit., pp. 175~176.

76 *Programme of the Swedish Social Democratic Party*의 영어 번역본을 참조할 것. 이 강령은 1960년 6월 스톡홀름에서 채택됐다. Christine Buci-Glucksmann과 Göran Therborn은 이 강령을 스웨덴 사회민주당의 바트고데스베르크로 여겼지만, 이를 입증할 수는 없다. their *Le défi social-démocrate*, p. 190.

77 네덜란드 사회당의 국제 비서관 Alfred Mozer는 그렇게 썼다. 'Thoughts on the Seventy-fifth Anniversary of the Death of Karl Marx', in *Socialist International Information*, Vol. 8, no. 11, 15 March 1958, p. 175.

78 Val R. Lorwin, 'Labor Unions and Political Parties in Belgium', in *Industrial and Labor Relations Review*, Vol. 28, no. 2, January 1975, p. 253.

79 사회주의자들은 학교 협약에서 비롯된 법을 달가워하지 않았다. Pierre Vanbergen, 'Pacte scolaire et projet de loi Moureaux', in *Socialisme*, Vol. 6, no. 33, May 1959, pp. 338~351.

80 Abs, *Histoire du Parti socialist belge de 1995 à 1978*, pp. 66~70.

81 Pierre Vermeylen, 'Vue cavalière des programmes socialistes', in *Socialisme*, Vol. 6, no. 35, September 1959, pp. 543~544.

82 1958년 12월 전당대회 이후 보고서 작성 요구가 많았다. 이 인용은 René Evalenko가 경제계획에 관한 보고서를 요약한 글에서 가져왔다.; his 'Planification et organisation de l'économie', in *Socialisme*, Vol. 6, no. 34, July 1959, pp. 427, 431~432.

83 Léon Collard, 'The Future of Socialism', *Le Peuple*, 21 September 1959; reprinted and translated in *Socialist International Information*, Vol. 9, no. 41, 10 October 1959, p. 612.

84 예를 들어 1957년 하반기에 『사회주의 리뷰』에서 다음 논문들을 출간했는데, 모두 마르크스주의적 입장에서 쓰였다.: Pierre Rimbert, 'Une vue d'ensemble sur Karl Marx', Nos 111 and 112, November and December 1957; G. Chappaz, 'Reflexion sur le matérialisme marxiste', no. 110, October 1957; P. Bonnel, 'Hegel et Marx', nos 110 and 111, October and November 1957; E. Antonelli, 'Pour penser le socialisme', nos 108 and 109, June and July 1957.

85 이 같은 세력 약화에도 오스트리아 사회당의 우파를 대변하는 Benedikt Kautsky는 1920년대에는 부르주아들이 적이었다면, 지금은 공산주의자들이 적이라고 주장했다. 공산주의자들이 "노동계급을 배신"했다는 게 그가 내세운 이유다.; his 'The Ideological Development of Democratic Socialism in Austria', *Socialist International Information*, Vol. 6, no. 16, 21 April 1956, p. 283.

86 'Austrian Social Democracy', in Paterson and Thomas (eds), p. 157.

87 Shell, op. cit., pp. 139~141에서 인용. 이 책은 영어로 쓰인 글 중에서 오스트리아 수정주의에 대한 가장 자세한 논의도 담고 있다. 예를 들어 원안에 대한 좌파의 비판을 보고 싶다면 Serban Voinea, 'Le projet de programme du parti socialiste autrichien', published in the SFIO's review, *La revue socialiste*, no. 116, April 1958, pp. 412~423을 참조하라. 원안도 함께 실렸다.

88 Oscar Pollack, 'The Programme Debate in Austria', *Socialist International Information*, Vol. 8, no. 8, 22 February 1958, pp. 124~125.

89 Alan Warde, *Consensus and Beyond. The Development of Labour Party Strategy since the Second World War*, Manchester University Press, Manchester, 1992, pp. 58~59 and Stephen Haseler, *The Gaitskellites. Revisionism in the British Labour Party 1951~1964*, Macmillan, London, 1969, p. 143.

90 본문 전문은 F. W. S. Craig, *British General Election Manifestos 1900~1974*에서 인용. 이 책에서 강조한 논점은 pp. 223~231에 있다.

91 Warde, op. cit., p. 59.

92 Elliott, *Labourism and the English Genius*, pp. 17, 69.

93 Haseler, op. cit., p. 147.

94 P. M. Williams, op. cit., pp. 330~334.

95 Haseler, op. cit., p. 169.

96 Warde, op. cit., p. 63.

97 Cited in David Howell, *British Social Democracy. A Study in Development and Decay*, Croom Helm, London, 1976, p. 229.

98 Ibid., p. 206.

99 Ibid., pp. 187~188 and Mark Jenkins, *Bevanism. Labour's High Tide: The Cold War and the Democratic Mass Movement*, Spokesman, Nottingham, 1979, pp. 294~296.

100 더 자세한 논의를 보고 싶다면 D. Sassoon, op. cit., Part II를 참조할 것.

101 P. Togliatti, 'L'Intervista a *Nuovi argomenti*', originally in *Nuovi argomenti*, no. 20, May-June 1956; now reprinted in Togliatti, *On Gramsci and Other Writings*, p. 129.

102 Togliatti, *On Gramsci*, p. 121.

103 Togliatti, *Intervista*, p. 116; 그는 1956년 말 8차 이탈리아 공산당대회 보고서에서 이를 재확인했다. 'Rapporto all' VIII Congresso', reprinted in *Nella democrazia e nella pace verso il socialismo*, Editori Riuniti, Rome, 1963, p. 32.

104 전체 논의는 Giuseppe Vacca (ed.), *Gli intellettuali di sinistra e la crisi del 1956*, Editori Riuniti, Rome, 1978 재판에 실렸다. Calvino의 주장은 p. 28, Pizzorno의 주장은 p. 122에 있다.

105 Cited in D. Sassoon, op. cit., p. 106.

106 Denis Healey, 'Communism and Social Democracy', originally in *The New Leader*, 16 September 1957; now reprinted in Healey, *When Shrimps Learn to Whistle*, p. 67.

107 이런 발전의 시발점이 된 것은 Togliatti가 1958년 첫 그람시학회에서 제출한 논문 두 편이다.: 'Leninism in the Theory and Practice of Gramsci' and 'Gramsci and Leninism', in Togliatti, *On Gramsci*.

108 See Carl A. Linden, *Khrushchev and the Soviet Leadership 1957~1964*, Johns Hopkins Press, Baltimore MD, 1966, pp. 109~111 and Zdeněk Mlynár, 'Khrushchev's Policies as a Forerunner of the Prague Spring', in R. F. Miller and F. Féhér (eds), *Khrushchev and the Communist World*, Croom Helm, London, 1984.

109 N. S. Khrushchev, *Report to the 22nd Congress of the Communist Party of the Soviet Union*, Soviet Booklet no. 80, London, 1961, p. 71.

110 Ibid., p. 69.

111 For Kuusinen's role, see Fedor Burlatsky, *Khrushchev and the First Russian Spring*, Weidenfeld and Nicolson, London, 1991.

112 Cited in Linden, op. cit., pp. 106~107.

113 Roger Garaudy, 'A propos de la "voie italienne vers le socialisme"', *Cahiers du communisme*, Vol. 33, no. 1, January 1957.

114 Martelli, 'L'année 1956', in Bourderon et al., *Le PCF*, p. 416. 이 책은 프랑스 공산주의 역사가들이 자신들의 정당에 대해 객관적이고 비판적으로 쓴 보기 드문 시도다.

115 Duclos의 연설은 Bourderon et al., op. cit., p. 436.

116 See comments in Jacques Fauvet, *Histoire du Parti communiste français*. Vol. II: *Vingtcinq ans de drames 1939~1965*, Fayard, Paris, 1965, pp. 283~290.

117 PCF journal *Cahiers du communisme* and, in particular, Paul Courtieu and Jean Houdremont, 'La paupérisation absolue de la classe ouvrière', Vol. 31, no. 4, April 1955, pp. 437~460; Maurice Thorez, 'Nouvelles données sur la paupérisation. Réponse à Mendès-France', Vol. 31, nos 7~8, July-August 1955, pp. 803~826; Henri Krasucki, 'Salaire réel et valeur de la force de travail' and Henri Chauveau, 'Le parti, la SFIO et la paupérisation', Vol. 33, no. 3, March 1957, pp. 352~368. Thorez's speech to the Fourteenth Congress of the PCF in July 1956, in *XIV Congrès du Parti communiste français, Numero special des 'Cahiers du Communisme'*, July-August 1956. 여기에서 그는 궁핍화를 '중앙 위원회가 검토한 원칙적 문제'라고 명명했다(p. 54).; his 'Encore une fois la paupérisation!', *Cahiers du communisme*, Vol. 33, no. 5, May 1957, pp. 657~686.

118 Pierre Rimbert, in his 'Pourquoi le Parti communiste a-t-il lancé la campagne de la paupérisation?', in *La revue socialiste*, no. 95, March 1956, p. 297, Rimbert 는 격렬한 정도가 다양한 이유를 전술적 요건에서 찾았다. 그의 지적이 맞을 수도 있지만, 그렇다고 해서 전체 선거가 단순히 전술적인 이유 때문에 위험 에 처했다고 해석하는 것은 무리다.

119 Maurice Larkin, *France since the Popular Front. Government and People 1936~1986*, Clarendon Press, Oxford, 1988, p. 174.

120 이 문제에 관한 인터내셔널 프랑스지부의 주요 저자는 Pierre Rimbert다. 그 는 마르크스주의자이자 사회주의자로서, 5부작 논문 'Paupérisation et niveau de vie des travailleurs' (*La revue socialiste*, nos 89 to 94, 1955~1956)에서 "좋을 때도 있고 나쁠 때도 있었겠지만, 평균적으로 지난 150년간 노동자들의 생 활수준이 향상된 것은 분명하다. 생활수준의 향상은 노동계급의 경제적·정 치적 투쟁의 결과다"라는 결론을 내렸다(no. 94, February 1956, p. 153).

121 Citation in Nicole Racine, 'Le parti communiste français devant les problème idéologiques et culturels', in *Le communisme en France*, Cahiers de la Fondation Nationale des Sciences Politiques, Colin, Paris, 1969, pp. 173~174.

122 Claudio Di Toro and Augusto Illuminati, *Prima e dopo il centrosinistra*, Edizioni Ideologie, Rome, 1970, p. 117.

123 Antonio Giolitti, *Riforme e rivoluzione*, Einaudi Editore, Turin, 1957 and 'Le basi scientifiche della politica economica', in *Passato e presente*, Vol. 1, no. 1, January-February 1957. 좌파의 비평은 Di Toro and Illuminati, op. cit., pp. 116~136을 참조할 것.

124 Pietro Ingrao, 'Risposta a Lombardi', *Rinascita*, no. 21, 23 May 1964.

125 1961년 4월 29일 로마에서 열린 이탈리아 공산당 중앙위원회 결의안에 대해서는 Barca, Botta and Zevi (eds), *I comunisti e l'economia italiana 1944~1974*, p. 233.

126 이에 대한 답은 David Caute, *Communism and the French Intellectuals 1914~1960*, André Deutsch, London, 1964에서 찾을 수 없을 것이다. 이 책은 분석보다 따분한 도덕주의에 기대고 있다. Tony Judt는 같은 맥락에서 *Past Imperfect. French Intellectuals, 1944~1956*, University of California Press, Berkeley, 1992를 썼지만, 훨씬 절제되고 학문적이다.

127 Judt, op. cit., p. 195.

128 Jean-Paul Sartre, *The Communists and Peace*, trans. I. Clephane, Hamish Hamilton, London, 1969, p. 123.

129 Larkin, op. cit., p. 244.

130 Tiersky, *French Communism 1920~1972*, p. 177.

131 Martelli, op. cit., pp. 409~410.

132 Joly, *The French Communist Party and the Algerian War*, pp. 47, 109, 112.

133 Ibid., p. 44.

134 Touchard, *La gauche en France depuis 1900*, pp. 331~332와 Joly, op. cit., p. 73. 모두 그럴듯한 의견이다. 하지만 두 사람 다 프랑스 공산당이 알제리의 자결권을 지지했다고 설명하지 않는다.

135 Maurice Thorez, 'Rapport d'Activité du Comité Central', in *XIV Congrès du Parti communiste français*, p. 36; see also Laurent Casanova, 'A propos de la guerre d'Algérie: L'internationalisme prolétarien et l'intérêt national', *Cahiers du communisme*, Vol. 33, no. 4, April 1957, pp. 467~480.

136 Portelli, *Le socialisme français tel qu'il est*, pp. 77~78.

137 Larkin, op. cit., p. 159.

138 Ligou는 이 의견을 지지하고 입증했다. *Histoire du socialisme en France 1871~1961*, p. 567.

139 Touchard, op. cit., p. 303.

140 Ibid., pp. 305~306.

141 Jule Moch가 발표한 내용은 *Le Populaire*, 9 March 1959 참조.; 번역되어 다시 펴냄. 'Socialist Re-Thinking in France', *Socialist International Information*, Vol. 9, nos 13~14, 28 March 1959, p. 201~202.

142 Portelli의 분석 op. cit., pp. 78~82를 참조할 것.

143 Mollet 정부의 Albert Gazier, 'French Socialist on Algeria', *Socialist International Information*, Vol. 6, no. 31, 4 August 1956, p. 538.

144 Philip, op. cit., p. 161. 프랑스 공산주의자들도 이와 유사하게 선거를 고려했음이 틀림없다.

145 R. W. Johnson, *The Long March of the French Left*, Macmillan, London, 1981, pp. 141~142.

146 Roger Garaudy, 'De Gaulle et Ie fascisme', *Cahiers du communisme*, Vol. 34, no. 6, June 1958, p. 899; see also Léo Figueres, 'Non! au plébiscite', *Cahiers du communisme*, Vol. 34, no. 7, July 1958, pp. 990~1006.

147 Adereth, *The French Communist Party*, pp. 170~171.

148 See Roger Bourderon, 'PCF, pouvoir gaulliste, union, 1958~1964', in Bourderon et al., op. cit., p. 456.

11장 | 좌파의 귀환

1 See figures in Derek H. Aldcroft, *The European Economy 1914~1980*, Croom Helm, London, 1980, p. 163.

2 Michael E. Porter, *The Competitive Advantages of Nations*, Free Press, New York, 1990, p. 279.

3 식품 생산 확대의 결정적 중요성에 대해서는 Thomas McKeown, *The Modern Rise of Population*, Edward Arnold, London, 1976, p. 161을 참조할 것.

4 Maier, *In Search of Stabilily*, Cambridge University Press, Cambridge, 1987, p. 223.

5 Fritz W. Scharpf, *Crisis and Choice in European Social Democracy*, Cornell University Press, Ithaca NY and London, 1991, p. 24.

6 나는 Gordon Smith의 수치를 사용했다.: *Politics in Western Europe*, Heinemann, London, 1972, p. 388.

7 Douglas A. Hibbs Jr., 'Political Parties and Macroeconomic Policy', *American Political Science Review*, Vol. 71, no. 4, December 1977, pp. 1467~1987; the UK time series analyses can be found on pp. 1476~1482.

8 David R. Cameron, 'The Expansion of the Public Economy: A Comparative Analysis', *American Political Science Review*, Vol. 72, no. 4, December 1978, pp. 1249~1253.

9 Ibid., p. 1256.

10 Ibid., p. 1258.

11 이 주장에는 Mancur Olson Jr.가 *The Logic of Collective Action: Public Goods and the Theory of Groups*, Harvard University Press, Cambridge MA, 1965에서 충분한 이론적 근거를 제시한다.

12 Korpi, 'Power, Politics, and State Autonomy in the Development of Social Citizenship'.

13 Wilensky, 'Leftism, Catholicism, and Democratic Corporatism: The Role

of Political Parties in Recent Welfare State Development', in Flora and Heidenheimer (eds), *The Development of Welfare States in Europe and America*, p. 355.

14 이런 주장은 Peter Baldwin의 탁월한 분석에서 제시된다. *The Politics of Social Solidarity. Class Bases of the European Welfare State 1875~1975*, Cambridge University Press, Cambridge, 1990.

15 Richard Rose, *Do Parties Make a Difference?*, 2nd edn, Macmillan, London, 1984, p. xxxi.

16 Ibid., p. 147.

17 V. I. Lenin, *The State and Revolution* (1917), trans. Robert Service, Penguin Books, Harmondsworth, 1992: "민주공화국은 자본주의를 감싸는 최고의 외 피다"(p. 14)와 "민주공화국은 프롤레타리아 독재로 가는 지름길이다"(p. 64).

18 Alastair H. Thomas, 'Denmark: Coalitions and Minority Governments', in Eric C. Browne and John Dreijmanis (eds), *Government Coalitions in Western Democracies*, Longman, New York and London, 1982, p. 109.

19 Marcel Liebman, 'The Crisis of Belgian Social Democracy', in Ralph Miliband and John Saville (eds), *The Socialist Register 1966*, Merlin Press, London, 1966, pp. 55~58.

20 '합의' 정치 시스템의 한 예로 네덜란드 체제에 대한 고전적 분석은 Arend Lijpart, *The Politics of Accommodation. Pluralism and Democrary in the Netherlands*, University of California Press, Berkeley, 1968을 참조하고, 이 에 대한 논쟁은 Ronald A. Kieve, 'Pillars of Sand: A Marxist Critique of Consociational Democracy in the Netherlands', *Comparative Politics*, Vol. 13, no. 3, April 1981 pp. 313~337 and Herman Bakvis, 'Towards a Political Economy of Consociationalism. A Commentary on Marxist Views of Pillarization in the Netherlands', *Contemporary Politics*, Vol. 16, no. 3, April 1984를 참조할 것.

21 Rudy B. Andeweg, T. H. van der Tak and K. Dittrich, 'Government Formation in the Netherlands', in Richard T. Griffiths, *The Economy and Politics of the Netherlands since 1945*, Martinus Nijhoff, The Hague 1980, pp. 235~237; Ken Gladdish, *Governing from the Centre. Politics and Policy-Making in the Netherlands*, C. Hurst and Co., London, 1991, pp. 51~52.

22 Gladdish, op. cit., p. 53.

23 Melanie Ann Sully, Continuity and Change in Austrian Socialism. *The Eternal Quest for the Third Way*, Columbia University Press, New York, 1982, p. 183.

24 Jelavich, *Modern Austria*, pp. 285~286.

25 Alastair H. Thomas, 'Social Democracy in Denmark', in William E. Paterson

and Alastair H. Thomas (eds), *Social Democratic Parties in Western Europe*, Croom Helm, London, 1977, p. 245.

26 Franco Cazzola, 'Consenso e opposizione nel parlamento italiano. Il ruolo del PCI dalla I alla IV Legislatura', *Rivista Italiano di Scienza Politica*, January 1972, pp. 80~85.

27 Sully, op. cit., p. 191.

28 Ibid.

29 이 과정에 대한 묘사는 ibid., pp. 195ff를 참조할 것.

30 Jelavich, op. cit., p. 301.

31 Arend Lijphart, 'Typologies of Democratic Systems', originally in *Comparative Political Studies*, Vol. 1, pp. 3~44; later reprinted in Arend Lijphart (ed.), *Politics in Europe*, Prentice Hall, Englewood Cliffs NJ, 1969, 인용한 정의는 p. 63에 있다. 형평성을 위해 Lijphart는 자기 모델의 예측력이 제한점이라는 점을 인정한다. p. 64.

32 Maurice Parodi, *L'économie et la société française depuis 1945*, Colin, Paris, 1981, pp. 58~61.

33 Andrew Shonfield, *Modern Capitalism. The Changing Balance of Public and Private Power*, Oxford University Press, Oxford, 1965, pp. 130~131.

34 Ibid., pp. 132~133.

35 Pierre Birnbaum, 'The State in Contemporary France', in Richard Scase (ed.), *The State in Western Europe*, Croom Helm, London, 1980, p. 109.

36 Peter Hennessy, *Whitehall*, Fontana, London, 1990, p. 186.

37 기술부가 현대화해야 하는 부문(예를 들어 컴퓨터, 전기, 기계 도구, 유선통신)을 '제대로' 찾아냈다며 그 성과를 긍정적으로 평가하는 글을 보고 싶다면 Richard Coopey, 'The White Heat of Scientific Revolution', *Contemporary Record. The Journal of Contemporary British History*, Vol. 5, no. 1, Summer 1991, p. 119를 참조할 것.

38 Cited in Frank L. Wilson, *The French Democratic Left 1963~1969. Towards a Modern Party System*, Stanford University Press, Stanford CA, 1971, p. 66.

39 See *Cahiers du communisme*, Vol. 38, no. 12, December 1962, pp. 34~35.

40 Adereth, *The French Communist Party*, p. 174.

41 See text of resolution in *Cahiers du Communisme* Vol. 38, no. 12, December 1962, p. 363. see also Georges Lavau, 'The Effects of Twenty Years of Gaullism on the Parties of the Left', in William G. Andrews and Stanley Hoffmann (eds), *The Impact of the Fifth Republic on France*, State University of New York Press, Albany NY, 1981, p. 96.

42 Ronald L. Meek, 'Marx's "Doctrine of Increasing Misery"', *Science and Society*,

Vol. XXVI, no. 4, Autumn 1962, p. 440.

43 Touchard, *La gauche en France depuis 1900*, pp. 336~337.

44 See Thorez's remark and Roger Garaudy's main report in *Cahiers du Communisme*, Vol. 38, no. 7~8, July-August 1962.

45 Paul Boccara, *Etudes sur le capitalisme monopoliste d'Etat, sa crise et son issue*, Editions Sociales, Paris, 1974, p. 50.; 이 책은 저자의 서문과 Choisy-le-Roi 대회에 제출된 주요 논문을 포함한다. 논문은 1966년 6~7월에 당 기관지 *Economie et Politique*에 실렸다.

46 Boccara, op. cit., p. 32.

47 François Hincker, *Le parti communiste au carrefour. Essai sur quinze ans de son histoire 1965~1981*, Albin Michel, Paris, 1981, pp. 60~61.

48 Jeannine Verdès-Leroux, *Le réveil des somnambules. Le parti communiste, les intellectuels et la culture (1956~1985)*, Fayard/Editions de Minuit, Paris, 1987, p. 269.

49 Louis Althusser, 'What Must Change in the Party', *New Left Review*, no. 109, May-June 1978, p. 36. 원래 「르몽지」에 4부로 나뉘어 실렸다. *Le Monde* on 24, 25, 26 and 27 April 1978.

50 François Mitterrand, *Ma part de vérité. De la rupture à l'unité*, Fayard, Paris, 1969, pp. 55~56.

51 See Waldeck Rochet's statement in *L'Humanité*, 8 March 1966, cited in Jean Poperen, *L'Unité de la Gauche 1965~1973*, Fayard, Paris, 1975, p. 35.

52 Lavau, op. cit., pp. 110~111.

53 Defferre의 선거 캠페인에 호의적인 견해는 F. L. Wilson, op. cit., pp. 109~134 를 참조할 것.

54 프랑스 통합사회당PSU과 클럽들에 대해서는 Touchard, op. cit., pp. 317~322 를 참조할 것.

55 Wilson, op. cit., pp. 142~144.

56 See Togliatti's speech to the Central Committee meeting of February 1962, in *Opere scelte*, p. 1048.

57 Giovanni XXIII (John XXIII), *Pacem in Terris*, Pontificia Editrice Arcivescovile Daverio, Milan, 1963, pp. 54~55.

58 Togliatti, 'Il destino dell'uomo', in *Opere scelte*, pp. 1123~1135.

59 Giorgio Amendola, 'Il socialismo in occidente', *Rinascita*, 7 November 1964 and 'Ipotesi sulla riunificazione', *Rinascita*, 28 November 1964.

60 Now in Ingrao, *Masse e potere*, p. 182.

61 Ingrao-Amendola 논쟁과 이탈리아 공산당에 미친 여파는 Grant Amyot, *The Italian Communist Party. The Crisis of the Popular Front Strategy*, Croom Helm,

London, 1981을 검토해볼 것.

62 Lewis Minkin, *The Labour Party Conference. A Study in the Politics of Intra-Party Democracy*, Allen Lane, London, 1978, pp. 126, 52.

63 최종 원고에서 삭제된 문구들이 『뉴 레프트 리뷰』로 새어나갔고, 『뉴 레프트 리뷰』는 'Missing Signposts'라는 제목을 달아 실었다. *New Left Review*, no. 12, November-December 1961, pp. 9~10.

64 P. M. Williams, *Hugh Gaitskell*, p. 383~384.

65 The Labour Party, *Signposts for the Sixties: A Statement of Labour's Home Policy Accepted by the 60th Annual Conference of the Labour Party at Blackpool*, 2~6 October 1961, p. 7.

66 Ibid., p. 8.

67 Ibid., p. 9.

68 노동당은 미처 지적하지 못했지만, 1959년에 선출된 국회에서 365명의 보수당 의원 다섯 명 가운데 한 명은 이튼 칼리지를 졸업했다. 유럽 어느 나라의 입법부에서도 단일 학교가 이렇게 많은 의원을 배출한 경우는 전무후무하다. 수치는 R. W. Johnson, 'The British Political Elite, 1955~1972', *Archives européennes de sociologie*, Vol. XIV, no. 1, 1973, p. 46을 참조할 것.

69 Labour Party, *Signposts*, p. 13.

70 Ibid., p. 14.

71 Ibid., p. 15.

72 1964년 1월 19일 버밍햄 연설에서 발췌. Harold Wilson, *The New Britain*, Penguin, Harmondsworth, 1964, pp. 9~10에 다시 실렸다.

73 Ibid., p. 14.

74 See report in *Socialist International Information*, Vol. 11, no. 41, 14 October 1961.

75 Adenauer에 대한 언급은 William Carr, *A History of Germany 1815~1985*, Edward Arnold, London, 1987, p. 376 and Gordon A. Craig, *The Germans*, Penguin, Harmondsworth, 1984, p. 48을 참조할 것.

76 Smith, *Democracy in Western Germany*, p. 115.

77 Flora (ed.), *State, Economy and Society in Western Europe 1815~1975*, p. 715.

78 Leaman, *The Political Economy of West Germany, 1945~1985*, p. 173.

79 See M. Balfour, *West Germany*, p. 213.

80 Cited in Scharpf, op. cit., p. 206.

81 Balfour, op. cit., pp. 215~216.

82 Bark and Gress, *A History of West Germany*, Vol. 2, p. 127.

83 Smith, op. cit., p. 118.

84 Charles Feinstein, 'Benefits of Backwardness and Costs of Continuity', in

Graham with Seldon (eds), *Government and Economics in the Postwar World*, p. 289. Eric Hobsbawm은 자신의 고전 *Industry and Empire*, Penguin, Harmondsworth, 1969 (1st edn, 1968)에서 그런 결론에 도달했다.

85 Robert J. Lieber, 'Labour in Power: Problems of Political Economy', in B. Brown (ed.), *Eurocommunism and Eurosocialism*, p. 188.

86 이런 비용에 대한 설명은 Susan Strange in her *Sterling and British Policy. A Political Study of an International Currency in Decline*, Oxford University Press, Oxford, 1971, pp. 237~243에 있다.

87 Andrew Graham and Wilfred Beckerman, 'Introduction: Economic Performance and the Foreign Balance', in Wilfred Beckerman (ed.), *The Labour Government's Economic Record 1964~1970*, Duckworth, London, 1972, pp. 13~14.

88 Alec Cairncross and Barry Eichengreen, *Sterling in Decline*, Blackwell, Oxford, 1983, p. 166.

89 Richard N. Cooper, 'The Balance of Payments', in Richard E. Caves (ed.), *Britain's Economic Prospects*, Brookings Institution and Allen and Unwin, Washington and London, 1968, pp. 168~171.

90 Harold Wilson, *The Labour Government 1964~1970. A Personal Record*, Weidenfeld and Nicolson and Michael Joseph, London, 1971, p. xvii.

91 Stuart Holland, *The Global Economy: From Meso to Macroeconomics*, Weidenfeld and Nicolson, London, 1987, p. 205.

92 Wilson, *The Labour Government*, p. 37.

93 W. Beckerman, 'Objectives and Performance: An Overall View' in Beckerman, op. cit., p. 62. 지은이는 1964~1965년 재정부에서, 1967~1969년 상공회의소에서 경제 자문 역할을 맡았다.

94 Wilson, *The Labour Government*, p. 513.

95 Hennessy, op. cit., pp. 186~188.

96 Andrei S. Markovits, *The Politics of the West German Trade Unions. Strategies of Class and Interest Representation in Growth and Crisis*, Cambridge University Press, Cambridge, 1986, p. 109 and Schneider, *A Brief History of the German Trade Unions*, p. 305.

97 Leaman, op. cit., pp. 176~177.

98 Cited in Jon Clark, 'Concerted Action in the Federal Republic of Germany', *British Journal of Industrial Relations*, Vol. 17, no. 2, July 1979, p. 242.

99 Michael Hudson, '"Concerted Action": Wages Policy in West Germany, 1967~1977', *Industrial Relations Journal*, Vol. 11, no. 4, September-October 1980, p. 13.

100 J. Clark, op. cit., p. 249.

101 Hudson, op. cit., p. 10.

102 Markovits, op. cit., p. 106.

103 Leaman, op. cit., pp. 194~195.

104 Scharpf, op. cit., pp. 123~126.

105 J. Clark, op. cit., p. 256.

106 Massimo D'Angelillo, 'Crisi economica e identità nazionale nella politica di governo della socialdemocrazia tedesca', in Paggi (ed.), *Americanismo e riformismo*, p. 232.

107 Missiroli, *La questione tedesca*, p. 110.

108 See Mary Nolan and Charles F. Sabel, 'The Social Democratic Reform Cycle in Germany', in Esping-Andersen and Friedland (eds), *Political Power and Social Theory*, Vol. 3, p. 165.

109 Gerard Braunthal, *The West German Social Democrats, 1969~1982. Profile of a Party in Power*, Westview Press, Boulder CO, 1983, p. 243.

110 Bark and Gress, op. cit., p. 56.

111 Miller and Potthoff, *A History of German Social Democracy*, p. 187.

112 Roy Jenkins, 'British Labour—Retrospect and Prospect', *Socialist Information International*, Vol. 20, no. 11, November 1970, p. 157.

113 Hyhynen, 'The Popular Front in Finland', p. 11.

114 Ibid., p. 13.

115 Ibid., pp. 13~15.

116 나는 프랑스 공산당이 스웨덴을 바라보는 시각에 대한 이 정보를 1989년 5월 Jean Rony에게서 얻었다.

117 Perry Anderson, 'Sweden: Mr. Crosland's Dreamland', *New Left Review*, no. 7, January-February 1961, p. 6.

118 Sully, op. cit., p. 202.

119 Jelavich, op. cit., pp. 302~303.

120 Sully, op. cit., p. 203.

12장 | 합의에 바탕을 둔 외교정책

1   Hanspeter Neuhold, 'Background Factors of Austria's Neutrality', in Karl E. Birnbaum and Hanspeter Neuhold (eds), *Neutrality and Non-alignment in Europe*, Wilhelm Braumülier, Vienna, 1982, p. 58.

2   See Bruno Kreisky's speech at the Helsinki Conference of the Socialist International of 25~27 May 1971, text in *Socialist International Information*,

Vol. 21, nos 5~6, May-June 1971, p. 101.

3   Cited in H. Wilson, *The Labour Government 1964~1970*, pp. 404~405.

4   그의 연설 발췌는 *Socialist International Information*, Vol. 20, no. 1, January 1970, p. 7을 참조할 것.

5   David Reynolds, *Britannia Overruled. British Policy and World Power in the 20th Century*, Longman, London, 1991, p. 228.

6   Ibid., pp. 229~230.

7   Cited in C. F. Brand, *The British Labour Party*, p. 365.

8   Bouvier, *Zwischen Godesberg und Grosser Koalition*, p. 76.

9   Joel M. Fisher and Sven Groennings, 'German Electoral Politics in 1969', *Government and Opposition*, Vol. 5, no. 2, Spring 1970, p. 223.

10 Bouvier, op. cit., p. 214 and Paterson, *The SPD and European Integration*, pp. 142~144.

11 Stephen Padgett and William E. Paterson, *A History of Social Democracy in Postwar Europe*, Longman, London, 1991, p. 237.

12 Michael Kreile, 'Ostpolitik Reconsidered', in Ekkehart Krippendorff and Volker Rittberger (eds), *The Foreign Policy of West Germany. Formation and Contents*, Sage, London and Beverly Hills, 1980, p. 128.

13 Willy Brandt, *The State of the Nation*, 1966년 6월 1일 사회민주당 도르트문트 전당대회 연설, SPD, Bonn, n.d.; p. 6 in English-language text.

14 이것을 위해 문서로 기록된 증거는 Klaus Gotto, 'Adenauers Deutschland und Ostpolitik 1954~1963', in Rudolf Morsey and Konrad Repgen (eds), *Adenauer-Studien Bd. III Untersuchungen und Dokumente zur Ostpolitik und Biographie*, Mainz, 1974, pp. 3~91.

15 Kreile, op. cit., p.125.

16 Wolfram F. Hanrieder, *Germany, America, Europe. Forty Years of German Foreign Policy*, Yale University Press, New Haven CT, 1989, p. 195; see also pp. 200, 355.

17 William E. Paterson, 'The Ostpolitik and Régime Stability in West Germany', in Roger Tilford (ed.), *The Ostpolitik and Political Change in Germany*, Saxon House, Farnborough, 1975, p. 33.

18 Klaus von Beyme 'The Ostpolitik in the West German 1969 Elections', in *Government and Opposition*, Vol. 5, no. 2, Spring 1970, pp. 194~195.

19 See the analysis by Reinhold Roth, *Aussenpolitische Innovation und Politische Herrschaftssicherung*, Meisenheim 1976; summarized in Kreile, op. cit., p. 131.

20 Peter H. Merkl, 'The Role of Public Opinion in West German Foreign Policy', in Wolfram F. Hanrieder (ed.), *West German Foreign Policy: 1949~1979*, Westview

Press, Boulder CO, 1980, pp. 164~166.

21 Henry Kissinger, *White House Years*, Little, Brown, Boston, 1979, pp. 529~530.

22 Willy Brandt, *A Peace Policy for Europe*, Weidenfeld and Nicolson, London, 1969, p. 24.

23 Hanrieder, *Germany, America, Europe*. p. 203.

24 Kreile, op. cit., p. 124.

25 Roger Morgan, 'The *Ostpolitik* and West Germany's External Relations', in Tilford, op. cit., p. 96.

26 Brandt, op. cit., p. 45.

27 Richard Nixon, 'President's Message on Foreign Policy for the 1970s', *National Diplomacy 1965~1970, Congressional Quarterly*, May 1970, pp. 118~147.

28 Ibid., pp. 118~119.

29 See 'On the Differences between Comrade Togliatti and Us', *Peking Review*, 4 January 1963 and 'More on the Differences between Comrade Togliatti and Us', *Peking Review*, 15 March 1963.

30 Palmiro Togliatti, 'Per l'unità del movimento operaio e comunista internazionale', report to the Central Committee meeting of 21~23 April 1964, in Palmiro Togliatti, *Sul movimento operaio internazionale*, Editori Riuniti, Rome 1964, pp. 319, 353 and 355.

31 Palmiro Togliatti, 'Yalta Memorandum', in his *On Gramsci and Other Writings*, p. 295.

32 Ibid., p. 286.

33 나 또한 아직도 결론이 나지 않은 것들을 지나치게 자세히 진술하고, 많이 읽었다. 내가 쓴 *The Strategy of the Italian Communist Party*, pp. 115~116을 참조할 것.

34 Joan Barth Urban, *Moscow and the Italian Communist Party. From Togliatti to Berlinguer*, I. B. Tauris, London, 1986, pp. 254~255.

35 이탈리아 공산당이 문화 정책에서 점점 더 독자적인 노선을 걸은 예를 살펴보려면 Donald L. M. Blackmer, *Unity in Diversity Italian Communism and the Communist World*, MIT Press, Cambridge MA, 1968, pp. 340~349를 참조할 것.

36 Ibid., pp. 396~397; Urban, op. cit., p. 254.

37 동방정책의 이런 측면을 훌륭하게 재구성한 사람은 독일 사회민주당 외무부 고문 Heinz Timmermann이다. 그가 쓴 *I comunisti italiani*, De Donato Editore, Bari, 1974, pp. 23~52를 참조할 것.; 원래는 학술지 *Osteuropa*, no. 6, 1971, pp. 388~399에 실렸다.

38 Giorgio Amendola, *Lotta di classe e sviluppo economico dopo la Liberazione*, Editori Riuniti, Rome, 1962, p. 86.

39 이에 대해 좀더 폭넓게 다룬 논의를 보려면 내가 쓴 'The Italian Communist Party's European Strategy'와 *The Strategy of the Italian Communist Party*, p. 114 를 참조할 것.

40 Ugo Pecchioli, 'Le forze democratiche e l'Europa del Mec', *Critica Marxista*, Vol. 4, no. 3, May-June 1966, p. 13.

41 Giorgio Amendola, speech to the European Parliament, 12 March 1969, in *I comunisti italiani al parlamento europeo—Interventi dei parlamentari della delegazione PCI-PSIUP-Ind. Sinistra*, December 1972.

42 See Giorgio Amendola, *I comunisti e l'Europa*, Editori Riuniti, Rome, 1971, p. 80.

43 Philippe Robrieux, *Histoire intérieure du parti communiste 1945~1972*, Vol. 2, Fayard, Paris, 1981, p. 639.

44 Jacques Kahn, 'Monopoles, nations et Marché commun', *Cahiers du communisme*, Vol. 42, no. 4, April 1966, p. 19.

45 Fernand Clavau, 'La crise du Marché commun', *Cahiers du communisme*, Vol. 41, no. 6, September 1965, p. 116.

46 Charles Fiterman, 'Les communistes, l'Europe et la nation française', *Cahiers du communisme*, Vol. 42, no. 4, April 1966, p. 30.

47 Ibid., pp. 35~38.

48 Newman, *Socialism and European Unity*, pp. 66~68.

49 Jens-Otto Krag, 'Why Denmark Applied to Join the Common Market', *Socialist International Information*, Vol. 11, no. 35, 2 September 1961, pp. 533~534.

50 Featherstone, *Socialist Parties and European Integration*, p. 88.

51 A. H. Thomas, 'Social Democracy in Denmark', in Paterson and Thomas (eds), *Social Democratic Parties in Western Europe*, p. 252.

52 Data in Nils Örvik (ed.), *Fears and Expectations. Norwegian Attitudes Towards European Integration*, Universitetsforlaget, Oslo, 1972, pp. 12~14.

53 벨기에와 네덜란드 정당에 대해서는 Featherstone, op. cit., pp. 28~29, 271~272 를 참조할 것.

54 Paterson, *The SPD and European Integration*, pp. 145~146, 151.

55 Bruno Kreisky, 'Social Democracy's Third Historical Phase', *Socialist International Information*, Vol. 20, no. 5, May 1970, pp. 65~67.

56 Jens-Otto Krag, 'The Danish View', *Socialist International Information*, Vol. 21, nos 5~6, May-June 1971, p. 104.

57 Willy Brandt 'The German View', *Socialist International Information*, Vol. 21, nos 5~6, May-June 1971, p. 100.

58 Trygve Bratteli, 'The Norwegian View' in *Socialist International Information*,

Vol. 21, no. 5~6, May-June 1971, p. 104.

59 Ibid., p. 102.

60 Ibid.

61 P. M. Williams, *Hugh Gaitskell*, p. 394.

62 Newman, op. cit., p. 214.

63 P. M. Williams, op. cit., pp. 407~409.

64 Newman, op. cit., p. 216 and Lieber, *British Politics and European Unity*, p. 252.

65 EC에 대한 좌파의 일방적이고 가장 파괴적인 폐단의 흔적은 신좌파 일반 당원들에게서 나왔다. Tom Nairn, 'The Left Against Europe?', special number of *New Left Review*, no. 75, September-October 1972.

66 Bulletin No. 4, Common Market Safeguard Campaign, March 1971, cited in Tom Nairn, 'British Nationalism and the EEC', *New Left Review*, no. 69, September-October 1971, p. 8.

67 Lieber, op. cit., pp. 245~246.

68 1967년 11월 27일 그의 기자회견 발췌록은 Uwe Kitzinger, *The Second Try. Labour and the EEC*, Pergamon Press, Oxford, 1968, pp. 311~317을 참조할 것.

69 Pierre Viansson-Ponté, *Histoire de la République Gaullienne*. Vol. 11: *Le temps des orphelins*, Fayard, Paris, 1971, p. 325.

70 이것의 골자는 de Gaulle이 Wilson에게 전달했다. H. Wilson, *The Labour Government 1964~1970*, p. 409.

71 Ibid., pp. 340, 410~413; see also Ben Pimlott, *Harold Wilson*, HarperCollins, London, 1992, pp. 439~440.

72 H. Wilson, op. cit., pp. 337, 443; see also Crossman, *The Diaries of a Cabinet Minister*, Vol. II, Hamish Hamilton and Jonathan Cape, London, 1976, p. 532.

73 Cited in Crossman, op. cit., Vol. I, p. 574; see also Barbara Castle's diaries cited in Pimlott, op. cit., p. 433.

74 Newman, op. cit., pp. 204~206.

75 L. J. Robins, *The Reluctant Party: Labour and the EEC 1961~1975*, Hesketh, Ormskirk, 1979, p. 59.

76 갤럽 여론 조사 결과는 Kitzinger, op. cit., p. 172를 참조할 것.

77 Lieber, op. cit., p. 251 and Robins, op. cit., p. 50.

78 이것이 당시 친유럽주의자 Anthony Wedgwood Benn의 인식이었다. Pimlott, op. cit., p. 440.

79 Newman, op. cit., pp. 206~208; see also Lieber, op. cit., p. 264 and Robins, op. cit., p. 58.

80 Cited in Robins, op. cit., p. 58.

81 H. Wilson, op. cit. pp. 247~248.

82 Alfred Grosser, *The Western Alliance. European-American Relations since 1945*, Macmillan, London, 1978, p. 238.

83 Brandt, *My Life in Politics*, p. 364.

84 Kissinger는 백악관 회고록에서 자신은 1965년 베트남에 잠시 다녀온 뒤로 미국이 베트남전에서 이길 수 없다는 것을 깨달았다는 식으로 묘사했다. op. cit., p. 232.

85 Ibid., p. 424.

86 Ibid., p. 92.

87 Ibid., p. 1453.

88 이런 상징을 내가 처음으로 접한 것은 Alphonso Lingis의 공개 강연이었다. *The Will to Revolution*, on 22 May 1970, at the Pennsylvania State University.

89 영국 노동당에 미친 영향에 대해서는 Pimlott, op. cit., p. 393을 참조할 것.

90 이것이 암시하는 바는 ibid., p. 387에 있다.

91 H. Wilson, op. cit., p. 404.

92 Malraux, *Les chênes qu'on abat …*, p. 106.

93 Kissinger, op. cit., p. 91.

94 Samuel Brittan, 'Some Common Market Heresies', in *Journal of Common Market Studies*, Vol. 8, no. 4, June 1970, p. 294.

95 Kissinger, op. cit., p. 933.

96 Ibid., pp. 937~938.

97 Pietro Nenni, 'La relazione di Pietro Nenni' in Partito socialista italiano, *35° Congresso Nazionale*, Rome, 25~29 October 1963, Edizioni *Avanti!*, Milan, 1964, p. 55; Nenni의 의견은 다수결 의안에 포함되었다. p. 589.

98 Benzoni, 'I socialisti e la politica estera', in Bonanni (ed.), *La politica estera della Repubblica italiana*, p. 946.

99 'Relazione di Francesco Di Martino', in Partito socialista italiano (pSI), *37° Congresso e l'unificazione socialista, Roma, ottobre 1966*, ed. Maurizio Punzo, Edizioni La Squilla, Bologna, 1976, p. 34.

100 'Il documento sul Vietnam presentato da Enriques Agnoletti', in PSI, *37° Congresso*, p. 135.

101 'Carta dell'unificazione socialista', in ibid., p. 227.

102 *The Action Programme of the Czechoslovak Communist Party. Prague, April 1968*, Spokesman Pamphlet no. 8, Nottingham n.d. (1970), p. 22.

103 Urban, op. cit., pp. 255~257.

104 예를 들어 중요한 체코슬로바키아 개혁가 중 한 명이며 1969년 당에서 축출된 Zdenék Mlynár의 명쾌한 분석은 *Praga questione aperta*, De Donato Editore, Bari, 1976, p. 209를 참조할 것.

105 Richard Löwenthal, 'Communism: Clear Position of German Social Democracy', *Socialist International Information*, Vol. 20, no. 12, 1970, pp. 171~173.

106 Hincker, *Le parti communiste au carrefour*, p. 81.

107 Hanrieder, op. cit., pp. 192~193; see also, on the same point, R. Morgan, op. cit., p. 99.

108 D. Reynolds, op. cit., p. 215.

109 Pimlott, op. cit., p. 383.

110 Michael M. Harrison, 'Consensus, Confusion and Confrontation in France: The Left in Search of a Defense Policy', in Andrews and Hoffmann (eds), *The Impact of the Fifth Republic on France*, p. 269.

111 Philip G. Cerny, *The Politics of Grandeur. Ideological Aspects of de Gaulle's Foreign Policy*, Cambridge University Press, Cambridge, 1980, pp. 261, 265.

112 프랑스여론연구소IFOP 조사는 Pierre Bourdieu, *Distinction. A Social Critiqtte of the Judgement of Taste*, Routledge and Kegan Paul, London, 1984, p. 427에서 인용했다. .

113 Pierre Villon, 'Les contradictions de la politigue étrangère gaulliste', *Cahiers du communisme*, Vol. 41, no. 1, January 1965, pp. 32~33.

114 Cerny, op. cit., p. 267.

13장 | 투쟁적 노동계급의 부활(1960~1973년)

1 Gérard Adam, 'Etude statistique des grèves de Mai-Juin 1968, *Revue française de science politique*, Vol. 20, no. 1, February 1970, p. 118.

2 J. Bergmann et al., *Gewerkschafen in der Bundesrepublik*, Frankfurt, EVA, 1975; cited in Klaus von Beyme, *Challenge to Power. Trade Unions and Industrial Relations in Capitalist Countries*, Sage, London and Beverly Hills, 1980, p. 156.

3 See David Soskice, 'Strike Waves and Wage Explosions, 1968~1970: An Economic Interpretation', in Colin Crouch and Alessandro Pizzorno (eds), *The Resurgence of Class Conflict in Western Europe since 1968. Vol. 2: Comparative Analyses*, Holmes and Meier, New York, 1978, especially pp. 221~222, 232~234.

4 Ibid., pp. 223~224.

5 See Michael Shalev, 'The Problem of Strike Measurement', in Crouch and Pizzorno (eds), op. cit., Vol. 1, pp. 321~328 and Pierre Dubois, 'New Forms of Industrial Conflict' in ibid. Vol. 2, pp. 1~35.

6 Dubois, op. cit., p. 9.

7 Soskice, op. cit., p. 237.

8   See Georges Marchais' article in *L'Humanité of 3* May, analysed in Claude Journès, 'Les interprétations de Mai 68', in *Pouvoirs*, no. 39, 1986, p. 27.

9   See Edward Shorter and Charles Tilly, *Strikes in France 1830~1968*, Cambridge University Press, Cambridge, 1974, p. 141.

10 Bruno Trentin, *Il Sindacato dei Consigli*, Editori Riuniti, Rome, 1980, p. 14.

11 Ibid., p. 36.

12 Robert Lumley, *States of Emergency. Cultures of Revolt in Italy from 1968 to 1978*, Verso, London, 1990, pp. 246~247.

13 Alessandro Pizzorno, *I soggetti del pluralismo. Classi Partiti Sindacati*, Il Mulino, Bologna, 1980, p. 139.

14 See Luciano Lama, *Intervista Sul sindacato*, Laterza, Rome-Bari, 1976, p. 54, and *Il potere del sindacato*, Editori Riuniti, Rome, 1978, p. 63.

15 Rainer Deppe, Richard Herding and Dietrich Hoss, 'The Relationship between Trade Union Action and Political Parties', in Crouch and Pizzorno (eds), op. cit., Vol. 2, p. 181.

16 Ibid.,p. 184.

17 Lumley, op. cit., p. 251; Barkan, *Visions of Emancipation*, p. 89.

18 M. Donald Hancock, 'Sweden's Emerging Labor Socialism', in B. Brown (ed.), *Eurocommunism and Eurosocialism*, p. 326.

19 Tilton, *The Political Theory of Swedish Social Democracy*, p. 219.

20 Einar Thosrsud와 F. E. Emery의 노르웨이 저서 *Industrielt: Demokrati*, University of Oslo Press, Oslo, 1964는 스웨덴에서 영향력을 발휘했다. 두 사람은 노르웨이 경영자협회와 노르웨이 노조연맹이 임명한 산업민주주의위원회 위원이었다.

21 Tilton, op. cit., p. 226.

22 Richard B. Peterson, 'The Swedish Experience with Industrial Democracy', *British Journal of Industrial Relations*, Vol. 6, no. 2, July 1968, p. 201.

23 Lorwin, 'Labor Unions and Political Parties in Belgium', p. 252.

24 Ibid., pp. 250~251.

25 Ibid., p. 255.

26 Derek Robinson, 'Labour Market Policies', in Beckerman (ed.), *The Labour Government's Economic Record 1964~1970*, p. 308.

27 H. A. Turner, 'Collective Bargaining and the Eclipse of Incomes Policy: Retrospect, Prospect and Possibilities', *British Journal of Industrial Relations*, Vol. 8, no. 2, July 1970, p. 201.

28 Ibid., p. 203.

29 See the summary of the report in the *British Journal of Industrial Relations*, Vol. 6,

no. 3, November 1968, pp. 275~286.

30 H. A. Turner는 *Is Britain Really Strike Prone?: A Review of the Incidence, Character and Costs of Industrial Conflict*, Occasional Paper 20, Cambridge University Press, Cambridge, May 1969에서 정설로 알려진 것에 반대했다. 그는 나라 간에 비교할 수 있는 증거가 충분하지 않다고 주장했다. Turner에 반대하고 Donovan을 옹호하는 견해는 W. E. J. McCarthy, 'The Nature of Britain's Strike Problem', *British Journal of Industrial Relations*, Vol. 8, no. 2 July 1970, pp. 224~236. McCarthy는 도노반 위원회의 위원이었다.

31 Turner, 'Collective Bargaining and the Eclipse of Incomes Policy', p. 206.

32 Lewis Minkin, *The Contentious Alliance. Trade Unions and the Labour Party*, Edinburgh University Press, Edinburgh, 1991, pp. 115~116.

33 Keith Middlemas, *Politics in Industrial Society. The Experience of the British System since 1911*, André Deutsch, London, 1979, p. 440.

34 Susan Crosland, *Tony Crosland*, Jonathan Cape, London, 1982, p. 202.

35 Middlemas, op. cit., p. 372.

36 Walther Müller-Jentsch, 'Strikes and Strike Trends in West Germany, 1950~1978', *Industrial Relations Journal* (UK), Vol. 12, no. 4, July-August 1981, pp. 36~37.

37 Fritz W. Scharpf, 'A Game-Theoretical Interpretation of Inflation and Unemployment in Western Europe', *Journal of Public Policy*, Vol. 7, no. 3, p. 172 and Müller-Jentsch, op. cit., p. 45.

38 See data in J. Clark, 'Concerted Action in the Federal Republic of Germany', p. 243.

39 Ibid.

40 Nolan and Sabel, 'The Social Democratic Reform Cycle in Germany', in Esping-Andersen and Friedland (eds), *Political Power and Social Theory*, p. 165.

41 Markovits, *The Politics of the West German Trade Unions*, pp. 203~205.

42 J. Clark, op. cit., p. 249.

43 R. J. Adams and C. H. Rummel, 'Workers' Participation in Management in West Germany: Impact on the Worker, the Enterprise and the Trade Union', *Industrial Relations Jourrnal*, Vol. 8, no. 1, Spring 1977, p. 11.

44 Ibid., p. 14.

45 Jeff Bridgford, 'The Events of May. Consequences for Industrial Relations in France', in D. L. Hanley and A. P. Kerr (eds), *May '68: Coming of Age*, Macmillan, London, 1989, p. 115.

46 Parodi, *L'économie et la société française depuis 1945*, pp. 210~211.

47 René Mouriaux, 'Trade Union Strategies After May 1968', in Hanley and Kerr

(eds), op. cit., p. 121.

48   Ibid., p. 119.

49   Parodi, op. cit., pp. 215~216.

50   Touchard, *La gauche en France depuis 1900*, p. 352.

51   Markovits, op. cit., p. 124.

52   Jean-Daniel Reynaud, 'Trade Unions and Political Parties in France: Some Recent Trends', *Industrial and Labor Relations Review*, Vol. 28, no. 2, January 1975, p. 215.

53   R. W. Johnson, 'The British Political Elite, 1955~1972', p. 68.

54   Barry Hindess, *The Decline of Working Class Politics,* Paladin, London, 1971, p. 9.

14장 | 이데올로기의 부활과 학생운동

1   H. Wilson, *The Labour Government 1964~1970*, p. 445.

2   Edward Short, 29 January 1969, *Parliamentary Debates (Hansard)*, Vol. 776, pp. 1371~1372.

3   Bark and Gress, *A History of West Germany*, p. 126

4   1968년 11월 21일 기독민주당 전국위원회에서 한 연설은 Aldo Moro, *L'intelligenza e gli avvenimenti. Testi 1959~1978*, Garzanti, Milan, 1979, p. 223. 10년 뒤 Aldo Moro는 젊은 테러리스트들에게 납치 · 살해당했다.

5   Richard Johnson, *The French Communist Party versus the Students*, Yale University Press, New Haven and London, 1972, pp. 96~99.

6   지적 전통으로서 서구 마르크스주의의 잠정적인 대차대조표에 대해서는 Perry Anderson, *Considerations on Western Marxism*, New Left Books, London, 1976, 특히 3장을 참조할 것.

7   Wolfdietrich Schnurre의 주장은 미국에 의해 금지되기 전인 1947년 journal *Ruf*에 실렸다. cited in Heinz Ludwig Arnold, 'From Moral Affirmation to Subjective Pragmatism: The Transformation of German Literature since 1947', in Stanley Hoffmann and Paschalis Kitromilides (eds), *Culture and Society in Contemporary Europe*, Allen and Unwin, London, 1981, p. 133.

8   Hans Magnus Enzensberger in *The Times Literary Review*, 1967, cited in Arnold, op. cit., p. 135.

9   Ronald Inglehart, *The Silent Revolution. Changing Values and Political Styles Among Western Publics*, Princeton University Press, Princeton NJ, 1977, p. 265.

10 R. Roberts, *The Classic Slum*, Manchester, 1971, cited in John Clarke et al., 'Subcultures, Cultures and Class', in Stuart Hall and Tony Jefferson, *Resistance through Rituals. Youth Subcultures in Post-war Britain*, Hutchinson, London,

1977, p. 17.

11 Dora Russell, *The Tamarisk Tree. My Quest for Liberty and Love*, Virago, London, 1977, p. 62.

12 Mary Quant, *Quant by Quant*, 1965, p. 74; cited in Tamar Horowitz, 'From Elite Fashion to Mass Fashion', *Archives européennes de sociologie*, Vol. XVI, no. 2, 1975, p. 284.

13 Sunil Khilnani, *Arguing Revolution. The Intellectual Left in Postwar France*, Yale University Press, New Haven CT and London, 1993, p. 137.

14 Alain Touraine, *Le mouvement de Mai ou le communisme utopique*, Editions du Seuil, Paris, 1968, pp. 9, 278.

15 일부 사회학자들은 처음부터 상황의 참신함을 인식하고 직접 시위에 참여했다. 그러면서도 비판적 관점은 포기하지 않았다. 이탈리아의 경우는 Carlo Donolo's lucid 'La politica ridefinita. Note sui Movimento studentesco', in *Quaderni piacentini*, no. 35, July 1968. For later studies, Sidney Tarrow, *Democracy and Disorder. Protest and Politics in Italy 1965~1975*, Clarendon Press, Oxford, 1989, 특히 6장, Lumley, *States of Emergency*. 쓸 만한 비교 연구는 전혀 없다. David Caute, *Sixty-eight. The Year of the Barricades*, Hamish Hamilton, London, 1988은 깊이와 분석이 부족하다.

16 Giuseppe Chiarante, *La rivolta degli studenti*, Editori Riuniti, Roma, 1968, p. 42.

17 John Vazey, *The Political Economy of Education*, Duckworth, London, 1972, p. 85.

18 D. L. Hanley, A. P. Kerr and N. H. Waites, *Contemporary France. Politics and Society since 1945*, Routledge and Kegan Paul, London, 1979, p. 261.

19 Vazey, op. cit., p. 87.

20 John Ardagh, *Germany and the Germans*, Penguin, Harmondsworth, 1988, p. 205.

21 John Ardagh, *The New France. A Society in Transition 1945~1977*, Penguin, Harmondsworth, 1977, p. 466.

22 Cited in Dorothy Pickles, *The Government and Politics of France*, Vol. 2, Methuen, London, 1973, pp. 154~155.

23 Walter Laqueur, *Europe since Hitler. The Rebirth of Europe*, Penguin, Harmondsworth, 1982, p. 294.

24 Pierre Bourdieu and Jean-Claude Passeron, *The Inheritors. French Students and Their Relation to Culture*, University of Chicago Press, Chicago and London, 1979, p. 79.

25 Lasch, *The Minimal Self*, pp. 226~227.

26 이런 영향에 대한 언급은 Pascal Ory, 'The Concept of Generation as

Exemplified by the Class of 68', in Hanley and Kerr, op. cit., p. 186을 참조할 것.

27 Jürgen Habermas, *Towards a Rational Society*, trans. Jeremy J. Shapiro, Heinemann, London, 1971, p. 42. 이 책은 1969년에 처음 출판되었다.

28 Tarrow, op. cit., p. 147.

29 Bridgford, 'The Events of May', pp. 105~106.

30 Ernest Mandel, 'The Lessons of May 1968', *New Left Review*, no. 52, November-December 1968, p. 21.

31 인터뷰 본문은 Jacques Sauvageot et al., *The Student Revolt. The Activists Speak*, Panther, London, 1968, pp. 98~99.

32 Angelo Quattrocchi and Tom Nairn, *The Beginning of the End. France May 1968*, Panther, London, 1968, pp. 7, 10.

33 1968년 6월 6일 파리 의학부 공고에서 in Centre de regroupement des informations universitaires, *Quelles université? Quelle société?*, Editions du Seuil, Paris, 1968, p. 9.

34 Raymond Aron, *La révolution introuvable. Réflexions sur la Révolution de Mai*, Fayard, Paris, 1968, p. 22.

35 Ibid., p. 31.

36 Ibid., p. 35.

37 Ibid., p. 54.

38 Mitterrand, *Ma part de vérité*, pp. 87~88.

39 Ibid., p. 90.

40 Philippe Bénéton and Jean Touchard, 'Les interpretations de la crise de mai-juin 1968', *Revue française de science politique*, Vol. 20, no. 3, June 1970, pp. 503~543.

41 Inglehart, op. cit., p. 273.

42 Adereth, *The French Communist Party*, p. 237.

43 Wilson, *The French Democratic Left 1963~1969*, pp. 186~187.

44 A. H. Thomas, 'Social Democracy in Denmark', pp. 251~252.

45 Knut Heidar, 'The Norwegian Labour Party: Social Democracy in a Periphery of Europe', in Paterson and Thomas (eds), op. cit., p. 298.

46 Inglehart, op. cit., p. 274.

47 Philip M. Williams and Martin Harrison, *Politics and Society in De Gaulle's Republic*, Longman, London, 1971, p. 119.

48 Michel Rocard, *Le PSU et l'avenir socialiste de la France*, Editions du Seuil, Paris, 1969, p. 52.

49 이런 이야기들은 Rocard, op. cit., pp. 124~182에 다시 등장한다.; 자본주의의 위기에 대한 언급은 p. 125.

50 Ibid., p. 133.

51 Ibid., pp. 141~142.

52 Harvey G. Simmons, 'The French Socialist Opposition in 1969', *Government and Opposition*, Vol. 4, no. 3, 1969, p. 304.

53 Laurence Bell, 'May 68: Parenthesis or Staging Post in the Development of the Socialist Left?', in Hanley and Kerr, op. cit., p. 88.

54 Braunthal, *The West German Social Democrats, 1969~1982*, pp. 141ff.

55 Johnson, op. cit., pp. 48~55, and Hervé Hamon, '68. The Rise and Fall of a Generation?', in Hanley and Kerr (eds), op. cit., p. 14.

56 See Lumley, op. cit., pp. 77~81.

57 Luigi Longo, 'Il movimento studentesco nella lotta anticapitalista', *Rinascita*, no. 8, 3 May 1968.

58 Giorgio Amendola, 'I comunisti e il movimento studentesco: necessità della lotta su due fronti', *Rinascita*, no. 23, 7 June 1968.

59 Longo, op. cit. 1968년 11월 29~30일 아리키아에서 열린 이탈리아 공산당대회에서 Longo의 입장이 이겼다. 주요 보고서 본문은 Gian Franco Borghini and Achille Occhetto in a supplement to *Nuova Generazione*, no. 24, 1968, and the comments in Gianfranco Camboni and Danilo Samsa, *PCI e movimento degli studenti 1968~1973*, De Donato, Bari 1975, pp. 11~34.

60 Inglehart, op. cit., p. 263.

15장 | 페미니즘의 부활

1 Raymond Williams (ed.), *May Day Manifesto 1968*, Penguin, Harmondsworth, 1968; cf. 아버지 없는 가정에 대한 언급은 pp. 21~22.

2 Juliet Mitchell, 'Women: The Longest Revolution', *New Left Review*, no. 40, November-December 1966. 이 논문은 *Women: The Longest Revolution*, Virago, London, 1984에도 실렸다.

3 Ibid., pp. 30~33.

4 Anna Coote and Beatrix Campbell, *Sweet Freedom*, 2nd edn, Basil Blackwell, Oxford, 1987, p. 1. 이 재발견은 Renate Becker와 Rob Burns의 'The Women's Movement in the Federal Republic of Germany', in *Contemporary German Studies, Occasional Papers no. 3*, Department of Modern Languages, Strathclyde, 1987에서도 강조하고 있다.

5 Olive Banks, *Becoming a Feminist. The Social Origins of 'First Wave' Feminism*, Wheatsheaf, Brighton, 1986, p. 46.

6 Maïté Albistur and Daniel Armogathe, *Histoire du féminisme français*, Vol. 1,

Edition des Femmes, Paris, 1978, p. 333.

7   Cited in ibid., p. 331. 그녀의 요구 사항을 분석한 글은 Joan Landes, *Women and the Public Sphere in the Age of the French Revolution*, Cornell University Press, Ithaca NY and London, 1988, pp. 124~127과 Joan Wallach Scott, '"A Woman Who Has Only Paradoxes to Offer": Olympe de Gouges Claims Rights for Women', in Sara E. Melzer and Leslie W. Rabine (eds), *Rebel Daughters. Women and the French Revolution*, Oxford University Press, New York, 1992, pp. 102~120을 참조할 것.

8   Cited in Albistur and Armogathe, op. cit., Vol. 1, p. 333.

9   Mary Wollstonecraft, *The Rights of Woman*, Dent, Everyman's Library, London, 1977, p. 209.

10 Ibid., pp. 214~215.

11 Landes, op. cit., p. 113.

12 Antoine de Condorcet, *Foundations of Social Choice and Political Theory*, trans. and ed. Iain McLean and Fiona Hewitt, Edward Elgar, Aldershot, 1994, p. 335.

13 Cited in Ute Frevert, *Women in German History. From Bourgeois Emancipation to Sexual Liberation*, Berg, Oxford, 1989, p. 11.

14 Irene Coltman Brown, 'Mary Wollstonecraft and the French Revolution or Feminism and the Rights of Men', in Siân Reynolds (ed.), *Women, State and Revolution*, Wheatsheaf, Brighton, 1986, pp. 1~2.

15 Mill의 저서들이 보급된 증거는 Richard J. Evans, *The Feminists*, Croom Helm, London, 1977, pp. 18~19, 40.

16 John Stuart Mill, *The Subjection of Women*, Virago, London, 1983, p. 1.

17 Ibid., p. 145

18 Alan Ryan, *J. S. Mill*, Routledge and Kegan Paul, London, 1974.

19 Wollstonecraft, op. cit., 특히 Rousseau에 대한 그의 비판은 pp. 17~19, 30~31, 86~90을 참조할 것.

20 Galvano Della Volpe's interpretation in his *Rousseau e Marx*, Editori Riuniti, Rome, 1971, esp. pp. 38~42. Rousseau의 재분배 원칙은 『에밀Emile』을 비롯한 다른 저서에서 드러난 여성 혐오증과 배치된다. Diana Coole, *Women in Political Theory*, Wheatsheaf, Brighton, 1988, pp. 103~132 and Umberto Cerroni, *Il rapporto uomodonna nella civiltà borghese*, Editori Riuniti, Rome, 1975, pp. 37~39. Joan Landes는 Rousseau에 대해 더 관대한 태도를 취하며, '상상력 없는 여성 혐오증'과는 거리가 먼 사람이라고 옹호한다. op. cit., p. 67. 논란의 여지는 있지만, 이 문제에 완벽한 논의를 꼽는다면 Joel Schwartz, *The Sexual Politics of Jean-Jacques Rousseau*, University of Chicago Press, Chicago, 1984.

21 See Mike Gane, *Harmless Lovers? Gender, Theory and Personal Relationships*, Routledge, London and New York, 1993, pp. 59~82.

22 Barbara Taylor, 'Mary Wollstonecraft and the Wild Wish of Early Feminism', *History Workshop*, no. 33, Spring 1992.

23 Wollstonecraft, op. cit., pp. 113~114.

24 Ryan, op. cit., pp. 154~155.

25 Karl Marx, *Economic and Philosophic Manuscripts of 1844*, in *Early Writings*, trans. and ed. Tom Bottomore, McGraw-Hill, New York, 1964, pp. 153~155.

26 Friedrich Engels, *The Origin of the Family, Private Property and the State*, Progress Publishers, Moscow, 1968, p. 74.

27 August Bebel, *Woman in the Past, Present and Future*, Zwan Publications, London, 1988, p. 7; 이것은 Bebel이 1883년에 재판을 출간할 때 새롭게 붙인 제목이다. 이 책의 인기에 대해서는 Hobsbawm, *Age of Empire*, p. 209와 Barrington Moore, Jr., *Injustice*, p. 210을 참조할 것.

28 Cited in Albistur and Armogathe, op. cit., Vol. 1, p. 411.

29 Letter of 12 December 1868, in Karl Marx and Friedrich Engels, *Selected Correspondence 1846~1895*, Martin Lawrence, London, 1934, p. 255.

30 Richard Stites, *The Women's Liberation Movement in Russia. Feminism, Nihilism, and Bolshevism, 1860~1930*, Princeton University Press, Princeton NJ, 1978, pp. 7~8, 87.

31 Ghulam Murshid, *Reluctant Debutante: Response of Bengali Women to Modernization, 1849~1905*, Sahitya Samsad, Rajshahi University, 1983, pp. 49~50.

32 Bebel, op. cit., p. 5.

33 Letter of 12 September 1894, in *The Selected Letters of Bertrand Russell. Vol. 1: The Private Years (1884~1914)*, ed. Nicholas Griffin, Allen Lane, Penguin, Harmondsworth, 1992, p. 114. Russell은 다소 감동적인 말을 덧붙였다. "물론 나는 대다수 여성이 처한 상황에 대해 아는 것이 거의 없습니다. 따라서 제가 오해하고 있을 수도 있지만, 그래도 그 문제를 파고들어 보고 싶습니다."

34 Frevert, op. cit., p. 141.

35 Karen Hagemann, 'La "question des femmes" et les rapports masculin-féminin dans la social-démocratie allemande sous la République de Weimar', *Le Mouvement Social*, no. 163, April-June 1993, pp. 25~44.

36 Barbara Taylor, *Eve and the New Jerusalem: Socialism and Feminism in the Nineteenth Century*, Virago, London, 1983, p. 276.

37 Olive Schreiner, *Woman and Labour*, Virago, London, 1978, p. 68.

38 Stites, op. cit., p. 35.

39 Bebel, op. cit., p. 115.

40 Ibid., pp. 226~227.

41 Coole, op. cit., p. 211.

42 Marta Bizcarrondo, 'Los origenes del feminismo socialista en España', in *La mujer en la historia de España'*, Actas de las II jornadas de investigacion interdisciplinaria, Universidad Autonoma de Madrid, Madrid, 1984, p. 139.

43 Bebel, op. cit., p. 113.

44 Patricia Penn Hilden, *Women, Work, and Politics. Belgium, 1830~1914*, Clarendon Press, Oxford, 1993, p. 238.

45 Landauer, *European Socialism*, Vol. II, p. 1561.

46 Stites, op. cit., p. 236.

47 See his report, 'The International Socialist Congress in Stuttgart', in V. I. Lenin, *Collected Works*, Vol. 13, Progress Publishers, Moscow, 1972, pp. 89~91.

48 Hilden, op. cit., p. 243.

49 Cited in R. Evans, op. cit., p. 161.

50 Stites, op. cit., p. 237.

51 Clara Zetkin, *Selected Writings*, Philip S. Foner (ed.), International Publishers, New York, 1984, p. 101.

52 Ibid., p. 99.

53 Ibid., p. 105. 이 문제와 여성의 참정권, 사회주의에 대한 폭넓은 질문에 관해서는 Ellen Carol DuBois, 'Woman Suffrage and the Left: An International Socialist-Feminist Perspective', *New Left Review*, no. 186, March-April 1991, pp. 20~45를 참조할 것.

54 Charles Sowerwine, *Sisters or Citizens? Women and Socialism in France since 1876*, Cambridge University Press, Cambridge, 1982, p. 118.

55 Harriet Anderson, *Utopian Feminism. Women's Movements in fin-de-siècle Vienna*, Yale University Press, New Haven and London, 1992, p. 42.

56 Ibid., p. 86.

57 Ibid., p. 89.

58 Cited by Maria Casalini in her 'Femminismo e socialismo in Anna Kuliscioff. 1890~1907', *Italia Contemporanea*, no. 143, June 1981, Anna Kuliscioff에 대한 더 자세한 설명은 Casalini's *La Signora del socialismo italiano. Vita di Anna Kuliscioff*, Editori Riuniti, Rome, 1987에서 찾아볼 수 있다.

59 In 'Il femminismo', *Critica Sociale*, 16 June 1897; cited in Claire LaVigna, 'The Marxist Ambivalence Toward Women: Between Socialism and Feminism in the Italian Socialist Party', in Marilyn J. Boxer and Jean H. Quataert (eds), *Socialist Women. European Socialist Feminism in the Nineteenth and Early Twentieth*

Centuries, Elsevier, New York, 1978, pp. 148~149.

60   Maria Casalini가 대회에 제출한 논문은 '1892~1992. Percorsi e contrasti della sinistra italiana', organized by the Gramsci Foundation, 25 June 1992다.

61   LaVigna, op. cit., p. 159.

62   Sowerwine, op. cit., p. 114. On Pelletier, see also Christine Bard (ed.), *Madeleine Pelletier (1874~1939). Logique et infortunes d'un combat pour l'égalité*, Côté-femmes éditions, Paris, 1992 and Claudine Mitchell, 'Madeleine Pelletier (1874~1939): The Politics of Sexual Oppression', *Feminist Review*, no. 33, Autumn 1989, pp. 72~92.

63   James E. McMillan, *Housewife or Harlot. The Place of Women in French Society 1870~1940*, Harvester, Brighton, 1981, p. 91.

64   Sowerwine, op. cit., p. 118.

65   Cited in ibid., p. 24.

66   Ibid. See also Albistur and Armogathe, op. cit., Vol. 2, pp. 558~559.

67   Sowerwine, op. cit., p. 109.

68   Magraw, *A History of the French Working Class*, Vol. 2, p. 95.

69   See McMillan, op. cit., p. 14.

70   Hilden, op. cit., p. 268.

71   Beryl Williams, 'Kollontai and After: Women in the Russian Revolution, in Siân Reynolds (ed.), *Women, State and Revolution*, Wheatsheaf, Brighton, 1986, pp. 65~66; see also Stites, op. cit., p. 213.

72   V. 1. Lenin, 'International Working Women's Day', in *Collected Works*, Vol. 32, Progress Publishers, Moscow, 1965, p. 161.

73   Editorial, *The Past Before Us. Twenty Years of Feminism*, special issue of *Feminist Review*, no. 31, Spring 1989, p. 3.

74   See the evidence in R. Evans, op. cit., pp. 31~32.

75   Beate Fieseler, 'The Making of Russian Female Social Democrats, 1890~1917', *International Review of Social History*, Vol. 34, 1989, p. 208.

76   Sowerwine의 통찰력 있는 언급은 op. cit., pp. 184~187을 참조할 것.

77   McMillan, op. cit., p. 87.

78   Sheila Rowbotham, *Hidden from History*, Pluto Press, London, 1973, p. 80.

79   Olive Banks, *Faces of Feminism*, Martin Robertson, Oxford 1981, p. 126.

80   Jill Liddington and Jill Norris, *One Hand Tied Behind Us. The Rise of the Women's Suffrage Movement*, Virago, London, 1978, p. 210.

81   Pankhurst의 여성사회정치동맹은 역사상 가장 유명한 참정권 운동 조직이다. Liddington과 Norris의 op. cit.은 Millicent Fawcett의 여성참정권전국연맹을 Pankhurst의 중요성을 지나치게 강조하는 이야기에 대한 해독제로 설

득력 있게 제시한다. 그러나 이제는 고전이 된 Sheila Rowbotham의 *Hidden from History*에서는 Millicent Fawcett의 조직을 전혀 언급하지 않는다. 분명히 어떤 사람들은 항상 다른 사람들에게 철저히 무시당한다.

82 Liddington and Norris, op. cit., p. 258.

83 Lenin, op. cit., p. 162.

84 Bebel, op. cit., p. 102.

85 Wollstonecraft, op. cit., p. 152.

86 Bebel, op. cit., pp. 55~56.

87 See Coole, op. cit., p. 209.

88 Rosalind Coward, *Patriarchal Precedents. Sexuality and Social Relations*, Routledge and Kegan Paul, London, 1983, pp. 168~169.

89 전문의 본문은 S. E. Finer (ed.), *Five Constitutions*, Penguin, Harmondsworth, 1979, p. 275를 참조할 것.

90 Claire Laubier (ed.), *The Condition of Women in France 1945 to the Present*, Routledge, London and New York, 1990, p. 1.

91 Finer, op. cit., p. 198.

92 Frevert, op. cit., p. 278.

93 Cited in Eva Kolinsky, *Women in West Germany*, Berg, Oxford, 1989, p. 45.

94 설문 내용은 *L'Humanité*, 27 July 1946에 실렸고, 나중에 Laubier (ed.), op. cit., p. 15에 다시 실렸다.

95 Kolinsky, op. cit., pp. 200~201.

96 Gisèle Charzat, *Les Françaises sont-elles des citoyennes?*, Editions Denoël, Paris, 1972, p. 25, citing the work of M. Dogan and J. Narbonne, 'Les Françaises face à la politique', *Cahiers de la Fondation Nationale des Sciences Politiques*, no. 72.

97 Charzat, op. cit., p. 28.

98 Ibid., p. 29.

99 P. M. Williams, *Crisis and Compromise*, pp. 95~96.

100 Joni Lovenduski, *Women and European Politics. Contemporary Feminism and Public Policy*, Wheatsheaf, Brighton, 1986, p. 125.

101 R. W. Johnson, 'The British Political Elite, 1955~1972', pp. 55~56.

102 Miriam Mafai, *L'apprendistato della politica. Le donne italiane nel dopoguerra*, Editori Riuniti, Rome, 1979, pp. 50~51.

103 Ibid., pp. 103~105.

104 Judith Hellman, *Journeys among Women. Feminism in Five Italian Cities*, Polity Press, Cambridge, 1987, p. 36.

105 Palmiro Togliatti, 'Discorso alla conferenza delle donne comuniste', Rome, 2~5 June 1945, in *Opere*, Vol. 5, p. 151.

106 Ibid., p. 153.

107 Ibid., p. 157.

108 Palmiro Togliatti, 'Discorso alle delegate comuniste alla Conferenza dell'UDI', 8 September 1946, Rome, in *L'emancipazione femminile*, Editori Riuniti, Rome, 1973, p. 62.

109 J. Hellman, op. cit., pp. 199~200.

110 Laura Lilli and Chiara Valentini, *Care compagne. Il femminismo nel PCI e nelle organizzazioni di massa*, Editori Riuniti, Rome, 1979.

111 Ibid., pp. 52~53.

112 Ibid., p. 65.

113 Hellman, op. cit., especially pp. 97, 120, 134 and 171~172.

114 Jean-Paul Sartre와 대화 내용은 *l'Arc*, no. 61, 1975, cited in Albistur and Armogathe, op. cit., Vol. 2, p. 631을 참조할 것.

115 Laubier (ed.), op. cit., p. 17.

116 Cited in Albistur and Armogathe, op. cit., Vol. 2, p. 632.

117 Simone de Beauvoir, *Le deuxième sexe*, Vol. 1, Gallimard, Paris 1968, p. 285.

118 Ibid., p. 16.

119 Ibid., Vol. 2, pp. 494~495, 498.

120 이런 관계에 관한 날카로운 분석은 Genevieve Lloyd, *The Man of Reason. 'Male' and 'Female' in Western Philosophy*, Methuen, London, 1984, pp. 96~102; Beauvoir의 비평은 pp. 100~101을 참조할 것.

121 Jean-Paul Sartre, *Being and Nothingness*, trans. Hazel E. Barnes, Washington Square Press, New York, 1966, p. 671; see also pp. 654~680.

122 Frigga Haug, 'Lessons from the Women's Movement in Europe', *Feminist Review*, no. 31, Spring 1989, p. 108.

123 Germaine Greer, *The Female Eunuch*, Paladin, London, 1991, p. 44.

124 Ibid., pp. 132~140.

125 Ibid., pp. 90~92.

126 Ibid., pp. 68~69.

127 Ibid., p. 212.

128 Ibid., pp. 130~131.

129 Betty Friedan, *The Feminine Mystique*, W. W. Norton, New York, 1963, p. 15.

130 Ibid., p. 375.

131 Shulamith Firestone, *The Dialectic of Sex. The Case for a Feminist Revolution*, Paladin, London, 1971, p. 124.

132 Ibid., p. 19.

133 Kate Millett, *Sexual Politics*, Doubleday, New York, 1970, p. 33.

134 Ibid., p. 38.

135 Ibid., p. 44.

136 Ibid., p. 233.

137 Coote and Campbell, op. cit., p. 20.

138 Elaine Marks and Isabelle de Courtivron (eds), *New French Feminisms*, Harvester, Brighton, 1981, p. 33.

139 Monique Wittig, *The Straight Mind and Other Essays*, Harvester Wheatsheaf, Hemel Hempstead, 1992, pp. 15~16.

140 Cited in Coote and Campbell, op. cit., p. 242.

141 Swasti Mitter, *Common Fate, Common Bond. Women in the Global Economy*, Pluto Press, London, 1986, p. 15.

142 영국의 자료에 대해서는 Catherine Hakim, 'Grateful Slaves and Self-Made Women: Fact and Fantasy in Women's Work Orientations', *European Sociological Review*, Vol. 7, no. 2, September 1991, p. 105; 'Segregated and Integrated Occupations: A New Approach to Analysing Social Change', *European Sociological Review*, Vol. 9, no. 3, December 1993, pp. 308, 310을 참조할 것.

143 Greer, op. cit., p. 335; see also pp. 13~14.

144 Becker and Burns, op. cit., p. 6.

145 Cited in Claire Duchen, *Feminism in France. From May '68 to Mitterrand*, Routledge and Kegan Paul, London, 1986, p. 7.

146 Cited in Frevert, op. cit., p. 293.

147 인터뷰는 Marks and de Courtivron (eds), op. cit., p. 111에서 발췌했다.

148 Frevert, op. cit., p. 296.

149 Coote and Campbell, op. cit., p. 3.

150 Duchen, op. cit., p. 10.

151 Victoria Greenwood and Jock Young, *Abortion in Demand*, Pluto Press, London, 1976, p. 26.

152 Coote and Campbell, op. cit., p. 153.

153 Ibid., p. 9.

지은이 소개

도널드 서순Donald Sassoon

이집트 카이로에서 태어나 프랑스, 이탈리아, 영국, 미국 등지에서 공부했다. 펜실베이니아주립대학교에서 석사 학위를, 런던대학교 버크벡 칼리지에서 박사 학위를 받았다. 런던대학교 퀸메리 칼리지에서 유럽 비교사 교수로 있다가 2012년 은퇴했다. 지은 책으로 『사회주의 100년One Hundred Years of Socialism』 외에 *Strategy of the Italian Communist Party: From the Resistance to the Historic Compromise*(이탈리아 공산당의 전략 : 저항에서 역사적 약속까지), *Contemporary Italy: Politics, Economy and Society Since 1945*(현대 이탈리아 : 1945년 이후의 정치, 경제, 사회), *Looking Left: Socialism in Europe After the Cold War*(좌파 보기 : 냉전 이후 유럽 사회주의), *Mussolini and the Rise of Fascism*(무솔리니와 파시즘의 등장) 등 다수가 있다. 국내에 소개된 책은 『Mona Lisa : 세상에서 가장 유명한 그림 〈모나리자〉의 역사Leonardo and the Mona Lisa Story: The History of a Painting Told in Pictures』『유럽 문화사The Culture of the Europeans』가 있다.

옮긴이 소개

강주헌 │ 한국외국어대학교 불어과를 졸업하고, 같은 대학원에서 석사와 박사 학위를 받았다. 프랑스 브장송대학교에서 수학한 뒤 한국외국어대학교와 건국대학교 등에서 언어학을 강의했으며, 2003년 '올해의 출판인 특별상'을 수상했다. 지은 책으로 『기획에는 국경도 없다』가 있고, 옮긴 책으로 『지식인의 책무』 『유럽사 산책』 『문명의 붕괴 COLLAPSE』 『슬럼독 밀리어네어 : Q&A』 『키스 해링 저널』 『월든』 『습관의 힘』 『어제까지의 세계』 『인간이란 무엇인가』 등 100여 권이 있다.

김민수 │ 한국외국어대학교 사학과 졸업 후 광고 회사, 음반사, 영화사에서 근무했으며 지금은 번역가의 길을 걷고 있다. 옮긴 책으로 『거장처럼 써라』 『역사, 진실에 대한 이야기의 이야기』 『히틀러의 철학자들』 『99%의 로마인은 어떻게 살았을까』 등이 있다.

강순이 │ 고려대학교 영어교육과를 졸업했으며, 펍헙 번역그룹에서 활동하고 있다. 옮긴 책으로 『가짜 우울』 『무엇이 수업에 몰입하게 하는가』 등이 있다.

정미현 │ 연세대학교에서 신학을, 한양대학교에서 연극영화학을 공부했으며, 뉴질랜드 이든즈 칼리지에서 TESOL 과정을 마쳤다. 펍헙 번역그룹에서 전문 번역가로 활동하고 있다. 옮긴 책으로 『여행지에서만 보이는 것들』 『모든 슬픔에는 끝이 있다』 『중년 연습』 『누가 나의 아픔을 알아주나요』 『일생에 한 번 내게 물어야 할 것들』 『이태원 아이들』 『러셀의 행복 철학』 『겸손』 등이 있다.

김보은 │ 서울대학교에서 미학을, 오스트레일리아 매쿼리대학교 대학원에서 통·번역을 공부했다. 현재 펍헙 번역그룹에서 전문 번역가로 활동하고 있다. 옮긴 책으로 『파슨스 디자인 스쿨 안나 키퍼의 패션 일러스트레이션』 『게으른 작가들의 유유자적 여행기』 등이 있다.

서평

역사적 분석이 담긴 주목할 만한 저작. 조만간 고전의 반열에 오를 책이다. 도널드 서순의 명쾌하고 학술적인 『사회주의 100년』은 사회민주주의 정당이든 (프랑스나 이탈리아 공산당 같은) 공산주의 정당이든 유능한 좌파 정당들이 기여한 점은 아무 런 목적도 없이 부를 창출하는 자본주의 경제의 역동성을 다른 것으로 대체한 것이 아니라, 그것을 규제하고 사회화한 것이었음을 보여준다.

_ 에릭 홉스봄Eric Hobsbawm, 「가디언The Guardian」

위엄 있는 대작. 이처럼 위대한 연구서는 어떤 언어로도 존재하지 않는다. 우아한 문체에 아이러니와 위트, 생생한 은유를 더한 이 책은 읽는 내내 즐거움을 준다.

_ 『이코노미스트The Economist』

서순의 책은 놀랍다. 고전이 될 만한 방대하고 독창적인 종합서로, 영어로 쓰인 저 작 가운데 이 책에 비견될 만한 책은 없다.

_ 데이비드 마퀀드David Marquand, 옥스퍼드대학교 교수

읽는 내내 책에 대한 흥미와 열정이 식을 줄 몰랐고, 한 페이지도 버릴 것이 없었 다. 마음을 사로잡는 서순의 설명을 읽고 나니, 말만 번지르르한 자본주의 승리주 의가 앞 세대의 순진한 사회주의 천년왕국설만큼이나 그릇된 역사적 판단이 아닌가 싶다.

_ 피터 클라크Peter Clarke, 케임브리지대학교 교수

영국, 독일, 그리스, 덴마크, 핀란드 등 다양한 나라의 역사가 거침없이 펼쳐지는 방대하고 백과사전적인 비교 연구. 이 책의 가장 큰 장점은 자본주의 체제의 변화와 발전이라는 맥락에 좌우 이념 대결을 둔다는 데 있다. 서순은 말한다. 자본주의 때문에 사회주의가 패배한 것이 아니라고. 자본주의 내부에서 일어난 팽창과 변화에 따라 사회주의 위기가 초래된 것이라고.

_ 앨런 톰슨Alan Thompson, 『타임스 하이어 에듀케이션 서플리먼트Times Higher Education Supplement』

서순의 관점은 놀랍도록 광범위한 독서와 지식을 기반으로 한다. 그럼에도 책을 읽으면서 연결성이 없거나 충분히 이해할 수 없는 세세한 정보의 늪에 빠지는 기분은 전혀 느껴지지 않는다. 지식과 정보 때문에 생기와 위트가 방해받는 일도 없다. 사회주의 역사를 다룬 고전이 될 만한 눈부신 업적이다.

_ 앤서니 아블라스터Anthony Arblaster, 『트리뷴Tribune』

서순은 부러움을 살 정도로 넓고 놀라운 학식을 펼쳐 보인다. 그는 이전부터 존재해온 각국의 문화로 인해 여러 나라 사회주의 프로젝트가 제각각 다른 모습으로 전개되었다는 것을 끊임없이 강조한다. 이 책은 작은 걸작이다. 대단히 유익하고 알찬 내용을 담고 있으며, 현명한 결론에 도달한다. 어떤 저작이 권위 있는 책이 될 것이라고 이토록 강하게 확신한 것은 오랜만의 일이다.

_ 버나드 크릭Bernard Crick

『사회주의 100년』은 대단히 학술적이고, 광범위한 영역을 아우르며, 속이 꽉 찬 책이다. 그러면서도 아주 잘 읽히고, 섬세하고 세련된 판단과 학식이 담겨 있다. 이 책은 마르지 않는 영감의 원천이다.

_ 휴고 영Hugo Young

도널드 서순은 만화경처럼 변화무쌍한 이야기를 능숙하고 세련되게 들려주면서, 복잡한 이념 문제와 100년간 유럽 사회주의에 영향을 끼친 산업 발전과 외교, 전쟁 등을 뛰어난 솜씨로 독자가 이해하기 쉽게 안내한다.
_ 폴 프레스턴Paul Preston

감탄을 자아낸다. 방대한 독서에 바탕을 둔(86페이지에 달하는 참고 문헌 목록은 허영심을 만족시키기 위한 것이 아니다. 그 문헌들은 160페이지에 달하는 유익한 주석에서 풍부하게 이용된다) 이 책은 주요 서유럽 국가뿐만 아니라 여러 군소 국가의 사회민주주의 정당과 정부의 최근 역사를 다루는 권위 있는 안내서다.
_ 토니 주트Tony Judt, 『타임스 리터러리 서플리먼트The Times Literary Supplement』

오슬로에서 아테네까지, 1900년부터 1995년까지 유럽 좌파의 역사를 한눈에 보여주는 이 책은 처음부터 끝까지 흥미롭다. 지은이는 거대한 학문의 산을 등정했고, 필수 참고 문헌이자 깊은 숙고의 결과물을 가지고 귀환했다.
_ 노먼 번바움Norman Birnbaum, 『폴리티컬 쿼털리Political Quarterly』

설득력 있는 서술.
_ 말콤 러더퍼드Malcolm Rutherford, 『파이낸셜타임스Financial Times』

도널드 서순이 공감의 시선으로 우아하고 상세하게 기술한 서유럽 좌파의 역사는 혁명의 역사가 아니라 개혁의 역사다.
_ 스티븐 틴데일Stephen Tindale, 『프로스펙트Prospect』

주목하지 않을 수 없다. 세기말적 우울과 세간에 퍼진 이데올로기의 종언에 관한 소문을 중화할 해독제.

_ 「페이비언 리뷰Fabian Review」

올해 가장 중요한 정치서. 서순은 비범하고 폭넓은 시각으로 산업화된 세계 곳곳의 사회주의 정당들이 거쳐온 지난 100년의 역사에 초점을 맞춘다.

_ 패트리샤 휴이트Patricia Hewitt, 「뉴스테이츠먼New Statesman」

뛰어난 학술적 저작.

_ 토니 벤Tony Benn

실로 정치에 대한 이해를 크게 높일 책.

_ 「뉴욕타임스The New York Times」

거장의 저작. 이 책이 다루는 폭넓은 주제에 관한 중요한 참고 문헌이 될 것이 분명하다.

_ 「초이스Choice」

사회주의 100년
20세기 서유럽 좌파 정당의 흥망성쇠·1
One Hundred Years of Socialism: The West European Left in the Twentieth Century

펴낸날 2014년 8월 20일 초판 1쇄
지은이 도널드 서순
옮긴이 강주헌 김민수 강순이 정미현 김보은
만들어 펴낸이 정우진 강진영 김지영
꾸민이 Moon&Park(dacida@hanmail.net)
펴낸곳 121-856 서울 마포구 신수동 448-6 한국출판협동조합 내 도서출판 황소걸음
편집부 (02) 3272-8863
영업부 (02) 3272-8865
팩 스 (02) 717-7725
이메일 bullsbook@hanmail.net / bullsbook@naver.com
등 록 제22-243호(2000년 9월 18일)
ISBN 978-89-89370-90-1 04920
　　　　978-89-89370-89-5 (전2권)

정성을 다해 만든 책입니다. 읽고 주위에 권해주시길…
잘못된 책은 바꿔드립니다. 값은 뒤표지에 있습니다.